collana di istruzione scientifica
serie di economia

MICROECONOMIA

Terza edizione

David A. Besanko
Ronald R. Braeutigam

con il contributo di Michael J. Gibbs

Edizione italiana a cura di
Giam Pietro Cipriani
Paolo Coccorese
Stefania Ottone

McGraw-Hill Education

Milano · New York · Bogotá · Lisbon · London · Madrid · Mexico City
Montreal · New Delhi · Santiago · Seoul · Singapore · Sydney · Toronto

Titolo originale: *Microeconomics*, Fifth Edition, John Wiley, 2014

Copyright © 2016, 2012, 2009   McGraw-Hill Education (Italy) S.r.l.
via Ripamonti 89 - 20141 Milano

I diritti di traduzione, di riproduzione, di memorizzazione elettronica e di adattamento totale e parziale con qualsiasi mezzo (compresi i microfilm e le copie fotostatiche) sono riservati per tutti i Paesi.

Nomi e marchi citati nel testo sono generalmente depositati o registrati dalle rispettive case produttrici.

Le fotocopie per uso personale del lettore possono essere effettuate nei limiti del 15% di ciascun volume/fascicolo di periodico dietro pagamento alla SIAE del compenso previsto dall'art. 68, commi 4 e 5, della legge 22 aprile 1941 n. 633.

Le riproduzioni effettuate per finalità di carattere professionale, economico o commerciale o comunque per uso diverso da quello personale possono essere effettuate a seguito di specifica autorizzazione rilasciata da CLEARedi, Corso di Porta Romana n. 108, 20122 Milano, e-mail info@clearedi.org e sito web http://www.clearedi.org.

Programme Manager: Marta Colnago
Development Editor: Chiara Varisco
Produzione: Donatella Giuliani
Traduzione I edizione: Anna Maria Bagnasco capp. 9, 10; Raffaella Barone capp. 1, 2, 3; Angela Besana capp. 6, 7, 8; Valeria Bricola capp. 4, 5, 15, 16, 17; Viviana Clavenna capp. 11, 12, 13, 14.
Realizzazione editoriale: Fotocompos, Gussago (BS)
Grafica di copertina: FeelItalia, Milano
Immagine di copertina: © More Images
Stampa: Arti Grafiche Battaia, Zibido san Giacomo (Milano)

ISBN 978-88-386-1531-3
Printed in Italy
23456789AGBAGB654321

Indice breve

Parte 1 Introduzione alla microeconomia

Capitolo 1 Problemi di analisi economica 1
Capitolo 2 Domanda e offerta 19

Parte 2 Teoria del consumatore

Capitolo 3 Le preferenze del consumatore e il concetto di utilità 55
Capitolo 4 La teoria della scelta del consumatore 81
Capitolo 5 La teoria della domanda 117

Parte 3 Teoria della produzione dei costi

Capitolo 6 La teoria della produzione 165
Capitolo 7 Costi e minimizzazione dei costi 197
Capitolo 8 Le curve di costo NO 225

Parte 4 Concorrenza perfetta

Capitolo 9 La concorrenza perfetta 249
Capitolo 10 Mercati concorrenziali: applicazioni 295

Parte 5 Mercati monopolistici

Capitolo 11 Il monopolio 337
Capitolo 12 Discriminazione del prezzo NO e pubblicità 379

Parte 6 Concorrenza imperfetta e comportamento strategico

Capitolo 13 Teoria dei giochi e comportamento strategico 415
Capitolo 14 Struttura di mercato e concorrenza VEDI SPECIFICO 447

Parte 7 Altri temi

Capitolo 15 Rischio e informazione NO 481
Capitolo 16 La teoria dell'equilibrio generale NO 515
Capitolo 17 Esternalità e beni pubblici web site
Capitolo 18 L'economia comportamentale 563

Glossario VEDI SPECIFICO G1
Indice analitico I1
Appendice matematica sul sito web web site
Eserciziario E1

Indice

Prefazione all'edizione originale — XIII
Prefazione all'edizione italiana — XV
I Curatori dell'edizione italiana — XVII
Ringraziamenti dell'Editore — XVII
Guida alla lettura — XIX

Parte 1 Introduzione alla microeconomia

Capitolo 1 Problemi di analisi economica — 1
La microeconomia e il riscaldamento del pianeta Terra

1.1 Perché studiare la microeconomia? — 3
1.2 Tre importanti strumenti d'analisi — 4
   1.2.1 Ottimizzazione vincolata — 5
   1.2.2 Analisi dell'equilibrio — 9
   1.2.3 Statica comparata — 12
1.3 Analisi positiva e normativa — 17
Riepilogo — 18
Domande di ripasso — 18

Capitolo 2 Domanda e offerta — 19
Cosa succede con il prezzo del mais?

2.1 Domanda, offerta ed equilibrio di mercato — 22
   2.1.1 Curve di domanda — 22
   2.1.2 Curve di offerta — 23
   2.1.3 Equilibrio di mercato — 26
   2.1.4 Spostamenti dell'offerta e della domanda — 27
2.2 Elasticità della domanda al prezzo — 30
   2.2.1 Elasticità lungo specifiche curve di domanda — 34
   2.2.2 Elasticità della domanda al prezzo e ricavi totali — 35
   2.2.3 Determinanti dell'elasticità della curva di domanda rispetto al prezzo — 36
   2.2.4 Elasticità della domanda rispetto al prezzo a livello di mercato e a livello di marchio — 38
2.3 Altre elasticità — 38
   2.3.1 Elasticità della domanda rispetto al reddito — 38
   2.3.2 Elasticità incrociata della domanda rispetto al prezzo — 40
   2.3.3 Elasticità dell'offerta — 41
2.4 Elasticità nel lungo periodo rispetto al breve periodo — 42
   2.4.1 Maggiore elasticità nel lungo periodo rispetto al breve periodo — 42
   2.4.2 Maggiore elasticità nel breve periodo rispetto al lungo periodo — 43
2.5 Qualche calcolo veloce — 45
   2.5.1 Stime di curve di domanda lineari effettuate usando informazioni su quantità, prezzo ed elasticità — 46
   2.5.2 Identificare in maniera approssimata le curve di domanda e di offerta — 47
   2.5.3 Identificare l'elasticità della domanda rispetto al prezzo attraverso gli spostamenti dell'offerta — 50
Riepilogo — 53
Domande di ripasso — 53
Appendice A2: Elasticità della domanda al prezzo nel caso di una curva di domanda con elasticità costante — 54

Parte 2 Teoria del consumatore

Capitolo 3 Le preferenze del consumatore e il concetto di utilità — 55
Da cosa dipendono le preferenze?

3.1 Rappresentazione delle preferenze — 57
   3.1.1 Ipotesi sulle preferenze del consumatore — 57
   3.1.2 Ordinamento basato su numeri ordinali e cardinali — 58
3.2 Funzioni di utilità — 59
   3.2.1 Preferenze nel caso di un solo bene: principio dell'utilità marginale — 59
   3.2.2 Le preferenze nel caso di beni multipli: utilità marginale, curve di indifferenza e saggio marginale di sostituzione — 63
   3.2.3 Particolari funzioni di utilità — 72
Riepilogo — 79
Domande di ripasso — 80

Capitolo 4 La teoria della scelta del consumatore — 81
Quanto si dovrebbe acquistare, tra tutto ciò che si desidera?

4.1 Il vincolo di bilancio — 83
   4.1.1 Come modifica la linea di bilancio una variazione del reddito? — 84

4.1.2 Come modifica la linea di bilancio una variazione del prezzo? 85
4.2 La scelta ottima 87
   4.2.1 La condizione di tangenza in un paniere non ottimo 91
   4.2.2 La determinazione del paniere ottimale di consumo 91
   4.2.3 Due modi di considerare la scelta ottima 92
   4.2.4 Punti d'angolo 94
4.3 La scelta del consumatore con beni compositi 98
   4.3.1 Esempi di preferenze rivelate: buoni spesa e sussidi in contanti 99
   4.3.2 Un esempio: l'adesione a un club 101
   4.3.3 Un esempio: prestare e prendere a prestito 103
   4.3.4 Un esempio: sconti sui grandi volumi 104
4.4 Preferenze rivelate 105
   4.4.1 Le scelte osservate sono coerenti con la massimizzazione dell'utilità? 107
4.5 Scelta intertemporale 110
Riepilogo 114
Domande di ripasso 114
Appendice A4: Strumenti matematici per lo studio della scelta del consumatore 115

Capitolo 5 La teoria della domanda 117
È sempre conveniente aumentare i prezzi?
5.1 Scelta ottima e funzione di domanda 119
   5.1.1 L'effetto di un cambiamento di prezzo 119
   5.1.2 L'effetto di una variazione di reddito 121
   5.1.3 Gli effetti di una variazione di prezzo o di reddito: un approccio algebrico 126
5.2 Il cambiamento di prezzo di un bene: l'effetto sostituzione e l'effetto reddito 128
   5.2.1 L'effetto sostituzione 129
   5.2.2 L'effetto reddito 129
   5.2.3 L'effetto reddito e l'effetto sostituzione se i beni non sono normali 132
   5.2.4 Approfondimento del concetto di effetto sostituzione: il metodo di Slutsky 139
5.3 Il cambiamento di prezzo di un bene: il concetto di surplus del consumatore 140
   5.3.1 Comprendere il surplus del consumatore attraverso la curva di domanda 141
   5.3.2 Comprendere il surplus del consumatore attraverso il diagramma di scelta ottima: la variazione compensativa e la variazione equivalente 143
5.4 La domanda di mercato 149
5.5 Esternalità di rete 151
5.6 La scelta tra lavoro e tempo libero 155
   5.6.1 Quando il salario diminuisce, il tempo dedicato allo svago dapprima diminuisce e in seguito aumenta 155
   5.6.2 La curva di offerta di lavoro inclinata all'indietro 157
5.7 Indici dei prezzi al consumo 159
Riepilogo 162
Domande di ripasso 163

Parte 3 Teoria della produzione dei costi

Capitolo 6 La teoria della produzione 165
Si può fare meglio e in maniera più economica?
6.1 Introduzione alla teoria della produzione 166
6.2 La funzione di produzione in presenza di un solo input 167
   6.2.1 La funzione del prodotto totale 167
   6.2.2 Prodotto marginale e prodotto medio 169
   6.2.3 Il rapporto tra prodotto marginale e prodotto medio 171
6.3 La funzione di produzione in presenza di più input 171
   6.3.1 Prodotto totale e marginale in presenza di due fattori 172
   6.3.2 Isoquanti 173
   6.3.3 Aree di produzione efficienti e inefficienti 176
   6.3.4 Tasso marginale di sostituzione tecnica 177
6.4 La sostituibilità tra fattori della produzione 179
   6.4.1 La sostituzione tra fattori della produzione descritta graficamente 179
   6.4.2 L'elasticità di sostituzione 180
   6.4.3 Speciali funzioni di produzione 181
6.5 I rendimenti di scala 186
   6.5.1 Definizioni 187
   6.5.2 Rendimenti di scala e prodotti marginali decrescenti 188
6.6 Il progresso tecnologico 188
Riepilogo 193
Domande di ripasso 194
Appendice A6: L'elasticità nella funzione di produzione Cobb-Douglas 195

Capitolo 7 Costi e minimizzazione dei costi 197
Cosa c'è dietro la "rivoluzione del self service"?
7.1 Le principali definizioni di costo 198
   7.1.1 Costi opportunità 198
   7.1.2 Costi economici e costi contabili 199
   7.1.3 Costi non recuperabili e costi recuperabili 200

7.2 La minimizzazione dei costi 203
    7.2.1 Lungo periodo e breve periodo 203
    7.2.2 La minimizzazione dei costi nel lungo periodo 204
    7.2.3 Isocosti 204
    7.2.4 La soluzione grafica della minimizzazione dei costi nel lungo periodo 205
    7.2.5 Soluzioni d'angolo 207
7.3 Analisi statica comparata della minimizzazione dei costi 210
    7.3.1 Analisi di statica comparata nell'ipotesi di variazione dei prezzi degli input 210
    7.3.2 Analisi di statica comparata nell'ipotesi di variazione dell'output 213
    7.3.3 Riassumendo l'analisi di statica comparata: la curva di domanda degli input 214
    7.3.4 L'elasticità della domanda di input al prezzo 216
7.4 La minimizzazione dei costi nel breve periodo 217
    7.4.1 I costi nel breve periodo 217
    7.4.2 La minimizzazione dei costi nel breve periodo 218
    7.4.3 Analisi di statica comparata: domanda di un input nel breve periodo e domanda di un input nel lungo periodo 220
    7.4.4 L'ipotesi di più input variabili nel breve periodo 220
Riepilogo 222
Domande di ripasso 223

Capitolo 8 Le curve di costo 225
La trasformazione dell'economia cinese. Il caso HiSense
8.1 Il costo totale di lungo periodo 227
    8.1.1 I costi medi e marginali di lungo periodo 232
8.2 Le curve di costo di breve periodo 241
    8.2.1 La relazione tra costo di lungo periodo e costo di breve periodo 242
    8.2.2 Le curve di costo medio e marginale di breve periodo 243
    8.2.3 Le relazioni tra costi medi e marginali di lungo e breve periodo 244
Riepilogo 247
Domande di ripasso 248

Parte 4 Concorrenza perfetta

Capitolo 9 La concorrenza perfetta 249
Quante rose può coltivare un floricoltore?
9.1 Cos'è la concorrenza perfetta 251
9.2 La massimizzazione del profitto per un'impresa price-taker 252
    9.2.1 Profitto economico e profitto contabile 253
    9.2.2 La scelta della quantità che massimizza il profitto per un'impresa price-taker 254
9.3 Come si determina il prezzo di mercato: l'equilibrio di breve periodo 256
    9.3.1 La struttura dei costi di breve periodo di un'impresa price-taker 257
    9.3.2 La curva di offerta di breve periodo di un'impresa price-taker con costi fissi non recuperabili 259
    9.3.3 La curva di offerta di breve periodo di un'impresa price-taker con costi fissi recuperabili e non recuperabili 261
    9.3.4 La curva di offerta di mercato di breve periodo 264
    9.3.5 L'equilibrio di concorrenza perfetta di breve periodo 266
    9.3.6 Analisi di statica comparata dell'equilibrio di breve periodo 267
9.4 Come si determina il prezzo del mercato: l'equilibrio di lungo periodo 270
    9.4.1 La quantità di equilibrio di lungo periodo e gli adattamenti degli impianti per le imprese già operanti 270
    9.4.2 La curva di offerta dell'impresa nel lungo periodo 271
    9.4.3 Libertà di entrata ed equilibrio perfettamente concorrenziale di lungo periodo 272
    9.4.4 La curva di offerta di mercato di lungo periodo 274
    9.4.5 Industrie a costi costanti, crescenti e decrescenti 276
    9.4.6 Cosa insegna la concorrenza perfetta? 280
9.5 Rendita economica e surplus del produttore 280
    9.5.1 La rendita economica 280
    9.5.2 Il surplus del produttore 285
    9.5.3 Profitto economico, surplus del produttore e rendita economica 290
Riepilogo 291
Domande di ripasso 292
Appendice A9: La massimizzazione del profitto implica la minimizzazione dei costi 292

Capitolo 10 Mercati concorrenziali: applicazioni 295
Il sostegno è una buona cosa?
10.1 Introduzione 297
10.2 La mano invisibile 298
10.3 Tasse sul consumo (accise) 299
    10.3.1 L'incidenza di una tassa 303
10.4 Sussidi 305

10.5 La regolamentazione del prezzo:
    il prezzo massimo — 308
10.6 La regolamentazione del prezzo:
    il prezzo minimo — 316
10.7 Quote di produzione — 320
10.8 Il sostegno ai prezzi nel settore agricolo — 325
    10.8.1 Programmi di limitazione delle superfici coltivate — 325
    10.8.2 Programmi di acquisto governativo — 327
10.9 Quote di importazione e tariffe doganali — 329
    10.9.1 Quote di importazione — 329
    10.9.2 Tariffe doganali — 332
Riepilogo — 335
Domande di ripasso — 336

Parte 5   Mercati monopolistici

Capitolo 11   Il monopolio — 337
Come nasce un monopolio?
11.1 La massimizzazione del profitto di un monopolista — 339
    11.1.1 La condizione di massimizzazione del profitto — 339
    11.1.2 Un approfondimento sul ricavo marginale: unità marginali e inframarginali — 342
    11.1.3 Ricavo medio e ricavo marginale — 344
    11.1.4 L'esposizione grafica della condizione di massimo profitto — 346
    11.1.5 Il monopolista non ha una curva di offerta — 347
11.2 L'importanza dell'elasticità della domanda rispetto al prezzo — 348
    11.2.1 Elasticità della domanda rispetto al prezzo e prezzo di massimo profitto — 348
    11.2.2 Ricavo marginale ed elasticità della domanda rispetto al prezzo — 349
    11.2.3 Costo marginale ed elasticità della domanda rispetto al prezzo: la *inverse elasticity pricing rule* (IEPR) — 351
    11.2.4 Il monopolista produce sempre nella regione elastica della curva di domanda — 352
    11.2.5 La IEPR non vale solo per i monopolisti — 353
    11.2.6 La quantificazione del potere di mercato: l'indice di Lerner — 354
11.3 Statica comparata in monopolio — 355
    11.3.1 Spostamenti della curva di domanda — 355
    11.3.2 Spostamenti della curva del costo marginale — 356
11.4 Imprese monopolistiche multi-impianto o multi-prodotto — 359
    11.4.1 La scelta del volume di produzione ottimale per un monopolista con due impianti — 359
    11.4.2 La scelta ottimale di un monopolista che opera in due mercati distinti — 361
    11.4.3 La massimizzazione del profitto di un cartello — 362
11.5 Economia del benessere e monopolio — 364
    11.5.1 L'equilibrio di monopolio è diverso dall'equilibrio di concorrenza perfetta — 364
    11.5.2 La perdita secca di benessere del monopolio — 365
    11.5.3 Attività di rent-seeking — 366
11.6 Perché esistono i mercati di monopolio? — 367
    11.6.1 Monopolio naturale — 367
    11.6.2 Barriere all'entrata — 369
11.7 Monopsonio — 370
    11.7.1 La condizione di massimo profitto di un monopsonista — 371
    11.7.2 La *inverse elasticity pricing rule* in monopsonio — 373
    11.7.3 La perdita secca del monopsonio — 373
11.8 Monopolio e mercato dei fattori — 375
Riepilogo — 376
Domande di ripasso — 376

Capitolo 12   Discriminazione del prezzo e pubblicità — 379
Perché il tuo biglietto costa meno del mio?
12.1 La discriminazione del prezzo — 381
12.2 Discriminazione del prezzo di primo grado: ricavare il massimo da ogni consumatore — 382
12.3 Discriminazione del prezzo di secondo grado: gli sconti sulle quantità — 387
    12.3.1 La vendita a blocchi — 387
    12.3.2 La tariffa a due parti — 391
12.4 Discriminazione del prezzo di terzo grado: prezzi diversi per segmenti diversi del mercato — 393
    12.4.1 Due segmenti, due prezzi — 393
    12.4.2 La selezione — 394
    12.4.3 La discriminazione del prezzo di terzo grado in presenza di vincoli di capacità — 398
    12.4.4 Come implementare la discriminazione del prezzo: la costruzione di "steccati" — 399
12.5 Le vendite abbinate (tying) — 403
    12.5.1 Le vendite a pacchetto (bundling) — 404
    12.5.2 Il bundling misto — 406
12.6 La pubblicità — 407
Riepilogo — 411
Domande di ripasso — 412

Parte 6 Concorrenza imperfetta e comportamento strategico

Capitolo 13 Teoria dei giochi e comportamento strategico 415
Cosa c'è in un gioco?
13.1 Il concetto di equilibrio di Nash 417
- 13.1.1 Un semplice gioco 417
- 13.1.2 L'equilibrio di Nash 417
- 13.1.3 Il dilemma del prigioniero 418
- 13.1.4 Strategie dominanti e strategie dominate 420
- 13.1.5 Giochi con più di un equilibrio di Nash 424
- 13.1.6 Strategie miste 427
- 13.1.7 Sommario: come trovare tutti gli equilibri di Nash in un gioco simultaneo con due giocatori 428

13.2 Il dilemma del prigioniero ripetuto 429
13.3 Giochi sequenziali e mosse strategiche 432
- 13.3.1 L'analisi dei giochi sequenziali 433
- 13.3.2 Il valore strategico della limitazione delle proprie scelte 436

13.4 Alcune applicazioni della teoria dei giochi 438
- 13.4.1 La corsa agli armamenti 438
- 13.4.2 Lo scambio di ostaggi 439
- 13.4.3 Il finanziamento di un bene pubblico 440
- 13.4.4 Il dovere civico 441
- 13.4.5 Il Governo e il povero 442
- 13.4.6 Padri e figli 443

Riepilogo 444
Domande di ripasso 445

Capitolo 14 Struttura di mercato e concorrenza 447
I differenti tipi di concorrenza tra imprese
14.1 Tipi di strutture di mercato 448
14.2 Oligopolio con prodotti omogenei 449
- 14.2.1 Il modello di oligopolio di Cournot 450
- 14.2.2 Il modello di oligopolio di Bertrand 458
- 14.2.3 Perché gli equilibri di Cournot e Bertrand sono diversi? 460
- 14.2.4 Il modello di oligopolio di Stackelberg 460

14.3 Mercati con un'impresa dominante 463
14.4 Oligopolio con prodotti differenziati orizzontalmente 467
- 14.4.1 Cos'è la differenziazione del prodotto? 467
- 14.4.2 Concorrenza di prezzo alla Bertrand con prodotti differenziati orizzontalmente 470

14.5 Concorrenza monopolistica 474
- 14.5.1 L'equilibrio di breve periodo e di lungo periodo nei mercati di concorrenza monopolistica 475
- 14.5.2 Elasticità della domanda rispetto al prezzo, margini e numero di imprese nel mercato 476
- 14.5.3 Come varia il prezzo quando entrano nuove imprese? 477

Riepilogo 478
Domande di ripasso 479
Appendice A14: L'equilibrio di Cournot e la inverse elasticity pricing rule 480

Parte 7 Altri temi

Capitolo 15 Rischio e informazione 481
Quali sono le possibilità di una vincita?
15.1 Gli eventi rischiosi 483
- 15.1.1 Lotterie e probabilità 483
- 15.1.2 Il valore atteso 484
- 15.1.3 La varianza 485

15.2 La valutazione degli eventi rischiosi 489
- 15.2.1 Funzioni di utilità e atteggiamento verso il rischio 489
- 15.2.2 Neutralità al rischio e propensione al rischio 492

15.3 Sopportare ed eliminare il rischio 494
- 15.3.1 Quando una persona avversa al rischio sceglie di eliminare il rischio? La domanda di assicurazione 494
- 15.3.2 L'informazione asimmetrica nei mercati assicurativi: azzardo morale e selezione avversa 496
- 15.3.3 Il ruolo dell'informazione asimmetrica nei mercati reali 500

15.4 Le aste 502
- 15.4.1 Tipi di aste e condizioni di offerta 502
- 15.4.2 Aste con valori privati 503
- 15.4.3 Aste con valori comuni: la maledizione del vincitore 508

Riepilogo 512
Domande di ripasso 513

Capitolo 16 La teoria dell'equilibrio generale 515
Le imposte sui carburanti hanno un impatto sull'economia?
16.1 L'analisi di equilibrio generale con due mercati 517
16.2 L'analisi di equilibrio generale con molti mercati 521
- 16.2.1 Le origini di offerta e domanda in un sistema economico semplificato 521
- 16.2.2 L'equilibrio generale di un'economia semplificata 527
- 16.2.3 La legge di Walras 530

16.3 L'analisi di equilibrio generale: statica comparata ... 530
16.4 L'efficienza dei mercati concorrenziali ... 535
    16.4.1 Cosa si intende per efficienza economica? ... 535
    16.4.2 Efficienza nello scambio ... 536
    16.4.3 Efficienza nella produzione ... 541
    16.4.4 Efficienza nella sostituzione ... 542
    16.4.5 I teoremi fondamentali dell'economia del benessere ... 545
16.5 I benefici del libero scambio ... 548
    16.5.1 Il libero scambio è reciprocamente vantaggioso ... 548
    16.5.2 Il vantaggio comparato ... 551
Riepilogo ... 553
Domande di ripasso ... 554
Appendice A16: La derivazione delle curve di domanda e di offerta per l'equilibrio generale ... 555

Capitolo 17 **Esternalità e beni pubblici** *(web site)*

Capitolo 18 **L'economia comportamentale** ... 563
Premi e performance lavorativa: il caso degli insegnanti a Chicago Heights

18.1 *Homo Oeconomicus* e Umani ... 565
18.2 Bias cognitivi e comportamentali ... 565
18.3 Preferenze sociali ... 571
18.4 La complessità delle scelte e il ricorso alle euristiche ... 572
18.5 L'economia sperimentale ... 573
    18.5.1 Gli esperimenti in laboratorio ... 574
    18.5.2 Gli esperimenti su campo ... 576
    18.5.3 La nuova frontiera della ricerca sperimentale: la neuroeconomia ... 578
18.6 Il futuro dell'Homo Oeconomicus ... 578
Riepilogo ... 582
Domande di ripasso ... 582

Glossario ... G1
Indice analitico ... I1
Appendice matematica sul sito web *(web site)*
Eserciziario ... E1

Prefazione all'edizione originale

Molti anni di insegnamento della microeconomia, sia a livello di corso universitario che a livello di master, ci hanno fatto giungere alla conclusione che il metodo di insegnamento più efficace sia quello di presentarne i contenuti attraverso un'ampia gamma di interessanti Applicazioni, corredando il tutto con un elevato numero di esercizi svolti e problemi.

Le Applicazioni consentono di calare la teoria nel mondo reale, mentre esercizi svolti e problemi danno agli studenti la possibilità di prendere confidenza con gli strumenti dell'analisi economica e farli propri.

Applicazioni e problemi vanno ovviamente combinati con spiegazioni verbali e grafici, in modo da ampliare e approfondire la spiegazione stessa. Questo approccio consente agli studenti di vedere chiaramente l'interazione fra i concetti chiave, per afferrare compiutamente questi concetti attraverso la pratica e capire come tali concetti si applichino effettivamente ai mercati e alle imprese.

Coloro che hanno adottato questo volume hanno confermato come tale metodo abbia funzionato, sia in riferimento a loro stessi che ai loro allievi. Al fine di assicurarci che il testo fosse, quanto più possibile, chiaro ed efficace abbiamo dedicato particolare attenzione agli esercizi svolti, in modo da rendere ancora più comprensibile agli studenti.

La soluzione è nel problema

La particolare enfasi posta su esercizi svolti e problemi è ciò che caratterizza questo volume rispetto agli altri testi di microeconomia. In base alla nostra esperienza, gli studenti hanno bisogno di essere messi all'opera in concreto, affinché possano assorbire la teoria microeconomica. Hanno bisogno di lavorare su una serie di problemi specifici, problemi che presentano equazioni e casi numerici particolari. Chiunque che abbia acquistato padronanza di un'abilità o di uno sport (si può pensare al balletto, al golf o al fatto di suonare il pianoforte), sa benissimo che una parte fondamentale dell'apprendimento consiste in esercitazioni ripetute, anche se queste, apparentemente, non sembrano avere alcun rapporto con il modo in cui si eseguirebbe l'abilità in circostanze "reali". Riteniamo che proporre continui esercizi nell'ambito microeconomico possa avere lo stesso scopo. Una volta completato il corso di microeconomia, è possibile che uno studente non sia chiamato a fare un'analisi di statica comparata nel suo futuro. Tuttavia, vedendo concretamente (con l'uso di numeri ed equazioni) come una variazione della domanda o dell'offerta possa influenzare la condizione di equilibrio, lo studente potrà contare su una preparazione più solida di statica comparata e sarà quindi maggiormente in grado di interpretare quanto avviene nei mercati reali.

Gli Esercizi Svolti, inclusi nel testo di ogni capitolo, servono a guidare l'allievo attraverso esempi numerici specifici. In ogni Capitolo, proporremo alcuni esercizi svolti; si tratta di esercizi appositamente ideati per illustrare in concreto i concetti al centro del capitolo. Tali esercizi sono poi integrati dalle rappresentazioni grafiche e dall'esposizione verbale, di modo che gli allievi possano vedere chiaramente, con l'uso di numeri e relazioni funzionali, il significato dei grafici e dei concetti che si vuole loro trasmettere. Queste esercitazioni porteranno l'allievo a poter risolvere problemi pratici di difficoltà simile, se non superiore, a quella degli problemi proposti a conclusione di ogni capitolo. Come menzionato in precedenza, abbiamo infatti inserito un pacchetto di problemi a fine capitolo per dare agli allievi e ai lori docenti un'occasione per valutare le conoscenze acquisite

Funziona in teoria ma... funziona anche nella pratica?
Numerosi esempi tratti dal mondo reale illustrano come la microeconomia sia applicabile ad una vasta gamma di decisioni, relative sia all'attività di impresa che alle politiche pubbliche. All'inizio di ogni Capitolo potrete trovare un lungo esempio, volto proprio ad introdurre il tema-chiave del capitolo stesso; all'interno dei capitoli verranno fatti continui riferimenti ai mercati reali e al mondo delle imprese, proprio per sottolineare alcuni concetti ed alcuni strumenti.

Ogni capitolo contiene, in media, quattro esempi, che vanno sotto il nome di Applicazioni, il cui elenco completo potrà essere trovato nell'Indice delle Applicazioni.

I grafici spiegano meglio di mille parole!
Faremo ricorso a grafici e tabelle in misura maggiore rispetto ad altri testi, poiché li riteniamo centrali nell'analisi economica: essi permettono infatti di descrivere in modo schematico interazioni anche particolarmente complesse e, in economia, un grafico chiaro può essere meglio di mille parole.

In molti casi, la spiegazione di idee e concetti economici attraverso le parole appare macchinosa e poco intuitiva. Le tabelle ed i grafici sono strumenti molti validi sotto questo profilo, ma può capitare che alcuni studenti non riescano a cogliere il significato a prima vista. Crediamo però che il nostro modo di esporre l'intuizione economica che sta alla base dei grafici sia chiaro e facile da seguire. Abbiamo infatti lavorato su ogni dettaglio per migliorare l'esposizione. Le pazienti spiegazioni "passo per passo", abbinate agli esempi proposti, permetteranno persino ai principianti di capire come i grafici sono stati costruiti e che cosa questi significhino per davvero.

Prefazione all'edizione italiana

Il testo che qui presentiamo racchiude la competenza e l'esperienza didattica di David Besanko e Ronald Braeutigam. Nell'ormai ampio panorama di volumi di microeconomia pubblicati nel nostro Paese, la loro opera si connota per il sapiente mix tra chiarezza e rigore espositivo, tra aspetti teorici e casi concreti. Mantenendo un linguaggio sempre accessibile, gli autori espongono e discutono tutti gli argomenti presenti nella maggior parte dei testi moderni di microeconomia, affiancando alla trattazione teorica alcune utili applicazioni analitiche e interessanti vicende (anche recenti) tratte dalla realtà. L'impiego di semplici modelli stilizzati e il livello di difficoltà degli esercizi sottoposti allo studente rendono possibile l'utilizzo del volume in tutti i corsi di microeconomia, specialmente quelli in cui il docente desidera affiancare all'intuizione dei vari fenomeni economici anche una loro semplice formalizzazione.

Nella prima edizione italiana, alcune parti del testo americano sono state abbreviate per non appesantire la trattazione, mentre in altre parti sono state apportate integrazioni (ad esempio, abbiamo aggiunto un paragrafo sulle scelte intertemporali ed uno sull'informazione imperfetta nei mercati reali), ovviamente nel pieno rispetto della struttura originaria. In tutti i capitoli ci siamo sforzati di adeguare al contesto italiano, o europeo, i vari esempi utilizzati a fini didattici dagli autori, molti dei quali sono stati appositamente riscritti o rielaborati.

In questa seconda edizione abbiamo ampliato la teoria della scelta del consumatore nelle parti relative agli effetti di reddito e di sostituzione, della scelta intertemporale e delle preferenze rivelate. Abbiamo anche ampliato le parti dedicate alla teoria dei giochi e all'equilibrio economico generale. Infine sono state introdotte nuove applicazioni e nuovi esercizi in ogni capitolo.

L'approccio distintivo di Besanko e Braeutigam è basato sulla spiegazione della microeconomia attraverso fatti reali. Abbiamo quindi progettato di scrivere ex novo un'Applicazione per capitolo, ispirandoci ai più recenti avvenimenti della cronaca economica europea e italiana oppure facendo riferimento ad aziende italiane o europee realmente esistenti. Altri box sono stati adattati al contesto italiano da Annamaria Bagnasco, Angela Besana, Valeria Bricola e Viviana Clavenna (Università IULM, Milano), che hanno anche collaborato alla traduzione del volume.

Come molti colleghi sanno, l'attività di traduzione e curatela di un libro di testo è impegnativa e faticosa. La nostra speranza è di essere riusciti a rendere l'opera di Besanko e Braeutigam facilmente fruibile da parte degli studenti italiani. Del resto, da essi è ispirato e ad essi è indirizzato il lavoro didattico di ogni docente.

Novità della terza edizione italiana

Nella terza edizione è stato introdotto un capitolo (a cura di Stefania Ottone) dedicato all'economia comportamentale e al metodo sperimentale. In questo capitolo si descrive come, per quali motivi e in quali contesti il comportamento degli esseri umani si discosta da quello dell'*Homo Oeconomicus*. Ovviamente si tratta di un capitolo scritto con finalità costruttive e propositive e non certo una critica nei confronti della teoria economica classica. In alcuni paragrafi si parla esplicitamente di come un dialogo tra teoria economica classica ed economia comportamentale possa portare, da un lato a descrivere e predire in maniera più realistica il comportamento umano, dall'altro a migliorare il processo decisionale degli agenti economici. In sintesi, questo diciottesimo capitolo è un'aggiunta dovuta che, come le applicazioni introdotte nella seconda edizione, arricchisce il manuale nello spirito originario del testo che non perde mai di vista il mondo reale.

Giam Pietro Cipriani, Paolo Coccorese e Stefania Ottone
ottobre 2015

Curatori dell'edizione italiana

Giam Pietro Cipriani è professore ordinario di Economia Politica presso l'Università degli Studi di Verona.

Paolo Coccorese è professore ordinario di Economia Politica presso l'Università degli Studi di Salerno.

Stefania Ottone è professore associato di Scienza delle finanze presso l'Università degli Studi di Milano-Bicocca.

Ringraziamenti dell'Editore

L'Editore ringrazia i docenti che hanno partecipato alla review e che, con le loro preziose indicazioni, hanno contribuito alla realizzazione della terza edizione di *Microeconomia* :

Antonio Acconcia, Università degli Studi di Napoli Federico II

Adriana Barone, Università degli Studi di Salerno

Silvia Bertarelli, Università degli Studi di Ferrara

Eloisa Campioni, LUISS Guido Carli - Roma

Ugo Colombino, Università degli Studi di Torino

Anna Florio, Politecnico di Milano

Luigi Marengo, LUISS Guido Carli - Roma

Indice XIX

Guida alla lettura

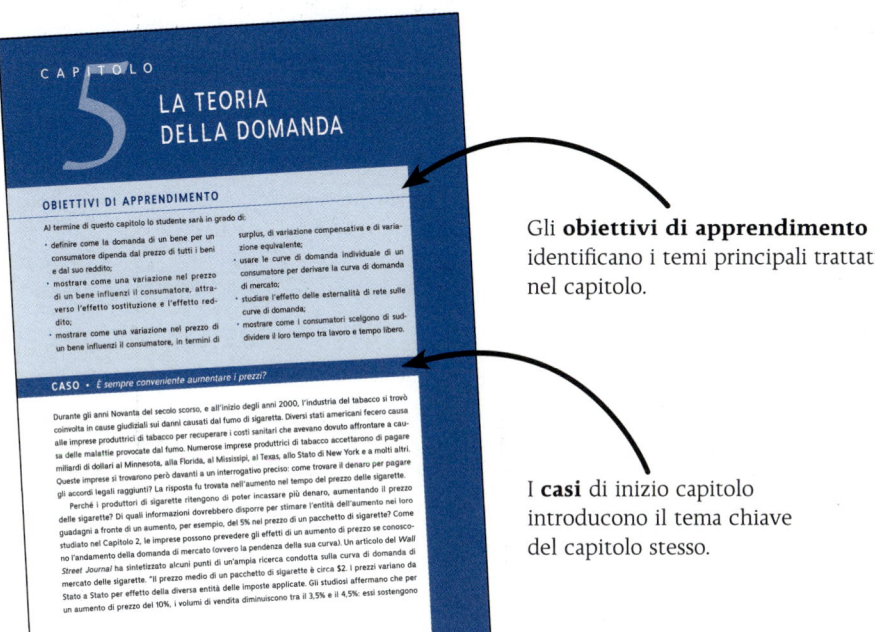

Gli **obiettivi di apprendimento** identificano i temi principali trattati nel capitolo.

I **casi** di inizio capitolo introducono il tema chiave del capitolo stesso.

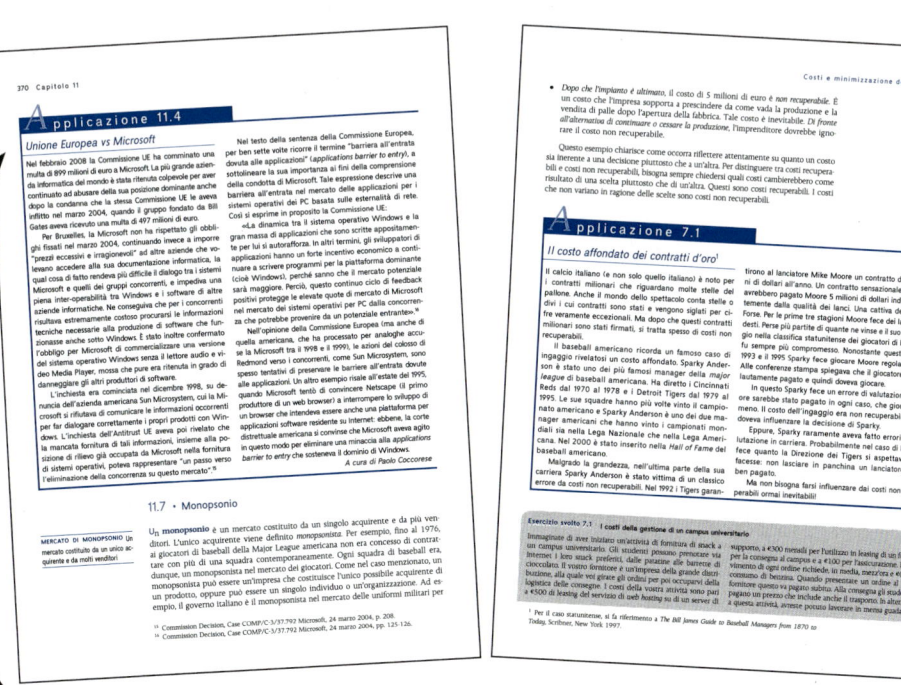

Le **applicazioni** sono esempi tratti dal mondo reale che illustrano come la microeconomia sia applicabile ad una vasta gamma di decisioni, relative sia all'attività di impresa che alle politiche pubbliche.

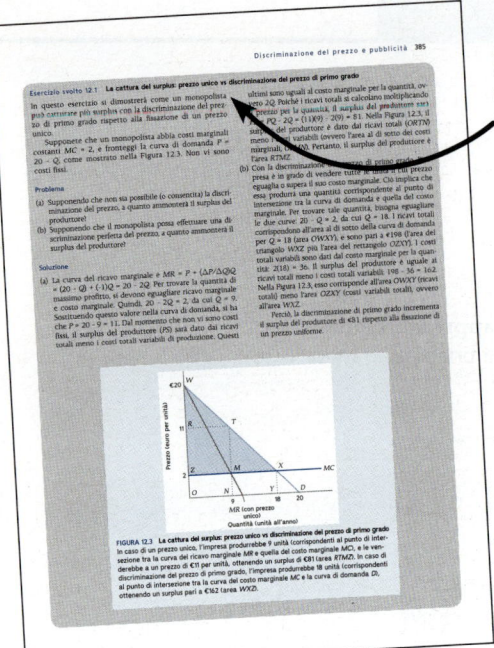

Gli **esercizi svolti** sono dimostrazioni numeriche delle teorie illustrate.

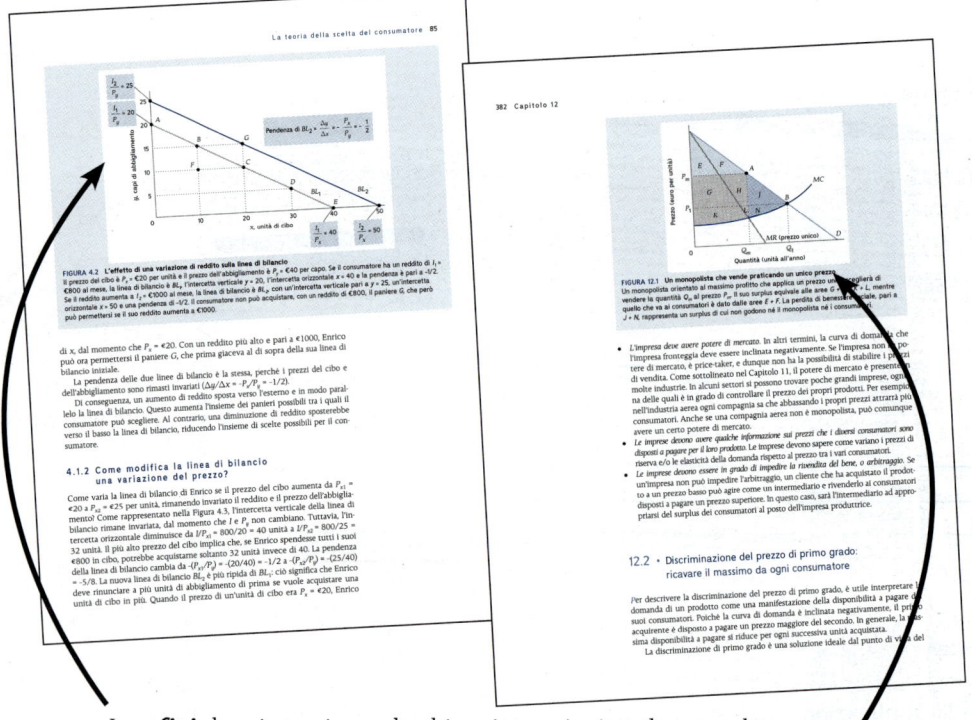

I **grafici** descrivono in modo chiaro interazioni anche complesse.

XXI Guida alla lettura: il libro

I **riepiloghi** sintetizzano i principali temi trattati nel capitolo.

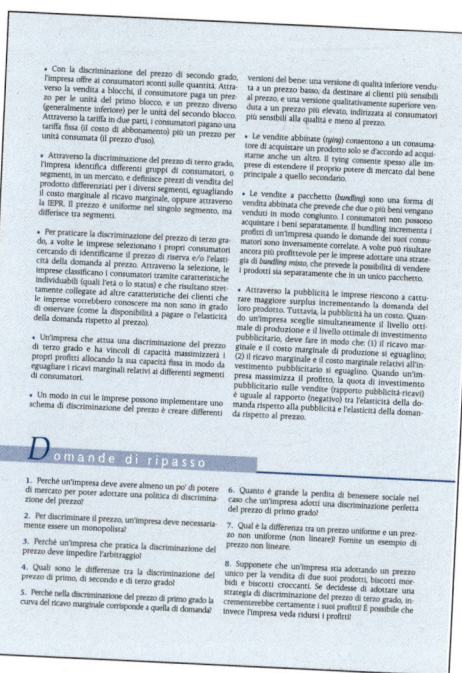

Le **domande di ripasso** sono un utile strumento di verifica dell'apprendimento.

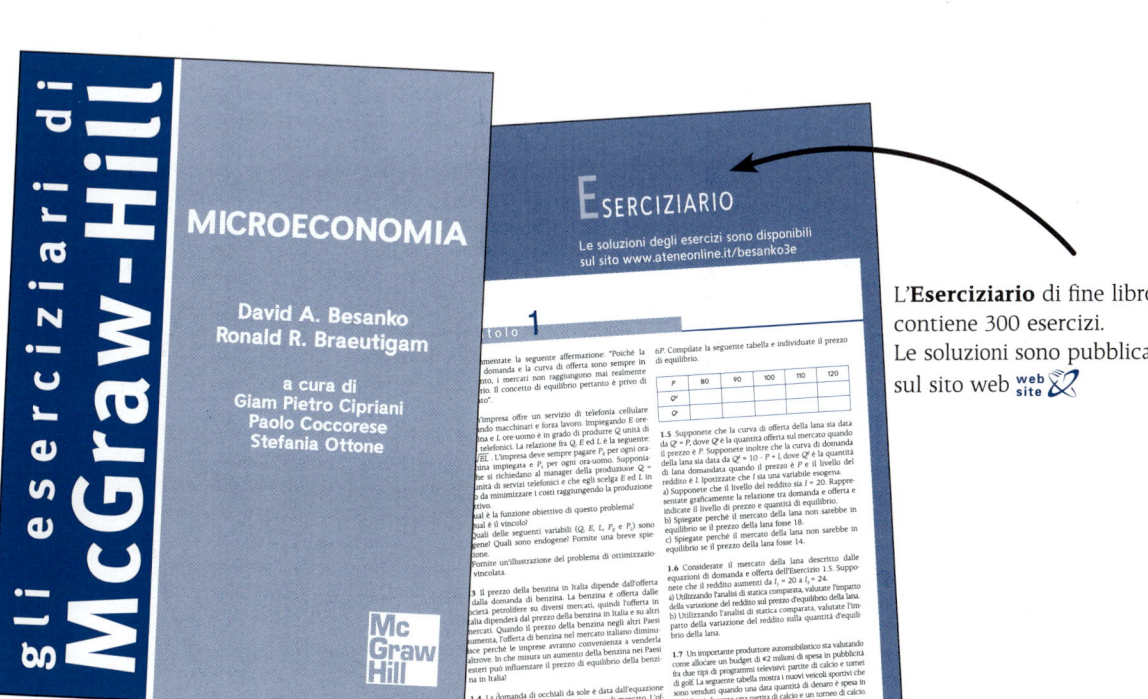

L'**Eserciziario** di fine libro contiene 300 esercizi. Le soluzioni sono pubblicate sul sito web

CAPITOLO 1

PROBLEMI DI ANALISI ECONOMICA

OBIETTIVI DI APPRENDIMENTO

Al termine di questo capitolo lo studente sarà in grado di:

- imparare a distinguere fra microeconomia e macroeconomia;
- spiegare perché l'economia può essere considerata la scienza delle scelte vincolate che si occupa dell'allocazione di risorse scarse;
- distinguere tra variabili endogene e variabili esogene;
- studiare l'ottimizzazione vincolata e abituarsi a ragionare in termini marginali;
- conoscere l'analisi di equilibrio;
- capire come la statica comparata possa essere applicata tanto all'ottimizzazione vincolata quanto all'analisi di equilibrio;
- distinguere tra analisi positiva e analisi normativa.

CASO • *La microeconomia e il riscaldamento del pianeta Terra*

Da qualche anno gli esperti sono d'accordo nel ritenere che il riscaldamento del pianeta sia un problema concreto e che tale problema abbia avuto origine dalle attività dell'uomo, quali per esempio spostarsi su mezzi a motore e utilizzare energia elettrica prodotta con combustibili fossili. Tali attività portano a una crescente concentrazione di gas serra (diossido di carbonio, metano ecc.) nell'atmosfera. Sebbene la diagnosi sia ormai chiara, la cura per questa malattia lo è di meno. Tutti i Paesi hanno centrali elettriche, industrie e flotte di automobili e autocarri che sono responsabili delle emissioni dei gas serra; il numero di possibili fonti d'inquinamento, quindi, è così vasto da far inorridire chiunque. Ma una grande nazione come gli Stati Uniti, che ha la più alta quota di emissioni di diossido di carbonio (circa il 24% nel 2002) a livello mondiale, è recalcitrante a sostenere l'enorme costo associato alla diminuzione delle proprie emissioni di gas a effetto serra.[1]

Per via di questi problemi, combattere il riscaldamento globale potrebbe sembrare una battaglia persa in partenza. Grazie in parte alla microeconomia, tuttavia, le varie nazioni del mondo possono intraprendere questa sfida; le idee di base di questa disciplina, infatti, vengono oggi utilizzate per ridurre le emissioni di gas a effetto serra a un costo molto più basso di quanto nessuno si fosse potuto aspettare. Quanto detto è ben illustrato dal sistema del Mercato delle Emissioni adottato dall'Unione Europea.

---

[1] Questo è il motivo per cui gli Stati Uniti non hanno firmato il Protocollo di Kyoto, che ha chiamato i Paesi industrializzati a un significativo taglio nelle emissioni di gas serra.

Secondo gli impegni previsti dal Protocollo di Kyoto (firmato dagli Stati membri dell'Unione Europea ma non dagli Stati Uniti), le nazioni europee devono operare una riduzione delle proprie emissioni di gas serra pari all'8% di quelle registrate nel 1990. Per raggiungere questo scopo l'Unione Europea ha adottato il sistema dei permessi di emissione negoziabili (*cap-and-trade system*).

Questo tipo di sistemi applica l'analisi microeconomica per raggiungere un dato livello di riduzione dell'inquinamento al costo più basso possibile e funziona in questo modo: vengono imposte delle soglie limite (*CAP*) alla quantità di gas serra, quali il diossido di carbonio (CO_2), che possono essere prodotti da sorgenti specifiche (per esempio centrali elettriche o industrie); allo stesso tempo, a queste sorgenti di inquinamento (per esempio di CO_2) vengono rilasciati dei permessi di emissione, che consentono di emettere un certo quantitativo di CO_2 in un determinato intervallo di tempo. Le imprese sono libere di scambiare questi permessi in un libero mercato. L'idea di fondo di questo sistema è che un'impresa che riesce a ridurre con convenienza le emissioni di CO_2 al di sotto del proprio limite (installando sistemi di controllo dell'inquinamento) può vendere la propria rimanenza ad altre imprese, per le quali il controllo dell'inquinamento risulta più oneroso.

Il bello di questo sistema – che ha origine direttamente dal fatto che è basato sul libero mercato – è che le riduzioni delle emissioni sono raggiunte nella maniera più economica possibile. Inoltre, per un Governo (o gruppi di Governi, come nel caso europeo) non è necessario sapere quali aziende riducono più agevolmente le proprie emissioni; è il libero mercato che identifica queste aziende attraverso l'acquisto e la vendita dei permessi: quelle che con bassi costi si mantengono sotto i limiti vendono i propri permessi, le altre li comprano. Inoltre, riducendo la vendita di permessi nel tempo, i Governi possono ridurre l'inquinamento, assicurandosi allo stesso tempo che lo scopo sia raggiunto al minor costo possibile.

La microeconomia è un campo di studi con numerose applicazioni; può aiutare i Governi a fronteggiare problemi come il riscaldamento del pianeta, ma può anche aiutarli nell'anticipare le conseguenze non previste delle decisioni che adottano. Può inoltre aiutare le aziende a comprendere il mercato in cui operano, dando loro strumenti concreti per aprirsi la strada verso nuovi profitti attraverso idonee strategie di prezzo. Allo stesso tempo, la microeconomia può aiutarci a capire come i consumi dei nuclei familiari siano modellati dai fondamentali (gusti, fascia di prezzo ecc.) cui vanno incontro e può far luce sul motivo per cui in un mercato competitivo i prezzi fluttuano nella maniera che si osserva. La microeconomia può anche aiutarci a comprendere fenomeni sociali come il crimine e i matrimoni (sì, gli economisti studiano anche queste cose!). Ciò che più colpisce è che quasi tutti i fenomeni studiati dipendono da tre importanti strumenti analitici: l'ottimizzazione vincolata, l'analisi dell'equilibrio e la statica comparata.

1.1 • Perché studiare la microeconomia?

L'economia è la scienza che si occupa dell'allocazione di risorse scarse al fine di soddisfare i bisogni infiniti degli esseri umani, ossia tutti i beni e servizi che gli individui desiderano, come per esempio cibo, abbigliamento, abitazioni e ogni altro bene che migliori la qualità della vita.

Poiché ciascuno di noi pensa sempre di poter migliorare il proprio benessere, i nostri bisogni sono illimitati. Per produrre beni e servizi abbiamo però bisogno di risorse, come lavoro, capacità manageriali, capitale e materie prime. Le risorse sono scarse perché l'offerta è limitata. La scarsità delle risorse implica che noi siamo vincolati nelle scelte possibili circa i beni e servizi da produrre e le esigenze da soddisfare. Ecco perché l'economia è spesso descritta come *la scienza della scelta vincolata*.

Parlando in senso lato, l'economia è composta da due branche, la **microeconomia** e la **macroeconomia**. Il prefisso *micro* deriva dal termine greco *mikros*, che vuol dire "piccolo". La microeconomia pertanto studia le scelte economiche degli individui, siano essi consumatori, lavoratori, imprese o manager, e analizza anche il comportamento delle singole famiglie, delle industrie, dei mercati, dei sindacati e delle associazioni commerciali. Il prefisso *macro* viene invece dal termine greco *makros* che vuol dire "ampio". La macroeconomia studia l'andamento generale dell'economia di una nazione. In altre parole in un corso di macroeconomia si analizza il comportamento degli aggregati economici quali reddito e occupazione, livello dei tassi di interesse e prezzi, tasso di inflazione, e la natura dei cicli economici nell'economia di una nazione.

La scelta vincolata è importante tanto nella microeconomia quanto nella macroeconomia. In macroeconomia per esempio noteremo come una società caratterizzata da un livello di piena occupazione per incrementare la produzione di beni militari debba ridurre la produzione di beni civili. Allo stesso modo potrà far uso di un maggior quantitativo di risorse naturali esauribili, come gas naturale, carbone, petrolio, per produrre beni oggi riducendo il quantitativo di risorse disponibili per il futuro. Nello scenario microeconomico, un consumatore può decidere di dedicare più tempo al lavoro, ma in tal caso dovrà ridurre il numero di ore a disposizione da dedicare al tempo libero. Un consumatore può spendere in consumi una quota maggiore del reddito oggi, risparmiando una quota inferiore per il futuro. Analogamente un manager potrebbe decidere di spendere di più in pubblicità, ma questo potrebbe ridurre le disponibilità in ricerca e sviluppo.

Ogni società ha la possibilità di scegliere come allocare le sue limitate risorse. Alcune scelgono una organizzazione fortemente centralizzata. Durante la Guerra Fredda, per esempio, le autorità governative avevano il controllo quasi totale dell'allocazione delle risorse nelle economie dell'Europa dell'Est e dell'Unione Sovietica. Altri Paesi quali per esempio il Nord America e l'Europa Occidentale storicamente si basavano più su un sistema di mercato decentralizzato per l'allocazione delle risorse. Ogni istituzione, indipendentemente dal sistema di mercato, deve rispondere alle seguenti domande:

- quali beni e servizi produrre, e in quali quantità?
- chi produrrà i beni e servizi, e come?
- chi fruirà dei beni e servizi prodotti?

L'analisi microeconomica tenta di rispondere a queste domande studiando il comportamento di singoli agenti economici. Rispondendo agli interrogativi circa il comportamento dei produttori e consumatori, la microeconomia ci aiuta a comprendere le singole parti che congiuntamente danno luogo a un modello economico completo.

L'analisi microeconomica fornisce anche le fondamenta per esaminare il ruolo del governo nell'economia e gli effetti delle azioni governative. Gli strumenti microeconomici sono frequentemente utilizzati per risolvere questioni importanti nella società contemporanea, come per esempio inquinamento, controllo degli affitti, leggi sul salario minimo, dazi e quote d'importazione, tasse e sussidi, programmi di buoni alimentari, politiche di assistenza per la casa e la scuola, programmi di assistenza sanitaria, sicurezza sul posto di lavoro e regolamentazione delle imprese private.

1.2 • Tre importanti strumenti d'analisi

Per studiare i fenomeni reali in un mondo che è eccessivamente complesso, gli economisti creano e analizzano modelli economici, o descrizioni formali, dei problemi affrontati. Un modello economico è come una mappa stradale che prende una realtà fisica complessa (terreni, strade, appartamenti, negozi, zone di parcheggio, viottoli e altri elementi) e li riduce allo stretto necessario: strade principali e autostrade. La piantina stradale è un modello astratto che serve a uno specifico compito: consente di vedere dove ci si trova e come raggiungere il luogo di destinazione.

Per fornire una rappresentazione più chiara della realtà, trascura molti dettagli di valore che rendono ogni città unica e affascinante. I modelli economici si comportano all'incirca allo stesso modo. Per esempio, per capire come un problema di siccità in Colombia possa influenzare il prezzo del caffè in Italia, un economista può utilizzare un modello economico che trascura molti dettagli dell'industria, compresi alcuni aspetti della sua storia o la personalità di molte persone che lavorano nel campo. Questi dettagli possono essere utilizzati per produrre un articolo interessante in un settimanale, ma non ci aiutano a capire le forze fondamentali che determinano il prezzo del caffè.

Qualsiasi modello, che lo si utilizzi per risolvere problemi di chimica, o di fisica o di economia, deve specificare quali variabili saranno prese come date nell'analisi e quali invece devono essere determinate dal modello. Tutto questo ci porta a una importante distinzione tra variabile *esogena* e variabile *endogena*. Si dice che una **variabile** è **esogena** se il suo valore è dato in un certo modello. In altre parole il valore di una variabile esogena è determinato da alcuni processi esterni al modello esaminato. Una **variabile endogena** è una variabile il cui valore è determinato internamente al modello.

Per cogliere la differenza, supponiamo di voler realizzare un modello per predire a che distanza cadrà una palla dopo essere stata lanciata dal punto più alto di un edificio. Si può ipotizzare che nella nostra analisi alcune variabili, come la forza di gravità o la densità dell'aria, attraverso cui deve passare la palla, siano prese come date (*variabili esogene*). Date le variabili esogene, il nostro modello descriverà la relazione tra la distanza percorsa dalla palla e il tempo trascorso dal momento del lancio. La distanza e il tempo previsto dal modello costituiranno le variabili endogene.

VARIABILE ESOGENA Una variabile il cui valore è considerato come dato nell'analisi di un sistema economico.

VARIABILE ENDOGENA Una variabile il cui valore è determinato all'interno del modello economico in esame.

Quasi tutti i modelli microeconomici si basano su tre strumenti analitici chiave; riteniamo che questo renda la microeconomia un campo di studi unico. Indipendentemente dall'argomento specifico – sia il prezzo del caffè in Italia o le scelte delle imprese su Internet – la microeconomia utilizza sempre gli stessi tre strumenti analitici:

1. ottimizzazione vincolata;
2. analisi dell'equilibrio;
3. statica comparata.

In questo libro applicheremo questi strumenti a problemi microeconomici. Questa sezione introduce questi tre strumenti e fornisce esempi per utilizzarli al meglio. Non ci si aspetti di imparare a usare questi strumenti solamente leggendo questo capitolo. L'importante è imparare piuttosto a riconoscerli quando verranno utilizzati nei capitoli successivi.

1.2.1 Ottimizzazione vincolata

Come abbiamo notato precedentemente, l'economia è la scienza della scelta vincolata.

Si utilizza l'**ottimizzazione vincolata** quando un individuo cerca di fare la miglior scelta (*scelta ottimale*), tenuto conto di ogni possibile limitazione o restrizione sulle scelte. Pertanto possiamo considerare il problema dell'ottimizzazione vincolata come formato da due parti: una funzione obiettivo e un insieme di vincoli. La **funzione obiettivo** è la funzione che il soggetto decisore deve ottimizzare, cioè deve massimizzare o minimizzare. Per esempio un consumatore può voler acquistare alcuni beni con l'obiettivo di massimizzare il proprio benessere. In questo caso la funzione obiettivo sarebbe la relazione che descrive il grado di soddisfazione ottenuto dal consumatore quando acquista qualsiasi particolare combinazione di beni. Allo stesso modo un produttore potrebbe voler pianificare la propria attività produttiva in modo da minimizzare i costi di produzione.

In questo caso la funzione obiettivo mostra come i costi totali di produzione dipendano dalle varie possibilità produttive a disposizione dell'impresa. Gli individui sono anche consapevoli del fatto che le scelte che è possibile effettuare sono limitate. Ciò riflette il fatto che le risorse sono scarse, o che per qualche altra ragione possono essere fatte solo alcune scelte.

In un problema di ottimizzazione vincolata, i **vincoli** rappresentano le restrizioni o i limiti imposti ai decisori.

OTTIMIZZAZIONE VINCOLATA Uno strumento d'analisi per attuare scelte migliori (ottimali), prendendo in esame qualsiasi limitazione o restrizione nella scelta.

FUNZIONE OBIETTIVO La funzione che un decisore cerca di massimizzare o minimizzare.

VINCOLI Le restrizioni o limiti imposti al decisore in un problema di ottimizzazione vincolata.

Esempi di ottimizzazione vincolata

Consideriamo due esempi per chiarire la differenza tra una funzione obiettivo e un vincolo. Provate a individuare in ogni esempio la funzione obiettivo e il vincolo. (Non provate a risolvere i problemi. Presenteremo le tecniche risolutive nei prossimi capitoli. Per ora è importante capire quali siano esempi di problemi di ottimizzazione vincolata.)

Per convenzione gli economisti risolvono il problema di ottimizzazione vincolata, come quello affrontato dal pastore (si veda l'Esercizio svolto 1.1), nel modo seguente:

$$\max_{L,W} LW$$

Sotto il vincolo $2L + 2W \leq F$

> **Esercizio svolto 1.1 Ottimizzazione vincolata: il recinto del pastore**
>
> Supponiamo che un pastore stia decidendo di realizzare un recinto rettangolare per le sue pecore. Dispone di F metri di steccato e non può permettersi di acquistarne altro. Può invece scegliere le dimensioni del recinto che avrà una lunghezza di L metri e un'ampiezza di W metri. Vorrebbe scegliere L e W in modo da massimizzare l'area del recinto, assicurandosi però anche che la quantità totale di recinto utilizzato non ecceda gli F metri.
>
> **Problema**
>
> (a) Qual è in questo problema la funzione obiettivo?
> (b) Qual è il vincolo?
> (c) Quali, tra le variabili presenti nel modello (L, W e F), sono variabili esogene? Quali endogene? Fornite una breve spiegazione.
>
> **Soluzione**
>
> (a) La funzione obiettivo è la relazione che il pastore sta cercando di massimizzare – in questo caso l'area LW.
> (b) In altre parole il pastore sceglierà L e W in modo da massimizzare la funzione obiettivo LW. Il vincolo descriverà le restrizioni imposte al pastore. Abbiamo assunto che il pastore abbia solo F metri disponibili per realizzare un recinto rettangolare. Il vincolo $2L + 2W$ ci impone che il perimetro non ecceda la quantità di recinto disponibile, F. Pertanto il vincolo può essere scritto come: $2L + 2W \leq F$.
> (c) Il pastore può disporre solo di F metri di steccato. Il perimetro F pertanto è una variabile esogena perché nel modello è una quantità nota. L e W sono variabili endogene perché i loro valori possono essere scelti dal pastore (sono determinati all'interno del modello).

La prima riga rappresenta la funzione obiettivo, l'area LW, e dice se deve essere massimizzata o minimizzata. (Se la funzione obiettivo dovesse essere minimizzata "max" diventerebbe "min".)

Le variabili sotto la scritta "max" rappresentano l'insieme delle variabili endogene controllate dall'agente (soggetto che prende le decisioni); in questo esempio si tratta di L e W, dal momento che il pastore può scegliere la lunghezza e l'ampiezza del recinto.

La seconda riga rappresenta il vincolo sul perimetro. Ci dice che il pastore può scegliere L e W fintanto che ("sottoposto" al vincolo che) il perimetro non ecceda F. Considerate congiuntamente, le due relazioni del problema ci dicono che il pastore sceglierà L e W per massimizzare l'area, ma queste scelte sono vincolate alla quantità di steccato disponibile.

Ora passiamo a illustrare il problema dell'ottimizzazione vincolata con un problema noto in economia, la scelta del consumatore. (La scelta del consumatore sarà analizzata in dettaglio nei Capitoli 3, 4 e 5.)

Valutazione marginale e ottimizzazione vincolata

L'analisi dell'ottimizzazione vincolata può rivelare che le risposte più ovvie alle domande dell'economia possono essere sbagliate. Illustreremo questo punto mostrando come i problemi dell'ottimizzazione vincolata possono essere risolti utilizzando la **valutazione marginale**.

Immaginiamo di essere responsabili dei prodotti di una piccola azienda produttrice di birra, che produce una microfiltrata a fermentazione di alta qualità. Abbiamo un budget di un milione di euro da spendere in pubblicità per il prossimo anno e occorre allocarlo tra spot su TV locali e radio. Sebbene la pubblicità in radio sia meno costosa, quella in TV raggiunge un pubblico più vasto; inoltre, ha anche un effetto più persuasivo e così, in media, stimola maggiormente nuove vendite.

Per capire come varia il ritorno di vendite di una determinata quantità di soldi spesi in pubblicità in radio o in TV, abbiamo condotto uno studio. I risultati, riassunti nella Tabella 1.1, stimano le nuove vendite di birra in funzione dell'investimento pubblicitario fatto in TV e in radio. Per esempio, spendendo un milione di euro in pubblicità televisiva vengono generate nuove vendite per un totale di

Esercizio svolto 1.2 Ottimizzazione vincolata: scelta del consumatore

Supponiamo che un consumatore acquisti solo due tipi di beni, cibo e vestiario. Il consumatore deve scegliere quante unità di ciascun bene acquistare ogni mese. Sia F la quantità di cibo acquistata al mese e C il numero di vestiti, avendo come obiettivo la massimizzazione del proprio benessere. Supponiamo che il livello di soddisfazione del consumatore quando acquista F unità di cibo e C vestiti sia pari al prodotto FC. Ogni mese può però acquistare solo una quantità limitata di ciascun bene perché ha un vincolo di bilancio da rispettare. Per avere i beni occorre moneta e il consumatore ha un reddito limitato. Per semplicità ipotizziamo che il consumatore abbia un reddito fisso mensile pari a I e non possa spendere più di tanto nel mese. Ciascun bene ha un prezzo, e precisamente assumiamo che sia P_F il prezzo del cibo e P_C il prezzo dei vestiti.

Problema
(a) Qual è la funzione obiettivo per questo problema?
(b) Qual è il vincolo?
(c) Quali variabili (P_C, C, P_F; F e I) sono esogene? Quali sono le variabili endogene? Fornite una breve spiegazione.
(d) Rappresentate un caso di ottimizzazione vincolata.

Soluzione
(a) La funzione obiettivo è la relazione che il consumatore cerca di massimizzare. In questo esempio sceglierà la quantità di cibo e vestiario che massimizza il suo benessere, rappresentata da FC. La funzione obiettivo pertanto è FC.
(b) Il vincolo rappresenta la quantità di cibo e di vestiti che possono essere scelti in funzione del reddito. Se il consumatore acquista F unità di cibo al prezzo unitario P_F, la spesa per il cibo sarà data da $(P_F)(F)$. Analogamente, comprando C vestiti al prezzo unitario P_C, la spesa in vestiario sarà data da $(P_C)(C)$. Conseguentemente, la spesa totale sarà data da $(P_F)(F) + (P_C)(C)$. Poiché la spesa totale non può superare l'entrata mensile, il vincolo è $(P_F)(F) + (P_C)(C) \leq I$.
(c) Le variabili esogene sono quelle che per il consumatore sono già date al momento in cui effettua le sue scelte d'acquisto. Visto che la sua entrata mensile è fissa, I è una variabile esogena. Il prezzo del cibo P_F e quello del vestiario P_C sono variabili esogene, poiché il consumatore non può controllare questi prezzi. Le uniche scelte del consumatore riguardano le quantità di beni da acquistare, quindi F e C sono variabili endogene.
(d) La formalizzazione del problema dell'ottimizzazione vincolata è il seguente:

$$\max_{F,C} FC$$

Sotto il vincolo $(P_F)(F) + (P_C)(C) \leq I$

La prima linea mostra che il consumatore vuole massimizzare il prodotto FC, scegliendo F e C; la seconda mostra il vincolo: la spesa totale non può superare l'entrata.

---

25 000 ettolitri per anno. Diversamente, spendendo il milione tutto in pubblicità radiofonica, si avrebbe un incremento di 5000 ettolitri per anno. Ovviamente, è possibile suddividere gli investimenti tra i due mezzi di comunicazione, e la Tabella 1.1 ci fornisce una stima anche in questo caso. Infatti, spendendo €400 000 in

TABELLA 1.1 Nuove vendite di birra risultanti dagli investimenti pubblicitari in TV e in radio

Investimento	Nuove vendite generate (in ettolitri per anno)	
	TV	Radio
€ 0	0	0
€ 100 000	4750	950
€ 200 000	9000	1800
€ 300 000	12 750	2550
€ 400 000	16 000	3200
€ 500 000	18 750	3750
€ 600 000	21 000	4200
€ 700 000	22 750	4550
€ 800 000	24 000	4800
€ 900 000	24 750	4950
€1 000 000	25 000	5000

TV e €600 000 in radio, otterremmo 16 000 nuovi ettolitri dalla TV e 4200 dalla radio, per un totale di 20 200 ettolitri l'anno.

A questo punto sorge spontaneo chiedersi, in virtù della Tabella 1.1, come investire il nostro budget per massimizzare le nuove vendite di birra.

Questo è un classico problema di ottimizzazione vincolata: si vuole investire in pubblicità televisiva e radiofonica in maniera tale che si massimizzi un obiettivo (il ritorno in nuove vendite), con la condizione che l'investimento totale speso in TV e in radio non superi il milione di euro del budget. Usando una notazione simile a quella introdotta nei paragrafi precedenti, se $B(T, R)$ rappresenta la quantità di nuove vendite di birra quando vengono spesi T euro in pubblicità televisiva e R euro in pubblicità radiofonica, il problema di ottimizzazione vincolata è

$$\max_{T,R} B(T,R)$$

Sotto il vincolo $T + R = 1 000 000$

Una rapida lettura della Tabella 1.1 ci potrebbe suggerire una "ovvia" idea per rispondere al problema: investire tutto il budget in spot televisivi e niente in radio. Dopo tutto, come suggerito dai risultati del nostro studio, la pubblicità televisiva genera molte più nuove vendite di quella fatta in radio (un investimento in TV, infatti, è cinque volte più produttivo nelle vendite di uno fatto in radio). Questa soluzione, tuttavia, non è corretta e la ragione per cui non lo è illustra la potenza e l'importanza dell'analisi dell'ottimizzazione vincolata.

Supponiamo, quindi, di spendere l'intero budget in spot TV; in questo caso, ci si aspetta un ritorno di nuove vendite pari a 25 000 ettolitri. Consideriamo ora cosa potrebbe accadere se spendessimo €900 000 in pubblicità televisiva ed €100 000 in radio; dalla tabella notiamo che si otterrebbero nuove vendite pari a 24 750 ettolitri annui per la TV e 950 per la radio. Così, secondo questo nuovo piano, il milione di euro di budget darebbe luogo a un incremento di vendite pari a 25 700 ettolitri l'anno, ovvero 700 in più rispetto alla nostra precedente idea. Ma si può fare anche meglio: se spendessimo €800 000 per la TV ed €200 000 per la radio, avremmo un incremento totale di vendite pari a 25 800 ettolitri annui. Sebbene la Tabella 1.1 sembri implicare che la pubblicità radiofonica abbia un rendimento minore di quella televisiva, appare sensato, alla luce del nostro obiettivo, suddividere il nostro budget tra TV e radio.

Questo esempio illustra un tema che ricorre spesso in microeconomia: la soluzione di un qualsiasi problema di ottimizzazione vincolata dipende da un *impatto marginale* delle variabili decisionali sul valore della funzione obiettivo. L'impatto marginale del denaro speso in pubblicità televisiva consiste in quanto crescono le vendite di birra per ogni *ulteriore* euro speso in questo tipo di spot; l'impatto marginale della pubblicità radiofonica, invece, consiste in quanto crescono le vendite di birra per ogni *ulteriore* euro speso in questo altro tipo di spot. Si vuole investire in pubblicità radiofonica poiché, una volta investiti €800 000 in TV, l'impatto marginale di ulteriori €100 000 in TV è minore dell'impatto marginale che si avrebbe investendo in pubblicità radiofonica. Il motivo è semplice. Il tasso a cui variano le vendite di birra investendo ulteriori €100 000 è dato da (24 750 − 24 000)/100 000, ovvero 0,0075 ettolitri per ogni ulteriore euro speso. Il tasso di variazione delle vendite che si avrebbe investendo altri €100 000 in radio, invece, è dato da (24 000 + 950 − 24 000)/100 000, ovvero 0,0095 ettolitri per ogni euro aggiuntivo speso in radio. Quindi, l'impatto marginale della pubblicità radiofonica è maggiore di quello della pubblicità televisiva. Alla luce di quanto detto, ci sembra lecito investire €100 000 del nostro budget in spot radiofonici, piuttosto che in TV (a dire il vero, abbiamo già visto che è possibile andare oltre e investire tutti i €200 000 restanti in spot radiofonici).

Nella situazione che abbiamo appena analizzato, la valutazione marginale ci ha condotti a una conclusione non così ovvia, a volte difficile da comprendere e che ci può addirittura lasciare scettici. Non bisogna preoccuparsi, in genere gli studenti reagiscono in questo modo la prima volta che hanno a che fare con la valutazione marginale nei corsi di microeconomia. Tuttavia, che lo si sia capito o meno, noi abbiamo sempre usato e continueremo a usare la valutazione marginale nella nostra vita di ogni giorno. Per esempio, sebbene la pizza possa essere il nostro cibo preferito e lo si preferisca sempre a verdure come carote e broccoli, probabilmente non spenderemmo mai tutto il nostro budget settimanale per il cibo in pizza, principalmente perché, dopo aver mangiato dal lunedì al sabato sempre pizza, il piacere aggiuntivo di spendere altri soldi per prendere un'altra pizza è senz'altro minore di quello che si avrebbe impiegando gli stessi soldi per mangiare qualcos'altro di buono. Anche se si può stentare a crederlo, questa è una valutazione marginale applicata a un problema di ottimizzazione vincolata.

L'aggettivo **marginale** in microeconomia indica come una *variabile dipendente* cambi come risultato di un incremento unitario di una *variabile indipendente*. I termini **variabile dipendente** e **variabile indipendente** possono risultare nuovi; per capirne il significato si pensi a un legame tra due variabili come per esempio la quantità prodotta (che in economia viene detta *output*) e il costo totale di realizzazione della stessa. Ci si aspetta che quanto più un'azienda produca un oggetto, tanto più il suo costo aumenti. In questo esempio, si può classificare il costo totale dell'oggetto come la variabile dipendente, poiché il suo valore dipende dal volume della produzione, che invece rappresenta una variabile indipendente.

Il **costo marginale** fornisce una misura dell'**impatto incrementale** dell'ultima unità di una variabile indipendente (l'output) sulla variabile dipendente (il costo totale). Per esempio, se per aumentare la produzione di una unità occorre affrontare un costo di €5, il costo marginale sarà proprio €5. Equivalentemente, il costo marginale può essere visto come il *tasso di variazione* della variabile dipendente (il costo totale) al variare della variabile indipendente (l'output). Se il costo marginale è €5, il costo totale aumenta di €5 quando si produce una nuova unità di output.

Faremo ricorso alle misurazioni marginali per tutto il resto del libro; per esempio, le useremo nei Capitoli 4 e 5 per trovare la soluzione al problema della scelta del consumatore descritto nell'Esercizio svolto 1.2.

1.2.2 Analisi dell'equilibrio

Un secondo importante strumento della microeconomia è l'analisi dell'**equilibrio**, un concetto che può trovarsi in varie branche della scienza. L'equilibrio di un sistema è uno stato o una condizione che permane indefinitamente finché un fattore esogeno al sistema rimane costante, ovvero fintanto che un agente esterno non sposta il sistema dall'equilibrio. Per illustrare l'equilibrio, consideriamo un sistema fisico composto da una palla in una buca, come mostrato in Figura 1.1; qui la forza di gravità spinge giù la palla, verso il fondo della buca. Una palla, ferma inizialmente al punto *A*, non rimarrà in quella posizione una volta lasciata libera, ma farà su e giù fino a quando non si fermerà nel punto *B*. Dunque, la palla non è in equilibrio quando viene rilasciata nel punto *A*, poiché la palla non

> **EQUILIBRIO** Uno stato o una condizione che permane indefinitamente finché un fattore esogeno al sistema rimane costante.

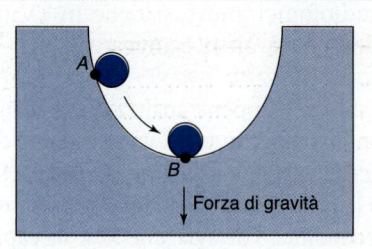

FIGURA 1.1 L'equilibrio di una palla in una buca
Il sistema fisico è in equilibrio quando la palla è a riposo nella posizione B, al fondo della buca; la palla può rimanere indefinitamente in quella posizione. Il sistema non è in equilibrio quando la palla si trova nel punto A, poiché la forza di gravità la spingerebbe verso il basso.

vi rimane; sarebbe in equilibrio se fosse lasciata nel punto B. Il sistema rimane in equilibrio quando la palla si trova nella posizione B finché un fattore esogeno non varia, per esempio fino a quando qualcuno non spinge la palla, facendola muovere da B.

È possibile che si sia già incontrata la definizione di equilibrio in un mercato competitivo nel corso di un precedente corso introduttivo di economia; nel Capitolo 2 forniremo una trattazione più dettagliata dei mercati, dell'offerta e della domanda, tuttavia per il momento limitiamoci a vedere come l'analisi dell'offerta e della domanda possono illustrare il concetto di equilibrio in un mercato. Consideriamo il mercato mondiale del caffè e supponiamo che le curve di offerta e domanda siano quelle mostrate in Figura 1.2. La curva di domanda ci dice la quantità di caffè (*Quantity*, Q) che verrebbe comprata a ogni dato prezzo in questo mercato.

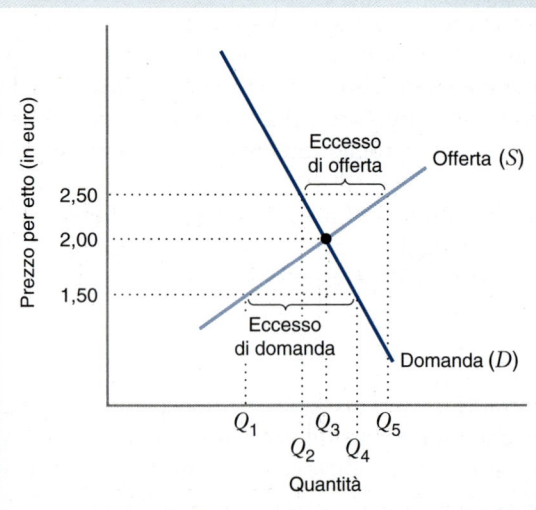

FIGURA 1.2 L'equilibrio nel mercato del caffè
Il prezzo di equilibrio per il caffè è di €2,00 l'etto; a questo prezzo il mercato si trova in equilibrio (la quantità offerta e quella richiesta sono uguali a Q_3 etti). Il mercato non sarebbe in equilibrio a un prezzo superiore a €2,00, poiché verrebbe a crearsi un eccesso di offerta, così come non sarebbe in equilibrio se il prezzo fosse più basso, poiché verrebbe a crearsi un eccesso di domanda.

Si pensi a una curva di domanda come a delle risposte a un insieme di domande del tipo "cosa accadrebbe se...?". Per esempio, cosa accadrebbe alla quantità di caffè richiesta se il prezzo fosse €2,50 all'etto? La curva di domanda di Figura 1.2 ci dice che, se il prezzo fosse quello indicato, verrebbero acquistati Q_2 etti. Al contrario, se il prezzo fosse €1,50 per etto, la curva di domanda ci dice che la quantità di caffè acquistata sarebbe pari a Q_4 etti. La pendenza negativa (o verso il basso) della curva ci mostra che prezzi più alti tendono a far ridurre il consumo di caffè e quindi la domanda.

La curva di offerta, invece, ci mostra la quantità di caffè che nel mercato sarebbe disponibile per la vendita a un dato prezzo. Analogamente al caso precedente, si può pensare a una curva di offerta come a delle risposte a un insieme di domande del tipo "cosa accadrebbe se...?". Per esempio, cosa accadrebbe alla quantità di caffè offerta se questo fosse venduto a €1,50 per etto? La curva di offerta di Figura 1.2 ci mostra che in questo caso la quantità offerta sarebbe pari a Q_1 etti; diversamente, se il prezzo per etto fosse pari a €2,50, la curva ci indica che sarebbero offerti Q_5 etti di caffè. La pendenza positiva (o verso l'alto) della curva di offerta ci fa capire che l'aumento dei prezzi tende a stimolare la produzione.

A questo punto, è lecito chiedersi in che modo il concetto di equilibrio si colleghi a questa digressione sull'offerta e sulla domanda. In un mercato competitivo, l'equilibrio è raggiunto a un prezzo in cui la quantità offerta in vendita eguaglia la quantità richiesta dai consumatori. Il mercato del caffè mostrato in Figura 1.2 sarà in equilibrio quando il prezzo raggiungerà i €2,00 per etto; a questo prezzo i produttori offriranno Q_3 etti e i consumatori acquisteranno proprio questa quantità (in termini grafici, come illustrato dalla Figura 1.2, si ha l'equilibrio quando la curva di domanda e quella di offerta si intersecano). Tutti i consumatori che sono disposti a pagare €2,00 per etto possono acquistare il caffè, e così pure tutti i produttori disposti a vendere a quel prezzo possono trovare compratori. Il prezzo del caffè può rimanere fisso a €2,00 per un tempo indefinito, visto che non c'è alcuna pressione che lo spinga verso l'alto o verso il basso; in altre parole, siamo in una situazione di equilibrio.

Per capire perché uno stato di un sistema rappresenti un equilibrio, è utile vedere perché gli altri stati *non* lo siano. Se la palla di Figura 1.1 fosse lasciata libera in una posizione diversa dal fondo della buca, la forza di gravità la muoverebbe fino al basso. Cosa accade in un mercato competitivo al realizzarsi di un prezzo non di equilibrio? Per esempio, per quale motivo il mercato del caffè non sarebbe in equilibrio a un prezzo di €2,50 per etto? A questo prezzo, sarebbero richiesti solo Q_2 etti di prodotto, mentre ne sarebbero disponibili per la vendita Q_5. In questo modo, nel mercato si avrebbe un **eccesso di offerta** di caffè. Alcuni venditori non troverebbero compratori per il loro caffè. Per trovare acquirenti i produttori, per quanto contrariati, dovranno essere disposti a vendere il loro prodotto a un prezzo minore di €2,50 per etto. Il prezzo di mercato dovrà scendere fino a €2,00 per etto, in modo da eliminare l'eccesso di offerta.

Allo stesso modo, ci si potrebbe chiedere perché un prezzo al di sotto dei €2,00 per etto, per esempio 1,50, non sia di equilibrio. A tale prezzo, la quantità richiesta sarebbe Q_4 etti, mentre ne sarebbero disponibili per la vendita solo Q_1. Si verrebbe a creare in questo mercato un **eccesso di domanda**; così alcuni acquirenti potrebbero non riuscire a vedere soddisfatta la propria richiesta di caffè e, per quanto contrariati, dovranno essere disposti a pagare un prezzo maggiore di €1,50 per etto. Il prezzo di mercato dovrà salire fino €2,00 per etto, per eliminare l'eccesso di domanda e la conseguente pressione verso l'alto sul prezzo di mercato.

1.2.3 Statica comparata

STATICA COMPARATA Un tipo di analisi utilizzata per esaminare come un cambiamento in qualche variabile esogena influisca sul valore assunto da alcune variabili endogene di un sistema economico.

Il terzo strumento analitico, la **statica comparata**, viene utilizzato per esaminare come un cambiamento in una variabile esogena possa influire sul livello di una variabile endogena di un modello economico (si veda a tal proposito la discussione sulle variabili esogene ed endogene fatta nel Paragrafo 1.2). I metodi di analisi della statica comparata possono essere applicati ai problemi di ottimizzazione vincolata o di analisi dell'equilibrio. La statica comparata consente di effettuare un'analisi del prima e del dopo, comparando due istantanee di un modello economico. La prima istantanea, dato un insieme di **valori iniziali** delle variabili esogene, ci dà i livelli delle variabili endogene, mentre la seconda istantanea ci dice come una variabile endogena che ci interessa sia cambiata, in risposta a una sollecitazione esogena, ovvero a un cambiamento nel livello di una variabile esogena.

Consideriamo un esempio per capire come la statica comparata possa essere applicata a un modello di equilibrio. Nella primavera del 1997 ingenti piogge hanno bagnato l'America Centrale, gli scioperi hanno messo in ginocchio la Colombia, mentre il Brasile è stato colpito da un'ondata di freddo. Tutte queste sollecitazioni esogene hanno influenzato il mercato mondiale del caffè, portando il prezzo ai massimi da vent'anni nel *Coffee, Sugar & Cocoa Exchange* di New York. Il prezzo del caffè è salito da circa un dollaro alla libbra di inizio anno a più di $3 per libbra di maggio.

Possiamo utilizzare la statica comparata per illustrare cosa sia accaduto nel mercato del caffè. Le forti piogge, gli scioperi e il gelo hanno portato a un decremento (uno spostamento verso sinistra) nella curva di offerta mondiale per il caffè. Prima di questi eventi, la curva di offerta era S_1 e quella di domanda D_1, come mostrato in Figura 1.3. La prima istantanea del mercato fotografa una situazione in cui era in equilibrio sia il prezzo del caffè (una variabile endogena) a $1 per libbra, quanto la sua quantità scambiata Q_1 (anche questa una variabile endogena). La sollecitazione esogena ha spostato la curva di offerta verso sinistra, fino a S_2; tuttavia, visto che la domanda di caffè non è stata influenzata dalle piogge, dagli scioperi e dal gelo, è

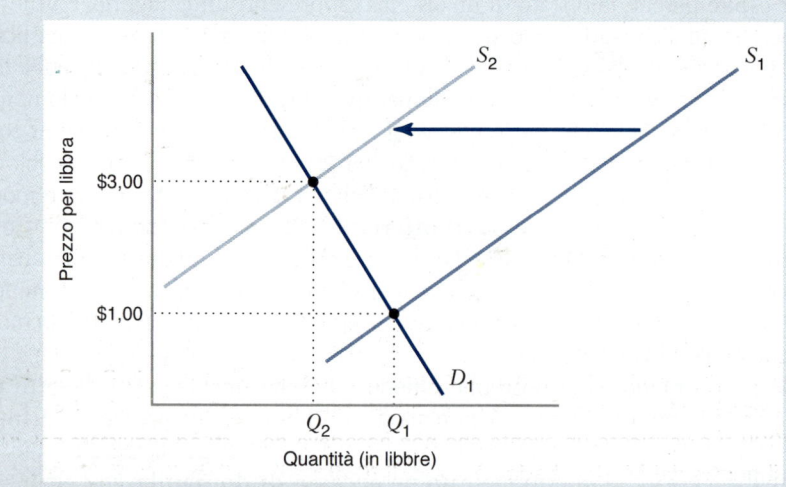

FIGURA 1.3 Statica comparata del mercato del caffè
Le forti piogge nell'America Centrale, gli scioperi in Colombia e il gelo in Brasile hanno causato uno spostamento verso sinistra nella curva di offerta mondiale per il caffè, da S_1 a S_2 (caduta dell'offerta). Il prezzo di equilibrio del caffè è salito da $1 a $3 per libbra. La quantità di equilibrio è dunque passata da Q_1 a Q_2 libbre.

ragionevole supporre che il posizionamento della curva di domanda non sia variato. La seconda istantanea del mercato indica un prezzo di equilibrio di circa $3 per libbra, con una quantità di equilibrio pari a Q_2 libbre. L'analisi della statica comparata mostra che la sollecitazione esogena ha prodotto un incremento del prezzo da $1 a $3 e un abbassamento della quantità scambiata da Q_1 a Q_2.

Nelle pagine finanziarie di un qualsiasi giornale possiamo trovare quasi ogni giorno esempi di statica comparata. I casi più tipici sono quelli degli eventi esogeni che influenzano il prezzo delle merci agricole (quali il grano, la soia, il frumento, il caffè e il cotone), il bestiame e i metalli (come rame, oro e argento). Non è strano vedere titoli come "Il prezzo del caffè s'impenna dopo le notizie degli scioperi in Colombia", "Il prezzo del grano aumenta con l'incremento della domanda dall'estero", "Il prezzo della soia balza a causa della paura di siccità" e "Il prezzo dell'argento spicca il volo ai primi segnali di riduzione di offerta". Quando vi capita di vedere titoli di questo tipo, provate a pensare in termini di statica comparata.

I due esercizi seguenti illustrano come l'analisi della statica comparata può essere utilizzata congiuntamente a un modello di equilibrio di mercato e di ottimizzazione vincolata.

Applicazione 1.1

I biglietti più difficili del mondo dello sport

I Masters, che si tengono ogni anno ad Augusta, in Georgia, sono senza dubbio il torneo di golf più prestigioso del mondo e rappresentano uno dei quattro tornei più importanti per i professionisti. Ma i biglietti dei Masters, meglio noti come *Masters badge*, funzionano come l'abbonamento a una squadra di football: chi l'ha avuto in passato, continua a poterlo rinnovare; e sono tanto prestigiosi che chi li ha avuti in passato continua a richiederli. Così i biglietti per i Masters non sono in vendita al grande pubblico dal 1972. Perfino la lista d'attesa è stata chiusa, perché interminabile. Per questo il biglietto per i Masters ha la fama di essere "il biglietto più difficile del mondo dello sport". Secondo un broker, i Masters badge sono "tra i biglietti più ambiti per la partecipazione a un evento, sportivo o meno".[2]

Chi vuole un Masters badge deve ricorrere a un broker come Stubhub o a un sito di aste online come eBay. Anche se il prezzo base di un Masters badge è nell'ordine delle centinaia di dollari, chi lo ottiene da Internet o da un broker paga un cifra nell'ordine delle migliaia. In realtà, il prezzo dei Masters badge viene deciso dal mercato. Nel 2009 si è verificato un evento che non accadeva da anni: il prezzo dei Masters badge è sceso. Il 10 di aprile del 2009, secondo Stubhub, il prezzo dei biglietti per il secondo round del torneo è passato da $1073 del 2008 a $612 del 2009, con una diminuzione del 43%.[3]

La maggiore differenza tra il 2008 e il 2009 era costituita dal fatto che nella primavera del 2009 gli Stati Uniti si trovavano nel mezzo di una forte recessione, che incideva sulla domanda di molti beni considerati di lusso dai consumatori. Sembra dunque verosimile che molti abbiano pensato che una trasferta per assistere a un torneo di golf fosse un lusso del quale potevano fare a meno.

La Figura 1.4 rappresenta la statica comparata dell'impatto della recessione sul mercato dei Masters badge. In un dato anno, l'offerta di Masters badge è fissa, quindi la curva dell'offerta S è verticale, a indicare che l'offerta di badge disponibili non varia al variare del prezzo. La curva della domanda di un anno standard è D_1. Il prezzo standard (in un anno come per esempio il 2007 o il 2008) di un biglietto per i Masters sarebbe, per esempio, $1100, che si trova all'intersezione di S_1 e D_1. Ma la recessione del 2009 ha provocato uno spostamento della curva di domanda verso sinistra, da D_1 a D_2, che indica che al variare del prezzo dei Masters badge la quantità che i consumatori erano disposti ad acquistare nel 2009 era inferiore a quella del 2008. Il risultato di questo cambiamento nel mercato dei Masters badge è un calo del prezzo da $1100 a $600.

[2] *How to get Masters tickets*, http://golf.about.com/od/majorchampionships/a/masters_tickets.htm (sito consultato il 10 aprile 2009).
[3] *Friday Masters Badge on Stubhub*, http://online.wsj.com/article/SB123932360425607253.html#mod=article-outset-box (sito consultato il 10 aprile 2009).

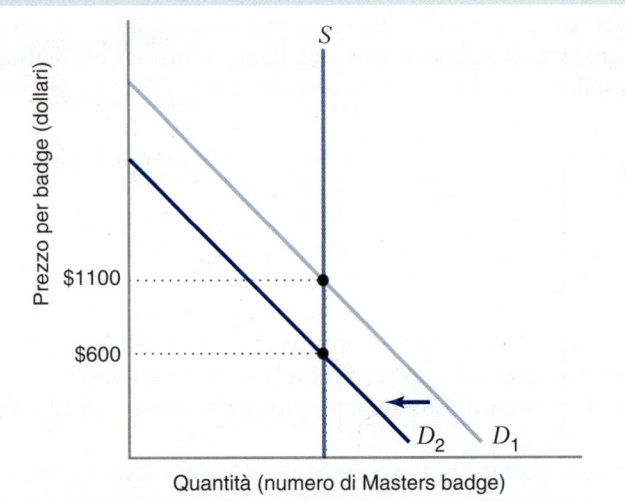

FIGURA 1.4 Statica comparata del mercato dei Masters badge
In un anno standard, l'equilibrio di mercato si verifica nel punto di intersezione tra D_1 e S_1 e il prezzo di equilibrio dei Masters badge è $1100. La recessione del 2009 ha provocato uno spostamento verso sinistra della curva di domanda, da D_1 a D_2, e il prezzo di equilibrio dei Masters badge è sceso a $600.

Esercizio svolto 1.3 Statica comparata con equilibrio di mercato per il mercato del grano

Supponiamo che in Italia la quantità di grano richiesta Q^d dipenda da due fattori: il prezzo P del grano e il livello di reddito I della nazione. Si assuma che la curva di domanda di grano sia inclinata verso il basso, di modo che ne venga richiesto di più man mano che il prezzo scende. Si assuma anche che la curva di domanda si sposti verso destra se il reddito aumenta (cioè un reddito più alto aumenta la richiesta di grano). La dipendenza della quantità di grano richiesta dal prezzo e dal reddito è rappresentata dalla funzione di domanda $Q^d(P,I)$.

Supponiamo che la quantità di grano disponibile per la vendita, Q^s, dipenda pure da due fattori: il prezzo del grano e la quantità di pioggia che cade durante il periodo di crescita, r. La curva di offerta pende verso l'alto, in maniera tale che al crescere del prezzo del grano venga offerto più grano. Assumiamo che la curva di offerta si sposti verso destra (viene prodotto più grano) se piove di più. La relazione che illustra quale sia la quantità di grano offerto a un qualsiasi prezzo e a una qualsiasi quantità di pioggia è data dalla funzione di offerta $Q^s(P,r)$.

In equilibrio, il prezzo del grano si sistemerà in maniera tale che domanda e offerta si incontrino ($Q^d = Q^s$). Indichiamo con Q^* e con P^* rispettivamente la quantità e il prezzo del grano scambiati in equilibrio. Possiamo ritenere che il mercato del grano rappresenti solo una piccola parte dell'economia italiana, quindi le entrate della nazione non sono considerevolmente influenzate da quanto avviene in questo mercato.

Problema

(a) Si supponga che il reddito cresca da I_1 a I_2. Si mostri in un grafico correttamente etichettato come il cambiamento di queste variabili esogene influenzi ciascuna delle variabili endogene.
(b) Si supponga che il reddito rimanga fisso a I_1, ma che la quantità delle piogge passi da r_1 a r_2. Illustrate, in un grafico simile al precedente, come il cambiamento di queste variabili esogene influenzi ciascuna delle variabili endogene.

Soluzione

(a) Come mostrato in Figura 1.5, il cambiamento di reddito sposta la curva di domanda verso destra (incremento della domanda), da D_1 a D_2. La posizione della curva di offerta, S_1, è invariata poiché Q^s non dipende da I. Il prezzo di equilibrio, quindi, sale da P_1^* a P_2^*. Dunque il cambiamento nel reddito porta a un cambiamento del prezzo di equilibrio. Anche la quantità di equilibrio cresce, da Q_1^* a Q_2^*, quindi la variazione del reddito porta anche a una variazione nelle quantità scambiate.
(b) Come mostrato in Figura 1.6, un aumento nelle piogge sposta la curva di offerta verso destra (aumento dell'offerta), da S_1 a S_2. Il posizionamento della curva di domanda, D_1, non viene interessato, poiché Q^d non dipende da r. Il prezzo di equilibrio, quindi, scende da P_1^* a P_2^*. Dunque una variazione nelle precipitazioni porta a un cambiamento nel prezzo di equilibrio. Le quantità scambiate in equilibrio salgono da Q_1^* a Q_2^*, quindi la variazione nelle piogge porta anche a una variazione nelle quantità scambiate.

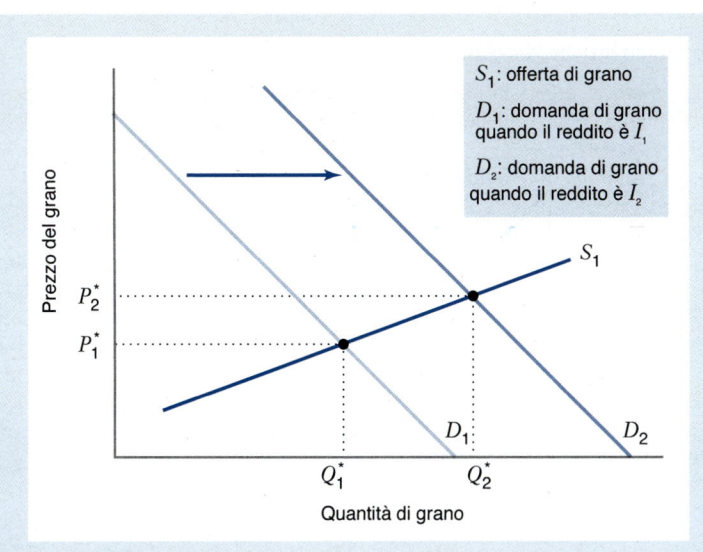

FIGURA 1.5 Statica comparata: incremento del reddito nazionale
Quando il reddito sale da I_1 a I_2, la curva di domanda si sposta da D_1 a D_2 (la domanda aumenta). Il prezzo di equilibrio salirà da P_1^* a P_2^*, così come la quantità di equilibrio, che salirà da Q_1^* a Q_2^*.

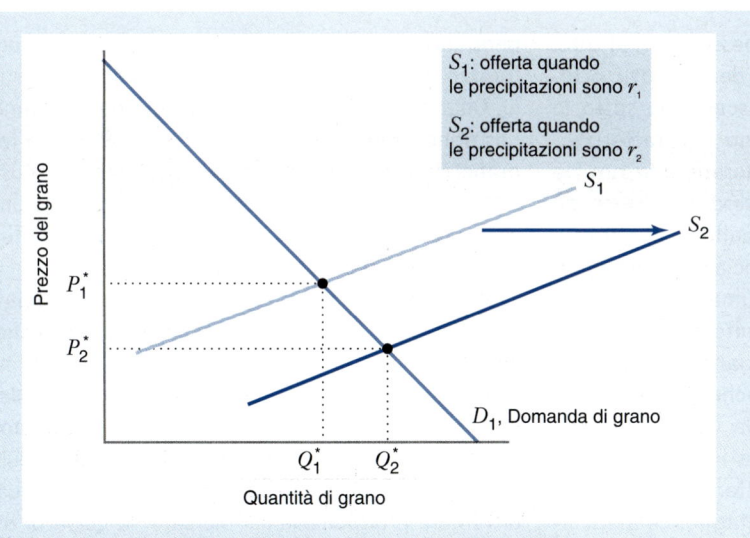

FIGURA 1.6 Statica comparata: incremento delle precipitazioni
Quando le precipitazioni aumentano da r_1 a r_2, la curva di offerta si sposta da S_1 a S_2 (l'offerta aumenta). Il prezzo di equilibrio diminuirà da P_1^* a P_2^*, mentre la quantità di equilibrio salirà da Q_1^* a Q_2^*.

La statica comparata è utilizzata per rispondere a molte domande che occupano un ruolo centrale in microeconomia. Nel seguito, questo strumento verrà utilizzato per capire alcuni concetti economici di base, quali per esempio le curve di domanda e di offerta.

Esercizio svolto 1.4 — Statica comparata con ottimizzazione vincolata

Nel problema del pastore (Esercizio svolto 1.1) visto in precedenza, la variabile esogena è il perimetro F della recinzione, mentre quelle endogene sono la lunghezza L e la larghezza W del recinto. Si può già aver risolto un problema di questo tipo: l'area è massima quando il pastore realizza un recinto quadrato (non è necessario dimostrare come si arriva a questo risultato in questo esercizio, basta solo prenderlo per buono).

Problema

Se al pastore viene dato un pezzo aggiuntivo di recinzione pari a ΔF (dove Δ, la lettera greca delta maiuscola, sta per "variazione di"), cosa accadrà alle dimensioni del recinto? In altre parole, in che modo la variabile esogena ΔF influirà sulla variazione delle variabili endogene ΔL e ΔW?

Soluzione

Poiché la configurazione ottimale per il recinto è rappresentata da un quadrato, sappiamo che la lunghezza e la larghezza del recinto saranno pari a un quarto del perimetro, quindi $L = F/4$ e $W = F/4$. Per le variazioni, otteniamo dunque $\Delta L = \Delta F/4$ e $\Delta W = \Delta F/4$. Questo risultato di statica comparata ci dice, per esempio, che se al pastore vengono dati 4 metri aggiuntivi di recinzione, la lunghezza e la larghezza del recinto aumenteranno entrambe di un metro.

Applicazione 1.2

Le gelate scaldano i prezzi dei prodotti ortofrutticoli

Negli ultimi anni in Italia si sono spesso avuti allarmi relativi alle impennate nei prezzi dei prodotti ortofrutticoli. Quando le temperature scendono sotto lo zero i prezzi decollano. Se l'inverno è caratterizzato da alcune gelate, seguono generalmente notizie allarmanti sui prezzi di frutta e verdura diffuse da giornali e telegiornali con il solito balletto di cifre fra associazioni degli agricoltori, associazioni dei commercianti e associazioni dei consumatori. Le prime evidenziano solitamente che in seguito al freddo i rincari sono contenuti per quanto riguarda i prezzi alla produzione ma arrivano a valori anche molto alti per i prezzi al consumo. Per esempio la Confederazione italiana degli agricoltori stimava, a inizio 2008, nel 2-5% l'aumento dei prezzi al produttore contro un 20-30% dell'aumento dei prezzi al dettaglio. Le associazioni dei commercianti non sono ovviamente pronte ad accettare queste stime, soprattutto la differenza fra aumento dei prezzi al dettaglio e dei prezzi alla produzione. Le associazioni dei consumatori parlano di speculazioni lungo la filiera distributiva e chiamano in causa il Governo o, ultimamente, la nuova figura del Garante dei prezzi.

Si può usare la statica comparata per inquadrare il problema. La statica comparata è lo studio degli effetti di variazioni nelle variabili esogene (per esempio la temperatura) sui valori di equilibrio delle variabili endogene (prezzo di mercato e domanda dei prodotti ortofrutticoli). Quando si modifica una variabile esogena, cambia la posizione delle curve di domanda o di offerta. In termini grafici, la variazione di una variabile esogena sposta la curva di domanda e/o di offerta, determinando un nuovo equilibrio di mercato (una nuova coppia di prezzo e quantità domandata e offerta).

In questo caso è poco probabile che le gelate influenzino in qualche modo la posizione della curva di domanda. In altri termini, tenendo fissi i prezzi, non ci aspettiamo grossi effetti sulla quantità domandata di verdure in seguito alle gelate. Invece è assai probabile che una gelata influenzi la posizione della curva di offerta. A parità di prezzo, infatti, una minor quantità di verdure è disponibile sul mercato: la curva di offerta si sposta allora a sinistra. Il nuovo equilibrio di mercato corrisponderà a una quantità scambiata inferiore con un prezzo superiore (come nella Figura 1.3).

Chiaramente quanta parte di questo aumento di prezzo abbia natura speculativa e quanto invece sia direttamente imputabile al minor raccolto è questione empirica di non facile soluzione.

A cura di Giam Pietro Cipriani

1.3 • Analisi positiva e normativa

L'analisi microeconomica può essere utilizzata per rispondere a problemi sia di tipo positivo, sia di tipo normativo. L'**analisi positiva** cerca di spiegare come funziona un sistema economico o di predire come cambierà nel tempo. L'analisi positiva risponde a domande *esplicative* del tipo "*Cosa è successo?*" o "*Cosa sta accadendo?*" e può anche porre domande predittive come "*Cosa accadrà se alcune variabili esogene cambieranno?*". L'**analisi normativa**, invece, risponde a domande *prescrittive*, quali "*Cosa va fatto?*". Gli studi normativi, in genere, si occupano di problemi legati al benessere sociale, esaminando cosa possa andare verso o contro il bene comune, e questo spesso implica dei giudizi di valore. Per esempio, i legislatori possono considerare di aumentare i salari minimi, in modo che possano beneficiarne i lavoratori meno preparati e meno esperti.

Abbiamo già visto esempi di questioni di analisi positiva in questo capitolo; nel problema del pastore (Esercizio svolto 1.1), per esempio, una delle domande è "Quali devono essere le dimensioni del recinto affinché sia massima la sua area?", un'altra è "Come cambierà l'area del recinto se il pastore ha a disposizione un ulteriore metro di recinzione?". Nel problema della scelta del consumatore (Esercizio svolto 1.2), l'analisi positiva ci direbbe come gli acquisti di ogni bene da parte del consumatore siano dipendenti dai prezzi di ogni bene e dal livello del suo reddito. L'analisi positiva può aiutare il dirigente di un'azienda a raggiungere un qualsiasi livello di servizio al minor costo possibile. Infine, l'analisi positiva ci fa capire perché il prezzo di un bene come il caffè sia in equilibrio e perché invece altri prezzi non lo siano; spiega anche perché le piogge forti, gli scioperi e il gelo facciano aumentare il prezzo di alcuni beni.

Tutti questi esempi suggeriscono quanto sia importante per i consumatori e per i manager di aziende utilizzare i principi della microeconomia con finalità predittive. L'analisi positiva, inoltre, è utile nello studio delle politiche pubbliche: ai legislatori, per esempio, potrebbe interessare conoscere l'effetto di nuove tasse sul mercato, dei sussidi governativi per le aziende o di dazi e/o quote sulle importazioni. Potrebbero anche voler sapere in che modo queste misure toccherebbero consumatori e aziende, così come l'entità dell'impatto sulle finanze pubbliche.

L'analisi normativa studia il modo in cui raggiungere un obiettivo che la gente può considerare importante. Supponiamo che i legislatori vogliano realizzare delle politiche per la casa che favoriscano le famiglie con basso reddito: potrebbero chiedere se sia meglio raggiungere questo scopo fornendo a queste famiglie dei buoni acquisto che possano essere utilizzati nel mercato delle case, oppure implementando dei controlli sugli affitti per evitare che i padroni di casa chiedano più di quanto preveda la legge. Alternativamente, un Governo potrebbe avere lo scopo di ridurre l'inquinamento e potrebbe chiedersi se a tal fine sia meglio introdurre delle tasse sulle emissioni oppure controllare rigidamente che le emissioni di industrie e automobili rispettino i limiti.

Questi esempi mostrano quanto sia importante effettuare l'analisi positiva prima di quella normativa. Un Governo potrebbe volere una risposta alla domanda "*È necessario implementare un programma di controllo degli affitti o un programma di buoni-casa?*". Per comprendere appieno le due opzioni, i legislatori dovranno precedentemente effettuare un'analisi positiva in modo da capire cosa accadrebbe se venissero imposti controlli sugli affitti e per rendersi conto delle conseguenze dei buoni acquisto. L'analisi positiva ci spiegherebbe chi è interessato dalle due politiche e in che modo.

La microeconomia può aiutare i Governi a capire e confrontare gli impatti di politiche differenti su consumatori e produttori e, pertanto, può anche chiarire le dispute e portare a politiche pubbliche più illuminate.

> **ANALISI POSITIVA** Un'analisi che cerca di spiegare come funziona un sistema economico o di predire come cambierà nel tempo.
>
> **ANALISI NORMATIVA** Un'analisi che, in genere, si concentra su problemi legati al benessere sociale, esaminando ciò che può andare verso o contro il bene comune.

Riepilogo

- L'economia studia l'allocazione di risorse scarse per soddisfare gli illimitati bisogni dell'uomo. È spesso descritta come la scienza della scelta vincolata.

- La microeconomia esamina il comportamento economico delle singole unità decisionali, come consumatori o aziende o gruppi di agenti economici, come nuclei familiari o industrie.

- Le analisi economiche vengono spesso condotte realizzando e analizzando modelli di un particolare problema. Dato che il mondo reale è intrinsecamente complesso, un modello economico rappresenta solo un'astrazione semplificata della realtà.

- Nell'analizzare qualsiasi modello è necessario comprendere quali variabili sono date (variabili esogene) e quali sono da determinare all'interno del modello (variabili endogene).

- Tre essenziali strumenti dell'analisi microeconomica sono:
  1. l'*ottimizzazione vincolata*, che viene utilizzata da chi deve prendere decisioni per massimizzare o minimizzare una funzione obiettivo soggetta a vincoli;
  2. l'*analisi dell'equilibrio*, usata per descrivere una condizione o uno stato che può continuare indefinitamente o almeno fino a quando non ci sia un cambiamento in una variabile esogena;
  3. la *statica comparata*, usata per esaminare l'effetto che un cambiamento di qualche variabile esogena ha sui livelli di alcune variabili endogene di un modello economico, inclusi l'equilibrio e l'ottimizzazione vincolata.

- In microeconomia, il termine *marginale* misura di quanto una variabile cambi come risultato dell'aggiunta di un'ulteriore unità a una variabile indipendente.

- La microeconomia fornisce strumenti che possiamo usare per esaminare questioni positive e normative. L'analisi positiva cerca di spiegare come funziona un sistema economico e di predire come cambieranno le variabili endogene al variare di quelle esogene. L'analisi normativa, invece, considera questioni prescrittive, quali le risposte a domande del tipo "Cosa va fatto?". Lo studio normativo introduce nell'analisi giudizi di valore.

Domande di ripasso

1. Qual è la differenza tra microeconomia e macroeconomia?

2. Perché l'economia spesso è descritta come la scienza delle scelte vincolate?

3. In che modo il problema dell'ottimizzazione vincolata aiuta gli agenti economici a fare le proprie scelte? Che ruolo rivestono la funzione obiettivo e i vincoli in un modello di ottimizzazione vincolata?

4. Supponiamo che il mercato del frumento sia un mercato competitivo, con una curva di offerta con pendenza positiva, una curva di domanda con pendenza negativa e un prezzo d'equilibrio di €30 al quintale. Perché un prezzo più alto (per esempio €35 al quintale) non costituirebbe un prezzo d'equilibrio? Perché un prezzo più basso (per esempio €25 al quintale) non costituirebbe un prezzo d'equilibrio?

5. Qual è la differenza tra una variabile esogena e una variabile endogena in un modello economico? Potrebbe essere utile costruire un modello che contenga solo variabili esogene (e non variabili endogene)?

6. Perché gli economisti ricorrono ad analisi di statica comparata? Che ruolo rivestono le variabili esogene ed endogene nell'analisi di statica comparata?

7. Qual è la differenza tra analisi positiva e analisi normativa? Quale tra le seguenti domande riguarda l'analisi positiva e quale l'analisi normativa?
a) Quale effetto avranno le società di vendita all'asta tramite Internet (si pensi a eBay) sui profitti dei commercianti locali di automobili?
b) Il Governo dovrebbe imporre una tassa speciale sulla merce venduta su Internet?

CAPITOLO 2
DOMANDA E OFFERTA

OBIETTIVI DI APPRENDIMENTO

Al termine di questo capitolo lo studente sarà in grado di:

- descrivere i tre principali aspetti dell'analisi di domanda e offerta: curva di domanda, curva di offerta ed equilibrio di mercato;
- analizzare cosa succede all'equilibrio di mercato quando la curva di domanda e di offerta si spostano;
- spiegare l'elasticità della domanda al prezzo e come varia lungo curve di domanda di diverso tipo;
- spiegare la relazione tra l'elasticità della domanda al prezzo e il ricavo totale;
- discutere le determinanti dell'elasticità della domanda al prezzo;
- spiegare la differenza tra elasticità della domanda al prezzo a livello di mercato e a livello di marca;
- spiegare e paragonare altri tipi di elasticità, compresa l'elasticità della domanda al reddito, l'elasticità incrociata della domanda rispetto al prezzo e l'elasticità dell'offerta al prezzo;
- indicare come vari tipi di elasticità possano differire nel lungo periodo contro il breve periodo;
- usare alcune semplici tecniche di calcolo per prevedere, utilizzando un numero limitato di informazioni di natura quantitativa, le possibili risposte dei mercati a variazioni di domanda e offerta.

CASO • *Cosa succede con il prezzo del mais?*

Il mais, uno dei più importanti prodotti agricoli del mondo, viene utilizzato per la produzione dei prodotti alimentari e industriali di cui facciamo uso quotidianamente, come l'olio di mais, i dolcificanti e l'alcool. Negli ultimi anni, in particolare a causa dell'aumento del prezzo della benzina e del petrolio, il mais ha attirato una crescente attenzione dal momento che potrebbe essere utilizzato per produrre etanolo combustibile. Nella prima metà degli anni '90, il prezzo del mais oscillava intorno a $2,50 per bushel[1] ma successivamente, come risulta nella Figura 2.1, lo scenario è cambiato. Nella seconda metà del 1995 il prezzo del mais superò i $3 per bushel e a luglio del 1996 i prezzi si aggirarono mediamente intorno a $4,50 per bushel! Lo scompiglio determinato dal prezzo crescente del mais fu di entità tale da indurre i traders di materie prime con maggior esperienza ad avvisare gli investitori di stare lontani dai prodotti finanziari derivati sul mais perché i prezzi erano diventati troppo volatili.[2] Eppure,

---

[1] Misura di capacità per cereali equivalente a circa 35,24 litri.
[2] Hedge Row: As Corn Prices Soar, "A Futures Tactic Brings Rancor to Rural Towns", *The Wall Street Journal* (2 luglio, 1996), pp. A1, A6.

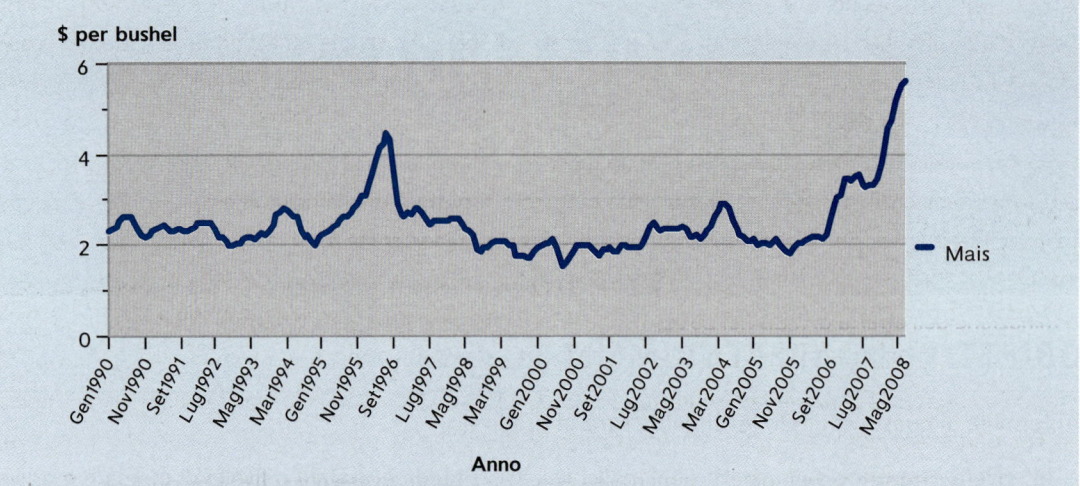

FIGURA 2.1 Il prezzo del mais negli Stati Uniti, 1990-2006
Prezzo mensile del mais percepito dagli agricoltori negli Stati Uniti tra gennaio 1990 e maggio 2006; i prezzi raggiunsero un picco di $4,43 per bushel nel luglio 1996. *Fonte: Feed Grain Yearbook, Economic Research Service*, U.S. Department of Agriculture (ers.usda.gov/data/feedgrains)

verso la fine degli anni '90, gran parte dei bollettini sul mercato del mais focalizzavano l'attenzione non già sul raggiungimento di un alto livello dei prezzi senza precedenti, bensì sui più bassi livelli di prezzo registrati![3] Dopo il picco massimo raggiunto nel luglio 1996, il prezzo del mais scese in maniera consistente fino a raggiungere $1,52 nell'agosto del 2003, un prezzo pari solo a un terzo di quello registrato nel 1996. Successivamente i prezzi hanno continuato a fluttuare, in un intervallo fra circa $2,89 nel 2004 e $1,77 alla fine del 2005. Infine dal 2006 a oggi c'è stata un'impennata nei prezzi che ha portato a un prezzo medio superiore a $5 per bushel nel secondo trimestre del 2008.

Questa storia illustra la variabilità dei prezzi in un mercato competitivo. I prezzi salgono e scendono in maniera inaspettata, e ogni singolo partecipante al mercato (per esempio i coltivatori e i commercianti) può fare ben poco. Comunque, *possiamo* capire *perché* i prezzi di mercato tendono a variare, nel modo in cui lo fanno. Nel caso del mais, l'andamento dei prezzi mostrato nella Figura 2.1 ricalca l'interazione di alcune importanti variazioni nelle condizione di domanda e offerta nel mercato del mais degli anni '90. All'inizio degli anni '90, diversi anni di maltempo hanno devastato i raccolti di mais degli Stai Uniti. Dall'inizio del 1996, la quantità di mais immagazzinato per poi essere venduto negli anni successivi aveva raggiunto un minimo storico. Con l'esplosione dell'economia asiatica e il crollo significativo nei raccolti in diversi paesi del mondo del 1996, la domanda mondiale di mais crebbe significativamente e inaspettatamente. L'aumento della domanda di mais e la riduzione delle riserve nei magazzini, determinarono all'inizio dell'estate del 1996, un drammatico incremento del prezzo del mais.

Nel 1997 tuttavia l'economia asiatica rallentò in maniera significativa, riducendo la domanda mondiale di mais. La crisi finanziaria globale del 1998 e l'associata ascesa del valore del dollaro, contribuirono alla riduzione della domanda di mais, specialmente statunitense, da molti Paesi quali ad esempio Russia e Brasile. Verso la fine degli anni Novanta, la Cina, che era stato il maggior Paese importatore di prodotti agricoli, intra-

---

[3] Si veda per esempio, "Weather Goes Against the Grain: Farmers Sweat as Prices Fall to 27-Year Low", *Chicago Tribune* (7 luglio, 1999), Sezione 3, pp. 1 e 3.

prese una iniziativa fondamentale per raggiungere l'autosufficienza nelle derrate alimentari. Come risultato, dal 1999, la Cina, uno fra i maggiori Paesi importatori di mais, è divenuta un esportatore netto del proprio prodotto. Anche questo ha avuto un significativo impatto sulla domanda di mais nell'ultima metà degli anni Novanta. Infine, dal 1996, il tempo nella stagione della semina (primavera ed estate) negli Stati Uniti è stato generalmente buono, portando ad un grande raccolto ogni anno. Dalla fine del 1999 l'offerta di mais proveniente dal raccolto statunitense fu due volte maggiore rispetto a quello della fine del 1995.[4] L'aumentata offerta di mais, associata alla minore domanda del cereale, spiega come mai i relativi prezzi furono così bassi tra il 1996 e 2001. Il leggero aumento del prezzo del mais nel 2002 e all'inizio del 2003 fu conseguenza della diminuzione dell'offerta di mais nel 2002, visto che la produzione era calata di circa il 5%; mentre il crollo dei prezzi nel 2005 derivava da un raccolto record di mais nel 2004 e 2005. Infine il forte aumento del prezzo rilevato negli ultimi 2 anni è legato soprattutto al lato della domanda: il petrolio ha prima raggiunto e poi largamente superato la quota di $ 100 al barile rilanciando l'utilizzo del mais (e di altri cereali come la soia) per produrre le cosiddette bioenergie, in particolare l'etanolo. Si pensi ad esempio che la produzione americana di etanolo è aumentata del 25% dal 2005 al 2006 e si prevede nel 2009 raddoppi rispetto al 2006, anche in seguito al varo, nel dicembre 2007, dell'*Energy indipendence and security act*, il programma energetico degli Stati Uniti che conferma l'intenzione del governo americano di ridurre la dipendenza dal petrolio per sostituirlo con ingenti volumi di risorse agricole. Se si considera poi che i 2/3 dell'esportazione mondiale di mais provengono dagli Stati Uniti è facile intuire l'effetto sui mercati europei della scelta americana di impiegare quasi un quarto della loro produzione di mais per l'etanolo. Ad esempio in Italia nella campagna 2006-2007 i prezzi all'origine del mais erano saliti ad una quotazione media pari a €158 per tonnellata, il 24% in più rispetto all'anno precedente, per poi mettere a segno un ulteriore rincaro del 47% nella campagna 2007-2008.

L'analisi di domanda e offerta che introduciamo nel Capitolo 1 può aiutarci a comprendere questi eventi accaduti sul mercato del mais nel decennio scorso. Infatti, ci può aiutare a capire l'andamento dei prezzi nei diversi mercati, partendo dal mercato delle rose appena raccolte fino al mercato delle memorie RAM per computer.

---

[4] F. Suris e T. Shields, "The Ag Sector: Yearend Wrap-up", *Agricultural Outlook*, Economic Research Service U.S. Department of Agriculture, dicembre 1999.

2.1 • Domanda, offerta ed equilibrio di mercato

*I*l Capitolo 1 ha introdotto il concetto di equilibrio e l'analisi di statica comparata. In questo capitolo applicheremo questi strumenti all'analisi di mercati perfettamente competitivi, ossia quei mercati caratterizzati da un vasto numero di acquirenti e venditori. Le transazioni effettuate da ciascun compratore o venditore individuale sono così piccole, rispetto al volume complessivo di beni o servizi scambiati sul mercato, da far sì che quando ciascun acquirente o venditore fa le sue scelte di acquisto o produzione "prenda" come dato il prezzo di mercato. Per questo motivo, il modello di concorrenza perfetta viene spesso definito come un modello di comportamento *price-taking*.

La Figura 2.2 illustra il modello base di un mercato perfettamente competitivo. L'asse orizzontale descrive la quantità totale *Q* di un particolare bene - in questo caso il mais - offerta e domandata in un determinato mercato. L'asse verticale descrive il prezzo (*Price*, *P*) di vendita del bene. Un mercato può essere descritto lungo tre dimensioni: il *bene* - il prodotto acquistato e venduto (nella Figura 2.2 è rappresentato dal mais); lo *spazio geografico* - il luogo in cui vengono fatte le compravendite (nella Figura 2.2 è rappresentato dagli Stati Uniti) e il *tempo* - il periodo di tempo durante il quale avvengono le transazioni (nella Figura 2.2 è rappresentato dall'anno 2009, quando il prezzo del mais era circa $4 per bushel).

2.1.1 Curve di domanda

CURVA DI DOMANDA DI MERCATO Curva che illustra la quantità di beni che i consumatori sono disposti ad acquistare a differenti livelli di prezzo.

La curva *D* nella Figura 2.2 rappresenta la **curva di domanda di mercato** (*Demand*, *D*) riferita al mais, ossia indica la quantità di mais che i compratori sono disposti ad acquistare a diversi livelli di prezzo. Per esempio, ci dice che al prezzo di $3 per bushel, la domanda di mais in un anno è di 12 miliardi di bushel, mentre al prezzo di $4 per bushel, è solo 9 miliardi di bushel.

DOMANDA DERIVATA Domanda di un bene derivante dalla produzione e vendita di altri beni.

Le forniture di mais vengono comprate da imprese che trasformano il mais in prodotti intermedi (per esempio sciroppo di cereali ad alto contenuto di fruttosio o farina di mais), che a loro volta vengono utilizzati per produrre prodotti finali (come per esempio bevande o cereali da colazione). Una parte della domanda descritta nella Figura 2.2 rappresenta la **domanda derivata** - ossia quella che deriva

FIGURA 2.2 Il mercato del mais negli Stati Uniti, 2009
La curva *D* è la curva di domanda di al mais e la curva *S* è la curva di offerta per lo stesso bene. Il punto *E*, in corrispondenza del quale le due curve si intersecano, rappresenta l'equilibrio di mercato.

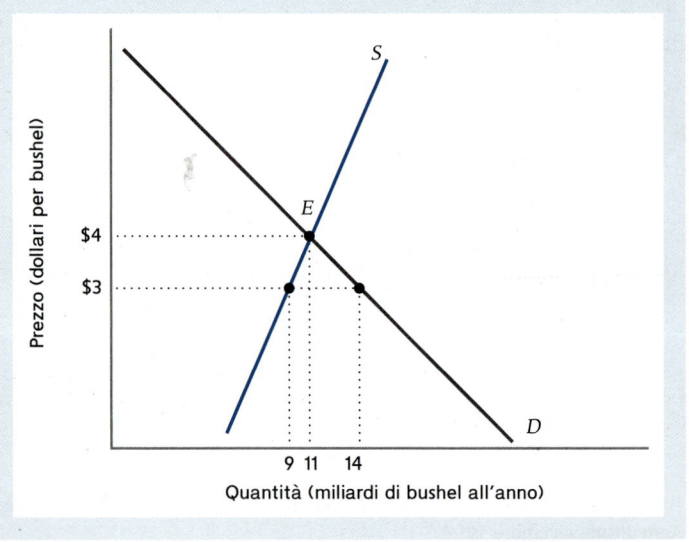

dalla produzione e vendita di altri beni. Per esempio, la domanda di sciroppo di cereali ad alto contenuto di fruttosio deriva dalla domanda di bevande analcoliche nelle quali esso viene utilizzato come dolcificante (al posto dello zucchero). Il mais viene acquistato anche dai mediatori e distributori all'ingrosso, che poi lo rivendono ai consumatori finali. Quindi, un'altra sezione della domanda di mais descritta nella Figura 2.2 è la **domanda diretta** - cioè la parte di domanda del bene stesso. La curva di domanda *D* è una curva di domanda di mercato nella quale viene rappresentata la domanda aggregata di mais da parte di tutti gli acquirenti del bene nel mercato.

> **DOMANDA DIRETTA** Domanda di un bene derivante dal desiderio dei compratori di consumare direttamente il bene stesso.

Nella Figura 2.2, abbiamo ricavato la curva di domanda con il prezzo disposto sull'asse verticale e la quantità sull'asse orizzontale. Questa rappresentazione mette in evidenza un'altra utile interpretazione della curva di domanda su cui ritorneremo nel prossimo capitolo. La curva di domanda descrive il prezzo più alto che il mercato "sopporterà" per una data quantità o offerta di prodotto. Quindi, nella Figura 2.2, se il produttore di mais offrisse, in totale, 14 miliardi di bushel, il prezzo più alto al quale il mais potrebbe essere venduto sarebbe di $3 per bushel.

La quantità di prodotto richiesto può essere influenzata, oltre che dal prezzo dello stesso bene, anche da altri fattori, come per esempio i prezzi dei beni correlati, la pubblicità, il reddito e i gusti dei consumatori. Tuttavia, la curva di domanda si concentra solo sulle relazioni tra il prezzo di un bene e la relativa quantità domandata. Quando disegniamo la curva di domanda, immaginiamo che tutti gli altri fattori che influenzano la quantità domandata siano fissi.

La curva di domanda nella Figura 2.2 ha una pendenza negativa, e ciò sta a indicare che più basso è il prezzo del mais, più alta è la quantità domandata, e allo stesso modo più alto è il prezzo del mais, più bassa è la quantità domandata. La relazione inversa tra prezzo e quantità domandata, *tenendo fissi tutti gli altri fattori che influenzano la domanda*, è chiamata **legge della domanda**. Innumerevoli studi di curve di domanda di mercato confermano l'esistenza di una relazione inversa tra prezzo e quantità domandata: ciò spiega perché si parla di *legge*. Tuttavia, potreste essere stupiti dai cosiddetti beni di lusso, come profumi, vestiti firmati, orologi di marca, per i quali è provato che alcuni consumatori comprano una maggior quantità di questi beni quando i prezzi sono più elevati, perché un maggior prezzo è indice di qualità superiore.[5] Comunque, questi esempi non violano la legge della domanda, perché tutti gli altri fattori che influenzano la domanda per questi beni *non* rimangono fissi al variare dei prezzi. Cambia anche la *percezione* che il consumatore ha della qualità di questi prodotti. Se la percezione del consumatore circa la qualità del bene rimanesse costante, ci si potrebbe aspettare che all'aumentare dei prezzi i consumatori comprino meno di questi beni di lusso.

> **LEGGE DELLA DOMANDA** La relazione inversa che lega prezzo e quantità domandata di un bene, quando tutti gli altri fattori che influenzano la domanda sono tenuti costanti.

2.1.2 Curve di offerta

La curva denominata *S* nella Figura 2.2 è la **curva di offerta di mercato** (*Supply, S*) del mais. Essa illustra la quantità totale di mais che i fornitori del cereale sono disposti a vendere a ciascun livello di prezzo. Per esempio, la curva di offerta ci dice che al prezzo di $3 per bushel, verrebbero forniti 9 miliardi di bushel di mais nel 2009, mentre al prezzo di $4 per bushel, ne verrebbero forniti nello stesso anno 11 miliardi.

> **CURVA DI OFFERTA DI MERCATO** Curva che illustra la quantità di beni che i produttori sono disposti a offrire a differenti livelli di prezzo.

---

[5] M. Schudson, *Advertising, The Un easy Persuasion: Its Dubious Impact on American Society*, Basic Books, New York 1984, pp. 113-114.

24 Capitolo 2

L'offerta di mais negli Stati Uniti deriva principalmente dai produttori locali di mais. La quantità complessivamente disponibile in un determinato anno consta del mais raccolto in quello stesso anno più il mais che è stato conservato dai precedenti raccolti. La curva di offerta S è data dalla somma delle curve di offerta di tutti i fornitori individuali di mais.

Tale curva è inclinata verso l'alto e ciò sta a indicare che a prezzi più elevati i fornitori di mais saranno disposti a offrire un maggior quantitativo di mais. La relazione positiva tra prezzo e quantità fornita è conosciuta come **legge dell'offerta**. Studi di curve d'offerta di mercato confermano la relazione positiva tra la quantità offerta e il prezzo, ecco perché si parla di legge.

LEGGE DELL'OFFERTA La relazione positiva fra prezzo e quantità offerta, quando tutti gli altri fattori che influenzano l'offerta sono tenuti costanti.

Esercizio svolto 2.1 Disegnare una curva di domanda

Supponiamo che la domanda di nuove automobili sia descritta dall'equazione:

$$Q^d = 5{,}3 - 0{,}1\,P \qquad (2.1)$$

dove Q^d è il numero di nuove automobili richieste in un anno (in milioni) mentre P è il prezzo medio di un'automobile (in migliaia di euro). (Per ora non preoccupatevi del significato delle costanti nell'equazione di domanda e offerta - in questo caso, 5,3 e –0,1.)

Problema

(a) Qual è la quantità di automobili domandate ogni anno, se il prezzo medio di un'automobile è €25 000? E quando è €35 000?
(b) Tracciate la curva di domanda delle automobili. Rispetta la legge della domanda?

Soluzione

(a) Dato il prezzo medio delle auto, utilizzate l'equazione (2.1) per determinare la domanda annua di automobili:

Prezzo medio per auto (P)	Equazione (2.1)	Quantità domandata (Q^d)
€15 000	$Q^d = 5{,}3 - 0{,}1\,(15) = 3{,}8$	3,8 milioni di auto
€25 000	$Q^d = 5{,}3 - 0{,}1\,(25) = 2{,}8$	2,8 milioni di auto
€35 000	$Q^d = 5{,}3 - 0{,}1\,(35) = 1{,}8$	1,8 milioni di auto

(b) La Figura 2.3 illustra la curva di domanda di automobili. Per disegnarla possiamo rappresentare le combinazioni dei prezzi e delle quantità che abbiamo individuato nella sezione (a) e unirli con una linea. La pendenza negativa della curva di domanda nella Figura 2.3 mostra come al crescere del prezzo delle automobili, la quantità domandata dai consumatori si riduca.

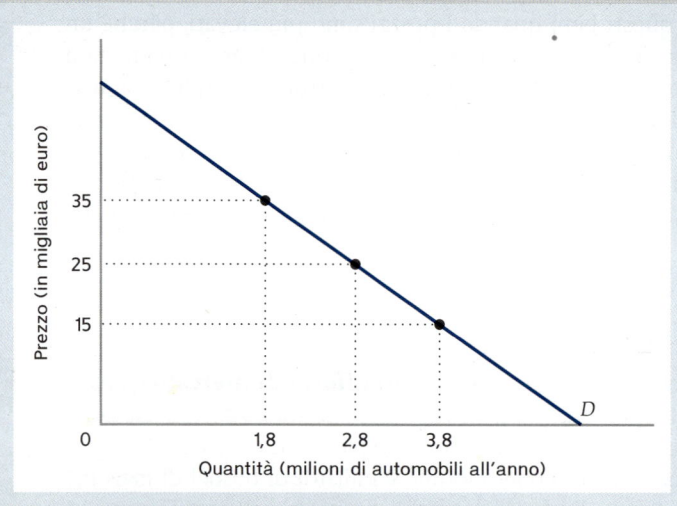

FIGURA 2.3 La curva di domanda di automobili
La legge della domanda vale in questo mercato perché la curva di domanda ha pendenza negativa.

Come nel caso della domanda, altri fattori oltre al prezzo influenzano la quantità di un bene che i produttori forniranno sul mercato. Per esempio, i prezzi dei **fattori di produzione** – risorse come la manodopera e le materie prime utilizzate per produrre il bene – influenzeranno la quantità che i venditori sono disposti a offrire. Allo stesso modo, la quantità offerta dai venditori può essere influenzata dai prezzi degli altri beni prodotti. Per esempio, quando il prezzo del petrolio aumenta l'offerta di gas naturale segue lo stesso andamento, perché prezzi più elevati spingono a incrementare la produzione di petrolio, e il gas naturale è un suo sottoprodotto. Quando tracciamo una curva dell'offerta come quella nella Figura 2.2, manteniamo costanti tutti gli altri fattori considerati.

FATTORI DI PRODUZIONE Risorse come il lavoro e le materie prime utilizzate nella produzione di un bene.

Esercizio svolto 2.2 Disegnare la curva di offerta

Supponiamo che l'offerta annua di grano in Canada sia descritta dall'equazione:

$$Q^s = 0{,}15 + P \qquad (2.2)$$

dove Q^s è la quantità di grano prodotto in Canada per anno (in miliardi di bushel) mentre P è il prezzo medio del grano (in dollari per bushel).

Problema

(a) Qual è la quantità di grano offerto ogni anno, se il prezzo medio del grano è $2 per bushel? E quando il prezzo è $4?
(b) Tracciate la curva di offerta del grano. Rispetta la legge dell'offerta?

Soluzione

(a) Dato il prezzo medio per bushel, utilizzate l'equazione (2.2) per determinare l'offerta annua di grano.

Prezzo medio per bushel (P)	Equazione (2.2)	Quantità offerta (Q^s)
$2	$Q^s = 0{,}15 + 2 = 2{,}15$	2,15 milioni di bushel
$3	$Q^s = 0{,}15 + 3 = 3{,}15$	3,15 milioni di bushel
$4	$Q^s = 0{,}15 + 4 = 4{,}15$	4,15 milioni di bushel

(b) La Figura 2.4 illustra la curva di offerta riferita al grano. Per disegnarla possiamo rappresentare le combinazioni dei prezzi e delle quantità che abbiamo individuato nella sezione (a) e unirli con una linea. La pendenza positiva della curva di offerta nella Figura 2.4 indica che è rispettata la legge dell'offerta.

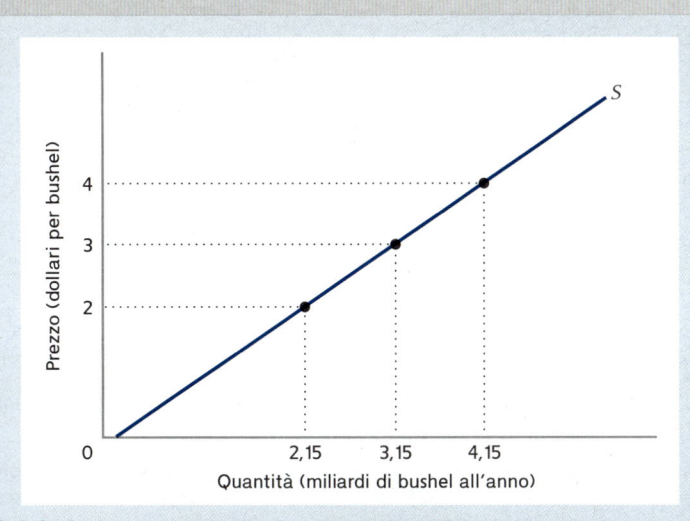

FIGURA 2.4 La curva di offerta di grano in Canada
In questo mercato vale la legge dell'offerta perché la curva di offerta ha pendenza positiva.

2.1.3 Equilibrio di mercato

Il punto *E* nella Figura 2.2 rappresenta il punto di intersezione delle curve di domanda e offerta. In corrispondenza di tale punto, dove il prezzo è di $4 per bushel e la quantità è di 9 miliardi per bushel, il mercato è in **equilibrio** (la quantità domandata eguaglia quella offerta, in tal modo il mercato si compensa). Come discusso nel Capitolo 1, l'equilibrio (*Market Equilibrium, E*) è il punto in cui il prezzo di mercato non ha la tendenza a cambiare finché non variano le variabili esogene (per esempio la piovosità, il reddito nazionale). Per ogni prezzo, diverso da quello di equilibrio, esistono delle forze che spingono il prezzo a variare. Per esempio, come mostrato nella Figura 2.5, se il prezzo del mais fosse $5 per bushel si avrebbe un **eccesso di offerta** – la quantità offerta a quel prezzo (13 miliardi di bushel) supererebbe la quantità domandata (8 miliardi di bushel). Il fatto che i venditori di mais non possano vendere tanto quanto vogliono crea una pressione al ribasso del prezzo. Quando il prezzo diminuisce, aumenta la quantità domandata, la quantità offerta si riduce e il mercato si sposta verso il prezzo di equilibrio di $4 per bushel.

Se il prezzo del mais fosse $3 per bushel, ci sarebbe un **eccesso di domanda** – la quantità domandata a quel prezzo (14 miliardi di bushel) supererebbe la quantità offerta (9 miliardi di bushel). Gli acquirenti ottengono un quantitativo di mais inferiore a quanto vorrebbero, e questo determina una spinta verso l'alto dei prezzi. All'aumentare dei prezzi anche la quantità di mais offerta aumenta, la quantità domandata si riduce e il mercato si muove verso il prezzo di equilibrio di $4 per bushel.

> **EQUILIBRIO** Il punto in corrispondenza del quale il prezzo di mercato non tende a variare fin tanto che le variabili esogene restano costanti.

> **ECCESSO DI OFFERTA** Una situazione in cui la quantità offerta a un determinato prezzo supera la quantità domandata.

> **ECCESSO DI DOMANDA** Una situazione in cui la quantità domandata a un determinato prezzo supera la quantità offerta.

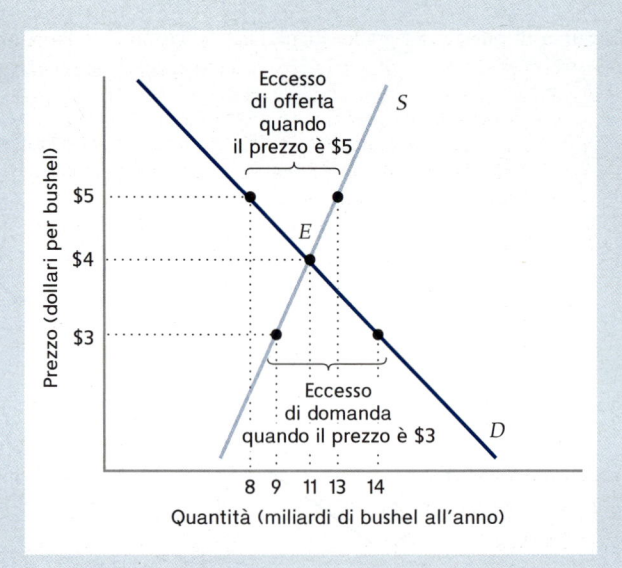

FIGURA 2.5 Eccesso di domanda ed eccesso di offerta nel mercato del mais
Se il prezzo del mais fosse stato di $3, si sarebbe avuto un eccesso di domanda perché ci sarebbe stata una richiesta per 14 miliardi di bushel, ma ne sarebbero stati offerti solo 9 miliardi di bushel. Se il prezzo del mais fosse stato $5 per bushel, ci sarebbe stato un eccesso di offerta perché l'offerta sarebbe stata pari a 13 miliardi di bushel ma ne sarebbero stati richiesti solo 8 miliardi.

Esercizio svolto 2.3 — Calcolare prezzo e quantità d'equilibrio

Supponiamo che la curva di domanda di mercato per i mirtilli sia descritta dall'equazione: $Q^d = 500 - 4P$, mentre la curva di offerta di mercato per i mirtilli (quando $P \geq 50$) sia descritta dall'equazione: $Q^s = -100 + 2P$, dove P è il prezzo dei mirtilli espresso in euro per quintale, e la quantità (Q^d o Q^s) in migliaia di quintali per anno.

Problema

A quale prezzo e a che quantità il mercato dei mirtilli è in equilibrio? Illustrate graficamente tale equilibrio.

Soluzione

In equilibrio, la quantità offerta eguaglia la quantità domandata; possiamo quindi utilizzare questa relazione per risolvere per P: $Q^d = Q^s$, o $500 - 4P = -100 + 2P$, che implica $P = 100$. Quindi, il prezzo di equilibrio è di €100 per quintale. Possiamo trovare la quantità di equilibrio sostituendo il prezzo di equilibrio nell'equazione sia della curva di domanda sia della curva di offerta:

$$Q^d = 500 - 4(100) = 100$$

$$Q^s = -100 + 2(100) = 100$$

Quindi la quantità d'equilibrio è di 100 000 quintali all'anno. La Figura 2.6 illustra graficamente tale situazione di equilibrio.

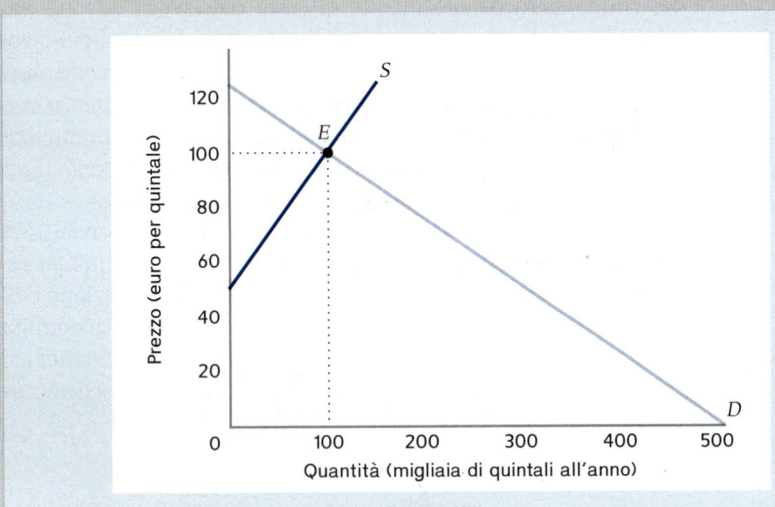

FIGURA 2.6 Equilibrio nel mercato dei mirtilli
L'equilibrio di mercato si trova nel punto E, dove si intersecano le curve di domanda e di offerta. Il prezzo di equilibrio è di €100 al quintale e la quantità di equilibrio è di 100 000 quintali di mirtilli all'anno.

2.1.4 Spostamenti dell'offerta e della domanda

Spostamenti dell'offerta o della domanda

Le curve di domanda e di offerta precedentemente discusse in questo capitolo sono state tracciate assumendo che tutti i fattori che influenzano la quantità domandata e offerta, a esclusione del prezzo, fossero fissi. Di fatto però questi fattori non sono fissi e pertanto la posizione delle curve di domanda e di offerta, così come quella dell'equilibrio di mercato, dipenderanno dai loro valori. Le Figure 2.7 e 2.8 illustrano come sia possibile arricchire la nostra analisi considerando l'effetto di queste altre variabili sull'equilibrio di mercato. In queste figure si effettuano analisi di statica comparata, discussa nel Capitolo 1. In entrambi i casi, possiamo studiare come una variazione in una variabile esogena (per esempio il reddito dei consumatori o salari) cambi i valori d'equilibrio delle variabili endogene (prezzo e quantità).

Per effettuare un'analisi di statica comparata dell'equilibrio di mercato, dovete innanzitutto determinare come una particolare variabile esogena influenzi la domanda o l'offerta o entrambe, e poi dovete rappresentare i cambiamenti della variabile mediante lo spostamento della curva di domanda, di offerta o entrambe.

Per esempio, supponiamo che i consumatori aumentino la quantità domandata di un determinato bene a seguito di un incremento del reddito disponibile. L'effetto prodotto da un aumento del reddito disponibile sull'equilibrio di mercato viene rappresentato attraverso uno spostamento verso destra della curva di domanda (cioè uno spostamento a destra rispetto all'asse verticale), come mostrato nella Figura 2.7.[6] Tale spostamento indica che a ogni livello di prezzo la quantità domandata è maggiore rispetto a prima, e l'equilibrio di mercato passerà dal punto A al punto B. Lo spostamento nella domanda prodotto da un aumento del livello di reddito determina un aumento sia del prezzo sia della quantità d'equilibrio.

Un altro esempio: supponiamo che aumentino i salari per i lavoratori di una particolare industria. Alcune imprese potrebbero ridurre i livelli di produzione, poiché i costi sono saliti parallelamente al costo del lavoro. Alcune imprese potrebbero anche uscire del tutto dal mercato. L'aumento dei costi del lavoro sposterebbe la curva di offerta verso sinistra (cioè verso l'asse verticale), come mostrato nella Figura 2.8. Questo spostamento indica che per ogni livello di prezzo verrebbe offerta una minore quantità di prodotto e l'equilibrio di mercato si muoverebbe dal punto A verso il punto B. L'aumento del prezzo del lavoro incrementa il prezzo di equilibrio e determina una diminuzione della quantità d'equilibrio.

La Figura 2.7 ci illustra come un aumento della domanda, associato a una curva di offerta invariata, si traduca in un prezzo di equilibrio più alto e in una maggiore quantità d'equilibrio. La Figura 2.8 illustra che la diminuzione dell'offerta, associata a una curva di domanda invariata, determina un prezzo di equilibrio più alto e una minore quantità d'equilibrio. Attraverso simili analisi di statica comparata sulla diminuzione della domanda e sull'aumento dell'offerta, possiamo derivare le quattro leggi alla base dell'offerta e della domanda.

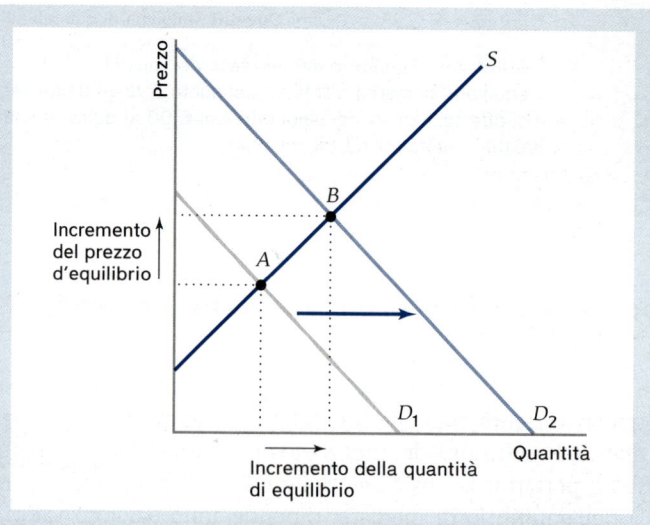

FIGURA 2.7 Spostamento della domanda dovuto all'aumento del reddito disponibile
Se un aumento del reddito disponibile dei consumatori aumenta la domanda di un particolare bene, la curva di domanda si sposta verso destra (cioè si allontana dall'asse verticale) da D_1 a D_2 e l'equilibrio di mercato si sposta dal punto A al punto B. Il prezzo di equilibrio e la quantità d'equilibrio aumentano.

---

[6] Lo spostamento non deve essere necessariamente parallelo, come mostrato nella Figura 2.7.

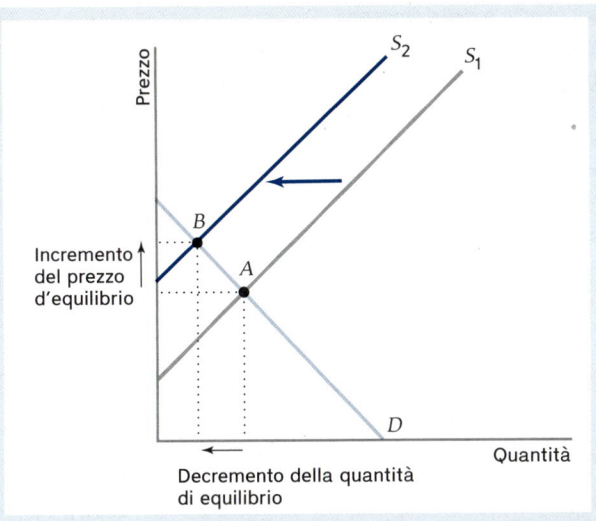

FIGURA 2.8 Spostamento dell'offerta dovuto all'aumento del costo del lavoro
Se aumenta il costo del lavoro, la curva dell'offerta si sposta verso sinistra (cioè verso l'asse verticale) da S_1 a S_2. L'equilibrio di mercato si sposta dal punto A al punto B. Il prezzo di equilibrio sale ma la quantità d'equilibrio scende.

1. Aumento della domanda + curva dell'offerta invariata = prezzo di equilibrio più alto e maggiore quantità d'equilibrio.
2. Diminuzione dell'offerta + curva della domanda invariata = prezzo di equilibrio più alto e minore quantità d'equilibrio.
3. Diminuzione della domanda + curva dell'offerta invariata = prezzo di equilibrio più basso e minore quantità d'equilibrio.
4. Aumento dell'offerta + curva della domanda invariata = prezzo di equilibrio più basso e maggiore quantità d'equilibrio.

Esercizio svolto 2.4 Statica comparata sull'equilibrio di mercato

Supponiamo che la domanda di alluminio in Italia sia descritta dall'equazione: $Q^d = 500 - 50P + 10I$, dove P è il prezzo dell'alluminio espresso in euro per kg e I è il reddito medio pro capite in Italia (in migliaia di euro per anno). Il reddito medio è un fattore determinante nella domanda di automobili e di altri prodotti che utilizzano alluminio, e quindi è un fattore determinante della domanda di alluminio stesso. Supponiamo inoltre che l'offerta di alluminio in Italia (quando $P \geq 8$) sia descritta dall'equazione: $Q^s = -400 + 50P$. Sia nella funzione di domanda che dell'offerta, la quantità è misurata in milioni di kg di alluminio all'anno.

Problema
(a) Qual è il prezzo di equilibrio del mercato quando $I = 10$ (€10 000 all'anno)?
(b) Cosa succede alla curva di domanda se il reddito medio pro capite è di soli €5000 all'anno (cioè $I = 5$ invece di $I = 10$)? Calcolate l'impatto di questo spostamento della domanda sul prezzo e sulla quantità d'equilibrio di mercato e fornite una rappresentazione grafica (quando $I = 10$ e quando $I = 5$).

Soluzione
(a) Sostituendo $I = 10$ nell'equazione della domanda otterrete la curva di domanda di alluminio: $Q^d = 600 - 50P$.

Uguagliando Q^d con Q^s si individua il prezzo d'equilibrio: $600 - 50P = -400 + 50P$, che implica $P = 10$. Quindi, il prezzo di equilibrio è di €10 per kg. La quantità d'equilibrio è $Q = 600 - 50(10)$ o $Q = 100$. Quindi la quantità d'equilibrio è di 100 milioni di kg all'anno.

(b) Il cambiamento di I crea una nuova curva di domanda, che si trova sostituendo $I = 5$ nell'equazione della domanda mostrata prima: $Q^d = 550 - 50P$. La Figura 2.9 illustra questa curva di domanda così come la curva di domanda per $I = 10$. Come prima, posto a sistema Q^d con Q^s si trova il prezzo d'equilibrio: $550 - 50P = -400 + 50P$, che implica che $P = 9,5$. Quindi il prezzo di equilibrio decresce da €10 al kg a €9,50 al kg. La quantità d'equilibrio è $Q = 550 - 50(9,50)$, o $Q = 75$. Quindi, la quantità d'equilibrio decresce da 100 milioni di kg all'anno a 75 milioni di kg, come risulta dalla Figura 2.9. È da notare che ciò è in accordo con la terza legge dell'offerta e della domanda: una diminuzione nella domanda associata a una curva di offerta invariata determina un prezzo di equilibrio inferiore e una minore quantità d'equilibrio.

Spostamenti dell'offerta e della domanda

Finora abbiamo focalizzato l'attenzione su cosa accade quando si spostano o la curva di domanda o l'offerta, ma a volte possiamo comprendere meglio le dinamiche dei prezzi e delle quantità nel mercato studiando cosa accade quando si spostano sia la domanda che l'offerta.

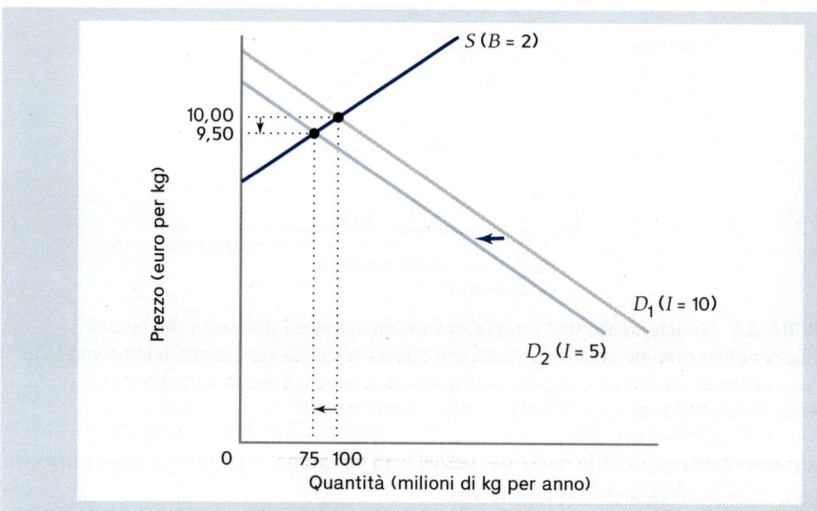

FIGURA 2.9 Equilibrio nel mercato dell'alluminio
L'equilibrio di mercato inizialmente si trova in corrispondenza di un prezzo di €10 al kg e una quantità di 100 milioni di kg. Quando il reddito medio si riduce (cioè quando si passa da $I = 10$ a $I = 5$), la curva di domanda di alluminio si sposta verso sinistra. Il nuovo prezzo di equilibrio è di €9,50 al kg, e la nuova quantità d'equilibrio è di 75 milioni di kg.

Torniamo all'esempio del mercato del mais statunitense negli anni 2000 per illustrare questo punto. La Figura 2.10 mostra la differenza tra l'equilibrio nel mercato del mais nel 2006, quando il prezzo era intorno a $2 per bushel (punto A), e il 2008, quando i prezzi salirono fino a $5 per bushel (punto B). Come abbiamo discusso nell'introduzione, il cambiamento del prezzo del mais può essere attribuito sia all'aumento della domanda (dovuto alla crescita del mercato dell'etanolo, prodotto con il mais, negli Stati Uniti) sia alla diminuzione dell'offerta (dovuta in particolare al maltempo nel Corn Belt nel 2008). L'effetto combinato di entrambi gli spostamenti ha determinato l'aumento del prezzo d'equilibrio. Al contrario, l'effetto sulla quantità d'equilibrio non è chiaro. L'aumento della domanda tende a spingere verso l'alto la quantità d'equilibrio, mentre la diminuzione dell'offerta tende a spingere la quantità d'equilibrio verso il basso. L'impatto netto sulla quantità di equilibrio dipenderà dalla grandezza di questi effetti e dalla forma delle curve di domanda e offerta. La Figura 2.10 mostra un netto incremento della quantità d'equilibrio da 10 miliardi di bushel all'anno a 12 miliardi di bushel all'anno che è quello che accadde negli Stati Uniti tra il 2006 ed il 2008.

2.2 • Elasticità della domanda al prezzo

L'**elasticità della domanda al prezzo** (*Price Elasticity of Demand*, $\epsilon_{Q,P}$) misura la sensibilità della quantità domandata al prezzo. L'elasticità della domanda al

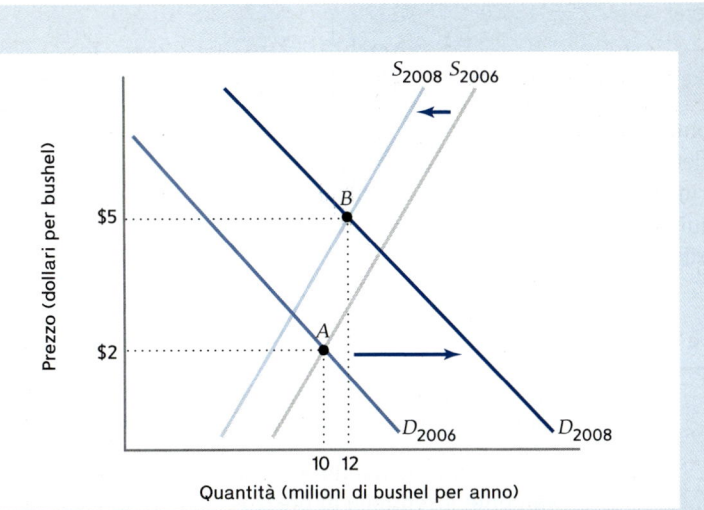

FIGURA 2.10 Il mercato statunitense del mais 2006-2008
L'aumento del prezzo del mais negli Stati Uniti può essere spiegato dall'effetto combinato dello spostamento dell'offerta e della domanda. In particolare, la curva di domanda è spostata verso destra da D_{2006} a D_{2008}, mentre la curva di offerta è spostata verso sinistra da S_{2006} a S_{2008}, muovendo l'equilibrio dal punto A al punto B. Come risultato si ha un aumento del prezzo di equilibrio da $2 per bushel a $5 per bushel.

prezzo (identificata con $\Delta_{Q,P}$) è la variazione percentuale della quantità domandata (Q) determinata dalla variazione del prezzo (P) di un punto percentuale.

$$\frac{\text{Variazione \% della quantità}}{\text{Variazione \% del prezzo}}$$

Se ΔQ è la variazione della quantità e ΔP è la variazione del prezzo, allora

$$\text{percentuale di variazione sulla quantità} = \frac{\Delta Q}{Q} \times 100\%$$

e

$$\text{percentuale di variazione del prezzo} = \frac{\Delta P}{P} \times 100\%$$

Quindi, l'elasticità della domanda al prezzo è

$$\epsilon_{Q,P} = \frac{\frac{\Delta Q}{Q} \times 100\%}{\frac{\Delta P}{P} \times 100\%}$$

o

$$\epsilon_{Q,P} = \frac{\Delta Q}{\Delta P} \frac{P}{Q} \qquad (2.3)$$

Per esempio, supponiamo che quando il prezzo di un bene è di €10 ($P = 10$), la quantità domandata sia di 50 unità ($Q = 50$), e che quando il prezzo aumenta a €12 ($\Delta P = 2$), la quantità domandata diminuisca a 45 unità ($\Delta Q = -5$). Se inseriamo questi numeri nell'equazione (2.3), troviamo che in questo caso l'elasticità della domanda al

ELASTICITÀ DELLA DOMANDA AL PREZZO Una misura del tasso di variazione percentuale della quantità domandata rispetto al prezzo, a parità di tutti gli altri fattori che incidono sulla domanda.

prezzo è

$$\epsilon_{Q,P} = \frac{\Delta Q}{\Delta P}\frac{P}{Q} = \frac{-5}{2}\frac{10}{50} = -0{,}5$$

Come illustrato da questo esempio, il valore $\epsilon_{Q,P}$ deve sempre essere negativo; ciò riflette il fatto che la curva di domanda ha pendenza negativa a causa della relazione inversa esistente tra prezzo e quantità: quando il prezzo aumenta, la quantità diminuisce e viceversa. La tabella seguente mostra come gli economisti classificano il possibile range di valori di $\epsilon_{Q,P}$.

Valore di $\epsilon_{Q,P}$	Significato	Classificazione
0	La quantità domandata è completamente insensibile al prezzo	Domanda perfettamente inelastica (o anelastica)
tra 0 e –1	La quantità domandata è relativamente insensibile al prezzo	Domanda inelastica (o anelastica)
–1	L'aumento percentuale della quantità domandata è uguale al decremento percentuale del prezzo	Domanda con elasticità unitaria
tra –1 e –∞	La quantità domandata è relativamente sensibile al prezzo	Domanda elastica
–∞	Ogni incremento del prezzo si traduce in una riduzione della quantità domandata fino a zero, ed ogni decremento del prezzo si traduce in un aumento fino all'infinito della quantità domandata	Domanda perfettamente elastica

DOMANDA PERFETTAMENTE INELASTICA (O ANELASTICA) L'elasticità della domanda al prezzo è uguale a 0.

DOMANDA INELASTICA (O ANELASTICA) L'elasticità della domanda al prezzo è tra 0 e 1.

DOMANDA CON ELASTICITÀ UNITARIA L'elasticità della domanda al prezzo è uguale a –1.

DOMANDA ELASTICA L'elasticità della domanda al prezzo è tra –1 e –∞.

DOMANDA PERFETTAMENTE ELASTICA L'elasticità della domanda al prezzo è uguale a –∞.

Per vedere la relazione tra l'elasticità della domanda al prezzo e la forma della curva di domanda, considerate la Figura 2.11. In tale figura le curve di domanda D_1 e D_2 si incrociano nel punto A, dove il prezzo è P e la quantità è Q (per il momento non considerate la curva di domanda D_3). Partendo dal punto A, a seguito di un aumento percentuale del prezzo $\Delta P/P$ si ha una diminuzione percentuale della quantità domandata, $\Delta Q_2/Q$, lungo la curva D_2 che è maggiore rispetto alla diminuzione percentuale della quantità domandata, $\Delta Q_1/Q$, ottenuta lungo la curva di domanda D_1. La curva di domanda D_2 è pertanto più elastica in A, rispetto alla curva di domanda D_1; cioè, in A, l'elasticità della domanda al prezzo è più negativa per D_2 che per D_1. Questo mostra che date due curve di domanda che si intersecano in un particolare punto, l'elasticità in quel punto è maggiore per la curva più piatta.

La curva di domanda D_3 nella Figura 2.11 rappresenta ciò che accade al limite quando la domanda diventa sempre più elastica. Rappresenta infatti una curva di domanda perfettamente elastica (cioè $\epsilon_{Q,P} = -\infty$). Lungo questa curva di domanda qualsiasi quantità positiva può essere venduta al prezzo P, quindi possiamo rappresentare tale curva con una linea orizzontale.

Il contrario della domanda perfettamente elastica è la domanda perfettamente inelastica (cioè $\epsilon_{Q,P} = 0$), quando la quantità domandata è completamente insensibile al prezzo.[7]

L'elasticità della domanda al prezzo può fornire una serie di informazioni utili

---

[7] Nell'Eserciziario di fine libro troverete un esercizio in cui vi sarà richiesto di disegnare il grafico di una curva di domanda perfettamente inelastica.

a imprenditori, istituzioni no-profit e altre organizzazioni per stabilire il prezzo di vendita dei propri prodotti o servizi. Costituisce inoltre un aspetto importante della natura e della struttura della concorrenza in alcuni settori particolari. L'elasticità della domanda al prezzo è inoltre determinante nella valutazione dell'effetto di diversi tipi di politiche governative, come per esempio l'imposizione di un tetto massimo ai prezzi, l'applicazione di tariffe e quote d'importazione.

Nel prossimo capitolo analizzeremo questi problemi utilizzando l'elasticità della domanda al prezzo.

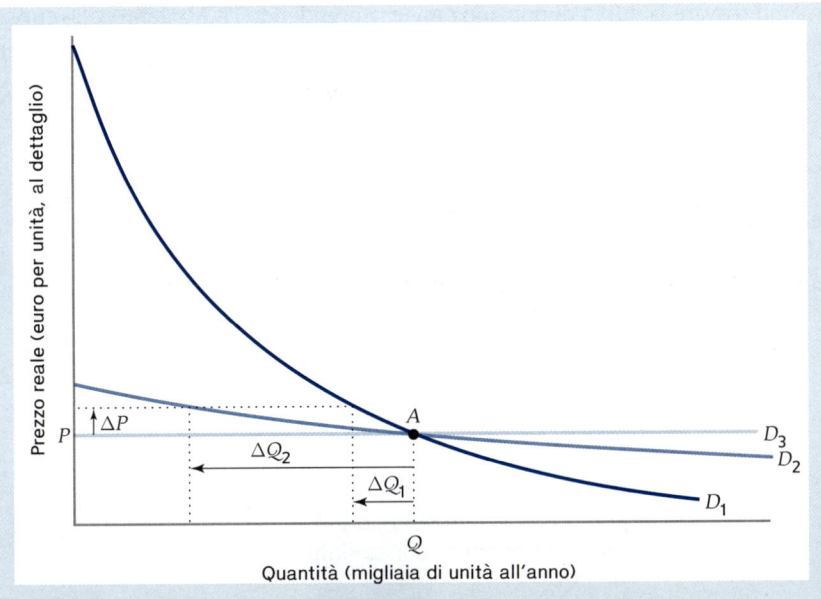

FIGURA 2.11 Confronto tra elasticità della domanda al prezzo lungo differenti curve di domanda
Partendo dal punto A, a parità di incremento percentuale del prezzo, $\Delta P/P$, la riduzione percentuale $\Delta Q_1/Q$ della quantità domandata risultante dalla curva di domanda D_1 è relativamente piccola, rispetto alla variazione percentuale della quantità domandata $\Delta Q_2/Q$, lungo la curva di domanda D_2. Quindi, nel punto A, la domanda è più elastica lungo la curva di domanda D_2, rispetto alla curva di domanda D_1. La curva di domanda D_3 è perfettamente elastica, l'elasticità della domanda al prezzo è pari a $-\infty$.

Esercizio svolto 2.5 Elasticità della domanda al prezzo

Supponiamo che il prezzo iniziale sia di €5, e la corrispondente quantità domandata sia di 1000 unità. Supponiamo, inoltre, che a seguito di un aumento del prezzo a €5,75 la quantità domandata si riduca a 800 unità.

Problema

Qual è l'elasticità della domanda al prezzo in questa area della curva di domanda? La domanda è elastica o inelastica?

Soluzione

In questo caso $\Delta P = 5,75 - 5 = €0,75$ e $\Delta Q = 800 - 1000 = -200$,

quindi $$\epsilon_{Q,P} = \frac{\Delta Q}{\Delta P} \frac{P}{Q} = \frac{-200}{0,75} \frac{5}{1000} = -1,33$$

Quindi, quando i prezzi oscillano tra €5 e €5,75, per ogni aumento del prezzo dell'1% la quantità domandata si riduce a un tasso dell'1,33%. Poiché l'elasticità della domanda al prezzo sta tra -1 e $-\infty$, la domanda in questa area è elastica (cioè la quantità domandata è relativamente sensibile al prezzo).

2.2.1 Elasticità lungo specifiche curve di domanda

Curve di domanda lineari

Una forma comunemente utilizzata per la curva di domanda è la **curva di domanda lineare**, rappresentata dall'equazione $Q = a - bP$, dove a e b sono costanti positive. In questa equazione, la costante a esprime gli effetti di tutti i fattori diversi dal prezzo (per esempio il reddito, i prezzi di altri beni) che determinano la domanda di un bene. Il coefficiente b riflette la misura in cui il prezzo di un bene influenza la quantità domandata.[8]

Ogni curva di domanda con pendenza verso il basso ha una corrispondente **curva di domanda inversa** che esprime il prezzo come una funzione della quantità. Possiamo trovare la curva di domanda inversa prendendo l'equazione della curva di domanda e risolvendola per P in termini di Q. La curva di domanda inversa riferita alla curva di domanda lineare è data da

$$P = \frac{a}{b} - \frac{1}{b}Q$$

Il termine a/b è il prezzo al quale la quantità domandata scende a 0.[9]

Utilizzando l'equazione (2.3), vediamo che l'elasticità della domanda al prezzo per la curva di domanda lineare rappresentata nella Figura 2.12 è data dalla formula

$$\epsilon_{Q,P} = \frac{\Delta Q}{\Delta P}\frac{P}{Q} = -b\frac{P}{Q} \qquad (2.4)$$

> **CURVA DI DOMANDA LINEARE** Una curva di domanda del tipo $Q = a - bP$.

> **CURVA DI DOMANDA INVERSA** Una funzione di domanda che esprime il prezzo in funzione della quantità.

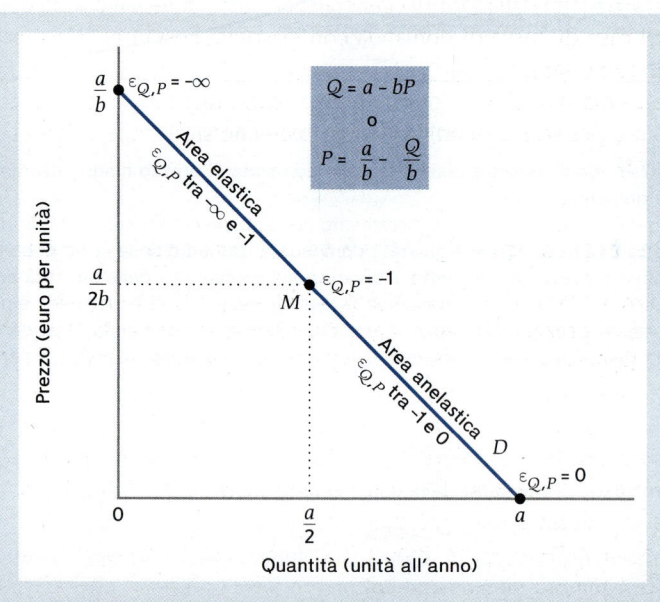

FIGURA 2.12 Elasticità della domanda al prezzo lungo una curva di domanda lineare
Nella metà superiore rispetto al punto medio M, la domanda è elastica, e varia tra $-\infty$ e -1. Nella metà inferiore rispetto al punto medio M, la domanda è inelastica, con l'elasticità della domanda al prezzo tra -1 e 0.

---

[8] Comunque, come vedrete presto, il termine $-b$ non è l'elasticità della domanda al prezzo.
[9] Potete verificare che la quantità richiesta scende a 0 a tale prezzo sostituendo $P = a/b$ nell'equazione della curva di domanda:

$$Q = a - b\frac{a}{b} = a - a = 0$$

Tale formula ci dice che l'elasticità della domanda al prezzo lungo una curva di domanda lineare varia nei diversi punti. Nel tratto di curva che va dal prezzo *a/b*, posto sull'intercetta verticale (dove Q = 0), al prezzo *a/2b*, dato dal punto intermedio M della curva di domanda, l'elasticità della domanda al prezzo varia tra $-\infty$ e -1. In tale area la curva di domanda è elastica. Per livelli di prezzo compresi tra *a/2b* e 0, l'elasticità della domanda al prezzo varia tra -1 e 0. Questa è l'area inelastica della curva di domanda.

L'equazione (2.4) mette in rilievo la differenza tra la pendenza della curva di domanda, $-b$, e l'elasticità della domanda al prezzo, $-b(P/Q)$. La pendenza misura la *variazione assoluta* della quantità domandata (espressa in unità) determinata da una *variazione unitaria* del prezzo. Al contrario, l'elasticità della domanda al prezzo misura la *variazione percentuale* della quantità domandata determinata da una *variazione dell'1%* del prezzo.

Vi chiederete perché non usiamo semplicemente la pendenza per misurare la sensibilità della quantità verso il prezzo. Il problema è che la pendenza della curva di domanda dipende dalle unità utilizzate per misurare il prezzo e la quantità. Quindi, i confronti tra pendenze per diversi beni (le cui unità di misura potrebbero differire) o tra diversi Paesi (dove i prezzi sono misurati in diverse unità monetarie) non sarebbero molto significativi. Al contrario, l'elasticità della domanda al prezzo esprime i cambiamenti dei prezzi e delle quantità in termini identici (le percentuali). Ciò permette di confrontare la sensibilità della quantità domandata al prezzo tra differenti merci o diversi Paesi.

Curve di domanda con elasticità costante

Un'altra curva di domanda comunemente usata è la **curva di domanda con elasticità costante** data dalla formula generale: $Q = aP^{-b}$, dove *a* e *b* sono delle costanti positive. Nel caso di curva di domanda con elasticità costante, l'elasticità della domanda al prezzo è sempre uguale all'esponente $-b$.[10]

Per questo motivo, gli economisti spesso usano una curva di domanda con elasticità costante per stimare con particolari tecniche statistiche l'elasticità della domanda al prezzo.

> **CURVA DI DOMANDA CON ELASTICITÀ COSTANTE** Una curva di domanda del tipo $Q = aP^{-b}$, dove *a* e *b* sono costanti positive. Il termine $-b$ rappresenta l'elasticità della domanda rispetto al prezzo lungo questa curva.

2.2.2 Elasticità della domanda al prezzo e ricavi totali

Gli imprenditori, i consulenti e gli organi di Governo fanno molto uso dell'elasticità della domanda al prezzo. Per capire perché un imprenditore possa essere interessato all'elasticità, provate a pensare in che misura un aumento nel prezzo di un bene possa modificare il **ricavo totale**, ossia il prodotto tra quantità e prezzo di vendita del bene, *PQ*. In un primo momento potreste aspettarvi che un aumento di prezzo determini un aumento del ricavo totale, ma in realtà a seguito dell'incremento nei prezzi la quantità domandata del bene si riduce. Pertanto il "beneficio" derivante dall'imposizione di un prezzo più alto viene compensato dal "costo" rappresentato da una riduzione nella quantità domandata. Quando un imprenditore deve decidere se aumentare o meno il prezzo di vendita deve tener conto di questo trade off. Se la domanda è elastica (cioè la quantità domandata del bene è relativamente sensibile al prezzo), la riduzione di quantità domandata supererà il beneficio di un maggior prezzo e il ricavo totale si ridurrà.

Se la domanda è inelastica (la quantità domandata è relativamente insensibile al prezzo), la riduzione della domanda non sarà così intensa e il ricavo totale aumenterà. Quindi, conoscere l'elasticità della domanda al prezzo può aiutare un imprenditore a prevedere l'impatto sul ricavo totale di un aumento nel prezzo.

---

[10] Dimostriamo questo risultato nell'Appendice A2, in coda a questo capitolo.

Esercizio svolto 2.6 — Elasticità lungo particolari curve di domanda

Problema

(a) Supponiamo che la curva di domanda con elasticità costante sia data dalla formula $Q = 200\, P^{1/2}$. Qual è l'elasticità della domanda al prezzo?

(b) Supponendo che una curva di domanda lineare sia data dalla formula $Q = 400 - 10\, P$. Qual è l'elasticità della domanda al prezzo per $P = 30$? E per $P = 10$?

Soluzione

(a) Poiché questa è una curva di domanda con elasticità costante, l'elasticità della domanda al prezzo è uguale a $-1/2$ ovunque lungo la curva di domanda.

(b) Per questa curva di domanda lineare, possiamo trovare l'elasticità della domanda al prezzo usando l'equazione (2.4):

$\epsilon_{Q,P} = (-b)(P/Q)$. Poiché $b = -10$ e $Q = 400 - 10\,P$,

quando $P = 30$,

$$\epsilon_{Q,P} = -10\left(\frac{30}{400 - 10(30)}\right) = -3$$

e quando $P = 10$,

$$\epsilon_{Q,P} = -10\left(\frac{10}{400 - 10(10)}\right) = -0{,}33$$

Si noti che la domanda è elastica quando $P = 30$, ma è inelastica quando $P = 10$ (in altre parole, $P = 30$ è nella regione elastica della curva di domanda, mentre $P = 10$ è nella regione inelastica).

2.2.3 Determinanti dell'elasticità della curva di domanda rispetto al prezzo

L'elasticità della domanda al prezzo per molti prodotti è stata calcolata ricorrendo a tecniche statistiche. La Tabella 2.1 presenta questi calcoli per una varietà di alimenti, liquori, tabacco negli Stati Uniti, mentre la Tabella 2.2 presenta i calcoli per varie modalità di trasporto. Da cosa dipendono queste elasticità? Consideriamo la stima dell'elasticità relativa alle sigarette, riportata nella Tabella 2.1, pari a $-0{,}107$. Tale valore indica che l'aumento del 10% del prezzo delle sigarette determina una riduzione dell'1,07% della quantità domandata. Le sigarette hanno una domanda inelastica. Se aumentano i prezzi di tutte le marche di sigarette (per esempio a seguito di un aumento delle tasse sulle sigarette), il consumo totale del bene non presenta sensibili variazioni. Questa conclusione è giustificata dal fatto che il potere di assuefazione prodotto dalle sigarette fa sì che se anche i consumatori volessero ridurre il consumo del bene quando il costo diventa eccessivo, di fatto non ci riescono.

Spesso chi prende le decisioni non possiede delle stime precise sull'elasticità della domanda al prezzo, pertanto deve basarsi sulla propria conoscenza del prodotto e delle caratteristiche del mercato per formulare delle ipotesi circa la sensibilità al prezzo.

Riportiamo alcuni fattori che influenzano l'elasticità della domanda di un prodotto al prezzo, cioè la misura in cui la domanda è relativamente sensibile o insensibile al prezzo.

- *La domanda tende a essere più elastica al prezzo quando esistono dei beni sostituti* (o, alternativamente, la domanda relativa a un prodotto tende a essere meno elastica al prezzo quando esistono pochi o non adeguati sostituti). Il motivo per cui la domanda dei viaggi in aereo è più elastica al prezzo per chi parte per una vacanza di piacere (come riportato nella Tabella 2.2) è che chi ha tempo libero ha la possibilità di scegliere tra diverse alternative di viaggio; per esempio, invece di prendere l'aereo può viaggiare più spesso in auto. Chi viaggia per lavoro considera invece il viaggio in auto costoso in termini di tempo e pertanto un sostituto meno desiderabile. Questo spiega perché, come mostra la Tabella 2.2,

TABELLA 2.1 Calcolo dell'elasticità della domanda al prezzo per alcuni alimenti, tabacco e liquori*

Prodotto	$\epsilon_{Q,P}$ calcolato
Sigari	−0,756
Prodotti di mare in scatola e affumicati	−0,736
Pesce fresco e surgelato	−0,695
Formaggio	−0,595
Gelato	−0,349
Birra e bevande a base di malto	−0,283
Pane e prodotti da forno	−0,220
Vino e liquori	−0,198
Biscotti e crackers	−0,188
Caffè tostato	−0,120
Sigarette	−0,107
Tabacco da masticare	−0,105
Cibo per animali	−0,061
Cereali da colazione	−0,031

Fonte: E. Pagoulatos e R. Sorensen, "What Determines the Elasticity of Industry Demand", *International Journal of Industrial Organization* 4, 1986, pp. 237-250.

TABELLA 2.2 Calcolo dell'elasticità della domanda al prezzo per alcune modalità di trasporto*

Categoria	$\epsilon_{Q,P}$ calcolato
Viaggio aereo, tempo libero	−1,52
Viaggio in treno, tempo libero	−1,40
Viaggio aereo, affari	−1,15
Viaggio in treno, affari	−0,70
Transito urbano	Tra −0,04 e −0,34

Fonte: elasticità da studi cross-section riassunti nelle Tabelle 2, 3, 4 in T.H. Oum, W.G. Waters II e J.-S. Yong, "Concepts of Price Elasticities of Transport Demand and Recent Empirical Estimates", *Journal of Transport Economics and Policy,* maggio 1992, pp. 139-154.

l'elasticità della domanda al prezzo per chi viaggia per lavoro è minore (in grandezza assoluta) rispetto a chi viaggia per piacere.

- *La domanda tende a essere più elastica rispetto al prezzo quando la quota spesa per l'acquisto di un prodotto è ingente* (sia in termini assoluti, sia in rapporto alla spesa totale). Per esempio, la domanda è più elastica per prodotti come frigoriferi o automobili. Al contrario, la domanda tende a essere meno elastica rispetto al prezzo quando la spesa di un consumatore per un prodotto è piccola, come nel caso di molti articoli di drogheria nella Tabella 2.1. Quando un consumatore deve spendere molto denaro per comprare un prodotto, il guadagno derivante dal valutare attentamente la spesa e porre molta attenzione al prezzo è maggiore rispetto a quando il prodotto non richiede un grande esborso di denaro.

- *La domanda tende a essere meno elastica rispetto al prezzo quando il prodotto viene visto dal consumatore come un bene di necessità.* Per esempio, il consumo di acqua ed elettricità in casa tende a essere relativamente insensibile al prezzo perché di fatto nessuna famiglia può vivere senza questi servizi essenziali.

2.2.4 Elasticità della domanda rispetto al prezzo a livello di mercato e a livello di marchio

Un errore comune nell'uso delle elasticità della domanda al prezzo è supporre che se la domanda di un prodotto è inelastica, la domanda che affronta ciascun venditore singolarmente sia pure inelastica. Consideriamo, per esempio, le sigarette. Come discusso prima, la domanda di sigarette non è particolarmente sensibile al prezzo: l'aumento del prezzo di tutte le marche di sigarette influenza in misura modesta la domanda totale di sigarette. Tuttavia, se il prezzo di una specifica marca di sigarette (come Camel) dovesse aumentare, probabilmente la domanda di a quella sola marca crollerebbe, perché i consumatori sposterebbero le proprie scelte d'acquisto verso quelle marche di sigarette che hanno un prezzo invariato minore. Quindi, anche se la domanda non è elastica a livello di mercato, può esserlo a livello di singola marca.

La distinzione tra elasticità a livello di mercato e a livello di marchio riflette l'impatto delle possibilità di sostituzione sul grado di sensibilità dei consumatori al prezzo.

Nel caso delle sigarette, per esempio, un fumatore tipico *ha bisogno* delle sigarette perché non esistono validi sostituti, ma *non ha bisogno* necessariamente di sigarette Camel perché, se il loro prezzo aumenta, spostandosi verso un'altra marca il consumatore ottiene più o meno lo stesso grado di soddisfazione.

Cosa determina se un impresa debba usare l'elasticità a livello di mercato o a livello di marchio nel valutare l'effetto del cambiamento di prezzo? La risposta dipende da cosa le imprese si aspettano che i propri concorrenti facciano. Se un'impresa si aspetta che i suoi rivali si adattino rapidamente al suo comportamento, fissando lo stesso prezzo, allora l'elasticità a livello di mercato rappresenterà una misura corretta di come la domanda di bene prodotto dall'impresa potrà variare con il prezzo. Se, al contrario, un'impresa si aspetta che i suoi rivali non seguano le sue scelte di prezzo (o lo facciano solo dopo molto tempo), allora è più appropriata l'elasticità a livello di marchio.

2.3 • Altre elasticità

Possiamo usare l'elasticità per determinare come la domanda risponda a variazioni dei suoi fattori determinanti. Due delle più comuni elasticità oltre all'elasticità della domanda al prezzo sono l'elasticità della domanda rispetto al reddito e l'elasticità incrociata della domanda al prezzo.

2.3.1 Elasticità della domanda rispetto al reddito

L'**elasticità della domanda rispetto al reddito** (*Income Elasticity of Demand*, $\epsilon_{Q,I}$) è il rapporto tra la variazione percentuale della quantità domandata e la variazione

---

ELASTICITÀ DELLA DOMANDA RISPETTO AL REDDITO Il rapporto tra la variazione percentuale della quantità domandata e la variazione percentuale del reddito, mantenendo costante il prezzo e tutti gli altri fattori da cui dipende la domanda.

Applicazione 2.1

Scelta d'acquisto di un'auto: l'importanza della marca

Usando moderne tecniche statistiche, Steven Berry, James Levinsohn e Ariel Pakes hanno calcolato l'elasticità della domanda al prezzo per numerose marche di automobili.[11] La Tabella 2.3 riporta alcuni dei loro calcoli. Dai dati emerge che la domanda di ciascun modello di automobile è molto elastica (tra −3,5 e −6,5). Al contrario, l'elasticità della domanda al prezzo a livello di mercato per le automobili in genere oscilla tra −1 e −1,5.[12] Questo mette in rilievo la distinzione tra elasticità della domanda al prezzo a livello di mercato ed elasticità della domanda al prezzo a livello di marchio.

L'elasticità della domanda al prezzo a livello di marchio è più negativa rispetto all'elasticità della domanda al prezzo a livello di mercato perché i consumatori hanno maggiori possibilità di sostituzione quando una sola azienda aumenta il proprio prezzo. Ciò suggerisce, come confermato dalla Tabella 2.3, che l'elasticità della domanda al prezzo per le automobili a livello di marchio dovrebbe essere più negativa in quei segmenti di mercato in cui i consumatori hanno maggiori possibilità di sostituzione. Le domande più elastiche in genere sono quelle riferite alle automobili nei segmenti di mercato compatto e sub-compatto (Mazda 323, Nissan Sentra), che offrono più modelli fra cui scegliere. Al contrario, le domande riferite alle auto appartenenti al segmento di lusso (Lexus LS400, BMW 735i) sono meno elastiche al prezzo, perché hanno meno sostituti.

TABELLA 2.3 Calcolo dell'elasticità della domanda al prezzo per specifiche marche di automobili*

Modello	Prezzo	$\epsilon_{Q,P}$ calcolato
Mazda 323	$ 5039	−6,358
Nissan Sentra	$ 5661	−6,528
Ford Escort	$ 5663	−6,031
Chevrolet Cavalier	$ 5797	−6,433
Honda Accord	$ 9292	−4,798
Ford Taurus	$ 9671	−4,220
Buick Century	$10 138	−6,755
Nissan Maxima	$13 695	−4,845
Acura Legend	$18 944	−4,134
Lincoln Town Car	$21 412	−4,320
Cadillac Seville	$24 544	−3,973
Lexus LS400	$27 544	−3,085
BMW 735i	$37 490	−3,515

*Fonte: Tabella V in S. Berry, J. Levinsohn e A. Pakes, "Automobile Prices in Market Equilibrium", *Econometrica* 63, luglio 1995, pp. 841-890.

---

percentuale del reddito, mantenendo costante il prezzo e tutti gli altri fattori da cui dipende la domanda:

$$\epsilon_{Q,I} = \frac{\frac{\Delta Q}{Q} \times 100\%}{\frac{\Delta I}{I} \times 100\%}$$

o, scritto in altro modo,

$$\epsilon_{Q,I} = \frac{\Delta Q}{\Delta I} \frac{I}{Q} \quad (2.5)$$

La Tabella 2.4 mostra l'elasticità della domanda rispetto al reddito calcolata per diversi cibi. Come mostrato in tabella, l'elasticità della domanda al reddito può essere positiva o negativa. Nel primo caso (come per mele, arance, burro) indica che la domanda per un prodotto cresce al crescere del reddito del consumatore; nel

---

[11] S. Berry, J. Levinsohn e A. Pakes, "Automobile Prices in Market Equilibrium", *Econometrica* 63, luglio 1995, pp. 841-890.

[12] Si veda, per esempio, S.H. Hymans, "Consumer Durable Spending: Explanation and Prediction", *Brooking Papers on Economic Activity* 2, 1970, pp. 173-199.

TABELLA 2.4 Calcolo dell'elasticità della domanda rispetto al reddito per alcuni prodotti alimentari*

Prodotto	$\epsilon_{Q,I}$ calcolato
Panna	1,72
Pesche	1,43
Mele	1,32
Piselli freschi	1,05
Arance	0,83
Cipolle	0,58
Uova	0,44
Latte	0,50
Burro	0,37
Patate	0,15
Margarina	−0,20
Farina	−0,36

Fonte: Le prime 10 voci elencate nella Tabella 2.4 sono tratte dalla Tabella 1-1 in D.B. Suits, "Agriculture", Capitolo 1 in *The Structure of American Industry*, 9ª ed., a cura di W. Adams e J. Brock, Prentice Hall, Englewood Cliffs 1995; le ultime due voci provengono da H.S. Houthhakker e L.D. Taylor, *Consumer demand in the United States, 1929-1970*, Harvard University Press, Cambridge, MA 1966.

secondo caso (come per la margarina, la farina) indica che la domanda di un prodotto diminuisce al crescere del reddito del consumatore.

2.3.2 Elasticità incrociata della domanda rispetto al prezzo

ELASTICITÀ INCROCIATA DELLA DOMANDA RISPETTO AL PREZZO Il rapporto tra la variazione percentuale della quantità domandata di un bene e la variazione percentuale del prezzo di un altro bene.

L'**elasticità incrociata della domanda rispetto al prezzo** (*Cross-price Elasticity of Demand*, ϵ_{Q_i,P_j}) per il prodotto i rispetto al prezzo del prodotto j è il rapporto tra la variazione percentuale della quantità domandata del prodotto i e la variazione percentuale del prezzo del prodotto j.

$$\epsilon_{Q_i,P_j} = \frac{\dfrac{\Delta Q_i}{Q_i} \times 100\%}{\dfrac{\Delta P_j}{P_j} \times 100\%}$$

o, scritto in altro modo,

$$\epsilon_{Q_i,P_j} = \frac{\Delta Q_i}{\Delta P_j} \frac{P_j}{Q_i} \tag{2.6}$$

dove P_j denota il prezzo iniziale del prodotto j e Q_i denota la quantità domandata inizialmente del prodotto i. La Tabella 2.5 mostra l'elasticità incrociata della domanda rispetto al prezzo per alcuni tipi di carne.

L'elasticità incrociata della domanda rispetto al prezzo può essere positiva o negativa.

Se $\epsilon_{Q_i,P_j} > 0$, l'aumento del prezzo del bene j fa aumentare la domanda del

TABELLA 2.5 Elasticità incrociata della domanda rispetto al prezzo per alcuni tipi di carne*

	Prezzo del manzo	Prezzo del maiale	Prezzo del pollo
Domanda di manzo	−0,65**	0,01***	0,20
Domanda di maiale	0,25	−0,45	0,16
Domanda di pollo	0,12	0,20	−0,65

Fonte: Tabelle 1-4 in D.B. Suits, "Agriculture", Capitolo 1 in *The Structure of American Industry*, 8ª ed., a cura di W. Adams e J. Brock, Prentice Hall, Englewood Cliffs 1990.
**Elasticità della domanda di manzo al prezzo.
***Elasticità incrociata della domanda di manzo rispetto al prezzo del maiale.

bene *i*. In questo caso i prodotti *i* e *j* sono **beni sostituti**. La Tabella 2.5 mostra degli esempi di beni sostituti. Per esempio, il fatto che l'elasticità incrociata della domanda di pollo rispetto al prezzo del manzo sia positiva (0,12) indica che all'aumentare del prezzo del manzo aumenta la quantità domandata di pollo. Evidentemente quando il manzo diventa più costoso, i consumatori comprano più pollo.

Al contrario, se $\epsilon_{Qi,Pj} < 0$, un prezzo più alto del prodotto *j* fa diminuire la domanda del prodotto *i*. Questa relazione indica che i prodotti *i* e *j* sono **beni complementi**. I cereali da colazione e il latte sono esempi di beni complementi. Quando sale il prezzo dei cereali da colazione, i consumatori comprano meno cereali e quindi hanno bisogno di meno latte da versare sui loro cereali. Di conseguenza, la domanda per il latte si ridurrà.

2.3.3 Elasticità dell'offerta

L'**elasticità dell'offerta rispetto al prezzo** (*Price Elasticity of Supply*, $\epsilon_{Q^s,P}$) misura la sensibilità della quantità offerta Q^s al prezzo. L'elasticità dell'offerta rispetto al prezzo - identificata come $\epsilon_{Q^s,P}$ - mostra la variazione % della quantità offerta per ogni variazione % del prezzo:

> **BENI SOSTITUTI** Due prodotti correlati tali che se aumenta il prezzo di uno, aumenta la domanda per l'altro.

> **BENI COMPLEMENTI** Due prodotti correlati tali che se aumenta il prezzo di uno, diminuisce la domanda per l'altro.

> **ELASTICITÀ DELL'OFFERTA RISPETTO AL PREZZO** La variazione percentuale della quantità offerta per ogni variazione percentuale del prezzo, mantenendo costanti tutti gli altri fattori da cui dipende l'offerta.

Applicazione 2.2

Scelte d'acquisto di un'auto: l'importanza del prezzo

La Tabella 2.6 presenta stime dell'elasticità incrociata della domanda rispetto al prezzo per alcune delle marche di automobili mostrate in Tabella 2.3. Per esempio mostra che l'elasticità incrociata della domanda di Ford Escort rispetto al prezzo della Nissan Sentra è 0,054, e ciò sta a indicare che per ogni aumento dell'1% del prezzo di una Nissan Sentra, la domanda relativa alla Ford Escort sale a un tasso dello 0,054%. Sebbene tutte le elasticità incrociate in tabella siano abbastanza piccole, è da notare che tale elasticità tra le auto compatte (Sentra, Escort) e le auto di lusso (Lexus LS400, BMW 735i) è pari o prossima a zero. Questo lo si può comprendere facilmente se si pensa al fatto che le macchine compatte e quelle di lusso appartengono a segmenti di mercato differenti. I tipici acquirenti di una BMW sono diversi da quelli di una Ford Escort, così la domanda del primo tipo di auto non dovrebbe essere molto influenzata dal prezzo del secondo. Al contrario, l'elasticità incrociata della domanda rispetto al prezzo all'interno del segmento compatto è relativamente più alta. Ciò suggerisce che i consumatori in questo segmento vedono Sentra ed Escort come beni sostituti.

TABELLA 2.6 Elasticità incrociata della domanda rispetto al prezzo per alcune marche di automobili*

	Prezzo di Sentra	Prezzo di Escort	Prezzo di LS400	Prezzo di 735i
Domanda di Sentra	−6,528**	0,078***	0,000	0,000
Domanda di Escort	0,054	−6,031	0,001	0,000
Domanda di LS400	0,000	0,001	−3,085	0,093
Domanda di 735i	0,000	0,001	0,032	−3,515

*Fonte: Adattata dalla Tabella VI in S. Berry, J. Levinsohn, e A. Pakes, "Automobile Prices in Market Equilibrium", Econometrica 63, luglio 1995, pp. 841-890.
**Si noti che questa è l'elasticità della domanda al prezzo per una Sentra.
***Questa è l'elasticità incrociata della domanda delle Sentra rispetto al prezzo delle Escort.

$$\epsilon_{Q^S,P} = \frac{\frac{\Delta Q^S}{Q^S} \times 100\%}{\frac{\Delta P}{P} \times 100\%} = \frac{\Delta Q^S}{\Delta P} \frac{P}{Q^S}$$

Questa formula si applica sia a livello di impresa che a livello di mercato. L'elasticità dell'offerta rispetto al prezzo a livello di impresa misura la sensibilità dell'offerta di una singola impresa al prezzo, mentre l'elasticità dell'offerta rispetto al prezzo a livello di mercato misura la sensibilità dell'offerta di mercato rispetto al prezzo.

2.4 • Elasticità nel lungo periodo rispetto al breve periodo

2.4.1 Maggiore elasticità nel lungo periodo rispetto al breve periodo

> **CURVA DI DOMANDA DI LUNGO PERIODO** La curva di domanda che fa riferimento al periodo di tempo nel quale il consumatore può adattare pienamente le proprie decisioni di acquisto a cambiamenti di prezzo.

Per un consumatore, non è sempre possibile adattare immediatamente le proprie abitudini d'acquisto in risposta a un cambiamento del prezzo di un bene. Per esempio, di fronte all'aumento del prezzo del gas naturale, un consumatore può nel breve periodo ridurre la temperatura del termostato, limitando così i propri consumi, ma nel lungo periodo lo stesso consumatore potrebbe abbassare il consumo di gas naturale anche sostituendo la vecchia caldaia di casa con un modello energeticamente più efficiente. Pertanto, per un prodotto è conveniente distinguere tra **curva di domanda di lungo periodo** - la curva di domanda che fa riferimento al periodo di tempo in cui il consumatore può adattare *pienamente* le proprie abitudini d'acquisto a cambiamenti di prezzo - e **curva di domanda di breve periodo** - la curva di domanda che fa riferimento al periodo di tempo in cui il consumatore non può adattare *pienamente* le proprie abitudini d'acquisto a cambiamenti di prezzo. Ci si aspetta che per prodotti come il gas naturale, per i quali il consumo è legato a beni fisici le cui riserve cambiano lentamente, il prezzo per la domanda nel lungo periodo sia più elastico rispetto a quello nel breve periodo. La Figura 2.13 illustra questa possibilità. La curva di domanda nel lungo periodo è più "orizzontale" rispetto alla curva di domanda nel breve periodo.

> **CURVA DI DOMANDA DI BREVE PERIODO** La curva di domanda che fa riferimento al periodo di tempo in cui il consumatore non può adattare pienamente le proprie abitudini d'acquisto a cambiamenti di prezzo.

Così come i consumatori, anche le imprese in alcune situazioni potrebbero non riuscire ad adattare integralmente le proprie strategie di offerta in risposta a un cambiamento di prezzo. Per esempio, nel breve periodo, un produttore di semiconduttori potrebbe non essere in grado di incrementare di molto la propria offerta di chip in

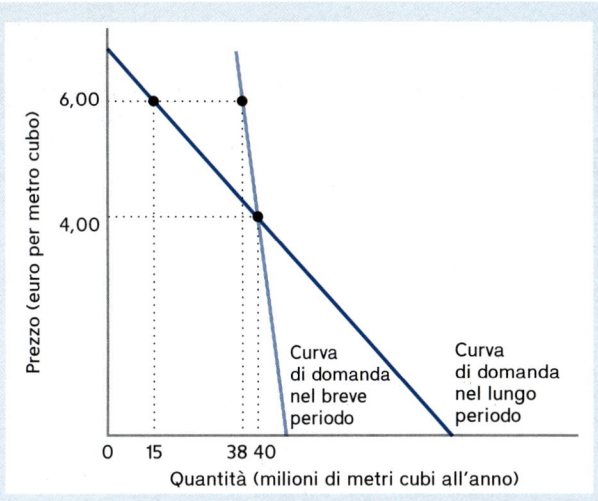

FIGURA 2.13 Curve di domanda per il gas naturale nel breve e nel lungo periodo
Nel breve periodo, l'aumento del prezzo del gas naturale da €4 a €6 induce i consumatori a ridurre la quantità domandata da 40 milioni di metri cubi all'anno a 38 milioni di metri cubi all'anno. Nel lungo periodo, quando i consumatori possono pienamente adattarsi all'aumento del prezzo da €4 a €6, la quantità domanda scende a 15 milioni di metri cubi all'anno.

risposta a un aumento di prezzo, principalmente a causa di limitazioni nella produzione (anche se venissero assunti nuovi lavoratori, un laboratorio di questo tipo può produrre solo un certo numero massimo di pezzi). Tuttavia, qualora l'aumento venisse ritenuto stabile, l'azienda potrebbe decidere di aumentare le capacità produttive dei propri laboratori o, addirittura, di costruirne di nuovi. L'aumento della quantità offerta come risultato dell'aumento del prezzo sarà maggiore nel lungo periodo rispetto al breve periodo. La Figura 2.14 illustra la differenza tra la **curva di offerta di lungo periodo** - la curva di offerta che fa riferimento al periodo di tempo in cui i venditori possono adeguare *pienamente* le proprie strategie di offerta in risposta a cambiamenti di prezzo - e la **curva di offerta di breve periodo** - la curva di offerta che fa riferimento al periodo di tempo nel quale i venditori non possono adeguare *pienamente* le proprie decisioni di offerta in risposta ai cambiamenti di prezzo. La Figura 2.14 mostra che, per un prodotto come i semiconduttori, la curva di offerta a lungo termine è più piatta rispetto alla curva di offerta a breve periodo.

2.4.2 Maggiore elasticità nel breve periodo rispetto al lungo periodo

Per alcuni beni, la domanda di mercato nel lungo periodo può essere *meno elastica* rispetto a quella nel breve periodo. Questo è quanto potrebbe accadere, per esempio, per i beni come le automobili o gli aeroplani - **beni durevoli** - che forniscono servizi usufruibili per diversi anni. Per comprendere quanto detto, consideriamo la domanda di aeroplani commerciali. Supponiamo che la Boeing e la Airbus (i due maggiori produttori mondiali di velivoli) possano alzare i prezzi dei nuovi aeromobili commerciali. Ciò non influenzerebbe in maniera significativa la domanda di velivoli nel lungo periodo: le compagnie aeree, come la United e la British Airways, avranno comunque bisogno di aerei per fare il proprio lavoro.

Non esistono dei possibili sostituti.[13] Nel breve periodo, tuttavia, l'impatto di

CURVA DI OFFERTA DI LUNGO PERIODO La curva di offerta che fa riferimento al periodo di tempo in cui il venditore può adattare pienamente le proprie decisioni di offerta a cambiamenti di prezzo.

CURVA DI OFFERTA DI BREVE PERIODO La curva di offerta che fa riferimento al periodo di tempo in cui il venditore non può adattare pienamente le proprie decisioni di offerta a cambiamenti di prezzo.

BENI DUREVOLI Beni come le automobili o gli aeroplani che danno un servizio per un lungo periodo.

---

[13] Questo non vuol dire che non ci sarebbero impatti sulla domanda. Più alti prezzi dei velivoli potrebbero alzare il costo di entrata nel settore dei voli commerciali in misura sufficiente da indurre alcuni operatori a scegliere di rimanere fuori dal mercato.

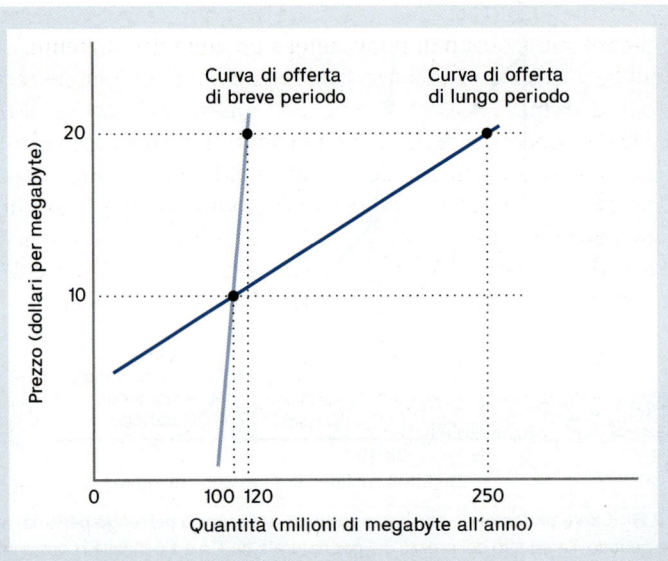

FIGURA 2.14 Curve di offerta per i semiconduttori nel breve e nel lungo periodo
Nel breve periodo, l'aumento del prezzo dei semiconduttori da €10 a €20 per megabyte induce un piccolo incremento della quantità domandata (da 100 milioni a 120 milioni di megabyte di chip all'anno). Nel lungo periodo, tuttavia, quando i produttori possono adattarsi pienamente a un aumento di prezzo, occorre considerare la curva di offerta nel lungo periodo e la quantità domandata sale a un tasso di 250 milioni di megabyte di chip all'anno.

aerei a prezzi più alti potrebbe essere molto forte. Le compagnie aeree che hanno utilizzato un aereo per 15 anni, in queste condizioni potrebbero decidere di continuare a utilizzarlo per un periodo extra di 2 o 3 anni prima di sostituirlo. Quindi, per quanto riguarda il prezzo, mentre la domanda di nuovi aerei commerciali nel lungo periodo potrebbe essere relativamente non elastica, nel breve periodo (entro 2 o 3 anni dal cambiamento del prezzo) lo sarebbe molto di più. La Figura 2.15 illustra questa possibilità. La curva di domanda più ripida corrisponde all'effetto di lungo periodo dell'aumento del prezzo sulla dimensione totale delle flotte di aerei

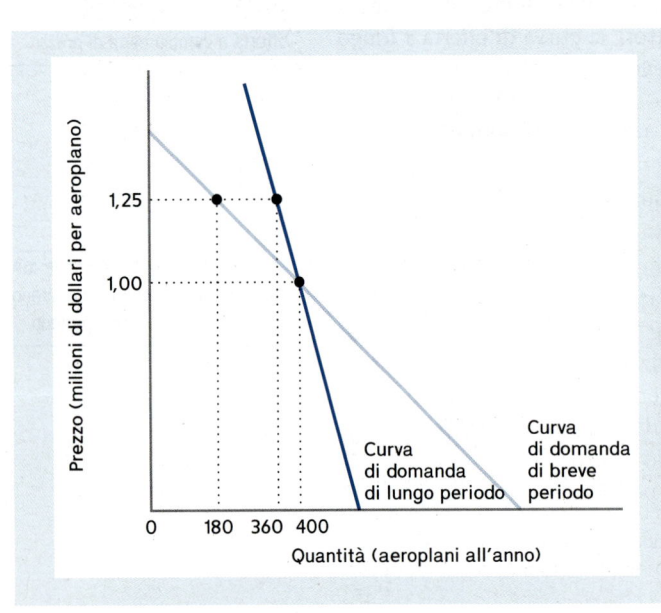

FIGURA 2.15 Curve di domanda per aerei commerciali nel breve e nel lungo periodo
Un aumento del prezzo di un aereo commerciale da 1 milione di dollari a 1,25 milioni per aeromobile fa ridurre il tasso di domanda nel lungo periodo solo modestamente, da 400 a 360 velivoli all'anno, come illustrato dalla curva di domanda a lungo termine. Tuttavia, nel breve periodo (cioè il primo anno dopo l'aumento del prezzo), il tasso di domanda scenderà più drasticamente, da 400 aerei all'anno a solo 180, come mostrato dalla curva di domanda nel breve periodo. Col tempo, tuttavia, man mano che gli aerei si usureranno, il tasso di domanda salirà al livello del lungo periodo (360 velivoli all'anno), corrispondente al nuovo prezzo di 1,25 milioni di dollari per aeroplano.

a livello mondiale; la curva di domanda più piatta mostra invece l'effetto dell'aumento del prezzo sull'acquisto di nuovi aerei a un anno dall'aumento.

Per alcuni beni, l'offerta di mercato nel lungo periodo può essere meno elastica rispetto all'offerta di mercato nel breve periodo. Questo avviene, in particolare, nel caso di beni che possono essere riciclati e rivenduti in mercati secondari. Per esempio, nel breve periodo un aumento del prezzo dell'alluminio potrebbe portare a un aumento dell'offerta su due fronti: da un lato la produzione aggiuntiva di alluminio, dall'altro l'alluminio ottenuto dal riciclo. Nel lungo periodo, tuttavia, le scorte di alluminio da riciclo diminuiranno e l'aumento della quantità offerta indotto dall'aumento del prezzo verrà principalmente dalla produzione ex novo del metallo.

Applicazione 2.3

Il greggio: prezzo e domanda

Il recente aumento del prezzo del petrolio si è fatto molto sentire anche in Italia, con il prezzo della benzina alla pompa salito fino a livelli impensabili fino a qualche anno fa.

Che effetti hanno avuto e avranno in futuro questi aumenti sulla domanda di greggio?

Usando i dati sul consumo e sul prezzo del petrolio dagli anni 1970 fino al 2000, John C.B. Cooper ha calcolato le elasticità del suo prezzo nel lungo e nel breve periodo in 23 diversi Paesi.[14] La Tabella 2.7 mostra i calcoli per alcuni dei Paesi che ha analizzato. Per esempio, l'elasticità del prezzo di domanda per il petrolio nel breve periodo in Italia è risultata −0,035, mentre per quella di lungo periodo si è trovato −0,208. La domanda nel breve periodo è molto inelastica. Per tutti i Paesi, per esempio, in seguito a un raddoppio del prezzo del petrolio, la domanda cala meno del 10%: in Italia cala del 3,5%, in Germania del 2,4%, in Spagna dell'8,7%. L'elasticità è bassa (in valore assoluto, cioè la domanda è inelastica) perché nel breve periodo non c'è molto che si possa fare per ridurre il consumo di petrolio. Passare da automobili ad alto consumo ad automobili a basso consumo richiede tempo, così come adattare gli stili di vita (maggior uso di mezzi pubblici, telelavoro ecc.).

Nel lungo periodo invece sono possibili maggiori adattamenti e quindi la domanda, sebbene ancora piuttosto rigida, è più elastica che nel breve. Per esempio nel nostro Paese un raddoppio del prezzo del petrolio farebbe calare la domanda del 20,8%, poco più che nel Regno Unito ma molto meno che in Francia, dove calerebbe del 56,8%.

A cura di Giam Pietro Cipriani

TABELLA 2.7 Elasticità della domanda rispetto al prezzo del greggio nel lungo periodo e nel breve periodo in diversi Paesi

	Elasticità rispetto al prezzo	
Paese	Breve periodo	Lungo periodo
Italia	−0,035	−0,208
Francia	−0,069	−0,568
Germania	−0,024	−0,279
Spagna	−0,087	−0,146
Regno Unito	−0,068	−0,182
Giappone	−0,071	−0,357
Stati Uniti	−0,061	−0,453
Australia	−0,034	−0,068
Giappone	−0,071	−0,357
Corea	−0,094	−0,178
Olanda	−0,057	−0,244

2.5 • Qualche calcolo veloce

Come si ricavano le curve di domanda e l'equazione di una funzione di domanda per un vero prodotto in un vero mercato? Un modo per determinare le curve di domanda consiste nella raccolta di dati sulle quantità acquistate di un bene in un mercato, i prezzi di quel bene e di altri possibili fattori determinanti relativi alla domanda di

---

[14] J.C.B. Cooper, "Price Elasticity of Demand for Crude Oil: Estimates for 23 Countries," *OPEC Review*, marzo 2003, pp. 3-8.

quel bene; successivamente, si applicano metodi statistici per stimare l'equazione della funzione di domanda che si accorda meglio con i dati. Questo approccio è incentrato su un gran numero di dati: l'analista deve raccoglierne a sufficienza riguardo alle quantità, ai prezzi e ad altri fattori che influenzano la domanda, in modo che le corrispondenti stime abbiano un senso. Gli analisti, tuttavia, non hanno sempre le risorse per raccogliere abbastanza dati per un'analisi statistica sofisticata, quindi hanno bisogno di alcune tecniche che li mettano in grado, in una maniera concettualmente corretta, di dedurre la forma o l'equazione di una curva di domanda a partire da informazioni frammentarie su prezzi, quantità ed elasticità. Queste tecniche in inglese vengono dette *back-of-the-envelope calculations*, perché sono sufficientemente semplici da poter essere fatte sul retro di una busta.

2.5.1 Stime di curve di domanda lineari effettuate usando informazioni su quantità, prezzo ed elasticità

Spesso è possibile ottenere informazioni sui prezzi prevalenti o tipici e sulle quantità all'interno di un particolare mercato, così come l'elasticità della domanda rispetto al prezzo in quel mercato. Queste stime possono provenire da studi statistici (come le elasticità mostrate nelle Tabelle 2.1, 2.2 e 2.3) o dalle valutazioni di osservatori informati (ovvero esperti del mondo industriale, analisti, consulenti). Se si assume, in prima approssimazione, che la curva di domanda sia di tipo lineare (cioè $Q = a - bP$), è possibile derivarne l'equazione (ovvero i valori di a e b) a partire da tre informazioni principali: il prezzo prevalente, la quantità prevalente e l'elasticità calcolata.

Questo approccio di stima di una curva di domanda lineare partendo dai dati relativi a quantità, prezzo ed elasticità procede nel seguente modo. Supponiamo che Q^* e P^* siano valori noti di quantità e prezzo in questo mercato ed $\epsilon_{Q,P}$ sia il valore calcolato dell'elasticità della domanda rispetto al prezzo. Richiamiamo la formula dell'elasticità della domanda rispetto al prezzo per una funzione di domanda lineare:

$$\epsilon_{Q,P} = -b\frac{P^*}{Q^*} \qquad (2.7)$$

da cui segue che

$$b = -\epsilon_{Q,P}\frac{Q^*}{P^*} \qquad (2.8)$$

Per ottenere l'intercetta a, notiamo che Q^* e P^* devono stare sulla curva di domanda. Quindi, i punti (Q^*, P^*) che soddisfano la (2.8) devono soddisfare anche la relazione lineare $Q^* = a - bP^*$, da cui segue $a = Q^* + bP^*$. Sostituendo nell'equazione (2.8) otteniamo:

$$a = Q^* + \left(-\epsilon_{Q,P}\frac{Q^*}{P^*}\right)P^*$$

da cui, eliminando P^* e fattorizzando Q^*, abbiamo

$$a = \left(1 - \epsilon_{Q,P}\right)Q^* \qquad (2.9)$$

Considerate congiuntamente, le equazioni (2.8) e (2.9) forniscono un insieme di formule per determinare l'equazione di una curva di domanda lineare.

Possiamo illustrare il processo di adattamento analizzando il mercato dei polli statunitense. Nel 1990, il consumo pro capite era di circa 70 libbre a persona, mentre il prezzo al dettaglio corretto per l'inflazione era di circa $0,70 per libbra. La domanda di polli è relativamente inelastica rispetto al prezzo, stimata tra -0,5 e -0,6.[15] Quindi,

$$Q^* = 70$$

$$P^* = 0,70$$

$$\epsilon_{Q,P} = -0,55 \text{ (dividendo la differenza)}$$

Utilizzando le equazioni (2.8) e (2.9), abbiamo

$$b = -(-0,55)\frac{70}{0,70} = 55$$

$$a = [1-(-0,55)]70 = 108,5$$

Dunque, l'equazione per la curva di domanda di polli del 1990 è $Q = 108,5 - 55P$ (la curva è mostrata nella Figura 2.16).

2.5.2 Identificare in maniera approssimata le curve di domanda e di offerta

In precedenza, abbiamo evidenziato come dei fattori esogeni possano causare lo spostamento di domanda e offerta che si riflettono in un cambiamento del prezzo e della quantità di equilibrio in un mercato. In questo paragrafo si mostrerà come utilizzare le informazioni riguardo a questi spostamenti e le osservazioni dei prezzi di mercato risultanti per ottenere delle stime approssimate delle curve di domanda e di offerta.

Useremo un esempio specifico per illustrare la logica che sta dietro una tale analisi. Consideriamo il mercato del pietrisco da costruzione negli Stati Uniti alla fine degli anni Duemila. Supponiamo che le curve di domanda e di offerta siano lineari: $Q^d = a - bP$ e $Q^s = f + hP$. Poiché ci aspettiamo che la curva di domanda abbia la pendenza verso il basso, mentre quella di offerta verso l'alto, ci aspettiamo che $b > 0$ e $h > 0$.

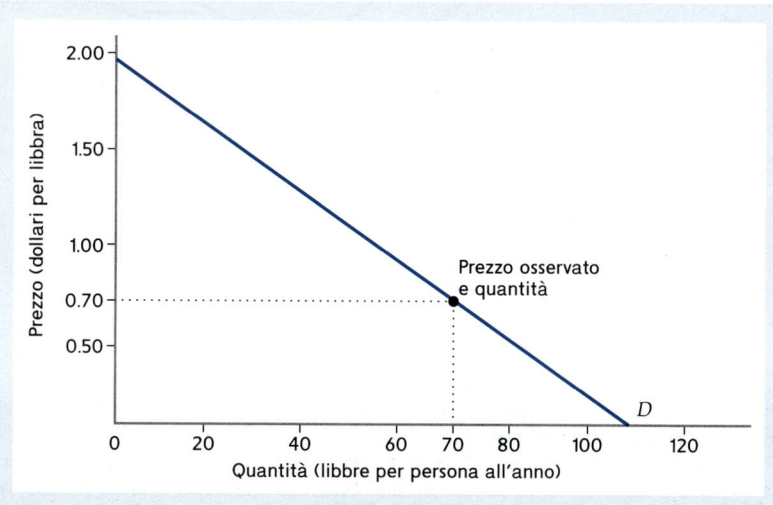

FIGURA 2.16 Stima di una curva di domanda lineare partendo da dati di mercato osservati
Una curva di domanda lineare D è stata stimata partendo dai dati osservati nel mercato statunitense dei polli.

---

[15] I dati vengono da R.T. Rogers, "Broilers: Differentiating a Commodity", in L. Duetsch (a cura di), *Industry Studies*, Prentice Hall, Englewood Cliffs 1993, pp. 3-32.

Supponiamo di avere le seguenti informazioni circa il mercato del pietrisco nel periodo 2006-2010:

- tra il 2006 e il 2008, nel mercato non ci furono avvenimenti particolari. Il prezzo di mercato era di $9 per tonnellata, e furono vendute 30 milioni di tonnellate all'anno;
- nel 2009, e solo per quell'anno, ci fu un'impennata nelle costruzioni di autostrade come risultato del piano di stimoli all'economia del Presidente Obama. Il prezzo di mercato del pietrisco raggiunse $10 per tonnellata, e furono venduti 33 milioni di tonnellate;
- nel 2010, l'impennata di cui al punto precedente finì. Un nuovo contratto collettivo innalzò i salari dei lavoratori di questo settore. Il prezzo di mercato di quel periodo era di $10 per tonnellata e ne furono vendute 28 milioni.

Mettiamo a frutto queste informazioni. L'impennata di costruzioni di autostrade del 2009 determinò con ogni probabilità lo spostamento verso destra della curva di domanda di pietrisco. Assumiamo che lo spostamento sia parallelo, come mostrato nella Figura 2.17. Se assumiamo che non ci siano ragioni per uno spostamento apprezzabile della curva di offerta durante il periodo 2006-2009, lo spostamento della domanda verso destra ci permette di calcolare la pendenza della curva di offerta, perché gli equilibri di mercato nel periodo 2006-2008 e nel 2009 si hanno entrambi sulla stessa curva di offerta, indicata nella Figura 2.17 con S_{2008}.

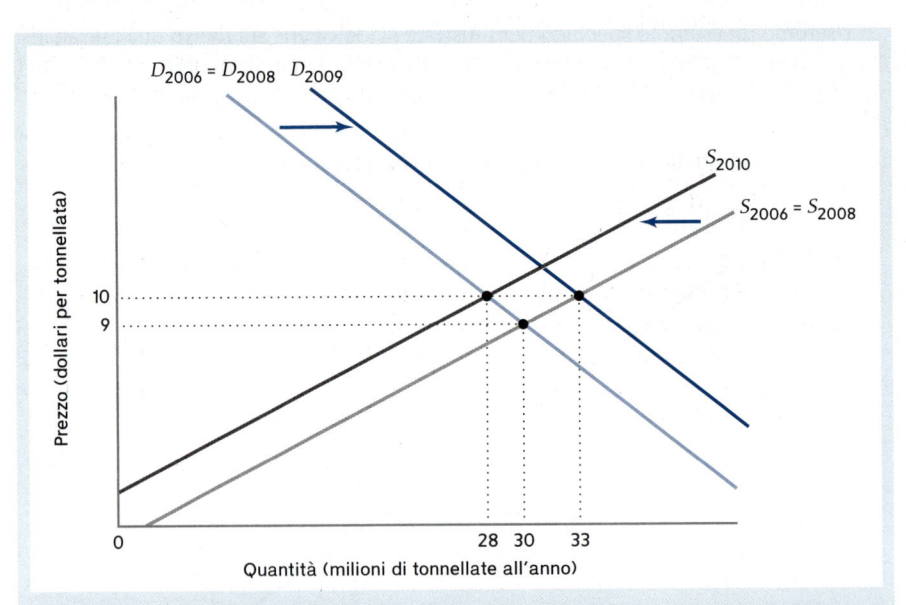

FIGURA 2.17 Identificazione delle curve di domanda e di offerta sulla base di variazioni osservate delle quantità e dei prezzi

Il mercato del pietrisco è in equilibrio durante il periodo dal 2006 al 2008. Nel 2009, l'impennata del mercato della costruzione di autostrade (durata un anno) spostò la curva di domanda verso destra fino alla posizione D_{2009}. Il mercato si muove lungo la curva di offerta S_{2008}, quindi il cambiamento del prezzo e della quantità di equilibrio identifica la pendenza della curva di offerta S_{2008}. Nel 2010, la curva di domanda ritorna verso D_{2008}, ma la curva di offerta si sposta verso sinistra nella posizione S_{2008} a causa dell'incremento dei salari dei lavoratori dell'industria del pietrisco. Il mercato si sposta lungo la curva di domanda D_{2008}, quindi il cambiamento del prezzo e della quantità di equilibrio identifica la pendenza della curva di domanda D_{2008}.

$$h = \text{pendenza di } S_{2008} = \frac{\Delta Q^*}{\Delta P^*} = \frac{33 \text{milioni} - 30 \text{milioni}}{10 - 9} = 3 \text{milioni}$$

Perciò lo spostamento nella domanda *identifica* la pendenza della curva di offerta. Potrebbe sembrare curioso che lo spostamento della domanda apporti informazioni sulla curva di offerta, ma con un'analisi più attenta possiamo renderci conto che non è poi così sorprendente. Lo spostamento della domanda fa muovere il mercato lungo una particolare curva di offerta e ciò ci dice quanto la quantità offerta sia sensibile al prezzo. Analogamente, lo spostamento della curva di offerta causato dagli aumenti salariali identifica la pendenza della curva di domanda, denominata D_{2008} nella Figura 2.17.

È da notare che l'aumento delle costruzioni di autostrade terminò nel 2010 ripristinando così la curva di domanda sulla sua posizione iniziale, e quindi lo spostamento dell'offerta (che abbiamo assunto fosse parallelo) avvenne lungo la curva di domanda D_{2008}.

$$-b = \text{pendenza di } D_{2008} = \frac{\Delta Q^*}{\Delta P^*} = \frac{28 \text{milioni} - 30 \text{milioni}}{10 - 9} = -2 \text{milioni}$$

Si faccia attenzione alla logica di fondo che è stata usata in entrambe le stime. Sapere che una curva viene spostata mentre l'altra rimane fissa ci ha permesso di calcolare la pendenza della curva che non si sposta. Avendo calcolato le pendenze delle curve di domanda e di offerta, possiamo tornare indietro per calcolare le intercette a ed f delle curve di domanda e di offerta per il 2010. Poiché sappiamo che furono venduti 28 milioni di tonnellate a $10 per tonnellata durante quegli anni, si ha:

$$28 = a - (2 \times 10) \text{ (domanda)}$$
$$28 = f - (3 \times 10) \text{ (offerta)}$$

Risolvendo queste equazioni otteniamo $a = 48$ e $f = -2$. Quindi, le curve di domanda e di offerta per questo mercato nel 2010 erano $Q^d = 48 - 2P$ e $Q^s = 2 + 3P$.

Avendo identificato le equazioni delle curve di domanda e di offerta, possiamo usarle per prevedere come i cambiamenti di domanda o di offerta possano influenzare il prezzo e la quantità di equilibrio. Per esempio, supponiamo di prevedere per l'anno 2011 che una nuova ondata di costruzioni di strade farà aumentare la domanda di pietrisco di 15 milioni di tonnellate all'anno, qualunque sia il prezzo. Supponiamo, inoltre, che si prevedano delle condizioni di offerta simili a quelle del 2010. In equilibrio, $Q^d = Q^s$, quindi possiamo prevedere il prezzo di equilibrio risolvendo l'equazione $48 - 2P + 15 = -2 + 3P$, che dà $P = \$13$ per tonnellata. La quantità di equilibrio prevista per l'anno 2011 è uguale a $-2 + 3(13) = 37$ milioni di tonnellate. La nostra semplice stima ci fornisce una via rapida e approssimativa per prevedere le variazioni future di prezzo e quantità in questo mercato.

Esiste un importante limite a questa analisi. Possiamo determinare la pendenza della curva di domanda partendo da uno spostamento dell'offerta solo se la curva di domanda rimane fissa; analogamente, possiamo determinare la pendenza della curva di offerta mediante lo spostamento della domanda solo se la curva di offerta rimane fissa. Se entrambe le curve si spostano nello stesso momento, allora non ci stiamo muovendo né lungo una curva di domanda data né lungo una curva di offerta data, quindi i cambiamenti di quantità e prezzo di equilibrio non possono identificare la pendenza di nessuna delle due curve.

2.5.3 Identificare l'elasticità della domanda rispetto al prezzo attraverso gli spostamenti dell'offerta

Nella sezione precedente, abbiamo usato le variazioni del prezzo e della quantità per identificare le equazioni delle curve di domanda e di offerta. In alcuni casi, potremmo non conoscere la variazione della quantità di equilibrio di un prodotto, ma potremmo avere un'idea circa l'entità dello spostamento della curva di offerta. (Giornali come il *Wall Street Journal* o il *Financial Times* spesso forniscono notizie circa le condizioni dell'offerta di mercato per prodotti agricoli, metalli e prodotti energetici.) Se conosciamo inoltre l'entità della variazione del prezzo di mercato (che è un'informazione abbastanza diffusa in diversi mercati), possiamo usare questa informazione per valutare se la domanda del prodotto è elastica o inelastica.

La Figura 2.18 illustra questa situazione. La parte (a) mostra che, quando la domanda è relativamente elastica, un dato spostamento dell'offerta (da S_1 a S_2) avrebbe un modesto impatto sul prezzo di equilibrio. Ma quando la domanda è relativamente inelastica, come nella parte (b), lo stesso spostamento dell'offerta avrebbe un impatto più pronunciato sul prezzo di equilibrio. La Figura 2.18 ci insegna che, quando un modesto cambiamento dell'offerta ha un grande impatto sul prezzo di mercato di un prodotto, la domanda di quel prodotto è molto probabilmente inelastica. Al contrario, quando un grande spostamento dell'offerta per un prodotto ha un impatto relativamente piccolo sul prezzo di mercato, la domanda per il prodotto è molto probabilmente elastica.

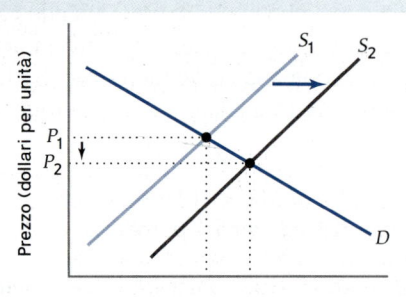

(a) Effetto dello spostamento dell'offerta sul prezzo, quando la domanda è relativamente elastica

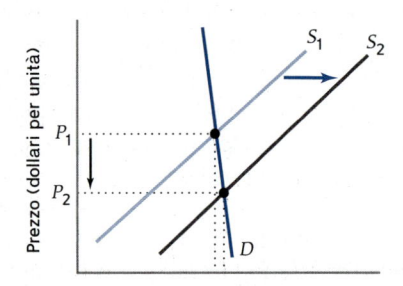

(b) Effetto dello spostamento dell'offerta sul prezzo quando la domanda è relativamente inelastica

FIGURA 2.18 L'effetto dello spostamento dell'offerta sul prezzo dipendente dall'elasticità della domanda rispetto al prezzo
In (a) la domanda è relativamente elastica, e lo spostamento dell'offerta avrebbe un modesto impatto sul prezzo. In (b) la domanda è relativamente inelastica, e uno spostamento dell'offerta di pari ammontare avrebbe un effetto più rilevante sul prezzo di equilibrio.

Applicazione 2.4

La lezione dell'uragano Katrina sull'elasticità della domanda rispetto al prezzo del petrolio

I prezzi del petrolio tendono a essere estremamente instabili. La Figura 2.19 mostra il tracciato del prezzo medio della benzina al dettaglio negli Stati Uniti nel 2005.[16] Grandi oscillazioni di prezzo sul breve periodo sono comuni, così come le fluttuazioni stagionali. Le variazioni stagionali sono ampiamente attribuibili a variazioni della domanda. I prezzi della benzina in genere salgono dalla primavera fino all'estate inoltrata, per ragioni legate al miglioramento del clima, alla chiusura delle scuole e alle vacanze estive. Di solito sono più bassi in inverno. I prezzi della benzina possono subire fluttuazioni a causa dei cambiamenti del prezzo del greggio, dal momento che la benzina è un suo raffinato.

In aggiunta a questi fattori, i prezzi della benzina sono estremamente suscettibili alle variazioni dell'offerta; possono subire cambiamenti radicali se si verificano interruzioni nella fornitura. In genere, i livelli di scorta della benzina sono pari a pochi giorni di consumo. Se una raffineria o un condotto interrompono la fornitura, i prezzi della benzina possono salire rapidamente.

Questo fenomeno è stato particolarmente evidente nel periodo successivo al passaggio di Katrina, l'uragano che ha colpito la Louisiana e la costa del golfo del Mississippi il 29 agosto 2005.[17] Questa regione gioca un importante ruolo nella produzione di gasolio e benzina degli Stati Uniti sotto molteplici aspetti. Le piattaforme petrolifere del golfo producono circa il 25% della quantità totale di greggio degli Stati Uniti. La Louisiana Offshore Oil Port (LOOP) riceve le consegne delle petroliere che portano scorte addizionali agli Stati Uniti. Molte raffinerie di greggio operano in Louisiana, Mississippi o Texas. Infine, gli oleodotti vanno da questa regione alla costa est e nel Midwest del Paese.

Un danno a una piattaforma, a una raffineria, a un condotto o alla LOOP potrebbe causare un aumento repentino del prezzo del petrolio, ma Katrina li ha colpiti tutti nello stesso momento. Subito dopo la tempesta, la quasi totalità della produzione del golfo del Messico si è fermata temporaneamente. La LOOP ha chiuso per diversi giorni. Anche la capacità dei condotti si è ridotta. Molte raffinerie sono state danneggiate o sono rimaste a corto di energia o di personale, restando così tagliate fuori dal circuito. La capacità di raffinazione è diminuita di circa 2 milioni di barili al giorno. Secondo i calcoli del Governo, nell'agosto del 2005 le scorte si erano ridotte dell'8,3%.

Dal 29 agosto al 5 settembre il prezzo della benzina al dettaglio è salito del 17,5%. Questa crescita andava a sommarsi all'ulteriore aumento avvenuto alla fine di agosto, legato alle previsioni che Katrina fosse un uragano di grandi dimensioni. In totale, i prezzi della benzina erano cresciuti del 35% rispetto al mese precedente. I prezzi hanno cominciato a scendere di nuovo non appena il livello delle scorte è risalito a livelli di normalità. Questa crescita delle scorte è stata il riflesso in parte della graduale riparazione del sistema di distribuzione del petrolio e della benzina e in parte delle politiche governative temporanee per incrementare le scorte di breve periodo. In breve tempo, la LOOP e gli oleodotti sono tornati a funzionare quasi a pieno regime. Il 31 agosto, il Governo americano ha autorizzato il prelievo dalle scorte strategiche di 12,5 milioni di barili. L'International Energy Agency ha coordinato operazioni simili a livello internazionale. L'Environmental Protection Agency ha sospeso temporaneamente alcuni standard su petrolio e benzina applicati in certe regioni, permettendo all'industria di trovare un equilibrio migliore tra domanda e offerta nel Paese. Entro la metà di novembre, i prezzi della benzina erano tornati ai livelli precedenti all'uragano Katrina.

Perché le variazioni dell'offerta hanno un impatto così forte sul prezzo del petrolio? La logica della precedente sezione ci dice che la domanda di petrolio è probabilmente abbastanza inelastica. Infatti possiamo utilizzare i dati sui prezzi e sull'offerta del petrolio per determinare il grado di elasticità della domanda di petrolio nel breve termine. La Figura 2.20 spiega come.

La diminuzione dell'offerta di petrolio del post Katrina è rappresentata da uno spostamento verso sinistra della curva dell'offerta, da S_0 a S_1. Se la curva di offerta si sposta a sinistra dell'8,3%, la quantità di equilibrio richiesta deve diminuire, ma in misura minore rispetto al grado di spostamento dell'offerta, come è illustrato dalla Figura 2.20. Possiamo dunque trarre le seguenti conclusioni:

- la variazione percentuale del prezzo di equilibrio del petrolio (%ΔP) varia dal 17,5% al 33,5%, a seconda che si includa o meno l'aumento del prezzo dovuto alla previsione dell'uragano Katrina;

---

[16] I dati vengono dall'Energy Information Administration del Governo americano.

[17] "Oil and Gas: Supply Issues after Katrina", *Congressional Research Service*, Library of Congress, settembre 2005.

- la variazione percentuale della quantità di equilibrio di petrolio richiesto (%ΔQ) è tra 0% e –8,3%.

Valutate complessivamente, queste cifre implicano che l'elasticità della domanda di petrolio rispetto al prezzo (%ΔQ)/ (%ΔP) è tra 0 e (–8,3)/17,5 = –0,47. Se si include il precedente aumento, l'elasticità del prezzo è tra 0 e (–8,3)/33,5 = –0,24. Questo ci dice che la domanda di petrolio nel breve termine è inelastica. La conclusione è sensata. Nel breve periodo è infatti difficile che i consumatori cambino le loro abitudini di spostamento o annullino le vacanze estive, ragione per la quale i consumi non subiscono grossi cambiamenti quando il prezzo del petrolio aumenta.

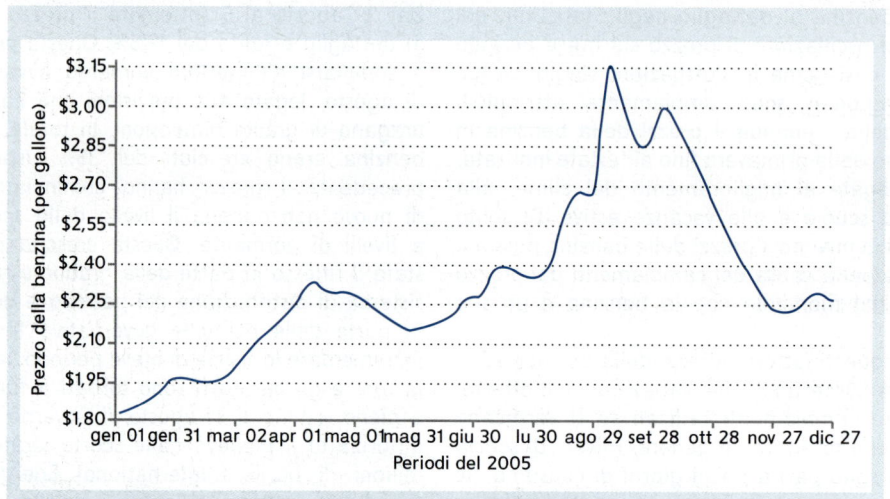

FIGURA 2.19 Il prezzo della benzina negli Stati Uniti, 2005
Nel 2005, negli Stati Uniti, il prezzo della benzina ha subito grandi oscillazioni, raggiungendo un picco di $3 al gallone all'inizio di settembre.

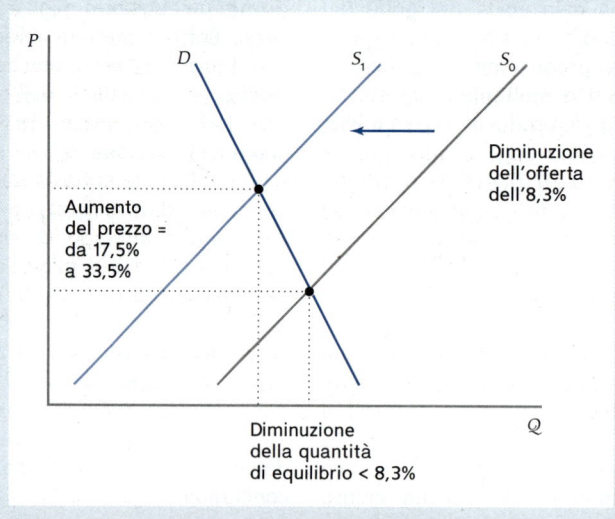

FIGURA 2.20 Il mercato del petrolio dopo l'uragano Katrina
Subito dopo l'uragano Katrina del 2005, l'offerta di petrolio è scesa di circa 8,3 punti percentuali. Questo si riflette nello spostamento a sinistra della curva di offerta, da S_0 a S_1. Supponendo che la domanda rimanga fissa, questo spostamento dell'offerta si traduce in una diminuzione della quantità di equilibrio di meno dell'8,3%. Il prezzo di vendita al dettaglio della benzina è aumentato del 17,5% nella settimana successiva a Katrina e del 33,5% se si include l'aumento del prezzo avuto subito prima, in previsione dell'uragano. Questo implica che l'elasticità della domanda rispetto al prezzo è tra 0 e –0,47.

Riepilogo

- La curva di domanda di mercato mostra la quantità di un bene che i consumatori sono disponibili ad acquistare ai diversi prezzi. La curva di offerta di mercato mostra la quantità di un bene che i produttori sono disponibili a vendere ai diversi prezzi.

- L'equilibrio di mercato si raggiunge a un prezzo al quale la quantità offerta eguaglia la quantità domandata. A questo prezzo, la curva di offerta e la curva di domanda si intersecano.

- L'analisi di statica comparata sull'equilibrio di mercato consiste nel tracciare l'effetto di un cambiamento in una variabile esogena, come il reddito dei consumatori, il prezzo di altri beni o i prezzi dei fattori di produzione, sul prezzo e sulla quantità di equilibrio di mercato.

- L'elasticità della domanda rispetto al prezzo misura la sensibilità della quantità domandata rispetto al prezzo. È il cambiamento percentuale della quantità domandata sul cambiamento percentuale del prezzo.

- Le curve di domanda usate comunemente includono la curva di domanda a elasticità costante e la curva di domanda lineare. L'elasticità della domanda rispetto al prezzo è costante lungo una curva di domanda a elasticità costante, mentre varia lungo una curva di domanda lineare.

- La domanda di un prodotto tende a essere più elastica al prezzo quando sono disponibili delle buone alternative e quando il prodotto rappresenta una parte significativa della spesa totale dei consumatori. La domanda per un prodotto tende a essere meno elastica nel prezzo quando il prodotto ha pochi sostituti, quando rappresenta una piccola frazione della spesa totale dei consumatori e quando viene visto come una necessità.

- È importante distinguere tra elasticità della domanda rispetto al prezzo a livello di mercato ed elasticità della domanda rispetto al prezzo a livello di marchio. La domanda può essere inelastica nel prezzo a livello di mercato ma molto elastica a livello di marchio.

- Altri importanti tipi di elasticità sono: l'elasticità della domanda rispetto al reddito e l'elasticità incrociata della domanda rispetto al prezzo.

- Per molti prodotti, la domanda nel lungo periodo sembra essere più elastica nel prezzo rispetto alla domanda di breve periodo. Tuttavia, per i beni durevoli come gli aerei commerciali, la domanda nel lungo periodo sembra essere meno elastica nel prezzo rispetto alla domanda nel breve periodo.

- Allo stesso modo, l'offerta nel lungo periodo per molti beni sembra essere più elastica al prezzo rispetto all'offerta nel breve periodo. Tuttavia, per i prodotti che possono essere riciclati, l'offerta nel lungo periodo può essere meno elastica nel prezzo rispetto all'offerta nel breve periodo.

- È possibile utilizzare semplici tecniche per tracciare agevolmente delle curve di domanda e di offerta adatte ai dati di mercato osservati. Se si hanno a disposizione il prezzo, la quantità e l'elasticità della domanda rispetto al prezzo è possibile tracciare la curva di domanda per i dati osservati. L'informazione sulle variazioni del prezzo, associata con la conoscenza che la curva di domanda si è spostata, può essere usata per identificare una curva di offerta stazionaria. Sapere, invece, che la curva di offerta si è spostata consente di identificare una curva di domanda stazionaria.

Domande di ripasso

1. Spiegate perché una situazione di eccesso di domanda porterà a un aumento del prezzo di mercato. Perché una situazione di eccesso di offerta porterà a una diminuzione del prezzo di mercato?

2. Usate le curve di domanda e di offerta per illustrare l'impatto dei seguenti eventi sul mercato del caffè:
a) Il prezzo del tè sale del 100%.
b) Viene effettuato uno studio che lega il consumo di caffeina all'incidenza del cancro.
c) Una gelata distrugge la metà del raccolto colombiano di chicchi di caffè.

3. Supponiamo di osservare che il prezzo della soia salga e che allo stesso modo salga anche la quantità di soia venduta. Si usino le curve di domanda e di offerta per illustrare due possibili spiegazioni per questo genere di cambiamenti di prezzi e quantità.

4. L'aumento del 10% del prezzo delle automobili riduce la quantità di automobili richieste dell'8%. Si calcoli l'elasticità della domanda rispetto al prezzo delle automobili.

5. Una curva di domanda lineare ha l'equazione $Q = 50 - 100P$. Qual è l'intercetta orizzontale?

6. Spiegare perché è lecito aspettarsi che l'elasticità della domanda rispetto al prezzo per i motoscafi sia più negativa rispetto a quella delle lampadine.

7. Molte delle persone che viaggiano per lavoro ricevono un rimborso dalle loro aziende quando viaggiano in aereo, mentre le persone che vanno in vacanza pagano di tasca propria i loro viaggi. In che modo ciò può influenzare il confronto tra l'elasticità della domanda rispetto al prezzo per i viaggi aerei per affari rispetto a quelli per vacanza?

8. Spiegate perché l'elasticità della domanda rispetto al prezzo per un'intera categoria di prodotti (per esempio lo yogurt) sembra essere meno negativa rispetto a quella di un marchio tipico di questa categoria (come Danone).

9. Cosa ci dice l'elasticità incrociata della domanda rispetto al prezzo tra due beni riguardo alla natura delle relazioni tra questi beni?

10. Spiegate perché uno spostamento della curva di domanda identifica la curva di offerta e non la curva di domanda.

Appendice A2: Elasticità della domanda al prezzo nel caso di una curva di domanda con elasticità costante

In questa sezione mostreremo come, in riferimento a una curva di domanda con elasticità costante, il valore dell'elasticità della domanda al prezzo è lo stesso in corrispondenza di qualsiasi punto appartenente alla curva stessa.

Supponiamo che la curva di domanda sia descritta dall'equazione $Q = aP^{-b}$.

Data tale funzione, otteniamo quindi

$$\frac{dQ}{dP} = -baP^{-(b+1)}$$

Utilizzando l'espressione relativa all'elasticità di domanda nel singolo punto della curva, otteniamo allora

$$\epsilon_{Q,P} = \frac{dQ}{dP}\frac{P}{Q}$$

Sostituendo all'interno di questa espressione le espressioni scritte in precedenza per Q e per $\frac{dQ}{dP}$, ricaviamo

$$\epsilon_{Q,P} = -baP^{-(b+1)} \times \frac{P}{aP^{-b}}$$

Semplificando i vari termini, arriviamo quindi alla conclusione che

$$\epsilon_{Q,P} = -b$$

Utilizzando una funzione di domanda con elasticità costante, il valore dell'elasticità della domanda al prezzo risulta quindi sempre uguale al parametro b (ovvero all'esponente del prezzo all'interno della funzione di domanda) con un segno meno davanti. (Per saperne di più sull'uso della derivate, si veda l'Appendice matematica disponibile sul sito web www.ateneonline.it/besanko3e.)

CAPITOLO 3
LE PREFERENZE DEL CONSUMATORE E IL CONCETTO DI UTILITÀ

OBIETTIVI DI APPRENDIMENTO

Al termine di questo capitolo lo studente sarà in grado di:

- rappresentare le preferenze del consumatore in termini di panieri di beni e servizi;
- conoscere tre ipotesi base della teoria sulle preferenze del consumatore: la completezza, la transitività e la non sazietà;
- distinguere tra ordinamento delle preferenze basato su numeri cardinali e ordinali;
- utilizzare la funzione di utilità come strumento per rappresentare le preferenze e analizzare il concetto di utilità marginale e il principio dell'utilità marginale decrescente;
- applicare le funzioni di utilità nell'analisi delle preferenze riferite a un solo bene e a più beni;
- rappresentare in modo semplificato le funzioni di utilità attraverso le curve di indifferenza;
- analizzare il concetto di saggio marginale di sostituzione tra due beni;
- conoscere alcune particolari funzioni di utilità.

CASO • *Da cosa dipendono le preferenze?*

Se si pensa di acquistare un'auto ci si pone una serie di domande: conviene pagare in contanti o acquistarla a rate? È preferibile un'auto nuova o una usata? Un SUV, un'auto sportiva, una station wagon o un monovolume? Una spider o una quattro porte? Quanto siete disposti a pagare in più per acquistare un'auto che si svaluta poco? Quali spese vi aspettate di dover sopportare per ciascun modello: spese assicurative, manutenzione, carburante ecc.? A quali opportunità state rinunciando acquistando un'auto? In quale altro modo potreste spendere i vostri soldi, oggi e in futuro?

Fare una scelta d'acquisto, avendo a disposizione diverse alternative, non è facile. Prima di acquistare un'auto per esempio potreste chiedere un consiglio ad amici o parenti, leggere inserzioni pubblicitarie, potreste recarvi in una concessionaria e testare alcuni modelli. Potreste cercare in rete le possibilità di pagamento per i diversi modelli di auto, leggere le recensioni dei consumatori su *Quattroruote*, informarvi sui vari prezzi delle polizze auto, o visitare dei siti frequentati da appassionati d'auto.

Ciascun consumatore ogni giorno dovrà prendere delle decisioni che possono andare dalla scelta dell'auto al tipo di immobile da acquistare o da prendere in affitto, alla spesa in generi alimentari, abbigliamento, istruzione ecc. La scelta del consumatore costituisce un buon esempio di ottimizzazione vincolata, uno degli strumenti chiave discusso nel Capitolo 1. Gli individui hanno desideri illimitati ma le risorse a propria disposizione sono scarse.

La teoria della scelta del consumatore, che sarà oggetto dei prossimi tre capitoli, si concentra sul criterio di scelta di beni e servizi adottato da ciascun individuo in condizioni di scarsità delle risorse.

In questo capitolo studieremo le preferenze del consumatore cercando di capire come ponga a confronto (o *ordini*) differenti coppie di beni sulla base della desiderabilità. In questa analisi non terremo conto dei costi d'acquisto dei beni. Le preferenze del consumatore pertanto indicano se a un consumatore piace di più un particolare insieme di beni rispetto a un altro, assumendo che tutti i beni possano essere "acquistati a costo zero".

Di fatto, la realtà è differente: ciascun consumatore, per acquistare un bene, deve pagare un prezzo e il reddito a sua disposizione è limitato. Ciò riconduce alla seconda parte della nostra discussione sulla scelta del consumatore riportata nel Capitolo 4. Quando i beni sono costosi, il reddito a disposizione del consumatore rende possibile acquistare solo alcuni beni. Nel Capitolo 4 mostreremo come descrivere l'insieme dei beni acquistabili dato il reddito del consumatore e i prezzi dei beni. Successivamente utilizzeremo le preferenze del consumatore per rispondere alla seguente domanda: quali beni sceglierà il consumatore tra quelli acquistabili?

Perché si studia la scelta del consumatore in modo approfondito? Il fatto è che non sono solo i consumatori a essere interessati al problema della scelta. Nel Capitolo 5 utilizzeremo la teoria della scelta del consumatore per derivare una curva di domanda del consumatore riferita a ogni bene o servizio. Tale curva è rilevante per gli imprenditori, perché fornisce informazioni circa la disponibilità del consumatore a pagare per un prodotto. Anche il Governo può avere interesse a conoscere le preferenze del consumatore e la curva di domanda. Per esempio, se un Governo è interessato ad aiutare le famiglie a basso reddito ad acquistare alimenti, è necessario capire come farlo. È preferibile che il Governo effettui un trasferimento aggiuntivo alle famiglie a basso reddito e le lasci libere di spendere i soldi nel modo desiderato o piuttosto dovrebbe assegnare dei buoni validi solamente per l'acquisto di generi alimentari? Come vedremo l'efficacia e l'onerosità del programma dipendono dalle preferenze del consumatore.

3.1 • Rappresentazione delle preferenze

Nell'economia moderna i consumatori hanno la possibilità di acquistare una gran quantità di beni e servizi. Partiamo considerando un **paniere** di beni definito come una combinazione di beni e servizi acquistabili da un consumatore. Per esempio un paniere può contenere un paio di jeans, due paia di scarpe, 5 etti di cioccolata. Un secondo paniere può contenere due paia di jeans, un paio di scarpe e 2 etti di cioccolata. Più in generale, un paniere può contenere determinate quantità non solo di jeans, scarpe e cioccolata ma anche abitazioni, strumenti elettronici, biglietti per il teatro ed eventi sportivi e molti altri beni. Per fornire un'idea di paniere consideriamo un esempio semplificato in cui un consumatore può acquistare solo due beni, cibo e abbigliamento, e immaginiamo di avere sette possibili panieri di consumo come illustrato nella Figura 3.1. L'acquirente del paniere E consuma 20 unità di cibo e 30 unità di abbigliamento per settimana. Chi sceglie invece il paniere B consuma 60 unità del primo bene e 10 unità del secondo bene. Il paniere J e il paniere H contengono rispettivamente solo cibo e solo abbigliamento.

Le **preferenze del consumatore** ci dicono come un individuo valuti i due panieri in ordine di desiderabilità, *ipotizzando che i due panieri siano disponibili a costo zero*. Ovviamente la scelta finale del consumatore dipenderà da una serie di fattori oltre alle preferenze, tra cui il reddito e il costo del paniere, ma per il momento ci limitiamo a considerare solo le preferenze.

> **PANIERE** Una combinazione di beni e servizi acquistabili da un consumatore.

> **PREFERENZE DEL CONSUMATORE** Dati due panieri qualsiasi, forniscono delle indicazioni sulla desiderabilità dell'uno rispetto all'altro, ipotizzando che i panieri siano acquistabili a costo zero.

3.1.1 Ipotesi sulle preferenze del consumatore

Il nostro studio sulle preferenze del consumatore inizia con tre ipotesi base sottostanti alla teoria della scelta del consumatore e per il momento assumiamo che gli individui siano razionali. Successivamente considereremo dei casi in cui queste ipotesi possono non essere valide.

1. *Completezza.* Dati due panieri, il consumatore è in grado di assegnare un ordine di preferenza. Dati i panieri A e B, per esempio, il consumatore può stabilire le sue preferenze secondo una di queste possibilità:

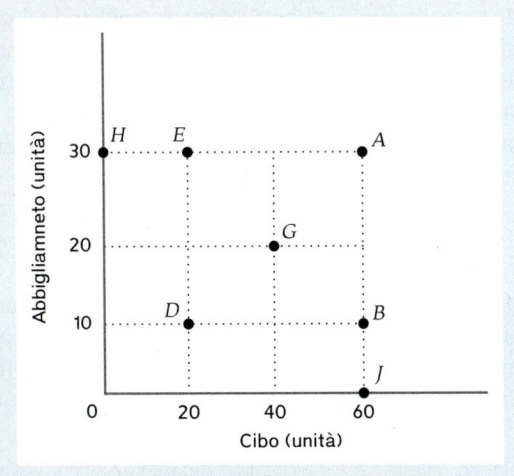

FIGURA 3.1 Combinazioni di cibo e abbigliamento settimanali
I punti A, B, D, E, G, H e J rappresentano sette possibili combinazioni di cibo e abbigliamento acquistabili dai consumatori.

Il paniere A è preferito al paniere B (scritto A ≻ B)
Il paniere B è preferito al paniere A (scritto B ≻ A)
Il paniere A è desiderabile quanto il paniere B, il consumatore è cioè indifferente tra i due panieri (scritto A ≈ B)

2. *Transitività.* Ciascuna scelta effettuata dal consumatore è coerente con l'altra. Supponiamo che il consumatore dichiari di preferire il paniere A al paniere B e il paniere B al paniere E. A questo punto ci aspetteremmo che preferisca il paniere A al paniere E. Utilizzando la notazione precedentemente introdotta per descrivere le preferenze, possiamo rappresentare la transitività nel modo seguente: se A ≻ B e B ≻ E allora A ≻ E.

3. *Non sazietà* ("più è meglio") o *monotonicità*. In altre parole per il consumatore è meglio avere una quantità maggiore almeno di un bene. Supponiamo che il consumatore stia valutando i panieri rappresentati nella Figura 3.1. Se "più è meglio" il consumatore preferirà avere una quantità maggiore di cibo e allo stesso modo preferirà una maggiore quantità di abbigliamento. Nel caso considerato nella figura quindi preferirà A a E o H perché con tutti e tre i panieri può ottenere la stessa quantità di abbigliamento, ma scegliendo A ha la possibilità di consumare una quantità maggiore anche di cibo.
In secondo luogo preferirà il paniere A a B o J perché ottiene la stessa quantità di cibo con tutti e tre i panieri ma più abbigliamento con A. Infine preferirà A a G o D perché con A può consumare una quantità maggiore di entrambi i beni, rispetto agli altri due panieri. Pertanto il paniere A è tra i sette quello maggiormente preferito.

Senza l'aggiunta di altre informazioni sulle preferenze del consumatore non è comunque possibile stabilire come il consumatore classificherebbe ogni possibile coppia di panieri. Per esempio se non abbiamo ulteriori informazioni non possiamo dire se E è preferito a G, perché otterrebbe più cibo ma meno abbigliamento in G.

3.1.2 Ordinamento basato su numeri ordinali e cardinali

In questo libro faremo riferimento a due tipi di ordinamento delle preferenze: ordinale e cardinale. L'**ordinamento ordinale** fornisce informazioni circa l'ordine secondo cui un consumatore classifica i panieri. Per esempio scegliendo il paniere A nella Figura 3.1 il consumatore acquista una quantità tripla sia di abbigliamento che di cibo rispetto a quella che avrebbe acquistato scegliendo il paniere D. L'ipotesi "più è meglio" ci dice che il consumatore preferisce il paniere A a D. Tuttavia l'ordinamento basato su numeri ordinali non ci dice nulla però su **quanto** il paniere A **è preferito** al paniere D.

L'**ordinamento cardinale** fornisce informazioni circa l'**intensità** delle preferenze del consumatore. Nel caso considerato pertanto possiamo stabilire non solo che A è preferito a D ma anche il grado di preferenza. Con un ordinamento cardinale possiamo quindi fare un'affermazione di tipo quantitativo, per esempio: "Il paniere A è doppiamente preferito al paniere D".[1] L'ordinamento cardinale pertanto contiene maggiori informazioni rispetto a quello ordinale. In generale un consumatore è in grado di rispondere agevolmente a domande basate sul principio ordinale, come: "Preferisci un paniere composto da hamburger e patatine fritte o un paniere con hot dog e cipolle?". Al contrario, risulta talvolta difficile dire di quanto un

---

ORDINAMENTO ORDINALE Ordinamento che indica se un consumatore preferisce un paniere a un altro, ma non fornisce informazioni di tipo quantitativo sull'intensità delle preferenze.

ORDINAMENTO CARDINALE Misura quantitativa dell'intensità della preferenza di un paniere rispetto a un altro.

---

[1] Come sottolineato nel testo, il paniere A acquistato dal consumatore contiene una quantità di cibo e abbigliamento che è tre volte quella contenuta nel paniere D, ma ciò non vuol dire che il consumatore assegni al paniere A un grado di soddisfazione che è tre volte superiore a quello di D. Pensate che la vostra soddisfazione triplicherebbe qualora acquistaste una quantità tripla dei beni che comprate adesso? Per gran parte dei consumatori, la soddisfazione aumenta ma in misura inferiore a tre volte.

paniere sia preferito all'altro perché non si dispone di una misura appropriata del grado di soddisfazione ricavato da ciascun paniere. Fortunatamente però vedremo che nella teoria del comportamento del consumatore non è importante misurare il livello di soddisfazione che il consumatore trae dall'acquisto di un bene. Sebbene useremo spesso l'utilità cardinale per facilitare l'esposizione, l'ordinamento basato su numeri ordinali fornisce informazioni sufficienti per spiegare le scelte di ciascun consumatore.

3.2 • Funzioni di utilità

Le tre assunzioni – completezza, transitività e monotonicità – ci consentono di rappresentare le preferenze con una **funzione di utilità**, che misura il grado di soddisfazione che un consumatore trae da ciascun paniere. È possibile fornire una rappresentazione analitica e grafica della funzione di utilità.

3.2.1 Preferenze nel caso di un solo bene: principio dell'utilità marginale

Per illustrare il concetto di funzione di utilità partiamo da uno scenario piuttosto semplice in cui un consumatore, Sara, acquista un solo bene, gli hamburger. Denotiamo con y il numero di hamburger da lei acquistati ogni settimana e sia $U(y)$ il livello di soddisfazione (o utilità) che Sara trae dall'acquisto di y hamburger. La Figura 3.2(a) rappresenta la funzione di utilità di Sara per gli hamburger. La funzione di utilità originaria è $U(y) = \sqrt{y}$. Si osservi che le preferenze di Sara soddisfano le tre ipotesi viste in precedenza. Sono complete perché Sara può assegnare un livello di soddisfazione a ogni livello di y. È soddisfatta anche l'ipotesi "più è meglio", perché un maggior consumo di hamburger aumenta l'utilità di Sara. Supponiamo per esempio che il numero di hamburger nel paniere A sia pari a 1, nel paniere B sia pari a 4 e nel paniere C sia pari a 5. Sara ordinerà i panieri nel modo seguente: $C > B$ e $B > A$ e questo lo si può vedere dal fatto che l'utilità nel punto C per Sara è maggiore dell'utilità nel punto B, e quest'ultima è maggiore di quella ottenuta nel punto A. Infine, le preferenze di Sara sono transitive: poiché preferisce il paniere C al paniere B e questo al paniere A, allora preferirà C ad A.

FUNZIONE DI UTILITÀ Una funzione che misura il livello di soddisfazione che un consumatore trae da qualsiasi paniere di beni e servizi.

Utilità marginale
Quando si studia il comportamento del consumatore, spesso si è interessati a conoscere come **varierà** il livello di soddisfazione (ΔU) in risposta a un cambiamento nel livello del consumo (Δy). Gli economisti definiscono **utilità marginale** (*Marginal Utility, MU*) il saggio a cui varia l'utilità totale a seguito dell'aumento nel livello del consumo. L'utilità marginale del bene y (MU_y) è pari a

$$MU_y = \frac{\Delta U}{\Delta y} \qquad (3.1)$$

UTILITÀ MARGINALE Il saggio a cui l'utilità totale varia a seguito di un incremento nel livello del consumo.

Dal punto di vista grafico, l'utilità marginale in un particolare punto è rappresentata dalla pendenza della retta tangente alla funzione di utilità in quel punto. Nella Figura 3.2(a), per esempio, l'utilità marginale di Sara per gli hamburger, quando $y = 4$, è la pendenza della retta tangente RS. Poiché le pendenze delle rette tangenti cambiano quando ci si muove lungo la funzione di utilità $U(y)$, l'utilità marginale di Sara dipenderà dalla quantità

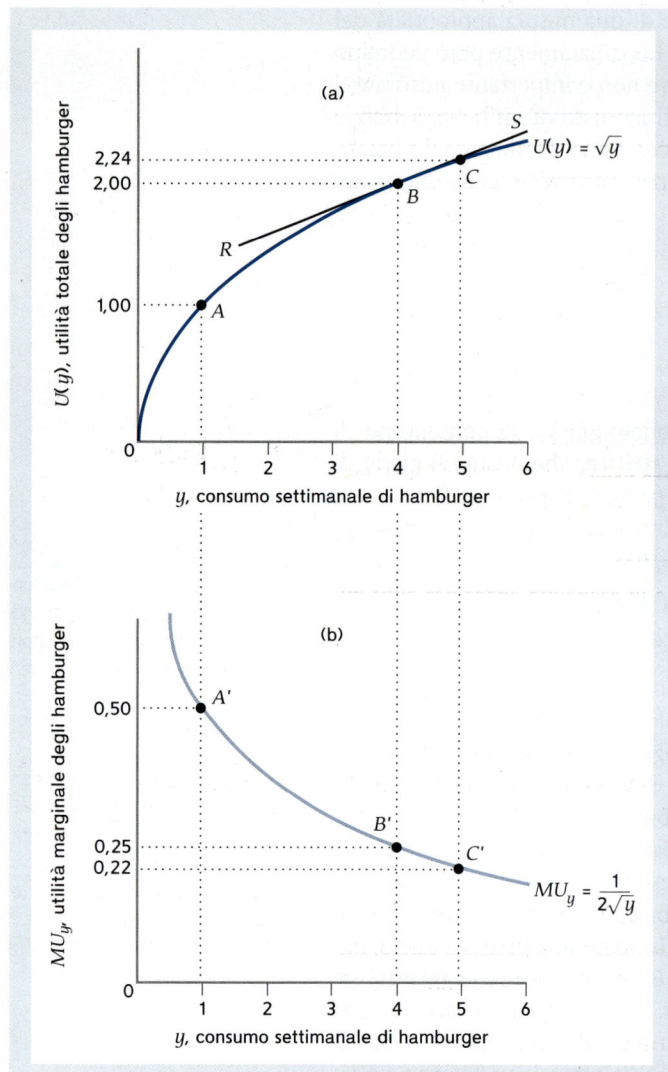

FIGURA 3.2 Utilità totale e utilità marginale nel caso di un solo bene (hamburger)
La funzione di utilità totale $U(y) = \sqrt{y}$ è rappresentata nella parte (a) del grafico, mentre la corrispondente utilità marginale è rappresentata nella parte (b). La pendenza della funzione di utilità nella parte (a) rappresenta l'utilità marginale. Quando per esempio $y = 4$, la pendenza della funzione di utilità è pari a 0,25 (rappresentata dalla pendenza della tangente RS nel punto B). Quando $y = 4$, l'utilità marginale pertanto è pari a 0,25.

di hamburger già acquistati. Il comportamento di Sara è seguito dalla maggior parte degli individui: la soddisfazione aggiuntiva che lei trae dal consumo di una quantità maggiore di un bene dipende da quante unità di quel bene ha già consumato.

Nella Figura 3.2, dove la funzione di utilità, rappresentata nella parte (a), è $U(y) = \sqrt{y}$, l'utilità marginale, rappresentata nella parte (b), è $MU_y = \dfrac{1}{2\sqrt{y}}$.[2]

Questa equazione riflette il modo preciso in cui l'utilità marginale dipende dalla quantità y.

---

[2] L'esercizio svolto A.4 nell'Appendice matematica (disponibile sul sito web www.ateneonline.it/besanko3e) mostra come derivare l'equazione dell'utilità marginale quando è nota la formula dell'utilità totale. Per mostrare che la formula $MU_y = \dfrac{1}{2\sqrt{y}}$ in questo esempio è corretta, verifichiamo il valore dell'utilità marginale sul piano numerico. Supponiamo che il consumo aumenti da $y = 4$ a $y = 4{,}01$ in modo tale che $\Delta y = 0{,}01$. In tal caso il livello dell'utilità varia da $U(4) = \sqrt{4} = 2$ a $U(4{,}01) = \sqrt{4{,}01} \approx 2{,}0025$. L'utilità è pertanto aumentata di $\Delta U \approx 0{,}0025$. L'utilità marginale è $\Delta U/\Delta y = 0{,}0025/0{,}01 = 0{,}25$. Questo è il numero che si otterrebbe sostituendo $y = 4$ nella formula $MU_y = 1/(2y^{0,5})$.

Principio dell'utilità marginale decrescente
Quando si rappresentano le curve di utilità totale e utilità marginale, bisognerebbe ricordarsi che:
- *L'utilità totale e l'utilità marginale non possono essere rappresentate nello stesso grafico.* L'asse orizzontale in entrambe le parti della Figura 3.2 è lo stesso (ossia il numero di hamburger y consumati ogni settimana), ma l'asse verticale è differente. L'utilità totale è rappresentata da U (quale che sia), mentre l'utilità marginale è data dall'utilità per hamburger (ΔU diviso Δy). Le curve dell'utilità totale e dell'utilità marginale devono pertanto essere tracciate su due grafici differenti.
- *L'utilità marginale è la pendenza della funzione di utilità (totale).* La pendenza in ogni punto della curva di utilità totale, rappresentata nella parte (a) della Figura 3.2 è $\Delta U/\Delta y$, e rappresenta il saggio di variazione dell'utilità totale in un punto al variare del consumo, ossia l'utilità marginale (si noti anche che $\Delta U/\Delta y$ in ogni punto è la pendenza del segmento di retta tangente alla curva di utilità in quel punto). Per esempio nel punto B, riportato nella parte (a) della Figura 3.2, la pendenza della curva di utilità $U(y)$ è pari a 0,25 (cioè $\Delta U/\Delta y = 0,25$ quando $y = 4$) = pendenza del segmento di retta RS tangente = utilità marginale in quel punto = valore della coordinata verticale nel punto B' lungo la curva di utilità MU_y, nella parte (b) del grafico.
- *La relazione tra funzione totale e marginale è valida in economia anche per altre misure.* Il valore della funzione *marginale* spesso non è altro che la pendenza della corrispondente funzione *totale*. Nel testo analizzeremo questa relazione per altre funzioni.

Nella Figura 3.2 (b) l'utilità marginale di Sara diminuisce man mano che aumenta il consumo di hamburger. Questa tendenza illustra il **principio dell'utilità marginale decrescente**, secondo cui oltre un certo limite un ulteriore aumento del consumo di un bene determina una riduzione dell'utilità marginale di quel bene. L'utilità marginale decrescente riflette una caratteristica comune degli individui. Maggiore è il consumo di un bene, che si tratti di hamburger o di caramelle, di scarpe o di un qualsiasi gioco, come per esempio può essere una partita a calcio, minore è la **soddisfazione addizionale** che si ottiene da un consumo **aggiuntivo**. L'utilità marginale può anche non diminuire dopo la prima unità, la seconda o la terza unità, ma normalmente diminuirà dopo alcuni livelli di consumo. Per capire il significato del principio dell'utilità marginale decrescente pensate alla soddisfazione addizionale che otterreste consumando un altro hamburger. Supponete di aver già mangiato un hamburger questa settimana: se ne mangiate un secondo la vostra utilità crescerà di un certo ammontare. Questa è l'utilità marginale del secondo hamburger. Se avete già mangiato 5 hamburger e pensate di mangiarne un sesto, l'incremento nella vostra utilità sarà dato dall'utilità del sesto hamburger. Se siete come la maggior parte delle persone, l'utilità marginale del vostro sesto hamburger sarà minore dell'utilità marginale del secondo hamburger. In tal caso l'utilità marginale degli hamburger sta diminuendo.

> **PRINCIPIO DELL'UTILITÀ MARGINALE DECRESCENTE** Tale principio dice che oltre un certo limite, all'aumentare del consumo di un bene, l'utilità marginale di quel bene inizia a diminuire.

Il principio "più è meglio" (monotonicità) è sempre valido?
Quali sono le implicazioni dell'ipotesi "più è meglio" per l'utilità marginale? Se un maggior quantitativo di un bene è meglio, allora all'aumentare del consumo, l'utilità totale deve aumentare. In altre parole l'utilità marginale di quel bene deve sempre essere positiva. In realtà questa ipotesi non è sempre vera. Torniamo all'esempio del consumo di hamburger. Sara può trovare che la sua utilità totale cresce quando consuma il primo, poi il secondo e quindi il terzo hamburger ogni settimana. Per questi hamburger la sua utilità marginale è positiva, anche se potrebbe essere decrescente per ogni hamburger aggiuntivo consumato. Ma presumibilmente a un certo punto un hamburger aggiuntivo

potrebbe non darle alcuna ulteriore soddisfazione. Per esempio si potrebbe verificare che l'utilità marginale del settimo hamburger settimanale sia pari a zero, e l'utilità marginale dell'ottavo o nono hamburger possa anche essere negativa. La Figura 3.3 illustra la curva di utilità totale e la curva di utilità marginale per il caso considerato. Inizialmente (per un valore di $y < 7$ hamburger), l'utilità totale aumenta all'aumentare del consumo e la pendenza della curva di utilità è positiva (notate che il segmento RS, che è tangente alla curva di utilità nel punto A quando Sara sta acquistando il suo secondo hamburger, ha pendenza positiva); l'utilità marginale pertanto è positiva (come risulta dal punto A'). L'utilità marginale è comunque decrescente all'aumentare del consumo, e quando Sara consuma 7 hamburger avrà consumato un tale quantitativo di quel bene che la sua utilità marginale è nulla (punto B'). Poiché l'utilità marginale è nulla, la pendenza della curva di utilità totale è nulla. (Il segmento MN, che è tangente alla curva di utilità nel punto B, ha pendenza pari a zero.) Se Sara decidesse di acquistare più di 7 hamburger la sua soddisfazione totale diminuirebbe. (La pendenza della curva di utilità totale nel punto C è negativa, e allo stesso modo sarà negativa anche l'utilità marginale, come indicato nel punto C'.) Sebbene non sia sempre vero che "più è meglio", tuttavia è ragionevole ipotizzare che più è meglio per le quantità di un bene che un consumatore potrebbe effettivamente acquistare. Per esempio, nella Figura 3.3 basterebbe tracciare la funzione di utilità per i primi 7 hamburger. Non sarebbe infatti razionale per il consumatore acquistare più di 7 hamburger, perché non avrebbe senso spendere soldi per acquistare ulteriori hamburger che avrebbero l'effetto di ridurre la sua utilità.

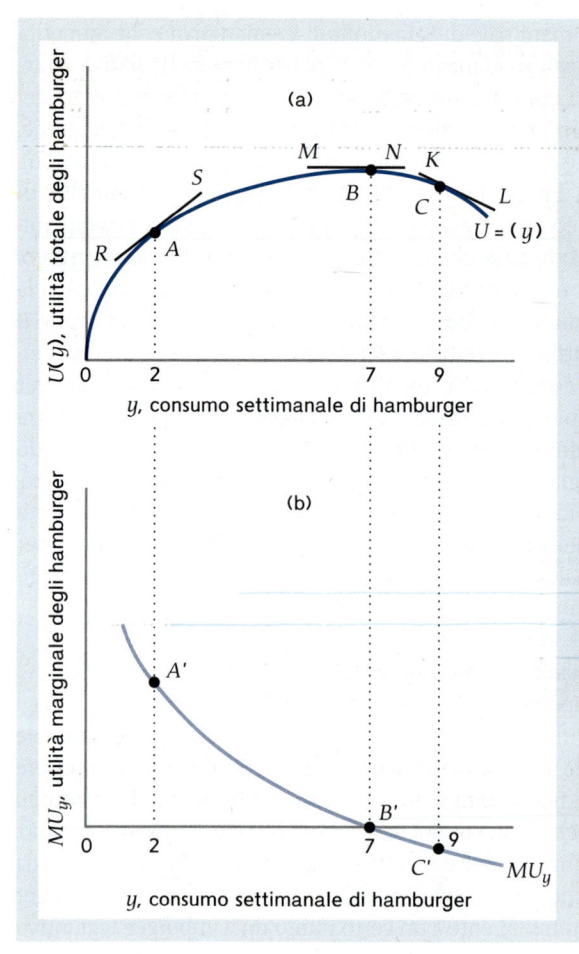

FIGURA 3.3 L'utilità marginale può essere negativa
Nella parte (a) del grafico è rappresentata la curva di utilità totale, mentre nella parte (b) del grafico la corrispondente curva di utilità marginale. La pendenza della curva di utilità nel grafico in alto è positiva in A; pertanto l'utilità marginale è positiva, come indicato nel punto A' nel grafico (b). Nel punto B la pendenza della curva di utilità è zero e ciò sta a significare che l'utilità marginale è nulla, come mostrato nel punto B'. Nel punto C la pendenza della funzione di utilità è negativa; pertanto l'utilità marginale è negativa come indicato dal punto C'.

3.2.2 Le preferenze nel caso di beni multipli: utilità marginale, curve di indifferenza e saggio marginale di sostituzione

Vediamo come i concetti di utilità totale e marginale possano essere applicati a uno scenario più realistico. Nella vita reale, i consumatori possono scegliere tra una miriade di beni e di servizi. Per studiare i trade-off che un consumatore deve affrontare quando si trova a dover scegliere la combinazione ottima di beni, dobbiamo esaminare la natura dell'utilità del consumatore tra molteplici prodotti.

Possiamo illustrare molti degli aspetti più importanti della scelta del consumatore tra molteplici prodotti con uno scenario relativamente semplice, nel quale un consumatore, Elisa, deve decidere quanto cibo e quanti vestiti comprare in un determinato mese. Denotiamo con x il numero di unità di cibo e con y il numero di unità di vestiti acquistati ogni mese. Inoltre, supponiamo che l'utilità per ogni paniere (x, y) di Elisa sia misurata dalla formula $U = \sqrt{xy}$. Nella Figura 3.4 viene mostrato un grafico di tale funzione rappresentativa dell'utilità di Elisa. Dato che abbiamo due beni, il grafico della funzione dell'utilità di Elisa deve avere tre assi. Nella Figura 3.4 il numero di unità di cibo consumato, x, è rappresentato sull'asse di destra mentre il numero di vestiti acquistati è rappresentato sull'asse sinistro. L'asse verticale misura il grado di soddisfazione di Elisa derivante dall'acquisto di ogni paniere di consumo. Per esempio, il paniere A contiene due unità di cibo ($x = 2$) e otto unità di vestiti ($y = 8$). Quindi, Elisa raggiunge un grado di utilità di $U = \sqrt{(2)(8)} = 4$ con il paniere A.

Come indicato dal grafico, Elisa può raggiungere lo stesso livello di utilità scegliendo tra altri panieri, come quello B o C. Il concetto di utilità marginale viene semplicemente esteso al caso di più beni. L'utilità marginale per ciascun bene è pari al tasso al quale l'utilità totale cambia all'aumentare del consumo di quel bene, *mantenendo costanti i livelli di consumo di tutti gli altri beni*. Per esempio, nel caso in cui siano consumati solo due beni e la funzione di utilità sia $U(x, y)$, l'utilità

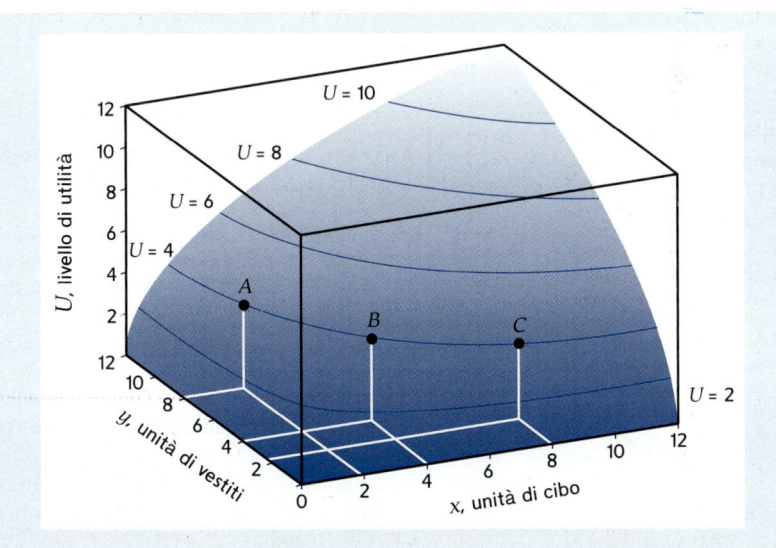

FIGURA 3.4 Grafico della funzione di utilità $U = \sqrt{xy}$

Il grado di utilità viene illustrato sull'asse verticale e le quantità di cibo (x) e di vestiti (y) sono illustrati, rispettivamente, sull'asse destro e sinistro. Sono inoltre mostrate le curve di livello rappresentanti l'utilità costante. Per esempio, il consumatore è indifferente tra i panieri A, B e C perché forniscono tutti lo stesso grado di utilità ($U = 4$).

marginale del cibo (MU_x) misura come il livello di soddisfazione *cambierà* (ΔU) in risposta a un *cambiamento* del consumo di cibo (Δx), mantenendo costante il livello di y:

$$MU_x = \left.\frac{\Delta U}{\Delta x}\right|_{y \text{ è mantenuto costante}} \tag{3.2}$$

Allo stesso modo, l'utilità marginale di vestiti (MU_y) misura quanto *cambierà* il livello di soddisfazione (ΔU) in risposta a un piccolo *cambiamento* nel consumo di vestiti (Δy), mantenendo costante il livello di cibo (x).

$$MU_y = \left.\frac{\Delta U}{\Delta y}\right|_{x \text{ è mantenuto costante}} \tag{3.3}$$

Si potrebbero usare le equazioni (3.2) e (3.3) per derivare le espressioni algebriche per MU_x e MU_y da $U(x, y)$.[3] Quando l'utilità totale derivante dal consumo di un paniere (x, y) è $U = \sqrt{xy}$, le utilità marginali sono $MU_x = \frac{\sqrt{y}}{2\sqrt{x}}$ e $MU_y = \frac{\sqrt{x}}{2\sqrt{y}}$. Quindi, per il paniere A (con $x = 2$ e $y = 8$), risulterà

$$MU_x = \frac{\sqrt{8}}{2\sqrt{2}} = 1 \text{ e } MU_y = \frac{\sqrt{2}}{2\sqrt{8}} = \frac{1}{4}.$$

L'Esercizio svolto 3.1 mostra che la funzione di utilità $U = \sqrt{xy}$ soddisfa l'ipotesi secondo cui "più è meglio" e il principio dell'utilità marginale decrescente. Siccome queste sono considerate delle caratteristiche ragionevoli delle preferenze del consumatore, useremo spesso questa funzione di utilità per illustrare i concetti nella teoria della scelta del consumatore.

Esercizio svolto 3.1   Utilità marginale

Consideriamo una funzione di utilità che soddisfi le assunzioni che "più è meglio" e che le utilità marginali sono decrescenti. Supponiamo che le preferenze del consumatore tra cibo e vestiario possano essere rappresentate dalla funzione di utilità $U = \sqrt{xy}$, dove x misura il numero di unità di cibo e y il numero di unità di vestiti, e le utilità marginali per x e y siano espresse dalle seguenti equazioni:

$$MU_x = \frac{\sqrt{y}}{2\sqrt{x}} \text{ e } MU_y = \frac{\sqrt{x}}{2\sqrt{y}}.$$

Problema

(a) Si dimostri che un consumatore con questa funzione di utilità pensa che sia meglio una maggiore quantità di ogni bene.

(b) Si dimostri che l'utilità marginale di cibo e l'utilità marginale di vestiti sono decrescenti.

Soluzione

(a) Esaminando la funzione di utilità, possiamo notare che U aumenta ogni volta che aumentano x o y. Ciò significa che il consumatore preferisce una maggiore quantità di ogni bene. Ciò emerge anche dalle utilità marginali MU_x e MU_y, che devono essere sempre positive perché la radice quadrata di x e y deve sempre essere positiva (tutte le radici quadrate sono dei numeri positivi). Questo significa che l'utilità del consumatore aumenta sempre quando compra più cibo o più vestiti.

(b) In entrambe le funzioni di utilità marginale, all'aumentare del valore del denominatore (mantenendo costante il numeratore), l'utilità marginale è decrescente. Quindi, MU_x e MU_y sono entrambe decrescenti.

---

[3] L'Esercizio svolto A.7 nell'Appendice matematica (disponibile sul sito web www.ateneonline.it/besanko3e) mostra come derivare in questo caso le equazioni di MU_x e MU_y.

L'Esercizio svolto 3.2 illustra due modi per determinare se l'utilità marginale di un bene è positiva. Primo, potete guardare la funzione di utilità totale. Se aumenta quando viene consumata una quantità maggiore di un bene, l'utilità marginale è positiva. Secondo, potete guardare l'utilità marginale di un bene e vedere se è un numero positivo. Quando l'utilità marginale è un numero positivo, l'utilità totale aumenterà quando viene consumata una maggiore quantità di quel bene.

Esercizio svolto 3.2   Utilità marginale non decrescente

Alcune funzioni di utilità soddisfano l'ipotesi secondo cui "più è meglio", ma l'utilità marginale non è decrescente. Supponiamo che le preferenze di un consumatore per gli hamburger e per la birra possano essere rappresentate dalla funzione di utilità $U = \sqrt{H} + B$ dove H misura il numero di hamburger consumati e B il numero di birre. Le utilità marginali sono

$$MU_H = \frac{1}{2\sqrt{H}}$$
$$MU_B = 1$$

Problema

(a) Il consumatore ritiene che una maggiore quantità di ciascun bene sia meglio?

(b) Il consumatore ha un'utilità marginale decrescente per gli hamburger? L'utilità marginale della birra è decrescente?

Soluzione

(a) U aumenta ogni qual volta H o B aumentano, quindi deve essere preferibile una quantità maggiore per ogni bene. Inoltre, MU_H e MU_B sono entrambe positive, indicando ancora che è meglio una quantità maggiore.

(b) Quando H aumenta, MU_H diminuisce, pertanto l'utilità marginale relativa agli hamburger è decrescente. Al contrario $MU_H = 1$ (indipendentemente da quale sia il valore di B), pertanto il consumatore ha un'utilità marginale *costante* (piuttosto che decrescente) per la birra (cioè l'utilità del consumatore aumenta sempre della stessa quantità quando compra un'altra birra).

Curve di indifferenza

Per illustrare i trade-off presenti nella scelta del consumatore, possiamo ridurre il grafico tridimensionale della funzione di utilità di Elisa nella Figura 3.4 a un grafico bidimensionale come quello della Figura 3.5. Entrambi i grafici rappresentano la stessa funzione di utilità $U = \sqrt{xy}$. Nella Figura 3.5 ogni curva rappresenta i panieri che forniscono lo stesso livello di utilità a Elisa.

Ogni curva è chiamata **curva di indifferenza** perché Elisa è ugualmente soddisfatta con (o *indifferente* nello scegliere tra) tutti i panieri presenti su quella curva. Per esempio, Elisa ottiene la stessa soddisfazione con i panieri A, B, e C perché essi si trovano tutti sulla curva di indifferenza con valore $U = 4$ (confrontate le Figure 3.4 e 3.5 per vedere come appare la curva di indifferenza con valore $U = 4$ in un grafico tridimensionale e bidimensionale della stessa funzione di utilità). Un grafico come quello della Figura 3.5 è alle volte chiamato *mappa di indifferenza*, perché mostra un insieme di curve di indifferenza.

CURVA DI INDIFFERENZA Una curva che unisce un insieme di panieri di consumo che danno al consumatore lo stesso livello di soddisfazione.

Le curve di indifferenza su una mappa di indifferenza possiedono le seguenti quattro proprietà.

1. Quando il consumatore gradisce entrambi i beni (cioè quando MU_x e MU_y sono entrambe positive), tutte le curve di indifferenza hanno una pendenza negativa.
2. Le curve di indifferenza non possono intersecarsi.
3. Ogni paniere di consumo si trova su una e una sola curva di indifferenza.
4. Le curve di indifferenza non sono "spesse".

Ora studieremo queste proprietà in maggiore dettaglio.

1. *Quando il consumatore gradisce entrambi i beni (cioè quando MU_x e MU_y sono entrambe positive), tutte le curve di indifferenza hanno una pendenza negativa.*

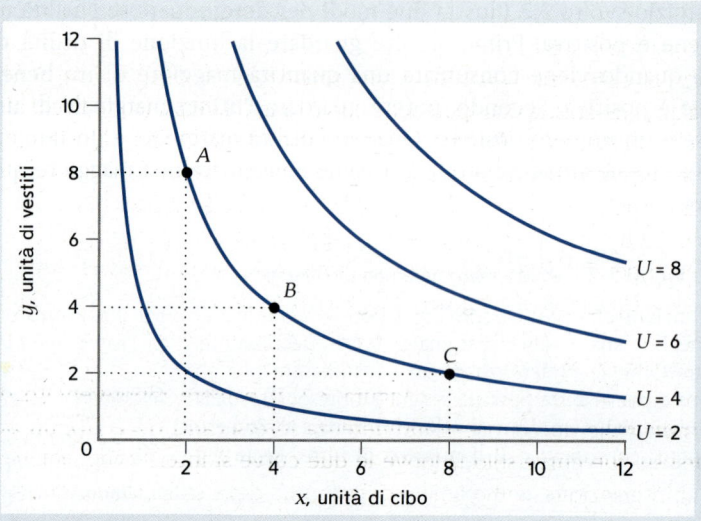

FIGURA 3.5 Curve di indifferenza per la funzione di utilità $U = \sqrt{xy}$
Tutti i panieri su una stessa curva di indifferenza hanno la stessa utilità. Per esempio, il consumatore è indifferente tra i panieri A, B e C nel grafico perché essi forniscono lo stesso grado di utilità ($U = 4$).

Consideriamo il grafico nella Figura 3.6. Supponiamo che il consumatore abbia adesso il paniere A; poiché il consumatore possiede un'utilità marginale positiva per entrambi i beni, preferirà qualsiasi paniere che si trovi a nord, est, o nord-est rispetto ad A. Indichiamo ciò nel grafico disegnando delle frecce per indicare le direzioni preferenziali. La freccia che punta verso est riflette il fatto che $MU_x > 0$. La freccia che punta verso nord riflette il fatto che $MU_y > 0$.

I punti a nord-ovest o sud-ovest rispetto ad A non possono trovarsi sulla stessa curva di indifferenza di A, poiché sarebbero preferiti rispetto ad A o meno preferiti ad A, rispettivamente. Quindi, i punti sulla stessa curva di indifferenza di A devono trovarsi o a nord-ovest o a sud-est rispetto ad A. Ciò mostra che le curve

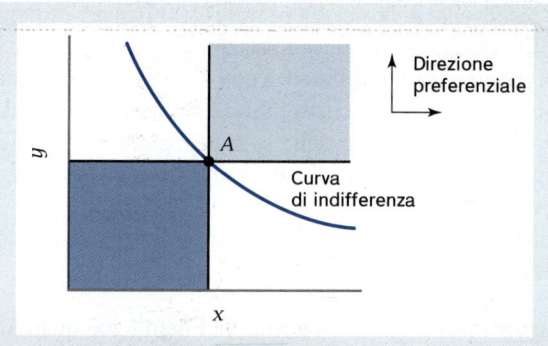

FIGURA 3.6 Pendenza delle curve di indifferenza
Supponiamo che i beni x e y siano graditi entrambi dal consumatore ($MU_x > 0$ e $MU_y > 0$, indicando che il consumatore preferisce più di y e più di x). I punti nella regione ombreggiata a nord-est di A non possono trovarsi sulla stessa curva di indifferenza di A poiché verrebbero preferiti rispetto ad A. I punti nella regione ombreggiata a sud-ovest di A non possono nemmeno trovarsi sulla stessa curva di indifferenza di A poiché sarebbero meno preferiti rispetto ad A. Quindi, i punti che si trovano sulla stessa curva di indifferenza del paniere A devono trovarsi o a nord-ovest o a sud-est rispetto ad A, e la pendenza della curva di indifferenza che passa attraverso A deve essere negativa.

di indifferenza hanno una pendenza negativa quando entrambi i beni hanno utilità marginali positive.

2. *Le curve di indifferenza non possono intersecarsi.* Per capire il perché, considerate la Figura 3.7, che illustra due ipotetiche curve di indifferenza (con i livelli di utilità U_1 e U_2) che si intersecano. Il paniere rappresentato dal punto S su U_1 viene preferito al paniere rappresentato dal punto T su U_2, come dimostrato dal fatto che S si trova a nord-est rispetto a T; quindi, $U_1 > U_2$. Allo stesso modo, il paniere rappresentato dal punto R su U_2 viene preferito al paniere rappresentato dal punto Q su U_1 (R si trova a nord-est rispetto a Q); quindi, $U_2 > U_1$. Ovviamente, non può essere vero che $U_1 > U_2$ e che $U_2 > U_1$. Questa incongruenza logica deriva dal fatto che U_2 e U_1 si intersecano; di conseguenza, le curve di indifferenza non possono intersecarsi.

3. *Ogni paniere di consumo si trova su una e una sola curva di indifferenza.* Questa proprietà deriva dalla 2. Nella Figura 3.7, il paniere rappresentato dal punto A si trova sulle due curve di indifferenza intersecanti (U_2 e U_1); un punto può trovarsi su due curve solo laddove le due curve si intersecano. Poiché non può esserci intersezione, ogni paniere di consumo deve trovarsi su una singola curva di indifferenza.

4. *Le curve di indifferenze non sono spesse.* Per capire perché, considerate la Figura 3.8, che illustra una curva spessa che passa attraverso due panieri distinti A e B. Poiché B si trova a nord-est rispetto ad A, l'utilità nel punto B deve essere mag-

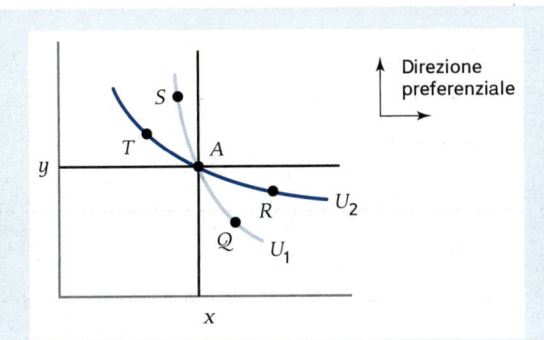

FIGURA 3.7 Le curve di indifferenza non si possono intersecare
Se disegniamo due curve di indifferenza (con differenti livelli di utilità U_1 e U_2) che si intersecano, allora creiamo una incongruenza logica nel grafico. Poiché S si trova a nord-est rispetto a T, allora $U_1 > U_2$. Ma poiché R si trova a nord-est di Q, allora $U_2 > U_1$. Questa incongruenza logica (che $U_1 > U_2$ e $U_2 > U_1$) deriva dal fatto che le curve di indifferenza si intersecano.

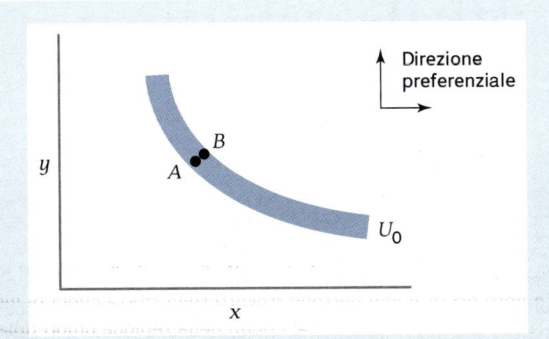

FIGURA 3.8 Le curve di indifferenza non sono spesse
Una curva di indifferenza spessa come U_0 contiene sia il paniere A che il paniere B. B tuttavia si trova a nord-est di A, pertanto l'utilità di B dovrebbe essere maggiore di quella di A. A e B pertanto non possono trovarsi sulla stessa curva di indifferenza.

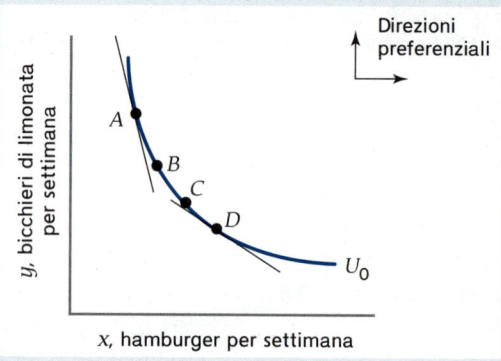

> **SAGGIO MARGINALE DI SOSTITUZIONE (MRS)** Il tasso al quale il consumatore è disposto a rinunciare a un bene per avere di più dall'altro bene, mantenendo l'utilità costante.

giore rispetto all'utilità nel punto A. Di conseguenza, A e B non possono trovarsi sulla stessa curva di indifferenza.

Il saggio marginale di sostituzione

La disponibilità di un consumatore a sostituire un bene con un altro mantenendo lo stesso livello di soddisfazione è chiamato **Saggio marginale di sostituzione** (*Marginal Rate of Substitution, MRS*). Per esempio, il saggio marginale di sostituzione di hamburger con limonata del consumatore è il tasso al quale il consumatore sarebbe disposto a rinunciare ad alcuni bicchieri di limonata per avere più hamburger, ottenendo la stessa soddisfazione complessiva.

Quando due beni hanno utilità marginali positive, il trade-off che il consumatore è disposto a fare tra i due beni è illustrato dalla pendenza della curva di indifferenza. Per vedere perché, considerate la curva di indifferenza U_0 nella Figura 3.9, che mostra il consumo settimanale di hamburger e di bicchieri di limonata per un particolare consumatore, Enrico. Quando Enrico passa da un qualsiasi paniere, come il paniere A, a un paniere preferito in uguale misura situato a destra della curva, come il paniere B, egli deve rinunciare a uno dei due beni (i bicchieri di limonata) per avere più dell'altro bene (hamburger). La pendenza della curva di indifferenza in ogni punto (cioè la pendenza della linea tangente alla curva in quel punto) è $\Delta y/\Delta x$ - il tasso di variazione di y rispetto alla variazione di x. Ma questo è esattamente il saggio marginale di sostituzione di hamburger con limonata per Enrico - la quantità di limonata a cui lui rinuncerebbe (Δy) per avere ulteriori hamburger (Δx).

Per esempio, la pendenza della curva di indifferenza di Enrico nel punto A è –5, il che significa che, al livello di consumo rappresentato dal paniere A, Enrico sarebbe disposto a scambiare 5 bicchieri di limonata per un ulteriore hamburger: il suo saggio marginale di sostituzione di hamburger per la limonata nel punto A è dunque pari a 5. Nel punto D, la pendenza della curva di indifferenza è –2: a questo livello di consumo, il saggio marginale di sostituzione di Enrico è pari a 2. Cioè Enrico sarebbe disposto a cedere solo due bicchieri di limonata per un ulteriore hamburger.

Questa discussione suggerisce chiaramente la relazione esistente tra il saggio marginale di sostituzione di x per y (delineato da $MRS_{x,y}$) e la pendenza della curva di indifferenza.

FIGURA 3.9 Il saggio marginale di sostituzione di x per y ($MRS_{x,y}$)
Il saggio marginale di sostituzione di x per y ($MRS_{x,y}$) è il tasso al quale il consumatore è disposto a rinunciare a y in modo da poter avere più x, mantenendo costante l'utilità. Su un grafico in cui si riporta la x sull'asse orizzontale e la y sull'asse verticale, $MRS_{x,y}$ per ogni paniere è pari alla pendenza della curva di indifferenza in quel punto cambiata di segno. Per il paniere A la pendenza della curva di indifferenza è –5, quindi $MRS_{x,y}$ = 5. Per il paniere D la pendenza della curva di indifferenza è –2, quindi $MRS_{x,y}$ = 2.

In un grafico in cui siano riportate sull'asse orizzontale la x e sull'asse verticale la y, $MRS_{x,y}$ in ogni punto è pari alla pendenza della curva di indifferenza in ogni punto cambiata di segno. Possiamo anche esprimere il saggio marginale di sostituzione per ogni paniere come il rapporto delle utilità marginali dei singoli beni che compongono il paniere. Per vedere come, considerate ogni paniere specifico sulla curva di indifferenza U_0. Supponiamo che il consumatore cambi il livello di consumo di x e y di Δx e Δy, rispettivamente. Il corrispondente impatto sull'utilità ΔU sarà:

$$\Delta U = MU_x(\Delta x) + MU_y(\Delta y) \quad [4] \quad (3.4)$$

Tuttavia deve risultare $\Delta U = 0$, perché variazioni di x e y che ci fanno spostare lungo la curva di indifferenza U_0 devono mantenere invariata l'utilità. Quindi $\Delta U = MU_x(\Delta x) + MU_y(\Delta y) = 0$, che può essere riscritta come $MU_x(\Delta x) = -MU_y(\Delta y)$. Possiamo ora risolvere per la pendenza della curva di indifferenza $\Delta y/\Delta x$:

$$\left. \frac{\Delta y}{\Delta x} \right|_{\text{mantenendo costante l'utilità}} = -\frac{MU_x}{MU_y}$$

Infine, poiché $MRS_{x,y}$ è pari a $-$pendenza della curva di indifferenza, osserviamo che

$$\left. -\frac{\Delta y}{\Delta x} \right|_{\text{mantenendo costante l'utilità}} = \frac{MU_x}{MU_y} = MRS_{x,y} \quad (3.5)$$

Tasso marginale di sostituzione decrescente

Per molti beni (ma non per tutti), $MRS_{x,y}$ decresce all'aumentare della quantità di x lungo una curva di indifferenza. Per vedere perché, pensiamo alla Figura 3.9. In base al paniere A, per avere un hamburger in più Enrico sarebbe disposto a rinunciare ad almeno 5 bicchieri di limonata. Ciò ha senso perché nel paniere A Enrico sta bevendo molta limonata mentre mangia solo pochi hamburger. Ci potremmo aspettare pertanto che $MRS_{x,y}$ sia grande. Invece, se Enrico si sposta verso il paniere D, dove il consumo di hamburger è maggiore mentre beve meno limonata, potrebbe non essere disposto a cedere così tanti bicchieri di limonata per avere ancora un altro hamburger. Quindi il suo $MRS_{x,y}$ sarà più basso in D rispetto che in A. Abbiamo appena visto che $MRS_{x,y}$ di Enrico nel paniere D è pari a 2, che è più basso rispetto al suo $MRS_{x,y}$ relativo al paniere A. In questo caso le preferenze di Enrico presentano un **saggio marginale di sostituzione** di x per y **decrescente**. In altre parole, il saggio marginale di sostituzione di x per y decresce quando Enrico aumenta il suo consumo di x lungo una curva di indifferenza.

Cosa implica un tasso marginale di sostituzione decrescente di x per y circa la forma della curva di indifferenza? Ricordate che il saggio marginale di sostituzione di x per y è uguale a $-$pendenza della curva di indifferenza su un grafico in cui è riportato x sull'asse orizzontale e y sull'asse verticale. Se $MRS_{x,y}$ decresce quando il consumatore fa aumentare x lungo una curva di indifferenza, allora la pendenza della curva di indifferenza deve essere più piatta (meno negativa) quando aumenta x. Di conseguenza, le curve di indifferenza con $MRS_{x,y}$ decrescente devono essere convesse, come nella Figura 3.9.

SAGGIO MARGINALE DI SOSTITUZIONE DECRESCENTE Una caratteristica delle preferenze del consumatore per la quale MRS di un bene per un altro cala quando aumenta il consumo del primo bene lungo la curva di indifferenza.

---

[4] Potrete riconoscere che questa equazione è *un'approssimazione* della variazione dell'utilità derivante dalla variazione di x e y di Δx e Δy, rispettivamente. L'approssimazione diventa più accurata quando Δx e Δy sono sufficientemente piccoli, perché le utilità marginali saranno approssimativamente costanti per piccole variazioni in x e y.

Applicazione 3.1

L'importanza degli attributi nella scelta di acquisto di un'automobile

All'inizio del capitolo si sono evidenziati i differenti elementi da prendere in considerazione durante la scelta di acquisto di un'automobile. È meglio una berlina o una station wagon? Quanti cavalli dovrà avere? È meglio a benzina, diesel o gpl?

In altri termini, è possibile ipotizzare che al momento dell'acquisto di un'automobile in realtà si stanno acquistando anche una serie di attributi o caratteristiche. Le domande che un possibile acquirente generalmente rivolge a un venditore (in quanto tempo arriva da 0 a 100? Quanti chilometri percorre con un litro di carburante? L'aria condizionata è di serie?) sono finalizzate a identificare la presenza o meno di determinate caratteristiche e la loro "quantità" in un determinato bene. Anche le riviste di settore, una per tutte *Quattroruote*, classificano le automobili e le valutano in base a una serie di caratteristiche.

La teoria tradizionale del consumatore definisce le preferenze del consumatore in base a panieri di beni e cerca di stabilire l'utilità associata a ogni paniere. Allo stesso modo, è possibile costruire un modello relativo alle scelte di un consumatore basato sulle differenti varietà di uno stesso bene, che utilizzi una funzione di utilità definita attraverso le caratteristiche presenti nel bene stesso. Riprendendo l'esempio del mercato automobilistico, è possibile ipotizzare che un consumatore confronti i diversi modelli o le diverse marche di automobili attraverso una funzione di utilità basata sulle caratteristiche chiave che distinguono le automobili, quali il numero di cavalli, i chilometri al litro, le dimensioni ecc.[5]

Il primo economista a introdurre l'ipotesi di misurare l'utilità dei consumatori non in base ai quantitativi consumati di un determinato bene, ma alla quantità di attributi/caratteristiche presenti nei differenti beni è stato Kevin Lancaster. Secondo il suo modello, la funzione di utilità in base alla quale i consumatori effettuano le loro scelte dipende dalle combinazioni delle caratteristiche presenti nei beni. Inoltre, il vincolo di bilancio (la cui definizione si rimanda al prossimo capitolo) viene definito in base a tre variabili: il reddito, i prezzi dei beni e le caratteristiche tecniche dei beni presenti sul mercato.[6]

Nello specifico del settore automobilistico, Nestor Arguea, Cheng Hsiao e Grant Taylor hanno studiato il mercato statunitense e hanno cercato di calcolare l'utilità marginale associata a ogni specifica caratteristica (che hanno chiamato "prezzo edonistico"), e successivamente hanno cercato di definire un tasso marginale di sostituzione tra le caratteristiche analizzate (misurato attraverso il rapporto tra i differenti prezzi edonistici di due specifiche caratteristiche: il numero di cavalli e i chilometri percorsi con un litro di carburante).[7] Dall'analisi dei tre economisti è emerso che tra il 1970 e il 1986 il tasso marginale di sostituzione tra i chilometri al litro e i cavalli è diminuito, a indicare una minore propensione dei consumatori a incrementare il numero di cavalli al crescere dei chilometri percorribili con un litro di carburante. Questo cambiamento, in base alle loro conclusioni, può essere dovuto al fatto che i gusti dei consumatori siano cambiati, alla variazione dei prezzi delle automobili o all'incremento dei prezzi dei carburanti o, ancora, alla variazione del reddito dei consumatori. Come si vedrà nel prossimo capitolo, quando si verifica un cambiamento nei prezzi dei prodotti o nel reddito dei consumatori, questi possono spostare le loro preferenze da un paniere all'altro; è possibile, peraltro, che si verifichi anche una variazione del tasso marginale di sostituzione tra i beni presenti nel paniere.

Questo tipo di approccio, basato sulle caratteristiche dei beni, viene spesso utilizzato nelle ricerche di mercato al fine di prevedere il mercato potenziale relativo a un nuovo prodotto, ma è anche utile per effettuare previsioni o ipotesi che non risultano possibili per la teoria tradizionale del consumatore. Tra le applicazioni più interessanti vi sono quelle di David Laidler e Saul Estrin relative alla dimostrazione della fedeltà dei consumatori a una marca, agli effetti della pubblicità e al possibile ingresso sul mercato di una nuova marca o di una nuova variante di prodotto.[8]

A cura di Viviana Clavenna

---

[5] La funzione di utilità può anche prendere in considerazione le caratteristiche che categorizzano un prodotto, quali il tipo di automobile (sportiva *versus* familiare) o le differenti marche (per esempio Fiat versus Alfa Romeo).

[6] Per maggiori approfondimenti su questo modello si veda K. Lancaster, "A new approach to consumer theory", *Journal of Political Economy*, 1966, p. 132 e ss.

[7] N.M. Arguea, C. Hsiao e G.A. Taylor, "Estimating Consumer Preferente Using Market Data - An Application to U.S. Automobile Demani", *Journal of Applied Econometrics* 9, 1994, pp. 1-18.

[8] Per maggiori approfondimenti si veda D. Laidler, S. Estrin, *Microeconomia*, Il Mulino, Bologna 1989, p. 153 e ss.

Le preferenze del consumatore e il concetto di utilità 71

Esercizio svolto 3.3 Curve di indifferenza con $MRS_{x,y}$ decrescente

Supponiamo che un consumatore abbia delle preferenze tra due beni che possono essere rappresentate dalla funzione di utilità $U = xy$. Per questa funzione di utilità, $MU_x = y$ e $MU_y = x$.[9]

Problema

(a) Su un grafico, disegnate la curva di indifferenza associata al livello di utilità $U_1 = 128$.
   Poi rispondete alle seguenti domande:
   1. La curva di indifferenza interseca qualche asse?
   2. La forma della curva di indifferenza indica che $MRS_{x,y}$ è decrescente?
(b) Sullo stesso grafico disegnate una seconda curva di indifferenza, $U_2 = 200$. Dimostrate come $MRS_{x,y}$ dipenda da x e da y, e usate questa informazione per determinare se $MRS_{x,y}$ è decrescente per questa funzione di utilità.

Soluzione

(a) Per disegnare la curva di indifferenza $U_1 = 128$ per la funzione di utilità $U = xy$, disegniamo i punti dove $xy = 128$, per esempio il punto G ($x = 8$, $y = 16$), il punto H ($x = 16$, $y = 8$) e il punto I ($x = 32$, $y = 4$), e poi uniamo questi punti con una linea. La Figura 3.10 mostra questa curva di indifferenza.
   Può la curva di indifferenza U_1 intersecare uno dei due assi? Poiché U_1 è positiva, x e y devono essere entrambe positive (assumendo che il consumatore stia comprando delle quantità positive di entrambi i beni). Se U_1 intersecasse l'asse x, il valore di y in quel punto sarebbe zero; allo stesso modo, se U_1 intersecasse l'asse y, il valore di x in quel punto sarebbe zero. Se x o y fossero pari a zero, anche il valore di U_1 sarebbe zero e non 128. Di conseguenza, la curva di indifferenza U_1 non può intersecare gli assi. $MRS_{x,y}$ è decrescente per U_1? La Figura 3.10 mostra che U_1 è convessa; quindi, $MRS_{x,y}$ è decrescente per U_1.

(b) La Figura 3.10 mostra inoltre la curva di indifferenza $U_2 = 200$, che si trova sopra e a destra di $U_1 = 128$. Notate che sia MU_x che MU_y sono positive ogni volta che il consumatore ha quantità positive di x e y. Di conseguenza, le curve di indifferenza avranno una pendenza negativa. Questo significa che quando il consumatore aumenta x lungo una curva di indifferenza, y deve decrescere. Poiché $MRS_{x,y} = \dfrac{MU_x}{MU_y} = \dfrac{y}{x}$, muovendoci lungo la curva di indifferenza aumentando x e diminuendo y, il saggio marginale di sostituzione diminuirà. Quindi $MRS_{x,y}$ dipende da x e da y, e abbiamo un saggio marginale di sostituzione di x per y decrescente.

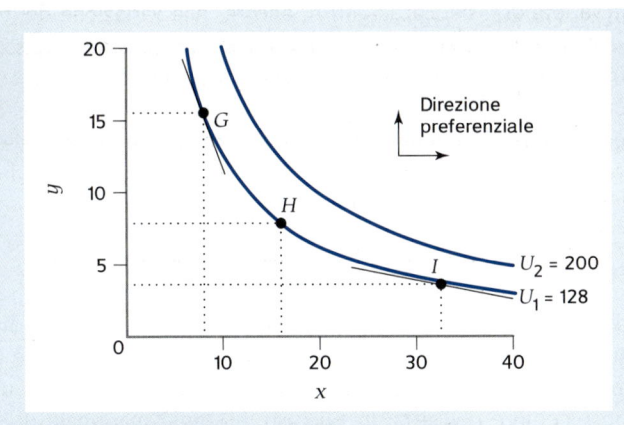

FIGURA 3.10 Curve di indifferenza con $MRS_{x,y}$ decrescente
Le curve di indifferenza in questo grafico si riferiscono alla funzione di utilità $U = xy$, per cui $MRS_{x,y} = x/y$. Sulla curva U_1, il saggio marginale di sostituzione nel paniere G è pari a $16/8 = 2$; di conseguenza, la pendenza della curva di indifferenza nel punto G è -2. $MRS_{x,y}$ nel paniere I è pari a $4/32 = 1/8$; di conseguenza, la pendenza della curva di indifferenza in I è pari a $-1/8$. Quindi, per U_1 (e per U_2) $MRS_{x,y}$ decresce all'aumentare di x, e le curve di indifferenza sono convesse.

L'Esercizio svolto 3.4 prevede delle curve di indifferenza con un saggio marginale di sostituzione *crescente*. Curve di questo tipo sono teoricamente possibili, ma rare.

---

[9] Per vedere come queste utilità marginali possano essere derivate dalla funzione di utilità, potete usare le tecniche di calcolo illustrate nell'Esercizio svolto A.7 riportato nell'Appendice matematica (disponibile sul sito web www.ateneonline.it/besanko3e).

Esercizio svolto 3.4   Curve di indifferenza con $MRS_{x,y}$ crescente

Considerate quello che succede quando una funzione di utilità possiede un saggio marginale di sostituzione *crescente*.

Problema

Supponiamo che le preferenze di un consumatore tra due beni (x e y) possano essere rappresentate dalla funzione di utilità $U = Ax^2 + By^2$, dove A e B siano delle costanti positive. Per questa funzione di utilità vale $MU_x = 2Ax$ e $MU_y = 2By$. Dimostrate che $MRS_{x,y}$ è crescente.

Soluzione

Poiché sia MU_x che MU_y sono positive, le curve di indifferenza avranno una pendenza negativa. Questo significa che quando x aumenta lungo una curva di indifferenza, y deve diminuire. Sappiamo che $MRS_{x,y} = MU_x/MU_y = 2Ax/(2By) = Ax/(By)$. Questo significa che muovendoci lungo una curva di indifferenza aumentando x e lasciando diminuire y, $MRS_{x,y}$ aumenterà. Quindi otteniamo un saggio marginale di sostituzione di x per y crescente. La Figura 3.11 illustra le curve di indifferenza per questa funzione di utilità. Tali curve hanno una forma concava e $MRS_{x,y}$ è crescente.

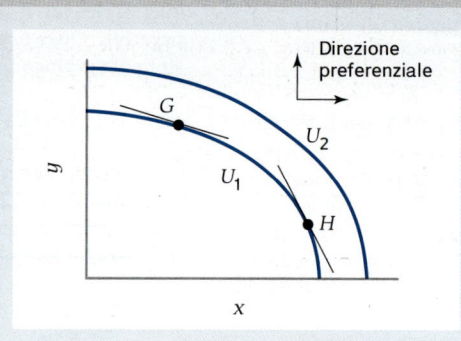

FIGURA 3.11   Curve di indifferenza con $MRS_{x,y}$ crescente
Se $MRS_{x,y}$ è maggiore nel paniere H rispetto al paniere G, allora la pendenza della curva di indifferenza U_1 sarà più negativa (più ripida) in H che in G. Quindi, con $MRS_{x,y}$ crescente, le curve di indifferenza saranno concave.

3.2.3 Particolari funzioni di utilità

La disponibilità di un consumatore a sostituire un bene con un altro dipenderà dai prodotti in questione. Per esempio, un consumatore potrebbe vedere Coca-Cola e Pepsi come perfetti sostituti ed essere sempre disposto a sostituire un bicchiere di una con un bicchiere dell'altra. In tal caso, il saggio marginale di sostituzione della Coca-Cola per la Pepsi sarà costante e uguale a 1, piuttosto che essere decrescente. Alle volte un consumatore potrebbe semplicemente non essere disposto a sostituire un prodotto con un altro. Per esempio, un consumatore potrebbe voler sempre esattamente un cucchiaino di burro per ogni cucchiaino di marmellata sul suo panino e non essere disposto a consumare burro e marmellata in qualsiasi altra proporzione. Per contemplare dei casi come questi e altri, esistono delle speciali funzioni di utilità. Noi qui ne discuteremo quattro: le funzioni di utilità nel caso di perfetti sostituti e di perfetti complementi, la funzione di utilità Cobb-Douglas e le funzioni di utilità quasi-lineari.

PERFETTI SOSTITUTI Due beni per i quali MRS è costante e quindi le curve di indifferenza sono linee rette.

Perfetti sostituti

In alcuni casi, un consumatore potrebbe vedere due prodotti come **perfetti sostituti** l'uno dell'altro.

Due beni si dicono perfetti sostituti quando il saggio marginale di sostituzione di uno per l'altro è costante. Per esempio, supponiamo che a Davide piaccia sia il burro (B) che la margarina (M) e che sia sempre disposto a sostituire un etto di un prodotto per un etto dell'atro. Allora $MRS_{B,M} = MRS_{M,B} = 1$. Per descrivere queste preferenze possiamo usare una funzione di utilità come $U = aB + aM$, dove a è una costante positiva qualsiasi. (Con questa funzione di utilità, $MU_B = a$ e $MU_M = a$. Inoltre ne deriva che $MRS_{B,M} = MU_B/MU_M = a/a = 1$, e la pendenza delle curve di indifferenza sarà costante e uguale a -1.)

Più in generale, le curve di indifferenza per i sostituti perfetti sono delle linee rette, e il saggio marginale di sostituzione è costante, sebbene non necessariamente uguale a 1. Per esempio, supponiamo che a un consumatore piacciano sia le frittelle sia le cialde e che sia sempre disposto a sostituire due frittelle con una cialda. Una funzione di utilità che descrive le sue preferenze è $U = F + 2C$, dove F è il numero di frittelle e C il numero di cialde. Con queste preferenze, $MU_F = 1$ e $MU_C = 2$, quindi ogni cialda fornisce due volte l'utilità marginale di una singola frittella. Inoltre osserviamo che $MRS_{F,C} = MU_F/MU_C = 1/2$. Due curve di indifferenza per questa funzione di utilità sono mostrate nella Figura 3.12. Poiché $MRS_{F,C} = 1/2$, su un grafico con F sull'asse orizzontale e C sull'asse verticale, la pendenza delle curve di indifferenza è $-1/2$.

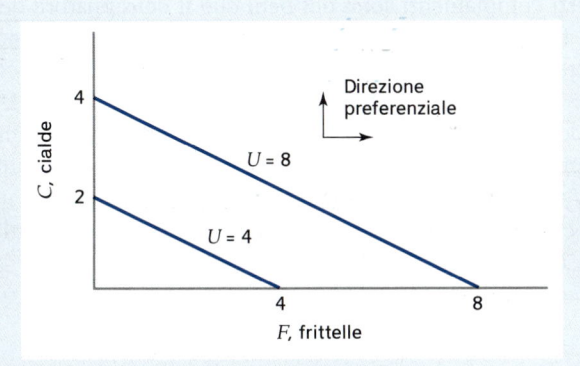

FIGURA 3.12 Curve di indifferenza con perfetti sostituti
Un consumatore la cui funzione di utilità è $U = F + 2C$ vede sempre due frittelle come perfetti sostituti di una cialda. $MRS_{F,C} = 1/2$, quindi le curve di indifferenza sono delle linee rette con una pendenza di $-1/2$.

Applicazione 3.2

L'acqua minerale non è tutta uguale?

La pubblicità in TV e sui giornali ci presenta l'acqua minerale sempre meno come la più semplice delle bevande e sempre più come una fonte di salute se non addirittura di bellezza. Dato che spesso non sappiamo quasi nulla sulla qualità dell'acqua che esce dal rubinetto di casa, si è portati a pensare che questa non abbia le diverse proprietà vantate dalle acque in bottiglia e la si guarda con sospetto. Anche in conseguenza degli ingenti investimenti pubblicitari, oggi gli italiani sono tra i principali consumatori di acqua minerale in Europa. Secondo gli ultimi dati ISTAT disponibili, il consumo pro capite di acqua in bottiglia è pari a 172 litri all'anno e l'87% della popolazione ne fa uso regolarmente.

Il mercato dell'acqua minerale è caratterizzato da significative differenze di prezzo tra le diverse marche, che arrivano anche al 200%. Un'altra caratteristica interessante di questo mercato è la bassa fedeltà dei consumatori alla marca. In media ogni famiglia italiana ha in casa 2,7 marche diverse di acqua minerale. La marca viene cambiata molto più spesso che per altre bevande per usufruire di iniziative promozionali, che riescono quindi a spostare grandi volumi di vendita da una marca all'altra.

I risultati di test di degustazione condotti qualche anno fa da Altroconsumo, associazione di consumatori, hanno evidenziato la presenza di differenze di gusto: i consumatori non considerano le diverse marche come perfetti sostituti. Tuttavia quando un consumatore non ha forti preferenze per una marca rispetto all'altra, il saggio marginale di sostituzione della marca A per la marca B potrebbe essere costante e probabilmente vicino all'unità, dal momento che un consumatore sarebbe probabilmente disponibile a rinunciare a una bottiglia della marca A per un'altra della marca B.

A cura di Giam Pietro Cipriani

Perfetti complementi

In alcuni casi, il consumatore potrebbe non essere completamente disposto a sostituire un bene per un altro. Considerate le tipiche preferenze del consumatore per le scarpe destra e sinistra, mostrate nella Figura 3.13. Il consumatore vuole coppie di scarpe, esattamente una scarpa sinistra per ogni scarpa destra. Il consumatore trae soddisfazione da un paio di scarpe completo, ma non aggiunge utilità avendo ulteriori scarpe o destre o sinistre.

Le curve di indifferenza in questo caso sono costituite da segmenti lineari ad angolo retto, come mostrato nella Figura 3.13. Il consumatore con le preferenze illustrate nella Figura 3.13 considera le scarpe destra e sinistra come **perfetti complementi**. I perfetti complementi sono dei beni che il consumatore desidera sempre in proporzioni fisse dell'uno e dell'altro; in questo caso, la proporzione desiderata di scarpe sinistre a scarpe destre è 1:1.[10] Una funzione di utilità nel caso di complementi perfetti – in questo caso, scarpe sinistre (S) e scarpe destre (D) – è $U(S, D) = 10 \min(S, D)$, dove la funzione "min" significa "prendere il valore minimo dei due numeri tra parentesi". Per esempio, nel paniere G, $D = 2$ e $S = 2$; quindi il minimo tra D ed S è 2, e $U = 10(2) = 20$. Nel paniere H, $D = 3$ e $S = 2$; quindi il minimo tra D e S è ancora 2 e $U = 10(2) = 20$. Pertanto i panieri G e H si trovano sulla stessa curva di indifferenza, U_2 (dove $U_2 = 20$).

PERFETTI COMPLEMENTI Due beni che il consumatore vuole sempre consumare in proporzione fissa.

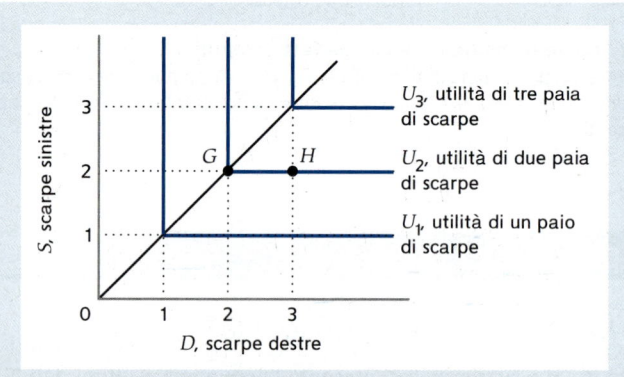

FIGURA 3.13 Curve di indifferenza con perfetti complementi
Il consumatore vuole esattamente una scarpa sinistra per ogni scarpa destra. Per esempio, la sua utilità col paniere G, composto da 2 scarpe sinistre e 2 scarpe destre, non è crescente muovendosi verso il paniere H, contenente 2 scarpe sinistre e 3 scarpe destre.

---

[10] La funzione di utilità con proporzioni fisse è alcune volte definita una *funzione di utilità Leontief*, dal nome dell'economista Wassily Leontief, che usò funzioni di produzione con proporzioni fisse per modellare le relazioni fra i settori nell'economia nazionale. Esamineremo le funzioni di produzione di Leontief nel Capitolo 6.

La funzione di utilità di Cobb-Douglas

Le funzioni di utilità $U = \sqrt{xy}$ e $U = xy$ rappresentano degli esempi della **funzione di utilità di Cobb-Douglas**. Per due beni, la funzione di utilità Cobb-Douglas è più generalmente rappresentata come $U = Ax^\alpha y^\beta$, dove A, α e β sono delle costanti positive.

La funzione di utilità Cobb-Douglas possiede tre proprietà che la rendono interessante nello studio della scelta di consumo.

1. Le utilità marginali sono positive per entrambi i beni. Le utilità marginali sono $MU_x = \alpha A x^{\alpha-1} y^\beta$ e $MU_y = \beta A x^\alpha y^{\beta-1}$; quindi, sia MU_x che MU_y sono positive quando A, α e β sono costanti positive. Questo significa che l'ipotesi "più è meglio" viene soddisfatta.
2. Poichè le utilità marginali sono entrambe positive, le curve di indifferenza avranno una pendenza verso il basso.
3. La funzione di utilità di Cobb-Douglas inoltre presenta un tasso marginale di sostituzione decrescente. Le curve di indifferenza saranno ruotate intorno all'origine, come nella Figura 3.10. L'Esercizio 3.11 nell'Eserciziario di fine libro chiede di verificare che il tasso marginale di sostituzione sia decrescente.

> **FUNZIONE DI UTILITÀ DI COBB-DOUGLAS** Una funzione di utilità del tipo $U = Ax^\alpha y^\beta$.

Funzioni di utilità quasi-lineari

Le proprietà di una **funzione di utilità quasi-lineare** semplificano spesso l'analisi. Inoltre, alcuni studi economici suggeriscono che tali funzioni potrebbero essere una buona approssimazione delle preferenze del consumatore in molti contesti. Per esempio, come vedremo nel Capitolo 5, una funzione di utilità quasi-lineare può descrivere le preferenze di un consumatore che acquista la stessa quantità di un prodotto (come il dentifricio o il caffè) indipendentemente dal suo reddito. La Figura 3.14 mostra le curve di indifferenza per una funzione di utilità quasi lineare. La caratteristica distintiva di una funzione di utilità quasi-lineare è quella per cui, muovendoci verso nord sulla mappa di indifferenza, il saggio marginale di sostituzione di x per y rimane lo stesso.

Cioè, per ogni valore di x, le pendenze di tutte le curve di indifferenza saranno le stesse, quindi le curve di indifferenza sono parallele fra loro. L'equazione di una

> **FUNZIONE DI UTILITÀ QUASI LINEARE** Una funzione di utilità che è lineare in almeno uno dei beni consumati ma potrebbe essere non lineare negli altri beni.

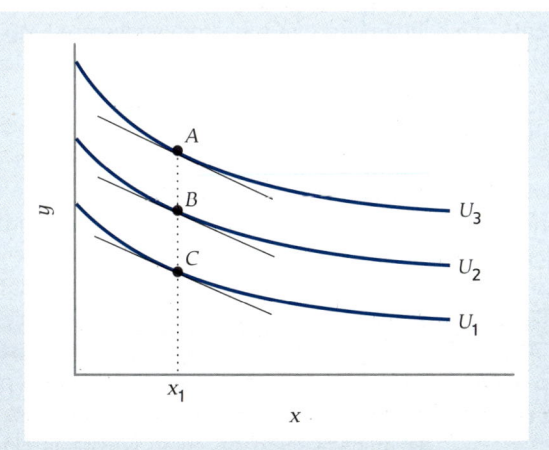

FIGURA 3.14 Curve di indifferenza con una funzione di utilità quasi-lineare
Una funzione di utilità quasi-lineare è descritta dalla formula $U(x, y) = v(x) + by$, dove $v(x)$ è una funzione che cresce in x e b è una costante positiva. Le curve di indifferenza sono parallele, quindi per ogni valore di x (come per esempio x_1) le pendenze delle curve di indifferenza saranno le stesse (cioè le pendenze delle curve di indifferenza sono identiche per i panieri A, B, e C).

funzione di utilità quasi lineare è $U(x, y) = v(x) + by$, dove b è una costante positiva e $v(x)$ è una funzione che cresce in x, cioè il valore di $v(x)$ aumenta all'aumentare di x [per esempio $v(x) = x^2$ o $v(x) = \sqrt{x}$]. Questa funzione di utilità è lineare per y, ma in genere non è lineare per x. Questo è il motivo per cui viene definita quasi-lineare.

In questo capitolo abbiamo discusso circa le preferenze (includendo i grafici) in modo semplice, analizzando casi in cui il consumatore acquista due beni. Ma i principi presentati qui possono essere applicati a dei problemi di scelta del consumatore molto più complicati, comprese le scelte tra molti beni differenti. Per esempio, come osservato all'inizio di questo capitolo, un consumatore considera tipicamente molti fattori quando acquista un'automobile, inclusi la dimensione dell'auto, la grandezza del motore, il tipo di carburante usato, l'efficienza del carburante, l'affidabilità, la disponibilità di opzioni e le caratteristiche di sicurezza. Usando la struttura sviluppata in questo capitolo, diremmo che l'utilità per un consumatore derivante da un'automobile dipende dalle caratteristiche di quel veicolo.

Applicazione 3.3

Hula Hoop e Pet Rock

Le preferenze degli individui sono spesso influenzate dalle mode, episodi di breve durata durante i quali un determinato bene o servizio gode di un'elevata popolarità. Tra i prodotti che hanno avuto un maggior impatto nello scorso secolo si rammenta l'Hula Hoop, un grande anello di plastica leggera lanciato sul mercato nel 1957 dalla Wham-O. Gli Hula Hoop furono creati sul modello dei cerchi di bamboo che in Australia venivano utilizzati durante le ore di educazione fisica facendoli ruotare attorno alla vita, chiamati in questo modo poiché implicavano i medesimi movimenti della danza tipica hawaiana.

Sebbene i bambini abbiano da sempre giocato con cerchi simili, costruiti sia in legno che in metallo, facendoli girare o lanciandoli, la Wham-O riuscì a creare la versione in assoluto più popolare di questo tipo di gioco. Quando un prototipo di Hula Hoop venne testato in California, questo nuovo gioco godette immediatamente di un elevato interesse da parte del pubblico. Nei primi mesi nei quali furono immessi sul mercato, vennero venduti circa 25 milioni di Hula Hoop. Dopo che la moda si diffuse anche in Europa e in Giappone, arrivarono all'impresa ordini per circa 100 milioni di unità di prodotto. Alla fine del 1958, man mano che la moda dell'Hula Hoop scemava, la Wham-O decise di introdurre sul mercato un altro prodotto di grande successo: il Frisbee.

Diverse mode si sono diffuse nel corso degli anni. Nel 1975 Gary Dahl creò i Pet Rock, che presentò come alternativa ai tradizionali animali domestici quali cani, gatti o pesci rossi. I Pet Rock erano sassi piatti ai quali venivano incollati o dipinti occhi, bocca ed eventuali altri caratteri antropomorfizzanti. Dahl suggerì che la sua invenzione costituiva l'ideale alternativa ai tradizionali animali domestici poiché i Pet Rock non disturbavano, non andavano nutriti e non richiedevano particolari attenzioni. Anche i Pet Rock, così come l'Hula Hoop e il Frisbee, trovarono nel pubblico un notevole riscontro: Dahl apparve due volte nel *Tonight Show*, mentre molteplici furono gli articoli di giornale dedicati a questo nuovo prodotto. Prima che la moda scemasse, furono venduti milioni di Pet Rock. Tra le mode più recenti, sempre nel settore dei giocattoli, si rammentano Il Cubo di Rubik, o Cubo magico, un gioco di logica inventato dal professore di architettura e scultore ungherese ErnÐ Rubik nel 1974 e i Piccoli Fiammiferini, diffusisi in Italia a partire dal 1980.

Le mode sono spesso in grado di modificare le preferenze dei consumatori. Si supponga, per esempio, che il paniere di un consumatore sia costituito unicamente da due beni: Pet Rock e cibo. Durante la moda, come mostra la Figura 3.15 (a), il consumatore incrementa notevolmente la propria utilità acquistando quantitativi maggiori di Pet Rock (passando dal paniere A al paniere B, per esempio, la sua utilità cresce di molto). In questa situazione, le sue curve di indifferenza sono piuttosto piatte, a indicare una spiccata preferenza per i Pet Rock. Una volta che la moda è scemata, come mostra la Figura 3.15 (b), le curve di indifferenza del consumatore in questione sono più ripide (ovvero il tasso marginale di sostituzione tra il cibo e Pet Rock è aumentato). Si osservi, tuttavia, che il consumatore presenta ancora un certo interesse per i

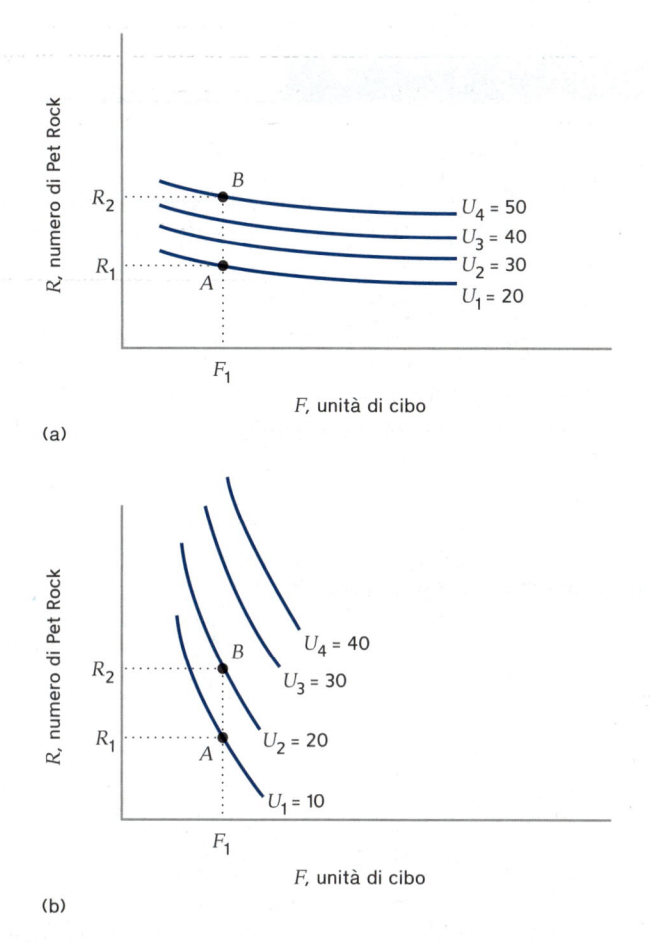

FIGURA 3.15 Mode e preferenze
Una funzione di utilità quasi lineare è descritta dalla formula $U(x, y) = v(x) + by$, dove $v(x)$ è una funzione che cresce in x e b è una costante positiva. Le curve di indifferenza sono parallele, quindi per ogni valore di x (come per esempio x_1) le pendenze delle curve di indifferenza saranno le stesse (cioè le pendenze delle curve di indifferenza sono identiche per i panieri A, B, e C).

Pet Rock; nel caso, per contro, il suo interesse per questo prodotto si esaurisse completamente, le sue curve di indifferenza sarebbero verticali, e la sua utilità crescerebbe unicamente al crescere del consumo di cibo.[11]

---

[11] Per maggiori approfondimenti relativamente alle mode e alla loro diffusione si veda J. Stern e M. Stern, *Jane e Michael Stern's Enciclopedia of Pop Culture: An A to Z Guide of Who's Who and What's What, from Aerobics and Bubbole Gum to Valley of the Dolls and Moon Unit Zappa*, HarperCollins Publishers, New York 1992.

Applicazione 3.4

Di più è sempre meglio? La teoria delle preferenze condizionate

Consumando quantitativi sempre maggiori di un determinato bene si incrementa la propria soddisfazione? Ovvero, si incrementa la propria utilità? Un assunto più volte evidenziato nel capitolo – "più è meglio"– implica che la risposta alle precedenti domande sia positiva.[12] Come verrà anche sottolineato nei prossimi capitoli, un incremento di reddito consente a un consumatore di aumentare i quantitativi di beni e servizi presenti nel suo paniere, ovvero di accedere a curve di indifferenza costituite da quantitativi maggiori di beni, incrementando la sua utilità.

Tuttavia, per la maggior parte delle persone, è più probabile che l'aumento nel consumo di un bene non sempre implichi una maggior soddisfazione. Le ricerche in campo psicologico relative alle determinanti della soddisfazione delle persone suggeriscono, infatti, che di più non sempre è meglio. L'economista Robert Frank, rivedendo la letteratura relativa al benessere psicologico, cita alcune ricerche effettuate su famiglie giapponesi che hanno mostrato che, nel corso anche di un lungo periodo di tempo, il loro grado di soddisfazione è rimasto pressoché il medesimo nonostante i livelli di reddito pro capite fossero incrementati di circa cinque volte.[13] Altre ricerche inerenti agli indicatori di soddisfazione e di benessere in altri Paesi hanno mostrato risultati simili.

Esiste un modo per adattare la teoria tradizionale del consumatore così che le sue implicazioni siano coerenti con l'evidenza empirica appena citata? Il ramo dell'economia che cerca di inglobare le implicazioni psicologiche alla teoria economica è costituito dall'economia comportamentale. La finalità principale dell'economia comportamentale è quella di inserire la componente psicologica nei modelli economici al fine di migliorare i modelli predittivi relativi alle decisioni dei singoli individui.

Gli economisti comportamentali Botond Kosegi e Matthew Rabin hanno proposto una teoria relativa alle preferenze condizionate (*reference-dependent preferences*), che prende in considerazione importanti implicazioni inerenti alle ricerche psicologiche sulla felicità.[14] Kosegi e Rabin ipotizzano che l'utilità degli individui non dipenda dal consumo di un bene o di un servizio in termini assoluti, ma dal consumo rispetto a un determinato livello di riferimento. Nella teoria elaborata dai due economisti, questo livello di riferimento rappresenta l'aspettativa di un consumatore (prima di decidere sul suo consumo) circa la quantità di ciascun bene che il consumatore probabilmente consumerà. Se alla fine un individuo consuma un quantitativo minore rispetto a quanto si aspettava, la sua esperienza si risolverà in una perdita. Se, per contro, un individuo consuma un quantitativo maggiore rispetto a quanto si aspettava, la sua esperienza si risolverà in un guadagno (che generalmente ci si aspetta minore rispetto alla perdita). Queste assunzioni implicano che si possa verificare la situazione in cui un incremento nel consumo di un bene non incida sul grado di soddisfazione degli individui, situazione che accade, per esempio, nel caso in cui un individuo consumi esattamente quanto si era aspettato di consumare.

Le funzioni di utilità che includono il concetto di "livello di riferimento" relativo al consumo di un bene costituiscono un caso particolare nell'ambito della teoria psicologica che prevede che gli individui tendano ad adattarsi alla situazione in cui si trovano e pesino le perdite e i guadagni in base a uno status quo. Questa situazione spiegherebbe perché gli individui ipotizzano che sarebbero disperati nel caso dovessero soffrire di un grave handicap fisico, mentre chi effettivamente soffre di un handicap fisico si adatta alla situazione e tende a trarre soddisfazione da quanto la vita è in grado di offrirgli. Questo spiega anche perché le persone sposate sono, mediamente, non maggiormente felici di quelle che non lo sono (fatta eccezione per un breve periodo di tempo immediatamente successivo al matrimonio) e coloro che divorziano sono, generalmente, non maggiormente felici di prima di divorziare.

L'economia comportamentale costituisce un'impor-

---

[12] Ci si sta ovviamente riferendo al caso in cui un paniere sia composto esclusivamente da "beni" e non da "mali".

[13] R. Frank, "The Frame of References as a Public Good", *Economic Journal* 107, N. 445, novembre 1997, pp. 1832-1847.

[14] Questo box è basato sull'articolo di B. Kosegi e M. Rabin, "A Model of Reference-Dependent preference", *Quarterly Journal of Economics* 2006, Vol. 121, Issue 4, pp. 1133-1165.

tante branca dell'economia poiché evidenzia, attraverso analisi empiriche e sperimentali, anomalie nel comportamento degli individui che non possono essere spiegate attraverso gli strumenti più tradizionali della teoria microeconomica. Inoltre, sottolinea come gli strumenti della teoria tradizionale debbano essere modificati al fine di essere coerenti, nelle previsioni, con l'evidenza empirica. Gli economisti comportamentali hanno, per esempio, formulato alcune teorie in grado di spiegare la procrastinazione, la perdita di autocontrollo, e la volontà di agire contro il proprio interesse (per esempio la disponibilità di una famiglia di rispondere agli appelli inerenti alla riduzione del consumo di acqua durante un periodo di siccità). Questi contributi arricchiscono la teoria economica e, parafrasando il titolo di un articolo, "danno un volto umano alla teoria economica".[15]

[15] "Putting a Human Face on Economics", *Business Week*, 31 luglio 2000, pp. 76-77.

Riepilogo

- Le preferenze del consumatore rivelano come un consumatore ordina (pone a confronto la desiderabilità di) ciascuna coppia di panieri, ipotizzando che i panieri siano disponibili a costo zero. In quasi tutte le situazioni è ragionevole fare tre ipotesi sulle preferenze del consumatore.
  1. Completezza: il consumatore è in grado di ordinare tutti i panieri.
  2. Transitività: se il consumatore preferisce il paniere A al paniere B e il paniere B al paniere E, allora preferisce il paniere A al paniere E.
  3. Monotonicità o non sazietà: avere una quantità maggiore di ciascun bene aumenta la soddisfazione del consumatore.

- Una funzione di utilità misura il livello di soddisfazione che un consumatore trae da ogni paniere di beni. Le tre ipotesi sulle preferenze implicano che le preferenze possono essere rappresentate da una funzione di utilità.

- L'utilità marginale di un bene x (MU_x) rappresenta il saggio a cui l'utilità totale varia all'aumentare del consumo del bene x.

- Una curva di indifferenza mostra un insieme di panieri di consumo che generano lo stesso livello di soddisfazione per il consumatore. Le curve di indifferenza non possono intersecarsi. Se al consumatore piace sia il bene x che il bene y (cioè MU_x e MU_y sono entrambe positive), allora le curve di indifferenza avranno inclinazione negativa.

- Il saggio marginale di sostituzione tra il bene x e il bene y ($MRS_{x,y}$) per ogni paniere è il tasso a cui il consumatore è disposto a cedere parte del bene y per avere una maggiore quantità del bene x, mantenendo costante il livello dell'utilità. In un grafico dove sia riportato sull'asse orizzontale il bene x e sull'asse verticale il bene y, $MRS_{x,y}$ per ciascun paniere è uguale alla pendenza della curva di indifferenza in quel punto cambiata di segno.

- Per gran parte dei beni ci aspetteremmo di osservare una diminuzione di $MRS_{x,y}$: in questo caso le curve di indifferenza saranno convesse.

- Se due beni sono perfetti sostituti il saggio marginale di sostituzione tra i due beni sarà costante e la curva di indifferenza sarà una linea retta.

- Se due beni sono perfetti complementi il consumatore acquista i due beni in proporzioni fisse. Le curve di indifferenza avranno una forma a L.

- Se la funzione di utilità di un consumatore è quasi-lineare (lineare in y ma in generale non lineare in x), le curve di indifferenza saranno parallele. Per ogni valore di x, la pendenza di tutte le curve di indifferenza (e quindi $MRS_{x,y}$) sarà la stessa.

Domande di ripasso

1. Cos'è un paniere di beni?

2. Cosa dice l'ipotesi di completezza delle preferenze circa la capacità del consumatore di mettere in ordine qualsiasi coppia di panieri?

3. Considerate la Figura 3.1. Se l'ipotesi "più è meglio" è soddisfatta, è possibile dire quale dei sette panieri è meno preferito dal consumatore?

4. Fornite un esempio di preferenze (per esempio un ordinamento di panieri) che non soddisfano l'ipotesi della transitività.

5. Quali sono le implicazioni dell'ipotesi "più è meglio" in termini di utilità marginale di un bene?

6. Qual è la differenza tra un ordinamento basato su numeri ordinali e uno basato su numeri cardinali?

7. Supponete che Davide acquisti solo hamburger. Supponete che la sua utilità marginale sia sempre positiva e decrescente. Tracciate un grafico riportando sull'asse orizzontale il numero di hamburger e sull'asse verticale l'utilità totale. Spiegate come determinereste l'utilità marginale in ogni dato punto del vostro grafico.

8. Perché non è possibile rappresentare le curve di utilità totale e di utilità marginale sullo stesso grafico?

9. Stefano acquista due beni: detersivi e cibo.
a) Supponete che siano date le utilità marginali di cibo e detersivi per il paniere attualmente consumato. È possibile determinare MRS di detersivi per cibo per quel paniere?
b) Supponete che sia dato MRS fra detersivi e cibo per il paniere attualmente consumato. È possibile determinare le utilità marginali del detersivo e del cibo per quel paniere?

10. Supponete che Michele acquisti solo due beni, hamburger (H) e Coca-Cola (C).
a) Qual è la relazione tra $MRS_{H,C}$ e l'utilità marginale MU_H e MU_C?
b) Tracciate una tipica curva di indifferenza per il caso in cui l'utilità marginale di entrambi i beni sia positiva e il saggio marginale di sostituzione tra hamburger e Coca-Cola sia decrescente. Utilizzando il grafico, spiegate la relazione tra la curva di indifferenza e il saggio marginale di sostituzione tra hamburger e Coca-Cola.
c) Supponete che il saggio marginale di sostituzione tra hamburger e Coca-Cola sia costante. In questo caso i due beni sono perfetti sostituti o perfetti complementi?
d) Supponete che Michele scelga sempre due hamburger per ogni Coca-Cola. Tracciate una tipica curva di indifferenza. In questo caso i due beni sono perfetti sostituti o perfetti complementi?

11. Supponete che un consumatore stia acquistando al momento 47 beni differenti, uno dei quali è costituito dalle spese per la casa. La quantità di questa spesa per la casa è data da H. Spiegate perché, se volete misurare l'utilità marginale del consumatore per le spese per la casa MU_H, dato il paniere attuale, il livello degli altri 46 beni consumati dovrebbe essere tenuto costante.

CAPITOLO 4

LA TEORIA DELLA SCELTA DEL CONSUMATORE

OBIETTIVI DI APPRENDIMENTO

Al termine di questo capitolo lo studente sarà in grado di:

- usare il vincolo di bilancio, che determina la linea di bilancio – ovvero l'insieme di panieri che un consumatore può acquistare con un reddito limitato;
- considerare come un cambiamento nel reddito o nel prezzo modifichi il vincolo di bilancio;
- esplorare il concetto di scelta ottima, ovvero la scelta di panieri che massimizza l'utilità;
- usare la condizione di tangenza, usata per distinguere i panieri ottimi da quelli non ottimi;
- individuare il paniere ottimo, date determinate condizioni;
- analizzare il concetto di ottimo sia come massimizzazione dell'utilità, sia come minimizzazione della spesa;
- studiare la scelta del consumatore usando i concetti di bene composto, basato su esempi reali: i sussidi governativi (sotto forma di buoni spesa o di denaro liquido), l'adesione a un club, l'assunzione ed erogazione di prestiti, gli sconti di quantità ecc.;
- capire il concetto di preferenze rivelate, per dedurre particolari informazioni sulle preferenze del consumatore in base all'osservazione delle sue scelte e per valutare se queste siano coerenti con la massimizzazione dell'utilità.

CASO • *Quanto si dovrebbe acquistare, tra tutto ciò che si desidera?*

Secondo l'Ufficio statistico degli Stati Uniti, nel 2007 vi erano nel Paese circa 120 milioni di famiglie. La famiglia media aveva un reddito annuale lordo di circa 63 100 dollari. I consumatori appartenenti a una tipica famiglia americana si sono trovati ad affrontare diverse decisioni, tra le quali quanto spendere del proprio reddito e quanto risparmiare. In media, hanno speso all'incirca 49 600 dollari. Hanno anche dovuto decidere come suddividere le loro spese tra diversi tipi di beni e servizi, incluso il cibo, la casa, l'abbigliamento, i trasporti, la salute, il tempo libero e altro ancora.

Naturalmente, i valori statistici medi forniti in questi esempi per tutti i nuclei familiari possono mascherare differenze notevoli nell'andamento dei consumi, se si considerassero l'età, il luogo di residenza, il livello di reddito, lo stato civile e la composizione del nucleo familiare.

La Tabella 4.1 mostra i diversi livelli di spesa per tutte le famiglie e per i diversi livelli di reddito.

Un primo esame della tabella permette alcune interessanti considerazioni sui diversi comportamenti di consumo. I consumatori a basso reddito tendono a spendere di più del loro reddito netto, ovvero scelgono di indebitarsi oggi e di ripagare il proprio debito successivamente. Per esempio, le famiglie con un reddito tra i 20 000 e i 30 000 dollari spendono circa 5000 dollari in più del loro reddito netto. Al contrario, le famiglie con un reddito oltre i 70 000 dollari riescono a risparmiarne più del 30%. La Tabella 4.1 mostra altresì che i

TABELLA 4.1 Spesa media per famiglia negli Stati Uniti, 2004

	Tutte le famiglie	Famiglie con reddito tra $20 000 e $29 999	Famiglie con reddito tra $40 000 e $49 999	Famiglie con reddito oltre $70 000
Numero di famiglie	121 171 000	14 720 000	11 824 000	37 322 000
Numero medio di componenti del nucleo familiare	2,5	2,2	2,4	3,1
Età della persona di riferimento*	48,8	52,3	46,8	47,0
Percentuale (tra le persone di riferimento) che ha frequentato l'università	60	44	59	79
Reddito lordo	$63 091	$24 893	$44 555	$130 455
Reddito netto	$60 858	$24 709	$43 628	$124 613
Ammontare medio di spesa annuale	$49 638	$29 704	$41 083	$84 072
Spesa per determinate categorie di beni e servizi				
Cibo	$6133	$4071	$5689	$9464
Abitazione (incluse le spese per l'alloggio, la fornitura di servizi di pubblica utilità, l'arredamento, le attrezzature generali e particolari)	$16 920	$10 994	$13 997	$27 408
Abbigliamento e servizi	$1881	$1016	$1517	$3275
Trasporti	$8758	$5434	$7346	$14 362
Spese mediche	$2853	$2841	$2800	$3928
Intrattenimento	$2698	$1375	$2029	$4297

Fonte: Bureau of Labour Statistics. Tutti i dati provengono dalla Tabella 2, *Reddito lordo: caratteristiche e livelli di spesa medi per anno,* Consumer Expenditure Survey, 2007. Le tabelle sono disponibili online all'indirizzo http://www.bls.gov/cex/tables.htm.
(*) Persona di riferimento: il primo componente menzionato dal rispondente quando viene chiesto "cominci con il nome della persona o una delle persone che possiedono o affittano la casa".

consumatori che hanno frequentato l'università hanno maggiori probabilità di avere un reddito sostanzialmente più alto: fatto, questo, che influenza a sua volta la scelta di frequentare l'università.

Le decisioni del consumatore hanno un impatto profondo sull'economia nel suo complesso e sulle sorti delle singole imprese e delle istituzioni. Per esempio, quanto un consumatore spende per i trasporti ha un impatto sulla sostenibilità finanziaria del settore aereo e di quello automobilistico, così come sulla domanda di beni collegati, come il carburante e le assicurazioni. Il livello di spesa per la propria salute avrà un impatto non solo sui fornitori di servizi medici privati americani, ma anche sul servizio sanitario pubblico.

Questo capitolo sviluppa la teoria della scelta del consumatore, spiegando in quale modo i consumatori provvedono all'allocazione del loro reddito, comunque limitato, tra diversi beni e servizi disponibili. Il capitolo inizia dove il precedente aveva concluso. Nel Capitolo 3 si sono analizzati gli elementi costitutivi necessari allo studio della scelta del consumatore, ovvero le preferenze di quest'ultimo. Tuttavia, il solo studio delle preferenze del consumatore non permette di capire il suo comportamento di scelta. Le preferenze di un consumatore mostrano se questi preferisce un particolare paniere di beni e servizi a un altro differente, con l'ipotesi che tutti i panieri potrebbero essere "acquistati" gratuitamente. Nel mondo reale, tuttavia, è *costoso* per il consumatore l'acquisto di beni e servizi ed egli dispone di risorse scarse per effettuare i propri acquisti.

4.1 • Il vincolo di bilancio

Il **vincolo di bilancio** definisce l'insieme dei panieri che il consumatore può acquistare con un reddito limitato. Si supponga che un consumatore, Enrico, acquisti soltanto due tipi di beni: cibo e capi di abbigliamento. Siano x le unità di cibo che Enrico acquista ogni mese e y il numero di capi di abbigliamento acquistati nello stesso periodo di tempo. Il prezzo di un'unità di cibo è P_x e il prezzo di un capo di abbigliamento è P_y. Da ultimo, per semplificare l'esempio, si supponga che Enrico abbia un reddito mensile fisso, pari a I.
La spesa totale mensile che Enrico effettuerà per il cibo sarà $P_x x$ (il prezzo di un'unità di cibo per la quantità totale acquistata di cibo). Allo stesso modo, la spesa totale mensile di Enrico per capi di abbigliamento sarà $P_y y$ (il prezzo di un capo di abbigliamento per il numero di capi acquistati).

La **linea di bilancio** (*Budget Line, BL*) indica tutte le combinazioni di cibo (x) e capi di abbigliamento (y) che Enrico è in grado di acquistare se spende *tutto* il suo reddito disponibile per i due beni. La linea di bilancio può essere espressa come

$$P_x x + P_y y = I \qquad (4.1)$$

VINCOLO DI BILANCIO L'insieme di panieri acquistabili da un consumatore che dispone di un reddito limitato.

LINEA DI BILANCIO L'insieme di panieri che un consumatore può acquistare spendendo tutto il suo reddito disponibile.

La Figura 4.1 mostra il grafico relativo alla linea di bilancio di Enrico in base alle seguenti ipotesi: egli dispone di un reddito mensile I = €800, il prezzo di un'unità di cibo è P_x = €20 e il prezzo di un capo di abbigliamento è P_y = €40. Se spendesse tutti gli €800 del suo reddito mensile in cibo, Enrico potrebbe acquistarne, al massimo, I/P_x = 800/20 = 40 unità. Quindi, l'intercetta orizzontale della linea di bilancio è x = 40. Ugualmente, se Enrico acquistasse soltanto abbigliamento, potrebbe comprare, al massimo, I/P_y = 800/40 = 20 capi di vestiario. L'intercetta verticale sarà dunque in corrispondenza di y = 20.

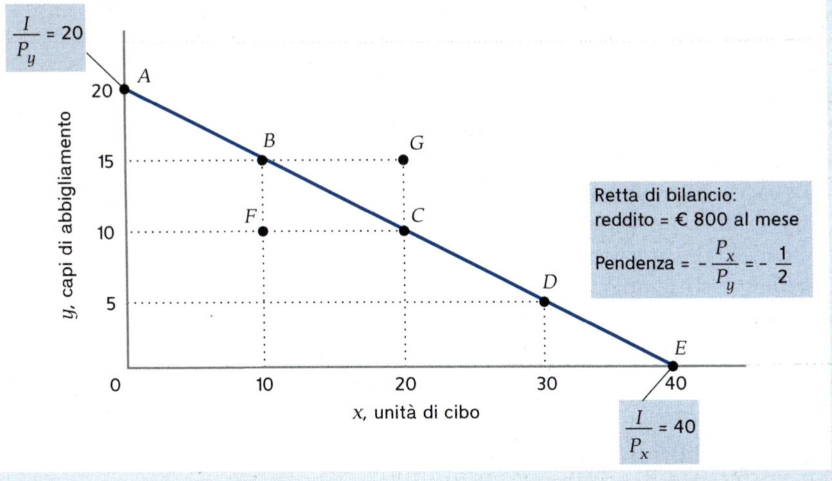

FIGURA 4.1 La retta di bilancio
La retta che congiunge il paniere *A* con il paniere *E* rappresenta la linea di bilancio di Enrico, per un reddito mensile di I = €800. Il prezzo di un'unità di cibo è P_x = €20 e il prezzo di un capo di abbigliamento è pari a P_y = €40. L'equazione della linea di bilancio è $P_x x + P_y y = I$ (in questo esempio, $20x + 40y = 800$). Enrico può acquistare qualunque paniere sulla linea di bilancio o al di sotto di essa – ovvero i panieri *A-F* (si noti che il paniere *F* gli costerebbe soltanto €600). Tuttavia, Enrico non può acquistare nessun paniere al di sopra della linea di bilancio, come per esempio il paniere *G* che gli costerebbe €1000, ovvero una somma superiore al suo reddito mensile.

Come evidenziato nella Figura 4.1, il reddito di Enrico gli permette di acquistare qualunque paniere sulla linea di bilancio, o al di sotto di essa (ovvero i panieri *A-F*), ma non al di sopra della linea di bilancio, come per esempio il paniere *G*. Per acquistare il paniere *G*, Enrico dovrebbe poter spendere €1000, ovvero un ammontare superiore al suo reddito mensile. Questi due insiemi di panieri – quelli che Enrico *può* acquistare e quelli che *non può* acquistare – esemplificano ciò che si intende per vincolo di bilancio.

Dal momento che il vincolo di bilancio permette al consumatore di acquistare panieri che giacciono o sulla linea di bilancio o al di sotto di essa, l'equazione del vincolo di bilancio è in un certo senso diversa dall'equazione (4.1) definita per la linea di bilancio. Il vincolo di bilancio può essere espresso come

$$P_x x + P_y y \leq I \tag{4.1a}$$

Che cosa evidenzia la *pendenza* della linea di bilancio? La pendenza della linea di bilancio è $\Delta y/\Delta x$. Se in questo momento Enrico spendesse tutto il suo reddito sul paniere *B* della Figura 4.1 – cioè se acquistasse 10 unità di cibo (*x*) e 15 capi di abbigliamento (*y*) – e volesse muoversi verso il paniere *C* – allora dovrebbe rinunciare a 5 capi di abbigliamento ($\Delta y = -5$) per avere 10 unità di cibo in più ($\Delta x = 10$). È possibile notare che, in linea generale, poiché il cibo costa la metà dell'abbigliamento, Enrico deve rinunciare a 2 unità di cibo per avere 1 capo di abbigliamento in più e la pendenza della linea di bilancio riflette proprio questo fatto ($\Delta y/\Delta x = -5/10 = -1/2$). Quindi, *la pendenza della retta di bilancio mostra a quante unità del bene sull'asse verticale bisogna rinunciare per ottenere un'unità addizionale del bene sull'asse orizzontale.*

Si noti che la pendenza della linea di bilancio è $-P_x/P_y$.[1] Se il prezzo del bene *x* è tre volte il prezzo del bene *y*, il consumatore deve rinunciare a 3 unità di *y* per averne 1 in più di *x* e la pendenza è -3. Se i prezzi sono uguali, la pendenza della linea di bilancio è -1: il consumatore può sempre avere 1 unità in più di *x* rinunciando a 1 unità di *y*.

4.1.1 Come modifica la linea di bilancio una variazione del reddito?

Come abbiamo mostrato, la posizione della linea di bilancio dipende dal livello del reddito e dai prezzi dei beni che il consumatore acquista. Come ci si potrebbe aspettare, quando il reddito aumenta, aumenta altresì l'insieme delle scelte disponibili per il consumatore. Di seguito si analizzerà come si modifica la linea di bilancio in conseguenza di variazioni di reddito.

Seguendo l'esempio appena considerato, si supponga che il reddito di Enrico aumenti da I = €800 al mese a I = €1000 al mese, mentre i prezzi dei due beni, P_x = €20 e P_y = €40, rimangono invariati. Come mostrato nella Figura 4.2, se Enrico comperasse soltanto capi di abbigliamento, potrebbe acquistare I_2/P_y = 1000/40 = 25 capi, in corrispondenza dell'intercetta verticale della nuova linea di bilancio. Questi €200 in più nel suo reddito gli consentono di acquistare 5 unità in più di *y*, dal momento che P_y = €40.

Se consumasse soltanto cibo, Enrico potrebbe acquistarne I_2/P_x = 1000/20 = 50 unità, in corrispondenza dell'intercetta orizzontale sulla nuova linea di bilancio. I €200 in più nel suo reddito gli consentono di acquistare 10 unità in più

---

[1] Per dimostrare questo, si risolva l'equazione (4.1) in *y*, ovvero $y = (I/P_y) - (P_x/P_y)x$. L'equazione generica di una retta è $y = mx + b$, dove *m* è la pendenza della retta e *b* è l'intercetta sull'asse delle *y*. Questo corrisponde all'equazione della linea di bilancio, risolta in *y*: l'intercetta *y* è I/P_y e la pendenza è $-P_x/P_y$.

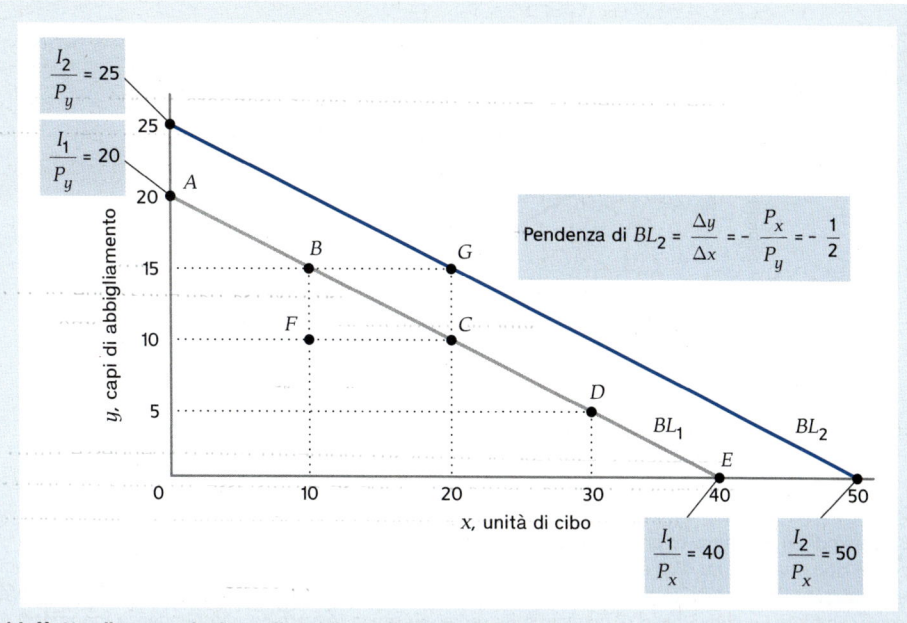

FIGURA 4.2 L'effetto di una variazione di reddito sulla linea di bilancio
Il prezzo del cibo è P_x = €20 per unità e il prezzo dell'abbigliamento è P_y = €40 per capo. Se il consumatore ha un reddito di I_1 = €800 al mese, la linea di bilancio è BL_1, l'intercetta verticale y = 20, l'intercetta orizzontale x = 40 e la pendenza è pari a -1/2. Se il reddito aumenta a I_2 = €1000 al mese, la linea di bilancio è BL_2, con un'intercetta verticale pari a y = 25, un'intercetta orizzontale x = 50 e una pendenza di -1/2. Il consumatore non può acquistare, con un reddito di €800, il paniere G, che però può permettersi se il suo reddito aumenta a €1000.

di x, dal momento che P_x = €20. Con un reddito più alto e pari a €1000, Enrico può ora permettersi il paniere G, che prima giaceva al di sopra della sua linea di bilancio iniziale.

La pendenza delle due linee di bilancio è la stessa, perché i prezzi del cibo e dell'abbigliamento sono rimasti invariati ($\Delta y/\Delta x = -P_x/P_y = -1/2$).

Di conseguenza, un aumento di reddito sposta verso l'esterno e in modo parallelo la linea di bilancio. Questo aumenta l'insieme dei panieri possibili tra i quali il consumatore può scegliere. Al contrario, una diminuzione di reddito sposterebbe verso il basso la linea di bilancio, riducendo l'insieme di scelte possibili per il consumatore.

4.1.2 Come modifica la linea di bilancio una variazione del prezzo?

Come varia la linea di bilancio di Enrico se il prezzo del cibo aumenta da P_{x1} = €20 a P_{x2} = €25 per unità, rimanendo invariato il reddito e il prezzo dell'abbigliamento? Come rappresentato nella Figura 4.3, l'intercetta verticale della linea di bilancio rimane invariata, dal momento che I e P_y non cambiano. Tuttavia, l'intercetta orizzontale diminuisce da I/P_{x1} = 800/20 = 40 unità a I/P_{x2} = 800/25 = 32 unità. Il più alto prezzo del cibo implica che, se Enrico spendesse tutti i suoi €800 in cibo, potrebbe acquistarne soltanto 32 unità invece di 40. La pendenza della linea di bilancio cambia da $-(P_{x1}/P_y) = -(20/40) = -1/2$ a $-(P_{x2}/P_y) = -(25/40)$ = -5/8. La nuova linea di bilancio BL_2 è più ripida di BL_1: ciò significa che Enrico deve rinunciare a più unità di abbigliamento di prima se vuole acquistare una unità di cibo in più. Quando il prezzo di un'unità di cibo era P_x = €20, Enrico

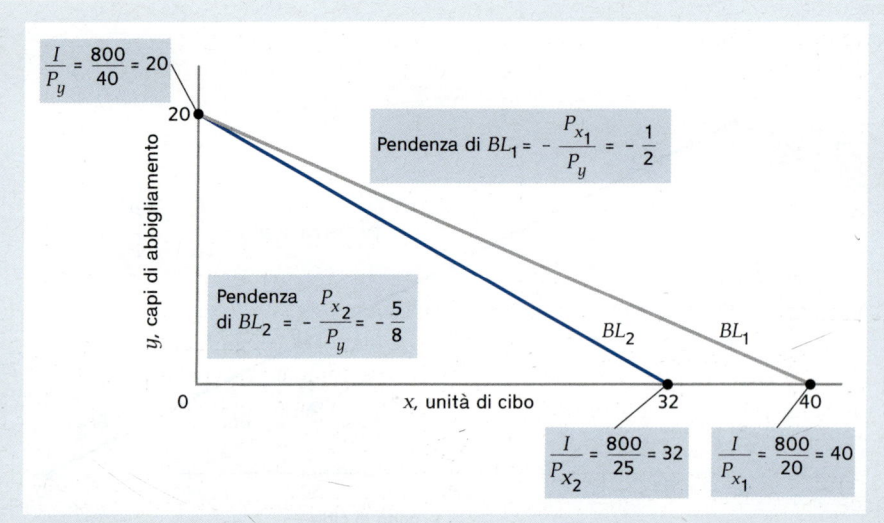

FIGURA 4.3 L'effetto di un aumento di prezzo sulla linea di bilancio

Quando il prezzo del cibo aumenta da €20 a €25 per unità, la linea di bilancio ruota all'interno, verso l'origine degli assi, da BL_1 a BL_2 e l'intercetta orizzontale si sposta da 40 a 32 unità. L'intercetta verticale non cambia poiché il reddito e il prezzo dell'abbigliamento non sono cambiati. La nuova linea di bilancio è BL_2 ed è più ripida (ovvero ha una pendenza maggiore) di BL_1.

doveva rinunciare soltanto a mezza unità di abbigliamento per avere una unità di cibo in più; a un prezzo più alto del cibo (€25), dovrebbe rinunciare a 5/8 di abbigliamento per avere un'unità di cibo in più.

Quindi, l'aumento di prezzo di un bene sposta verso l'origine l'intercetta sull'asse che rappresenta quel bene. Al contrario, una diminuzione di prezzo di un bene sposterebbe l'intercetta sull'asse di quel bene più lontano rispetto all'origine. In entrambi i casi, la pendenza della linea di bilancio cambia, riflettendo il nuovo trade-off tra i due beni.

Quando la linea di bilancio ruota verso l'interno, il potere d'acquisto del consumatore diminuisce, perché l'insieme dei panieri tra cui può scegliere si riduce. Quando la linea di bilancio ruota verso l'esterno, il consumatore è in grado di acquistare più panieri di prima: si dice quindi che il potere di acquisto del consumatore è aumentato. Come si è visto, un aumento di reddito o una diminuzione di prezzo aumentano il potere d'acquisto del consumatore, mentre un aumento di prezzo o una diminuzione di reddito diminuiscono il suo potere d'acquisto.

Esercizio svolto 4.1 Buone notizie, cattive notizie e la linea di bilancio

Supponete che il reddito (I) di un consumatore raddoppi e che i prezzi (P_x e P_y) di entrambi i beni del paniere raddoppino anch'essi. Il consumatore percepisce il raddoppio del suo reddito come una buona notizia, perché questo aumenta il suo potere d'acquisto. Tuttavia, il raddoppio dei prezzi è una cattiva notizia perché diminuisce il suo potere s'acquisto.

Problema

Qual è l'effetto netto della buona notizia e della cattiva notizia sul potere d'acquisto del consumatore?

Soluzione

La posizione della linea di bilancio è determinata dall'intercetta orizzontale e verticale. Prima del raddoppio del reddito e dei prezzi dei due beni, l'intercetta sull'asse delle y era I/P_y; in seguito, l'intercetta diventa $2I/2P_y = I/P_y$: l'intercetta sull'asse verticale rimane dunque invariata. Allo stesso modo, applicando la medesima logica, non varia neanche l'intercetta sulle x. Quindi, la posizione della linea di bilancio rimane la stessa, così come la sua pendenza, poiché $-(2P_x/2P_y) = -(P_x/P_y)$. Il raddoppio di reddito e di prezzi non ha alcun effetto netto sulla linea di bilancio, né sul trade-off tra i due beni, né sul potere d'acquisto del consumatore.

Si è visto che il consumatore può scegliere qualunque paniere sulla linea di bilancio o al di sotto di essa. Quale paniere sceglierà, tra tutti questi? Si è ora in grado di rispondere a questa domanda.

4.2 • La scelta ottima

Supponendo che un consumatore prenda le sue decisioni d'acquisto in modo razionale, che le sue preferenze e il suo vincolo di bilancio siano noti, è possibile determinare la scelta ottima del consumatore – ovvero la quantità ottimale di ogni bene che il consumatore acquista. Più precisamente, un consumatore compie una **scelta ottima** quando sceglie un paniere di beni che a) massimizza il suo gradimento (utilità) e b) gli permette di rimanere entro il suo vincolo di bilancio.

SCELTA OTTIMA La scelta di un consumatore riguardo a un paniere di beni che a) massimizza la sua soddisfazione (utilità) e b) gli consente di rimanere entro il suo vincolo di bilancio.

Si noti che un paniere ottimo di consumo deve trovarsi sulla linea di bilancio. Per vederne la ragione, si consideri nuovamente la Figura 4.1. Supponendo che Enrico voglia di più di entrambi i beni (cibo e abbigliamento), è chiaro che il paniere F non può essere ottimale, dal momento che F non richiede a Enrico di spendere tutto il suo reddito. Il reddito non speso potrebbe essere usato per aumentare la sua utilità, acquistando ulteriore cibo o altri capi di abbigliamento.[2] Per questa ragione, nessun punto al di sotto della linea di bilancio può essere ottimale.

Naturalmente, i consumatori non spendono sempre tutto il loro reddito in ogni momento considerato: spesso essi ne risparmiano una parte per acquisti futuri. Introdurre la variabile tempo nell'analisi relativa alla teoria della scelta del consumatore significa intendere che il consumatore compie scelte ulteriori rispetto ai due singoli beni considerati: per esempio, il consumo di un'unità di cibo oggi, di un capo di abbigliamento oggi, di un'unità di cibo domani, di un capo di abbigliamento domani. Per ora, tuttavia, si consideri l'ipotesi semplificata che non vi sia il tempo futuro. Più avanti nel testo verrà introdotta la variabile tempo, studiando la possibilità di prendere a prestito e di prestare denaro.

Per formulare il problema della scelta ottima del consumatore, sia $U(x,y)$ la sua funzione di utilità relativamente all'acquisto di x unità di cibo e y capi di abbigliamento. Il consumatore sceglie x e y, ma deve farlo soddisfacendo il vincolo di bilancio $P_x x + P_y y \leq I$. Il problema di scelta ottima del consumatore è espresso nel modo seguente:

$$\max_{(x,y)} U(x,y) \qquad (4.2)$$

$$\text{sotto il vincolo: } P_x x + P_y y \leq I$$

dove la notazione "$\max_{(x,y)} U(x,y)$" significa "scegli x e y per massimizzare la propria utilità" e la notazione "sotto il vincolo: $P_x x + P_y y \leq I$" significa "la spesa totale per x e per y non deve eccedere il reddito del consumatore". Se il consumatore vuole di più di entrambi i beni, allora significa che le rispettive utilità marginali sono entrambe positive. Nel paniere ottimo tutto il reddito è speso: ovvero, il consumatore sceglie un paniere che giace *sulla* linea di bilancio $P_x x + P_y y = I$.

La Figura 4.4 mostra graficamente il problema di scelta ottima di Enrico. Egli ha un reddito mensile pari a $I = €800$, il prezzo di un'unità di cibo è $P_x = €20$ e il prezzo di un capo di abbigliamento è $P_y = €40$. La linea di bilancio ha un'inter-

---

[2] Questa considerazione può essere generalizzata al caso in cui il consumatore consideri l'acquisto di più di due beni, per esempio N beni, ognuno dei quali dà al consumatore un'utilità marginale positiva. Per un paniere ottimo di consumo, tutto il reddito deve essere speso.

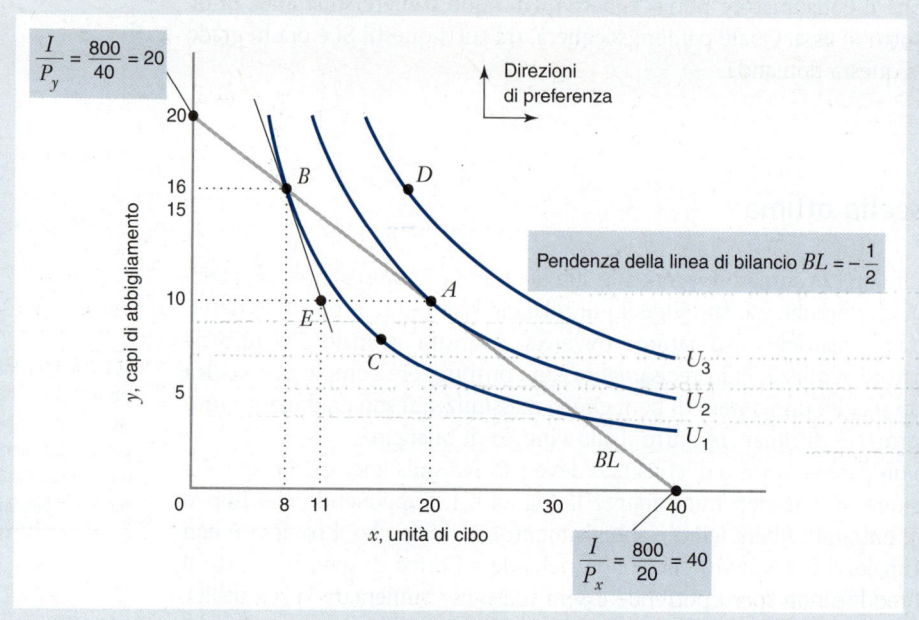

FIGURA 4.4 La scelta ottima: la massimizzazione dell'utilità dato un determinato vincolo di bilancio
Quale paniere dovrebbe scegliere il consumatore, tale da garantirgli la massimizzazione dell'utilità sotto un vincolo di bilancio che limita le sue spese totali a €800 al mese? Il consumatore dovrebbe scegliere il paniere A, raggiungendo il livello di utilità U_2. Qualunque altro paniere sulla linea di bilancio BL o al di sotto di essa (come B, E o C) è accessibile, ma garantisce un'utilità inferiore. Un paniere al di sopra della linea di bilancio (come D) non è accessibile.
In corrispondenza del paniere ottimale A, la linea di bilancio è tangente a una curva di indifferenza. La pendenza della curva di indifferenza U_2 in corrispondenza del paniere A e la pendenza della linea di bilancio sono entrambe pari a -1/2.

cetta verticale $y = 20$: se Enrico spendesse tutto il suo reddito in abbigliamento potrebbe acquistare al massimo 20 capi. Allo stesso modo, l'intercetta orizzontale è $x = 40$: se Enrico spendesse tutto il suo reddito mensile in cibo ne potrebbe acquistare al massimo 40 unità. La pendenza della linea di bilancio è $-P_x/P_y = -1/2$. La Figura 4.4 mostra tre curve di indifferenza: U_1, U_2 e U_3.

Per massimizzare l'utilità sotto il vincolo di bilancio, Enrico sceglierà il paniere che gli permette di raggiungere la più alta curva di indifferenza sulla sua linea di bilancio o al di sotto di essa. Nella Figura 4.4 il paniere ottimale è A, nel quale Enrico raggiunge il livello di utilità U_2. Qualunque altro punto sulla linea di bilancio, o al di sotto di essa, gli garantirebbe un minor livello di utilità.

Per capire meglio perché il paniere A rappresenti la scelta ottima, si consideri la ragione per la quale altri panieri *non* sono ottimali. Per prima cosa, i panieri al di sopra della linea di bilancio, come D, non possono essere ottimali perché Enrico non se li può permettere. È dunque possibile restringere l'attenzione ai panieri che giacciono sulla linea di bilancio o al di sotto di essa. Qualunque paniere al di sotto della linea di bilancio, come E o C, è anch'esso non ottimale dal momento che, come visto sopra, un paniere ottimo deve giacere *sulla* linea di bilancio.

Se Enrico volesse spostarsi – anche solo di poco – da A, la sua utilità diminuirebbe perché le curve di indifferenza sono convesse rispetto all'origine degli assi (la ragione, dal punto di vista economico, è che vi è un tasso marginale di sostituzione di x per y decrescente). In corrispondenza del paniere ottimale A, la linea di bilancio è tangente alla curva di indifferenza U_2: ciò significa che la pendenza della linea di bilancio $(-P_x/P_y)$ e la pendenza della curva di indifferenza sono identiche. Si ricordi dall'equazione (3.5) che la pendenza di una curva di indifferenza è $-MU_x/$

$MU_y = -MRS_{x,y}$. Quindi, in corrispondenza del paniere ottimo A, la condizione di tangenza presuppone che

$$\frac{MU_x}{MU_y} = \frac{P_x}{P_y} \quad (4.3)$$

ovvero, $MRS_{x,y} = P_x/P_y$

Nella Figura 4.4 il paniere ottimo A è detto **ottimo interno**, ovvero si tratta di una situazione ottimale nella quale il consumatore acquisterà quantità positive di entrambi i beni ($x > 0$ e $y > 0$). Il punto di ottimo è il punto di tangenza tra la linea di bilancio e la curva di indifferenza. In altri termini, in un ottimo interno il consumatore sceglie i beni in modo tale che il rapporto delle utilità marginali (ovvero, il saggio marginale di sostituzione, MRS) eguagli il rapporto tra i loro prezzi.

È altresì possibile esprimere la condizione di tangenza riscrivendo l'equazione (4.3) nel modo seguente:

$$\frac{MU_x}{P_x} = \frac{MU_y}{P_y} \quad (4.4)$$

Così formulata, la condizione di tangenza evidenzia che, in corrispondenza di un paniere ottimo interno, il consumatore sceglie i due beni in modo tale che l'utilità marginale (MU) per euro speso per ogni bene sia sempre la stessa. Ovvero, in corrispondenza di un ottimo interno, l'utilità marginale derivante dall'ultimo euro speso per il bene x è uguale all'utilità marginale dell'ultimo euro speso per il bene y.

Fino a ora si è considerata una situazione in cui il consumatore acquista soltanto due tipi di beni, come il cibo e l'abbigliamento, ma il problema di scelta ottima può essere risolto anche qualora il consumatore acquistasse più di due beni. Per esempio, si supponga che il consumatore scelga tra panieri di tre beni. Se tutti i beni hanno un'utilità marginale positiva, in corrispondenza del paniere ottimo il consumatore spenderà tutto il proprio reddito disponibile. Se il paniere ottimo è un ottimo interno, il consumatore sceglierà i beni in modo tale che l'utilità marginale per ogni euro speso sia la stessa per tutti e tre i beni. Il medesimo ragionamento può essere applicato per panieri composti da un qualunque numero di beni.

> **OTTIMO INTERNO** Un paniere ottimo in corrispondenza del quale il consumatore acquista quantità positive di tutti i beni.

Applicazione 4.1

L'utilità marginale del cucinare in casa rispetto al mangiare fuori: esplorare le implicazioni della condizione di livellamento delle utilità marginali ponderate

Secondo la teoria economica, in un paniere di consumo ottimo, ogni bene che venga acquistato nella giusta quantità dà al consumatore la stessa utilità marginale ponderata (il rapporto fra utilità marginale di ciascun bene e prezzo del bene è uguale per tutti i beni consumati). Possiamo utilizzare questa condizione per trarre delle interessanti conclusioni circa il valore marginale che una tipica famiglia americana ricava dal cenare in casa, contrapponendolo a quello che ricava dal cenare fuori. Dalla Tabella 4.1 dell'introduzione a questo capitolo, sappiamo che nel 2007 la famiglia americana media ha speso $6133 per il cibo. Di questa somma, $3465 (o il 56,5%) sono stati spesi per cibo consumato a casa e $2668 (o il 43,5%) per cibo consumato fuori casa (per esempio, cibo acquistato in ristoranti o fast food). Il Ministero dell'Agricoltura americano ha stimato che, nel 1995, circa i due terzi (66%) dell'apporto calorico di una famiglia media provenivano da cibo consumato a casa, mentre poco più di un terzo (34%) veniva da cibo consumato fuori casa. Quest'ultima percentuale ha continuato a crescere in modo costante nel tempo: alla fine degli anni Settanta, infatti, solo il 18% dell'apporto calorico totale proveniva da cibo consumato fuori casa.

Questi dati, insieme alla condizione di ottimo del consumatore, possono essere utilizzati per trarre delle conclusioni circa l'utilità marginale di una caloria proveniente da cibo consumato a casa e quella di una caloria proveniente da cibo consumato fuori. Sia X la quantità di cibo consumata a casa (misurata in calorie) e Y la quantità di cibo consumata fuori casa (misurata in calorie); è possibile tradurre la condizione di livellamento delle utilità marginali ponderate nell'equazione

$$\frac{MU_x X}{P_x X} = \frac{MU_y Y}{P_y Y}$$

(Per ricavare quest'espressione abbiamo moltiplicato numeratore e denominatore della parte sinistra dell'equazione per X e numeratore e denominatore della parte destra per Y.) Nell'espressione, P_x e P_y corrispondono rispettivamente ai prezzi di una caloria di cibo consumato a casa e di una di cibo consumato fuori, mentre $P_x X$ e $P_y Y$ corrispondono rispettivamente alla spesa totale per il cibo consumato a casa e fuori. Come si è detto, nel 2007, per la tipica famiglia americana $P_x X$ era uguale a $3465 e $P_y Y$ era uguale a $2668. Così, per la famiglia americana media, la condizione di livellamento delle utilità marginali ponderate implica che

$$\frac{MU_x X}{3465} = \frac{MU_y Y}{2668}$$

Che, invertendo la posizione dei termini, può essere riscritto come

$$\frac{2668 X}{3465 Y} = \frac{MU_y}{MU_x}$$

Come precedentemente detto, a metà degli anniNovanta la famiglia media assumeva il 66% delle proprie calorie totali dal cibo consumato a casa e il 34% dal cibo consumato fuori casa. Se questo rapporto, per la famiglia media, è ancora valido nel 2007, allora significa che X/Y - il rapporto tra le calorie totali provenienti dal cibo consumato a casa e le calorie totali del cibo consumato fuori casa - corrisponde a 66/34 = 1,94. Quindi, per la condizione di ottimo si avrebbe che

$$\frac{MU_y}{MU_x} = 1,49$$

Questo ci dice che, per una famiglia americana media, l'utilità marginale delle calorie assunte dal cibo consumato fuori casa è di 1,49 volte superiore a quella delle calorie assunte dal cibo consumato in casa. Ossia, una caloria marginale assunta fuori casa ha un'utilità del 49% superiore a una caloria marginale consumata a casa. Il calcolo sembra plausibile. Il consumo di cibo fuori casa avviene spesso in occasioni speciali (per esempio per festeggiare un anniversario di matrimonio) o è compreso in momenti piacevoli (per esempio cenare fuori a un appuntamento o alla fine di una lunga settimana di lavoro). A volte, le famiglie mangiano fuori perché rappresenta una piacevole interruzione dagli stessi menu e dalla routine del cucinare a casa. Per tutti questi motivi, sembra ragionevole che la caloria marginale assunta fuori casa generi un'utilità maggiore di quella assunta dal cibo consumato a casa.

Calcoli approssimativi come questo si basano in genere su un numero di assunti semplificati. Per esempio, nel calcolo, i prezzi del cibo riflettono solo quanto viene speso per l'acquisto del cibo a casa o al ristorante. Ma non tengono conto dei prezzi di altre attività collegate al fatto di mangiare in casa, come il viaggio di andata e ritorno dal negozio di alimentari o la preparazione del cibo, o a quello di mangiare fuori, come il tragitto verso e dal ristorante. Inoltre, il nostro calcolo dà per scontato che il mix di calorie assunte in casa e fuori casa da una famiglia media americana sia rimasto invariato dalla metà degli anni Novanta alla fine del primo decennio del 2000. Dal momento che la percentuale di calorie assunte in casa è diminuita in maniera costante negli anni Ottanta e all'inizio degli anni Novanta, questo assunto potrebbe non essere valido. Infatti, sembra plausibile che questa percentuale possa essere scesa, attestandosi forse vicino al 60% o perfino un po' sotto. Se, per esempio, la percentuale di calorie assunte dal consumo di cibo a casa fosse in effetti del 60% nel 2007, allora l'utilità marginale delle calorie assunte fuori casa sarebbe solo del 15% maggiore di quella delle calorie assunte a casa.

Questo esempio mostra come la condizione di livellamento delle utilità marginali ponderate, unita ai dati sui consumi e ai rapporti dei livelli di consumo, possa fornire dettagli interessanti e divertenti sulle preferenze di gruppi di consumatori.

4.2.1 La condizione di tangenza in un paniere non ottimo

Si consideri ora la condizione di tangenza rappresentata dalle equazioni (4.3) e (4.4) per spiegare perché un paniere interno, come per esempio B nella Figura 4.4, *non è* un paniere ottimo. Nella figura è rappresentata una mappa di indifferenza corrispondente alla funzione di utilità $U(x,y) = xy$. Come si è visto nell'Esercizio svolto 3.3, l'utilità marginale per questo tipo di funzione è $MU_x = y$ e $MU_y = x$. Per esempio, nel paniere B (dove $y = 16$ e $x = 8$) le utilità marginali rispettive sono $MU_x = 16$ e $MU_y = 8$. Si sa inoltre che $P_x = $ €20 e $P_y = $ €40.

Perché la condizione di tangenza evidenzia che B non rappresenta la scelta ottima? Si consideri l'equazione (4.3). Il primo membro dell'equazione mostra che, in corrispondenza del paniere B, $MU_x/MU_y = 16/8 = 2$, ovvero che in B il tasso marginale di sostituzione di x per y è 2. In B Enrico è *disposto* a rinunciare a due capi di abbigliamento (y) per avere un'unità di cibo in più (x).[3] Tuttavia, dati i prezzi dei due beni, Enrico *dovrà* forse rinunciare a due capi di abbigliamento per avere un'unità di cibo in più? Il secondo membro dell'equazione (4.3) mostra che $P_x/P_y = 20/40 = 1/2$, visto che l'abbigliamento costa il doppio del cibo. Quindi, per acquistare un'unità di cibo in più, Enrico deve rinunciare soltanto a mezzo capo di abbigliamento. Nel punto B Enrico sarebbe *disposto* a rinunciare a ben due capi di abbigliamento, ma – per avere un'unità di cibo in più – Enrico *deve* solo rinunciare a mezzo capo di abbigliamento. Poiché in corrispondenza del paniere B Enrico sarebbe *disposto a rinunciare* a più capi di abbigliamento di quelli *dovuti* per avere un'unità addizionale di cibo, il paniere B non può essere la sua scelta ottima.

Si consideri ora la formulazione della condizione di tangenza vista nell'equazione (4.4) per dimostrare perché l'utilità marginale per euro speso deve essere, in un ottimo interno, la stessa per tutti i beni, ovvero una ragione ulteriore del perché B non può rappresentare una scelta ottimale.

Se si confronta l'utilità marginale per euro speso per i due beni del paniere B, si trova che $MU_x/P_x = 16/20 = 0{,}8$ e che $MU_y/P_y = 8/40 = 0{,}2$. L'utilità marginale di Enrico per euro speso in cibo è più alta della sua utilità marginale per euro speso in capi di abbigliamento. Enrico dovrebbe quindi utilizzare l'ultimo euro speso in abbigliamento per spenderlo invece in cibo. Che impatto ha questa riallocazione del suo reddito sulla sua utilità? Diminuendo di un euro la sua spesa per l'abbigliamento, l'utilità marginale di Enrico diminuisce di 0,2, ma l'aumento dello stesso euro nella spesa per il cibo aumenta l'utilità marginale di Enrico di 0,8: l'effetto netto sull'utilità è dunque di 0,6![4] Pertanto se Enrico acquista il paniere B non compie una scelta ottima.

4.2.2 La determinazione del paniere ottimale di consumo

Come si è visto, quando entrambe le utilità marginali sono positive, il paniere ottimo di consumo giace sulla linea di bilancio. Inoltre, in presenza di un tasso marginale di sostituzione decrescente, il paniere ottimo interno sarà in corrispondenza del punto di tangenza tra la linea di bilancio e la curva di indifferenza: è il caso del paniere A illustrato nella Figura 4.4.

---

[3] Si ricordi che $MRS_{x,y} = MU_x/MU_y = $ –(pendenza della curva di indifferenza). Nella Figura 4.4, la pendenza della curva di indifferenza nel punto B è –2 (la stessa della pendenza della linea tangente la curva di indifferenza nel punto B).

[4] Dal momento che $P_x = $ €20, l'aumento di un euro nella spesa per cibo implica che il consumatore comprerà 1/20 di unità addizionale di cibo, così che $\Delta x = +1/20$. Allo stesso modo, poiché $P_y = $ €40, la diminuzione di spesa di un euro in abbigliamento implica che il consumatore riduce l'acquisto di capi di vestiario di 1/40, ovvero che $\Delta y = +1/40$. Si ricordi dall'equazione (3.4) che l'effetto di variazioni nel consumo sull'utilità totale può essere approssimato a $\Delta U = (MU_x \Delta x) + (MU_y \Delta y)$. Dunque, la riallocazione di un euro di spesa dall'abbigliamento al cibo modificherà l'utilità del consumatore di circa $\Delta U = (16 \times 1/20) + [8 \times (-1/40)] = 0{,}6$.

L'Esercizio svolto 4.2 mostra come usare le informazioni a disposizione sulla linea di bilancio e sulle preferenze del consumatore per determinare il suo paniere ottimo di consumo.

4.2.3 Due modi di considerare la scelta ottima

Si è visto che il paniere A della Figura 4.4 è un paniere ottimo per il consumatore perché risponde alla domanda: *quale paniere dovrebbe scegliere il consumatore per massimizzare la sua utilità, dato un vincolo di bilancio che limita la sua spesa totale a €800 al mese?* In questo caso, poiché il consumatore per massimizzare la sua utilità senza spendere più di €800 al mese per entrambi i beni sceglie il paniere composto da x e da y, la condizione di ottimo può essere espressa nel modo seguente:

$$\max_{(x,y)} Utilità = U(x,y) \tag{4.5}$$

sotto il vincolo: $P_x x + P_y y \leq I = 800$

In questo esempio, le variabili endogene sono x e y (il consumatore sceglie il paniere). Anche il livello di utilità è endogeno. Le variabili esogene sono invece i prezzi P_x e P_y e il reddito I (ovvero, il livello di spesa). L'approccio grafico risolve il problema della scelta del consumatore individuando il paniere sulla linea di bilancio che permette al consumatore di raggiungere la curva di indifferenza più alta. Nella Figura 4.4, si tratta della curva di indifferenza U_2.

Esercizio svolto 4.2 **La determinazione di un ottimo interno**

Enrico acquista cibo (indicato con x) e abbigliamento (indicato con y) e presenta una funzione di utilità $U(x,y) = xy$. Le sue utilità marginali sono $MU_x = y$ e $MU_y = x$. Enrico, inoltre, dispone di un reddito mensile di €800. Il prezzo di un'unità di cibo è P_x = €20 e il prezzo di un capo di abbigliamento è P_y = €40.

Problema

Determinate il paniere ottimo di consumo di Enrico.

Soluzione

Nell'Esercizio svolto 3.3 avete appreso che le funzioni di indifferenza sono convesse rispetto all'origine degli assi e non li intersecano mai. Quindi il paniere ottimo deve essere interno, con una quantità consumata positiva sia di cibo sia di abbigliamento.

Come determinare il paniere ottimo? Già si conoscono le due condizioni che devono essere soddisfatte nel punto di ottimo.
- Un paniere ottimo giace sulla linea di bilancio. Ciò significa che $P_x x + P_y y = I$ ovvero, con i dati dell'esercizio, $20x + 40y = 800$.
- Poiché l'ottimo è interno, la curva di indifferenza deve essere tangente alla linea di bilancio. Dall'equazione (4.3), la condizione di tangenza richiede che $MU_x/MU_y = P_x/P_y$, ovvero, con i dati dell'esercizio, $y/x = 20/40$, o $x = 2y$.

Vi sono dunque due equazioni con due incognite. Sostituendo $x = 2y$ nell'equazione della linea di bilancio si ottiene $20(2y) + 40y = 800$, ovvero $y = 10$ e $x = 20$. Il paniere ottimo di Enrico implica l'acquisto di 20 unità di cibo e di 10 capi di abbigliamento al mese, come rappresentato dal paniere A nella Figura 4.4.

Esiste un altro modo di considerare la scelta ottimale, ponendosi la seguente domanda: *quale paniere dovrebbe scegliere il consumatore per minimizzare la sua spesa totale ($P_x x + P_y y$) e raggiungere il livello di utilità U_2?* L'equazione (4.6) esprime questa domanda dal punto di vista algebrico:

$$\min_{(x,y)} Spesa = P_x x + P_y y \tag{4.6}$$

sotto il vincolo: $U(x,y) = U_2$

La teoria della scelta del consumatore   93

Questa formulazione è nota come **problema della minimizzazione della spesa**. Le variabili endogene sono sempre x e y, e le variabili esogene sono i prezzi P_x e P_y e il livello richiesto di utilità U_2. Il livello di spesa è una variabile endogena. Il paniere A nella Figura 4.5 è un paniere ottimo, perché permette di risolvere il problema della minimizzazione della spesa. Di seguito si analizza il perché.

Analizzando la Figura 4.5, si può individuare un paniere che richiede il livello di spesa più basso per raggiungere comunque la curva di indifferenza U_2 (nella figura, U_2 corrisponde a un livello di utilità pari a 200).

Nella figura sono rappresentate tre diverse linee di bilancio. Se il consumatore spende €640 al mese, tutti i panieri sulla linea di bilancio BL_1 sono acquistabili. Sfortunatamente, però, nessuno dei panieri sulla BL_1 consente al consumatore di raggiungere la curva di indifferenza U_2: egli dovrà dunque spendere di più per arrivare al livello di utilità che desidera. È in grado di raggiungere la curva U_2 con una spesa mensile di €1000? Certamente, poiché tutti i panieri sulla linea di bilancio BL_3, come R e S, sono acquistabili con un reddito di €1000 al mese. Vi sono però altri panieri sulla U_2 che costerebbero al consumatore meno di €1000 al mese. Per determinare il paniere che minimizza la spesa, è necessario determinare la linea di bilancio tangente alla curva di indifferenza U_2. Questa linea di bilancio può soltanto essere BL_2, che è tangente alla U_2 in A. Quindi, il consumatore può raggiungere un livello di utilità U_2 acquistando il paniere A, che gli costa soltanto €800. Nessun livello di spesa inferiore a €800 gli permette di acquistare un paniere di beni posto sulla curva di indifferenza U_2.

Il problema di massimizzazione dell'utilità espresso dall'equazione (4.5) e il problema di minimizzazione della spesa espresso dall'equazione (4.6) sono *duali* l'uno all'altro. Il paniere che massimizza l'utilità sotto il vincolo di un determinato livello

> **PROBLEMA DI MINIMIZZAZIONE DELLA SPESA** La scelta del consumatore di un paniere di beni che minimizza la spesa totale per raggiungere un determinato livello di utilità.

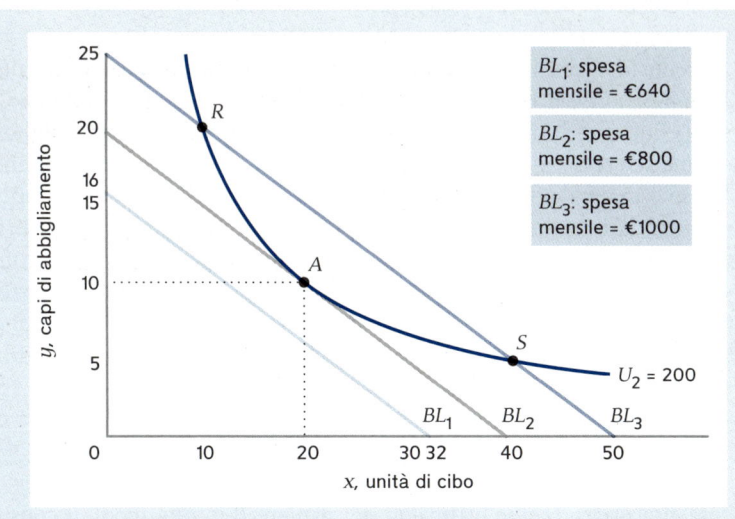

FIGURA 4.5 La scelta ottima: la minimizzazione della spesa per il raggiungimento di un determinato livello di utilità
Quale paniere dovrebbe scegliere il consumatore per minimizzare la spesa necessaria a raggiungere un livello di utilità U_2? Il consumatore dovrebbe scegliere il paniere A, che può essere acquistato con una spesa mensile di €800. Gli altri panieri sulla curva di indifferenza U_2 gli costerebbero più di €800 al mese. Per esempio, per acquistare R o S, anch'essi panieri appartenenti alla curva di indifferenza U_2, il consumatore dovrebbe spendere €1000 al mese (dal momento che R e S sono sulla linea di bilancio BL_3). Un qualunque livello di spesa totale inferiore a €800 (per esempio, €640, ovvero la linea di bilancio BL_1) non permette al consumatore di raggiungere la curva di indifferenza U_2.

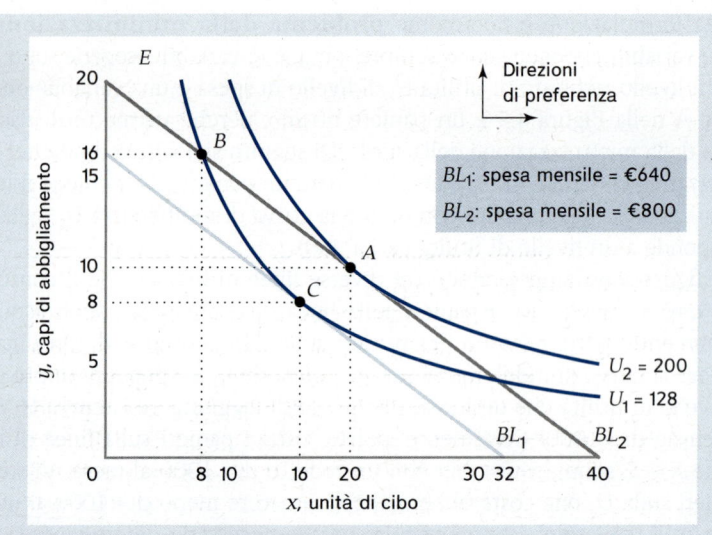

FIGURA 4.6 Scelte non ottimali
In corrispondenza del paniere B il consumatore spende €800 al mese e ottiene un livello di utilità U_1. Vi sono due modi per vedere che il paniere B non rappresenta una scelta ottima. Il consumatore potrebbe continuare a spendere €800 al mese, tuttavia ottiene una maggiore utilità scegliendo il paniere A, posto sulla curva di indifferenza U_2. Oppure, il consumatore potrebbe mantenersi sul livello di utilità U_1, ma spendendo meno di €800 al mese scegliendo il paniere C.

di reddito porta il consumatore a un livello di utilità U_2. Questo *stesso* paniere minimizza il livello di spesa necessaria al consumatore per raggiungere il livello di utilità U_2.

Si è già considerato che un paniere come quello rappresentato dal punto B nella Figura 4.6 non è ottimale perché in quel punto la linea di bilancio non è tangente alla curva di indifferenza. Come potrebbe il consumatore migliorare la sua situazione se stesse in questo momento acquistando il paniere B, spendendo €800 al mese e realizzando un livello di utilità $U_1 = 128$? È possibile rispondere a questa domanda usando entrambi gli approcci speculari analizzati prima (dualità): massimizzazione dell'utilità o minimizzazione della spesa. Il consumatore potrebbe chiedersi: "se spendessi €800 al mese, quale paniere massimizzerebbe la mia utilità?". Sceglierebbe dunque il paniere A ottenendo un livello di utilità pari a U_2. In alternativa, il consumatore potrebbe chiedersi: "se sono soddisfatto con un livello di utilità U_1, qual è la minor somma di denaro che devo spendere per raggiungere quella utilità?". Come mostra il grafico, la risposta a questa domanda è il paniere C, per il quale il consumatore spende solamente €640 al mese.

Si è così dimostrato la non-ottimalità del paniere B in due modi: il consumatore può aumentare la sua utilità se continua a spendere €800 al mese, oppure può spendere meno per rimanere allo stesso livello di utilità che ottiene ora acquistando il paniere B.

4.2.4 Punti d'angolo

In tutti gli esempi considerati fino a ora, il paniere ottimo di consumo era un ottimo interno, ovvero il consumatore acquista quantità positive di entrambi i beni. Tuttavia, nella realtà, un consumatore potrebbe non voler acquistare quantità positive di tutti i beni disponibili. Per esempio, non tutti gli acquirenti possiedono sia una casa sia un'automobile. Alcuni consumatori potrebbero non voler spendere denaro in sigarette o in alcolici. Se il consumatore non è in grado di raggiungere un paniere interno in corrispondenza del quale la linea di bilancio è tangente a una curva di indifferenza, egli potrebbe però trovare un paniere ottimo in corrispondenza di un **punto d'angolo**, ovvero un paniere appartenente a uno degli assi, dove quindi uno o più beni non è acquistato. Se vi è un paniere ottimo in corrispondenza di un punto d'angolo, la linea di bilancio non può essere tangente alla curva di indifferenza in quel punto.

PUNTO D'ANGOLO Una soluzione al problema di scelta ottima del consumatore in cui uno dei due beni non viene consumato: in questo caso il paniere ottimo si trova su uno degli assi.

Per capirne la ragione, si consideri ancora il consumatore che sceglie tra due beni, cibo e abbigliamento. Se la sua mappa di indifferenza è simile a quella mostrata nella Figura 4.7, nessuna curva di indifferenza è tangente alla sua linea di bilancio. Per ogni paniere interno sulla linea di bilancio, come il paniere S, la pendenza della curva di indifferenza è più ripida (più negativa) della pendenza della linea di bilancio. Ciò implica che $-MU_x/MU_y < -P_x/P_y$, ovvero, cambiando segno alla disequazione, $MU_x/MU_y > P_x/P_y$, riscrivibile anche come $MU_x/P_x > MU_y/P_y$: questa formulazione evidenzia che l'utilità marginale per euro speso è più alta per il cibo che per l'abbigliamento e dunque il consumatore preferirà acquistare più cibo e meno abbigliamento. Questo è vero in corrispondenza non solo del paniere S, ma anche di tutti i panieri sulla linea di bilancio. Il consumatore sarebbe sempre disposto, muovendosi lungo tutta la linea di bilancio, a sostituire capi di abbigliamento con unità in più di cibo, fino a raggiungere il punto d'angolo in corrispondenza del paniere R, dove la pendenza della curva di indifferenza U_2 è comunque maggiore della pendenza della linea di bilancio. Il consumatore vorrebbe ancora rinunciare a ulteriori capi di abbigliamento per avere più cibo, ma questo non è possibile perché nel paniere R non vi è più alcun capo acquistato. Dunque, la scelta ottimale per questo consumatore è il paniere R: quello che, sulla linea di bilancio, dà al consumatore la massima utilità possibile (U_2).

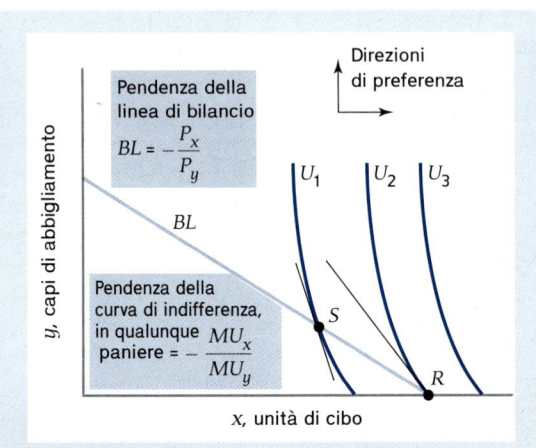

FIGURA 4.7 La soluzione d'angolo
In corrispondenza del paniere S, la pendenza della curva di indifferenza U_1 è più ripida (più negativa) della linea di bilancio. Questo implica che l'utilità marginale per euro speso per cibo sia maggiore dell'utilità marginale per euro speso in abbigliamento: il consumatore vorrà dunque acquistare meno abbigliamento e più cibo. Con questo obiettivo, si sposterà lungo la linea di bilancio fino a raggiungere il punto d'angolo in corrispondenza del paniere R, dove non è più possibile alcuna sostituzione, dal momento che il paniere è composto solamente da cibo.

Esercizio svolto 4.3 La determinazione di una soluzione d'angolo

Davide sta considerando l'acquisto di cibo (x) e di capi di abbigliamento (y). La sua funzione di utilità è $U(x,y) = xy + 10x$ e le utilità marginali sono rispettivamente $MU_x = y + 10$ e $MU_y = x$. Davide ha un reddito mensile pari a $I = 10$. Il prezzo del cibo è $P_x =$ €1 per unità e il prezzo dell'abbigliamento è $P_y =$ €2 per capo.

Problema

Determinate il paniere ottimo di consumo di Davide.

Soluzione

La linea di bilancio, rappresentata nella Figura 4.8, ha una pendenza pari a $-(P_x/P_y) = -1/2$. L'equazione della linea di bilancio è $P_x x + P_y y = I$, ovvero – con i dati dell'esercizio – $x + 2y = 10$. Per determinare la soluzione ottima è necessario essere certi della forma delle curve di indifferenza. Entrambe le utilità marginali sono positive, dunque le curve di indifferenza saranno inclinate negativamente. Il tasso marginale di sostituzione tra x e y [$MRS_{x,y} = MU_x/MU_y = (y + 10)/x$] diminuisce all'aumentare di x e al diminuire di y man mano che ci si muove lungo la curva di indifferenza: le curve di indifferenza sono dunque convesse rispetto all'origine degli assi. Inoltre, le curve di indifferenza intersecano l'asse x: è infatti possibile raggiungere un livello positivo di utilità acquistando una quantità positiva di cibo ($x > 0$) e nessun capo di abbigliamento ($y = 0$). Questo significa che il paniere ottimale del consumatore *potrebbe* essere in un punto d'angolo lungo l'asse delle x. Nella Figura 4.8 sono rappresentate tre curve di indifferenza di Davide.

Si supponga, erroneamente, che il paniere ottimo di Davide sia un ottimo interno sulla linea di bilancio e, più precisamente, nel punto di tangenza tra questa e una curva di indifferenza. Se il paniere ottimo giace sulla linea di bilancio, esso deve soddisfare l'equazione

$$x + 2y = 10$$

Se il paniere è in corrispondenza del punto di tangenza, si ha che $MU_x/MU_y = P_x/P_y$, ovvero $(y + 10)/x = 1/2$, che semplificato dà

$$x = 2y + 20$$

Queste due equazioni con due incognite sono risolte da $x = 15$ e $y = -2,5$. Tuttavia, questa "soluzione" algebrica sembra suggerire che Davide compri una quantità *negativa* di capi di abbigliamento: questo non avrebbe senso, dal momento che né x né y possono essere negativi. Questo mostra che non esiste alcun punto sulla linea di bilancio che sia tangente a una curva di indifferenza. Il paniere ottimo *non* è dunque interno e l'ottimo si troverà su un punto d'angolo.

Dove è possibile individuare il paniere ottimo? Come evidenziato nella figura, l'ottimo sarà in corrispondenza del paniere R (soluzione d'angolo), dove Davide spende tutto il suo reddito per acquistare cibo, così che $x = 10$ e $y = 0$. In corrispondenza di questo paniere, $MU_x = y + 10 = 10$ e $MU_y = x = 10$: in R l'utilità marginale per euro speso per x è $MU_x/P_x = 10/1 = 10$, mentre l'utilità marginale per euro speso per y è $MU_y/P_y = 10/2 = 5$. In R, Davide *vorrebbe* acquistare più cibo e meno capi di abbigliamento, ma non può, perché il paniere R è una soluzione d'angolo sull'asse x. In R, Davide raggiunge la curva di indifferenza più alta scegliendo un paniere sulla linea di bilancio.

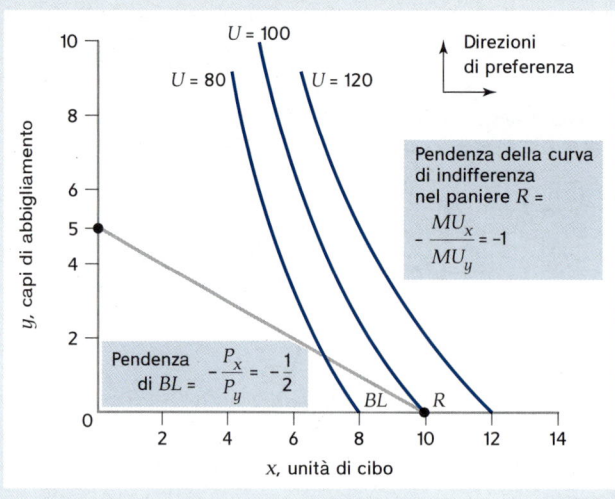

FIGURA 4.8 La soluzione d'angolo

La linea di bilancio: il consumatore ha un reddito di 10, con $P_x = 1$ e $P_y = 2$. La linea di bilancio ha pendenza pari a $-1/2$.

La mappa di indifferenza: le curve di indifferenza sono rappresentate per tre livelli di utilità, $U = 80$, $U = 100$ e $U = 120$.

Il paniere di consumo ottimale: il paniere ottimale è R, dove la pendenza della curva di indifferenza è -1.

L'Esercizio svolto 4.3 mostra che può esistere un punto d'angolo quando il consumatore ha un tasso marginale di sostituzione decrescente (le curve di indifferenza sono convesse rispetto all'origine degli assi). L'Esercizio svolto 4.4 indica che la soluzione d'angolo è spesso ottimale quando il consumatore è ancora disposto, in quel punto, a sostituire un bene con un altro. Per esempio, se un consumatore considera burro e margarina come beni perfettamente sostituibili ed è sempre disposto a sostituire un grammo dell'uno con un grammo dell'altra, acquisterà soltanto il bene che ha il prezzo per grammo più basso.

Esercizio svolto 4.4 — La soluzione d'angolo con beni perfetti sostituti

Sara considera gelato al cioccolato e gelato alla vaniglia come beni perfettamente sostituibili. Ama entrambi ed è sempre disposta a rinunciare a una pallina di gelato al cioccolato per due palline di gelato alla vaniglia. In altre parole, la sua utilità marginale per il gelato al cioccolato è due volte quella per il gusto di vaniglia. Quindi $MRS_{C,V} = MU_C/MU_V = 2$.

Problema

Se il prezzo di una pallina di gelato al cioccolato (P_C) è tre volte il prezzo di una pallina di gelato alla vaniglia (P_V), Sara comprerà un cono di gelato con entrambi i gusti? Se no, quale gusto comprerà?

Soluzione

Se Sara acquista entrambi i gusti di gelato, si configura un ottimo interno e la condizione di tangenza deve essere soddisfatta. Tuttavia, le pendenze delle curve di indifferenza sono tutte pari a -2 e la pendenza della linea di bilancio è -3 ($P_C/P_V = 3$); pertanto, la linea di bilancio non potrà mai essere tangente a una curva di indifferenza. Questa situazione è rappresentata nella Figura 4.9: le curve di indifferenza sono delle linee rette meno inclinate (più piatte) della linea di bilancio. Il paniere ottimo sarà dunque in corrispondenza di un punto d'angolo (paniere A), nel quale Sara sceglie soltanto gelato alla vaniglia.

Un altro modo per considerare il problema è analizzare l'utilità marginale di Sara: l'utilità marginale per euro speso in gelato al cioccolato è inferiore all'utilità marginale per euro speso in gelato alla vaniglia: infatti ($MU_C/MU_V = 2$) < ($P_C/P_V = 3$), dunque $MU_C/MU_V < P_C/P_V$, ovvero $MU_C/P_C < MU_V/P_V$. Sara cercherà sempre di sostituire il gelato al cioccolato con il gelato alla vaniglia e questo comportamento la porterà alla soluzione d'angolo corrispondente al paniere A.

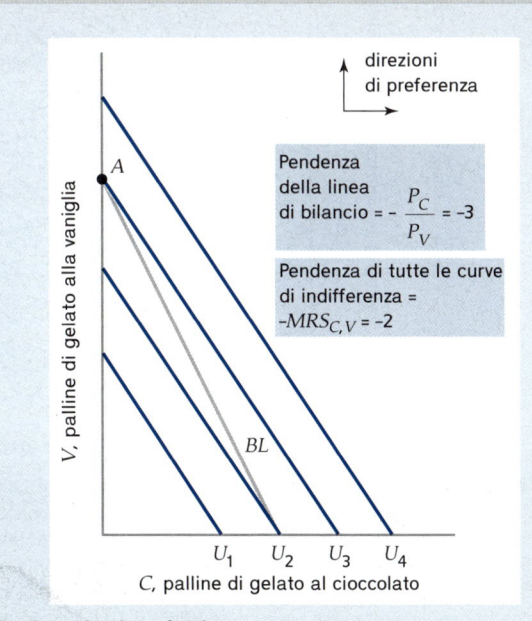

FIGURA 4.9 Beni sostituti perfetti
L'utilità marginale per euro speso in gelato alla vaniglia è sempre superiore all'utilità marginale per euro speso in gelato al cioccolato. Dunque, il paniere ottimale A è una soluzione d'angolo.

4.3 • La scelta del consumatore con beni compositi

I consumatori tipicamente acquistano numerosi beni e servizi. Gli economisti, tuttavia, si propongono spesso di indagare soltanto sulla scelta di un *particolare* bene o servizio, come per esempio la spesa per la casa o il livello di istruzione. In questo caso, è utile presentare il problema della scelta del consumatore attraverso un grafico bidimensionale con il bene preso in considerazione (per esempio, la casa) sull'asse orizzontale e l'insieme di tutti gli altri beni sull'asse verticale. Il bene posto sull'asse verticale è detto **bene composito** perché è formato dall'insieme di tutti gli altri beni. Per convenzione, il prezzo di un'unità di bene composito è $P_y = 1$. L'asse verticale rappresenta dunque il numero di unità y del bene composito, ma anche la spesa totale effettuata per esso ($P_y y$). In questa parte del capitolo si utilizzerà il concetto di bene composito per spiegare quattro applicazioni relative alla teoria della scelta del consumatore. Si consideri la Figura 4.10. In questo esempio, si è interessati a studiare la scelta del consumatore riguardo all'abitazione. Sull'asse orizzontale sono poste le unità h (misurate, per esempio, in metri quadrati di abitazione). Il prezzo dell'abitazione è P_h. Sull'asse verticale è posto il bene composito y, misurato in unità, con un prezzo $P_y = 1$. Se il consumatore spende tutto il suo reddito I per l'abitazione, potrà acquistare al massimo I/P_h metri quadrati di casa, corrispondente all'intercetta sull'asse orizzontale. Se spende tutto il suo reddito per altri beni, potrà acquistare al massimo I unità del bene composito, corrispondente all'intercetta sull'asse verticale. In base alla curva di indifferenza rappresentata sul grafico, il paniere ottimo sarà in corrispondenza del punto A.

> **BENE COMPOSITO** Il bene che rappresenta la spesa totale effettuata per tutti gli altri beni, a esclusione di quello considerato.

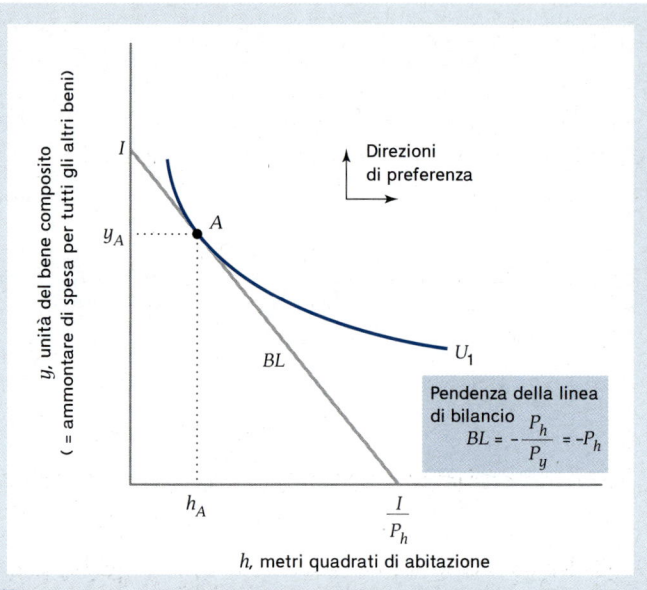

FIGURA 4.10 La scelta ottima per la casa (con bene composito)
L'asse orizzontale misura il numero di metri quadrati di abitazione, h. Il prezzo di un metro quadrato è P_h. Se il consumatore ha un reddito pari a I, potrebbe acquistare al massimo I/P_h metri quadrati di abitazione (rappresentati graficamente dall'intercetta della linea di bilancio con l'asse orizzontale). L'asse verticale misura il numero di unità del bene composito y (ovvero, tutti gli altri beni). Il prezzo del bene composito è $P_y = 1$. Se il consumatore spendesse tutto il suo reddito per il bene composito, ne acquisterebbe I unità. Dunque, l'intercetta della linea di bilancio con l'asse verticale è I, ovvero il livello di reddito disponibile. La linea di bilancio BL ha una pendenza pari a $-P_h/P_y = -P_h$. Date le preferenze del consumatore, il suo paniere ottimale è A, in corrispondenza del quale acquista h_A metri quadrati di abitazione e spende y_A euro in altri beni.

4.3.1 Esempi di preferenze rivelate: buoni spesa e sussidi in contanti

I Governi nazionali predispongono spesso dei programmi specifici che mirano a sostenere i consumatori a basso reddito per le loro spese essenziali, quali il cibo, l'alloggio e l'istruzione. Per esempio, il Governo degli Stati Uniti gestisce un programma di buoni alimentari come sostegno per l'acquisto di cibo e bevande. Il Governo degli Stati Uniti fornisce anche assistenza per aiutare i consumatori a basso reddito ad acquistare una casa. Di seguito, viene utilizzata la teoria della scelta del consumatore per studiare come un programma governativo possa aumentare la dimensione dell'abitazione scelta da un consumatore.

Si supponga che il consumatore abbia, per la casa e altri beni, le preferenze rappresentate dalle curve di indifferenza della Figura 4.11. Il consumatore dispone di un reddito I e deve pagare il prezzo P_h per ogni metro quadrato di abitazione che acquista e $P_y = 1$ per ogni unità del bene composito (formato da tutti gli altri beni). La linea di bilancio è KJ. Se spendesse tutto il suo reddito per l'abitazione, potrebbe acquistare I/P_h metri quadrati di casa. Se spendesse tutto il suo reddito in altri beni, potrebbe acquistare $I/P_y = I$ unità di bene composito. Date le sue preferenze e data la linea di bilancio KJ, sceglie la combinazione A, con h_A metri quadrati di abitazione e livello di utilità U_1.

Si supponga ora che il Governo ritenga che un'abitazione di h_A metri quadrati non offra un adeguato standard di vita e disponga che ogni cittadino debba avere un'abitazione di almeno h_B metri quadrati, con $h_B >$ di h_A. Come potrebbe il Governo indurre i cittadini ad aumentare la superficie della loro abitazione, da h_A a h_B?

Un modo sarebbe quello di dare al cittadino un sussidio integrativo del suo reddito, pari a S dollari, in contanti. Questo aumento di reddito sposta verso l'alto la linea di bilancio, da KJ a EG, come rappresentato nella Figura 4.11. Se il consumatore spendesse tutto il suo reddito I e il sussidio in contanti, S, nel bene composito, potrebbe acquistare il paniere E, che contiene esclu-

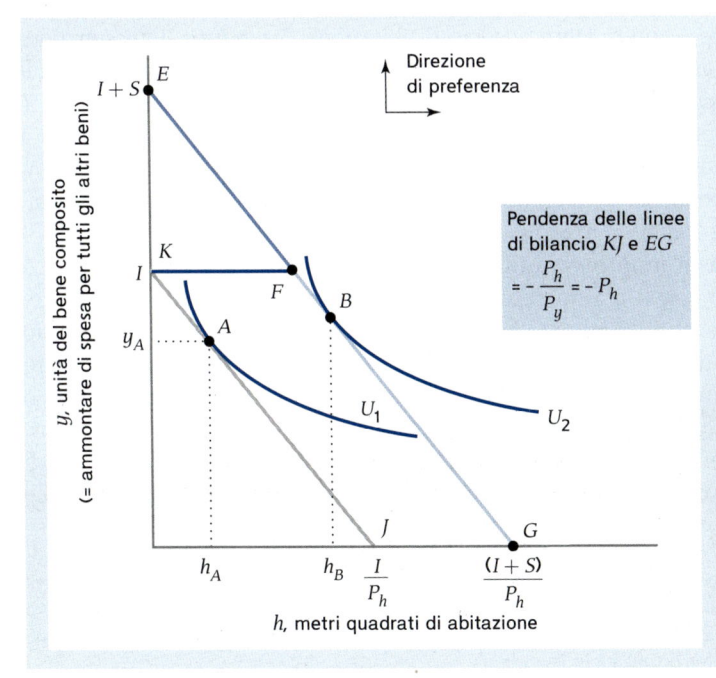

FIGURA 4.11 La scelta ottima per l'abitazione: un sussidio in contanti o un buono spesa
Si considerino due tipi di programma pubblico inteso a incentivare l'acquisto di una casa.
Integrazione di reddito: se il consumatore riceve un sussidio governativo pari a S dollari, la linea di bilancio si sposta da KJ a EG.
Buono spesa: se il Governo dà al consumatore un buono spesa di S dollari che può solo essere utilizzato per l'abitazione, la linea di bilancio si sposta da KJ a KFG.
Se il consumatore ha la mappa di indifferenza rappresentata nel grafico, è indifferente tra ricevere un sussidio (integrazione di reddito) di S dollari e un buono spesa del valore di S dollari. In entrambi i casi, sceglierebbe il paniere B.

sivamente $I + S$ unità del bene composito. Se spendesse tutto il suo reddito I e il sussidio in contanti S, per la casa, potrebbe acquistare il paniere G, che corrisponde a $(I + S)/P_h$ metri quadrati di abitazione. Con la linea di bilancio EG e le curve di indifferenza della Figura 4.11, la sua scelta ottima sarebbe il paniere B, con h_B metri quadrati di casa e un livello di utilità U_2. Si noti che il sussidio in contanti S è appena sufficiente a indurre il consumatore a preferire un numero di metri quadrati di abitazione pari a quelli considerati convenienti dal Governo, ovvero h_B.

Un altro modo per indurre all'acquisto di un'abitazione più grande sarebbe quello di dare al cittadino un buono che può essere utilizzato soltanto per la spesa relativa all'abitazione. Supponiamo che il buono valga S dollari.

Con il buono, la linea di bilancio del consumatore diventa KFG dal momento che egli non può usarlo per acquistare beni diversi dall'abitazione. Il massimo ammontare che il consumatore può spendere in altri beni è il suo reddito I: sottostando alle condizioni del programma pubblico, non può dunque acquistare panieri al di sopra del segmento KF.

Se spende tutto il suo reddito I in altri beni, usando solo il buono per le spese relative all'abitazione, potrà scegliere il paniere F, formato da I unità di bene composto e da S/P_h metri quadrati di casa. Ancora, se volesse spendere per la casa sia tutto il suo reddito I sia l'ammontare del buono, potrebbe acquistare il paniere G, composto da $(I + S)/P_h$ metri quadrati di abitazione e nessun altro bene.

Farebbe la differenza, per il consumatore o per il Governo, se il consumatore ricevesse un sussidio integrativo di S dollari piuttosto che un buono del valore di S dollari che può essere speso soltanto per l'abitazione? Se la sua mappa di curve di indifferenza fosse come quella rappresentata nella Figura 4.11, il consumatore sarebbe ugualmente soddisfatto delle due alternative, sceglierebbe il paniere B e si troverebbe sulla curva di indifferenza U_2.

Si supponga invece che la sua mappa di indifferenza sia come quella illustrata nella Figura 4.12. In questo caso, il tipo di alternativa proposta *fa* la differenza. Senza alcun programma governativo, la linea di bilancio sarebbe ancora KJ e il consumatore sceglierebbe il paniere A con h_A metri quadrati di abitazione. Per indurre il consumatore a passare al livello h_B con un sussidio integrativo in contanti, l'ammontare di quest'ultimo deve essere pari a S. Con tale sussidio, il consumatore sceglierebbe il paniere T con un livello di utilità U_4. Tuttavia, il Governo potrebbe indurre il consumatore a passare a uno standard abitativo h_B con un buono spesa del valore di V (si noti che $V < S$). Con questo buono, la linea di bilancio diventerebbe KRG: il consumatore acquisterebbe il paniere R con un livello di utilità U_2.[5]

Con la mappa di indifferenza illustrata nella Figura 4.12, il consumatore è meno soddisfatto con il buono che vale V dollari che non con il sussidio integrativo del valore di S dollari. Ma se l'obiettivo primario del Governo è quello di aumentare la dimensione abitativa da h_A a h_B, il Governo può risparmiare $(S - V)$ dollari se usa il metodo del buono spesa anziché il sussidio integrativo in contanti.

Ci si potrebbe anche chiedere come si comporterebbe il consumatore se gli venisse dato un sussidio integrativo di V dollari. La linea di bilancio diventerebbe

---

[5] Considerando il paniere R, mentre la pendenza della funzione di indifferenza U_2 è definita, la pendenza della linea di bilancio, in quel punto, non può essere definita – dal momento che la "linea" di bilancio è in realtà una spezzata, con un angolo in R. Non è dunque possibile applicare la condizione di tangenza per valutare l'ottimalità in R.

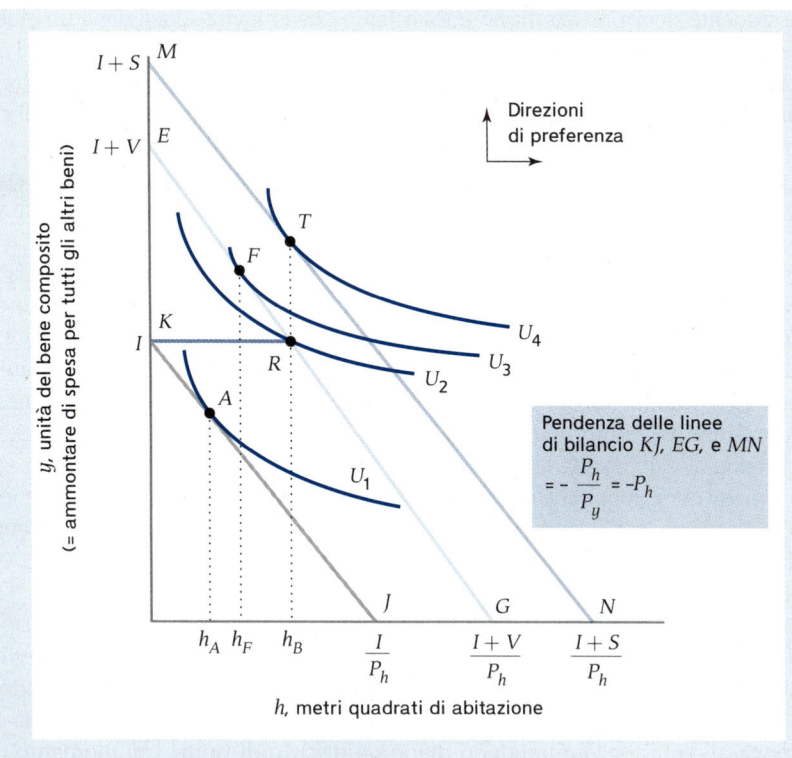

FIGURA 4.12 La scelta ottima per l'abitazione: un sussidio in contanti o un buono spesa
Se il consumatore ha un reddito I, sceglierà una casa di h_A metri quadrati. Il Governo potrebbe indurlo a scegliere una dimensione maggiore h_B con uno di questi due interventi:

- un sussidio integrativo in contanti pari a S dollari, spostando così la sua linea di bilancio a MN. Il consumatore sceglie allora il paniere T;
- un buono spesa del valore di V dollari che può essere utilizzato soltanto per la casa, spostando così la linea di bilancio a KRG. Il consumatore sceglie allora il paniere R.

Poiché il paniere T giace su una curva di indifferenza più alta rispetto al paniere R, un consumatore che ha una mappa di indifferenza come quella della figura preferirebbe un sussidio in contanti di S dollari piuttosto che un buono del valore di V dollari. Tuttavia, il Governo potrebbe scegliere il buono, perché è meno costoso. Per indurre il consumatore a passare a una dimensione abitativa h_B, il Governo deve spendere $(S - V)$ dollari in più se sceglie il sussidio integrativo in contanti invece che il buono.

EG e il consumatore sceglierebbe il paniere F con utilità U_3. Egli preferirebbe senz'altro questa opzione al buono di V dollari (con il quale sceglierebbe il paniere R con utilità pari soltanto a U_2). Tuttavia, con un sussidio integrativo di V dollari, la scelta del consumatore relativamente al suo livello abitativo (h_F) sarebbe inferiore agli obiettivi del Governo (h_B).

4.3.2 Un esempio: l'adesione a un club

I consumatori possono decidere di aderire a club che consentano loro di acquistare beni usufruendo di sconti e servizi particolari. Si supponga che uno studente universitario amante della musica spenda il suo reddito mensile pari a €300 per l'acquisto di CD musicali e altri beni. Egli ha utilità marginali positive sia per i CD sia per gli altri beni, con un tasso marginale di sostituzione decrescente. Il prezzo di un CD è €20 e, dato questo prezzo, acquista 10 CD e spende gli altri €100 in altri beni.

Lo studente riceve un volantino pubblicitario che lo invita ad aderire a un club di CD. Per iscriversi, deve pagare una quota pari a €100 al mese. L'adesione al club gli consentirà poi di acquistare tutti i CD che vorrà, per soli €10 l'uno. La teoria della scelta del consumatore spiega se e perché lo studente potrà essere interessato all'adesione al club e come l'adesione a questo possa modificare la scelta del suo paniere.

Il problema della scelta del consumatore è illustrato nella Figura 4.13. Il numero di CD acquistati ogni mese è rappresentato sull'asse orizzontale, mentre sull'asse verticale sono rappresentate le unità di bene composito (y). Il prezzo di un CD è P_{CD} e il prezzo del bene composito è $P_y = 1$. Prima che il consumatore aderisca al club, la sua linea di bilancio è BL_1. Lo studente può spendere tutto il suo reddito per acquistare 300 unità di altri beni, oppure può spendere tutto il suo reddito per acquistare 15 CD. La pendenza di BL_1 è $-P_{CD}/P_y = -20$. Con BL_1, il consumatore sceglie il paniere A, ovvero il punto in cui BL_1 è tangente alla curva di indifferenza U_1. La tangenza in corrispondenza del punto A ci dice che $MRS_{CD,y} = 20 = P_{CD}/P_y$.

Aderendo al club, la sua linea di bilancio diventa BL_2. Con l'adesione, deve pagare €100 al mese: ciò significa che del suo reddito mensile gli rimangono €200 da spendere per CD e altri beni. Lo studente potrebbe acquistare fino a 20 CD (l'intercetta orizzontale della linea di bilancio BL_2), oppure spendere tutto il suo reddito rimanente, di €200, in altri beni (intercetta verticale di BL_2). La pendenza di BL_2 è $-P_{CD}/P_y = -10$.

Come indica la figura, le linee di bilancio BL_1 e BL_2 si intersecano in corrispondenza del paniere A. Ciò significa che lo studente potrebbe continuare a scegliere il paniere A anche dopo aver aderito al club, spendendo così €100 per l'iscrizione, €100 in CD (compra 10 CD a €10 l'uno) e €100 per altri beni: questo evidenzia che l'iscrizione al club non può renderlo meno soddisfatto di prima, dal momento che può continuare ad acquistare lo stesso paniere di prima.

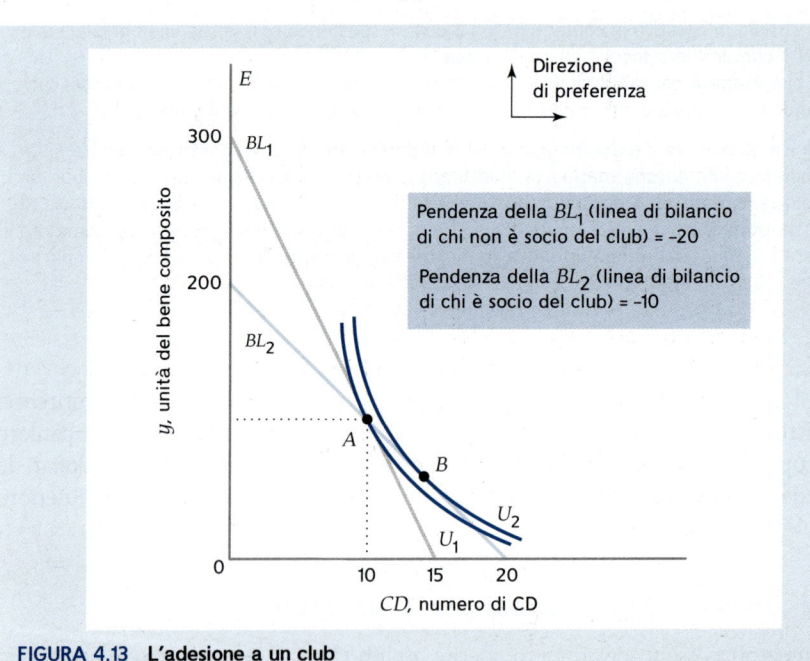

FIGURA 4.13 L'adesione a un club
Se il consumatore non è socio di un club di CD, la sua linea di bilancio è BL_1 e il suo paniere ottimale è A con un livello di utilità U_1. Se aderisce al club, la linea di bilancio diventa BL_2 e il paniere ottimale sarà dunque B, con un livello di utilità U_2. Il consumatore sarà più soddisfatto aderendo al club (ovvero, raggiungerà un livello di utilità più alto) e acquisterà un numero maggiore di CD.

Tuttavia, il paniere A *non* sarà ottimale per lo studente che ha aderito al club. È noto che, in A, $MRS_{CD,y} = 20$; con il nuovo prezzo dei CD, $P_{CD}/P_y = 10$. Pertanto, la linea di bilancio BL_2 non è tangente alla curva di indifferenza che passa per il paniere A. Lo studente cercherà un nuovo paniere, B, nel quale la linea di bilancio BL_2 è tangente alla curva di indifferenza (e $MRS_{CD,y} = 10 = P_{CD}/P_y$). Egli sarà più soddisfatto scegliendo il paniere B, che gli consente di raggiungere un livello di utilità più alto (U_2), e acquisterà un numero maggiore di CD (15 invece di 10).

I consumatori affrontano decisioni simili quando si tratta dell'acquisto di molti altri beni. Per esempio, quando un utente decide di abbonarsi a un provider telefonico, paga una quota mensile più bassa e una più alta tariffazione al minuto, o viceversa. Allo stesso modo, uno sportivo che aderisce a un country club paga una quota associativa, ma paga meno per ogni partita di golf, rispetto ai giocatori non iscritti al club.

4.3.3 Un esempio: prestare e prendere a prestito

Fino a ora la discussione ha supposto che il consumatore abbia a disposizione un ammontare fisso di reddito, ovvero che non assuma prestiti (non si indebiti) e non ne conceda. Usando il bene composto, è possibile modificare il modello della scelta del consumatore, considerando quindi l'ipotesi che chieda o conceda prestiti. Nell'esempio che segue, il risparmio – ovvero, depositare denaro in banca – è considerato un prestito di denaro alla banca, al tasso di interesse offerto da questa.

Si supponga che il reddito del consumatore per l'anno corrente sia I_1 e per l'anno successivo sia I_2. Se il consumatore non può né assumere né concedere prestiti, spenderà in beni e servizi tutto I_1 nell'anno corrente e tutto I_2 l'anno successivo.

È possibile utilizzare il bene composto per rappresentare la scelta del consumatore in entrambi gli anni, sia che egli scelga di assumere e concedere prestiti, sia che scelga di non farlo.

Nella Figura 4.14, l'asse orizzontale mostra la spesa del consumatore per il bene composto nell'anno corrente (C_1); poiché il prezzo del bene composto è €1, l'asse orizzontale mostra altresì l'ammontare di unità di bene composto acquistate nell'anno in corso. Allo stesso modo, l'asse verticale mostra la spesa del consumatore per il bene composto, durante l'anno successivo (C_2), di nuovo equivalente all'ammontare del bene composto acquistato in quell'anno. Se non si indebita né concede prestiti, il consumatore acquista – nei due anni – il paniere A.

Si supponga ora che il consumatore possa depositare denaro in banca e ricevere un tasso di interesse r del 10% per l'anno corrente ($r = 0{,}1$). Se quest'anno risparmia €100, il prossimo anno riceverà i €100 più l'interesse di €10 ($0{,}1 \times €100$), ovvero una somma totale di €110. Partendo dal punto A, ogni volta in cui il consumatore, nell'anno corrente, diminuisce la sua spesa di €1 (ovvero si sposta verso sinistra sulla linea di bilancio), aumenta la sua spesa l'anno prossimo (ovvero si muove verso l'alto lungo la linea di bilancio) di $(1 + r)$ euro. La pendenza della linea di bilancio è $\Delta C_2/\Delta C_1 = (1 + r)/(-1) = -(1 + r)$.

Si supponga altresì che il consumatore possa prendere a prestito denaro per lo stesso tasso annuale di interesse, per l'anno corrente pari a ($r = 0{,}1$). Se quest'anno prende a prestito €100, dovrà restituire €110 l'anno prossimo. Partendo dal punto A, ogni volta in cui il consumatore, quest'anno, aumenta la sua spesa di €1 (ovvero si sposta verso destra sulla linea di bilancio), diminuisce la sua spesa l'anno prossimo (ovvero si muove verso il basso lungo la linea di bilancio) di $(1 + r)$ euro. Ancora, la pendenza della linea di bilancio è $-(1 + r)$.

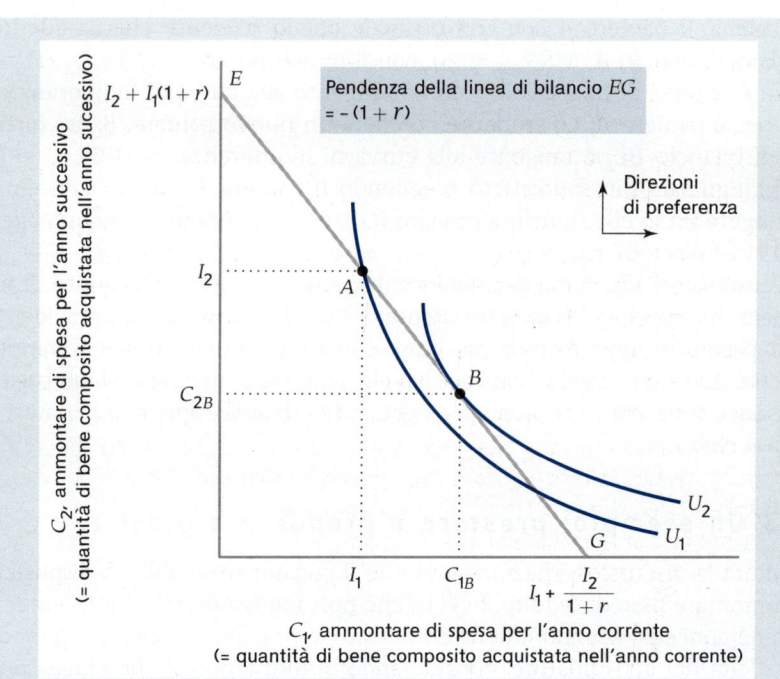

FIGURA 4.14 Prestare e prendere a prestito
Un consumatore dispone di un reddito I_1 nell'anno corrente e di I_2 l'anno successivo. Se non si indebita né concede prestiti, il suo paniere sarà A. Si supponga che possa assumere o concedere un prestito al tasso di interesse r. Se la sua mappa di indifferenza è come quella rappresentata nella figura, sceglierà il paniere B, prendendo a prestito ($C_{1B} - I_1$) dalla banca e restituendo il debito l'anno successivo. Il prestito ha aumentato la sua utilità da U_1 a U_2.

Per determinare la posizione della linea di bilancio è necessario individuare l'intercetta verticale e quella orizzontale. Se il consumatore non spende nulla durante l'anno corrente, e deposita in banca l'intero ammontare I_1, l'anno successivo potrà spendere $I_2 + I_1(1 + r)$, che è appunto l'intercetta verticale della linea di bilancio. Ugualmente, se prende a prestito quest'anno la somma massima possibile e non risparmia nulla, potrà spendere quest'anno fino a $I_1 + I_2(1 + r)$, ovvero l'intercetta orizzontale della linea di bilancio.

Un consumatore con la mappa di indifferenza come quella rappresentata nella Figura 4.14 sceglierà il paniere B, prendendo a prestito quest'anno un po' di denaro ($C_{1B} - I_1$) dalla banca e restituendo il debito il prossimo anno, quando potrà spendere solo C_{2B}. Prendere a prestito ha aumentato la sua utilità da U_1 a U_2.

Questa analisi mostra come le preferenze del consumatore e i tassi di interesse determinino la ragione per la quale alcune persone contraggono debiti e altre risparmiano. Riuscite a rappresentare la mappa di indifferenza di un consumatore che voglia risparmiare nel primo periodo?

4.3.4 Un esempio: sconti sui grandi volumi

In molti mercati di beni, i venditori offrono agli acquirenti (per esempio grossisti) sconti sui grandi volumi. È possibile utilizzare la teoria della scelta del consumatore per comprendere come questi sconti influenzino il comportamento dell'acquirente.

Le imprese offrono diversi tipi di sconti sui grandi volumi. Di seguito, si consideri un esempio tipico dell'industria elettrica. Nella Figura 4.15 l'asse orizzontale mostra il numero di unità di elettricità che un consumatore acquista ogni mese.

L'asse verticale misura il numero di unità del bene composito, il cui prezzo è €1. Il consumatore dispone di un reddito mensile di €440.

Supponiamo che l'azienda fornitrice venda l'elettricità a un prezzo di €11 per unità, senza alcuno sconto di quantità. La linea di bilancio del consumatore sarebbe MN, con pendenza -11. Con una mappa di indifferenza come quella rappresentata nella Figura 4.15, il consumatore sceglierebbe il paniere A consumando 9 unità di elettricità.

Si supponga ora che il fornitore offra il seguente sconto sui grandi volumi: €11 per le prime 9 unità e solamente €5,50 per le unità *successive*. La linea di bilancio diventa composta da due segmenti. Il primo è MA; il secondo segmento è AR, che ha una pendenza di -5,5, dal momento che il consumatore paga €5,50 una volta che ha superato le 9 unità di consumo. Data la mappa di indifferenza rappresentata nella figura - e l'offerta di uno sconto sui grandi volumi - il consumatore acquisterà un totale di 16 unità (ovvero, il paniere B): lo sconto lo ha indotto ad acquistare 7 unità addizionali di elettricità.

Gli sconti sui grandi volumi aumentano l'insieme dei panieri che un consumatore può acquistare. Nella Figura 4.15, i panieri addizionali sono quelli compresi nell'area RAN. Come mostra la figura, uno sconto può permettere al consumatore di acquistare un paniere che gli dà un più alto livello di soddisfazione di quello che sarebbe altrimenti possibile.

4.4 • Preferenze rivelate

Si è dunque imparato a individuare il paniere ottimo del consumatore *date* le sue preferenze (la mappa di indifferenza) e *data* la sua linea di bilancio. In altri termini, se si conosce il grado di preferenza tra i diversi panieri, si è altresì in grado di individuare il paniere ottimo per ogni vincolo di bilancio del consumatore.

Si supponga tuttavia di *non* conoscere la mappa di indifferenza del consumatore. È possibile dedurre come il consumatore valuta i diversi panieri osservando

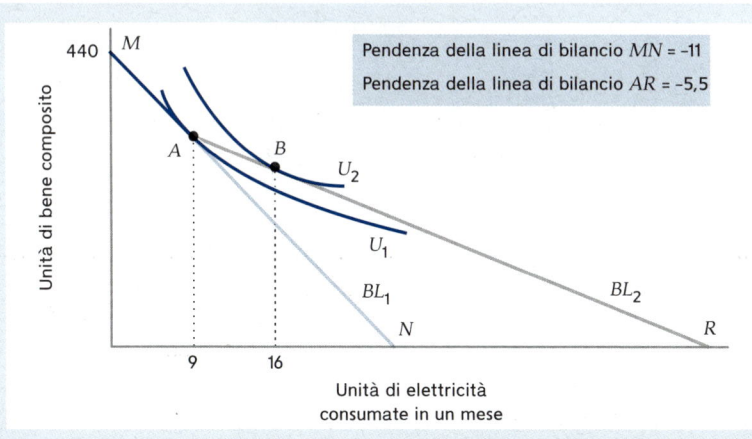

FIGURA 4.15 Sconti sui grandi volumi
Se l'azienda fornitrice vende l'elettricità al prezzo di €11 per unità, la linea di bilancio del consumatore è MN. Data la mappa di indifferenza rappresentata nel grafico, il consumatore sceglie il paniere A, acquistando 9 unità di elettricità. Se il fornitore offre uno sconto sui grandi volumi, facendo pagare €11 per le prime 9 unità e €5,50 per le unità *successive*, la linea di bilancio viene a essere formata da due segmenti: MA e AR. Il consumatore acquisterà un totale di 16 unità di elettricità (ovvero, il paniere B). Pertanto, lo sconto sui grandi volumi ha indotto il consumatore a consumare 7 unità in più di elettricità. La figura mostra che uno sconto sui grandi volumi può permettere al consumatore di raggiungere un livello più alto di soddisfazione (e dunque di utilità).

PREFERENZE RIVELATE Metodo che consente di determinare come un consumatore classifichi i suoi panieri in ordine di preferenza, osservando come cambiano le scelte del consumatore in seguito a variazioni di prezzo dei beni o a variazioni di reddito.

il suo comportamento quando cambia la sua retta di bilancio? In altri termini, la scelta che il consumatore fa verso determinati panieri di beni rivela qualche informazione sulle sue preferenze?

L'idea che sta alla base delle **preferenze rivelate** è intuitiva: se il consumatore, a parità di costo, sceglie il paniere A al paniere B, allora si deduce che A è *debolmente* preferito a B (ovvero, preferito almeno quanto B). Questo concetto viene formalizzato con la notazione $A \succcurlyeq B$, che significa che $A \succ B$, oppure che $A \approx B$. Quando sceglie il paniere C, che è più costoso del paniere D, allora sappiamo che preferisce *strettamente* il paniere C al paniere D ($C \succ D$). Dato un certo numero di osservazioni sulle sue scelte, al variare dei prezzi e del reddito, è possibile dedurre molto su come il consumatore classifichi i panieri, anche se potrebbe essere impossibile definire con esattezza la sua mappa di indifferenza. L'analisi sulle preferenze rivelate parte dall'ipotesi che il consumatore sceglie sempre il paniere ottimo e che, benché prezzi e reddito possano variare, le sue preferenze *non* cambiano.

La Figura 4.16 illustra come il comportamento del consumatore possa rivelare informazioni circa le sue preferenze. Dato un livello iniziale di reddito e il prezzo di due beni (per esempio, abitazione e abbigliamento), il consumatore fronteggia la linea di bilancio BL_1 e sceglie il paniere A. Si supponga ora che i prezzi e il reddito varino così che la linea di bilancio diventi BL_2 e la scelta del paniere si sposti su B. Cosa rivelano le scelte del consumatore, circa le sue preferenze?

In primo luogo, il consumatore sceglie il paniere A potendosi permettere qualunque altro paniere sulla linea di bilancio BL_1 o al di sotto di essa, come il paniere B. Pertanto, A è debolmente preferito a B ($A \succcurlyeq B$). Tuttavia, il consumatore rivela anche di più, circa le sue preferenze su come classifica A e B. Si consideri il paniere C: poiché il consumatore sceglie A pur potendosi permettere C, A è debolmente preferito a C ($A \succcurlyeq C$). Dal momento che C è più in alto e a destra rispetto a B, C deve essere strettamente preferito a B ($C \succ B$). Quindi, per la proprietà transitiva, A deve essere strettamente preferito a B (se $A \succcurlyeq C$ e $C \succ B$, allora $A \succ B$).

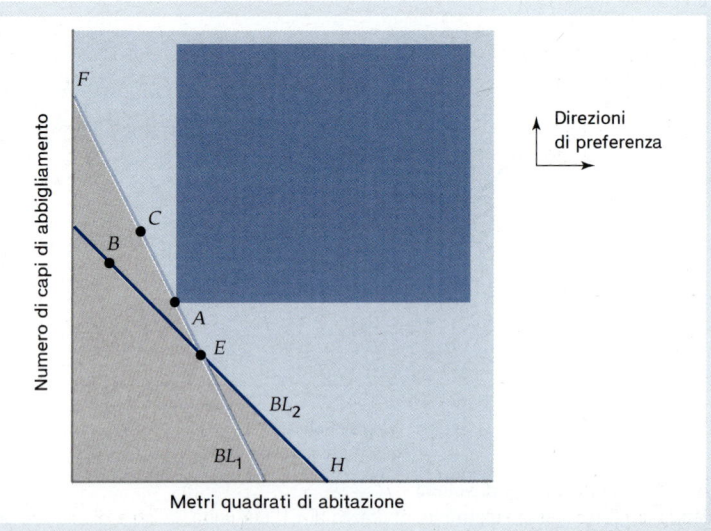

FIGURA 4.16 Le preferenze rivelate
Si supponga di non conoscere la mappa di indifferenza del consumatore, ma di poter osservare la scelta del consumatore rispetto a due linee di bilancio. Quando la linea di bilancio è BL_1, il consumatore sceglie il paniere A. Quando la linea di bilancio è BL_2, il consumatore sceglie il paniere B. Cosa rivela il comportamento del consumatore riguardo alle sue preferenze? Come dimostrato nel testo, la curva di indifferenza che passa per A deve passare nell'area azzurra, magari includendo altri panieri sul segmento EF.

Il comportamento del consumatore aiuta anche ad avere qualche informazione sulla pendenza della curva di indifferenza che passa per A. Tutti i panieri più in alto e più a destra di A sono strettamente preferiti ad A (inclusi i panieri nell'area blu scuro). A è strettamente preferito a tutti i panieri nell'area grigia, e indifferente a qualunque altro paniere tra F ed E. È noto inoltre che A è strettamente preferito a qualunque paniere sul segmento EH, poiché A è strettamente preferito a B e B è strettamente preferito a qualunque altro paniere sulla BL_2. Quindi, benché non si conosca esattamente la posizione della curva di indifferenza che passa per A, si sa che deve passare nell'area azzurra, magari includendo altri panieri sulla EF oltre ad A, ma senza includere il paniere E.

4.4.1 Le scelte osservate sono coerenti con la massimizzazione dell'utilità?

Nella trattazione sulle preferenze rivelate, si è posto per ipotesi che il consumatore massimizzi sempre la sua utilità scegliendo il paniere ottimo, dato il suo vincolo di bilancio. Tuttavia, il consumatore potrebbe scegliere il suo paniere ottimale in altro modo. L'analisi delle preferenze rivelate può essere d'aiuto nel valutare se il consumatore scelga i suoi panieri coerentemente con la massimizzazione dell'utilità? Ovvero, ponendo la questione in altri termini, quali osservazioni sulla scelta del consumatore porterebbero a concludere che *non* sempre egli tende a massimizzare la propria utilità?

Si consideri il caso in cui il consumatore compri soltanto due beni. Si supponga che quando i prezzi dei due beni sono inizialmente (P_x, P_y) il consumatore scelga il paniere 1, che contiene (x_1, y_1). A un secondo livello di prezzo $(\tilde{P}_x, \tilde{P}_y)$, sceglie il paniere 2 che contiene le quantità (x_2, y_2).

Al livello di prezzi iniziale, il paniere 1 costa al consumatore $P_x x_1 + P_y y_1$. Si supponga che si possa permettere anche il paniere 2 ai prezzi iniziali, così che

$$P_x x_1 + P_y y_1 \geq P_x x_2 + P_y y_2 \tag{4.7}$$

Il primo membro dell'equazione (4.7) mostra quanto il consumatore deve spendere per il paniere 1 ai prezzi iniziali. Il secondo membro dell'equazione indica la spesa necessaria per acquistare il paniere 2 allo stesso livello di prezzi.

Dal momento che ai prezzi iniziali il consumatore ha scelto il paniere 1 (quando anche il paniere 2 sarebbe stato acquistabile), egli ha rivelato di preferire il paniere 1 almeno tanto quanto il paniere 2.

È noto altresì che al secondo livello di prezzi, il consumatore ha scelto il paniere 2 invece del paniere 1. Dal momento che ha già rivelato che preferisce il paniere 1 almeno quanto il paniere 2, deve *anche* essere vero che – al nuovo livello di prezzi – il paniere 2 non è più costoso del paniere 1. Altrimenti – per il nuovo livello di prezzi – avrebbe scelto il paniere 1. L'equazione (4.8) afferma che il paniere 2 non costa più del paniere 1, al nuovo livello di prezzi.

$$\tilde{P}_x x_2 + \tilde{P}_y y_2 \leq \tilde{P}_x x_1 + \tilde{P}_y y_1 \tag{4.8}$$

Perché l'equazione (4.8) *deve* essere soddisfatta per poter garantire che le scelte del consumatore siano coerenti con la massimizzazione dell'utilità? Se la (4.8) *non* fosse soddisfatta, si avrebbe che

$$\tilde{P}_x x_2 + \tilde{P}_y y_2 > \tilde{P}_x x_1 + \tilde{P}_y y_1 \tag{4.9}$$

Se l'equazione (4.9) fosse vera, essa evidenzierebbe che il paniere 2 è più costoso del paniere 1 al secondo livello di prezzi. Poiché il consumatore sceglie il paniere 2 al

Esercizio svolto 4.5 — La scelta del consumatore che non massimizza l'utilità

Problema

Un consumatore ha un reddito pari a €24 a settimana e acquista due beni rispettivamente nelle quantità x e y. I prezzi iniziali sono $(P_x, P_y) = (€4, €2)$; il consumatore sceglie il paniere A che contiene $(x_1, y_1) = (5, 2)$. Successivamente i prezzi cambiano, passando a $(\tilde{P}_x, \tilde{P}_y) = (€3, €3)$. Sceglie quindi il paniere B, che contiene $(x_2, y_2) = (2, 6)$. Queste scelte e la linea di bilancio sono rappresentate nella Figura 4.17. Dimostrate che questi panieri non possono essere panieri che massimizzano l'utilità in entrambi i periodi.

Soluzione

Vi sono due modi per dimostrare che il consumatore non massimizza la sua utilità. Considerate per primo l'approccio grafico. Con BL_1, il consumatore sceglie il paniere A pur potendosi permettere il paniere C. Di conseguenza il paniere A è almeno debolmente preferito al paniere C ($A \succcurlyeq C$). Inoltre, poiché il paniere C è più in alto e a destra rispetto al paniere B, il consumatore deve preferire strettamente il paniere C al paniere B ($C \succ B$). Applicando la proprietà transitiva, è possibile concludere che il paniere A è strettamente preferito al paniere B (se $A \succcurlyeq C$ e $C \succ B$, allora $A \succ B$).

Applicate un ragionamento simile alla scelta del paniere B, data la linea di bilancio BL_2. In questo caso, il consumatore sceglie B anche se avrebbe potuto permettersi D. Di conseguenza, il paniere B è almeno tanto gradito quanto il D. Inoltre, poiché il paniere D si trova più in alto e a destra del paniere A, il consumatore deve preferire strettamente il paniere D al paniere A. Applicando la proprietà transitiva, è possibile concludere che il paniere B è strettamente preferito al paniere A (se $B \succcurlyeq D$ e $D \succ A$, allora $B \succ A$).

Non può essere contemporaneamente vero che il paniere A sia strettamente preferito al paniere B e che il paniere B sia strettamente preferito al paniere A. Quindi, il consumatore non sta scegliendo il miglior paniere su entrambe le rette di bilancio.

È possibile arrivare alla stessa conclusione utilizzando l'approccio algebrico. Ai prezzi iniziali $(P_x, P_y) = (€4, €2)$, il consumatore sceglie il paniere A anche se si sarebbe potuto permettere il paniere B. Paga $P_x x_1$, $P_y y_1 = €4(5) + €2(2) = €24$ per il paniere A, quando avrebbe potuto pagare $P_x x_2$, $P_y y_2 = €4(2) + €2(6) = €20$ per il paniere B. Questo implica che il consumatore preferisce strettamente il paniere A al paniere B (si noti che l'equazione (4.7) è soddisfatta: $P_x x_1$, $P_y y_1 \geq P_x x_2$, $P_y y_2$).

Tuttavia, al nuovo livello di prezzo $(\tilde{P}_x, \tilde{P}_y) = (€3, €3)$, il consumatore sceglie il paniere B benché possa permettersi il paniere A. Egli paga $\tilde{P}_x x_2 + \tilde{P}_y y_2 = €3(2) + €3(6) = €24$ per il paniere B, quando avrebbe potuto pagare $\tilde{P}_x x_1 + \tilde{P}_y y_1 = €3(5) + €3(2) = €21$ per il paniere A. Questo implica che preferisce strettamente il paniere B al paniere A.

Si deduce dunque che il comportamento del consumatore, per i due livelli di prezzo, non è coerente e ciò significa che non sceglie sempre il paniere ottimo (si noti che l'equazione (4.8) non è soddisfatta: $\tilde{P}_x x_2 + \tilde{P}_y y_2 > \tilde{P}_x x_1 + \tilde{P}_y y_1$).

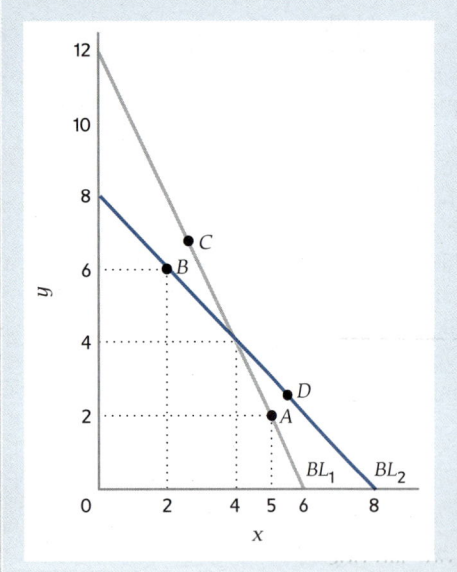

FIGURA 4.17 La scelta del consumatore che non massimizza l'utilità
Quando la linea di bilancio è BL_1, il consumatore sceglie il paniere A pur potendosi permettere il paniere C; quindi, $A \succcurlyeq C$. Dal momento che il paniere C si trova in alto e a destra rispetto al paniere B, deve valere che $C \succ B$. Questo implica che $A \succ B$ (se $A \succcurlyeq C$ e $C \succ B$, allora $A \succ B$).
Quando la linea di bilancio è BL_2, il consumatore sceglie il paniere B pur potendosi permettere il paniere D; quindi, $B \succcurlyeq D$. Dal momento che il paniere D si trova in alto e a destra rispetto al paniere A, deve valere che $D \succ A$. Questo implica che $B \succ A$ (se $B \succcurlyeq D$ e $D \succ A$, allora $B \succ A$).
Poiché non può essere contemporaneamente vero che $A \succ B$ e $B \succ A$, ciò significa che il consumatore non sempre sceglie il paniere ottimale.

secondo livello di prezzi (quando anche il paniere 1 sarebbe acquistabile), dovrebbe dunque preferire strettamente il paniere 2 al paniere 1. Ma questo non sarebbe coerente con le conclusioni alle quali si è giunti prima, ovvero che egli preferisce il paniere 1 tanto quanto il paniere 2. Per eliminare questa incongruenza, l'equazione (4.8) *deve* essere soddisfatta (e, parimenti, l'equazione (4.9) deve rimanere insoddisfatta).

Esercizio svolto 4.6 — Altri usi delle preferenze rivelate

Tutti i grafici della Figura 4.18 rappresentano delle scelte di un individuo che consuma due beni, x e y. Il consumatore trae soddisfazione sia dal consumo di x sia dal consumo di y. In ognuno dei casi, con una linea di bilancio BL_1 il consumatore sceglie il paniere A e con una linea di bilancio BL_2 sceglie il paniere B.

Problema

Cosa si può dedurre dal modo in cui il consumatore ordina i due panieri in ognuno dei casi?

Soluzione

Caso 1: Con BL_2, il consumatore sceglie il paniere B pur potendosi permettere il paniere A (deducibile dal fatto che il paniere A è al di sotto della BL_2); pertanto, $B \succ A$.

Si consideri ora il paniere C, che si trova anch'esso sulla BL_2. Dal momento che il consumatore ha scelto il paniere B invece del paniere C, deve essere vero che $B \succeq C$. Inoltre, poiché C si trova in alto a destra rispetto ad A, $C \succ A$. Quindi, $B \succ A$ (se $B \succeq C$ e $C \succ A$, allora $B \succ A$).

Questo esempio mostra che quando un consumatore sceglie un paniere su una linea di bilancio, questo è strettamente preferito a qualunque altro paniere al di sotto di essa.

Caso 2: Con BL_2, il consumatore sceglie il paniere B pur potendosi permettere il paniere A (deducibile dal fatto che il paniere A è al di sotto della BL_2); in base al ragionamento considerato per il Caso 1, poiché A è sotto la BL_2, si deduce che $B \succ A$.

Si consideri ora BL_1. Entrambi i panieri A e B sono sulla BL_1 e il consumatore sceglie A. Quindi, $A \succeq B$.

Tale contraddizione (non può accadere che $B \succ A$ e $A \succeq B$) indica che il consumatore non sta sempre massimizzando la sua utilità acquistando il paniere migliore.

Caso 3: Con BL_1, il consumatore sceglie il paniere A pur potendosi permettere il paniere B (entrambi sono sulla BL_1); pertanto, $A \succeq B$.

Con BL_2, il consumatore sceglie il paniere B, ma non potrebbe comunque permettersi il paniere A, il che non ci dice nulla di nuovo. Quindi $A \succeq B$ è tutto quello che possiamo dire.

Caso 4: Con BL_1, il consumatore sceglie il paniere A, ma non potrebbe permettersi il paniere B. Con BL_2, il consumatore sceglie il paniere B, ma non potrebbe permettersi il paniere A. Nessuna delle due scelte fornisce informazioni riguardo all'ordine di preferenza che il consumatore attribuisce ai due panieri A e B (per avere un'informazione utile sull'ordine attribuito a due panieri, è necessario poter osservare il consumatore che compie almeno una scelta tra due, potendosi permettere entrambe).

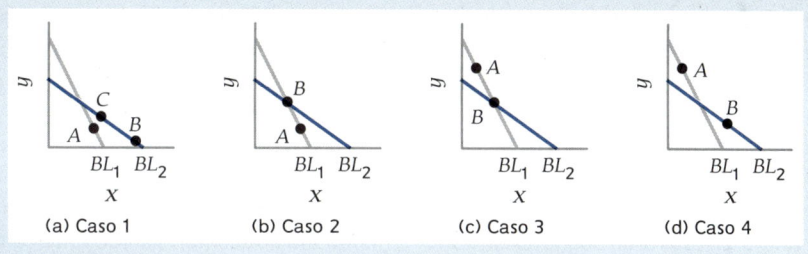

FIGURA 4.18 Preferenze rivelate

In ognuno dei casi, quando la linea di bilancio è BL_1 il consumatore sceglie il paniere A e quando la linea di bilancio è BL_2 il consumatore sceglie il paniere B. Cosa si può dedurre dall'ordine che il consumatore attribuisce ai due panieri in ognuno dei casi? Nel Caso 1 è possibile concludere che B è strettamente preferito ad A. Nel Caso 2, le scelte del consumatore non sono coerenti con il comportamento di massimizzazione dell'utilità. Nel Caso 3, si deduce che A è debolmente preferito a B. Nel Caso 4, non si è in grado di dedurre alcuna informazione circa l'ordine attribuito ai due panieri.

Dunque, se l'equazione (4.8) non fosse soddisfatta, il consumatore farebbe scelte che non massimizzano la propria utilità. L'Esercizio svolto 4.6 illustra come l'uso delle preferenze rivelate applicate possa rivelare un comportamento non massimizzante.

La teoria sulle preferenze rivelate è molto forte. Essa permette di utilizzare le informazioni sulle scelte del consumatore per dedurre come questi classifichi (ordini) i panieri nell'ottica di massimizzazione dell'utilità, dato un determinato vincolo di bilancio. Permette altresì di scoprire quando un consumatore non stia attuando un comportamento massimizzante, dato un certo vincolo di bilancio. Tali deduzioni possono essere fatte anche senza conoscere la funzione di utilità del consumatore o la sua mappa di indifferenza.

Applicazione 4.2

L'altruismo è razionale?

Un comportamento altruistico è coerente con la massimizzazione dell'utilità? Dopo aver letto i Capitoli 3 e 4 si potrebbe essere indotti a pensare che non sia così. Dopo tutto, nella teoria della scelta del consumatore sviluppata fino a questo punto, gli individui cercano ognuno di massimizzare la propria utilità. Un tale comportamento potrebbe parere egoista e dunque non coerente con l'idea che gli individui possano agire in modo benevolo verso gli altri. Tuttavia, nel mondo reale, si osserva che gli individui mostrano *davvero* un certo comportamento altruistico. Inoltre, in esperimenti di laboratorio in cui gli individui hanno la possibilità di comportarsi in modo egoistico o altruistico, spesso (volontariamente!) scelgono di essere altruisti.

Una possibile spiegazione per il comportamento altruistico, coerente con la teoria della scelta del consumatore, è che la funzione di utilità di un individuo potrebbe essere funzione crescente sia del consumo individuale dell'agente considerato sia di quello degli altri agenti. In questo caso, un certo grado di altruismo è coerente con il comportamento di ottimizzazione individuale. Utilizzando metodi sperimentali e la teoria delle preferenze rivelate, James Andreoni e John Miller hanno cercato di testare se l'altruismo potesse effettivamente essere il risultato di un comportamento di massimizzazione dell'utilità.[6] Durante i loro esperimenti, veniva chiesto a un soggetto di distribuire dei gettoni (ognuno di un determinato valore) tra se stesso e un'altra persona. Facendo variare il numero di gettoni che il soggetto doveva distribuire, così come il prezzo relativo del donare i gettoni rispetto al tenerli per sé, Andreoni e Miller sono stati in grado di spostare la linea di bilancio del soggetto in modo tale che le preferenze rivelate potevano essere utilizzate per testare se le sue scelte erano coerenti con la massimizzazione dell'utilità.

Andreoni e Miller hanno così scoperto che le scelte di praticamente tutti i soggetti – indipendentemente dal fatto che mostrassero oppure no un certo grado di altruismo – erano coerenti con la massimizzazione dell'utilità. Il 22% circa dei soggetti era assolutamente egoista. Il loro comportamento era coerente con una funzione di utilità che dipendeva soltanto dal numero di gettoni dati a se stessi. La grande maggioranza dei soggetti rimanenti mostrava un comportamento altruistico coerente con la massimizzazione di una certa funzione di utilità, sotto un determinato vincolo di bilancio. Per esempio, il 16% dei soggetti divideva sempre i gettoni in modo equo. La funzione di utilità che descrive questo comportamento riflette una perfetta complementarità tra il proprio consumo e quello degli altri soggetti: $U = (x_S, x_O)$, dove x_S è la distribuzione dei gettoni a sé e x_O la distribuzione dei gettoni agli altri soggetti.

La lezione? Se è vero che non tutti sono altruisti – il mondo ospita senz'altro un certo numero di individui egoisti! – non si deve tuttavia pensare che un comportamento altruistico non sia coerente con la massimizzazione dell'utilità. Anche l'istinto di essere generosi potrebbe andare di pari passo con la massimizzazione della propria utilità individuale.

4.5* • Scelta intertemporale

Nel Paragrafo 4.3.3 abbiamo già visto un caso di **scelta intertemporale**. Il problema della scelta intertemporale si pone quando la dotazione di un individuo è costituita da un **reddito nel primo periodo** (I_1) e da un **reddito nel secondo periodo** (I_2) e l'individuo deve scegliere come distribuire il consumo fra i due periodi. Se i mercati finanziari esistono e consentono di prestare o di prendere a prestito, sarà possibile trasferire risorse da un periodo all'altro e quindi consentire una qualunque distribuzione dei consumi fra i due periodi che rispetti il vincolo di bilancio.

---

[6] J.H. Miller e J. Andreoni, "Analyzing Choice with Revealed Preferences: Is Altruism Rational?", in C. Plott e V. Smith (a cura di), *Handbook of Experimental Economics Result*, Elsevier, Amsterdam 2004.
* Paragrafo a cura di Giam Pietro Cipriani.

Ricordando che il **valore futuro**, fra un periodo (per esempio un anno) di una certa somma, I_1, disponibile oggi e impiegata al tasso di interesse periodale (per esempio annuale), r, è pari a $I_1(1+r)$, possiamo scrivere il vincolo di bilancio in termini di valore futuro nel modo seguente

$$c_1(1+r) + c_2 = I_1(1+r) + I_2$$

Questo vincolo implica che il valore futuro del consumo nel primo periodo sommato ai consumi futuri sia uguale alla somma del reddito del secondo periodo e del valore futuro del reddito del primo periodo. In maniera equivalente, il **vincolo di bilancio intertemporale** può essere scritto in termini di valore attuale

$$c_1 + \frac{c_2}{(1+r)} = I_1 + \frac{I_2}{(1+r)}$$

In questi termini si dice che la somma fra consumi presenti e il valore attuale del consumo futuro deve corrispondere alla somma fra reddito attuale e valore attuale del reddito futuro.

Per rappresentare la retta di bilancio in un piano cartesiano con c_1 sull'asse orizzontale e c_2 su quello verticale possiamo anche riscriverlo, con un semplice passaggio algebrico, come $c_2 = I_2 + (1+r)(I_1 - c_1)$, che dice che il consumo possibile nel secondo periodo è uguale al reddito di quel periodo più il risparmio ($I_1 - c_1$) - che può anche essere negativo nel caso di un individuo che prenda a prestito - del primo periodo con gli interessi. Pertanto il vincolo ha pendenza $-(1+r)$. L'intercetta verticale rappresenta un paniere di consumo intertemporale con consumo nullo ($c_1 = 0$) nel primo periodo e massimo nel secondo, $c_2 = I_1(1+r) + I_2$. L'intercetta orizzontale rappresenta un paniere di consumo intertemporale con consumo nullo nel secondo periodo ($c_2 = 0$) e massimo nel primo, $c_1 = I_1 + \frac{I_2}{1+r}$.

Dato il vincolo di bilancio intertemporale, per determinare la **scelta ottima del consumatore** (cioè quanto consumare nei due periodi e quindi risparmiare - o prendere a prestito nel primo periodo) sarà necessario conoscere le preferenze del consumatore (in definitiva il suo grado di "pazienza"). Quindi, per esempio, nel caso di preferenze regolari con curve di indifferenza convesse basterà determinare il punto di tangenza fra il vincolo di bilancio e la curva di indifferenza più alta raggiungibile.

Il bene composito che abbiamo fin qui considerato, come nel Paragrafo 4.3.3, ha prezzo unitario. Volendo introdurre nell'analisi il tema dell'inflazione (di solito i prezzi non sono costanti fra due diversi periodi), potremmo riscrivere il vincolo come:

$$p_1 c_1 (1+r) + p_2 c_2 = I_1(1+r) + I_2$$

dove p_1 rappresenta il prezzo (livello generale dei prezzi) nel primo periodo e p_2 il prezzo nel secondo periodo. In questo caso, la pendenza del vincolo sarà pari a $-\frac{p_1}{p_2}(1+r)$. Dato che $p_2 = p_1(1+\pi)$, dove π è il tasso di inflazione, la pendenza può anche essere scritta in valore assoluto come $\frac{1+r}{1+\pi}$ e quindi il vincolo si appiattisce al diminuire del tasso di interesse nominale o all'aumentare del tasso di inflazione. La pendenza rappresenta la quantità di bene di consumo in più che si può ottenere nel secondo periodo se si rinuncia a una unità di bene di consumo nel primo periodo. Si definisce **tasso di interesse reale**, ρ, la differenza fra questa maggior quantità di bene di consumo nel secondo periodo e l'unità di bene di consumo che si è sacrificata nel primo periodo, cioè $\rho = \dfrac{1+r}{1+\pi} - 1$. Semplificando si ottiene $\rho = \dfrac{r-\pi}{1+\pi} \cong r - \pi$ quando π è sufficientemente piccolo. In altri termini, il tasso di interesse reale è approssimativamente uguale al tasso di interesse nominale meno il tasso di inflazione. Per esempio, se il tasso di interesse nominale è pari al 5% e il tasso di inflazione è pari al 3%, la quantità addizionale di bene di consumo che si può acquistare nel prossimo periodo per una unità di bene di consumo alla quale si rinuncia oggi è pari a $(1+\rho) = 1 + 2\% = 1{,}02$.

Il modello di scelta intertemporale ha vasta applicazione nelle discipline economiche. Anche nei modelli macroeconomici si usano spesso schemi di scelta intertemporale dove si assume, per esempio, che un agente viva per due periodi (giovinezza e vecchiaia) nel primo dei quali lavora, consuma e risparmia e nel secondo periodo vive del suo risparmio. In questi modelli il livello di risparmio è determinato dalla scelta ottima intertemporale nel modo che abbiamo appena visto.

L'Applicazione 4.4 propone un esempio di utilizzo della teoria delle preferenze rivelate al modello di scelta intertemporale.

Applicazione 4.3
Risparmiare o indebitarsi?

Fino a questo punto della discussione sul prestare denaro e prenderne a prestito, si è ipotizzato che il tasso di interesse che il consumatore riceve se risparmia (ovvero, se presta denaro alla banca) sia uguale al tasso di interesse che paga se prende a prestito del denaro. In realtà, tuttavia, il tasso di interesse che si paga quando si contrae un debito (il tasso di interesse passivo) è generalmente più alto rispetto al tasso di interesse che si ottiene risparmiando e depositando il proprio denaro in banca (il tasso di interesse attivo): le istituzioni finanziarie basano su questa differenza la propria capacità di guadagno.

Si consideri ora come la presenza dei due diversi tassi di interesse modifichi l'andamento della linea di bilancio del consumatore. Supponiamo che Marco disponga di un reddito di €10 000 nell'anno 1 e €13 200 nell'anno 2. Se non presta il suo denaro, né si indebita, Marco può acquistare il paniere A rappresentato nella Figura 4.19.

È possibile individuare il punto d'angolo sulla linea di bilancio lungo l'asse verticale: esso rappresenta il paniere scelto da Marco nell'ipotesi che non consumi nulla nell'anno 1 e risparmi tutto il suo reddito per spenderlo nell'anno 2. Se Marco può risparmiare a un tasso di interesse del 5% ($r_L = 0{,}05$), disporrà l'anno successivo di un reddito di €23 700 (ovvero, il reddito di €10 000 nell'anno 1, più l'interesse maturato pari a €500, più il reddito di €13 200 dell'anno 2) e potrà così acquistare il paniere E. La pendenza della linea di bilancio compresa tra i panieri A ed E è $-(1 + r_L) = -1{,}05$. Questo riflette il fatto che, per ogni euro che Marco risparmia quest'anno, potrà spendere €1,05 il prossimo anno.

È anche possibile individuare il punto d'angolo sulla linea di bilancio, lungo l'asse orizzontale: esso rappresenta il paniere che Marco può scegliere nel caso acquisti quanto più può nell'anno 1 e nulla nell'anno 2. Per acquistare tutto il possibile nell'anno 1, Marco deve chiedere a prestito il massimo ammontare possibile nel primo anno. Ipotizzando che estingua completamente il suo debito nell'anno 2 e che il tasso di interesse annuale passivo sia del 10% ($r_B = 0{,}1$), la quantità massima di denaro che Marco può chiedere alla banca nell'anno 1 è €12 000, dal momento che il prestito richiede un rimborso pari al suo reddito totale nell'anno 2 (€12 000 più il tasso di interesse del 10% di €1200 è uguale a €132 00). Pertanto, l'ammontare massimo che può spendere nell'anno 1 è €22 000 (il suo reddito di €10 000 più il prestito di €12 000), acquistando così il paniere G. Partendo dal paniere A, ogni volta che Marco aumenta il suo consumo di quest'anno di €1 (ovvero si sposta verso destra sulla linea di bilancio), deve diminuire il consumo dell'anno successivo (ovvero deve spostarsi verso il basso lungo la linea di bilancio) di $(1 + r_B)$ euro. La pendenza della linea di bilancio tra il paniere A e il paniere G è -1,1.

I tassi di interesse attivo e passivo determinano la pendenza dei due segmenti della linea di bilancio (EA e AG rappresentati in Figura 4.19). Per determinare se un consumatore risparmia o prende a prestito sarebbe necessario rappresentare la sua mappa di indifferenza.

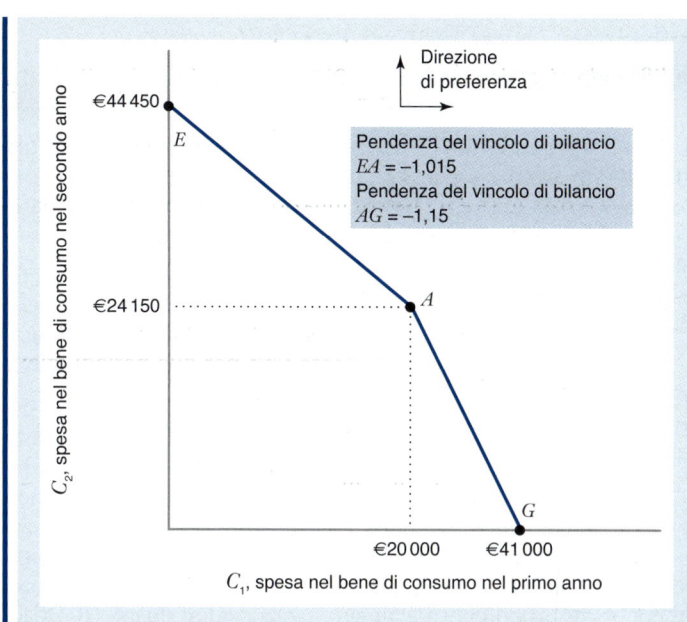

FIGURA 4.19 Scelta del consumatore con diversi tassi di interesse.
Un consumatore riceve un reddito di €20 000 quest'anno e €24 150 il prossimo. Se non prende a prestito né presta il suo paniere di consumo è A. Supponiamo che possa risparmiare (prestare denaro alla banca) ad un tasso di interesse del 1,5%. Ogni euro che risparmia quest'anno gli dà un reddito addizionale di €1015 il prossimo anno. La pendenza del vincolo di bilancio tra E e A è quindi −1015. Allo stesso modo, se sceglie di prendere a prestito un euro dalla banca quest'anno, dovrà restituire €1,15 l'anno prossimo. La pendenza del vincolo tra A e G è quindi −1,15.

Provate a rappresentare una mappa di indifferenza di un consumatore intenzionato a risparmiare nell'anno 1. Per questo tipo di preferenze, la curva di indifferenza più alta che il consumatore può raggiungere deve essere tangente alla linea di bilancio tra i panieri A e E.

Provate ora a rappresentare una mappa di indifferenza di un consumatore che voglia prendere a prestito nell'anno 1. Per questo tipo di preferenze, la curva di indifferenza più alta che il consumatore può raggiungere deve essere tangente alla linea di bilancio tra i panieri A e G.

Applicazione 4.4

Preferenze rivelate e scelta intertemporale

Si consideri un individuo che prende a prestito come nel caso rappresentato nella Figura 4.14. Supponiamo di osservare solo la dotazione iniziale (A) e la scelta (B) e che le curve di indifferenza non siano note. L'individuo riceve un reddito pari a I_1 nel primo periodo ma decide di cosumare di più prendendo a prestito. Cosa succede se il tasso di interesse diminuisce? Il vincolo di bilancio intertemporale ruoterà attorno al punto che rappresenta la dotazione iniziale (I_1, I_2) diventando più piatto. Possiamo dire come cambia la scelta ottima? È possibile che l'individuo adesso decida di diventare un risparmiatore? L'analisi delle preferenze rivelate ci porta senza dubbio a escludere una tale eventualità. Infatti, quando il vincolo di bilancio ruota intorno ad A, diventando meno inclinato, si riduce l'area del vincolo più in alto e a sinistra di A. In altri termini, tutti i panieri di consumo intertemporale che rappresentano scelte di risparmio consentite dal nuovo vincolo erano possibili anche prima della variazione del tasso. Non essendo state scelte allora, il paniere B si era rivelato come (debolmente) preferito a quei panieri. Pertanto ora quei panieri non potranno rivelarsi come preferiti a B.

Se invece il tasso di interesse fosse aumentato? Potremmo forse dire in base alle nostre conoscenze sulle preferenze rivelate se il consumatore resta un debitore o se si traforma in risparmiatore? In questo caso le preferenze rivelate non ci aiutano. Infatti il vincolo di bilancio ruoterebbe intorno ad A diventando più inclinato. Un insieme di nuovi panieri più in alto e a sinistra di A diventerebbe ora disponibile. Non possiamo escludere a priori che l'individuo scelga di risparmiare, perché nulla sappiamo circa la relazione di preferenza fra il punto B e i panieri che stanno in quella nuova area. Quando il consumatore ha scelto B quei panieri non erano disponibili.

A cura di Giam Pietro Cipriani

Riepilogo

- Una linea di bilancio rappresenta l'insieme di tutti i panieri che un consumatore può acquistare spendendo tutto il suo reddito. La linea di bilancio si sposta verso l'alto in modo parallelo se il consumatore dispone di un reddito maggiore e ruota attorno all'intercetta dell'asse verticale se il prezzo del bene sull'asse orizzontale varia (tenendo costanti il reddito del consumatore e il prezzo del bene sull'asse verticale).

- Se il consumatore massimizza la sua utilità rimanendo entro il suo vincolo di bilancio (ovvero, scegliendo un paniere sulla linea di bilancio o al di sotto di essa) e se vi sono utilità marginali positive per tutti i beni, il paniere ottimo giace sulla linea di bilancio.

- Quando un consumatore che massimizza la sua utilità acquista quantità positive di due beni, sceglierà le corrispondenti quantità dei due beni in modo tale che il rapporto tra le loro utilità marginali (ovvero il tasso marginale di sostituzione) uguaglia il rapporto tra i prezzi dei beni.

- Quando un consumatore che massimizza la sua utilità acquista quantità positive di due beni, le sceglierà in modo tale che l'utilità marginale per euro speso sia la stessa per ognuno dei due beni.

- Potrebbe non essere possibile, per un consumatore che massimizza la sua utilità, acquistare due beni per i quali l'utilità marginale per l'ultimo euro speso sia la stessa. Il paniere ottimo sarà in questo caso un paniere d'angolo.

- Lo studio delle preferenze rivelate può aiutare a dedurre come un individuo classifichi i panieri in ordine di preferenza, senza conoscere la sua mappa di curve di indifferenza. Possiamo conoscere le preferenze osservando quali panieri sceglie il consumatore al variare dei prezzi dei beni e del suo reddito. Quando un consumatore preferisce il paniere A a un paniere B ugualmente costoso, sappiamo che A è almeno tanto gradito quanto B. Quando preferisce un paniere C a un paniere D meno costoso, C è strettamente preferito a D. L'analisi sulle preferenze rivelate permette anche di identificare i casi in cui il comportamento osservato non è coerente con l'ipotesi che il consumatore stia massimizzando la sua utilità.

Domande di ripasso

1. Se il consumatore ha un'utilità marginale positiva per ognuno dei due beni, perché sceglie sempre un paniere posizionato sulla sua linea di bilancio?

2. Come potrebbe una variazione di reddito spostare la linea di bilancio?

3. Il cambiamento del prezzo di uno dei due beni può far variare la posizione della linea di bilancio? In quale modo?

4. Secondo la teoria della scelta del consumatore, quale differenza sussiste tra un ottimo interno e una soluzione d'angolo?

5. In corrispondenza di un paniere ottimo interno, perché la pendenza della linea di bilancio deve essere uguale alla pendenza della curva di indifferenza?

6. In corrispondenza di un paniere ottimo interno, perché l'utilità marginale dell'ultimo euro speso deve essere la stessa per tutti i beni?

7. Perché l'utilità marginale dell'ultimo euro speso non è necessariamente la stessa per tutti i beni, in corrispondenza di una soluzione d'angolo?

8. Si supponga che un consumatore con un reddito di €1000 trovi che il paniere A massimizza la sua utilità dato il suo vincolo di bilancio e raggiunga un livello di utilità pari a U_1. Perché questo stesso paniere minimizza la spesa del consumatore necessaria per raggiungere un livello di utilità U_1?

9. Cos'è un bene composito?

10. In che modo lo studio delle preferenze rivelate permette di determinare le preferenze di un consumatore senza conoscere la sua funzione di utilità?

Appendice A4: Strumenti matematici per lo studio della scelta del consumatore

In questa appendice viene risolto un problema di scelta del consumatore usando il metodo dei moltiplicatori di Lagrange. Si supponga che il consumatore acquisti due beni: x misura la quantità acquistata del primo bene e y la quantità del secondo bene. Il prezzo del primo bene è P_x e il prezzo del secondo bene è P_y. Il reddito del consumatore è I.

Si supponga che le utilità marginali di entrambi i beni siano positive: il consumatore utilizzerà tutto il suo reddito per l'acquisto del paniere ottimale. Il problema della scelta del consumatore è

$$\max_{(x,y)} U(x,y) \tag{A4.1}$$

sotto il vincolo: $P_x x + P_y y = I$

La lagrangiana (Λ) è definita come $\Lambda(x, y, \Lambda) = U(x, y) + \Lambda(I - P_x x - P_y y)$, dove Λ è il moltiplicatore di Lagrange. Le condizioni di primo ordine necessarie per la determinazione di un ottimo interno (con $x > 0$ e $y > 0$) sono

$$\frac{\partial \Lambda}{\partial x} = 0 \Rightarrow \frac{\partial U(x,y)}{\partial x} = \lambda P_x \tag{A4.2}$$

$$\frac{\partial \Lambda}{\partial y} = 0 \Rightarrow \frac{\partial U(x,y)}{\partial y} = \lambda P_y \tag{A4.3}$$

$$\frac{\partial \Lambda}{\partial \lambda} = 0 \Rightarrow I - P_x x - P_y y = 0 \tag{A4.4}$$

La derivata parziale $\frac{\partial U(x,y)}{\partial x}$ rappresenta in termini matematici l'utilità marginale di x (MU_x). Misura l'aumento di utilità all'aumentare di x, con y costante. Allo stesso modo, la derivata parziale $\frac{\partial U(x,y)}{\partial y}$ rappresenta in termini matematici l'utilità marginale di y (MU_y) e misura l'aumento di utilità all'aumentare di y, con x costante. È possibile combinare le equazioni (A4.2) e (A4.3) per eliminare il moltiplicatore di Lagrange. Le condizioni di primo ordine si semplificano

$$\frac{MU_x}{MU_y} = \frac{P_x}{P_y} \tag{A4.5}$$

$$P_x x + P_y y = I \tag{A4.6}$$

L'equazione (A4.5) è proprio la condizione che richiede che l'utilità marginale per dollaro speso sia, in corrispondenza di un ottimo, identica ($\frac{MU_x}{P_x} = \frac{MU_y}{P_y}$) o, in altri termini, la curva di indifferenza e la linea di bilancio devono essere tangenti l'una all'altra ($\frac{MU_x}{MU_y} = \frac{P_x}{P_y}$). L'equazione (A4.6) è l'equazione della linea di bilancio. Pertanto, la soluzione matematica al problema della scelta del consumatore afferma che un paniere ottimo interno soddisferà la condizione di tangenza e sarà sulla linea di bilancio. Questo verifica le condizioni di ottimalità analizzate nel capitolo, usando però un approccio grafico.

CAPITOLO 5
LA TEORIA DELLA DOMANDA

OBIETTIVI DI APPRENDIMENTO

Al termine di questo capitolo lo studente sarà in grado di:

- definire come la domanda di un bene per un consumatore dipenda dal prezzo di tutti i beni e dal suo reddito;
- mostrare come una variazione nel prezzo di un bene influenzi il consumatore, attraverso l'effetto sostituzione e l'effetto reddito;
- mostrare come una variazione nel prezzo di un bene influenzi il consumatore, in termini di surplus, di variazione compensativa e di variazione equivalente;
- usare le curve di domanda individuale di un consumatore per derivare la curva di domanda di mercato;
- studiare l'effetto delle esternalità di rete sulle curve di domanda;
- mostrare come i consumatori scelgono di suddividere il loro tempo tra lavoro e tempo libero.

CASO • È sempre conveniente aumentare i prezzi?

Durante gli anni Novanta del secolo scorso, e all'inizio degli anni 2000, l'industria del tabacco si trovò coinvolta in cause giudiziali sui danni causati dal fumo di sigaretta. Diversi stati americani fecero causa alle imprese produttrici di tabacco per recuperare i costi sanitari che avevano dovuto affrontare a causa delle malattie provocate dal fumo. Numerose imprese produttrici di tabacco accettarono di pagare miliardi di dollari al Minnesota, alla Florida, al Mississipi, al Texas, allo Stato di New York e a molti altri. Queste imprese si trovarono però davanti a un interrogativo preciso: come trovare il denaro per pagare gli accordi legali raggiunti? La risposta fu trovata nell'aumento nel tempo del prezzo delle sigarette.

Perché i produttori di sigarette ritengono di poter incassare più denaro, aumentando il prezzo delle sigarette? Di quali informazioni dovrebbero disporre per stimare l'entità dell'aumento nei loro guadagni a fronte di un aumento, per esempio, del 5% nel prezzo di un pacchetto di sigarette? Come studiato nel Capitolo 2, le imprese possono prevedere gli effetti di un aumento di prezzo se conoscono l'andamento della domanda di mercato (ovvero la pendenza della sua curva). Un articolo del *Wall Street Journal* ha sintetizzato alcuni punti di un'ampia ricerca condotta sulla curva di domanda di mercato delle sigarette. "Il prezzo medio di un pacchetto di sigarette è circa $2. I prezzi variano da Stato a Stato per effetto della diversa entità delle imposte applicate. Gli studiosi affermano che per un aumento di prezzo del 10%, i volumi di vendita diminuiscono tra il 3,5% e il 4,5%: essi sostengono che un lieve rincaro nel prezzo delle sigarette non induca i consumatori a smettere di fumare; piuttosto, li indurrebbe a fumare meno sigarette al giorno".[1]

Sulla base di queste informazioni, si potrebbe concludere che l'elasticità della domanda di sigarette al loro prezzo sia tra −0,35 e −0,45. Dunque, la domanda di sigarette è relativamente inelastica, ovvero rigida al prezzo. Come visto nel Capitolo 2, quando la domanda è relativamente inelastica, un piccolo aumento di prezzo porta a un aumento nei ricavi di vendita. Nel mercato delle sigarette, se il prezzo aumenta del 10%, il volume di vendita diminuisce del 4%. Ciò significa che aumentando il prezzo delle sigarette del 10%, i ricavi derivanti dalla vendita delle sigarette aumentano di circa il 6%. Questo spiega la ragione per la quale i produttori di sigarette hanno ritenuto che i ricavi di vendita sarebbero cresciuti in seguito all'aumento del prezzo delle sigarette.

---

[1] T. Parker-Pope, "Major Tabacco Companies Increase Sigarette Prices by Five Cents a Pack", *The Wall Street Journal*, 12 maggio 1998, p. B15.

5.1 • Scelta ottima e funzione di domanda

Da dove derivano le funzioni di domanda? Nel Capitolo 4 si è studiato come individuare il paniere ottimo di consumo. Dati le preferenze del consumatore, il suo reddito e i prezzi di tutti i beni, ci si potrebbe chiedere quanto gelato acquisterebbe un consumatore se il prezzo di un chilo di gelato fosse €5. Questa scelta rappresenta altresì un punto sulla curva di domanda del consumatore: è possibile trovare ulteriori punti della sua curva di domanda ripetendo l'esercizio per prezzi diversi di gelato, chiedendosi dunque quale sarà il suo consumo di gelato se il prezzo è €4, €3 o €2 al chilo. Di seguito, si studierà come fare, utilizzando un modello semplificato in cui il consumatore acquista soltanto due beni, cibo e capi d'abbigliamento.

5.1.1 L'effetto di un cambiamento di prezzo

Cosa accade alla scelta di cibo di un consumatore quando il prezzo del cibo cambia, mentre rimane invariato il prezzo dei capi d'abbigliamento? Vi sono due modi per rispondere a questa domanda: usare il grafico di scelta ottima della Figura 5.1(a), oppure usare la curva di domanda della Figura 5.1(b).

Il grafico di scelta ottima

Il grafico della Figura 5.1(a) mostra la quantità consumata di cibo (x) sull'asse orizzontale e la quantità di capi d'abbigliamento (y) sull'asse verticale. Il grafico mostra altresì tre curve di indifferenza del consumatore (U_1, U_2 e U_3). Si supponga che il reddito settimanale del consumatore sia I = €40 e il prezzo per capi di abbigliamento sia P_y = €4 per unità.

Si considerino le scelte del consumatore per cibo e abbigliamento, in corrispondenza di tre livelli di prezzo per il cibo. Inizialmente, si supponga che il prezzo del cibo sia P_x = €4. La linea di bilancio del consumatore, per P_x = €4, P_y = €4 e I = €40, è BL_1, rappresentata nella Figura 5.1(a). La pendenza di BL_1 è $-P_x/P_y$ = -4/4 = -1. Il paniere ottimo del consumatore è A, a indicare che il consumo ottimo settimanale è di 2 unità di cibo e 8 capi di abbigliamento.

Cosa accade se il prezzo del cibo scende a P_x = €2? L'intercetta verticale della linea di bilancio rimane la stessa, dal momento che il reddito e il prezzo dei capi d'abbigliamento non sono cambiati. Tuttavia, come visto nel Capitolo 4, l'intercetta orizzontale ruota verso destra (fino a BL_2). La pendenza della BL_2 è $-P_x/P_y$ = -2/4 = -1/2. Il paniere ottimo diventa B, composto da un consumo settimanale di 10 unità di cibo e 5 capi d'abbigliamento.

Infine, si supponga che il prezzo del cibo diminuisca a P_x = €1. La linea di bilancio ruota ulteriormente verso destra (BL_3) e la nuova pendenza è $-P_x/P_y$ = -1/4. Il paniere ottimo di consumo è C, con un consumo settimanale di 16 unità di cibo e 6 capi d'abbigliamento.

Un modo per descrivere come i cambiamenti nel prezzo del cibo influenzano gli acquisti di entrambi i beni è di rappresentare una curva che congiunge tutti i panieri ottimi, in corrispondenza dei diversi livelli di prezzo per il cibo (tenendo costanti il prezzo dell'abbigliamento e il reddito). Questa curva è chiamata **curva prezzo-consumo**.[2] Nella Figura 5.1(a), i panieri ottimi A, B e C giacciono sulla curva prezzo-consumo.

CURVA PREZZO-CONSUMO L'insieme dei panieri che massimizzano l'utilità del consumatore, al variare del prezzo di uno dei beni (mantenendo costanti il reddito e i prezzi degli altri beni).

---

[2] In alcuni testi la curva prezzo-consumo è chiamata altresì "sentiero di espansione prezzo-domanda".

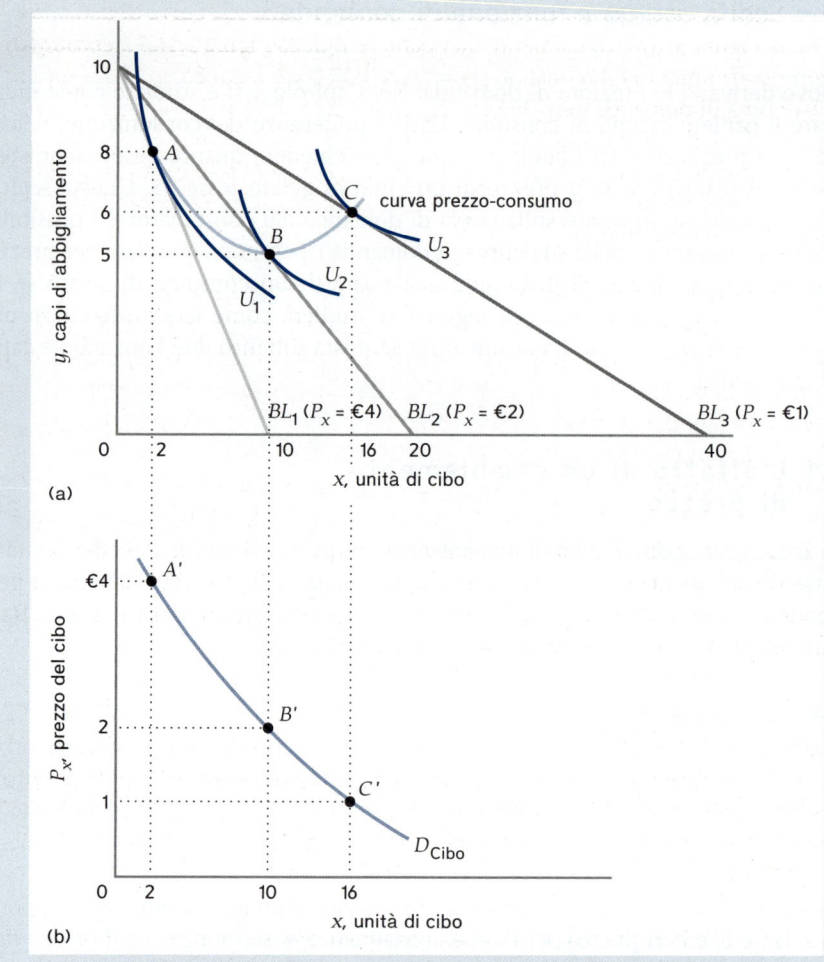

FIGURA 5.1 Gli effetti sul consumo dovuti al cambiamento di prezzo di un bene
Il consumatore ha un reddito settimanale di €40. Il prezzo dell'abbigliamento P_y è €4 a capo. (a) Diagramma di scelta ottima. Quando il prezzo del cibo è €4, la linea di bilancio è BL_1. Quando il prezzo del cibo diventa di €2 e €1, le linee di bilancio diventano rispettivamente BL_2 e BL_3. I panieri ottimi sono dunque A, B e C. La curva che congiunge i panieri ottimi è chiamata *curva prezzo-consumo*.
(b) Curva di domanda del cibo (derivata dal diagramma di scelta ottima, sopra rappresentato). Il consumatore acquista un quantitativo maggiore di cibo se il prezzo diminuisce: la curva di domanda è pertanto inclinata negativamente.

Si osservi che quando il prezzo del cibo diminuisce il consumatore è in situazione migliore. Quando il prezzo del cibo è €4 (e sceglie il paniere A), raggiunge la curva di indifferenza U_1. Quando il prezzo del cibo è €2 (e sceglie il paniere B), raggiunge la curva di indifferenza U_2. Se il prezzo del cibo scende a €1, l'utilità aumenta ancora e il consumatore può raggiungere U_3.

Cambiamenti di prezzo: lo spostamento lungo la curva di domanda
È possibile utilizzare il diagramma di scelta ottima del consumatore rappresentato nella Figura 5.1(a) per tracciare la curva di domanda di cibo della Figura 5.1(b), dove il *prezzo* del cibo è posto sull'asse verticale e la *quantità* di cibo sull'asse orizzontale.

Si consideri come i due grafici sono collegati l'uno all'altro. Quando il prezzo del cibo è €4, il consumatore sceglie il paniere A della Figura 5.1(a): il paniere è composto da 2 unità di cibo. Questo corrisponde al punto A' sulla sua curva di domanda di cibo nella Figura 5.1(b). Ugualmente, nel paniere B della Figura 5.1(a) il consumatore acquista 10 unità di cibo quando il prezzo è pari a €2, a cui corrisponde il punto B' sulla curva di domanda della Figura 5.1(b). Infine, come indica il paniere C della Figura 5.1(a), se il prezzo del cibo scende a €1, il consumatore ne acquista 16 unità, a cui corrisponde il punto C' sulla Figura 5.1(b). In conclusione, una diminuzione di prezzo del bene porta il consumatore a spostarsi verso il basso e verso destra *lungo* la curva di domanda di cibo.

La curva di domanda indica altresì la "disponibilità a pagare" del consumatore

Nello studio dell'economia è talora utile considerare la curva di domanda come una curva che rappresenta la "disponibilità a pagare" da parte di un consumatore per un determinato bene. Per capirne la ragione, ci si chieda quanto il consumatore sarebbe disposto a pagare per un'unità ulteriore di cibo, pur essendo in corrispondenza del paniere ottimo A (acquista dunque 2 unità di cibo) della Figura 5.1(a). La risposta è che sarebbe disposto a pagare €4 per un'unità ulteriore di cibo. Perché? Nel paniere A, il tasso marginale di sostituzione (MRS) tra cibo e capi di abbigliamento è $MRS_{x,y} = 1$.[3] Pertanto, in corrispondenza del paniere A, un'unità in più di cibo vale quanto un capo di abbigliamento in più. Poiché il prezzo dell'abbigliamento è €4, il valore di un'unità addizionale di cibo sarà anch'esso €4. Questo ragionamento aiuta a comprendere perché il punto A' sulla curva di domanda della Figura 5.1(b) sia posizionato in corrispondenza di un prezzo di €4. Quando il consumatore acquista 2 unità di cibo, il valore di un'unità ulteriore dello stesso bene (ovvero, la sua "disponibilità a pagare" per esso) è €4.

Si noti che $MRS_{x,y}$ scende a ½ nel paniere B e a ¼ nel paniere C. Il valore di un'unità addizionale di cibo è dunque €2 in B (dove consuma 10 unità di cibo) e soltanto €1 in C (dove consuma 16 unità di cibo). In altre parole, la sua disponibilità a pagare per un'unità addizionale di cibo diminuisce all'aumentare del cibo acquistato.

5.1.2 L'effetto di una variazione di reddito

Cosa accade alle scelte del consumatore per cibo e abbigliamento se varia il *reddito*? Si osservi il diagramma di scelta ottima della Figura 5.2(a), che misura sull'asse orizzontale la quantità di cibo (x) consumato e sull'asse verticale la quantità di abbigliamento (y). Si supponga che il prezzo del cibo sia $P_x = $ €2, il prezzo dell'abbigliamento sia $P_y = $ €4 a capo e che i due prezzi non varino. La pendenza delle linee di bilancio è $-P_x/P_y = -1/2$.

Nel Capitolo 4 si è visto che un aumento di reddito provoca uno spostamento parallelo e verso l'alto della linea di bilancio. La Figura 5.2(a) illustra le linee di bilancio del consumatore e le scelte ottime di cibo e abbigliamento per tre differenti livelli di reddito e su tre diverse curve di indifferenza (U_1, U_2 e U_3). Inizialmente, quando il reddito settimanale del consumatore è $I_1 = $ €40, la linea di bilancio è BL_1. Egli sceglie il paniere A, acquistando così 10 unità di cibo e 5 capi di abbigliamento a settimana. Quando il suo reddito aumenta a $I_2 = $ €68, la linea di bilancio si sposta a BL_2. Sceglie allora il paniere B, con un consumo settimanale di 18 unità di cibo e 8 capi di abbigliamento. Se il reddito aumenta a $I_3 = $ €92, la linea di bilancio viene a essere BL_3. Il paniere ottimo è C, con 24 unità di cibo e 11 capi di abbigliamento.

---

[3] In corrispondenza del paniere A, la curva di indifferenza U_1 e la linea di bilancio BL_1 sono tangenti, pertanto le loro pendenze in quel punto sono identiche. La pendenza della linea di bilancio è $-P_x/P_y = -1$. Si ricordi che $MRS_{x,y}$ in A è l'opposto della pendenza della curva di indifferenza (e della linea di bilancio) in quel punto. Quindi, $MRS_{x,y} = 1$.

CURVA REDDITO-CONSUMO L'insieme dei panieri che massimizzano l'utilità del consumatore, al variare del reddito (mantenendo costanti i prezzi).

Un modo per descrivere come variazioni di reddito influenzino gli acquisti del consumatore è quello di rappresentare una curva che congiunga tutti i panieri ottimi, per diversi livelli di reddito (mantenendo costanti i prezzi dei beni). Questa curva è chiamata **curva reddito-consumo**.[4] Nella Figura 5.2(a), i panieri ottimi A, B e C giacciono sulla curva reddito-consumo.

Cambiamenti di reddito: lo spostamento della curva di domanda

Nella Figura 5.2(a), all'aumentare del suo reddito il consumatore acquista un quantitativo maggiore di entrambi i beni. In altre parole, un aumento di reddito provoca uno spostamento verso l'alto e verso destra della curva di domanda per ognuno dei beni. Nella Figura 5.2(b) viene illustrato lo spostamento, considerando come un cambiamento di reddito modifichi la curva di domanda per il cibo. Il *prezzo* del cibo (tenuto costante e pari a €2) è indicato sull'asse verticale e la *quantità* di cibo sull'asse orizzontale. Con un reddito settimanale di €40, il consumatore acquista 10 unità di cibo a settimana, corrispondenti al punto A' sulla curva di domanda D_1 nella Figura 5.2(b). Se il reddito aumenta a €68, acquista 18 unità di cibo, corrispondenti al punto B' sulla curva di domanda D_2. Infine, se il reddito sale

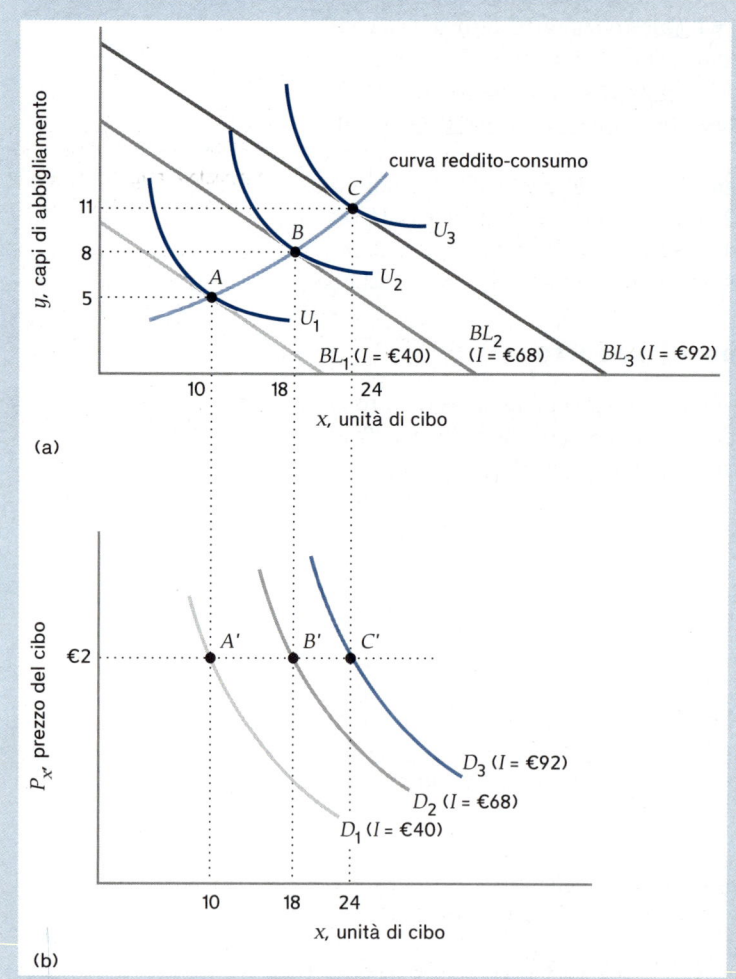

FIGURA 5.2 Gli effetti sul consumo dovuti a cambiamenti di reddito

Il consumatore acquista cibo per P_x = €2 per unità e abbigliamento per P_y = €4 a capo. Entrambi i prezzi sono tenuti costanti al variare del reddito.
(a) Diagramma di scelta ottima. Le linee di bilancio riflettono tre diversi livelli di reddito. La pendenza di tutte le linee di bilancio è $-P_x/P_y$ = $-1/2$. BL_1 è la linea di bilancio che corrisponde a un reddito settimanale di €40. BL_2 e BL_3 sono le linee di bilancio per livelli di reddito di, rispettivamente, €68 e €92. È possibile rappresentare una curva che congiunga tutti i panieri ottimi in corrispondenza dei diversi livelli di reddito (A, B e C). Questa curva è chiamata *curva reddito-consumo*.
(b) Curve di domanda del cibo. La curva di domanda di cibo si sposta (verso l'alto e verso destra) all'aumentare del reddito.

[4] In alcuni testi la curva reddito-consumo è chiamata altresì "sentiero di espansione reddito-domanda".

ulteriormente, a €92, acquista 24 unità di cibo, corrispondenti al punto C' sulla curva di domanda D_3.

Usando lo stesso metodo, è possibile dimostrare anche gli spostamenti della funzione di domanda di abbigliamento per variazioni di reddito (si veda l'Esercizio 5.1 nell'Eserciziario di fine libro).

Le curve di Engel

Un altro modo di mostrare come la scelta di un consumatore per un certo tipo di bene vari al variare del reddito è quello di rappresentare una **curva di Engel**, ovvero un grafico che mette in relazione la quantità di bene consumato con il livello di reddito. La Figura 5.3 rappresenta una curva di Engel che mette in relazione il cibo consumato rispetto al reddito del consumatore. Qui, la quantità di cibo (x) è indicata sull'asse orizzontale e il livello di reddito (I) sull'asse verticale. Il punto A'' sulla curva di Engel mostra che il consumatore acquista 10 unità di cibo in corrispondenza di un reddito settimanale di €40. Il punto B'' indica che il consumatore acquista 18 unità di cibo quando il reddito diventa di €68. Quando infine sale a €92 a settimana, il consumatore acquista 24 unità di cibo (punto C''). Si noti che la curva di Engel è stata rappresentata mantenendo costanti i prezzi di tutti i beni (il prezzo del cibo è €2 e il prezzo dell'abbigliamento è €4). Per un diverso insieme di prezzi, la curva di Engel sarebbe stata rappresentata in modo diverso.

La curva reddito-consumo della Figura 5.2(a) evidenzia che il consumatore acquista più cibo all'aumentare del suo reddito. Quando ciò accade, si dice che il bene (in questo caso il cibo) è un **bene normale**. Per i beni normali, la curva di Engel ha pendenza positiva, come si evince dalla Figura 5.3.

Dalla Figura 5.2(a) si può dedurre che anche l'abbigliamento è un bene normale. Quindi, dovendo rappresentare una curva di Engel per i capi di vestiario, con il reddito sull'asse verticale e la quantità di capi d'abbigliamento sull'asse orizzontale, la pendenza della curva di Engel è positiva.

Come si potrebbe supporre, i consumatori – all'aumentare del loro reddito – non acquistano sempre una quantità maggiore di *tutti* i beni. Se all'aumentare del suo red-

> **CURVA DI ENGEL** La curva che mette in relazione la quantità domandata di un bene con il livello del reddito, mantenendo costanti i prezzi di tutti i beni.

> **BENE NORMALE** Un bene che il consumatore acquista in quantità maggiore al crescere del suo reddito.

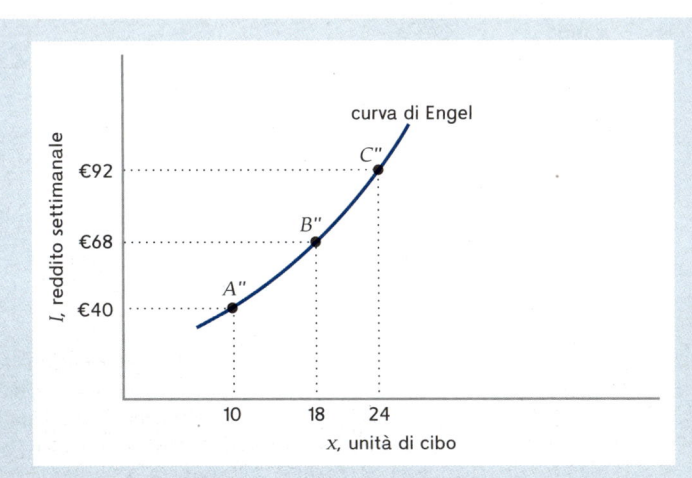

FIGURA 5.3 La curva di Engel
La curva di Engel mette in relazione la quantità di un bene acquistato (in questo esempio, il cibo) con il livello di reddito, mantenendo costanti i prezzi di tutti i beni. Il prezzo di un'unità di cibo è €2 e il prezzo di un capo d'abbigliamento è €4.

BENE INFERIORE Un bene che il consumatore acquista in quantità minore al crescere del suo reddito.

dito un individuo è intenzionato ad acquistare una quantità minore di un determinato bene, quel bene è detto **bene inferiore**. Si consideri un consumatore con le preferenze per hot dog e bene composito ("altri beni") rappresentate nella Figura 5.4(a). Per bassi livelli di reddito, il consumatore considera gli hot dog un bene normale. Per esempio, se il reddito mensile aumenta da €200 a €300, il consumatore cambia il suo paniere da A a B, acquistando così più hot dog. Tuttavia, a un aumento ulteriore di reddito, il consumatore preferisce acquistare una quantità minore di hot dog e una quantità maggiore di altri beni (come bistecche o pesce). La curva reddito-consumo della Figura 5.4(a) rappresenta questa possibilità, tra il paniere B e il paniere C. Al di sopra di questo livello della curva reddito-consumo, gli hot dog sono un bene inferiore.

La curva di Engel per gli hot dog è rappresentata nella Figura 5.4(b). Si noti che la curva di Engel ha pendenza positiva nell'intervallo di reddito per il quale gli hot

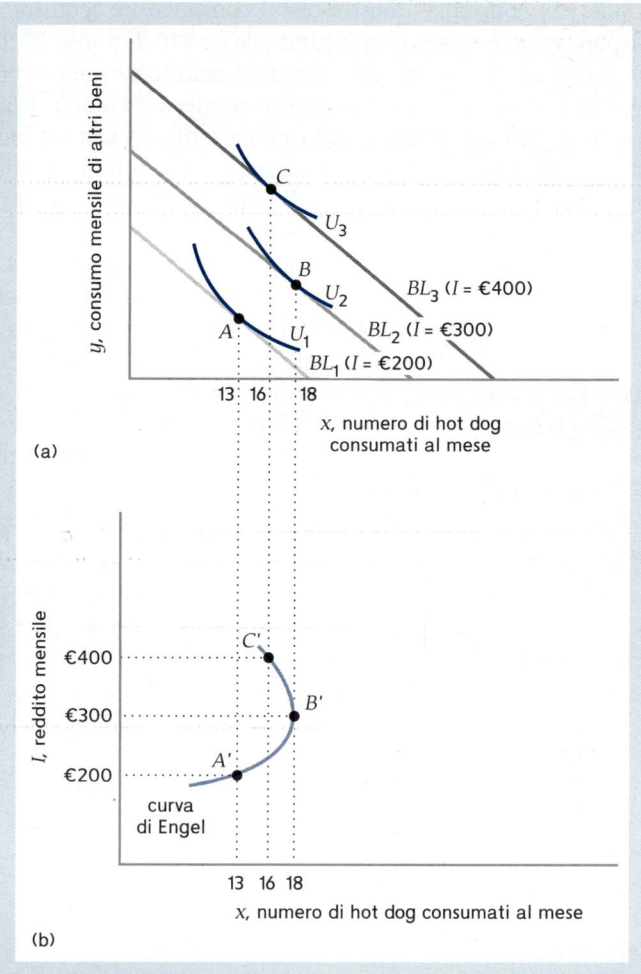

FIGURA 5.4 Un bene inferiore
(a) A un aumento di reddito da €200 a €300, il consumo settimanale di hot dog da parte del consumatore considerato aumenta da 13 (paniere A) a 18 (paniere B). Tuttavia, a un aumento ulteriore di reddito, da €300 a €400, il suo consumo settimanale di hot dog diminuisce da 18 a 16 (paniere C).
(b) Gli hot dog sono un bene normale tra il punto A' e il punto B' (ovvero, nell'intervallo di reddito tra €200 e €300), dove la curva di Engel ha pendenza positiva. Tuttavia, tra il punto B' e il punto C' (ovvero, nell'intervallo di reddito tra €300 e €400), gli hot dog diventano un bene inferiore e la curva di Engel assume una pendenza negativa.

Esercizio svolto 5.1 — Un bene normale ha un'elasticità domanda-reddito positiva

Problema

Un individuo ama partecipare a concerti rock e consuma altresì altri beni. Si supponga che x rappresenti il numero di concerti rock ai quali partecipa in un anno e I indichi il suo reddito. Dimostrate che la seguente affermazione è vera: se per questo consumatore i concerti rock sono un bene normale, allora la sua elasticità domanda-reddito per i concerti rock sarà positiva.

Soluzione

Nel Capitolo 2 si è studiato che l'elasticità della domanda rispetto al reddito è definita come $\in_{x,I} = (\Delta x/\Delta I) \times (I/x)$, con i prezzi mantenuti costanti. Se i concerti rock sono un bene normale, allora x aumenta all'aumentare di I, quindi $(\Delta x/\Delta I) > 0$. Dal momento che sia il reddito I sia il numero di concerti visti ogni anno sono un numero positivo, deve altresì essere vero che $(I/x) > 0$.

---

dog sono un bene normale e pendenza negativa in corrispondenza dell'intervallo di reddito per il quale gli hot dog sono un bene inferiore.

Questo esercizio ha dimostrato un'affermazione generale: se un bene è un bene normale, la sua elasticità della domanda al reddito è positiva. È anche vero l'inverso: se l'elasticità della domanda al reddito di un bene è positiva, allora si tratta di un bene normale.

Utilizzando lo stesso ragionamento, si può dimostrare che sono vere anche le seguenti affermazioni: (1) un bene inferiore ha un'elasticità della domanda al reddito negativa; (2) un bene con un'elasticità della domanda al reddito negativa è un bene inferiore.

Applicazione 5.1

La Grande Carestia in Irlanda

All'inizio del XIX secolo la popolazione irlandese crebbe molto rapidamente. Circa la metà degli irlandesi abitava in fattorie di piccole dimensioni, in grado di produrre poco reddito. Altri, che non potevano disporre della propria fattoria, prendevano in locazione alcuni appezzamenti dai grandi proprietari terrieri. Tuttavia, questi ultimi richiedevano un affitto talmente alto che anche le piccole fattorie in locazione non generavano profitti. Dal momento che erano in grande maggioranza poveri, molti irlandesi dipendevano dalla patata come mezzo di sostentamento poco costoso. Nel libro *Perché l'Irlanda morì di fame*, il celebre storico economico Joel Mokyr descrisse l'importanza crescente della patata nella dieta degli Irlandesi attorno al 1840:

> È abbastanza evidente che all'inizio del diciannovesimo secolo la dieta degli Irlandesi stava subendo profondi cambiamenti. L'alimentazione tipica del secolo precedente, a prescindere dalla sempre crescente diffusione della patata, sembrava essere stata completata da una certa varietà di verdure, prodotti caseari, ma anche carne di maiale e pesce [...]. Nonostante gli scritti molto positivi sulla cucina irlandese del diciottesimo secolo debbano essere considerati non rappresentativi, dal momento che si riferiscono a quella porzione, in diminuzione, di contadini ricchi, le cose peggiorarono ulteriormente nel diciannovesimo secolo. Vi fu un certo deterioramento qualitativo dell'alimentazione, a tutti i livelli, a causa della ridotta disponibilità di alcune provviste, quali i prodotti caseari, il pesce e le verdure. Tuttavia, la ragione principale fu la relativa diminuzione del numero di persone che potevano permettersi l'acquisto di cibo di una certa qualità. La dipendenza alimentare dalle patate, benché fosse diminuita in tutti i ceti sociali, fu particolarmente rilevante tra quei due terzi della popolazione che disponeva del reddito più basso.[5]

I calcoli di Mokyr suggeriscono che la curva reddito-consumo per un tipico consumatore irlandese poteva essere simile a quella rappresentata nella Figura 5.4 (con

---

[5] J. Mokyr, *Why Ireland Starved: A Quantitative and Analytical History of the Irish Economy, 1800-1850*, Gorge Allen & Unwin, Londra 1983, pp. 11 e 12.

le patate sull'asse orizzontale al posto degli hot dog). Per le persone a basso reddito, le patate potevano essere un bene normale. Le persone con redditi più elevati potevano permettersi altri tipi di beni, e quindi consumare meno patate.

Data la forte dipendenza dalle patate dal punto di vista alimentare, ma anche come fonte di reddito, non sorprende la grave carestia che colpì l'Irlanda tra il 1845 e il 1847, quando la peronospora si diffuse nelle coltivazioni di patate facendo diminuire sensibilmente il raccolto. Durante la carestia irlandese morirono di fame e di stenti circa 750 000 persone e centinaia di migliaia emigrarono per sfuggire alla povertà e alla carestia.

5.1.3 Gli effetti di una variazione di prezzo o di reddito: un approccio algebrico

Fino a questo punto del capitolo, per dimostrare come la quantità di un bene consumato dipenda dal livello dei prezzi e dal reddito, si è utilizzato il metodo *grafico*. Si è visto come trovare la forma della curva di domanda quando il consumatore dispone di un determinato livello di reddito (come in Figura 5.1) e come la curva di domanda si sposti in conseguenza di cambiamenti di reddito (come in Figura 5.2).

È altresì possibile descrivere la curva di domanda in modo *algebrico*. In altri termini, dati una funzione di utilità e un vincolo di bilancio, è possibile determinare la curva di domanda del consumatore. Gli Esercizi svolti 5.2 e 5.3 chiariscono l'approccio algebrico che si intende usare.

Esercizio svolto 5.2 La determinazione della curva di domanda (nessun punto d'angolo)

Un consumatore acquista due beni, cibo e abbigliamento. La sua funzione di utilità è $U(x,y) = xy$, dove x rappresenta la quantità di cibo consumata e y i capi d'abbigliamento acquistati. Le utilità marginali sono $MU_x = y$ e $MU_y = x$. Il prezzo del cibo è P_x, il prezzo dell'abbigliamento è P_y e il reddito è I.

Problema

(a) Dimostrate che l'equazione della curva di domanda di cibo è $x = I/(2P_x)$.
(b) Il cibo è un bene normale? Rappresentate D_1, la curva di domanda di cibo di un consumatore per un reddito $I =$ €120. Rappresentate quindi D_2, ovvero la curva di domanda per un reddito pari a $I =$ €200.

Soluzione

(a) Nell'Esercizio svolto 3.3, si è visto che le curve di indifferenza per la funzione di utilità $U(x,y) = xy$ sono convesse rispetto all'origine degli assi e non intersecano mai questi ultimi. Dunque, un qualunque paniere ottimo deve essere interno, ovvero il consumatore acquista quantità positive di cibo e di abbigliamento.
Come determinare la scelta ottima di cibo?
Un ottimo interno deve soddisfare due condizioni:
• Un paniere ottimo giace sulla linea di bilancio. Ciò significa che deve valere l'equazione (4.1):

$$P_x x + P_y y = I.$$

• Dal momento che si tratta di un ottimo interno, anche la condizione di tangenza, ovvero l'equazione (4.3), deve valere: $MU_x/MU_y = y/x = P_x/P_y$, ovvero $y = (P_x/P_y)x$.

È ora possibile risolvere per x, sostituendo $y = (P_x/P_y)x$ nell'equazione della linea di bilancio $P_x x + P_y y = I$. Questo porta a:

$$P_x x + P_y \left(\frac{P_x}{P_y}x\right) = I,$$

ovvero $x = I/(2P_x)$.

Questa è l'equazione della curva di domanda di cibo. Dato il reddito del consumatore e il prezzo del cibo, è facilmente determinabile la quantità di quest'ultimo che il consumatore acquisterà.

(b) Se il reddito è €120, l'equazione della curva di domanda di cibo D_1 sarà $x = 120/(2P_x) = 60/P_x$. È possibile rappresentare alcuni punti sulla curva di domanda, come indicato in Figura 5.5.

Un aumento di reddito a €200 sposta la curva di domanda verso destra, a D_2, con equazione $x = 200/(2P_x) = 100/P_x$. Il cibo è dunque un bene normale.

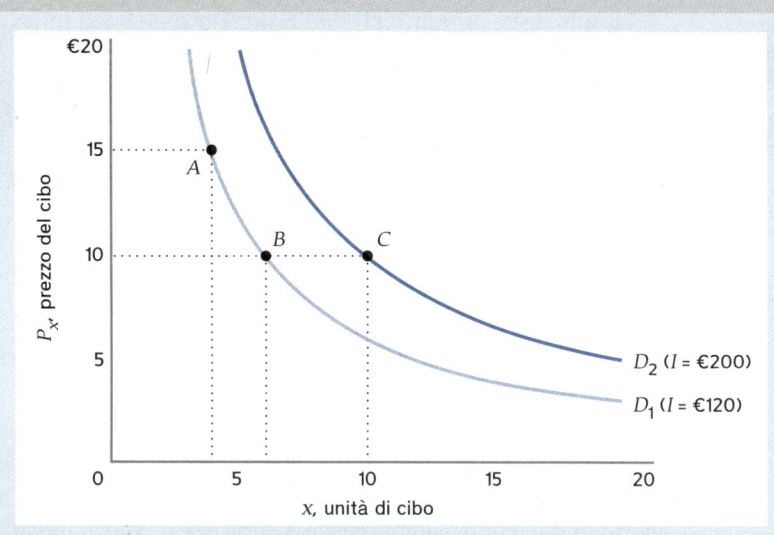

FIGURA 5.5 Le curve di domanda di cibo per diversi livelli di reddito
La quantità di cibo domandata, x, dipende dal suo prezzo, P_x, e dal livello di reddito, I. L'equazione che definisce la domanda di cibo è $x = I/(2P_x)$. Per un reddito di €120, la curva di domanda è D_1, come indicato sul grafico. Dunque, se il prezzo del cibo è €15, il consumatore ne acquista 4 unità (punto A). Se il prezzo del cibo scende a €10, ne acquista 6 unità (punto B). Se il reddito aumenta a €200, la curva di domanda si sposta verso destra, a D_2. In questo caso, se il prezzo del bene è €10, il consumatore ne acquista 10 unità (punto C).

Esercizio svolto 5.3 La determinazione della curva di domanda (con una soluzione d'angolo)

Un consumatore acquista due beni, cibo e abbigliamento, e presenta la seguente funzione di utilità: $U(x,y) = xy + 10x$, dove x indica la quantità di cibo consumato e y i capi di abbigliamento acquistati. Le utilità marginali sono $MU_x = y + 10$ e $MU_y = x$. Il reddito del consumatore è €100 e il prezzo di un'unità di cibo è €1. Il prezzo di un capo d'abbigliamento è P_y.

Problema

Dimostrate che l'equazione della curva di domanda di abbigliamento è:

$$y = \frac{100 - 10P_y}{2P_y}, \text{ quando } P_y < 10$$

$y = 0$, quando $P_y \geq 10$

Usate l'equazione per completare la tabella seguente, mostrando la quantità di capi di abbigliamento acquistati a ogni livello di prezzo (si tratta di punti sulla sua curva di domanda):

P_y	2	4	5	10	12
y					

Soluzione

Nell'Esercizio svolto 4.3, si è visto che le curve di indifferenza per la funzione di utilità $U(x,y) = xy + 10x$ sono convesse rispetto all'origine degli assi. Esse intersecano l'asse x, dal momento che il consumatore potrebbe avere un'utilità positiva con l'acquisto di una quantità positiva di cibo ($x > 0$) e nessun capo di abbigliamento ($y = 0$). Pertanto, se il prezzo dei capi d'abbigliamento è troppo alto, potrebbe non acquistarne affatto (ovvero preferire un punto d'angolo).

Come determinare la scelta ottima di abbigliamento del consumatore? Se è in corrispondenza di un ottimo interno, il paniere ottimo giacerà sulla linea di bilancio. Ciò significa che l'equazione (4.1) deve essere valida al prezzo x e dato un certo livello di reddito: $x + P_y y = 100$. In corrispondenza di un ottimo interno, deve altresì valere la condizione di tangenza espressa dalla (4.4): $MU_x/MU_y = P_x/P_y$, oppure, date le utilità marginali, $(y + 10)/x = 1/P_y$, o ancora, più semplicemente, $x = P_y y + 10P_y$.

È possibile ora risolvere per y sostituendo $x = P_y y + 10P_y$ nell'equazione della linea di bilancio $x + P_y y = 100$. Questo porta a $2P_y y + 10P_y = 100$, ovvero $y = (100 - 10P_y)/(2P_y)$. Si noti che il valore di questa equazione per la curva di domanda di abbigliamento è positivo quando $P_y < 10$. Tuttavia, se $P_y \geq 10$, allora $100 - 10P_y$ è zero o un valore negativo e il consumatore non acquisterà alcun capo di abbigliamento (infatti, $y = 0$ quando $P_y \geq 10$, poiché il consumatore non può domandare una quantità negativa di abbigliamento!). In altri termini, quando $P_y \geq 10$ il consumatore si troverà in un punto d'angolo nel quale acquisterà soltanto cibo.

Utilizzando l'equazione della curva di domanda, è possibile completare la tabella come segue:

P_y	2	4	5	10	12
y	20	7,5	5	0	0

La soluzione al punto (a) dell'Esercizio svolto 5.2 inizia come quella dell'Esercizio svolto 4.2, che richiedeva di trovare il consumo ottimo di cibo e abbigliamento dato uno *specifico* insieme di prezzi e livello di reddito. L'Esercizio svolto 5.2, tuttavia, va oltre. Usando variabili esogene (P_x, P_y e I) invece di numeri, è possibile trovare l'equazione della curva di domanda, che permette di determinare la quantità di cibo domandata per *qualsiasi* livello di prezzo e di reddito.

5.2 • Il cambiamento di prezzo di un bene: l'effetto sostituzione e l'effetto reddito

Nel precedente paragrafo si è analizzato l'effetto complessivo dovuto al cambiamento di prezzo di un bene. Di seguito, si completa l'analisi disaggregando questo effetto in due componenti: l'*effetto sostituzione* e l'*effetto reddito*.

- Quando il prezzo di un bene diminuisce, il bene diventa più conveniente rispetto ad altri beni. Al contrario, un aumento di prezzo rende il bene più costoso rispetto ad altri beni. In entrambi i casi, il consumatore sperimenta l'**effetto sostituzione** – ovvero il cambiamento nella quantità domandata di un bene in conseguenza del cambiamento di prezzo di quel bene, per raggiungere lo stesso livello di utilità. Per esempio, se il prezzo del cibo diminuisce, il consumatore può raggiungere lo stesso livello di utilità sostituendo con il cibo l'acquisto di altri beni (ovvero, acquistando una quantità maggiore di cibo e una quantità minore di altri beni); allo stesso modo, se il prezzo del cibo aumenta, per raggiungere lo stesso livello di utilità di prima il consumatore potrebbe preferire (e dunque sostituire) al cibo altri beni.

- Quando il prezzo di un bene diminuisce, il potere d'acquisto del consumatore aumenta, dal momento che egli può ora acquistare lo stesso paniere di beni acquistabile prima del cambiamento di prezzo e tuttavia avere ancora del denaro a disposizione da spendere per altri beni. Al contrario, un aumento di prezzo diminuisce il potere d'acquisto del consumatore (ovvero, il consumatore non si può più permettere lo stesso paniere di beni). Questo cambiamento nel potere d'acquisto è chiamato **effetto reddito** poiché influenza il consumatore in modo molto simile a un cambiamento nel suo livello di reddito; ovvero, il consumatore sperimenta un livello di utilità più alto o più basso a seconda dell'aumento o della diminuzione del potere d'acquisto e quindi compera una quantità rispettivamente più alta o più bassa del bene il cui prezzo è variato. L'effetto reddito spiega quella parte – nella differenza complessiva di quantità acquistata di quel bene – non spiegata dall'effetto sostituzione.

EFFETTO SOSTITUZIONE La variazione che si ha nella quantità consumata di un bene quando il prezzo di quel bene cambia, mantenendo costanti tutti gli altri prezzi e il livello di utilità.

EFFETTO REDDITO La variazione che si ha nella quantità consumata di un bene al variare del potere d'acquisto del consumatore, mantenendo costanti tutti i prezzi.

L'effetto sostituzione e l'effetto reddito avvengono contemporaneamente quando il prezzo di un bene varia e risultano in uno spostamento del paniere del consumatore da un *paniere iniziale* (prima del cambiamento di prezzo) a un *paniere finale* (dopo il cambiamento di prezzo). Per comprendere meglio tale effetto complessivo dovuto al cambiamento di prezzo, esso verrà scomposto nelle due componenti considerate sopra – l'effetto sostituzione e l'effetto reddito.

Nei seguenti paragrafi verrà analizzato il caso di una diminuzione di prezzo (l'Esercizio svolto 5.5 considera la stessa analisi, ma ponendo il caso di un incremento di prezzo).

5.2.1 L'effetto sostituzione

Si supponga che un consumatore acquisti due beni – cibo e abbigliamento – entrambi con utilità marginale positiva: si supponga quindi che il prezzo del cibo diminuisca. L'effetto sostituzione è dato dalla quantità addizionale di cibo che il consumatore domanda per raggiungere il medesimo livello di utilità. La Figura 5.6 mostra tre diagrammi di scelta ottima che indicano i passaggi successivi necessari per trovare l'effetto sostituzione associato al cambiamento di prezzo.

1. Si trovi il *paniere iniziale* (ovvero il paniere scelto dal consumatore al prezzo iniziale P_{x1}). Come rappresentato nella Figura 5.6(a), quando il prezzo del cibo è P_{x1}, il consumatore fronteggia la linea di bilancio BL_1 e massimizza la sua utilità scegliendo il paniere A sulla curva di indifferenza U_1. La quantità domandata di cibo è x_A.
2. Si trovi il *paniere finale* (ovvero il paniere scelto dal consumatore dopo che il prezzo è diminuito a P_{x2}). Come rappresentato nella Figura 5.6(b), quando il prezzo del cibo scende a P_{x2}, la linea di bilancio ruota verso l'esterno (BL_2) e il consumatore massimizza la sua utilità scegliendo il paniere C sulla curva di indifferenza U_2. La quantità di cibo acquistato è x_C. Quindi, l'effetto complessivo dovuto al cambiamento di prezzo sulla quantità domandata di cibo è $x_C - x_A$. Prevedibilmente, alla diminuzione di prezzo, il consumatore raggiunge un livello di utilità maggiore, come dimostrato dal fatto che il paniere A giace sotto la nuova linea di bilancio BL_2.
3. Si trovi un paniere intermedio *teorico*, che permetta di identificare la parte di variazione di quantità dovuta all'effetto sostituzione. È possibile determinare questo paniere tenendo presenti due aspetti. In primo luogo, il paniere teorico riflette la diminuzione di prezzo, quindi deve giacere su una linea di bilancio parallela a BL_2. In secondo luogo, il paniere teorico riflette l'ipotesi che il consumatore raggiunga comunque, dopo la diminuzione di prezzo del bene, il suo livello iniziale di utilità: pertanto, il paniere in parola deve essere nel punto in cui la linea di bilancio è tangente alla curva di indifferenza U_1. Come rappresentato nella Figura 5.6(c), queste due condizioni sono soddisfatte in corrispondenza del paniere B (il paniere teorico o intermedio) sulla linea di bilancio BL_t (*linea di bilancio teorica*). Nel paniere B, il consumatore domanda la quantità di cibo x_B. Pertanto, l'effetto sostituzione spiega il passaggio del consumatore dal paniere A al paniere B – ovvero, $x_B - x_A$ è quella parte dell'effetto complessivo sulla quantità domandata di cibo che può essere attribuita all'effetto sostituzione.

5.2.2 L'effetto reddito

Sempre con riferimento alla Figura 5.6, si supponga che il consumatore abbia un reddito I. Quando il prezzo del cibo è P_{x1}, egli può acquistare un qualunque paniere sulla BL_1 e quando il prezzo del cibo è P_{x2}, può acquistare un qualunque paniere sulla BL_2. Si noti che la linea di bilancio teorica BL_t si trova sotto la BL_2: ciò significa che il reddito I_t necessario per acquistare un paniere sulla BL_t è inferiore al reddito necessario per acquistare un paniere sulla BL_2. Si noti altresì che il paniere A (sulla BL_1) e il paniere B (sulla BL_t) si trovano sulla stessa curva di indifferenza U_1 (ovvero, il consumatore trae la stessa utilità dal consumo del paniere A che dal consumo del paniere B): ciò significa che il consumatore è indifferente rispetto alla scelta tra le due seguenti situazioni: (1) avere un reddito I più alto quanto il prezzo del cibo è più alto

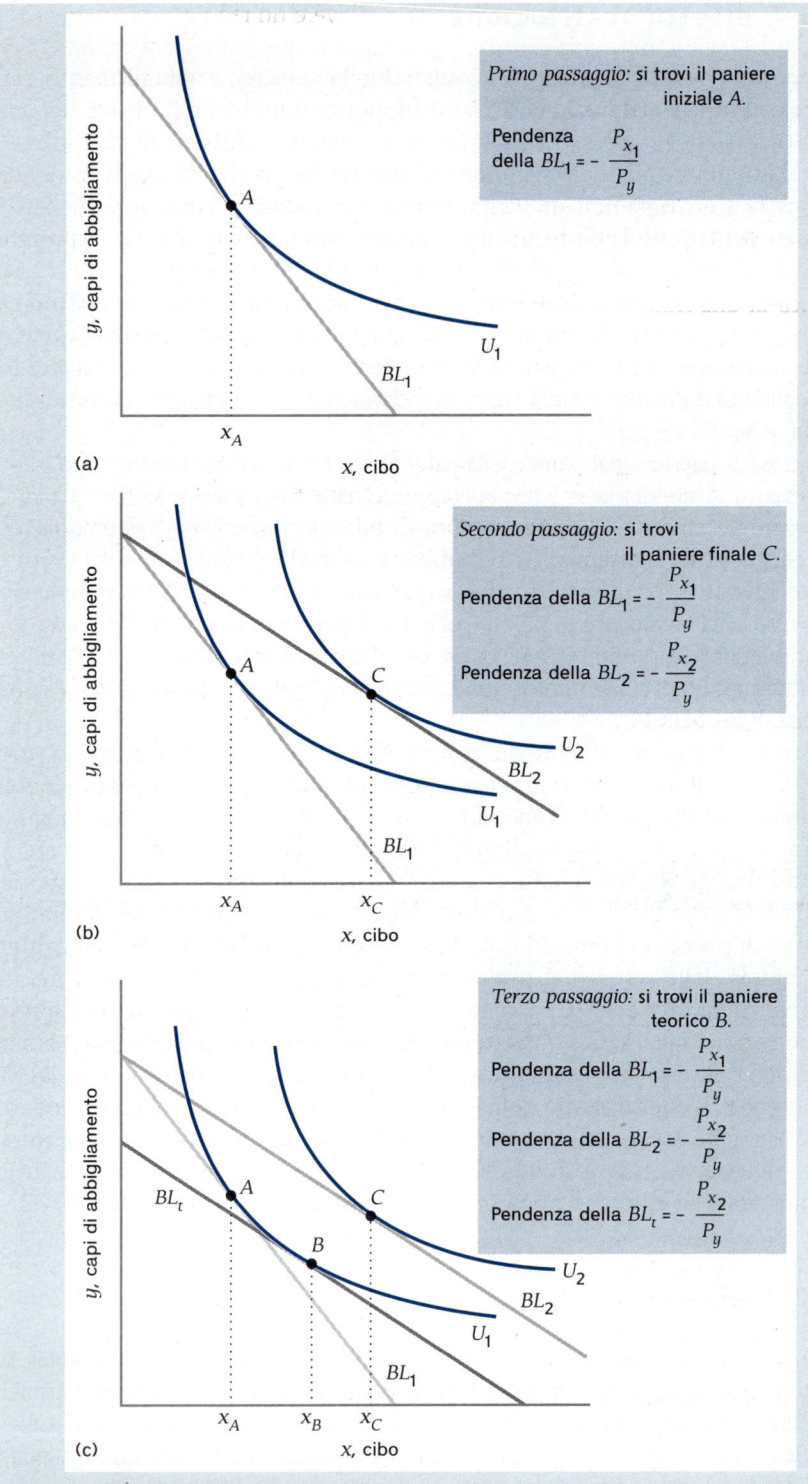

FIGURA 5.6 Effetto sostituzione ed effetto reddito: caso 1 (x è un bene normale)
Al diminuire del prezzo del cibo da P_{x1} a P_{x2} l'effetto sostituzione porta a un aumento nella quantità domandata di cibo da x_A a x_B (quindi l'effetto sostituzione è $x_B - x_A$). Anche l'effetto reddito porta a un aumento nella domanda di cibo, da x_B a x_C (quindi l'effetto reddito è $x_C - x_B$). L'effetto complessivo nel consumo di cibo è $x_C - x_A$. Se un bene è normale, l'effetto reddito e l'effetto sostituzione si rafforzano l'un l'altro.

e pari a P_{x1} (l'acquisto, quindi, del paniere A) e (2) avere un reddito I inferiore quanto il prezzo del cibo è più basso e pari a P_{x2} (l'acquisto, quindi, del paniere B). In altri termini, il consumatore sarebbe disponibile ad avere un reddito inferiore se sapesse che può acquistare il cibo al prezzo più basso, P_{x2}.

Tenendo presenti queste considerazioni, si trovi ora l'effetto reddito, ovvero la variazione della quantità domandata di un bene al variare dei livelli di utilità del consumatore. Nell'esempio illustrato nella Figura 5.6, il passaggio dal paniere A al paniere B (ovvero, il movimento dovuto all'effetto sostituzione) non implica alcuna variazione di utilità: è possibile interpretare questo movimento come risultato di una riduzione di reddito da I a I_t in seguito alla diminuzione di prezzo da P_{x1} a P_{x2}. In realtà, tuttavia, il reddito del consumatore non diminuisce se diminuisce il prezzo del cibo, anzi, il suo livello di utilità aumenta: viene tenuto conto di questo "recuperando" il reddito che sembrava "perso". Così facendo, la linea di bilancio si sposta da BL_t a BL_2 e il paniere ottimo del consumatore passa dal paniere B (sulla BL_t) al paniere C (sulla BL_2). Pertanto, l'effetto reddito spiega il passaggio dal paniere teorico B al paniere finale C – ovvero, $x_C - x_B$ è quella parte dell'effetto complessivo sulla quantità domandata del bene che può essere attribuita all'effetto reddito.

In conclusione, quando il prezzo del cibo diminuisce da P_{x1} a P_{x2}, la variazione *totale* nel consumo di cibo è ($x_C - x_A$). Questa variazione può essere scomposta nell'effetto sostituzione ($x_B - x_A$) e nell'effetto reddito ($x_C - x_B$). Sommando l'effetto sostituzione e l'effetto reddito si ottiene la variazione totale nella domanda – e nel consumo – del bene considerato.

Applicazione 5.2

Che effetto ha la borsa sui consumi delle famiglie italiane?

Qual è l'effetto sui consumi delle famiglie italiane di una variazione della "ricchezza" dovuta agli andamenti della borsa o del mercato immobiliare? Se, per esempio, la borsa attraversasse una fase positiva, quali sarebbero gli effetti sul livello di consumo?

Uno studio della Banca d'Italia[6] ha preso in considerazione l'evoluzione della ricchezza delle famiglie italiane negli anni Novanta, concentrandosi in particolare su due categorie di attività: gli immobili, che costituiscono il bene più diffuso tra le famiglie italiane e rappresentano la quota più significativa della loro ricchezza, e le azioni, il cui peso sul complesso delle attività finanziarie è limitato, anche se la loro diffusione è notevolmente cresciuta a partire dalla metà degli anni Novanta. Utilizzando i dati presenti nell'*Indagine sui bilanci delle famiglie italiane*, la banca dati Consulente Immobiliare (a cura de Il Sole 24 Ore) sui prezzi degli immobili, e un indice dei prezzi delle azioni quotate presso la Borsa italiana, sono stati calcolati i guadagni (o le perdite) in conto capitale sugli investimenti immobiliari e azionari per ciascuna famiglia dell'indagine. Avendo a disposizione nell'Indagine i dati relativi al consumo delle famiglie, si è poi proceduto a stimare, utilizzando i metodi dell'econometria, gli effetti sui consumi di questi guadagni (o perdite).

Per quanto riguarda gli immobili, nel complesso a un aumento (permanente) dei prezzi degli immobili del 10% corrisponderebbe un aumento dei consumi di beni non durevoli e servizi dell'1%. L'effetto complessivo di variazioni nei prezzi delle azioni è più difficile da determinare a causa della ridotta incidenza di questa attività nel portafoglio delle famiglie italiane. Tuttavia, dall'analisi emerge che un aumento dei prezzi ha un effetto negativo, ancorché modesto, sui consumi di coloro che detengono azioni.

---

[6] "Do capital gains affect consumption? Estimates of wealth effects from italian households' behaviour" di L. Guiso, M. Paiella e I. Visco, *Temi di discussione del Servizio Studi*, Banca d'Italia, n. 555, 2005.

Quali sono gli effetti che entrano in gioco secondo la teoria economica? Gli studi sulla teoria del ciclo vitale del premio Nobel Franco Modigliani hanno evidenziato che variazioni nei rendimenti influenzano il profilo temporale dei consumi attraverso l'effetto reddito, che induce ad aumentare i consumi di chi possiede azioni quando si alzano i rendimenti delle loro azioni, e l'effetto sostituzione, che al contrario induce a rimandare nel tempo il consumo per approfittare oggi dei maggiori rendimenti investendo di più in azioni. A priori non è possibile sapere se l'effetto prevalente è quello di reddito (e quindi se i consumi attuali aumentano) o quello di sostituzione (calo dei consumi attuali).

I risultati dello studio degli economisti della Banca d'Italia, che trovano un effetto negativo dei prezzi delle azioni detenute sui consumi, suggeriscono che l'effetto sostituzione, che porta a investire di più al crescere dei rendimenti, prevale sull'effetto reddito, che porta i possessori di azioni a consumare parte del guadagno conseguito.

A cura di Giam Pietro Cipriani

5.2.3 L'effetto reddito e l'effetto sostituzione se i beni non sono normali

Come abbiamo rilevato poco fa, i grafici della Figura 5.6 rappresentano il caso (chiamato Caso 1) in cui il cibo sia un bene normale. Al diminuire del suo prezzo, l'effetto reddito porta a un aumento nel consumo di cibo. Altresì, dal momento che il tasso marginale di sostituzione è decrescente, l'effetto sostituzione porta anch'esso a un aumento nel consumo di cibo. Pertanto, l'effetto reddito e l'effetto sostituzione operano nella stessa direzione. La curva di domanda di cibo è inclinata negativamente poiché la quantità domandata di cibo aumenta al diminuire del prezzo (ugualmente, se il prezzo del cibo aumentasse, entrambi gli effetti sarebbero negativi. Per un prezzo più alto, il consumatore domanderebbe meno cibo).

Tuttavia, l'effetto reddito e l'effetto sostituzione non sempre operano nella stessa direzione, rafforzandosi a vicenda. Si consideri il Caso 2 della Figura 5.7 (invece di rappresentare tre grafici come quelli della Figura 5.6, si è rappresentato soltanto l'ultimo grafico [simile a quello della Figura 5.6(c)] con i panieri iniziale, finale e teorico). Si noti che C, il paniere finale, si trova esattamente sopra il paniere B, ovvero il paniere teorico. Quando la linea di bilancio si sposta da BL_t a BL_2, la quantità domandata di cibo non varia. L'effetto reddito è dunque zero ($x_C - x_B = 0$). In questa situazione, una diminuzione nel prezzo del cibo porta a un effetto sostituzione positivo sulla domanda di cibo ($x_B - x_A > 0$) e a un effetto reddito pari a zero. La curva di domanda di cibo sarà sempre inclinata negativamente, dal momento che se ne acquista una quantità maggiore a un prezzo inferiore ($x_C - x_A > 0$).

L'effetto reddito e l'effetto sostituzione possono operare anche in direzioni opposte, come nel Caso 3 della Figura 5.8, dove il bene è un bene inferiore. Quando un bene è inferiore, le curve di indifferenza indicano che l'effetto reddito è negativo (ovvero, il paniere finale C sarà a sinistra del paniere teorico B); quando la linea di bilancio si sposta da BL_t a BL_2, la quantità domandata di cibo diminuisce ($x_C - x_B < 0$). Al contrario, l'effetto sostituzione continua a essere positivo ($x_B - x_A > 0$). In questo caso, poiché l'effetto sostituzione è maggiore dell'effetto reddito, la variazione totale nella quantità domandata di cibo è anch'essa ancora positiva ($x_C - x_A > 0$): la curva di domanda rimane quindi inclinata negativamente.

Il Caso 4, rappresentato nella Figura 5.9, illustra il caso del cosiddetto **bene di Giffen**. In questo caso, le curve di indifferenza indicano che il cibo è fortemente un bene inferiore: il paniere finale C non solo giace a sinistra del paniere teorico B, ma giace anche a sinistra del paniere iniziale A. L'effetto reddito è così marcatamente negativo che annulla l'effetto sostituzione positivo, portando a un effetto complessivo addirittura negativo.

Come rappresentare la curva di domanda di cibo nel caso illustrato nella Figura 5.9?

BENE DI GIFFEN Un bene marcatamente inferiore, tale che l'effetto reddito prevale sull'effetto sostituzione, dando origine a una curva di domanda inclinata positivamente in corrispondenza di determinati livelli di prezzo.

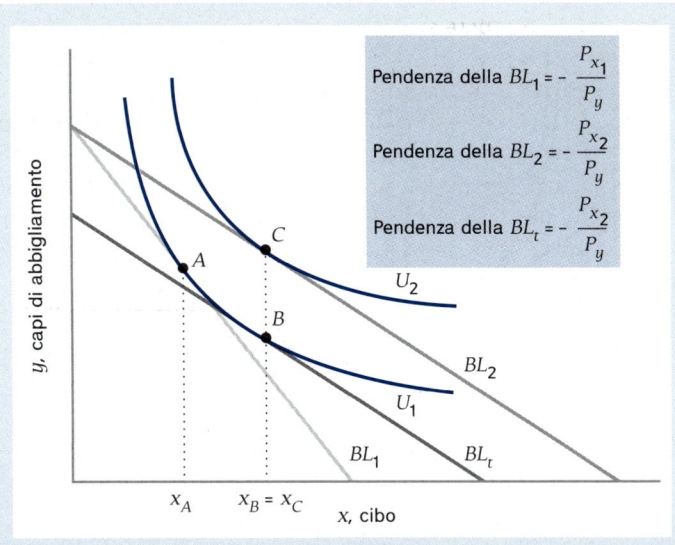

FIGURA 5.7 **L'effetto reddito e l'effetto sostituzione: Caso 2 (x non è né un bene normale né un bene inferiore)**
Se il prezzo del cibo diminuisce da P_{x1} a P_{x2}, l'effetto sostituzione provoca un aumento nella quantità domandata di cibo, da x_A a x_B (pertanto l'effetto sostituzione è $x_B - x_A$). L'effetto reddito sul consumo di cibo è zero, poiché x_B è uguale a x_C (pertanto l'effetto reddito è $x_C - x_B = 0$). L'effetto complessivo sul consumo di cibo è $x_C - x_A$.

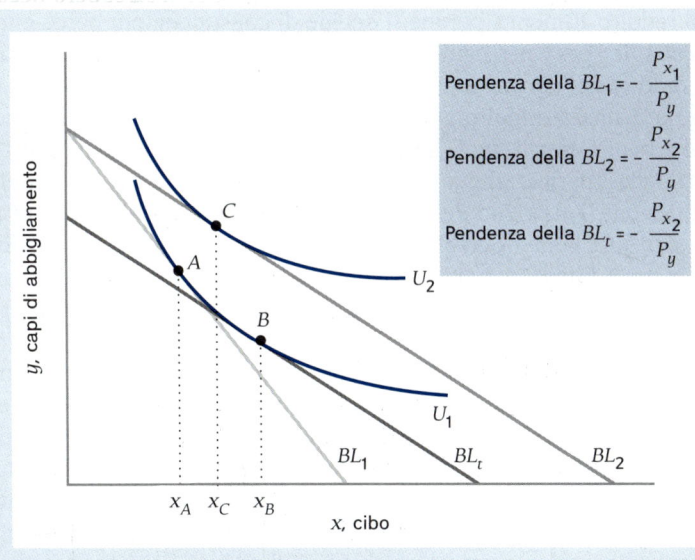

FIGURA 5.8 **L'effetto reddito e l'effetto sostituzione: Caso 3 (x è un bene inferiore) con una curva di domanda inclinata negativamente**
Se il prezzo del cibo diminuisce da P_{x1} a P_{x2}, l'effetto sostituzione provoca un aumento nella quantità domandata di cibo, da x_A a x_B (pertanto l'effetto sostituzione è $x_B - x_A$). L'effetto reddito sulla domanda di cibo è negativo ($x_C - x_B < 0$). L'effetto complessivo è $x_C - x_A > 0$. Quando un bene è un bene inferiore, l'effetto reddito e l'effetto sostituzione operano in direzioni opposte.

Quando il prezzo del cibo diminuisce da P_{x1} a P_{x2}, la quantità di cibo *diminuisce* da x_A a x_C: la curva di domanda, per questo intervallo di prezzo, sarà dunque inclinata *positivamente*. Un bene di Giffen ha una curva di domanda con un tratto inclinato positivamente.

$$\text{Pendenza della } BL_1 = -\frac{P_{x_1}}{P_y}$$

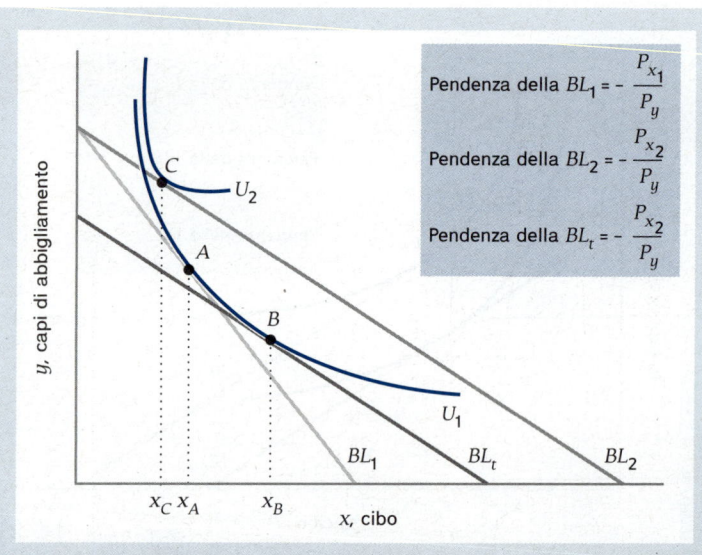

$$\text{Pendenza della } BL_2 = -\frac{P_{x_2}}{P_y}$$

$$\text{Pendenza della } BL_t = -\frac{P_{x_2}}{P_y}$$

FIGURA 5.9 L'effetto reddito e l'effetto sostituzione: Caso 4 (x è un bene di Giffen)
Se il prezzo del cibo diminuisce da P_{x1} a P_{x2}, l'effetto sostituzione provoca un aumento nella quantità domandata di cibo, da x_A a x_B (l'effetto sostituzione è $x_B - x_A$). L'effetto reddito sul consumo di cibo è negativo ($x_C - x_B < 0$). L'effetto complessivo è $x_C - x_A < 0$.

Come già sottolineato, per taluni consumatori alcuni beni sono beni inferiori in alcuni intervalli di prezzo. Per esempio, il consumo di hot dog potrebbe diminuire se il reddito aumenta, perché si decide di consumare più pesce e meno hot dog. Tuttavia, la spesa per beni inferiori rappresenta generalmente una piccola parte del reddito del consumatore. Gli effetti di reddito relativi a beni individuali non sono normalmente molto grandi; gli effetti di reddito maggiori sono riscontrabili per i beni normali, più che per i beni inferiori, come il cibo e l'alloggio. Perché un bene inferiore abbia un effetto reddito così grande da annullare l'effetto sostituzione, l'elasticità della domanda al reddito dovrebbe essere negativa e la spesa per quel bene dovrebbe costituire una grande parte del reddito totale del consumatore. Dunque, benché i beni di Giffen costituiscano un caso particolarmente intrigante a livello teorico, la loro rilevanza pratica non è altrettanto eclatante.

Gli studiosi di teoria economica non hanno ancora trovato dati a conferma dell'esistenza di un tipico bene di Giffen. Tuttavia, alcuni di essi hanno suggerito che la carestia nella coltura di patate avvenuta in Irlanda due secoli fa creò condizioni molto favorevoli all'individuazione di un bene di Giffen (appunto, la patata). Come osservò Joel Mokyr, "per individui con un reddito molto basso, le patate avrebbero potuto benissimo essere un bene normale; ma consumatori con livelli più alti di reddito avrebbero potuto permettersi altri tipi di cibo – e quindi consumare meno

---

Esercizio svolto 5.4   La soluzione algebrica all'effetto reddito e all'effetto sostituzione

Negli Esercizi svolti 4.2 e 5.2 si è considerato un consumatore che acquista due beni, cibo e abbigliamento. La sua funzione di utilità è $U(x,y) = xy$, dove x è la quantità di cibo e y i capi di abbigliamento. Le sue utilità marginali sono $MU_x = y$ e $MU_y = x$. Supponete ora che il suo reddito settimanale sia di €72 e che il prezzo di un capo di abbigliamento sia P_y = €1. Supponete che il prezzo di un'unità di cibo sia inizialmente P_{x1} = €9 l'unità e che il prezzo scenda successivamente a P_{x2} = €4 l'unità.

Problema

Trovate numericamente il valore dell'effetto reddito e dell'effetto sostituzione, e rappresentateli graficamente.

Soluzione

Per determinare l'effetto reddito e l'effetto sostituzione si utilizza il metodo visto prima.

1. *Trovate il paniere di consumo iniziale A, quando il prezzo del cibo è €9.* In un punto di ottimo devono essere soddisfatte due condizioni. In primo luogo, il paniere ottimo deve appartenere alla linea di bilancio. Ciò significa che $P_x x + P_y y = I$, ovvero, con i dati del problema, $9x + y = 72$.

In secondo luogo, poiché l'ottimo è interno, deve valere anche la condizione di tangenza. Dall'equazione (4.3) è possibile derivare che nel punto di tangenza $MU_x/MU_y = P_x/P_y$. Con i dati del problema, si semplifica in $y = 9x$.

Risolvendo queste due equazioni a due variabili, si ottiene $x = 4$ e $y = 36$: in corrispondenza del paniere A, il consumatore acquista 4 unità di cibo e 36 capi di abbigliamento a settimana.

2. *Trovate il paniere di consumo finale C, quando il prezzo del cibo è €4.* Si ripete il punto 1 sostituendo il nuovo prezzo del cibo, €4, che porta ancora a due equazioni con due variabili:

$4x + y = 72$ (retta di bilancio)

$y = 4x$ (condizione di tangenza)

Risolvendo queste due equazioni, si ottiene che $x = 9$ e $y = 36$. Pertanto, in corrispondenza del paniere C, il consumatore acquista 9 unità di cibo e 36 capi di abbigliamento a settimana.

3. *Trovate il paniere teorico (o intermedio) B.* Il paniere teorico deve soddisfare due condizioni. Per prima cosa, deve essere un punto sulla curva di indifferenza *originaria*, U_1, come il paniere A. Si rammenti che la funzione di utilità del consumatore è $U(x,y) = xy$: dunque, in corrispondenza del paniere A, l'utilità è $U_1 = 4(36) = 144$. Per il paniere B, la quantità di cibo e di abbigliamento deve ugualmente soddisfare la condizione $xy = 144$. In secondo luogo, il paniere teorico deve essere in un punto in cui la linea di bilancio teorica è tangente alla curva di indifferenza. Si ricordi che il prezzo del cibo P_x sulla linea di bilancio teorica è il prezzo finale di €4. La condizione di tangenza è soddisfatta quando $MU_x/MU_y = P_x/P_y$, ovvero quando $y/x = 4/1$, o $y = 4x$. Risolvendo le due equazioni $xy = 144$ e $y = 4x$, si trova che il paniere teorico è composto da $x = 6$ unità di cibo e $y = 24$ capi di abbigliamento.

È ora possibile determinare l'effetto reddito e l'effetto sostituzione. L'effetto sostituzione è l'aumento nella quantità domandata di cibo quando il consumatore si sposta lungo la curva di indifferenza iniziale U_1 dal paniere A (nel quale acquista 4 unità di cibo) al paniere B (nel quale acquista 6 unità di cibo). L'effetto sostituzione è quindi $6 - 4 = 2$ unità di cibo.

L'effetto reddito è l'aumento nella quantità domandata di cibo quando il consumatore si sposta dal paniere B (nel quale acquista 6 unità di cibo) al paniere C (nel quale acquista 9 unità di cibo). L'effetto reddito è dunque $9 - 6 = 3$ unità di cibo.

Nella Figura 5.10 sono rappresentati l'effetto reddito e l'effetto sostituzione. In questo esercizio il cibo è un bene normale. Come ci si poteva aspettare, l'effetto reddito e l'effetto sostituzione hanno lo stesso segno. La curva di domanda di cibo del consumatore è inclinata negativamente, perché la quantità domandata di cibo aumenta quando il prezzo del cibo diminuisce.

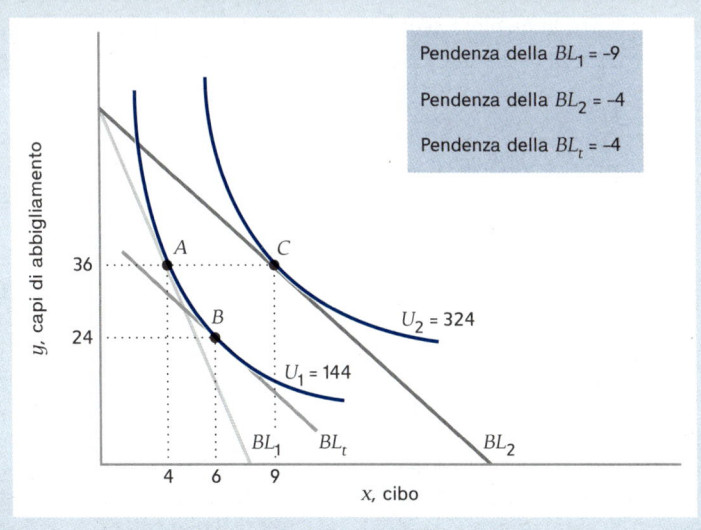

FIGURA 5.10 Effetto reddito ed effetto sostituzione
Quando il prezzo del cibo diminuisce da €9 a €4, l'effetto sostituzione provoca un aumento nella quantità domandata di cibo, da 4 (nel paniere iniziale A) a 6 (nel paniere teorico B). L'effetto sostituzione è quindi $6 - 4 = 2$. L'effetto reddito è il cambiamento nella quantità domandata di cibo quando il consumatore si sposta dal paniere teorico B (nel quale acquista 6 unità di cibo) al paniere finale C (nel quale acquista 9 unità di cibo). L'effetto reddito è dunque $9 - 6 = 3$.

Applicazione 5.3

Le tortillas messicane sono molto buone, ma... sono un bene di Giffen?[7]

Le tortillas di mais sono una componente fondamentale della dieta messicana: un cittadino medio ne consuma circa un quintale all'anno. Alla fine degli anni Novanta il prezzo delle tortillas in Messico salì alle stelle, in conseguenza del ritiro dei sussidi governativi e della rimozione del controllo dei prezzi. Per esempio, tra il 1996 e il 1998 il prezzo delle tortillas aumentò di oltre il 40%. Un tale aumento si fece sentire particolarmente sulle famiglie messicane più povere, che rappresentano la maggior parte dei consumatori di tortillas. Alcuni lamentarono anche il fatto che l'aumento del prezzo delle tortillas diminuiva la possibilità di acquistare altri tipi di cibo. Un consumatore protestò: "Non ho altra scelta che quella di acquistare *più* tortillas e meno carne, pollo e verdure".[8]

Questa citazione fa sorgere il dubbio che le tortillas di mais in Messico possano essere un esempio di bene di Giffen. Uno studio dell'economista David McKenzie esplorò la questione andando a indagare come le famiglie messicane avessero modificato il consumo di tortillas in risposta al cambiamento di prezzo di queste e alla variazione di reddito. I dati di McKenzie si riferiscono alla fine degli anni Novanta, un periodo di tempo che fornisce terreno fertile per identificare un potenziale bene di Giffen. In questo periodo, non solo era aumentato sensibilmente il prezzo delle tortillas, ma anche il reddito medio dei messicani diminuì significativamente in seguito alla crisi del peso degli anni 1994-96. Considerando soltanto il 1995, il PNL del Messico, in termini reali, diminuì di oltre il 9%. Si potrebbe ipotizzare che le variazioni di prezzi e reddito dell'entità subita dai consumatori messicani fossero destinate ad avere un effetto sul comportamento di consumo delle famiglie.

Tuttavia, McKenzie non fu in grado di raccogliere evidenze empiriche sul fatto che le tortillas potessero essere un bene di Giffen. Trovò sicuramente che le tortillas erano un bene *inferiore*. In effetti la curva di Engel stimata da McKenzie per le tortillas era molto simile alla curva rappresentata nella Figura 5.4(b): le tortillas risultavano essere un bene normale in corrispondenza di livelli molto bassi di reddito, ma diventavano rapidamente un bene inferiore per più alti livelli di reddito. Tuttavia, la sua analisi evidenziò come l'aumento di prezzo delle tortillas ebbe un impatto significativamente *negativo* sul loro consumo, una volta tenuti in considerazione altri fattori che avrebbero potuto avere un'influenza sulla domanda, inclusi i cambiamenti demografici e di reddito. Questo risultato fu verificato per le famiglie sia considerate nel loro complesso sia considerate in corrispondenza di diversi livelli di reddito.

---

patate". Pertanto, anche se la spesa per patate costituiva effettivamente una larga parte della spesa totale dei consumatori del tempo, a bassi livelli di reddito essa poteva non essere un bene inferiore. Questa potrebbe essere la ragione per la quale gli studiosi non hanno trovato verifiche empiriche all'ipotesi che la patata sia stata un bene di Giffen in quel periodo.

Esercizio svolto 5.5   Effetto reddito ed effetto sostituzione in presenza di un aumento del prezzo

Le curve di indifferenza della Figura 5.11 rappresentano le preferenze di un consumatore per l'abitazione x e un bene composito y. Le utilità marginali di entrambi i beni sono positive.

Problema

Mostrate graficamente l'effetto reddito e l'effetto sostituzione sulla spesa per abitazione in seguito a un aumento del prezzo al metro quadrato tale per cui il consumatore passa dalla linea di bilancio BL_1 alla linea di bilancio BL_2.

Soluzione

Al prezzo iniziale, la linea di bilancio è BL_1 e il paniere ottimo di consumo è A. Questa situazione permette al consumatore di raggiungere la curva di indifferenza U_1. Quando il prezzo per metro quadrato di abitazione aumenta, la linea di bilancio diventa BL_2. Il consumatore acquista il paniere C e raggiunge la curva di indifferenza U_2.

Per rappresentare la linea di bilancio teorica BL_t, ricordate che essa è parallela alla linea di bilancio finale BL_2 e che il

---

[7] Questo esempio è tratto da D. McKenzie, "Are tortillas a Giffen Good in Mexico?", *Economics Bulletin* 15, N. 1, 2002, pp. 1-7.

[8] "Tortilla Price Hike Hits Mexico's Poorest; Cost of Traditional Staple Soared When Government Ended Subsidy", *Washington Post*, 12 gennaio 1999, p. A11.

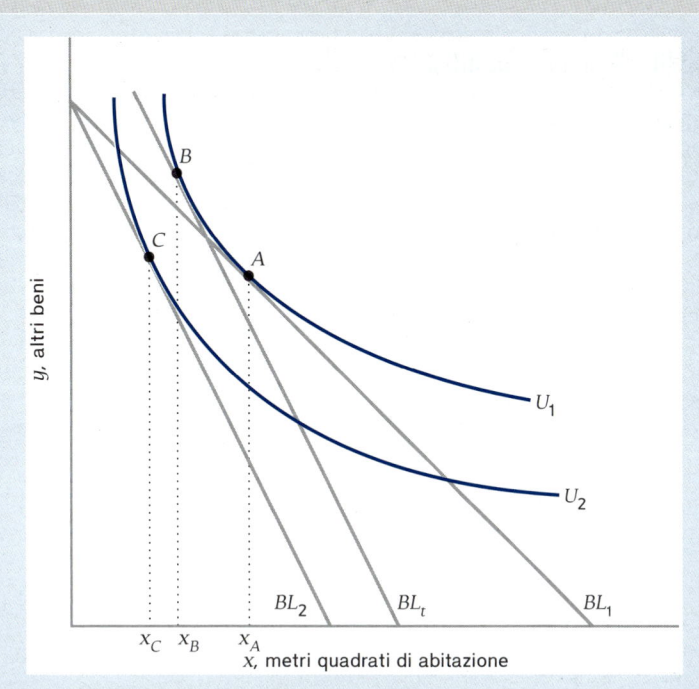

FIGURA 5.11 Effetto reddito ed effetto sostituzione in presenza di un aumento del prezzo
Nel paniere iniziale A sulla linea di bilancio BL_1, il consumatore acquista x_A metri quadrati di abitazione. Nel paniere finale C sulla linea di bilancio BL_2, il consumatore acquista x_C metri quadrati di abitazione. Nel paniere teorico B sulla linea di bilancio BL_t, il consumatore acquista x_B metri quadrati di abitazione. L'effetto sostituzione è $x_B - x_A$. L'effetto reddito è $x_C - x_B$.

paniere teorico B si trova nel punto in cui BL_t è tangente alla curva di indifferenza *iniziale* U_1 (gli studenti spesso si sbagliano nel posizionare il paniere teorico sulla curva di indifferenza finale anziché sulla curva di indifferenza iniziale!). Spostandosi dal paniere iniziale A al paniere teorico B, i metri quadrati di abitazione domandati diminuiscono da x_A a x_B. L'effetto sostituzione è dunque $x_B - x_A$. L'effetto reddito è misurato dalla variazione di metri quadrati domandati quando il consumatore passa dal paniere teorico B al paniere finale C. L'effetto reddito è dunque $x_C - x_B$.

Esercizio svolto 5.6 Effetto reddito ed effetto sostituzione con una funzione di utilità quasi-lineare

Uno studente universitario che ama particolarmente il cioccolato possiede un reddito di €10 al giorno e nell'ambito di questo reddito acquista una quantità x di cioccolato e una quantità y di bene composto. Il prezzo del bene composto è €1.

La funzione di utilità quasi-lineare $U(x,y) = 2\sqrt{x} + y$ rappresenta le preferenze dello studente (si veda il Capitolo 3 per una trattazione su questo tipo di funzioni di utilità). Per questa funzione di utilità, $MU_x = 1/\sqrt{x}$ e $MU_y = 1$.

Problema

(a) Supponete che il prezzo del cioccolato sia inizialmente €0,50 a barretta. Quante barrette di cioccolato e quante unità di bene composto compongono il paniere ottimo di consumo dello studente?

(b) Supponete che il prezzo del cioccolato scenda a €0,20 a barretta. Quante barrette di cioccolato e quante unità di bene composto compongono il paniere ottimo di consumo dello studente?

(c) Qual è l'effetto reddito e quale l'effetto sostituzione risultanti dalla diminuzione nel prezzo del cioccolato? Rappresentate graficamente i due effetti.

Soluzione

(a) In un ottimo interno, $MU_x/MU_y = P_x/P_y$, ovvero $1/\sqrt{x} = P_x$. La curva di domanda di cioccolato dello studente è quindi $x = 1/(P_x)^2$. Quando il prezzo del cioccolato è €0,50 la barretta, lo studente acquista $1/(0,5)^2 = 4$ barrette al giorno.
È possibile determinare il numero di unità di bene composto dall'equazione della linea di bilancio $P_x x + P_y y = I$. Sostituendo con i dati del problema, l'equazione della linea di bilancio diventa $(0,5)(4) + (1)y = 10$, dunque lo studente acquista $y = 8$ unità di bene composto.

(b) Per determinare la domanda di cioccolato quando il prezzo diminuisce a €0,20 la barretta, usiamo la curva di domanda del punto (a). Lo studente acquista $x = 1/(0,2)^2 = 25$ barrette di cioccolato, una volta che il prezzo è diminuito. L'equazione della linea di bilancio diventa $(0{,}2)(25) + (1)y = 10$, dunque acquista 5 unità del bene composito.

(c) Nei primi due punti di questo problema si è trovato tutto ciò che è necessario sapere sul paniere iniziale A e sul paniere finale C. La Figura 5.12 illustra i due panieri.

Per determinare l'effetto reddito e l'effetto sostituzione, è necessario trovare il paniere teorico B. Due informazioni sono note, in corrispondenza di questo paniere. In primo luogo, l'utilità del consumatore nel paniere B deve essere uguale a quella del paniere iniziale A, dove $x = 4$, $y = 8$ e, quindi, $U_1 = 2\sqrt{x} + 8 = 12$. Pertanto, nel paniere B, $2\sqrt{x} + y = 12$. In secondo luogo, la pendenza della linea di bilancio teorica in corrispondenza del paniere B deve essere la stessa della linea di bilancio finale in corrispondenza del paniere C - ovvero, $MU_x/MU_y = P_x/P_y$. Dato che $MU_x = 1/\sqrt{x}$, che $MU_y = 1$ e che, in corrispondenza del paniere C, $P_x = 0{,}20$ e $P_y = 1$, l'equazione si semplifica in $1/\sqrt{x} = 0{,}20$. Risolvendo queste due equazioni a due variabili, si trova che il paniere B è composto da $x = 25$ e $y = 2$. In Figura 5.12 è rappresentato anche il paniere B.

L'effetto sostituzione è il cambiamento nella quantità domandata di cioccolato quando il consumatore si sposta dal paniere A (nel quale acquista 4 barrette di cioccolato) al paniere teorico B (nel quale acquista 25 barrette di cioccolato). L'effetto sostituzione è quindi $25 - 4 = 21$ barrette di cioccolato. L'effetto reddito è il cambiamento nella quantità domandata di cioccolato quando il consumatore si sposta dal paniere teorico B al paniere finale C. Poiché in B e in C lo studente consuma la stessa quantità di cioccolato, l'effetto reddito è zero.

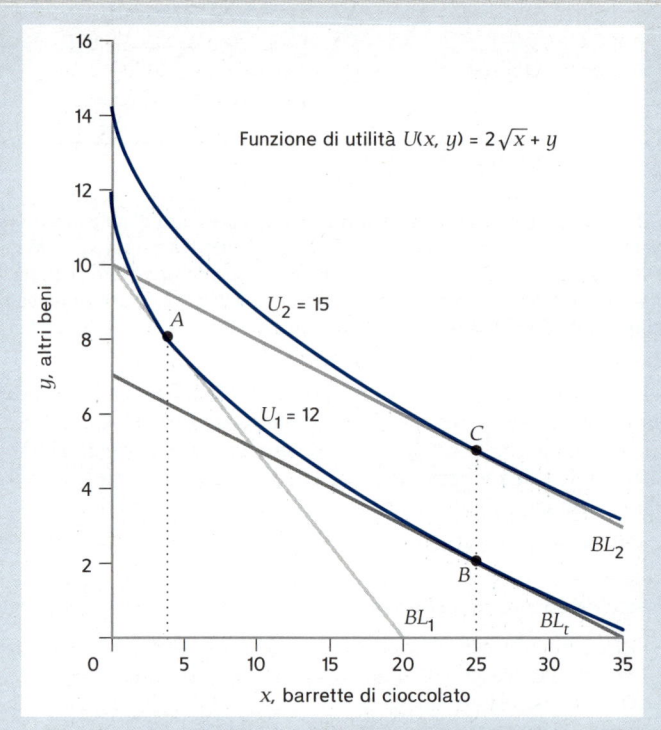

FIGURA 5.12 Effetto reddito ed effetto sostituzione con una funzione di utilità quasi-lineare
Nel paniere iniziale A sulla linea di bilancio BL_1, il consumatore acquista 4 barrette di cioccolato al prezzo di €0,50 a barretta. Nel paniere finale C sulla linea di bilancio BL_2, il consumatore acquista 25 barrette di cioccolato al prezzo di €0,20 a barretta. Nel paniere teorico B sulla linea di bilancio BL_t, il consumatore acquista ancora 25 barrette di cioccolato al prezzo di €0,20 a barretta. L'effetto sostituzione è $25 - 4 = 21$ barrette. L'effetto reddito è $25 - 25 = 0$ barrette.

Fino a questo punto, gli esempi effettuati sull'effetto reddito e sull'effetto sostituzione sono stati in relazione a diminuzioni di prezzo. L'Esercizio svolto 5.5 mostra come operano questi effetti in seguito a un *aumento* di prezzo.

L'Esercizio svolto 5.6 mostra una delle proprietà tipiche delle funzioni di utilità quasi-lineari con utilità marginale costante per y e curve di indifferenza convesse rispetto all'origine degli assi. Quando i prezzi sono costanti, in corrispondenza di un ottimo interno, il consumatore acquisterà la stessa quantità di x al variare del reddito. In altri termini, la curva reddito-consumo può essere rappresentata come una retta verticale e l'effetto reddito associato al cambiamento di prezzo di x sarà zero, come rappresentato nella Figura 5.7.

5.2.4 Approfondimento del concetto di effetto sostituzione: il metodo di Slutsky NO

Abbiamo visto che l'effetto sostituzione individua la variazione nella quantità consumata al variare dei prezzi relativi, mantenendo costante il livello di utilità. In questo paragrafo approfondiremo questo concetto, poiché vi sono due possibili interpretazioni di questo effetto e cioè due possibili modi di intendere il paniere teorico.

La prima è quella adottata finora: dati i nuovi prezzi, si individua la compensazione, in termini di reddito, che permette al consumatore di mantenere costante l'utilità che trae dal paniere iniziale. Questa definizione consente di individuare l'*effetto sostituzione di Hicks* (dal nome di Sir John Hicks, celebre economista di Oxford). La seconda possibile interpretazione è quella che considera una diversa compensazione in seguito alla variazione del prezzo relativo, e cioè quella che consente di acquistare, appena appena, il paniere iniziale: questa definizione permette di individuare l'*effetto sostituzione di Slutsky*.

Per variazioni del prezzo sufficientemente piccole è facile dimostrare che i due effetti di sostituzione, quello di Hicks e quello di Slutsky, tendono a coincidere. In generale però si tratta di effetti diversi fra loro, come indicato nella Figura 5.13.

Nel grafico (a), osserviamo che il vincolo di bilancio $B_{C,Hicks}$ si ottiene muovendo in parallelo nel piano il vincolo finale B_2 fino a raggiungere la curva di indifferenza iniziale, cioè un paniere che garantisce il livello di utilità iniziale. Nel grafico (b), osserviamo che il vincolo di bilancio $B_{C,Slutsky}$ si ottiene spostando parallelamente il vincolo finale B_2 fino al raggiungimento del paniere ottimo iniziale, e_1. Quali sono le differenze fra questi due panieri intermedi teorici? Innanzitutto osserviamo che in entrambi i casi l'effetto sostituzione è di segno opposto rispetto alla variazione di prezzo. Nel caso di Hicks, il punto $e_{C,Hicks}$ si trova sulla curva d'indifferenza iniziale in corrispondenza di un paniere che contiene una minor quantità del bene x, da x_1 a $x_{C,Hicks}$. Nel caso di Slutsky, il punto $e_{C,Slutsky}$ si trova su una curva d'indifferenza diversa da quella iniziale; ma, poiché il vincolo di bilancio che passa per $e_{C,Slutsky}$ passa anche per e_1, il consumatore può permettersi entrambi i panieri. Scegliendo il paniere $e_{C,Slutsky}$ il consumatore sperimenta, anche in questo caso, una riduzione del consumo del bene x, da x_1 a $x_{C,Slutsky}$. La differenza tra i due effetti sta nel maggiore o minore spostamento nel piano del vincolo di bilancio finale al fine di determinare il paniere intermedio. In altri termini, la differenza fra i due effetti sta nell'ammontare di reddito usato per il calcolo del paniere intermedio: con il metodo di Hicks questo reddito è quello sufficiente a garantire il livello di utilità iniziale, mentre con il metodo di Slutsky è quello sufficiente ad acquistare il paniere iniziale. In entrambi i casi, però, l'effetto ha segno opposto alla variazione di prezzo. Si noti infine che il paniere ottimo teorico nel caso di Slutsky si situa su una curva di indifferenza corrispondente a un livello di utilità più alto di quello iniziale, garantito invece dal paniere teorico di Hicks. Pertanto, se si volesse compensare un consumatore per l'utilità perduta in seguito alla variazione del prezzo relativo si dovrebbe far riferimento a quest'ultimo paniere teorico e non a quello di Slutsky, che invece sovracompenserebbe, in termini di utilità, il consumatore (si veda il Paragrafo 5.3.2).

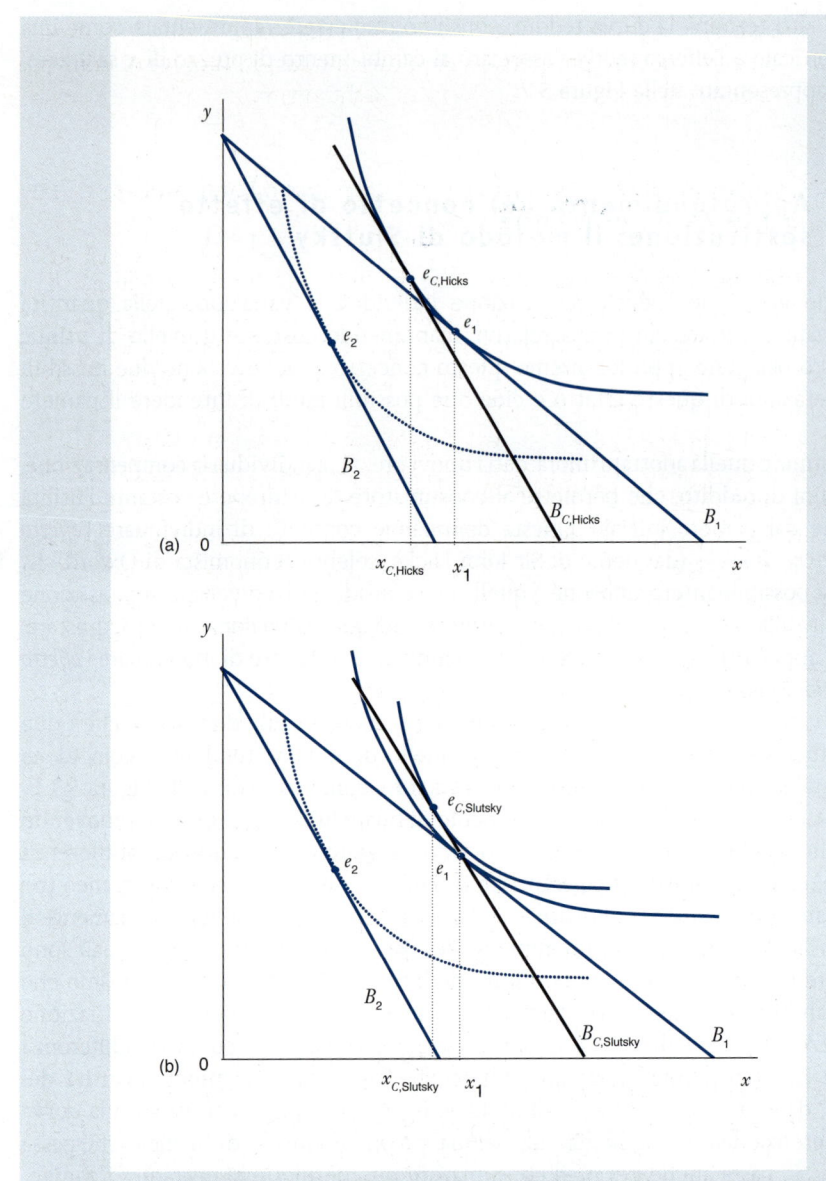

FIGURA 5.13 Confronto fra effetto sostituzione di Slusky ed effetto sostituzione di Hicks
In seguito all'aumento del prezzo del bene x il vincolo di bilancio ruota verso l'interno. Nel grafico (a) il vincolo di bilancio intermedio (o teorico) $B_{C,Hicks}$ è parallelo a B_2 e tangente alla stessa curva d'indifferenza del paniere ottimo iniziale. Nel grafico (b) il vincolo di bilancio intermedio $B_{C,Slutsky}$ è parallelo a B_2 ma passa per il paniere scelto dal consumatore al prezzo iniziale, e_1.

5.3 • Il cambiamento di prezzo di un bene: il concetto di surplus del consumatore

SURPLUS DEL CONSUMATORE La differenza tra la somma massima che un consumatore è disposto a pagare per un bene e la somma che effettivamente deve pagare per acquistare quel bene.

Il **surplus del consumatore** è la differenza tra l'ammontare massimo che il consumatore è disposto a pagare per un bene e ciò che egli effettivamente paga per quel bene scambiato sul mercato. Misura pertanto il benessere del consumatore all'acquisto di un bene e rappresenta un valido strumento per valutare l'impatto di un cambiamento di prezzo sul suo benessere. In questo paragrafo si analizzerà tale impatto da due diverse prospettive: dapprima studiando la curva di domanda e, successivamente, studiando il diagramma di scelta ottima.

5.3.1 Comprendere il surplus del consumatore attraverso la curva di domanda

Nel paragrafo precedente si è studiato come cambiamenti di prezzo influenzino le decisioni del consumatore e la sua utilità, nei casi in cui la funzione di utilità era nota. Se non si conosce la funzione di utilità, ma si conosce la curva di domanda, si può usare il surplus del consumatore per misurare quale impatto ha sul consumatore un cambiamento di prezzo del bene.

Si cominci da un esempio. Si supponga di voler acquistare una particolare automobile per la quale si è disposti a spendere al massimo €15 000. Sul mercato è possibile acquistarla per €12 000. Dal momento che il prezzo effettivo sul mercato è inferiore al prezzo massimo al quale si è disposti ad acquistarla, l'auto viene comperata. Così facendo, il consumatore gode di un surplus di €3000. Il surplus del consumatore è il beneficio economico netto derivante dall'acquisto, ovvero, l'ammontare massimo che si è disposti a spendere (€15 000) meno l'ammontare effettivamente speso (€12 000).

Naturalmente, per molti tipi di beni si vorrebbe consumare più di una unità. La curva di domanda di un bene simile rappresenta, come si è già studiato, la disponibilità a pagare per quel bene. Per esempio, si supponga un consumatore/tennista che ami giocare a tennis e che debba pagare l'affitto del campo da tennis per un'ora ogni volta che vuole giocare. La curva di domanda di ore di affitto del campo è rappresentata nella Figura 5.14. Essa mostra che il consumatore è disposto a pagare ogni mese fino a €25 per la prima ora, €23 per la seconda, €21 per la terza e così via. La curva di domanda è inclinata negativamente poiché l'utilità marginale derivante dal giocare a tennis è decrescente.

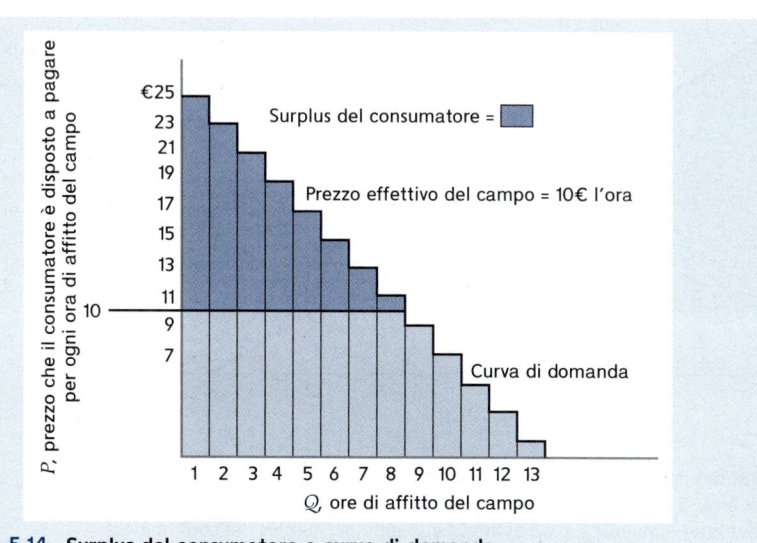

FIGURA 5.14 Surplus del consumatore e curva di domanda
L'area più scura sotto la curva di domanda, ma sopra il prezzo di €10 l'ora che il consumatore deve pagare, indica il surplus del consumatore per ogni ora addizionale di uso del campo da tennis. Per un uso del campo di otto ore, il surplus del consumatore è di €64.

Si supponga che un'ora di affitto del campo costi €10. A quel livello di prezzo, la curva di domanda indica che il consumatore giocherà a tennis, in un mese, per otto ore, dal momento che è disposto a pagare €11 per l'ottava ora, ma solo €9 per la nona e ancora meno per quelle successive.

Qual è il surplus che il consumatore ricava dal giocare a tennis otto ore al mese? Per determinarlo, è necessario sommare tutti i surplus derivanti da ogni unità consumata, ovvero ogni ora giocata. Il surplus per la prima ora è €15 (i €25 che è disposto a pagare meno i €10 che effettivamente paga). Il surplus per la seconda ora è €13. Il surplus derivante dall'uso (consumo) del campo per otto ore durante un mese è in totale di €64 (la somma dei surplus di ognuna delle otto ore, ovvero €15 + €13 + €11 + €9 + €7 + €5 + €3 + €1).

Come mostra l'esempio, il surplus del consumatore è l'area al di sotto della curva di domanda e al di sopra del prezzo che il consumatore effettivamente paga per quel bene. La curva di domanda nella Figura 5.14 è stata rappresentata con

---

Esercizio svolto 5.7   **Il surplus del consumatore: un'analisi attraverso la curva di domanda**

Supponete che l'equazione $Q = 40 - 4P$ rappresenti la curva di domanda mensile di latte di un consumatore, dove Q è il numero di litri di latte acquistati per un prezzo P di dollari al litro.

Problema

(a) Qual è il surplus mensile del consumatore se il prezzo del latte è €3 al litro?
(b) Qual è l'*aumento* del surplus del consumatore se il prezzo diminuisce a €2 al litro?

Soluzione

(a) La Figura 5.15 mostra la curva di domanda di latte. Al prezzo di €3, il consumatore acquisterà 28 litri di latte.
Il surplus del consumatore è l'area sotto la curva di domanda e sopra il prezzo di €3 – ovvero, l'area del triangolo G, equivalente a $(1/2)(10 - 3)(28) = $ €98.

(b) Se il prezzo del latte scende da €3 a €2, il consumatore acquisterà 32 litri di latte. Il surplus del consumatore *aumenterà* dell'area H (€28) e dell'area I (€2), quindi di €30. Il surplus totale del consumatore sarà ora di €128 ($G + H + I$).

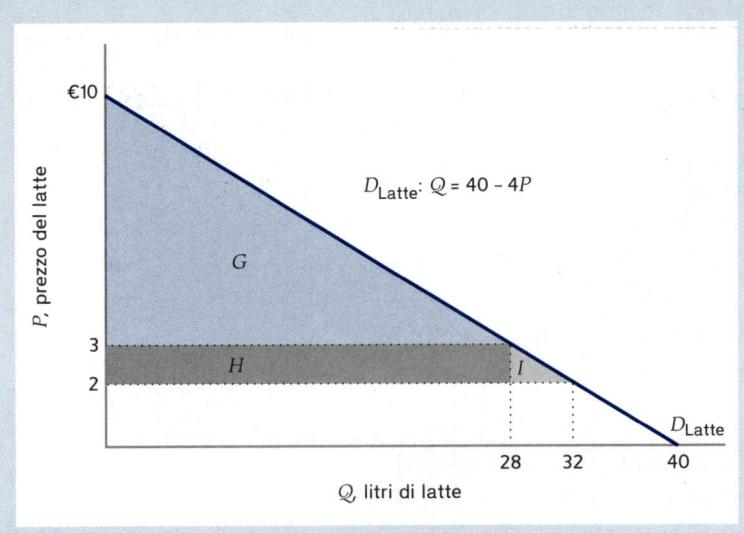

FIGURA 5.15 Surplus del consumatore e curva di domanda
Quando il prezzo del latte è €3 al litro, il surplus del consumatore è = area del triangolo G = €98. Se il prezzo del latte diminuisce a €2 al litro, l'aumento nel surplus del consumatore è = somma delle aree H (€28) e I (€2) = €30. Il surplus totale del consumatore per il prezzo di €2 al litro è = €98 + €30 = €128.

una serie di barre che mostrano il surplus del consumatore per ogni unità acquistata. In realtà, tuttavia, una tipica curva di domanda è una funzione continua che può essere definita da un'equazione algebrica. Anche in questo caso (una curva di domanda lineare), il concetto di surplus del consumatore è lo stesso.

Come dimostreremo, l'area al di sotto della curva di domanda misura esattamente il beneficio netto del consumatore solamente se egli non risente di alcun effetto reddito in quell'intervallo corrispondente alla variazione di prezzo. È un'ipotesi ragionevole, ma se non è soddisfatta, allora l'area al di sotto della curva di domanda non misurerà in modo esatto il beneficio netto del consumatore. Per il momento, si ipotizzi che non vi sia alcun effetto reddito, in modo che non si debba tenere conto di questa eventuale complicazione del modello.

5.3.2 Comprendere il surplus del consumatore attraverso il diagramma di scelta ottima: la variazione compensativa e la variazione equivalente

Si è già visto come un cambiamento di prezzo influenzi il livello di utilità di un consumatore. Tuttavia, non esiste un'unità di misura tipica per l'utilità. Gli economisti usano sovente misurare in termini monetari l'impatto di un cambiamento di prezzo sul benessere del consumatore. Come stimare il valore monetario che il consumatore assegnerebbe a un cambiamento di prezzo del bene? In questo paragrafo verranno utilizzati i diagrammi di scelta ottima per studiare due modi ugualmente validi di rispondere alla domanda posta.

- In primo luogo, si analizzerà a quanta parte di reddito il consumatore sarà disposto a rinunciare *dopo* la riduzione di prezzo, o di quanto reddito ulteriore il consumatore avrà bisogno in seguito all'aumento del prezzo per mantenere lo stesso livello di utilità che aveva *prima* del cambiamento di prezzo. Questa variazione di reddito è chiamata **variazione compensativa** (perché è la variazione di reddito che compenserebbe esattamente il consumatore in seguito al cambiamento di prezzo).
- In secondo luogo, si analizzerà di quanto reddito ulteriore il consumatore avrà bisogno *prima* della riduzione di prezzo, o di quanto reddito in meno il consumatore avrà bisogno prima dell'aumento di prezzo perché il consumatore disponga dello stesso livello di utilità che avrebbe *dopo* il cambiamento di prezzo. Questa variazione di reddito è chiamata **variazione equivalente** (perché è la variazione di reddito che avrebbe sul consumatore un impatto equivalente al cambiamento di prezzo).

Il diagramma di scelta ottima rappresentato in Figura 5.16 illustra il caso in cui il consumatore acquisti due beni, cibo x e capi di abbigliamento y. Il prezzo di un capo di abbigliamento è €1. Il prezzo del cibo è inizialmente P_{X1} e diminuisce successivamente a P_{X2}. Se il reddito del consumatore non cambia, la linea di bilancio si sposta da BL_1 a BL_2 e il paniere ottimo passa da A a C.

La variazione compensativa è la differenza tra il reddito necessario per acquistare il paniere A al prezzo *iniziale* P_{X1} e il reddito necessario per acquistare il paniere teorico B al *nuovo* prezzo P_{X2}. Il paniere B si trova nel punto in cui una retta parallela alla linea di bilancio *finale* BL_2 è tangente alla curva di indifferenza *iniziale* U_1.

La variazione equivalente è la differenza tra il reddito necessario per acquistare il paniere A al prezzo *iniziale* P_{X1} e il reddito necessario per acquistare il paniere E al prezzo *iniziale* P_{X1}. Il paniere E si trova nel punto in cui una retta parallela alla linea di bilancio *iniziale* BL_1 è tangente alla curva di indifferenza *finale* U_2.

> **VARIAZIONE COMPENSATIVA** La misura monetaria di quanto denaro un consumatore sarebbe disposto a rinunciare dopo la riduzione di prezzo del bene per mantenere lo stesso livello di benessere iniziale, ovvero prima della riduzione del prezzo.
>
> **VARIAZIONE EQUIVALENTE** La misura monetaria di quanto denaro in più un consumatore richiederebbe prima di una riduzione di prezzo del bene per avere il livello di benessere che avrebbe dopo la riduzione del prezzo.

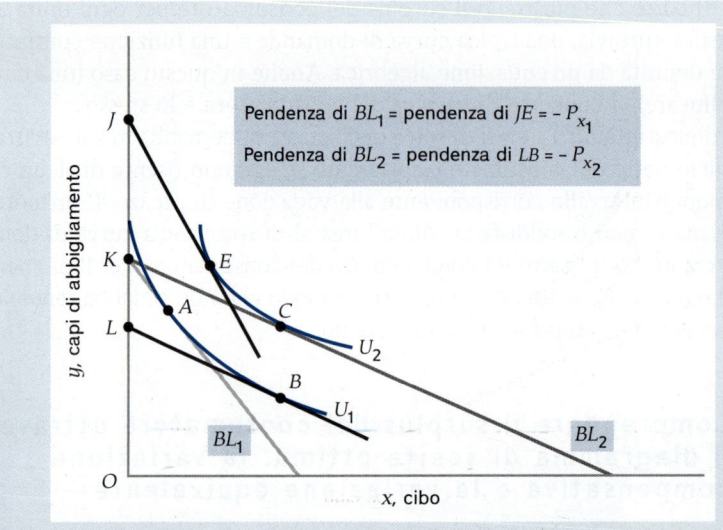

FIGURA 5.16 Variazione compensativa e variazione equivalente con effetto reddito positivo
Il cambiamento di prezzo da P_{X1} a P_{X2} provoca un effetto reddito positivo, dunque la variazione compensativa (la lunghezza del segmento KL) e la variazione equivalente (la lunghezza del segmento JK) non sono uguali. In questo caso, $JK > KL$.

Pendenza di BL_1 = pendenza di JE = $-P_{X_1}$
Pendenza di BL_2 = pendenza di LB = $-P_{X_2}$

In termini grafici, la variazione compensativa e la variazione equivalente sono semplicemente due diversi modi di misurare la *distanza* tra la curva di indifferenza iniziale e la curva di indifferenza finale. Dal momento che il prezzo dell'abbigliamento y è €1, il segmento OK misura il reddito del consumatore. Il segmento OL misura il reddito necessario per acquistare il paniere B al *nuovo* prezzo del cibo P_{X2}. La differenza (il segmento KL) è la variazione compensativa. I panieri B e A sono sulla stessa curva di indifferenza U_1, pertanto il consumatore accetterebbe una riduzione di reddito pari a KL se potesse acquistare il cibo a un prezzo più basso.

Per individuare la variazione equivalente si noti che, come prima, il segmento OK misura il reddito del consumatore, poiché P_y = €1. Il segmento OJ misura il reddito necessario per acquistare il paniere E al *precedente* prezzo del cibo P_{X1}. La differenza (il segmento KJ) è la variazione equivalente. I panieri E e C giacciono sulla stessa curva di indifferenza, pertanto il consumatore domanderebbe un aumento di reddito pari a KJ per essere indifferente (in termini di utilità) fra l'acquisto di cibo al prezzo iniziale più alto e l'acquisto di cibo al prezzo finale più basso.

In generale, la dimensione della variazione compensativa (il segmento KL) e la dimensione della variazione equivalente (segmento KJ) non saranno uguali, perché il cambiamento di prezzo provoca un effetto reddito diverso da zero (nella Figura 5.16, C si trova sopra B, quindi l'effetto reddito è positivo). Questa è la ragione per la quale è necessario essere attenti quando si cerca di misurare il valore monetario che un consumatore associa a un cambiamento di prezzo.

Come rappresentato nella Figura 5.17, tuttavia, se la funzione di utilità è quasi-lineare, la variazione compensativa e la variazione equivalente saranno uguali, dal momento che il cambiamento di prezzo avrebbe un effetto reddito uguale a zero (come visto nell'Esercizio svolto 5.6). Graficamente, ciò è rappresentato dal fatto che le curve di indifferenza associate a una funzione di utilità quasi-lineare sono parallele: la distanza verticale tra due curve qualunque è la stessa per ogni valore di x.[9] Pertanto, nella Figura 5.17, dove il paniere C si trova direttamente sopra il

---

[9] Si supponga che la funzione di utilità $U(x,y)$ sia quasi-lineare, così che $U(x,y) = f(x) + ky$, dove k è una costante positiva. Dal momento che U aumenta sempre di k unità ogni qual volta y aumenta di 1

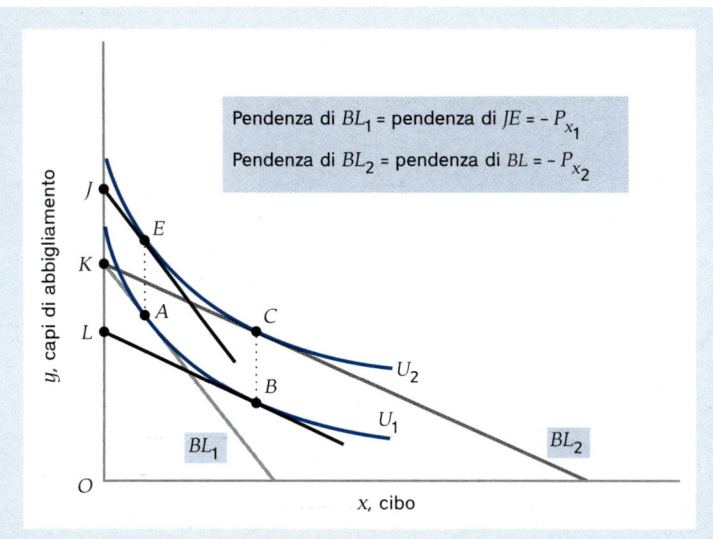

FIGURA 5.17 Variazione compensativa e variazione equivalente senza effetto reddito (con funzione di utilità quasi-lineare)
La funzione di utilità è quasi-lineare, quindi le curve di indifferenza U_1 e U_2 sono parallele e non vi è effetto reddito (C si trova esattamente sopra B ed E giace esattamente sopra ad A). La variazione compensativa (KL) e la variazione equivalente (JK) sono uguali.

paniere B e il paniere E si trova direttamente sopra il paniere A, la distanza verticale CB è uguale alla distanza verticale EA. Si noti ora che la variazione compensativa, in questa figura, è rappresentata dalla lunghezza del segmento JK (che è uguale a EA) e la variazione equivalente è rappresentata dalla lunghezza del segmento KL (che è uguale a CB). Se $JK = EA$ e $KL = CB$, allora $JK = KL$ - ovvero, la variazione compensativa e la variazione equivalente devono essere uguali.

Inoltre, *se non vi è effetto reddito, non solo la variazione compensativa e la variazione equivalente sono uguali tra di loro, ma sono anche uguali alla variazione di surplus del consumatore (la variazione dell'area sotto la curva di domanda, in seguito a un cambiamento di prezzo)*. Questo punto importante è ripreso nell'Esercizio svolto 5.8 e nella spiegazione che segue l'esercizio.

Esercizio svolto 5.8 Variazione compensativa e variazione equivalente senza effetto reddito

Come nell'Esercizio svolto 5.6, uno studente consuma cioccolato e "altri beni" secondo una funzione di utilità quasi-lineare $U(x,y) = 2\sqrt{x} + y$. Il suo reddito è €10 al giorno e il prezzo del bene composto y è €1 l'unità. Per questa funzione di utilità, $MU_x = 1/\sqrt{x}$ e $MU_y = 1$. Si supponga che il prezzo del cioccolato sia €0,50 a barretta e che successivamente diminuisca a €0,20 a barretta.

Problema

(a) Qual è la variazione compensativa della riduzione di prezzo del cioccolato?
(b) Qual è la variazione equivalente della riduzione di prezzo del cioccolato?

Soluzione

(a) Considerate il diagramma di scelta ottima rappresentato in Figura 5.18. La variazione compensativa è la differenza tra il reddito (€10) e il reddito di cui il consumatore avrebbe bisogno per acquistare il paniere teorico B al *nuovo* prezzo del cioccolato, €0,20. In corrispondenza del paniere B, egli acquista 25 unità di cioccolato e 2 unità di bene composto, pertanto gli sarebbe necessario un reddito $P_x x + P_y y = (€0,20)(25) + (€1)(2) = €7$. Alla diminuzione di prezzo del cioccolato da €0,50 a €0,20 a barretta, lo studente sarebbe disposto a veder ridotto il suo reddito da €10 a €7 (un cambiamento di €3). Quindi la variazione compensativa è pari a €3.

---

unità, si deduce che $MU_y = k$. Pertanto, l'utilità marginale di y è costante. Per ogni dato livello di x, $\Delta U = k\Delta y$, quindi la distanza verticale tra le curve di indifferenza sarà $y_2 - y_1 = (U_2 - U_1)/k$. Si noti che tale distanza verticale tra le curve di indifferenza è la stessa per tutti i valori di x. Questa è la ragione per la quale le curve di indifferenza sono *parallele*.

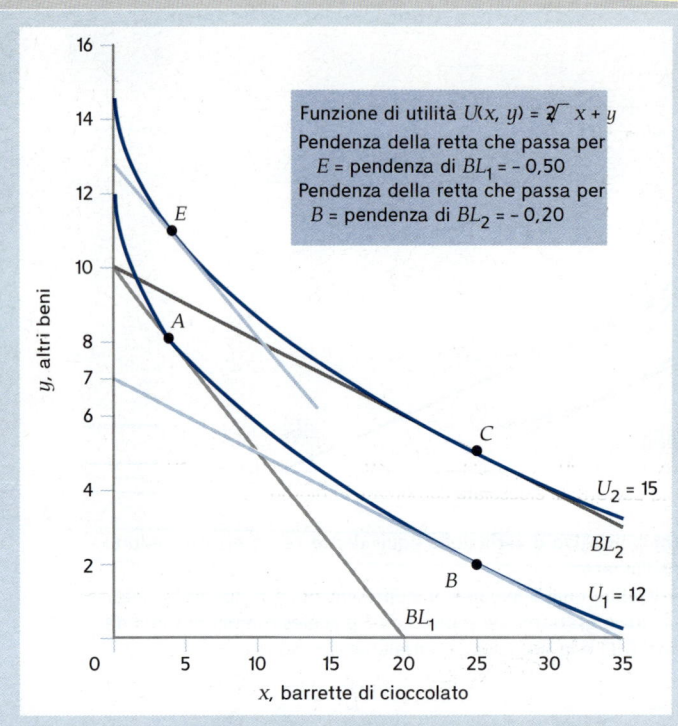

FIGURA 5.18 Variazione compensativa e variazione equivalente senza effetto reddito
Il reddito del consumatore è €10 e il prezzo del bene composito y è €1 a unità. Quando il prezzo del cioccolato è €0,50 a barretta, la linea di bilancio del consumatore è BL_1 e acquista il paniere A con utilità U_1. Dopo che il prezzo del cioccolato è diminuito a €0,20 a barretta, la linea di bilancio diventa BL_2 e il consumatore acquista il paniere C con utilità U_2. Per raggiungere il livello di utilità U_1 dopo la diminuzione di prezzo, potrebbe acquistare il paniere B per €7: la variazione compensativa è dunque €10 − €7 = €3. Per raggiungere il livello di utilità U_2 prima della diminuzione di prezzo, potrebbe acquistare il paniere E per €13: la variazione equivalente è dunque €13 − €10 = €3. Quando non vi è effetto reddito (come in questo esempio, poiché la funzione di utilità è quasi-lineare), la variazione compensativa e la variazione equivalente sono identiche.

(b) Nella Figura 5.18, la variazione equivalente è la differenza tra il reddito di cui lo studente avrebbe bisogno per acquistare il paniere E al prezzo *iniziale* di €0,50 a barretta di cioccolato e il suo reddito effettivo (€10). Per determinare la variazione equivalente, è necessario determinare la posizione del paniere E. Si sa che questo giace sulla curva di indifferenza U_2, che ha un valore di utilità pari a 15. Quindi, nel paniere E, $2\sqrt{x} + y = 15$. È altresì noto che, in corrispondenza del paniere E, la pendenza della curva di indifferenza finale U_2 ($-MU_x/MU_y$) deve essere uguale alla pendenza della linea di bilancio iniziale BL_1 ($-P_x/P_y$), ovvero che $(1/\sqrt{x})/1 = 0,5/1$, quindi $x = 4$. Sostituendo il valore di x nell'equazione $2\sqrt{x} + y = 15$, si trova che $y = 11$. Pertanto, nel paniere E, il consumatore acquisterà 4 barrette di cioccolato e 11 unità di bene composito. Per acquistare il paniere E al prezzo *iniziale* di €0,50 a barretta, lo studente avrebbe bisogno di un reddito $P_x x + P_y y = (€0,50)(4) + (€1)(11) = €13$. La variazione equivalente è la differenza tra questo valore (€13) e il reddito (€10), dunque €3. Quindi la variazione equivalente e la variazione compensativa hanno valore uguale.

Considerando sempre il consumatore dell'Esercizio svolto 5.8, vediamo cosa accade se si cerca di misurare la variazione di surplus del consumatore considerando la variazione dell'area sotto la curva di domanda di cioccolato. Nell'Esercizio svolto 5.6, la funzione di domanda di cioccolato era $x = 1/(P_x)^2$. La Figura 5.19 mostra la curva di domanda di cioccolato. Quando il prezzo di cioccolato diminuisce da €0,50 a €0,20 a barretta, il consumo giornaliero di cioccolato aumenta da 4 barrette a 25 barrette. L'area colorata nella figura mostra l'aumento di surplus del consumatore quando il prezzo delle barrette diminuisce. L'ampiezza dell'area colorata è pari a €3, esattamente uguale

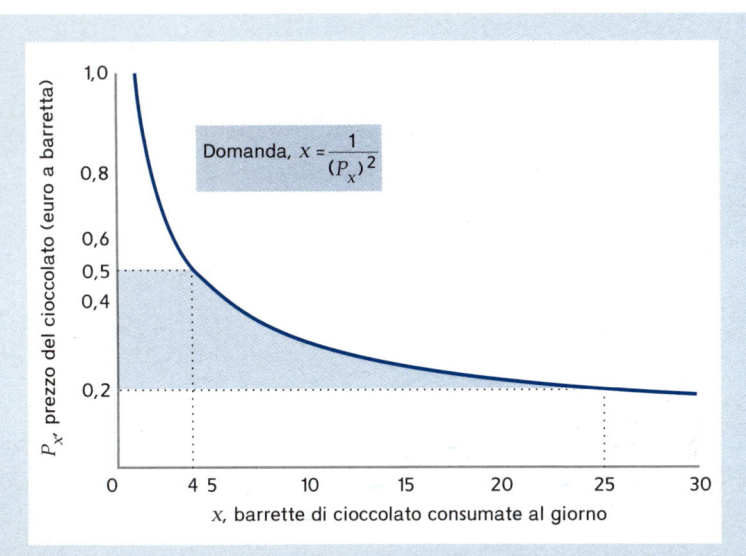

FIGURA 5.19 Il surplus del consumatore senza effetto reddito
Se il prezzo del cioccolato diminuisce da €0,50 a €0,20 a barretta, lo studente ne aumenta il consumo da 4 a 25 barrette al giorno. Il suo surplus aumenta dell'area colorata, pari a €3 al giorno.

alla variazione compensativa e alla variazione equivalente. Pertanto, la variazione di area sotto la curva di domanda misura esattamente il valore monetario di un cambiamento di prezzo quando la funzione di utilità è quasi-lineare (ovvero, quando non vi è effetto reddito).

Come è già stato notato, se vi è un effetto reddito, la variazione compensativa e la variazione equivalente daranno misure *diverse* del valore monetario che il consumatore attribuisce alla riduzione di prezzo del bene. Inoltre, ognuna di queste misure sarà generalmente diversa rispetto alla variazione dell'area sotto la curva di domanda. Tuttavia, se l'effetto reddito è piccolo, la variazione equivalente e la variazione compensativa potrebbero essere simili, e quindi l'area al di sotto

---

Esercizio svolto 5.9 Variazione compensativa e variazione equivalente con effetto reddito

Come nell'Esercizio svolto 5.4, vi sia un consumatore che acquista due beni, il cibo x e l'abbigliamento y. La sua funzione di utilità è $U(x,y) = xy$. Il suo reddito settimanale è di €72 e il prezzo di un capo di abbigliamento è P_y = €1. Le sue utilità marginali sono $MU_x = y$ e $MU_y = x$. Si supponga ora che il prezzo di un'unità di cibo diminuisca da €9 l'unità a €4 l'unità.

Problema

(a) Qual è la variazione compensativa della riduzione di prezzo del cibo?
(b) Qual è la variazione equivalente della riduzione di prezzo del cibo?

Soluzione

(a) Si consideri il diagramma di scelta ottima di Figura 5.20. La variazione compensativa è la differenza tra il reddito effettivo del consumatore (€72) e il reddito che gli sarebbe necessario per acquistare il paniere teorico B al *nuovo* prezzo di €4. Nel paniere in parola, acquista 6 unità di cibo e 24 capi di abbigliamento, quindi avrebbe bisogno di $P_x x + P_y y$ = €4(6) + €1(24) = €48. Il consumatore sarebbe disposto a vedere il suo reddito ridotto da €72 a €48 se il prezzo del cibo scendesse da €9 a €4. Quindi, la variazione compensativa associata alla riduzione di prezzo è di €24.

(b) Nella Figura 5.20, la variazione equivalente è la differenza tra il reddito necessario per acquistare il paniere E al prezzo *iniziale* di €9 per unità di cibo e il reddito effettivo (€72). Per determinare la variazione equivalente, è necessario determinare la posizione del paniere E. Si sa che il paniere E giace sulla curva di indifferenza finale U_2, che ha un valore di utilità pari a 324. Quindi, in corrispondenza del paniere E, xy = 324. È altresì noto che, in corrispondenza del paniere E, la pendenza della curva di indifferenza finale U_2 ($-MU_x/MU_y$) deve essere uguale alla pendenza della linea di bilancio iniziale BL_1 ($-P_x/P_y$) ovvero y/x = 9/1

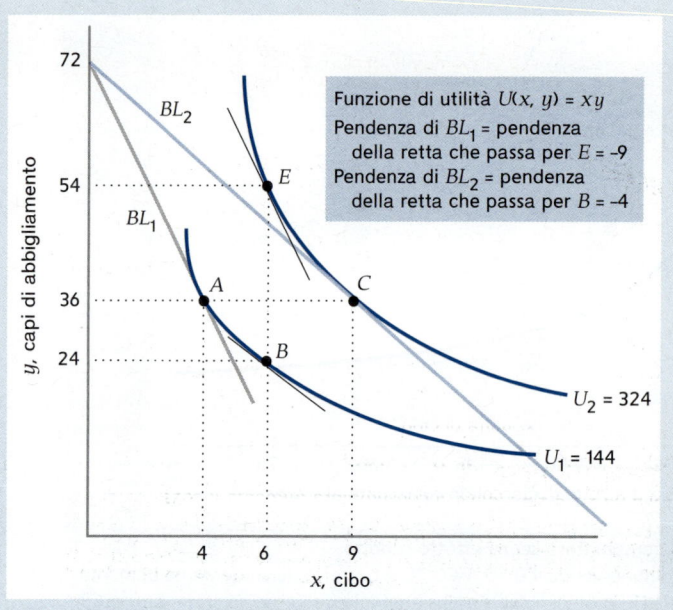

FIGURA 5.20 Variazione compensativa e variazione equivalente con effetto reddito
Il reddito del consumatore è €72 e il prezzo di un capo di abbigliamento y è €1. Quando il prezzo del cibo è €9 l'unità, la linea di bilancio del consumatore è BL_1 ed egli acquista il paniere A con un livello di utilità U_1. Dopo che il prezzo è diminuito a €4 l'unità, la linea di bilancio diventa BL_2, egli acquista il paniere C e raggiunge un livello di Utilità U_2. Per raggiungere il livello di utilità U_1 dopo la diminuzione di prezzo, dovrebbe avere un reddito di €48, necessario per acquistare il paniere B. La variazione compensativa è dunque di €72 − €48 = €24. Per raggiungere l'utilità U_2 prima della diminuzione di prezzo, avrebbe bisogno di un reddito pari a €108, necessario per acquistare il paniere E. Pertanto la variazione equivalente è €108 − €72 = €36. Quando vi è un effetto reddito (il paniere E non è esattamente sopra il paniere A, e il paniere C non è esattamente sopra il paniere B), la variazione compensativa e la variazione equivalente sono generalmente diverse.

che si riduce a $y = 9x$. Risolvendo queste due equazioni a due variabili, si ottiene $x = 6$ e $y = 54$. Pertanto, in corrispondenza del paniere E il consumatore acquista 6 unità di cibo e 54 capi di abbigliamento. Per acquistare il paniere E al prezzo iniziale del cibo di €9 l'unità, il consumatore avrebbe bisogno di un reddito pari a $P_x x + P_y y$ = €9(6) + €1(54) = €108. La variazione equivalente è la differenza tra questo ammontare (€108) e il suo reddito effettivo (€72), ovvero €36. Pertanto la variazione equivalente (€24) e la variazione compensativa (€36) non sono uguali.

della curva di domanda potrebbe essere una buona approssimazione (ma non la misura esatta) della variazione compensativa e della variazione equivalente.

Considerando sempre l'Esercizio svolto 5.9, vediamo cosa accade se si misura il surplus del consumatore utilizzando l'area sotto la curva di domanda di cibo. Nell'Esercizio svolto 5.4, si è visto che tale funzione di domanda è $x = I/(2P_x)$. La Figura 5.20 mostra la curva di domanda per un reddito pari a €72. Quando il prezzo del cibo diminuisce da €9 a €4 l'unità, il consumo aumenta da 4 a 9 unità. L'area colorata della Figura 5.21, che misura l'aumento di surplus del consumatore, è €29,20. Si noti che questo aumento di surplus (pari a €29,20) è diverso sia rispetto alla variazione compensativa (€24) sia rispetto alla variazione equivalente (€36). Pertanto, la variazione dell'area al di sotto della curva di domanda quando l'effetto reddito non è nullo, *non* misura esattamente né la variazione compensativa né la variazione equivalente.

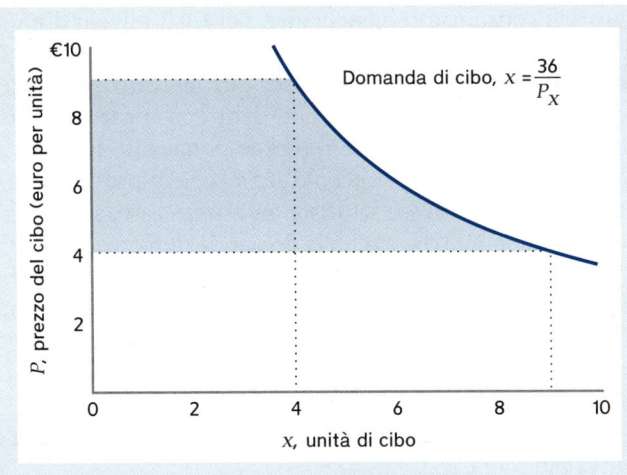

FIGURA 5.21 Il surplus del consumatore con effetto reddito
Se il prezzo del cibo diminuisce da €9 a €4 l'unità, il consumatore aumenta il consumo di cibo da 4 a 9 unità. Il suo surplus aumenta dell'area colorata, pari a €29,20.

5.4 • La domanda di mercato NO

Nei paragrafi precedenti di questo capitolo, si è mostrato come usare la teoria del consumatore per derivare la curva di domanda di un singolo individuo. Tuttavia, per le imprese e per i decisori politici è spesso più importante conoscere la curva di domanda dell'intero mercato dei consumatori. Dal momento che i mercati sono formati da migliaia, o anche da milioni, di singoli consumatori, ci si potrebbe chiedere da dove derivi la curva di domanda di mercato.

In questo paragrafo verrà spiegato un principio importante: *la curva di domanda di mercato è la somma orizzontale delle curve di domanda dei singoli consumatori*. Questo principio vale sempre: che si tratti di un mercato formato da due consumatori, da tre o da un milione.

Di seguito, attraverso un esempio, si deriverà la curva di domanda di mercato dalle curve di domanda individuali dei consumatori. Per semplificare il modello, si suppongano soltanto due individui, che acquistano sul mercato del succo d'arancia. Il primo è un "salutista" e ama il succo d'arancia per le sue proprietà nutritive e per il sapore. La seconda colonna della Tabella 5.1 indica quanti litri di succo d'arancia questo consumatore acquista ogni mese, per i diversi livelli di prezzo indicati nella prima colonna. Il secondo consumatore (un consumatore "noncurante") ama anch'egli il gusto del succo d'arancia, ma è meno interessato alle sue proprietà nutritive. La terza colonna della Tabella 5.1 indica quanti litri di succo

TABELLA 5.1 La domanda di mercato del succo d'arancia

Prezzo (€/litro)	Consumatore salutista (litri/mese)	Consumatore noncurante (litri/mese)	Domanda di mercato (litri/mese)
5	0	0	0
4	3	0	3
3	6	0	6
2	9	2	11
1	12	4	16

d'arancia acquista il consumatore noncurante, per tutti i livelli di prezzo indicati nella prima colonna.

Per determinare l'ammontare consumato sul mercato per tutti i livelli di prezzo, si sommano tutte le quantità che ogni consumatore acquisterebbe a quel livello di prezzo. Per esempio, se il prezzo di mercato fosse €5 al litro, nessun consumatore acquisterebbe il succo d'arancia. Se il prezzo fosse €3 o €4, lo comprerebbe solo il consumatore salutista. In questo caso, se il prezzo fosse €4 al litro, ne comprerebbe 3 litri e anche la domanda di mercato sarebbe di 3 litri; se il prezzo fosse invece €3 al litro, la domanda di mercato sarebbe di 6 litri. Infine, se il prezzo di mercato fosse inferiore a €3, entrambi i consumatori acquisterebbero succo d'arancia. Quindi, se il prezzo fosse €2 al litro, la domanda di mercato sarebbe di 11 litri; se il prezzo fosse €1 al litro, la domanda di mercato sarebbe di 16 litri.

La Figura 5.22 illustra entrambe le curve di domanda (D_s e D_n) e la domanda di mercato (la curva più scura, D_m).

È possibile altresì descrivere algebricamente le tre curve di domanda. Sia Q_s la quantità domandata dal consumatore salutista, Q_n la quantità domandata dal consumatore noncurante e Q_m la quantità domandata dall'intero mercato (formato soltanto da due consumatori). Come possono essere definite le tre funzioni di domanda $Q_s(P)$, $Q_n(P)$ e $Q_m(P)$?

Come si può notare dalla Figura 5.22, la curva di domanda D_s per il consumatore salutista è una linea retta; egli acquista succo d'arancia solo quando il prezzo è inferiore a €5 al litro. È possibile verificare che l'equazione della sua curva di domanda è

$$Q_s(P) = \begin{cases} 15 - 3P, \text{ quando } P < 5 \\ 0, \text{ quando } P \geq 5 \end{cases}$$

La curva di domanda del consumatore noncurante è anch'essa una linea retta; egli acquista succo d'arancia solo quando il prezzo è inferiore a €3 al litro. L'equazione della sua curva di domanda D_n è

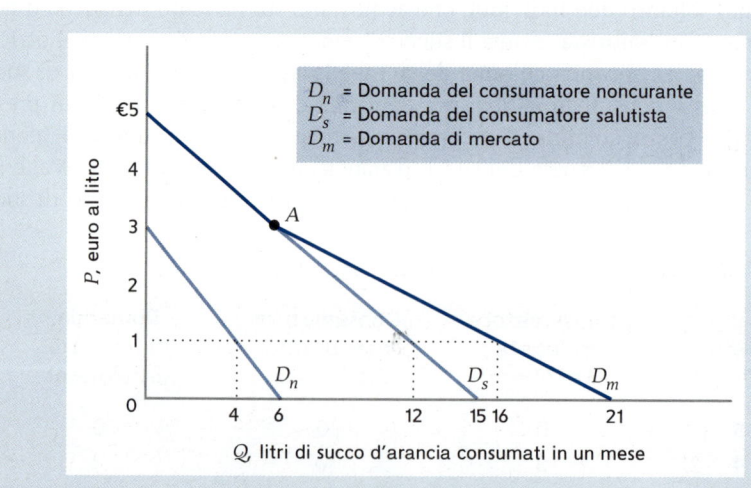

FIGURA 5.22 Curve di domanda individuali e di mercato
La curva di domanda di mercato D_m (la curva più scura) è rappresentata sommando orizzontalmente le curve D_s e D_n dei singoli consumatori.

$$Q_n(P) = \begin{cases} 6 - 2P, \text{ quando } P < 3 \\ 0, \text{ quando } P \geq 3 \end{cases}$$

Come mostrato nella Figura 5.22, quando il prezzo è superiore a €5, nessuno dei due consumatori acquista succo d'arancia; quando il prezzo è tra €3 e €5, lo compera soltanto il consumatore salutista. Quindi, per questo intervallo di prezzo, la curva di domanda di mercato è la stessa della curva di domanda del consumatore salutista. Infine, quando il prezzo è inferiore a €3, entrambi i consumatori acquistano succo d'arancia (questo spiega perché la curva di domanda di mercato D_m presenta un angolo nel punto A, dove si inserisce la curva di domanda del consumatore noncurante). La curva di domanda di mercato $Q_m(P)$ è quindi la somma dei segmenti di domanda $Q_s(P) + Q_n(P) = (15 - 3P) + (6 - 2P) = 21 - 5P$. Quindi, la domanda di mercato $Q_m(P)$ è

$$Q_m(P) = \begin{cases} 21 - 5P, \text{ quando } P < 3 \\ 15 - 3P, \text{ quando } 3 \leq P < 5 \\ 0, \text{ quando } P \geq 5 \end{cases}$$

Questa trattazione ha dimostrato che è necessario prestare attenzione quando si sommano segmenti di domanda per ottenere la curva di domanda di mercato. Per prima cosa, dal momento che la costruzione di una curva di domanda di mercato implica una somma di *quantità*, è necessario - prima di sommarle - scrivere le curve di domanda in forma normale (con Q in funzione di P) e non usare la forma inversa di domanda (P in funzione di Q).

In secondo luogo, bisogna prestare attenzione a come variano le curve di domanda al variare degli intervalli di prezzo. Nell'esempio sopra, se per ottenere la domanda di mercato $[Q_m(P) = Q_s(P) + Q_n(P) = 21 - 5P]$ si sommano semplicemente le singole curve di domanda individuali, la $Q_m(P)$ *non* è valida per prezzi superiori a €3. Per esempio, se il prezzo è €4, l'espressione $Q_m(P) = 21 - 5P$ mostrerebbe che la quantità domandata sul mercato è 1 litro. Tuttavia, come indicato nella Tabella 5.1, la quantità domandata effettiva sul mercato, a quel livello di prezzo, è 3 litri. Si cerchi di dimostrare perché questo procedimento porta a un errore (la soluzione è nella nota).[10]

5.5 • Esternalità di rete

Fino a ora si è ipotizzato che la domanda individuale di un bene sia indipendente dalla domanda individuale di tutti gli altri consumatori. Per esempio, la quantità di cioccolato che un consumatore vuole acquistare dipende dal reddito del consumatore, dal prezzo del cioccolato e magari da altri prezzi, ma non dalla

---

[10] Da questo procedimento è derivato un errore poiché la curva di domanda di mercato $Q_m = 21 - 5P$ è stata ottenuta sommando $Q_s = 15 - 3P$ e $Q_n = 6 - 2P$. Secondo queste due funzioni di domanda individuali, quando $P = 4$, $Q_s(P) = 3$ e $Q_n(P) = -2$. La somma è certamente 1, ma si sta ipotizzando che al prezzo $P = €4$ il consumatore noncurante acquisti una quantità negativa (-2 litri) di succo d'arancia e questo, dal punto di vista economico, non ha senso! La curva di domanda del consumatore noncurante non è valida per un prezzo di €4. In corrispondenza di tale prezzo, $Q_n(P) = 0$, e non $= -2$.

domanda di cioccolato di altri consumatori. Questa ipotesi permette di determinare la curva di domanda di mercato di un bene come somma di tutte le curve di domanda individuali del mercato.

Tuttavia, vi sono alcuni beni la cui domanda individuale dipende da quanti altri individui domandano quel bene. In questo caso, si dice che vi sono **esternalità di rete**. Se la domanda di un consumatore per un determinato bene aumenta all'aumentare del numero di altri consumatori che acquistano quel bene, l'esternalità è *positiva*. Se la quantità domandata da un consumatore aumenta quando diminuisce il numero di consumatori che acquistano quel bene, allora l'esternalità è *negativa*. Molti beni e servizi godono di esternalità di rete.

Benché si trovino spesso esempi di esternalità di rete associate a reti fisiche, è possibile anche riscontrare questi effetti in altri contesti (talvolta definiti come reti *virtuali*, poiché non vi è una connessione fisica tra gli individui). Per esempio, il software Microsoft Word avrebbe comunque un certo valore nella preparazione di documenti scritti, anche se l'utente fosse soltanto uno. Tuttavia, il prodotto diventa più utile quando aumenta il numero degli individui che ne fanno uso. La rete virtuale di utenti rende possibile a ognuno di essi scambiare ed elaborare documenti con tutti gli altri utenti.

Si parla altresì di rete virtuale quando un bene o servizio richiede, per aver valore, due componenti complementari. Per esempio, il sistema operativo di un computer, come Windows 7, ha valore solo se esistono software applicativi che funzionano con Windows 7. Il sistema operativo acquista più valore se aumenta il numero di applicativi che funzionano con quel sistema operativo. A sua volta, il valore di un pacchetto applicativo aumenta se funziona con un sistema operativo ampiamente diffuso. Quindi, un numero maggiore di persone che usano un certo sistema operativo porta all'elaborazione di più software applicativi, che a loro volta aumentano la domanda di quel sistema operativo, e così via.

Infine, le esternalità positive di rete si manifestano se un certo bene o servizio diventa di moda. Si nota spesso il diffondersi di mode su beni o servizi che influenzano lo stile di vita, come l'abbigliamento di moda, o i giochi dei bambini, o talune bevande. I pubblicitari e gli operatori di marketing cercano sempre di sottolineare la popolarità di un prodotto, come parte stessa della sua immagine.

La Figura 5.23 illustra gli effetti dell'esternalità positiva di rete. Il grafico mostra un insieme di curve di domanda di mercato per connessioni Internet. In questo esempio si ipotizza che una connessione a Internet sia l'abbonamento a un provider, come Alice o Tiscali. La curva D_{30} rappresenta la domanda nel caso in cui il consumatore ritenga che vi siano 30 milioni di abbonati che hanno una connessione a Internet. La curva D_{60} indica la domanda se il consumatore ritiene che vi siano 60 milioni di abbonati. Si supponga che l'accesso a Internet costi inizialmente €20 al mese e che vi siano 30 milioni di abbonati (punto *A* del grafico).

Cosa accade se il prezzo di accesso mensile diminuisce a €10? Se *non* vi fosse esternalità positiva di rete, la quantità domandata si sposterebbe semplicemente su un altro punto della D_{30}. In questo caso la quantità di abbonamenti crescerebbe a 38 milioni (punto *B* nel grafico). Tuttavia, vi è un'esternalità positiva di rete: se più persone usano l'e-mail, le chat e altri applicativi di rete, un numero ancora maggiore di persone vorrebbe abbonarsi.

Quindi, a un prezzo inferiore, il numero di consumatori che desiderano un accesso a Internet aumenta ancora di più rispetto allo spostamento lungo la D_{30} verso il punto *B*. Il numero totale di abbonamenti effettivamente domandati al

---

ESTERNALITÀ DI RETE Una caratteristica della domanda che si realizza quando la quantità domandata di un bene da parte di un consumatore dipende dal numero di altri acquirenti di quel bene.

Applicazione 5.4

Le esternalità dei siti dei social network

Molti prodotti godono di esternalità di rete positive. Un esempio ovvio sono i telefoni. Un consumatore troverebbe poco utile possedere un telefono se altri non ce l'avessero. Per la maggior parte delle persone, un telefono diventa tanto più utile quante più cresce il numero di altri utenti che ne possiedono uno. In una certa misura, un'applicazione software come Microsoft Word fornisce un altro esempio. I consumatori attribuiscono valore all'utilizzo dei formati più diffusi perché così facendo possono condividere più facilmente i file con gli altri. Un ulteriore esempio è offerto dai servizi di *instant messaging*. Più uno specifico servizio di chat si diffonde, più cresce il valore che crea per un dato consumatore, perché il servizio può essere utilizzato per comunicare con più persone.

Negli ultimi anni si è assistito a un'incredibile crescita dei siti dei social network, come Facebook, Linkedin e Twitter. Consideriamo il caso di Linkedin, un sito che permette ai professionisti di postare informazioni sulle loro credenziali e sulla loro esperienza lavorativa. Molti professionisti usano Linkedin per cercare lavoro, sviluppare una rete di contatti nel loro settore o trovare nuovi clienti per i loro servizi. Linkedin è stato fondato nel 2002. Entro la fine del 2003 aveva 83 000 utenti. Due anni dopo, gli utenti erano passati a 4 milioni e verso la metà del 2009 avevano raggiunto i 43 milioni.

Facebook ha avuto una crescita ancora più incredibile. Fondato nel 2004, alla fine del 2009 il sito aveva più di 300 milioni di utenti in tutto il mondo ed era disponibile in più di 50 lingue. Facebook è più utilizzato di Linkedin, perché ha un'interfaccia più flessibile e incoraggia diversi utilizzi. Per esempio, gli ex-allievi di un certo anno di un liceo possono trovarsi, diventare amici su Facebook e creare un gruppo in cui postare informazioni legate alla loro scuola. Un membro può creare o essere iscritto a diversi gruppi allo stesso tempo, con scopi differenti. Molti utenti di Facebook usano il sito come un blog, postando informazioni sulle loro attività e interessi o aggiungendo link ad articoli online legati a un tema particolare. La flessibilità ha permesso a Facebook di diventare sempre più popolare in pochissimo tempo.

Una crescita così esplosiva è abbastanza comune nei beni con esternalità di rete positive, perché l'effetto *band wagon* diventa spesso più forte quando aumenta la diffusione di un prodotto. Un'esternalità di rete positiva può rendere molto difficile l'entrata nel mercato di un nuovo concorrente, perfino quando il rivale offre vantaggi in termini di qualità, disponibilità o prezzo.

---

prezzo di €10 al mese aumenterà a 60 milioni (punto *C* sul grafico). L'effetto totale seguito alla diminuzione di prezzo è l'aumento di 30 milioni di utenti abbonati. L'effetto totale è dato dall'effetto convenienza – ovvero 8 milioni di nuovi abbonati (lo spostamento dal punto *A* al punto *B*) – più un *effetto traino* di 22 milioni di nuovi abbonati (lo spostamento dal punto *B* al punto *C*). Tale **effetto traino** si riferisce all'aumento della quantità domandata in seguito all'aumento di nuovi utenti che hanno accesso a Internet. Pertanto, la curva di domanda che tiene conto delle esternalità positive di rete (come la funzione di domanda più scura della Figura 5.23) è più elastica della curva di domanda senza esternalità di rete (D_{30}).

Per alcuni beni vi è un'esternalità di rete *negativa* – ovvero, la quantità domandata di un bene *diminuisce* all'aumentare del numero di individui che lo possiedono. Beni rari, come i violini Stradivari, alcune cartoline antiche, o automobili di lusso sono esempi di tali beni. Essi subiscono l'**effetto snob**, un'esternalità negativa di rete che si riferisce alla diminuzione nella quantità di bene domandata di un bene quando (molti) altri consumatori iniziano ad acquistarlo. L'effetto snob può sorgere perché alcuni individui attribuiscono molto valore a essere tra i pochi che possiedono un bene esclusivo. È anche possibile individua-

> **EFFETTO TRAINO** Un'esternalità positiva di rete che si riferisce all'aumento della domanda di un bene quando altri consumatori acquistano quel bene.

> **EFFETTO SNOB** Un'esternalità negativa di rete che si riferisce alla diminuzione della domanda di un bene quando altri consumatori acquistano quel bene.

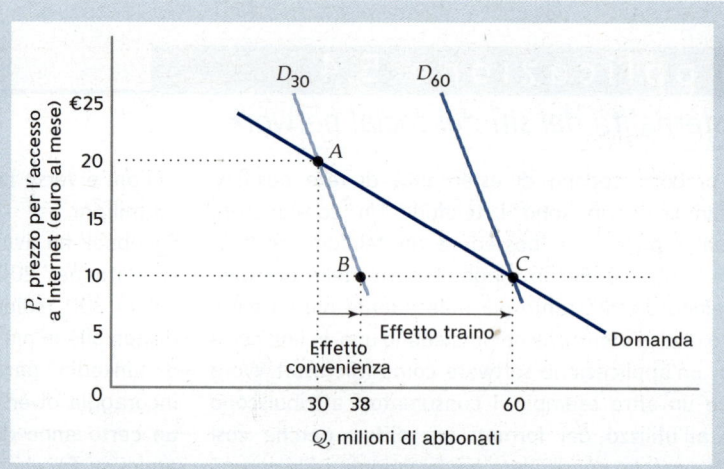

FIGURA 5.23 Esternalità positiva di rete: l'effetto traino
Cosa accade alla domanda di accessi a Internet se il costo mensile di accesso diminuisce da €20 a €10? Senza esternalità di rete, la quantità domandata aumenterebbe da 30 a 38 milioni di abbonati, per il solo effetto convenienza (la diminuzione di prezzo). Tuttavia, questa riduzione di prezzo porta anche altri utenti a volersi connettere. L'esternalità positiva di rete (l'effetto traino) aggiunge a Internet altri 22 milioni di utenti.

re l'effetto snob se il valore di un bene diminuisce all'aumentare della congestione d'uso quando molti individui fanno uso di quel bene o servizio.

La Figura 5.24 mostra le conseguenze dell'effetto snob. Il grafico illustra un insieme di curve di domanda di mercato per abbonamenti in palestra. La curva

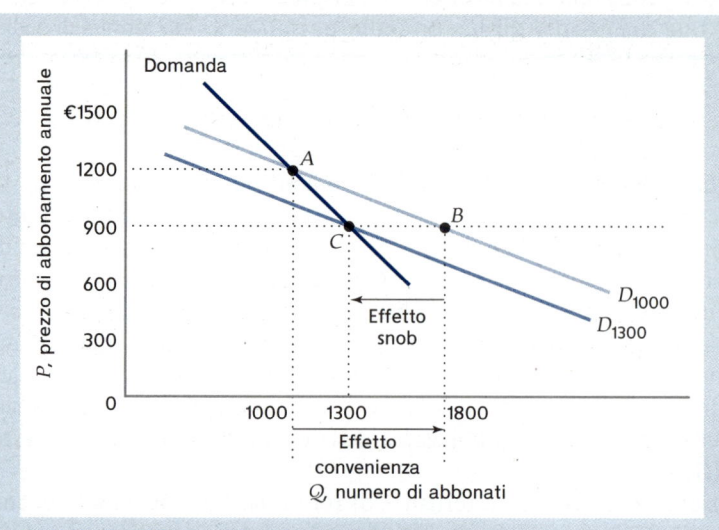

FIGURA 5.24 Esternalità negativa di rete: l'effetto snob
Cosa accade alla domanda di nuovi abbonamenti a una palestra, se il costo annuale diminuisce da €1200 a €900? Senza esternalità di rete, il solo effetto convenienza farebbe aumentare le iscrizioni di un numero pari a 800 (da 1000 a 1800). Tuttavia, questo aumento di iscrizioni scoraggerebbe altri utenti dal frequentare la palestra. Questa esternalità negativa (effetto snob) porta a una riduzione di iscrizioni pari a 500 (da 1800 a 1300). L'effetto netto della riduzione di prezzo è dunque un aumento di 300 utenti.

D_{1000} rappresenta la domanda quando i consumatori ritengono che la palestra abbia 1000 utenti. La curva D_{1300} rappresenta la domanda quando i consumatori ritengono che la palestra abbia 1300 utenti. Si supponga che un abbonamento annuale costi inizialmente €1200 e che la palestra abbia 1000 utenti abbonati (punto A del grafico).

Cosa accade se il prezzo diminuisce a €900? Se i consumatori ritengono che il numero di utenti della palestra rimarrà pari a 1000, allora 1800 consumatori desidereranno iscriversi alla palestra (punto B del grafico). Tuttavia, i consumatori sanno perfettamente che la palestra diventerà particolarmente affollata (congestionata) via via che un numero maggiore di utenti si abbonerà: questo provoca uno spostamento verso sinistra della curva di domanda. Il numero totale di abbonamenti effettivamente domandati al prezzo di €900 al mese crescerà soltanto fino a 1300 (punto C del grafico). L'effetto totale conseguente alla diminuzione di prezzo è dato dalla combinazione dell'effetto convenienza pari a 800 nuovi utenti (lo spostamento dal punto A al punto B) e dell'effetto snob, pari a 500 nuovi utenti (lo spostamento dal punto B al punto C), ovvero un aumento di soli 300 utenti. Una curva di domanda con esternalità negative di rete (come la curva di domanda che congiunge i punti A e C in Figura 5.24) è meno elastica di una curva di domanda senza esternalità di rete (come la D_{1000}).

5.6 • La scelta tra lavoro e tempo libero

Come si è già appurato, il modello di scelta ottima del consumatore trova numerosi riscontri nella vita di tutti i giorni. In questo paragrafo verrà usato il modello per esaminare la scelta di quanto tempo dedicare al lavoro.

5.6.1 Quando il salario diminuisce, il tempo dedicato allo svago dapprima diminuisce e in seguito aumenta

Si divida il giorno in due parti: le ore in cui un individuo lavora e le ore in cui un individuo si diverte. Perché un individuo deve lavorare? Perché lavorando guadagna una somma di denaro (il suo reddito) che può usare per pagare le attività che lo divertono, nel suo tempo libero. La parola *divertimento* include tutte le attività non lavorative, come mangiare, dormire, svagarsi, intrattenersi in attività piacevoli. Si ipotizza ovviamente che il consumatore ami divertirsi.

Supponiamo che il consumatore scelga di dedicare al divertimento D ore al giorno. Dal momento che un giorno ha 24 ore, il tempo da dedicare al lavoro sarà quello rimasto dopo le ore di svago, ovvero $(24 - D)$ ore.

Il consumatore è pagato a un tasso salariale orario w. Quindi, il suo reddito giornaliero totale sarà $w(24 - D)$, che userà per acquistare unità di bene composito, a €1 l'unità.

L'utilità U del consumatore dipende dalla quantità di tempo dedicata al divertimento e dal numero di unità di bene composito che può acquistare. Si può rappresentare la scelta del consumatore sul diagramma di scelta ottima, Figura 5.25. L'asse orizzontale rappresenta il numero di ore giornaliere dedicate al divertimento, che non possono dunque essere superiori a 24. L'asse verticale rappresenta il numero di unità di bene composito che può acquistare in base al suo reddito. Dal momento che un'unità di bene composito costa €1, l'asse verticale rappresenta altresì il reddito del consumatore.

Per determinare la scelta ottima di divertimento e di altri beni, sono necessari una mappa di indifferenza e un vincolo di bilancio. La Figura 5.25 mostra una mappa di curve di indifferenza per le quali le utilità marginali di divertimento e di lavoro sono entrambe positive. Dunque $U_5 > U_4 > U_3 > U_2 > U_1$.

La linea di bilancio del consumatore mostra tutte le combinazioni di bene composito e di ore di divertimento che il consumatore può scegliere. Se non lavora, avrà 24 ore a disposizione per il divertimento, ma nessun reddito da spendere per il bene composito. Questa situazione è rappresentata dal punto A. La posizione della linea di bilancio dipende dal tasso salariale w. Si supponga che sia €5 l'ora. Ciò significa che per ogni ora in cui il consumatore rinuncia a divertirsi per lavorare, potrà acquistare 5 unità di bene composito. La linea di bilancio ha dunque una pendenza di –5. Se il consumatore lavorasse 24 ore al giorno, il suo reddito sarebbe di €120 e potrebbe acquistare 120 unità di bene composito, che corrispondono al paniere B sulla linea di bilancio. La scelta ottima del consumatore sarebbe dunque in corrispondenza del paniere E; pertanto, se il tasso salariale è di €5, il consumatore lavorerà 8 ore.

Per ogni tasso salariale, la pendenza della linea di bilancio è $-w$. La figura mostra le linee di bilancio per cinque diversi saggi salariali (€5, €10, €15, €20 e €25), insieme alla scelta ottima per ogni livello salariale. Quando la paga oraria aumenta da €5 a €15, il numero di ore dedicate al divertimento diminuisce. Tuttavia, quan-

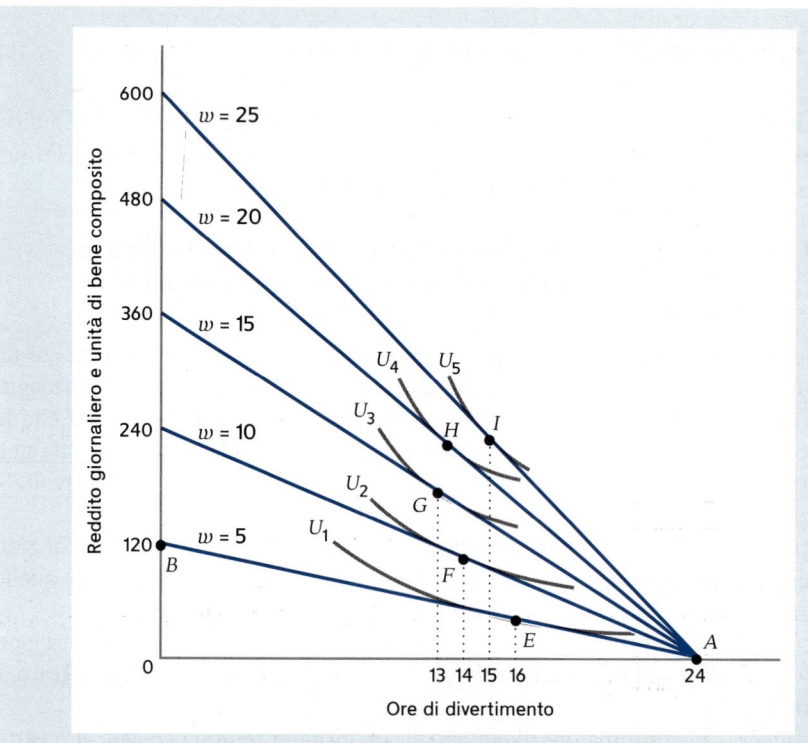

FIGURA 5.25 La scelta ottima di lavoro e di tempo libero
Quando il tasso salariale w aumenta da €5 a €10 a €15, il consumatore sceglie progressivamente meno divertimento e più lavoro: si sposta pertanto dal paniere E (16 ore di divertimento, 8 ore di lavoro) al paniere F (14 ore di divertimento, 10 ore di lavoro), al paniere G (13 ore di divertimento, 11 ore di lavoro). Tuttavia, quando il tasso salariale w aumenta ulteriormente, da €15 a €20 a €25, il consumatore sceglie progressivamente più divertimento e meno lavoro, spostandosi dal paniere G al paniere H al paniere I (in corrispondenza del paniere I il consumatore lavora solo 9 ore e ne dedica 15 al divertimento).

do il tasso salariale aumenta ulteriormente, il consumatore aumenta il tempo da dedicare allo svago.

Il prossimo paragrafo discute un fenomeno direttamente collegato al cambiamento nella scelta del consumatore, tra ore di lavoro e ore di svago, all'aumentare del tasso salariale.

5.6.2 La curva di offerta di lavoro inclinata all'indietro

Dal momento che un giorno ha solo 24 ore, la scelta del consumatore sulla quantità di tempo da dedicare allo svago implica anche una scelta sulla quantità di lavoro che deciderà di offrire. Il diagramma di scelta ottima della Figura 5.25 contiene abbastanza informazioni da permettere di costruire una curva che mostri quanto lavoro il consumatore sarà disposto a offrire in corrispondenza dei diversi livelli di salario. In altri termini, è possibile rappresentare la curva di offerta di lavoro del consumatore, come mostrato in Figura 5.26.

I punti E', F', G', H' e I' della Figura 5.26 corrispondono, rispettivamente, ai punti E, F, G, H e I della Figura 5.25. Quando il tasso salariale è €5, il consumatore fornisce 8 ore di lavoro (punti E' ed E). Quando il tasso salariale aumenta da €5 a €15, la sua offerta di lavoro è di 11 ore (punti G' e G). Tuttavia, qualora il tasso salariale aumenti oltre i €15, l'offerta di lavoro inizia a diminuire, fino al punto in cui, a una paga oraria di €25, il consumatore lavora soltanto 9 ore (punti I' e I). Per la maggior parte dei beni e servizi, un prezzo più alto stimola l'offerta; in questo caso, tuttavia, un più alto tasso salariale _diminuisce_ l'offerta di lavoro (si ricordi che il tasso salariale è il prezzo del lavoro). Per comprendere questo fenomeno, che si riflette sulla forma della curva di offerta di lavoro di Figura 5.26, inclinata all'indietro, si esaminino l'effetto reddito e l'effetto sostituzione associati a un cambiamento nel tasso salariale.

Si torni al diagramma di scelta ottima rappresentato in Figura 5.25. Invece di avere un reddito fisso, il consumatore dispone di un ammontare fisso di tempo al giorno, ovvero 24 ore. È per questo che l'intercetta orizzontale della linea di bilancio rimane sulle 24 ore, indipendentemente dal tasso salariale. Un'ora di lavoro "costa" sempre al consumatore un'ora di divertimento, indipendentemente dal tasso salariale.

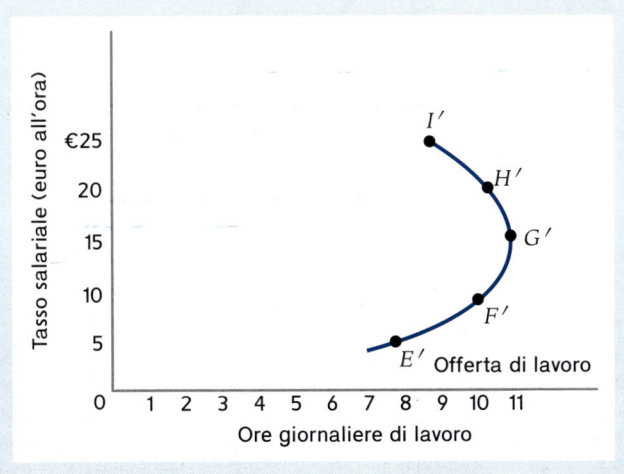

FIGURA 5.26 La curva di offerta di lavoro inclinata all'indietro
I punti E', F', G', H' e I' corrispondono, rispettivamente, ai punti E, F, G, H e I della Figura 5.25. La curva di offerta di lavoro è inclinata all'indietro per tassi salariali superiori a €15.

Tuttavia, un aumento della paga oraria rende un'unità di bene composito meno cara per il consumatore. Se il tasso salariale raddoppia, il consumatore ha bisogno di lavorare soltanto la metà del tempo per potersi permettere la stessa quantità di bene composito di prima. Per questa ragione, l'intercetta verticale della linea di bilancio si muove verso l'alto all'aumentare del tasso salariale. L'aumento di quest'ultimo provoca quindi una rotazione verso l'alto della linea di bilancio, come mostra la Figura 5.25.

Un aumento del tasso salariale diminuisce la quantità di lavoro necessaria per acquistare un'unità di bene composito e questo provoca sia un effetto sostituzione sia un effetto reddito. L'effetto sostituzione sull'offerta di lavoro è *positivo* – induce il consumatore a sostituire più bene composito al divertimento, ovvero a divertirsi di meno e a lavorare di *più*. Al contrario, l'effetto reddito sull'offerta di lavoro è *negativo* – induce il consumatore a divertirsi di più e a lavorare di *meno*, dal momento che il divertimento è, per la maggior parte delle persone, un bene normale (ovvero, il consumatore desidera più divertimento all'aumentare del suo reddito).

Si esaminino ora l'effetto reddito e l'effetto sostituzione di un aumento nel salario, da €15 a €25. La Figura 5.27 mostra la linea di bilancio iniziale BL_1 (con un tasso salariale di €15) e il paniere ottimale iniziale G, composto da 13 ore di divertimento e quindi da 11 ore di lavoro. La figura mostra altresì la linea di bilancio finale BL_2 (con un tasso salariale di €25) e il paniere ottimo finale I, composto da 15 ore di

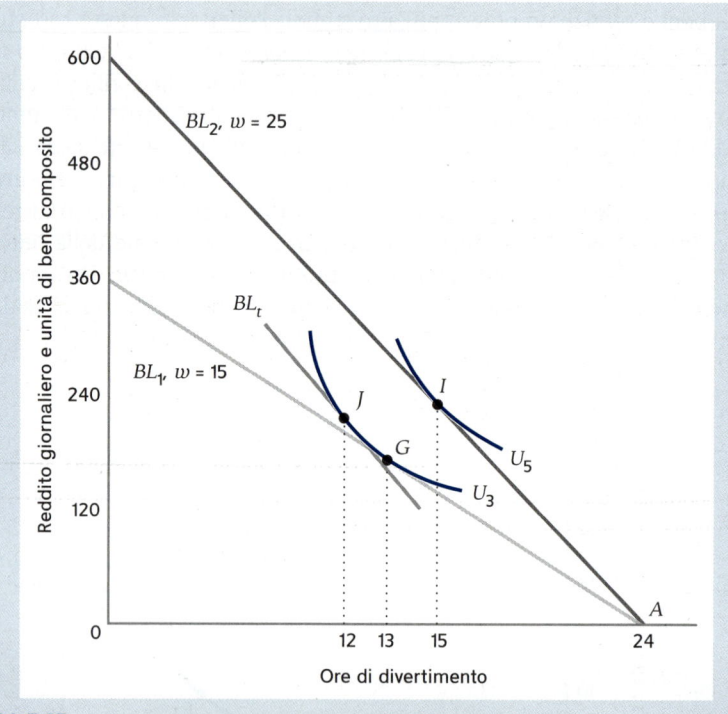

FIGURA 5.27 La scelta ottima di lavoro e di divertimento
In corrispondenza del paniere iniziale G sulla linea di bilancio BL_1, il consumatore dispone di 13 ore di divertimento (e lavora 11 ore). In corrispondenza del paniere finale I sulla linea di bilancio BL_2, il consumatore dispone di 15 ore di divertimento (e lavora 9 ore). In corrispondenza del paniere teorico J sulla linea di bilancio BL_t, il consumatore dispone di 12 ore di divertimento (e lavora 12 ore). L'effetto sostituzione sul divertimento è –1 (il cambiamento nella quantità di ore di svago passando da G a J). L'effetto reddito sul divertimento è +3 (il cambiamento nella quantità di ore di svago passando da J a I). Pertanto, l'effetto totale sulla quantità di ore dedicate al divertimento è +2 e l'effetto totale corrispondente sulla quantità di ore lavorate è –2.

divertimento e 9 ore di lavoro. Infine, la figura mostra la linea di bilancio teorica BL_t (che è tangente alla curva di indifferenza iniziale U_3 e parallela alla linea di bilancio finale BL_2) e il paniere teorico J, composto da 12 ore di divertimento e 12 ore di lavoro.

L'effetto sostituzione sul divertimento è quindi pari a -1 ora (il cambiamento nella quantità di ore di svago passando da G a J). L'effetto reddito sul divertimento è pari a $+3$ ore (il cambiamento nella quantità di ore di svago passando da J a I). Dal momento che l'effetto reddito ha più peso dell'effetto sostituzione, l'effetto netto derivante dall'aumento del tasso salariale sulla quantità di *tempo libero* è $+2$ ore e sul lavoro è quindi -2 ore. Questo spiega la forma inclinata all'indietro della curva di offerta di lavoro della Figura 5.26, all'aumento del tasso salariale oltre i €15.

In conclusione, la curva di offerta di lavoro è inclinata positivamente in corrispondenza dell'area in cui l'effetto sostituzione associato a un aumento salariale ha più peso dell'effetto reddito, ma si ripiega all'indietro in corrispondenza dell'area in cui l'effetto reddito ha più peso dell'effetto sostituzione.

Esercizio svolto 5.10 — La domanda di divertimento e l'offerta di lavoro

Problema

L'utilità di Giovanni derivante dal divertimento (D) e da un bene composto (Y) è $U = DY$. L'utilità marginale del divertimento è $MU_D = Y$ e l'utilità marginale del bene composto è $MU_Y = D$. Il prezzo del bene composto è €1. Disponendo di D ore al giorno da dedicare al divertimento, Giovanni lavora $(24 - D)$ ore al giorno. Il suo tasso salariale è w, per cui il suo reddito giornaliero è $w(24 - D)$. Dimostrate che, per ogni livello di tasso salariale positivo, il numero ottimo di ore che Giovanni dedica al divertimento è sempre lo stesso. Qual è il numero ottimo di ore di divertimento che Giovanni domanda, e quante le ore di lavoro fornite ogni giorno?

Soluzione

Con una funzione di utilità del tipo Cobb-Douglas, vi sarà un ottimo interno con valori positivi di Y e D. Una volta trovata la scelta ottima di ore giornaliere di divertimento (D) di Giovanni, si sa anche che egli lavora $(24 - D)$ ore al giorno.

In corrispondenza della scelta ottima di D e di Y, Giovanni deve soddisfare due condizioni. Per prima cosa, la condizione di tangenza richiede che il rapporto tra l'utilità marginale derivante dalle ore di svago e il prezzo corrispondente deve uguagliare il rapporto tra l'utilità marginale del bene composto e il suo prezzo. Il prezzo delle ore di divertimento è il tasso salariale; questo rappresenta quanto Giovanni perde quando si dedica a un'ora supplementare di svago invece di lavorare. Quindi, nel punto di ottimo

$$\frac{MU_D}{w} = \frac{MU_Y}{1}$$

La condizione di tangenza evidenzia che $Y/w = D$, ovvero $Y = wD$.

Giovanni deve altresì soddisfare il suo vincolo di bilancio. Egli riceve un reddito pari al suo tasso salariale per il numero di ore lavorate; pertanto, guadagna un reddito pari a $w(24 - D)$. Acquista Y unità di bene composto al prezzo di €1 l'unità; spende quindi Y€. Il suo vincolo di bilancio è dunque $w(24 - D) = Y$.

La condizione di tangenza e la linea di bilancio, messe insieme, richiedono che $w(24 - D) = wD$. In questo esempio, la domanda ottima di Giovanni per ore divertimento è $D = 12$ ore al giorno e offrirà 12 ore di lavoro, indipendentemente dal tasso salariale. Naturalmente, per altre funzioni di utilità, la sua domanda di divertimento (e quindi la sua offerta di lavoro) dipenderà dal tasso salariale.

5.7 • Indici dei prezzi al consumo

L'Indice nazionale dei Prezzi al Consumo (*Consumer Price Index*, *CPI*) è una delle più importanti fonti di informazione sull'inflazione e sulle tendenze dei prezzi al consumo. È spesso visto come una misura nel cambiamento del costo della vita ed è usato ampiamente nell'analisi economica del settore pubblico e del settore privato. Per esempio, nei contratti tra individui e imprese, i prezzi ai quali i beni sono scambiati sono spesso aggiustati nel tempo per riflettere i cambiamenti nel CPI. Nelle negoziazioni tra i sindacati e i datori di lavoro, gli aggiustamenti dei tassi salariali riflettono spesso variazioni passate o future (dunque attese) nel CPI.

Il CPI ha anche un impatto importante nel bilancio dello Stato. Dal lato delle uscite, il Governo usa il CPI per adattare nel tempo i pagamenti destinati ai beneficiari di pensioni statali e per diversi altri benefici, come i buoni alimentari o le mense scolastiche. Se il CPI aumenta, i pagamenti dello Stato aumentano. Variazioni del CPI hanno un impatto anche sulle entrate governative, attraverso le tasse; per esempio gli scaglioni di imposta dell'IRPEF (imposta sui redditi delle persone fisiche) vengono adattati all'inflazione usando il CPI.

Non è semplice misurare il CPI. Si consideri un esempio, per vedere quali fattori sono utili nella costruzione di un CPI. Si supponga di considerare un consumatore rappresentativo che acquista solo due beni, cibo e capi di abbigliamento, come rappresentato nella Figura 5.28. Nell'anno 1, il prezzo del cibo era P_{C1} = €3 e il prezzo di un capo di abbigliamento era P_{A1} = €8. Il consumatore disponeva di un reddito di €480 e fronteggiava una linea di bilancio BL_1 con pendenza pari a $-P_{C1}/P_{A1}$ = $-3/8$. In questa situazione, acquistava il paniere ottimo A sulla curva di indifferenza U_1, formato da 80 unità di cibo e 30 capi di abbigliamento.

Nell'anno 2, i prezzi di cibo e abbigliamento aumentano a P_{C1} = €6 e P_{A1} = €9. Di quanto reddito avrà bisogno il consumatore nell'anno 2 per far sì che il suo benessere sia pari a quello dell'anno 1, ovvero che possa raggiungere il livello di utilità U_1? La nuova linea di bilancio BL_2 deve essere tangente a U_1 e avere una pendenza che rifletta i nuovi prezzi, $-P_{C2}/P_{A2}$ = $-2/3$. Ai nuovi prezzi, la combinazione meno costosa di cibo e abbigliamento sulla curva di indifferenza è in corri-

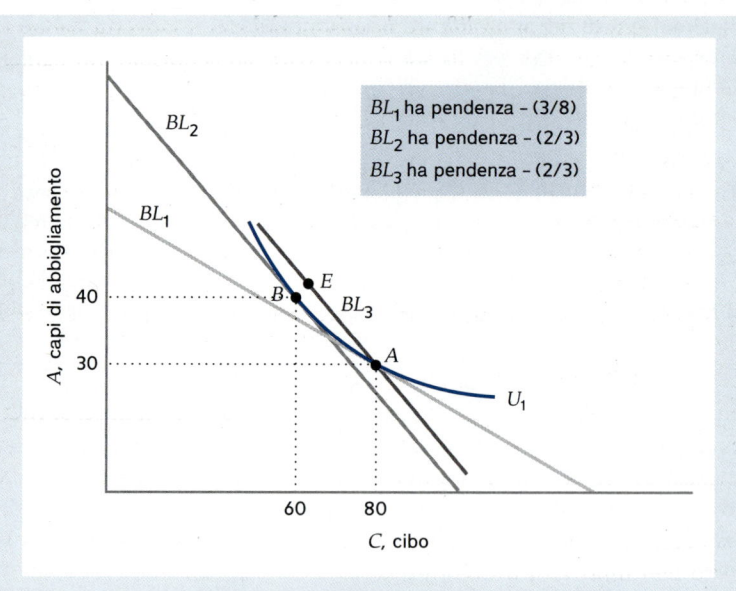

FIGURA 5.28 Errore di composizione nell'Indice dei Prezzi al Consumo
Nell'anno 1, il consumatore ha un reddito di €480, il prezzo del cibo è €3 e il prezzo dell'abbigliamento è €8. Nell'anno 2, il prezzo del cibo aumenta a €6 e il prezzo dell'abbigliamento aumenta a €9. Il consumatore potrebbe mantenere il suo livello di utilità iniziale U_1 ai nuovi prezzi, acquistando il paniere B, che costa €720. Un indice ideale del costo della vita sarebbe 1,5 (= €720/€480) e direbbe che il costo della vita è aumentato del 50%. Tuttavia, il CPI effettivo ipotizza che il consumatore non sostituisca l'abbigliamento al cibo quando il prezzo relativo cambia, ma piuttosto che acquisti il medesimo paniere A ai nuovi prezzi, per i quali avrebbe bisogno di un reddito di €750. Il CPI (€750/€480 = 1,56) suggerisce che il costo della vita, per il consumatore, è aumentato del 56%, ovvero sovrastima l'incremento effettivo del costo della vita. Infatti, se il reddito del consumatore nell'anno 2 fosse €750, egli potrebbe scegliere un paniere quale E sulla BL_3 e raggiungere un livello di utilità superiore a U_1.

spondenza del paniere B, composto da 60 unità di cibo e 40 capi di abbigliamento. La spesa totale necessaria per l'acquisto del paniere B ai nuovi prezzi è $P_{C2}C + P_{A2}A$ = (€6)(60) + (€9)(40) = €720.

In linea di principio, il CPI dovrebbe misurare l'aumento percentuale nel livello di spesa necessario al consumatore per mantenere nell'anno 2 lo stesso livello di benessere dell'anno 1. Nell'esempio, la spesa è aumentata da €480 nell'anno 1 a €720 nell'anno 2. Il CPI "ideale" sarebbe il rapporto tra il nuovo livello di spesa e quello precedente, ovvero €720/€480 = 1. In altri termini, ai prezzi più alti ci vorrebbe un incremento di reddito del 50% nell'anno 2 per mantenere lo stesso livello di benessere che si aveva prima dell'aumento dei prezzi. Si potrebbe dire che "il costo della vita" nell'anno 2 è del 50% più grande del costo della vita nell'anno 1. Per calcolare questo CPI ideale si dovrebbe riconoscere che il consumatore sostituirebbe l'abbigliamento al cibo, quando il prezzo del cibo aumenta rispetto al prezzo dell'abbigliamento, spostandosi dal paniere iniziale A al paniere B.

Si noti che per la determinazione del CPI ideale il Governo dovrebbe raccogliere dati sui vecchi prezzi, sui nuovi prezzi *e* sulle variazioni nella composizione del paniere (quanto cibo e quanti capi di abbigliamento sono domandati). Tuttavia, considerando il notevole numero di beni e servizi che compongono l'economia nel suo complesso, ci sarebbe un numero enorme di dati da raccogliere! È già abbastanza difficile raccogliere dati sulla variazione dei prezzi nel tempo, e anche più difficile raccogliere dati sui cambiamenti intercorsi nella composizione dei panieri che i consumatori effettivamente acquistano.

In pratica, quindi, per semplificare la misura del CPI, i Governi hanno calcolato storicamente la variazione della spesa necessaria ad acquistare un paniere *fisso*, quando i prezzi cambiano: in questo esempio, il paniere fisso è composto dalla quantità di cibo e di abbigliamento acquistati nell'anno 1, ovvero il paniere A. Il reddito necessario per acquistare il paniere A ai nuovi prezzi è $P_{C2}C + P_{A2}A$ = (€6)(80) + (€9)(30) = €750. Se il consumatore disponesse di un reddito di €750 ai nuovi prezzi, fronteggerebbe la linea di bilancio BL_3. Dovendo calcolare il CPI con il paniere fisso A, il rapporto tra la nuova spesa e la spesa precedente sarebbe €750/€480 = 1,5625. Questo risultato indica che la spesa del consumatore per l'acquisto del paniere fisso (ovvero, il paniere acquistato nell'anno 1) ai nuovi prezzi dovrebbe aumentare del 56,25%.[11]

Come mostra l'esempio, un indice basato su un paniere fisso sovracompensa il consumatore che ha subito l'aumento dei prezzi. Gli economisti si riferiscono alla sovrastima nell'aumento del costo della vita come all'"errore di composizione". Ipotizzando che il paniere sia fisso ai livelli iniziali di consumo, l'indice non tiene conto della possibile sostituzione che i consumatori faranno con beni che l'anno successivo sono relativamente meno costosi. Infatti, se il consumatore disponesse nell'anno 2 di un reddito di €750 invece che di €720, sceglierebbe un paniere quale E sulla BL_3 ottenendo maggiore soddisfazione rispetto al paniere A.

---

[11] L'Indice di Laspeyers misura la spesa necessaria per acquistare un paniere fisso ai prezzi dell'anno 2 diviso la spesa necessaria per acquistare il medesimo paniere fisso ai prezzi dell'anno 1. Si calcola di seguito il valore dell'indice usando l'esempio proposto nel testo. Si denotino i prezzi del cibo nell'anno 1 e nell'anno 2 come P_{C1} e P_{C2}, e i prezzi dell'abbigliamento nell'anno 1 e nell'anno 2 come P_{A1} e P_{A2}. Il paniere fisso è composto dalla quantità di cibo C e di abbigliamento A consumati nell'anno 1. Dunque, l'Indice di Laspeyers L è

$$L = \frac{P_{C2}C + P_{A2}A}{P_{C1}C + P_{A1}A}$$

Riepilogo

- È possibile derivare la curva di domanda individuale di un consumatore per un bene dalle sue preferenze e dal suo vincolo di bilancio. La curva di domanda di un consumatore mostra come la scelta ottima di un bene vari al variare del prezzo del bene. È anche possibile interpretare la curva di domanda come una rappresentazione della "disponibilità a pagare" del consumatore per quel bene.

- Un bene è normale se il consumatore acquista *di più* di quel bene all'aumentare del suo reddito. Un bene è inferiore se il consumatore acquista *di meno* di quel bene all'aumentare del suo reddito.

- È possibile scomporre in due parti l'effetto di una variazione di prezzo di un bene sulla quantità domandata di quel bene: l'effetto sostituzione e l'effetto reddito. L'effetto sostituzione è la variazione nella quantità domandata di un bene in seguito alla variazione di prezzo, tenendo costante il livello di utilità. Quando le curve di indifferenza sono convesse rispetto all'origine degli assi (tasso marginale di sostituzione decrescente), l'effetto sostituzione opererà in direzione *opposta* al cambiamento di prezzo. Se il prezzo del bene diminuisce, l'effetto sostituzione sarà positivo. Se il prezzo del bene aumenta, l'effetto sostituzione sarà negativo.

- L'effetto reddito è la variazione nella quantità domandata di un bene in seguito alla variazione nel potere d'acquisto del consumatore, mantenendo costanti i prezzi. Se il bene è normale, l'effetto reddito rafforzerà l'effetto sostituzione. Se il bene è inferiore, l'effetto reddito opererà in direzione opposta rispetto all'effetto sostituzione.

- Se il bene è considerato dal consumatore così marcatamente inferiore che l'effetto reddito supera l'effetto sostituzione, la curva di domanda sarà inclinata positivamente su un certo intervallo di prezzo. Questo tipo di bene è detto bene di Giffen.

- Il surplus del consumatore è la differenza tra quanto un consumatore è disposto a pagare per un bene e quanto effettivamente paga per quel bene. Senza effetti di reddito, il surplus del consumatore fornisce una misura monetaria del maggior benessere del consumatore in seguito all'acquisto del bene. Rappresentato su un grafico, il surplus del consumatore sarà l'area al di sotto della curva di domanda di un bene e al di sopra del prezzo di equilibrio di quel bene. Variazioni di surplus mostrano la variazione di benessere del consumatore al variare del prezzo del bene.

- Utilizzando diagrammi di scelta ottima, è possibile valutare l'impatto di un cambiamento di prezzo da due punti di vista: la variazione compensativa e la variazione equivalente. La variazione compensativa misura quanto denaro il consumatore è disposto a rinunciare *dopo* la riduzione del prezzo di un bene per avere lo stesso livello di benessere che aveva *prima* del cambiamento di prezzo.

- La variazione equivalente misura quanto denaro si dovrebbe dare a un consumatore *prima* della riduzione di prezzo di un bene perché questi abbia lo stesso livello di benessere che avrebbe *dopo* il cambiamento di prezzo.

- Se vi è un effetto reddito, la variazione equivalente e la variazione compensativa saranno diverse e queste due misure saranno altresì diverse dalla variazione di area (surplus del consumatore) al di sotto della curva di domanda.

- Se l'effetto reddito è trascurabile, la variazione equivalente e la variazione compensativa potrebbero essere simili e la variazione di area (surplus del consumatore) al di sotto della curva di domanda sarebbe una buona approssimazione (benché non una misura esatta) dell'impatto monetario del cambiamento di prezzo.

- Senza effetto reddito, la variazione compensativa e la variazione equivalente forniscono la stessa misura del valore monetario che un consumatore attribuisce al cambiamento di prezzo del bene. La variazione di area al di sotto della curva di domanda (surplus del consumatore) sarà uguale alla variazione compensativa e alla variazione equivalente.

- La curva di domanda di mercato di un bene è la somma orizzontale di tutte le domande individuali di mercato per quel bene (ipotizzando che non vi siano esternalità di rete).

- L'effetto traino è un'esternalità positiva di rete. Grazie all'effetto traino, la domanda dei consumatori per un determinato bene aumenta se aumenta il numero dei consumatori intenzionati ad acquistarlo. L'effetto snob è un'esternalità negativa di rete. A causa all'effetto snob, la domanda dei consumatori per un determinato bene diminuisce se aumenta il numero dei consumatori intenzionati ad acquistarlo.

- Il modello di scelta ottima del consumatore permette anche di capire quanto un individuo scelga di lavorare. La felicità di un consumatore dipende dalla quantità di tempo che trascorre in attività ricreative, così come dalla quantità di beni e servizi che può acquistare. Deve dunque lavorare (ovvero rinunciare al divertimento) per guadagnare un reddito necessario per l'acquisto dei beni e servizi che desidera. Pertanto, quando sceglie la domanda di divertimento, egli determina anche la sua offerta di lavoro.

Domande di ripasso

1. Cos'è la curva prezzo-consumo di un bene?

2. In cosa differisce la curva prezzo-consumo rispetto alla curva reddito-consumo?

3. Cosa si può affermare sull'elasticità della domanda al reddito di un bene normale? E di un bene inferiore?

4. Se le curve di indifferenza sono convesse rispetto all'origine degli assi e il prezzo di un bene diminuisce, può l'effetto sostituzione provocare una diminuzione nel consumo di quel bene?

5. Si supponga che un consumatore acquisti soltanto tre beni: cibo, abbigliamento e alloggio. Potrebbero questi tre beni essere tutti beni normali? Potrebbero essere tutti e tre beni inferiori? Si motivi la risposta.

6. La teoria economica richiede sempre che una curva di domanda sia inclinata negativamente? Se no, in quali circostanze può – in corrispondenza di determinati livelli di prezzo – avere pendenza positiva?

7. Cosa rappresenta il surplus del consumatore?

8. Due diversi modi di misurare il valore monetario che un consumatore attribuisce al cambiamento di prezzo di un bene sono (1) la variazione compensativa e (2) la variazione equivalente. Qual è la differenza tra le due misure e quando queste sono identiche?

9. Considerate le seguenti quattro affermazioni. Quale potrebbe essere un esempio di esternalità positiva di rete? Quale potrebbe essere un esempio di esternalità negativa di rete?

a) Gli individui mangiano hot dog perché amano il loro sapore e perché danno senso di sazietà.
b) Non appena Zaccaria scoprì che tutti mangiavano hot dog, smise di mangiarli.
c) Silvana non avrebbe mai pensato di acquistare hot dog finché non si rese conto che tutti i suoi amici li mangiavano.
d) Quando il reddito individuale crebbe del 10%, le vendite di hot dog diminuirono.

10. Perché un individuo potrebbe voler offrire meno lavoro (ovvero, domandare più tempo libero) quando il suo tasso salariale aumenta?

CAPITOLO 6
LA TEORIA DELLA PRODUZIONE

OBIETTIVI DI APPRENDIMENTO

Al termine di questo capitolo lo studente sarà in grado di:

- conoscere la relazione tra ouput di una produzione e input o fattori di produzione;
- capire le funzioni di produzione con un input e usare l'analisi per spiegare cosa si intende per produttività media e marginale del lavoro;
- utilizzare i precedenti concetti per studiare le funzioni di produzioni a più input;
- analizzare la sostituzione tra input e verificare l'elasticità di sostituzione;
- esaminare alcune specifiche funzioni di produzione;
- spiegare il fenomeno dei rendimenti di scala, cioè come varia la produzione al variare della quantità di input;
- spiegare il progresso tecnologico come aumento dell'output non abbinato a un incremento della quantità di input o, equivalentemente, come stabilità dell'output mentre cala l'input.

CASO • Si può fare meglio e in maniera più economica?

Nella sua famosa collana di romanzi *Io robot* Isaac Asimov immagina un mondo in cui robot e uomini convivono. Nel 1950 Asimov pubblica il primo romanzo della fortunata serie, che ha per protagonisti robot intelligenti i quali possono ridere, governare e, talvolta, si siedono sul divano del robot psicologo! In un'epoca scarsamente tecnologica – al primo computer UNIVAC I mancava ancora un anno – le storie di Asimov venivano considerate letteratura fantascientifica. Tuttavia oggi l'idea di un mondo nel quale i robot giocano un ruolo essenziale non è più tanto lontana.

L'introduzione della robotica nella produzione manifatturiera risale a circa 25 anni fa, quando General Motors inaugurò l'era dell'abbattimento del costo del lavoro, *sostituito* da robot. Negli anni Novanta l'industria dei semiconduttori realizzò grossi investimenti in robotica per garantire che i chip non fossero prodotti in ambiente contaminato (i locali dove si producono microchip devono garantire condizioni di sterilizzazione mille volte superiori rispetto alla sala operatoria di un ospedale). Oggi i robot sono utilizzati nella chirurgia, guidano automobili, eseguono lavori pesanti e ripetitivi nelle fabbriche e possono persino mungere le mucche!

I robot addetti a compiti sofisticati sono costosi. L'imprenditore che pensa di impiegare robot affronta un importante trade-off: i risparmi nei costi di produzione quando si usano dei robot valgono l'investimento compiuto? Con il tipo di robot sofisticati che esistono oggi, per molti imprenditori la risposta è affermativa. Questo capitolo spiega come studiare questo trade-off.

6.1 • Introduzione alla teoria della produzione

*L*a produzione di beni e servizi implica la trasformazione delle risorse, input o fattori - come il lavoro, le materie prime ecc. - in output o prodotti finiti. La produzione di moda italiana combina, per esempio, il lavoro creativo di stilisti, il taglio e la composizione da parte di esperti di sartoria, l'utilizzo di stoffe e applicazioni di pregio, di software per l'abbinamento dei colori e/o la definizione dei modelli. Tutte le risorse utilizzate possono essere chiamate **input** o **fattori della produzione** e il prodotto finito si può anche chiamare **output**.

Così nella produzione di capi di moda come in tante altre produzioni - dai semiconduttori agli orologi - la combinazione degli input può essere variabile. La produzione di semiconduttori può essere realizzata senza l'utilizzo di robot o con l'utilizzo di robot. La produzione di capi di moda può prevedere l'utilizzo di software di grafica, ma può stare anche sui soli fogli sartoriali. La **funzione di produzione** è la relazione matematica che consente di spiegare e simulare le diverse combinazioni di fattori produttivi o input tra le quali un'impresa può scegliere. In particolare, la funzione di produzione consente di calcolare la massima quantità di prodotto finito, o output, che un'impresa può ottenere dalla combinazione variabile degli input disponibili.

Si può scrivere come

$$Q = f(L,K) \qquad (6.1)$$

dove Q indica l'output (*Quantity*, Q), L rappresenta la quantità di lavoro impiegato (*Labor*, L) e K il capitale impiegato (*Capital*, K). Questa funzione ci dice che la massima quantità di output che l'impresa può produrre dipende dalla quantità di lavoro e di capitale che impiega. Si sarebbero potuti enumerare tanti altri input, ma il dibattito "alla Asimov" in corso nelle economie moderne conferma l'eterno scambio e dualismo tra lavoro e capitale, quali fondamentali fattori di una qualsiasi produzione. L'analisi e lo sviluppo teorico che si intraprenderà in questa sede riguarda questi due fondamentali input.

La formula (6.1) è simile alla funzione di utilità della teoria del consumatore. Così come la funzione di utilità dipende dai gusti dei consumatori che sono esogeni, la funzione di produzione dipende dalle condizioni di sviluppo tecnologico, pure esogene. Con il trascorrere del tempo mutano le conoscenze e il progresso tecnologico può mutare drasticamente la funzione di produzione. Si discuterà di progresso tecnologico nel Paragrafo 6.6. Sino ad allora si considererà lo stato delle conoscenze immutabile e la funzione di produzione sarà fissa e immutabile.

La formula (6.1.) consente dunque di calcolare il massimo output di un'impresa data una certa combinazione di lavoro e capitale. Un management inefficiente può produrre di meno rispetto a quanto è tecnologicamente possibile. Nella Figura 6.1 è rappresentata questa ipotesi per una funzione di produzione caratterizzata da un solo input, il lavoro: $Q = f(L)$. I punti in corrispondenza o al di sotto della funzione di produzione rappresentano l'**insieme di produzione**, cioè le combinazioni produttive possibili fra input e output. Punti come le combinazioni A e B sono **tecnologicamente inefficienti**: l'impresa realizza un output minore rispetto a quanto potrebbe raggiungere sulla funzione di produzione. I punti C e D, che si trovano sulla funzione di produzione, indicano combinazioni **tecnologicamente efficienti**. In C e D l'impresa realizza l'output massimo data la quantità disponibile di fattore lavoro.

La funzione inversa di produzione si può scrivere come $L = g(Q)$, cioè il minimo ammontare di input lavoro necessario per realizzare un dato output Q. Questa fun-

---

INPUT Risorse come il lavoro, i macchinari e gli impianti, le materie prime, che consentono, combinate, di realizzare prodotti finiti.

FATTORI DELLA PRODUZIONE Risorse che vengono utilizzate per produrre un bene o un servizio.

OUTPUT Il volume o la quantità di bene o servizio prodotto da un'impresa.

FUNZIONE DI PRODUZIONE Una relazione che dimostra la quantità massima di output che un'impresa può produrre date le quantità di input impiegabili.

INSIEME DI PRODUZIONE La combinazione di input e output realizzabile date le tecnologie e le conoscenze disponibili.

TECNOLOGICAMENTE INEFFICIENTE Lo sono le combinazioni per le quali l'impresa realizza un output inferiore rispetto a quanto potrebbe, impiegando adeguatamente il fattore (lavoro) disponibile.

TECNOLOGICAMENTE EFFICIENTE Lo sono le combinazioni per le quali l'impresa produce l'output massimo possibile in ragione dell'ammontare di fattore (lavoro) disponibile.

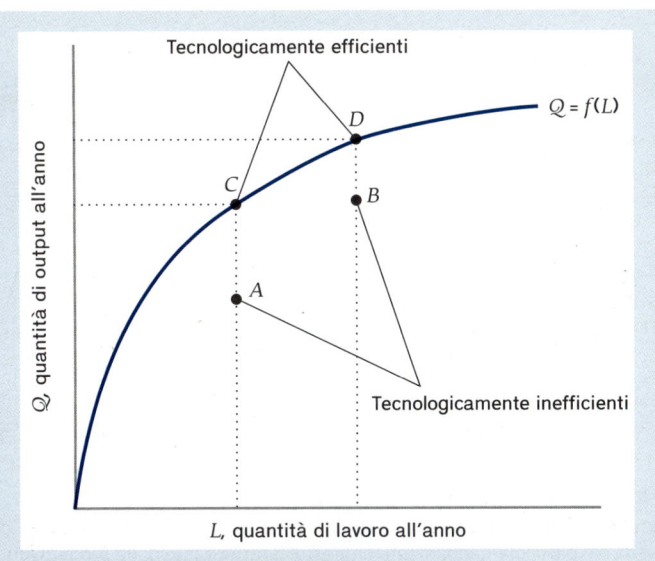

FIGURA 6.1 Efficienza e inefficienza tecnologica
Nei punti C e D l'impresa è tecnologicamente efficiente. Produce il massimo output possibile dato l'unico fattore o input lavoro, per Q = f(L). Nei punti A e B l'impresa è tecnologicamente inefficiente. Non riesce a realizzare il massimo output possibile data la quantità di fattore lavoro disponibile.

zione, la **funzione della domanda (tecnica) di lavoro**, definisce la quantità di lavoro della quale ha bisogno la singola impresa per produrre Q unità di output. Per esempio, per una funzione di produzione $Q = \sqrt{L}$ l'impresa ha bisogno di $L = Q^2$ ore o unità di lavoro. Per produrre un output di 7 unità l'impresa necessita di $7^2 = 49$ ore o unità di lavoro.

Poiché la funzione di produzione definisce il massimo output ottenibile da una determinata combinazione di fattori, talora si scrive $Q \leq f(L,K)$ a indicare che, teoricamente, un'impresa può produrre un output che è inferiore al massimo tecnologicamente realizzabile.

6.2 • La funzione di produzione in presenza di un solo input

Il dibattito sulla produttività delle imprese è sempre all'ordine del giorno sulla stampa internazionale. La funzione di produzione può essere impiegata per illustrare come si può caratterizzare la produttività dei fattori della produzione. Nel presente paragrafo si approfondirà il semplice caso in cui l'output dipende dall'utilizzo di un singolo input, il lavoro.

6.2.1 La funzione del prodotto totale

Le funzioni di produzione che dipendono da un solo input sono spesso dette **funzioni del prodotto totale**. La Tabella 6.1 mostra i dati relativi alla funzione del prodotto totale di un'impresa che realizza semiconduttori. Essa mostra il legame tra la quantità di semiconduttori Q che l'impresa può produrre in un anno e le diverse quantità di lavoro L che l'impresa impiega dati gli impianti e i macchinari disponibili. Nella Figura 6.2 vengono rappresentate le combinazioni di Q ed L che corrispondono alla funzione del prodotto totale della Tabella 6.1. Il grafico della funzione del prodotto totale è

FUNZIONE DELLA DOMANDA (TECNICA) DI LAVORO Indica la quantità minima di lavoro necessaria per produrre un dato ammontare di output.

FUNZIONE DEL PRODOTTO TOTALE Una funzione di produzione con un solo input, che mostra quanto il prodotto totale dipenda dalla quantità di input impiegata.

TABELLA 6.1 La funzione del prodotto totale

L*	Q
0	0
6	30
12	96
18	162
24	192
30	150

*L è misurato in migliaia di ore di lavoro al giorno e Q è misurata in migliaia di semiconduttori prodotti al giorno.

PRODOTTO (PRODUTTIVITÀ) MARGINALE DEL LAVORO CRESCENTE Il tratto della funzione del prodotto totale al quale corrisponde un incremento più che proporzionale del prodotto per ogni unità in più di lavoro impiegata.

PRODOTTO (PRODUTTIVITÀ) MARGINALE DEL LAVORO DECRESCENTE Il tratto della funzione del prodotto totale al quale corrisponde un incremento meno che proporzionale del prodotto per ogni unità in più di lavoro impiegata.

PRODOTTO TOTALE DEL LAVORO DECRESCENTE Il tratto della funzione al quale corrisponde una diminuzione dell'output totale per ogni unità in più di lavoro impiegata.

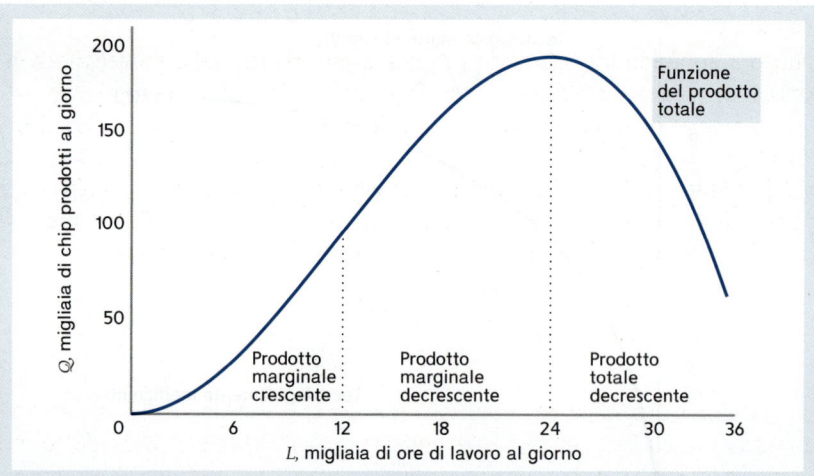

FIGURA 6.2 La funzione del prodotto totale
La funzione del prodotto totale mostra la relazione tra la quantità di lavoro (L) e l'output (Q). La funzione ha tre particolari andamenti: un tratto caratterizzato dalla produttività marginale crescente del fattore lavoro ($L < 12$); un tratto caratterizzato dalla produttività marginale decrescente ($12 < L < 24$) e un tratto caratterizzato dal prodotto totale decrescente ($L > 24$).

caratterizzato da quattro proprietà: quando la quantità di lavoro è nulla, è nullo l'output dell'impresa ($L = 0$, $Q = 0$). In secondo luogo, tra $L = 0$ e $L = 12$, l'output cresce più che proporzionalmente all'aumentare del fattore lavoro impiegato (la funzione del prodotto totale è convessa). In questo tratto la funzione è caratterizzata da un **prodotto marginale del lavoro crescente**. Quando abbiamo un prodotto marginale del lavoro crescente, al crescere del fattore lavoro impiegato il prodotto totale aumenta più che proporzionalmente. La produttività marginale crescente può dipendere dalla specializzazione del lavoro. In un impianto con un numero modesto di lavoratori, questi devono risultare *multi-task*. Un lavoratore potrebbe occuparsi della logistica delle materia prime, dell'accensione degli impianti, della qualità della produzione ecc.

Man mano che si aggiungono lavoratori, la specializzazione aumenta: taluni lavoratori si dedicheranno all'approvvigionamento delle materie prime, altri saranno responsabili del buon funzionamento dei macchinari, altri ancora si concentreranno sul controllo della qualità. La specializzazione consente di concentrarsi sulle competenze o mansioni nelle quali si è più produttivi.

In terzo luogo, tra $L = 12$ e $L = 24$, l'output cresce ma in maniera meno che proporzionale (la funzione del prodotto totale è concava). In questo tratto si può verificare come il **prodotto marginale** del fattore lavoro sia **decrescente**. All'aumentare del fattore produttivo lavoro impiegato l'output aumenta ma in maniera meno che proporzionale. Questo accade quando l'impresa non riesce più a stimolare la produttività dei lavoratori attraverso la specializzazione.

Infine, quando il lavoro eccede 24, il prodotto totale è destinato a diminuire all'aumentare del lavoro. Per $L > 24$ si parla di **prodotto totale decrescente**. In questo caso un incremento del fattore lavoro impiegato determina una diminuzione del prodotto totale. Ciò dipende dall'invariabilità o fissità degli impianti: se i lavoratori diventano troppi non riescono a suddividere tra di loro in maniera efficiente lo scarso spazio a disposizione. La distribuzione e gestione delle mansioni tra i membri troppo numerosi di una squadra diventa assai difficile.[1]

---

[1] Un prodotto totale decrescente può anche verificarsi per altri input, come le materie prime. Per esempio, i fertilizzanti possono aumentare la produttività dei terreni. Tuttavia, un eccessivo utilizzo di fertilizzanti "brucia" le piante e può azzerare il raccolto.

La teoria della produzione 169

6.2.2 Prodotto marginale e prodotto medio

Si può ora approfondire qualche specifica caratteristica della produttività di un singolo input. Dalla funzione del prodotto totale si possono calcolare due precise e distinte stime della produttività. La prima è quella del **prodotto medio del lavoro** (*Average Product of Labor*, AP_L). Il prodotto medio del lavoro indica l'output medio per unità (ora) di lavoro, misura spesso utilizzata nei confronti internazionali per paragonare quanto produttivi siano i lavoratori italiani, quelli europei, quelli statunitensi ecc. Matematicamente, il prodotto medio si può scrivere

$$AP_L = \frac{\text{prodotto totale}}{\text{quantità di lavoro}} = \frac{Q}{L}$$

> **PRODOTTO MEDIO DEL LAVORO** L'output che si ottiene, in media, da ogni unità (ora) di lavoro.

La Tabella 6.2 e la Figura 6.3 mostrano il prodotto medio del lavoro con riferimento ai dati di prodotto totale indicati nella Tabella 6.1. Il prodotto medio varia in ragione della quantità di lavoro utilizzato dalle imprese. Nell'esempio, AP_L aumenta fino a $L = 18$ e diminuisce per una quantità di lavoro superiore.

TABELLA 6.2 Il prodotto medio del lavoro

L	Q	$AP_L = \frac{Q}{L}$
6	30	5
12	96	8
18	162	9
24	192	8
30	150	5

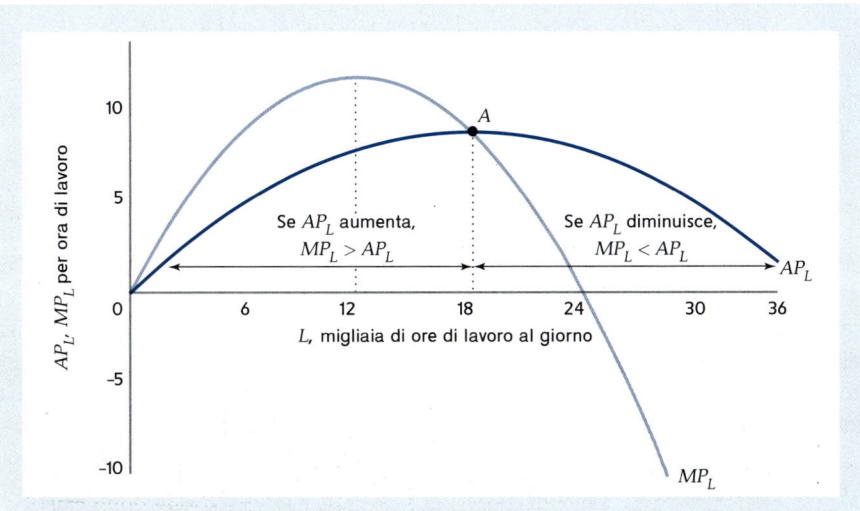

FIGURA 6.3 Il prodotto medio e marginale del lavoro
AP_L rappresenta il prodotto medio del lavoro. MP_L rappresenta il prodotto marginale. La funzione del prodotto marginale cresce fintanto che L è inferiore a 12. Decresce nel tratto $12 < L < 24$. È negativa quando il prodotto totale è decrescente, cioè per $L > 24$. Nel punto A, dove il prodotto medio è massimo, $AP_L = MP_L$.

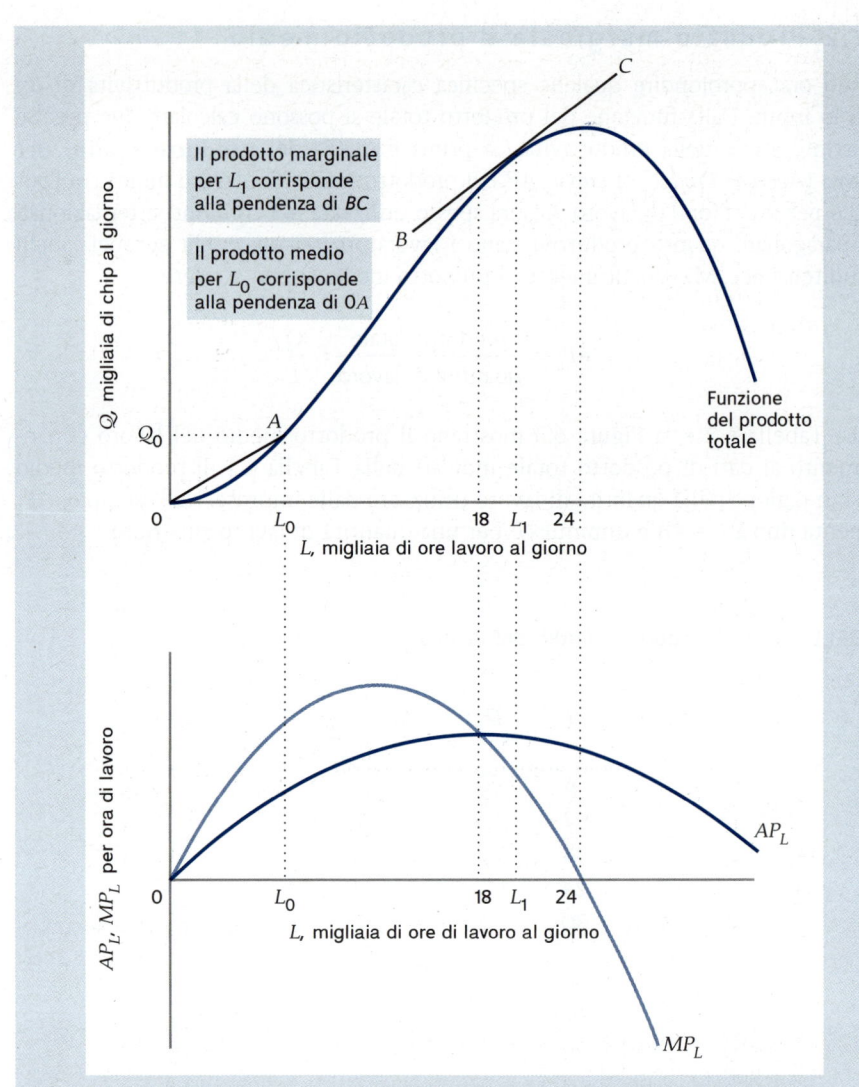

FIGURA 6.4 Il rapporto tra le funzioni del prodotto totale, medio e marginale
Per un dato valore di L, il prodotto marginale del lavoro corrisponde alla pendenza della tangente del prodotto totale in corrisponde di L. Il prodotto medio corrisponde alla pendenza delle semiretta che dall'origine degli assi interseca il prodotto totale per un dato valore di L.

La Figura 6.4 mostra l'andamento del prodotto totale e del prodotto medio. Per un valore L_0, il prodotto medio corrisponde alla pendenza della semiretta tracciata dall'origine degli assi cartesiani e intersecante il prodotto totale in corrispondenza di L_0. Per esempio, nel punto A, al valore L_0 corrisponde un prodotto totale Q_0. La pendenza della semiretta che interseca la funzione del prodotto totale in A è Q_0/L_0, misura del prodotto medio del lavoro AP_{L0}. Per $L = 18$, la pendenza delle semiretta è massima, cioè il prodotto medio del lavoro raggiunge il suo valore massimo.

La seconda misura importante che si può dedurre dalla funzione del prodotto totale è quella del **prodotto marginale del lavoro** (*Marginal Product of Labour, MP_L*). Il prodotto marginale del lavoro misura la variazione del prodotto totale in ragione della variazione (discreta o infinitesima) della quantità di lavoro impiegata:

$$MP_L = \frac{\text{variazione del prodotto totale}}{\text{variazione della quantità di lavoro}} = \frac{\Delta Q}{\Delta L}$$

PRODOTTO MARGINALE DEL LAVORO Di quanto varia il prodotto totale in ragione di una variazione (discreta o piccola o infinitesima) della quantità di lavoro impiegata dall'impresa.

Il prodotto marginale del lavoro è un concetto analogo a quello di utilità marginale nella teoria del consumatore. Nella Figura 6.3 il prodotto marginale varia al variare della quantità di lavoro. Nella regione dei rendimenti marginali crescenti, tra $L = 0$ e $L = 12$, la funzione del prodotto marginale è crescente. Per $L > 12$, quando i rendimenti marginali sono decrescenti, la funzione del prodotto marginale è decrescente. Quando i rendimenti totali iniziano a decrescere, cioè per $L > 24$, la funzione del prodotto marginale incrocia l'asse orizzontale e diventa negativa. Nella Figura 6.4, in alto, il prodotto marginale che corrisponde a un particolare livello di L è la pendenza della tangente alla funzione del prodotto totale per quel livello di L. Per esempio, per L_1 il prodotto marginale risulta la pendenza del segmento BC, tangente alla funzione del prodotto totale. Al variare della pendenza di tale tangente lungo la funzione del prodotto totale, per valori variabili di L, varia altresì il valore del prodotto marginale.

Nella maggior parte dei processi produttivi, al crescere della quantità impiegata di un fattore, date le quantità di tutti gli altri fattori, si raggiunge un punto oltre il quale il prodotto marginale del fattore variabile è destinato a diminuire. Questo fenomeno corrisponde alla **legge dei rendimenti decrescenti** del fattore variabile.

6.2.3 Il rapporto tra prodotto marginale e prodotto medio

Tra valore medio e marginale di una determinata variabile esiste sempre una precisa relazione. L'esempio del prodotto marginale e di quello medio è un'ulteriore conferma di questa sistematica relazione. La Figura 6.3 illustra questo legame:

- quando il prodotto medio aumenta con il lavoro, il prodotto marginale è più grande di quello medio; cioè, se AP_L aumenta, allora $MP_L > AP_L$;
- quando il prodotto medio cala all'aumentare del lavoro, il prodotto marginale è inferiore a quello medio; cioè, se AP_L diminuisce, allora $MP_L < AP_L$;
- quando il prodotto medio non aumenta né cala con il lavoro perché siamo in un punto in cui AP_L è massimo (come nel punto A nella Figura 6.3), il prodotto marginale è uguale a quello medio, cioè $MP_L = AP_L$.

Il rapporto tra prodotto medio e marginale è un esempio di quello che è caratteristico delle grandezze medie e marginali, in generale. Per esempio, se l'altezza media degli studenti di un'aula universitaria del primo anno è 160 cm e a metà novembre entra in aula la nuova matricola, il diciannovenne Marco, alzando l'altezza media a 161 cm, che cosa possiamo dire circa l'altezza di Marco? Dal momento che l'altezza media aumenta, quella "marginale" (quella di Marco) dev'essere sopra la media. Se l'altezza media scendesse a 159 cm, bisognerebbe supporre che l'altezza marginale fosse inferiore alla media, ovvero che l'altezza di Marco fosse inferiore a 160 cm.

Se l'altezza media rimane 160 cm, si desume che Marco ha la medesima altezza della media di tutti i suoi colleghi d'aula.

La relazione tra grandezza media e marginale qui spiegata verrà confermata quando si studieranno i costi medi e marginali nel Capitolo 8 e i ricavi medi e marginali nel Capitolo 11.

> **LEGGE DEI RENDIMENTI DECRESCENTI** All'aumentare del fattore produttivo variabile impiegato, dati tutti gli altri fattori (in un ammontare fisso), si raggiunge un livello di output totale oltre il quale il prodotto marginale del fattore variabile è destinato a diminuire.

6.3 • La funzione di produzione in presenza di più input

*L*o studio della funzione del prodotto totale in presenza di un solo input consente di verificare alcuni fondamentali concetti come il prodotto medio e marginale e la relazione esistente tra prodotto medio e marginale. Tuttavia, l'*economia reale* è fatta di produzioni a più fattori: da quella dei semiconduttori a quella del design dobbiamo studiare funzioni di produzione con input multipli. In questo paragrafo si approfondirà come rappresentare la funzione di produzione a più fattori e il grado di sostituibilità tra i fattori.

6.3.1 Prodotto totale e marginale in presenza di due fattori

Si consideri una produzione che richieda almeno due input: lavoro e capitale. Ipotesi che può riguardare tanto il settore dei semiconduttori quanto quello della moda.

La Tabella 6.3 mostra i dati relativi alla funzione di produzione di semiconduttori ove l'output Q dipende dalla quantità di lavoro L e di capitale K impiegati dall'impresa. Nella Figura 6.5 tale funzione viene rappresentata utilizzando uno spazio tridimensionale che consente di rappresentare come il **prodotto totale** varia al variare dell'impiego dei due input.[2]

> **IL SOLIDO DEL PRODOTTO TOTALE** Una figura tridimensionale della funzione di produzione.

TABELLA 6.3 La funzione di produzione dei semiconduttori*

		\multicolumn{6}{c}{K**}
		0	6	12	18	24	30
L**	0	0	0	0	0	0	0
	6	0	5	15	25	30	23
	12	0	15	48	81	96	75
	18	0	25	81	137	162	127
	24	0	30	96	162	192	150
	30	0	23	75	127	150	117

*I numeri in tabella rappresentano l'output producibile per combinazioni variabili di lavoro e capitale

**L è misurato in termini di migliaia di ore al giorno, K è misurato in termini di migliaia di ore di funzionamento dell'impianto (o del macchinario) al giorno e Q è misurato in termini di migliaia di chip prodotti al giorno

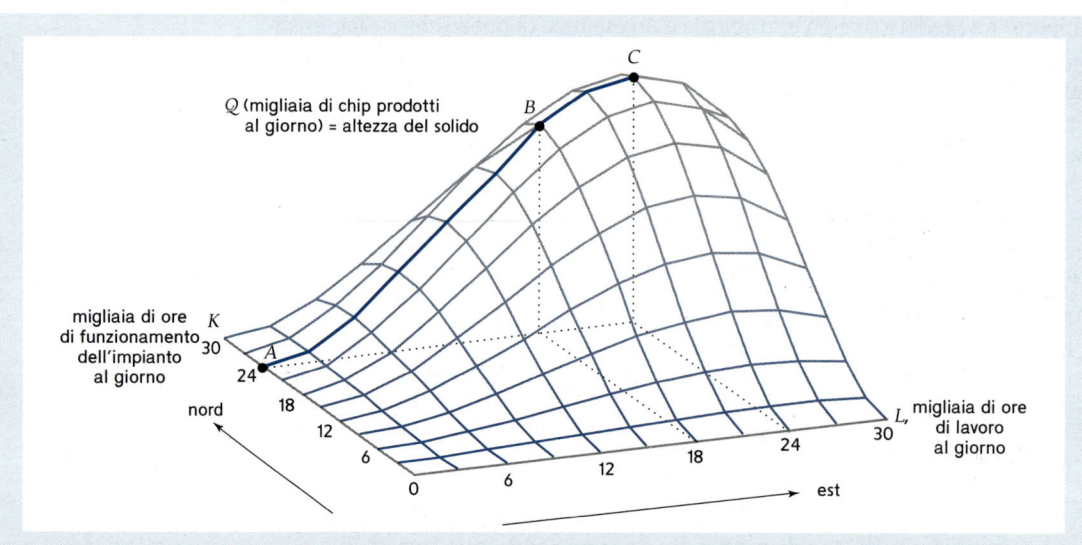

FIGURA 6.5 Il solido del prodotto totale
L'altezza del solido è pari all'output Q in corrispondenza di determinati valori di L e K.

---

[2] La Figura 6.5 mostra il reticolo o scheletro del grafico del prodotto totale così da potervi disegnare sotto varie linee di interesse. La Figura 6.6 mostra la stessa figura come un solido.

L'altezza della figura in ogni punto è pari alla quantità Q producibile con K ed L. Partendo da una combinazione di lavoro e capitale, ci si può spostare verso est aumentando la quantità di lavoro o verso nord aumentando la quantità di capitale. In ogni caso ci si alza a diversi livelli del solido, ognuno corrispondente a un diverso livello produttivo.

Si consideri adesso cosa succede se si mantiene fissa la quantità di uno dei due fattori. Per $K = 24$ nella Tabella 6.3 si può constatare come inizialmente l'output aumenti per poi diminuire (per $L > 24$). I valori di Q della Tabella 6.3 sono identici a quelli della Tabella 6.1 del prodotto totale. Ciò mostra che la funzione del prodotto totale del lavoro può essere derivata dalla funzione a due input tenendo costante e fisso l'ammontare di capitale impiegato e variando la quantità di lavoro.

Un ragionamento simile si può fare con la Figura 6.5. Fissiamo la quantità di capitale a $K = 24$ e muoviamoci verso est cambiando la quantità di lavoro. Tracciamo il sentiero ABC, dove C rappresenta la cima del grafico. Questo sentiero ha il medesimo andamento della funzione del prodotto totale nella Figura 6.2. Così, per $K = 24$, i dati della colonna nella Tabella 6.3 corrispondono esattamente ai dati della Tabella 6.1.

Così come il concetto di prodotto totale si estende direttamente al caso di input multipli, anche il concetto di prodotto marginale può essere esteso. Il prodotto marginale di un input è il tasso di variazione dell'output al variare dell'input variabile, tenendo costanti (*ceteris paribus*) le quantità di tutti gli altri input. Il prodotto marginale del lavoro si può misurare come:

$$MP_L = \frac{\text{variazione dell'output } Q}{\text{variazione dell'input } L}\bigg|_{K \text{ costante}} = \frac{\Delta Q}{\Delta L}\bigg|_{K \text{ costante}} \quad (6.2)$$

Il prodotto marginale del capitale può essere allora scritto come:

$$MP_K = \frac{\text{variazione dell'output } Q}{\text{variazione dell'input } K}\bigg|_{L \text{ costante}} = \frac{\Delta Q}{\Delta K}\bigg|_{L \text{ costante}} \quad (6.3)$$

Il prodotto marginale spiega come varia la pendenza del solido al variare della quantità di un input, restando fissa la quantità di tutti gli altri input. Per esempio, il prodotto marginale del lavoro nel punto B della Figura 6.5 - cioè quando $L = 18$ e $K = 24$ - descrive la pendenza della funzione di prodotto totale nel punto B in direzione est.

6.3.2 Isoquanti

Si può limitare l'analisi ai rapporti di scambio tra due fattori produttivi. Così come nella teoria del consumatore si utilizzano le curve di indifferenza, si possono introdurre in questa sede gli **isoquanti**. Isoquanto significa "stessa quantità": una qualsiasi combinazione di L e K lungo il medesimo isoquanto corrisponde sempre allo stesso livello produttivo o output.

> **ISOQUANTO** Una curva che mostra tutte le combinazioni di lavoro e capitale per le quali l'output risulta costante.

Per illustrare il concetto, si consideri la funzione di produzione descritta nella Tabella 6.4 (che poi è la stessa funzione della Tabella 6.3). A due differenti combinazioni di lavoro e capitale, ($L = 6$, $K = 18$) e ($L = 18$, $K = 6$), corrisponde un output di 25 unità, $Q = 25$ (unità = migliaia di chip prodotti al giorno). Ciascuna di queste combinazioni è dunque sull'isoquanto $Q = 25$.

Lo stesso isoquanto è rappresentato nella Figura 6.6 (equivalente alla Figura 6.5), con riferimento ai dati nella Tabella 6.4. Supponendo di camminare lungo il solido da un punto A con l'obiettivo di mantenere un'altezza costante (il livello di output A), il sentiero $ABCDE$ rappresenta il percorso giusto. Per ogni combinazione di fattori lungo questo sentiero, l'altezza è pari a 25 (cioè tutte queste combinazioni sono sull'isoquanto $Q = 25$).

TABELLA 6.4 La funzione di produzione dei semiconduttori*

		\multicolumn{6}{c}{K**}
		0	6	12	18	24	30
L**	0	0	0	0	0	0	0
	6	0	5	15	25	30	23
	12	0	15	48	81	96	75
	18	0	25	81	137	162	127
	24	0	30	96	162	192	150
	30	0	23	75	127	150	117

*I numeri in tabella rappresentano l'output producibile per combinazioni variabili di lavoro e capitale
**L è misurato in termini di migliaia di ore al giorno, K è misurato in termini di migliaia di ore di funzionamento dell'impianto (o del macchinario) al giorno e Q è misurato in termini di migliaia di chip prodotti al giorno

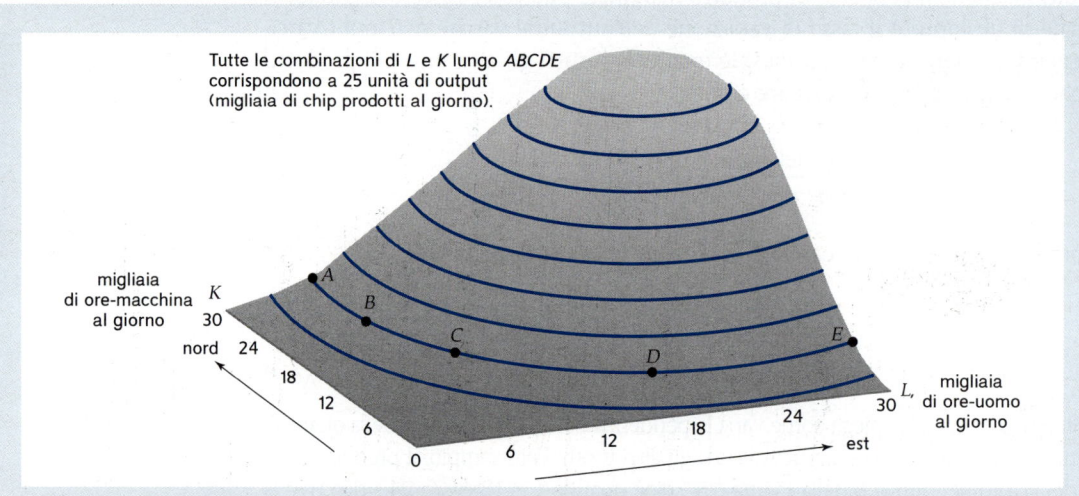

FIGURA 6.6 Isoquanti e solido del prodotto totale
Iniziando da A e muovendosi, a una medesima altezza, attorno alla collina, $ABCDE$ corrisponde a tutte le possibili combinazioni per le quali l'output rimane sempre pari a $Q = 25$.

Da questo esempio possiamo vedere che l'isoquanto è come una curva di livello nella topografia, quando si analizzano livelli e dislivelli, pendii e avvallamenti, cioè si scende nel dettaglio dell'orografia. Una curva di livello o isoipsa mostra i diversi punti ai quali corrisponde una medesima altezza. Il solido della produzione totale della Figura 6.6 è invece l'analogo alla mappa tridimensionale di un monte.

La Figura 6.7 mostra gli isoquanti corrispondenti alla Tabella 6.4 e alla Figura 6.6. Il fatto che gli isoquanti siano di pendenza negativa è verifica di un importante rapporto di scambio o trade-off: un'impresa può sostituire il capitale con il lavoro e mantenere costante l'output. Questa regola applicata all'industria dei semiconduttori implica che un'impresa può produrre un dato output occupando parecchi lavoratori e pochi robot o, viceversa, impiegando molti robot e pochi lavoratori. Una tale sostituzione è sempre possibile se lavoro e capitale (robot) sono caratterizzati da un prodotto marginale positivo.

A una funzione di produzione possono corrispondere infiniti isoquanti, ognuno in ragione di diversi livelli di output. Nella Figura 6.7, l'isoquanto Q_1 corrisponde a 25 unità di output. I punti B e D lungo l'isoquanto corrispondono alle combina-

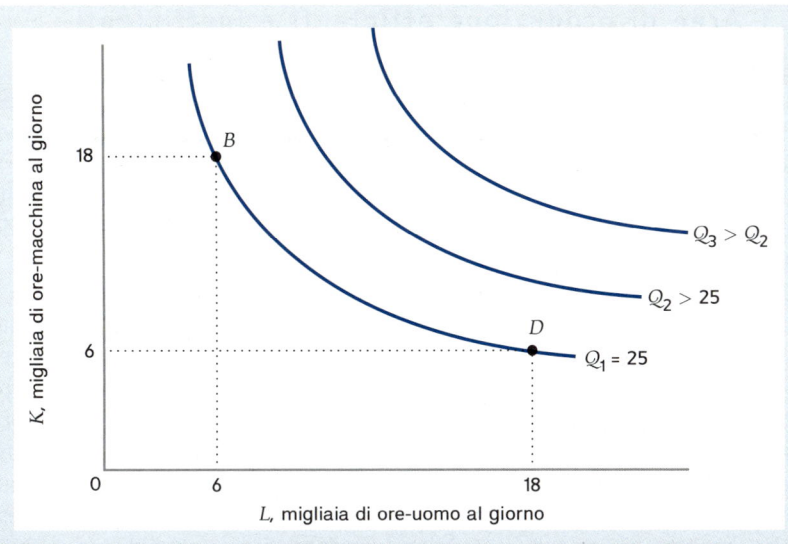

FIGURA 6.7 Isoquanti corrispondenti alla funzione di produzione della Tabella 6.4 e della Figura 6.6
Ciascuna combinazione di capitale e lavoro lungo l'isoquanto Q_1 corrisponde a un output di 25 000 chip al giorno (si tratti della combinazione B o della combinazione D). Spostandosi verso nord-est nel medesimo quadrante, gli isoquanti corrispondono a output maggiori.

zioni di input indicate in Tabella 6.4. Se entrambi i fattori sono caratterizzati da un prodotto marginale positivo, l'impiego di una quantità maggiore di ciascun input determina un aumento del prodotto totale. Così, gli isoquanti Q_2 e Q_3, a nord-est di Q_1 nella Figura 6.7, implicano maggiori prodotti totali.

Un isoquanto può anche essere definito algebricamente. Per le funzioni di produzione finora descritte dove l'output Q dipende da quantità variabili di L e K, l'equazione dell'isoquanto esprimerà K in funzione di L. Nell'Esercizio svolto 6.1 si mostra come derivare un'equazione di questo tipo.

Esercizio svolto 6.1   Derivare l'equazione di un isoquanto

Problema

(a) Considerate la funzione di produzione la cui equazione sia data dalla formula $Q = \sqrt{KL}$. Quale è l'equazione dell'isoquanto corrispondente alla quantità $Q = 20$?
(b) Per la medesima funzione di produzione, qual è la generica equazione dell'isoquanto, corrispondente a un generico livello di output Q?

Soluzione

(a) L'isoquanto $Q = 20$ rappresenta tutte le combinazioni di lavoro e capitale che consentono all'impresa di produrre 20 unità di output. Per questo isoquanto la funzione di produzione è $20 = \sqrt{KL}$. Elevando al quadrato entrambi i membri dell'equazione e risolvendo tale equazione per K (in funzione di L) o L (in funzione di K) si ottengono due modi equivalenti di definire il medesimo isoquanto: $K = 400/L$, $L = 400/K$.

(b) Da un'equazione della funzione di produzione del tipo $Q = \sqrt{KL}$, la generica equazione dell'isoquanto si ottiene elevando al quadrato entrambi i membri dell'equazione ed esprimendo K in funzione di L o, viceversa, L in funzione di K.

$$Q^2 = KL$$

$$K = \frac{Q^2}{L}$$

$$L = \frac{Q^2}{K}$$

(Se si sostituisce per $Q = 20$ in questa equazione si ottiene l'equazione dell'isoquanto derivata poc'anzi.)

6.3.3 Aree di produzione efficienti e inefficienti

Gli isoquanti nella Figura 6.7 hanno pendenza negativa. Incrementando la quantità di lavoro possiamo mantenere l'output costante se si riduce l'impiego di capitale. Ora si analizzi la Figura 6.8 dove gli isoquanti sono stati tracciati supponendo di aumentare la dimensione della scala produttiva della Figura 6.7 oltre le 24 000 ore-uomo e ore-macchina al giorno. Si possono evidenziare regioni con isoquanti di pendenza positiva e girati all'indietro. Cosa stanno a significare queste pendenze positive assieme alle aree a essi corrispondenti?

Corrispondono a situazioni nelle quali un fattore presenta un prodotto marginale negativo (o rendimenti totali decrescenti). Nella Figura 6.8 agli isoquanti che hanno pendenza positiva corrisponde un prodotto totale decrescente del fattore lavoro ($MP_L < 0$), agli isoquanti che cambiano orientamento nel piano curvandosi all'indietro corrisponde un prodotto totale decrescente del fattore capitale ($MP_K < 0$). Nell'ipotesi di un prodotto totale decrescente del fattore lavoro, incrementando l'impiego di lavoro, a parità di capitale, l'output totale diminuisce. Quindi per mantenere costante il livello di output (si ricordi che questo è ciò che facciamo quando ci muoviamo lungo un isoquanto) bisogna aumentare l'impiego di capitale in modo da compensare il prodotto marginale negativo del fattore lavoro.

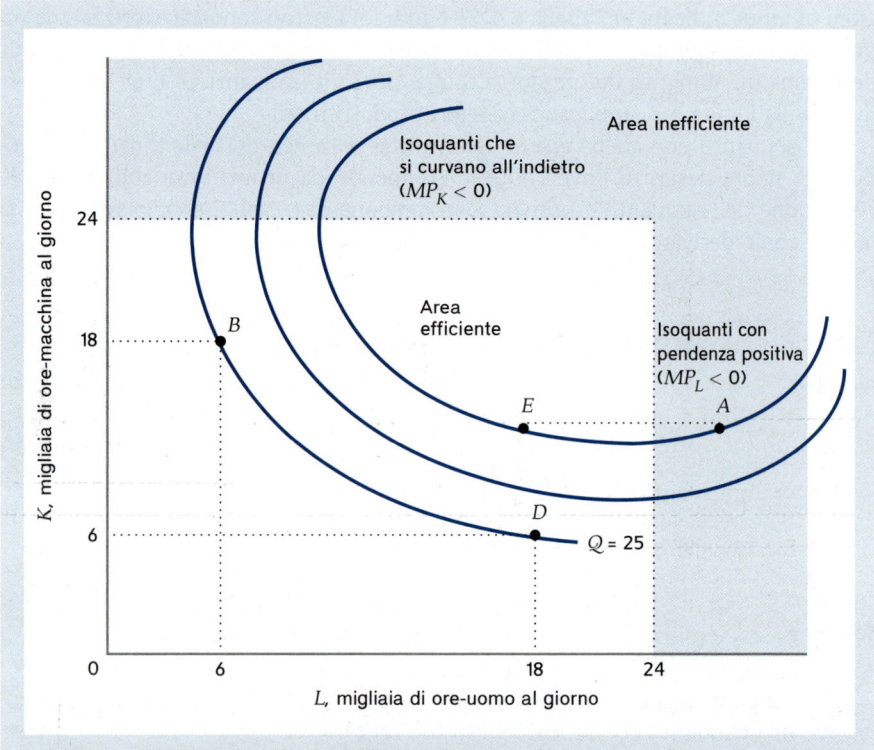

FIGURA 6.8 Aree efficienti e inefficienti di produzione
Le aree inefficienti di produzione sono quelle dove gli isoquanti invertono la loro naturale pendenza negativa e divengono di pendenza positiva. Il prodotto marginale di uno degli input è allora negativo. Un'impresa che intende minimizzare i suoi costi non dovrebbe mai operare in queste condizioni.

Un'impresa che intende minimizzare i suoi costi non dovrebbe mai operare nelle aree dello spazio cartesiano dove gli isoquanti sono di pendenza positiva o invertono il loro orientamento nel piano. Un'impresa, che produca semiconduttori o moda, non dovrebbe mai trovarsi nel punto A della Figura 6.8 dove gli ingegneri (i periti informatici) o gli stilisti (i sarti) sarebbero caratterizzati da un prodotto totale decrescente. Questo perché potrebbe realizzare il medesimo output ma a costi inferiori se rimanesse nel punto E. Sarebbe uno spreco di risorse quello corrispondente alla combinazione A. Il punto A si trova in un'**area inefficiente di produzione**. L'area efficiente di produzione corrisponde alla pendenza negativa degli isoquanti. Da ora in poi si tracceranno e si considereranno le sole **aree efficienti di produzione**.

AREA INEFFICIENTE DI PRODUZIONE La regione caratterizzata da isoquanti con pendenza posiva. In tale area almeno un input è caratterizzato da un prodotto marginale negativo.

AREA EFFICIENTE DI PRODUZIONE La regione caratterizzata da isoquanti con la tipica pendenza negativa.

6.3.4 Tasso marginale di sostituzione tecnica

Un'impresa che produce semiconduttori può contemplare l'ipotesi della sostituzione del lavoro umano con sofisticati robot. Questa impresa deve allora rispondere alla seguente domanda: in quanti robot bisogna investire per rimpiazzare la capacità produttiva di un lavoratore? La risposta a questa domanda è cruciale nel determinare se valga la pena di investire in robotica.

La misura della pendenza dell'isoquanto corrisponde al saggio o al tasso di sostituzione tra lavoro e capitale in un determinato processo produttivo. Il **tasso marginale di sostituzione tecnica tra lavoro e capitale** (*Marginal Rate of Technical Substitution*, $MRTS_{L,K}$) misura la pendenza dell'isoquanto e ci dice:

- il tasso al quale la quantità di capitale può essere diminuita per ogni unità di aumento nella quantità di lavoro, tenendo costante il livello di prodotto totale;
- il tasso al quale la quantità di capitale deve essere aumentata per ogni unità di decremento nella quantità di lavoro, tenendo costante il livello di prodotto totale.

Il tasso marginale di sostituzione tecnica è analogo al tasso o saggio marginale di sostituzione della teoria del consumatore.

Così come, nella teoria del consumatore, il saggio marginale di sostituzione del bene X per il bene Y è la pendenza (cambiata di segno) della curva di indifferenza disegnata con X sull'asse orizzontale e Y sull'asse verticale, il tasso marginale di sostituzione tecnica tra lavoro e capitale è l'opposto della pendenza dell'isoquanto disegnato con L sull'asse orizzontale e K su quello verticale. La pendenza di un isoquanto in un particolare punto è la pendenza della tangente all'isoquanto in quel punto, come evidenziato nella Figura 6.9. Il valore della pendenza della retta tangente, cambiato di segno, misura $MRTS_{L,K}$.

Nella Figura 6.9 si possono calcolare i diversi possibili $MRTS_{L,K}$ per l'isoquanto $Q = 1000$. Nel punto A la pendenza della tangente all'isoquanto è pari a $-2,5$. Un $MRTS_{L,K} = 2,5$ implica che, partendo da questo punto, si può sostituire un'ora-uomo di lavoro a 2,5 ore-macchina e l'output rimarrà invariato, ovvero pari a 1000. Nel punto B la pendenza è $-0,4$. Nel punto B un $MRTS_{L,K} = 0,4$ significa che si può sostituire un'ora-uomo a 0,4 ore-macchina.

Scendendo lungo l'isoquanto della Figura 6.9 il tasso marginale di sostituzione tecnica diminuisce. Questa proprietà è nota come quella del **tasso marginale decrescente di sostituzione tecnica**. Quando una funzione di produzione è caratterizzata da questa proprietà, gli isoquanti sono convessi verso l'origine.

Appunti.

TASSO MARGINALE DI SOSTITUZIONE TECNICA TRA LAVORO E CAPITALE Il tasso al quale la quantità impiegata di capitale può essere ridotta per ogni unità di aumento nella quantità di lavoro tenendo costante il livello di prodotto finale.

TASSO MARGINALE DECRESCENTE DI SOSTITUZIONE TECNICA Proprietà di una funzione di produzione per la quale il tasso marginale di sostituzione tecnica del lavoro al capitale diminuisce all'aumentare della quantità di lavoro impiegata lungo un medesimo isoquanto.

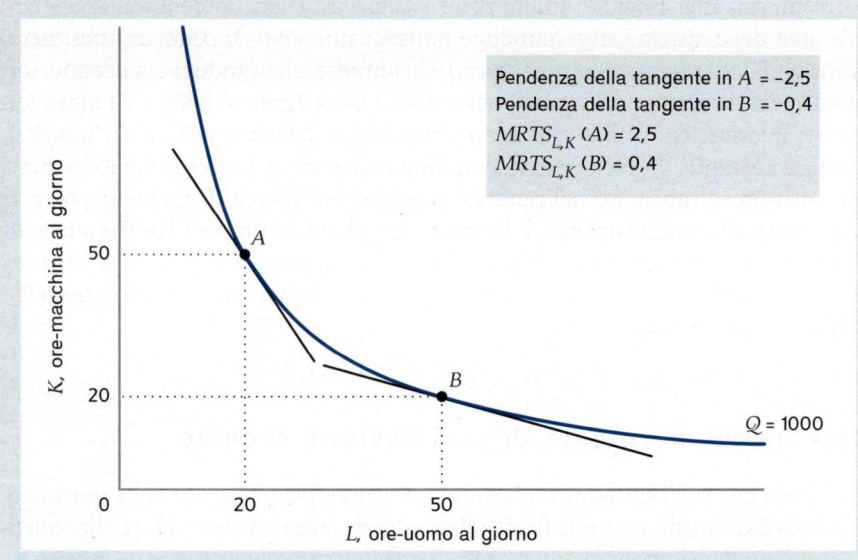

FIGURA 6.9 Il tasso marginale di sostituzione tecnica tra lavoro e capitale lungo un isoquanto
Nel punto A $MRTS_{L,K}$ è pari a 2,5. L'impresa può lasciare invariato il livello produttivo rimpiazzando 2,5 ore-macchina con un'ora-uomo. Nel punto B $MRTS_{L,K}$ è pari a 0,4. Sostituendo a 0,4 ore-macchina un'ora-uomo consente di lasciare inalterato l'output di 1000.

Esiste una precisa relazione tra $MRTS_{L,K}$ e i prodotti marginali del lavoro (MP_L, Marginal Product of Labour) e del capitale (MP_K, Marginal Product of Capital). A una variazione del lavoro impiegato e a una variazione del capitale impiegato il prodotto totale varia nel modo seguente:

ΔQ = variazione dell'output in ragione della variazione del capitale
+ variazione dell'output in ragione della variazione del lavoro.

Dalle equazioni (6.2) e (6.3) si può dedurre

variazione dell'output in ragione della variazione del capitale = $(\Delta K)(MP_K)$;
variazione dell'output in ragione della variazione del lavoro = $(\Delta L)(MP_L)$.

Così, $\Delta Q = [(\Delta K)(MP_K) + (\Delta L)(MP_L)]$. Lungo un isoquanto, per un livello di output costante o dato $\Delta Q = 0$, la precedente si può riscrivere come $0 = [(\Delta K)(MP_K) + (\Delta L)(MP_L)]$. Quindi

$$-(\Delta K)(MP_K) = (\Delta L)(MP_L)$$
$$-\frac{\Delta K}{\Delta L} = \frac{MP_L}{MP_K}$$

Il termine $-\Delta K/\Delta L$ non è altro che la pendenza dell'isoquanto con il segno meno davanti che equivale al tasso marginale di sostituzione $MRTS_{L,K}$. Quindi

$$\frac{MP_L}{MP_K} = MRTS_{L,K} \qquad (6.5)$$

Quindi il tasso marginale di sostituzione tecnica è pari al rapporto tra il prodotto marginale del lavoro e quello del capitale (analogamente a quanto visto nella teoria del consumatore, con riferimento al tasso marginale di sostituzione e all'utilità marginale).

Per meglio comprendere, si pensi alla produzione di semiconduttori. Partendo da una determinata combinazione di input, si ipotizzi che un'unità (ora) in più di lavoro incrementi di dieci unità l'output. Si immagini, altresì, che un aumento di un'unità (ora) di capitale determini due unità in più di output ($MP_L = 10$ e $MP_K = 2$). Quindi, per questa combinazione, il lavoro risulta un fattore più produttivo del capitale e il tasso marginale di sostituzione tecnica è pari a $MRTS_{L,K} = 10/2 = 5$, il che implica che l'impresa può sostituire un'unità di lavoro con 5 unità di capitale lasciando inalterato l'output finale. Chiaramente, un'impresa che produce semiconduttori vorrà conoscere la produttività marginale di entrambi gli input prima di scegliere che tipo di investimento realizzare in termini di robot e lavoratori.

6.4 • La sostituibilità tra fattori della produzione

Un produttore di semiconduttori che si trova di fronte alla scelta tra robot e lavoratori vorrà sapere quanto sia facile o difficile la sostituzione tra i due input. La risposta a questa domanda determinerà, in parte, la capacità di un'impresa di passare da una modalità produttiva (per esempio, a elevato impiego di lavoro sul capitale) all'altra (a basso impiego di lavoro sul capitale) quando cambia il prezzo relativo di lavoro e capitale. In questo paragrafo si approfondirà quanto semplice o difficile sia per un'impresa la sostituzione tra i fattori della produzione.

6.4.1 La sostituzione tra fattori della produzione descritta graficamente

Si considerino due possibili funzioni di produzione di semiconduttori. Nella Figura 6.10(a) si ipotizza un primo isoquanto corrispondente alla produzione di 1 milione di chip al giorno. Nella Figura 6.10(b) si interpreta la stessa possibilità produttiva, data un'altra funzione di produzione.

Le due funzioni di produzione rappresentate nelle due figure differiscono per la facilità di sostituzione tra lavoro e capitale. Nella Figura 6.10(a) l'impresa opera inizialmente in A, per 100 ore-uomo e 50 ore-macchina. Qui è difficile sostituire il lavoro al capitale. Anche se l'impresa quadruplica il suo impiego di lavoro, da 100 a 400 ore-uomo al mese, la quantità di capitale necessaria – per realizzare una produzione di un milione – può diminuire di sole 5 ore-macchina – da 50 a 45 ore-macchina al mese. Per la stessa impresa è, dato l'andamento degli isoquanti nel piano, altresì difficile sostituire il capitale al lavoro. Un ampio aumento delle ore di capitale – salendo da A sull'isoquanto – implica una diminuzione leggerissima delle ore di lavoro.

Al contrario, per la funzione di produzione rappresentata nella Figura 6.10(b) le possibilità di sostituzione tra i due fattori sono più facili e numerose. Sempre partendo dal punto A, l'impresa può ridurre l'impiego di capitale in maniera significativa – da 50 a 20 ore – aumentando il lavoro da 100 a 400. Così, potrebbe ridurre significativamente l'utilizzo del fattore lavoro a favore di un maggiore impiego di capitale. Che scelga o no di sostituire i due fattori dipende dal costo relativo del lavoro rispetto al capitale – argomento che si approfondirà nel prossimo capitolo. In ogni caso l'impresa può sostanzialmente mutare le combinazioni produttive. La Figura 6.10(b) garantisce una maggior sostituibilità rispetto alla Figura 6.10(a).

Un'impresa vorrà probabilmente sapere se le sue possibilità di sostituzione sono numerose o modeste. Che cosa differenzia le due figure sopra riportate? Nella Figura 6.10(a) il tasso marginale di sostituzione tra lavoro e capitale $MRTS_{L,K}$ varia drasticamente muovendosi lungo l'isoquanto da un milione di unità di output. Sopra il punto A, il tasso è quasi pari a infinito; a destra o sotto il punto A, praticamente si annulla. Viceversa, muovendosi lungo l'isoquanto rappresentato nella Figura 6.10(b) il tasso marginale di sostituzione varia gradualmente.

La curvatura dell'isoquanto è la caratteristica sintomatica della facilità o difficoltà di sostituzione tra fattori. Precisamente:

- quando la funzione di produzione offre scarse possibilità di sostituzione, $MRTS_{L,K}$ varia sensibilmente muovendosi lungo l'isoquanto; questo è simile, nella sua rappresentazione, a una L, come nella Figura 6.10(a);
- quando la funzione di produzione offre abbondanti possibilità di sostituzione, $MRTS_{L,K}$ varia gradualmente muovendosi lungo l'isoquanto; in questo caso gli isoquanti sono quasi delle linee rette, come nella Figura 6.10(b).

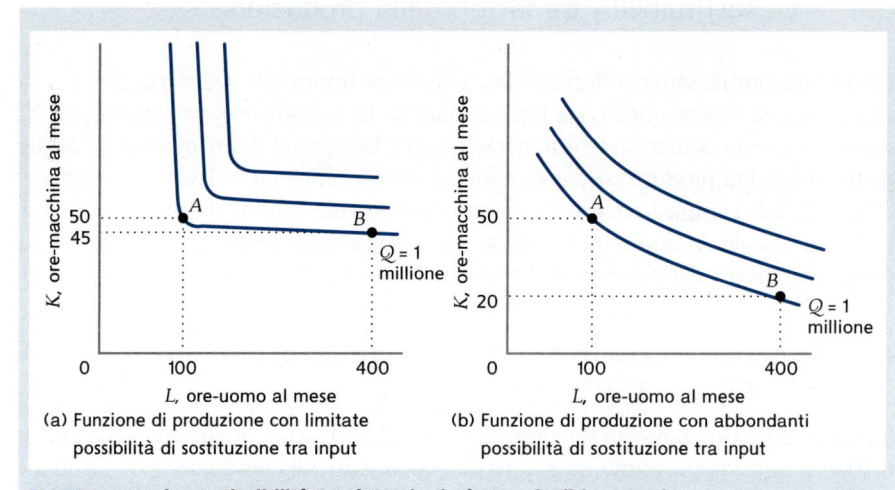

FIGURA 6.10 La sostituibilità tra fattori e la forma degli isoquanti
Nel grafico (a) partendo da A e muovendosi verso destra lungo l'isoquanto Q = 1 milione (a output costante), l'impresa riduce un input in maniera modestissima a fronte di un incremento sensibile nell'impiego dell'altro input. Praticamente, non esiste sostituibilità tra i due fattori. Nel grafico (b) l'impresa ha parecchie opportunità di sostituzione, cioè può ridurre in maniera significativa un input e aumentare in maniera significativa l'altro (sempre a output costante).

6.4.2 L'elasticità di sostituzione

ELASTICITÀ DI SOSTITUZIONE Una misura di quanto sia facile per un'impresa sostituire il lavoro al capitale e viceversa. Si ottiene dividendo la variazione percentuale del rapporto capitale-lavoro con la variazione percentuale del tasso marginale di sostituzione tecnica lungo un isoquanto.

RAPPORTO CAPITALE-LAVORO È il rapporto tra quantità capitale e quantità lavoro.

L'**elasticità di sostituzione** è indice delle possibilità che un'impresa ha di sostituire i fattori della produzione. L'elasticità misura quanto velocemente cambia il tasso marginale di sostituzione tecnica degli input lungo un isoquanto. Nella Figura 6.11, man mano che il lavoro sostituisce il capitale, il **rapporto capitale-lavoro** K/L diminuisce. Il tasso marginale di sostituzione tecnica $MRTS_{L,K}$ diminuisce anch'esso. L'elasticità di sostituzione, σ, misura la variazione percentuale nel rapporto capitale-lavoro per una variazione dell'1% di $MRTS_{L,K}$ muovendosi lungo l'isoquanto:

$$\sigma = \frac{\text{variazione\% del rapporto capitale-lavoro}}{\text{variazione\% di } MTRS_{K,L}} = \frac{\%\Delta\left(\dfrac{K}{L}\right)}{\%\Delta MTRS_{K,L}} \qquad (6.6)$$

Nella Figura 6.11 supponiamo che un'impresa si trovi a passare dalla combinazione produttiva A ($L = 5$ ore-uomo al mese, $K = 20$ ore-macchina al mese) a B ($L = 10$, $K = 10$). Il rapporto capitale-lavoro, K/L, in A è la pendenza della semiretta

La teoria della produzione

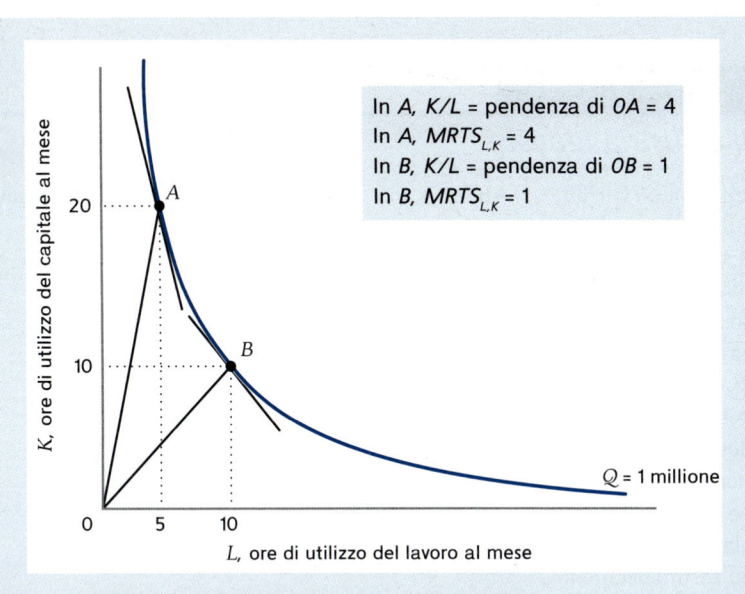

FIGURA 6.11 Elasticità di sostituzione tra lavoro e capitale
Se l'impresa si muove dal punto A al punto B, il rapporto K/L cambia da 4 a 1 (–75%) così come $MRTS_{L,K}$. L'elasticità di sostituzione tra lavoro e capitale nell'intervallo tra A e B è pari a 1.

Nel grafico:
- In A, K/L = pendenza di OA = 4
- In A, $MRTS_{L,K}$ = 4
- In B, K/L = pendenza di OB = 1
- In B, $MRTS_{L,K}$ = 1

OA, cioè 4 (20/5). Il tasso marginale di sostituzione è pari in A alla pendenza (cambiata di segno) della tangente all'isoquanto (pendenza dell'isoquanto = –4, $MRTS_{L,K}$ = 4). In B, il rapporto capitale-lavoro è uguale alla pendenza della semi-retta OB, cioè 1 (10/10). Il tasso marginale di sostituzione è pari alla pendenza (sempre con il segno meno davanti) della tangente all'isoquanto in B (pendenza dell'isoquanto = –1, $MRTS_{L,K}$ = 1). La variazione percentuale del rapporto capitale-lavoro da A a B è –75% (da 4 a 1). Tale è anche la variazione percentuale del $MRTS_{L,K}$ tra A e B. Nell'intervallo tra A e B l'elasticità di sostituzione è pari allora a 1 (–75%/–75% = 1).

In generale, l'elasticità di sostituzione può essere un numero maggiore o pari a 0. Che significato assume il diverso valore dell'elasticità di sostituzione?

- Se l'elasticità è prossima a 0, scarsa è la possibilità di sostituzione tra gli input. Ciò si può constatare dall'equazione (6.6), dove σ sarà prossima a zero quando la variazione percentuale di $MRTS_{K,L}$ è elevata, come nella Figura 6.10(a).
- Se l'elasticità è elevata, c'è molta sostituibilità tra gli input. Dall'equazione (6.6) si può vedere che σ sarà elevata se la variazione percentuale di $MRTS_{K,L}$ è bassa, come nella Figura 6.10(b).

6.4.3 Speciali funzioni di produzione

La relazione tra curvatura degli isoquanti, sostituibilità tra i fattori ed elasticità di sostituzione è evidente quando si paragonano speciali funzioni di produzione, frequentemente impiegate nell'analisi microeconomica: la funzione di produzione lineare, la funzione di produzione a proporzioni fisse, la funzione di produzione Cobb-Douglas e la funzione di produzione a elasticità di sostituzione costante.

Applicazione 6.1

Elasticità di sostituzione nell'industria tedesca[3]

Usando i dati di output e input relativi agli anni 1970-1988, Claudia Kemfert ha stimato l'elasticità di sostituzione tra capitale e lavoro in un certo numero di settori manifatturieri tedeschi. La Tabella 6.5 mostra le stime dell'elasticità.

Tali stime permettono di riflettere su alcune caratteristiche delle più note filiere tedesche. Prima di tutto, il fatto che i coefficienti di elasticità sono tutti inferiori all'unità consente di dedurre che la sostituzione tra lavoro e capitale è particolarmente bassa nelle industrie considerate. In secondo luogo, la facilità di sostituzione tra capitale e lavoro è più alta in talune industrie che non in altre. Per esempio, nella produzione di acciaio (elasticità di sostituzione pari a 0,5), lavoro e capitale sono sostituibili molto di più che nella produzione di autovetture (elasticità pari a 0,10). La Figura 6.12 distingue tra gli isoquanti relativi alla produzione di acciaio (a) e gli isoquanti relativi alla produzione di autovetture (b). Si noti la maggior angolatura – la forma a L – degli isoquanti rappresentati in (b).

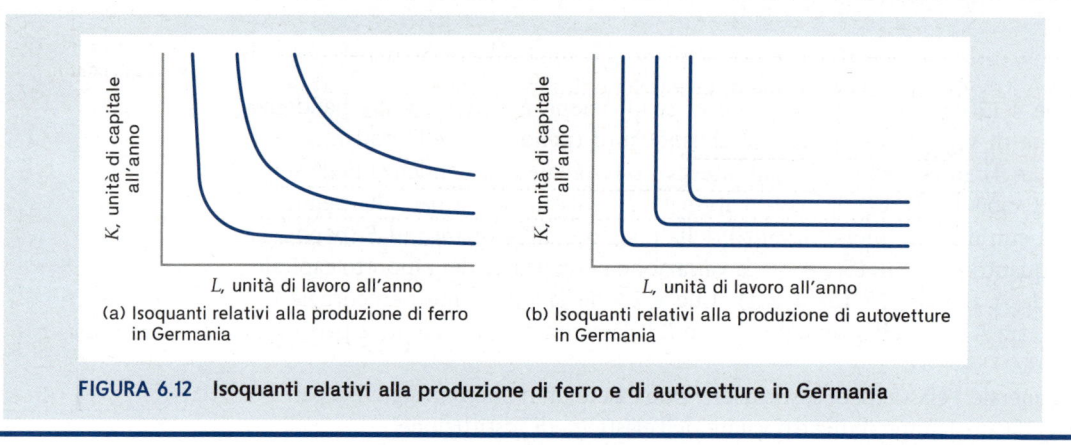

TABELLA 6.5 Elasticità di sostituzione nelle industrie manifatturiere tedesche, 1970-1988

Settore	Elasticità di sostituzione
Chimico	0,37
Minerario	0,21
Acciaio	0,50
Autovetture	0,10
Carta	0,35
Alimentare	0,66

FIGURA 6.12 Isoquanti relativi alla produzione di ferro e di autovetture in Germania

Funzione di produzione lineare (perfetti sostituti)

In talune produzioni il tasso marginale di sostituzione tecnica tra due input può essere costante. Per esempio, un processo manifatturiero può aver bisogno di energia, ma la natura di questa energia può essere talora indifferente, metano o gasolio, e una determinata quantità di metano può essere sempre sostituita da una determinata quantità di gasolio. In questo caso, il tasso marginale di sostituzione tecnica fra metano e gasolio è costante. Talora le imprese possono sostituire perfettamente i loro impianti. Se, per esempio, un'impresa deve conservare i 200 Gb dei suoi dati e può scegliere tra due computer, l'uno dalla capacità di memoria di 10 Gb, l'altro dalla capacità di 20 Gb, da un lato può acquistare 10 PC della maggiore capacità (20) e nessun PC da 10 Gb (punto A nella Figura 6.12), dall'altro può acquistare 20 PC da 10 Gb ciascuno e nessuno da 20 Gb (punto B nella Figura 6.13). Nel mezzo, può acquistare 5 PC da 20 Gb e 10 da 10 Gb (punto C nella Figura 6.13), così soddisfacendo il suo obiettivo di archiviazione dati, $(5 \times 20) + (10 \times 10) = 200$.

[3] Questo esempio è tratto da C. Kemfert, "Estimated Substitution Elasticities of a Nested CES Production Function Approach for Germany", *Energy Economics* 20, 1998, pp. 249-264.

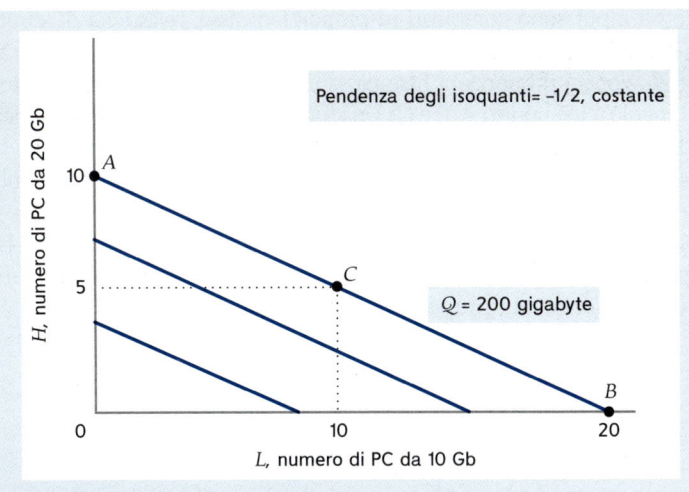

FIGURA 6.13 Gli isoquanti di una funzione di produzione lineare
Gli isoquanti sono delle linee rette. Il tasso marginale di sostituzione tecnica è costante su qualsiasi punto dell'isoquanto.

In questa ipotesi, l'impresa ha una **funzione di produzione lineare**, di equazione $Q = 20H + 10L$, dove H rappresenta i PC di maggior capacità, 20 Gb, L quelli di minore capacità, cioè 10 Gb, e Q è la quantità complessiva di Gb di dati che l'impresa può archiviare. Una funzione di produzione lineare ha isoquanti rappresentati da linee rette. La pendenza è costante e il tasso marginale di sostituzione tecnica non varia muovendosi lungo l'isoquanto.

Il tasso marginale di sostituzione non varia quando ci muoviamo lungo un isoquanto, quindi $\Delta MRTS_{L,H} = 0$. Ciò significa che l'elasticità di sostituzione tra i due fattori di una funzione di produzione lineare è infinita ($\sigma = \infty$). In altre parole, gli input di una funzione di produzione lineare sono infinitamente o perfettamente sostituibili tra loro. Gli input sono **perfetti sostituti**. Nell'esempio dei computer, in termini di capacità di memoria, due computer da 10 Gb sono equivalenti a un computer da 20 Gb. L'impresa può ottenere la produttività di un PC da 20 Gb impiegandone due da 10 Gb.

Funzione di produzione a proporzioni fisse (perfetti complementi)

La Figura 6.14 mostra un caso ben diverso rispetto a quanto rappresentato nella Figura 6.13. Esattamente, la produzione di acqua dalla combinazione di atomi di idrogeno (H) e atomi di ossigeno (O). Ogni molecola di acqua consiste di due atomi di idrogeno e uno di ossigeno, cioè gli input sono combinati secondo proporzioni ben precise e fisse. Una funzione di produzione nella quale gli input sono combinati in proporzioni fisse è detta **funzione di produzione a proporzioni fisse** e gli input sono detti **perfetti complementi**.[4] Aggiungere più atomi di idrogeno allo stesso ammontare di atomi di ossigeno non genera acqua, e così se si aggiungono più atomi di ossigeno al medesimo ammontare di atomi di idrogeno. La quantità Q di molecole d'acqua è data da

$$Q = \min\left(\frac{H}{2}, O\right)$$

dove *min* significa prendere il valore minimo dei due numeri indicati in parentesi.

---

[4] Fu Wassily Leontief a teorizzare per primo la funzione di produzione a proporzioni fisse, detta oggi anche *funzione di produzione Leontief*.

FUNZIONE DI PRODUZIONE LINEARE Una funzione di produzione del tipo $Q = aL + bK$ dove a e b sono coefficienti positivi.

PERFETTI SOSTITUTI (NELLA PRODUZIONE) Input caratterizzati da un tasso marginale di sostituzione costante.

FUNZIONE DI PRODUZIONE A PROPORZIONI FISSE Una funzione di produzione dove gli input sono combinati in un rapporto costante tra di loro.

PERFETTI COMPLEMENTI (NELLA PRODUZIONE) Input impiegati in una funzione di produzione a proporzioni fisse.

Quando gli input sono combinati in proporzioni fisse, l'elasticità di sostituzione è pari a zero perché il tasso marginale di sostituzione lungo l'isoquanto relativo a una funzione di produzione a proporzioni fisse passa da infinito a zero nel momento in cui si attraversa l'angolo (cioè i punti A, B e C). Una funzione di proporzione del genere non dà alcuna flessibilità all'impresa per sostituire fra loro i fattori della produzione. Così nella Figura 6.14 per produrre una singola molecola d'acqua c'è solamente una combinazione di fattori sensata: due atomi di idrogeno e uno di ossigeno.

La produzione chimica è una tipica produzione a proporzioni fisse. La produzione di plastiche e altri materiali, la produzione di biciclette o di autovetture necessitano di determinate proporzioni (di assemblaggio).

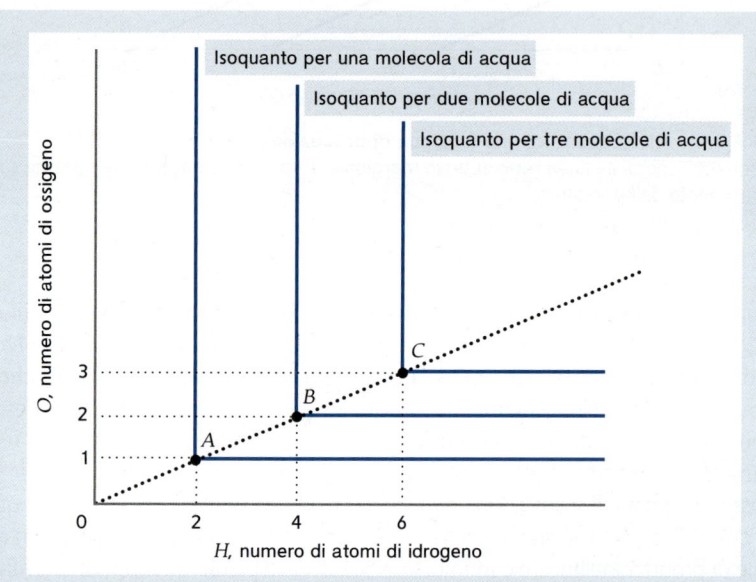

FIGURA 6.14 Isoquanti relativi a una funzione di produzione a proporzioni fisse
Due atomi di idrogeno (H) e uno di ossigeno (O) sono necessari per creare una molecola di acqua. Gli isoquanti hanno una tipica forma a L (o ad angolo), il che sta a indicare che ogni atomo aggiuntivo di ossigeno non genera molecole aggiuntive di acqua se non vengono aggiunti due atomi aggiuntivi di idrogeno.

La funzione di produzione Cobb-Douglas

FUNZIONE DI PRODUZIONE COBB-DOUGLAS Una funzione di produzione del tipo $Q = AL^\alpha K^\beta$ dove Q è l'output che deriva dall'impiego di L unità di lavoro e K unità di capitale e dove A, α e β sono costanti positive.

La Figura 6.15 mostra una **funzione di produzione Cobb-Douglas**, di forma intermedia tra quella lineare e quella a proporzioni fisse. La funzione di produzione Cobb-Douglas ha equazione $Q = AL^\alpha K^\beta$, dove A è un coefficiente positivo, α e β sono esponenti positivi (nella Figura 6.15 sono pari a 100, 0,4 e 0,6). Capitale e lavoro sono tra loro sostituti, ma a un tasso marginale di sostituzione tecnica variabile - a differenza di quanto accade nella funzione di produzione lineare - e possono essere utilizzati in proporzioni variabili - a differenza di quanto accade nella funzione di produzione a proporzioni fisse. Ciò potrebbe suggerire che l'elasticità di sostituzione tra i fattori in una Cobb-Douglas assuma un qualche valore tra da zero e infinito. In realtà, essa è sempre pari a uno. (Si veda l'Appendice A6).

La funzione di produzione a elasticità di sostituzione costante

FUNZIONE DI PRODUZIONE A ELASTICITÀ DI SOSTITUZIONE COSTANTE Una funzione di produzione che include quella lineare, a proporzioni fisse o Cobb-Douglas, come caso particolare.

Ognuna delle funzioni di produzione prima commentate e rappresentate è un caso particolare della **funzione di produzione a elasticità costante** (*Constant Elasticity of Substitution, CES*), la cui espressione generale può essere scritta

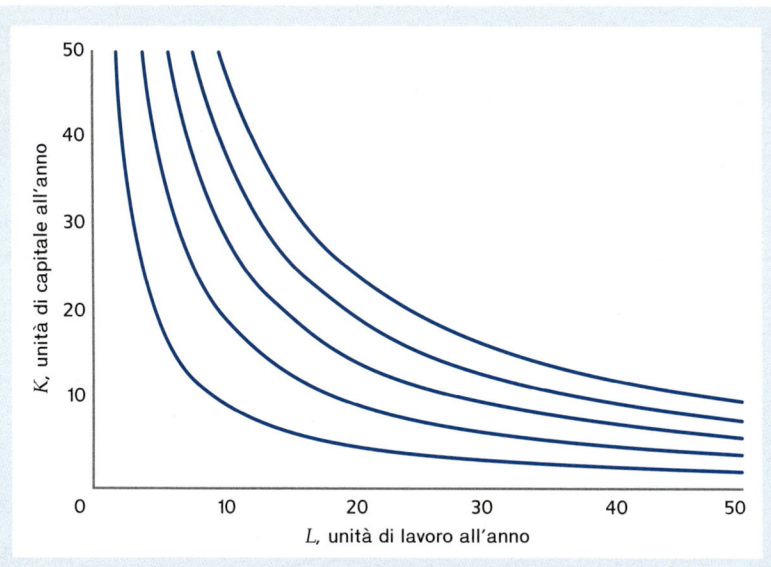

FIGURA 6.15 Gli isoquanti per una funzione di produzione Cobb-Douglas
Gli isoquanti corrispondenti a una Cobb-Douglas sono curve – quindi, non lineari – di pendenza negativa.

$$Q = \left[aL^{\frac{\sigma-1}{\sigma}} + bK^{\frac{\sigma-1}{\sigma}} \right]^{\frac{\sigma}{\sigma-1}}$$

dove a, b e σ sono positivi (σ è la misura dell'elasticità di sostituzione). La Figura 6.16 mostra come, per σ che varia tra 0 e infinito, la forma degli isoquanti vari da quella a L delle proporzioni fisse a quella non lineare della Cobb-Douglas e alla lineare dei perfetti sostituti.

Applicazione 6.2

La produttività nell'impresa manifatturiera italiana

Francesco Aiello, Camilla Mastromarco e Angelo Zago[5] hanno stimato la crescita della produttività delle imprese italiane manifatturiere nel periodo dal 1998 al 2003, distinguendo tra le imprese appartenenti ai settori tradizionali, ai settori con elevate economie di scala, ai settori specializzati e infine a quelli con elevato contenuto tecnologico. Con tecniche di stima sofisticate hanno effettuato stime della funzione di produzione e proposto una decomposizione della crescita del prodotto individuando come fattori che la determinano l'accumulazione dei fattori produttivi, il cambiamento tecnologico, la variazione dell'efficienza e gli effetti di scala.

Dai risultati dello studio emerge che il fattore lavoro risulta quello con il valore più elevato dell'elasticità rispetto alla produzione, mentre quella del capitale fisico è più bassa. Inoltre, nel campione di imprese emergono nel complesso rendimenti di scala decrescenti.

Nell'analisi della crescita, lo studio conclude che sia la crescita della produttività totale dei fattori (o produttività multi-fattore) sia l'accumulazione dei fattori produttivi sono importanti per spiegare la crescita della produzione delle imprese manifatturiere italiane. Inoltre, scomponendo ulteriormente la crescita della produttività totale dei fattori, si dimostra che sia il cambiamento tecnologico sia le

---

[5] *Il ruolo delle infrastrutture e del sistema bancario sulla produttività delle imprese manifatturiere*, in G. Cella e A. Zago (a cura di), *Competitività ed efficienza dell'economia italiana: fattori sistemici e valutazioni quantitative*, Il Mulino, Bologna 2008.

variazioni dell'efficienza e degli effetti di scala esercitano un impatto statisticamente significativo.

Infine, dato che la metodologia proposta permette di stabilire quali sono le determinanti dell'efficienza delle imprese manifatturiere, viene indagato il ruolo esercitato dalle infrastrutture pubbliche e dallo sviluppo finanziario. L'evidenza ottenuta indica la presenza di un significativo effetto positivo che i miglioramenti dell'efficienza bancaria determinano sull'efficienza tecnologica delle imprese manifatturiere italiane nel complesso. Inoltre, emerge anche che un aumento della dotazione regionale di infrastrutture causa un aumento del livello di efficienza delle imprese dei settori a elevate economie di scala.

A cura di Giam Pietro Cipriani

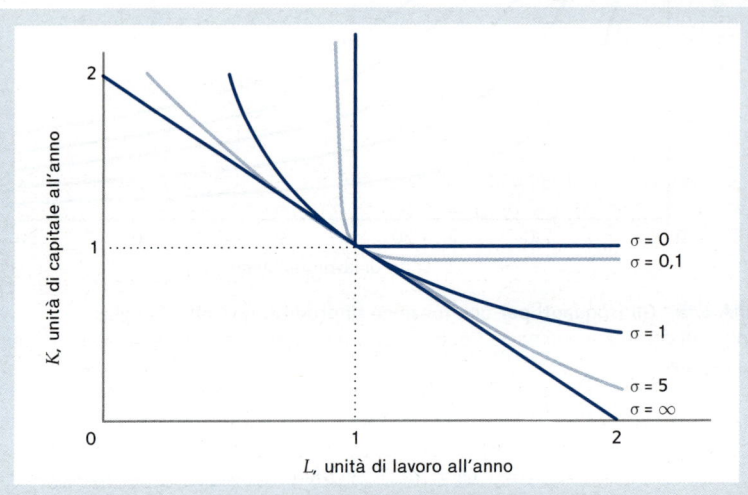

FIGURA 6.16 Gli isoquanti per una funzione di produzione a elasticità di sostituzione costante (CES)
Questa figura rappresenta l'isoquanto $Q = 1$ per cinque differenti tipi di funzione di produzione a elasticità costante (dette anche CES). A ognuna corrisponde un diverso σ, che passa da 0 per l'isoquanto delle proporzioni fisse, a 1 per la Cobb-Douglas e a ∞ per la funzione di produzione lineare.

La Tabella 6.6 riassume le caratteristiche delle funzioni di produzione finora analizzate.

6.5 • I rendimenti di scala

Nel precedente paragrafo si è verificato il grado di sostituibilità tra i fattori produttivi. Ora studieremo come aumenti in tutti gli input influenzino la quantità di output che l'impresa produce.

TABELLA 6.6 Caratteristiche delle funzioni di produzione

Funzione di produzione	Elasticità di sostituzione, σ	Altre caratteristiche
Lineare	$\sigma = \infty$	Input sostituti perfetti Isoquanti linee rette
A proporzioni fisse	$\sigma = 0$	Input perfetti complementi Isoquanti a L o angolo
Cobb-Douglas	$\sigma = 1$	Isoquanti curve
A elasticità di sostituzione costante	$0 \leq \sigma \leq \infty$	Include le altre tre funzioni di produzione come casi speciali. La forma degli isoquanti varia

6.5.1 Definizioni NO - SOLO APPUNTI!

Se gli input sono caratterizzati da prodotti marginali positivi, l'output totale di un'impresa deve aumentare quando aumentano contemporaneamente le quantità di tutti gli input, cioè se la *scala* dell'impresa aumenta. Spesso si desidera verificare *di quanto* aumenta l'output se gli input aumentano di una determinata percentuale. Di quanto aumenta la produzione di semiconduttori se si raddoppiano le ore-uomo e le ore-macchina? Il concetto di **rendimenti di scala** ci dice l'aumento percentuale dell'output se un'impresa aumenta gli input di una determinata percentuale:

$$\text{Rendimenti di scala} = \frac{\%\Delta \text{ output}}{\%\Delta \text{ tutti gli input}}$$

Si supponga che un'impresa utilizzi solo due fattori, lavoro L e capitale K, per produrre l'output Q. Si supponga di aumentare gli input tutti della medesima proporzione λ, dove $\lambda > 1$. (Si intende, cioè, che il lavoro passa da L a λL e che il capitale passa da K a λK.)[6] L'output aumenta di una determinata proporzione ϕ. (Si intende, cioè, che Q passa a ϕQ.) Quindi,

- se $\phi > \lambda$, si hanno **rendimenti di scala crescenti**: un aumento proporzionale di tutti gli input fa aumentare l'output più che proporzionalmente;
- se $\phi = \lambda$, si hanno **rendimenti di scala costanti**: un aumento proporzionale di tutti gli input fa aumentare l'output nella medesima proporzione;
- se $\phi < \lambda$, si hanno **rendimenti di scala decrescenti**: un aumento proporzionale di tutti gli input fa aumentare l'output meno che proporzionalmente.

Nella Figura 6.17 sono illustrate le tre ipotesi.

Qual è l'importanza dei rendimenti di scala? Nell'ipotesi di rendimenti di scala crescenti vi sono vantaggi nei costi quando si opera su larga scala. In particolare, una singola grande impresa sarà in grado di produrre un certo ammontare di output a un costo unitario inferiore a quello che riuscirebbero a fare due imprese più piccole, uguali, che si dividessero lo stesso output a metà. Per esempio, se due imprese producono ciascuna un milione di chip a €0,10 al chip, una sola grande impresa può produrre 2 milioni di chip per meno di €0,10 al chip. Ciò perché, a

> **RENDIMENTI DI SCALA** Di quanto aumenta percentualmente l'output al crescere di tutti gli input di una determinata percentuale.
>
> **RENDIMENTI DI SCALA CRESCENTI** A un incremento della medesima proporzione di tutti gli input, l'output aumenta più che proporzionalmente.
>
> **RENDIMENTI DI SCALA COSTANTI** A un incremento della medesima proporzione di tutti gli input, l'output aumenta della medesima percentuale.
>
> **RENDIMENTI DI SCALA DECRESCENTI** A un incremento della medesima proporzione di tutti gli input, l'output aumenta meno che proporzionalmente.

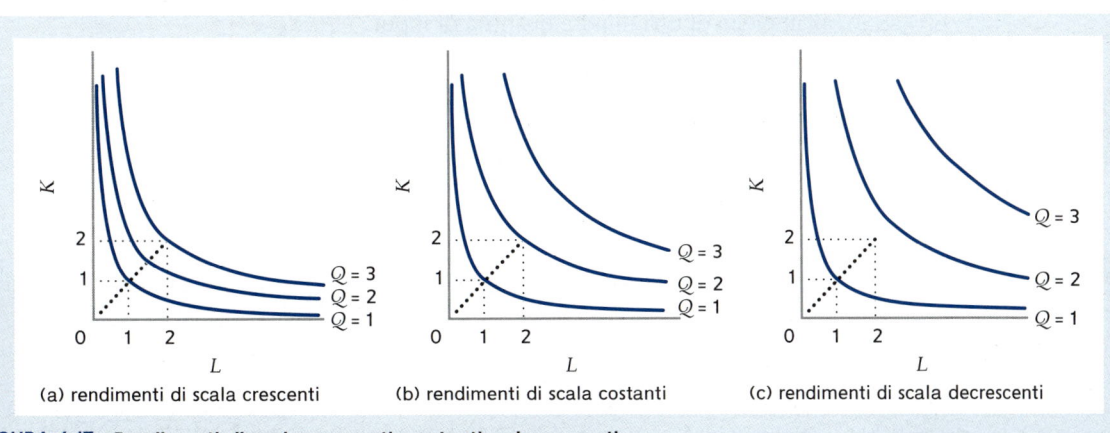

FIGURA 6.17 Rendimenti di scala crescenti, costanti e decrescenti
Nel grafico (a), raddoppiando gli input, l'output aumenta più del doppio. Nel grafico (b) raddoppiare gli input implica un equivalente raddoppio dell'output. Nel grafico (c) al raddoppio degli input l'output incrementa meno del doppio.

---

[6] Quindi la variazione percentuale di tutti gli input è pari a $(\lambda-1) \times 100\%$.

6.5.2 Rendimenti di scala e prodotti marginali decrescenti

È importante distinguere fra il concetto di rendimento di scala e quello di rendimento marginale. I rendimenti di scala riguardano una variazione in *tutti* gli input di un processo produttivo simultaneamente, mentre il rendimento marginale (cioè il prodotto marginale) riguarda la variazione in *un* input, gli altri fattori tenuti costanti.

La Figura 6.18 illustra questa distinzione. Se si raddoppia la quantità di lavoro da 10 a 20 unità per anno, tenendo costante la quantità di capitale, cioè 10 unità per anno, si passa dal punto A al punto B e l'output aumenta da 100 a 140 unità per anno. Se il lavoro aumenta da 20 a 30, si passa da B a C e l'output cresce a 170. In questo caso si assiste al fenomeno del prodotto marginale decrescente: l'incremento dell'output, determinato da 10 unità in più di lavoro, decresce man mano che si aggiungono lavoratori.

Viceversa, se si aumentano contemporaneamente lavoro e capitale da 10 a 20 unità (all'anno), si passa da A a D e l'output raddoppia da 100 a 200. Se si triplicano gli output, sia L che K, da 10 a 30, l'output triplica e si passa da A a E. Nella Figura 6.18 si possono constatare rendimenti costanti di scala e il prodotto marginale decrescente del lavoro.

6.6 • Il progresso tecnologico

PROGRESSO TECNOLOGICO Una variazione del processo produttivo che consente a un'impresa di ottenere un maggior output da una data combinazione di input o il medesimo output da minori quantità di input.

*F*inora si è considerata la funzione di produzione come fissa nel tempo. Tuttavia, la conoscenza evolve e, se l'impresa investe in ricerca e sviluppo, la funzione di produzione è destinata a cambiare. Il **progresso tecnologico** corrisponde all'ipotesi che la funzione di produzione muti nel tempo. Da una data combinazione di fattori produttivi un'impresa ottiene un maggior output o l'output rimane immutato all'impiego di una minore quantità di input.

Esercizio svolto 6.2 — **I rendimenti di scala nella funzione di produzione Cobb-Douglas**

Problema

Una funzione Cobb-Douglas del tipo $Q = AL^\alpha K^\beta$ è caratterizzata da rendimenti di scala crescenti, decrescenti o costanti?

Soluzione

Se L_1 e K_1 rappresentano le iniziali quantità di lavoro e capitale e Q_1 è l'output iniziale, la Cobb-Douglas si può riscrivere come $Q_1 = AL_1^\alpha K_1^\beta$. Ora supponete che tutti gli input siano aumentati della medesima proporzione λ, dove $\lambda > 1$ e Q_2 rappresenti il risultante output:

$Q_2 = A(\lambda L_1)^\alpha (\lambda K_1)^\beta = \lambda^{\alpha+\beta} AL_1^\alpha K_1^\beta = \lambda^{\alpha+\beta} Q_1$. Da questa formulazione si può dedurre che:

- se $\alpha + \beta > 1$, allora $\lambda^{\alpha+\beta} > \lambda$ e $Q_2 > \lambda Q_1$, rendimenti di scala crescenti;
- se $\alpha + \beta = 1$, allora $\lambda^{\alpha+\beta} = \lambda$ e $Q_2 = \lambda Q_1$, rendimenti di scala costanti;
- se $\alpha + \beta < 1$, allora $\lambda^{\alpha+\beta} < \lambda$ e $Q_2 < \lambda Q_1$, rendimenti di scala decrescenti.

La somma degli esponenti α e β determina la natura dei rendimenti di scala di una Cobb-Douglas. Di fatto, nello studiare specifici settori, gli economisti stanno sempre molto attenti alla stima e alla verifica dei due esponenti.

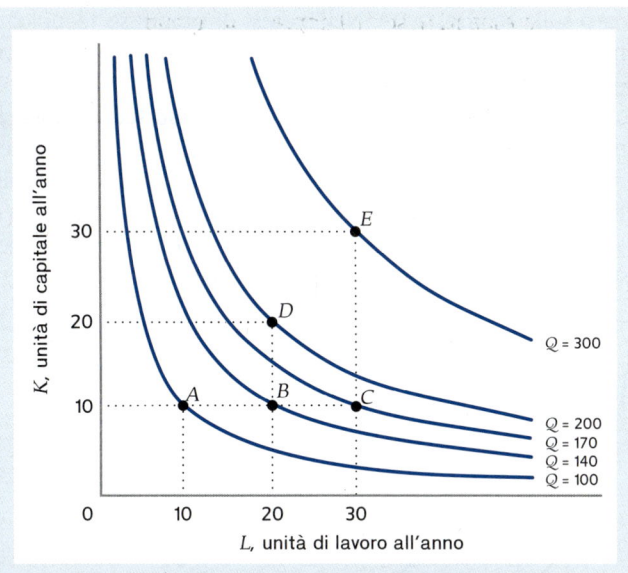

FIGURA 6.18 **Prodotto marginale decrescente e rendimenti di scala**
Questa funzione di produzione è caratterizzata da rendimenti di scala costanti, ma il prodotto marginale del lavoro è decrescente.

Applicazione 6.3
I rendimenti di scala negli oleodotti

Un altro settore nel quale si sono studiati spesso i rendimenti di scala è quello degli oleodotti. Il prodotto di un oleodotto viene misurato in barili al giorno. La portata, data la lunghezza dell'oleodotto, dipende principalmente da due fattori: diametro della conduttura e potenza idraulica. A parità di potenza, una conduttura di diametro maggiore determina una maggiore portata. Nel progettare la costruzione di un nuovo oleodotto un'impresa fa particolare attenzione a entrambi i fattori. Può aumentare la potenza idraulica installando un maggior numero di pompe lungo l'oleodotto. Naturalmente, può anche scegliere il diametro dell'oleodotto. Le pompe e il maggior diametro sono entrambi costosi. Un'impresa deve dunque valutare se sopportare l'una o l'altra spesa.

Mentre per la produzione di energia elettrica le verifiche di rendimenti di scala sono passate per il metodo statistico, i rendimenti di scala degli oleodotti possono essere calcolati con uno studio di tipo ingegneristico. In questo modo si è giunti alla definizione di una Cobb-Douglas del tipo[7] $Q = AH^{0,37}K^{1,73}$. H indica la potenza idraulica, K la dimensione dell'oleodotto, Q la portata e A è una costante che dipende da diversi fattori come la lunghezza della conduttura, i dislivelli del terreno attraversato dall'oleodotto, la viscosità del petrolio. Poiché la somma dei due esponenti di H e K è superiore all'unità, questa produzione è caratterizzata da rendimenti di scala crescenti. Se si raddoppiano potenza idraulica e diametro della pompa, la portata cresce più del doppio. Ciò implica che ci sono significativi vantaggi di costo nel costruire oleodotti sia di maggior diametro che di maggiore potenza.

Si può classificare il progresso tecnologico in almeno tre categorie: neutrale, a risparmio di lavoro e a risparmio di capitale.[8] La Figura 6.19 esemplifica il caso del **progresso tecnologico neutrale**. In questo caso l'isoquanto corrispondente a un determinato output (100 unità) si sposta verso l'origine: minori quantità di L e K consentono di produrre il medesimo output, ma il tasso marginale di sostituzione

PROGRESSO TECNOLOGICO NEUTRALE Il progresso tecnologico che consente di diminuire le quantità di lavoro e di capitale per ottenere un dato output, senza che vari il tasso marginale di sostituzione tecnica tra i due fattori.

---

[7] Si tratta dell'approssimazione della formula contenuta in L. Cockenboo, *Crude Oil Pipe Lines and Competition in the Oil Industry*, Harvard University Press, Cambridge, MA 1955.
[8] J.R. Hicks, *The Theory of Wages*, Macmillan, Londra 1932.

PROGRESSO TECNOLOGICO A RISPARMIO DI LAVORO Il progresso tecnologico che determina un prodotto marginale crescente del capitale, rispetto al prodotto marginale del lavoro.

rimane invariato sulla semiretta 0A. Nell'ipotesi di progresso tecnologico neutrale, ogni isoquanto corrisponde a maggiore output rispetto all'assenza di progresso, ma gli isoquanti sono della stessa forma.

Nella Figura 6.20 è rappresentato il caso del **progresso tecnologico a risparmio di lavoro**. Anche in questo caso l'isoquanto si sposta verso l'origine, rimanendo l'output inalterato ($Q = 100$), ma il nuovo isoquanto è più piatto del precedente, a significare che il tasso marginale di sostituzione diminuisce. Nel Paragrafo 6.3 si è spiegato come il tasso marginale di sostituzione corrisponda al rapporto tra i prodotti marginali dei due fattori, L e K. In questo caso la diminuzione del tasso marginale di sostituzione significa, in con-

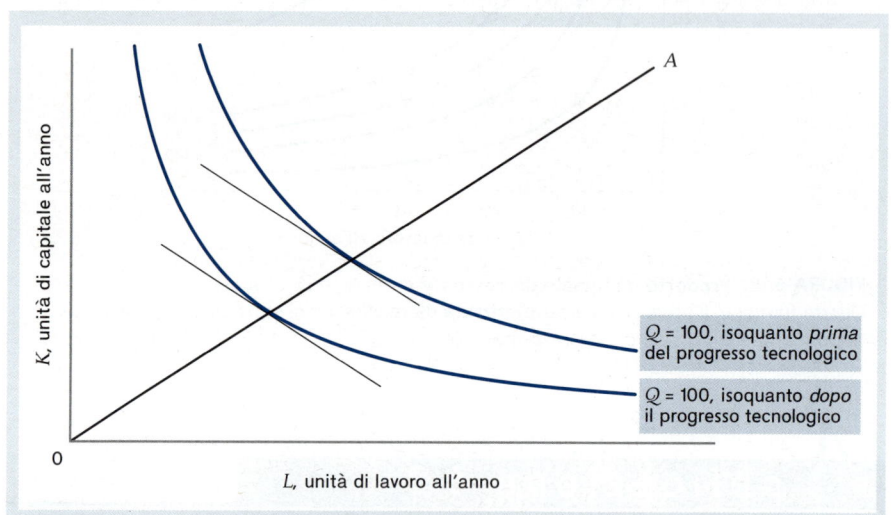

FIGURA 6.19 Progresso tecnologico neutrale (il tasso marginale di sostituzione tecnica resta immutato)
Nell'ipotesi di progresso tecnologico neutrale, l'isoquanto si sposta verso l'origine degli assi ma il tasso marginale di sostituzione tecnica, lungo la semiretta 0A, rimane lo stesso.

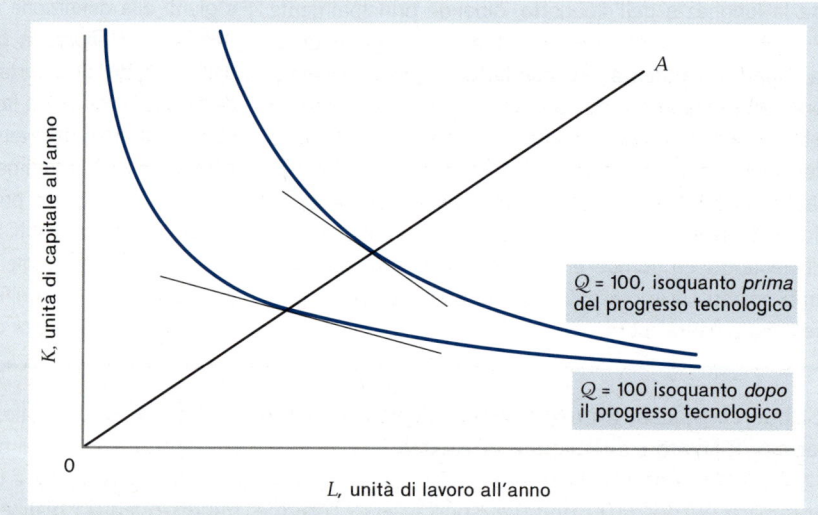

FIGURA 6.20 Progresso tecnologico a risparmio di lavoro (il tasso marginale di sostituzione tecnica decresce)
Nell'ipotesi di progresso tecnologico a risparmio di lavoro, l'isoquanto si sposta verso l'origine degli assi ma il tasso marginale di sostituzione tecnica (la pendenza negativa della tangente all'isoquanto), lungo la semiretta 0A, diminuisce.

dizioni di progresso tecnologico, che il prodotto marginale del capitale cresce più rapidamente del prodotto marginale del lavoro. Questo accade quando progressi tecnologici come la robotica e la rivoluzione informatica determinano un aumento della produttività marginale del capitale maggiore rispetto a quello della produttività del lavoro.

Nella Figura 6.21 è rappresentata l'ipotesi del **progresso tecnologico a risparmio di capitale**. Anche in questo grafico l'isoquanto si sposta verso l'origine degli assi, ma il tasso marginale di sostituzione aumenta. Il prodotto marginale del lavoro aumenta più rapidamente del prodotto marginale del capitale. Questo può accadere quando, per esempio, il grado di perfezionamento dei dipendenti dell'impresa aumenta la produttività della risorsa lavoro relativamente alla produttività del capitale.

> **PROGRESSO TECNOLOGICO A RISPARMIO DI CAPITALE** Il progresso tecnologico che determina un prodotto marginale crescente del lavoro, rispetto al prodotto marginale del capitale.

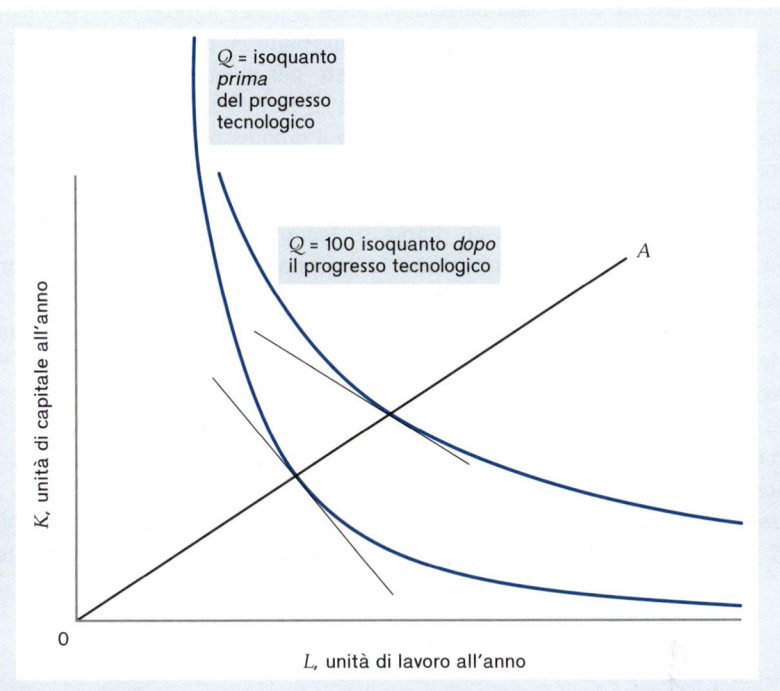

FIGURA 6.21 Progresso tecnologico a risparmio di capitale (il tasso marginale di sostituzione tecnica cresce)
Nell'ipotesi di progresso tecnologico a risparmio di capitale, l'isoquanto si sposta verso l'origine degli assi ma il tasso marginale di sostituzione tecnica (la pendenza negativa della tangente all'isoquanto), lungo la semiretta 0A, è crescente.

Esercizio svolto 6.3 Il progresso tecnologico

La funzione di produzione di un'impresa è inizialmente $Q = \sqrt{KL}$, con $MP_K = 0,5(\sqrt{L}/\sqrt{K})$ e $MP_L = 0,5(\sqrt{K}/\sqrt{L})$. Con il passare del tempo, la funzione di produzione cambia in $Q = L\sqrt{K}$, con $MP_K = 0,5(L/\sqrt{K})$ e $MP_L = \sqrt{K}$.

Problema

a) Verificate se questo cambiamento rappresenta un progresso tecnologico.
b) Dimostrate se questo cambiamento sia a risparmio di lavoro, a risparmio di capitale o neutrale.

Soluzione

a) Per quantità positive di K ed L, si può produrre più output. C'è progresso tecnologico.
b) Nella funzione di produzione iniziale, $MRTS_{LK} = MP_L/MP_K = K/L$. Nella funzione di produzione finale, $MRTS_{LK} = MP_L/MP_K = 2K/L$. Per un qualsiasi rapporto tra capitale e lavoro calcolabile lungo la semiretta dall'origine degli assi, il tasso marginale di sostituzione è maggiore nella seconda funzione di produzione. Si tratta di progresso tecnologico a risparmio di capitale.

Applicazione 6.4
Progresso tecnologico... e progresso nell'educazione

Guardando agli ultimi trent'anni, uno dei fatti che più colpisce riguardo agli Stati Uniti è il crescere della disparità di salario guadagnato da individui con un diverso grado di istruzione. La Figura 6.22 mostra il trend reale (ossia adeguato all'inflazione) delle paghe orarie dei lavoratori americani, secondo il livello di studio raggiunto (i salari sono rettificati in modo che 1973 = 100). Tra il 1973 e il 2005, la paga oraria del personale con laurea triennale è cresciuta del 20%. Invece per i diplomati i salari reali nel 2005 erano un po' più bassi che nel 1973. Questo gruppo non ha avuto aumenti di stipendio nel trentennio in questione. Conclusione: il vantaggio salariale dei laureati è cresciuto in maniera incredibile negli ultimi trent'anni.

Gli economisti Claudia Goldin e Lawrence Katz, in un ampio saggio sulle disparità salariali e il titolo di studio, *The Race between Education and Technology*, dimostrano in maniera convincente che le disparità reddituali e salariali avvenute negli Stati Uniti nel corso del ventesimo e del ventunesimo secolo sono il risultato di due potenti forze: 1) la natura del progresso tecnologico, in particolare se favorisce i lavoratori dotati di una serie di competenze avanzate; 2) l'offerta di competenze portate dai lavoratori nel mercato, che riflette il livello dell'istruzione raggiunto dalla forza lavoro. Goldin e Katz sostengono che il progresso tecnologico che ha investito gli Stati Uniti nel ventesimo secolo ha favorito il personale in possesso di qualifiche più elevate a discapito di chi ne era sprovvisto, fenomeno che gli economisti chiamano *cambiamento tecnologico skill-biased*. In altre parole, il progresso tecnologico ha in genere fatto salire il prodotto marginale del personale qualificato più di quello del personale non qualificato. Usando la terminologia di questo capitolo, potremmo dire che il progresso tecnologico *skill-biased* è un progresso tecnologico *a risparmio di lavoro non qualificato*.

Con un progresso tecnologico di questo genere, ci si aspetterebbe la crescita della domanda di personale qualificato rispetto a quella di personale non qualificato. Supponendo che non ci siano cambiamenti dell'*offerta* relativa di lavoratori di ciascun tipo, il progresso tecnologico a risparmio di lavoro non qualificato dovrebbe far aumentare il salario del personale qualificato rispetto a quello del personale non qualificato.

Ma negli Stati Uniti l'offerta relativa di personale qualificato e non qualificato non è rimasta la stessa

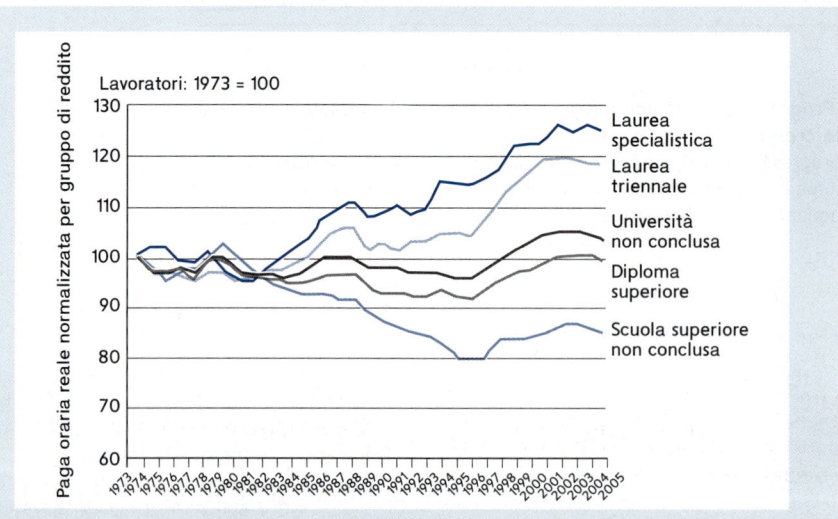

FIGURA 6.22 I salari reali americani rispetto al titolo di studio raggiunto, 1973-2005
La figura mostra il trend della paga oraria reale (ossia adeguata all'inflazione) del personale americano tra il 1973 e il 2005, a seconda del titolo di studio raggiunto. I salari sono rettificati in modo che 1973 = 100.
Fonte: Economic Policy Institute, http://www.epi.org/content.cfm/datazone_dznational (sito visitato il 10 novembre 2008).

per tutto il ventesimo secolo. A partire grosso modo dal 1915 fino al 1980, l'offerta di personale qualificato entrato a far parte della forza lavoro è cresciuta molto più velocemente di quella di personale non qualificato, un fenomeno dovuto in primo luogo alla crescita dell'educazione universitaria di massa verificatasi negli Stati Uniti tra la fine del diciannovesimo secolo e l'inizio del ventesimo. Inoltre il tasso di crescita dell'offerta relativa di personale qualificato è stato maggiore dell'aumento della domanda relativa di personale di questo tipo, dovuta al cambiamento tecnologico *skill-biased*. Per esempio, Goldin e Katz stimano che tra il 1915 e il 1940 l'offerta relativa di laureati sia cresciuta del 3,19% all'anno, a fronte di una domanda relativa con una crescita del 2,27%. Allo stesso modo, tra il 1940 e il 1960, l'offerta relativa di laureati è cresciuta del 2,63%, mentre la domanda relativa è cresciuta solo del 1,79% l'anno. Dati i cambiamenti nella domanda e nell'offerta, tra il 1915 e gli anni Settanta gli stipendi dei laureati, rispetto a quelli dei non laureati, sono in realtà diminuiti, uno scenario molto diverso da quello presentato nella Figura 6.22. Trend simili sono verificabili mettendo a paragone gli stipendi dei diplomati con quelli dei non diplomati. Come risultato, dal 1915 agli anni Settanta negli Stati Uniti la disparità salariale e reddituale si è ridotta.

Lo scenario è cambiato negli anni Ottanta, Novanta e Duemila. In questo periodo, il cambiamento tecnologico *skill-biased* è continuato, e forse ha perfino subito un'accelerazione con il rapido progredire dell'information technology e della potenza di elaborazione dei computer. In ogni caso l'offerta relativa di personale qualificato ha cominciato a essere in calo. Una causa parziale del fenomeno è costituita dall'immigrazione, che ha fatto crescere l'offerta relativa di personale non qualificato sul mercato americano. Ma, come Katz e Goldin dimostrano, i cambiamenti avvenuti nel panorama del settore educativo sono stati molto più rilevanti dell'immigrazione nel dare ragione della decrescita dell'offerta relativa di personale qualificato (con un fattore di 9 a 1). Il tasso di diplomati degli Stati Uniti ha raggiunto un picco di poco inferiore all'80% intorno agli anni Settanta e ha continuato a scendere fino alla metà degli anni Novanta. Goldin e Katz sottolineano che un bambino nato nel 1945 avrebbe raggiunto due anni di studio in più rispetto ai suoi genitori, ma, al contrario, un bambino nato nel 1975 ne avrebbe raggiunto solo mezzo in più. A causa del forte rallentamento dell'aumento del titolo di studio negli Stati Uniti e della probabile accelerazione della crescita del tasso di progresso tecnologico a risparmio di lavoro non qualificato, l'offerta relativa di personale qualificato è cresciuta più lentamente della domanda relativa di questo tipo di personale. Il *pattern* di crescita reale dei salari riportato in Figura 6.22 è conseguenza di questo cambiamento nella competizione tra educazione e tecnologia.

Riepilogo

- La funzione di produzione è la relazione che consente di determinare l'output massimo che un'impresa può produrre in ragione dei fattori o input disponibili.

- Le funzioni di produzione a un solo input sono anche dette funzioni del prodotto totale. Una funzione di produzione di questo tipo è caratterizzata da tre aree o superfici nel piano: l'area del prodotto marginale crescente, quella del prodotto marginale decrescente e quella del prodotto totale decrescente.

- Il prodotto medio del lavoro è il rapporto tra prodotto totale e quantità di lavoro impiegata. Il prodotto marginale del lavoro indica la variazione del prodotto totale in ragione della variazione della quantità di lavoro impiegata.

- La legge dei rendimenti decrescenti dice che, all'aumentare dell'impiego di un input (per esempio, il lavoro), date le quantità di tutti gli altri input, il prodotto marginale dell'input variabile (il lavoro, appunto) a un certo punto sarà destinato a diminuire.

- Gli isoquanti consentono di rappresentare funzioni di produzione a più fattori in un grafico a due dimensioni. L'isoquanto mostra tutte le combinazioni di lavoro e capitale che consentono di produrre la medesima quantità.

- Per talune funzioni di produzione, gli isoquanti possono risultare crescenti o cambiare la loro curvatura nel piano. In questo caso si può parlare di aree di produzione inefficiente. Qui, uno degli input è caratterizzato da un prodotto marginale negativo. L'area di produzione efficiente corrisponde agli isoquanti inclinati negativamente o decrescenti nel piano.

- Il tasso marginale di sostituzione tecnica tra capitale e lavoro è il rapporto al quale la quantità di capitale può essere ridotta per ogni unità in più di lavoro, mantenendo costante l'output. Matematicamente, il tasso marginale di sostituzione del lavoro al capitale è pari al rapporto tra il prodotto marginale del lavoro e il prodotto marginale del capitale.

- Isoquanti convessi implicano un tasso marginale di sostituzione tecnica tra lavoro e capitale decrescente, cioè una sempre minore quantità di capitale può essere sacrificata per ogni unità aggiuntiva di lavoro (sempre muovendosi lungo l'isoquanto).

- L'elasticità di sostituzione misura la variazione percentuale del rapporto K/L per ogni variazione percentuale unitaria nel tasso marginale di sostituzione tecnica del lavoro al capitale.

- Tre importanti tipologie di funzione di produzione sono: lineare (perfetti sostituti), a proporzioni fisse (perfetti complementi) e Cobb-Douglas. Ciascuna è esempio della funzione di produzione a elasticità di sostituzione costante.

- I rendimenti di scala consentono di determinare di quanto aumenta l'output quando tutti gli input sono aumentati di una determinata percentuale. Se, a un dato aumento percentuale degli input, l'output aumenta più che proporzionalmente, si hanno rendimenti di scala crescenti. Se, a un dato aumento percentuale degli input, l'output aumenta meno che proporzionalmente, si hanno rendimenti di scala decrescenti. Se, a un dato aumento percentuale degli input, l'output aumenta nella medesima percentuale, si hanno rendimenti di scala costanti.

- Il progresso tecnologico si riferisce alla possibilità che un'impresa possa ottenere un maggior output con una data combinazione di input o lo stesso output dall'impiego di una minore quantità di input (rispetto al passato, cioè in assenza di progresso tecnologico). Il progresso tecnologico può essere neutrale, a risparmio di lavoro o a risparmio di capitale. Ciò dipende dal fatto se il tasso marginale di sostituzione tecnica rimane costante, decresce o aumenta per un determinato rapporto capitale-lavoro.

Domande di ripasso

1. La funzione di produzione consente di misurare l'output massimo che un'impresa può produrre. Che cosa significa *massimo*?

2. Data la funzione di produzione rappresentata in Figura 6.2, rappresentate la corrispondente domanda tecnica di lavoro, misurando la quantità di output sull'asse orizzontale e il lavoro sull'asse verticale.

3. Qual è la differenza tra prodotto medio e prodotto marginale? Rappresentate una funzione della produzione il cui prodotto medio e il cui prodotto marginale coincidono.

4. Qual è la differenza tra prodotto totale decrescente di un fattore e prodotto marginale decrescente di un fattore? Una funzione del prodotto totale può essere caratterizzata da un prodotto marginale decrescente e non da un prodotto totale decrescente?

5. Perché un isoquanto è inclinato negativamente se lavoro e capitale sono caratterizzati da prodotti marginali positivi?

6. Gli isoquanti possono corrispondere a due livelli produttivi che si intersecano, cioè hanno almeno una combinazione produttiva in comune?

7. Perché un'impresa che intende minimizzare i suoi costi non dovrebbe mai operare in un'area di inefficienza produttiva?

8. Cos'è l'elasticità di sostituzione tra due fattori?

9. Supponete che la produzione di energia elettrica richieda almeno due input, capitale e lavoro, e che la funzione di produzione sia una Cobb-Douglas. Ora considerate gli isoquanti $Q = 100\,000$ chilowattora, $Q = 200\,000$ chilowattora e $Q = 400\,000$ chilowattora. Rappresentate gli isoquanti nelle tre ipotesi di rendimenti di scala: costanti, crescenti e decrescenti.

Appendice A6: L'elasticità nella funzione di produzione Cobb-Douglas

In quest'appendice si approfondisce il calcolo dell'elasticità di sostituzione della funzione di produzione Cobb-Douglas $f(L,K) = AL^\alpha K^\beta$. I prodotti marginali di lavoro e capitale si ottengono calcolando le derivate parziali della funzione di produzione rispetto al lavoro e al capitale:

$$MP_L = \frac{\partial f}{\partial L} = \alpha AL^{\alpha-1} K^\beta$$

$$MP_K = \frac{\partial f}{\partial K} = \beta AL^\alpha K^{\beta-1}$$

Si ricordi, in generale

$$MRTS_{L,K} = \frac{MP_L}{MP_K}$$

Per la funzione di produzione Cobb-Douglas, il tasso marginale di sostituzione si può, dunque, riscrivere come

$$MRTS_{L,K} = \frac{\alpha AL^{\alpha-1} K^\beta}{\beta AL^\alpha K^{\beta-1}} = \frac{\alpha K}{\beta L}$$

che si può, a sua volta, riscrivere come

$$\frac{K}{L} = \frac{\beta}{\alpha} MRTS_{L,K} \qquad (A6.1)$$

Quindi, $\Delta(K/L) = (\beta/\alpha)\Delta MRTS_{L,K}$ o, equivalentemente,

$$\frac{\Delta\left(\frac{K}{L}\right)}{\Delta MRTS_{L,K}} = \frac{\beta}{\alpha} \qquad (A6.2)$$

Dalla (A6.1)

$$\frac{MRTS_{L,K}}{\left(\frac{K}{L}\right)} = \frac{\alpha}{\beta} \qquad (A6.3)$$

Ora, impiegando la definizione dell'elasticità di sostituzione della (6.6)

$$\sigma = \frac{\%\Delta\left(\frac{K}{L}\right)}{\%\Delta MRTS_{L,K}} = \frac{\Delta\left(\frac{K}{L}\right)/\frac{K}{L}}{\left(\frac{\Delta MRTS_{L,K}}{MRTS_{L,K}}\right)} = \left(\frac{\Delta\left(\frac{K}{L}\right)}{\Delta MRTS_{L,K}}\right)\left(\frac{MRTS_{L,K}}{\frac{K}{L}}\right) \qquad (A6.4)$$

Sostituendo la (A6.2) e la (A6.3) nella (A6.4) si ottiene

$$\sigma = \frac{\beta}{\alpha} \times \frac{\alpha}{\beta} = 1$$

Ciò dimostra che l'elasticità di sostituzione lungo una funzione di produzione Cobb-Douglas è pari a 1 per un qualsiasi valore di K ed L.

CAPITOLO 7
COSTI E MINIMIZZAZIONE DEI COSTI

OBIETTIVI DI APPRENDIMENTO

Al termine di questo capitolo lo studente sarà in grado di:

- distinguere tra le diverse funzioni di costo, costi espliciti e impliciti, costi opportunità, costi economici e costi contabili, costi non recuperabili e costi evitabili;
- studiare la minimizzazione dei costi nel lungo periodo, utilizzando il grafico degli isocosti (rappresentazione delle combinazioni di lavoro e capitale per le quali il costo totale è sempre lo stesso);
- condurre un'analisi di statica comparata del problema di minimizzazione dei costi, vedendo come cambiamenti dei prezzi o dell'output influenzano la soluzione del problema;
- studiare la minimizzazione dei costi nel breve periodo, tenendo conto che almeno un fattore della produzione risulta fisso.

CASO • *Cosa c'è dietro la "rivoluzione del self service"?*

Nell'ultimo quarto del ventesimo secolo la diffusione del self service nella distribuzione è stata veloce e pervasiva. I consumatori sono sempre più abituati al self service: si pensi per esempio ai distributori di benzina, al Bancomat, ai distributori di bevande calde e fredde. A questo proposito gli ultimi dati resi disponibili dall'Associazione Italiana Distribuzione Automatica (Confida) parlano di un distributore di bevande e alimenti nel nostro Paese ogni 35 abitanti. Questo settore della distribuzione automatica da solo fattura oltre 2 miliardi di euro. Il 90% di queste macchine sono installate in uffici e aziende, il 5,2% in scuole, università e altre comunità, il 3,9% in ospedali e ministeri, solo lo 0,5% a oggi in luoghi aperti al pubblico come stazioni di treni e metropolitane. Quali fattori hanno favorito la crescita dei servizi automatizzati negli ultimi anni? I consumatori sono diventati più versatili nell'uso della tecnologia, si pensi ai computer ai cellulari ai palmari. Questo li ha resi più fiduciosi rispetto alle macchine e quindi più facilmente si fidano di sistemi automatici quando viaggiano o fanno acquisti. Ma l'altro fattore principale concerne il progresso tecnologico che ha reso possibile installare macchinette automatiche che svolgono lo stesso lavoro di un operatore a costi molto più bassi.

In questo capitolo si studiano i costi e la minimizzazione dei costi. Si introdurranno concetti che aiuteranno a pensare più chiaramente e sistematicamente a cosa sono i costi e a come influiscono nelle decisioni, come per esempio quella di adottare sistemi automatici.

7.1 • Le principali definizioni di costo

La parola *costo* può avere diverse accezioni. Per esempio, gli imprenditori sono abituati a vedere i costi rappresentati come esborsi monetari nei conti economici e i consumatori pensano ai costi in termini di budget mensile.

Gli economisti utilizzano un concetto molto ampio di costo, inteso come le opportunità alle quali si rinuncia. A quanto ammonta il costo di venti ore la settimana che voi dedicate allo studio della microeconomia? Tale costo è pari al valore dell'attività alternativa (divertimento, per esempio) che si è sacrificata. A quanto ammonta il costo per una compagnia aerea di un aeroplano utilizzato per il trasporto di passeggeri? Oltre al carburante necessario, agli stipendi dell'equipaggio, alla manutenzione, agli oneri amministrativi, ai menù per i passeggeri, il costo include anche il reddito al quale la compagnia rinuncia per non averlo affittato ad altri (per esempio a un'altra aviolinea). A quanto ammonta il costo di manutenzione straordinaria di un'autostrada? La squadra di operai, i materiali, i macchinari e anche il valore del tempo che gli automobilisti perdono per la limitazione nel numero di corsie o per la deviazione del traffico.

Quindi *costo* non è necessariamente sinonimo di *uscita monetaria*. Quando la compagnia aerea fa volare un aereo che possiede paga per carburante, stipendi dell'equipaggio ecc., ma non spende denaro per l'uso dell'aereo (cioè non ha bisogno di pagare il noleggio a qualcuno). Eppure in molti casi la compagnia aerea ha un costo quando usa il suo aereo, perché sacrifica l'opportunità di noleggiarlo ad altri.

Poiché non tutti i costi consistono in reali esborsi monetari, gli economisti distinguono tra **costi espliciti** e **costi impliciti**. I costi espliciti comportano un esborso monetario diretto, i costi impliciti no. Per una compagnia aerea, le spese relative a carburante e stipendi sono costi espliciti. Il ricavo prevedibile dagli impieghi alternativi è la stima corretta del costo implicito. La somma di costi espliciti e impliciti rappresenta quello che la compagnia aerea sopporta, in termini di esborsi monetari e no, quando decide per una precisa rotta.

> **COSTI ESPLICITI** Comportano un esborso monetario diretto.
>
> **COSTI IMPLICITI** Non comportano un esborso monetario.

7.1.1 Costi opportunità

Il concetto economico del costo come contropartita delle opportunità alle quali si rinuncia o che si sacrificano corrisponde alla definizione di **costo opportunità**. Per comprendere meglio tale concetto si pensi a un imprenditore che deve scegliere tra alternative che comportano ciascuna un preciso guadagno, ma intraprendere una determinata scelta esclude la praticabilità di tutte le altre alternative. Il costo opportunità di una particolare alternativa è il guadagno associato alla *migliore tra le alternative non scelte*.

Il costo opportunità include sia costi espliciti che costi impliciti di un'alternativa. Si supponga che un imprenditore sia di fronte alla drastica scelta di continuare ancora un anno la sua attività o uscire di mercato. Se rimane nel mercato, deve investire €100 000 in salari e €80 000 in forniture. Se esce dal mercato, non incorre in nessuna di queste spese. Rimanere nel mercato significa che l'imprenditore deve dedicare 80 ore a settimana alla gestione del suo business. Lo stesso imprenditore potrebbe lavorare quale dipendente – quadro dirigenziale – in un'altra impresa per lo stesso monte ore e guadagnare €75 000 all'anno. In questa ipotesi il costo opportunità di rimanere un altro anno nel mercato è di €255 000. Questa somma include il costo esplicito di €180 000 – l'investimento necessario in lavoro e capitale – e il costo implicito di €75 000, cioè il reddito al quale rinuncia per dedicarsi alla sua impresa (anziché a quella altrui nelle mansioni di quadro).

> **COSTO OPPORTUNITÀ** Il valore delle migliore alternativa alla quale si rinuncia per intraprenderne un'altra.

Il costo opportunità è una valutazione prospettica di ciò a cui si rinuncia ora e in ragione di previsioni attendibili. Si consideri, per esempio, un'impresa che produce autovetture e ha a inventario acciaio per un valore di acquisto di €1 000 000. L'acciaio è necessario per la fabbricazione del telaio (e non solo) delle autovetture. L'impresa potrebbe sempre rivendere tale scorta di acciaio. Se si ipotizza che il prezzo dell'acciaio salga dalla data di acquisto dell'impresa, l'impresa potrebbe guadagnare €1 200 000 dalle vendita della scorta. Il costo opportunità dell'acciaio non è semplicemente il valore d'inventario, bensì €1 200 000. Il costo opportunità differisce dall'ammontare di spesa originario.

Dopo l'illustrazione di esempi simili, in genere in aula sorgono spontanee alcune domande.

Perché il costo opportunità dell'acciaio non è €200 000, cioè la differenza tra il costo originario di €1 000 000 e la sua attuale valutazione di €1 200 000? Dopo tutto, l'impresa ha già speso €1 000 000 di euro per comprare l'acciaio.

Perché il costo opportunità non è il solo aggiornamento a bilancio della spesa originaria, quindi +€200 000?

Per rispondere a questa domanda bisogna sempre tenere conto che il costo opportunità include le previsioni attendibili, non le variazioni rispetto a valutazioni ormai passate. Per stimare un costo opportunità bisogna porsi la seguente domanda: a che cosa rinuncia l'impresa nel momento in cui prende la decisione? Quando l'impresa utilizza l'acciaio rinuncia a ben altro che €200 000. Rinuncia alla contropartita di €1 200 000 che avrebbe potuto intascare dalla vendita di quell'acciaio. Il costo opportunità di €1 200 000 misura l'importo totale al quale l'impresa rinuncia nel momento in cui decide di produrre autovetture rispetto a rivendere l'input acciaio.

I costi opportunità dipendono dalle circostanze

I costi opportunità variano nel tempo. Si ritorni all'esempio della produzione di autovetture. L'impresa ha acquistato fogli e lamine di acciaio per €1 000 000. Quando l'impresa si è trovata di fronte alla scelta di acquistare o non acquistare, il costo opportunità era pari a €1 000 000. L'impresa avrebbe, difatti, risparmiato €1 000 000 se non avesse intrapreso l'acquisto dei fogli e delle lamine.

Con il passare del tempo, l'impresa che ha acquistato quell'ammontare di materiale si trova di fronte a *un'altra e differente scelta*: utilizzare l'acciaio per produrre autovetture o rivenderlo nel mercato. Il costo opportunità dell'*utilizzo dell'acciaio* è *ora* €1 200 000, il guadagno che l'impresa sacrifica nel momento in cui non vende l'acciaio. Stessa impresa, stesso input, ma differenti costi opportunità! Si possono, dunque, stimare *differenti costi opportunità per ogni scelta che si intraprende in ragione delle differenti circostanze.*

Costi opportunità e prezzi di mercato

Il costo opportunità rilevante in entrambe le varianti dell'esempio su riportato è il prezzo corrente dell'acciaio sul mercato. *Per un'impresa*, il costo opportunità di un input è il suo prezzo corrente sul mercato. Cioè, quanto l'impresa risparmierebbe o guadagnerebbe dal *non uso* dell'input. L'impresa ha, insomma, di fronte due alternative: non comprare un input e quindi risparmiare (non pagando il corrispettivo o prezzo dell'input) o rivendere l'input non utilizzato e incassare il prezzo di rivendita. In entrambi i casi il costo opportunità è pari al prezzo corrente di mercato.

7.1.2 Costi economici e costi contabili

La distinzione tra costi espliciti e costi impliciti è simile alla distinzione tra costi economici e costi contabili. I **costi economici** sono i costi opportunità, cioè la

> **COSTI ECONOMICI** La somma dei costi espliciti e dei costi impliciti di un'impresa.

COSTI CONTABILI I costi espliciti sostenuti in passato.

somma dei costi espliciti e impliciti. I **costi contabili** sono i costi iscritti nella contabilità aziendale e sono i costi espliciti sostenuti in passato nell'acquisizione delle risorse o fattori produttivi. La contabilità serve a un pubblico esterno all'impresa, come per esempio finanziatori e azionisti, quindi i costi contabili devono essere verificabili. Per questo la contabilità usa tipicamente il costo storico e quindi le spese che un'impresa ha effettivamente sostenuto: negli esempi finora presentati, le uscite monetarie relative ai fattori produttivi acquistati in anni passati e recenti. La contabilità non include i costi impliciti come i costi opportunità associati agli utilizzi alternativi degli impianti di un'impresa, poiché tali costi sono difficili da misurare e da certificare. Per questo, la contabilità di una piccola impresa non include il costo opportunità del tempo del piccolo imprenditore. Inoltre, poiché la contabilità si basa su costi storici e non sui prezzi correnti sul mercato, i costi nei bilanci nel nostro esempio precedente rifletterebbero il prezzo di €1 000 000 pagato e non quello di €1 200 000, cioè il costo-opportunità che l'impresa supporta quando utilizza questo fattore produttivo.

Viceversa, i costi economici includono tutti i costi rilevanti di un'impresa, in ragione delle diverse scelte che un imprenditore deve affrontare. Per un economista, tutti i costi rilevanti per una decisione (espliciti o impliciti) sono costi opportunità e, quindi, da includere nei costi economici.

7.1.3 Costi non recuperabili e costi recuperabili

Nell'analisi dei costi è bene distinguere anche tra costi non recuperabili e costi recuperabili. I costi non recuperabili (*sunk cost*) sono anche denominati *costi affondati*, mentre i costi recuperabili (*unsunk cost*) vengono anche denominati *costi non affondati*. Quando prende una decisione, l'imprenditore deve considerare i soli costi che quella decisione genera. Taluni costi sono già stati sostenuti e sono, quindi, inevitabili a fronte di una qualsiasi decisione. Questi **costi** sono detti **non recuperabili**. Viceversa, sono **recuperabili** quei costi nei quali l'imprenditore incorre solo se prende una determinata decisione e, quindi, sono evitabili se l'imprenditore non decide in quel senso – per questo, sono anche detti *costi evitabili*. A fronte di più alternative, l'imprenditore dovrebbe stimare i costi recuperabili e ignorare i costi non recuperabili. Con l'esempio seguente si cerca di precisare quest'affermazione.

COSTI NON RECUPERABILI Costi già supportati e che non si possono più modificare.

COSTI RECUPERABILI Costi che si sopportano solo se si prende una determinata decisione.

Il biglietto di ingresso al cinema è di €7,5. Il film si rivela, dopo appena pochi minuti di proiezione, orribile. Si è di fronte a una scelta: rimanere o andarsene? Il costo della permanenza nella sala è pari al valore del tempo impiegabile facendo semplicemente qualcos'altro. Il costo dell'uscita dalla sala sta nel divertimento che si potrebbe perdere se il film fosse in seguito migliore della prima parte. Il costo rilevante per la decisione se restare o andarsene non include il prezzo del biglietto di €7,5. Questo costo è non recuperabile. A prescindere da quanto si deciderà, il biglietto è già stato pagato e quel sacrificio è ormai irrilevante rispetto alla scelta di rimanere o uscire.

Un altro esempio per distinguere tra costo recuperabile e non recuperabile: si consideri un'impresa che produce palle da bowling. L'impianto è costato €5 000 000 e una volta costruito, per l'alta specializzazione della produzione, l'impianto non ha usi alternativi. Se l'impresa decide di chiudere poiché il bowling non attecchisce quale hobby nella maggioranza della popolazione italiana, non vi è possibilità di recuperare gli €5 000 000 spesi per un impianto che non è convertibile ad altra produzione.

- *Nel decidere se costruire o meno l'impianto*, il costo di €5 000 000 è *evitabile*. L'impresa sopporta tale costo solo se intende intraprendere una produzione così specifica. Nel momento in cui si sta decidendo se costruire la fabbrica o meno, l'imprenditore può ancora evitare di spendere quei 5 milioni.

- *Dopo che l'impianto è ultimato*, il costo di 5 milioni di euro è *non recuperabile*. È un costo che l'impresa sopporta a prescindere da come vada la produzione e la vendita di palle dopo l'apertura della fabbrica. Tale costo è inevitabile. *Di fronte all'alternativa di continuare o cessare la produzione*, l'imprenditore dovrebbe ignorare il costo non recuperabile.

Questo esempio chiarisce come occorra riflettere attentamente su quanto un costo sia inerente a una decisione piuttosto che a un'altra. Per distinguere tra costi recuperabili e costi non recuperabili, bisogna sempre chiedersi quali costi cambierebbero come risultato di una scelta piuttosto che di un'altra. Questi sono costi recuperabili. I costi che non variano in ragione delle scelte sono costi non recuperabili.

Applicazione 7.1

Il costo affondato dei contratti d'oro[1]

Il calcio italiano (e non solo quello italiano) è noto per i contratti milionari che riguardano molte stelle del pallone. Anche il mondo dello spettacolo conta stelle o divi i cui contratti sono stati e vengono siglati per cifre veramente eccezionali. Ma dopo che questi contratti milionari sono stati firmati, si tratta spesso di costi non recuperabili.

Il baseball americano ricorda un famoso caso di ingaggio rivelatosi un costo affondato. Sparky Anderson è stato uno dei più famosi manager della *major league* di baseball americana. Ha diretto i Cincinnati Reds dal 1970 al 1978 e i Detroit Tigers dal 1979 al 1995. Le sue squadre hanno più volte vinto il campionato americano e Sparky Anderson è uno dei due manager americani che hanno vinto i campionati mondiali sia nella Lega Nazionale che nella Lega Americana. Nel 2000 è stato inserito nella *Hall of Fame* del baseball americano.

Malgrado la grandezza, nell'ultima parte della sua carriera Sparky Anderson è stato vittima di un classico errore da costi non recuperabili. Nel 1992 i Tigers garantirono al lanciatore Mike Moore un contratto di 5 milioni di dollari all'anno. Un contratto sensazionale! I Tigers avrebbero pagato Moore 5 milioni di dollari indipendentemente dalla qualità dei lanci. Una cattiva decisione? Forse. Per le prime tre stagioni Moore fece dei lanci modesti. Perse più partite di quante ne vinse e il suo punteggio nella classifica statunitense dei giocatori di baseball fu sempre più compromesso. Nonostante questo, tra il 1993 e il 1995 Sparky fece giocare Moore regolarmente. Alle conferenze stampa spiegava che il giocatore veniva lautamente pagato e quindi doveva giocare.

In questo Sparky fece un errore di valutazione. Moore sarebbe stato pagato in ogni caso, che giocasse o meno. Il costo dell'ingaggio era non recuperabile. Non doveva influenzare la decisione di Sparky.

Eppure, Sparky raramente aveva fatto errori di valutazione in carriera. Probabilmente nel caso di Moore fece quanto la Direzione dei Tigers si aspettava che facesse: non lasciare in panchina un lanciatore così ben pagato.

Ma non bisogna farsi influenzare dai costi non recuperabili ormai inevitabili!

Esercizio svolto 7.1   I costi della gestione di un campus universitario

Immaginate di aver iniziato un'attività di fornitura di snack a un campus universitario. Gli studenti possono prenotare via Internet i loro snack preferiti, dalle patatine alle barrette di cioccolato. Il vostro fornitore è un'impresa della grande distribuzione, alla quale voi girate gli ordini per poi occuparvi della logistica delle consegne. I costi della vostra attività sono pari a €500 di leasing del servizio di *web hosting* su di un server di supporto, a €300 mensili per l'utilizzo in leasing di un furgone per la consegna al campus e a €100 per l'assicurazione. L'assolvimento di ogni ordine richiede, in media, mezz'ora e €0,50 di consumo di benzina. Quando presentate un ordine al vostro fornitore questo va pagato subito. Alla consegna gli studenti vi pagano un prezzo che include anche il trasporto. In alternativa a questa attività, avreste potuto lavorare in mensa guadagnan-

---

[1] Per il caso statunitense, si fa riferimento a *The Bill James Guide to Baseball Managers from 1870 to Today*, Scribner, New York 1997.

do €6 all'ora. Attualmente la vostra attività è operativa cinque giorni la settimana, dal lunedì al venerdì. Il weekend invece lavorate presso la mensa universitaria.

Problema

(a) Quali sono i vostri costi espliciti e impliciti? Quali i costi contabili e quali quelli economici e in che cosa differiscono?
(b) La scorsa settimana avete acquistato cinque cartoni di uno snack che sono stati poi rifiutati da un cliente. I cartoni sono costati €100. Avete un accordo con il fornitore che vi paga €0,25 per ogni dollaro di reso di merce. Proprio questa settimana avete trovato un'associazione studentesca che promette di acquistare i cinque cartoni a €55, peraltro provvedendo da sé per il ritiro della merce. Qual è il costo opportunità di dar seguito a questo ordine? Si dovrebbe accettare?
(c) Supponete di limitare la vostra attività da cinque a quattro giorni la settimana. (Anche il lunedì lavorate in mensa.) Con riferimento a questa decisione, quali sono i costi recuperabili e non recuperabili?
(d) Supponete di cessare l'attività di fornitura di snack al campus. Quali costi sono recuperabili e quali non recuperabili?

Soluzione

(a) I costi espliciti sono quelli che consistono in uscite monetarie dirette. Includono il leasing del *web site*, quello del furgone, l'assicurazione, la benzina e quanto pagato al fornitore. Il principale costo implicito è il costo opportunità del tempo, €6 all'ora. I costi economici sono la somma dei costi espliciti e di quello implicito. I costi contabili includono tutti i costi espliciti, ma non quello implicito o costo opportunità del tempo. Inoltre, il costo contabile è storico (per esempio il costo effettivo sostenuto lo scorso anno). Quindi se il costo della benzina è calato rispetto allo scorso anno il costo corrente non sarà uguale a quello storico contabile.
(b) Il costo opportunità dell'evasione di questo ordine è €25, il guadagno derivante dal reso di merce, ciò che si sacrifica se si vende all'associazione. Siccome la vendita all'associazione studentesca rende di più di €25 conviene vendere. Che cosa rappresenta dunque la differenza tra €100, il prezzo dei cinque cartoni, e €25, il costo opportunità? Questi €75 rappresentano il costo dell'aver accettato ordini da studenti inaffidabili. È un costo non recuperabile.
(c) I costi recuperabili sono quelli relativi agli esborsi monetari che non si sopportano se si prende questa decisione. Questi includono i costi della benzina e degli snack (naturalmente ciò che si *evita* è anche il guadagno dalla fornitura). I costi recuperabili includono anche il costo opportunità implicito del tempo (non si sacrifica più l'opportunità di lavorare in mensa il lunedì). I costi non recuperabili sono costi inevitabili quando si prende questa decisione: i due canoni mensili relativi ai contratti di leasing del *web site* e del furgone.
(d) Cessare l'attività comporta l'evitare i costi della merce e della benzina. Questi sono dunque costi recuperabili rispetto alla decisione di cessare l'attività. Anche il costo opportunità del tempo è un costo recuperabile. I costi di leasing sono non recuperabili rispetto alla decisione di lavorare un giorno in meno ma non lo sono rispetto alla decisione di cessare del tutto l'attività. E con riferimento al furgone? Il costo assicurativo è recuperabile. Nel momento in cui si dismette, si interrompe anche il pagamento del premio assicurativo. Tuttavia, se vi si è apposto il marchio del servizio di fornitura la dismissione non è così semplice, perché si riesce a realizzare solo il 30% di quello che è costato. Il 30% del costo del furgone è recuperabile, il 70% non recuperabile.

Applicazione 7.2

La controversia del mark to market

Durante la crisi finanziaria del 2008, la pratica contabile del mark to market (MTM), ossia di valutazione in base al prezzo corrente di mercato, è stata al centro di una controversia. Alcune banche hanno sostenuto che questa norma abbia reso la crisi finanziaria molto più acuta di quanto avrebbe dovuto essere. Il mark to market deriva da una serie di norme stabilite dal Financial Analysts Standard Board riguardanti le modalità con cui le aziende pubbliche devono valutare i titoli (capital assets) nei bilanci. La norma impone che certi asset vadano valutati al prezzo corrente di mercato.

Si consideri una banca che presta del denaro agli acquirenti di una casa tramite un mutuo. Ogni mutuo rappresenta un asset per la banca. La banca pretende il pagamento di rate mensili da parte dei proprietari, tranne quando questi siano insolventi. Anche se si verifica questa eventualità, la banca può chiudere anticipatamente il mutuo e vendere la casa, recuperando parte del valore. Di conseguenza, la banca deve inserire il valore di questi beni nel bilancio.

Il valore di uno specifico mutuo diminuisce se il valore dell'immobile scende sotto il livello che aveva quando il mutuo è stato acceso. Le possibilità di insolvenza del mutuo salgono vertiginosamente, così le entrate attese della banca diminuiscono. Anche se la banca chiude il mutuo e vende l'immobile, probabilmente riceverà una somma inferiore a quella che aveva prestato all'inizio. Nel 2008 si è verificata esattamente questa situazione, su larga scala. I prezzi degli immobili sono scesi in tutti gli Stati Uniti e l'insolvenza dei mutui è salita alle stelle. Le banche hanno chiuso i mutui di molti immobili, ma hanno avuto difficoltà a venderli. Anche quando sono riuscite a vendere, il valore dell'abitazione era spesso molto inferiore a quello che aveva in precedenza.

Durante la crisi, le banche hanno dovuto rivalutare gli asset legati ai mutui, attribuendo loro il prezzo di mercato. I valori di mercato di questi asset sono crollati, e così anche il valore dei bilanci delle banche è diminuito sensibilmente. L'ammontare di denaro che una banca può prestare dipende dal valore del suo capitale. Se il valore del capitale scende, deve ridurre i prestiti. Nel 2008, i prestiti bancari sono crollati a livelli mai raggiunti in precedenza. Una delle cause più importanti del fenomeno è stata la riduzione del valore dei capitali delle banche dovuta al mark to market. Prestando denaro alle imprese per aiutarle a restare in attività, le banche giocano un ruolo fondamentale nell'economia e, quando il prestito non è stato più possibile, molte imprese sono state costrette a chiudere. Così la crisi immobiliare si è trasformata in una crisi bancaria, portando l'intero sistema economico a una profonda recessione.

Un esame più approfondito della controversia circa il merito del mark to market nel sistema bancario andrebbe ben al di là delle nostre finalità in questa sede. In ogni caso, lo scopo del mark to market ha rilievo nella nostra discussione sui costi opportunità. Si supponga che alle banche non sia richiesto di rivalutare gli asset quando il loro valore di marcato scende. In questo caso, in una situazione come quella della crisi del 2008, i loro bilanci sopravvaluterebbero il valore economico degli asset. Il valore finanziario degli asset basati sui mutui sarebbe superiore al loro costo opportunità, che corrisponde al valore che avrebbero quegli asset se la banca cercasse di venderli. In altre parole, lo scopo del mark to market è cercare di fare in modo che i bilanci riflettano il più possibile i costi economici.

Questo esempio illustra anche un altro punto. A volte, i costi contabili possono essere maggiori dei costi economici. In altre parole, il solo fatto che i costi contabili escludano i costi impliciti, mentre i costi economici li includono, non li rende automaticamente inferiori ai costi economici.

7.2 • La minimizzazione dei costi

Come scegliere quella combinazione di input che permette di minimizzare i costi di produzione di un determinato output? Nel Capitolo 6 si sono analizzate le diverse combinazioni di input che consentono di realizzare diversi livelli di output. Per massimizzare il profitto dell'impresa bisogna minimizzare i costi. Verificare quale combinazione produttiva sia associabile ai costi minimi significa risolvere il **problema della minimizzazione dei costi**, e l'impresa che cerca di risolvere questo problema è l'**impresa che minimizza i suoi costi**.

7.2.1 Lungo periodo e breve periodo

Si approfondirà la minimizzazione dei costi nel lungo e nel breve periodo. Sebbene il *lungo* o il *breve periodo* sembri connotare il trascorrere del tempo, la classificazione economica si riferisce ai vincoli nella flessibilità di impiego dei fattori della produzione. L'impresa che opera nel **lungo periodo** non ha vincoli: sarà capace di variare le quantità di input come desidera. In un esempio precedente, l'impresa che decide se costruire l'impianto di palle da bowling opera nel lungo periodo. Può scegliere se costruire o meno e in quale dimensione. Alla dimensione dell'impianto si collega la scelta di quanto terreno occupare e quanti lavoratori impiegare. Dal momento che l'impresa può evitare qualsiasi costo se decide di non produrre, i costi associati al lungo periodo sono necessariamente evitabili.

Viceversa, un'impresa che opera nel **breve periodo** è soggetta a vincoli. Nel

IL PROBLEMA DI MINIMIZZAZIONE DEI COSTI Si determina quale combinazione produttiva comporti i costi minimi per l'impresa che intende realizzare un certo livello produttivo.

L'IMPRESA CHE MINIMIZZA I COSTI L'impresa che cerca di minimizzare i costi della produzione di un determinato livello produttivo.

LUNGO PERIODO Un periodo di tempo sufficientemente lungo per consentire all'impresa di variare gli input come desidera.

BREVE PERIODO Il periodo di tempo in cui almeno un input non può essere cambiato.

breve periodo quest'impresa non riuscirà a variare le quantità di alcuni input senza *stravolgere* le decisioni passate. Una volta che l'impianto è costruito, l'impresa affronta almeno per un po' di tempo scelte di breve periodo: per esempio quanti lavoratori impiegare data la capacità dei suoi impianti.

Un'impresa affronta perennemente scelte di breve e lungo periodo. Nel prossimo paragrafo si approfondisce la minimizzazione dei costi nel lungo periodo. Successivamente, si concentrerà l'analisi della minimizzazione dei costi nel breve periodo, così da evidenziare come i vincoli nell'uso degli input possano limitare la capacità dell'impresa di minimizzare i costi.

7.2.2 La minimizzazione dei costi nel lungo periodo

La minimizzazione dei costi è un esempio di ottimo vincolato, problema discusso nel Capitolo 1. Si desiderano minimizzare i costi totali dato il vincolo di produzione di un determinato livello di output. Nel capitolo si sono fatti altri due esempi di ottimizzazione vincolata: il problema di massimizzazione dell'utilità sotto il vincolo di bilancio e la minimizzazione della spesa soggetta al vincolo di un determinato livello di utilità. Il problema della minimizzazione dei costi è simile a quello della minimizzazione della spesa nella teoria del consumatore.

Si parte dal presupposto che l'impresa utilizzi due input: lavoro e capitale. Ogni input ha il suo prezzo. Il prezzo del servizio reso da un'unità di lavoro è pari al saggio salariale w. Il prezzo del servizio reso da un'unità di capitale è r. Il prezzo del lavoro può risultare un costo esplicito o implicito. Sarebbe esplicito se l'impresa acquisisse la risorsa sul mercato del lavoro; sarebbe implicito se il lavoro fosse direttamente fornito dall'imprenditore che sacrificherebbe impieghi alternativi del suo tempo per dedicarsi in prima persona alla sua attività. Il prezzo del capitale può essere esplicito o implicito. Sarebbe esplicito se l'impresa noleggiasse il servizio reso dal capitale di altri (per esempio se pagasse un canone per l'utilizzo di un server di altri che ospita la sua pagina web); sarebbe implicito se l'impresa impiegasse capitale di proprietà (avesse un suo server idoneo) sacrificando l'opportunità di vendere il servizio ad altri.

Un'impresa ha deciso di produrre Q_0 unità di output durante il prossimo anno. Più avanti nel testo vedremo come l'impresa prende decisioni circa la quantità da produrre. Per adesso assumiamo che questa quantità sia stata decisa dalla dirigenza dell'impresa e recepita come un obiettivo dal manager della produzione. Il manager deve dunque decidere quale quantità K di capitale e quale quantità di lavoro L possono essere impiegate per minimizzare il costo totale (*Total Cost*, TC): $TC = wL + rK$. Questo è il costo economico totale che l'impresa deve sopportare per realizzare un determinato livello di output, Q_0 appunto.

7.2.3 Isocosti

Si incomincia a verificare graficamente come si risolve il problema della minimizzazione dei costi. Il primo passo consiste nella rappresentazione degli isocosti. L'**isocosto** rappresenta tutte le possibili combinazioni di lavoro e capitale alle quali corrisponde lo stesso costo totale (TC). L'isocosto è analogo al vincolo di bilancio nella teoria del consumatore.

Per esempio, se $w = €10$ è il salario orario e $r = €20$ è il prezzo degli impianti per un'ora di utilizzo e il costo totale è pari a $TC = €1\,000\,000$, l'isocosto corrispondente a €1 000 000 è descritto dall'equazione $1\,000\,000 = 10L + 20K$, che può essere riscritta come $K = (1\,000\,000/20) - (10/20)L$. Agli isocosti che corrispondono a livelli di costo totale pari a €2 000 000 e €3 000 000 corrispondono equazioni simili: $K = (2\,000\,000/20) - (10/20)L$ e $K = (3\,000\,000/20) - (10/20)L$.

ISOCOSTO Tutte le possibili combinazioni di lavoro e capitale alle quali corrisponde lo stesso costo totale.

In generale, per un dato livello di costo totale TC, e di prezzi degli input w e r, l'equazione dell'isocosto è $K = (TC/r) - (w/r)L$.

La Figura 7.1 mostra gli isocosti per tre livelli di costo, TC_0, TC_1 e TC_2 dove $TC_0 < TC_1 < TC_2$. In generale, c'è un numero infinito di isocosti, ciascuno corrispondente a un possibile livello di costo totale. La Figura 7.1 mostra come la pendenza dell'isocosto sia sempre la stessa: misurando K sull'asse verticale ed L su quello orizzontale, la pendenza è $-w/r$ (il rapporto tra prezzo del lavoro e prezzo del capitale cambiato di segno). L'intercetta sull'asse verticale è il costo totale diviso per il prezzo del capitale (per esempio, per l'isocosto TC_0, TC_0/r). Così anche per l'intercetta sull'asse orizzontale: per esempio per TC_0 è pari a TC_0/w. Muovendosi sempre più verso nord-est nel grafico, gli isocosti corrispondono a livelli di costo sempre più alti.

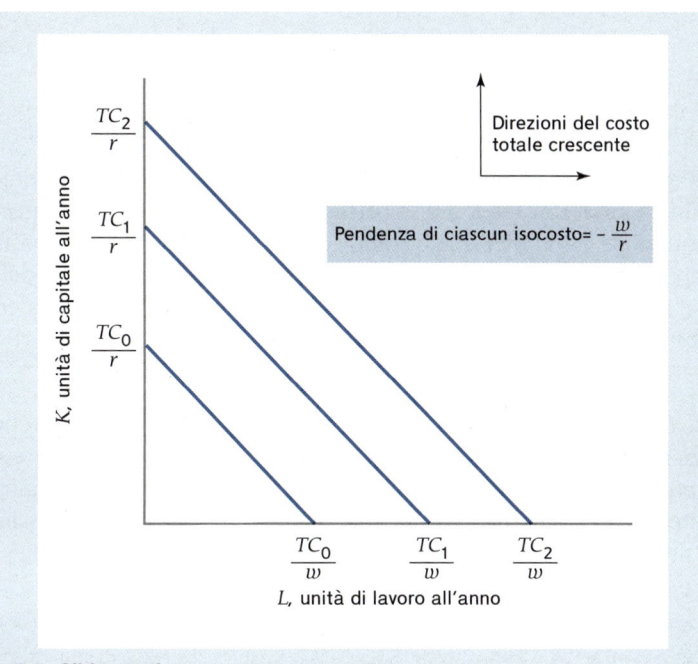

FIGURA 7.1 Gli isocosti
Muovendosi verso nord-est nel piano, agli isocosti corrispondono livelli crescenti di costo totale. Tutti gli isocosti hanno la medesima pendenza.

7.2.4 La soluzione grafica della minimizzazione dei costi nel lungo periodo

Nella Figura 7.2 sono rappresentati due isocosti e l'isoquanto corrispondente a Q_0 unità di output. L'impresa minimizza i suoi costi nel punto A, dove l'isoquanto è tangente all'isocosto. Date tutte le possibili combinazioni lungo l'isoquanto, solo la combinazione A è caratterizzata da costi totali minimi.

Per verificare questa soluzione, si considerino altre combinazioni in Figura 7.2, come i punti E, F e G.

- Il punto G non si trova sull'isoquanto Q_0. Sebbene questa combinazioni di fattori consentirebbe di produrre Q_0 unità di output, G è inefficiente poiché l'impresa sprecherebbe gli input. Il punto non può essere ottimale perché anche la combinazione A consente di produrre Q_0 ma usa meno lavoro e capitale.

- I punti E ed F sono tecnicamente efficienti ma non corrispondono a costi minimi poiché si trovano su un isocosto al quale corrispondono costi totali maggiori rispetto all'isocosto al quale appartiene la combinazione A. Spostandosi da E ad A o da F ad A, l'impresa può produrre il medesimo output ma a un costo totale inferiore.

Nel punto A la pendenza dell'isoquanto è pari a quella dell'isocosto. Nel Capitolo 6 si è constatato come la pendenza dell'isoquanto (cambiata di segno) sia pari al tasso marginale di sostituzione tecnica (*Marginal Rate of Techical Substitution, MRTS*) fra lavoro e capitale, $MRTS_{K,L}$, pari a MP_L/MP_K. Se la pendenza dell'isocosto è pari a $-w/r$, allora la minimizzazione dei costi si ha quando:

pendenza dell'isoquanto = pendenza dell'isocosto

$$-MRTS_{K,L} = -w/r$$

$$MP_L/MP_K = w/r \qquad (7.1)$$

rapporto fra prodotti marginali = rapporto fra i prezzi degli input

Nella Figura 7.2 la combinazione A è un ottimo che comporta quantità positive di entrambi gli input ($L > 0$ e $K > 0$), e l'ottimo sta nella tangenza tra isoquanto e isocosto. L'equazione 7.1 ci dice che quando l'ottimo è interno (quantità positive di K e L) il rapporto tra prodotto marginale del lavoro e prodotto marginale del capitale è uguale al rapporto tra prezzo del lavoro e prezzo del capitale. La stessa equazione si potrebbe riscrivere come:

$$MP_L/w = MP_K/r \qquad (7.2)$$

Scritta in questo modo, questa condizione consente di affermare che, per la combinazione produttiva che minimizza i costi, l'output aggiuntivo per euro speso in lavoro equivale all'output aggiuntivo per euro speso in capitale. Un ragionamento equivalente è stato approfondito nel Capitolo 4 con riferimento alla massimizzazione dell'utilità del consumatore.

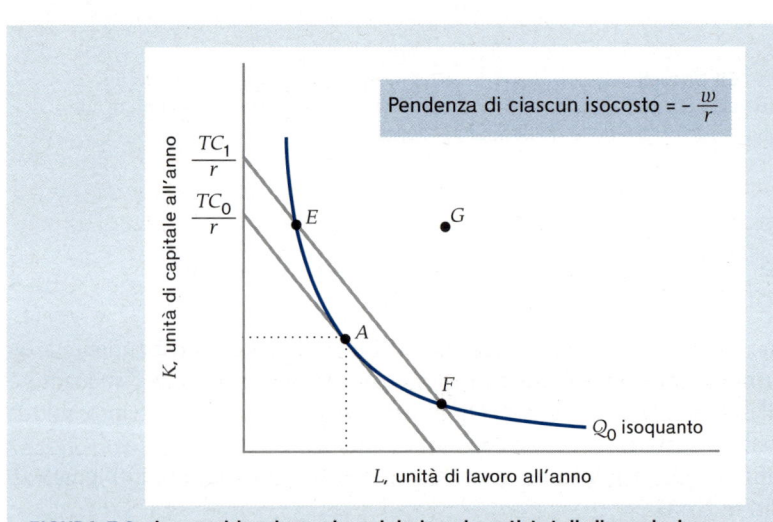

FIGURA 7.2 La combinazione che minimizza i costi totali di produzione
La combinazione di L e K alla quale corrisponde il costo totale minimo si trova in A. Il punto G è tecnicamente inefficiente. I punti E ed F sono tecnicamente efficienti, ma a essi non corrisponde un costo totale minimo: l'impresa ha costi inferiore quando produce A, $TC_0 < TC_1$.

Per vedere perché la condizione (7.2) deve essere valida, si consideri un punto che non minimizza i costi, come il punto E nella Figura 7.2. Nel punto E la pendenza dell'isoquanto è più negativa di quella dell'isocosto. Cioè, $-(MP_L/MP_K) < -(w/r)$ ovvero $MP_L/MP_K > w/r$ oppure $MP_L/w > MP_K/r$.

Ciò significa che nel punto E l'impresa potrebbe spendere un euro in più in lavoro e *risparmiare più di un euro* nel ridurre l'impiego di capitale, per un livello di output costante. Dato che questo determinerebbe una riduzione dei costi totali, segue che un punto come E, nel quale l'equazione (7.2) non è verificata, non può corrispondere alla minimizzazione dei costi.

Esercizio svolto 7.2 La verifica della condizione di minimizzazione dei costi

Problema

La combinazione ottima di input deve soddisfare l'equazione (7.1) o (7.2). Come si calcola la combinazione ottima? Supponete che la funzione di produzione di un'impresa sia del tipo $Q = 50\sqrt{LK}$. Per questa funzione di produzione, le equazioni dei prodotti marginali di lavoro e capitale sono $MP_L = 25\sqrt{K/L}$ e $MP_K = 25\sqrt{L/K}$. Supponete che il prezzo del lavoro sia di €5 per unità e che il prezzo del capitale sia di €20 per unità. Quale è la combinazione di input che consente di minimizzare i costi se l'impresa intende produrre 1000 unità di output all'anno?

Soluzione

Il rapporto tra il prodotto marginale del lavoro e quello del capitale è pari a $MP_L/MP_K = (25\sqrt{K/L})/(25\sqrt{L/K}) = K/L$. La condizione di tangenza in base all'equazione (7.1) è $K/L = 5/20$, ovvero $L = 4K$.

Inoltre la combinazione di input deve stare sull'isoquanto delle 1000 unità. (La combinazione degli input deve consentire all'impresa di produrre esattamente 1000 unità di input.) Ciò significa che $1000 = 50\sqrt{KL}$ o, semplificando, $L = 400/K$.

Risolvendo questo sistema di due equazioni in due incognite, si ottiene $K = 10$ e $L = 40$. La combinazione ottimale è composta da 10 unità di capitale e 40 unità di lavoro.

7.2.5 Soluzioni d'angolo NO

Discutendo la teoria del consumatore nel Capitolo 4 si sono studiate le soluzioni d'angolo: soluzioni di ottimo per le quali non vi è tangenza tra vincolo di bilancio e curva di indifferenza. Le soluzioni d'angolo si possono verificare anche nella minimizzazione dei costi. La Figura 7.3 illustra questo caso. La combinazione che comporta la minimizzazione dei costi nel produrre Q_0 unità di output è in A, là dove l'impresa non impiega capitale.

In questa soluzione d'angolo, l'isocosto è più piatto dell'isoquanto. Matematicamente, ciò significa che $-(MP_L/MP_K) < -(w/r)$ o, equivalentemente, $(MP_L/MP_K) > (w/r)$. Tale condizione si potrebbe riscrivere nel modo seguente:

$$\frac{MP_L}{w} > \frac{MP_K}{r} \qquad (7.3)$$

Nella soluzione d'angolo A, il prodotto marginale per un euro speso in lavoro è superiore al prodotto marginale per euro speso in capitale. Anche considerando altri punti lungo l'isoquanto Q_0, l'isocosto è sempre più piatto dell'isoquanto. Quindi la condizione (7.3) è soddisfatta per tutte le combinazioni lungo l'isoquanto Q_0. Una soluzione d'angolo nella quale il capitale non viene utilizzato può essere pensata come una situazione nella quale ogni euro addizionale speso in lavoro determina un maggior output rispetto a ogni euro addizionale speso in capitale. Così l'impresa dovrebbe sostituire al capitale il fattore lavoro finché arriva a non usare più nessuna unità di capitale.

La minimizzazione dei costi è un problema analogo a quanto studiato nel Capitolo 4 con riferimento alla minimizzazione della spesa del consumatore, in ragione di un determinato livello di utilità. Là un consumatore cercava di minimizzare la sua spesa totale con il vincolo di raggiungere un certo livello di utilità. Qui un'impresa cerca di minimizzare la spesa nei fattori della produzione, soggetta al vincolo di perseguire un determinato livello di output. Sia la soluzione grafica sia quella matematica sono identiche in questo capitolo e nel Capitolo 4.

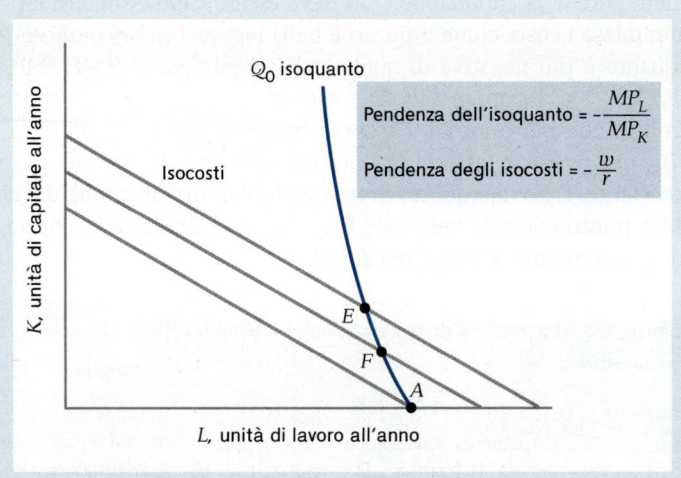

FIGURA 7.3 Soluzione d'angolo e minimizzazione dei costi
La combinazione di input che minimizza i costi si trova in *A*, combinazione nella quale l'impresa non impiega capitale. I punti come *E* ed *F* non corrispondono alla minimizzazione dei costi, poiché l'impresa può ridurre i costi e ottenere lo stesso output sostituendo il capitale al lavoro.

Esercizio svolto 7.3 La soluzione d'angolo per input perfetti sostituti

Problema

Nel Capitolo 6 si è verificato come una funzione di produzione lineare implichi che gli input siano perfetti sostituti. Supponete che la funzione di produzione sia del tipo $Q = 10L + 2K$. Per questa funzione di produzione, $MP_L = 10$ e $MP_K = 2$. Supponete anche che il prezzo del lavoro sia $w =$ €5 per unità e che il prezzo del capitale sia $r =$ €2 per unità. Trovate la combinazione ottimale degli input qualora l'impresa intenda produrre 200 unità di ouput.

Soluzione

La Figura 7.4 mostra che la combinazione ottimale di input è d'angolo, $K = 0$. Quando gli input sono perfetti sostituti, il tasso marginale di sostituzione tecnica $MRTS_{L,K} = MP_L/MP_K$

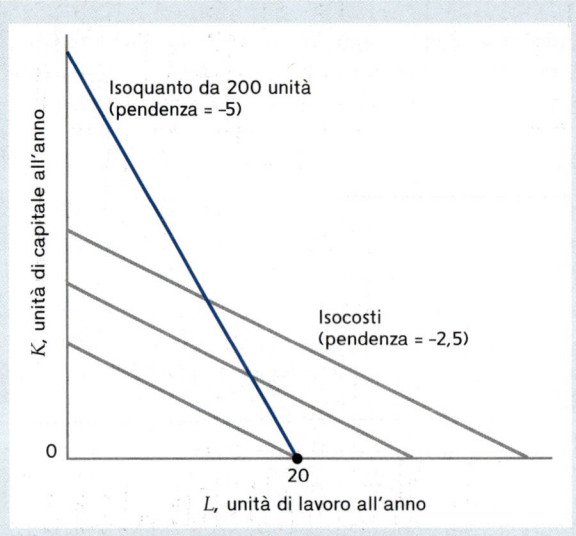

FIGURA 7.4 Soluzione d'angolo nella minimizzazione dei costi
La soluzione della minimizzazione dei costi nel caso gli input siano perfetti sostituti può essere una soluzione d'angolo. In questa ipotesi, sta nella combinazione $L = 20$ e $K = 0$.

è costante lungo un isoquanto. In questo caso particolare, il tasso è pari a 5. Ma $w/r = 2{,}5$. Nessun punto soddisfa allora la condizione $MP_L/MP_K = w/r$.

Ma quale punto d'angolo sarà l'ottimo? In questo caso $MP_L/w = 10/5 = 2$ e $MP_K/r = 2/2 = 1$, quindi il prodotto marginale per euro speso in lavoro eccede il prodotto marginale per euro speso in capitale. Ciò significa che l'impresa sostituirà il lavoro al capitale finché non userà più alcun capitale. La combinazione ottimale implica $K = 0$. Se l'impresa intende produrre 200 unità di output, $200 = 10L+2(0)$ cioè $L = 20$.

Applicazione 7.3

Il costo dei bambini[2]

Quanto costa avere un figlio? Questo interrogativo è di particolare interesse nel nostro Paese, che da tempo presenta un tasso di fecondità tra i più bassi al mondo, molto al di sotto del livello di rimpiazzo della popolazione. Il costo dei bambini potrebbe avere un ruolo importante nelle scelte demografiche delle famiglie italiane.

Il costo complessivo dei figli si compone di due parti principali: il costo esplicito – che corrisponde a quanto i genitori devono direttamente spendere per mantenere il figlio – e il costo opportunità, che corrisponde invece a quanto la famiglia non guadagna (e quindi perde) perché vincolata nelle sue scelte lavorative dalla presenza di figli.

Il primo è facilmente comprensibile, ancorché difficilmente osservabile o stimabile direttamente dagli economisti che si occupano di questi temi. Spesso si usano i micro-dati sui consumi rilevati con questionari su un campione di famiglie. Questi dati ci dicono che la quota di reddito aggiuntivo che sarebbe necessaria a una coppia o a una famiglia italiana per mantenere lo stesso tenore di vita di prima della nascita del figlio varia, a seconda dei calcoli, dal 22% circa a un terzo.

Per il costo opportunità la stima è molto più difficile. Si tratta di calcolare il valore attuale della differenza tra guadagni teorici, relativi a quanto avrebbe guadagnato la famiglia (in realtà soprattutto la donna) se non avesse avuto bambini, e reali. Quindi il costo opportunità del bambino cresce con il livello di educazione del genitore e decresce con l'età e l'esperienza lavorativa. A questo proposito, tuttora in Italia la presenza di un figlio fa drasticamente diminuire la partecipazione delle madri al mercato del lavoro (nella coorte di età 30-39 anni di oltre 30 punti percentuali). Stime relative al nostro Paese suggeriscono che il costo opportunità per il primo figlio sia pari al 15-30% del guadagno potenziale di una donna.

Diverse circostanze rendono tuttavia difficile la stima del costo opportunità dei figli. Per esempio alcuni studi sul mercato del lavoro in Italia hanno trovato che nelle coppie, a seguito della nascita di un figlio, le donne riducono la loro attività lavorativa per il mercato, e gli uomini invece la aumentano. In questo caso, occorre ridurre il costo opportunità dell'aumento di reddito che deriva alla famiglia dalla maggiore attività lavorativa dell'uomo? E se sì, come contabilizziamo il "sacrificio" cui l'uomo si assoggetta, rinunciando al proprio tempo libero?

Infine, a livello macro (per esempio se il costo opportunità viene calcolato per un'analisi di politica economica), si potrebbe considerare anche il seguente aspetto: per una sola donna, è ragionevole ipotizzare che un suo eventuale cambiamento di condotta rispetto al mercato del lavoro non avrebbe prodotto apprezzabili effetti macro-economici. In altre parole il comportamento del singolo sul livello di salario di mercato è ininfluente. Ma se l'esercizio viene condotto su scala più ampia, e riguarda tutte le donne diventate madri, è lecito continuare a mantenere questa ipotesi? O è più ragionevole attendersi che il livello del salario, utilizzato per calcolare il costo opportunità, ne risentirebbe?

Su questi interrogativi, oltre che sulle procedure di stima vere e proprie dei costi opportunità, stanno lavorando diversi studiosi.

A cura di Giam Pietro Cipriani

---

[2] Questo esempio è tratto da G. De Santis, *Valutazioni sul costo economico dei figli in Italia*, relazione al convegno *La bassa fecondità tra costrizioni economiche e cambio di valori*, Accademia Nazionale dei Lincei, 15-16 maggio 2003. Abbiamo anche utilizzato M. Menon e F. Perali, "Costo dei Figli e Scelte Procreative" in P. Di Nicola e M. Landuzzi, *Crisi della natalità e nuovi modelli riproduttivi*, Franco Angeli, Milano 2005.

7.3 • Analisi statica comparata della minimizzazione dei costi

Ora si passa a esaminare come variazioni nei prezzi degli input influenzano la soluzione al problema della minimizzazione dei costi.

7.3.1 Analisi di statica comparata nell'ipotesi di variazione dei prezzi degli input

La Figura 7.5 mostra un'analisi di statica comparata del problema della minimizzazione dei costi quando il prezzo del lavoro cambia, costanti il prezzo del capitale (pari a €1) e l'output (pari a Q_0). Se il prezzo del lavoro aumenta da €1 a €2, la quantità ottima (quella che minimizza i costi) del fattore lavoro diminuisce da L_1 a L_2, mentre la quantità di ottimo del fattore capitale aumenta da K_1 a K_2. In questa ipotesi di aumento del prezzo del lavoro, l'impresa sostituisce il capitale al lavoro.

Nella Figura 7.5 si constata come l'aumento di w rende l'isocosto più inclinato e la tangenza tra isocosto e isoquanto passa da A a B. Ad A, per un salario pari a $w = 1$, corrisponde la combinazione di ottimo degli input pari a L_1, K_1. Nel punto B, per un salario pari a $w = 2$, corrisponde la combinazione di ottimo degli input pari a L_2, K_2. Quindi per un tasso marginale di sostituzione tecnica decrescente la condizione di tangenza fra isoquanto e isocosto si verifica più in alto sull'isoquanto. Nella combinazione di ottimo B viene impiegata una minore quantità di lavoro e un maggiore quantità di capitale rispetto ad A. Poiché il lavoro è diventato più costoso, l'impresa sostituisce il capitale al lavoro (w/r è aumentato). Simmetricamente, se il rapporto w/r diminuisse, l'impresa impiegherebbe più lavoro e meno capitale e il punto di tangenza sarebbe più in basso sull'isoquanto.

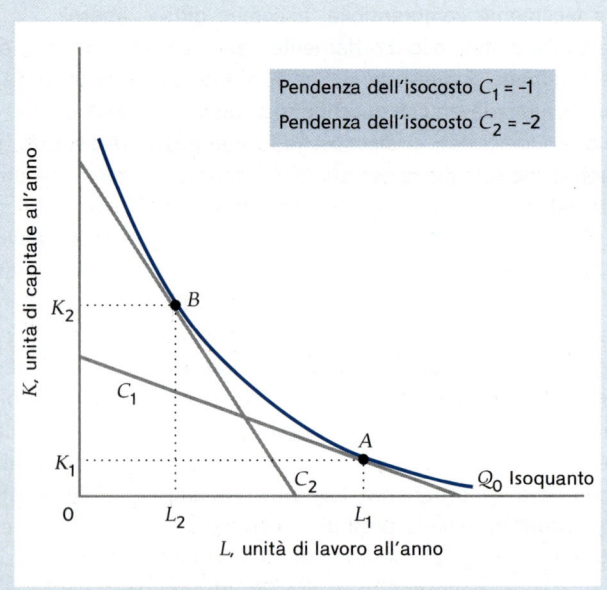

FIGURA 7.5 Analisi di statica comparata della minimizzazione dei costi nell'ipotesi di variazione del prezzo del lavoro
Il prezzo del capitale è pari a 1 e il volume di produzione è pari a Q_0. Quando il prezzo del lavoro o salario è pari a $w = 1$, l'isocosto è C_1 e la combinazione di ottimo degli input si trova nel punto A (L_1, K_1). Se il prezzo del lavoro sale a $w = 2$, l'isocosto è C_2 e la combinazione di ottimo degli input si trova nel punto B (L_2, K_2). Se il prezzo del lavoro aumenta, l'impresa sostituisce il capitale al lavoro.

Questa relazione si basa su due assunti fondamentali. Prima di tutto, ai prezzi iniziali degli input, l'impresa deve usare una quantità positiva di entrambi gli input. Cioè non si parte da una soluzione d'angolo. Se questa assunzione non valesse, cioè se l'impresa utilizzasse all'inizio una quantità nulla di un fattore, e il prezzo di quel fattore aumentasse, l'impresa continuerebbe a non utilizzare il fattore produttivo divenuto più costoso. La combinazione di ottimo non starebbe in un punto più basso dell'isoquanto, bensì rimarrebbe la stessa. In secondo luogo, gli isoquanti devono essere "uniformi" (cioè senza spigoli). Se presentassero come in Figura 7.6 un'angolatura dovuta alle proporzioni fisse con cui vengono impiegati gli input, come nel caso del punto d'angolo, un aumento del prezzo del lavoro lascerebbe inalterata la quantità di questo fattore che consente la minimizzazione dei costi.

Si possono riassumere qui di seguito i risultati fondamentali della nostra analisi di statica comparata:

- se un'impresa opera su isoquanti uniformi caratterizzati da un tasso marginale di sostituzione tecnica decrescente e utilizza inizialmente quantità positive di un input, un aumento del prezzo di quell'input (dati l'output e il prezzo dell'altro input) determina un suo minore impiego nella nuova combinazione di ottimo;
- se un'impresa opera su isoquanti che corrispondono a una funzione di produzione a proporzioni fisse (come nella Figura 7.6), l'incremento del prezzo di un input lascerà inalterata la combinazione di ottimo alla quale corrisponde la minimizzazione dei costi.

In ogni caso l'aumento del prezzo di un input non determinerà mai un suo maggiore impiego nella nuova combinazione di ottimo.

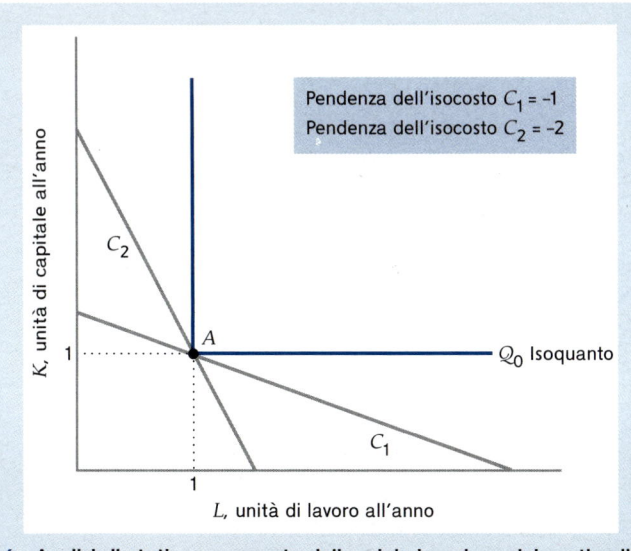

FIGURA 7.6 Analisi di statica comparata della minimizzazione dei costi nell'ipotesi di variazione del prezzo del lavoro per una funzione di produzione a proporzioni fisse
Il prezzo del capitale è pari a 1 e il volume di produzione è pari a Q_0. Quando il prezzo del lavoro o salario è pari a $w = 1$, l'isocosto è C_1 e la combinazione di ottimo degli input si trova nel punto A ($L = 1$, $K = 1$). Se il prezzo del lavoro sale a $w = 2$, l'isocosto è C_2 e la combinazione di ottimo degli input si trova ancora nel punto A. Aumentando il prezzo del lavoro, l'impresa non sostituisce il capitale al lavoro.

Applicazione 7.4

Le superpetroliere norvegesi[3]

Il trasporto del petrolio via acqua è una delle attività più costose e rischiose al mondo, una vera e propria *partita di poker*. Grandi ricchezze e repentini crolli imprenditoriali hanno riguardato il trasporto via nave del petrolio. Aristotele Onassis è il famoso petroliere greco che costruì un'immensa ricchezza in questa attività. Le petroliere sono enormi navi cargo che, se messe in verticale, sono ben più grandi dei più grandi grattacieli del mondo. Una petroliera può anche costare 50 milioni di dollari.

Nel settore operano i grandi produttori di petrolio, compagnie di navigazione indipendenti, compagnie statali. Le compagnie indipendenti sono concentrate soprattutto in Norvegia, Grecia e Hong Kong. Negli anni Settanta i norvegesi hanno incominciato fra i primi a investire pesantemente nella costruzione di superpetroliere dalla capacità di 200 000 tonnellate! Fino ad allora le petroliere arrivavano a una capacità di carico di 100 000 tonnellate. All'inizio degli anni Ottanta i norvegesi possedevano il 15% della flotta mondiale ma avevano il 50% della capacità della flotta mondiale!

Le superpetroliere necessitano del fattore lavoro e della manutenzione in misura proporzionatamente inferiore rispetto alle petroliere tradizionali. Per esempio, nei primi anni Ottanta la flotta costava il 28% del costo totale di una nave cargo della capacità di 50 000 tonnellate e il 14% del costo totale di una nave cargo della capacità di 250 000 tonnellate. Quindi le superpetroliere sono caratterizzate da un rapporto capitale/lavoro superiore rispetto alle petroliere più tradizionali. È stata una coincidenza che i norvegesi abbiano adottato prima e più di tutti gli altri le superpetroliere? Probabilmente no. I norvegesi hanno avuto forti incentivi a sostituire il capitale al lavoro. Il diritto norvegese richiede che le petroliere norvegesi operino sotto bandiera norvegese e quindi paghino salari ben più alti delle flotte di petroliere indipendenti. Inoltre il Governo norvegese incentiva i proprietari di petroliere attraverso misure di carattere fiscale quali la libera deducibilità degli ammortamenti e delle spese di investimento, riducendo così il prezzo del capitale. Quindi, il petroliere norvegese affronta un costo del lavoro più alto e un costo del capitale più basso rispetto a un operatore di un altro Paese. Come si può constatare nella Figura 7.7, un'impresa che minimizza i costi di fronte a questa situazione ha un incentivo a operare con un più elevato rapporto capitale/lavoro rispetto a un'impresa che affronta un più basso prezzo del lavoro e un più alto prezzo del capitale. Quindi l'adozione di superpetroliere da parte dei norvegesi è stata coerente con questi incentivi.

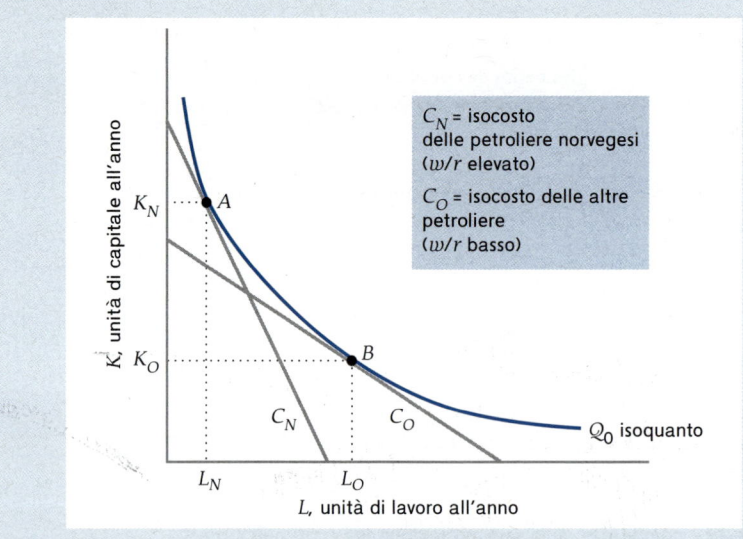

FIGURA 7.7 Le petroliere norvegesi nel confronto internazionale
Il costo del lavoro è più alto per le petroliere norvegesi. L'isocosto di tali compagnie è di pendenza maggiore dell'isocosto delle compagnie non norvegesi. Le petroliere norvegesi operano a un rapporto capitale/lavoro maggiore rispetto alle altre compagnie, così che il loro ottimo è in A mentre per gli altri è in B.

---

[3] L'esempio è tratto da "The Oil Tanker Shipping Industry nel 1983", *Harvard Business School Case* 9-384-034.

7.3.2 Analisi di statica comparata nell'ipotesi di variazione dell'output

Ora si passa all'analisi statica comparata del problema di minimizzazione dei costi quando varia l'output Q, mentre i prezzi dei fattori produttivi lavoro e capitale sono supposti costanti. La Figura 7.8 illustra tre isoquanti corrispondenti a quantità crescenti, 100, 200 e 300. A ogni isoquanto corrispondono un isocosto e precise combinazioni di ottimo. A una Q crescente corrispondono combinazioni di ottimo degli input che passano da A a B e da B a C, lungo il **sentiero di espansione** che è la linea che unisce tutte le combinazioni di input che minimizzano i costi quando varia la quantità di output.

Al crescere della quantità di output, anche la quantità di ciascun input aumenta. Ciò significa che sia il lavoro sia il capitale sono **input normali**. Un input è normale se l'impresa ne utilizza una maggiore quantità al crescere dell'output. Se entrambi gli input sono normali, il sentiero di espansione è crescente nel piano.

Se uno degli **input** non è normale, bensì **inferiore**, l'impresa ne impiega una minore quantità al crescere dell'output. Ciò può succedere se un'impresa decide di automatizzare drasticamente il suo processo produttivo, utilizzando più capitale e meno lavoro come nella Figura 7.9, dove il lavoro è un fattore inferiore. Quando un input è inferiore, il sentiero di espansione ha pendenza negativa.

Quando un'impresa utilizza soltanto due input, possono essere entrambi inferiori? Se così fosse, di entrambi diminuirebbe l'impiego al crescere della quantità. Tuttavia, se l'impresa sta minimizzando i costi deve essere tecnicamente efficiente, e se è tecnicamente efficiente una diminuzione dell'utilizzo di entrambi gli input può solo comportare una *diminuzione* dell'output (si ritorni alla Figura 6.1 nel precedente capitolo). Quindi non possono essere inferiori entrambi gli input, almeno uno deve essere normale. Questa analisi dimostra ciò che possiamo anche intuitivamente dedurre: l'inferiorità di tutti gli input è incoerente con l'idea che l'impresa sta ottenendo il massimo output dai suoi input.

SENTIERO DI ESPANSIONE La linea che unisce tutte le combinazioni di ottimo degli input, al variare dell'output e invariati i prezzi degli input.

INPUT NORMALE Un input o fattore il cui impiego aumenta - nell'ipotesi di minimizzazione dei costi - quando l'impresa intende produrre un maggior output.

INPUT INFERIORE Un input o fattore il cui impiego diminuisce - nell'ipotesi di minimizzazione dei costi - quando l'impresa intende produrre un maggior output.

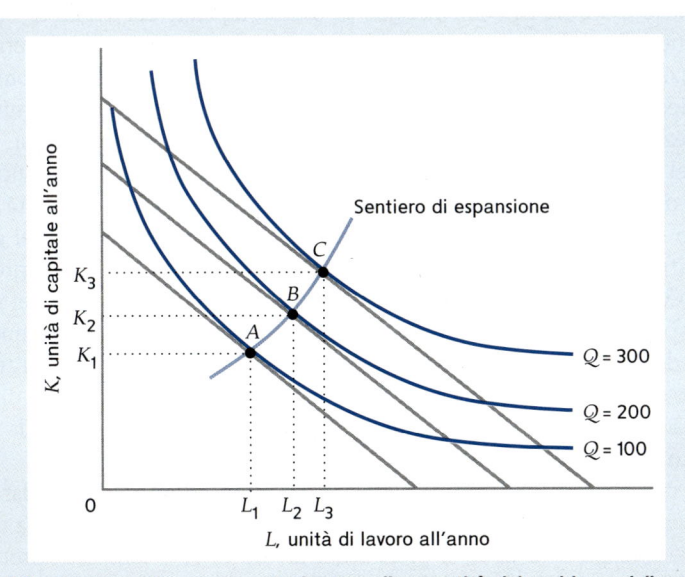

FIGURA 7.8 Analisi statica comparata rispetto alla quantità del problema della minimizzazione dei costi nell'ipotesi di input normali

Il prezzo del capitale e quello del lavoro sono supposti costanti. Quando l'output aumenta da 100 a 200 e a 300, la combinazione di ottimo degli input che consente di minimizzare i costi passa, sul sentiero di espansione, da A a B a C. Se entrambi i fattori o input sono normali, le loro quantità aumentano quando aumenta la quantità di output e il sentiero di espansione ha pendenza positiva.

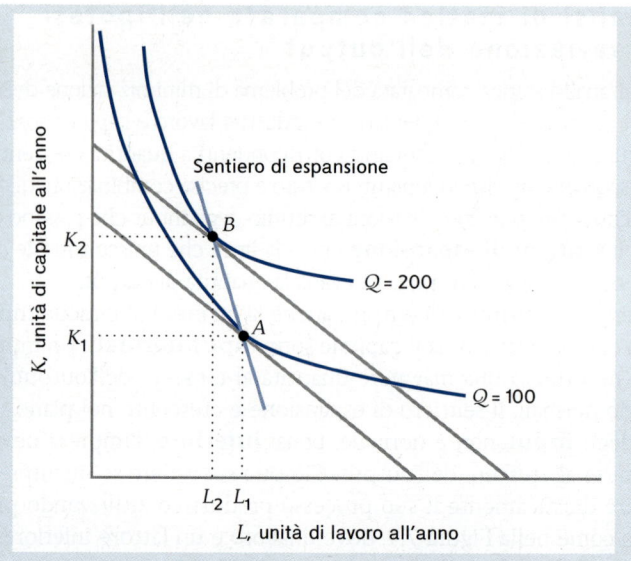

FIGURA 7.9 Analisi statica comparata rispetto alla quantità del problema della minimizzazione dei costi nell'ipotesi che il lavoro sia un input inferiore
Il prezzo del capitale e quello del lavoro sono supposti costanti. Quando l'output aumenta da 100 a 200, la combinazione di ottimo degli input che consente di minimizzare i costi passa, sul sentiero di espansione, da A a B. Se il fattore capitale è normale e il lavoro è inferiore, al crescere della quantità la quantità di capitale aumenta e quella di lavoro diminuisce. Il sentiero di espansione è decrescente.

7.3.3 Riassumendo l'analisi di statica comparata: la curva di domanda degli input

La minimizzazione dei costi corrisponde, dunque, a una combinazione di ottimo degli input capitale e lavoro. La combinazione di ottimo dipende dal livello di output che l'impresa intende produrre e dai prezzi di capitale e lavoro. La Figura 7.10 mostra come la minimizzazione dei costi sia influenzata da una variazione del prezzo del lavoro.

Il grafico in alto mostra un'impresa che produce inizialmente 100 unità di output. Il prezzo del capitale è $r = €1$ e rimane invariato in tutta l'analisi. Il prezzo iniziale del lavoro, w, è €1 e la combinazione di ottimo iniziale corrisponde ad A.

Prima di tutto vediamo cosa accade se il prezzo del lavoro aumenta da 1 a 2 euro, dato l'output pari a 100. La soluzione di ottimo passa da A a B. Il grafico in basso mostra la **domanda di lavoro** dell'impresa: come al variare del prezzo cioè del salario varia la quantità domandata di lavoro. Il passaggio da A a B nel grafico in alto corrisponde al movimento da A' a B' nel grafico in basso, dove viene rappresentata la domanda di lavoro quando l'output è costante e pari a 100. All'aumentare del prezzo del lavoro, l'impresa si muove lungo la domanda di lavoro e diminuisce la quantità acquistata di lavoro. Come mostra la Figura 7.10, la domanda di lavoro ha di solito pendenza negativa.[4]

Ora si consideri perché una variazione del volume di produzione, dati i prezzi degli input, determini uno spostamento della domanda di lavoro. Ancora una volta, l'impresa è inizialmente in A, il prezzo del lavoro è €1 e l'impresa produce 100 unità. Se l'impresa vuole aumentare la produzione a 200 unità e i prezzi di lavoro e capitale non variano, la combinazione di ottimo passa a C. Lo spostamento da A

> **CURVA DI DOMANDA DI LAVORO** Una curva che mostra quanto lavoro domanda l'impresa che minimizza i costi al variare del prezzo del lavoro.

---

[4] A questa regola fa eccezione l'ipotesi in cui l'impresa sia caratterizzata da una funzione di produzione a proporzioni fisse o quando la minimizzazione dei costi sia caratterizzata da un impiego nullo di lavoro. In questi casi la quantità domandata di lavoro non varia al variare del prezzo del lavoro.

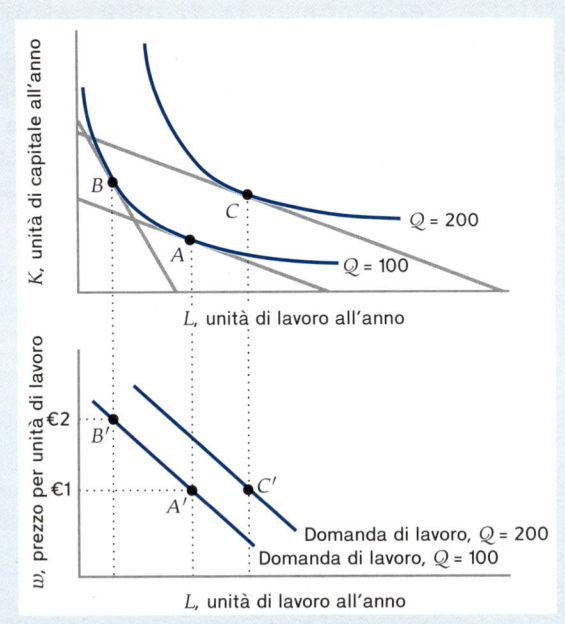

FIGURA 7.10 Analisi statica comparata e domanda di lavoro
La domanda di lavoro mostra quanto lavoro impiega l'impresa che intende minimizzare i suoi costi al variare del prezzo del lavoro. Per un volume di output pari a 100 unità, un aumento da €1 a €2 del prezzo del lavoro comporta il passaggio da A' a B' quantità di lavoro impiegata dall'impresa. A un prezzo del lavoro che rimane invariato e pari a €1, un aumento dell'output da 100 a 200 unità determina uno spostamento della domanda di lavoro verso destra e l'impresa si muove da A' a C'.

a C nel grafico in alto corrisponde al movimento da A' a C' nel grafico in basso. Il punto C' mostra la quantità domandata di lavoro quando l'impresa produce 200 unità. Quindi la variazione nel livello di output porta a uno spostamento della curva di domanda di lavoro. Se l'output aumenta e il fattore è normale, la domanda del fattore si sposta verso destra, come illustrato nella Figura 7.10. Se l'output aumenta e l'input è inferiore, la domanda d'input si sposta verso sinistra.

La **domanda di capitale** – come varia la quantità impiegata di capitale da parte di un'impresa al variare del prezzo – può essere rappresentata esattamente nello stesso modo.

CURVA DI DOMANDA DI CAPITALE Una curva che mostra quanto capitale domanda l'impresa che minimizza i costi al variare del prezzo del capitale.

Esercizio svolto 7.4   Derivazione della domanda di un input dalla funzione di produzione

Problema

Se un'impresa è caratterizzata da una funzione di produzione del tipo $Q = 50\sqrt{LK}$, derivare le curve di domanda di capitale e lavoro.

Soluzione

Iniziamo dalla condizione di tangenza (7.1) $MP_L / MP_K = w/r$. Come abbiamo visto nell'Esercizio svolto 7.2, $MP_L / MP_K = K/L$. Quindi, $K/L = w/r$ oppure $L = (r/w)K$. Questa è l'equazione del sentiero di espansione come mostrato nella Figura 7.8.

Si sostituisca ora la soluzione di L nella funzione di produzione e si risolva per K, in termini di Q, w e r.

$$Q = 50\sqrt{\left(\frac{r}{w}K\right)K} \quad \text{cioè} \quad K = \frac{Q}{50}\sqrt{\frac{w}{r}}.$$

Questa è la curva di domanda di capitale. Poiché $L = (r/w)K$ e $K = (w/r)L$, allora deve anche essere

$$\frac{w}{r}L = \frac{Q}{50}\sqrt{\frac{r}{w}} \quad \text{cioè} \quad L = \frac{Q}{50}\sqrt{\frac{r}{w}}.$$

Questa è la curva di domanda di lavoro. Si noti che la domanda di lavoro è funzione descrescente di w e crescente di r, come dimostrato nei grafici 7.5 e 7.9. Sia K che L aumentano quando aumenta Q. Quindi sia capitale che lavoro sono input normali.

7.3.4 L'elasticità della domanda di input al prezzo NO

Nel Capitolo 2 si è introdotta l'analisi della reattività della domanda di un bene al prezzo attraverso il concetto di elasticità della domanda. Ora si applicherà questo concetto all'analisi della domanda degli input. L'**elasticità della domanda di lavoro al prezzo** misura la variazione percentuale della quantità di lavoro che minimizza i costi rispetto a una variazione dell'1% del prezzo del lavoro:

$$\epsilon_{L,w} = \frac{\frac{\Delta L}{L} \times 100}{\frac{\Delta w}{w} \times 100}$$

che si può riscrivere

$$\epsilon_{L,w} = \frac{\Delta L}{\Delta w} \frac{w}{L} .$$

> **ELASTICITÀ DELLA DOMANDA DI LAVORO AL PREZZO** La variazione percentuale della quantità di lavoro che minimizza i costi rispetto a una variazione dell'1% del prezzo del lavoro o salario.

Così, l'**elasticità della domanda di capitale al prezzo** misura la variazione percentuale della quantità di capitale che minimizza i costi al variare dell'1% del prezzo del capitale. Epurando del "%",

$$\epsilon_{K,r} = \frac{\Delta K}{\Delta r} \frac{r}{K}$$

> **ELASTICITÀ DELLA DOMANDA DI CAPITALE** La variazione percentuale della quantità di capitale che minimizza i costi rispetto a una variazione dell'1% del prezzo del capitale.

L'elasticità di sostituzione studiata nel Capitolo 6 incide sul valore dell'elasticità della domanda di un input al suo prezzo. Nella Figura 7.11 il grafico (a) e il grafico

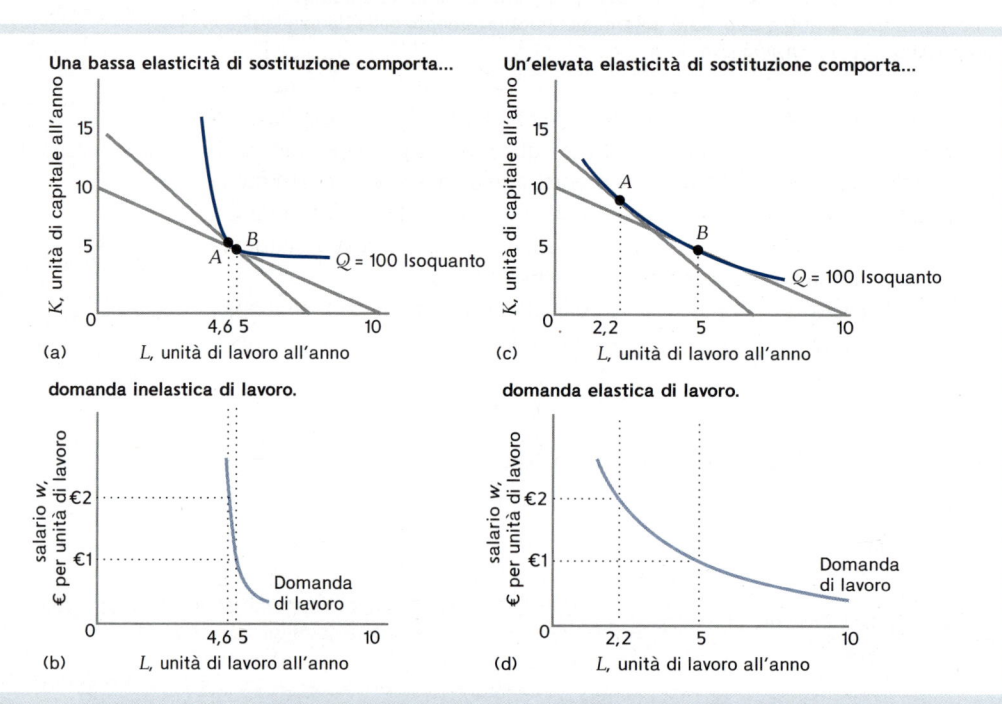

FIGURA 7.11 L'elasticità della domanda di lavoro dipende dall'elasticità di sostituzione tra lavoro e capitale
Il prezzo del lavoro diminuisce da €2 a €1, dati il prezzo del capitale e il volume di output. Nei grafici (a) e (b) l'elasticità di sostituzione è bassa (0,25). Una diminuzione del 50% del prezzo del lavoro comporta un aumento del solo 8% nella quantità domandata di lavoro - la domanda del lavoro è poco sensibile alle variazioni di prezzo e la combinazione di ottimo si sposta soltanto da A a B. Nei grafici (c) e (d), l'elasticità di sostituzione è elevata (2), così che una diminuzione del 50% del prezzo del lavoro comporta un aumento del 127% della quantità domandata di lavoro - la domanda di lavoro è molto sensibile a variazioni del prezzo del lavoro e lo spostamento dalla combinazione di ottimo da A a B è più ampio di prima.

(b) mostrano che quando l'elasticità di sostituzione è bassa – cioè, quando l'impresa fronteggia una modesta sostituibilità dei fattori – ampie variazioni del prezzo del lavoro comportano piccole variazioni nella quantità domandata di lavoro. Nel grafico (a) vediamo l'analisi di statica comparata di un'impresa caratterizzata da un'elasticità di sostituzione degli input costante (CES) e pari a 0,25. Le opportunità di sostituzione tra capitale e lavoro sono molto modeste. Una diminuzione del 50% del prezzo del lavoro da w = €2 a w = €1 (mantenendo costante e pari a €1 il prezzo del capitale) comporta appena un aumento dell'8% della quantità di lavoro impiegata, da 4,6 a 5 sulla domanda di lavoro nel grafico (b) e la combinazione di ottimo degli input passa da A a B nel grafico (a). In questo caso, dove l'elasticità della domanda di lavoro al prezzo è piccola, la domanda di lavoro è modestamente sensibile a una variazione del prezzo.

Viceversa nel grafico (c) della Figura 7.11 l'analisi di statica comparata riguarda un'impresa la cui elasticità di sostituzione tra gli input è pari a 2. L'impresa conta un buon numero di opportunità di sostituzione tra capitale e lavoro. Di conseguenza, una diminuzione del 50% del prezzo del lavoro da w = €2 a w = €1 aumenta la quantità impiegata di lavoro da 2,2 a 5, cioè del 127% come mostrato nel grafico (c) dal passaggio dalla soluzione A alla soluzione B e nel grafico (d) dallo spostamento lungo la domanda del lavoro. Con una maggiore flessibilità nella sostituzione tra capitale e lavoro, la domanda di lavoro dell'impresa è molto reattiva al prezzo del lavoro.

7.4 • La minimizzazione dei costi nel breve periodo

*F*inora si è studiata la minimizzazione dei costi nel lungo periodo. L'impresa è libera di variare la quantità degli input. In questo paragrafo si approfondirà il significato di breve periodo, cioè quando l'impresa è soggetta al vincolo di un input fisso (la cui quantità non può essere variata, per decisioni prese in passato). Per esempio si consideri un'impresa che utilizzi solo due input, capitale e lavoro. Supponiamo che l'impresa non sia in grado di variare la quantità di capitale $\overline{K}$ anche se non produce nulla, mentre l'input lavoro L è variabile (assumendo e licenziando nel numero utile). I costi dell'impresa sono allora pari a $wL+r\overline{K}$.

7.4.1 I costi nel breve periodo

Costi fissi e costi variabili, costi affondati e costi non affondati

Le due componenti del costo totale prima indicato wL e $r\overline{K}$ sono differenti per due importanti considerazioni. Prima di tutto, differiscono nel modo in cui risultano sensibili a variazioni dell'output. Come si vedrà, la spesa dell'impresa nel fattore lavoro, wL, sale o scende a seconda che l'impresa produca più o meno output. Il costo del lavoro dell'impresa costituisce un **costo totale variabile**, la parte dei costi cioè sensibile a variazioni nell'output. Al contrario, il costo del capitale, $r\overline{K}$, non varia in funzione delle scelte di produzione dell'impresa. (Potrebbe trattarsi del canone di leasing degli impianti, o della rata del mutuo per l'acquisto del terreno; in entrambi i casi il costo non varia al variare dell'output realizzabile con quegli impianti o quel terreno.) Il costo del capitale costituisce un **costo fisso totale**, la componente di costo che non risulta in alcun modo sensibile al volume di produzione.

In secondo luogo, le due categorie di costo differiscono per quanto riguarda il fatto di essere recuperabile o non recuperabile rispetto alla decisione di sospendere l'attività producendo zero. La fondamentale domanda da porsi è la seguente: se l'impresa intendesse chiudere, quale dei due costi sarebbe evitabile? Il costo del lavoro

COSTO TOTALE VARIABILE La somma della spesa per gli input variabili come il lavoro o le materie prime nell'ipotesi di minimizzazione dei costi di breve periodo.

COSTO FISSO TOTALE Il costo degli input fissi, che non varia al variare dell'output.

wL è recuperabile. In genere se l'impresa non produce può non sostenere il costo del lavoro. Viceversa, il costo del capitale può essere recuperabile o non recuperabile. Il costo $r\overline{K}$ è non recuperabile se non vi sono impieghi alternativi degli impianti qualora l'impresa cessi una linea produttiva. Poiché l'impresa non può variare la sua quantità di capitale nel breve periodo, essa non può evitare i costi associati a questo capitale anche se non produce alcunché (per esempio, l'impresa deve continuare a pagare le rate del leasing o del mutuo).

Costi fissi e non recuperabili sono sinonimi?
Come già constatato, i costi variabili sono evitabili se l'impresa non produce. Quindi i costi variabili sono sempre recuperabili. Tuttavia, i costi fissi non sono sempre non recuperabili. Per esempio, il capitale potrebbe essere fisso, e l'impresa obbligata a pagare mensilmente la rata del mutuo $r\overline{K}$ a prescindere dal volume di produzione, nullo o positivo. Tuttavia, l'impresa potrebbe sapere che, invece di utilizzare essa stessa l'impianto, potrebbe affittarlo ad altri proprio al canone $r\overline{K}$. Poiché il contratto di affitto copre esattamente la rata del mutuo, il costo fisso del capitale sarebbe evitabile: il costo fisso risulta quindi recuperabile.

Altro esempio. Si consideri il costo di riscaldamento di un capannone. Fin tanto che l'impresa lavora, questo costo sarà sempre più o meno uguale, indipendentemente dalla quantità di output prodotta. Ma se l'impresa interrompe temporaneamente la produzione, può spegnere il riscaldamento e il costo dello stesso sarebbe eliminato. Il costo del riscaldamento del capannone è un costo recuperabile.[5]

I costi di breve periodo possono essere:

- variabili e recuperabili (questi costi sono, per definizione, sensibili a variazioni del volume di produzione);
- fissi e recuperabili (questi costi sono insensibili a variazioni nell'output, ma sono evitabili se l'impresa non produce; si approfondiranno questi tipi di costi nel Capitolo 9);
- fissi e non recuperabili (questi costi sono insensibili e inevitabili, a produzione positiva o nulla).

7.4.2 La minimizzazione dei costi nel breve periodo

Si consideri adesso il problema della minimizzazione dei costi nel breve periodo. Nella Figura 7.12 è rappresentato il problema di un'impresa che ha l'obiettivo di produrre Q_0 ma non è in grado di variare l'input $\overline{K}$. L'unica combinazione tecnicamente efficiente di input corrisponde al punto F: l'impresa utilizza la minima quantità di lavoro che, assieme al capitale fisso $\overline{K}$, le consente di produrre esattamente l'output Q_0.

Questo problema di minimizzazione dei costi è caratterizzato da un solo input variabile (lavoro). Poiché l'impresa non può sostituire il capitale al lavoro e viceversa, la soluzione di ottimo non implica una condizione di tangenza (nessun isocosto è tangente all'isoquanto Q_0 nel punto F). Se l'impresa operasse nel lungo periodo, potrebbe variare tutti gli input e opererebbe in A, dove l'isocosto tange l'isoquanto. Nella Figura 7.13 si constata come una combinazione ottima di input che consente di minimizzare i costi nel breve periodo può non corrispondere alla combinazione di lungo periodo. Nel breve periodo, l'impresa tipicamente opera a costi totali superiori rispetto all'ipotesi di lungo periodo quando tutti gli input sono variabili.

---

[5] Naturalmente questo potrebbe non essere il caso se, eliminando un turno di lavoro, l'impresa potesse spegnere il riscaldamento quando non ci sono lavoratori. Spesso tuttavia bisogna comunque assicurare una temperatura costante per garantire l'operatività degli impianti. Oppure non conviene spegnere il riscaldamento perché poi il raggiungimento della temperatura di esercizio richiederebbe troppo tempo (e costi).

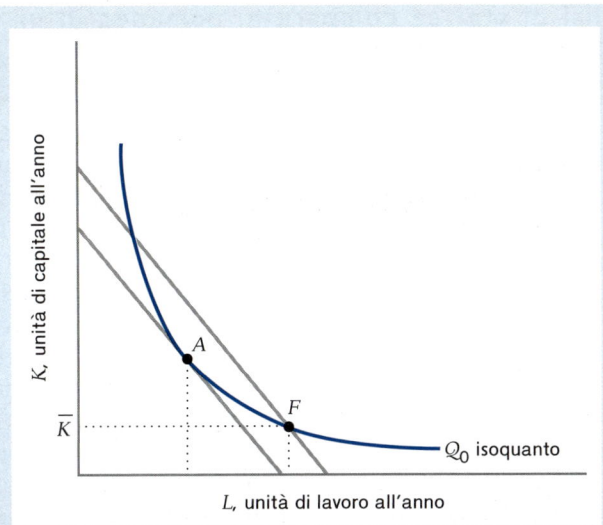

FIGURA 7.12 La minimizzazione dei costi nel breve periodo con un input fisso
Quando il capitale è fisso, $\overline{K}$, la combinazione ottima di input che consente di minimizzare i costi si trova nel punto F. Se l'impresa potesse variare gli input, la combinazione di ottimo sarebbe in A.

C'è però un'eccezione, rappresentata nella Figura 7.13. Si supponga che l'impresa intenda produrre Q_1. Nel lungo periodo opera in B, liberamente scegliendo una quantità di capitale pari a $\overline{K}$. Tuttavia se all'impresa viene detto che nel breve periodo deve produrre con una quantità di capitale pari a $\overline{K}$, opera lo stesso in B. In questo caso la quantità di capitale che l'impresa sceglie liberamente nel lungo periodo coincide con la quantità di capitale fissata per il breve periodo. Quindi il costo totale di produzione del breve periodo e quello di lungo periodo coincidono.

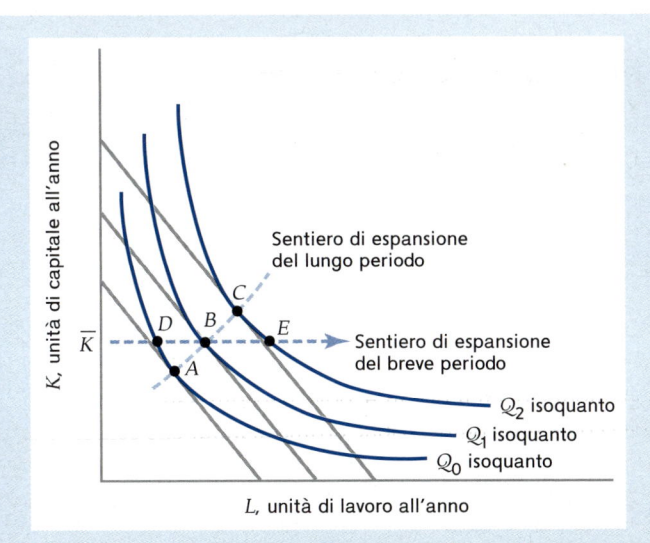

FIGURA 7.13 La domanda di un fattore nel breve periodo e nel lungo periodo
Nel lungo periodo, al variare dell'output, la quantità di lavoro che consente la minimizzazione dei costi varia lungo il sentiero di espansione del lungo periodo. Nel breve periodo, al variare dell'output, la quantità di lavoro che consente la minimizzazione dei costi varia lungo il sentiero di espansione del breve periodo. I due sentieri di espansione si intersecano in B, combinazione di ottimo sia del lungo sia del breve periodo.

7.4.3 Analisi di statica comparata: domanda di un input nel breve periodo e domanda di un input nel lungo periodo

Come abbiamo visto, nel caso in cui un'impresa utilizzi due input, lavoro e capitale, la domanda di lavoro nell'ipotesi di minimizzazione dei costi nel lungo periodo varierà al variare dei prezzi di entrambi gli input. Nel breve periodo, invece, se l'impresa non può variare la quantità di capitale, la domanda di lavoro sarà indipendente dal prezzo degli input (Figura 7.12).

La domanda di lavoro da parte di un'impresa nel breve periodo varierà, in ogni caso, in ragione della quantità di output. La Figura 7.13 spiega tale relazione attraverso il sentiero di espansione. Come l'impresa decide di aumentare i livelli di output Q, la combinazione ottimale di input si muove dal punto A a B fino al punto C lungo il sentiero di espansione di lungo periodo. Tuttavia, nel breve periodo, quando il capitale è fisso e pari a $\overline{K}$, la combinazione di ottimo si sposta dal punto D a B e quindi a E lungo il sentiero di espansione di breve periodo. (Come già commentato, il punto B corrisponde a una combinazione di ottimo che è tale sia nel lungo periodo sia nel breve periodo, e consente di produrre Q_1.)

7.4.4 L'ipotesi di più input variabili nel breve periodo

Se un'impresa ha più di un input variabile, la minimizzazione dei costi nel breve periodo è molto simile a quella di lungo periodo. Si supponga che un'impresa impieghi tre fattori: lavoro L, capitale K e materie prime M. La funzione di produzione è $f(L,K,M)$. I prezzi degli input sono w, r e m, rispettivamente. Si supponga ancora che il capitale sia fisso, cioè $\overline{K}$. Obiettivo dell'impresa è minimizzare il costo totale $wL+mM+r\overline{K}$, per un livello produttivo Q_0.

Esercizio svolto 7.5 La minimizzazione dei costi nel breve periodo con un input fisso

Problema

Supponete che la funzione di produzione di un'impresa sia la stessa degli Esercizi 7.2 e 7.4, cioè $Q = 50\sqrt{LK}$. Il capitale è fisso e pari a $\overline{K}$. Quante unità di lavoro andrà a impiegare l'impresa che intende minimizzare i suoi costi nel breve periodo?

Soluzione

Poiché l'output Q è dato e il capitale pure, $\overline{K}$, l'equazione della funzione di produzione è a una sola incognita, L. Cioè, $Q = 50\sqrt{L\overline{K}}$. Risolvendo tale equazione per L,

$$L = \frac{Q^2}{2500\overline{K}}$$

Questa è la quantità di lavoro che consente di minimizzare i costi nel breve periodo.

La Figura 7.14 analizza tale problema graficamente (L sull'asse orizzontale, M su quello verticale). Il grafico mostra due isocosti e un isoquanto che corrisponde all'obiettivo di produzione dell'impresa. Se la soluzione non è d'angolo, la combinazione di ottimo si trova nel punto A, cioè nella tangenza tra isocosto e isoquanto. In questo punto si ha $MRTS_{L,M} = MP_L/MP_M = w/m$ che equivale a $MP_L/w = MP_M/m$. Così, come nel lungo periodo (equazione 7.2), l'impresa minimizza i suoi costi totali uguagliando il prodotto marginale per euro speso nell'acquisto di fattori produttivi variabili utilizzati in quantità positive.

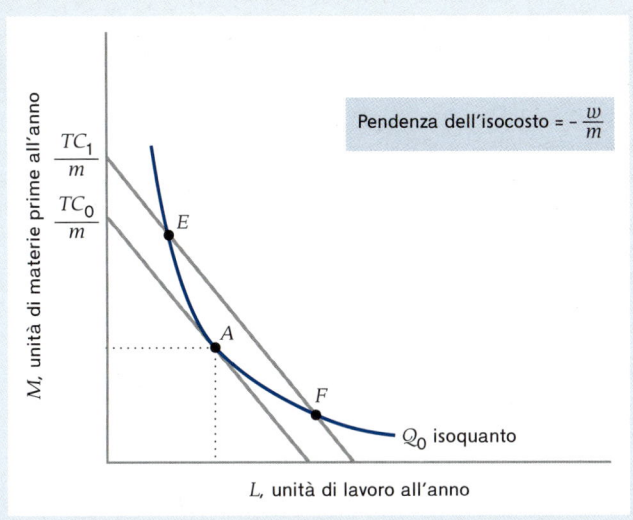

FIGURA 7.14   La minimizzazione dei costi per due input variabili e uno fisso
Per produrre Q_0 unità di output, la combinazione di ottimo corrisponde ad A, dove l'isoquanto Q_0 è tangente a un isocosto. I punti E ed F non corrispondono alla minimizzazione dei costi perché si trovano su un isocosto più esterno. Si possono ridurre i costi di produzione operando in A.

Esercizio svolto 7.6   La minimizzazione dei costi nel breve periodo con due input variabili

La funzione di produzione di un'impresa è data da $Q = \sqrt{L} + \sqrt{K} + \sqrt{M}$. Per questa funzione di produzione i prodotti marginali di lavoro, capitale e materie prime sono

$$MP_L = \frac{1}{2\sqrt{L}},$$

$$MP_K = \frac{1}{2\sqrt{K}},$$

$$MP_M = \frac{1}{2\sqrt{M}}.$$

I prezzi degli input sono rispettivamente $w = 1, r = 1, m = 1$.

Problema

(a) Se l'impresa intende produrre 12 unità di output, qual è la soluzione al problema di minimizzazione del costo totale di lungo periodo?
(b) Se l'impresa intende produrre 12 unità di output, qual è la soluzione al problema di minimizzazione del costo totale di breve periodo se $K = 4$?
(c) Se l'impresa intende produrre 12 unità di output, qual è la soluzione al problema di minimizzazione del costo totale di breve periodo se $K = 4$ e $L = 9$?

Soluzione

(a) Le due condizioni di tangenza e la condizione che l'output sia uguale a 12 unità sono le seguenti:

$$\frac{MP_L}{MP_K} = \frac{1}{1} \Rightarrow K = L$$

$$\frac{MP_L}{MP_M} = \frac{1}{1} \Rightarrow M = L$$

$$12 = \sqrt{L} + \sqrt{K} + \sqrt{M}.$$

Questo è un sistema di tre equazioni a tre incognite. La soluzione di questo sistema consente di individuare la combinazione di ottimo delle quantità di input che permettono di produrre 12 unità. La soluzione è: $L = K = M = 16$.

(b) Se $K = 4$, l'impresa deve scegliere una combinazione ottima dei due input variabili, lavoro e materie prime. La condizione di tangenza e la condizione che l'output sia uguale a 12 unità con il vincolo $K = 4$ sono le seguenti:

$$\frac{MP_L}{MP_M} = \frac{1}{1} \Rightarrow M = L$$

$$12 = \sqrt{L} + \sqrt{4} + \sqrt{M}.$$

Si tratta di un sistema di due equazioni a due incognite L e M. La soluzione di questo sistema consente di individuare la combinazione di ottimo delle quantità di input che permettono di produrre 12 unità, dato $K = 4$.

La soluzione è: $L = M = 25$.

(c) Se $K = 4$ e $L = 9$, non si deve verificare nessuna condizione di tangenza poiché M è l'unico fattore variabile. Bisogna semplicemente trovare quanto di M consente di produrre 12 unità di output, dati $K = 4$ e $L = 9$. Quindi, $12 = \sqrt{9} + \sqrt{4} + \sqrt{M}$ e $M = 49$. Questa è la quantità di materie prime necessaria per ottenere un volume di output pari a 12, dati K e L.

La tabella seguente riassume i risultati dell'esercizio. Sono anche indicati, nell'ultima colonna, i costi totali minimizzati: quelli che si ottengono quando l'impresa utilizza le combinazioni di fattori che minimizzano il costo (si ottengono calcolando $wL+rK+mM$). Si noti che il costo totale più basso è quello del lungo periodo, segue il costo totale di breve con un input fisso e poi quello con due input fissi. Ciò a dimostrazione che maggiore è la flessibilità nella scelta delle combinazioni fra fattori, minore sarà il costo.

	L	K	M	Costo totale
Minimizzazione del costo di lungo periodo per $Q = 12$	16 unità	16 unità	16 unità	€48
Minimizzazione del costo di breve periodo per $Q = 12$ se $K = 4$	25 unità	4 unità	25 unità	€54
Minimizzazione del costo di breve periodo per $Q = 12$ se $K = 4$ e $L = 9$	9 unità	4 unità	49 unità	€62

Riepilogo

- Il costo opportunità di una decisione è il guadagno associato alla migliore tra le alternative non scelte.

- I costi opportunità devono essere verificati in ragione delle opportunità futuribili alle quali si potrebbe rinunciare.

- Per l'impresa il costo opportunità dell'uso di un input è il suo prezzo di mercato attuale.

- I costi espliciti corrispondono a una precisa uscita monetaria. I costi impliciti non comportano un'uscita monetaria.

- I costi contabili si riferiscono ai soli costi espliciti. I costi economici includono i costi espliciti e impliciti.

- I costi non recuperabili sono già stati sopportati e non possono essere recuperati. I costi recuperabili possono essere evitati se determinate scelte non vengono intraprese.

- Il lungo periodo è un periodo di tempo sufficientemente lungo da consentire all'impresa di poter variare le quantità di tutti i suoi input. Il breve periodo è un periodo di tempo nel quale almeno un input è fisso e non può essere cambiato.

- Un isocosto rappresenta tutte le combinazioni di input che corrispondono a uno stesso costo totale. Se si misura il lavoro sull'asse orizzontale e su quello verticale si misura il capitale, la pendenza dell'isocosto è il rapporto, con il segno meno davanti, tra il prezzo del lavoro e quello del capitale.

- Nel caso di soluzione interna o non d'angolo al problema di minimizzazione dei costi di lungo periodo, l'impresa eguaglia il tasso marginale di sostituzione tecnica tra due fattori al loro prezzo relativo. Allo stesso modo il rapporto tra il prodotto marginale di un input e il suo prezzo è uguale allo stesso rapporto per gli altri input.

- Nel caso di una soluzione d'angolo, i rapporti fra prodotti marginali e prezzi dei fattori potrebbero non essere uguali.

- L'aumento del prezzo di un input determina che la sua quantità di impiego ottimale nell'ipotesi di minimizzazione dei costi diminuisca o rimanga inalterata. Non può derivare mai un aumento del suo impiego.

- Un aumento della quantità di output determina, nell'ipotesi di minimizzazione dei costi, un maggior impiego dell'input normale e un minor impiego dell'input inferiore.

- Il sentiero di espansione consente di verificare come variano le combinazioni di input che minimizzano i costi in ragione di variazioni nei livelli di output.

- La curva di domanda di un input mostra come la quantità ottimale (cioè quella che minimizza i costi) dello stesso varia al variare del suo prezzo.

- L'elasticità della domanda di un input misura la variazione percentuale della quantità ottimamente impiegata al variare dell'1% del prezzo dell'input.

• Se l'elasticità di sostituzione tra gli input è modesta, l'elasticità della domanda di un input al prezzo è anch'essa modesta. Viceversa, se l'elasticità di sostituzione tra gli input è elevata, l'elasticità della domanda di un input al prezzo è anch'essa elevata.

• Nel breve periodo, almeno un input è fisso. I costi variabili sono sensibili a variazioni dell'output. I costi fissi non variano al variare dei livelli di output.

• Tutti i costi variabili sono recuperabili. I costi fissi possono essere recuperabili o non recuperabili.

• La minimizzazione dei costi nel breve periodo implica di scegliere una combinazione di input quando almeno uno è fisso.

Domande di ripasso

1. Un'impresa che si occupa di biotecnologie ha acquistato in passato una scorta di provette al prezzo di €0,50 ciascuna. Sta pensando di utilizzarle per clonare cellule di serpente. Spiegate perché il costo opportunità di usare queste provette potrebbe non essere uguale al prezzo storico di acquisto.

2. Si decide di avviare una società di consulenza informatica per gli studenti del campus universitario. Date un esempio di un costo esplicito e di un costo implicito che si affronterebbe in questa attività.

3. In che senso il fatto che un costo sia recuperabile o non recuperabile dipende dalle decisioni che si stanno prendendo?

4. Come incide un aumento del prezzo di un input sulla pendenza dell'isocosto?

5. La soluzione della minimizzazione dei costi di un'impresa può non essere sull'isoquanto che rappresenta l'output prefissato?

6. Spiegate perché nella soluzione di ottimo interno l'output aggiuntivo che l'impresa ottiene da un euro speso per il fattore lavoro deve essere uguale all'output aggiuntivo ottenibile da un euro speso nel fattore capitale. Perché questa condizione non vale necessariamente in un punto d'angolo?

7. Qual è la differenza tra il sentiero di espansione e la curva di domanda di un input?

8. Nel Capitolo 5 avete appreso che cos'è un bene di Giffen. Un aumento del prezzo può determinare, anziché una diminuzione della quantità acquistata, un suo aumento. Nella teoria della minimizzazione dei costi si è invece studiato che all'aumentare del prezzo di un input non si avrà mai un aumento del suo impiego. Spiegate perché nella presente teoria non esistono "input di Giffen".

9. Per un determinato livello di output, spiegate in quali condizioni la quantità domandata nel breve periodo di un determinato input variabile (come il lavoro) eguaglia la quantità domandata del medesimo input nel lungo periodo.

CAPITOLO 8
LE CURVE DI COSTO

OBIETTIVI DI APPRENDIMENTO

Al termine di questo capitolo lo studente sarà in grado di:

- studiare le curve di costo, che mostrano la relazione tra costi e volume di output (le curve di costo includono sia quelle di lungo sia quelle di breve periodo);
- studiare le curve di costo medio e di costo marginale di lungo periodo e la relazione tra loro;
- riconoscere le economie e le diseconomie di scala - situazioni in cui il costo medio diminuisce o aumenta, rispettivamente, al crescere dell'output - e la scala minima efficiente;
- analizzare la curva del costo totale di breve periodo, che mostra il costo totale minimo per produrre un dato livello di output quando si è in presenza di almeno un input fisso.

CASO • *La trasformazione dell'economia cinese. Il caso HiSense*

Dall'inizio degli anni Novanta l'economia cinese ha goduto di un vero e proprio boom. Imprese manifatturiere come la HiSense sono cresciute rapidamente. A un certo momento, verso la metà degli anni Novanta, HiSense, uno dei produttori più importanti di televisori, ha visto aumentare le vendite del 50% in un anno. HiSense aveva un solo obiettivo: trasformarsi da produttore nazionale di televisori in produttore di elettronica riconosciuto a livello internazionale. Nel 2006 HiSense sembrava ormai avviata su questa strada. Oltre a produrre televisori a colori, aveva ampliato le aree di business includendo computer, telefoni cellulari, frigoriferi e condizionatori. Era leader del mercato cinese e aveva agenti e produttori in giro per il mondo, con fabbriche di televisori anche in Sud Africa e Ungheria. Al principio del 2005 i suoi televisori al plasma potevano essere acquistati negli Stati Uniti nei grandi magazzini Kohl.

Di vitale importanza per HiSense e per tutte le imprese cinesi che verso la metà del primo decennio del nuovo millennio stavano programmando simili aumenti del loro output era la valutazione dei conseguenti incrementi di costo. Senza dubbio i costi totali di produzione di HiSense sarebbero aumentati; ma di quanto e quanto velocemente? La Direzione di HiSense sperava che producendo più televisori il costo *di ciascun televisore* sarebbe sceso, cioè che, esattamente, i costi medi sarebbero scesi all'aumentare della produzione.

HiSense aveva logicamente interesse a conoscere e prevedere anche l'andamento dei prezzi dei fattori produttivi. Per esempio, a causa delle Olimpiadi del 2008 a Pechino, la domanda di televisori a schermo piatto era prevista crescere rapidamente. I produttori di HiSense speravano che i prezzi dei fattori principali nella produzione di televisori a schermo piatto, come i display a cristalli liquidi, rimanessero bassi così da mantenere profittevole l'aumento della domanda.

Come altro esempio, verso la metà degli anni Novanta HiSense competeva con altri grandi produttori cinesi per acquistare gli impianti dei piccoli produttori di televisori. Questa competizione portò a un aumento del prezzo del fattore capitale. HiSense dovette fare i conti con l'impatto di questo aumento del prezzo sui suoi costi totali.

In questo capitolo si andrà a completare il quadro iniziato nel Capitolo 7 con riferimento all'analisi di statica comparata della minimizzazione dei costi. La minimizzazione dei costi – nel breve e nel lungo periodo – dà luogo a curve di costo totale, medio e marginale. Questo capitolo studia queste curve.

8.1 • Il costo totale di lungo periodo

Nel Capitolo 7 si è studiata la minimizzazione dei costi totali di lungo periodo e si è verificata la combinazione di ottimo di input lavoro e capitale che consente tale minimizzazione, per un dato livello di output Q e dati i prezzi del lavoro e del capitale.

La Figura 8.1(a) mostra la combinazione ottimale di input per un produttore di televisori e come questa cambia al variare dell'output se i prezzi degli input sono tenuti costanti. Per esempio, quando l'impresa produce un milione di televisioni all'anno, la combinazione di ottimo che minimizza i costi è in A per L_1 unità di lavoro e K_1 unità di capitale. Per questa combinazione l'impresa è sull'isocosto di TC_1 euro di costo totale, cioè $TC_1 = wL_1 + rK_1$. TC_1 è quindi il costo totale minimo quando l'impresa produce un milione di unità di output. Quando l'impresa decide di aumentare il suo output a due milioni di unità, l'isocosto si sposta verso l'alto e la combinazione ottima si sposta nel punto B, per L_2 unità di lavoro e K_2 unità di capitale. Il costo totale aumenta da TC_1 a TC_2. Non potrebbe essere altrimenti, poiché se l'impresa potesse diminuire i suoi costi totali all'aumentare dell'output non potrebbe sussistere – come è in B – una combinazione ottima di input.

La Figura 8.1(b) illustra la **curva del costo totale di lungo periodo**, $TC(Q)$. Tale funzione di costo mostra come varia il costo totale minimo per i diversi livelli di quantità

> **CURVA DEL COSTO TOTALE DI LUNGO PERIODO** La curva che mostra come varia il costo totale al variare della quantità prodotta, supposti costanti i prezzi degli input e scegliendo la combinazione di input che minimizza i costi.

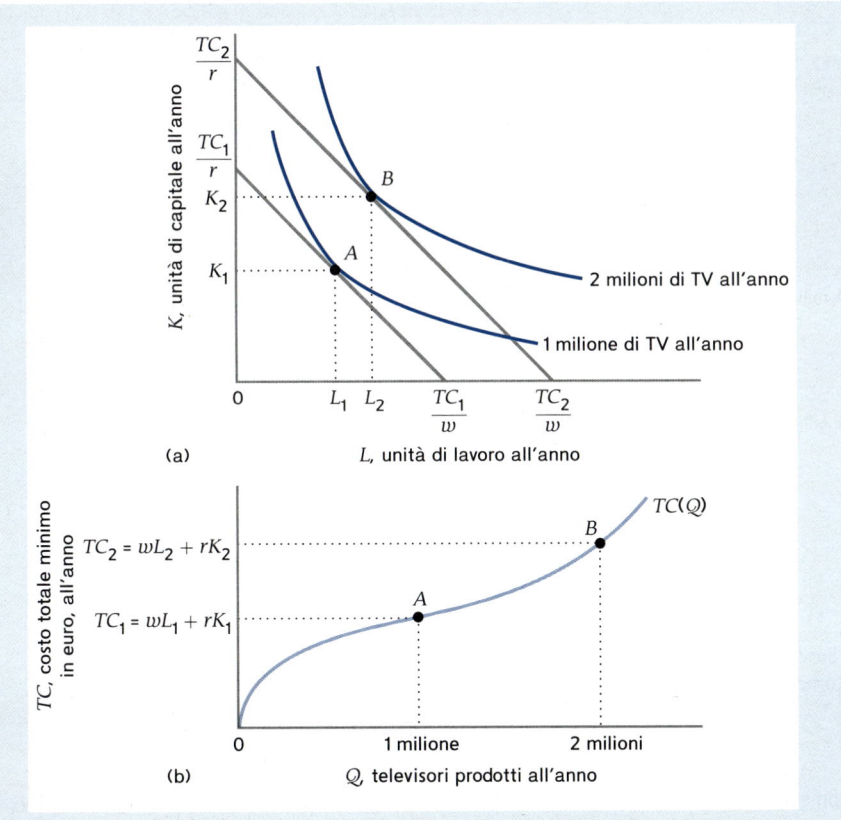

FIGURA 8.1 La minimizzazione dei costi e la curva di costo totale di lungo periodo per un produttore di televisori
L'output aumenta da 1 milione a 2 milioni di televisori all'anno, con prezzi del lavoro, w, e del capitale, r, costanti. L'analisi di statica comparata mostra nel grafico (a) come la combinazione di ottimo passi da A a B, per un costo totale che aumenta da TC_1 a TC_2. Nel grafico (b) viene rappresentato il costo totale di lungo periodo, cioè la relazione tra costo totale minimo e quantità prodotta.

prodotta, supposti costanti i prezzi degli input e supposto che l'impresa scelga gli input in modo da minimizzare i suoi costi. Poiché la combinazione ottima di input giace su isocosti sempre più alti – da A a B – il costo totale cresce al crescere di Q. Sappiamo anche che se $Q = 0$, il costo totale è pari a zero. Questo perché l'impresa, nel lungo periodo, può variare tutti i suoi input e se non produce nulla non utilizza né lavoro né capitale. Quindi l'analisi di statica comparata del problema di minimizzazione dei costi implica che la curva di costo totale di lungo periodo debba essere crescente in Q e pari a zero quando Q è pari a zero.

Esercizio svolto 8.1 **La curva del costo totale di lungo periodo ricavata dalla corrispondente funzione di produzione**

Prendete ancora una volta in considerazione la funzione di produzione $Q = 50\sqrt{LK}$ introdotta nell'Esercizio svolto 7.2.

Problema

(a) In che modo il costo totale minimo dipende dal volume prodotto Q e dai prezzi degli input w e r?
(b) Qual è l'andamento grafico della funzione del costo totale di lungo periodo se $w = 25$ e $r = 100$?

Soluzione

(a) Nell'Esercizio svolto 7.4 si sono calcolate le seguenti espressioni di L e Q per la minimizzazione dei costi:

$L = \dfrac{Q}{50}\sqrt{\dfrac{r}{w}}$ e $K = \dfrac{Q}{50}\sqrt{\dfrac{w}{r}}$. Per trovare il costo totale minimo, si esegue il seguente calcolo:

$$TC(Q) = wL + rK = w\dfrac{Q}{50}\sqrt{\dfrac{r}{w}} + r\dfrac{Q}{50}\sqrt{\dfrac{w}{r}} =$$

$$= \dfrac{Q}{50}\sqrt{wr} + \dfrac{Q}{50}\sqrt{wr} = \dfrac{\sqrt{wr}}{25}Q.$$

(b) Se si sostituiscono i due valori $w = 25$ e $r = 100$ nell'equazione del costo totale qui sopra calcolata, si ottiene $TC(Q) = 2Q$. Nella Figura 8.2 potete constatare come il costo totale sia una retta crescente che ha la sua origine nell'origine degli assi.

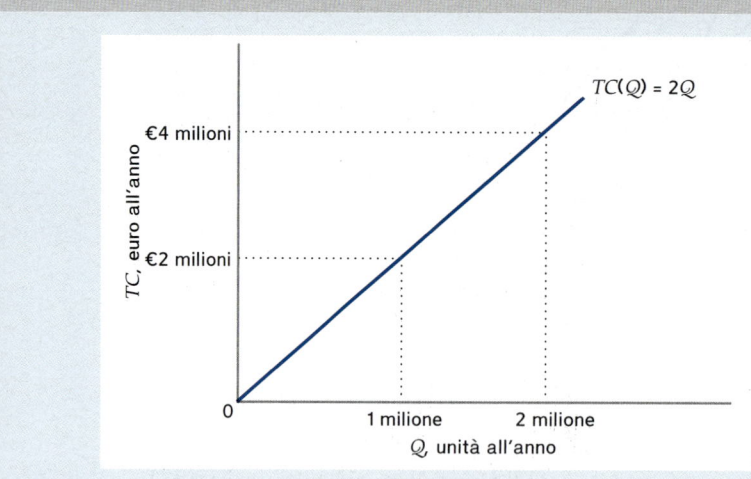

FIGURA 8.2 **La curva del costo totale di lungo periodo**
Il grafico del costo totale di lungo periodo $TC(Q) = 2Q$ è una retta di pendenza positiva.

Come si sposta la funzione del costo totale di lungo periodo se mutano i prezzi degli input? Cosa succede quando varia il prezzo di un solo input?

Nell'introduzione al capitolo si è discusso di come HiSense abbia dovuto fronteggiare l'aumento di prezzo del capitale. Per analizzare come l'aumento del prezzo di un input possa condizionare la curva del costo totale di un'impresa, si ritorni a considerare il problema della minimizzazione dei costi per un ipotetico produttore di televisori. Nella Figura 8.3 si vede come varia la combinazione ottima di input se il prezzo del

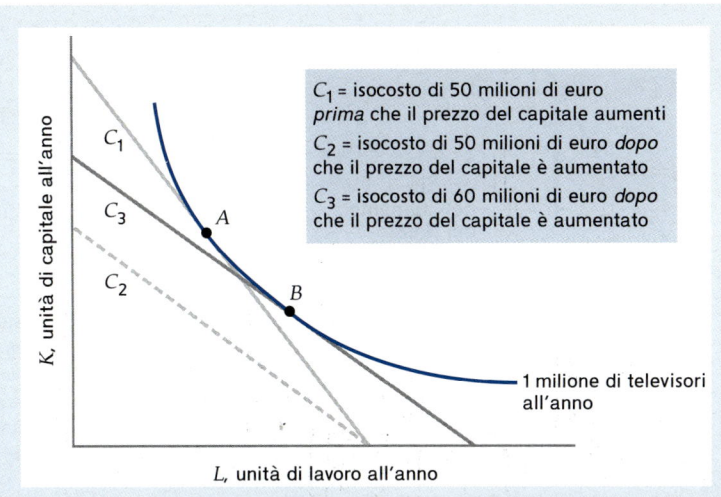

FIGURA 8.3 Come un cambiamento nel prezzo del capitale influenza la combinazione ottima di input e il costo totale di lungo periodo di un produttore di televisori
Il costo totale di lungo periodo aumenta all'aumentare del prezzo del capitale. L'isocosto passa da C_1 a C_3. La combinazione di ottimo (quella che minimizza i costi) passa da A a B.

C_1 = isocosto di 50 milioni di euro *prima* che il prezzo del capitale aumenti
C_2 = isocosto di 50 milioni di euro *dopo* che il prezzo del capitale è aumentato
C_3 = isocosto di 60 milioni di euro *dopo* che il prezzo del capitale è aumentato

capitale aumenta a parità di output e prezzo del lavoro. Supponiamo che nella situazione iniziale, per la produzione di un milione di televisori, la combinazione ottima stia nel punto A sull'isocosto C_1, dove il costo totale minimo è pari a 50 milioni di euro all'anno. Dopo l'aumento del prezzo del capitale, la combinazione ottima si sposta in B sull'isocosto C_3, per un costo totale che è *maggiore* di 50 milioni di euro. Per capire perché, si noti che l'isocosto corrispondente a 50 milioni di euro *ai nuovi prezzi* (C_2) interseca l'asse orizzontale nello stesso punto del vecchio isocosto di 50 milioni di euro *ai vecchi prezzi* (C_1). Tuttavia, C_2 è più piatto di C_1 perché il prezzo del capitale è aumentato. Quindi l'impresa che intende produrre 1 milione di televisori non può operare su C_2. L'impresa deve operare sull'isocosto C_3, che corrisponde a un maggiore costo totale (forse 60 milioni). Dato il livello di output di un milione di unità, all'aumentare del prezzo di un input, il costo totale aumenta.[1]

Da questa analisi si deduce che un aumento del prezzo del capitale comporta una nuova curva di costo totale che sta sopra quella originaria per ogni $Q > 0$ (per $Q = 0$, il costo totale è sempre pari a zero). Quindi, come mostrato nella Figura 8.4, un aumento nel prezzo di un input ruota la curva del costo totale verso l'alto.[2]

Cosa succede quando i prezzi di tutti gli input variano della medesima proporzione?

Cosa succede se il prezzo del capitale e il prezzo del lavoro aumentano entrambi della medesima percentuale, per esempio del 10%? *Un dato aumento percentuale in entrambi gli input lascia inalterata la combinazione ottima degli input* che consente di produrre un dato livello di output, mentre *la curva del costo totale si sposta verso l'alto della medesima percentuale.*

Come rappresentato nella Figura 8.5(a), a un prezzo iniziale del lavoro w e a un prezzo iniziale del capitale r la combinazione ottimale di input corrisponde al punto

---

[1] Un ragionamento analogo potrebbe dimostrare che il costo totale diminuisce quando il prezzo del capitale diminuisce.

[2] Esiste un caso in cui l'aumento del prezzo di un input non modifica il costo totale di lungo periodo dell'impresa. Se la combinazione di ottimo è inizialmente nell'angolo là dove non viene impiegato capitale, un aumento del prezzo del capitale non varia la combinazione di ottimo dell'impresa e quindi anche il suo costo totale minimo. In questo caso l'aumento del prezzo dell'input potrebbe non determinare spostamenti nella curva del costo totale.

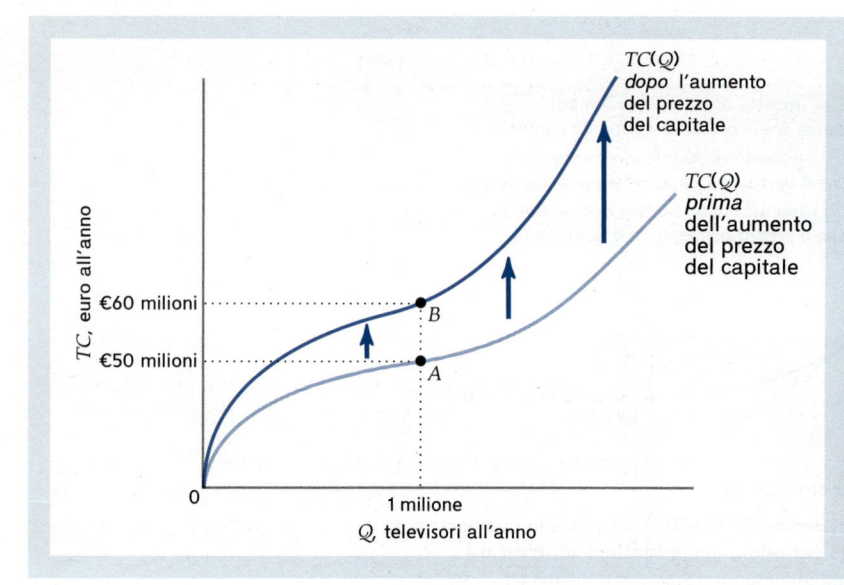

FIGURA 8.4 Come un cambiamento nel prezzo del capitale influenza la funzione del costo totale di lungo periodo di un produttore di televisori
L'aumento del prezzo del capitale determina una rotazione verso l'alto della funzione del costo totale, $TC(Q)$. I punti A e B corrispondono alle combinazioni di ottimo individuate nella Figura 8.3.

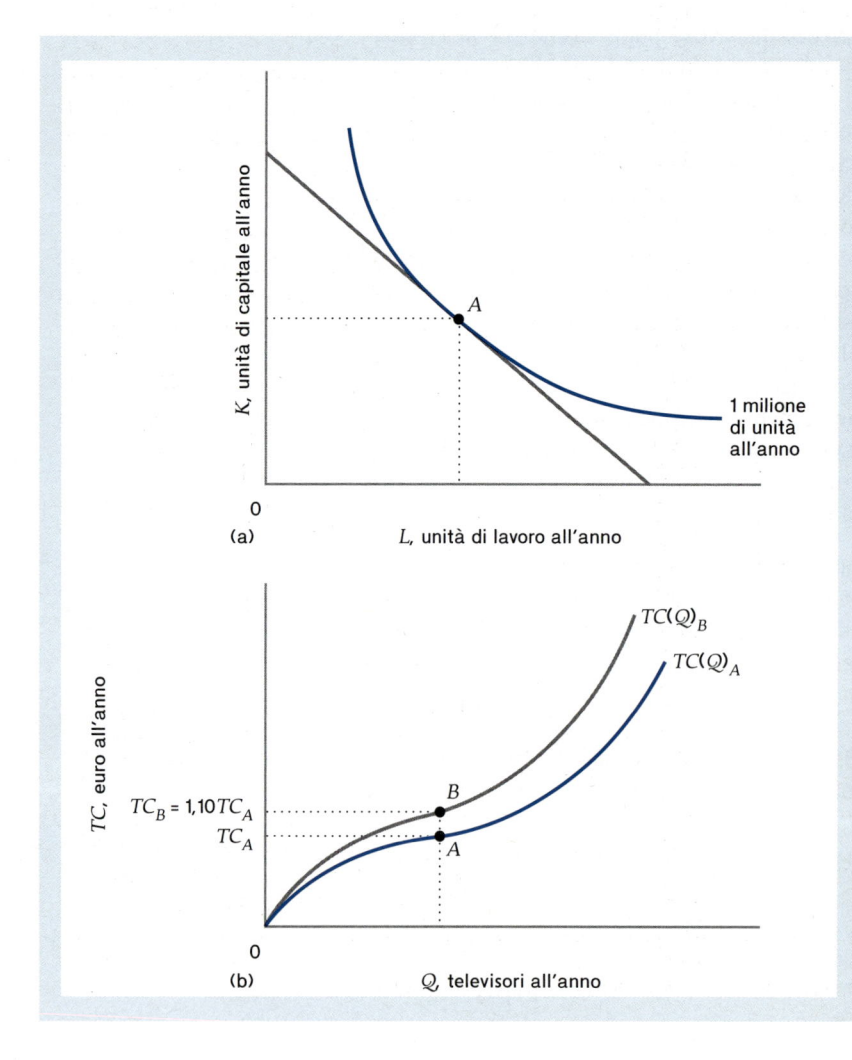

FIGURA 8.5 Come una variazione proporzionale dei prezzi di tutti gli input influenza la combinazione ottima di input e la curva del costo totale
I prezzi degli input aumentano del 10%. Il grafico (a) mostra come, volendo mantenere costante l'output, la combinazione di ottimo rimanga la stessa (punto A) poiché la pendenza dell'isocosto risulta inalterata. Il grafico (b) mostra come il costo totale si sposta verso l'alto del 10%.

A. Allorché entrambi i prezzi aumentano del 10%, a $1{,}10w$ e a $1{,}10r$, la combinazione ottimale è ancora in A. La pendenza dell'isocosto rimane infatti inalterata quando aumentano i prezzi ($-w/r = -1{,}10w/1{,}10r$), così che il punto di tangenza tra isocosto e isoquanto risulta inalterato. Nella Figura 8.5(b) l'aumento del 10% dei prezzi determina uno spostamento del 10% verso l'alto della curva del costo totale. Prima che i prezzi aumentino, il costo totale è $TC_A = wL + rK$. Dopo che i prezzi sono aumentati, il costo totale diviene $TC_B = 1{,}10wL + 1{,}10rK$. Cioè, $TC_B = 1{,}10 TC_A$ (il costo totale aumenta del 10% per ogni combinazione di L e K).

Applicazione 8.1

Il costo di lungo periodo del trasporto su strada

Il settore dei trasporti negli Stati Uniti è un buon riferimento per lo studio dei costi totali di lungo periodo. Input e output possono essere variati senza particolari difficoltà. Gli autotrasportatori godono di notevoli flessibilità contrattuali, possono essere impiegati o messi a riposo *con relativa facilità*; i camion possono essere acquistati, presi in leasing, ma anche convertiti ad altra produzione o dismessi con relativa facilità. Esistono dati sul chilometraggio percorso in un anno, sulle maggiori tratte, sui prezzi e sulle quantità degli input e si possono utilizzare le metodologie della ricerca quantitativa per stimare come varia il costo totale al variare dei prezzi degli input e dei volumi di output. Ann Frielaender e Richard Spady hanno stimato i costi di trasporto degli autotrasportatori statunitensi per il comparto delle merci.[3]

Le imprese di trasporto su strada utilizzano tre input: lavoro, capitale (i camion) e carburante. L'output è il servizio di trasporto misurato nel numero di tonnellate per miglia all'anno. Un'impresa che trasporta 50 000 tonnellate per 100 000 miglia all'anno realizza un servizio o output di 5 000 000 000 di tonnellate per miglia all'anno.

La Figura 8.6 mostra la curva di costo stimata da Friedlaender e Spady. Il costo totale cresce al crescere del prezzo di ciascun input (tenuti i prezzi degli altri due input costanti). Se il prezzo del lavoro raddoppia, il costo si sposta da $TC(Q)$ a $TC(Q)_L$; se raddoppia il costo del capitale, la curva di costo si sposta in $TC(Q)_K$; se raddoppia il costo del carburante, lo spostamento in $TC(Q)_F$ non è così ampio come per i primi due spostamenti. È, cioè, il raddoppio del costo del lavoro a determinare il maggior aumento del costo totale. Il costo del trasporto su strada è molto più sensibile al costo del lavoro che al costo del carburante. A fronte delle continue recenti impennate del prezzo del petrolio, che si sono fatte senza dubbio sentire pesantemente nel settore, questo dato offre qualche rassicurazione!

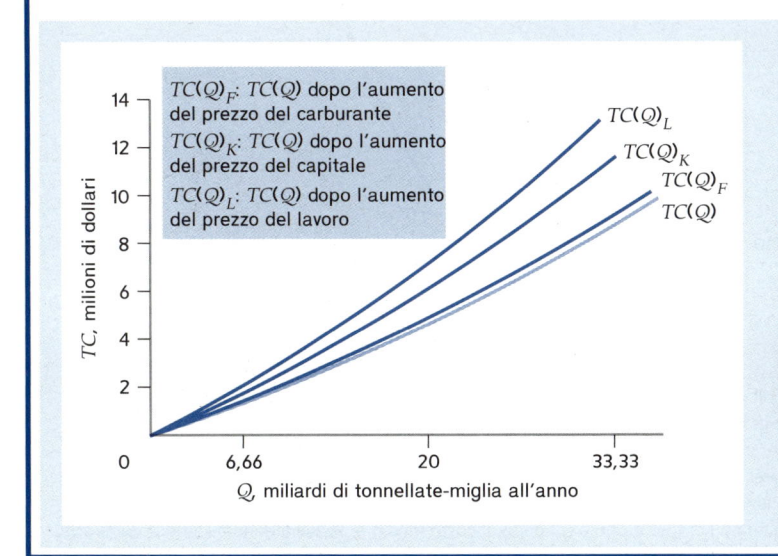

FIGURA 8.6 Come le variazioni nei prezzi degli input determinano variazioni nel costo totale di produzione del trasporto su strada
Il costo totale è molto sensibile al prezzo del lavoro. Tenuti costanti i prezzi degli altri input, il raddoppio del costo del lavoro porta il costo totale in $TC(Q)_L$; il raddoppio del prezzo del capitale sposta il costo totale ma non in maniera così sensibile come l'aumento del prezzo del lavoro. Ancora meno sensibile è lo spostamento del costo totale in ragione del raddoppio del prezzo del carburante.

---

[3] A. F. Friedlaender e R. H. Spady, *Freight Trasnport Regulation: Equity, Efficiency and Competition in the Rail and Trucking Industries*, MIT Press, Cambridge, MA 1981.

8.1.1 I costi medi e marginali di lungo periodo

Che cosa sono il costo medio di lungo periodo e il costo marginale di lungo periodo?
Due tipi di costo sono altrettanto importanti in microeconomia accanto alla funzione del costo totale di lungo periodo. Il **costo medio di lungo periodo** (*Average Cost, AC*) è il costo unitario dell'output. È pari al costo totale diviso per la quantità Q: $AC(Q) = [TC(Q)]/Q$.

Il **costo marginale di lungo periodo** (*Marginal Cost, MC*) è il saggio di variazione del costo totale di lungo periodo al variare dell'output: $MC(Q) = (\Delta TC)/(\Delta Q)$. Il costo marginale è pari dunque alla pendenza della curva del costo totale $TC(Q)$.

Le due funzioni di costo si possono agevolmente calcolare avendo a disposizione la funzione del costo totale e sono, in genere, di diversa rappresentazione come si può comprendere dalla Figura 8.7. Per un determinato volume di produzione il costo medio di lungo periodo è pari alla pendenza della semiretta che dall'origine degli assi interseca la funzione del costo totale in corrispondenza di quel determinato volume di produzione, mentre il costo marginale è pari alla pendenza della tangente alla funzione del costo totale per il medesimo volume. Nell'ipotesi del punto A sulla curva di costo totale $TC(Q)$ nella Figura 8.7(a), per un output annuale di 50 unità, il costo medio è pari alla pendenza di $0A$, cioè €1500/50 unità = €30 per unità. Il costo

> **COSTO MEDIO DI LUNGO PERIODO** Il costo totale di produzione per unità di output, pari al rapporto tra costo totale e quantità o volume di produzione.

> **COSTO MARGINALE DI LUNGO PERIODO** Il tasso al quale il costo totale di lungo periodo varia rispetto alla variazione dell'output.

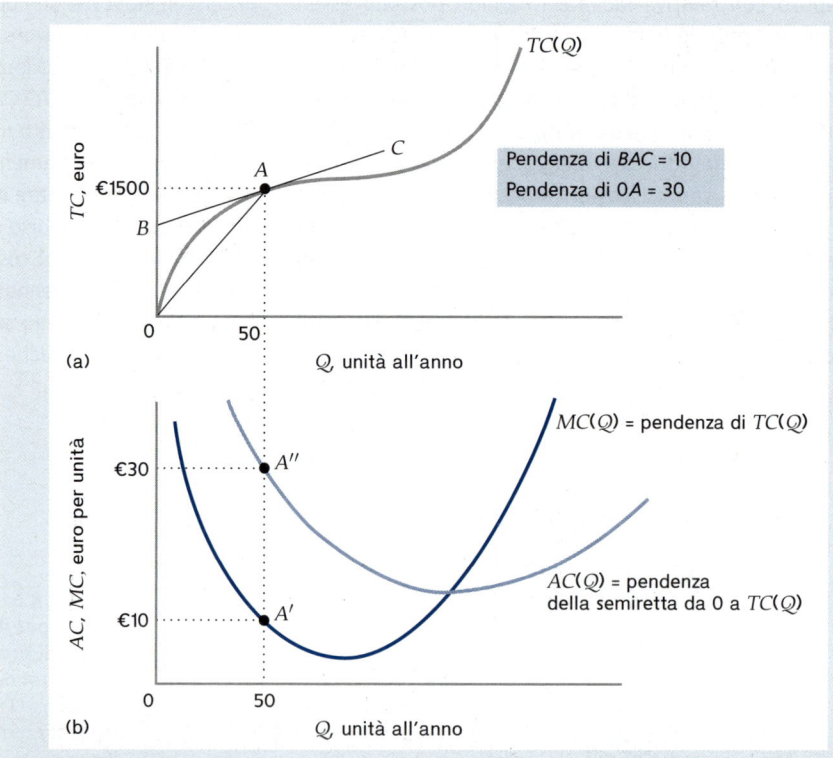

FIGURA 8.7 Il costo medio e il costo marginale di lungo periodo derivati dalla funzione del costo totale di lungo periodo
Nel grafico (a) è rappresentata la funzione del costo totale di lungo periodo, $TC(Q)$. Nel grafico (b) sono rappresentate la funzione del costo medio di lungo periodo $AC(Q)$ e la funzione del costo marginale di lungo periodo $MC(Q)$, entrambe calcolabili dalla funzione $TC(Q)$. Nel punto A del grafico (a), quando l'output è pari a 50 unità, il costo medio è pari alla pendenza della semiretta $0A$ cioè €30 per unità. Nello stesso punto il costo marginale è pari alla pendenza della retta BAC, tangente in A al costo totale, cioè €10 per unità. Nel grafico (b), i punti A' e A'' corrispondono al punto A del grafico (a), illustrando la relazione tra le curve di costo totale, medio e marginale.

marginale nel punto A è la pendenza della linea BAC tangente al costo totale in A. Tale pendenza è 10. Si può dunque affermare che per un output di 50 unità prodotte all'anno, il costo marginale è di €10.

La Figura 8.7(b) mostra gli andamenti del costo medio di lungo periodo $AC(Q)$ e del costo marginale di lungo periodo $MC(Q)$, corrispondenti al costo totale di lungo periodo $TC(Q)$ del grafico (a). La curva del costo medio mostra come la pendenza delle semirette tipo 0A cambia quando ci si sposta lungo $TC(Q)$, mentre la curva del costo marginale mostra come varia la pendenza di rette tangenti tipo BAC muovendosi lungo la $TC(Q)$. Quindi nel grafico 8.7(b) per 50 unità di output all'anno, €30 è il costo medio (punto A′) e €10 è il costo marginale (punto A″), corrispondenti alla pendenza della semiretta 0A e della tangente BAC nel punto A nel grafico 8.7(a).

Esercizio svolto 8.2 **Il calcolo del costo medio di lungo periodo e del costo marginale di lungo periodo data una determinata funzione del costo totale**

Nell'Esercizio svolto 8.1 si è derivata la funzione del costo totale di lungo periodo dalla funzione di produzione $Q = 50\sqrt{LK}$ per un prezzo del lavoro, $w = 25$, e per un prezzo del capitale, $r = 100$. La funzione del costo totale è $TC = 2Q$.

Problema

Quali sono le funzioni del costo medio e del costo marginale di lungo periodo associate alla funzione di costo totale $TC = 2Q$?

Soluzione

Il costo medio di lungo periodo è pari ad $AC(Q) = TC(Q)/Q = 2Q/Q = 2$. Notate che il costo medio non dipende da Q.

Tradotto graficamente, corrisponde a una parallela all'asse orizzontale del grafico cartesiano, come quella rappresentata nella Figura 8.8.

Il costo marginale di lungo periodo è la pendenza del costo totale di lungo periodo. Per un costo totale pari a $TC(Q) = 2Q$ la pendenza è pari a 2, quindi $MC(Q) = 2$. Anche il costo marginale di lungo periodo non dipende da Q. La sua rappresentazione è equivalente a quella del costo medio.

Questo esercizio illustra un punto generale. Quando il costo totale di lungo periodo è una semiretta, come nella Figura 8.2, il costo medio e il costo marginale sono identici e sono rappresentabili come una parallela all'asse orizzontale del grafico cartesiano.

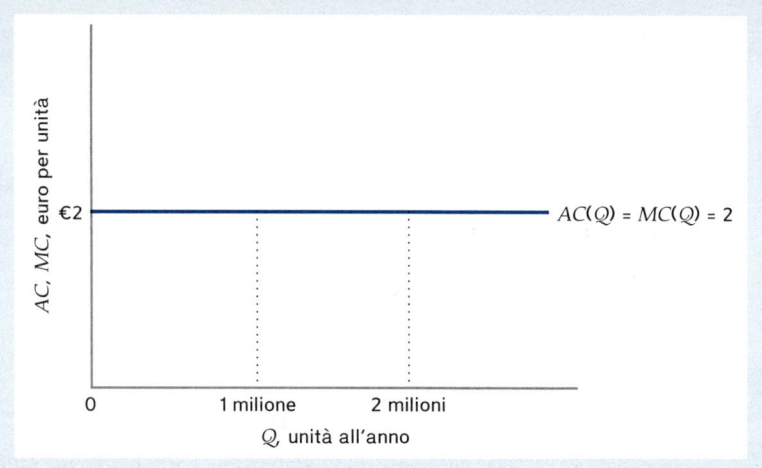

FIGURA 8.8 Le curve dei costi medi e marginali di lungo periodo per la funzione di produzione $Q = 50\sqrt{LK}$
Il costo medio e il costo marginale sono due rette parallele all'asse orizzontale e coincidenti, per un valore pari a €2 per unità, quando $w = 25$ e $r = 100$.

La relazione tra costo medio e costo marginale di lungo periodo

Come per altre grandezze medie e marginali (per esempio per il prodotto medio e quello marginale analizzati nel Capitolo 6) esiste una precisa relazione tra costo medio e costo marginale di lungo periodo.

- Se il costo medio diminuisce all'aumentare della quantità prodotta, il costo medio è superiore al costo marginale: $AC(Q) > MC(Q)$.
- Se il costo medio aumenta all'aumentare della quantità prodotta, il costo medio è inferiore al costo marginale: $AC(Q) < MC(Q)$.
- Se il costo medio né aumenta né diminuisce al crescere della quantità prodotta, costo medio e costo marginale coincidono: $AC(Q) = MC(Q)$.

La Figura 8.9 mostra questa relazione.

Come discusso nel Capitolo 6, la relazione tra costo medio e costo marginale è la medesima tra una qualsiasi grandezza media e grandezza marginale. Si supponga che una professoressa di microeconomia abbia appena valutato la prova intermedia di esame di un suo studente. Se il voto fino ad allora raggiunto è, in media, di 27/30 e l'esito dell'ultima prova porta la media a 28/30, che cosa si può inferire sul voto di quest'ultima prova? Poiché la media dei voti è aumentata, il "voto marginale" deve essere superiore alla media. Se il voto medio scendesse a 26/30, si potrebbe simmetricamente dedurre che il voto marginale è inferiore alla media. Se il voto medio fosse rimasto lo stesso, si potrebbe dedurre che il voto marginale coincide con quello medio.

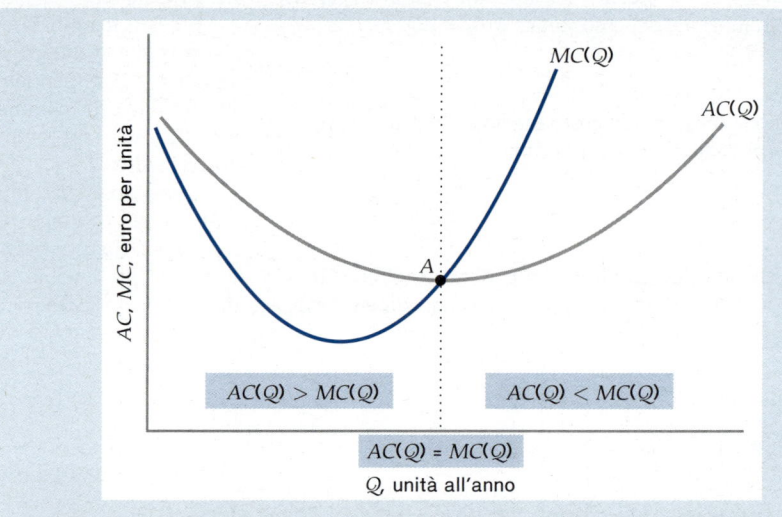

FIGURA 8.9 La relazione tra costo medio e costo marginale di lungo periodo
A sinistra del punto A, il costo medio diminuisce al crescere della quantità Q, quindi $AC(Q) > MC(Q)$. A destra del punto A, il costo medio aumenta all'aumentare di Q, quindi $AC(Q) < MC(Q)$. Quando il costo medio è nel punto A, cioè il suo minimo, il costo marginale coincide con il costo medio, $AC(Q) = MC(Q)$.

Applicazione 8.2

I costi dell'istruzione universitaria

Quanto è grande la vostra università? Dove vi aspettate che il costo per studente sia più basso, nella grande università o in quella più piccola? La dimensione dell'università influisce sul costo medio e sul costo marginale del *servizio formativo*?

Rajindar e Manjulika Koshal hanno studiato come la dimensione delle università influisce sul costo medio e marginale dell'istruzione statunitense.[4] Hanno raccolto un ampio database sul costo medio per studente di 195 università statunitensi dal 1990 al 1991 e hanno stimato la curva di costo medio di queste università. Per tener conto di differenze nei costi dovute al diverso impegno nei programmi di dottorato di ricerca, i due economisti hanno individuato quattro gruppi di università distinguibili per numero di diplomati nei corsi di dottorato di ricerca e di finanziamenti per borse di dottorato di ricerca per anno. Per semplicità ci

[4] R. Koshal e M. Koshal, "Quality and Economies of Scale in Higher Education", *Applied Economics* 27, 1995, pp. 773-778

si concentra sull'analisi dei costi di 66 università, quelle con il maggior numero di programmi di dottorato (tra queste si contano Harvard, Northwesten, Berkeley ecc.).

La Figura 8.10 mostra le funzioni di costo medio e marginale per questo campione. Il costo medio per studente continua a diminuire fino a che si raggiunge il numero di 30 000 studenti della laurea triennale a tempo pieno (circa la dimensione dell'Università dell'Indiana, per esempio). Poiché poche università contano una tale popolazione studentesca, i due economisti convengono che, per la maggiore parte delle università statunitensi con tanti programmi di dottorato, il costo addizionale di una nuova matricola è inferiore al costo medio, e quindi un aumento della dimensione della popolazione universitaria induce una riduzione del costo medio per studente.

Immaginate la vostra università con tutte le sue strutture e i suoi servizi, il corpo docente e il personale amministrativo. I costi di tutti questi servizi non aumentano di tanto se si aggiunge una nuova matricola. Cominciano a diventare rilevanti quando si raggiunge il punto in cui è necessario sdoppiare i corsi o costruire nuove aule. Così, per la tipica università, mentre il costo medio per studente potrebbe essere relativamente alto, il costo marginale è spesso modesto. In questa ipotesi, il costo medio decresce all'aumentare delle immatricolazioni.

A cura di Angela Besana

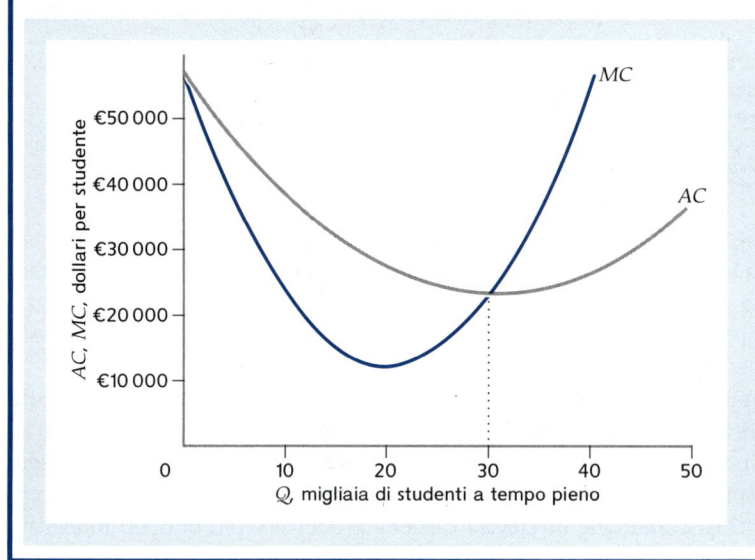

FIGURA 8.10 Il costo medio e il costo marginale della formazione universitaria statunitense
Il costo marginale dello studente statunitense è inferiore al costo medio fino a che si raggiungono i 30 000 iscritti. Prima di quel punto, il costo medio è destinato a diminuire all'aumentare degli iscritti. Oltre quel punto, il costo marginale eccede il costo medio e quindi il costo medio cresce all'aumentare del numero degli studenti.

Economie e diseconomie di scala

L'andamento del costo medio nel lungo periodo è sintomatico di due precisi e importanti fenomeni, le economie e le diseconomie di scala. Un'impresa *beneficia* di **economie di scala** quando il costo medio diminuisce all'aumentare della quantità prodotta. Un'impresa *è affetta* da **diseconomie di scala** quando il costo medio di lungo periodo aumenta all'aumentare della quantità prodotta. L'ampiezza del fenomeno delle economie di scala può divenire un carattere strutturale distintivo di un settore. Le economie di scala possono spiegare perché talune imprese sono più profittevoli di altre e sono spesso usate a motivo di fusioni o acquisizioni.[5]

La Figura 8.11 illustra il fenomeno delle economie e delle diseconomie di scala attraverso la tipica curva di costo medio che molti economisti sostengono caratterizzi molti processi produttivi reali. Per questa funzione di costo medio, inizialmente si possono constatare le economie di scala (da 0 a Q'), poi un ampio tratto di costo medio costante (da Q' a Q'') e quindi un andamento da diseconomie di scala (per $Q > Q''$).[6]

Le economie di scala dipendono da una serie di cause. Possono per esempio risultare dalle proprietà fisiche degli impianti (come nell'analisi contenuta nell'Applicazione 6.3

ECONOMIE DI SCALA La produzione è caratterizzata da un costo medio decrescente al crescere della quantità.

DISECONOMIE DI SCALA La produzione è caratterizzata da un costo medio crescente al crescere della quantità.

---
[5] Si legga il quarto capitolo di F.M. Scherer e D. Ross, *Industrial Market Structure and Economic Performance*.
[6] Per la sua forma, questa curva di costo medio è spesso detta *a catino*.

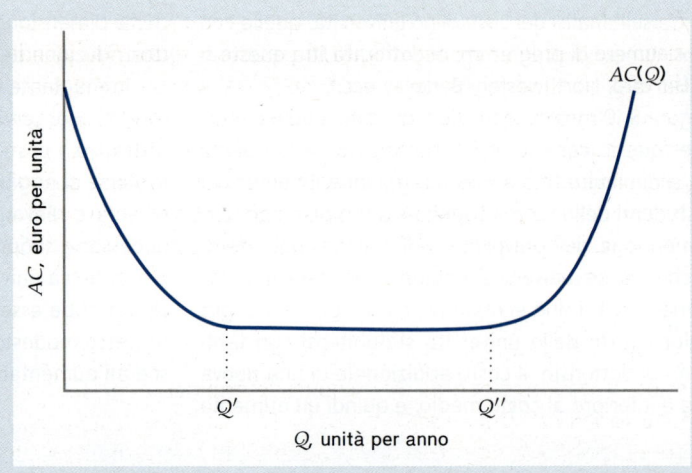

FIGURA 8.11 Economie e diseconomie di scala per una tipica funzione di costo medio di lungo periodo
La curva è caratterizzata da economie sino a Q'. Il costo medio è piatto per l'intervallo di quantità $Q' - Q''$ e poi ci sono diseconomie di scala a destra di Q''. L'output Q' è detto *scala efficiente minima*.

sugli oleodotti). Oppure possono derivare dalla specializzazione del lavoro. All'aumentare del numero di lavoratori con l'aumentare dell'output, i lavoratori si possono specializzare in determinate competenze e la produttività del lavoro può aumentare. La specializzazione può anche limitare costosi cambiamenti di lavoratori e macchinari, e anche questo potrebbe aumentare la produttività e ridurre i costi unitari.

Le economie di scala possono anche risultare dall'impiego di **fattori indivisibili**. Un fattore indivisibile è disponibile solo in una determinata dimensione (minima). La sua quantità non può essere ridotta se l'output diminuisce. Un esempio può essere quello dell'impianto che imbusta i cereali per la colazione. Anche il più modesto di questi impianti ha comunque un'elevata capacità produttiva: più di 6000 tonnellate di cereali all'anno! Un'impresa che intenda produrre e imbustare 3000 tonnellate di cereali dovrebbe comunque acquistare un impianto dalla capacità doppia.

Gli input indivisibili determinano costi medi decrescenti (almeno per determinati livelli di output), poiché l'impresa ripartisce il costo del fattore indivisibile su più unità di output all'aumentare della produzione. L'impresa che acquista il più piccolo macchinario per imbustare i cereali e produce 6000 tonnellate di cereali all'anno ha il medesimo costo totale di questo input quando aumenta la sua produzione a 12 000 tonnellate. Questo farà abbassare il costo medio di produzione dell'impresa.[7]

Il tratto di diseconomie di scala (a destra di Q'' nella Figura 8.11) è solitamente dovuto a **diseconomie manageriali**. Le diseconomie manageriali si realizzano quando un determinato aumento percentuale della produzione dell'impresa la costringe ad aumentare la retribuzione dei manager di una percentuale maggiore. Si immagini un'impresa che dipende dall'acume e dalla capacità di un individuo (per esempio l'imprenditore che ha fondato l'impresa). Al crescere della dimensione produttiva, l'apporto individuale di questo imprenditore all'attività dell'impresa non può essere replicata da un altro manager. L'impresa potrebbe essere costretta ad assumere così tanti manager in più che il costo totale aumenta a una velocità superiore alla velocità alla quale cresce l'output. I costi medi di produzione aumenteranno.

La più piccola quantità per la quale il costo medio di lungo periodo è minimo è detta **scala minima efficiente** (*Minimum Efficient Scale, MES*) (nella Figura 8.11, in corrispon-

---

[7] Naturalmente potrebbe spendere di più in altri fattori non indivisibili, per esempio le materie prime.

denza di Q'). Rispetto alla dimensione del settore la dimensione della MES è un indicatore di quanto siano rilevanti le economie di scala in particolari settori. Più grande è la MES rispetto al fatturato del settore, più elevata è l'incidenza delle economie di scala. La Tabella 8.1 mostra la MES come percentuale dell'output totale del settore, di un gruppo selezionato di imprese statunitensi operanti nel comparto del cibo e bevande.[8] I settori con la MES più grande sono quelli dei cereali da colazione e della raffinazione dello zucchero di canna. Le imprese appartenenti a tali settori sono caratterizzate da significative economie di scala. I settori con la più piccola MES sono quelli dell'acqua minerale e del pane. Le economie di scala sono in questi settori molto deboli.

Economie di scala e rendimenti di scala

Le economie di scala e i rendimenti di scala sono spesso correlati, poiché i rendimenti di scala di una funzione di produzione determinano come i costi medi di lungo periodo variano al variare dell'output. La Tabella 8.2 mostra questa relazione rispetto a tre funzioni di produzione dove l'output è funzione di un solo input, il la-

TABELLA 8.1 La scala minima efficiente (MES) in percentuale di selezionati settori statunitensi

Settore	MES come % dell'output totale del settore	Settore	MES come % dell'output totale del settore
Zucchero di barbabietola	1,87	Cereali da colazione	9,47
Zucchero di canna	12,01	Acqua minerale	0,08
Farina	0,68	Caffè macinato	5,82
Pane	0,12	Alimenti per animali domestici	3,02
Scatolame (verdure)	0,17	Alimenti per l'infanzia	2,59
Surgelati	0,92	Birra	1,37
Margarina	1,75		

Fonte: Tabella 4.2 in J. Sutton, *Sunk Costs and Market Structure: Price Competition, Advertising and the Evolution of Concentration*, MIT Press, Cambridge, MA 1991.

TABELLA 8.2 La relazione tra economie di scala e rendimenti di scala

	Funzione di produzione		
	$Q = L^2$	$Q = \sqrt{L}$	$Q = L$
Domanda tecnica di lavoro	$L = \sqrt{Q}$	$L = Q^2$	$L = Q$
Funzione del costo totale di lungo periodo	$TC = w\sqrt{Q}$	$TC = wQ^2$	$TC = wQ$
Funzione del costo medio di lungo periodo	$AC = \dfrac{w}{\sqrt{Q}}$	$AC = wQ$	$AC = w$
Come varia il costo medio di lungo periodo al variare di Q?	Diminuisce	Aumenta	Invariato
Economie o diseconomie di scala?	Economie di scala	Diseconomie di scala	Nessuna delle due

[8] Nella Tabella 8.1 la MES è misurata per l'impianto mediano del settore. L'impianto mediano è quello la cui capacità produttiva sta esattamente nel mezzo se si ordinano per capacità tutti gli impianti del settore. Ciò significa che il 50% di tutti gli impianti di un settore ha una capacità che è inferiore a quella dell'impianto mediano e il rimanente 50% ha una capacità produttiva superiore. Le stime della MES basate sulla capacità dell'impianto mediano sono altamente correlate con le stime ingegneristiche, ottenute chiedendo il parere di esperti e del personale altamente specializzato dei settori produttivi analizzati. I dati sull'impianto mediano si possono leggere nel Censimento delle Industrie manifatturiere USA, cioè lo U.S. Census of Manufacturing.

voro L. La tabella mostra ogni funzione di produzione e la corrispondente funzione della quantità di lavoro necessaria per produrre un certo output (o domanda tecnica di lavoro, come spiegato al principio del Capitolo 6), le funzioni del costo totale e del costo medio di lungo periodo dato il prezzo del lavoro w.

Applicazione 8.3

Struttura di costo e rendimenti di scala nelle grandi imprese di trasporto pubblico locale italiane

Un recente studio di Cambini e altri (2007)[9] ha preso in esame il settore dei trasporti pubblici locali (TPL) operanti nelle grandi realtà urbane in Italia, analizzandone le caratteristiche tecnologiche al fine di determinarne la dimensione ottimale. Il campione è costituito da 33 imprese di TPL rappresentative delle imprese di dimensione medio-grande operanti in Italia, su un intervallo di 7 anni dal 1993. Sono stati raccolti i principali dati economici e produttivi di ogni impresa, come il costo totale di produzione, il costo del personale, i viaggiatori trasportati, la dimensione del parco veicoli e il consumo di carburante, oltre a dati di costo intermedi e informazioni di tipo tecnico-ambientale (per esempio congestione da traffico). Esistono poi diversi indicatori dell'output di un'impresa di TPL. L'output finale è solitamente rappresentato dai passeggeri-chilometro (viaggiatori totali × tragitto medio percorso), ma questo lavoro ha usato in prevalenza misure intermedie che meglio rappresentano una misura della capacità produttiva potenzialmente utilizzabile dagli utenti: vetture-chilometro, posti-chilometro, posti totali-chilometro. La prima misura corrisponde al numero complessivo di chilometri percorsi in un anno da tutti i veicoli in dotazione, la seconda è il prodotto di vetture-chilometro e capacità media dei veicoli in dotazione, l'ultima è il prodotto fra il numero complessivo di chilometri percorsi in un anno e i posti totali a disposizione. Alla base della scelta di questi indicatori sta l'idea che i costi totali di un'impresa di TPL siano principalmente determinati dal numero di chilometri percorsi piuttosto che dal numero di passeggeri (per esempio, per il carburante cambia poco se la vettura è piena o vuota). Il ricorso a una misura di output finale come passeggeri-chilometro potrebbe quindi portare a una sottovalutazione dell'output effettivamente offerto.

Dalla stima delle funzione di costo è emersa la presenza di significative economie di scala (riduzione del costo medio di produzione al crescere simultaneo del servizio offerto e della dimensione del network) indipendentemente dal tipo di servizio offerto (urbano e misto). Si sono inoltre rilevate economie di densità (riduzione del costo medio di produzione al crescere del servizio offerto data una certa estensione del network). La presenza di economie di densità suggerisce la possibilità di poter ridurre i costi totali attraverso una migliore organizzazione del servizio all'interno del proprio bacino di servizio. In altri termini, è possibile incrementare in maniera efficiente la quantità del servizio offerta attraverso un maggior sfruttamento della rete.

La presenza simultanea di economie di scala e di economie di densità evidenzia, secondo gli autori, l'opportunità di promuovere anche in Italia una politica di fusioni tra imprese di TPL operanti su network adiacenti, soprattutto tra operatori urbani ed extraurbani.

A cura di Giam Pietro Cipriani

Le relazioni illustrate nella Tabella 8.3 tra economie e rendimenti di scala possono essere riassunte nel modo seguente:

- se il costo medio diminuisce all'aumentare dell'output, si hanno *economie di scala* e *rendimenti di scala crescenti* (come esempio, la funzione $Q = L^2$ nella Tabella 8.3);
- se il costo medio aumenta all'aumentare dell'output, si hanno *diseconomie di scala* e *rendimenti decrescenti di scala* (come esempio, la funzione $Q = \sqrt{L}$ nella Tabella 8.3);
- se il costo medio rimane costante all'aumentare dell'output, non si hanno *né economie né diseconomie di scala* e *i rendimenti di scala sono costanti* (come esempio, la funzione $Q = L$ nella Tabella 8.3).

[9] C. Cambini *et al.*, "Struttura di costo e rendimenti di scala nelle imprese di trasporto pubblico locale di grandi dimensioni", *Rivista Italiana degli Economisti*, Anno XII, N. 1, 2007, pp. 43-78.

Come misurare l'ampiezza delle economie di scala: l'elasticità dei costi totali rispetto alla quantità prodotta

Nel Capitolo 2 si è imparato che l'elasticità della domanda, come l'elasticità della domanda al prezzo o al reddito, interpreta quanto è reattiva o sensibile la domanda rispetto alle sue determinanti. Possiamo anche usare l'elasticità per dire quanto reattivo è il costo totale rispetto ai fattori che lo influenzano. Un importante coefficiente di elasticità è quello dei costi totali rispetto alla quantità prodotta, $\epsilon_{TC,Q}$. È definibile come la variazione percentuale del costo totale in ragione di una variazione dell'1% dell'output.

ELASTICITÀ DEL COSTO TOTALE RISPETTO ALLA QUANTITÀ PRODOTTA La variazione percentuale del costo totale in ragione di una variazione dell'1% della quantità prodotta.

$$\epsilon_{TC,Q} = \frac{\frac{\Delta TC}{TC}}{\frac{\Delta Q}{Q}} = \frac{\frac{\Delta TC}{\Delta Q}}{\frac{TC}{Q}}$$

Poiché il numeratore di quest'ultimo rapporto è uguale al costo marginale MC e il denominatore coincide con il costo medio AC, il coefficiente può essere riscritto come

$$\epsilon_{TC,Q} = \frac{MC}{AC}$$

Quindi l'elasticità del costo totale all'output è pari al rapporto tra costo marginale e costo medio.

Come si è già verificato, la relazione tra costo medio e marginale di lungo periodo corrisponde al modo in cui il costo medio varia al variare dell'output. Ciò significa che l'elasticità del costo totale rispetto all'output consente di verificare le economie di scala come descritto nella Tabella 8.3.

Questa elasticità è spesso impiegata per capire l'entità delle economia di scala nei diversi settori. Nella Tabella 8.4, per esempio, vengono riportate alcune stime di tale coefficiente per specifici settori indiani.[10] Le industrie del ferro, dell'acciaio, dell'elettricità e del gas hanno un coefficiente significativamente inferiore all'unità, cioè sono caratterizzate da significative economie di scala. Viceversa, il coefficiente risulta un po' più grande di 1 per i settori tessile e del cemento a significare leggere diseconomie di scala.[11]

TABELLA 8.3 La relazione tra elasticità dei costi totali rispetto alla quantità ed economie di scala

Valore di $\epsilon_{TC,Q}$	MC e AC	Come varia AC al crescere di Q	Economie o diseconomie di scala
$\epsilon_{TC,Q} < 1$	$MC < AC$	Diminuisce	Economie
$\epsilon_{TC,Q} > 1$	$MC > AC$	Aumenta	Diseconomie
$\epsilon_{TC,Q} = 1$	$MC = AC$	Invariato	Nessuna delle due

---

[10] R. Jha, M.N. Murty, S. Paul e B. Bhaskara Rao, "An Analysis of Technological Change, Factor Substitution and Economies of Scale in Manufacturing Industries in India", *Applied Economics* 25, ottobre 1993, pp. 1337-1343.

[11] Il coefficiente per le industrie tessile e del cemento non è significativamente (in termini statistici) diverso da 1. Quindi queste industrie potrebbero essere caratterizzate da rendimenti di scala costanti.

TABELLA 8.4 Stime dell'elasticità dei costi totali rispetto alla quantità per specifiche industrie indiane

Settore	Valore di $\epsilon_{TC,Q}$
Ferro e acciaio	0,553
Tessuto	1,211
Cemento	1,162
Elettricità e gas	0,3823

Applicazione 8.4

Le stime dell'elasticità del costo totale rispetto alla quantità prodotta negli impianti di energia elettrica e nel settore dell'elettronica

Le stime dell'elasticità del costo totale rispetto alla quantità prodotta possono essere utilizzate per caratterizzare il grado delle economie di scala in un settore industriale. Per esempio – Russell Rhyne, in un suo studio, ha calcolato l'elasticità del costo totale rispetto alla quantità prodotta basandosi sui dati relativi a 83 aziende private di energia elettrica nel periodo tra il 1991 e il 1995.[12] Queste imprese producevano elettricità soprattutto dalla combustione di carburanti fossili, come il carbone, ma circa il 25% della produzione totale veniva da impianti di energia nucleare. Lo scopo di Rhyne era quello di determinare l'ampiezza delle economie di scala di lungo periodo nella produzione di elettricità. La Tabella 8.5 illustra i risultati dell'elasticità rispetto alla quantità prodotta del costo totale di lungo periodo degli impianti studiati. Tutti sono sotto all'1, ma di poco, cosa che potrebbe indicare che, nella produzione di energia elettrica, sono presenti economie di scala di lungo periodo e che le aziende del campione di Rhyne sono state in grado di trarne il massimo vantaggio, operando vicino al livello minimo del costo medio di lungo periodo. Oppure può indicare che, per le imprese campione, la produzione di energia è caratterizzata da rendimenti di scala costanti, con curve di costo medio di lungo periodo piatte (o quasi piatte).

Hyunbae Chun e M. Ishaq Nadiri, per fare un altro esempio, hanno utilizzato i dati del periodo 1978-1999 per sviluppare le stime dell'elasticità del costo totale rispetto alla quantità prodotta di quattro settori dell'elettronica, quello degli elaboratori elettronici, quello dei sistemi per l'immagazzinamento dei dati, quello dei terminali e quello delle periferiche.[13] La Tabella 8.6 riporta i risultati. Per ogni settore, il risultato dell'elasticità del costo totale rispetto alla quantità prodotta è minore di 1. Questo indica che questi settori sono caratterizzati da economie di scala. Diversamente dal caso della produzione di energia elettrica, però, i risultati non sono particolarmente vicini all'1, il che significa che le aziende non stanno sfruttando pienamente tutte le economie di scala disponibili. In

TABELLA 8.5 L'elasticità del costo totale ripetto alla quantità prodotta negli impianti di energia elettrica

	$\epsilon TC, Q$	
	Media	Mediana
Tutti gli impianti	0,993	0,994
Impianti nucleari	0,995	0,995
Impianti non nucleari	0,992	0,993

TABELLA 8.6 L'elasticità del costo totale rispetto alla quantità prodotta in quattro settori dell'elettronica

Settore	$\epsilon TC, Q$
Elaboratori elettronici	0,759
Sistemi per l'immagazzinamento dei dati	0,652
Terminali	0,636
Periferiche	0,664

[12] R. Rhyne, "Economies of scale and Optimal Capital in Nuclear and Fossil Fuel Electricity Production", *Atlantic Economic Journal* 29, N. 2, giugno 2001, pp. 203-214.

[13] H. Chun, e M. I. Nadiri, "Decomposing Productivity Growth in the U.S. Computer Industry", *Review of Economics and Statistics* 90, N. 1, febbraio 2008, pp. 174-180.

un settore come quello degli elaboratori elettronici, in cui operano diversi produttori di strumentazione come i personal computer, questo fenomeno può verificarsi. Infatti, è possibile che nessuna azienda riesca ad avere una quota di mercato sufficientemente grande per trarre pieno vantaggio dalle economie di scala.

8.2 • Le curve di costo di breve periodo

La curva di costo totale di lungo periodo mostra come il costo minimo totale di un'impresa vari con la quantità prodotta quando essa è in grado di variare tutti i fattori produttivi che ha a disposizione. La **curva di costo totale di breve periodo** (*Short-run Total Cost*) $STC(Q)$ mostra il costo minimo totale per produrre Q unità di output quando almeno un fattore è fisso. Nell'ipotesi che verrà qui presentata il capitale è un input fisso, cioè $\overline{K}$. La curva di costo totale di breve periodo è la somma di due componenti: la **curva del costo totale variabile** (*Total Variable Cost*) $TVC(Q)$ e la **curva del costo totale fisso** (*Total Fixed Cost*) TFC, cioè $STC(Q) = TVC(Q) + TFC$. Il costo totale variabile è la somma delle spese relative agli input variabili, come il lavoro e le materie prime, per la combinazione di input che consente la minimizzazione dei costi nel breve periodo. Il costo totale fisso è quello relativo al capitale (per esempio, $TFC = r\overline{K}$) e non varia al variare dell'output. La Figura 8.12 mostra la curva del costo totale di breve periodo, quella del costo $\overline{K}$ totale variabile e quella relativa al costo fisso totale. Quest'ultima, essendo il costo fisso indipendente dall'output, è una linea parallela all'asse orizzontale, la cui intercetta sull'asse verticale è pari a $r\overline{K}$. Quindi, $STC(Q) = TVC(Q) + r\overline{K}$, così che la distanza verticale tra $STC(Q)$ e $TVC(Q)$ è pari a $r\overline{K}$, per qualsiasi quantità misurabile sull'asse orizzontale.

> **CURVA DI COSTO TOTALE DI BREVE PERIODO** Una curva che mostra il costo totale minimo relativo alla produzione di un determinato output, quando almeno un input è fisso.

> **CURVA DI COSTO VARIABILE TOTALE** Una curva che mostra la somma della spesa in input variabili, come il lavoro e le materie prime, in corrispondenza della combinazione di input che minimizza i costi nel breve periodo.

> **CURVA DEL COSTO TOTALE FISSO** Una curva che mostra il costo degli input fissi e non varia con la quantità prodotta.

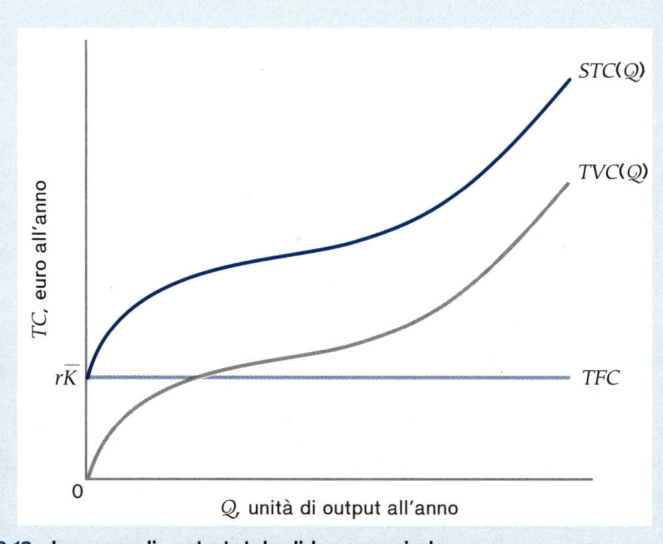

FIGURA 8.12 La curva di costo totale di breve periodo
La curva di costo totale di breve periodo $STC(Q)$ è la somma della curva del costo totale variabile $TVC(Q)$ e della curva del costo totale fisso TFC. Il costo totale fisso è uguale al costo $r\overline{K}$ dei servizi del capitale fisso.

Esercizio svolto 8.3 La derivazione della funzione di costo totale di breve periodo

Ritornate alla funzione di produzione utilizzata negli esercizi svolti del Capitolo 7 (7.2, 7.4, 7.5) e nell'Esercizio svolto 8.1, $Q = 50\sqrt{LK}$.

Problema

Qual è la funzione di costo totale di breve periodo relativa a questa funzione di produzione, quando il capitale è fisso e pari a $\bar{K}$ e i prezzi del lavoro e del capitale sono rispettivamente $w = 25$ e $r = 100$?

Soluzione

Nell'Esercizio svolto 7.5 si è calcolata la quantità di lavoro che consente la minimizzazione dei costi di breve periodo quando il capitale è fisso a $\bar{K}$: $L = Q^2/(2500\bar{K})$. Si può calcolare la funzione del costo totale direttamente da questa relazione. Infatti $STC(Q) = wL + rK = Q^2/(100\bar{K}) + 100\bar{K}$. Il costo totale variabile e quello fisso sono dati, rispettivamente, dalle seguenti relazioni: $TVC(Q) = Q^2/(100\bar{K})$ e $TFC = 100\bar{K}$.

Tenendo costante Q, il costo totale variabile è funzione decrescente di $\bar{K}$. Infatti, per un determinato output, l'impresa che utilizza più capitale può ridurre la quantità impiegata di lavoro. Poiché il costo totale variabile è il costo del lavoro, tale costo deve decrescere in $\bar{K}$.

8.2.1 La relazione tra costo di lungo periodo e costo di breve periodo

Si consideri un'impresa che utilizzi solo due input, lavoro e capitale. Nel lungo periodo, l'impresa può variare la quantità di entrambi i fattori, ma nel breve periodo la quantità di capitale è fissa. Quindi l'impresa ha maggiori vincoli di produzione nel breve periodo che nel lungo e ci si attende pertanto che sarà in grado di raggiungere costi totali più bassi nel lungo periodo.

La Figura 8.13 mostra il confronto tra i due problemi di minimizzazione dei costi, nel breve e nel lungo periodo, per un produttore di televisori. Inizialmente, l'impresa vuole produrre un milione di televisori all'anno. Nel lungo periodo, quando è libera di variare il capitale e il lavoro, minimizza il costo totale operando in A impiegando L_1 unità di lavoro e K_1 unità di capitale.

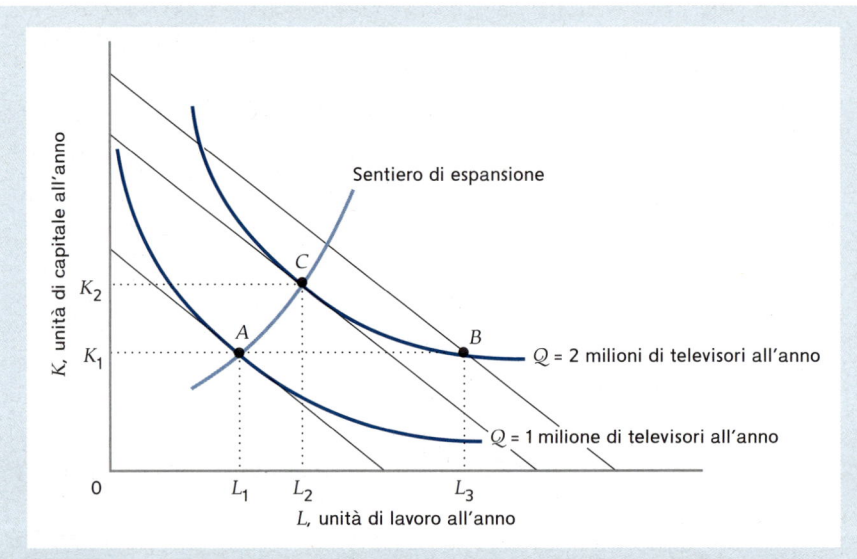

FIGURA 8.13 I costi totali sono generalmente maggiori nel breve periodo che nel lungo periodo

Inizialmente l'impresa produce un milione di televisori all'anno e opera nel punto A, condizione di costo totale minimo sia nel breve che nel lungo periodo, per un ammontare fisso di capitale di K_1 unità. Se l'impresa intende aumentare Q a 2 milioni di televisori all'anno e il capitale rimane fisso a K_1 unità, l'impresa opera in B. Tuttavia, nel lungo periodo, l'impresa opera in C, su un isocosto più basso rispetto a quello che passa per B.

Si supponga che l'impresa intenda aumentare l'output a 2 milioni di televisori all'anno e che nel breve periodo il capitale sia fisso a K_1 unità. In questo caso l'impresa opererebbe in B utilizzando L_3 unità di lavoro e le stesse K_1 unità di capitale. Nel lungo periodo, tuttavia, l'impresa può muoversi lungo il suo sentiero di espansione e operare in C, utilizzando L_2 unità di lavoro e un ammontare di K_2 unità di capitale. Poiché il punto B è su un isocosto superiore a quello sul quale si trova C, il costo totale di breve periodo è evidentemente superiore a quello di lungo periodo quando l'impresa produrrà 2 milioni di televisori all'anno.

Quando l'impresa produce 1 milione di televisori all'anno, il punto A corrisponde alla minimizzazione dei costi sia nel lungo che nel breve periodo, supponendo che il capitale sia fisso per K_1 unità. La Figura 8.14 mostra i costi totali di lungo e di breve periodo relativi alle due ipotesi, $TC(Q)$ e $STC(Q)$. La curva di costo totale di breve periodo $STC(Q)$ giace sempre al di sopra di $TC(Q)$ - cioè il costo totale di breve periodo è superiore al costo totale di lungo periodo - eccetto nel punto A dove i due costi sono uguali.

8.2.2 Le curve di costo medio e marginale di breve periodo

Così come si sono definite le curve di costo medio e di costo marginale di lungo periodo, si possono definire il **costo medio di breve periodo** (Short-run Average Cost, SAC) e il **costo marginale di breve periodo** (Short-run Marginal Cost, SMC): $SAC(Q) = STC(Q)/Q$ e $SMC(Q) = (\Delta STC)/(\Delta Q)$. Quindi, come il costo marginale di lungo periodo è pari alla pendenza del costo totale di lungo periodo, il costo marginale di breve periodo è pari alla pendenza del costo totale di breve periodo. (Si noti che in A, nella Figura 8.14, per un output di un milione di unità all'anno le pendenze dei due costi totali, di breve e di lungo periodo, sono identiche. Segue pertanto che, in quel punto, non solo $STC = TC$ ma anche $SMC = MC$.)

Inoltre, proprio come possiamo suddividere il costo totale di breve periodo in due parti (costo totale variabile e costo totale fisso), il costo medio si può scomporre in **costo variabile medio** (Average Variable Cost, AVC) e **costo fisso medio** (Average Fixed Cost, AFC), cioè $SAC = AVC + AFC$. Il costo fisso medio è pari al costo

> **COSTO MEDIO DI BREVE PERIODO** Il costo totale per unità di output in presenza di uno o più fattori fissi.

> **COSTO MARGINALE DI BREVE PERIODO** La pendenza del costo totale di breve periodo.

> **COSTO VARIABILE MEDIO** Il costo totale variabile per unità di prodotto.

> **COSTO FISSO MEDIO** Il costo totale fisso per unità di prodotto.

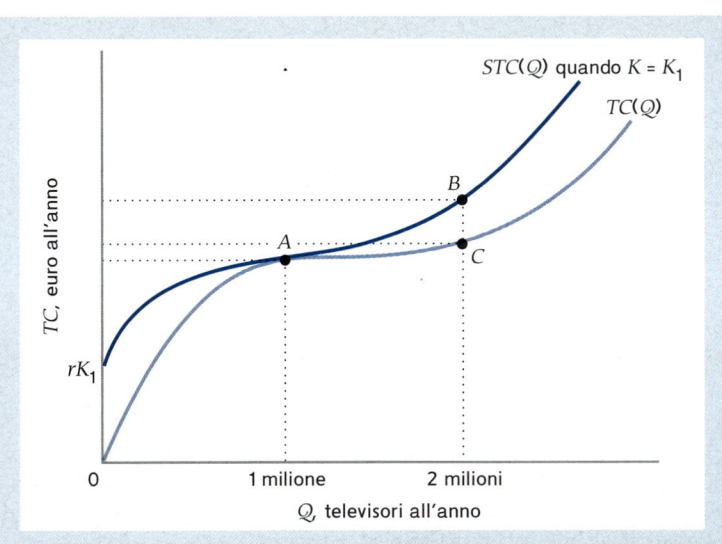

FIGURA 8.14 La relazione tra costi totali di breve periodo e costi totali di lungo periodo
Quando il capitale è fisso a K_1 unità, $STC(Q)$ è superiore a $TC(Q)$, eccetto che per il punto A. Il punto A è soluzione di ottimo sia nel lungo che nel breve periodo per un output di un milione di televisori all'anno.

fisso per unità di output ($AFC = TFC/Q$). Il costo variabile medio è il costo variabile per unità di output ($AVC = TVC/Q$).

La Figura 8.15 mostra i tipici andamenti del costo marginale di breve periodo, del costo medio di breve periodo, del costo variabile medio e del costo fisso medio. La curva del costo medio di breve periodo è ottenuta dalla somma verticale del costo variabile medio e del costo fisso medio fisso.[14] Il costo fisso medio è continuamente decrescente e tende a zero per valori di Q molto alti. Questo riflette il fatto che al crescere della quantità prodotta il costo dei fattori fissi è "distribuito" o ripartito su un volume di produzione sempre più grande. Poiché il costo fisso medio diviene sempre più piccolo al crescere di Q, la distanza tra $AVC(Q)$ e $SAC(Q)$ si fa sempre più piccola. Il costo marginale di breve periodo $SMC(Q)$ interseca il costo medio e il costo variabile medio nel loro punto di minimo. Questa proprietà rispecchia la relazione tra costo marginale e costo medio di lungo periodo, come sempre per la relazione tra grandezze medie e marginali.

8.2.3 Le relazioni tra costi medi e marginali di lungo e breve periodo

La curva di costo medio di lungo periodo come curva di inviluppo

La curva di costo medio di lungo periodo forma un contorno (o inviluppo) attorno all'insieme delle curve di costo medio di breve periodo in corrispondenza dei diversi livelli di output e input fisso. La Figura 8.16 illustra questo aspetto per un produttore di televisori. La curva di costo medio di lungo periodo dell'impresa $AC(Q)$ è a forma di U come lo sono le curve di costo medio di breve periodo $SAC_1(Q)$, $SAC_2(Q)$ e $SAC_3(Q)$, curve che corrispondono a determinati livelli del fattore fisso K, $K_1 < K_2 < K_3$. (Spostarsi a un più alto livello di capitale fisso potrebbe significare aumentare la dimensione dell'impianto oppure il suo livello di automazione.)

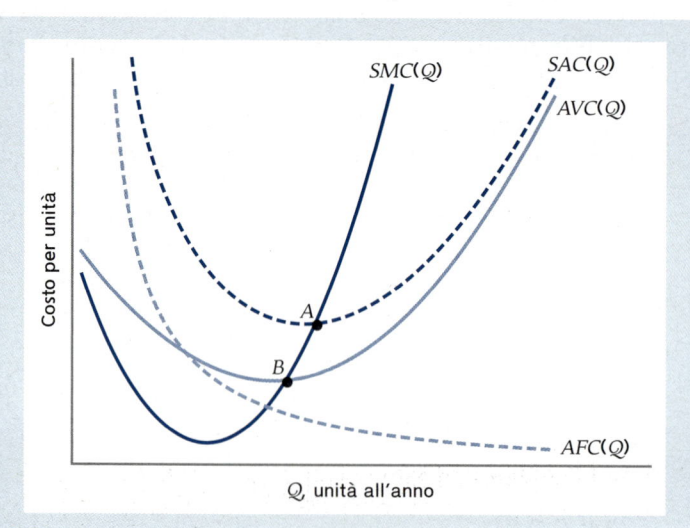

FIGURA 8.15 Curve di costo medio e marginale di breve periodo
La curva del costo medio di breve periodo $SAC(Q)$ è la somma verticale di quella del costo variabile medio $AVC(Q)$ e di quella del costo fisso medio $AFC(Q)$. Il costo marginale di breve periodo $SMC(Q)$ interseca il costo medio $SAC(Q)$ e il costo variabile medio $AVC(Q)$ nel punto A e nel punto B, rispettivamente, in corrispondenza dei loro valori minimi.

---

[14] Per ciascuna quantità si somma l'altezza – somma verticale – di AVC a quella di AFC e si ottiene il livello di SAC.

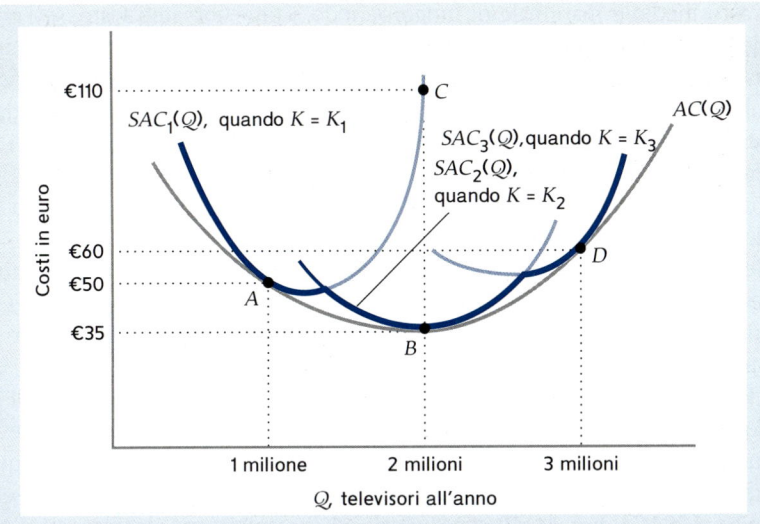

FIGURA 8.16 La curva di costo medio di lungo periodo come curva di inviluppo
Le curve di costo medio di breve periodo $SAC_1(Q)$, $SAC_2(Q)$ e $SAC_3(Q)$ giacciono al di sopra della curva di costo medio di lungo periodo $AC(Q)$ eccetto che per i punti A, B e D. Vediamo quindi che il costo medio di breve periodo è sempre superiore a quello di lungo periodo, salvo che per l'ipotesi in cui la dimensione dell'impianto è ottimale, in K_1, K_2 e K_3. Il punto C mostra dove l'impresa opererebbe nel breve periodo se producesse 2 milioni di televisori all'anno con capitale fisso e pari a K_1. Se la figura contenesse molte altre curve di costo medio di breve periodo, questo contorno sarebbe più regolare e coinciderebbe alla fine con la curva del costo medio di lungo periodo.

La curva di costo medio di breve periodo che corrisponde a ogni ipotetica dimensione del fattore fisso giace al di sopra della curva di costo medio di lungo periodo, eccetto che per il livello di output per il quale il fattore fisso è ottimale (punti A, B e D nella figura). In questa ipotesi, l'impresa minimizza i suoi costi se quando produce un milione di televisori il suo livello di capitale fisso è pari a K_1. Ma se intendesse produrre due milioni o tre milioni, minimizzerebbe i costi se il capitale fisso fosse rispettivamente K_2 o K_3. (Praticamente, se K rappresenta la dimensione dell'impianto, l'alto costo medio di breve periodo di €110 per produrre due milioni di televisori impiegando K_1 potrebbe riflettere una riduzione nel prodotto marginale del lavoro, poiché troppi lavoratori sarebbero costretti ad affollare un piccolo impianto; per raggiungere il costo medio minimo di €35, l'impresa dovrebbe dimensionarsi in K_2.)

Ora si osservi il bordo inferiore più scuro delle curve di costo di breve periodo nella Figura 8.16 e si immagini che il grafico includa sempre più curve di costo medio di breve periodo. Il contorno più scuro diventerebbe via via più regolare fino ad approssimare la curva di costo medio di lungo periodo. Quindi si può pensare alla curva di costo medio di lungo periodo come l'inviluppo di un numero infinito di curve di costo medio di breve periodo. Ecco perché tale curva viene spesso chiamata *curva di inviluppo*.

Quando si eguagliano e quando non si eguagliano i costi medi e i costi marginali di lungo e breve periodo

Le curve rappresentate nella Figura 8.17 sono identiche a quelle rappresentate nella Figura 8.16, con l'unica aggiunta del costo marginale di lungo periodo $MC(Q)$ e dei tre costi marginali di breve periodo $SMC_1(Q)$, $SMC_2(Q)$ e $SMC_3(Q)$. Dalla Figura 8.17 si evince la particolare relazione tra costi medi e marginali di breve periodo e tra costo medio e marginale di lungo periodo. Come abbiamo visto, se l'impresa intende produrre un milione di unità nel lungo periodo opererà con un impianto di dimensione K_1. Quindi se l'impresa è dotata di un impianto di dimensione fissa K_1, la combinazione di input che userà per produrre un milione di unità sarà identica nel breve e nel lungo periodo. Per un output di un milione, il costo medio di breve periodo $SAC_1(Q)$ è pari al costo medio di lungo periodo $AC(Q)$ (nel punto A) e anche il costo marginale di breve periodo $SMC_1(Q)$ è pari al costo marginale di lungo periodo $MC(Q)$ (nel punto G).

Tale relazione è confermata per tutti gli altri livelli di output. Per esempio, se l'impresa è dotata di un impianto di dimensione K_3, può produrre tre milioni in modo efficiente tanto nel breve quanto nel lungo periodo. Così, $SAC_3(Q)$ e $AC(Q)$ sono uguali (nel punto D) e $SMC_3(Q)$ e $MC(Q)$ sono pure uguali (nel punto E).

La Figura 8.17 mostra un'altra caratteristica delle curve di costo medio di breve periodo che potreste trovare sorprendente. Una curva di costo medio di breve periodo non raggiunge, generalmente, il suo minimo al livello di output per il quale il costo medio di breve periodo eguaglia il costo medio di lungo periodo. Per esempio, nel punto A, $SAC_1(Q)$ e $AC(Q)$ sono uguali ed entrambi sono decrescenti. $SAC_1(Q)$ deve essere decrescente poiché $SMC_1(Q)$ giace al di sotto di $SAC_1(Q)$. Il minimo del $SAC_1(Q)$ è nel punto C, dove $SMC_1(Q)$ eguaglia $SAC_1(Q)$. Allo stesso modo, nel punto D, $SAC_3(Q)$ e $AC(Q)$ sono uguali e sono entrambi crescenti. $SAC_3(Q)$ è crescente poiché il costo marginale $SMC_3(Q)$ gli sta al di sopra. Il minimo del $SAC_3(Q)$ è nel punto F, dove $SMC_3(Q)$ eguaglia $SAC_3(Q)$.

La figura mostra anche che è possibile per una curva di costo medio di breve periodo raggiungere il suo minimo per un output per il quale costo medio di breve periodo e costo medio di lungo periodo si eguagliano. Per esempio, nel punto B, $SAC_2(Q)$ e $AC(Q)$ si eguagliano ed entrambi hanno raggiunto il loro minimo. $SAC_2(Q)$ deve avere pendenza nulla perché $SMC_2(Q)$ attraversa $SAC_2(Q)$ in B.

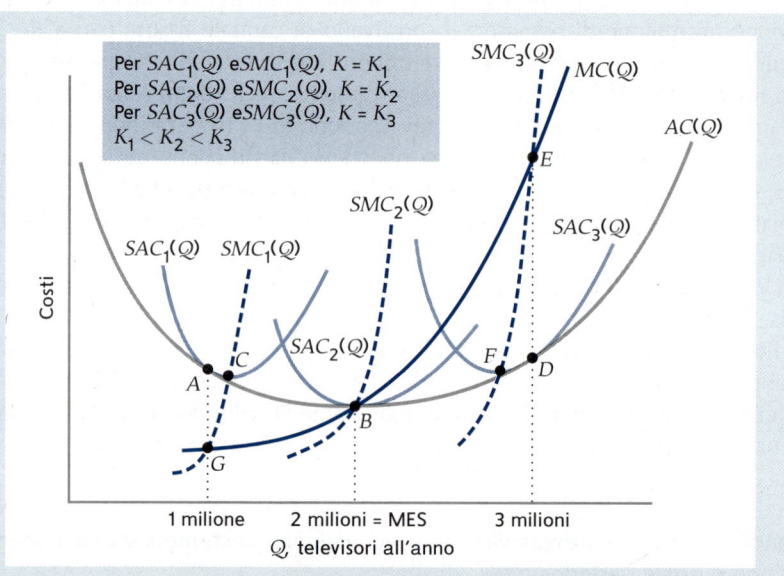

FIGURA 8.17 Le relazione tra curve di costo medio e costo marginale di lungo periodo e tra curve di costo marginale e costo medio di breve periodo
Quando il costo medio di breve e quello di lungo periodo di un'impresa si eguagliano, anche i suoi costi marginali di breve e di lungo periodo devono essere uguali.

Esercizio svolto 8.4 — La relazione tra costo medio di breve periodo e costo medio di lungo periodo

Ritornate a considerare la funzione di produzione $Q = 50\sqrt{LK}$ già analizzata negli Esercizi svolti 8.1, 8.2 e 8.3.

Problema

A quanto corrisponde il costo medio di breve periodo per questa funzione di produzione per un capitale fisso $\overline{K}$ e i prezzi degli input pari a $w = 25$ e $r = 100$? Rappresentate le curve del costo medio di breve periodo per $\overline{K} = 1$, $\overline{K} = 2$, e $\overline{K} = 4$.

Soluzione

Si è già derivata la curva del costo totale di breve periodo per questa funzione di produzione nell'Esercizio svolto 8.3:

$$STC(Q) = wL + r\overline{K} = Q^2 / (100\overline{K}) + 100\overline{K}.$$

Quindi, il costo medio di breve periodo è pari a $SAC(Q) = Q/(100\overline{K}) + 100\overline{K}/Q$. La Figura 8.18 mostra il costo medio di breve periodo per $\overline{K} = 1$, $\overline{K} = 2$ e $\overline{K} = 4$. Mostra, altresì, il costo medio di lungo periodo per questa funzione di produzione (calcolato nell'Esercizio svolto 8.2). Le curve di costo medio di breve periodo sono a U, mentre il costo medio di lungo periodo è una parallela all'asse orizzontale ed è il limite inferiore (l'inviluppo) delle curve dei costi medi di breve periodo.

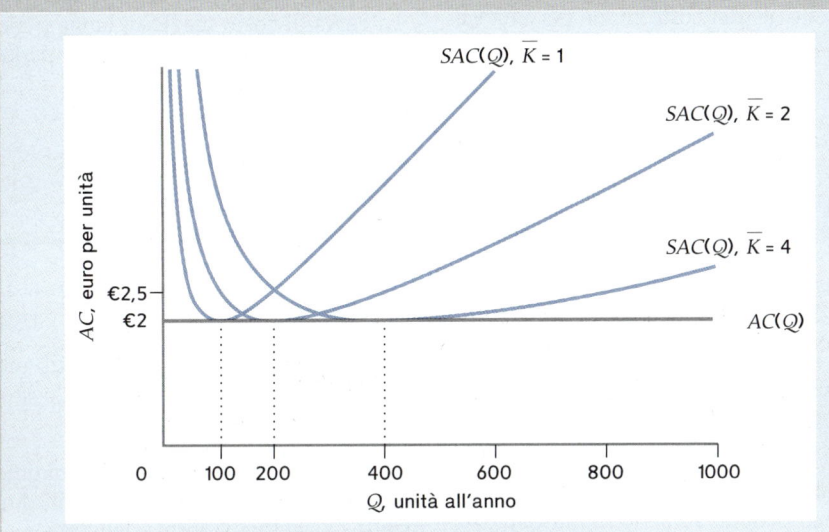

FIGURA 8.18 Le curve di costo medio di breve e lungo periodo
La curva di costo medio di lungo periodo $AC(Q)$ è una linea orizzontale. È il limite inferiore o inviluppo delle curve di costo medio di breve periodo.

Riepilogo

- La curva di costo totale di lungo periodo mostra come il livello minimo dei costi totali varia al variare della quantità di output.

- Un aumento dei prezzi degli input ruota verso l'alto la curva di costo totale di lungo periodo facendo perno sull'origine degli assi.

- Il costo medio di lungo periodo è il costo unitario, cioè per unità di output, di un'impresa. È pari al costo totale diviso per la quantità.

- Il costo marginale di lungo periodo è il saggio di variazione del costo totale di lungo periodo rispetto alla quantità di output.

- Il costo marginale di lungo periodo può essere inferiore, superiore o uguale al costo medio di lungo periodo. Questo se il costo medio di lungo periodo è decrescente, è crescente o rimane costante al crescere dell'output prodotto.

- Le economie di scala descrivono una situazione in cui il costo medio di lungo periodo decresce all'aumentare dell'output. Le economie di scala sono causate da proprietà tecniche dei processi produttivi, dalla specializzazione del lavoro e dalla indivisibilità degli input.

- Le diseconomie di scala corrispondono alla situazione nella quale il costo medio di lungo periodo cresce all'aumentare dell'output. Una delle principali fonti di diseconomie di scala è data dalle diseconomie manageriali.

- La scala minima efficiente (MES) è la più piccola quantità per la quale la curva di costo medio di lungo periodo si trova al minimo.

- In presenza di economie di scala i rendimenti di scala dei fattori produttivi sono crescenti; in corrispondenza di diseconomie di scala i rendimenti di scala sono decrescenti; in assenza di economie e diseconomie di scala, i rendimenti di scala sono costanti.

- L'elasticità dei costi totali rispetto alla quantità prodotta misura l'ampiezza delle economie di scala. Consiste nella variazione percentuale del costo totale per una variazione dell'1% della quantità prodotta.

- La curva di costo totale di breve periodo misura il costo totale minimo in funzione dell'output, dei prezzi degli input e del livello dell'input fisso.

- Il costo totale di breve periodo è la somma di due componenti: costo totale variabile e costo totale fisso.

- Il costo totale di breve periodo è sempre maggiore del costo totale di lungo periodo, eccetto che per la quantità di output per la quale la dimensione del fattore fisso consente di minimizzare i costi.

- Il costo medio di breve periodo è la somma di costo variabile medio e costo fisso medio. Il costo marginale di breve periodo è la variazione del costo totale di breve periodo rispetto alla quantità.

- La curva di costo medio di lungo periodo è l'inviluppo delle curve di costo medio di breve periodo.

Domande di ripasso

1. Che relazione esiste tra la soluzione ottima relativa alla minimizzazione dei costi di lungo periodo di un'impresa e la curva del costo totale di lungo periodo?

2. Spiegate come l'aumento del prezzo del lavoro sposta la curva del costo medio di lungo periodo.

3. Se il prezzo del lavoro aumenta del 20% mentre tutti i prezzi degli altri input rimangono invariati, il costo totale di produzione di lungo periodo aumenterà più del 20%, meno o esattamente del 20%? Se i prezzi di tutti gli input aumentano del 20%, il costo totale di produzione di lungo periodo aumenterà più del 20%, meno o esattamente del 20%?

4. a) Se la curva del costo medio è crescente, il costo marginale gli sta al di sopra o al di sotto? Perché?
b) Se il costo marginale è crescente, questo giace al di sopra o al di sotto del costo medio? Perché?

5. L'elasticità dei costi totali rispetto alla quantità può mai essere negativa?

6. Spiegate perché la curva del costo marginale di breve periodo deve intersecare quella del costo variabile medio nel suo punto di minimo.

7. Supponete che il costo medio minimo di breve periodo sia identico per tutte le possibili dimensioni dell'impianto. Quale sarà la forma del costo medio di lungo periodo e del costo marginale di lungo periodo?

8. Se il costo variabile medio è una linea orizzontale, quale sarà l'andamento del costo marginale di breve periodo? Quale sarà l'andamento del costo medio di breve periodo?

9. Se il sentiero di espansione di un'impresa è una linea retta, anche la curva del costo totale di lungo periodo deve essere una retta?

CAPITOLO 9
LA CONCORRENZA PERFETTA

OBIETTIVI DI APPRENDIMENTO

Al termine di questo capitolo lo studente sarà in grado di:

- cogliere le quattro caratteristiche dei mercati di concorrenza perfetta;
- capire in che modo le imprese che operano nei mercati di concorrenza perfetta scelgono la quantità che massimizza il profitto economico;
- analizzare come si determina il prezzo di mercato nel breve e nel lungo periodo;
- studiare le relazioni tra il surplus economico e il profitto economico.

CASO • *Quante rose può coltivare un floricoltore?*

Coccinella Fiori S.p.A. è uno dei maggiori produttori di rose d'Italia.[1] L'impresa fu avviata in Puglia negli anni Settanta da quattro fratelli, i quali successivamente hanno costruito serre in altre zone del Sud Italia e all'estero, fino a diventare una delle prime aziende florovivaistiche a livello europeo. Sebbene Coccinella sia il più grande coltivatore italiano tra le centinaia di imprese attive nel settore delle rose, nel 2005 la sua produzione (circa 15 milioni di steli) corrispondeva a circa il 2% della produzione totale di rose recise in Italia (quasi 753 milioni). Del resto, tutti i produttori dei maggiori Paesi coltivatori di rose al mondo (come Colombia, Ecuador e Stati Uniti) sono per lo più piccole imprese. Per esempio, un tipico coltivatore di rose americano produce meno dell'1% della produzione totale degli USA, e anche in Italia il comparto florovivaistico è caratterizzato da un elevato numero di aziende soprattutto di piccole dimensioni (l'estensione media è infatti pari a circa 8000 metri quadrati).

Dal momento che un singolo coltivatore di rose recise, come Coccinella, risulta piccolo rispetto alla dimensione totale del mercato, le sue decisioni produttive non sono in grado di influenzare il prezzo di mercato delle rose. La decisione chiave che Coccinella deve assumere non riguarda il prezzo da far pagare, ma quante rose coltivare dato il prezzo di mercato delle stesse. Coccinella Fiori è un tipico esempio di impresa che opera in un mercato perfettamente concorrenziale. Un mercato perfettamente concorrenziale comprende imprese che producono un bene identico venduto da tutte allo stesso prezzo. La quantità prodotta da ciascuna impresa è così modesta in relazione alla complessiva domanda di mercato che nessuna impresa è in grado di influenzare il prezzo di mercato del bene.

[1] L'esempio è basato su un'impresa realmente esistente, ma il nome è di fantasia.

La concorrenza perfetta è utile da studiare per due ragioni. La prima è che un numero rilevante di mercati del mondo reale – inclusi quelli della maggior parte dei prodotti agricoli, di molti minerali (per esempio rame e oro), della fabbricazione del metallo, dei semiconduttori e della spedizione di petrolio – si presentano come l'industria delle rose: si tratta di mercati composti da un gran numero di imprese, ciascuna delle quali produce beni quasi identici e ha un accesso simile alle risorse necessarie per la produzione. La teoria della concorrenza perfetta sviluppata in questo capitolo aiuta a comprendere come vengono determinati i prezzi e quali sono le dinamiche di entrata e uscita dal mercato. In secondo luogo, la teoria della concorrenza perfetta pone le basi per comprendere altre parti della microeconomia. Molti dei concetti chiave sviluppati in questo capitolo, come il ruolo del ricavo e del costo marginale nelle decisioni sulla quantità da produrre, saranno utili per studiare altre strutture di mercato, come il monopolio o l'oligopolio, nei prossimi capitoli.

9.1 • Cos'è la concorrenza perfetta

Il mercato delle rose recise è un tipico esempio di mercato di concorrenza perfetta, e Coccinella Fiori è un esempio di impresa perfettamente concorrenziale. Qui si chiarirà cosa rende un mercato perfettamente concorrenziale e quali sono le caratteristiche delle imprese di concorrenza perfetta.

I mercati di concorrenza perfetta presentano quattro caratteristiche.

1. L'**industria** è altamente **frammentata**. Questo significa che sono presenti numerosi venditori e numerosi acquirenti: le quantità acquistate da ciascun compratore e le quantità vendute da ciascun produttore sono così modeste, in relazione alla domanda totale del mercato, da non essere in grado di produrre effetti significativi sul prezzo vigente sul mercato stesso. Inoltre, gli acquisti relativi agli input utilizzati nel processo produttivo da ciascun venditore sono a loro volta sufficientemente modesti da non essere in grado di provocare alcun effetto sul *prezzo stesso degli input*. Il mercato delle rose è un eccellente esempio di mercato altamente frammentato, dove anche i maggiori produttori, come Coccinella Fiori, risultano molto piccoli in rapporto alla dimensione globale del mercato, e coloro che acquistano rose dai diversi offerenti – grossisti, intermediari e fioristi – sono altrettanto piccoli (per quantità acquistate) e numerosi.

2. Le imprese producono **beni indifferenziati**. Questo significa che i consumatori percepiscono i prodotti come identici e omogenei indipendentemente da chi li produce. Se un consumatore acquista rose da un dato rivenditore, è altamente probabile che per lui sia del tutto indifferente che queste siano stati fornite da Coccinella Fiori o da uno dei suoi concorrenti. Esattamente come questo vale per il consumatore, lo stesso si può dire per i fioristi e i grossisti che acquistano le rose direttamente dai coltivatori. Esattamente come il consumatore finale non vede differenze tra le rose coltivate dai differenti floricoltori, così grossisti e fioristi non si preoccupano da chi acquistano, purché lo facciano al miglior prezzo. Le rose sono un tipico esempio di bene indifferenziato.

3. I consumatori dispongono di **perfetta informazione sui prezzi** dei diversi offerenti sul mercato. Ciò è sicuramente vero nel mercato delle rose. Grossisti e fioristi che acquistano rose dai produttori sono perfettamente consapevoli dei prezzi prevalenti sul mercato. Questi consumatori hanno bisogno di essere perfettamente informati sui prezzi, perché il prezzo è la principale ragione che li induce ad acquistare da un floricoltore piuttosto che da un altro.

4. L'industria è caratterizzata da un **uguale accesso alle risorse**. Tutte le imprese – sia quelle operanti nell'industria sia i potenziali entranti – hanno identico accesso alla medesima tecnologia e agli stessi input. Le imprese possono impiegare gli input, come lavoro, capitale e altre risorse, se ne hanno bisogno, e possono dismetterli se non ne hanno più necessità. Questa caratteristica è tipica dell'industria delle rose: la tecnologia utilizzata per coltivarle è nota, e gli input necessari per gestire un'attività di coltivazione (terra, serre, arbusti e lavoro) sono facilmente disponibili sul mercato.

Le caratteristiche elencate hanno tre implicazioni sul modo in cui operano i mercati perfettamente competitivi:

1. La prima caratteristica – la frammentazione del mercato – implica che venditori e

---

1
INDUSTRIA FRAMMENTATA Un'industria in cui sono presenti molti acquirenti e venditori; una delle caratteristiche dell'industria perfettamente concorrenziale.

2
BENI INDIFFERENZIATI Beni e servizi percepiti come omogenei dai consumatori; una delle caratteristiche dell'industria perfettamente concorrenziale.

3
PERFETTA INFORMAZIONE SUI PREZZI Piena conoscenza, da parte dei consumatori, dei prezzi praticati da tutti i venditori; una delle caratteristiche dell'industria perfettamente concorrenziale.

4
UGUALE ACCESSO ALLE RISORSE Condizione per la quale le imprese – quelle presenti e le potenziali entranti – hanno accesso alla medesima tecnologia e ai medesimi input produttivi; una delle caratteristiche dell'industria perfettamente concorrenziale.

PRICE-TAKER Un venditore o un compratore che prende il prezzo del bene o servizio come dato quando deve decidere la quantità da domandare (acquirente) o da offrire (venditore).

LEGGE DEL PREZZO UNICO In un'industria perfettamente concorrenziale, la proprietà in base alla quale tutte le transazioni tra acquirenti e venditori avvengono a un unico e comune prezzo di mercato.

LIBERTÀ DI ENTRATA Caratteristica di un'industria in cui ciascun potenziale entrante ha accesso alla medesima tecnologia e agli stessi input produttivi delle imprese già insediate.

acquirenti operano come **price-taker**. Questo significa che un'impresa considera il prezzo di mercato del prodotto come dato quando assume la decisione sulla quantità da produrre, e gli acquirenti prendono il prezzo di mercato come dato quando assumono le decisioni sulla quantità da acquistare. Questa caratteristica implica, altresì, che le imprese considerino i prezzi degli input come fissi quando devono decidere la quantità di input da acquistare.[2]

2. La seconda e la terza caratteristica – le imprese producono beni indifferenziati e i consumatori sono perfettamente informati sui prezzi – implicano la **legge del prezzo unico**: le transazioni tra acquirenti e venditori si realizzano in corrispondenza di un unico prezzo di mercato. Dal momento che i beni e i servizi prodotti da tutte le imprese sono percepiti come omogenei e i loro prezzi sono perfettamente noti, un consumatore acquisterà al prezzo più basso disponibile sul mercato. Questo significa che nessuna vendita sarà realizzata per un qualsiasi prezzo più elevato.

3. La quarta caratteristica – uguale accesso alle risorse – comporta che l'industria sia caratterizzata da **libertà di entrata**. Ciò significa che se nuove imprese ritengono conveniente entrare nell'industria possono farlo. Libertà di entrata non significa che le nuove imprese non debbano sostenere costi per entrare nell'industria, ma che hanno accesso alla medesima tecnologia e ai medesimi input delle imprese già operanti.

In questo capitolo verrà sviluppata la teoria della concorrenza perfetta, considerando ciascuna delle tre implicazioni accennate: il comportamento delle imprese price-taker, il prezzo unico di mercato e la libertà di entrata. Per sviluppare la teoria, lo studio sulla concorrenza perfetta sarà organizzato in tre passaggi:

1. Nel prossimo paragrafo si analizzerà in che modo viene massimizzato il profitto da un'impresa price-taker.
2. Successivamente, si studierà in che modo si determina sul mercato il prezzo unico quando nell'industria operano un numero fisso di imprese (un numero piuttosto ampio, come nel caso dell'industria delle rose, in cui operano centinaia di imprese). In altri termini, si effettuerà l'analisi dell'equilibrio di breve periodo di un mercato perfettamente concorrenziale.
3. Infine, sarà mostrato in che modo il prezzo di mercato risente della libertà di entrata nell'industria. Dunque, si effettuerà l'analisi dell'equilibrio di lungo periodo della concorrenza perfetta.

Una volta sviluppati i singoli passaggi, sarà stata costruita una coerente teoria della concorrenza perfetta. Nel Capitolo 10 questa teoria verrà impiegata per analizzare in che modo i mercati perfettamente concorrenziali facilitano l'allocazione delle risorse e la creazione di valore economico.

9.2 • La massimizzazione del profitto per un'impresa price-taker

L'analisi della concorrenza perfetta muove dalle decisioni che un'impresa price-taker assume quando il suo obiettivo è quello di massimizzare il profitto economico.

---

[2] Questa assunzione è stata mantenuta anche nell'analisi sulla scelta degli input e le funzioni di costo, svolta nei Capitoli 7 e 8.

Per procedere in questa direzione, occorre preliminarmente definire cosa si intende per profitto economico.

9.2.1 Profitto economico e profitto contabile

Nel Capitolo 7 si è distinto il concetto di costo economico da quello di costo contabile. Il costo economico misura il costo opportunità delle risorse che le imprese utilizzano per produrre e vendere i loro prodotti, mentre il costo contabile misura le spese in cui l'impresa incorre per produrre e vendere il suo output. È possibile proporre una distinzione analoga riguardo ai concetti di **profitto economico** e profitto contabile:

> profitto economico: ricavi dalle vendite − costi economici;
>
> profitto contabile: ricavi dalle vendite − costi contabili.

PROFITTO ECONOMICO La differenza tra i ricavi dell'impresa e i costi economici, inclusi i costi opportunità.

Il profitto economico è pertanto la differenza tra i ricavi delle vendite dell'impresa e la totalità dei suoi costi economici, inclusi i costi opportunità. Si consideri, per esempio, una piccola impresa di consulenza gestita dal suo proprietario. Nel 2010, l'impresa ha registrato ricavi per €1 000 000 e ha sostenuto spese per €850 000. Il miglior impiego alternativo per il proprietario avrebbe comportato la sua assunzione presso un'altra impresa con una retribuzione annua di €200 000. Il profitto contabile dell'impresa è 1 000 000 − 850 000 = €150 000. Il profitto economico dell'impresa, deducendo il costo opportunità del lavoro dell'imprenditore, è 1 000 000 − 850 000 − 200 000 = − €50 000. Il fatto che questa impresa abbia un profitto economico *negativo* di €50 000 sta a indicare che il proprietario realizza €50 000 in meno di reddito dalla sua attività rispetto al miglior impiego alternativo a sua disposizione. Si potrebbe dire che l'attività "distrugge" €50 000 della ricchezza del proprietario: gestendo la sua attività l'imprenditore/proprietario guadagna €50 000 di reddito in meno di quello che potrebbe ottenere altrimenti.

È possibile usare la medesima logica per spiegare qual è il costo dei fondi che un'impresa riceve dai suoi proprietari per finanziare l'acquisto dei beni capitali (per esempio immobili, macchinari e computer). Per spiegarlo, si può riprendere l'esempio della piccola impresa di consulenza, modificandone alcuni aspetti. Si supponga che l'impresa sia posseduta da un soggetto investitore che *non è coinvolto* nella gestione quotidiana dell'impresa (in questo modo non occorre considerare il costo opportunità del *tempo* del proprietario). Il proprietario ha investito €2 000 000 dei suoi risparmi per finanziare l'acquisto delle risorse necessarie per iniziare l'attività (per esempio ufficio, computer, telefoni, fax e così via). Si ipotizzi che per il proprietario la migliore alternativa di utilizzo dei fondi investiti sia rappresentata da un investimento in un portafoglio di titoli con un rendimento annuo del 10%, o €200 000. Il proprietario investe il suo denaro nell'attività di consulenza con l'aspettativa che il profitto contabile annuale dell'impresa sia di *almeno* €200 000 all'anno. Se l'impresa di consulenza registra un profitto contabile inferiore ai €200 000, il profitto economico sarà negativo. Si supponga (come prima) che i ricavi dell'impresa ammontino a €1 000 000 all'anno e le spese per gli acquisti e il lavoro a €850 000. Il profitto contabile dell'impresa è di €150 000, ma il profitto economico è 1 000 000 − 850 000 − 200 000 = − €50 000. L'esistenza di un profitto economico negativo segnala che l'attività di consulenza non fa registrare al proprietario rendimenti comparabili con quelli ottenibili se avesse investito nel miglior impiego alternativo. Di contro, se il profitto contabile dell'impresa di consulenza fosse superiore al minimo rendimento desiderato dal proprietario, ovvero €200 000, l'impresa registrerebbe un profitto economico positivo; questo segnala che l'investimento del proprietario nell'attività di consulenza è in grado di generare rendimenti superiori a quelli ottenibili nella migliore alternativa di investimento possibile.

Quando si parla di massimizzazione del profitto, il riferimento va sempre al profitto economico. Il profitto economico è, infatti, l'obiettivo appropriato quando si tratta di un'impresa che agisce nell'interesse del suo proprietario, sia essa Coccinella, Coca-Cola o Microsoft.

9.2.2 La scelta della quantità che massimizza il profitto per un'impresa price-taker

È possibile ora studiare il problema di un'impresa price-taker che ha come obiettivo la massimizzazione del profitto. Assumendo che l'impresa produca e venda una quantità di output pari a Q, il suo profitto economico (indicato con π)[3] è dato da $\pi = TR(Q) - TC(Q)$, dove $TR(Q)$ indica il ricavo totale derivante della vendita della quantità Q e $TC(Q)$ è il costo economico totale per produrre la quantità Q. Il ricavo totale è pari al prezzo di mercato, P, moltiplicato per la quantità di output, Q, prodotto dall'impresa: $TR(Q) = P \times Q$. Il costo totale, $TC(Q)$, è rappresentato dalla curva di costo totale discussa nel Capitolo 8 e indica il costo totale di produzione di Q unità di output.

Dal momento che l'impresa è price-taker, essa è consapevole di non poter influenzare, con le sue decisioni sul volume di produzione, il prezzo di mercato: perciò l'impresa assume il prezzo come un dato. Il suo obiettivo è quello di scegliere la quantità di output, Q, in grado di massimizzare il profitto totale.

Per illustrare il problema dell'impresa, si supponga che un coltivatore ritenga che il prezzo di mercato delle rose sia di €1 a rosa, $P = €1,00$. La Tabella 9.1 mostra il ricavo totale, il costo totale e il profitto per diversi livelli di output, e la Figura 9.1 (a) interpreta graficamente questi valori. La Figura 9.1 mostra che il profitto è massimizzato in corrispondenza di $Q = 300$ (cioè 300 000 rose al mese). Mostra, inoltre, che il ricavo totale è una linea retta con pendenza pari a 1: quindi, se Q

TABELLA 9.1 Ricavo, costo e profitto totali per un'impresa price-taker produttrice di rose

Q (migliaia di rose al mese)	$TR(Q)$ (migliaia di € al mese)	$TC(Q)$ (migliaia di € al mese)	π (migliaia di € al mese)
0	0	0	0
60	60	95	−35
120	120	140	−20
180	180	155	25
240	240	170	70
300	**300**	**210**	**90**
360	360	300	60
420	420	460	−40

[3] Gli economisti utilizzano la lettera greca π per indicare il profitto. Pertanto nel testo la lettera π *non si riferisce* al valore 3,14 utilizzato in geometria.

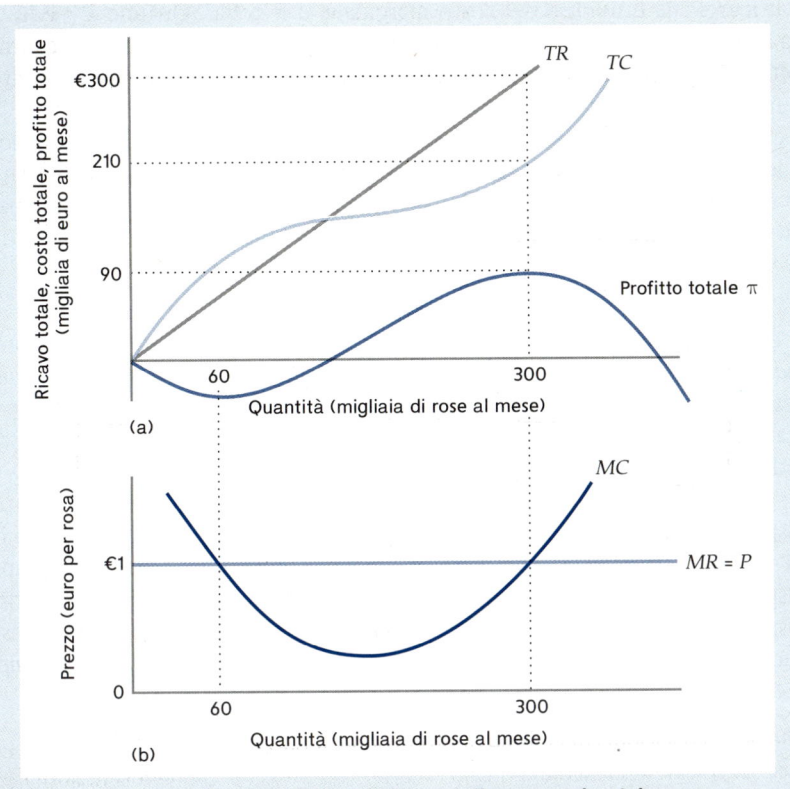

FIGURA 9.1 La massimizzazione del profitto per un'impresa price-taker
Il grafico (a) mostra che il profitto π dell'impresa è massimizzato in corrispondenza di Q = 300 000 rose al mese.
Il grafico (b) mostra che in corrispondenza di quella quantità il costo marginale uguaglia il prezzo, MC = P. Il costo marginale coincide con il prezzo anche in corrispondenza di Q = 60 000 rose al mese, ma si tratta di un punto che rende il profitto minimo.

aumenta, il ricavo totale dell'impresa aumenta a un saggio costante pari al prezzo di mercato, €1,00.

Per *qualsiasi impresa* (price-taker o meno), il saggio al quale il ricavo totale varia al variare della quantità è chiamato **ricavo marginale** (*Marginal Revenue, MR*), definito come $\Delta TR/\Delta Q$. In particolare, per un'impresa price-taker ciascuna unità addizionale venduta fa aumentare il ricavo totale di un ammontare esattamente pari al prezzo di mercato, per cui $\Delta TR/\Delta Q = P$. Da ciò deriva che *per un'impresa price-taker* il ricavo marginale coincide con il prezzo di mercato, $MR = P$.

Dal Capitolo 8 sappiamo che il costo marginale (*MC*) è il saggio al quale il costo totale varia al variare dell'output; analogamente al ricavo marginale, il costo marginale è dato da: $MC = \Delta TC/\Delta Q$. La Figura 9.1 mostra che per quantità comprese tra $Q = 60$ e la quantità che massimizza il profitto, $Q = 300$, produrre *più* rose *fa aumentare* il profitto: aumentare la quantità prodotta, in questo intervallo, fa aumentare il ricavo totale più rapidamente del costo totale, $\Delta TR/\Delta Q > \Delta TC/\Delta Q$, o $P > MC$. Quando $P > MC$, ogni volta che l'impresa aumenta la quantità venduta di 1 unità (una rosa), il suo profitto aumenta di $P - MC$, la differenza tra il ricavo marginale e il costo marginale di ogni rosa aggiuntiva.

La Figura 9.1 mostra che per quantità maggiori di $Q = 300$, produrre *meno* rose *fa aumentare* il profitto. Diminuire la quantità in questo intervallo fa decrescere il costo totale più rapidamente di quanto faccia diminuire il ricavo totale – ossia il

RICAVO MARGINALE Il saggio al quale varia il ricavo totale al variare dell'output.

ricavo marginale è minore del costo marginale, o $P < MC$. Quando $P < MC$, ogni volta che l'impresa riduce la quantità prodotta di una rosa, il suo profitto aumenta di $MC - P$, la differenza tra il costo marginale e il ricavo marginale di ogni rosa aggiuntiva.[4]

Se l'impresa può aumentare il suo profitto sia quando $P > MC$ sia quando $P < MC$, le quantità che si trovano in corrispondenza di queste disuguaglianze non possono massimizzare il profitto del coltivatore. Pertanto la quantità che massimizza il profitto si ha quando

$$P = MC \qquad (9.1)$$

L'equazione 9.1 suggerisce che *un'impresa price-taker massimizza il suo profitto quando produce una quantità $Q°$ in corrispondenza della quale il costo marginale uguaglia il prezzo di mercato*.

La Figura 9.1 (b) illustra, inoltre, che esiste un'altra quantità, $Q = 60$, in corrispondenza della quale si verifica l'uguaglianza $MR = MC$. La differenza tra $Q = 60$ e $Q = 300$ è che per $Q = 300$ la curva del costo marginale è crescente, mentre in corrispondenza di $Q = 60$ la curva del costo marginale è decrescente. È lecito chiedersi se $Q = 60$ sia un'altra quantità in grado di massimizzare il profitto dell'impresa. La risposta è negativa. La Figura 9.1 (a) mostra, infatti, che $Q = 60$ è il punto in corrispondenza del quale il profitto è *minimizzato* e non massimizzato. Da questo si deduce che esistono *due condizioni per la massimizzazione del profitto di un'impresa price-taker*:

1. $P = MC$.
2. MC deve essere crescente.

Se non sono soddisfatte entrambe queste condizioni, l'impresa non può massimizzare il profitto. Potrebbe farlo diminuendo o aumentando il suo output.

9.3 • Come si determina il prezzo di mercato: l'equilibrio di breve periodo

Nel paragrafo precedente si è visto che un'impresa price-taker massimizza il suo profitto producendo un livello di output in corrispondenza del quale il prezzo di mercato uguaglia il costo marginale. Ma in che modo viene determinato il prezzo di mercato? In questo paragrafo si intende analizzare la determinazione del prezzo di mercato nel breve periodo. Il breve periodo è quel periodo di tempo in cui (1) il numero di imprese presenti nell'industria è fisso e (2) almeno un input produttivo, per esempio la dimensione dell'impianto (cioè la quantità di capitale o di terra) di ciascuna impresa, è fisso. Per esempio, nel mercato delle rose recise le oscillazioni del prezzo di mercato da un mese all'altro sono determinate dall'interazione tra un numero fisso di imprese (molte migliaia di produttori molto piccoli), ciascuna delle quali opera con una quantità fissa di terra, di serre e di piante di rose. Se l'ammontare impiegato di tali fattori è prefissato, i floricoltori controllano la quantità prodotta prendendo decisioni sulla potatura e sul livello di fertilizzanti e pesticidi da utilizzare. Queste decisioni determinano quante rose saranno disponibili sul mercato ogni anno.

---

[4] In modo equivalente si potrebbe dire che ogni rosa addizionale prodotta fa diminuire il profitto di $P - MC$.

9.3.1 La struttura dei costi di breve periodo di un'impresa price-taker

Al fine di individuare la curva di offerta di breve periodo di una singola impresa perfettamente concorrenziale, occorre partire dalla struttura dei costi.

Il costo totale di breve periodo di un'impresa che produce una quantità Q è:

$$STC(Q) = \begin{cases} SFC + NSFC + TVC(Q), & \text{quando } Q > 0 \\ SFC, & \text{quando } Q = 0 \end{cases}$$

La precedente equazione identifica tre differenti categorie di costo dell'impresa.

1. $TVC(Q)$ rappresenta i costi totali variabili (*Total Variable Costs*): si tratta di una categoria di costi che dipende dalla quantità prodotta, dal momento che aumentano o diminuiscono a seconda che la quantità aumenti o diminuisca. I costi totali variabili comprendono per esempio i costi per l'acquisto dei materiali e i costi per alcune tipologie di lavoro. Nel caso dell'impresa Coccinella, i costi sostenuti per l'acquisto di fertilizzanti e pesticidi possono essere fatti rientrare in questa categoria, poiché la loro quantità varia al variare delle rose prodotte. I costi variabili saranno pari a zero se la produzione è nulla, e quindi rappresentano un esempio di *costi recuperabili* (*nonsunk costs*; si veda più avanti nel testo). Questo significa che se Coccinella decidesse di chiudere l'attività di produzione di rose, non avrebbe più l'esigenza di sostenere le spese per fertilizzanti o pesticidi: pertanto questi costi sono recuperabili.

2. *SFC* (*Sunk Fixed Costs*) rappresenta i **costi fissi non recuperabili** dell'impresa. Un costo fisso non recuperabile è un costo fisso che l'impresa non può evitare di sostenere, anche se decide temporaneamente di sospendere l'attività, e perciò di produrre una quantità nulla. Per questa ragione, i costi fissi non recuperabili sono altresì detti *costi non evitabili*. Si supponga, per esempio, che un coltivatore come Coccinella abbia stipulato un contratto a lungo termine (per esempio per una durata di cinque anni) per affittare il terreno su cui coltivare le rose, e che il contratto contenga una clausola che impone all'impresa di non subaffittare a terzi il terreno in questione. Il costo dell'affitto è *fisso* poiché non è destinato a variare con la quantità di rose prodotta da Coccinella Fiori: quindi non risente della produzione. Inoltre, tale costo è pure *non recuperabile*, perché l'impresa non può evitare il pagamento del canone anche se riduce la produzione a zero.[5]

3. *NSFC* (*NonSunk Fixed Costs*) rappresenta i **costi fissi recuperabili** dell'impresa. Un costo fisso recuperabile è un costo fisso che l'impresa sostiene solo se produce un output positivo, mentre può non essere sostenuto qualora la produzione dell'impresa sia pari a zero. I costi fissi recuperabili, come i costi variabili, sono spesso definiti *costi evitabili*. Per Coccinella, un esempio di costo

> **COSTO FISSO NON RECUPERABILE** Un costo fisso che l'impresa non può evitare se sospende l'attività e produce una quantità nulla.

> **COSTO FISSO RECUPERABILE** Un costo fisso che deve essere sostenuto dall'impresa se produce un output positivo ma che non deve essere sostenuto se l'impresa non produce.

---

[5] Naturalmente, può darsi il caso che l'impresa Coccinella non debba pagare il canone di locazione, ma non perché decide di chiudere oggi l'attività. Piuttosto, i pagamenti del canone termineranno una volta raggiunto il termine dei cinque anni.

fisso recuperabile potrebbe essere rappresentato dal costo del riscaldamento delle serre. Queste ultime devono essere mantenute a una temperatura costante sia che Coccinella vi coltivi 10 rose sia che ve ne coltivi 10000; pertanto il costo del riscaldamento delle serre è *fisso* (non risente del numero di rose prodotte). Tuttavia i costi di riscaldamento sono *recuperabili*, poiché possono essere evitati (e quindi non sostenuti) se l'azienda decide di non produrre rose all'interno delle serre.

I costi fissi (non dipendenti dalla quantità prodotta) totali dell'impresa, *TFC*, sono quindi pari a *TFC* = *NSFC* + *SFC*. Se *NSFC* = 0, non ci sono costi fissi recuperabili, e in questo caso *TFC* = *SFC*. È questa l'ipotesi che verrà considerata nel prossimo paragrafo.

Applicazione 9.1
Chiudere una piattaforma petrolifera[6]

Il fatto che un costo sia recuperabile o meno (cioè evitabile oppure non evitabile) spesso dipende dall'anticipo con cui l'impresa riesce a prevedere la sospensione delle proprie attività, quando la sua produzione sarà perciò pari a zero. Per illustrare questo concetto, si consideri il settore delle trivellazioni petrolifere offshore, che comprende un gran numero di imprese indipendenti le quali sono ingaggiate dalle grandi compagnie petrolifere per eseguire le trivellazioni del petrolio in mare aperto. Questi appaltatori gestiscono le piattaforme petrolifere offshore, ossia grandi piattaforme che vengono trasportate al largo e usate per estrarre il petrolio.

In generale, a una data piattaforma è assegnato un numero fisso di pozzi petroliferi che essa può sfruttare contemporaneamente. L'impresa non può trivellare un nuovo pozzo se tutti quelli che le sono stati assegnati producono secondo un certo tasso di rendimento (stabilito dal Governo). Non appena un pozzo comincia a produrre al di sotto di questo tasso, l'azienda petrolifera può scavare un nuovo pozzo per la piattaforma, se ha le risorse necessarie e se stabilisce che ciò è profittevole.

Una piattaforma è composta da una squadra di manager (per esempio, il direttore dei lavori), da ingegneri, da personale di bordo e da operai che attuano le operazioni di trivellazione e si occupano della manutenzione (addetti alla perforazione, gruisti, meccanici, elettricisti). Dal punto di vista di un appaltatore, la produzione può essere misurata sulla base del numero di pozzi scavati in un certo periodo di tempo. I costi variabili più rilevanti per il funzionamento di una piattaforma includono le forniture per la perforazione, come le varie parti delle trivelle, e il carburante. I costi fissi includono la manutenzione, il cibo, l'assistenza medica, l'assicurazione e le spese per gli stipendi dell'equipaggio. I costi dell'equipaggio sono fissi perché in genere un appaltatore si impegna a ingaggiare un equipaggio per un certo periodo, per cui il costo del lavoro non varia al variare del numero di pozzi scavati in un certo periodo di tempo.

Ci sono tre modi attraverso cui un appaltatore può fermare le attività di una piattaforma, e dunque portare a zero la relativa produzione:

1. *hot stacking*: le attività della piattaforma sono sospese temporaneamente (più o meno per qualche settimana), ma il personale rimane al completo e l'intera struttura è pronta a riprendere la trivellazione con un breve preavviso. In questo caso l'appaltatore evita i costi variabili, ma tutti gli altri costi continuano a essere presenti. Dunque, tutti i costi fissi non sono recuperabili.
2. *warm stacking*: le attività della piattaforma sono ancora sospese temporaneamente, ma di solito per un periodo di tempo più lungo rispetto all'*hot stacking* (diciamo, per qualche mese). Ora l'appaltatore evita gli stessi costi di cui all'ipotesi precedente, più alcune spese di manutenzione e una parte dei costi del lavoro (poiché alcuni lavoratori possono essere licenziati). Pertanto, in questa ipotesi di sospensione della produzione alcuni costi fissi non sono recuperabili, mentre altri lo sono.
3. *cold stacking*: le attività vengono sospese per un

---

[6] Si ringrazia Jason Sheridan per aver condiviso, nella stesura di questa Applicazione, le proprie conoscenze in materia di piattaforme petrolifere offshore. Il testo si basa anche sulle informazioni presenti in K. Corts, "The Offshore Oil Drilling Industry", *Harvard Business School Case* 9-799-11.

considerevole periodo di tempo. L'equipaggio viene licenziato e gli accessi vengono sigillati tramite saldatura. Con il *cold stacking* si evitano tutti i costi fissi, tranne l'assicurazione. Quest'ultima rappresenta perciò un costo fisso non recuperabile, mentre tutti gli altri costi fissi (manutenzione, cibo, forniture mediche e costi del personale) sono recuperabili.

Si consideri una tipica piattaforma petrolifera operante nel Golfo del Messico e dotata di slot da otto pozzi (l'identità precisa è un'informazione confidenziale). Per buona parte del 2008 e del 2009, tutti gli otto pozzi hanno prodotto secondo il rendimento economico prefissato, il quale si presumeva potesse restare lo stesso anche nel prosieguo. La recessione ha poi introdotto una maggiore incertezza, avendo essa generato una previsione di ribasso per il prezzo del petrolio. Per questo motivo, non ci si attendevano nuovi scavi di pozzi nell'immediato futuro, e l'attività di quella piattaforma ha subito un *cold stacking* (ovvero, è stata sospesa per un periodo di tempo piuttosto lungo). L'equipaggio che vi era impiegato è stato allora spostato presso un'altra piattaforma. (Si noti che la compagnia non ha avuto perciò bisogno di ulteriori lavoratori presso la seconda piattaforma, per cui in questo caso i costi del lavoro si possono considerare recuperabili). Se la compagnia petrolifera prevedesse uno scavo a breve di uno o più pozzi, l'appaltatore effettuerebbe invece un *warm stacking* o un *hot stacking*, a seconda dell'intervallo di tempo previsto per l'inizio della trivellazione.

Le piattaforme petrolifere sono piuttosto costose. Per esempio nel 2009 i costi di gestione si aggiravano sui 250 000 dollari al giorno. In caso di *hot stacking* la piattaforma costa circa 150 000 dollari al giorno, mentre nell'ipotesi di *warm stacking* essa richiede spese per 40 000 dollari al giorno. Dunque, i costi fissi recuperabili sono rilevanti anche nel breve periodo.

Nello stabilire quali costi fissi sono non recuperabili (inevitabili) e quali sono invece recuperabili (evitabili) va perciò attentamente valutata la durata della sospensione decisa dalla compagnia: tanto più a lungo essa prevede di produrre un output pari a zero, tanto maggiore sarà la quota di costi fissi evitabili.

9.3.2 La curva di offerta di breve periodo di un'impresa price-taker con costi fissi non recuperabili

In questo paragrafo si intende ricavare la curva di offerta di un'impresa price-taker nell'ipotesi più semplice in cui tutti i costi fissi sono non recuperabili – ovvero, con $NSFC = 0$ e quindi $TFC = SFC$. La Figura 9.2 mostra la curva del costo marginale di breve periodo, SMC, la curva del costo medio di breve periodo, SAC, e la curva del costo medio variabile, AVC, per una singola impresa che opera nell'industria delle rose recise.

Si considerino tre diversi possibili livelli di prezzo nel mercato delle rose: €0,25, €0,30, e €0,35 per unità venduta. Applicando la regola della massimizzazione del profitto già analizzata, $P = MC$, la quantità che massimizza il profitto dell'impresa è pari, per $P = €0,25$, a 50 000 rose al mese (punto A della Figura 9.2). Analogamente, per livelli di prezzo nel mercato pari a €0,30 e €0,35 per unità venduta, le quantità che massimizzano il profitto sono rispettivamente 55 000 e 60 000 rose al mese (punti B e C, rispettivamente). Ciascuna di queste quantità corrisponde a un punto in cui il costo marginale di breve periodo dell'impresa, SMC, eguaglia il prezzo di mercato considerato, P, ossia $P = SMC$.

La **curva di offerta di breve periodo** dell'impresa indica come varia la quantità che massimizza il suo profitto al variare del prezzo di mercato. Graficamente, per i prezzi €0,25, €0,30 e €0,35, la curva di offerta di breve periodo dell'impresa coincide con la curva del costo marginale di breve periodo, SMC. I punti A, B e C giacciono, pertanto, sulla curva di offerta di breve periodo dell'impresa.

Va tuttavia evidenziato che la curva di costo marginale di breve periodo e la curva di offerta di breve periodo dell'impresa non sono necessariamente coincidenti per *tutti* i possibili livelli di prezzo di mercato. Si supponga infatti che il prezzo delle rose sia pari a €0,05. Per massimizzare il profitto a questo prezzo, l'impresa dovrebbe produrre in corrispondenza del punto in cui esso uguaglia il

CURVA DI OFFERTA DI BREVE PERIODO La curva di offerta che mostra come la scelta della quantità che massimizza il profitto dell'impresa varia al variare del prezzo di mercato, nell'ipotesi che l'impresa non possa modificare tutti i suoi fattori della produzione (per esempio la quantità di capitale o di terra).

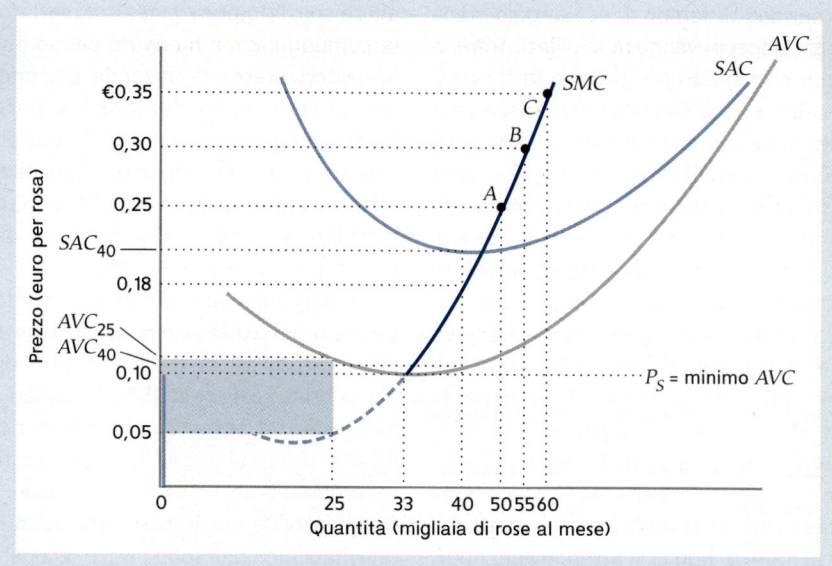

FIGURA 9.2 La curva di offerta di breve periodo di un'impresa price-taker con soli costi fissi non recuperabili
La curva di offerta di breve periodo dell'impresa corrisponde al tratto della curva del costo marginale di breve periodo (*SMC*) al di sopra del punto minimo della funzione del costo medio variabile, P_S. Questo è il punto di chiusura dell'impresa. Per prezzi inferiori al prezzo di chiusura, l'impresa produce zero unità del bene, e la sua curva di offerta è rappresentata da un segmento che coincide con l'asse verticale.

costo marginale, ossia una quantità pari a 25 000 rose al mese. A questo prezzo, però, l'impresa registrerebbe una perdita: non solo dovrebbe sostenere tutti i suoi costi fissi totali, *TFC*, ma, oltre a questi, registrerebbe una perdita pari alla differenza tra il prezzo di €0,05 e il costo medio variabile, AVC_{25}, per ciascuna delle 25000 rose prodotte. Pertanto, la perdita totale dell'impresa sarebbe pari ai costi fissi totali, *TFC*, più 25 000 ($AVC_{25} - P$) (corrispondente alla regione ombreggiata della Figura 9.2). Se l'impresa non producesse, la sua perdita sarebbe invece pari ai soli costi fissi (non recuperabili) totali, *TFC*. Pertanto, in corrispondenza del prezzo $P = $ €0,05 l'impresa riduce le sue perdite portando a zero la produzione.

In generale, l'impresa minimizza le sue perdite chiudendo temporaneamente la produzione quando il prezzo di mercato, *P*, è inferiore al costo medio variabile $AVC(Q^*)$, corrispondente alla quantità Q^* in cui il prezzo eguaglia il costo marginale di breve periodo, ovvero $P < AVC(Q^*)$.

È possibile ora derivare la curva di offerta di breve periodo dell'impresa. Si è visto che:

- un'impresa price-taker che massimizza il profitto produce in corrispondenza di un output per il quale $P = SMC$ e la curva *SMC* è nel suo tratto crescente;
- un'impresa price-taker che massimizza il profitto non produce *mai* se $P < AVC$.

Pertanto, l'impresa non produrrà *mai* nel tratto della curva del costo marginale per il quale $SMC < AVC$, ossia nel tratto al di sotto del punto di minimo della curva del costo medio variabile. Da ciò segue che, se il prezzo di mercato è inferiore al minimo costo medio variabile, la quantità prodotta dall'impresa sarà nulla ($Q = 0$).

Alla luce di ciò, è possibile individuare nella curva di offerta dell'impresa due tratti distinti.

1. Se il prezzo di mercato è *inferiore* al minimo costo medio variabile – P_S nella Figura 9.2 – l'impresa offrirà una quantità nulla ($Q = 0$). Nella Figura 9.2, P_S si trova in corrispondenza di un prezzo pari €0,10 per rosa: questo tratto della curva di offerta è un segmento verticale e coincide con l'asse delle ordinate. Il prezzo P_S è il **prezzo di chiusura** dell'impresa, ossia il prezzo al di sotto del quale l'impresa nel breve periodo chiude la produzione.

> **PREZZO DI CHIUSURA** Il prezzo al di sotto del quale nel breve periodo l'impresa chiude la produzione.

2. Se il prezzo di mercato è superiore a P_S, l'impresa produrrà un output positivo e la sua curva di offerta di breve periodo coinciderà con la sua curva di costo marginale di breve periodo. (Se il prezzo di mercato fosse uguale a P_S, per l'impresa sarebbe indifferente chiudere la produzione o produrre 33 000 rose: in entrambi i casi, infatti, l'impresa sosterrebbe una perdita corrispondente all'importo dei suoi costi fissi non recuperabili.)

L'analisi svolta mostra che le imprese perfettamente concorrenziali potrebbero operare in talune situazioni con un profitto economico negativo. Per esempio, la Figura 9.2 mostra che quando il prezzo è pari a €0,18 per rosa prodotta, l'impresa produce 40 000 rose al mese e al contempo registra una perdita, dal momento che, in corrispondenza della quantità prodotta, il prezzo è inferiore al costo medio di breve periodo, SAC_{40}. Tuttavia, poiché il prezzo, €0,18, è superiore al costo medio variabile, AVC_{40}, il ricavo totale dell'impresa è superiore al costo totale variabile per le 40 000 unità prodotte. Continuando a produrre, l'impresa riduce le perdite che andrebbe a sostenere se non producesse affatto. Naturalmente, se il coltivatore di rose si aspetta che il prezzo di mercato delle rose si assesti a €0,18, potrebbe ritenere opportuno, disponendo del tempo necessario, ridurre la dimensione della produzione (cioè destinare una quantità di terra inferiore alla coltivazione delle rose) o addirittura uscire dall'industria.

Esercizio svolto 9.1 La curva di offerta di breve periodo di un'impresa price-taker

Supponete che il costo totale di breve periodo di un'impresa sia dato da: $STC = 100 + 20Q + Q^2$, dove il costo fisso totale è pari a 100 e il costo variabile totale è $20Q + Q^2$. La corrispondente funzione del costo marginale è $SMC = 20 + 2Q$. L'intero costo fisso è non recuperabile.

Problema

(a) Qual è l'equazione del costo medio variabile (AVC)?
(b) Qual è il minimo livello del costo medio variabile?
(c) Qual è la curva di offerta di breve periodo dell'impresa?

Soluzione

(a) Come si è visto nel Capitolo 8, il costo medio variabile corrisponde al rapporto tra il costo variabile totale e la quantità. Pertanto $AVC = (20Q + Q^2)/Q = 20 + Q$
(b) Il minimo valore del costo medio variabile corrisponde al punto in cui AVC e SMC si uguagliano, ossia – in questo caso – dove $20 + Q = 20 + 2Q$, per cui $Q = 0$. Sostituendo $Q = 0$ nell'equazione del costo medio variabile, $20 + Q$, si trova che il minimo livello di AVC è pari a 20.
(c) Per prezzi inferiori a 20 (il costo medio variabile minimo), l'impresa non produce. Per prezzi superiori a 20, la curva di offerta si ottiene uguagliando il prezzo e il costo marginale e risolvendo per Q: $P = 20 + 2Q$, ovvero $Q = -10 + P/2$. La curva di offerta di breve periodo, $s(P)$, è pertanto:

$$s(P) = \begin{cases} 0, & \text{quando } P < 20 \\ -10 + \dfrac{1}{2}P, & \text{quando } P \geq 20 \end{cases}$$

9.3.3 La curva di offerta di breve periodo di un'impresa price-taker con costi fissi recuperabili e non recuperabili

Si consideri ora il caso di un'impresa con una parte di costi fissi recuperabili, ossia $TFC = SFC + NSFC$, con $NSFC > 0$. Analogamente al caso precedente, l'impresa massimizza il suo profitto uguagliando il prezzo al costo marginale. Tuttavia, la regola

COSTO MEDIO RECUPERABILE La somma del costo medio variabile e del costo medio fisso recuperabile.

che definisce quando un'impresa ha convenienza a non produrre ($Q = 0$) cambia. Per spiegare la nuova situazione, è opportuno definire una nuova curva di costo dell'impresa, il **costo medio recuperabile** (*Average NonSunk Cost, ANSC*), pari alla somma del costo medio variabile e del costo medio fisso recuperabile: $ANSC = AVC + NSFC/Q$.

La Figura 9.3 mostra che la curva del costo medio recuperabile ha una forma a U e giace tra la curva del costo medio di breve periodo, *SAC*, e la curva del costo medio variabile, *AVC*. Nel suo punto di minimo $SMC = ANSC$; in ciò la curva *ANSC* si comporta come la curva *SAC*.

Per spiegare come si modifica la regola di chiusura di un'impresa price-taker in presenza di costi fissi recuperabili, si supponga, come in Figura 9.3, che il prezzo delle rose sia pari a €0,15. Se l'impresa massimizzasse il suo profitto a questo prezzo, produrrebbe in corrispondenza del punto in cui il prezzo uguaglia il costo marginale, ossia una quantità di 35000 rose al mese. A questo prezzo, tuttavia, l'impresa avrebbe una perdita: non solo sosterrebbe i costi fissi totali, *SFC*, ma, oltre a questi, per ciascuna rosa prodotta perderebbe la differenza tra il prezzo, €0,15, e il corrispondente costo medio recuperabile, $ANSC_{35}$. Al contrario, se l'impresa non producesse avrebbe la sola perdita corrispondente ai costi fissi totali non recuperabili, *SFC*. Chiudendo temporaneamente l'attività, l'impresa potrebbe evitare di sostenere sia i costi variabili sia i costi fissi recuperabili. Pertanto, al prezzo di €0,15 l'impresa riduce le sue perdite non producendo e, comportandosi così, evita di incorrere in una perdita addizionale pari a 35 000 ($ANSC_{35} - 0,15$) (rappresentata dall'area ombreggiata nella Figura 9.3)

In generale, nel breve periodo l'impresa riduce le sue perdite non producendo se il prezzo di mercato, *P*, è inferiore al costo medio recuperabile $ANSC(Q°)$ in corrispondenza della quantità $Q°$ in cui il prezzo uguaglia il costo marginale di breve periodo, $P < ANSC(Q°)$.

È possibile a questo punto derivare la curva di offerta di breve periodo dell'impresa. Si è visto che:

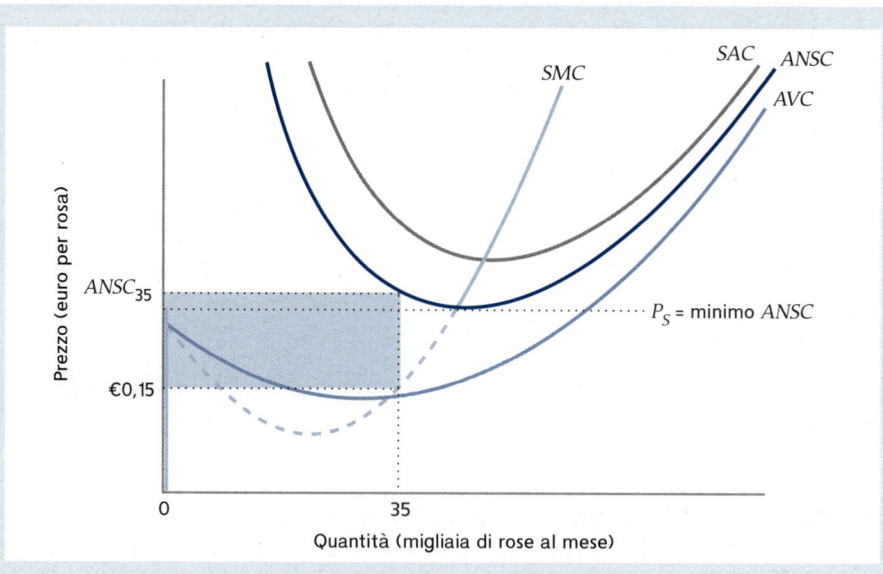

FIGURA 9.3 La curva di offerta di breve periodo di un'impresa con alcuni costi fissi recuperabili
Il prezzo di chiusura P_S è il punto di minimo della curva di costo medio recuperabile. La curva di offerta dell'impresa coincide con la curva di costo marginale di breve periodo, *SMC*, per prezzi superiori a P_S. Per prezzi inferiori a P_S, la curva di offerta coincide con l'asse verticale.

- un'impresa price-taker che massimizza il profitto produce in corrispondenza di un output per il quale $P = SMC$ e la curva SMC è nel suo tratto crescente;
- un'impresa price-taker che massimizza il profitto con costi fissi recuperabili non produce *mai* se $P < ANSC$.

L'impresa non produrrà *mai* nel tratto della curva del costo marginale in cui $SMC < ANSC$, ossia nel tratto al di sotto del punto di minimo della curva del costo medio recuperabile, $ANSC$. Da ciò discende che se il prezzo di mercato è inferiore al minimo costo medio recuperabile – P_S nella Figura 9.3 – la quantità prodotta dall'impresa sarà nulla ($Q = 0$).

La Figura 9.3 mostra la curva di offerta di breve periodo di un'impresa che coltiva rose in presenza di costi fissi recuperabili. Essa è verticale per prezzi inferiori al punto minimo della curva del costo medio recuperabile, e coincide con la curva del costo marginale di breve periodo per prezzi superiori a essa.

Il concetto di costo medio recuperabile è sufficientemente ampio da consentire di identificare la curva di offerta dell'impresa e il prezzo di chiusura in tre casi differenti.

1. *Tutti i costi fissi sono non recuperabili.* Questo è il caso analizzato nel paragrafo precedente. Quando tutti i costi fissi sono non recuperabili, $ANSC = AVC$, e la regola di chiusura, $P < ANSC$, diventa $P < AVC$. La curva di offerta di breve periodo dell'impresa è pertanto il tratto della curva del costo marginale al di sopra del punto di minimo della curva del costo medio variabile.
2. *Tutti i costi fissi sono recuperabili.* In questo caso $ANSC = SAC$.[7] La regola di chiusura, $P < ANSC$, diventa $P < SAC$. Quando tutti i costi fissi sono recuperabili, la curva di offerta di breve periodo dell'impresa corrisponde al tratto del costo marginale al di sopra del punto minimo della curva del costo medio di breve periodo.
3. *Alcuni costi fissi sono non recuperabili e altri sono recuperabili.* È il caso studiato in questo paragrafo. La curva di offerta di breve periodo dell'impresa coincide con il tratto della curva del costo marginale al di sopra del punto minimo della curva del costo medio recuperabile. Come mostra la Figura 9.3, il prezzo di chiusura P_S nel caso in cui alcuni, ma non tutti, i costi fissi siano non recuperabili si trova al di sopra del punto minimo di AVC, ma al di sotto del minimo di SAC.

Esercizio svolto 9.2   La curva di offerta di breve periodo di un'impresa price-taker quando alcuni costi fissi sono recuperabili

Come nell'Esercizio svolto 9.1, supponete che il costo totale di breve periodo di un'impresa sia dato da: $STC = 100 + 20Q + Q^2$. La corrispondente funzione del costo marginale di breve periodo è $SMC = 20 + 2Q$.

Problema

(a) Supponete che $SFC = 36$, mentre $NSFC = 64$. Qual è la curva di costo medio recuperabile dell'impresa?
(b) Qual è il valore minimo del costo medio recuperabile?
(c) Qual è la curva di offerta di breve periodo dell'impresa?

Soluzione

(a) La curva di costo medio recuperabile è $ANSC = AVC + NSFC/Q = 20 + Q + 64/Q$.
(b) Come mostra la Figura 9.4, la curva del costo medio recuperabile $ANSC$ raggiunge il suo minimo quando il costo medio recuperabile uguaglia il costo marginale di breve periodo: $20 + 2Q = 20 + Q + 64/Q$. Risolvendo per Q, si ha che $Q = 8$. Quindi la curva di costo medio recuperabile raggiunge il suo punto di minimo per $Q = 8$. Sostituendo tale valore in $ANSC$, si trova che il livello minimo del costo medio recuperabile è

---

[7] Ciò accade in quanto $SFC = 0$, e quindi $TNSC = TVC + TFC$. Ne consegue che $ANSC = (TVC + TFC)/Q$, il quale corrisponde a SAC.

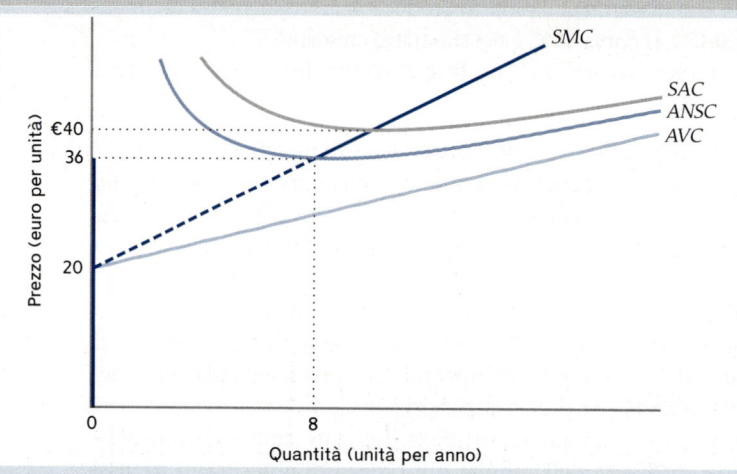

FIGURA 9.4 La curva di offerta di breve periodo di un'impresa price-taker con alcuni costi fissi recuperabili

Il prezzo di chiusura dell'impresa corrisponde al punto minimo della curva del costo medio recuperabile, ovvero €36. La curva di offerta dell'impresa coincide con la curva del costo marginale di breve periodo, SMC, per prezzi superiori a €36, e con l'asse verticale per prezzi inferiori a €36. Per prezzi compresi tra €36 ed €40, l'impresa produce ma ottiene un profitto economico negativo.

ANSC = 20 + 8 + 64/8 = 36. Pertanto, come mostra la Figura 9.4, il minimo livello del costo medio recuperabile è €36.

(c) In base alla Figura 9.4, per prezzi inferiori al minimo di ANSC ($P < 36$), l'impresa non produce. Per prezzi superiori, invece, la quantità che massimizza il profitto dell'impresa è data dall'uguaglianza tra prezzo e costo marginale, cioè $P = 20 + 2Q$, o $Q = -10 + P/2$.

La curva di offerta di breve periodo dell'impresa, $s(P)$, è quindi:

$$s(P) = \begin{cases} 0, & \text{quando } P < 36 \\ -10 + \frac{1}{2}P, & \text{quando } P \geq 36 \end{cases}$$

Quando il prezzo di mercato è compreso tra €36 ed €40, l'impresa continuerà a produrre nel breve periodo, sebbene in perdita: tali perdite sono comunque inferiori a quelle che avrebbe nel caso in cui cessasse la produzione.

9.3.4 La curva di offerta di mercato di breve periodo

Dopo aver derivato la curva di offerta di breve periodo di un'impresa price-taker, è possibile ora analizzare il passaggio dalla curva di offerta della singola impresa alla curva di offerta dell'industria.

Poiché il numero dei produttori presenti nell'industria è fisso nel breve periodo, l'offerta di mercato per ciascun prezzo corrisponde alla somma delle quantità che ciascuna impresa operante offre a quel prezzo. Per illustrare il procedimento, si supponga che il mercato delle rose recise sia costituito da due tipologie di imprese, come in Figura 9.5(a): 100 imprese della tipologia 1, ciascuna con una curva di offerta di breve periodo ss_1, e 100 imprese della tipologia 2, ciascuna con una curva di offerta di breve periodo ss_2. L'impresa appartenente al tipo 1 ha un prezzo di chiusura di €0,20 per rosa, mentre l'impresa del tipo 2 ha un prezzo di chiusura di €0,40. La Tabella 9.2 mostra la quantità di rose prodotta da ciascuna tipologia di impresa e la quantità complessivamente prodotta dal mercato, per i livelli di prezzo €0,10, €0,30, €0,40 e €0,50.

La Figura 9.5(b) mostra la **curva di offerta di mercato di breve periodo**, (*Short-run market Supply curve*, SS). La curva di offerta di mercato di breve periodo è derivata dalla somma orizzontale delle curve di offerta delle imprese individuali.

CURVA DI OFFERTA DI MERCATO DI BREVE PERIODO La curva che mostra la quantità globalmente offerta da tutte le imprese del mercato per ogni livello del prezzo quando il numero dei produttori è fisso.

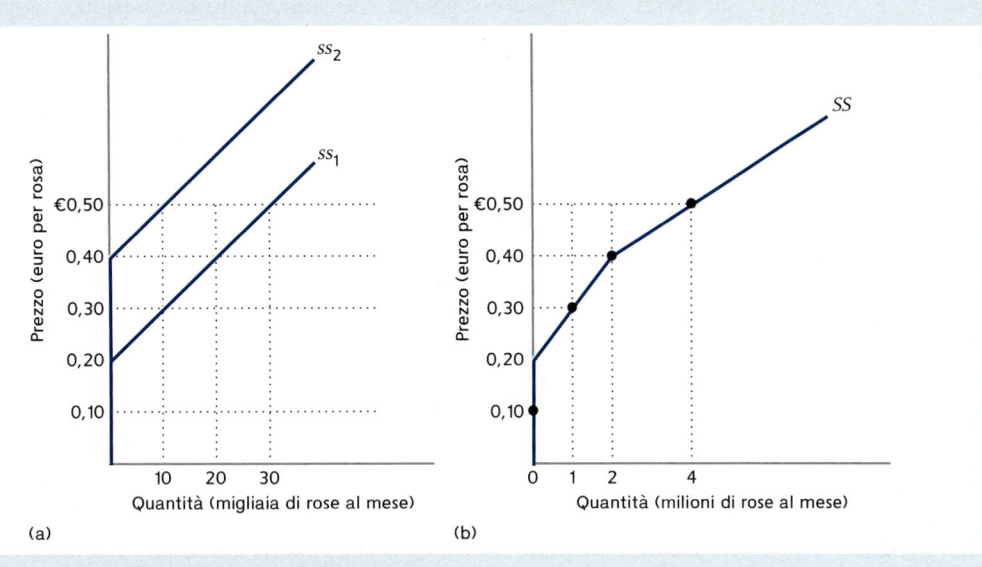

FIGURA 9.5 La curva di offerta di mercato di breve periodo
Il grafico (a) mostra le curve di offerta di breve periodo per due tipi di impresa. ss_1 è la curva di offerta di breve periodo di un'impresa con un prezzo di chiusura di €0,20 per rosa; ss_2 è la curva di offerta di breve periodo di un'impresa con un prezzo di chiusura di €0,40 per rosa. Il grafico (b) mostra la curva di offerta di breve periodo del mercato, SS, data dalla somma orizzontale delle curve di offerta del grafico (a). Per prezzi compresi tra €0,20 e €0,40, la curva di offerta di mercato è pari a 100 volte la quantità data da ss_1, poiché le imprese rappresentate dalla ss_2 non producono per prezzi inferiori a €0,40. Per livelli di prezzo inferiori a €0,20, SS coincide con il tratto verticale poiché nessuna delle tipologie di impresa considerate offre un output positivo.

TABELLA 9.2 L'offerta di breve periodo nel mercato delle rose

	Quantità di rose prodotte da		
Prezzo per rosa	Imprese del tipo 1	Imprese del tipo 2	Mercato totale
€0,10	100 × 0 = 0	100 × 0 = 0	0
€0,30	100 × 10 000 = 1 000 000	100 × 0 = 0	1 000 000
€0,40	100 × 20 000 = 2 000 000	100 × 0 = 0	2 000 000
€0,50	100 × 30 000 = 3 000 000	100 × 10 000 = 1 000 000	4 000 000

Essa indica la quantità complessivamente offerta da tutte le imprese presenti nel mercato. Si noti che, mentre la scala utilizzata sull'asse verticale dei due grafici della Figura 9.5 è la stessa, la scala sull'asse orizzontale è diversa, poiché la quantità prodotta dall'intero mercato è molto più ampia di quella prodotta dalle singole imprese.

Dal momento che la curva di offerta di ogni impresa coincide con la sua curva di costo marginale (al di sopra del prezzo in corrispondenza del quale ciascuna impresa decide di produrre un output positivo), la curva di offerta del mercato indica qual è il costo marginale di produzione dell'ultima unità offerta nel mercato. Per esempio, nella Figura 9.5, quando la quantità di rose offerta nel mercato è di 4 milioni, il costo marginale di fornitura della quattromilionesima rosa è €0,50. Infatti, come si è visto, il comportamento massimizzante induce ciascun coltivatore di rose a espandere la produzione fino al punto in cui il costo marginale dell'ultima unità prodotta uguaglia il prezzo di mercato.

Il procedimento per ottenere la curva di offerta di mercato sommando le curve di offerta individuali è soggetto a un'importante precisazione: l'approccio, infatti, risulta valido solo se i prezzi che le imprese pagano per gli input produttivi sono costanti al variare dell'output di mercato. L'assunto secondo il quale i prezzi degli input sono costanti può risultare valido in diversi mercati. Per esempio, se la domanda dell'industria per i servizi di lavoratori non specializzati rappresenta solamente una piccola parte della domanda totale di lavoratori non specializzati dell'intera economia, allora variazioni nell'output dell'industria avrebbero un effetto trascurabile sul salario di questi lavoratori.

Tuttavia, in alcuni mercati i prezzi di taluni input potrebbero variare al variare della quantità prodotta nel mercato. Si supponga, per esempio, che un'industria impieghi un certo tipo di lavoro specializzato che non è utilizzato in altre industrie. Analogamente a come la quantità offerta aumenta all'aumentare del prezzo, la domanda dell'industria per il lavoro specializzato potrebbe aumentare, determinando così un salario più alto. In tal caso, la curva del costo marginale di ciascun produttore si sposterebbe verso l'alto. Il costo marginale più elevato implica che un produttore dell'industria offrirebbe una quantità inferiore per ciascun prezzo di mercato rispetto a quella che avrebbe offerto se il salario dei lavoratori specializzati non fosse aumentato. Ciò implica che l'offerta di mercato del prodotto risulterebbe meno sensibile a una variazione del suo prezzo di quanto sarebbe se il salario del lavoro specializzato fosse costante.

Gli effetti della variazione dei prezzi degli input sull'offerta di mercato saranno approfonditi quando si tratterà l'offerta di mercato di lungo periodo. Nel prossimo paragrafo, se non altrimenti specificato, verrà invece assunto che i prezzi degli input non variano al variare della quantità prodotta nel breve periodo.

9.3.5 L'equilibrio di concorrenza perfetta di breve periodo

> **EQUILIBRIO PERFETTAMENTE CONCORRENZIALE DI BREVE PERIODO** Il prezzo e la quantità di mercato in corrispondenza dei quali la quantità domandata uguaglia la quantità offerta nel breve periodo.

È possibile ora analizzare come viene determinato il prezzo in un mercato concorrenziale. Si è in presenza di un **equilibrio perfettamente concorrenziale di breve periodo** quando la quantità domandata dai consumatori coincide con la quantità offerta dai produttori presenti nel mercato – cioè in corrispondenza del punto in cui la curva di domanda di mercato interseca la curva di offerta di mercato. La Figura 9.6(b) mostra la curva di domanda di mercato, D, e la curva di offerta

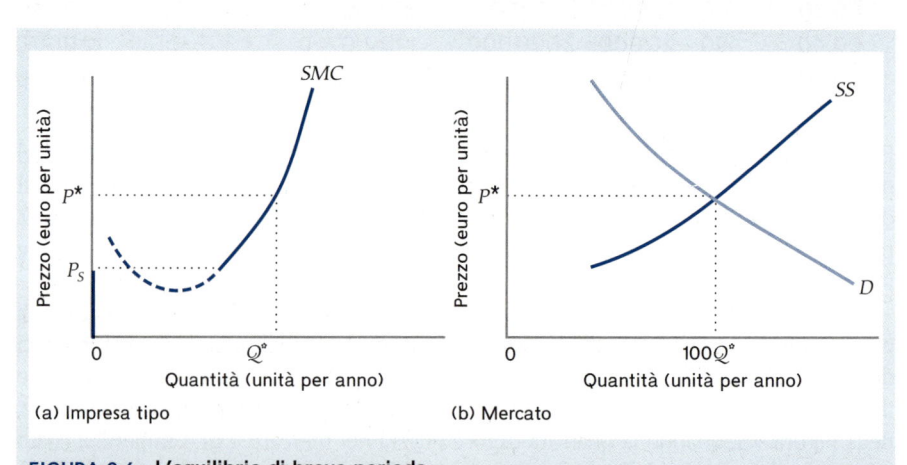

FIGURA 9.6 L'equilibrio di breve periodo
Il prezzo di equilibrio di breve periodo è P^*, in corrispondenza del quale l'offerta di mercato uguaglia la domanda di mercato. Il grafico (a) mostra che una tipica impresa produce Q^*, per la quale il prezzo è pari al costo marginale di breve periodo. Il grafico (b) mostra che la quantità totale offerta e domandata corrisponde a $100Q^*$.

di mercato di breve periodo, SS, in un'industria che comprende 100 produttori identici. Il prezzo di equilibrio è P^e, in corrispondenza del quale la quantità offerta coincide con la quantità domandata. La Figura 9.6(a) mostra che una tipica impresa concorrenziale produce una quantità pari a Q^e, in corrispondenza della quale il prezzo risulta uguale al costo marginale. Con 100 imprese presenti sul mercato, ciascuna offrirà una quantità pari a Q^e, mentre l'offerta di mercato (coincidente con la domanda di mercato al prezzo P^e) sarà data da $100Q^e$.

Esercizio svolto 9.3 L'equilibrio di mercato di breve periodo

Un mercato è composto da 300 imprese identiche e la curva di domanda è data da $D(P) = 60 - P$. Ciascuna impresa ha una curva di costo totale di breve periodo pari a $STC = 0,1 + 150Q^2$, e tutti i costi fissi sono non recuperabili. La corrispondente curva del costo marginale di breve periodo è $SMC = 300Q$, mentre il costo medio variabile è $AVC = 150Q$. Il valore minimo del costo medio è 0; di conseguenza, un'impresa continuerà a produrre fintanto che il prezzo sarà positivo. (Lo si può verificare rappresentando le curve SMC e AVC.)

Problema
Qual è il prezzo di equilibrio di breve periodo nel mercato?

Soluzione
Ciascuna impresa che intenda massimizzare il profitto produce una quantità in corrispondenza della quale il prezzo uguaglia il costo marginale: $300Q = P$. La curva di offerta $s(P)$ di una singola impresa è: $s(P) = P/300$. Dal momento che le 300 imprese operanti nel mercato sono identiche, l'offerta di mercato di breve periodo è data da: $300s(P)$. L'equilibrio di breve periodo si realizza in corrispondenza dell'uguaglianza tra domanda e offerta di mercato: $300(P/300) = 60 - P$. Risolvendo per P, si trova che il prezzo di equilibrio è $P = €30$ per unità venduta.

9.3.6 Analisi di statica comparata dell'equilibrio di breve periodo

L'equilibrio concorrenziale rappresentato nella Figura 9.6(b) è stato introdotto nel Capitolo 1 e approfondito nel Capitolo 2. Anche in questo caso si presta per analizzare, in termini di statica comparata, l'equilibrio concorrenziale e i fattori che determinano il prezzo di equilibrio del mercato.

La Figura 9.7 mostra un esempio di analisi di statica comparata: in particolare, essa analizza cosa succede quando il numero di imprese presenti sul mercato aumenta. Un maggior numero di imprese fa spostare la curva di offerta verso destra, da SS_0 a SS_1,

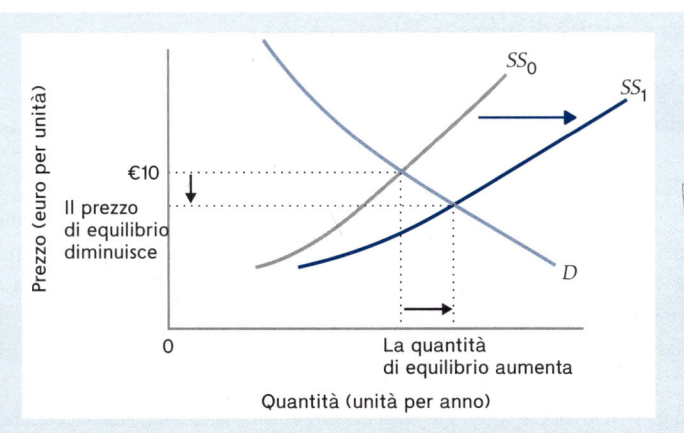

FIGURA 9.7 Analisi di statica comparata: un aumento del numero di imprese sul mercato
Un aumento del numero di imprese sul mercato sposta la curva di offerta di breve periodo verso destra da SS_0 a SS_1. La quantità offerta per ogni livello di prezzo aumenta. Lo spostamento verso destra provoca una diminuzione del prezzo di equilibrio e un aumento della quantità.

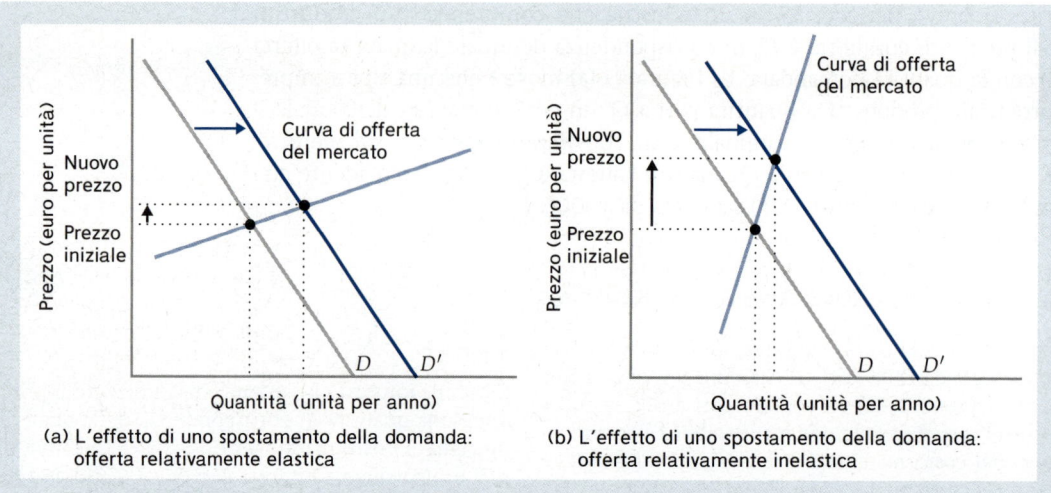

FIGURA 9.8 **L'impatto di uno spostamento della domanda sul prezzo di mercato dipende dall'elasticità dell'offerta rispetto al prezzo**
Nel grafico (a) l'offerta è relativamente elastica e uno spostamento della domanda ha un impatto modesto sul prezzo. Nel grafico (b) l'offerta è relativamente inelastica e il medesimo spostamento della domanda ha un impatto molto più rilevante sul prezzo di equilibrio.

poiché in corrispondenza di ciascun prezzo di mercato, per esempio €10, la quantità offerta aumenta. Come conseguenza dell'aumento del numero di imprese, il prezzo sul mercato diminuisce e la quantità di equilibrio aumenta.

La Figura 9.8 illustra un altro esempio di analisi di statica comparata, ovvero cosa accade se la domanda del mercato cresce da D a D'. Come si vede, tale incremento causa un aumento sia del prezzo che della quantità.

La Figura 9.8 mostra pure che l'elasticità dell'offerta rispetto al prezzo è un importante elemento per determinare l'ampiezza delle variazioni del prezzo di equilibrio in risposta a spostamenti della domanda. Confrontando i grafici (a) e (b), si può notare come un dato spostamento della curva di domanda in un mercato con un'offerta relativamente inelastica provochi un effetto sul prezzo molto più rilevante rispetto al medesimo spostamento in un mercato con un'offerta relativamente elastica. I cicli di variazioni di prezzo sperimentati in alcune industrie, come quella del trasporto del petrolio, possono essere almeno in parte spiegati dall'inelasticità della curva di offerta di mercato di breve periodo.

Applicazione 9.2

Coltivare rose perfettamente concorrenziali

La Figura 9.9 mostra i prezzi e le quantità all'ingrosso delle rose rosse a gambo lungo negli Stati Uniti nel 1991, 1992 e 1993 in quattro differenti periodi di un mese: maggio, agosto, novembre, le ultime due settimane di gennaio e le prime due di febbraio.[8] Questi sono i prezzi che i vari produttori hanno fronteggiato quando hanno dovuto prendere decisioni in merito all'offerta durante i primi anni Novanta.

La domanda mensile di rose nel mercato statunitense

---

[8] I dati sono tratti dalle Tabelle 12 e 13 di *Fresh Cut Roses from Colombia and Ecuador*, pubblicazione 2766, International Trade Commission, marzo 1994. La Figura 9.9 mostra una media ponderata dei prezzi dei coltivatori statunitensi e colombiani. Questi prezzi sono stati ritoccati per adeguarsi alla svalutazione del peso colombiano rispetto al dollaro americano e per riflettere il *premium price* che le rose statunitensi sono riuscite a ottenere rispetto alle rose colombiane nel periodo 1991-1993. La pubblicazione citata fa riferimento a quantità trimestrali. Le quantità mensili riportate nella Figura 9.9 sono state stimate sulla base dei modelli di consumo stagionale delle rose importate dalla Colombia.

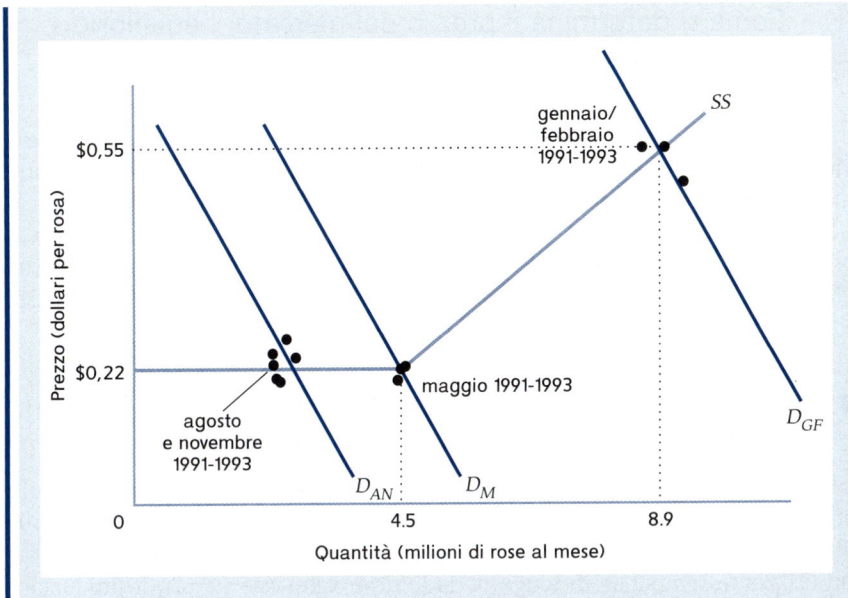

FIGURA 9.9 La curva di offerta di breve periodo delle rose
D_{AN} è la curva di domanda per i mesi di agosto e novembre; D_M è la curva di domanda per il mese di maggio; D_{GF} è la curva di domanda per il periodo gennaio-febbraio (immediatamente prima del giorno di San Valentino). La curva di offerta di breve periodo SS è piatta (perfettamente elastica) fino a un output di circa 4,5 milioni di rose al mese, e cresce da quella quantità in poi.

varia in maniera prevedibile: è ai livelli minimi da luglio a dicembre, dato che non si usa regalare rose per nessuna delle ricorrenze previste in questi mesi, e raggiunge il livello massimo durante le ultime due settimane di gennaio e le prime due di febbraio, in corrispondenza di San Valentino. Infine, è a un livello intermedio nel periodo che va da aprile a giugno, sia perché in questo periodo cade la Festa della Mamma (circa a metà maggio), sia perché i mesi di maggio e giugno sono quelli dove si celebrano più matrimoni.

Nella Figura 9.9, D_{AN} rappresenta la curva di domanda da agosto a novembre, nel periodo in cui la domanda è più bassa; D_{GF} rappresenta la curva di domanda nel periodo tra la fine di gennaio e l'inizio di febbraio, quando la domanda è maggiore; D_M rappresenta la curva di domanda nel mese di maggio, la quale corrisponde a livelli intermedi di domanda.

Le condizioni dell'offerta nel periodo 1991-1993 erano stabili, e questo consente di identificare in modo approssimativo la curva di offerta di breve periodo del mercato delle rose fresche a gambo lungo (utilizzando a tal fine gli spostamenti della domanda durante l'anno).

Come mostrato dalla Figura 9.9, la curva di offerta era perfettamente elastica in corrispondenza di un prezzo unitario pari a $0,22 fino a una quantità pari a circa 4,5 milioni di rose al mese. In altre parole, a questo prezzo, i coltivatori di rose erano disponibili a offrire qualsiasi quantità fino a quell'ammontare. Tuttavia, per indurre i produttori ad aumentare la produzione, in modo da soddisfare la domanda aggiuntiva propria del mese precedente a San Valentino, era necessario un aumento di prezzo. In particolare, il prezzo e la quantità, nel mese precedente a San Valentino, si aggiravano (in media) rispettivamente intorno a $0,55 e a 8,9 milioni di rose al mese.[9]

È possibile stimare la pendenza della curva di offerta, nell'intervallo compreso tra i 4,5 e gli 8,9 milioni di rose mensili, come segue:

$$\frac{\Delta Q^s}{\Delta P} = \frac{(8,9 - 4,5)}{(55 - 22)} = 0,1333$$

Questo vuol dire che l'offerta aumenta a un tasso pari a 0,1333 milioni di rose per ogni incremento del prezzo di un centesimo di dollaro. È possibile utilizzare questo calcolo per determinare l'elasticità al prezzo dell'offerta del mercato delle rose fresche recise nel mese che precede San Valentino:

$$\in_{Q^s,P} = 0,1333 \times (55/8,9) = 0,82$$

Ciò significa che l'offerta di rose in prossimità di San Valentino aumenta a un tasso pari allo 0,82% per ogni punto percentuale di aumento del prezzo. Si può quindi concludere che nel breve periodo l'offerta di mercato delle rose è relativamente inelastica.

---

[9] Anche in Europa si assiste a un fenomeno analogo. Per esempio, presso le aste olandesi dei fiori recisi, nella seconda settimana di febbraio 2007 (qualche giorno prima di San Valentino) sono state vendute il 40% in più di rose rispetto alla seconda settimana di luglio dello stesso anno, e a un prezzo più che doppio.

9.4 • Come si determina il prezzo del mercato: l'equilibrio di lungo periodo

Nel breve periodo le imprese operano con una dimensione data dell'impianto, e il numero delle imprese presenti sul mercato non cambia. Di conseguenza, in corrispondenza dell'equilibrio perfettamente concorrenziale di breve periodo, le imprese possono ottenere un profitto positivo o negativo. Nel lungo periodo, al contrario, le imprese operanti possono modificare la dimensione degli impianti e anche uscire dall'industria. Inoltre, nuove imprese possono entrare. Nel lungo periodo, questo conduce il profitto economico delle imprese a zero.

9.4.1 La quantità di equilibrio di lungo periodo e gli adattamenti degli impianti per le imprese già operanti

Nel lungo periodo, un'impresa già presente sul mercato può intervenire sia sulla dimensione dell'impianto di produzione sia sulla quantità che massimizza il suo profitto. Quindi, un'impresa orientata a stabilire la quantità che *potrebbe* produrre in un orizzonte temporale di lungo periodo deve valutarne i costi di produzione utilizzando le funzioni di costo di lungo periodo.

Per illustrare il procedimento, la Figura 9.10 mostra un produttore di rose che fronteggia un prezzo di €0,40. Sulla base della sua dimensione attuale – il numero di piante di rose disponibili, la terra coltivata e il numero di serre in attività – le curve di costo medio e marginale di breve periodo sono rispettivamente SAC_0 e SMC_0.

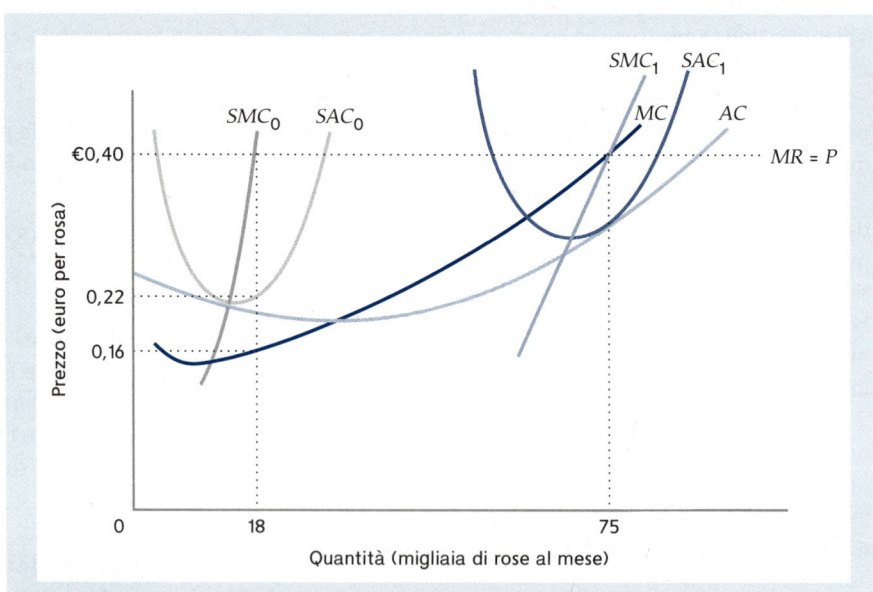

FIGURA 9.10 La quantità di lungo periodo e gli adattamenti dell'impianto di un'impresa price-taker
Un produttore di rose ritiene che il prezzo di mercato delle rose sarà di €0,40. Data la dimensione del suo impianto, rappresentata dalle curve di costo medio e marginale SAC_0 e SMC_0, la quantità che massimizza il suo profitto è data da 18 000 rose al mese. Per massimizzare il profitto nel lungo periodo, il produttore dovrebbe aumentare la produzione a 75 000 rose, la quantità in corrispondenza della quale il prezzo, P, coincide con il costo marginale, MC. Per fare ciò, il produttore deve espandere la dimensione del suo impianto al livello che minimizza i costi, rappresentato dalle curve SAC_1 e SMC_1. (La curva di costo medio di lungo periodo, AC, è mostrata sul grafico per facilitare il confronto con la Figura 9.11.)

La quantità di rose che massimizza il suo profitto nel breve periodo è pertanto di 18 000 rose al mese. Per questa quantità e al prezzo di €0,40, l'impresa ottiene un profitto economico perché il prezzo è maggiore del costo medio di breve periodo di €0,22 per rosa.

Nel lungo periodo, tuttavia, il coltivatore può aumentare il profitto espandendo la dimensione dell'impianto e la quantità di rose prodotte. La Figura 9.10 mostra la quantità che massimizza il profitto di lungo periodo nel caso di un produttore di rose che si aspetta un prezzo di mercato di €0,40 per rosa venduta.[10] Tale quantità (75 000 rose al mese) corrisponde al punto in cui il costo marginale di lungo periodo coincide con il prezzo di mercato ($MC = P$, come emerge dalla Figura 9.10). Per produrre questa quantità, l'impresa utilizza una dimensione produttiva che minimizza i costi.

9.4.2 La curva di offerta dell'impresa nel lungo periodo

L'analisi precedente suggerisce che la curva di offerta di lungo periodo dell'impresa coincide con la sua curva di costo marginale di lungo periodo. L'affermazione è quasi corretta. Per prezzi superiori al costo medio minimo di lungo periodo (€0,20 per rosa, come mostra la Figura 9.11), la curva di offerta di lungo periodo dell'impresa coincide con la sua curva del costo marginale di lungo periodo. Per prezzi inferiori al costo medio minimo di lungo periodo, tuttavia, l'impresa non produrrebbe, e la sua curva di offerta è rappresentata dal segmento verticale coincidente con l'asse delle ordinate (a rappresentare una quantità prodotta nulla). La ragione è che per prezzi di mercato inferiori al minimo costo medio di lungo periodo, l'impresa otterrebbe un profitto negativo, anche dopo avere realizzato tutti i possibili adattamenti nel mix di input per minimizzare i costi totali.

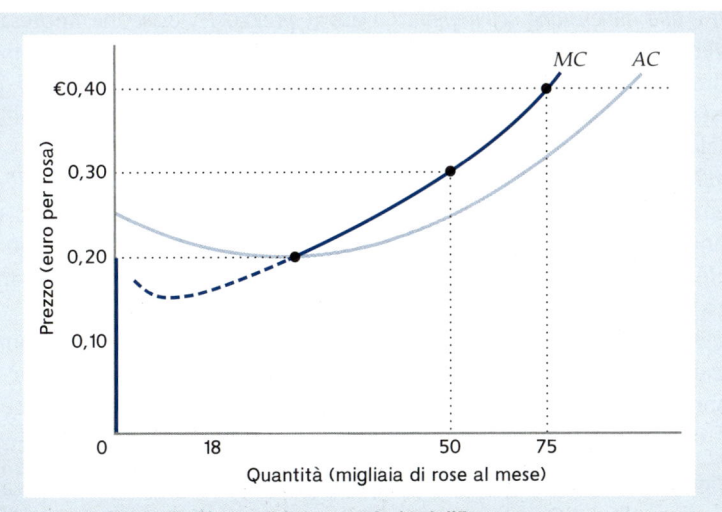

FIGURA 9.11 La curva di offerta di lungo periodo dell'impresa
Per prezzi superiori al minimo costo medio variabile (€0,20 nella figura), la curva di offerta di lungo periodo dell'impresa coincide con la sua curva del costo marginale di lungo periodo. Per prezzi inferiori al minimo costo medio di lungo periodo, la curva di offerta di lungo periodo dell'impresa è un segmento verticale che coincide con l'asse delle ordinate.

---

[10] L'analisi nel testo assume che il produttore di rose fronteggi un prezzo di mercato costante nel tempo. In realtà, il prezzo di mercato delle rose potrebbe subire delle variazioni, rendendo il problema della massimizzazione del profitto di lungo periodo del produttore ovviamente più complesso. Tuttavia l'analisi di tale ipotesi va oltre gli scopi del testo.

Se l'impresa ritiene che il prezzo di mercato sia destinato a rimanere in futuro allo stesso livello, la decisione migliore è uscire dall'industria.

La logica sottostante alla derivazione della curva di offerta di lungo periodo dell'impresa è analoga a quella utilizzata nel breve periodo. In entrambi i casi viene considerata la relazione tra prezzo e costo marginale per determinare il livello ottimo di produzione, qualora l'impresa decida di offrire un output positivo sul mercato. E in entrambi i casi si analizza l'opportunità di non produrre alla luce dei costi che potrebbero essere evitati se la produzione fosse nulla. La differenza è che nel lungo periodo tutti i costi sono evitabili (ovvero, sono recuperabili), mentre nel breve periodo alcuni costi potrebbero essere non evitabili (cioè non recuperabili) anche se l'impresa producesse una quantità nulla.

9.4.3 Libertà di entrata ed equilibrio perfettamente concorrenziale di lungo periodo

Nell'analisi dell'equilibrio perfettamente concorrenziale di breve periodo si è assunto che il numero di imprese attive nell'industria fosse dato. Nel lungo periodo, invece, nuove imprese possono entrare nell'industria. Un'impresa entrerà se il prezzo di mercato le consente di ottenere un profitto economico positivo e perciò creare ricchezza per i suoi proprietari.

L'**equilibrio perfettamente concorrenziale di lungo periodo** si raggiunge in corrispondenza del prezzo al quale l'offerta uguaglia la domanda e non esiste più un incentivo all'ingresso e all'uscita delle imprese dall'industria. Più precisamente, l'equilibrio perfettamente concorrenziale di lungo periodo è caratterizzato da un prezzo di mercato P^*, un numero di imprese identiche n^*, e una quantità prodotta da ciascuna impresa Q^* che soddisfa tre condizioni.

> **EQUILIBRIO PERFETTAMENTE CONCORRENZIALE DI LUNGO PERIODO** Il prezzo e la quantità di mercato per i quali l'offerta uguaglia la domanda, le imprese operanti non hanno incentivo a uscire dall'industria, e le imprese potenziali non hanno incentivo a entrare nell'industria.

1. *Ciascuna impresa massimizza il profitto di lungo periodo rispetto alla quantità prodotta e alla dimensione dell'impianto.* Dato il prezzo P^*, ciascuna impresa sceglie il livello di produzione che massimizza il suo profitto e decide la dimensione dell'impianto in grado di minimizzare i costi di produzione di quella quantità. Questa condizione implica che il costo marginale di lungo periodo dell'impresa coincide con il prezzo di mercato, $P = MC(Q^*)$.
2. *Il profitto economico per ciascuna impresa è pari a zero.* Dato il prezzo P^*, per un potenziale nuovo entrante non c'è possibilità di ottenere un profitto positivo nell'industria. Inoltre, un'impresa operante all'interno dell'industria non può ottenere un profitto negativo. Questa condizione implica che il costo medio di lungo periodo coincide con il prezzo di mercato, $P^* = AC(Q^*)$.
3. *La domanda di mercato uguaglia l'offerta di mercato.* Al prezzo P^* la domanda di mercato coincide con l'offerta di mercato, dato il numero di imprese n^* e le decisioni di offerta individuale di ciascuna impresa Q^*. Questo implica che $D(P^*) = n^*Q^*$, o in maniera equivalente, $n^* = D(P^*)/Q^*$.

La Figura 9.12 mostra queste condizioni graficamente (i valori utilizzati corrispondono a quelli dell'Esercizio svolto 9.4).

Poiché il prezzo di equilibrio corrisponde sia al costo marginale di lungo periodo che al costo medio di lungo periodo, ciascuna impresa produce in corrispondenza del punto minimo della sua curva di costo medio di lungo periodo. Se il punto minimo del costo medio si ha in corrispondenza di una quantità come Q^* nella Figura 9.12, l'impresa produce in corrispondenza della sua scala minima efficiente. La condizione per cui la domanda e l'offerta coincidono comporta, inoltre, che in equilibrio il numero di imprese equivale alla domanda di mercato divisa per la quantità prodotta alla scala minima efficiente.

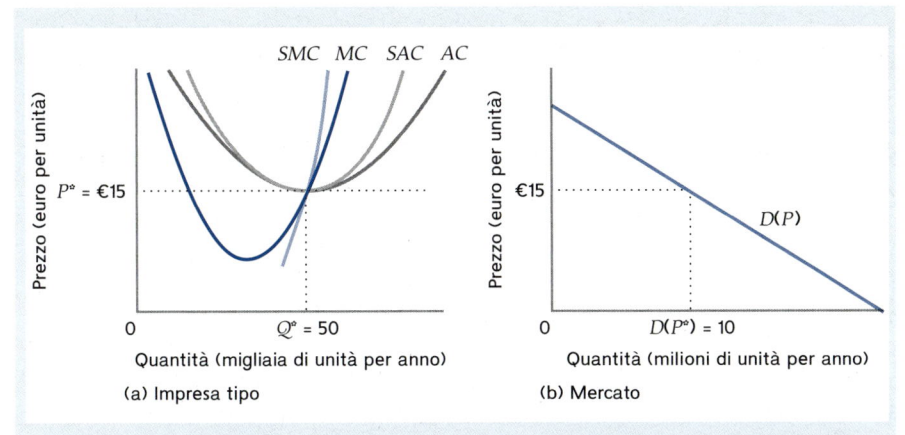

FIGURA 9.12 L'equilibrio di lungo periodo in un mercato perfettamente concorrenziale

Il prezzo di equilibrio di lungo periodo P^* coincide con il minimo costo medio di lungo periodo (€15 per unità). Ciascuna impresa produce una quantità Q^* corrispondente alla scala minima efficiente di produzione (50 000 unità). La quantità di equilibrio domandata è pari a 10 milioni di unità. In equilibrio il numero di imprese corrisponde al rapporto tra questa quantità e la produzione di 50 000 unità realizzata da ogni impresa ($n^* = D(P^*)/Q^* = 10\,000\,000/50\,000 = 200$).

Esercizio svolto 9.4 — L'individuazione dell'equilibrio di lungo periodo

Problema

In questo mercato tutte le imprese e i potenziali entranti sono identici. Ciascuno ha un costo medio di lungo periodo $AC(Q) = 40 - Q + 0{,}01Q^2$ e un corrispondente costo marginale $MC(Q) = 40 - 2Q + 0{,}03Q^2$, in cui Q è espressa in migliaia di unità. La curva di domanda di mercato è $D(P) = 25\,000 - 1000P$, e anche $D(P)$ è misurata in migliaia di unità. Calcolate la quantità di equilibrio di lungo periodo per ciascuna impresa, il prezzo e il numero di imprese nell'industria.

Soluzione

I valori di equilibrio sono contrassegnati con l'asterisco. L'equilibrio concorrenziale di lungo periodo soddisfa le tre condizioni seguenti:

$P^* = MC(Q^*) = 40 - 2Q^* + 0{,}03\,(Q^*)^2$
(massimizzazione del profitto)

$P^* = AC(Q^*) = 40 - Q^* + 0{,}01\,(Q^*)^2$
(profitto nullo)

$n^* = \dfrac{D(P^*)}{Q^*} = \dfrac{25{,}000 - 1{,}000P^*}{Q^*}$
(offerta uguale alla domanda)

Combinando le prime due equazioni, è possibile ottenere la quantità prodotta da ciascuna impresa, Q^*: $40 - 2Q^* + 0{,}03(Q^*)^2 = 40 - Q^* + 0{,}01(Q^*)^2$, da cui $Q^* = 50$. Quindi, ciascuna impresa in equilibrio produce 50 000 unità all'anno. Sostituendo $Q^* = 50$ nella funzione del costo medio si può ottenere il prezzo di equilibrio, P^*: $P^* = 40 - 50 + 0{,}01(50)^2 = 15$. Questo prezzo, €15 per unità prodotta, corrisponde al minimo costo medio di ciascuna impresa. Sostituendo ora P^* nella funzione di domanda, è possibile trovare la domanda di equilibrio di mercato: $25\,000 - 1000(15) = 10\,000$, ovvero 10 milioni di unità all'anno. Il numero di imprese in equilibrio si ottiene dividendo la domanda di mercato per la scala minima efficiente: $10\,000\,000/50\,000 = 200$ imprese.

Applicazione 9.3

Il mercato dei fornitori di accesso a Internet

Come accede uno studente a Internet? Potrebbe farlo dall'aula computer della propria scuola o università. Oppure, come milioni di italiani, potrebbe affidarsi a un fornitore di accesso a Internet, o *ISP* (*Internet service provider*). Un ISP è una società che consente di connettersi a Internet attraverso la linea telefonica (generalmente grazie a un modem ADSL). Le grandi compagnie, come Telecom Italia, Wind-Infostrada e Tiscali, rendono disponibile da tempo un accesso Internet ai clienti. Ma fanno lo stesso anche altre compagnie che probabilmente risultano sconosciute alla maggioranza degli italiani, quali Alpikom, Optima e Plexia.

La teoria della concorrenza perfetta insegna che quando vi è libertà di entrata il numero delle imprese in un'industria sarà determinato dalla relazione fra la domanda del mercato e la scala minima efficiente. Per un dato valore di quest'ultima, più grande sarà la domanda, maggiore sarà il numero di imprese in equilibrio di lungo periodo.

L'esempio degli ISP illustra bene questo punto. Il mercato dei fornitori di accesso a Internet è caratterizzato da libertà di entrata. Per diventare un provider, tutto ciò di cui un'impresa ha bisogno è una serie di modem, uno o più server, e una connessione alla rete. Nel 1994, quando Internet e il web erano agli albori, non esisteva alcun ISP. Oggi in Italia i provider che offrono servizi professionali sono diverse centinaia.

Poiché molti utenti (spesso a causa della poca dimestichezza con la tecnologia) preferiscono affidarsi a società che possono contattare o raggiungere di persona, e poiché molti ISP operano a livello locale più che nazionale, il mercato rilevante per il servizio di accesso a Internet è probabilmente rappresentato dalla provincia o da un'area metropolitana.

In linea generale, allora, ci si può attendere che al crescere della popolazione presente nel mercato locale si avrà una maggiore domanda di accessi a Internet. Se la struttura del mercato degli ISP è compatibile con il modello perfettamente concorrenziale, così come rappresentato nella Figura 9.12, dovrebbe manifestarsi una relazione positiva tra la popolazione di un mercato locale e il numero di ISP che operano in quel mercato.

In realtà, ciò è esattamente quanto si verifica, come mostra la Tabella 9.3. Essa fa riferimento alle province italiane e al numero di imprese operanti nel settore delle telecomunicazioni: quest'ultimo include gestori di reti, Internet point e soprattutto fornitori di accesso a Internet, e quindi può essere ragionevolmente ritenuto una buona stima del numero di ISP presenti in Italia. Nel 2001 le province in cui erano presenti al massimo due imprese di servizi di telecomunicazione avevano una popolazione media di circa 300 mila abitanti. Tali province costituivano il 39% del totale: quasi la metà di esse si trovava al Sud o nelle isole, e in generale si trattava per lo più di zone lontane dalle aree metropolitane. Di contro, le otto province con 12 o più imprese avevano una popolazione media di oltre due milioni di abitanti, e includevano tutte le maggiori città italiane (come Milano, Roma, Napoli, Torino e Firenze). Questa chiara correlazione positiva tra l'ampiezza del mercato e il numero di imprese attive nel campo delle telecomunicazioni (e quindi indirettamente di quelle fornitrici di accesso a Internet) è pienamente coerente con quanto suggerisce la teoria della concorrenza perfetta.

A cura di Paolo Coccorese

TABELLA 9.3 Imprese di telecomunicazione e dimensione del mercato

Numero di imprese	Dimensione media del mercato provinciale (popolazione)
Da 0 a 2	297 921
Da 3 a 5	403 042
Da 6 a 8	517 343
Da 9 a 11	994 950
Oltre 11	2 043 436

Fonte: Elaborazioni su dati Istat (censimento 2001).

9.4.4 La curva di offerta di mercato di lungo periodo

Nell'analisi dell'equilibrio concorrenziale di breve periodo, il prezzo di equilibrio è stato individuato tramite l'intersezione tra la curva di domanda di mercato e la curva di offerta di mercato di breve periodo. In questo paragrafo si vedrà che l'equilibrio di lungo periodo può essere descritto in modo simile, attraverso l'intersezione tra la curva di domanda di mercato e la **curva di offerta di mercato di lungo periodo** (*Long-run market Supply curve, LS*). (Anche in questo paragrafo si terrà valida l'ipotesi, già utilizzata per il breve periodo, che variazioni nell'output non influenzino i prezzi degli input. Nel prossimo paragrafo si vedrà come ottenere la curva di offerta di mercato di lungo periodo quando tale assunto non viene mantenuto.)

La curva di offerta di mercato di lungo periodo mostra la quantità totale di output offerta nel mercato a diversi livelli di prezzo, nell'ipotesi che siano stati realizzati tutti gli aggiustamenti necessari (come gli adeguamenti della dimensione degli impianti e l'entrata di nuove imprese).

Tuttavia non è possibile derivare la curva di offerta di mercato di lungo periodo attraverso la somma orizzontale delle curve di offerta individuali, come è

CURVA DI OFFERTA DI MERCATO DI LUNGO PERIODO La curva che mostra la quantità totale di output offerta nel mercato a diversi livelli di prezzo, nell'ipotesi che siano stati realizzati tutti gli aggiustamenti necessari (dimensione degli impianti, nuove entrate).

La concorrenza perfetta 275

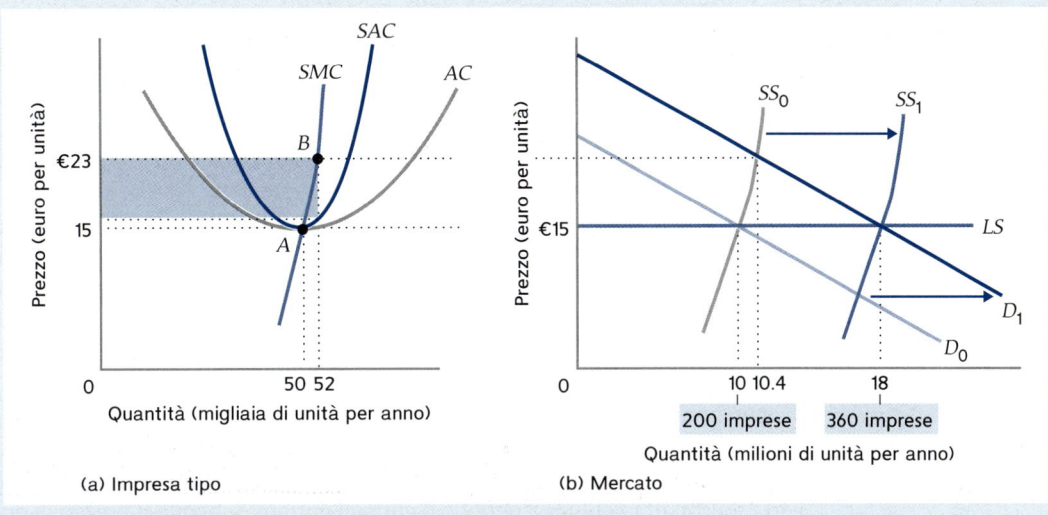

FIGURA 9.13 La curva di offerta di mercato di lungo periodo
Inizialmente, l'industria è in equilibrio di lungo periodo in corrispondenza di un prezzo unitario di €15. Ciascuna delle 200 imprese identiche presenti sul mercato produce, alla scala minima efficiente, 50 000 unità di prodotto all'anno, come indica il punto A nel grafico (a); la quantità totale offerta dal mercato è, quindi, di 10 milioni di unità all'anno (50 000 × 200 = 10 milioni), in corrispondenza dell'intersezione tra la curva di domanda iniziale D_0 e della curva di offerta di lungo periodo LS nel grafico (b). Se la domanda si sposta verso destra da D_0 a D_1, il prezzo di equilibrio di breve periodo è €23, dove la curva di offerta di breve periodo SS_0 interseca D_1. Nel breve periodo ciascuna impresa si trova a operare nel punto B del grafico (a), offrendo 52 000 unità di prodotto all'anno e ottenendo un profitto economico positivo corrispondente all'area ombreggiata. La possibilità di ottenere un profitto stimola nuove imprese a entrare nel mercato e la curva di offerta di breve periodo slitta verso destra fino a SS_1. In questo nuovo equilibrio di lungo periodo, nell'industria operano 360 imprese e ciascuna impresa offre ancora 50 000 unità di prodotto per un prezzo di equilibrio ancora pari a €15. Quindi, la curva di offerta di lungo periodo LS corrisponde a una linea orizzontale in corrispondenza del prezzo di €15 – nel lungo periodo tutta l'offerta di mercato viene venduta a questo prezzo.

stato fatto per il breve periodo. La ragione è che nel lungo periodo, diversamente dal breve, l'offerta di mercato può variare per l'entrata o l'uscita delle imprese dal mercato; quindi non esiste un numero fisso di curve di offerta individuali che possono essere sommate.

La Figura 9.13 mostra come costruire la curva di offerta di lungo periodo di mercato. Inizialmente il mercato è in equilibrio nel lungo periodo a un prezzo di €15. A questo prezzo, ciascuna delle 200 imprese identiche produce, in corrispondenza della scala minima efficiente, 50 000 unità di output all'anno, così che il mercato offre 10 milioni di unità all'anno (ovviamente la quantità domandata è pure di 10 milioni di unità all'anno, dato che il mercato è in equilibrio). Il punto A nella Figura 9.13(a) rappresenta la situazione di una tipica impresa in equilibrio di lungo periodo.

Si supponga ora che la domanda di mercato si sposti da D_0 a D_1, come nella Figura 9.13(b). Si supponga, altresì, che lo spostamento della curva di domanda sia previsto come duraturo, così che il mercato sia destinato a raggiungere un nuovo equilibrio di lungo periodo.

Nel breve periodo, con 200 imprese operanti nel mercato, l'equilibrio adesso si raggiunge in corrispondenza di un prezzo pari a €23, per cui ciascuna impresa massimizza il profitto producendo 52 000 unità all'anno e l'offerta e la domanda totali di mercato sono pari a 200 × 52 000 = 10,4 milioni di unità all'anno. Per la singola impresa, questa situazione è rappresentata dal punto B nella Figura 9.13(a); per il mercato, invece, è rappresentata dall'intersezione tra la curva di offerta di breve periodo SS_0 e la nuova curva di domanda D_1 nella Figura 9.13(b).

Al prezzo di €23, ciascuna delle 200 imprese presenti sul mercato ottiene un profitto economico positivo corrispondente all'area del rettangolo ombreggiato nella Figura 9.13(a). La possibilità di ottenere profitti positivi attrae nuove imprese nel mercato, determinando lo spostamento della curva di offerta di breve periodo verso destra. L'entrata di nuove imprese continua finché la curva di offerta di breve periodo non si è spostata nella posizione SS_1 e il prezzo non si è ridotto fino a €15, corrispondente all'intersezione tra SS_1 e D_1 nella Figura 9.13(b). A questo punto, 160 nuove imprese sono entrate nell'industria, e ciascuna impresa (nuova o vecchia che sia) massimizza il suo profitto producendo, in corrispondenza della scala minima efficiente, 50 000 unità all'anno. Una volta che il prezzo è sceso a €15, non esiste più incentivo a ulteriori entrate o uscite perché ciascuna impresa ottiene un profitto economico nullo. Inoltre, il mercato è in equilibrio giacché la domanda di mercato, al prezzo di €15, uguaglia l'offerta di mercato, pari a 360 × 50 000 = 18 milioni di unità all'anno.

L'analisi precedente mostra che, in un mercato perfettamente concorrenziale inizialmente in equilibrio a un dato prezzo P, una domanda di mercato addizionale verrà soddisfatta nel lungo periodo da nuove entrate. Sebbene il prezzo di equilibrio possa aumentare nel breve periodo, nel lungo periodo il processo di nuove entrate porterà il prezzo di equilibrio nuovamente al livello originario. Quindi la curva di offerta di lungo periodo è rappresentata da una linea orizzontale corrispondente al prezzo di equilibrio di lungo periodo, P. Nella Figura 9.13(b), LS è la curva di offerta relativa al prezzo di equilibrio di lungo periodo di €15.

9.4.5 Industrie a costi costanti, crescenti e decrescenti

Industria a costi costanti

Nel paragrafo precedente, nel derivare la curva di offerta di mercato di lungo periodo si è assunto che l'aumento dell'output prodotto dall'industria a seguito dell'ingresso di nuove imprese non avesse conseguenze sul prezzo di mercato degli input (lavoro, materie prime, capitale) usati dalle imprese che operano nell'industria. Di conseguenza, quando nuove imprese entrano nell'industria, le curve di costo delle imprese già attive non si spostano.

Questa ipotesi è valida quando la domanda dell'industria per un certo input rappresenta una piccola parte della domanda totale dello stesso. In questo caso, incrementi o riduzioni di utilizzo dell'input non hanno alcun effetto sul suo prezzo di mercato. Per esempio, le imprese che operano nel mercato delle rose utilizzano un significativo ammontare di gas naturale, distillati e altri combustibili per riscaldare le serre. Tuttavia si tratta di combustibili utilizzati anche in altri settori. Per questa ragione, un incremento o una riduzione nella produzione di rose – e una corrispondente variazione della domanda di combustibili da riscaldamento da parte dei produttori di rose – non avrebbe un impatto significativo sulla domanda complessiva di combustibili da riscaldamento e non provocherebbe variazioni significative nel loro prezzo.

Quando variazioni nell'output prodotto nell'industria non hanno conseguenze sui prezzi degli input, si è in presenza di un'**industria a costi costanti**, come quella rappresentata nella Figura 9.13. ("Costi costanti" è un concetto differente da quello di "rendimenti di scala costanti", che, come si è visto nel Capitolo 8, implica una funzione di costo medio di lungo periodo orizzontale. La Figura 9.13 mostra che è possibile essere in presenza di una industria a costi costanti anche se le imprese non hanno rendimenti di scala costanti. Di contro, le imprese di un'industria possono avere rendimenti di scala costanti senza che l'industria sia necessariamente a costi costanti.)

INDUSTRIA A COSTI COSTANTI Un'industria in cui gli incrementi o le riduzioni dell'output dell'industria non hanno effetti sui prezzi degli input.

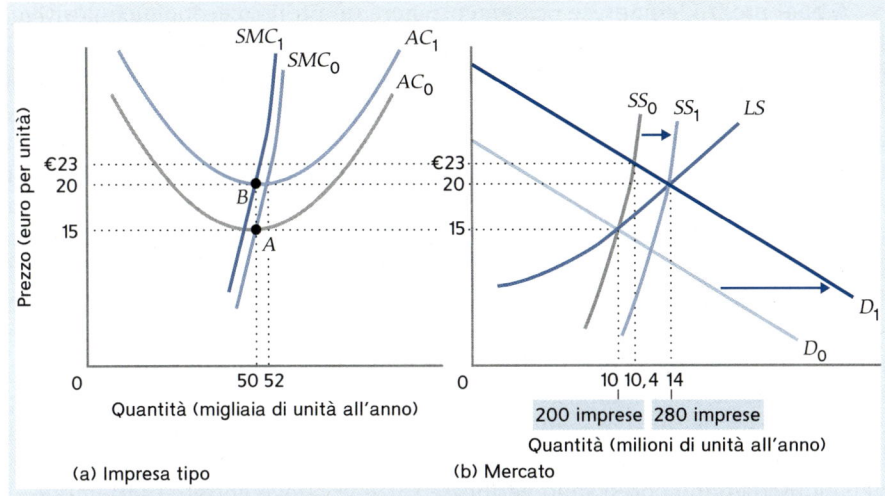

FIGURA 9.14 La curva di offerta di lungo periodo del settore in un'industria a costi crescenti
Inizialmente l'industria è in equilibrio di lungo periodo al prezzo di €15 per unità di prodotto. Ciascuna delle 200 imprese identiche presenti sul mercato produce 50 000 unità in corrispondenza della sua scala minima efficiente, come risulta dal punto A nel grafico (a); quindi, l'offerta totale di mercato è di 10 milioni di unità all'anno (50 000 × 200 = 10 milioni), in corrispondenza dell'intersezione tra la curva di domanda iniziale D_0 e la curva di offerta di lungo periodo LS nel grafico (b). Se, successivamente, la domanda si sposta verso destra da D_0 a D_1, il prezzo di equilibrio di breve periodo diventa €23, dove la curva di offerta di breve periodo SS_0 interseca D_1. Nel breve periodo ciascuna impresa è al punto B del grafico (a), offrendo 52 000 unità all'anno e ottenendo un profitto economico positivo. L'opportunità di un profitto positivo induce nuove imprese a entrare nel settore, per cui la curva di offerta di breve periodo si sposta a destra fino a SS_1. Con l'ingresso di nuove imprese i prezzi degli input specifici dell'industria aumentano, spostando le curve di costo di breve e lungo periodo verso l'alto, come si vede nel grafico (a) - in particolare, il punto minimo del costo medio di lungo periodo aumenta da €15 a €20. Nel nuovo equilibrio di lungo periodo, nell'industria operano 280 imprese, ciascuna delle quali offre ancora 50 000 unità di prodotto all'anno a un prezzo di equilibrio di €20. Quindi, la curva di offerta di lungo periodo LS è inclinata positivamente.

Industria a costi crescenti

Quando l'incremento dell'output dell'industria fa aumentare il prezzo degli input, si è in presenza di un'**industria a costi crescenti**. È probabile imbattersi in un'industria a costi crescenti se le imprese che vi operano utilizzano **input specifici per l'industria** - input disponibili in quantità scarsa e utilizzati esclusivamente in quel tipo di industria. Per esempio, un produttore di rose come Coccinella Fiori impiega un capo coltivatore esperto nel piantare le rose, in grado di stabilire i livelli di utilizzo di fertilizzanti e pesticidi, di programmare la raccolta e di sperimentare tipologie ibride di rose. Esperti di questo tipo sono difficili da trovare e, inoltre, coloro che vantano una carriera brillante sono spesso contesi dalle diverse imprese.

La Figura 9.14 illustra il processo di adattamento dell'equilibrio in un'industria a costi crescenti, basato su una situazione inizialmente uguale a quella descritta nella Figura 9.13. Al prezzo iniziale di equilibrio di lungo equilibrio di €15, le 200 imprese identiche che operano nell'industria producono, ciascuna, 50 000 unità all'anno [ognuna si trova in corrispondenza del punto A nella Figura 9.14(a)]. Si supponga che la domanda di mercato si sposti verso destra, da D_0 a D_1 nella Figura 9.14(b). Inizialmente, assumendo che non ci siano nuove imprese che entrano nel mercato, né cambiamenti nei prezzi degli input, la curva di offerta di breve periodo è SS_0. Il prezzo di equilibrio risulterebbe essere €23, in corrispondenza dell'intersezione tra D_1 e la curva di offerta di breve periodo iniziale SS_0.

INDUSTRIA A COSTI CRESCENTI Un'industria nella quale incrementi nell'output fanno aumentare i prezzi degli input.

INPUT SPECIFICI DI UN'INDUSTRIA Input che vengono utilizzati solo dalle imprese che operano in una specifica industria e non dalle altre presenti nel sistema economico.

A quel prezzo le imprese possono ottenere un profitto economico positivo, la qual cosa attrae nuove imprese e sposta di conseguenza la curva di offerta di breve periodo verso destra. Finora la situazione è assolutamente simile a quella descritta nella Figura 9.13. Quando, però, l'output aumenta per l'ingresso di nuove imprese, i prezzi degli input specifici dell'industria (si ricordi l'esempio del coltivatore esperto) cominciano a salire (per esempio, i nuovi entranti cercheranno di allettare i coltivatori più esperti, allontanandoli dai loro impieghi attuali con l'offerta di salari più elevati). L'aumento del prezzo degli input spinge verso l'alto le funzioni di costo di breve e lungo periodo di ciascuna impresa, come in Figura 9.14(a).[11] [La Figura 9.14(a) rappresenta uno spostamento verso l'alto che lascia inalterata la scala minima efficiente delle imprese a 50 000 unità prodotte all'anno, come indicato dal punto B; in generale, tuttavia, la scala minima efficiente di un'impresa potrebbe anche modificarsi al variare dei prezzi degli input.] La nuova curva di offerta di mercato di breve periodo SS_1 è ricavata tenendo conto del numero delle imprese presenti nell'industria dopo che si sono verificate tutte le nuove entrate (280 imprese) e considerando i prezzi degli input al nuovo (più alto) livello. Il nuovo prezzo di equilibrio è pari a €20, e la quantità scambiata sul mercato è di 14 milioni di unità all'anno. Mentre le curve di offerta di breve periodo vengono ricavate tenendo conto di un numero dato di imprese e di prezzi dati degli input, la curva di offerta di lungo periodo LS prende in considerazione sia le nuove imprese che i cambiamenti nel prezzo degli input.

Il processo di aggiustamento si ferma quando il prezzo scende al punto in cui il profitto di ciascuna impresa è pari a zero. Questo si verifica in corrispondenza di un prezzo pari a €20, dove la nuova curva di offerta di breve periodo SS_1 interseca la nuova curva di domanda D_1. Quel prezzo coincide con il punto minimo della *nuova* curva di costo medio di lungo periodo AC_1 che risulta dall'incremento del prezzo degli input. La quantità prodotta nell'industria aumenta da 10 a 14 milioni di unità all'anno. Poiché ciascuna impresa produce 50 000 unità di prodotto, il numero di imprese in equilibrio è dato da 14 000 000/50 000 = 280. Quindi 80 nuove imprese sono entrate nell'industria.

La curva di offerta di mercato di lungo periodo in un'industria a costi crescenti è inclinata positivamente, come la curva LS nella Figura 9.14(b). La curva di offerta di mercato inclinata positivamente suggerisce che incrementi nel prezzo sono necessari per indurre una quantità maggiore di prodotto nel lungo periodo. Gli incrementi nel prezzo compensano l'aumento del livello minimo del costo medio di lungo periodo dovuto all'aumento della quantità prodotta nell'industria e al conseguente aumento dei prezzi degli input.

Industria a costi decrescenti

In alcune situazioni un aumento della quantità prodotta può portare a una *diminuzione* del prezzo di un input. In questo caso si è in presenza di un'**industria a costi decrescenti**. Per illustrarlo, si supponga che un'industria sia fortemente dipendente da un tipo particolare di chip per computer come input. L'in-

---

INDUSTRIA A COSTI DECRESCENTI Un'industria nella quale incrementi nell'output portano alla diminuzione del prezzo di alcuni o tutti gli input.

---

[11] Nel caso di un'impresa che coltiva rose e impiega un singolo coltivatore esperto, il suo salario rappresenterebbe un costo *fisso*. Un aumento del salario avrebbe di conseguenza effetti sulla curva AC ma non su SMC. La Figura 9.14(a) mostra il caso di un aumento del prezzo di un input che un'impresa utilizza in quantità variabile. Infatti, un aumento del prezzo di un input variabile sposterebbe la curva del costo marginale di breve periodo da SMC_0 a SMC_1, proprio come viene mostrato in figura.

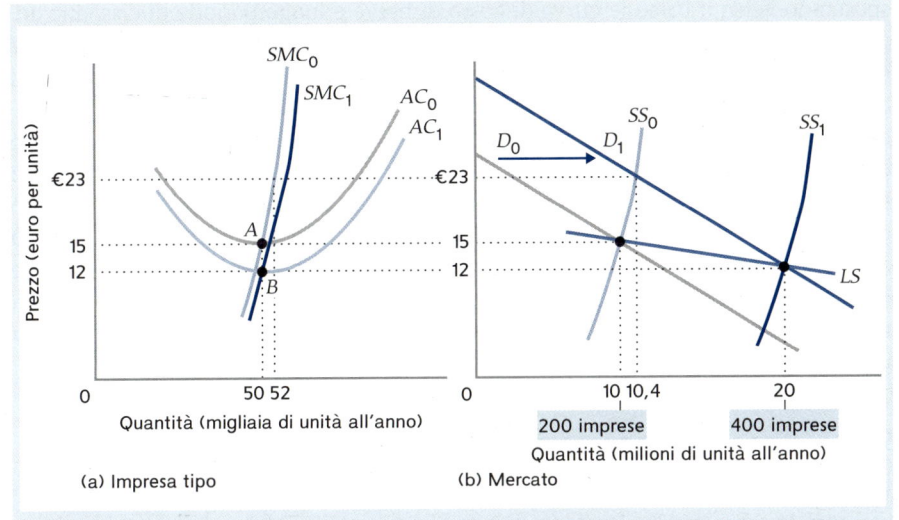

FIGURA 9.15 La curva di offerta del settore di lungo periodo in un'industria a costi decrescenti

Il mercato è inizialmente composto da 200 imprese identiche. Nel grafico (a) il punto A mostra la posizione di una singola impresa quando il mercato è in equilibrio di lungo periodo al prezzo di €15 per unità prodotta, con l'impresa che produce 50 000 unità all'anno e con un'offerta totale di mercato annua di 10 milioni di unità. Dopo l'aumento della domanda (e la diminuzione dei prezzi degli input), ciascuna impresa si trova a operare in corrispondenza del punto B, dove il mercato raggiunge l'equilibrio di lungo periodo a un prezzo di €12 per unità prodotta.

Nel grafico (b), LS è la curva di offerta di mercato di lungo periodo. L'equilibrio iniziale si trova in corrispondenza dell'intersezione tra LS e la curva di domanda iniziale D_0. L'aumento della domanda sposta la curva da D_0 a D_1. Quando erano presenti sul mercato 200 imprese che acquistavano l'input al prezzo iniziale, la curva di offerta di breve periodo era SS_0. Dopo l'ingresso di 200 nuove imprese e la diminuzione dei prezzi degli input, la curva di offerta di breve periodo si sposta in SS_1. Nel lungo periodo, il prezzo di equilibrio sarà pari a €12 (seguendo la diminuzione del prezzo degli input), in corrispondenza dell'intersezione tra LS e la nuova curva di domanda D_1.

dustria potrebbe acquistare i chip a prezzi più convenienti se la domanda per questi input aumentasse, magari perché i produttori sarebbero indotti a utilizzare tecniche di produzione meno costose per volumi maggiori. In un'industria a costi decrescenti, le curve di costo medio e marginale di ciascuna impresa potrebbero diminuire non grazie alle economie di scala ma perché i prezzi degli input diminuiscono drasticamente quando l'industria produce di più.

La Figura 9.15 mostra che la curva di offerta di lungo periodo LS in un'industria a costi decrescenti è inclinata negativamente. Al prezzo iniziale di equilibrio di lungo periodo di €15, le 200 imprese identiche presenti nell'industria producono ciascuna 50 000 unità all'anno [ognuna è quindi posizionata in corrispondenza del punto A nella Figura 9.16(a)]. Inizialmente, assumendo che non ci siano ingressi di nuove imprese e cambiamenti nei prezzi degli input, la curva di offerta di breve periodo è SS_0. Se la domanda di mercato si sposta verso destra, da D_0 a D_1 nella Figura 9.15(b), il prezzo di equilibrio di breve periodo diventa €23, corrispondente all'intersezione tra D_1 e l'iniziale curva di offerta di breve periodo SS_0. A quel prezzo le imprese ottengono un profitto economico positivo, e potrebbero esservi nuovi ingressi nel mercato. Finora la situazione è analoga a quella descritta nelle Figure 9.13 e 9.14.

Tuttavia, al crescere della quantità prodotta, dovuto all'entrata di nuove imprese, il prezzo degli input specifici per l'industria (come i chip) comincia a scendere, spostando verso il basso le curve di costo di breve e lungo periodo di ciascuna impresa, come si vede nella Figura 9.15(a). (Come prima, in questo esempio si assume che lo spostamento da AC_0 a AC_1 lascia la scala minima efficiente di produzione di ciascuna impresa invariata in corrispondenza di 50 000 unità all'anno, come indicato al punto B.) La nuova curva di offerta di breve periodo SS_1 è ricavata tenendo conto delle 400 imprese operanti nell'industria dopo che si sono realizzati i nuovi ingressi e tenendo conto dei nuovi (più bassi) prezzi degli input. Il nuovo prezzo di equilibrio è €12, e la quantità scambiata sul mercato è pari a 20 milioni di unità all'anno. La curva di offerta di lungo periodo LS è ricavata tenendo conto sia delle nuove entrate che dei nuovi prezzi degli input; essa è decrescente perché i produttori fronteggiano prezzi degli input più bassi quando nel mercato viene prodotta una quantità maggiore.

9.4.6 Cosa insegna la concorrenza perfetta?

In questo paragrafo si è studiato come la libertà di entrata sia in grado di influenzare nel lungo periodo il prezzo di equilibrio in un mercato perfettamente concorrenziale.

In particolare, si è vista una implicazione chiave della concorrenza perfetta: la libertà di entrata può portare il profitto economico a zero. Questo è un importante fondamento della teoria microeconomica. Esso afferma che quando le opportunità di profitto sono accessibili a tutte le imprese, i profitti sono destinati a scomparire. Ciò conferma un detto proprio del mondo degli affari: "Se tutti possono farlo, non puoi guadagnarci". La lezione per i manager che viene dalla teoria della concorrenza perfetta è che, se un'impresa basa la sua strategia su competenze che possono essere facilmente acquisite o su risorse che possono essere facilmente reperite, ci si pone di fronte ai rischi evidenziati dalla teoria della concorrenza perfetta: nel lungo periodo il profitto economico sarà destinato a essere eroso.

9.5 • Rendita economica e surplus del produttore

Nei paragrafi precedenti si è analizzato in che modo le imprese price-taker adattano le loro decisioni produttive in base al prezzo di mercato, e come si determina tale prezzo. Ora l'obiettivo è esplorare in che modo le imprese e i proprietari dei fattori della produzione (per esempio, i fornitori dei servizi lavorativi o i proprietari di terra o capitale) traggono profitto dalle loro attività in mercati perfettamente concorrenziali. A tal fine è necessario introdurre i concetti di rendita economica e surplus del produttore.

9.5.1 La rendita economica

Nella teoria sviluppata fino a ora si è ipotizzato che tutte le imprese operanti in un mercato perfettamente concorrenziale abbiano accesso alle medesime risorse. Questo si è tradotto nell'affermazione che tutte le imprese già attive sul mercato e le potenziali entranti hanno le stesse curve di lungo periodo.

Va tuttavia considerato che in molte industrie esistono alcune imprese che hanno accesso a risorse estremamente produttive, e altre no. Per esempio, nell'industria delle rose migliaia di individui potrebbero sembrare coltivatori esperti, mentre solo una piccola parte di essi lo è realmente. I produttori di rose abbastanza fortunati da riuscire ad assumere un coltivatore esperto da questo piccolo gruppo risulteranno maggiormente produttivi rispetto ai loro concorrenti che assumono coltivatori mediamente validi.

La **rendita economica** misura il surplus economico attribuibile a un input molto produttivo la cui offerta è limitata. Più precisamente, la rendita economica corrisponde alla differenza tra l'ammontare massimo che un'impresa sarebbe disposta a pagare per i servizi di un input e il **valore di riserva** dell'input stesso. Il valore di riserva di un input è il ricavo che il proprietario potrebbe ottenere impiegando l'input nel migliore uso alternativo possibile al di fuori dell'industria. Pertanto, la rendita economica è pari a $A - B$, dove

A = massimo ammontare che un'impresa è disposta a pagare per utilizzare i servizi di un dato input

B = ricavo che il proprietario dell'input ottiene impiegando quest'ultimo nel migliore uso alternativo possibile al di fuori dell'industria

> **RENDITA ECONOMICA** Il surplus economico che è attribuibile agli input molto produttivi la cui offerta è scarsa.

> **VALORE DI RISERVA** Il rendimento che il proprietario di un input potrebbe ottenere impiegando l'input nel migliore uso alternativo al di fuori dell'industria.

Per illustrare la definizione, si supponga che il massimo ammontare che un'impresa di rose sarebbe disposta a pagare per assumere un coltivatore particolarmente esperto - la parte A della espressione precedente - sia pari a €105 000.[12] Si supponga, inoltre, che il miglior impiego alternativo al di fuori del settore delle rose per il coltivatore esperto sia lavorare nell'industria dei tulipani per un salario annuale di €70 000, valore che rappresenta il termine B della formula. La rendita economica dell'esperto risulta quindi 105 000 - 70 000 = €35 000 all'anno.

La rendita economica viene spesso confusa con il profitto economico: i due concetti sono collegati, ma distinti. Per spiegare la differenza, si può sviluppare ulteriormente l'esempio della coltivazione di rose. Si ipotizzi che ognuna delle imprese produttrici di rose necessiti delle competenze di un solo capo coltivatore. Inoltre si supponga che ci siano due tipologie di coltivatori: esperti e mediamente competenti. Esiste un numero limitato - per esempio 20 - di coltivatori della prima categoria, e un'offerta praticamente illimitata della seconda. Il valore di riserva di entrambe le categorie di coltivatori è di €70 000 all'anno, e per ora si supponga che tutti i capo coltivatori ricevano un salario annuale pari al loro valore di riserva.

Un capo coltivatore esperto è però in grado di coltivare un maggior numero di rose a parità di input utilizzati (lavoro, terra, capitale, materiali vari) rispetto al capo coltivatore medio. Quindi, come indicato nella Figura 9.16, quando tutti i coltivatori sono pagati a uno stesso salario annuale di €70 000, una singola impresa che impiega un capo coltivatore particolarmente esperto ha curve di costo medio e marginale più basse rispetto a un'impresa che impiega un capo coltivatore medio. [AC' e MC' nel grafico (a) rispetto a AC e MC nel grafico (b)]. Si noti che le curve di costo medio, AC e AC', sono la somma di due parti: il costo per unità prodotta relativo a tutte le spese sostenute da un'impresa di rose *diverse* dallo stipendio del capo coltivatore (per esempio lavoro, materiali, terra, capitale) e il salario del capo coltivatore per unità di prodotto, il quale risulta dal rapporto di €70 000 per il numero di rose prodotte. È relativamente alla categoria degli "altri costi" che l'impresa che impiega il coltivatore esperto ottiene un vantaggio economico. Inoltre, dal momento che il salario pagato al capo coltivatore è indipendente dalla quantità di rose prodotte (il salario del coltivatore è un costo fisso), l'importo del salario del coltivatore non influenza la posizione della curva del costo *marginale* dell'impresa. La differenza tra MC e MC' è attribuibile esclusivamente alla maggiore produttività di cui l'impresa gode grazie alle prestazioni del capo coltivatore esperto.

La Figura 9.16 mostra l'equilibrio del mercato quando tutti i coltivatori perce-

---

[12] Più avanti nel testo si vedrà come è possibile determinare la massima disponibilità a pagare.

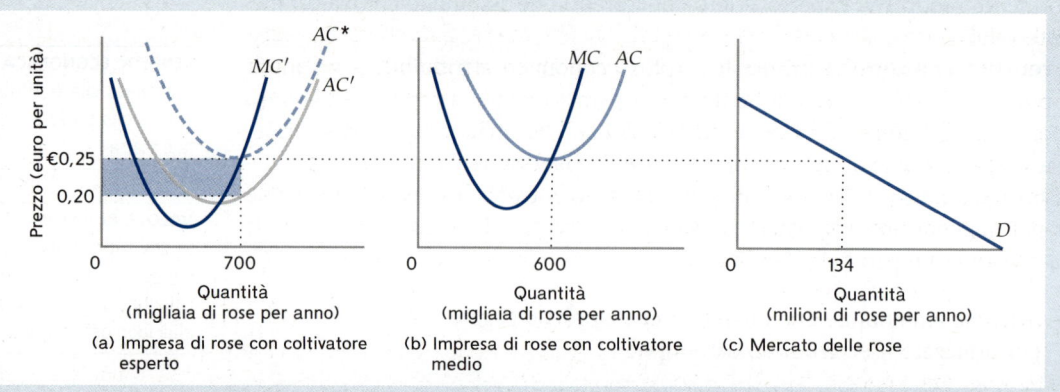

FIGURA 9.16 La rendita economica
Grafici (a) e (b): Quando tutti i coltivatori sono pagati con uno stesso salario, un'impresa che impiega i servizi di un capo coltivatore esperto ha una curva di costo marginale più bassa rispetto a un'impresa che impiega un coltivatore medio (MC′ versus MC), e anche una più bassa curva di costo medio (AC′ versus AC). In questo caso, al prezzo unitario di equilibrio di €0,25, la rendita economica di un coltivatore esperto [corrispondente all'area ombreggiata nel grafico (a)] è interamente catturata come profitto economico dall'impresa che l'ha assunto. Tuttavia, se l'impresa dovesse competere per assumere il coltivatore esperto e se il salario fosse rilanciato al livello massimo che l'impresa è disposta a pagare per averlo con sé, cioè €105 000 annui, la curva di costo medio dell'impresa in questione salirebbe ad AC*, cioè allo stesso livello di costo medio dell'impresa che ha assunto il coltivatore medio. A quel punto ciascun coltivatore esperto si approprierebbe della rendita economica che ha generato, e il profitto economico dell'impresa si annullerebbe. Il grafico (c) mostra la curva di domanda di mercato e la quantità totale di rose prodotta in corrispondenza del prezzo di equilibrio.

piscono il medesimo salario. Un'impresa che impiega il coltivatore medio produce 600 000 rose all'anno, in corrispondenza della scala minima efficiente [grafico (b)]. L'impresa che impiega il coltivatore esperto produce 700 000 rose all'anno, in corrispondenza del punto in cui la sua curva di costo marginale MC′ interseca il prezzo unitario di mercato pari a €0,25 [grafico (a)]. La domanda totale di mercato per un prezzo di €0,25 è di 134 milioni di rose [grafico (c)]. Di queste, 20 × 700 000 = 14 milioni di rose sono offerte dalle 20 imprese che impiegano i coltivatori esperti, mentre i rimanenti 120 milioni di rose sono offerti dalle imprese che impiegano i coltivatori medi. Si noti nella Figura 9.16(a) che quando un'impresa dispone di un coltivatore esperto a un salario di €70 000, il suo costo medio unitario è di €0,20. Di contro, un'impresa che impiega un coltivatore medio al medesimo salario ha un costo medio unitario di €0,25. Impiegando il coltivatore esperto, dunque, un'impresa di rose ottiene un risparmio di costo di €0,05 per ciascuna rosa prodotta.

Ora è possibile identificare la *rendita economica* generata dall'utilizzo dei servizi di un coltivatore esperto. Per fare ciò, occorre in primo luogo domandarsi, in coerenza con la definizione data, quale sarebbe il salario *più alto* che l'impresa sarebbe disposta a pagare per assumere il coltivatore esperto. Il massimo salario che l'impresa è pronta a offrire – S^* – è quello che porta il suo profitto economico ad annullarsi. Per qualsiasi livello di salario più elevato, l'impresa farebbe meglio a uscire dall'industria. Dalla Figura 9.16 è possibile vedere che se l'impresa pagasse il salario massimo pari a S^* spingerebbe la curva di costo medio verso l'alto, da AC′ ad AC*, così che per una quantità di 700 000 rose il costo medio risulterebbe esattamente uguale al prezzo unitario di mercato, pari a €0,25.[13] Pertanto, un salario pari a S^*, piuttosto che a €70 000, è sufficiente ad annullare il vantaggio di costo di €0,05 per rosa pro-

---

[13] Si ricordi che l'entità del salario non influisce sulla posizione della curva di costo marginale dell'impresa, per cui l'impresa che assume il coltivatore esperto produrrà ancora 700 000 rose all'anno, in corrispondenza del punto in cui la sua curva di costo marginale MC′ (rimasta immutata) uguaglia il prezzo di mercato di €0,25.

dotta creato dall'utilizzo dello straordinario talento del coltivatore. Lo spostamento verso l'alto della curva del costo medio è pari alla differenza tra il salario unitario corrispondente a S^e, cioè $S^e/700\,000$, e il salario per unità prodotta corrispondente a €70 000, ovvero 70 000/700 000; inoltre, tale spostamento deve essere esattamente uguale a €0,05. Quindi: $S^e/700\,000 - 70\,000/700\,000 = 0,05$, ossia $S^e = €105\,000$. Dunque, il salario massimo che un'impresa sarebbe disposta a pagare per assumere un coltivatore esperto è pari a €105 000 all'anno. La rendita economica è la differenza tra questa massima disponibilità a pagare e il prezzo di riserva di €70 000 del coltivatore esperto: 105 000 − 70 000 = €35 000. Tale rendita corrisponde alla regione ombreggiata nella Figura 9.16(a).[14]

Si consideri ora il profitto economico delle imprese di rose. Quelle che utilizzano i servizi dei coltivatori medi ottengono un profitto economico pari a zero. Al contrario, le 20 imprese con i coltivatori esperti ottengono un profitto economico positivo pari al vantaggio di costo di €0,05 moltiplicato per il numero di rose che producono. Il prodotto è pari all'area ombreggiata nella Figura 9.16(a). Quando un coltivatore esperto è pagato come uno medio, il profitto economico equivale alla rendita economica. Pertanto, ciascuna delle 20 imprese che impiega un coltivatore esperto si appropria di tutta la rendita economica come profitto economico positivo. Invece, il coltivatore esperto non ottiene nulla della rendita economica che il suo talento genera. Si tratta chiaramente di un risultato notevole per un'impresa che è così fortunata da assumere un coltivatore esperto al salario annuo di €70 000.

Si supponga invece che l'impresa debba competere per riuscire ad assumere il coltivatore esperto. In questo caso, il mercato non sarebbe molto diverso da quello dei giocatori svincolati o in scadenza di contratto nei campionati di calcio, basket o baseball. La competizione tra le imprese di rose per aggiudicarsi i migliori coltivatori farebbe aumentare i salari dei coltivatori esperti presenti sul mercato. Se la concorrenza fosse sufficientemente forte, il salario dei coltivatori esperti raggiungerebbe €105 000, la cifra massima che un'impresa è disposta a pagare. Le imprese che assumono questi coltivatori si trovano a operare con una curva di costo medio pari ad AC^e nella Figura 9.16(a).[15] In equilibrio di lungo periodo queste imprese, esattamente come i loro concorrenti che impiegano i servizi dei coltivatori medi, ottengono un profitto economico pari a zero. Il vantaggio di costo derivante dall'utilizzare i servizi di un coltivatore molto produttivo viene compensato dal maggior salario che gli deve essere pagato per convincerlo a non accettare le proposte delle altre imprese che vorrebbero pure utilizzare i suoi servizi. La rendita economica dell'input scarso è ancora corrispondente all'area ombreggiata. In questo caso, però, essa è catturata dal coltivatore esperto come "premio salariale" che eccede il prezzo di riserva di €70 000, invece che dalle imprese di rose come profitto economico positivo.

In generale, il salario corrisposto a un coltivatore esperto potrebbe trovarsi a un livello qualunque tra i 70 000 e i 105 000 euro all'anno. A seconda del livello di salario corrisposto, il profitto economico di un'impresa di rose che assume un coltivatore esperto potrebbe oscillare tra €35 000 e zero. La Tabella 9.4 illustra le diverse ipotesi. Essa mostra che la rendita economica è una *torta*, o un surplus che può essere ripartito tra le imprese e i proprietari degli input. La rendita economica è sempre pari a €35 000, ma l'entità del profitto economico dipende dal modo in cui è ripartita.

---

[14] Questo perché l'area della regione è pari a $(0,25 - 0,20) \times 700\,000 = €35\,000$.
[15] Si ricordi che la curva del costo marginale resta invariata in quanto il salario del coltivatore è un costo fisso.

TABELLA 9.4 La relazione tra la rendita economica e il profitto economico

Salario annuale del coltivatore	Rendita economica generata da un coltivatore esperto	"Premio salariale" (parte della rendita economica catturata dal coltivatore esperto)	Profitto economico (parte della rendita economica catturata dall'impresa che impiega il coltivatore esperto)
€70 000	€35 000	€0	€35 000
Tra €70 000 e €105 000	€35 000	Tra €0 e €35 000	Tra €35 000 e €0
€105 000	€35 000	€35 000	€0

La divisione della rendita economica tra le imprese e i coltivatori dipende in ultima analisi dalla mobilità delle risorse. Se i coltivatori possono spostarsi facilmente da un'impresa all'altra, è lecito attendersi un'intensa gara per aggiudicarsi i loro servizi, e perciò che i salari dei coltivatori migliori si attestino sul livello massimo che le imprese sono disposte a pagare, €105 000. In questo caso, il profitto economico delle imprese sarà annullato dalla competizione per aggiudicarsi i migliori coltivatori (esattamente come i profitti delle squadre di calcio sono erosi dalla concorrenza per aggiudicarsi i migliori atleti disponibili sul mercato). Al contrario, se i coltivatori non possono spostarsi facilmente da un'impresa all'altra, o se il coltivatore esperto è specializzato per un'impresa in particolare (cioè è molto competente solo all'interno di una di esse, mentre sarebbe medio in tutte le altre), i salari dei coltivatori esperti potrebbero non essere destinati a crescere. In tal caso, la rendita economica sarebbe conquistata dall'impresa come profitto economico positivo.

Applicazione 9.4

Il talento è una risorsa scarsa?

Gli artisti che forniscono input creativi individuali sono differenziabili tra loro in termini di competenze tecniche, originalità artistica e/o abilità specifiche.[16] Le differenze nel talento sono osservabili, valutabili e comparabili sia rispetto ad altri artisti capaci di offrire lo stesso input creativo sia da altri soggetti "qualificati" come insegnanti, critici, esperti ecc. Per quanto sia possibile apprendere e migliorare le proprie capacità con la formazione e l'esercizio, i talenti vengono classificati, nei diversi settori creativi, per la loro riconosciuta qualità.[17] L'impiego di un input creativo di talento è idoneo a incidere sul risultato finale del prodotto creativo e, quindi, sui ricavi potenziali che questo è in grado di generare. Impiegare in un progetto creativo, per esempio un film, un input creativo, per esempio un attore, dal talento non riconosciuto, comporta per la casa di produzione cinematografica il rischio che i ricavi generati dal prodotto finale non siano sufficienti a coprire i costi sostenuti (per lo più fissi e irrecuperabili). Offrire all'attore di talento una retribuzione inferiore a quella massima che l'impresa cinematografica è disposta a pagare significa rischiare che l'attore scelga di non partecipare al progetto, privilegiando un progetto alternativo di una casa di produzione concorrente disposta a pagare una somma maggiore per utilizzare i suoi servizi.

Gli artisti il cui talento è universalmente riconosciuto ottengono di norma una rendita economica pari alla differenza tra il compenso ottenuto nel ruolo creativo e la somma minima a cui sarebbero stati disposti a offrire i

---

[16] R.E. Caves, *L'industria della creatività*, ETAS, Milano 2001.
[17] Si possono non condividere le classificazioni proposte perché ritenute non corrispondenti a verità. Ciò che in questa sede, tuttavia, preme sottolineare è che tali classificazioni esistono e comportano una diversa valutazione degli input creativi in termini economici.

propri servizi. Tale rendita tende a essere tanto maggiore quanto maggiore è il talento riconosciuto all'input creativo e quante più imprese competono per aggiudicarsi i talenti. L'ammontare di ricavi che può essere trasformato in rendita dipende dai ricavi generati grazie alla presenza dell'artista meno i costi degli altri input impiegati e anche al netto dell'ingaggio della star. Il compenso dell'artista (compresa la rendita) viene normalmente negoziato prima che i ricavi finali siano noti: ciò significa che l'imprenditore che coordina il processo creativo deve stimare i ricavi attesi mentre negozia per ottenere i servizi dell'artista. L'ammontare della *torta* del quale si approprierà l'impresa e quello che resterà al talento creativo dipenderanno dal rispettivo potere negoziale e dai ricavi totali generati dal prodotto artistico.

Certamente il sistema delle star accresce la reputazione dell'impresa creativa che riesce a ingaggiarle, ma può non consentire agli artisti emergenti di avere un margine o una fetta di questa torta. Di fatto, la rendita sarebbe tanto più alta quanto più il mercato creativo non fosse imperfettamente concorrenziale, come spesso si dimostra.

A cura di Anna Maria Bagnasco

9.5.2 Il surplus del produttore

Nel Capitolo 5 si è introdotto il concetto di surplus del consumatore, una misura monetaria del beneficio netto di cui godono i consumatori price-taker che acquistano un prodotto al prezzo di mercato, e si è visto che tale surplus corrisponde all'area compresa tra la curva di domanda e il prezzo di mercato.

In questo paragrafo si intende mostrare che esiste un analogo concetto per le imprese price-taker: il **surplus del produttore**. Il surplus del produttore è la differenza tra il prezzo che l'impresa *effettivamente riceve* dalla vendita di un bene sul mercato e il prezzo minimo che l'impresa *deve ricevere* per poter vendere quel bene sul mercato. Esattamente come il surplus del consumatore rappresenta una misura del beneficio netto di cui godono i consumatori price-taker, il surplus del produttore rappresenta una misura del beneficio netto di cui godono i produttori price-taker che offrono un bene a un prezzo di mercato dato.

> **SURPLUS DEL PRODUTTORE** Una misura del beneficio monetario netto di cui i produttori godono offrendo un bene a un prezzo dato.

Il surplus del produttore per una singola impresa

Per analizzare il surplus del produttore nel caso di una singola impresa, si può far ricorso a un semplice esempio. Si supponga che un'impresa navale possa decidere se costruire una nave nel prossimo anno di attività, oppure nessuna. L'impresa sarebbe disposta a offrire questa nave purché ricavi almeno 50 milioni di euro, il costo aggiuntivo che deve sostenere se la costruisce (o, in modo equivalente, il costo che potrebbe evitare se *non* costruisse la nave). Se il prezzo di mercato per questa tipologia di navi è 75 milioni di euro, l'impresa sarebbe disposta a produrla. In tal modo, essa riceverebbe 75 milioni di ricavo addizionale, mentre sosterrebbe costi addizionali per 50 milioni, aumentando il suo profitto totale. Il surplus del produttore per l'impresa è dato da 75 - 50 = 25 milioni di euro. Si noti che il surplus del produttore è pari alla differenza del ricavo totale dell'impresa e il suo costo totale recuperabile (o evitabile).

Naturalmente, come si è visto in questo capitolo, le imprese sono di norma disposte a offrire più di una singola unità di prodotto. Si supponga, per esempio, che il costruttore navale considerato sia potenzialmente in grado di costruire quattro navi in un certo anno. La curva di offerta dell'impresa, S, è rappresentata nella Figura 9.17. Essa mostra che l'impresa deve ricavare almeno 50 milioni di euro a nave per essere disposta a offrire la prima nave. Il prezzo più basso al quale l'impresa sarebbe disposta a offrire la seconda nave è 60 milioni. Il prezzo minimo al quale offrirebbe la terza nave è 70 milioni, e quello per la quarta nave è 80 milioni. Come nell'esempio iniziale, il prezzo minimo al quale il costruttore sarebbe disposto a offrire le navi riflette i costi aggiuntivi di produzione per ciascuna di esse. L'impresa navale richiede un prezzo più alto per offrire la seconda nave

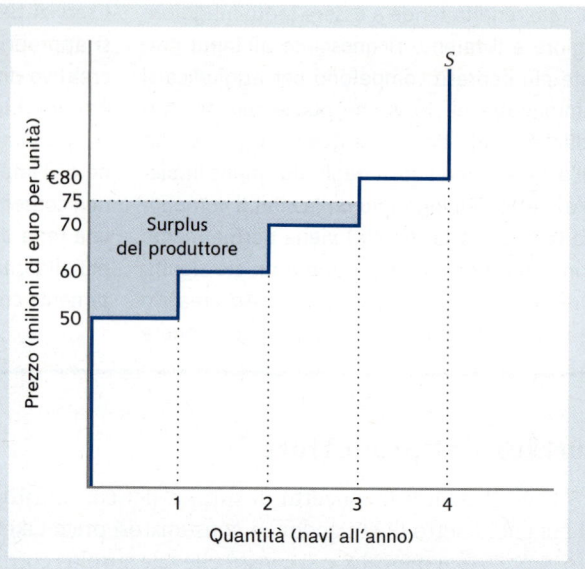

FIGURA 9.17 Il surplus del produttore di un'impresa navale
La curva di offerta, S, mostra che l'impresa deve ricevere almeno 50 milioni di euro a nave per essere disposta a offrirne una. Per produrne due, l'impresa deve ricevere almeno 60 milioni di euro per nave; la produzione della terza e della quarta richiedono rispettivamente di ricevere almeno 70 e 80 milioni di euro per nave. Se il prezzo unitario di mercato delle navi è pari a 75 milioni, l'impresa navale offrirà tre navi. Il surplus del produttore dell'impresa sarà pari a 45 milioni di euro, l'area ombreggiata tra il prezzo di mercato e la curva di offerta.

perché la costruzione di due navi nell'anno seguente, invece che una, richiede l'utilizzo di parti del cantiere più datate e di macchinari meno moderni (il che a sua volta rende i lavoratori meno produttivi). L'impresa richiede un prezzo più elevato anche in relazione alla costruzione della terza e della quarta nave per le stesse ragioni.

Si ipotizzi che il prezzo unitario di mercato delle navi sia pari a 75 milioni di euro. A questo prezzo, la curva di offerta del costruttore indica che sarà disposto a offrire tre navi nel prossimo anno. Qual è il surplus del produttore di navi? Per calcolarlo, occorre sommare i surplus per ciascuna nave prodotta. Il surplus del produttore per la prima nave è pari (come prima) a 25 milioni: il prezzo di mercato di 75 milioni meno i costi evitabili per la costruzione della nave, 50 milioni. Il surplus del produttore per la seconda nave è 75 milioni meno 60 milioni, ovvero 15 milioni, mentre il surplus del produttore per la terza nave è 75 milioni meno 70 milioni, quindi 5 milioni. Globalmente, il surplus del produttore relativo all'impresa è quindi pari a 25 + 15 + 5 = 45 milioni di euro, cioè la differenza tra il ricavo totale dell'impresa navale e il suo costo totale recuperabile.

Come mostra la Figura 9.17, il surplus del produttore per il costruttore navale corrisponde all'area compresa tra la curva di offerta dell'impresa e il prezzo di mercato. In questo esempio, la curva di offerta dell'impresa presenta una serie di "gradini" che rendono semplice individuare il surplus del produttore per ciascuna unità prodotta. In ogni caso, il concetto di surplus del produttore può essere facilmente applicato anche al caso in cui la curva di offerta dell'impresa sia continua.

La Figura 9.18 mostra il surplus del produttore nel caso di un'impresa che fronteggia una curva del costo marginale MC e una curva dei costi medi recuperabili $ANSC$. Per questa impresa, la curva di offerta corrisponde al segmento verticale OE fino al prezzo di chiusura di €2 per unità. Al di sopra di quest'ultimo, essa coinci-

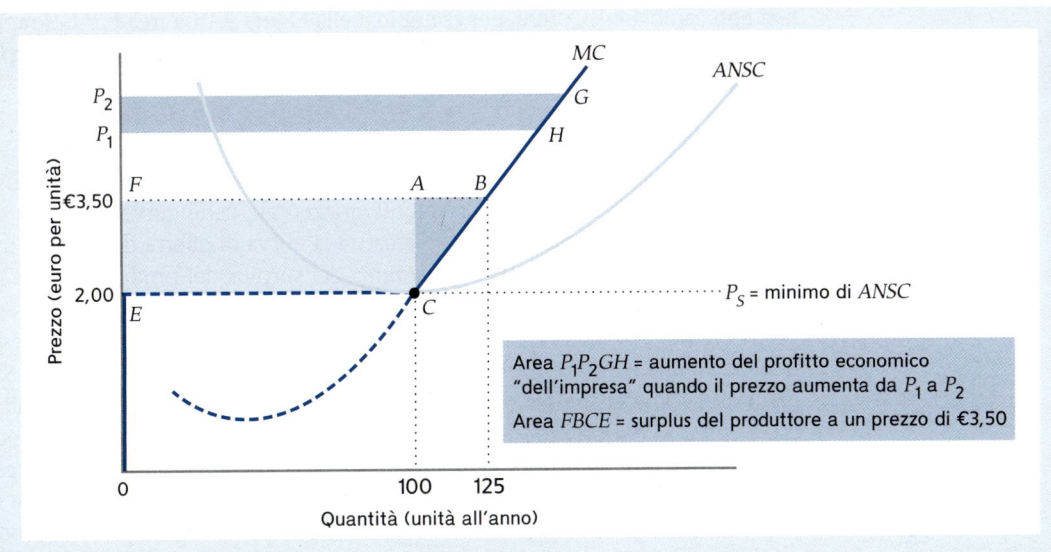

FIGURA 9.18 Il surplus del produttore per un'impresa price-taker
Il surplus del produttore per un prezzo pari a €3,50 corrisponde all'area compresa tra il prezzo e la curva di offerta, ovvero all'area *FBCE*. Essa è pari alla differenza tra il ricavo totale dell'impresa e il costo totale recuperabile quando produce 125 unità di output. La variazione del surplus del produttore quando il prezzo di mercato varia da P_1 a P_2 è pari all'area P_1P_2GH. Questa è la variazione nel profitto economico dell'impresa quando il prezzo di mercato aumenta da P_1 a P_2.

de con la porzione continua della curva *MC*. Quando il prezzo di mercato è pari a €3,50 per unità, l'impresa offre 125 unità di prodotto. In tale caso, il surplus del produttore dell'impresa è pari all'area compresa tra la curva di offerta e il prezzo di mercato, *FBCE*. Questa regione corrisponde alla somma di due parti: il rettangolo *FACE* e il triangolo *ABC*. Il rettangolo *FACE* è la differenza tra il ricavo totale e il costo totale recuperabile delle prime 100 unità offerte. Esso rappresenta, quindi, il surplus del produttore di queste 100 unità. Il triangolo *ABC* è la differenza tra il ricavo addizionale e il costo addizionale nel caso in cui l'impresa decida di espandere la produzione da 100 a 125 unità. Esso rappresenta, quindi, il surplus del produttore delle ultime 25 unità offerte. Per ciascuna unità addizionale di prodotto offerta in questo intervallo, il profitto dell'impresa cresce di un importo pari alla differenza tra il prezzo e il costo marginale, *MC*, di quella unità addizionale, così che l'area *ABC* è il profitto addizionale dovuto all'incremento dell'output da 100 a 125 unità.

Come prima, il surplus totale del produttore al prezzo di mercato di €3,50 (area *FBCE*) corrisponde alla differenza tra il ricavo totale dell'impresa e il suo costo totale recuperabile quando offre 125 unità.

Nel breve periodo, quando alcuni dei costi fissi dell'impresa possono essere non recuperabili, il surplus del produttore di un'impresa e il suo profitto economico non coincidono, bensì differiscono per l'entità dei costi fissi non recuperabili dell'impresa – in particolare, il profitto economico equivale al ricavo totale meno i costi totali, mentre il surplus del produttore corrisponde al ricavo totale meno il costo totale recuperabile. In ogni caso, nel lungo periodo, quando tutti i costi sono recuperabili (evitabili), il surplus del produttore e il profitto economico coincidono.

Si noti che in entrambi i casi la *differenza* tra il surplus del produttore a un dato prezzo e il surplus del produttore a un altro prezzo è pari alla differenza tra i profitti economici dell'impresa a questi due livelli di prezzo (dal momento che i costi fissi non cambiano). Quindi, per esempio, nella Figura 9.18, l'area P_1P_2GH rappresenta l'incremento del profitto economico come pure l'incremento del surplus del produttore di cui l'impresa gode quando il prezzo aumenta da P_1 a P_2.

Il surplus del produttore per l'intero mercato: il breve periodo

Nel breve periodo, il numero di produttori che operano in un'industria è fisso e la curva di offerta del mercato è la somma orizzontale delle curve di offerta dei singoli produttori. Per questa ragione, l'area tra la curva di offerta di mercato di breve periodo e il prezzo di mercato è la somma dei surplus dei produttori delle singole imprese che operano nel mercato.

La Figura 9.19 illustra il caso per un mercato in cui operano 1000 imprese identiche, ciascuna con una curva di offerta ss. La curva di offerta del mercato, SS, nella Figura 9.19(b) è la somma orizzontale di queste curve di offerta individuali. L'area tra la curva SS e il prezzo – il surplus del produttore per l'intero mercato – equivale al ricavo totale del mercato meno i costi totali recuperabili di tutte le imprese operanti nell'industria. Per esempio, quando il prezzo è €10 per unità, ciascuna singola impresa nella Figura 9.19 produce 200 unità all'anno e ha un surplus del produttore pari all'area $ABCD$, che in questo caso ammonta a €350.[18]

L'offerta totale di mercato per un prezzo di €10 è di 200 000 unità all'anno, e l'area tra la curva di offerta di mercato e il prezzo, $EFGH$, è pari a €350 000. Essa corrisponde al surplus del produttore di tutte le 1000 imprese individuali, ciascuna con un surplus del produttore di €350 (350 000 = 350 × 1000). Il surplus del produttore a livello di mercato (€350 000) è dunque la differenza tra il ricavo totale delle 1000 imprese e il loro costo totale recuperabile.

Il surplus del produttore per l'intero mercato: il lungo periodo

Nell'equilibrio di lungo periodo, un'impresa price-taker ottiene un profitto pari a zero. Poiché il surplus del produttore per l'impresa nel lungo periodo equivale al suo profitto economico, ne consegue che il surplus del produttore per un'impresa perfettamente concorrenziale nell'equilibrio di lungo periodo deve essere ugualmente pari a zero.

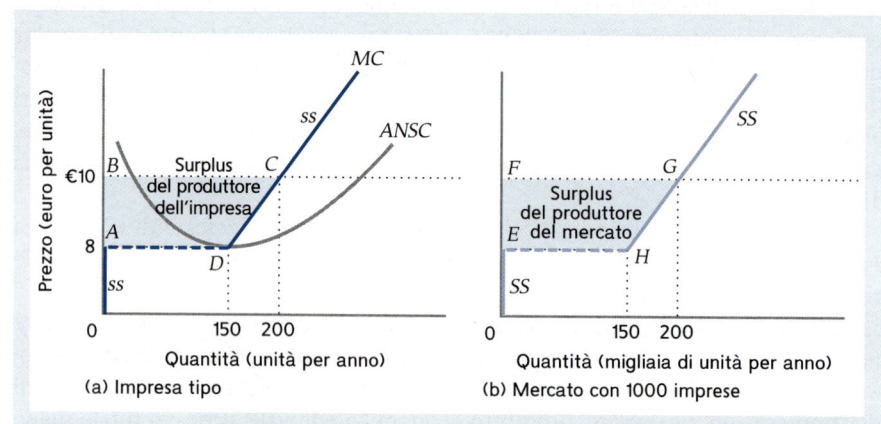

FIGURA 9.19 **Il surplus del produttore per un mercato con un numero di imprese fisso**
Grafico (a): una tipica impresa ha una curva di offerta ss. Al prezzo di €10, un'impresa offre 200 unità e il suo surplus del produttore corrisponde all'area $ABCD$, il cui valore è €350.
Grafico (b): con 1000 imprese operanti nell'industria, la curva di offerta di mercato è SS. Al prezzo di €10, l'offerta di mercato è pari a 200 000 unità e il surplus del produttore del mercato è pari all'area $EFGH$, il cui valore è €350 000.

---

[18] L'area $ABCD$ corrisponde a $(10 - 8) \times 150$ più $(1/2) \times (10 - 8) \times (200 - 150)$, che è pari a 350.

Esercizio svolto 9.5 — Il calcolo del surplus del produttore

Supponete che la curva di mercato del latte sia data da $Q = 60P$, dove Q è la quantità di latte venduta ogni mese (misurata in migliaia di litri) e P, in euro, è il prezzo al litro.

Problema

(a) Qual è il surplus del produttore in tale mercato quando il prezzo del latte è pari a €2,50 al litro?
(b) Di quanto aumenta il surplus del produttore se il prezzo del latte aumenta da €2,50 a €4,00 al litro?

Soluzione

(a) La Figura 9.20 mostra la curva di offerta del latte. Quando il prezzo è di €2,50 al litro, ogni mese vengono venduti 150 000 litri di latte [Q = 60(2,50) = 150]. Il surplus del produttore corrisponde al triangolo A, l'area compresa tra la curva di offerta e il prezzo di mercato. L'area equivale a (1/2)(2,50 − 0)(150 000) = 187 500. Il surplus del produttore in questo mercato è quindi pari a €187 500 al mese.

(b) Se il prezzo aumenta da €2,50 a €4,00, la quantità offerta aumenta a 240 000 litri al mese. Il surplus del produttore aumenta dell'area B (€225 000) più l'area C (€67 500). Il surplus del produttore in questo mercato aumenta, pertanto, di €292 500 al mese.

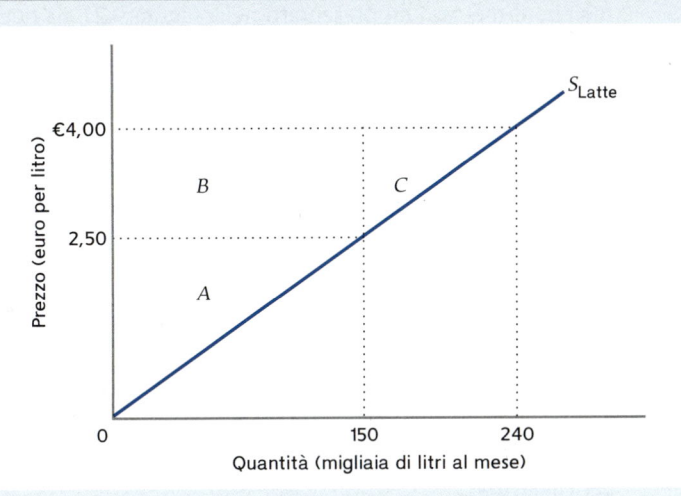

FIGURA 9.20 Il surplus del produttore nel mercato del latte
Il surplus del produttore quando il prezzo del latte è pari a €2,50 al litro corrisponde all'area del triangolo A, €187 500. Se il prezzo aumenta da €2,50 a €4,00, l'incremento del surplus del produttore è la somma delle aree B (€225 000) e C (€67 500), ossia €292 500.

La Figura 9.21 mostra che esiste un'area positiva (*FP°E*) tra la curva di offerta dell'industria *LS* e il prezzo di equilibrio di mercato. Se tutte le imprese hanno un profitto economico nullo, l'area *FP°E* non può essere il profitto economico delle imprese operanti nell'industria. È lecito domandarsi allora cosa essa rappresenti.

Si ricordi che quando un'industria perfettamente concorrenziale ha una curva di offerta di lungo periodo inclinata positivamente vuol dire che le imprese devono competere per aggiudicarsi i servizi di input disponibili in quantità scarsa (per esempio, i capo coltivatori esperti nell'industria delle rose). Come visto in precedenza, il risultato di questa competizione è che le rendite economiche sono interamente acquisite dagli stessi proprietari degli input. Quindi l'area *FP°E* non rappresenta il profitto economico delle imprese (che è nullo). Essa invece è la rendita economica catturata dai proprietari degli input specifici dell'industria. Per esempio, se ipotizzia-

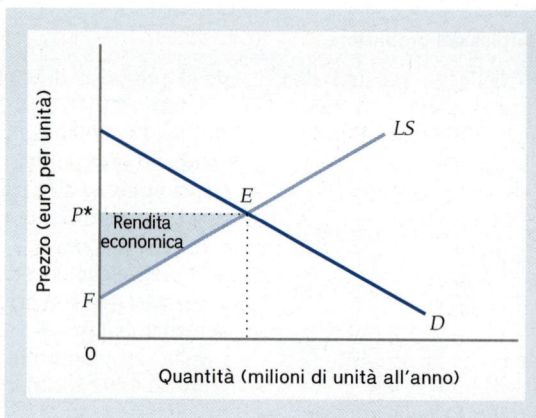

FIGURA 9.21 Il surplus del produttore nell'equilibrio di lungo periodo in un'industria a costi crescenti

In corrispondenza del prezzo di equilibrio di lungo periodo P^*, ciascuna impresa ottiene un profitto economico nullo. L'area compresa tra la curva di offerta dell'industria LS e il prezzo di equilibrio, cioè l'area FP^*E, equivale alla rendita economica che va a quegli input la cui offerta è scarsa.

mo che il mercato rappresentato nella Figura 9.21 sia quello delle rose, allora l'area FP^eE è il salario guadagnato dai coltivatori esperti al di sopra e in eccesso rispetto al salario minimo che sarebbe stato necessario per indurli a offrire i loro servizi lavorativi a un'impresa di rose.[19]

9.5.3 Profitto economico, surplus del produttore e rendita economica

La tabella seguente riassume la relazione che esiste fra le tre diverse misure di performance discusse in questo capitolo: profitto economico, surplus del produttore e rendita economica.

	Breve periodo	Equilibrio concorrenziale di lungo periodo
Profitto economico per l'industria	= ricavo totale – costo totale	= ricavo totale – costo totale = 0
Surplus del produttore per l'industria	= ricavo totale – costo totale recuperabile	= ricavo totale – costo totale = 0
Area tra la curva di offerta dell'industria e il prezzo di mercato	= surplus del produttore dell'industria	In un'industria *a costi costanti*, quest'area corrisponde a zero. In un'industria *a costi crescenti*, quest'area è positiva e corrisponde alla rendita economica di cui si appropriano i proprietari degli input specifici dell'industria.

---

[19] Esiste un'area anche tra la curva di offerta *negativamente inclinata* dell'industria e il prezzo di mercato in un'industria *a costi decrescenti*. Tuttavia, l'interpretazione del significato di quest'area va oltre gli intenti del presente testo.

Riepilogo

- I mercati perfettamente concorrenziali hanno quattro caratteristiche: l'industria è frammentata, le imprese producono beni indifferenziati, i consumatori sono perfettamente informati sui prezzi e tutte le imprese hanno uguale accesso alle risorse. Queste caratteristiche implicano che le imprese agiscono come price-taker, che l'output è venduto a un unico prezzo, e che vi è libertà di entrata nell'industria.

- La massimizzazione del profitto economico (e non del profitto contabile) è l'obiettivo dell'impresa. Il profitto economico è dato dalla differenza tra i ricavi dell'impresa e i suoi costi economici totali, inclusi tutti i costi opportunità.

- Il ricavo marginale è il ricavo aggiuntivo che un'impresa ottiene dalla vendita di un'unità addizionale, o il ricavo a cui essa rinuncia producendo un'unità in meno.

- La curva del ricavo marginale di un'impresa price-taker è una linea orizzontale corrispondente al prezzo di mercato.

- Un'impresa price-taker massimizza il suo profitto producendo un livello di output in corrispondenza del quale il costo marginale uguaglia il prezzo di mercato, e la curva del costo marginale è inclinata positivamente.

- Se tutti i costi fissi sono non recuperabili, un'impresa perfettamente concorrenziale produrrà una quantità positiva nel breve periodo solo se il prezzo di mercato eccede il costo medio variabile. Il prezzo di chiusura – il prezzo al di sotto del quale l'impresa produce un output pari a zero – corrisponde al valore minimo del costo medio variabile.

- Se alcuni costi fissi sono recuperabili, l'impresa produce un output positivo solo se il prezzo eccede i costi medi recuperabili. Il prezzo di chiusura corrisponde al valore minimo del costo medio recuperabile.

- Se i prezzi degli input non variano al variare della quantità prodotta nel mercato, la curva di offerta di mercato di breve periodo corrisponde alla somma delle curve di offerta individuali di breve periodo delle imprese.

- Il prezzo di equilibrio di breve periodo coincide con il punto in cui la curva di domanda di mercato eguaglia la curva di offerta di mercato di breve periodo.

- L'elasticità dell'offerta rispetto al prezzo misura la variazione percentuale della quantità offerta per ciascuna variazione percentuale del prezzo.

- Nel lungo periodo, le imprese perfettamente concorrenziali possono adeguare la dimensione del loro impianto e quindi massimizzare il profitto producendo una quantità in corrispondenza della quale il costo marginale di lungo periodo uguaglia il prezzo.

- Nel lungo periodo, la libertà di entrata porta il prezzo di mercato al punto minimo del costo medio di lungo periodo. Se le imprese hanno identiche curve di costo medio di lungo periodo a U, ciascuna impresa offre una quantità in corrispondenza della sua scala minima efficiente di produzione. Il numero delle imprese in equilibrio è tale che l'offerta totale di mercato coincide con la quantità domandata al prezzo di equilibrio.

- In un'industria a costi costanti, l'incremento dell'output del mercato conseguente all'ingresso di nuove imprese nell'industria non influenza il prezzo di mercato. La curva di offerta di mercato di lungo periodo è orizzontale.

- In un'industria a costi crescenti, l'incremento dell'output del mercato conseguente all'ingresso di nuove imprese nell'industria fa aumentare il prezzo degli input specifici dell'industria. La curva di offerta di mercato di lungo periodo è inclinata positivamente. In un'industria a costi decrescenti, la curva di offerta di mercato di lungo periodo è inclinata negativamente.

- La rendita economica imputabile a un input disponibile in quantità scarsa è la differenza tra la massima disponibilità dell'impresa a pagare per ottenere i servizi dell'input e il valore di riserva dell'input. Quando un'impresa si appropria della rendita economica dell'input, ottiene un profitto economico positivo. La concorrenza per aggiudicarsi l'input, tuttavia, eroderà il profitto economico. In questo caso, la rendita economica è positiva mentre il profitto economico è pari a zero.

- Il surplus del produttore corrisponde all'area compresa tra la curva di offerta e il prezzo di mercato.

- Per un'impresa con costi fissi non recuperabili, il surplus del produttore differisce dal profitto economico. In particolare, il surplus del produttore equivale alla differenza tra il ricavo totale e i costi totali recuperabili, mentre il profitto economico è pari alla differenza tra il ricavo totale e i costi totali. Se un'impresa non sostiene costi fissi non recuperabili, il surplus del produttore coincide con il profitto economico.

- Nel breve periodo, il surplus del produttore a livello di mercato corrisponde all'area tra la curva di offerta di breve periodo e il prezzo di mercato. Esso equivale alla somma del surplus del produttore delle singole imprese che operano nel mercato.

- In un'industria a costi crescenti, la curva di offerta di lungo periodo dell'industria è inclinata positivamente. L'area compresa tra il prezzo e la curva di offerta di lungo periodo misura le rendite economiche degli input la cui offerta è scarsa e il cui prezzo è destinato a salire quando nuove imprese entrano nell'industria.

Domande di ripasso

1. Qual è la differenza tra profitto contabile e profitto economico? Come è possibile che un'impresa abbia un profitto contabile positivo e un profitto economico negativo?

2. Perché il ricavo marginale di un'impresa perfettamente concorrenziale coincide con il prezzo di mercato?

3. Un'impresa perfettamente concorrenziale deciderà di produrre se il prezzo è inferiore al minimo del costo medio variabile? E se il prezzo è inferiore al minimo del costo medio variabile di breve periodo?

4. Qual è il prezzo di chiusura quando tutti i costi fissi sono non recuperabili? Qual è il prezzo di chiusura quando tutti i costi fissi sono recuperabili?

5. In che modo l'elasticità dell'offerta al prezzo condiziona variazioni del prezzo di equilibrio di breve periodo derivanti da uno spostamento verso destra della curva di domanda di mercato?

6. Considerate due industrie perfettamente concorrenziali - Industria 1 e Industria 2. Ciascuna fronteggia un'identica curva di domanda e opera con identiche condizioni di costo a eccezione del fatto che l'output corrispondente alla scala minima efficiente dell'Industria 1 è pari al doppio di quello dell'Industria 2. In un equilibrio perfettamente concorrenziale di lungo periodo, quale industria ha più imprese operanti?

7. Cos'è la rendita economica? In cosa si differenzia dal profitto economico?

8. Qual è il surplus del produttore per una singola impresa? Qual è il surplus del produttore per un mercato quando il numero di imprese che vi operano è fisso e i prezzi degli input non variano al variare dell'output dell'industria? Quando il surplus del produttore coincide con il profitto economico (sia per un'impresa sia per l'industria)? Se surplus del produttore e profitto economico non coincidono, quale è maggiore?

9. Nell'equilibrio di lungo periodo in un'industria a costi crescenti, ciascuna impresa ottiene un profitto economico nullo. Tuttavia esiste un'area positiva tra la curva di offerta di lungo periodo dell'industria e il prezzo di equilibrio di lungo periodo. Cosa rappresenta quest'area?

10. Spiegate la differenza tra i seguenti concetti: surplus del produttore, profitto economico e rendita economica.

Appendice A9: La massimizzazione del profitto implica la minimizzazione dei costi

Nei Capitoli 7 e 8 si sono studiate le decisioni delle imprese che scelgono una certa combinazione di input al fine di minimizzare i costi di produzione di un dato livello di output. In questo capitolo si è analizzata la scelta dell'output di un'impresa price-taker che intende massimizzare il profitto. Ora, queste analisi sono fra loro intimamente collegate.

In particolare, *la scelta dell'output che massimizza il profitto implica la scelta di input che minimizzino i costi* o, in breve, *la massimizzazione del profitto implica la minimizzazione dei costi.* Per sviluppare questo punto, si consideri che è possibile studiare il problema della massimizzazione del profitto di un'impresa price-taker in due modi diversi:

1. *con il metodo della scelta degli input;* l'impresa sceglie gli *input* (per esempio la quantità di capitale o lavoro) per massimizzare il profitto, e questa scelta degli input determina l'output dell'impresa attraverso la funzione di produzione;
2. *con il metodo della scelta dell'output;* per prima cosa l'impresa sceglie l'*output*, e successivamente individua la quantità di input che minimizza i suoi costi totali, dato il livello di output scelto.

In questo capitolo è stato impiegato il metodo della scelta dell'output. Per mostrare che la massimizzazione del profitto implica la minimizzazione dei costi, bisogna dimostrare che il metodo della scelta degli input comporta che un'impresa che massimizza il profitto *deve* produrre quel livello di output scegliendo una combinazione di input che minimizza i costi. Il che, a sua volta, implica che il metodo della scelta dell'output e il metodo della scelta degli input, sebbene differenti da un punto di vista analitico, sono del tutto equivalenti per analizzare il comportamento di un'impresa che massimizza il profitto.

Si supponga che un'impresa utilizzi due input, il lavoro e il capitale. I prezzi degli input sono rispettivamente w e r. La funzione di produzione dell'impresa è $Q = f(L,K)$. Questo produttore è price-taker sia nel mercato degli input sia in quello dell'output (cioè prende come dato sia il prezzo di mercato, P, che i prezzi degli input, w e r). L'impresa sceglie la quantità di input, L e K, consapevole che la quantità prodotta è determinata dalla funzione di produzione $Q = f(L,K)$. È possibile, pertanto, porre il problema della massimizzazione del profitto nel modo seguente:

$$\max \pi(L, K) = P f(L, K) - wL - rK$$

Il termine $Pf(L,K)$ rappresenta il ricavo totale dell'impresa (il prezzo di mercato moltiplicato per la quantità prodotta). Gli ultimi due termini rappresentano rispettivamente i costi totali del lavoro e del capitale, mentre $\pi(L, K)$ rappresenta il profitto totale dell'impresa in funzione delle sue scelte di lavoro e capitale.

La massimizzazione del profitto implica due condizioni:

$$\frac{\partial \pi}{\partial L} = P\frac{\partial f}{\partial L} - w = 0 \Rightarrow P = \frac{w}{MP_L} \qquad (A9.1)$$

$$\frac{\partial \pi}{\partial K} = P\frac{\partial f}{\partial K} - r = 0 \Rightarrow P = \frac{r}{MP_K} \qquad (A9.2)$$

Si noti che nelle funzioni sopra riportate si sono utilizzate le notazioni per il prodotto marginale introdotte nel Capitolo 6 e utilizzate nel Capitolo 7.

Queste due condizioni suggeriscono che un'impresa che intende massimizzare il profitto sceglierà gli input in modo tale che (1) l'output addizionale che l'impresa ottiene da ogni euro aggiuntivo speso per il lavoro (cioè MP_L/w) sia uguale al reciproco del prezzo di mercato e (2) l'output addizionale che l'impresa ottiene da ogni euro aggiuntivo speso per il capitale (cioè MP_K/r) sia anch'esso uguale al reciproco del prezzo di mercato. Ciò implica che, data la scelta degli input che massimizzano il profitto,

$$\frac{MP_L}{w} = \frac{MP_K}{r} \qquad (A9.3)$$

Ma questa è la condizione per la minimizzazione dei costi derivata nel Capitolo 7. Quindi, tra le molteplici combinazioni di input che l'impresa potrebbe utilizzare per produrre il suo output, secondo quanto suggerito dalla condizione (A9.3) essa sceglierà quella che minimizza i suoi costi. Quindi, *la massimizzazione del profitto implica la minimizzazione dei costi*.

CAPITOLO 10
MERCATI CONCORRENZIALI: APPLICAZIONI

OBIETTIVI DI APPRENDIMENTO

Al termine di questo capitolo lo studente sarà in grado di:

- analizzare le conseguenze di un intervento pubblico all'interno dei mercati concorrenziali, compresi quegli interventi quali tasse, sussidi ai produttori, regolamentazione di soglie minime e massime ai prezzi, quote di produzione, quote e tariffe per le importazioni;
- capire come i piani di intervento pubblico allontanano il mercato dall'equilibrio concorrenziale, creando "distorsioni" nel mercato quando le risorse vengono riallocate;
- comprendere come gli interventi di regolamentazione agevolano alcuni soggetti penalizzandone altri, delineando quindi la trama per un dibattito sulle politiche di intervento pubblico.

CASO • *Il sostegno è una buona cosa?*

Programmi per la regolamentazione dei prezzi e di sostegno ai redditi sono diffusi in tutto il mondo. Negli Stati Uniti, i più importanti interventi di sostegno al settore agricolo sono stati implementati fin dal 1930.[1] La spesa pubblica per questi programmi ha raggiunto cifre nell'ordine dei miliardi di dollari all'anno, soprattutto fino al 1996, quando il Congresso approvò una legislazione che eliminava o riduceva di molto gli interventi di sostegno.[2]

Cinquanta anni fa in Europa, quando i membri fondatori della Comunità europea erano appena usciti da un decennio di penuria alimentare, la PAC (*Politica Agricola Comune*) esordì sovvenzionando la produzione di derrate alimentari di base, attraverso l'introduzione di sussidi e incentivi alla produzione agricola, per aumentarne la quantità e per rendere più stabili i prezzi, a beneficio degli agricoltori.[3]

Dagli anni Novanta si è cominciato a privilegiare il sistema delle "quote" di produzione, in modo da garantire agli agricoltori un livello minimo dei prezzi dei prodotti e di ripartire equamente tra i vari Paesi comunitari una quota di produzione garantita. Tale politica ha però avuto un esito sostanzialmen-

---

[1] Storicamente il Dipartimento per l'Agricoltura ha sostenuto i prezzi di circa una ventina di prodotti agricoli, tra cui zucchero (sia di canna sia di barbabietola), cotone, riso, cereali (tra cui mais, orzo, avena, segale e saggina), arachidi, grano, tabacco, latte, semi di soia e svariati tipi di semi oleosi (come i semi di girasole e di senape). Durante gli anni dal 1983 al 1992, la spesa pubblica nel settore dell'agricoltura ha superato i 140 miliardi di dollari.
[2] Alcuni programmi di sostegno all'agricoltura vennero ripristinati e addirittura incrementati in un piano per l'agricoltura approvato dal Congresso nel 2002.
[3] Tuttavia, per alcuni prodotti i sussidi alla produzione determinarono eccedenze tali da indurre alla loro eliminazione in una prima serie di riforme.

te negativo,[4] e nel 1992 è stato approvato il progetto di riforma McSharry, con il quale si è cercato di ridurre l'onere della politica agricola comunitaria, così pesante da compromettere lo sviluppo di altre politiche.[5]

All'inizio di questo secolo si è realizzato il cambiamento d'approccio più significativo della PAC[6] e, da allora, la riforma è stata estesa a vari prodotti che non facevano parte del programma iniziale, tra cui il vino, i prodotti ortofrutticoli, le banane, il granturco e lo zucchero.

I piani di sostegno ai prezzi possono assumere svariate forme. Per esempio, attraverso "programmi di limitazione delle superfici", i produttori di grano e di cereali accettano di ridurre gli acri di terra coltivati. In cambio, il Governo dà loro la garanzia di acquistare il raccolto a un prezzo stabilito. Gli agricoltori non sono costretti a vendere al Governo e possono vendere sul libero mercato se trovano un prezzo migliore. Tuttavia, se il prezzo di mercato è inferiore, sanno di poter vendere al Governo a un prezzo garantito. D'altro canto un programma di limitazione delle superfici coltivate comporta una riduzione dei raccolti e quindi determina un aumento del prezzo di mercato.

Vi sono poi programmi che hanno sostenuto i prezzi di altri prodotti agricoli.[7] Poiché ci sono molti piccoli consumatori e numerosi piccoli produttori, i mercati agricoli rappresentano buoni esempi di contesti perfettamente concorrenziali. Pertanto, l'assenza di regolamentazione dei prezzi e l'operare della domanda e dell'offerta sarebbero in grado di portare il mercato a un equilibrio concorrenziale e a un'allocazione delle risorse agricole economicamente efficiente.

---

[4] In particolare, si ricordino le sanzioni irrogate dagli organismi comunitari ai produttori di latte per il superamento delle cosiddette "quote latte".

[5] La PAC ha storicamente assorbito la parte più notevole del bilancio comunitario. Tuttavia, se negli anni Settanta essa raggiungeva quasi il 70% del bilancio dell'UE, tale quota è destinata a scendere al 34% nel periodo 2007-2013.

[6] Il passaggio è stato segnato dai pagamenti che spesso incoraggiavano la produzione in eccesso a quelli che incentivano piuttosto gli agricoltori a produrre ciò che i consumatori vogliono e di cui hanno bisogno.

[7] Negli Stati Uniti, per esempio, il Governo ha sostenuto il prezzo delle arachidi definendo delle "quote massime di peso", ossia limitando la quantità di arachidi vendibili come prodotto commestibile. Per molti anni i produttori nazionali di zucchero hanno fatto affidamento su una restrizione delle importazioni per farne salire il prezzo. Il Governo ha inoltre sostenuto i prezzi del tabacco, sia riducendo il numero dei produttori sia limitando la produzione di queste aziende.

10.1 • Introduzione

*P*rima di iniziare l'analisi degli specifici interventi governativi, è opportuno illustrare come si intende procedere. In questo capitolo verrà utilizzato un approccio di **equilibrio parziale**, mettendo a fuoco un singolo mercato. Per esempio, è possibile verificare l'effetto che il controllo dei canoni di locazione produce sul mercato immobiliare. Un approccio di equilibrio parziale non ci consente, tuttavia, di verificare come il controllo dei canoni di locazione influenzi gli altri mercati, compreso quello delle case non destinate alla locazione e il mercato degli arredamenti, delle automobili e dei computer. Per esaminare come una variazione in un mercato influenzi tutti gli altri mercati sarebbe necessario impiegare un modello di **equilibrio generale**. Un'analisi di equilibrio generale consente, infatti, di determinare i prezzi e le quantità di equilibrio simultaneamente in tutti i mercati. Questa analisi, più complessa, sarà oggetto del Capitolo 16. Le conclusioni che si possono trarre da un'analisi di equilibrio parziale non possono sempre coincidere con quelle provenienti da un'analisi di equilibrio generale. Nondimeno, una visione di equilibrio parziale può essere utilmente impiegata per farsi un'idea degli effetti di un intervento pubblico.

In questo capitolo saranno analizzati mercati che, in assenza di intervento pubblico, sarebbero perfettamente concorrenziali. Come si è visto nel Capitolo 9, in un mercato concorrenziale sia i produttori che i consumatori sono frammentati; pertanto, sono così piccoli che si comportano come price-taker. Se invece gli agenti economici sono in grado di influenzare il prezzo di mercato, non è possibile utilizzare un modello di analisi basato sulla domanda e sull'offerta, e diventa necessario applicare un modello appropriato di potere di mercato, come quelli analizzati nei Capitoli 11-14.

Nel Capitolo 9 si è altresì visto che in un mercato perfettamente concorrenziale i consumatori conoscono precisamente sia le caratteristiche sia il prezzo di un determinato prodotto. Talvolta il Governo interviene sui mercati perché i consumatori non riescono a raccogliere sufficienti informazioni sui prodotti presenti sul mercato. Per esempio, il settore della salute sembrerebbe essere strutturato in maniera concorrenziale, con molti fornitori e molti utenti dei servizi alla salute. Tuttavia, i prodotti sanitari, compresi i medicinali e le cure mediche, possono essere così complessi che il consumatore medio trova difficile compiere scelte informate. L'intervento del Governo in un mercato così complicato è spesso indirizzato alla tutela dei consumatori.

Inoltre, in un modello di mercato perfettamente concorrenziale non ci sono **esternalità**. In un mercato sono presenti esternalità quando le azioni dei produttori o dei consumatori comportano costi o benefici che non sono contemplati dal prezzo del prodotto su quel mercato.

Per esempio, si avrà un'esternalità nella produzione se un produttore inquina l'ambiente. L'inquinamento comporta un costo sociale che un produttore, in assenza di un intervento pubblico, potrebbe ignorare. Un'esternalità nel consumo esiste quando l'azione di un singolo consumatore impone costi o crea vantaggi ad altri consumatori. Per esempio, l'adozione di piani regolatori urbanistici ha spesso l'obiettivo di assicurare che i cittadini non intraprendano attività tali da diminuire il valore delle proprietà di altri individui nella stessa area. In questo capitolo non ci si occuperà delle esternalità, che sono invece oggetto del Capitolo 17.

Infine, in questa sede il surplus del consumatore verrà utilizzato per misurare i guadagni o le perdite di un consumatore quando l'intervento pubblico influisce sul prezzo di mercato. Come si è visto nel Capitolo 5, se l'effetto sul reddito è irrilevante

---

ANALISI DI EQUILIBRIO PARZIALE Un'analisi che studia la determinazione di prezzo e quantità di equilibrio in un singolo mercato, prendendo come dati i prezzi in tutti gli altri mercati.

ANALISI DI EQUILIBRIO GENERALE Un'analisi che determina i prezzi e le quantità di equilibrio in più di un mercato simultaneamente.

ESTERNALITÀ L'effetto che l'azione di un soggetto ha sul benessere di altri consumatori o produttori, al di là degli effetti trasmessi dai cambiamenti nei prezzi.

(come succede, di norma, per quei beni che rappresentano una piccola frazione del bilancio del consumatore), variazioni nel surplus del consumatore rappresentano un buon indicatore degli effetti dei cambiamenti del prezzo sul benessere dei consumatori. Tuttavia, sempre nel Capitolo 5 si è visto che il surplus del consumatore non sempre è un buon modo per misurare l'impatto di cambiamenti di prezzo: per beni caratterizzati da un effetto reddito rilevante, infatti, potrebbe essere opportuno misurare gli effetti della variazione del prezzo sui consumatori attraverso le variazioni compensative o equivalenti, invece di utilizzare le variazioni nel surplus del consumatore.

10.2 • La mano invisibile

Una delle più rilevanti caratteristiche di un mercato perfettamente concorrenziale è che in una situazione di equilibrio le risorse sono allocate in maniera efficiente. La Figura 10.1 illustra questo punto. In un equilibrio concorrenziale, il prezzo di mercato è di €8, con 6 milioni di unità scambiate sul mercato in un anno (punto R). La somma del surplus dei consumatori e dei produttori corrisponde a VRW, l'area al di sotto della curva di domanda D e al di sopra della curva di offerta S, ovvero 54 milioni di euro all'anno.

Ci si potrebbe domandare perché è economicamente efficiente che la produzione sul mercato sia di 6 milioni di unità. Si può rispondere a questa domanda chiedendosi perché *non* sia conveniente produrre un livello diverso di output, per esempio perché non sia efficiente per il mercato produrre solo 4 milioni di unità. La curva di domanda mostra che esiste un consumatore disposto a pagare €12 per la quattromilionesima unità, mentre la curva di offerta mostra che produrre quell'unità

FIGURA 10.1 L'efficienza economica in un mercato concorrenziale
In un equilibrio concorrenziale il prezzo unitario di mercato è di €8 e vengono scambiate 6 milioni di unità. Il surplus dei consumatori corrisponde all'area AVR (€36 milioni) e il surplus dei produttori all'area AWR (€18 milioni). La curva di offerta mostra che il costo marginale per la produzione della 6-milionesima unità è di €8. Il mercato sta allocando efficientemente le risorse perché ciascun consumatore disposto a spendere al massimo il costo marginale di €8 sta ottenendo il bene, e ogni produttore che vuole fornire il bene a quel prezzo lo sta facendo. La somma dei surplus del consumatore e del produttore (€54 milioni) raggiunge il valore massimo date le curve di domanda e di offerta.

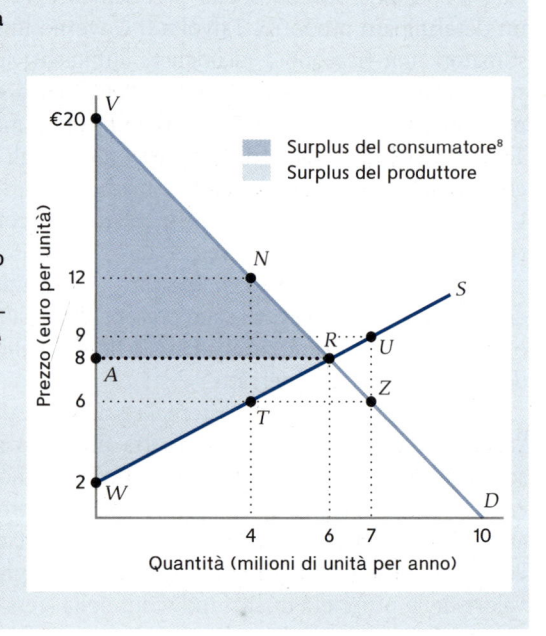

[8] I termini "*surplus del consumatore* e *surplus dei consumatori* (come pure *surplus del produttore* e *surplus dei produttori*) vengono utilizzati indifferentemente nel testo quando riferiti ai consumatori e ai produttori in aggregato.

costa soli €6. (Si ricordi che la curva di offerta indica il costo marginale di produzione di un'unità addizionale nel mercato.) Di conseguenza, il surplus totale potrebbe aumentare di €6 (ovvero, 12 − 6) se venisse prodotta la quattromilionesima unità. Quando la curva della domanda è al di sopra della curva di offerta, il surplus totale aumenterà per ogni unità addizionale prodotta. Se la produzione venisse incrementata da 4 a 6 milioni di unità, il surplus totale aumenterebbe dell'area *RNT*, ovvero di 6 milioni di euro.

È efficiente per il mercato produrre 7 milioni di unità? La curva di domanda indica che il consumatore dell'ultima unità è disposto a pagare €6. Invece, la curva di offerta mostra che produrre quella unità costa €9. Il surplus totale sarebbe, quindi, destinato a *diminuire* di €3 (cioè, €6 - 9) se la 7-milionesima unità venisse prodotta. Quando la curva di domanda è situata al di sotto della curva di offerta, il surplus totale può aumentare diminuendo la produzione del bene. Se l'output ritorna da 7 a 6 milioni di unità, il surplus totale aumenta dell'area *RUZ*, pari a 1,5 milioni di euro.

Riassumendo, qualsiasi livello di produzione superiore a 6 milioni di unità all'anno comporterebbe un surplus totale inferiore a 54 milioni di euro. Ne consegue che il livello di produzione efficiente (cioè che massimizza il surplus totale) è quello determinato dall'intersezione delle curve di offerta e di domanda, ovvero l'equilibrio perfettamente concorrenziale.

Questa considerazione conduce a una seconda importante lezione. In un mercato perfettamente concorrenziale, ogni produttore agisce nel suo personale interesse, decidendo se entrare nel mercato e, se lo fa, decidendo quanto produrre in modo da massimizzare il suo surplus. Inoltre, ogni consumatore parimenti agisce secondo il suo personale interesse, e massimizza la sua utilità stabilendo quante unità di prodotto acquistare. Non esiste alcuna figura di pianificatore sociale che indichi a produttori e consumatori come comportarsi per raggiungere il livello efficiente nella produzione. Tuttavia *il livello di produzione di un mercato perfettamente concorrenziale è quello che massimizza il beneficio economico netto* (misurato come somma dei surplus). Come descrisse Adam Smith nel suo fondamentale trattato del 1776 (*An Inquiry into the Nature and Causes of the Wealth of Nations*), esiste una sorta di "mano invisibile" che conduce un mercato concorrenziale al livello efficiente di produzione e consumo.[9]

10.3 • Tasse sul consumo (accise)

Un'accisa è una tassa applicata su uno specifico prodotto, come la benzina, l'alcol, il tabacco o i biglietti aerei. Gli economisti utilizzano spesso un modello di equilibrio parziale per studiare gli effetti di un'accisa su un mercato concorrenziale. Per esempio, è possibile chiedersi come una tassa sulla benzina sia destinata a influenzare il prezzo che i consumatori pagano, come pure il prezzo che i produttori ricevono. Un'analisi di equilibrio parziale sul mercato della benzina considera i prezzi degli altri beni (come automobili, pneumatici, e persino gelati) come costanti. Ciononostante, se venisse imposta una tassa sulla benzina, i prezzi di altri beni potrebbero variare, e lo schema di analisi di equilibrio parziale non sarebbe in grado di cogliere questi cambiamenti.

---

[9] A. Smith, *An Inquiry into the Nature and Causes of the Wealth of Nations*, W. Strahan and T. Cadell, Londra 1776.

In assenza di tasse, l'equilibrio in un mercato concorrenziale coinciderà con quello descritto nella Figura 10.1. Finché il mercato si mantiene in equilibrio, l'offerta (Q^s) eguaglia la domanda (Q^d). Nella Figura 10.1 si può osservare che in equilibrio Q^s = Q^d = 6 milioni di unità. In assenza di tassazione, il prezzo pagato dal consumatore (P^d) corrisponde a quello ricevuto dal produttore (P^s). Nella situazione di equilibrio illustrata nella Figura 10.1, $P^s = P^d =$ €8 per unità.

Si supponga che il Governo imponga una tassa di €6 per unità. La tassa crea un "divario (o cuneo) fiscale" tra la somma pagata dal consumatore e quella che il venditore riceve. Quest'ultimo ha spesso la "responsabilità amministrativa" di riscuotere la tassa. Se agli acquirenti viene applicato, per esempio, un prezzo di mercato di €10 per unità, il venditore immediatamente ne trasferisce 6 nelle casse dello Stato, mentre i restanti 4 rappresentano il suo ricavo. Più in generale, il prezzo P^s ricevuto dal venditore sarà di €6 inferiore al prezzo P^d pagato dal consumatore, $P^s = P^d - 6$, o anche $P^d = P^s + 6$. Questa relazione è valida qualunque sia l'importo della tassa: nel caso in cui essa sia pari a un valore T per unità di prodotto ($T = 6$ nel nostro esempio), allora $P^d = P^s + T$.

In un mercato con una curva di offerta crescente e una curva di domanda decrescente, gli effetti di una tassa sono i seguenti.

- Il mercato *sotto*produrrà rispetto al livello di produzione efficiente (cioè rispetto alla quantità che sarebbe stata offerta in assenza di tassa).
- Il surplus del consumatore sarà *inferiore* rispetto all'ipotesi di assenza di tassazione.
- Il surplus del produttore sarà *inferiore* rispetto all'ipotesi di assenza di tassazione.
- Ci sarà un effetto *positivo* sul bilancio pubblico grazie alle entrate derivanti delle tasse. Tali introiti fiscali rientrano nel beneficio economico netto, dal momento che verranno redistribuiti all'interno del sistema economico.
- Le entrate dovute alle tasse saranno inferiori alla diminuzione dei surplus di consumatore e produttore. Quindi la tassa produrrà una riduzione del beneficio economico netto (o perdita secca).[10]

Un modo per analizzare gli effetti della tassa è quello di rappresentare una nuova curva che aggiunge l'importo della tassa, verticalmente, alla curva di offerta: per esempio, la curva denominata $S +$ €6 nella Figura 10.2. Spostando la curva di offerta verso l'alto di €6 per l'impatto della tassa, è "come se" il costo marginale del venditore fosse aumentato di €6 per unità. Questa nuova curva di offerta "come se" mostra quanto i produttori sarebbero disposti a offrire quando il prezzo al consumatore copre il costo marginale della produzione sull'attuale funzione di offerta *più* i €6 di tassa. Per esempio, se il prezzo, tassa compresa, ammonta a €10, i produttori mettono in vendita 2 milioni di unità (il punto E nella Figura 10.2). Quando i consumatori pagano un prezzo di mercato di €10 per unità, i produttori ne ricevono solo 4, una volta dedotta la tassa dal prezzo di vendita. Il punto F sull'effettiva curva di offerta S indica che sul mercato saranno offerte 2 milioni di unità quando i produttori riceveranno il prezzo, al netto della tassa, di €4.

La Figura 10.2 indica che il mercato non è in equilibrio se i consumatori pagano un prezzo $P^d =$ €10. A quel prezzo i consumatori vogliono comprare 5 milioni di unità (punto J), mentre i produttori ne vogliono vendere solo 2 milioni (punto E). Ci

---

[10] Il termine *deadweight loss* è tradotto diversamente nei testi di economia. Nel presente capitolo i termini *perdita secca*, *costo sociale* e *perdita di beneficio sociale netto* vengono utilizzati come sinonimi. (*NdT*)

FIGURA 10.2 L'equilibrio in presenza di una tassa
Se il Governo impone una tassa di €6 per unità, la curva denominata S + €6 indica la quantità che i produttori offriranno quando il prezzo applicato al consumatore è pari al costo marginale di produzione più l'importo della tassa. L'intersezione tra la curva di domanda D e la curva S + €6 determina quindi la quantità di equilibrio, ossia 4 milioni di unità. Per ogni unità scambiata i consumatori pagano un prezzo di €12 (punto *M*), il Governo raccoglie €6 di tassa su ciascuna unità e i produttori incassano un prezzo di €6 (punto *N*).

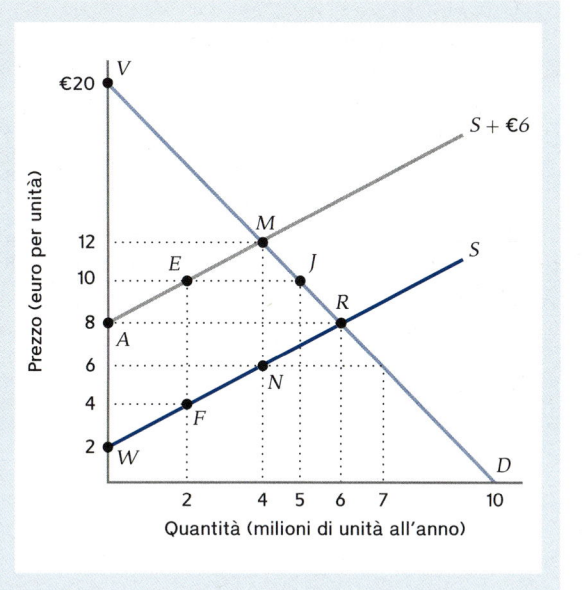

sarebbe dunque un eccesso di domanda di 3 milioni di unità (la distanza orizzontale tra *E* e *J*).

L'equilibrio, in presenza di tassa, è determinato all'intersezione tra la curva di domanda e la curva di offerta "come se" S + €6 (punto *M*), dove la quantità di equilibrio del mercato è pari a 4 milioni di unità e i consumatori pagano un prezzo unitario P^d = €12. Il Governo incassa la tassa di €6 su ogni unità venduta, e i produttori ricevono l'importo P^s = €6 (punto *N*).

Ora è possibile confrontare gli equilibri con e senza la tassa,[11] utilizzando la Figura 10.3 per calcolare il surplus del consumatore, il surplus del produttore, le entrate pubbliche derivanti dalla tassazione, il beneficio economico netto e la **perdita secca** (il beneficio economico netto potenziale di cui nessuno si appropria quando viene imposta una tassa: né i produttori, né i consumatori, né il Governo).

In assenza di tassa, il surplus dei consumatori è rappresentato dall'area al di sotto della curva di domanda *D* e al di sopra del prezzo pagato dai consumatori (€8) (surplus del consumatore = aree *A + B + C + E* = 36 milioni di euro annui). Il surplus dei produttori è rappresentato dall'area al di sopra *dell'effettiva* curva di offerta *S* e al di sotto del prezzo ricevuto dai produttori (ancora €8) (surplus del produttore = aree *F + G + H* = 18 milioni di euro annui). Non ci sono entrate da tassazione, quindi il beneficio economico netto è pari a 54 milioni di euro all'anno (surplus del consumatore + surplus del produttore), e non c'è perdita secca.

In presenza di tassa, il surplus dei consumatori è rappresentato dall'area al di sotto della curva di domanda e al di sopra del prezzo pagato (P^d = 12) (surplus del consumatore = area *A* = 16 milioni). Che cosa succede al surplus dei produttori? Per ogni unità venduta, esso è pari alla differenza tra il prezzo al netto delle tasse ricevuto dai venditori (P^s = 6) e il costo marginale di quella unità. Dal momento che è l'effettiva curva di offerta, *S*, quella che mostra la relazione tra il prezzo (al netto della tassa) e la quantità offerta, si può rappresentare il surplus del produttore come l'area al di sopra della curva di offerta *S* e al di sotto del prezzo (al netto

PERDITA SECCA La riduzione del beneficio economico netto risultante da un'inefficiente allocazione delle risorse.

---

[11] Il confronto del mercato con e senza la tassa è un esercizio di statica comparata, così come descritto nel Capitolo 1. La variabile esogena è la misura della tassa, che passa da zero a €6 per unità. Ci si può chiedere come le diverse variabili endogene (la quantità scambiata, il prezzo ricevuto dai produttori e il prezzo pagato dai consumatori) si modificano al variare della tassa.

FIGURA 10.3 Gli effetti di una accisa di €6

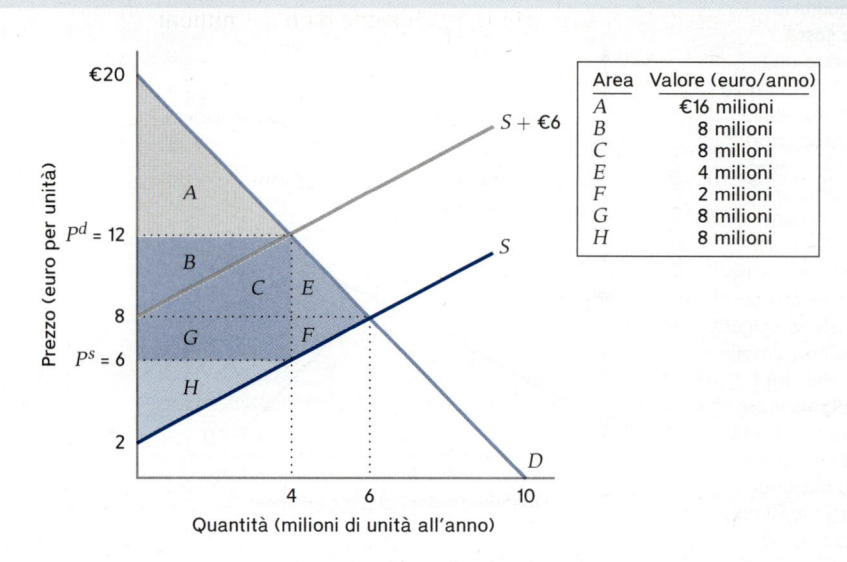

Area	Valore (euro/anno)
A	€16 milioni
B	8 milioni
C	8 milioni
E	4 milioni
F	2 milioni
G	8 milioni
H	8 milioni

	Senza la tassa	Con la tassa	Effetti della tassa
Surplus dei consumatori	$A + B + C + E$ (€36 milioni)	A (€16 milioni)	$-B - C - E$ (−€20 milioni)
Surplus dei produttori	$F + G + H$ (€18 milioni)	H (€8 milioni)	$-F - G$ (−€10 milioni)
Entrate dalla tassazione	zero	$B + C + G$ (€24 milioni)	$B + C + G$ (€24 milioni)
Beneficio netto (surplus del consumatore + surplus del produttore + entrate pubbliche)	$A + B + C + E + F + G + H$ (€54 milioni)	$A + B + C + G + H$ (€48 milioni)	$-E - F$ −(€6 milioni)
Perdita secca	zero	$E + F$ (€6 milioni)	$E + F$ (€6 milioni)

In assenza di tassa, la somma del surplus di consumatori e produttori ammonta a 54 milioni di euro, il massimo beneficio netto possibile in questo mercato. La tassa di €6 riduce il surplus del consumatore di 20 milioni di euro, il surplus del produttore di 10 milioni, genera un ammontare di tassazione di 24 milioni e riduce il beneficio netto di 6 milioni (la perdita secca).

della tassa) di €6 che i produttori ricevono (P^s) (surplus del produttore = area H = 8 milioni di euro all'anno). Le entrate derivanti dall'applicazione della tassa sono il risultato del prodotto tra il numero di unità vendute (4 milioni) e l'importo unitario della tassa (€6) (entrate = il rettangolo formato dalle aree $B + C + G$ = 24 milioni di euro annui). Il beneficio economico netto è pari a 48 milioni di euro all'anno (surplus del consumatore + surplus del produttore + entrate dalla tassa), così che la perdita secca è di 6 milioni di euro all'anno (beneficio economico netto senza tassa − beneficio economico netto con tassa = 54 milioni − 48 milioni).

La perdita secca, pari a 6 milioni, si genera perché la tassa riduce il surplus dei consumatori di 20 milioni e il surplus dei produttori di 10 milioni (complessivamente 30 milioni), mentre genera entrate per soli 24 milioni (per cui 24 milioni − 30 milioni = − 6 milioni di euro). Nella Figura 10.3, la perdita secca è rappresentata dalla somma delle aree E (4 milioni annui) e F (2 milioni annui), entrambe comprese nel beneficio netto in assenza di tassa. L'area E era parte del surplus del consumatore e l'area F era parte del surplus del produttore, ed entrambi questi vantaggi scompaiono perché la tassa induce sia i consumatori a diminuire gli acquisti sia i produttori a ridurre la produzione da 6 a 4 milioni di unità.

Il beneficio economico netto *potenziale* è costante ed è pari alla somma del surplus del consumatore, del surplus del produttore, dell'importo della tassazione e della perdita secca (in questo caso, 54 milioni di euro).

Il beneficio economico netto *effettivo*, invece, diminuisce di un ammontare equivalente alla perdita secca, come emerge dalla seguente tabella.

	Surplus dei consumatori	Surplus dei produttori	Entrate dalla tassa	Perdita secca	Beneficio economico netto
Senza la tassa	€36 milioni	€18 milioni	0	0	Potenziale: €54 milioni Effettivo: €54 milioni
Con la tassa	€16 milioni	€8 milioni	€24 milioni	€6 milioni	Potenziale: €54 milioni Effettivo: €48 milioni

Esercizio svolto 10.1 Gli effetti di una accisa

In questo esercizio vengono determinati algebricamente prezzi e quantità di equilibrio nel caso illustrato nella Figura 10.3. Le curve di domanda e di offerta sono le seguenti:

$$Q^d = 10 - 0,5P^d$$

$$Q^s = \begin{cases} -2 + P^s, & \text{quando } P^s \geq 2 \\ 0, & \text{quando } P^s < 2 \end{cases}$$

dove Q^d è la quantità domandata quando il prezzo pagato dal consumatore è P^d, e Q^s è la quantità offerta quando il prezzo ricevuto dal produttore è P^s. L'ultima riga dell'equazione dell'offerta indica che nessun output verrà offerto se il prezzo ricevuto dai produttori sarà inferiore a €2 per unità. Quindi, per prezzi compresi tra zero e €2, la curva di offerta coincide con l'asse verticale.

Problema

(a) In assenza di tassa quali sono il prezzo e la quantità di equilibrio?
(b) Supponete che il Governo imponga una tassa di €6 per unità. Quale sarà la nuova quantità di equilibrio? Quale prezzo pagheranno i consumatori? Quale prezzo riceveranno i venditori?

Soluzione

(a) In assenza di tassa devono essere soddisfatte due condizioni.
  (I) $P^d = P^s$ (non c'è divario fiscale). Poiché c'è un solo prezzo nel mercato, lo si indica con P^*.
  (II) Inoltre, il mercato è in equilibrio, così che $Q^d = Q^s$.

Insieme, queste due condizioni richiedono che $10 - 0,5 P^* = -2 + P^*$, per cui il prezzo di equilibrio è $P^* = €8$ per unità. La quantità di equilibrio può essere trovata sostituendo $P^* = 8$ nell'equazione dell'offerta o in quella della domanda. Utilizzando quest'ultima, la quantità di equilibrio è $Q^d = 10 - 0,5(8) = 6$ milioni di unità.

(b) Con una tassa pari a €6, ci sono due condizioni che devono essere soddisfatte.
  (I) $P^d = P^s + 6$: c'è un divario fiscale tra il prezzo di mercato P^d che pagano i consumatori e il prezzo al netto della tassa che ricevono i venditori.
  (II) Inoltre il mercato è in equilibrio, così che $Q^d = Q^s$, ovvero $10 - 0,5P^d = -2 + P^s$.

Di conseguenza, $10 - 0,5(P^s + 6) = 2 + P^s$, per cui il prezzo che i produttori ricevono è $P^s = €6$ per unità. La quantità di equilibrio può essere trovata sostituendo $P^d = 12$ nell'equazione della domanda: $Q^d = 10 - 0,5P^d = 10 - 0,5(12) = 4$ milioni di unità. (Alternativamente, si sarebbe potuto sostituire $P^s = 6$ nell'equazione dell'offerta.)

10.3.1 L'incidenza di una tassa

In un mercato con una curva di offerta crescente e una curva di domanda decrescente, una tassa *aumenterà* il prezzo di mercato pagato dai consumatori ma *diminuirà* il prezzo al netto della tassa che ricevono i venditori. Quale prezzo risentirà maggiormente dell'introduzione della tassa: il prezzo di mercato pagato dai compratori o il prezzo al netto della tassa ricevuto dai venditori? Nell'Esercizio svolto 10.1, il prezzo che i consumatori pagano aumenta di €4 (passando da

INCIDENZA DI UNA TASSA Misura dell'impatto di una tassa sui prezzi che i consumatori pagano e che i venditori ricevono in un mercato.

8 a 12), mentre il prezzo che ricevono i produttori diminuisce di €2 (passando da 8 a 6). L'**incidenza di una tassa** è l'effetto che la tassa ha sui prezzi pagati dai consumatori e ricevuti dai venditori nel mercato. L'incidenza, o l'onere, della tassa è ripartita su entrambe le parti, consumatori e produttori (nell'Esercizio svolto 10.1, la quota maggiore è a carico dei consumatori).

L'incidenza di una tassa dipende dalla forma delle curve di offerta e di domanda. La Figura 10.4 illustra due casi. In entrambi, il prezzo di equilibrio in assenza di tassa è di €30 per unità. Tuttavia, l'effetto di una tassa di €10 è assai diverso nei due mercati.

Nel Caso 1 la curva di domanda è relativamente inelastica, e la curva di offerta è piuttosto elastica. La tassa fa aumentare l'importo pagato dai consumatori di €8 e riduce l'importo ricevuto dai produttori di €2. La variazione di prezzo risultante dall'introduzione della tassa è maggiore per i consumatori perché la domanda è relativamente inelastica.

Nel Caso 2 la curva di offerta è relativamente inelastica e la curva di domanda, in confronto, abbastanza elastica. Quindi la tassa ha un maggiore impatto sui produttori, riducendo il prezzo che ricevono di €8 e aumentando il prezzo pagato dai consumatori di soli €2.

Come si deduce da questi due casi, in un equilibrio concorrenziale una tassa avrà un impatto maggiore sui consumatori se la domanda è meno elastica dell'offerta, e un impatto maggiore sui produttori in caso contrario. Quanto meno per piccole variazioni di prezzo, è ragionevole assumere che le curve di domanda e di offerta abbiano elasticità al prezzo costanti, $\epsilon_{Q^d,P}$ e $\epsilon_{Q^s,P}$, e che quindi sia possibile riassumere la relazione quantitativa tra l'incidenza di una tassa e le elasticità dell'offerta e della domanda rispetto al prezzo come segue:

$$\frac{\Delta P^d}{\Delta P^s} = \frac{\epsilon_{Q^s,P}}{\epsilon_{Q^d,P}} \qquad (10.1)$$

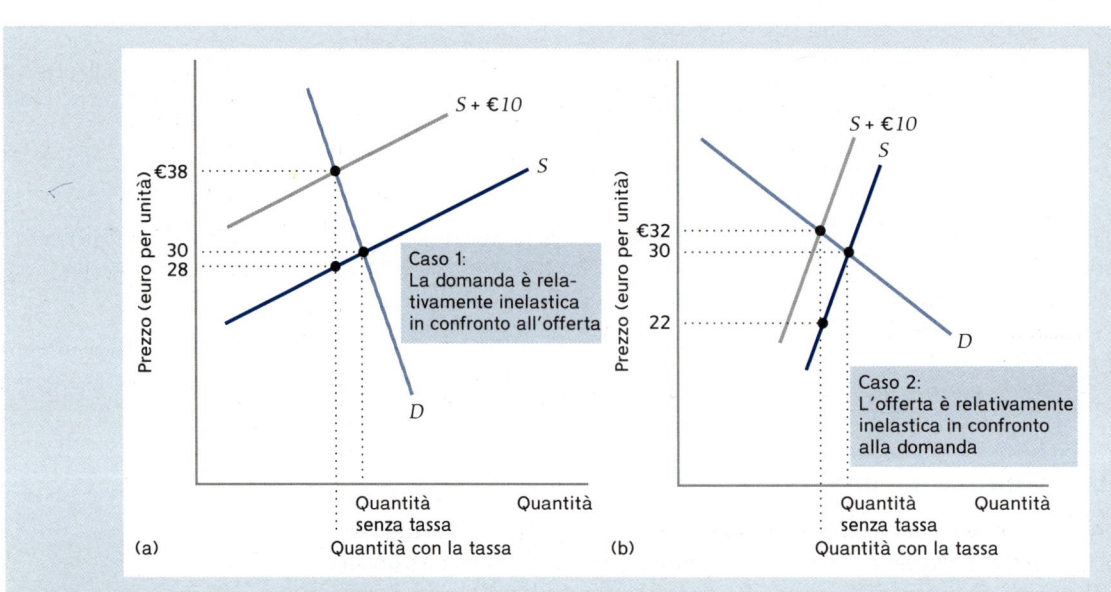

FIGURA 10.4 L'incidenza di una tassa
Nel Caso 1, quando la curva di domanda è relativamente inelastica, l'incidenza della tassa di €10 è sopportata prevalentemente dai consumatori. Nel Caso 2, quando è la curva di offerta a essere relativamente inelastica, la tassa incide maggiormente sui produttori.

L'equazione (10.1) suggerisce che l'impatto di un cambiamento del prezzo sui consumatori e sui produttori sarà uguale quando i valori assoluti delle elasticità rispetto al prezzo saranno gli stessi (si ricordi che l'elasticità al prezzo della domanda è negativa, mentre quella dell'offerta è positiva).[12] Per esempio, se $\in_{Q^d,P}$ = − 0,5 e $\in_{Q^s,P}$ = + 0,5, allora $\Delta P^d/\Delta P^s$ = − 1. In altre parole, imponendo una tassa di €1, il prezzo pagato dai consumatori aumenterebbe di €0,50, mentre quello ricevuto dai produttori diminuirebbe di €0,50.

Si supponga adesso che l'offerta sia relativamente elastica rispetto alla domanda (per esempio $\in_{Q^d,P}$ = − 0,5 e $\in_{Q^s,P}$ = 2,0). Allora $\Delta P^d/\Delta P^s$ = − 4. In questo caso, l'aumento del prezzo pagato dai consumatori sarà pari a quattro volte la diminuzione del prezzo ricevuto dai produttori. Quindi, se viene imposta una tassa di €1, il prezzo pagato dai consumatori aumenterà di €0,80, mentre il prezzo ricevuto dai produttori diminuirà di €0,20. L'incidenza della tassa, dunque, grava principalmente sui consumatori.

L'equazione (10.1) spiega molto dell'impatto delle tasse regionali e statali sui diversi mercati. Per esempio, la domanda di beni come alcolici e tabacco è abbastanza inelastica, mentre le loro curve di offerta, in confronto, sono elastiche. Quindi, in questi mercati l'incidenza di una tassa è destinata a gravare maggiormente sui consumatori piuttosto che sui produttori.

10.4 • Sussidi[13]

Invece di imporre una tassa su un certo mercato, un Governo può decidere di offrire dei sussidi. Si può immaginare un sussidio come una *tassa negativa*: i compratori pagano il prezzo di mercato P^d e il Governo poi paga a ciascun venditore un sussidio pari a T euro su ogni unità venduta (in aggiunta al prezzo), così che il prezzo ricevuto dal venditore dopo il sussidio, P^s, è dato da $P^d + T$. Si può osservare che molti degli effetti di un sussidio sono l'opposto di quelli di una tassa.

- Il mercato *sovrapprodurrà* rispetto al livello efficiente (cioè alla quantità che sarebbe stata offerta senza sussidio).
- Il surplus del consumatore sarà *maggiore* che in assenza di sussidio.
- Il surplus del produttore sarà *maggiore* che in assenza di sussidio.
- L'impatto sul bilancio pubblico sarà *negativo*. La spesa pubblica sostenuta dal Governo per finanziare i sussidi costituisce un beneficio economico netto negativo, dal momento che i fondi per i sussidi dovranno essere raccolti da qualche altra parte nel sistema economico.
- La spesa pubblica per i sussidi sarà *superiore* all'incremento del surplus dei consumatori e dei produttori. Quindi si avrà una perdita secca a causa della sovrapproduzione.

---

[12] Per capire perché l'equazione (10.1) è vera, occorre considerare l'effetto di una piccola tassa in un mercato. Si supponga che il prezzo e la quantità di equilibrio in un mercato in assenza di tassa siano rispettivamente P^e e Q^e. Con una tassa modesta, $\in_{Q^d,P} = (\Delta Q/Q^e)/(\Delta P^d/P^e)$, che può essere scritta come $\Delta Q/Q^e = (\Delta P^d/P^e) \in_{Q^d,P}$. Analogamente, $\in_{Q^s,P} = (\Delta Q/Q^e)/(\Delta P^s/P^e)$, che può essere scritta come $\Delta Q/Q^e = (\Delta P^s/P^e) \in_{Q^s,P}$. Dal momento che il mercato sarà in equilibrio, un tassa ridurrà la quantità domandata e quella offerta dello stesso ammontare ($\Delta Q/Q^e$). Questo richiede che $(\Delta P^d/P^e) \in_{Q^d,P} = (\Delta P^s/P^e) \in_{Q^s,P}$, espressione che può essere ridotta all'equazione (10.1).

[13] I termini *sussidio* e *sovvenzione* sono qui utilizzati come sinonimi. (NdT)

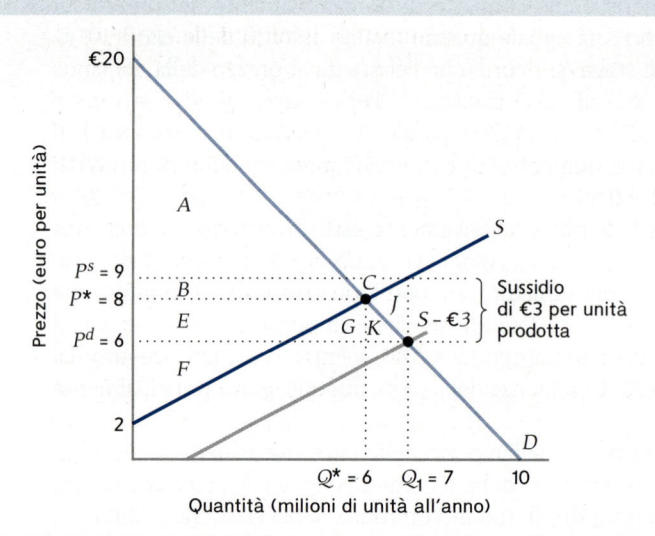

	Senza sussidio	Con il sussidio	Impatto del sussidio
Surplus dei consumatori	$A + B$ (€36 milioni)	$A + B + E + G + K$ (€49 milioni)	$E + G + K$ (€13 milioni)
Surplus dei produttori	$E + F$ (€18 milioni)	$B + C + E + F$ (€24,5 milioni)	$B + C$ (€6,5 milioni)
Impatto sul bilancio pubblico	zero	$-B - C - E - G - K - J$ (−€21 milioni)	$-B - C - E - G - K - J$ (−€21 milioni)
Beneficio netto (surplus del consumatore + surplus del produttore − spesa pubblica)	$A + B + E + F$ (€54 milioni)	$A + B + E + F - J$ (€52,5 milioni)	$- J$ (− €1,5 milioni)
Perdita secca	zero	J (€1,5 milioni)	

FIGURA 10.5 L'impatto di un sussidio di €3
In assenza di sovvenzione, la somma dei surplus del consumatore e del produttore è di €54 milioni, il massimo beneficio netto possibile nel mercato. Il sussidio aumenta il surplus dei consumatori di €13 milioni, aumenta il surplus dei produttori di €6,5 milioni, ha un impatto negativo sul bilancio pubblico di −€21 milioni, e riduce il beneficio netto di −€1,5 milioni (la perdita secca).

La Figura 10.5 illustra gli effetti di un sussidio unitario di €3 sullo stesso mercato illustrato nella Figura 10.1. Nella Figura 10.5, la curva denominata $S - €3$ sottrae l'importo del sussidio verticalmente dalla curva di offerta. Questa si sposta verticalmente verso il basso per il valore di €3 perché, dato l'effetto del sussidio, è "come se" il costo marginale unitario di ciascun venditore si fosse ridotto di €3. La curva di offerta "come se", $S - €3$, indica la quantità che i produttori metteranno in vendita quando il prezzo che riceveranno sarà composto dal prezzo pagato dai consumatori *più* il sussidio.

In assenza di sovvenzione, l'equilibrio si raggiunge nel punto di intersezione tra la curva di domanda D e la curva di offerta S. In questo punto, $P^d = P^s = €8$, e la quantità di equilibrio è $Q^* = 6$ milioni di unità all'anno. Con la sovvenzione, la quantità di equilibrio è $Q_1 = 7$ milioni di unità all'anno, nel punto di intersezione tra la curva di domanda D e la curva di offerta "come se", $S - €3$. In corrispondenza di questa quantità, $P^d = 6$ e $P^s = 9$ (cioè P^d più i €3 della sovvenzione).

Ora è possibile confrontare gli equilibri con e senza la sovvenzione, utilizzando la Figura 10.5 per calcolare il surplus dei consumatori, il surplus dei produttori, l'impatto sul bilancio pubblico, il beneficio economico netto e il costo sociale.

In assenza di sovvenzione, il surplus dei consumatori corrisponde all'area al di sotto della curva di domanda e al di sopra del prezzo pagato dai consumatori (€8) (surplus del consumatore = aree $A + B$ = 36 milioni di euro annui). Il surplus dei produttori corrisponde all'area al di sopra della curva di offerta e al di sotto del prezzo ricevuto dai produttori (sempre €8) (surplus del produttore = aree $E + F$ = 18 milioni di euro annui). Non vengono sostenute spese pubbliche, per cui il beneficio economico netto è di 54 milioni di euro all'anno, e non c'è costo sociale.

Con la sovvenzione, il surplus dei consumatori corrisponde all'area al di sotto della curva di domanda e al di sopra del prezzo pagato dai consumatori (P^d = 6) (surplus del consumatore = aree $A + B + E + G + K$ = 49 milioni annui). Il surplus dei produttori corrisponde all'area al di sopra dell'effettiva curva di offerta S e al di sotto del prezzo ricevuto dai produttori dopo l'applicazione della sovvenzione (P^s = 9) (surplus del produttore = aree $B + C + E + F$ = 24,5 milioni annui). La spesa pubblica corrisponde all'importo del sussidio (€3) per il numero di unità vendute (7 milioni). (Spesa pubblica = il rettangolo formato dalle aree $B + C + E + G + K + J$ = 21 milioni annui; si osservi che, nella tabella che accompagna la Figura 10.5, questo è rappresentato come un beneficio negativo perché deve essere finanziato con le tasse raccolte in qualche altro settore all'interno del sistema economico.) Il beneficio economico netto è di 52,5 milioni di euro annui (surplus del consumatore + surplus del produttore − spesa pubblica), quindi la perdita di beneficio sociale netto è di 1,5 milioni di euro annui (beneficio economico netto senza sovvenzione − beneficio economico netto con sovvenzione = 54 milioni − 52,5 milioni).

La perdita di beneficio sociale netto di 1,5 milioni di euro (area J) si verifica perché il sussidio aumenta il surplus del consumatore di 13 milioni e il surplus del produttore di 6,5 milioni (per un totale di 19,5 milioni di euro), ma richiede una spesa pubblica di 21 milioni (per cui 19,5 milioni − 21 milioni = −1,5 milioni). Da un altro punto di vista, si può dire che il costo sociale nasce perché il numero di unità prodotte aumenta da 6 milioni, in assenza di sovvenzione, a 7 milioni, a seguito dell'introduzione della sovvenzione. In questo intervallo di quantità, la curva di offerta si trova al di sopra della curva di domanda, e quindi il beneficio netto si riduce man mano che ognuna di queste unità viene prodotta. Dunque, il sussidio riduce il beneficio economico netto perché spinge il mercato a produrre di più rispetto al livello efficiente di produzione.

Analogamente al caso della tassa, il beneficio netto economico potenziale è costante e pari alla somma del surplus del consumatore, del surplus del produttore, dell'impatto sul bilancio pubblico e della perdita di beneficio sociale netto, mentre l'effettivo beneficio economico netto si riduce di un importo pari alla perdita di beneficio sociale netto. Tutto questo si può riassumere nella seguente tabella:

	Surplus del consumatore	Surplus del produttore	Impatto sul bilancio pubblico	Perdita secca	Beneficio economico netto
Senza sussidio	€36 milioni	€18 milioni	0	0	Potenziale: €54 milioni Effettivo: €54 milioni
Con sussidio	€49 milioni	€24,5 milioni	−€21 milioni	€1,5 milioni	Potenziale: €54 milioni Effettivo: €52,5 milioni

Esercizio svolto 10.2 L'impatto di un sussidio

Come nell'Esercizio svolto 10.1, le curve di domanda e di offerta sono:

$$Q^d = 10 - 0,5P^d$$

$$Q^s = \begin{cases} -2 + P^s, & \text{quando } P^s \geq 2 \\ 0, & \text{quando } P^s < 2 \end{cases}$$

dove Q^d è la quantità domandata quando il prezzo per i consumatori è P^d, e Q^s è la quantità offerta quando il prezzo che ricevono i produttori è P^s.

Problema

Supponete che il Governo stabilisca un sussidio di €3 per unità. Trovate la quantità di equilibrio, il prezzo che pagheranno i compratori e il prezzo che riceveranno i rivenditori.

Soluzione

In equilibrio, con una sovvenzione di €3, devono risultare soddisfatte due condizioni:

(a) C'è un divario, dovuto al sussidio, di €3 che rende il prezzo ricevuto dai venditori di €3 superiore al prezzo di mercato pagato dagli acquirenti: $P^s = P^d + 3$, o anche $P^d = P^s - 3$.
(b) Inoltre, il mercato è in equilibrio, così che $Q^d = Q^s$, o $10 - 0,5P^d = -2 + P^s$.

Dunque, $10 - 0,5(P^s - 3) = -2 + P^s$, per cui i produttori ricevono un prezzo di $P^s = €9$. Il prezzo di equilibrio che i consumatori pagano è $P^d = P^s - €3 = €6$ per unità. La quantità di equilibrio può essere trovata sostituendo $P^d = 6$ nell'equazione della domanda: $Q^d = 10 - 0,P^d = 10 - 0,5(6) = 7$ milioni di unità. (In alternativa, si poteva sostituire $P^s = 9$ nell'equazione dell'offerta.)

10.5 • La regolamentazione del prezzo: il prezzo massimo

A volte un Governo, in un mercato, può imporre un livello di prezzo massimo ammissibile per alcuni beni, come generi alimentari o benzina. Il controllo degli affitti è un altro esempio di prezzo massimo, dato che esso specifica la massima somma che gli affittuari devono corrispondere ai proprietari. I prezzi massimi influenzano la distribuzione del reddito e l'efficienza economica solo quando risultano *inferiori* al livello che si osserverebbe in caso di equilibrio senza intervento statale.

A differenza di quanto accade in presenza di accise o sussidi, il prezzo massimo non consente al mercato di raggiungere la sua posizione di equilibrio. Perciò occorre analizzare con attenzione la modalità di allocazione di beni e servizi.

In un mercato con una curva di offerta crescente e una curva di domanda decrescente, l'imposizione di un prezzo massimo al di sotto del prezzo di equilibrio avrà i seguenti effetti.

- Il mercato non sarà in equilibrio. Ci sarà un eccesso di domanda per quel bene.
- Il mercato *sotto*produrrà rispetto al livello efficiente (cioè alla quantità che sarebbe stata offerta in un mercato senza regolamentazione).
- Il surplus dei produttori sarà *inferiore* a quello che si avrebbe in assenza di regolamentazione del prezzo.
- Una parte (ma non la totalità) del surplus del produttore andato perso sarà trasferita ai consumatori.
- Poiché in presenza di un prezzo massimo c'è un eccesso di domanda, la dimensione del surplus del consumatore dipenderà da quali consumatori, tra quelli che desiderano il bene, sono in grado di acquistarlo. Con un prezzo massimo, il surplus del consumatore può sia aumentare sia diminuire.
- Ci sarà una perdita secca.

Si possono analizzare gli effetti di un prezzo massimo considerando il mercato degli affitti. Per anni nelle città di tutto il mondo sono state assunte misure per tenere sotto controllo i canoni di locazione. L'equo canone è un prezzo massimo imposto legalmente sulla somma che i proprietari possono imporre agli inquilini per l'affitto. Originariamente queste misure vennero assunte, per periodi temporanei, al fine di far fronte a situazioni di forte inflazione in tempi di guerra, come a Londra e a Parigi durante il primo conflitto mondiale, a New York durante la seconda guerra mondiale, a Boston durante il conflitto del Vietnam negli ultimi anni Sessanta e nei primi anni Settanta.

Nel 1971 il presidente Richard Nixon impose controlli su prezzi e salari in tutti gli Stati Uniti, congelando gli affitti. Una volta cessata la regolamentazione, molte amministrazioni comunali continuarono a fissare dei limiti massimi per i canoni di locazione. Nel 1997 William Tucker osservò: "All'inizio degli anni Settanta la regolamentazione dei canoni di locazione sembrava la strada da percorrere per il futuro... Verso la metà degli anni Ottanta, in tutta la nazione, più di 200 diverse municipalità, comprendenti circa il 20% della popolazione, vivevano in regime di equo canone. Tuttavia, come le pressioni inflazionistiche si allentarono, il fermento per il controllo degli affitti si calmò."[14]

In Italia, l'equo canone fu introdotto nel 1978 con la legge n. 392, che prevedeva un canone di locazione preventivamente fissato dalla legge, sulla base di parametri generali come il tipo di casa, il piano dell'abitazione, la presenza dell'ascensore e lo stato di conservazione dell'edificio. Esso però non poteva superare il 3,85% del valore locativo dell'immobile, pure calcolato in base ai suddetti parametri. Tuttavia, lungi dal calmierare il mercato e favorire i meno abbienti, questa legge si rivelò un grande insuccesso, tanto che un nuovo provvedimento del 1992 (la legge n. 359) introdusse i cosiddetti "patti in deroga", mentre una successiva normativa del 1998 (la legge n. 431) condusse a una ulteriore liberalizzazione del mercato attribuendo alle parti la possibilità di scegliere tra contratti a canone libero e contratti a canone concordato.

La Figura 10.6 illustra le curve di offerta e di domanda nel mercato di una particolare tipologia di abitazione, ossia il monolocale nel centro storico di Roma. Per diversi livelli di canone di locazione, la curva di offerta S mostra quante unità immobiliari i proprietari sarebbero disposti a immettere sul mercato, e la curva di domanda D indica quante unità immobiliari gli inquilini vorrebbero affittare.

In assenza di equo canone, l'equilibrio si realizza nel punto d'intersezione (punto V) tra le curve di domanda e di offerta. In corrispondenza di questo punto, il prezzo di equilibrio è $P^* = €1600$ al mese e la quantità di equilibrio del mercato è $Q^* = 80\,000$ unità abitative. Tutti i consumatori disposti a pagare il prezzo di equilibrio (quelli compresi tra i punti Y e V sulla curva di domanda) troveranno una casa, e tutti i proprietari disposti a offrire unità abitative a quel prezzo le immetteranno sul mercato.

Si ipotizzi che il Governo imponga una regolamentazione del canone, fissando una somma massima per la locazione di €1000 al mese. A questo prezzo il mercato non è in equilibrio. I proprietari saranno disposti a offrire $50\,000$ abitazioni (punto W), mentre i consumatori ne richiederanno $140\,000$ (punto X). Quindi, l'introduzione dell'equo canone ha ridotto l'offerta di $30\,000$ unità ($80\,000 - 50\,000$) e ha aumentato la domanda di $60\,000$ unità ($140\,000 - 80\,000$), determinando un eccesso di domanda di $90\,000$ unità ($30\,000 + 60\,000$). (L'eccesso di domanda nel mercato immobiliare è comunemente definito come *carenza o scarsità di alloggi*.)

---

[14] William Tucker, "How Rent Control Driver Out Affordable Housing", *Cato Policy Analysis*, paper n° 274, The Cato Institute, Washington, DC 21 maggio 1997.

La Figura 10.6 permette di calcolare il surplus del consumatore, il surplus del produttore, il beneficio economico netto e il costo sociale con e senza equo canone.

In assenza di equo canone, il surplus del consumatore corrisponde all'area al di sotto della curva di domanda e al di sopra del prezzo pagato dai consumatori (€1600) (surplus del consumatore = aree $A + B + E$). Il surplus del produttore corrisponde all'area al di sopra della curva di offerta e al di sotto del prezzo ricevuto dai produttori (sempre €1600) (surplus del produttore = aree $C + F + G$). Il beneficio economico netto è la somma del surplus del consumatore e del surplus del produttore (beneficio economico netto = aree $A + B + C + E + F + G$), e non si ha perdita secca.

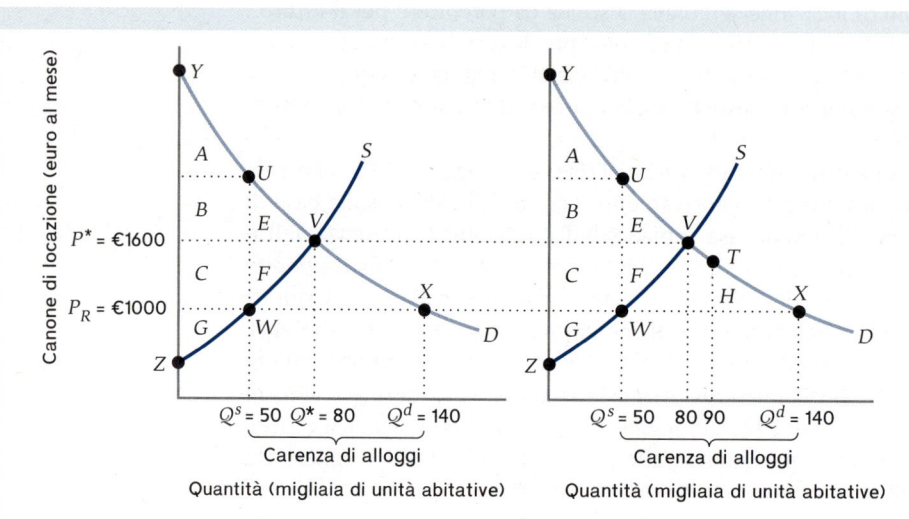

	Mercato libero (senza equo canone)	Con equo canone		Effetti dell'equo canone	
		Caso 1 Surplus del consumatore massimo	Caso 2 Surplus del consumatore minimo	Caso 1 Surplus del consumatore massimo	Caso 2 Surplus del consumatore minimo
Surplus del consumatore	$A + B + E$	$A + B + C$	H	$C - E$	$-A - B - E + H$
Surplus del produttore	$C + F + G$	G	G	$-C - F$	$-C - F$
Beneficio netto (surplus del consumatore + surplus del produttore)	$A + B + C + E + F + G$	$A + B + C + G$	$H + G$	$-E - F$	$-A - B - C - E - F + H$
Perdita secca	zero	$E + F$	$A + B + C + E + F - H$	$E + F$	$A + B + C + E + F - H$

FIGURA 10.6 Gli effetti dell'equo canone
L'equo canone impone che i proprietari non chiedano più di €1000 mensili per quegli alloggi che, in un mercato senza regolamentazione, affitterebbero a €1600. Il grafico illustra due casi. In entrambi, il surplus del produttore corrisponde all'area G. Caso 1: se tutte le 50 000 abitazioni disponibili sono affittate dagli inquilini con la maggiore disponibilità a pagare (quelli compresi tra i punti Y e U sulla curva di domanda D), il surplus del consumatore, in un regime di equo canone, è massimizzato, il beneficio economico netto è anch'esso massimizzato e la perdita di beneficio sociale netto è minimizzata. Caso 2: se tutte le 50 000 abitazioni disponibili sono affittate dai consumatori con la più bassa disponibilità a pagare (quelli compresi tra i punti T e X sulla curva di domanda D), il surplus del consumatore, in presenza di equo canone, è minimizzato, così com'è minimizzato anche il beneficio economico netto, mentre è massimizzata la perdita di beneficio sociale netto.

In presenza di equo canone, come si può vedere dalla Figura 10.6, vengono esaminati due casi, che differiscono tra loro per la tipologia di inquilini che effettivamente affittano le unità immobiliari disponibili: il Caso 1 massimizza il surplus del consumatore, mentre il Caso 2 lo minimizza. In entrambi i casi, i proprietari che offrono gli appartamenti sul mercato sono collocati tra i punti Z e W sulla curva di offerta, e il loro surplus è rappresentato dall'area al di sopra di quel tratto della curva S e al di sotto del prezzo che ricevono (P_R = €1000) (surplus del produttore = area G). In questo modo, in presenza di equo canone, il surplus del produttore diminuisce di un ammontare corrispondente alle aree $C + F$. Tale riduzione del surplus spiega il motivo per cui spesso i proprietari di immobili si oppongono alla regolamentazione dei canoni di locazione.

Analogamente, in entrambi i casi, i consumatori abbastanza fortunati da riuscire a aggiudicarsi uno dei 50000 alloggi disponibili pagheranno solo €1000 al mese, invece di €1600, mentre l'ammontare di reddito ottenuto dai proprietari per queste unità si è ridotto di un valore pari all'area C.

Per capire come il surplus del consumatore, il beneficio economico netto e la perdita di beneficio sociale netto sono influenzati dall'equo canone, occorre considerare che ci sono 140000 consumatori che desiderano affittare una casa per €1000 mensili, mentre sono disponibili solo 50000 unità immobiliari. Per individuare il possibile campo di variazione del surplus del consumatore (cioè il surplus massimo e quello minimo) si può ipotizzare, nel Caso 1, che i consumatori con la massima disponibilità a pagare affittino tutte le unità abitative offerte, e, nel Caso 2, che siano i consumatori con la minima disponibilità a pagare ad aggiudicarsi tutte le abitazioni presenti sul mercato.

- *Caso 1 (surplus del consumatore massimo). Tutte le unità abitative disponibili sono affittate dai consumatori con la più alta disponibilità a pagare* (cioè dai consumatori compresi tra i punti Y e U sulla curva di domanda). Il surplus del consumatore corrisponde all'area al di sotto della porzione della curva di domanda compresa tra i punti Y e U e al di sopra del prezzo pagato dal consumatore (P_R = 1000) (surplus del consumatore = aree $A + B + C$); questo è il massimo valore possibile del surplus del consumatore in un sistema di equo canone. Si ha che: beneficio economico netto = surplus del consumatore + surplus del produttore = aree $A + B + C + G$; perdita di beneficio sociale netto = beneficio economico netto senza equo canone − beneficio economico netto con equo canone = (aree $A + B + C + E + F + G$) − (aree $A + B + C + G$) = aree $E + F$. La perdita di beneficio sociale netto ha luogo perché l'equo canone ha ridotto l'offerta di abitazioni disponibili di 30000 unità, così che il surplus del consumatore corrispondente all'area E e il surplus del produttore corrispondente all'area F vengono persi dalla collettività.

- *Caso 2 (surplus del consumatore minimo). Tutte le unità abitative disponibili sono affittate dai consumatori con la più bassa disponibilità a pagare* (cioè dai consumatori compresi tra i punti T e X sulla curva di domanda,[15] il che significa che i consumatori compresi tra i punti Y e T non riusciranno a trovare una casa, nonostante la loro disponibilità a pagarla più di €1000 mensili). Il surplus del consumatore è rappresentato dall'area al di sotto della porzione della curva di domanda compresa tra i punti T e X e al di sopra del prezzo pagato dai consumatori (P_R = 1000) (surplus del consumatore = area H); questo è il minimo

---

[15] Non vengono presi in considerazione i consumatori alla destra del punto X sulla curva di domanda perché non sarebbero disposti ad affittare una casa per €1000 anche se la trovassero.

valore possibile del surplus del consumatore in un sistema di equo canone. Si ha che: beneficio economico netto = surplus del consumatore + surplus del produttore = aree $H + G$; perdita di beneficio sociale netto = beneficio economico netto in assenza di equo canone – beneficio economico netto con equo canone = (aree $A + B + C + E + F + G$) – (aree $H + G$) = aree $A + B + C + E + F - H$. La perdita di beneficio sociale netto è maggiore rispetto al Caso 1 (di un ammontare pari ad $A + B + C - H$) a causa del modo inefficiente attraverso cui le unità immobiliari vengono distribuite ai consumatori.

I due casi appena analizzati definiscono i valori minimi e massimi del surplus del consumatore e della perdita di beneficio sociale netto nel caso di equo canone. I valori effettivi di queste due grandezze possono collocarsi in corrispondenza di un valore compreso tra i due casi limite. Per trovare l'esatto ammontare del surplus del consumatore e della perdita di beneficio sociale netto, sarebbe necessario conoscere in che modo le abitazioni disponibili sono effettivamente allocate. La maggior parte dei manuali descrivono gli effetti dell'imposizione di un prezzo massimo con un grafico come quello riferito al Caso 1 della Figura 10.6, assumendo, pertanto, che il bene finisca nelle mani

Applicazione 10.1

Chi si aggiudica le case in regime di equo canone?

Come mostra la Figura 10.6, poiché in regime di equo canone il mercato non raggiunge l'equilibrio, non è detto che i consumatori che valutano di più gli appartamenti siano realmente coloro che se li aggiudicano. Nel Caso 1 i consumatori così fortunati da trovare casa sono anche coloro che la valutano di più (i consumatori compresi tra i punti Y e U sulla curva di domanda). Il Caso 2 mostra l'altro caso estremo, in cui ad aggiudicarsi le case disponibili sono i consumatori compresi tra i punti T e X: ora nessuno dei consumatori che valuta di più le case è in grado di affittarle. In un mercato reale, le case disponibili possono essere distribuite tra i consumatori in molti modi differenti, alcune ai consumatori che le valutano di più, altre ai consumatori che le valutano meno. Cosa suggerisce l'evidenza empirica sull'allocazione delle case in un regime di equo canone?

Edward Glaeser e Erzo Luttmer hanno pubblicato uno studio sugli effetti dell'imposizione dell'equo canone a New York, utilizzando dati del 1990.[16] Dal momento che il sistema di equo canone escludeva per lo più i palazzi con meno di cinque appartamenti, gli autori hanno concentrato l'analisi sui palazzi con almeno cinque appartamenti, e hanno individuato due modi in cui l'imposizione dell'equo canone comportava una non efficiente allocazione delle abitazioni. In primo luogo, "c'è la possibilità che gli appartamenti siano allocati casualmente o con qualche meccanismo di liste di attesa, invece che sulla base del prezzo. In secondo luogo, l'equo canone crea un incentivo a rimanere nella medesima abitazione, scoraggiando la mobilità". In generale, l'analisi ha dimostrato che "circa il 20% degli appartamenti erano nelle mani sbagliate". Si trattava di appartamenti affittati a consumatori *non* appartenenti alla categoria di coloro che valutavano di più le case (corrispondenti a coloro che sono compresi tra i punti Y e U sulla curva di domanda della Figura 10.6). Gli autori osservano che "gli economisti teorici sono stati a lungo consapevoli che i prezzi e i salari controllati possono condurre a una non efficiente allocazione dei beni e dei servizi. Tuttavia, questa consapevolezza non è riuscita a dar vita a una letteratura empirica e neppure a entrare nella maggior parte dei testi di economia". Lo studio citato ha esaminato la situazione dell'imposizione dell'equo canone in una sola città e per un solo anno, e chiaramente la percentuale emersa potrebbe essere molto differente in periodi e in città diverse. Comunque l'analisi suggerisce che, nell'indagare gli effetti sociali di un sistema di equo canone, potrebbe essere utile partire dall'assunto che non sempre le case vengono attribuite ai soggetti che le valutano di più.

---

[16] E. Glaeser, E. Luttmer, "The Misallocation of Housing under rent Controls", *The American Economic Review*, settembre 2003.

dei consumatori con la massima disponibilità a pagare. Questa assunzione è ragionevole quando i consumatori possono facilmente rivendere il bene ad altri consumatori con una più alta disponibilità a pagare; tuttavia, come suggerisce l'Applicazione 10.1, nella pratica essa potrebbe non verificarsi, anche qualora questi ultimi non siano stati in grado di aggiudicarsi il bene quando è stato inizialmente immesso sul mercato.

Prima di abbandonare il tema dell'equo canone, è opportuno osservare che i tentativi del Governo di regolamentare il prezzo di un bene raramente riescono a funzionare in maniera lineare.

Per esempio, quando nel mercato degli affitti si manifesta un momento di scarsità, capita che alcuni proprietari di unità immobiliari chiedano una "buona entrata" – ossia un pagamento ulteriore da un potenziale inquilino – prima di accettare di affittare l'appartamento. Sebbene questi pagamenti siano illegali, sono difficili da monitorare, e gli inquilini disposti a pagare un canone superiore a quello stabilito per legge possono anche essere pronti (seppure a malincuore) a pagare la buona entrata. In periodi di eccesso di domanda, i proprietari, forti della certezza di trovare comunque un inquilino, possono anche permettersi di trascurare la manutenzione degli appartamenti. Le leggi sull'equo canone tentano spesso di stabilire dei requisiti minimi di qualità, ma è piuttosto difficile scrivere leggi in grado di realizzare efficacemente questo risultato. Inoltre, i proprietari potrebbero anche giudicare più conveniente, nel lungo periodo, modificare la destinazione d'uso degli immobili soggetti a equo canone, convertendoli verso impieghi non soggetti a regolamentazione del prezzo, come parcheggi o condomini. Le critiche rivolte al sistema di equo canone spesso partono dall'osservazione che le modifiche delle destinazioni d'uso delle unità immobiliari operate dai proprietari hanno ridotto il numero delle unità abitative disponibili per l'affitto.[17]

Applicazione 10.2

Eventi sold out

Grandi eventi, sportivi e musicali in testa, specie quando sono realizzati in unica data, sono spesso *sold out* dopo i primi minuti in cui i biglietti sono messi in vendita. Si tratta di situazioni in cui si verifica un fisiologico eccesso di domanda, rappresentato da tutti quei consumatori che, pur attribuendo grande valore alla partecipazione all'evento dal vivo, non riescono ad aggiudicarsi i biglietti, necessariamente limitati dalla capienza delle sedi ospitanti. Coloro che riescono ad acquistare i biglietti al prezzo originario di vendita (quello stampato sul biglietto) possono scegliere se utilizzarli o rivenderli a un prezzo maggiorato, garantendosi un profitto. L'esistenza di un mercato secondario (ossia un mercato in cui i biglietti vengono rivenduti), facilmente accessibile da acquirenti e venditori, dove "piazzare" i biglietti aggiudicati al prezzo originario, spesso consente che siano i consumatori che attribuiscono il maggior valore all'evento a goderne. Esistono tuttavia dei costi di transazione collegati al mercato secondario. In primo luogo la rivendita, in taluni stati, è illegale: tanto maggiore sarà la pena prevista per il reato e tanto più efficaci i controlli, tanto meno frequente sarà la rivendita. Inoltre, gli originari detentori dei biglietti incorrono nel costo di dover trovare acquirenti disponibili a comprare i biglietti.

Internet ha ridotto entrambe le tipologie di costo. Acquirenti e venditori possono incontrarsi comodamente nelle pareti domestiche e i rischi di essere scoperti possono essere ridotti al minimo. Se la rivendita comporta costi di transazione minimi, come nel caso in cui si utilizzi Internet, il surplus totale sarà vicino al surplus massimo possibile, come nel Caso 1 della Figura 10.6 sull'imposizione del prezzo massimo.

Per evitare la rivendita (e i connessi rischi di frode, nel caso siano venduti biglietti non validi) i venditori originari potrebbero personalizzare i biglietti con la foto del compratore (come accade per le tessere dei trasporti pubblici) o rilasciare biglietti nominativi (da esibire in concomitanza a un documento di identità): tuttavia si tratta di misure costose e spesso difficoltose da implementare per i venditori.

A cura di Anna Maria Bagnasco

---

[17] Si veda per esempio D. Marks, "The Effects of Partial-Coverage Rent Control in the Price and Quantity of Rental Housing", *Journal of Urban Economics* 16, 1984, pp. 360-369.

È opportuno ricordare che un'analisi di equilibrio parziale pone dei limiti allo studio degli effetti della regolamentazione di un prezzo massimo, come nell'ipotesi illustrata nella Figura 10.6. Se, per esempio, l'equo canone è imposto nel mercato dei monolocali, le persone che non troveranno questa tipologia di abitazione orienteranno le loro ricerche verso un altro tipo di alloggio, per esempio un appartamento più grande o una villetta monofamiliare. Questo modificherà la domanda di altre tipologie di abitazione e, di conseguenza, i prezzi di equilibrio in quei mercati. Al variare dei prezzi delle altre tipologie di abitazioni può corrispondere uno spostamento della curva di domanda dei monolocali, con effetti ulteriori sulla dimensione della scarsità dei monolocali, sui surplus del consumatore e del produttore, e sulla perdita di beneficio sociale netto. La quantificazione di tali effetti addizionali va oltre l'obiettivo di un'analisi di equilibrio parziale, ma occorre tenere presente che potrebbero avere una grande importanza.

Le conseguenze indesiderate derivanti dall'imposizione di prezzi massimi si verificano anche in mercati diversi da quello delle abitazioni. Per esempio, negli Stati Uniti, nell'ambito della strategia di lotta all'inflazione negli anni Settanta, l'amministrazione Nixon impose prezzi massimi ai fornitori nazionali di petrolio, generando una scarsità di greggio statunitense. Il conseguente eccesso di domanda portò a un aumento delle importazioni di petrolio. Nel 1971, anno in cui fu regolamentato il prezzo, le importazioni di petrolio rappresentavano solo il 25% dell'offerta nel Paese. Col passare del tempo la scarsità di greggio crebbe in maniera sostanziale. Nel 1973 le importazioni rappresentavano quasi il 33% del consumo interno di petrolio. I Paesi dell'OPEC, rendendosi conto della maggiore dipendenza degli Stati Uniti dalle importazioni, decisero di quadruplicare il prezzo del greggio. In conclusione, la regolamentazione del prezzo del petrolio contribuì a un ulteriore aggravamento dell'inflazione, agendo quindi in maniera opposta rispetto alle originarie intenzioni.[18]

Esercizio svolto 10.3   Gli effetti di un prezzo massimo

Come nei precedenti Esercizi svolti di questo capitolo, le curve di offerta e di domanda sono

$$Q^d = 10 - 0{,}5P^d$$

$$Q^s = \begin{cases} -2 + P^s, & \text{quando } P^s \geq 2 \\ 0, & \text{quando } P^s < 2 \end{cases}$$

dove Q^d è la quantità domandata quando il prezzo che il consumatore paga è P^d, e Q^s è la quantità offerta quando il prezzo i produttori ricevono è P^s.

Supponete che il Governo imponga sul mercato un prezzo massimo di €6, come rappresentato nella Figura 10.7.

Problema

(a) Qual è la dimensione della carenza (o scarsità) del bene scambiato nel mercato in presenza del prezzo massimo? E qual è il surplus del produttore?

(b) Nell'ipotesi che ad acquistare il bene siano gli acquirenti con la più alta disponibilità a pagare, qual è il massimo surplus del consumatore? Qual è il beneficio economico netto? E a quanto ammonta la perdita di beneficio sociale netto?

(c) Nell'ipotesi che, invece, ad acquistare il bene siano gli acquirenti con la minima disponibilità a pagare, qual è il minimo surplus del consumatore? Qual è il beneficio economico netto? E a quanto ammonta la perdita di beneficio sociale netto?

Soluzione

(a) Con l'imposizione di un prezzo massimo, i consumatori domandano 7 milioni di unità (punto X), mentre i produttori offrono solo 4 milioni di unità (punto W). Quindi la scarsità (cioè l'eccesso di domanda) è di 3 milioni di unità, che corrisponde alla distanza orizzontale tra i punti W e X.

Il surplus del produttore corrisponde all'area al di sopra della curva di offerta S e al di sotto del prezzo massimo di €6, ossia l'area SWZ = 8 milioni di euro.

---

[18] Si veda G. Horwich e D. Weimer, *Oil Price Shocks, Market Response, and Contingency Planning*, America Enterprise Institute, Washington, DC 1984.

Mercati concorrenziali: applicazioni 315

(b) Se i consumatori con la massima disponibilità a pagare (cioè coloro che si trovano tra i punti Y e T della curva di domanda D) acquistano i 4 milioni di unità disponibili, il surplus del consumatore sarà equivalente all'area al di sotto di quella porzione della curva di domanda e al di sopra del prezzo massimo, ossia l'area YTWS = 40 milioni.

Il beneficio economico netto è pari alla somma del surplus del consumatore (40 milioni) e del surplus del produttore (8 milioni) = 48 milioni di euro.

La perdita di beneficio sociale netto è la differenza tra il beneficio economico netto in assenza di prezzo massimo (54 milioni) e il beneficio economico netto in presenza di un prezzo massimo (48 milioni) = 6 milioni di euro.

(c) Se i consumatori con la minima disponibilità a pagare (situati tra i punti U e X della curva di domanda) acquistano i 4 milioni di unità disponibili, il surplus del consumatore sarà equivalente all'area al di sotto di quella porzione della curva di domanda e al di sopra del prezzo massimo, ossia l'area URX = 16 milioni.

Il beneficio economico netto è la somma del surplus del consumatore (16 milioni) e del surplus del produttore (8 milioni) = 24 milioni di euro.

La perdita di beneficio sociale netto è la differenza tra il beneficio economico netto in assenza di prezzo massimo (54 milioni) e il beneficio economico netto in presenza di prezzo massimo (24 milioni) = 30 milioni di euro.

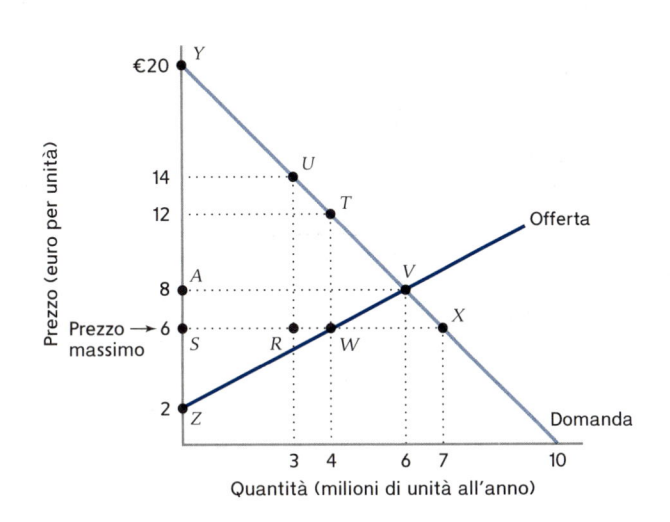

	In assenza di prezzo massimo	Con prezzo massimo	
		Con surplus del consumatore massimo	Con surplus del consumatore minimo
Surplus del consumatore	area YAV = €36 milioni	area YTWS = €40 milioni	area URX = €16 milioni
Surplus del produttore	area AVZ = €18 milioni	area SWZ = €8 milioni	area SWZ = €8 milioni
Beneficio netto (surplus del consumatore + surplus del produttore)	€54 milioni	€48 milioni	€24 milioni
Perdita secca	zero	€6 milioni	€30 milioni

FIGURA 10.7 Gli effetti di un prezzo massimo di €6
Senza l'imposizione di un prezzo massimo, la somma dei surplus del consumatore e del produttore è di 54 milioni di euro, il massimo beneficio netto possibile nel mercato. Con l'introduzione del prezzo massimo, il surplus del produttore si riduce di 10 milioni. Quando il surplus del consumatore è massimizzato, il surplus del consumatore aumenta di 4 milioni e il beneficio netto diminuisce di 6 milioni (la perdita di beneficio sociale netto). Quando il surplus del consumatore è minimizzato, il surplus del consumatore si riduce di 20 milioni e il beneficio netto si riduce di 30 milioni (la perdita di beneficio sociale netto).

10.6 • La regolamentazione del prezzo: il prezzo minimo

I Governi talvolta stabiliscono dei prezzi minimi per determinati beni e servizi. Per esempio, in molti Paesi ci sono leggi che fissano salari minimi da pagare ai lavoratori. Ancora, negli Stati Uniti, prima del 1978 il Governo federale impose delle tariffe aeree superiori a quelle che ci sarebbero state in assenza di regolamentazione. I prezzi minimi sono stabiliti per mantenere il prezzo di un bene o servizio *al di sopra* del livello che il mercato fisserebbe in equilibrio senza intervento governativo e, al pari dei prezzi massimi, non consentono quindi il raggiungimento di tale equilibrio. Inoltre, hanno anch'essi un impatto sulla distribuzione del reddito e sull'efficienza economica.

In un mercato con una curva di offerta crescente e una curva di domanda decrescente, quando il Governo impone un prezzo minimo superiore a quello che si formerebbe nel libero mercato, si possono osservare i seguenti effetti.

- Il mercato non è in equilibrio. Ci sarà un eccesso di offerta nel mercato per quel bene o servizio.
- I consumatori acquisteranno una quantità del bene inferiore rispetto a quella che avrebbero acquistato in un mercato libero.
- Il surplus del consumatore sarà *inferiore* a quello che caratterizza l'assenza di prezzi minimi.
- Una parte (ma non la totalità) del surplus del consumatore perso sarà trasferito ai produttori.
- Poiché in presenza di un prezzo minimo ci sarà un eccesso di offerta, la dimensione del surplus del produttore dipenderà da quali produttori offrono effettivamente il bene. In presenza di un prezzo minimo, il surplus del produttore può sia aumentare sia diminuire.
- Ci sarà una perdita di beneficio sociale netto.

Si considerino innanzi tutto gli effetti dell'imposizione di un salario minimo. In ogni economia vi sono diverse tipologie di lavoro: alcuni lavoratori sono poco qualificati, altri invece sono altamente qualificati. Per molti tipi di lavoro qualificato, il salario minimo stabilito per legge sarà ben al di sotto del salario di equilibrio nel caso di libero mercato. Quindi l'imposizione di salari minimi in questi mercati non produrrebbe alcun effetto.[19] È invece opportuno analizzare il mercato del lavoro non qualificato, dove il salario minimo stabilito per legge potrebbe essere al di sopra di quello che si formerebbe spontaneamente. (Nel mercato del lavoro, i produttori sono i lavoratori che offrono il lavoro, mentre i consumatori sono i datori di lavoro che acquistano lavoro – cioè che assumono i lavoratori.)

La Figura 10.8 mostra le curve di domanda e di offerta nel mercato del lavoro non qualificato. Sull'asse verticale è riportato il salario orario, w. L'asse orizzontale indica le ore di lavoro L. La curva di offerta, S, mostra quante ore i lavoratori saranno disposti a offrire per ogni livello di salario. La curva di domanda, D, indica quante ore di lavoro verranno impiegate dai datori di lavoro.

In assenza di imposizione di un salario minimo, l'equilibrio si realizza nel punto d'intersezione tra le curve di offerta e di domanda (punto V). In questo punto, il salario orario d'equilibrio è $w° =$ €5, e la quantità di lavoro di equilibrio, L, è pari a

---

[19] Si ricordi che l'imposizione di un prezzo minimo produce conseguenze solo se tale prezzo è superiore a quello di equilibrio. (*NdT*)

Mercati concorrenziali: applicazioni 317

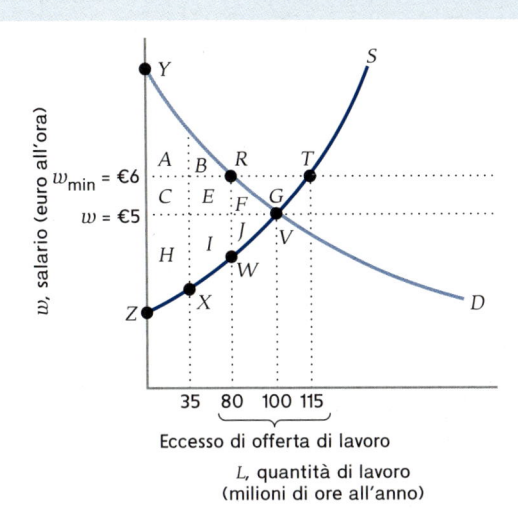

	Libero mercato (senza salario minimo)	Con salario minimo		Effetti del salario minimo	
		Caso 1 (surplus del produttore massimo)	Caso 2 (surplus del produttore minimo)	Caso 1	Caso 2
Surplus del consumatore	A + B + C + E + F	A + B	A + B	− C − E − F	− C − E − F
Surplus del produttore	H + I + J	C + E + H + I	E + F + G + I + J	C + E − J	E + F + G − H
Beneficio netto (surplus del consumatore + surplus del produttore)	A + B + C + E + F + H + I + J	A + B + C + E + H + I	A + B + E + F + G + I + J	− F − J	− C − H + G
Perdita secca	zero	F + J	C + H − G	F + J	C + H − G

FIGURA 10.8 Gli effetti di un salario minimo
Si consideri l'imposizione ai datori di lavoro di un salario orario minimo pari a €6, laddove invece nel libero mercato il salario orario di equilibrio sarebbe di €5. La tabella illustra due casi (di seguito spiegati). Il surplus del consumatore è lo stesso in entrambi i casi.
Caso 1: se sono i lavoratori più efficienti a ottenere il lavoro (quelli compresi tra i punti Z e W sulla curva di offerta S), con l'imposizione del salario minimo il surplus del produttore è massimizzato, il beneficio economico netto è un po' più basso, e c'è un po' di perdita secca.
Caso 2: se sono i lavoratori meno efficienti a ottenere il lavoro (quelli compresi tra i punti X e T sulla curva di offerta), con l'imposizione del salario minimo il surplus del produttore è minimizzato, il beneficio economico netto è inferiore a quello del Caso 1 e la perdita secca è maggiore di quella del Caso 1.

100 milioni di ore all'anno. Ogni lavoratore disposto a offrire i suoi servizi lavorativi al salario di equilibrio (i lavoratori tra i punti Z e V sulla curva di offerta) troverà lavoro, e ogni datore di lavoro disposto a pagare quel salario (datori di lavoro compresi tra i punti Y e V sulla curva di domanda) riuscirà ad assumere tutti i lavoratori di cui ha bisogno.

Si supponga che il Governo adotti una legge che costringe i datori di lavoro a pagare un salario orario di almeno €6. In corrispondenza di questa retribuzione, il mercato non sarà in equilibrio. I datori di lavoro domanderanno 80 milioni di ore di lavoro (punto R), mentre i lavoratori offriranno 115 milioni di ore di lavoro (punto T). Quindi, l'imposizione di un salario minimo ha ridotto la domanda di lavoro di 20 milioni di ore (100 − 80 milioni) e ha generato un eccesso di offerta di lavoro (disoccupazione) per 35 milioni di ore (115-80 milioni, ovvero la distanza orizzontale tra i punti T e R). La disoccupazione non misura la diminuzione della domanda di lavoro (20 milioni di ore), quanto piuttosto l'eccesso di offerta di lavoro (35 milioni di ore).

Osservando la Figura 10.8, è possibile calcolare il surplus del consumatore, il surplus del produttore, il beneficio economico netto e la perdita di beneficio sociale netto con e senza l'imposizione del salario minimo. (Si osservi che la Figura 10.8 prende in esame due diversi casi, così come descritto più avanti.)

In assenza di salario minimo, il surplus del consumatore è rappresentato dall'area al di sotto della curva di domanda e al di sopra del salario orario di equilibrio di €5. Nella Figura 10.8, esso corrisponde alle aree $A + B + C + E + F$. Il surplus del produttore è rappresentato dall'area al di sopra della curva di offerta e al di sotto del salario orario di equilibrio. Nella Figura 10.8, è pari alle aree $H + I + J$. Il beneficio economico netto è la somma del surplus del consumatore e del surplus del produttore, ovvero le aree $A + B + C + E + F + H + I + J$.

Con l'imposizione di un salario minimo, come si può vedere dalla Figura 10.8, è possibile prendere in considerazione due diversi casi, a seconda di come i produttori (cioè i lavoratori) trovano effettivamente lavoro: il Caso 1 massimizza il surplus del produttore, mentre il Caso 2 lo minimizza. In entrambi i casi, i datori di lavoro sono disposti ad assumere lavoratori fino al punto R sulla curva della domanda, e il surplus del consumatore che ricevono corrisponde pertanto all'area al di sotto di quella porzione di curva di domanda e al di sopra del salario imposto (€6). Quindi, con un salario minimo, il surplus del consumatore si riduce di un ammontare corrispondente alle aree $C + E + F$. Tale riduzione spiega perché gli imprenditori sono contrari all'innalzamento dei salari minimi.

In entrambi i casi, inoltre, i datori di lavoro che hanno impiegato 80 milioni di ore di lavoro al salario orario minimo di €6, anziché di €5, sostengono un costo aggiuntivo pari alle aree $C + E$.

Per vedere come il surplus del produttore, il beneficio economico netto e la perdita di beneficio sociale netto vengono influenzati dall'imposizione di un salario minimo, è necessario considerare che tutti i lavoratori che si trovano tra i punti Z e T sulla curva di offerta vorrebbero lavorare, ma solo una parte di essi troverà effettivamente un lavoro. Per individuare l'intervallo entro cui il surplus del produttore può variare (cioè il minimo e il massimo valore del surplus del produttore), si assumerà, nel Caso 1, che siano i lavoratori più efficienti a trovare lavoro, mentre, nel Caso 2, che ci riescano quelli meno efficienti.

- *Caso 1 (surplus del produttore massimo)*. Trovano lavoro i lavoratori più efficienti (cioè coloro che sono situati sulla curva di offerta tra i punti Z e W; gli altri, quelli tra i punti W e T, non riescono a trovare lavoro pur essendo disposti a lavorare a €6 all'ora). Il surplus del produttore è dato dall'area al di sopra della porzione della curva di offerta tra i punti Z e W e al di sotto del salario orario minimo (€6 all'ora) (surplus del produttore = aree $C + E + H + I$): con l'imposizione del salario minimo, questo è il massimo valore possibile per il surplus del produttore. Inoltre: beneficio economico netto = surplus del consumatore + surplus del produttore = aree $A + B + C + E + H + I$; perdita di beneficio sociale netto = beneficio economico netto senza imposizione di salario minimo − beneficio economico netto con salario minimo = (aree $A + B + C + E + F + H + I + J$) − (aree $A + B + C + E + H + I$) = aree $F + J$.

- *Caso 2 (surplus del produttore minimo).* Trovano lavoro i lavoratori meno efficienti (cioè quelli collocati sulla curva di offerta tra i punti X e T,[20] il che significa che i lavoratori tra i punti Z e X non riusciranno a trovare lavoro, nonostante siano disposti a lavorare per €6 all'ora). Il surplus del produttore è rappresentato dall'area al di sopra della parte della curva di offerta compresa tra i punti X e T e al di sotto del salario (€6 all'ora) (surplus del produttore = aree $E + F + G + I + J$); ora questo è il valore minimo possibile del surplus del produttore con l'imposizione del salario minimo. Inoltre: beneficio economico netto = surplus del consumatore + surplus del produttore = aree $A + B + E + F + G + I + J$; perdita di beneficio sociale netto = beneficio economico netto senza l'imposizione del salario minimo – beneficio economico netto con l'introduzione del salario minimo = (aree $A + B + C + E + F + H + I + J$) – (aree $A + B + E + F + G + I + J$) = aree $C + H - G$. La perdita di beneficio sociale netto è maggiore rispetto al Caso 1, perché il surplus del produttore è minore quando vengono impiegati i lavoratori meno efficienti al posto di quelli più efficienti.

Questi due casi definiscono i valori massimo e minimo del surplus del produttore e della perdita secca in presenza di un salario minimo. I valori effettivi generalmente si collocano tra questi due valori limite, e dipendono da quale tipologia di lavoratore otterrà i lavori disponibili.

È opportuno considerare che nell'analisi del salario minimo sono state assunte diverse ipotesi semplificatrici. In primo luogo, si è dato per scontato che la qualità del lavoro non cambi all'aumentare del salario minimo. È generalmente diffusa l'idea che i datori di lavoro possano trovare lavoratori migliori offrendo salari più elevati. Se questo è vero, allora l'analisi dovrebbe essere modificata in modo da considerare la variazione della qualità del lavoro in conseguenza dell'aumento del salario. Inoltre, l'imposizione di un salario minimo in un dato mercato può influenzare i salari in altri mercati, arrivando a modificare i prezzi di diversi beni e servizi.

Va poi notato che la precedente discussione sugli effetti di una legge che impone un salario minimo è un'analisi di equilibrio parziale, mentre la considerazione dell'impatto di tale legge sull'intera economia richiederebbe un'analisi di equilibrio generale, e quindi un set di strumenti quali quelli presentati nel Capitolo 16.

Infine, studi empirici sui salari minimi in alcune industrie hanno dimostrato che gli effetti di un salario minimo imposto *ex lege* possono non corrispondere a quelli indicati dall'analisi di un mercato concorrenziale. Essa prevede che, in un mercato con una curva di offerta crescente e una curva di domanda decrescente, l'aumento del salario minimo conduce a una diminuzione dell'occupazione. Tuttavia, David Card e Alan Krueger hanno esaminato gli effetti dell'aumento del salario minimo da $4,25 a $5,05 nel New Jersey nel 1992.[21] Analizzando i dati del settore del fast food, Card e Krueger non trovano alcun indizio a conferma della tesi che a un aumento del salario minimo corrisponda un calo dell'occupazione. Per gli autori, ciò potrebbe dipendere dal fatto che si tratta di un settore non perfettamente concorrenziale, per cui forse i datori di lavoro non si comportano come price-taker nel mercato del lavoro.

Uno studio degli effetti del salario minimo imposto in mercati non concorrenziali, così come quello degli effetti sugli altri mercati derivanti dall'imposizione di un salario minimo in un dato mercato, va oltre gli obiettivi di quest'analisi, ma va riconosciuto che tali effetti possono essere importanti.

---

[20] Non si considerano i lavoratori situati alla destra del punto T della curva di offerta perché essi non sarebbero disposti ad accettare un lavoro al salario orario di €6.

[21] D. Card e A. Krueger, "Minimum Wages and Employment: A Case Study of the Fast Food Industry in New Jersey and Pennsylvania", *The American Economic Review* 84, N. 4, settembre 1994, p. 772.

Esercizio svolto 10.4 — Gli effetti di un prezzo minimo

Come nei precedenti Esercizi svolti di questo capitolo, le curve di domanda e di offerta sono

$$Q^d = 10 - 0{,}5P^d$$

$$Q^s = \begin{cases} -2 + P^s, & \text{quando } P^s \geq 2 \\ 0, & \text{quando } P^s < 2 \end{cases}$$

dove Q^d è la quantità domandata quando il prezzo che il consumatore paga è P^d, e Q^s è la quantità offerta quando il prezzo che ricevono i produttori è P^s.

Supponete che il Governo stabilisca nel mercato un prezzo minimo di €12, come illustrato nella Figura 10.9.

Problema

(a) A quanto ammonta l'eccesso di offerta nel mercato in cui vige il prezzo minimo? Qual è il surplus del consumatore?

(b) Qual è valore massimo del surplus del produttore se si ipotizza che siano i produttori con i costi inferiori a vendere il bene? Qual è il beneficio economico netto? Qual è la perdita di beneficio sociale netto?

(c) Qual è il valore minimo del surplus del produttore se si ipotizza che siano i produttori con i costi più elevati a vendere il bene? Qual è il beneficio economico netto? Qual è la perdita di beneficio sociale netto?

Soluzione

(a) Con un prezzo minimo imposto, i consumatori domandano solo 4 milioni di unità (punto T), mentre i produttori ne offrono 10 milioni (punto N). Pertanto, l'eccesso di offerta è pari a 6 milioni di unità ed equivale alla distanza orizzontale tra i punti T e N. Il surplus del consumatore corrisponde all'area al di sotto della curva di domanda e al di sopra del prezzo minimo di €12, ovvero l'area YTR = 16 milioni di euro.

(b) Se sono i produttori più efficienti (ossia quelli situati tra i punti Z e W sulla curva di offerta S) a produrre i 4 milioni di unità domandati dai consumatori, il surplus del produttore sarà l'area al di sopra di quella porzione di curva e al di sotto del prezzo minimo, cioè l'area $RTWZ$ = 32 milioni.

Il beneficio economico netto sarà la somma del surplus del consumatore (16 milioni) e del surplus del produttore (32 milioni) = 48 milioni di euro.

La perdita di beneficio sociale netto è la differenza tra il beneficio economico netto in assenza di prezzo minimo (54 milioni) e il beneficio economico netto con il prezzo minimo (48 milioni) = 6 milioni di euro.

(c) Se sono i produttori meno efficienti (ovvero quelli tra i punti V e N sulla curva di offerta) a produrre i 4 milioni di unità domandati dai consumatori, il surplus del produttore sarà l'area al di sopra di quella porzione di curva e al di sotto del prezzo minimo, cioè l'area MNV = 8 milioni.

Il beneficio economico netto sarà la somma del surplus del consumatore (16 milioni) e del surplus del produttore (8 milioni) = 24 milioni di euro.

La perdita di beneficio sociale netto è la differenza tra il beneficio economico netto in assenza di prezzo minimo (54 milioni) e il beneficio economico netto in presenza di prezzo minimo (24 milioni) = 30 milioni di euro.

10.7 • Quote di produzione

Se il Governo intende sostenere un prezzo a un livello superiore al prezzo di equilibrio in un libero mercato, può introdurre una quota per limitare la *quantità* che produttori possono offrire. Una quota rappresenta un limite posto al numero dei produttori presenti sul mercato oppure all'ammontare che ogni produttore può vendere.

Storicamente, le quote sono state impiegate in maniera diffusa nei mercati agricoli. Per esempio, il Governo può stabilire un limite di superficie di terreno coltivabile per ogni agricoltore. Le quote, comunque, sono utilizzate anche in altri settori. In molte città, le amministrazioni limitano il numero delle licenze dei taxi, determinando spesso tariffe più elevate di quelle che si avrebbero in un mercato non regolamentato.

Quando, in un mercato con una curva di offerta crescente e una curva di domanda decrescente, il Governo impone delle quote, si osservano i seguenti effetti.

FIGURA 10.9 Gli effetti di un prezzo minimo di €12

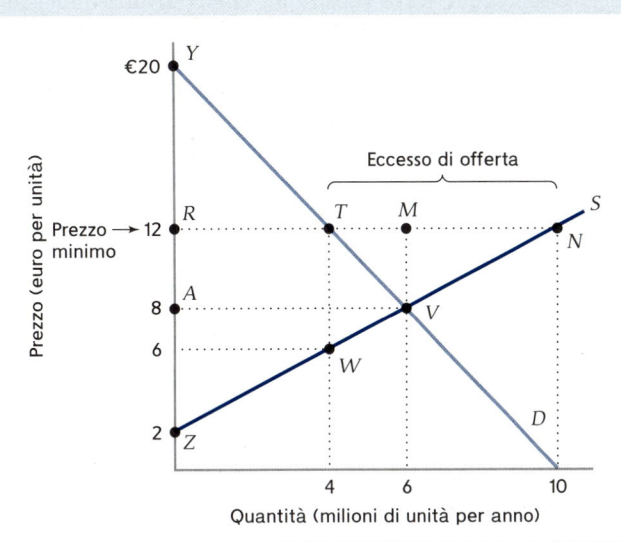

	Senza prezzo minimo	Con prezzo minimo	
		Con il massimo surplus del produttore	*Con il minimo surplus del produttore*
Surplus del consumatore	area YVA = €36 milioni	area YTR = €16 milioni	area YTR = €16 milioni
Surplus del produttore	area AVZ = €18 milioni	area $RTWZ$ = €32 milioni	area MNV = €8 milioni
Beneficio netto (surplus del consumatore + surplus del produttore)	€54 milioni	€48 milioni	€24 milioni
Perdita secca	zero	€6 milioni	€30 milioni

In assenza di un prezzo minimo, la somma dei surplus del consumatore e del produttore è di 54 milioni di euro, il massimo beneficio netto possibile in quel mercato. Con l'imposizione del prezzo minimo, il surplus del consumatore diminuisce di 20 milioni. Quando il surplus del produttore è massimizzato, il suo valore aumenta di 14 milioni e il beneficio netto diminuisce di 6 milioni (la perdita di beneficio sociale netto). Quando il surplus del produttore è minimizzato, il suo valore diminuisce di 10 milioni e il beneficio netto diminuisce di 30 milioni (la perdita di beneficio sociale netto).

- Il mercato non è in equilibrio. Nel mercato ci sarà un eccesso di offerta del bene o del servizio.
- I consumatori acquistano una quantità del bene inferiore rispetto a quella che acquisterebbero in un mercato libero.
- Il surplus del consumatore sarà *inferiore* che in assenza di quote.
- Una parte (ma non la totalità) del surplus del consumatore perduto sarà trasferita ai produttori.
- Poiché in presenza di una quota si ha un eccesso di offerta, la dimensione del surplus del produttore dipenderà da quali produttori offrono effettivamente il bene. Il surplus del produttore, con l'imposizione di una quota, può sia aumentare sia diminuire.[22]
- Ci sarà perdita di beneficio sociale netto.

[22] Se saranno i produttori più efficienti a servire il mercato, il surplus del produttore aumenterà per alcuni livelli della quota. In ogni caso, se la quota è troppo bassa (per esempio, è vicina allo zero), il surplus del produttore può effettivamente diminuire.

La Figura 10.10 mostra gli effetti di una quota di produzione di 4 milioni di unità sullo stesso mercato già illustrato nella Figura 10.5. (Nel prosieguo, si assumerà che sono i produttori più efficienti – ossia coloro che sostengono i costi più bassi – a offrire i 4 milioni di unità consentiti dalla quota.)

In assenza di quote, l'equilibrio si realizza nel punto G, l'intersezione tra le curve di domanda D e di offerta S. In corrispondenza di questo punto, il prezzo di equilibrio è pari a €8 e la quantità di equilibrio del mercato è di 6 milioni di unità all'anno.

È ora possibile confrontare le situazioni del mercato con e senza quota, facendo riferimento alla Figura 10.10 per il calcolo del surplus del consumatore, del surplus del produttore, del beneficio economico netto e della perdita di beneficio sociale netto.

In assenza di quota, il surplus del consumatore corrisponde all'area al di sotto della curva di domanda e al di sopra del prezzo pagato dal consumatore (€8) (surplus del consumatore = aree $A + B + F$ = 36 milioni di euro all'anno). Il surplus del produttore corrisponde all'area al di sopra della curva di offerta e al di sotto del prezzo ricevuto dai produttori (sempre €8) (surplus del produttore = aree $C + E$ =

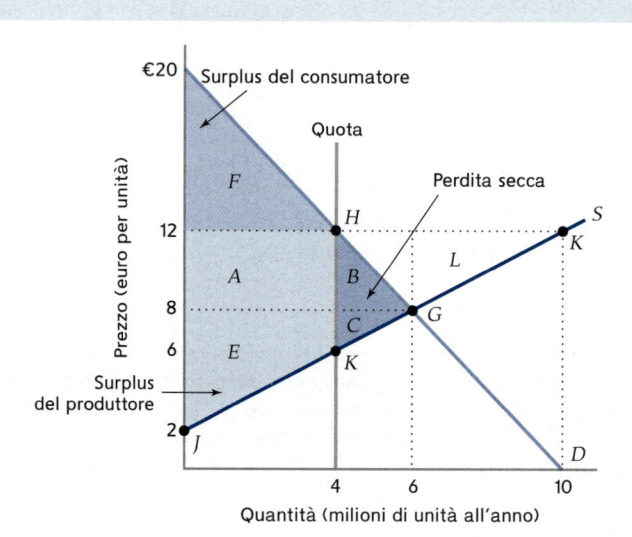

	Senza la quota	Con la quota	Effetti della quota
Surplus del consumatore	$A + B + F$ (€36 milioni)	F (€16 milioni)	$-A - B$ (−€20 milioni)
Surplus del produttore	$C + E$ (€18 milioni)	$A + E$ (€32 milioni)	$A - C$ (€14 milioni)
Beneficio netto (surplus del consumatore + surplus del produttore)	$A + B + C + E + F$ (€54 milioni)	$A + E + F$ (€48 milioni)	$-B - C$ (−€6 milioni)
Perdita secca	zero	$B + C$ (€6 milioni)	$B + C$ (€6 milioni)

FIGURA 10.10 Gli effetti di una quota di produzione di 4 milioni di unità
In assenza di quota, la somma dei surplus del consumatore e del produttore è di 54 milioni di euro, il massimo beneficio netto possibile nel mercato. La quota riduce il surplus del consumatore di 20 milioni, aumenta il surplus del produttore di 14 milioni, e riduce il beneficio netto di 6 milioni (la perdita di beneficio sociale netto).

18 milioni all'anno). Il beneficio economico netto è di 54 milioni all'anno (surplus del consumatore + surplus del produttore), e non c'è perdita secca.

Con l'introduzione della quota, i consumatori pagheranno €12 per unità (punto *H*). I produttori vorrebbero offrire 10 milioni di unità all'anno, ma dovranno rispettare la quota fissata a 4 milioni di unità, per cui si avrà un eccesso di offerta pari a 6 milioni di unità. Il surplus del consumatore corrisponde all'area al di sotto della curva di domanda e al di sopra del prezzo pagato dal consumatore (€12) (surplus del consumatore = area *F* = 16 milioni di euro all'anno). Il surplus del produttore corrisponde all'area al di sopra della curva di offerta (tra i punti *J* e *K*, dato che si suppone che siano i produttori più efficienti a offrire tutte le unità) e al di sotto del prezzo ricevuto dai produttori (sempre €12) (surplus del produttore = aree *A* + *E* = 32 milioni all'anno). Il beneficio economico netto annuale è di 48 milioni (surplus del consumatore + surplus del produttore), e dunque la perdita di beneficio sociale netto annuale diventa di 6 milioni di euro (beneficio economico netto senza la quota − beneficio economico netto con la quota).

La riduzione del surplus del consumatore si verifica perché l'esistenza della quota sostiene il prezzo a €12, ben al di sopra del prezzo di equilibrio del mercato concorrenziale, pari a €8. La dimensione del surplus del produttore dipende da quale tipologia di produttore è presente nel mercato. Dal momento che i produttori, al prezzo di €12, vorrebbero offrire 10 milioni di unità, non c'è garanzia che siano quelli più efficienti a fornire i 4 milioni di unità consentiti dalla quota. Questa quantità potrebbe anche essere offerta da produttori inefficienti, come coloro che si trovano tra i punti *G* e *K* sulla curva di offerta. Il surplus del produttore sarebbe allora decisamente minore, e la perdita di beneficio sociale netto raggiungerebbe i 30 milioni di euro (come è stato calcolato questo valore?).

Applicazione 10.3

Le licenze di taxi

L'industria dei taxi possiede le caratteristiche di un mercato competitivo. Ci sono molti piccoli consumatori del servizio, e, se l'entrata non fosse regolamentata, ci sarebbero parimenti molte imprese presenti sul mercato. Invece, in molti Paesi, tra cui l'Italia, i taxi sono regolamentati. In alcuni casi, il controllo prende la forma di una regolamentazione diretta del prezzo del servizio. Più spesso, le varie città restringono, attraverso vere e proprie quote, il numero di licenze con le quali un'auto viene autorizzata a operare come taxi (oltre a esercitare, in ogni caso, forme di controllo sulle tariffe applicate).

Ciò inevitabilmente implica che le tariffe sono sostanzialmente più alte nelle città dove sono previste quote per i taxi rispetto a quelle in cui vi è libertà di entrata (dato che il numero prefissato di licenze limita l'offerta) oppure in cui la quota consentita è maggiore.[23]

In presenza di queste limitazioni di entrata, sorgono allora mercati secondari in cui i proprietari di licenze possono venderle a nuovi possibili conducenti. Così, chi vuole diventare tassista in una città in cui è presente una quota deve necessariamente acquistare una licenza già esistente da qualcuno che la possiede. Dato che l'esistenza di quote mantiene il prezzo di mercato al di sopra del livello di equilibrio, le licenze dei taxi possono essere piuttosto costose. È stato stimato che in Italia il loro valore sul mercato secondario può oscillare fra €140 000 e €300 000.

Quando viene venduta una licenza, è da presumere che un tassista più efficiente (cioè con costi di fornitura più bassi) sarà disposto a pagare un prezzo maggiore rispetto a uno meno efficiente. Ciò suggerisce che la perdita secca di benessere connessa al sistema delle quote di taxi sarà al livello più basso del suo intervallo teorico di variazione (in altri termini, se le curve di domanda e offerta sono simili a quelle della Figura 10.10, la perdita netta di benessere dovrebbe essere più o meno pari alla somma delle aree *B* e *C*).

---

[23] A Milano vi sono circa 16 taxi per 10 000 abitanti contro i 21 di Roma, e nel 2003 una corsa urbana di cinque chilometri nelle due città costava rispettivamente €8,75 e €7,36. Cfr. C. Bentivogli, M. Calderini, "Il servizio di taxi in Italia: ragioni e contenuti di una riforma", *Questioni di Economia e Finanza* n. 5, Banca d'Italia, 2007.

Negli anni più recenti, molti Paesi hanno deciso di incrementare il numero di licenze, in modo da rendere più competitivo il mercato. In Italia, la legge 248/2006 (che riprende il D.L. 223/2006, il cosiddetto Decreto Bersani) prevede la facoltà per i comuni di indire concorsi per il rilascio di nuove licenze (anche temporanee), distribuendo poi una quota consistente dei proventi ai vecchi tassisti (a mo' di compensazione) se questi non avessero acquistato una nuova licenza.

È interessante esaminare i risvolti politici sottostanti a tale passo verso una concorrenza più spinta. Al crescere del numero delle licenze, il loro valore si riduce, cosa che, danneggiando di fatto i proprietari delle vecchie licenze, li ha spinti a opporsi strenuamente a questo provvedimento governativo e a organizzare scioperi e manifestazioni. D'altro canto, c'è un forte interesse a consentire l'entrata di nuovi tassisti: molte persone con redditi medi o bassi utilizzano frequentemente i taxi, e perciò sono totalmente a favore di programmi che incrementino la concorrenza nel mercato. I politici comprendono bene che i clienti dei taxi trarranno beneficio dalle tariffe più basse, e che essi sono allo stesso tempo loro potenziali elettori.

Ci si potrebbe chiedere per quale motivo il Governo non abbia deregolamentato del tutto il settore, semplicemente eliminando l'obbligatorietà della licenza. Il problema risiede nel fatto che vi sono tassisti i quali hanno acquistato la licenza poco prima che fosse varato il provvedimento, e, come visto più sopra, hanno sostenuto un notevole costo per venirne in possesso. Attribuire ai Comuni la facoltà di utilizzare o meno le norme della legge (a seconda delle specifiche necessità locali) e compensare i tassisti già operanti per la riduzione del valore delle loro licenze (dovuta ai nuovi rilasci), come stabilisce la legge, consente di diluire il programma di nuove entrate nel tempo e parallelamente di favorire il recupero di buona parte dell'investimento in licenze.

A cura di Paolo Coccorese

Esercizio svolto 10.5 Un confronto tra gli effetti dell'applicazione di una tassa, di un prezzo minimo e di una quota di produzione

Prima di proseguire, è opportuno mettere a confronto tre diverse tipologie di intervento pubblico nel mercato che portano come conseguenza un prezzo per il consumatore maggiore di quello che altrimenti pagherebbe. In questo capitolo sono state utilizzate le curve di offerta e di domanda della Figura 10.1 per analizzare gli effetti dei diversi interventi. Si è calcolato che i prezzi unitari per il consumatore raggiungono i €12 nelle seguenti modalità di intervento:

- una tassa di €6 (Esercizio svolto 10.1);
- un prezzo minimo di €12 (Esercizio svolto 10.4);
- una quota di produzione di 4 milioni di unità (Figura 10.10).

Per esaminare e confrontare i risultati di questi esercizi, è necessario rispondere alle seguenti domande.

Problema

(a) Quanto saranno differenti i surplus del consumatore nei tre casi?
(b) Con quali forme di intervento è lecito aspettarsi che i produttori presenti nel mercato siano quelli più efficienti (cioè coloro che si trovano nella parte più bassa della curva di offerta)?
(c) Quale (o quali) delle tipologie di intervento pubblico sarà preferita dai produttori?
(d) Quale (o quali) delle tipologie di intervento pubblico causerà la minore perdita secca?

Soluzione

(a) Poiché il prezzo unitario per il consumatore è di €12 in ogni tipologia di intervento, in tutti e tre i casi il surplus del consumatore è lo stesso.
(b) Dal momento che il mercato in presenza di una tassa raggiunge l'equilibrio, i produttori nel mercato saranno quelli efficienti. Siccome invece il mercato non raggiunge l'equilibrio né con il prezzo minimo né con la quota di produzione, può capitare, in questi casi, che siano presenti sul mercato alcuni produttori meno efficienti. Comunque, se la quota richiede una sorta di certificato che ne autorizza la produzione (un po' come capita nel caso delle licenze dei taxi), e se i certificati possono essere rivenduti in un mercato concorrenziale, allora è lecito attendersi che alla fine siano i produttori più efficienti ad acquistarli.
(c) I produttori preferirebbero sicuramente il prezzo minimo e la quota di produzione, in quanto entrambi sono in grado di incrementare il loro surplus; al contrario, non gradiranno l'imposizione di una tassa, dal momento che essa riduce il surplus del produttore.
(d) Considerato che i prezzi e i livelli di produzione sono gli stessi con tutte e tre le forme di intervento, la perdita di beneficio sociale netto sarà tanto più piccola quanto maggiore sarà il numero di produttori efficienti presenti nel mercato [e le condizioni per le quali essi serviranno il mercato sono illustrate al punto (b)].

Questo esercizio aiuta a comprendere come interventi e programmi che provocano le medesime conseguenze (in questo caso, il prezzo pagato dal consumatore) possano essere, sotto altri aspetti, sostanzialmente differenti. Per esempio, un prezzo più elevato per il consumatore non significa necessariamente maggior ricchezza per i produttori, né che programmi alternativi siano ugualmente efficienti. Inoltre, coloro che non consumano il bene possono ottenere comunque dei vantaggi se le tasse raccolte in quel dato mercato vengono utilizzate per ridurre il carico fiscale in altri settori.

10.8 • Il sostegno ai prezzi nel settore agricolo

Come è stato evidenziato all'inizio del capitolo, i programmi per il sostegno dei prezzi sono molto diffusi nel settore agricolo. Si tratta di programmi che tendono generalmente a incrementare il surplus degli agricoltori. Negli Stati Uniti, i programmi di sostegno per prodotti come la soia, il mais e le arachidi spesso tengono i prezzi al di sopra del livello che essi avrebbero in assenza di regolamentazione. In Europa ciò può accadere per cereali, riso, prodotti ortofrutticoli e latte. Tuttavia, dal momento che i programmi di sostegno ai prezzi sono costosi per i contribuenti, nell'ultimo decennio essi sono stati ridimensionati. Numerosi programmi sono comunque ancora in vigore, e talvolta capita che altri vengano reintrodotti in quei periodi in cui prezzi molto bassi minacciano i redditi degli agricoltori.

10.8.1 Programmi di limitazione delle superfici coltivate

Con un programma di restrizione della superficie coltivabile, il Governo offre un incentivo agli agricoltori affinché mantengano la produzione al di sotto del livello che ci sarebbe nel libero mercato, pagando loro una somma affinché riducano la superficie coltivata. La Figura 10.11 illustra come funziona questo tipo di programma partendo dalle curve di offerta e di domanda già presentate nella Figura 10.1 (sull'asse orizzontale l'unità di misura è il miliardo di bushel, in quanto i programmi di supporto all'agricoltura spesso riguardano cifre nell'ordine dei miliardi di euro, più che dei milioni). In equilibrio, il prezzo è di €8 per bushel e gli agricoltori producono 6 miliardi di bushel all'anno.

Si supponga che il Governo voglia portare il prezzo a €10 per bushel. Invece di imporre una quota di produzione, esso può erogare ai coltivatori un incentivo per limitare la produzione a 5 miliardi di bushel, il livello che spingerebbe i consumatori a pagare un prezzo di €10. A tale prezzo, gli agricoltori vorrebbero produrre 8 miliardi di bushel, per cui si creerebbe un eccesso di offerta di 3 miliardi di bushel. Gli agricoltori sarebbero disposti a ridurre la produzione fino a 5 miliardi di bushel solo in cambio di un indennizzo da parte del Governo. Il risarcimento richiesto dagli agricoltori sarà pari al surplus del produttore a cui sono costretti a rinunciare riducendo la produzione a 5 miliardi di bushel. Questo importo corrisponde alle aree $B + C + G$ della Figura 10.11, ovvero a 4,5 miliardi di euro.

Il programma riduce il surplus dei consumatori di 11 miliardi (aree $A + B$) e aumenta il surplus dei produttori di 14 miliardi (aree $A + B + G$); al Governo costa 4,5 miliardi (aree $B + C + G$). Il beneficio netto per la collettività corri-

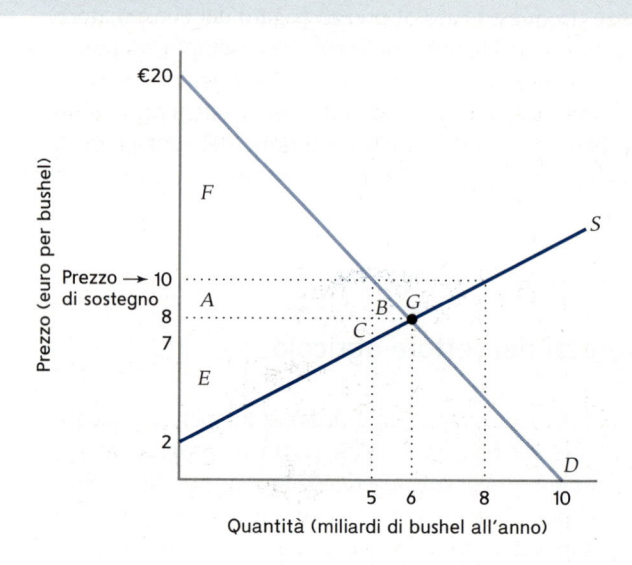

	Senza programma di limitazione delle superfici coltivate	Con un programma di limitazione delle superfici coltivate	Effetti del programma
Surplus dei consumatori	A + B + F (€36 miliardi)	F (€25 miliardi)	− A − B (−€11 miliardi)
Surplus dei produttori	C + E (€18 miliardi)	A + B + C + E + G (€32 miliardi)	A + B + G (€14 miliardi)
Effetti sul bilancio pubblico	zero	−B − C − G (−€4,5 miliardi)	−B − C − G (−€4,5 miliardi)
Beneficio netto (surplus del consumatore + surplus del produttore − spesa pubblica)	A + B + C + E + F (€54 miliardi)	A + E + F (€52,5 miliardi)	− B − C (−€1,5 miliardi)
Perdita secca	zero	B + C (€1,5 miliardi)	

FIGURA 10.11 Gli effetti di un programma di limitazione del terreno coltivato
Il Governo potrebbe sostenere il prezzo di €10 per bushel offrendo agli agricoltori una somma di denaro affinché limitino le superfici coltivate, riducendo la produzione a 5 miliardi di bushel. In assenza di un programma di questo tipo, la somma dei surplus del consumatore e del produttore è di 54 miliardi di euro, il massimo beneficio netto possibile nel mercato. Il programma riduce il surplus dei consumatori di 11 miliardi, aumenta il surplus dei produttori di 14 miliardi, ha un impatto negativo di 4,5 miliardi sul bilancio dello Stato, e riduce il beneficio netto di 1,5 miliardi (la perdita di beneficio sociale netto).

sponde alla somma del surplus dei consumatori (25 miliardi) e del surplus dei produttori (32 miliardi) *meno* il costo per il Governo (4,5 miliardi), ovvero 52,5 miliardi. La perdita di beneficio sociale netto ammonta a 1,5 miliardi di euro (aree *B + C*).

Siccome il programma determina una perdita secca, viene da chiedersi come mai il Governo non si limiti a trasferire agli agricoltori una somma equivalente al guadagno di 14 miliardi di euro in termini di surplus legato all'attuazione del programma, lasciando poi che il mercato funzioni liberamente raggiungendo una produzione di 6 miliardi di bushel al prezzo unitario di €8. Questa ipotesi sembra accattivante perché non comporterebbe alcun costo sociale, e il Governo potrebbe recuperare la somma necessaria attingendo alle entrate derivanti dalle tasse vigenti in altri settori. Sebbene tale misura sia effettivamente efficiente, va considerato che la collettività potrebbe trovare più accettabile pagare agli agricoltori 4,5 miliardi in cambio di una riduzione della produzione (e rinunciando a una opportunità di profitto) piuttosto che dar loro 14 miliardi in cambio di niente.[24]

10.8.2 Programmi di acquisto governativo

In alternativa a un programma di limitazione delle superfici coltivate, il Governo può sostenere il prezzo a €10 per bushel con un piano governativo di acquisti. La Figura 10.12, utilizzando le stesse curve di offerta e di domanda della Figura 10.11, illustra il possibile funzionamento di un piano di questo genere. Con un prezzo di €10 per bushel, gli agricoltori vorrebbero produrne 8 miliardi, mentre il mercato ne richiede solamente 5. Vi sarebbe, quindi, un eccesso di offerta di 3 miliardi di bushel.

Per mantenere il prezzo a €10 per bushel, il Governo potrebbe acquistare i 3 miliardi di bushel extra in modo da eliminare l'eccesso di offerta. Quando gli acquisti del Governo sono sommati alla domanda del mercato (si veda la curva denominata D + acquisti governativi, nella Figura 10.12), il prezzo di equilibrio sarà di €10 (nel punto W). Con questo programma di acquisto, il surplus del consumatore, rappresentato dall'area al sotto della originaria curva di domanda D del mercato, diminuirà di 11 miliardi e il surplus del produttore aumenterà di 14 miliardi, entrambi dello stesso ammontare visto nell'ipotesi del programma di limitazione del terreno coltivato. La spesa pubblica, tuttavia, sarebbe molto superiore ai 4,5 miliardi previsti in quel caso, ammontando a 30 miliardi di euro (3 miliardi di bushel × €10 a bushel = aree $B + C + G + H + I + J$). Questo significa che il beneficio economico netto sarà molto più piccolo (27 miliardi, contro 52,2 miliardi nell'ipotesi di programma di limitazione delle superfici coltivate) e la perdita di beneficio sociale netto sarà molto più grande (27 miliardi, contro 1,5 miliardi).

Il Governo potrebbe cercare di ridurre il costo del piano vendendo una quota dei suoi 3 miliardi di bushel in qualche parte del mondo (per esempio, vendendo a un prezzo basso a Paesi poveri). Tuttavia, se una porzione del venduto in quei mercati dovesse riuscire a rientrare nel mercato domestico, il prezzo interno potrebbe crollare, riducendo il surplus del produttore degli agricoltori e determinando un fallimento del piano.

I programmi di acquisto governativi sono più costosi e meno efficienti dei programmi di limitazione delle superfici coltivate.[25] Spesso un Governo deve spendere molto più di un euro al fine di incrementare di un euro il surplus dell'agricoltore. Tuttavia, molti Governi si orientano verso i piani di acquisto perché spesso sono politicamente più percorribili dell'ipotesi di pagamenti cash agli agricoltori.

---

[24] Bisogna ovviamente riconoscere che il Governo potrebbe generare un costo sociale in altri mercati se dovesse imporre tasse al fine di raccogliere i 14 miliardi di euro necessari a sostenere il costo del programma di limitazione delle superfici coltivate.

[25] In termini di equilibrio generale (si veda il Capitolo 16), i piani di acquisto governativi in un settore possono verosimilmente generare una maggiore perdita secca in altri settori dell'economia, perché il loro finanziamento richiede un aumento della pressione fiscale da qualche altra parte del sistema economico.

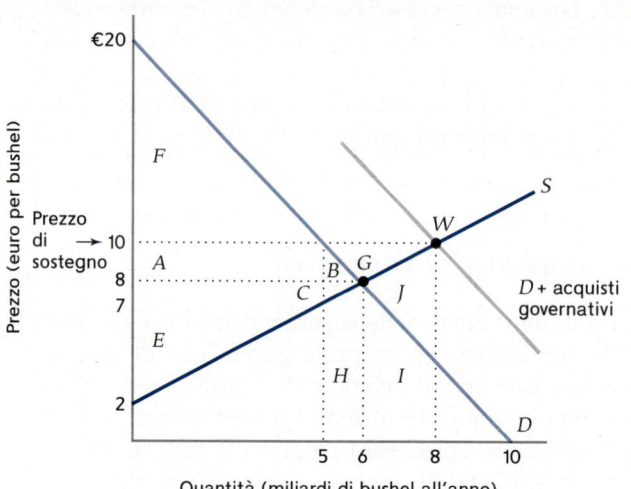

	Senza piano	Con un piano di acquisto governativo	Effetti del piano
Surplus dei consumatori	$A + B + F$ (€36 miliardi)	F (€25 miliardi)	$-A - B$ (–€11 miliardi)
Surplus dei produttori	$C + E$ (€18 miliardi)	$A + B + C + E + G$ (€32 miliardi)	$A + B + G$ (€14 miliardi)
Effetti sul bilancio pubblico	zero	$-B - C - G - H - I - J$ (– €30 miliardi)	$-B - C - G - H - I - J$ (–€30 miliardi)
Beneficio netto (surplus del consumatore + surplus del produttore - spesa pubblica)	$A + B + C + E + F$ (€54 miliardi)	$A + E + F - H - I - J$ (€27 miliardi)	$-B - C - H - I - J$ (–€27 miliardi)
Perdita secca	zero	$B + C + H + I + J$ (€27 miliardi)	

FIGURA 10.12 Gli effetti di un piano di acquisto governativo
Il Governo potrebbe sostenere il prezzo di €10 a bushel con un piano di acquisto governativo, comprando l'eccedenza di offerta pari a 3 miliardi di bushel. In assenza di un piano di questo tipo, la somma dei surplus del consumatore e del produttore sarà di 54 miliardi, il massimo beneficio netto possibile nel mercato. Il programma riduce il surplus dei consumatori di 11 miliardi, aumenta il surplus dei produttori di 14 miliardi, ha un impatto negativo di 30 miliardi sul bilancio dello Stato, e riduce il beneficio netto di 27 miliardi (la perdita di beneficio sociale netto).

Applicazione 10.4

Un piano di salvataggio per il re dei formaggi

Il Parmigiano Reggiano viene spesso definito "il re dei formaggi" per l'alta qualità che lo contraddistingue e per la sua versatilità gastronomica.[26] Benché vi siano altri formaggi prodotti in varie parti del mondo (anche negli Stati Uniti, per esempio in Wisconsin) che tentano di imitare il sapore del Parmigiano Reggiano, la gran parte degli intenditori ritiene che essi non abbiano la medesima qualità. Il vero Parmigiano italiano viene

---

[26] I dati riportati in quest'applicazione sono tratti dall'articolo di R. Mackey, "Blessed are (Some of) the Cheesemakers", *New York Times* (The Lede), 19 dicembre 2008.

prodotto secondo regole e criteri precisi. Può essere realizzato con il latte di una particolare razza di mucche allevate solo nelle fattorie presenti in una specifica zona adiacente alla città di Parma. Anche il metodo di produzione deve attenersi a un rigido protocollo.

Nel 2008, erano 430 le piccole imprese che producevano il Parmigiano Reggiano ufficiale. Quest'ultimo viene realizzato in forme rotonde da 35 kg l'una. Secondo alcune stime del settore, in quell'anno il costo medio di produzione di una forma di Parmigiano era pari a €8 al kg. Circa il 20% della produzione totale era destinato all'esportazione.

Sfortunatamente per i produttori di Parmigiano, mentre il costo dei fattori produttivi (in special modo quello del latte) è cresciuto nella prima decade del nuovo millennio, il prezzo di mercato si è ridotto per parecchi anni consecutivi. Alla fine del 2008 il Parmigiano era venduto mediamente a €7,4 al kg, e molti produttori rischiavano di trovarsi sull'orlo della bancarotta. Perciò, nel mese di dicembre 2008, il Governo italiano ha annunciato l'acquisto di 100 000 forme di Parmigiano (e anche di 100 000 forme di Grana Padano, un formaggio simile al Parmigiano), nel tentativo di far aumentare il prezzo di mercato e dunque aiutare il settore.

Gli effetti di questo piano di sostegno sono simili a quelli mostrati nella Figura 10.12. L'acquisto governativo ha spostato l'equilibrio del mercato dal punto G al punto W. Il surplus del produttore è aumentato e quello del consumatore si è ridotto, mentre le spese effettivamente sostenute dal Governo per tale programma di sostegno sono state stimate pari a circa 50 milioni di euro. Se è vero che l'intervento statale ha recato i benefici previsti ai produttori di Parmigiano, esso ha generato una perdita secca di benessere nel mercato.

Come evidenziato nell'analisi dei piani di acquisto governativo, l'intervento del Governo italiano non avrebbe avuto successo nel sostenere il prezzo del Parmigiano Reggiano se il formaggio così acquistato fosse stato successivamente rivenduto sul mercato. Questo avrebbe infatti fatto spostare indietro la curva della domanda fino a riportarla nella sua posizione originale, per cui si sarebbe tornati all'equilibrio G della Figura 10.12. In effetti, il Governo italiano dichiarò che avrebbe donato il formaggio a istituzioni benefiche che presumibilmente non lo avrebbero altrimenti acquistato e che non lo avrebbero successivamente rivenduto.

10.9 • Quote di importazione e tariffe doganali

I consumatori di un dato Paese desidereranno importare un bene quando il suo prezzo all'estero è inferiore rispetto al prezzo di equilibrio che si forma nel mercato interno in assenza di importazioni. Ciò induce molti Governi a imporre quote di importazioni e tariffe doganali per sostenere il prezzo di un bene sul mercato interno, soprattutto quando il prezzo mondiale risulta particolarmente basso e importazioni senza restrizioni potrebbero nuocere ai produttori nazionali. L'imposizione di quote e tariffe tende a far aumentare i prezzi interni, consentendo ai produttori nazionali di espandere l'output e di ottenere maggiori profitti. In questo paragrafo si dimostrerà che l'imposizione di quote e tariffe aumenta il surplus dei produttori nazionali e riduce il surplus dei consumatori nazionali. Si dimostrerà anche che queste forme di intervento pubblico conducono a una perdita secca attraverso la riduzione del surplus totale della nazione (surplus dei produttori più surplus dei consumatori, ovvero il beneficio economico netto).

10.9.1 Quote di importazione

Una quota di importazione (o *contingentamento*) è un limite posto alla quantità complessiva di un certo bene che può essere importata in un Paese; pertanto una quota è una restrizione al libero scambio, il quale consentirebbe invece di importare in quantità illimitata quello stesso bene. Nel caso estremo, la quota può assumere la forma del divieto assoluto d'importazione (quando la quota ammessa è zero); più spesso, una quota limita le importazioni a un dato ammontare, comunque positivo, del bene.

La Figura 10.13 mette a confronto il mercato nazionale di un bene (lo stesso mercato illustrato nella Figura 10.12) in tre casi: divieto d'importazione (quota = 0), libero scambio (nessuna quota imposta), una quota di 3 milioni di unità all'anno. Si può utilizzare la Figura 10.13 per confrontare i tre casi in termini di surplus dei consumatori nazionali, surplus dei produttori (nazionali ed esteri), beneficio economico netto nazionale e perdita di beneficio sociale netto.

Con un divieto assoluto d'importazione, l'equilibrio del mercato si trova in corrispondenza dell'intersezione delle curve nazionali di domanda e offerta, con un prezzo unitario di €8 e una quantità di equilibrio pari a 6 milioni di unità all'anno. Il surplus dei consumatori nazionali è rappresentato dall'area al di sotto della curva di domanda e al di sopra del prezzo di equilibrio di €8 (surplus del consumatore = area A), il surplus dei produttori nazionali è dato dall'area al di sopra della curva di offerta e al di sotto del prezzo di equilibrio (surplus del produttore = aree $B + F + L$), il beneficio netto nazionale è la somma dei surplus nazionali del consumatore e del produttore ($A + B + F + L$) e la perdita di beneficio sociale netto sarà la differenza tra i benefici netti in un regime di libero scambio (che, come si vedrà più sotto, sono rappresentati dalle aree $A + B + C + E + F + G + H + J + K + L$) e i benefici netti in regime di divieto assoluto di importazioni (perdita di beneficio sociale netto = aree $C + E + G + H + J + K$).

Si supponga adesso che i produttori esteri siano disposti a offrire qualsiasi quantità di bene al prezzo unitario P_w = €4, che rappresenta quindi il prezzo unitario mondiale di quel bene. Si può pensare al prezzo mondiale come a quel livello di prezzo appena sufficiente a coprire il costo medio dei fornitori esteri per la produzione e la distribuzione nel mercato nazionale. La concorrenza perfetta tra i produttori stranieri porta a questo livello il prezzo nel mercato globale. Poiché il prezzo mondiale del bene è al di sotto del prezzo di equilibrio nel mercato interno senza importazioni (€8), i consumatori nazionali vorranno importarlo e, in un regime di libero mercato, potrebbero farlo. Al prezzo di €4, la domanda nazionale sarebbe Q_S = 8 milioni di unità all'anno (intersezione tra P_w e la curva di domanda), ma i produttori nazionali sarebbero disposti a fornire solo Q_1 = 2 milioni di unità all'anno (intersezione tra P_w e la curva di offerta). Dunque, per soddisfare la domanda nazionale, bisognerebbe importare 6 milioni di unità all'anno (8 milioni unità richieste all'interno – 2 milioni di unità fornite dalla produzione nazionale = 6 milioni di unità importate).

Qual è l'impatto del libero scambio? Il surplus dei consumatori nazionali coincide con l'area al di sotto della curva di domanda e al di sopra di P_w (€4) (surplus dei consumatori = aree $A + B + C + E + F + G + H + J + K$), il surplus dei produttori nazionali è rappresentato dall'area al di sopra della curva di offerta e al di sotto di quel prezzo (surplus del produttore = area L), il beneficio netto nazionale sarà la somma dei surplus dei consumatori e dei produttori nazionali (beneficio netto = aree $A + B + C + E + F + G + H + J + K + L$), e non ci sarà perdita di beneficio sociale netto. In questo caso, il surplus dei consumatori è molto superiore a quello che si avrebbe in presenza di un divieto delle importazioni, mentre il surplus dei produttori è molto inferiore.

Dal momento che, in un regime di libero scambio, i produttori nazionali rischiano di registrare delle perdite, essi cercano spesso di contenere o addirittura eliminare le importazioni. Si è visto, infatti, come la loro completa eliminazione, attraverso il divieto di commercio, giovi ai produttori nazionali. È ora il momento di analizzare l'effetto di una parziale restrizione delle importazioni, con l'introduzione di una quota che fissi un numero massimo di unità importabili ogni anno.

Si supponga che il Governo intenda sostenere un prezzo unitario nazionale di €6 (una sorta di compromesso tra gli interessi dei consumatori nazionali, che

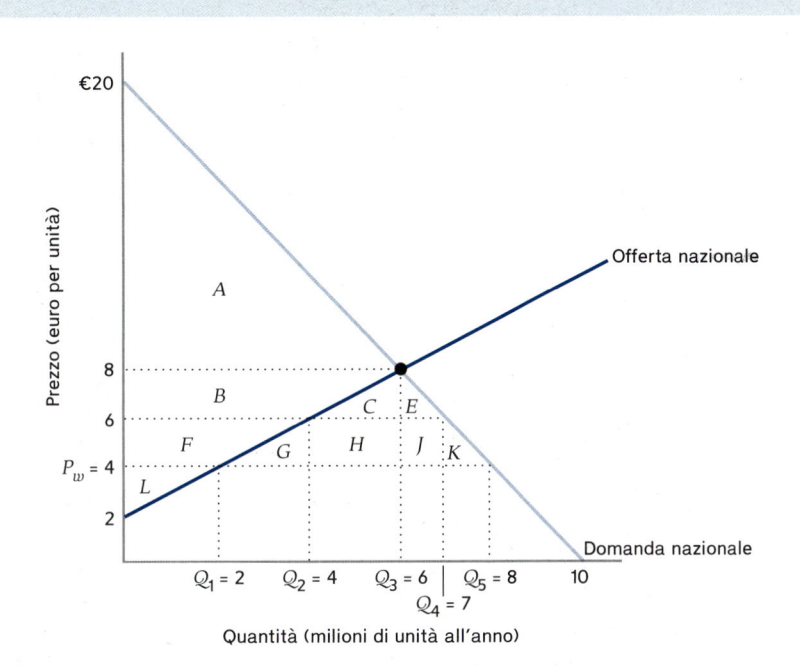

		Con una quota		Effetti della quota	
	Libero mercato (in assenza di quote)	Divieto d'importazione (quota = 0)	Quota = 3 milioni di unità all'anno	Effetti del divieto d'importazione	Effetti della quota = 3 milioni di unità all'anno
Surplus dei consumatori (nazionali)	$A + B + C + E + F + G + H + J + K$	A	$A + B + C + E$	$-B - C - E - F - G - H - J - K$	$-F - G - H - J - K$
Surplus dei produttori (nazionali)	L	$B + F + L$	$F + L$	$B + F$	F
Beneficio netto (nazionale) (surplus dei consumatori + surplus dei produttori nazionali)	$A + B + C + E + F + G + H + J + K + L$	$A + B + F + L$	$A + B + C + E + F + L$	$-C - E - G - H - J - K$	$-G - H - J - K$
Perdita secca	Zero	$C + E + G + H + J + K$	$G + H + J + K$	$C + E + G + H + J + K$	$G + H + J + K$
Surplus dei produttori (esteri)	Zero	Zero	$H + J$	zero	$H + J$

FIGURA 10.13 Confronto tra gli effetti nei casi di divieto assoluto d'importazione, di libero scambio e di imposizione di una quota di 3 milioni di unità all'anno
Con un divieto assoluto d'importazione, il mercato sarebbe in equilibrio in corrispondenza di un prezzo unitario di €8 per unità e una quantità Q_3 = 6 milioni di unità all'anno. Nel libero mercato, il bene sarebbe venduto al prezzo mondiale unitario di P_w = €4, con 2 milioni unità di produzione nazionale e 6 milioni di unità importate, per una quantità totale Q_5 = 8 milioni di unità all'anno. Con una quota di 3 milioni di unità all'anno, il Governo potrebbe sostenere il prezzo a €6 per unità, con 4 milioni di unità provenienti dalla produzione nazionale e 3 milioni dalle importazioni, per una quantità complessiva annuale di Q_4 = 7 milioni di unità. Rispetto al caso di libero mercato, il divieto di importazione riduce il surplus dei consumatori nazionali e aumenta il surplus dei produttori nazionali, riduce il beneficio netto e aumenta la perdita di beneficio sociale netto; la quota agisce nello stesso modo, ma origina anche un surplus del produttore per i fornitori esteri.

gradirebbero un prezzo inferiore, pari ai €4 in regime di libero scambio, e gli interessi dei produttori nazionali, che vorrebbero i vantaggi del maggior prezzo di €8, in assenza di importazioni). Per ottenere questo risultato, il Governo può fissare una quota di 3 milioni di unità all'anno. Per capire perché, bisogna tenere presente che il prezzo d'equilibrio nel mercato nazionale sarà quello in grado di uguagliare l'offerta totale (nazionale e estera) alla domanda nazionale. Al prezzo di €6, i consumatori chiederanno Q_4 = 7 milioni di unità all'anno (in base all'intersezione di quel prezzo con la curva di domanda), mentre i produttori nazionali saranno disposti a offrirne solo 4 milioni (nel punto di intersezione tra il prezzo e la curva di offerta). Dunque, per soddisfare la domanda nazionale a quel prezzo, sarà necessario importare 3 milioni di unità all'anno (7 milioni di unità richieste nella nazione – 4 milioni di unità fornite dai produttori nazionali = 3 milioni di unità importate).

Qual è l'effetto di questa quota? Il surplus dei consumatori nazionali è rappresentato dall'area al di sotto della curva di domanda e al di sopra del prezzo di €6 (surplus dei consumatori = aree $A + B + C + E$), il surplus dei produttori nazionali è dato dall'area al di sopra della curva di offerta e al di sotto del prezzo considerato (surplus del produttore = aree $F + L$), il beneficio nazionale netto è la somma dei surplus del consumatore e del produttore nazionali (beneficio netto = aree $A + B + C + E + F + L$), e il costo sociale è la differenza tra il beneficio netto in presenza di libero commercio e il beneficio netto in presenza della quota (costo sociale = aree $G + H + J + K$). Inoltre, i produttori stranieri godono di un surplus dovuto all'esistenza della quota, dal momento che vendono il bene al prezzo di €6 mentre sarebbero stati disposti a venderlo a €4.

In breve, con l'imposizione di una quota il surplus nazionale dei consumatori è inferiore che nel caso di libero scambio, ma superiore all'ipotesi di divieto di commercio, mentre il surplus nazionale dei produttori è maggiore che nel caso di libero scambio, ma inferiore rispetto all'ipotesi di divieto di commercio, e i produttori esteri conseguono anch'essi una quota di surplus.

10.9.2 Tariffe doganali

Una tariffa doganale è una tassa imposta su un bene importato. Esattamente come nel caso dell'imposizione di una quota, una tariffa riduce le importazioni, e il Governo può raggiungere, con la tariffa, i medesimi obiettivi che persegue con le quote di importazione – ovvero, sostenere il livello nazionale dei prezzi di un certo bene. Per esempio, nel mercato analizzato il Governo potrebbe eliminare le importazioni (esattamente come potrebbe fare imponendo un divieto di commercio, cioè con quote di importazioni pari a zero) attraverso la fissazione di una tariffa di €5 per unità. Ciò farebbe aumentare il prezzo unitario del bene sul mercato nazionale a €9 (P_w di 4 + tariffa di 5 = €9). In tale caso, non verrebbe importata alcuna quantità del bene, dal momento che il suo prezzo sarebbe eccessivo per i consumatori (i produttori nazionali soddisferebbero la domanda dei consumatori al prezzo di 8). Pertanto, se una tariffa è maggiore della differenza tra il prezzo nazionale in assenza di commercio e il prezzo mondiale (ovvero, se la tariffa nell'esempio fosse maggiore di €4) non ci saranno importazioni per quel bene.

Si supponga che il Governo voglia raggiungere i medesimi obiettivi già discussi nel precedente paragrafo, ossia sostenere il prezzo nazionale al livello di €6 per unità. La Figura 10.14 mostra che il Governo potrebbe raggiungere questo risultato imponendo una tariffa unitaria di €2. La spiegazione di tale manovra è analoga a quella vista riguardo all'imposizione di una quota di importazioni di 3 milioni di unità all'anno. Al prezzo di €6, i consumatori domandano una quantità

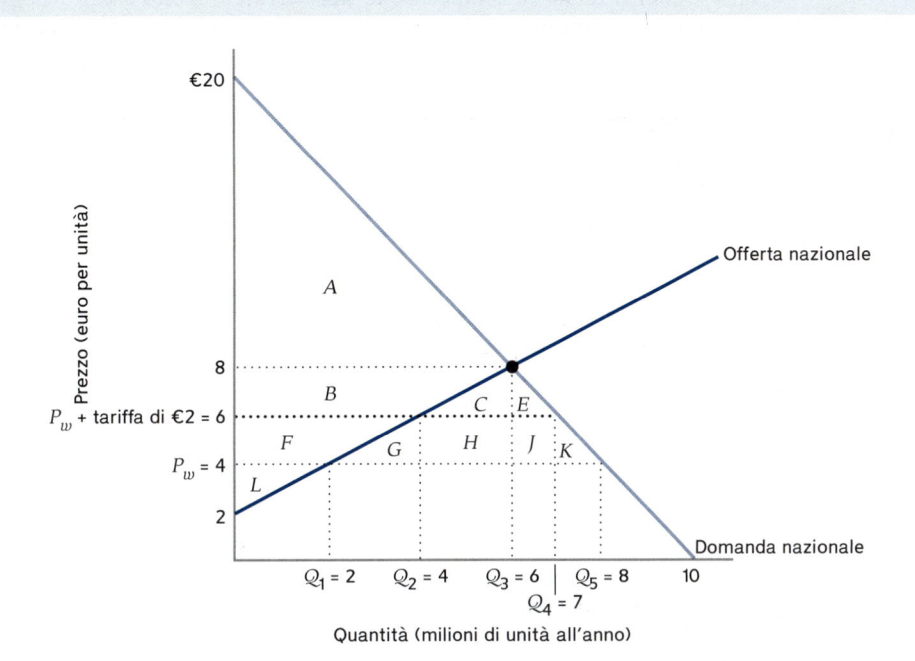

	Libero mercato (in assenza di tariffa)	Con la tariffa	Effetti della tariffa
Surplus dei consumatori (nazionali)	$A + B + C + E + F + G + H + J + K$	$A + B + C + E$	$-F - G - H - J - K$
Surplus dei produttori (nazionali)	L	$F + L$	F
Effetti sul bilancio pubblico	zero	$H + J$	$H + J$
Beneficio netto (nazionale) (surplus del consumatore + surplus del produttori nazionali + effetti sul bilancio pubblico)	$A + B + C + E + F + G + H + J + K + L$	$A + B + C + E + F + L$	$-G - H - J - K$
Perdita secca	zero	$G + K$	$G + K$
Surplus dei produttori (esteri)	zero	zero	zero

FIGURA 10.14 Gli effetti di una tariffa di €2 rispetto all'ipotesi del libero scambio
In condizioni di libero scambio, il bene sarebbe venduto al prezzo unitario mondiale P_w = €4, con 2 milioni di unità offerte dai produttori nazionali e 6 milioni importate, per una quantità totale Q_5 = 8 milioni di unità all'anno. Con l'imposizione di una tariffa unitaria di €2, il Governo potrebbe sostenere il prezzo al livello di €6 per unità, con 4 milioni di unità offerte dai produttori nazionali e 3 milioni di unità importate, per una quantità totale Q_4 = 7 milioni di unità all'anno. In confronto al libero scambio, una tariffa ha molti effetti in comune con l'ipotesi dell'imposizione della quota (si veda la Figura 10.13), ma, invece di generare surplus ai produttori stranieri, produce entrate per il Governo, delle quali si può giovare l'intera economia nazionale.

pari a Q_4 = 7 milioni di unità all'anno, ma i produttori nazionali sono disposti a offrire solo 4 milioni di unità. Pertanto, per soddisfare la domanda nazionale a quel prezzo, devono essere importate 3 milioni di unità. In definitiva, la tariffa unitaria di €2 finisce per portare al medesimo equilibrio della quota di importazioni di 3 milioni di unità all'anno.

L'effetto totale dell'imposizione della tariffa è molto simile, sebbene non identico, all'effetto provocato dall'imposizione della quota. Come emerge dalle tabelle delle Figure 10.13 e 10.14, i surplus dei consumatori e dei produttori nazionali coincidono nei due casi. Tuttavia, quello che sarebbe stato surplus per i produttori esteri nel caso della quota, diventa invece una grandezza positiva per il bilancio dello Stato nel caso della tariffa. Ciò accade perché il Governo ottiene delle entrate dall'imposizione della tariffa. La dimensione di tali introiti è pari al prodotto della tariffa unitaria (€2) per il numero di unità di prodotto importate (3 milioni), ossia 6 milioni di euro (le aree $H + J$ nelle due figure).

Dunque, con una tariffa, come con una quota, il surplus nazionale dei consumatori è minore che nel caso del libero scambio ma maggiore che nell'ipotesi di divieto di commercio, mentre il surplus nazionale dei produttori è maggiore rispetto al caso del libero scambio e minore che nell'ipotesi di divieto di commercio. Inoltre, diversamente dall'ipotesi dell'imposizione della quota, il Governo può ridistribuire le entrate derivanti dalla tariffa nei diversi settori dell'economia, così che la perdita di benessere sociale netto risulta inferiore con la tariffa rispetto alla quota.

Esercizio svolto 10.6 Gli effetti di una tariffa sulle importazioni

La domanda nazionale di lettori DVD è data da $Q^d = 100 - P$, e l'offerta nazionale è $Q^s = P$. Q^s e Q^d misurano la quantità di lettori DVD in migliaia di unità. I lettori DVD possono essere importati al prezzo mondiale di €20. Il Governo sta pianificando di imporre una tariffa unitaria di €10 per ogni lettore DVD importato.

Problema
Con l'imposizione della tariffa, quanti lettori saranno importati? Di quanto cambierebbe il surplus dei produttori nazionali se il Governo introducesse un dazio di €10 per ogni lettore DVD importato? Quali entrate potrebbe ricavare il Governo dalle importazioni di lettori DVD?

Soluzione
Il grafico in Figura 10.15 mostra le curve di domanda e di offerta nazionali. Con l'introduzione di una tariffa unitaria di €10, i consumatori nazionali sono in grado di acquistare i lettori DVD importati al prezzo di €30. La domanda sarebbe di 70 000 unità, mentre i produttori nazionali offrirebbero 30 000 unità. Pertanto le restanti 40 000 unità dovrebbero essere importate. In presenza della tariffa, il surplus del produttore nazionale aumenterebbe dell'area G (€250 000). Il Governo ricaverebbe dalle importazioni entrate pari all'area F (€400 000).

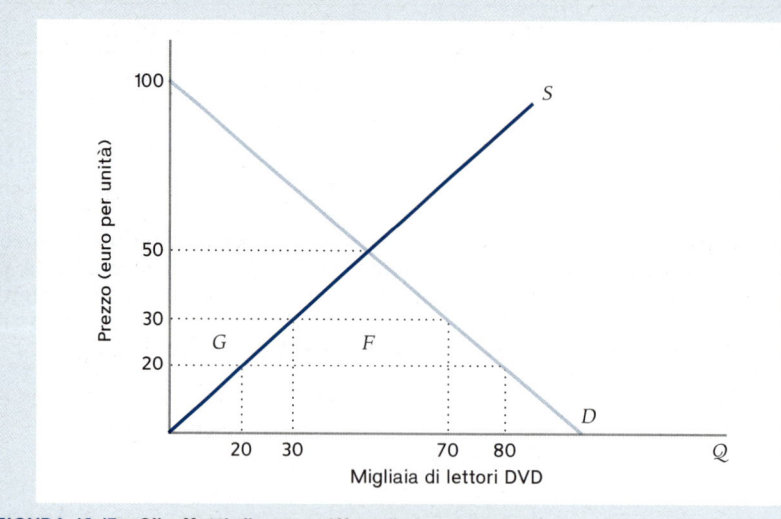

FIGURA 10.15 Gli effetti di una tariffa sulle importazioni.

Riepilogo

- In un mercato concorrenziale ciascun produttore agisce nel proprio interesse, decidendo se rimanere nel mercato ed eventualmente quanto produrre per massimizzare il suo profitto. Analogamente, ciascun consumatore agisce nel proprio interesse, decidendo quanto acquistare per massimizzare la sua utilità. Sebbene non ci sia nessun pianificatore che dica a produttori e consumatori come comportarsi, la quantità scambiata in un mercato concorrenziale massimizza il beneficio economico netto (misurato come somma dei surplus). È come se ci fosse una "mano invisibile" in grado di guidare un mercato concorrenziale al livello efficiente di produzione e consumo.

- Gli interventi pubblici possono assumere diverse forme, come l'imposizione di tasse e sussidi, la regolamentazione di prezzi minimi e massimi, quote di produzione, programmi di sostegno ai prezzi, e quote e tariffe sulle importazioni. Per alcune tipologie di intervento pubblico (come tasse e sussidi) il mercato è in grado di raggiungere l'equilibrio. In altri casi (come per i prezzi massimi e minimi e le quote di produzione) ciò non è possibile. Quando l'equilibrio non viene raggiunto, occorre capire chi è presente nel mercato per calcolare i surplus del consumatore e del produttore.

- Quando viene imposta una tassa sul mercato, il prezzo pagato dai consumatori di norma aumenta di un ammontare inferiore al valore della tassa e il prezzo ricevuto dai produttori diminuisce di un ammontare inferiore al valore della tassa. L'incidenza della tassa misura gli effetti della tassa sul prezzo pagato dai consumatori rispetto a quello ricevuto dai produttori. Quando la domanda è relativamente inelastica e l'offerta è relativamente elastica, l'incidenza della tassa sarà maggiore per i consumatori che per i produttori. Nel caso opposto, l'incidenza della tassa sarà maggiore per i produttori che per i consumatori.

- Gli interventi pubblici in un mercato concorrenziale conducono di norma a una perdita di benessere sociale netto, o perdita secca, un tipo di inefficienza economica che sorge quando i consumatori e i produttori non si appropriano del beneficio netto potenziale.

- L'intervento pubblico nei mercati concorrenziali spesso redistribuisce reddito da una parte a un'altra del sistema economico. Se il Governo incassa le entrate derivanti dall'applicazione di tasse o tariffe, il ricavato entra a far parte del beneficio netto del sistema economico perché può essere redistribuito. Analogamente, i flussi in uscita fanno parte dei costi del programma.

- Una tassa porta a una perdita di benessere sociale netto, dal momento che il mercato produce meno del livello efficiente. Inoltre una tassa riduce sia il surplus dei consumatori che quello dei produttori.

- Quando il Governo paga un sussidio su ogni unità prodotta, il mercato produce una quantità maggiore rispetto al livello efficiente e si verifica una perdita secca. Un sussidio aumenta il surplus sia dei consumatori che dei produttori, ma questi guadagni sono inferiori ai costi sostenuti dal Governo per finanziare il programma.

- Con l'imposizione di un prezzo massimo vincolante (un prezzo inferiore al prezzo di equilibrio nel libero mercato), la quantità scambiata nel mercato è inferiore a quella efficiente, dal momento che i produttori offrono meno. Nel mercato ci sarà un eccesso di domanda, e i consumatori che valutano di più il bene potrebbero non essere in grado di acquistarlo.

- Con l'imposizione di un prezzo minimo vincolante (un prezzo superiore al prezzo di equilibrio nel libero mercato), la quantità scambiata nel mercato è inferiore a quella efficiente, dal momento che i consumatori acquistano meno. Nel mercato ci sarà un eccesso di offerta, e i produttori con i costi minori potrebbero non essere coloro che offrono il bene.

- Una quota di produzione aumenta il prezzo che i consumatori pagano a causa della limitazione dell'output nel mercato. Sebbene ci si possa attendere un aumento del surplus dei produttori, in realtà ciò non sempre si verifica. Poiché il mercato non raggiunge l'equilibrio con l'applicazione di una quota di produzione, non c'è garanzia che i produttori presenti sul mercato siano coloro che hanno i costi minori.

- I programmi di limitazione delle superfici coltivate e di acquisti governativi sono stati spesso utilizzati per sostenere i prezzi nel settore agricolo. Possono essere programmi costosi per il Governo e introdurre, altresì, una perdita secca.

- I Governi possono ricorrere alle quote di importazione o alle tariffe per aumentare il surplus dei produttori nazionali. Si tratta di programmi che riducono il surplus dei consumatori e provocano una perdita di benessere sociale netto nel sistema economico.

Domande di ripasso

1. Qual è l'importanza della "mano invisibile" in un mercato concorrenziale?

2. Qual è la dimensione della perdita di benessere sociale netto in un mercato concorrenziale senza intervento pubblico?

3. Cosa significa incidenza di una tassa? In che modo l'incidenza di una tassa è collegata all'elasticità della domanda e dell'offerta nel mercato?

4. Nel mercato concorrenziale dei liquori la domanda è relativamente inelastica e l'offerta relativamente elastica. L'incidenza di un tassa di €T sarà maggiore per i consumatori o per i produttori?

5. I widget sono prodotti e venduti in un mercato concorrenziale. In assenza di tassazione, il prezzo di equilibrio è di €100 a widget. L'elasticità della domanda di widget rispetto al prezzo è pari a −0,9, mentre l'elasticità dell'offerta è 1,2. Nel commentare la proposta dell'istituzione di una tassa unitaria di €10, un giornale dichiara che "la tassa probabilmente aumenterà il prezzo dei widget di circa €10". Ritenete che tale conclusione sia corretta?

6. L'industria casearia di una certa nazione è concorrenziale, con una curva di domanda decrescente e una curva di offerta crescente. Il Governo dà un sussidio ai produttori di €T per ogni chilogrammo di formaggio che essi producono. Il surplus del consumatore è destinato ad aumentare? Ci sarà una perdita secca?

7. L'imposizione di un prezzo massimo aumenta sempre il surplus del consumatore? L'imposizione di un prezzo minimo aumenta sempre il surplus del produttore?

8. L'imposizione di una quota di produzione in un mercato concorrenziale aumenta sempre il surplus del produttore?

9. Perché l'attivazione di programmi di sostegno ai prezzi nel settore agricolo, come i piani di limitazione delle superfici coltivabili o di acquisti governativi, è costosa?

10. L'imposizione di una tariffa e di una quota alle importazioni conducono alle medesime conseguenze in un mercato concorrenziale, ma quale provocherà la maggior perdita di benessere sociale netto nella nazione?

11. Perché un mercato raggiunge l'equilibrio quando viene imposta una tassa unitaria di €T?

12. Perché un mercato raggiunge l'equilibrio quando viene dato un sussidio unitario ai produttori di €S?

13. Perché il mercato non raggiunge l'equilibrio con l'imposizione di una quota di produzione?

14. Con l'imposizione di un prezzo minimo, saranno certamente i produttori più efficienti a essere presenti sul mercato?

CAPITOLO 11
IL MONOPOLIO

OBIETTIVI DI APPRENDIMENTO

Al termine di questo capitolo lo studente sarà in grado di:

- comprendere le decisioni relative alla produzione e alla determinazione del prezzo nei mercati di monopolio e monopsonio;
- calcolare prezzo, quantità e profitto di monopolio sulla base di informazioni relative alla domanda e ai costi;
- estendere l'analisi ai monopoli con più impianti di produzione;
- confrontare le diverse condizioni di equilibrio in riferimento ai mercati di monopolio, monopsonio e concorrenza perfetta;
- spiegare le condizioni che portano allo sviluppo di mercati di monopolio e la nozione di barriere all'ingresso in un mercato;
- illustrare come un monopsonista sceglie i suoi input per massimizzare il profitto;
- capire per quale motivo le scelte di un monopolista e di un monopsonista riducono l'efficienza in un mercato.

CASO • *Come nasce un monopolio?*

"Prenota il tuo biglietto adesso e unisciti ai 410 astronauti della Virgin Galactic che stanno per avventurarsi nello spazio. I biglietti costano $ 200 000 e l'acconto parte da $ 20 000".[1] Sono queste le parole con cui la Virgin Galactic descrive sul suo sito il progetto di rendere accessibile un viaggio nello spazio suborbitale praticamente a tutti coloro che desiderano farlo. Dapprima i passeggeri dovranno sottoporsi a tre giorni di preparazione e addestramento al volo presso lo spazioporto della Virgin Galactic, nel New Mexico. Successivamente effettueranno un volo sullo SpaceShipTwo della Virgin Galactic, un aeromobile di circa 18 metri progettato per trasportare sei passeggeri e due membri dell'equipaggio in un viaggio di due ore durante il quale si raggiungerà un'altezza di 110 chilometri (10 chilometri oltre il confine che segna l'inizio dello spazio).

Se il nuovo sistema di volo di Sir Richard Branson supererà con successo tutti i test, nel prossimo futuro la Virgin Galactic gestirà la prima flotta di astronavi commerciali con equipaggio umano. Essendo l'unica a fornire questo servizio, la Virgin Galactic avrà il monopolio in tale mercato. In un mercato monopolistico, vi è un solo venditore che si confronta con molti acquirenti. All'inizio, quando la Virgin Galactic sarà l'unica a offrire viaggi commerciali nello spazio, si tratterà di un monopolio puro, nel quale essa servirà il 100% del mercato, perché non dovrà fronteggiare alcun rivale. Le sue decisioni di

---

[1] Si veda http://www.virgingalactic.com/booking (pagina visitata il 19 aprile 2011).

produzione saranno prese in un contesto molto diverso da quello tipico di un mercato perfettamente competitivo, nel quale ogni impresa agisce come price-taker in quanto le sue azioni hanno un impatto trascurabile sul prezzo di mercato. Al contrario, la Virgin Galactic sa che il numero di persone disposte a prenotare un volo spaziale dipenderà sicuramente dal prezzo richiesto, prezzo su cui essa avrà margini di manovra. Perciò, la Virgin Galactic sarà un'impresa *price-maker*.

Mentre i monopoli puri non sono molto diffusi, in vari mercati sono presenti condizioni di quasi-monopolio, che si creano quando una singola impresa possiede una percentuale di vendite elevatissima rispetto al totale. Per esempio, nel settore dei macchinari per la produzione di sigarette, l'azienda tedesca Hauni Maschinenbau ha una quota di mercato superiore al 90%. Un'altra azienda tedesca, la Konig & Bauer, produce il 95% dell'offerta mondiale di macchine per la stampa delle banconote. Negli Stati Uniti, Microsoft Windows copre più del 90% del mercato dei sistemi operativi per personal computer. Perfino la Virgin Galactic, che può servire l'intero mercato quando inaugurerà il proprio servizio di trasporto spaziale, potrebbe diventare un quasi-monopolista nel giro di qualche anno, se altre aziende entreranno nel mercato.

Sia nel caso di un quasi-monopolio che in quello di monopolio puro, un'impresa sa bene che le sue decisioni sulla produzione influenzano in modo determinante il prezzo di mercato. Per esempio, se l'impresa riduce la produzione, probabilmente il prezzo del bene offerto aumenterà. Naturalmente, qualsiasi monopolista (perfino la Virgin Galactic) potrà incrementare il proprio prezzo solo fino a un certo punto. Vi sarà infatti un livello di prezzo al quale nessuno più acquisterà il prodotto. In altri termini, il monopolista deve considerare che le caratteristiche delle curva di domanda che fronteggia – in particolare l'elasticità della domanda di mercato rispetto al prezzo – influenzano il prezzo che egli può fissare nel mercato.

Quando un agente è in grado di influenzare il prezzo che si stabilisce all'interno del mercato, si dice che quell'agente ha potere di mercato. In un mercato di monopolio, il venditore ha potere di mercato. Tuttavia, anche gli acquirenti possono avere potere di mercato. In un *mercato di monopsonio* vi è un solo *compratore* che può acquistare il bene da molti fornitori diversi. I monopsoni sorgono frequentemente nei mercati dei fattori produttivi, per esempio in quelli delle materie prime o della componentistica industriale. Sorgono pure in industrie quali quella aerospaziale, dove l'acquirente è in genere un'agenzia governativa, come il Dipartimento della Difesa o la NASA negli Stati Uniti.

11.1 • La massimizzazione del profitto di un monopolista

Un'impresa operante in un mercato di concorrenza perfetta non è in grado di fissare il prezzo a cui vendere il proprio prodotto, e lo considera come dato. Per contro, un monopolista *stabilisce* il prezzo di vendita del proprio prodotto. In questo caso, che cosa impedisce al monopolista di praticare prezzi infinitamente elevati? La risposta è legata al fatto che il monopolista deve considerare anche la curva di domanda dei suoi consumatori: maggiore sarà il prezzo scelto, minore sarà la quantità che potrà vendere. Questo accade perchè la curva di domanda del monopolista è inclinata negativamente, come mostra la Figura 11.1. La determinazione del massimo profitto del monopolista richiede l'individuazione del trade-off ottimale tra volume di produzione (numero di unità vendute) e margine di ricarico o mark-up (la differenza tra il prezzo di vendita e il costo marginale delle unità vendute). La logica sottesa alla scelta del mark-up ottimale viene applicata anche a mercati che non operano in condizioni di monopolio (oligopolio e concorrenza monopolistica), che verranno studiati nei prossimi capitoli.

11.1.1 La condizione di massimizzazione del profitto

Si supponga che un'impresa si trovi a fronteggiare la curva di domanda D della Figura 11.1. L'equazione di tale curva è $P(Q) = 12 - Q$ (Q è espresso in milioni di tonnellate all'anno, e P in euro per tonnellata). Per vendere 2 milioni di tonnellate, il monopolista deve praticare un prezzo di €10 alla tonnellata.

Ma per vendere quantitativi maggiori, per esempio 5 milioni di tonnellate, il monopolista deve ridurre il suo prezzo a €7 alla tonnellata.

Lungo la curva di domanda del monopolista, a differenti quantitativi di prodotto corrispondono differenti prezzi, che generano differenti livelli di ricavo totale. Il ricavo totale è dato dal prezzo per la quantità, e nel caso in esame quelli del monopolista sono pari a $TR(Q) = P(Q) \times Q = 12Q - Q^2$.

Si supponga, inoltre, che i costi totali di produzione del monopolista siano dati dall'equazione $TC(Q) = (1/2)Q^2$. La Tabella 11.1 mostra, in base alle diverse quantità,

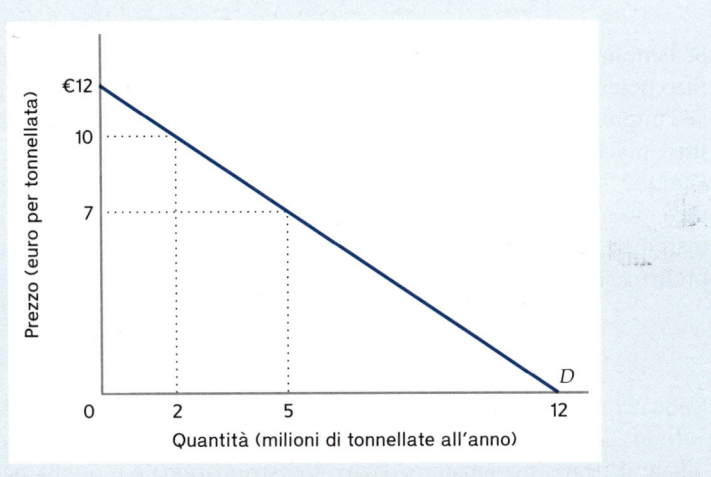

FIGURA 11.1 La curva di domanda del monopolista è la curva di domanda di mercato
La curva di domanda di mercato è D. Per vendere quantitativi elevati il monopolista deve scegliere un prezzo più basso. Ma qual è la quantità che massimizza il suo profitto?

il prezzo, i ricavi totali, i costi totali e il profitto del monopolista. La Figura 11.2(a) rappresenta graficamente i ricavi totali, i costi totali e il profitto del monopolista, evidenziando come TC cresca al crescere di Q. Per contro, TR e il profitto all'inizio crescono al crescere di Q, ma successivamente si riducono. Il profitto del monopolista è massimizzato nel punto più alto della curva del profitto, corrispondente a $Q = 4$ milioni di tonnellate.

Per quantitativi inferiori a $Q = 4$ milioni, al crescere dell'output i ricavi totali crescono più dei costi totali, per cui il profitto aumenta. Come mostra la Figura 11.2(b), in questo arco di produzione, il *ricavo marginale* del monopolista eccede il *costo marginale*: $MR > MC$.

TABELLA 11.1 Ricavi totali, costi totali e profitto del monopolista

Q (milioni di tonnellate)	P (euro per tonnellata)	TR (milioni di €)	TC (milioni di €)	Profitto (milioni di €)
0	12	0	0	0
1	11	11,00	0,50	10,50
2	10	20,00	2,00	18,00
3	9	27,00	4,50	22,50
4	8	32,00	8,00	24,00
5	7	35,00	12,50	22,50
6	6	36,00	18,00	18,00
7	5	35,00	24,50	10,50
8	4	32,00	32,00	0
9	3	27,00	40,50	−13,50
10	2	20,00	50,00	30,00

Per quantitativi superiori a $Q = 4$ milioni, l'impresa avrebbe convenienza a ridurre il proprio output: infatti, *producendo meno* essa incrementerebbe il suo profitto, dal momento che i costi totali decrescono più rapidamente dei ricavi totali. Per questi livelli di produzione, il *ricavo marginale* del monopolista è minore del suo *costo marginale*: $MR < MC$.

Riassumendo quanto appena descritto:

- Se l'impresa produce una quantità per cui $MR > MC$, non massimizza il suo profitto poiché *incrementando* la produzione il suo profitto aumenterebbe.
- Se l'impresa produce una quantità per cui $MR < MC$, non massimizza il suo profitto, poiché *riducendo* la produzione il suo profitto aumenterebbe.
- Dunque, l'unica condizione in cui il monopolista *non può* aumentare il suo profitto, né incrementando né diminuendo la produzione, è quella in cui il ricavo marginale eguaglia il costo marginale. Perciò, se $Q°$ denota l'output di massimo profitto, si avrà

$$MR(Q°) = MC(Q°) \tag{11.1}$$

CONDIZIONE DI MASSIMO PROFITTO DI UN MONOPOLISTA La condizione per cui un monopolista massimizza il suo profitto producendo una quantità in corrispondenza della quale il ricavo marginale eguaglia il costo marginale.

L'equazione (11.1) descrive la **condizione di massimo profitto di un monopolista**. La Figura 11.2(b) mostra graficamente questa condizione: la quantità alla quale il ricavo marginale eguaglia il costo marginale è quella per cui MR interseca MC.

La condizione di massimo profitto definita nell'equazione (11.1) è valida sia per i mercati di monopolio sia per le imprese operanti in concorrenza perfetta. Come

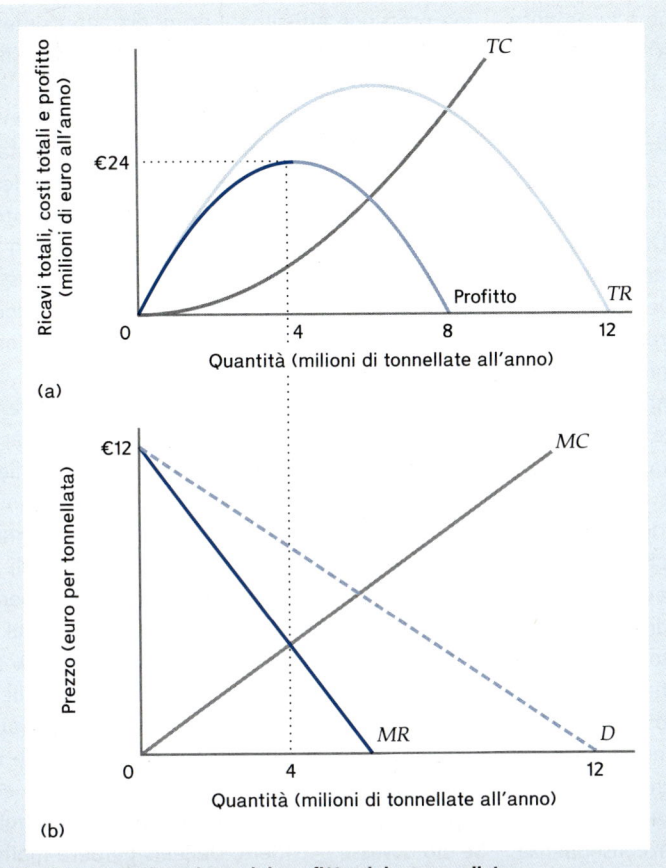

FIGURA 11.2 La massimizzazione del profitto del monopolista
Nel riquadro (a): i costi totali *TC* crescono al crescere di *Q*. I ricavi totali *TR* inizialmente sono crescenti e successivamente decrescono, così come il profitto, il quale è massimo per *Q* = 4 milioni di tonnellate.
Nel riquadro (b): la condizione di massimo profitto del monopolista è *MR* = *MC*, lì dove il ricavo marginale e il costo marginale si intersecano.

si è visto nel Capitolo 9, in un mercato di concorrenza perfetta, infatti, un'impresa price-taker massimizza il suo profitto producendo alla quantità in cui il costo marginale eguaglia in ricavo marginale (*MC* = *MR*), e, come si è appena mostrato, anche in monopolio vale la stessa regola.

Applicazione 11.1

Il monopolio dei diamanti di DeBeers è per sempre?[2]

DeBeers è una società con sede in Sudafrica che, fino alla fine degli anni Novanta, ha avuto un monopolio quasi assoluto sulla vendita di diamanti nel mondo. DeBeers aveva diritti esclusivi di estrazione in Africa, e produceva circa l'80% della quantità totale e più del 95% del valore (in dollari) dei diamanti a livello mondiale. La maggior parte delle pietre preziose era venduta tramite i propri uffici londinesi. Gestendo a tutti gli effetti un cartello formato dai maggiori produttori africani, DeBeers massimizzava i profitti riducendo la quantità venduta di diamanti, la qual cosa

[2] D. McAdams e C. Reavis, "DeBeers's Diamond Dilemma", Case 07-045, MIT Sloan School of Management, 2008.

determinava un aumento dei prezzi. Come è facilmente intuibile, essendo un quasi-monopolista del mercato dell'estrazione diamantifera, DeBeers ha realizzato enormi profitti per molti anni.

Recenti nuovi sviluppi hanno messo a rischio il monopolio di DeBeers. La società possedeva anche i diritti per la vendita di diamanti estratti in Unione Sovietica. Quando lo stato sovietico si è dissolto, DeBeers non è stata in grado di far valere gli accordi precedenti. Fuori dal suo controllo, il flusso di diamanti provenienti dall'ex Unione Sovietica è straordinariamente cresciuto. Molte società di gioielli, inclusa Tiffany, hanno deciso di integrarsi a monte con imprese che estraggono diamanti al fine di evitare l'acquisto delle pietre preziose da DeBeers. Nel 2004 la Namibia ha approvato una legge che prevede che le società di estrazione vendano una percentuale dei loro diamanti grezzi alle locali imprese di trasformazione, anche a quelle che non hanno legami con DeBeers. Altre nazioni africane stanno sfidando sempre più il dominio di DeBeers nella distribuzione e nella vendita di questo bene molto prezioso quando esso viene estratto all'interno dei propri confini. Per tutti i precedenti motivi, negli ultimi anni la quota di mercato di DeBeers è andata gradualmente riducendosi.

Vi è poi un'ulteriore fonte di preoccupazioni, se possibile ancora più grandi, per DeBeers: il diamante sintetico. I diamanti naturali si sono formati come conseguenza dell'elevata pressione a cui per centinaia di milioni di anni è stato sottoposto il carbonio nelle profondità della superficie terrestre. Recentemente, gli scienziati hanno scoperto come creare diamanti in meno di una settimana, sottoponendo in laboratorio il carbonio a una pressione altissima. I primi diamanti sintetici erano considerati pessimi sostituti di quelli naturali nel settore dei gioielli, ma si sono rivelati invece un'eccellente alternativa nelle applicazioni industriali (dove i diamanti vengono utilizzati per il taglio, considerata la loro estrema durezza). Nel 2007 i diamanti sintetici avevano conquistato il 90% del mercato dei diamanti per uso industriale a spese di DeBeers. Come se non bastasse, i creatori di diamanti sintetici hanno progressivamente perfezionato i loro prodotti al punto da renderli quasi indistinguibili da quelli naturali perfino all'occhio dei gioiellieri professionisti.

Sarà interessante analizzare gli effetti che la presenza di diamanti sintetici avrà sul mercato dei diamanti per gioielleria. A oggi, la maggior parte dei gioiellieri e degli acquirenti continua a preferire di gran lunga i diamanti naturali, anche se quelli sintetici sono chimicamente identici e da essi praticamente indistinguibili. Dunque, l'"autenticità" dei diamanti naturali pare avere ancora un valore sentimentale. Il prezzo di mercato dei diamanti sintetici per gioielleria è pari a circa il 30% di quello dei diamanti naturali. In ogni caso, è possibile che con il tempo, quando i consumatori si saranno abituati ai diamanti sintetici e si saranno resi conto che essi sono funzionalmente equivalenti e molto più economici rispetto a quelli naturali, le loro preferenze cambieranno. Se ciò dovesse accadere, DeBeers perderà molto del suo potere di mercato. Infatti, pur controllando ancora larga parte dell'offerta di diamanti naturali, essa potrebbe essere costretta a ridurre drasticamente i prezzi (e ad aumentare la produzione destinata alla vendita) al fine di affrontare la nuova concorrenza.

11.1.2 Un approfondimento sul ricavo marginale: unità marginali e inframarginali

Come descritto nel Capitolo 9, per un'impresa price-taker, il ricavo marginale coincide con il prezzo di mercato. Per un monopolista, per contro, *il ricavo marginale non è uguale al prezzo di mercato*. Per capirne il motivo, è necessario riprendere la curva di domanda del monopolista, esposta nella Figura 11.3. Si supponga che il monopolista inizialmente produca 2 milioni di tonnellate, applicando un prezzo pari a €10 alla tonnellata. Il ricavo totale dell'impresa è dato da 2 milioni × €10, e corrisponde alla somma delle aree *I* e *II*. Se il monopolista decide di incrementare la sua produzione fino a 5 milioni di tonnellate, per vendere questa quantità deve abbassare il suo prezzo a €7 alla tonnellata, come si può dedurre dall'andamento della curva di domanda. Il ricavo totale del monopolista diventa pari alla somma delle aree *II* e *III*. Perciò, la variazione del ricavo totale del monopolista corrispondente alla variazione della sua produzione da 2 a 5 milioni di tonnellate è costituita dall'area *III* meno l'area *I*. È possibile spiegare il significato di queste aree.

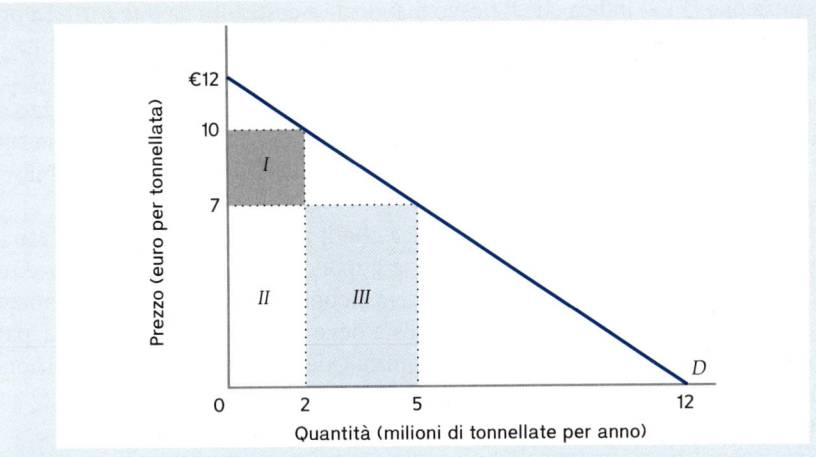

FIGURA 11.3 La variazione del ricavo totale del monopolista derivante dall'aumento della produzione
Per incrementare il proprio output da 2 a 5 milioni di tonnellate all'anno, il monopolista deve ridurre il suo prezzo da €10 a €7 alla tonnellata. L'incremento nei ricavi derivante dall'incremento di output di 3 milioni di unità (le unità marginali) corrisponde all'area *III*, mentre la riduzione nei ricavi sui 2 milioni di unità (le unità inframarginali) che avrebbe potuto vendere a un prezzo maggiore corrisponde all'area *I*. La variazione nei ricavi totali corrisponde perciò all'area *III* meno l'area *I*.

- L'area *III* rappresenta l'incremento di ricavo che il monopolista ottiene dai 3 milioni di tonnellate in più che riesce a vendere abbassando il suo prezzo a €7: €7 × (5 − 2) milioni = 21 milioni di euro. I 3 milioni di tonnellate addizionali vengono definiti *unità marginali*.
- L'area *I* rappresenta il ricavo che il monopolista sacrifica sui 2 milioni di tonnellate che avrebbe potuto vendere a un prezzo di €10: (€10 − €7) × 2 milioni = 6 milioni di euro. Questi 2 milioni di tonnellate vengono definiti *unità inframarginali*.

Quando il monopolista riduce il prezzo e aumenta l'output, la corrispondente variazione del ricavo totale, ΔTR, è la somma dei ricavi ottenuti dalle unità marginali, meno i ricavi sacrificati sulle unità inframarginali: ΔTR = area *III* − area *I* = 21 milioni − 6 milioni = 15 milioni di euro. È anche possibile affermare che il ricavo totale del monopolista aumenta a un tasso pari a (15 milioni di euro)/(3 milioni di tonnellate) = €5 per tonnellata.

Al fine di derivare un'espressione generale per il ricavo marginale, si noti che nella Figura 11.3:[3]

Area *III* = prezzo × variazione della quantità = $P \Delta Q$

Area *I* = − (quantità × variazione del prezzo) = $-Q \Delta P$

Perciò, la variazione dei ricavi totali del monopolista è: ΔTR = area *III* − area *I* = $P \Delta Q + Q \Delta P$.

Se si divide la variazione nei ricavi totali per la variazione nella quantità, si ottiene il tasso di variazione del ricavo totale rispetto alla quantità, ovvero il ricavo marginale:

$$MR = \frac{\Delta TR}{\Delta Q} = \frac{P\Delta Q + Q\Delta P}{\Delta Q} = P + Q\frac{\Delta P}{\Delta Q} \qquad (11.2)$$

---

[3] Essendo la variazione di prezzo negativa, il segno meno davanti all'espressione relativa all'area *I* assicura che il valore calcolato per quella stessa area sia positivo.

L'equazione (11.2) indica che il ricavo marginale è costituito da due parti. La prima di esse, P, corrisponde all'incremento di ricavo dovuto all'aumento del volume di vendite – le unità *marginali*. La seconda parte, $Q(\Delta P/\Delta Q)$ (che è negativa, poiché ΔP è negativo), corrisponde alla riduzione nei ricavi dovuta alla riduzione del prezzo di vendita sulle unità *inframarginali*. Dal momento che $Q(\Delta P/\Delta Q) < 0$, deriva che $MR < P$. Ovvero, il ricavo marginale è minore del prezzo che il monopolista stabilisce per ogni quantità maggiore di 0.

Quando $Q = 0$, l'equazione (11.2) implica che il ricavo marginale e il prezzo si eguagliano. In riferimento alla Figura 11.3, se il monopolista sceglie di praticare un prezzo pari a €12 per tonnellata, non venderà alcuna unità di prodotto. Per incrementare il suo output venduto, il monopolista deve ridurre il suo prezzo, ma, partendo da $Q = 0$, egli non ha unità inframarginali. Questo accade perché l'equazione (11.2) stabilisce che il ricavo marginale è dato da $P + Q(\Delta P/\Delta Q)$, ma quando $Q = 0$ si ha che $Q(\Delta P/\Delta Q) = 0$, per cui il ricavo marginale è uguale al prezzo.

Si noti che il ricavo marginale può assumere valori sia positivi che negativi. È negativo se l'incremento nei ricavi che l'impresa ottiene dalla vendita di quantitativi addizionali di prodotto è minore della riduzione nei ricavi causata dalla riduzione di prezzo sulle unità che si sarebbero potute vendere a prezzi maggiori. Maggiore è la quantità venduta, maggiore la probabilità che il ricavo marginale possa essere negativo, poiché la riduzione del prezzo (necessaria per vendere quantitativi maggiori) si ripercuote su un maggior numero di unità inframarginali.

11.1.3 Ricavo medio e ricavo marginale

Nei capitoli precedenti, sono stati spesso messi a confronto i concetti di valore medio e valore marginale di una stessa grandezza (per esempio, prodotto medio e prodotto marginale, costo medio e costo marginale). Per un monopolista, è importante anche il confronto tra ricavo medio e ricavo marginale, che aiuta a comprendere il motivo per cui la sua curva di ricavo marginale MR non corrisponde alla sua curva di domanda D, così come mostrato dalla Figura 11.4(b) [e precedentemente illustrato nella Figura 11.2(b)].

Il **ricavo medio** (*Average Revenue*, AR) del monopolista è dato dal ricavo totale diviso per la quantità: $AR = TR/Q$. Poiché il ricavo totale si calcola moltiplicando il prezzo per la quantità, si ha che $AR = (P \times Q)/Q = P$. Dunque, il ricavo medio è uguale al prezzo. Giacché il prezzo $P(Q)$ che il monopolista può praticare per vendere ogni quantità di output Q è determinato dalla curva di domanda di mercato, la curva del ricavo medio del monopolista coincide con la curva della domanda di mercato: $AR(Q) = P(Q)$.

Combinando quanto visto in questo e nel precedente paragrafo, è possibile affermare che, se l'output è positivo ($Q > 0$):

- Il ricavo marginale è minore del prezzo ($MR < P$).
- Siccome il ricavo medio è uguale al prezzo, il ricavo marginale è inferiore al ricavo medio ($MR < AR$).
- Poiché la curva del ricavo medio coincide con la curva di domanda, la curva del ricavo marginale si trova al di sotto della curva di domanda.

La Figura 11.4 mostra la relazione tra prezzo, quantità, ricavo totale, ricavo medio e ricavo marginale.

La relazione tra ricavo medio e ricavo marginale è in linea con altre relazioni tra valori medi e marginali osservate nei capitoli precedenti. Quando il valore medio di un parametro si riduce, il corrispondente valore marginale deve trovarsi al di sotto di quello medio. Poiché la curva di domanda del mercato è inclinata negativamente (cioè è decrescente) e la curva del ricavo medio corrisponde alla curva di domanda, la curva del ricavo marginale si trova al di sotto di quella del ricavo medio.

> **RICAVO MEDIO** Ricavo totale per unità di output (ovvero il rapporto tra ricavo totale e quantità).

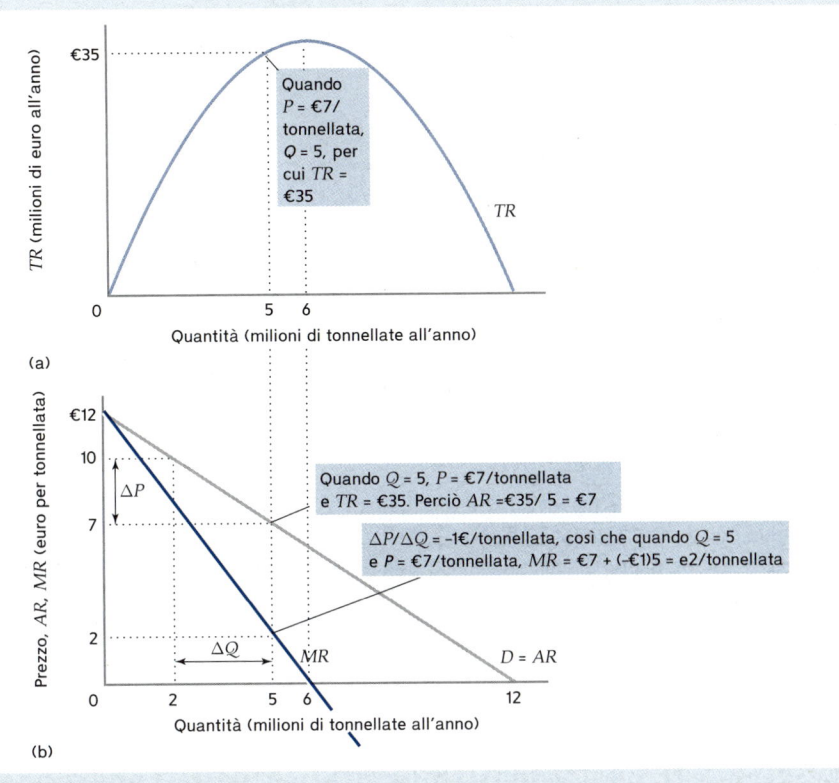

FIGURA 11.4 Ricavo totale, medio e marginale

La curva di domanda D e la curva del ricavo medio AR coincidono. La curva del ricavo marginale MR si trova al di sotto della curva di domanda. La pendenza della curva di domanda è $\Delta P/\Delta Q = -1$; di conseguenza, se il prezzo si riduce, per esempio, di €3 alla tonnellata (da €10 a €7), la quantità aumenta di 3 milioni di tonnellate all'anno (da 2 a 5 milioni). Quando $P = $ €7 alla tonnellata e $Q = $ 5 milioni di tonnellate all'anno:

- Grafico (a) – Ricavo totale $TR = P \times Q = 7 \times 5 = 35$ milioni di euro l'anno.
- Grafico (b) – Ricavo medio $AR = TR/Q = 35/5 = $ €7 alla tonnellata.

Il ricavo marginale è $MR = P + Q(\Delta P/\Delta Q) = 7 + 5(-1) = $ €2 alla tonnellata.
La curva del ricavo totale nel grafico raggiunge il suo massimo quando $Q = 6$, la stessa quantità per la quale $MR = 0$ nel grafico (b).

Esercizio svolto 11.1   Il ricavo marginale e medio per una curva di domanda lineare

Si supponga che l'equazione della curva di domanda di mercato sia $P = a - bQ$.

Problema

Quali sono le equazioni delle corrispondenti curve del ricavo medio e del ricavo marginale?

Soluzione

La curva del ricavo medio coincide con quella di domanda. Quindi $AR = a - bQ$.

Nell'equazione (11.2), il ricavo marginale è

$$MR(Q) = P + Q\frac{\Delta P}{\Delta Q}$$

Siccome $\Delta P/\Delta Q = -b$, e dato che $P = a - bQ$ è la forma generale di una curva di domanda lineare, sostituendo entrambi i parametri in MR si ha:

$$MR(Q) = a - bQ + Q(-b)$$
$$= a - 2bQ$$

Quindi, la curva del ricavo marginale riferita a una curva di domanda lineare è anch'essa lineare, ha la stessa intercetta (sull'asse dei prezzi) della curva di domanda (a), ma con pendenza doppia. Ciò implica che la curva del ricavo marginale interseca l'asse delle quantità esattamente a metà tra l'origine degli assi e il punto di intersezione tra la curva di domanda e l'asse Q, ovvero a $Q = a/(2b)$. Per quantitativi maggiori di questo valore, la curva del ricavo marginale non solo è inferiore a quella di domanda ma diventa negativa. L'andamento della curva del ricavo marginale nella Figura 11.4(b) mostra le proprietà appena descritte.

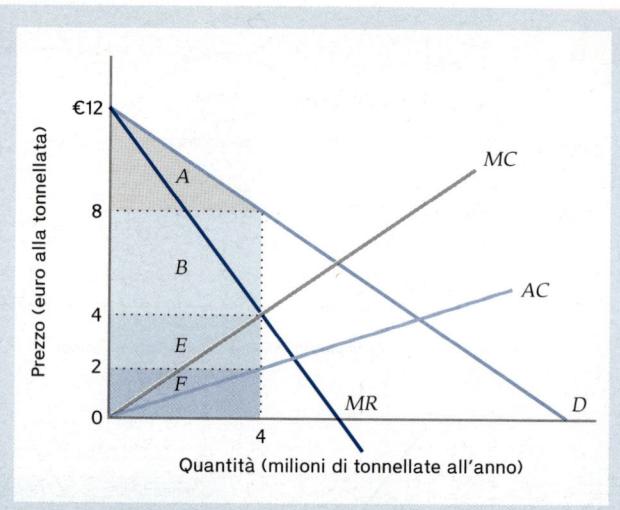

FIGURA 11.5 La condizione di massimizzazione del profitto del monopolista
L'output di massimo profitto è 4 milioni di tonnellate all'anno, in cui $MC = MR$. Per vendere questa quantità, il monopolista deve stabilire un prezzo pari a €8 alla tonnellata (come indicato dalla curva di domanda D). Il ricavo totale corrisponde alla somma delle aree $B + E + F$. I costi totali sono costituiti dall'area F. il profitto (ricavo totale meno costi totali) è costituito dalle aree $B + E$. Il surplus del consumatore è dato dall'area A.

11.1.4 L'esposizione grafica della condizione di massimo profitto

La Figura 11.5 illustra la condizione di massimo profitto $MR = MC$ del monopolista. La curva del ricavo marginale è decrescente e, per tutti i livelli positivi di output, si trova al di sotto della curva di domanda (che è anche la curva del ricavo medio). La curva del costo marginale MC è una retta che parte dall'origine, così come la curva del costo medio AC. Per tutti i livelli positivi di output, la curva del costo marginale si trova al di sopra della curva del costo medio.

La quantità che determina il massimo profitto è la quantità corrispondente al punto in cui MR e MC si intersecano, cioè 4 milioni di tonnellate all'anno. Il prezzo che massimizza il profitto è quello al quale la quantità di massimo profitto incontra la curva di domanda: €8 alla tonnellata (a questo prezzo, infatti, la quantità domandata è 4 milioni di tonnellate all'anno). Nella condizione di massimo profitto, il profitto è dato dai ricavi totali meno i costi totali. I ricavi totali si calcolano moltiplicando il prezzo (o ricavo medio) per la quantità prodotta (aree $B + E + F$), e i costi totali sono dati dal costo medio per la quantità (area F). Di conseguenza il profitto equivale alle aree $B + E$, pari a 24 milioni di euro, valore che corrisponde a quello individuato nella Tabella 11.1.

La Figura 11.5 illustra tre importanti aspetti inerenti all'equilibrio in un mercato di monopolio.

- Il prezzo che massimizza il profitto del monopolista (€8) eccede il costo marginale dell'ultima unità offerta (€4), a differenza di quanto accade nei mercati di concorrenza perfetta, dove il prezzo eguaglia il costo marginale dell'ultima unità offerta.
- Il profitto del monopolista può essere positivo, diversamente da quanto accade a un'impresa perfettamente concorrenziale in equilibrio di lungo

periodo, poiché il monopolista non deve far fronte alla minaccia di libera entrata nel mercato, situazione che rende nulli i profitti in concorrenza perfetta.
- Sebbene il monopolista fissi un prezzo superiore al costo marginale e abbia dei profitti, i consumatori traggono ancora alcuni benefici dal mercato di monopolio. Il surplus dei consumatori, nella condizione di massimo profitto della Figura 11.5, corrisponde all'area che si trova tra il prezzo di vendita e la curva di domanda, cioè all'area A, pari a 8 milioni di euro. Il beneficio totale netto in equilibrio di monopolio è la somma del surplus dei consumatori e del surplus dell'impresa monopolista, ed è uguale all'area $A + B + E$, corrispondente a 32 milioni di euro all'anno.

Esercizio svolto 11.2 Un'applicazione della condizione di massimo profitto del monopolista

L'equazione della curva di domanda del monopolista in Figura 11.5 è $P = 12 - Q$, mentre quella della curva del costo marginale è $MC = Q$, dove Q è espresso in milioni di tonnellate.

Problema

Quali sono la quantità e il prezzo che massimizzano il profitto del monopolista?

Soluzione

Per risolvere il problema, si deve: (1) trovare la curva del ricavo marginale; (2) eguagliare il ricavo marginale al costo marginale al fine di trovare la quantità di massimo profitto;
(3) sostituire questo valore nella curva di domanda per trovare il prezzo di massimo profitto.

La curva di domanda del monopolista ha la stessa forma di quella descritta nell'Esercizio svolto 11.1, ($P = a - bQ$). Di conseguenza, come in quell'esercizio, il ricavo marginale ha la stessa intercetta verticale della curva di domanda (12) e pendenza doppia: $MR = 12 - 2Q$. La condizione di massimo profitto è $MR = MC$, ovvero $12 - 2Q = Q$. Quindi la quantità di massimo profitto è $Q = 4$ (4 milioni di tonnellate). Sostituendo questo valore nell'equazione della curva di domanda si trova il prezzo di massimo profitto: $P = 12 - 4 = 8$ (€8 alla tonnellata). Questo risultato coincide con la soluzione grafica di massimizzazione del profitto del monopolista mostrata nella Figura 11.5.

11.1.5 Il monopolista non ha una curva di offerta

Un'impresa operante in un mercato di concorrenza perfetta considera il prezzo come dato e sceglie di produrre la quantità che massimizza il suo profitto. Il fatto che l'impresa consideri il prezzo come esogeno consente di costruire la curva di offerta dell'impresa, associando a ogni possibile prezzo di mercato la corrispondente quantità che massimizza il suo profitto.

Per il monopolista, invece, il prezzo è *endogeno* e non *esogeno*. In altri termini, il monopolista determina sia la quantità che il prezzo. In base all'andamento della sua curva di domanda, il monopolista può fornire la stessa quantità a prezzi diversi o quantità diverse allo stesso prezzo. Il legame unico tra prezzo e quantità che esiste in un mercato di concorrenza perfetta non esiste per un monopolista. Di conseguenza, un monopolista non ha una curva di offerta.

La Figura 11.6 illustra quanto appena descritto. Per la curva di domanda D_1, la quantità di massimo profitto è 5 milioni di unità all'anno, e il prezzo di massimo profitto è €15 per unità. Se la curva di domanda del monopolista diventa D_2, la quantità di massimo profitto continua a essere 5 milioni di unità all'anno, ma il prezzo di massimo profitto diventa €20 per unità. È dunque possibile per un monopolista, a seconda della domanda di mercato, vendere una quantità di massimo profitto (5 milioni di unità all'anno in Figura 11.6) a prezzi diversi (€15 e €20). Perciò, non esiste un'unica curva di offerta per un monopolista.

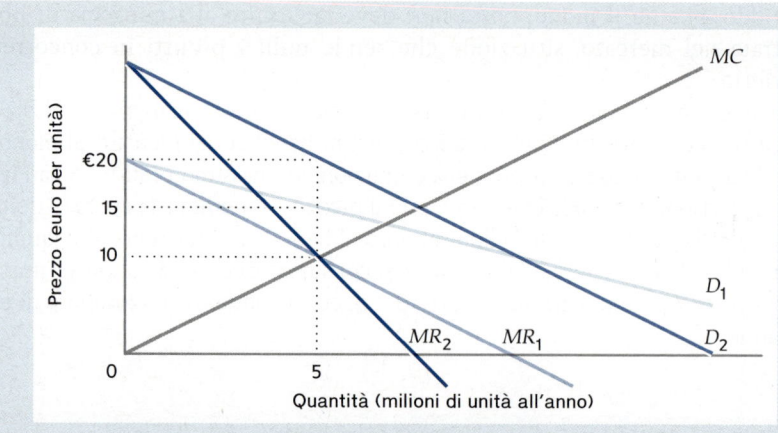

FIGURA 11.6 Il monopolista non ha una curva di offerta
Quando la curva di domanda è D_1, la quantità che massimizza il profitto è 5 e il prezzo €15. Quando la curva di domanda è D_2, la quantità di massimo profitto è pure 5, ma il prezzo è €20. Perciò il monopolista potrebbe vendere la stessa quantità a prezzi diversi, a seconda della domanda.

11.2 • L'importanza dell'elasticità della domanda rispetto al prezzo

Si è appena osservato che il monopolista utilizza la curva di domanda di mercato per definire il prezzo di vendita. Si è anche notato che il prezzo di massimo profitto del monopolista eccede il costo marginale dell'ultima unità offerta. In questo paragrafo si mostrerà come la differenza che esiste tra il prezzo e il costo marginale, ovvero il mark-up, sia fortemente influenzata dall'elasticità della domanda rispetto al prezzo.

11.2.1 Elasticità della domanda rispetto al prezzo e prezzo di massimo profitto

La Figura 11.7 illustra perché l'elasticità della domanda gioca un ruolo molto importante nella condizione di massimo profitto del monopolista. La Figura 11.7(a) mostra il prezzo di massimo profitto P_A e la quantità Q_A nel mercato di monopolio A. La Figura 11.7(b) mostra un secondo mercato di monopolio, B, nel quale la domanda è meno reattiva alle variazioni di prezzo. Va sottolineato che la curva di domanda di mercato B è stata costruita ruotando la curva di domanda A attorno al suo punto relativo a prezzo e quantità che massimizzano il profitto, il quale risulta perciò comune a entrambe. Quindi, la curva di domanda D_B al prezzo di massimo profitto P_A è meno elastica rispetto alla curva di domanda D_A. Confrontando i due mercati, è possibile osservare che la differenza tra prezzo di massimo profitto e costo marginale è minore nel mercato di monopolio A, in cui la domanda risulta più elastica al prezzo, rispetto al mercato B, in cui la domanda è meno elastica. Ciò dimostra l'importanza dell'elasticità della domanda rispetto al prezzo nella definizione di quanto il monopolista possa alzare il proprio prezzo rispetto al valore del costo marginale.

Quanto appena descritto offre un importante spunto di riflessione sul ruolo della concorrenza indiretta proveniente dall'esterno di un'industria. Qualsiasi monopolista deve infatti far fronte alla competizione derivante da settori contigui. Specialmente nel caso in cui ci siano stretti sostituti del prodotto del monopolista, i consumatori si mostrano più sensibili alle variazioni di prezzo, e il monopolista non sarà in grado di fissare il proprio prezzo molto al di sopra del costo marginale. Nonostante l'impresa operi in condizioni di monopolio nel proprio mercato di riferimento, la

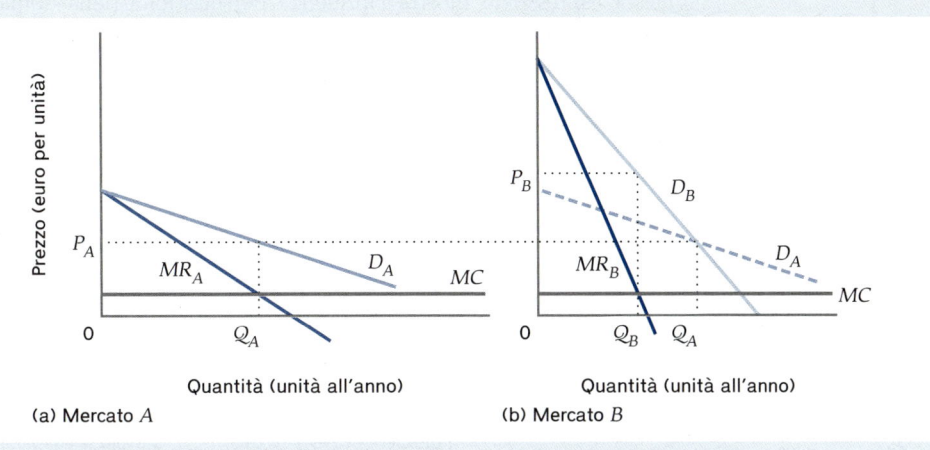

FIGURA 11.7 Come l'elasticità della domanda rispetto al prezzo influenza il prezzo di monopolio
Nel mercato A, il prezzo di massimo profitto è P_A. Nel mercato B, in cui la domanda per il prezzo P_A è meno elastica, il prezzo di massimo profitto del monopolista è P_B. La differenza tra il prezzo di massimo profitto e il costo marginale è tanto meno elevata quanto più elastica è la domanda al prezzo.

presenza di prodotti sostituti non consente di definire mark-up di rilevante entità, e di conseguenza di praticare prezzi eccessivamente elevati. Questo aspetto riflette un'importante caratteristica della relazione tra l'elasticità della domanda al prezzo e la quantità domandata: stabilendo prezzi troppo elevati, un monopolista perderà clienti a vantaggio di altri prodotti.

11.2.2 Ricavo marginale ed elasticità della domanda rispetto al prezzo

Per formalizzare la relazione tra l'elasticità della domanda rispetto al prezzo e il mark-up del monopolista sul costo marginale, è possibile derivare un'equazione che mostra questo legame. In prima istanza, si deve partire dall'equazione (11.2), relativa al ricavo marginale:

$$MR = P + Q\frac{\Delta P}{\Delta Q}$$

È possibile riscrivere tale formula in termini di elasticità della domanda al prezzo $\in_{Q,P}$:[4]

$$MR = P\left(1 + \frac{1}{\in_{Q,P}}\right) \qquad (11.3)$$

---

[4] Per giungere a questa equazione, si deve raccogliere il prezzo P fuori dall'equazione (11.2), che diventa

$$MR = P\left(1 + \frac{Q}{P}\frac{\Delta P}{\Delta Q}\right)$$

Poiché l'elasticità della domanda al prezzo è data dalla formula $\in_{Q,P} = (\Delta Q/\Delta P)(P/Q)$, il termine $(P/Q)(\Delta P/\Delta Q)$ equivale a $1/\in_{Q,P}$, ovvero all'inverso dell'elasticità della domanda al prezzo. Sostituendo $1/\in_{Q,P}$ a $(Q/P)(\Delta P/\Delta Q)$, si otterrà

$$MR = P\left(1 + \frac{1}{\in_{Q,P}}\right)\Delta$$

Questa espressione mostra l'influenza dell'elasticità della domanda sul ricavo marginale. Poiché $\epsilon_{Q,P} < 0$, la formula conferma anche che in un mercato di monopolio deve essere $MR < P$, oltre a risultare utile per descrivere ulteriori relazioni tra l'elasticità della domanda al prezzo e il ricavo marginale (e, di conseguenza, tra il ricavo totale e il prezzo), come mostra la seguente tabella.

Regione della curva di domanda	Relazione tra	
	Ricavo marginale e $\epsilon_{Q,P}$	Ricavi totali e prezzo
Elastica ($-\infty < \epsilon_{Q,P} < -1$)	$MR > 0$ [poiché $1 + (1/\epsilon_{Q,P}) > 0$]	Il monopolista può incrementare i suoi ricavi totali diminuendo di poco il suo prezzo (e, di conseguenza, incrementando la quantità).
A elasticità unitaria ($\epsilon_{Q,P} = -1$)	$MR = 0$ [poiché $1 + (1/\epsilon_{Q,P}) = 0$]	I ricavi totali del monopolista non variano se egli varia di poco il prezzo (o la quantità).
Inelastica ($-1 < \epsilon_{Q,P} < 0$)	$MR < 0$ [poiché $1 + (1/\epsilon_{Q,P}) < 0$]	Il monopolista può incrementare i suoi ricavi totali aumentando di poco il suo prezzo di vendita (e, di conseguenza, diminuendo la quantità).

La tabella riprende quanto descritto nel Capitolo 2 relativamente alle conseguenze di una variazione di prezzo sui ricavi totali di un'impresa. La relazione tra il ricavo marginale e l'elasticità della domanda rispetto al prezzo, descritta nella tabella, è illustrata nella Figura 11.8.

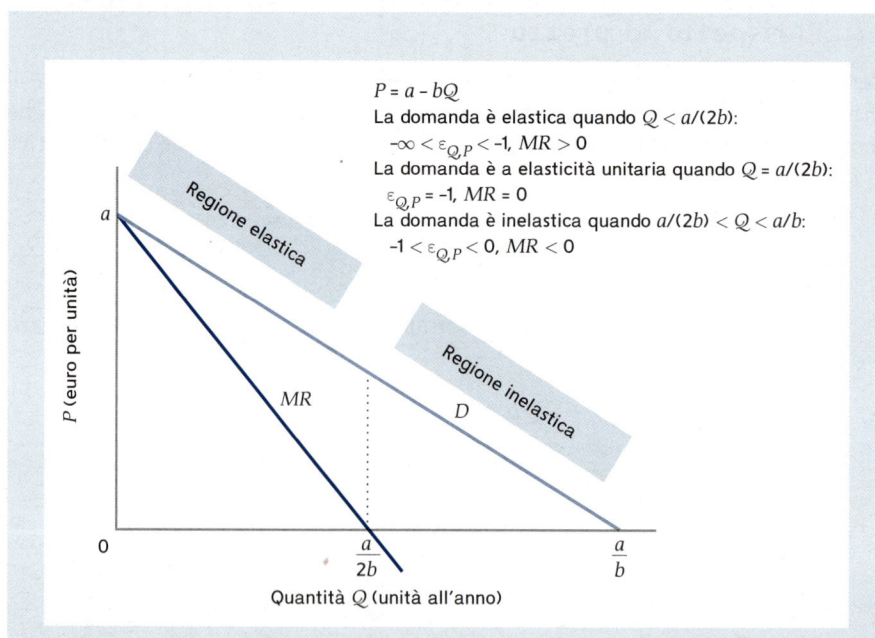

FIGURA 11.8 Ricavo marginale ed elasticità della domanda rispetto al prezzo per una curva di domanda lineare
Quando la domanda è elastica, il ricavo marginale è positivo. Quando la domanda ha elasticità unitaria, il ricavo marginale è pari a zero (cioè MR interseca l'asse delle ascisse). Quando la domanda è inelastica, il ricavo marginale è negativo.

11.2.3 Costo marginale ed elasticità della domanda rispetto al prezzo: la *inverse elasticity pricing rule* (IEPR)

La relazione tra il ricavo marginale e l'elasticità della domanda rispetto al prezzo fornisce un ulteriore modo per definire la condizione di massimo profitto del monopolista, in termini di costi marginali. Come stabilito nell'equazione (11.1), per il prezzo di massimo profitto P^* e per la quantità Q^* deve essere $MR(Q^*) = MC(Q^*)$. Di conseguenza, riprendendo l'equazione (11.3)

$$MC(Q^*) = P^*\left(1 + \frac{1}{\epsilon_{Q,P}}\right)$$

Sostituendo MC^* a $MC(Q^*)$, e dopo alcune manipolazioni algebriche, si ottiene

$$\frac{P^* - MC^*}{P^*} = -\frac{1}{\epsilon_{Q,P}} \qquad (11.4)$$

La parte sinistra dell'equazione (11.4) è il mark-up ottimale del monopolista sul costo marginale, espresso in percentuale del prezzo. Per questa ragione l'equazione (11.4) viene chiamata **inverse elasticity pricing rule (IEPR)**, o *regola del prezzo basata sull'inverso dell'elasticità*. La IEPR stabilisce che il mark-up del prezzo ottimale del monopolista sul costo marginale, espresso in percentuale del prezzo, è uguale all'inverso (preso con il segno meno) dell'elasticità della domanda rispetto al prezzo. La IEPR mostra come l'elasticità della domanda al prezzo giochi un ruolo fondamentale nella definizione del prezzo che il monopolista dovrebbe fissare per avere il massimo profitto.

Più specificamente, la IEPR riassume la relazione tra l'elasticità della domanda e il prezzo di monopolio già vista nella Figura 11.7: maggiore è l'elasticità della domanda del monopolista, minore sarà il mark-up ottimale.

Gli Esercizi svolti 11.3 e 11.4 mostrano come, conoscendo l'elasticità della domanda rispetto al prezzo, è possibile applicare la IEPR per calcolare il prezzo che massimizza il profitto del monopolista.

> **INVERSE ELASTICITY PRICING RULE (IEPR)** La regola secondo la quale la differenza tra il prezzo di massimo profitto e il costo marginale, espressa in percentuale sul prezzo, è uguale all'inverso (negativo) dell'elasticità della domanda rispetto al prezzo.

Esercizio svolto 11.3   Il calcolo del prezzo di vendita ottimale di un monopolista con una curva di domanda a elasticità costante

L'equazione di una curva di domanda a elasticità costante è $Q = aP^b$. In ogni punto di tale curva, l'elasticità è pari a $-b$.[5] Si supponga che un monopolista abbia costi marginali costanti e pari a $MC = €50$.

Problema

(a) Qual è il prezzo ottimale di vendita del monopolista se la sua funzione di domanda a elasticità costante è $Q = 100P^{-2}$?
(b) Qual è il prezzo ottimale di vendita del monopolista se la sua funzione di domanda a elasticità costante è $Q = 100P^{-5}$?

Soluzione

Per rispondere a entrambe le domande del problema, si può utilizzare la IEPR [equazione (11.4)].

(a) L'elasticità della domanda al prezzo è -2; di conseguenza,

$$\frac{P-50}{P} = -\frac{1}{-2}, \text{ da cui}$$

$$P = €100.$$

(b) L'elasticità della domanda al prezzo è -5; perciò,

$$\frac{P-50}{P} = -\frac{1}{-5}, \text{ da cui}$$

$$P = €62,50.$$

Si noti che, quando la domanda è più elastica, il prezzo di massimo profitto del monopolista è più basso (a parità di costo marginale).

---

[5] Per un approfondimento sulle curve di domanda a elasticità costante, si vedano il Capitolo 2 e la sua Appendice A2.

> **Esercizio svolto 11.4** Il calcolo del prezzo di vendita ottimale di un monopolista con una curva di domanda lineare
>
> Lungo una curva di domanda lineare, l'elasticità della domanda non è costante. Tuttavia, è comunque possibile utilizzare la IEPR per calcolare il prezzo di massimo profitto (e successivamente utilizzare questo valore per dedurre la relativa quantità). È anche possibile ottenere il medesimo risultato utilizzando l'equazione (11.1), ($MC = MR$).
>
> Supponete che un monopolista abbia un costo marginale costante pari a $MC =$ €50 e fronteggi la curva di domanda $P = 100 - Q/2$ (che può essere riscritta come $Q = 200 - 2P$).
>
> **Problema**
>
> (a) Calcolate il prezzo e la quantità di massimo profitto del monopolista utilizzando la IEPR.
> (b) Calcolate il prezzo e la quantità di massimo profitto del monopolista eguagliando MR a MC.
>
> **Soluzione**
>
> (a) Per una curva di domanda lineare, l'elasticità della domanda rispetto al prezzo è calcolabile attraverso l'espressione generale $\epsilon_{Q,P} = (\Delta Q/\Delta P)(P/Q)$.[6] In questo esempio particolare, si ha che $\Delta Q/\Delta P = -2$, per cui
>
> $$\epsilon_{Q,P} = -2\frac{P}{Q}.$$
>
> Dal momento che $Q = 200 - 2P$, si può scrivere
>
> $$\epsilon_{Q,P} = -\frac{2P}{200 - 2P}$$
>
> Ora, la IEPR implica che
>
> $$\frac{P - 50}{P} = -\frac{1}{-\left(\frac{2P}{200 - 2P}\right)},$$
>
> ovvero
>
> $$\frac{P - 50}{P} = \frac{200 - 2P}{2P}.$$
>
> Moltiplicando primo e secondo membro dell'espressione per $2P$, si ottiene una semplice equazione lineare: $2P - 100 = 200 - 2P$, da cui $P = 75$. Dunque, il prezzo di massimo profitto del monopolista è pari a €75. La sua quantità ottimale si trova sostituendo il prezzo nell'equazione della curva di domanda: $Q = 200 - 2(75) = 50$.
>
> (b) Per risolvere il problema eguagliando MR e MC, è necessario richiamare l'Esercizio svolto 11.1, dove è stato dimostrato che, per una curva di domanda lineare del tipo $P = a - bQ$, il ricavo marginale è $MR = a - 2bQ$. In questo esempio, quindi, $MR = 100 - Q$. Poiché $MR = MC$ e $MC = 50$, si ha $50 = 100 - Q$, da cui $Q = 50$. Sostituendo questo valore nell'equazione della curva di domanda, si trova che $P = 100 - 50/2 = 75$.
>
> Perciò, la IEPR e la condizione $MR = MC$ forniscono lo stesso risultato nel calcolo del prezzo e della quantità di massimo profitto di un monopolista (del resto, la IEPR è stata derivata proprio dalla condizione $MR = MC$). È importante ricordare che per una curva di domanda lineare, in cui l'elasticità della domanda al prezzo non è costante, è necessario partire dalla formula generale del calcolo dell'elasticità e successivamente applicare la IEPR.

11.2.4 Il monopolista produce sempre nella regione elastica della curva di domanda

Sebbene egli possa, in teoria, fissare il proprio prezzo di vendita in qualsiasi punto della curva di domanda, un monopolista orientato al massimo profitto opererà sempre nella *regione elastica* della curva di domanda di mercato (cioè il tratto in cui l'elasticità della domanda al prezzo $\epsilon_{Q,P}$ ha valori che vanno da -1 a $-\infty$). La Figura 11.9 illustra il motivo. Un monopolista che decide di operare in un punto come A, in cui la domanda è inelastica, si troverebbe nella condizione per cui, spostandosi nel punto B, potrebbe incrementare i profitti aumentando il prezzo e riducendo la quantità venduta. Infatti, quando ci si sposta da A a B, i ricavi totali aumentano di un valore pari alla differenza tra l'area I e l'area II, e i costi totali si riducono perché si produce meno. Se i ricavi totali aumentano e i costi diminuiscono, i profitti sicuramente crescono. Dunque, per ogni punto della porzione inelastica della curva di domanda, c'è sempre un punto nel tratto elastico in grado di dare profitti maggiori.

Si può utilizzare la IEPR per giungere alla stessa conclusione. Partendo dalla (forse ovvia) considerazione che i costi marginali sono sempre positivi, si deduce che il termine $1+(1/\epsilon_{Q,P})$ nell'equazione (11.3) deve essere anch'esso positivo. Ma l'unico modo per rendere questo termine positivo è che $\epsilon_{Q,P}$ sia compreso tra -1 e

---

[6] Per un approfondimento sulla variazione dell'elasticità della domanda al prezzo lungo una curva di domanda lineare, si veda il Capitolo 2.

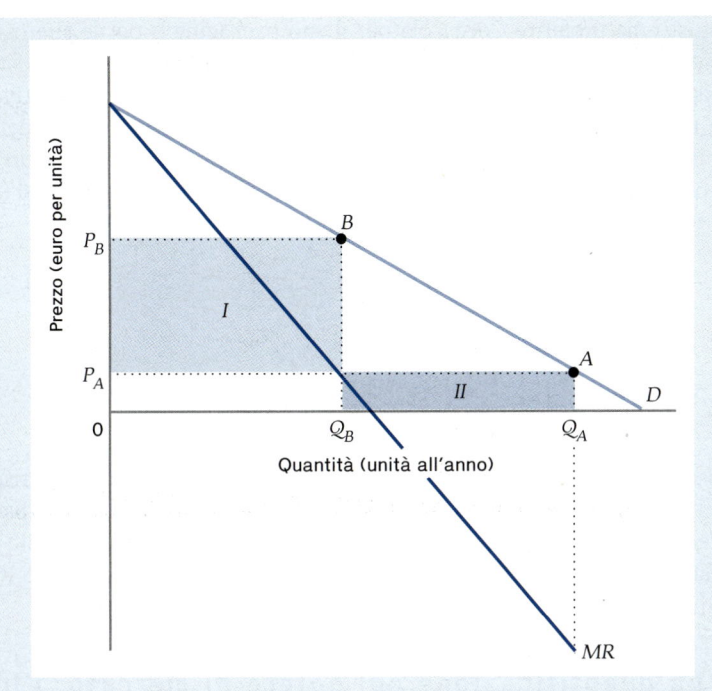

FIGURA 11.9 Un monopolista che tende al massimo profitto non opera mai nel tratto inelastico della sua curva di domanda
Nel punto A, che si trova nella regione inelastica della curva di domanda D, il monopolista sceglie il prezzo P_A e vende la quantità Q_A. Se il monopolista aumenta il prezzo fino a P_B e riduce la quantità venduta a Q_B, spostandosi dunque nel punto B che si trova nel tratto elastico della curva di domanda, i suoi ricavi totali aumenteranno per un valore pari all'area I meno l'area II, e i suoi costi totali si ridurranno a causa della minore produzione. Di conseguenza, i suoi profitti aumenteranno.

$-\infty$, cioè che la domanda sia elastica. Dunque, la IEPR implica che prezzo e quantità di massimo profitto del monopolista devono trovarsi nella regione elastica della sua curva di domanda.

11.2.5 La IEPR non vale solo per i monopolisti

La IEPR risulta valida per qualsiasi impresa si trovi ad affrontare una domanda, relativa al suo prodotto, inclinata negativamente, e non soltanto per le imprese di monopolio. Si consideri, per esempio, il problema relativo alla definizione del prezzo per la Coca-Cola. Nella maggior parte dei Paesi in cui vende la bevanda, questa impresa non opera in condizioni di monopolio: Pepsi, infatti, è spesso un concorrente molto agguerrito. Tuttavia, Coca-Cola e Pepsi non sono imprese perfettamente concorrenziali. Infatti, se Coca-Cola alza il suo prezzo, non tutti i suoi clienti si rivolgeranno a Pepsi; se decide di abbassarlo, per contro, non riuscirà a rubare tutti i clienti di Pepsi. Questo accade perché le due bevande sono caratterizzate da **differenziazione di prodotto**, una situazione in cui due o più prodotti possiedono attributi che li rendono distinguibili agli occhi dei consumatori, e di conseguenza non perfettamente sostituibili.

Alcune persone preferiscono la maggior dolcezza di Pepsi rispetto al gusto meno ricco di zuccheri di Coca-Cola, e per questo motivo continueranno a comprarla anche se il suo prezzo fosse maggiore rispetto a quello di Coca-Cola. Altri potrebbero preferire il gusto di Coca-Cola. Altri ancora potrebbero essere indiffe-

DIFFERENZIAZIONE DI PRODOTTO Una situazione in cui due o più prodotti possiedono attributi che li rendono diversi nella mente dei consumatori, e di conseguenza non perfettamente sostituibili.

renti al gusto ma preferire Coca-Cola per il suo packaging o per le sue campagne pubblicitarie.

I prodotti differenziati hanno una curva di domanda inclinata negativamente, anche se nel mercato non vi è un unico venditore. La determinazione del prezzo ottimale in mercati con prodotti differenziati può essere effettuata con un criterio molto simile alla IEPR. Il mark-up ottimale sul prezzo di Coca-Cola e Pepsi (rispettivamente identificate con A e I) sarà definito nel modo seguente:

$$\frac{P^A - MC^A}{P^A} = -\frac{1}{\epsilon_{Q_A,P_A}}$$

$$\frac{P^I - MC^I}{P^I} = -\frac{1}{\epsilon_{Q_I,P_I}}$$

In queste formule, ϵ_{Q_A,P_A} e ϵ_{Q_I,P_I} non sono elasticità della domanda rispetto al prezzo a livello di mercato, bensì a livello di marca. Quindi, ϵ_{Q_A,P_A} descrive la sensibilità della domanda di Coca-Cola alle variazioni del suo prezzo, a parità di tutti gli altri fattori in grado di influire sulla domanda di Coca-Cola (compreso il prezzo di Pepsi).[7]

11.2.6 La quantificazione del potere di mercato: l'indice di Lerner

Quando un'impresa affronta una curva di domanda inclinata negativamente, sia nel caso si tratti di un monopolista, sia nel caso produca un prodotto differenziato (come per Coca-Cola), è in grado di avere un certo controllo sulla definizione del prezzo di mercato del suo prodotto. Per un monopolista, la capacità di fissare il prezzo di mercato dipende in modo rilevante dall'esistenza di prodotti sostituti in settori diversi dal proprio. Nel caso di prodotti differenziati, le imprese devono tenere in considerazione i prezzi praticati dai concorrenti (il prezzo di Pepsi, per esempio, vincola il prezzo che Coca-Cola può fissare).

Quando un'impresa è in grado di esercitare un certo controllo sul prezzo di vendita del suo prodotto sul mercato, si dice che ha **potere di mercato**.[8] Si tenga presente che le imprese operanti nei mercati di concorrenza perfetta *non hanno* potere di mercato. Poiché in concorrenza perfetta il prezzo corrisponde al costo marginale, mentre in monopolio o nei mercati con prodotti differenziati il prezzo di vendita è, generalmente, superiore al costo marginale, una misura immediata del potere di mercato è il mark-up percentuale del prezzo sul costo marginale, $(P-MC)/P$ (ovvero il termine sinistro della IEPR). Questa misura fu suggerita dall'economista Abba Lerner, ed è per questo definita **indice di Lerner o del potere di mercato**.

L'indice di Lerner varia tra 0 e 1 (o tra 0 e 100%). È pari a zero nel caso di imprese operanti in mercati di concorrenza perfetta, mentre è positivo per ogni industria in situazione diversa dalla concorrenza perfetta. La IEPR stabilisce che, in condizione di equilibrio in un mercato di monopolio, l'indice di Lerner sarà inversamente collegato all'elasticità della domanda rispetto al prezzo. Come già discusso, una delle variabili che influenza l'elasticità della domanda è la minaccia proveniente da possibili prodotti sostituti. Se un monopolista si trova a dover fron-

---

POTERE DI MERCATO La capacità di un agente economico di influenzare il prezzo di mercato di un bene.

INDICE DI LERNER O DEL POTERE DI MERCATO Una misura del potere monopolistico di un'impresa; il mark-up percentuale del prezzo sul costo marginale, $(P - MC)/P$.

---

[7] Per un approfondimento sulle differenze tra l'elasticità della domanda rispetto al prezzo riferita all'intero mercato o a una singola marca, si veda il Capitolo 2.
[8] Come si vedrà nel Capitolo 13, i monopolisti e i venditori di prodotti differenziati non sono le uniche tipologie di imprese con potere di mercato.

teggiare forti competitor presenti in mercati contigui, il suo indice di Lerner sarà basso. In questo caso l'impresa, pur operando in condizioni di monopolio, avrà un debole potere di mercato.

11.3 • Statica comparata in monopolio

Avendo descritto come il monopolista determina il prezzo e la quantità che massimizzano il profitto, nonché il ruolo che l'elasticità della domanda rispetto al prezzo gioca nella definizione di tali grandezze, è possibile ora passare a esaminare come gli spostamenti delle curve di domanda o di costo influenzano le decisioni del monopolista.

11.3.1 Spostamenti della curva di domanda

Statica comparata

La Figura 11.10 mostra come un incremento della domanda modifica il prezzo e la quantità di massimo profitto del monopolista. In entrambi i grafici, si suppone che la quantità domandata aumenti per *tutti* i livelli di prezzo (ovvero, che la curva di domanda originaria D_0 e la nuova curva di domanda D_1 non si intersechino) e che all'incremento della domanda corrisponda un incremento del ricavo marginale (da MR_0 a MR_1).

Nella Figura 11.10(a), MC cresce al crescere della quantità prodotta. In questo caso, l'incremento della domanda comporta un incremento sia della quantità ottimale (da 2 a 3 milioni di unità all'anno) sia del prezzo ottimale (da €10 a €12 per unità).

Nella Figura 11.10(b), per contro, il costo marginale decresce all'aumentare della quantità prodotta. Ora l'incremento della domanda è ancora accompagnato da un incremento della quantità venduta (da 2 a 6 milioni di unità all'anno), ma si verifica una riduzione del prezzo di vendita (da €10 a €9 per unità), nonostante il monopolista possa applicare un prezzo maggiore per ogni quantità rispetto a prima

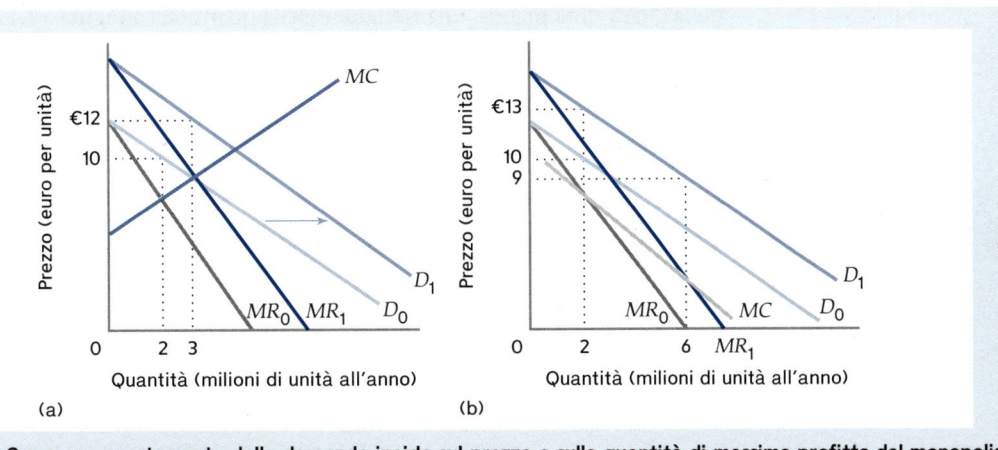

FIGURA 11.10 Come uno spostamento della domanda incide sul prezzo e sulla quantità di massimo profitto del monopolista
In entrambi i grafici un incremento della domanda (da D_0 a D_1) provoca un aumento della quantità di massimo profitto. Nel grafico (a), dove i costi marginali crescono al crescere della quantità prodotta, anche il prezzo di massimo profitto aumenta. Ma nel grafico (b), dove i costi marginali decrescono al crescere della quantità, il prezzo si riduce.

– per esempio, prima dell'incremento della domanda il monopolista avrebbe potuto vendere 2 milioni di unità al prezzo di €10 ciascuna, e dopo l'incremento vendere quella stessa quantità a un prezzo di €13. Tuttavia, egli non opterà per questa scelta, poiché può massimizzare il suo profitto vendendo 6 milioni di unità al prezzo di €9. La figura mostra come, in caso di costi marginali decrescenti al crescere della quantità prodotta, un incremento nella domanda sia accompagnato dalla riduzione del prezzo di vendita.

Generalmente, dal momento che un aumento nella domanda comporta anche uno spostamento verso destra del ricavo marginale, l'incremento della domanda farà crescere la quantità ottimale del monopolista. L'aumento del ricavo marginale, infatti, comporta che il punto di intersezione tra ricavo marginale e costo marginale si troverà in corrispondenza di una quantità superiore a quella iniziale. Allo stesso modo, una riduzione della domanda, accompagnata da una corrispondente riduzione del ricavo marginale, ridurrà la quantità ottimale del monopolista. Invece, l'impatto dello spostamento della curva di domanda sul prezzo di vendita ottimale dipende (in genere) da come variano i costi marginali al variare della quantità prodotta.

La regola del punto medio del monopolista

Per un monopolista che fronteggia una curva del costo marginale costante e una curva di domanda lineare, c'è un'utile formula per determinare il prezzo di massimo profitto: la **regola del punto medio**. Come mostra la Figura 11.11, la regola del punto medio stabilisce che il prezzo ottimale P^* si trova a metà tra l'intercetta verticale della curva di domanda, a (ovvero il prezzo di riserva del mercato), e l'intercetta verticale della curva del costo marginale, c. Questo implica che un incremento Δa del prezzo di riserva causerà un incremento pari a $\Delta a/2$ del prezzo di mercato (quindi, se il prezzo di riserva aumentasse di €10, il monopolista aumenterebbe il suo prezzo di vendita di €5). Come mostra l'Esercizio svolto 11.5, la regola del punto medio del monopolista può essere formalizzata nel seguente modo: $P^* = (a + c)/2$.

> **LA REGOLA DEL PUNTO MEDIO DEL MONOPOLISTA** Una regola che stabilisce che il prezzo ottimale del monopolista operante con costi marginali costanti e una curva di domanda lineare si trova a metà tra l'intercetta verticale della curva di domanda (ovvero il prezzo di riserva) e l'intercetta verticale della curva del costo marginale.

11.3.2 Spostamenti della curva del costo marginale

Statica comparata

In base alla formula della IEPR, un incremento del costo marginale provocherà un aumento del prezzo che massimizza il profitto e, a causa della pendenza negativa della curva di domanda, una riduzione della quantità. La Figura 11.12 conferma tale

---

Esercizio svolto 11.5   Il calcolo del prezzo ottimale attraverso la regola del punto medio del monopolista

Si supponga che un monopolista fronteggi una curva di domanda lineare $P = a - bQ$ e abbia un costo marginale costante $MC = c$ (come illustrato in Figura 11.11).

Problema

Quali sono il prezzo e la quantità di massimo profitto del monopolista?

Soluzione

Per questa curva di domanda, la curva del ricavo marginale è $MR = a - 2bQ$. Bisogna eguagliare questa espressione al costo marginale al fine di trovare la quantità ottimale Q^*:

$$MR = MC$$
$$a - 2bQ^* = c$$

$$Q^* = \frac{a-c}{2b}$$

Il prezzo ottimale del monopolista P^* si ottiene sostituendo la quantità ottimale Q^* nella curva di domanda:

$$P^* = a - b\left(\frac{a-c}{2b}\right) = a - \frac{1}{2}a + \frac{1}{2}c = \frac{a+c}{2}$$

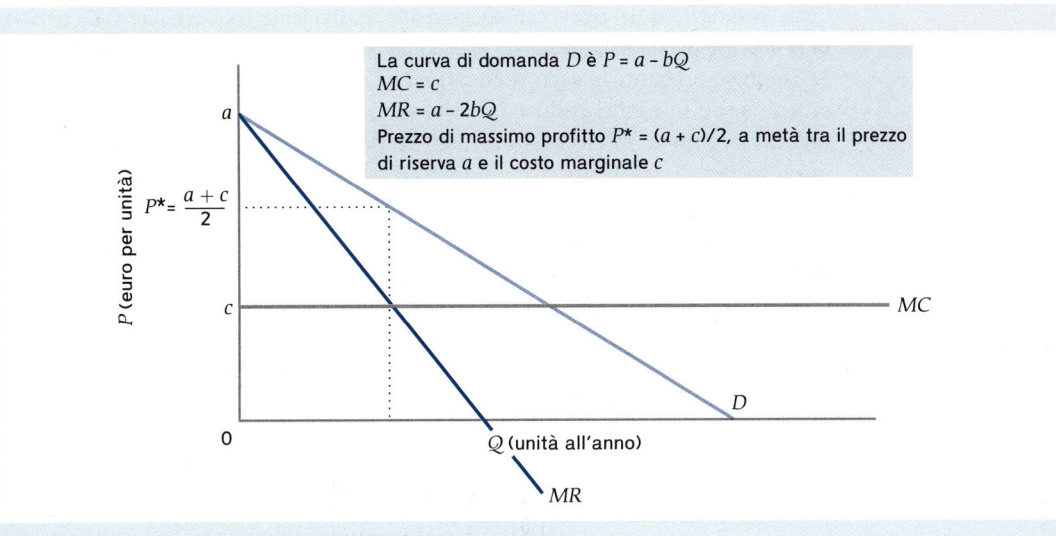

FIGURA 11.11 La regola del punto medio del monopolista
Quando il monopolista ha una curva di domanda lineare e una curva del costo marginale costante, il prezzo di massimo profitto P^* si trova a metà tra l'intercetta verticale della curva del costo marginale c e il prezzo di riserva dei suoi acquirenti a.

La curva di domanda D è $P = a - bQ$
$MC = c$
$MR = a - 2bQ$
Prezzo di massimo profitto $P^* = (a + c)/2$, a metà tra il prezzo di riserva a e il costo marginale c

intuizione. Un incremento del costo marginale comporta un incremento del prezzo e una riduzione della quantità, in quanto lo spostamento della curva del costo marginale verso l'alto comporta una variazione nel punto di intersezione tra questa curva e quella del ricavo marginale, il quale si sposta verso l'alto e verso sinistra. Allo stesso modo, una riduzione del costo marginale determina un incremento della quantità e una riduzione del prezzo di massimo profitto.

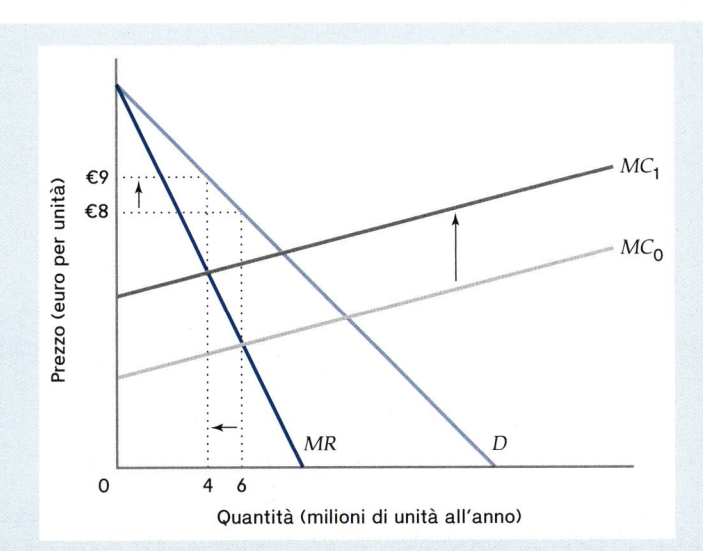

FIGURA 11.12 Come un incremento del costo marginale cambia l'equilibrio del monopolista
Quando la curva del costo marginale del monopolista si sposta da MC_0 a MC_1, la quantità di massimo profitto si riduce passando da 6 a 4 milioni di unità all'anno, mentre il prezzo aumenta da €8 a €9 per unità.

Come la variazione dei ricavi conseguente allo spostamento dei costi marginali mostra se le imprese di un mercato stanno agendo come un monopolista che massimizza il profitto

Le imprese operanti in settori costituiti da pochi produttori vengono spesso accusate di agire in modo collusivo (istituendo accordi per comportarsi come fossero un'unica impresa monopolista). Al di là dell'evidenza empirica degli accordi tra imprese per fissare il prezzo, è possibile riuscire a stabilire la veridicità di queste accuse? La risposta è affermativa. Osservando la variazione dei ricavi totali dell'intero settore conseguente a una variazione del costo marginale, si può quanto meno respingere l'ipotesi che le imprese stiano colludendo. La Figura 11.13 ne spiega il motivo.

Essa mostra cosa accade quando un monopolista si trova ad affrontare un incremento dei suoi costi marginali da MC_0 a MC_1. In tale ipotesi, il monopolista riduce la quantità offerta sul mercato. Poiché il monopolista opera sempre nella regione elastica della curva di domanda, dove i ricavi marginali sono positivi, egli si troverà anche a operare nel tratto crescente della sua curva del ricavo totale, come mostrato dalla Figura 11.13(a). Perciò, un incremento dei costi marginali, e la conseguente

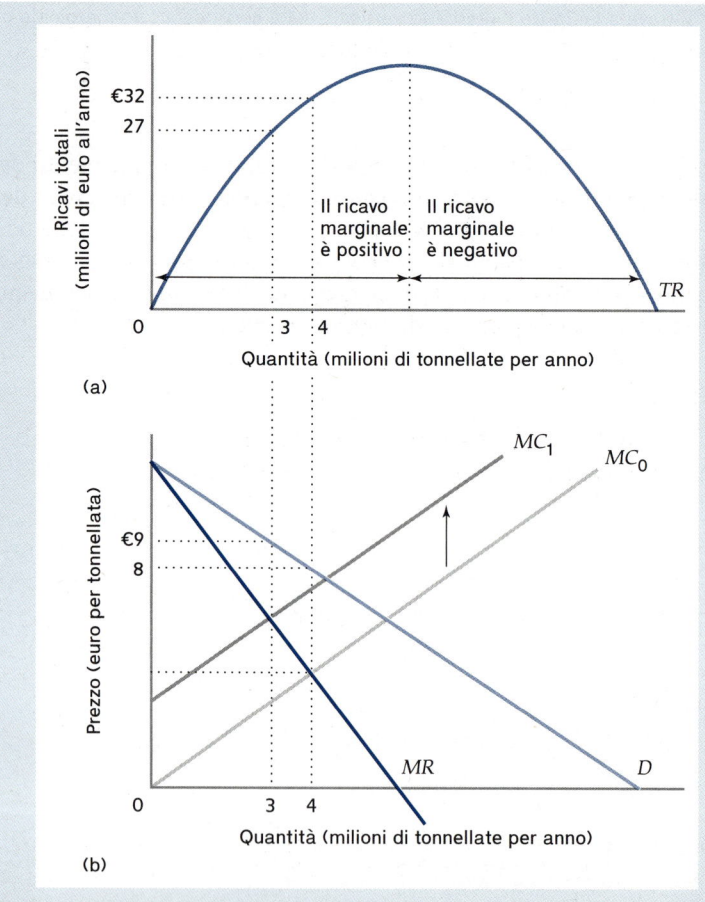

FIGURA 11.13 Un incremento del costo marginale riduce i ricavi totali del monopolista
La Figura 11.13(b) mostra che un incremento del costo marginale riduce la quantità ottimale di prodotto venduta del monopolista da 4 milioni a 3 milioni di tonnellate all'anno. Dal momento che il monopolista opera sempre nel tratto elastico della curva di domanda, una riduzione della quantità venduta comporta una riduzione dei ricavi totali, che passano da 32 a 27 milioni di euro.

riduzione della quantità offerta, comporta anche una riduzione dei suoi ricavi totali. Si può quindi affermare che:[9]

- Uno spostamento verso l'alto della curva del costo marginale riduce i ricavi totali di un monopolista che sta massimizzando il profitto.
- Uno spostamento verso il basso della curva del costo marginale aumenta i ricavi di un monopolista che sta massimizzando il profitto.

Queste considerazioni di statica comparata aiutano a valutare l'ipotesi che le imprese operanti in settori non di monopolio si siano accordate per agire come se fossero un unico monopolista. Si supponga, per esempio, che a un incremento della tassazione sulla birra sia corrisposto un incremento dei ricavi totali del settore. Dal momento che in questo caso, come mostrato, i ricavi dell'industria *non potrebbero crescere* se le imprese stessero collettivamente operando come un unico monopolista, un *incremento* dei ricavi totali delle imprese del settore suggerisce che esse *non* stanno agendo in collusione.

11.4 • Imprese monopolistiche multi-impianto o multi-prodotto

Molte imprese operano con diversi impianti o in diversi settori di produzione. Per esempio, l'Enel utilizza diverse centrali elettriche al fine di produrre e fornire energia sul territorio. La teoria del monopolio può facilmente essere estesa al caso di imprese multi-impianto. In questo paragrafo si procederà dapprima all'analisi del caso di un monopolista che opera con due impianti. Successivamente si esaminerà il comportamento di un monopolista che opera in più mercati. Infine, si prenderà in considerazione il caso di un cartello tra due imprese.

11.4.1 La scelta del volume di produzione ottimale per un monopolista con due impianti

Si consideri un monopolista con due impianti, le cui funzioni di costo marginale sono MC_1 e MC_2. La scelta del volume di produzione ottimale riguarda due aspetti: quanto deve produrre complessivamente il monopolista, e come deve dividere la produzione tra i due impianti.

Si supponga che l'intera produzione dell'impresa sia costituita da 6 milioni di unità, equamente divise tra gli impianti 1 e 2. La Figura 11.14 mostra che per un output di 3 milioni di unità l'impianto 1 ha un costo marginale maggiore dell'impianto 2: €6 per unità contro €3 per unità (punto B e punto A). In questa situazione, l'impresa, se desidera ridurre i propri costi (mantenendo costanti i ricavi), deve aumentare la produzione dell'impianto 2 e ridurre corrispondentemente quella dell'impianto 1. L'aumento della produzione nell'impianto 2 incrementerà i suoi costi a un tasso di €3 per unità; per contro, la riduzione della produzione dell'impianto 1 farà diminuire i suoi costi a un tasso di €6 per unità. Insomma, riallocando la produzione tra i due impianti l'impresa può ridurre i propri costi totali. Nel caso

---

[9] Per maggiori approfondimenti sulle considerazioni di statica comparata effettuate in questo paragrafo, si veda J. Panzar e J. Rosse, "Testing for Monopoly Equilibrium", *Journal of Industrial Economics*, 1987.

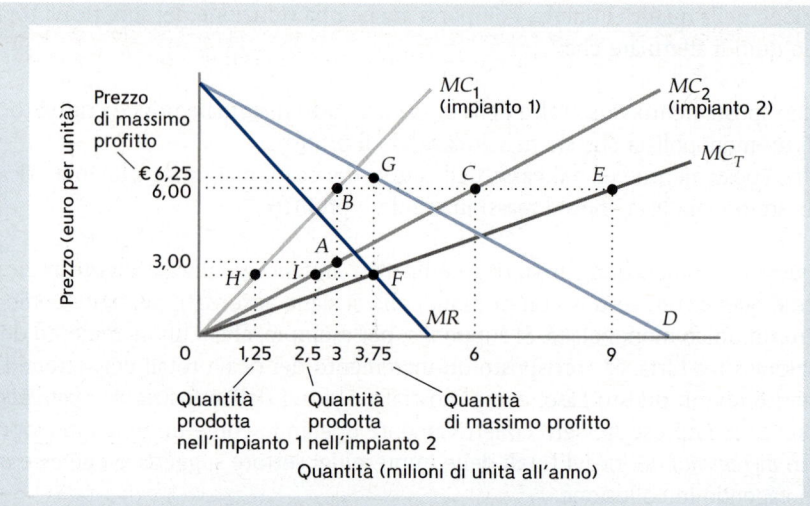

FIGURA 11.14 La condizione di massimo profitto per un monopolista multi-impianto
La curva del costo marginale del monopolista è MC_T, costituita dalla somma orizzontale delle curve del costo marginale dei singoli impianti MC_1 e MC_2. La quantità di massimo profitto è pari a 3,75 milioni di unità all'anno, corrispondente a $MR = MC_T$, mentre il prezzo ottimale è €6,25 per unità. L'impianto 1 produce 1,25 milioni di unità, e l'impianto 2 2,5 milioni.

CURVA DEL COSTO MARGINALE MULTI-IMPIANTO La somma orizzontale delle curve del costo marginale dei singoli impianti.

---

in cui operi con costi marginali diversi per i suoi differenti impianti, dunque, essa ha convenienza a riallocare la sua produzione fino a che non arriva a eguagliare i costi marginali di produzione dei differenti impianti.

Alla luce di quanto descritto, è possibile creare una funzione di costo marginale per un'impresa multi-impianto. Per esempio, riprendendo la Figura 11.14, si consideri un qualsiasi livello dei costi marginali, quale per esempio €6. Per raggiungere questo valore del costo marginale in entrambi gli impianti, il monopolista dovrà produrre 3 milioni di unità nell'impianto 1 (punto B) e 6 milioni di unità nell'impianto 2 (punto C). Perciò, egli sostiene un costo marginale di €6 quando produce un totale di 9 milioni di unità (punto E). La curva MC_T - la **curva del costo marginale multi-impianto** - è la somma orizzontale delle singole curve del costo marginale dei differenti impianti.

Avendo derivato la curva del costo marginale multi-impianto la risposta al primo quesito - qual è il volume di produzione totale - è relativamente semplice da individuare. Per definire la quantità totale di massimo profitto da produrre, il monopolista deve eguagliare il suo ricavo marginale alla curva del costo marginale multi-impianto: $MR = MC_T$. Nella Figura 11.14 questa uguaglianza corrisponde a un volume totale di produzione pari a 3,75 milioni di unità (punto F). Il prezzo ottimale corrispondente a questo output è €6,25 (punto G).

Stabiliti quantità e prezzo di massimo profitto, determinare quanto produrre nei singoli impianti è un po' più complesso. Graficamente, i livelli ottimali di produzione dei singoli impianti si deducono dal punto di intersezione tra le singole curve del costo marginale riferite ai due impianti e una linea tracciata orizzontalmente a partire dal punto di intersezione tra MR e MC_T (ovvero dal punto F). Di conseguenza, l'impianto 1 produrrà 1,25 milioni di unità all'anno (punto H) e l'impianto 2 2,5 milioni (punto I). L'Esercizio svolto 11.6 mostra come derivare algebricamente tutti i precedenti risultati.

Esercizio svolto 11.6 — La determinazione della quantità ottimale, del prezzo e della suddivisione della produzione per un monopolista multi-impianto

Si supponga che un monopolista si trovi a fronteggiare la curva di domanda $P = 120 - 3Q$. Egli produce in due impianti. Il primo ha una curva del costo marginale pari a $MC_1 = 10 + 20Q_1$, mentre quella del secondo è $MC_2 = 60 + 5Q_2$.

Problema

(a) Definite il prezzo e la quantità totale di massimo profitto del monopolista.
(b) Stabilite la suddivisione ottimale della produzione del monopolista tra i due impianti.

Soluzione

(a) Per prima cosa, si deve costruire la curva del costo marginale multi-impianto del monopolista MC_T, data dalla somma orizzontale di MC_1 e MC_2. È errato scrivere $10 + 20Q + 60 + 5Q = 70 + 25Q$, perché questo calcolo fornisce la somma *verticale* delle due curve. Per ottenere la somma orizzontale, è necessario innanzitutto riscrivere le curve del costo marginale esprimendo Q in funzione di MC:

$$Q_1 = -\frac{1}{2} + \frac{1}{20} MC_1$$

$$Q_2 = -12 + \frac{1}{5} MC_2$$

Addizionando tali due equazioni, si ottiene la somma orizzontale di MC_1 e MC_2:

$$Q_1 + Q_2 = -\frac{1}{2} + \frac{1}{20} MC_T + -12 + \frac{1}{5} MC_T$$
$$= -12{,}5 + 0{,}25\, MC_T$$

Designando $Q = Q_1 + Q_2$ come l'output totale del monopolista, si può ora risolvere l'equazione per MC_T: $Q = -12{,}5 + 0{,}25\, MC_T$, ovvero $MC_T = 50 + 4Q$.

Se si uguaglia il ricavo marginale al costo marginale, si ottengono la quantità e il prezzo che massimizzano il profitto: $MR = MC_T$, ovvero $120 - 6Q = 50 + 4Q$, da cui $Q = 7$. Sostituendo questa quantità nella curva di domanda, si individua il prezzo ottimale: $P = 120 - 3(7) = 99$.

(b) Per conoscere la divisione ottimale dell'output tra i due impianti, si deve dapprima determinare il costo marginale corrispondente alla quantità ottimale $Q = 7$: $MC_T = 50 + 4(7) = 78$.

Ora si possono utilizzare le funzioni inverse del costo marginale, già derivate in precedenza, per trovare il volume di produzione dei singoli impianti compatibile con un costo marginale pari a 78:

$$Q_1 = -\frac{1}{2} + \frac{1}{20}(78) = 3{,}4$$

$$Q_2 = -12 + \frac{1}{5}(78) = 3{,}6$$

Dunque, il monopolista produce un volume totale pari a 7 unità, delle quali 3,4 unità nell'impianto 1 e 3,6 nell'impianto 2.

11.4.2 La scelta ottimale di un monopolista che opera in due mercati distinti

Si prenda in esame ora l'ipotesi di un monopolista che vende il proprio prodotto su due differenti mercati. In questo paragrafo si ipotizzerà che il monopolista pratichi il medesimo prezzo in entrambi i mercati (nel Capitolo 12 verrà invece considerato il comportamento di imprese che possono "discriminare il prezzo", praticando prezzi differenti in mercati differenti). La domanda del primo mercato è $Q_1(P)$, dove Q_1 è la quantità domandata dal mercato 1 quando il prezzo è P. Allo stesso modo, la quantità domandata dal mercato 2 al prezzo P è $Q_2(P)$. I costi dell'impresa dipendono dalla quantità totale prodotta, Q, per cui $Q = Q_1(P) + Q_2(P)$. I costi totali sono $C(Q)$, e i costi marginali $MC(Q)$. Quale sarà il prezzo che l'impresa dovrà fissare per massimizzare i suoi profitti se opera in entrambi i mercati?

Il profitto complessivo sarà dato dalla differenza tra i ricavi totali ottenuti nei due mercati e i costi $C(Q)$. Per trovare i ricavi totali relativi a entrambi i mercati, l'impresa dovrà definire la sua domanda aggregata $Q = Q_1(P) + Q_2(P)$. Graficamente, essa è semplicemente la somma orizzontale delle domande riferite ai due mercati. Una volta nota la domanda aggregata, l'impresa individuerà la quantità di massimo profitto eguagliando il ricavo marginale riferito alla domanda aggregata al costo marginale $MC(Q)$. Il prezzo ottimale verrà successivamente determinato dalla funzione di domanda aggregata.

> **Esercizio svolto 11.7 La determinazione della quantità e del prezzo di massimo profitto per un monopolista che serve due mercati**
>
> La Sky Tour è l'unica impresa autorizzata a offrire il servizio di paracadutismo ascensionale (parapendio) in un'isola caraibica. Essa si trova di fronte due tipologie di consumatori: coloro che visitano l'isola per lavoro (business), e coloro che sono in vacanza. L'impresa può scegliere a che prezzo vendere il suo servizio, ma le è richiesto di praticare lo stesso prezzo a tutti i consumatori. La domanda dei clienti business è $Q_1(P) = 180 - P$, quella dei clienti in vacanza è $Q_2(P) = 120 - P$. Il costo marginale dell'impresa di parapendio è $MC(Q) = 30$.
>
> **Problema**
>
> Quanti giri in parapendio dovrà offrire l'impresa, e a che prezzo, per massimizzare i suoi profitti?
>
> **Soluzione**
>
> Innanzi tutto, si analizzi la domanda aggregata dell'impresa. Il prezzo di riserva dei clienti business e in vacanza è, rispettivamente, 180 e 120. Di conseguenza, per livelli di prezzo che si trovano tra 180 e 120 solamente i clienti business acquisteranno un giro con il paracadute ascensionale, e dunque la domanda aggregata sarà $Q = 180 - P$. Per prezzi inferiori a 120, entrambi i clienti saranno interessati all'acquisto del servizio, e la domanda aggregata sarà $Q = 300 - 2P$. In sintesi:
>
> - quando $120 \leq P \leq 180$, la domanda aggregata è $Q = 180 - P$, e la sua funzione inversa è $P = 180 - Q$; il ricavo marginale sarà allora $MR = 180 - 2Q$;
> - quando $P \leq 120$, la domanda aggregata è $Q = 300 - 2P$, e la sua funzione inversa è $P = 150 - 0{,}5Q$; il ricavo marginale sarà $MR = 150 - Q$.
>
> Si supponga dapprima che il prezzo ottimale sia superiore a 120 (come si vedrà, l'esito finale non sarà questo). Ponendo $MR = MC$, si ha che $180 - 2Q = 30$, ovvero $Q = 75$. Il prezzo ottimale sarebbe perciò $P = 180 - 75 = 105$. Esso però non è superiore a 120 (come si era assunto), per cui l'ipotesi che P sia superiore a 120 non è corretta.
>
> Prendendo in considerazione la seconda ipotesi, cioè un prezzo inferiore a 120, dalla condizione $MR = MC$ si ricava $150 - Q = 30$, così che $Q = 120$. Il prezzo ottimale sarà $P = 150 - (0{,}5)(120) = 90$. Dunque, l'assunzione che il prezzo sia inferiore a 120 è ora confermata. L'impresa deve quindi fissare un prezzo pari a 90, con una quantità ottimale pari a 120 giri in parapendio. I consumatori business ne acquisteranno 90, quelli in vacanza 30.

11.4.3 La massimizzazione del profitto di un cartello

CARTELLO Un gruppo di produttori che definisce in modo collusivo il prezzo e la quantità in un mercato.

Un **cartello** è un gruppo di produttori che in un mercato definisce il prezzo e la quantità in modo collusivo. Uno dei cartelli storicamente più famosi (e noti) è l'Organization of Petroleum Exporting Countries, o OPEC, i cui membri includono alcuni dei maggiori produttori mondiali di petrolio, quali l'Arabia Saudita, il Kuwait, l'Iran e il Venezuela. A volte i cartelli sono approvati dal Governo del Paese in cui operano. Per esempio, nei primi anni Ottanta le 17 imprese giapponesi produttrici di cablaggi elettrici ebbero il permesso del Ministero del commercio internazionale e dell'industria del Giappone di agire come un cartello. Le finalità di tale cartello consistevano nella riduzione della quantità offerta sul mercato per aumentare i prezzi e, di conseguenza, i profitti.

Un cartello opera come un monopolista a tutti gli effetti, cercando di massimizzare i profitti dell'intera industria. I problemi cui esso fa fronte nell'allocazione dell'output tra le imprese che vi partecipano sono identici a quelli che caratterizzano un monopolista multi-impianto. Perciò, le condizioni di massimo profitto del cartello sono identiche a quelle del monopolista multi-impianto. Si supponga che vi sia un cartello costituito da due imprese con funzioni del costo marginale $MC_1(Q_1)$ e $MC_2(Q_2)$. Nella soluzione di ottimo, il cartello suddivide la produzione tra le due imprese in modo che i singoli costi marginali delle due imprese siano uguali e il costo marginale comune sia pari al ricavo marginale corrispondente alla domanda dell'intero settore. Matematicamente, supponendo che $Q°$ sia l'output totale prodotto dal cartello, e $Q°_1$ e $Q°_2$ gli output ottimali delle due imprese, si può esprimere la condizione di massimo profitto del cartello come segue:[10]

---

[10] È anche possibile esprimere la condizione di massimo profitto del cartello attraverso la IEPR, in cui $P°$ è il prezzo ottimale del cartello:

$$\frac{P° - MC_1(Q_1^*)}{P°} = \frac{P° - MC_2(Q_2^*)}{P°} = -\frac{1}{\epsilon_{Q,P}}$$

$$MR(Q^*) = MC_1(Q^*_1)$$

$$MR(Q^*) = MC_2(Q^*_2)$$

La Figura 11.15 (con curve identiche a quelle della Figura 11.14) illustra la soluzione al problema di massimizzazione del profitto del cartello. Nell'esempio, la quantità di massimo profitto del cartello è pari a 3,75 milioni di unità all'anno, e il prezzo è €6,25 per unità (esattamente come nella Figura 11.14, a dimostrazione che il problema è identico a quello dell'impresa monopolistica multi-impianto). Il cartello suddivide la produzione tra le due imprese eguagliandone i costi marginali. Si noti che l'impresa con costi marginali più elevati (impresa 1) è quella cui viene attribuita la minor quantità da produrre (1,25 milioni di unità, contro 2,5 milioni dell'impresa 2). Quindi, non necessariamente all'interno di un cartello la quantità prodotta dalle imprese che vi partecipano è divisa equamente: quelle che hanno i costi marginali più bassi forniscono al cartello quantitativi maggiori rispetto alle imprese che producono a costi marginali più elevati.

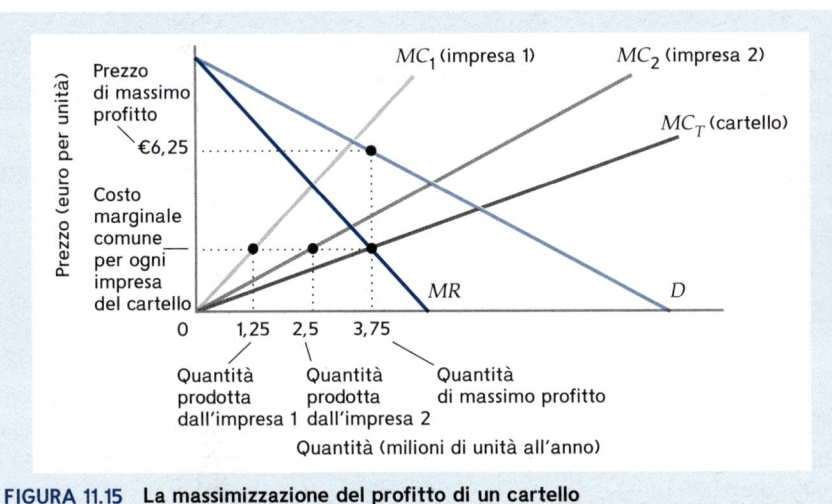

FIGURA 11.15 La massimizzazione del profitto di un cartello
La curva del costo marginale del cartello è MC_T, costituita dalla somma orizzontale delle curve del costo marginale delle singole imprese MC_1 e MC_2. La quantità di massimo profitto è pari a 3,75 milioni di unità all'anno, e si ottiene quando $MR = MC_T$, mentre il prezzo ottimale è €6,25 per unità. L'impresa 1 produce 1,25 milioni di unità, l'impresa 2 2,5 milioni.

Applicazione 11.2

In che modo l'OPEC riesce ad allocare la sua produzione

L'OPEC è un cartello costituito dai maggiori produttori di petrolio mondiali, in grado, attraverso la variazione della quantità offerta sul mercato, di modificare il prezzo mondiale del petrolio. Per aumentarlo, i membri dell'OPEC devono accordarsi al fine di ridurre la quantità offerta sul mercato. Un caso esemplare è quanto accadde nel 1982, quando l'OPEC stabilì che la produzione totale dei membri doveva essere ridotta a 18 milioni di barili al giorno, contro i 31 milioni del 1979, al fine di mantenere il prezzo al barile a 34 dollari. Ogni nazione partecipante all'OPEC ha una propria quota di produzione ben definita, a eccezione dell'Arabia Saudita (il maggior produttore OPEC), che può variare la quantità prodotta per tenere costante il prezzo.

Il costo marginale del petrolio dipende dalla località in cui esso viene estratto. Per esempio, il petrolio estratto in Arabia Saudita ha un costo marginale inferiore rispetto a quello estratto in Nigeria o in Indonesia. Alla luce di queste differenze di costo, ci si potrebbe chiedere se la suddivisione delle quote tra i vari membri corrispondano ai livelli produttivi di massimo profitto calcolabili in base all'analisi dei cartelli appena descritta. In realtà non è possibile rispondere a questa domanda, perché non si hanno a disposizione stime precise relative ai costi marginali dei Paesi membri. È tuttavia possibile classificare le differenti aree geografiche in base al costo medio di produzione per barile. Come sottolinea Steven Martin, a metà degli anni Ottanta la maggior parte della produzione OPEC proveniva dalle aree in cui il costo medio di produzione al barile era compreso tra 2 e 4 dollari, pur essendoci Paesi nei quali il costo medio si trovava al di sotto dei 2 dollari al barile.[11] Questi dati suggeriscono che l'OPEC non ha distribuito la produzione tra i suoi membri in base ai criteri descritti nell'analisi della distribuzione della produzione all'interno di un cartello. Secondo Martin, perciò, "nonostante l'enorme profitto conseguito dall'OPEC tra il 1973 e il 1986, un monopolista avrebbe saputo fare molto meglio".

11.5 • Economia del benessere e monopolio

Nel Capitolo 10 si è mostrato che l'equilibrio di concorrenza perfetta massimizza il benessere sociale (beneficio economico netto, o surplus totale). Si è anche mostrato che soluzioni differenti dall'equilibrio di concorrenza perfetta comportano una perdita di benessere sociale. Come si vedrà, l'equilibrio di monopolio generalmente non coincide con l'equilibrio di concorrenza perfetta. Per questo motivo, l'equilibrio di monopolio porta a una perdita di benessere sociale.

11.5.1 L'equilibrio di monopolio è diverso dall'equilibrio di concorrenza perfetta

La Figura 11.16 mostra la condizione di equilibrio in un mercato di concorrenza perfetta. Il prezzo di equilibrio è €5 per unità, corrispondente al punto di intersezione tra la curva di offerta dell'industria S e la curva di domanda D. La quantità di equilibrio è 1000 unità.

Si supponga che il settore venga monopolizzato (si potrebbe immaginare che una singola impresa acquisisca tutte le altre, mantenendone alcune in attività e chiudendo le rimanenti). Come descritto nei Capitoli 9 e 10, la curva di offerta dell'industria in un mercato di concorrenza perfetta misura il costo marginale di fornitura di un'unità aggiuntiva al mercato. Per esempio, come mostra la Figura 11.16, se un'industria perfettamente concorrenziale offre 600 unità di prodotto, la curva di offerta indica il costo marginale relativo alla produzione della 600esima unità: €3. Quando il settore viene monopolizzato, la curva di offerta S diventa la curva del costo marginale del monopolista, MC. Ora, l'equilibrio di massimo profitto del monopolista si verifica quando MR = MC, corrispondente alla quantità di 600 unità e al prezzo unitario di €9. Nella Figura 11.16 risulta evidente come l'equilibrio del monopolio (punto J) e l'equilibrio di concorrenza perfetta (punto K) siano differenti: il prezzo praticato dal monopolista è maggiore di quello perfettamente concorrenziale, mentre la quantità offerta è inferiore.

---

[11] S. Martin, *Industrial Economics: Economic Analysis and Public Policy*, Macmillan, New York 1988, pp. 137-138.

	Concorrenza perfetta	Monopolio	Impatto del monopolio
Surplus dei consumatori	$A + B + F$	A	$- B - F$
Surplus dei produttori	$E + G + H$	$B + E + H$	$B - G$
Surplus totale	$A + B + E + F + G + H$	$A + B + E + H$	$- F - G$

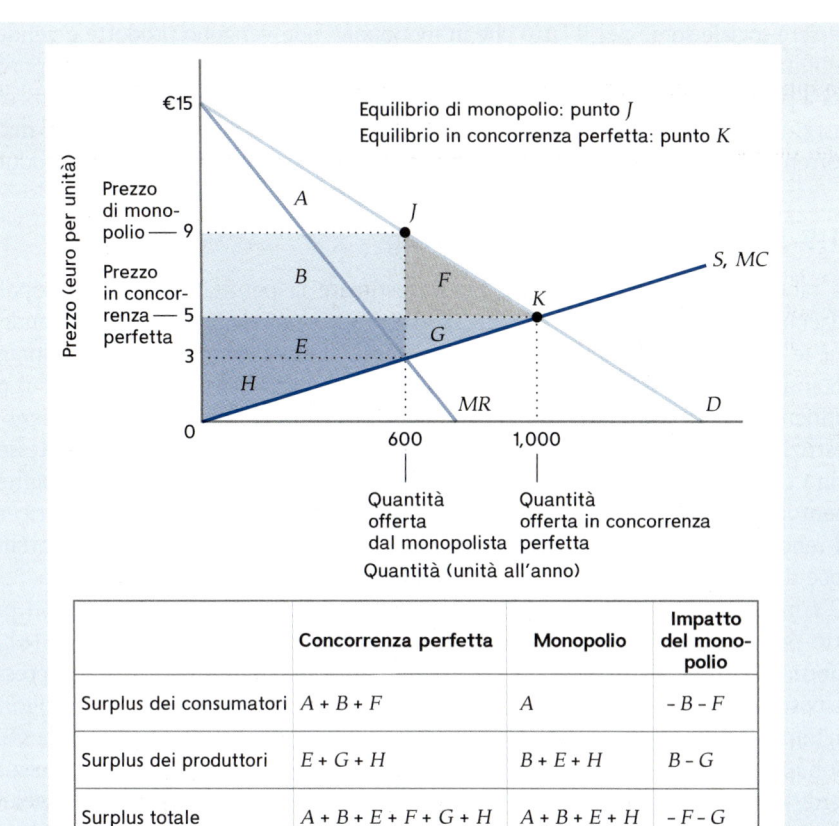

FIGURA 11.16 Equilibrio di monopolio vs equilibrio di concorrenza perfetta
La quantità di massimo profitto del monopolista è 600 unità all'anno, e il prezzo è €9 per unità. In un mercato di concorrenza perfetta, la quantità di equilibrio è 1000 unità, e il prezzo è €5. Nel mercato di monopolio il surplus dei consumatori corrisponde all'area A, il surplus del monopolista è dato dalle aree $B + E + H$. Il surplus dei consumatori in concorrenza perfetta è $A + B + F$, mentre quello dei produttori è $E + G + H$. La perdita di benessere sociale del monopolio è dunque pari alle aree $F + G$.

11.5.2 La perdita secca di benessere del monopolio

Qual è la differenza, in termini di benessere sociale, tra il monopolio e la concorrenza perfetta? Nella Figura 11.16, il surplus dei consumatori in monopolio corrisponde all'area A. Il surplus del monopolista è dato dalla differenza tra il prezzo che egli pratica e il costo marginale di ogni unità prodotta, cioè la somma delle aree $B + E + H$. Il beneficio netto in equilibrio di monopolio è pari a $A + B + E + H$. Nel mercato di concorrenza perfetta, il surplus dei consumatori è $A + B + F$, mentre il surplus dei produttori è $E + G + H$. Il beneficio netto in concorrenza perfetta corrisponde, dunque, alla somma delle aree $A + B + F + E + G + H$.

La tabella nella Figura 11.16 confronta il beneficio netto del monopolio con quello della concorrenza perfetta. Come si può notare, in concorrenza perfetta esso è maggiore rispetto al monopolio per un ammontare pari alle aree $F + G$. Questa differenza è la **perdita di benessere sociale (perdita secca) dovuta al monopolio**. Tale perdita di benessere è analoga a quella vista nel Capitolo 10. Essa rappresenta la differenza tra il beneficio netto ottenuto nel caso il mercato fosse in concorrenza perfetta e il beneficio conseguito in monopolio. Nella Figura 11.16, la perdita di be-

PERDITA DI BENESSERE SOCIALE (PERDITA SECCA) DOVUTA AL MONOPOLIO La differenza tra il benessere sociale che si otterrebbe se il mercato fosse di concorrenza perfetta e il beneficio ottenuto nell'equilibrio di monopolio.

nessere sociale sorge per il fatto che in monopolio non vengono prodotte e vendute le unità che si trovano tra la 600esima e la 1000esima, unità per le quali la disponibilità a pagare dei consumatori (rappresentata dalla curva di domanda) eccede il costo marginale. La produzione di queste unità incrementerebbe il surplus totale, ma ridurrebbe il profitto del monopolista, che per questo motivo decide di non produrle.

11.5.3 Attività di rent-seeking

La tabella in Figura 11.16 potrebbe sottostimare la perdita secca di monopolio. Giacché in monopolio si ottengono spesso profitti positivi, è plausibile attendersi che le imprese siano spinte ad acquisire potere monopolistico. Per esempio, durante gli anni Novanta i canali televisivi via cavo americani spesero miliardi di dollari per influenzare le decisioni del Congresso degli Stati Uniti al fine di creare una serie di restrizioni che andassero a limitare la possibilità che i canali satellitari competessero con i tradizionali servizi via cavo. Le attività finalizzate alla creazione o al mantenimento di potere di mercato vengono definite **attività di rent-seeking** (di ricerca di rendite). Le spese relative a questo tipo di attività costituiscono un'importante voce di costo per i monopolisti, che la tabella non prende in considerazione.

> **ATTIVITÀ DI RENT-SEEKING** Attività finalizzate alla creazione o al mantenimento del potere monopolistico.

L'incentivo a compiere attività di rent-seeking aumenta all'aumentare del profitto potenziale ottenibile dal monopolista (aree $B + E + H$ nella Figura 11.16). In effetti, il profitto del monopolista rappresenta la somma massima che un impresa è disposta a spendere in attività di rent-seeking per proteggere il suo monopolio. Se un'impresa spende tutto il suo profitto, la perdita di benessere sociale connessa al monopolio diventa la somma del profitto del monopolista $B + E + H$ e della normale perdita di benessere sociale $F + G$. Se un monopolista attua attività di rent-seeking per acquisire o mantenere il suo potere monopolistico, $F + G$ rappresenta il limite inferiore della perdita secca connessa al monopolio, mentre $B + E + F + G + H$ rappresenta il limite superiore.

Applicazione 11.3

L'antitrust e il mercato dell'editoria scolastica

Nel settembre del 2007 l'Autorità garante della concorrenza e del mercato italiana ha avviato un'istruttoria nei confronti dell'Associazione Italiana Editori (AIE), successivamente estesa anche a nove case editrici, denunciando comportamenti di tipo collusivo nonché lesivi della concorrenza.

Più specificamente, nell'istruttoria l'Antitrust accusava *"le imprese, unitamente ad AIE, [di aver] messo in atto un'attività di coordinamento tesa a definire linee d'azione comuni, anche nella forma di reazioni volte a concertare o ostacolare la possibile introduzione di elementi di novità nel mercato italiano dell'editoria scolastica, ... di un coordinamento tra le imprese sulle condizioni di offerta di strumenti didattici innovativi,* quali quelli su supporto informatico, nonché evidenze sulla ricerca di una posizione condivisa per contrastare l'attività di noleggio dei libri".[12]

Dopo una serie di trattative, nella riunione del 24 aprile 2008 l'Autorità garante ha deciso di chiudere l'istruttoria accettando gli impegni presi dall'AIE e dalle case editrici denunciate, che, nello specifico, comportano: la possibilità per gli insegnanti delle scuole secondarie di accedere gratuitamente, tramite password, all'elenco di tutti i libri di testo in commercio; l'offerta di strumenti didattici innovativi, al fine di favorire la spesa delle famiglie, che comportano il trasferimento su supporto digitale di una parte dei contenuti attualmente diffusa su carta, riducendone la foliazione e di conseguenza i costi di produzione; la diffusione delle integrazioni delle

---
[12] Provvedimento 17591 dell'Autorità Garante della Concorrenza e del Mercato.

nuove edizioni su supporto informatico senza modificare il testo cartaceo, permettendo, di conseguenza, l'utilizzo dei testi per più anni. Alcune case editrici hanno, inoltre, presentato impegni finalizzati a permettere lo sviluppo del noleggio e/o del comodato d'uso.[13]

In realtà, il mercato dell'editoria scolastica italiana, che vale circa 460 milioni di euro, è molto più composito rispetto ad altri mercati europei. In Italia, cinque editori rappresentano il 65% del fatturato totale, mentre il restante 35% è costituito da più di 60 editori. In Francia, per contro, circa il 90% dell'editoria scolastica è prodotta da due editori (Editis e Hachette), mentre in Germania tre editori coprono il 95% del mercato.[14]

A cura di Viviana Clavenna

11.6 • Perché esistono i mercati di monopolio?

Finora si è studiato come un monopolista definisce prezzo e quantità che massimizzano il profitto. Inoltre, dal momento che l'equilibrio di monopolio diverge da quello di concorrenza perfetta, si è anche visto che l'equilibrio di monopolio crea una perdita secca. Ma come sorgono i monopoli? Perché, per esempio, Sky Italia è monopolista nelle trasmissioni satellitari nel nostro Paese? Perché Microsoft Windows ha quasi il 100% del mercato dei sistemi operativi per computer? In questo paragrafo si proverà a comprendere perché nascono i mercati di monopolio. Prima si studierà il concetto di monopolio naturale, per poi indagare il concetto di barriere all'entrata in un mercato.

11.6.1 Monopolio naturale

Un mercato è un **monopolio naturale** se, per qualsiasi livello rilevante di output dell'industria, i costi totali di produzione di un'impresa che produce quella quantità sono minori dei costi di due o più imprese che si dovessero dividere la medesima produzione. Un buon esempio di monopolio naturale è fornito dalle trasmissioni televisive via satellite. Se, per esempio, due imprese si dividono il mercato costituito da 50 milioni di abbonati, ognuna si trova a far fronte a costi di acquisto, lancio e mantenimento di un satellite per fornire il servizio di trasmissione dei programmi tv ai propri 25 milioni di abbonati. Ma se una sola impresa offre il servizio all'intero mercato, il satellite che serve 25 milioni di abbonati può servirne anche 50 milioni. Infatti, il costo del satellite è fisso, e non cresce al crescere del numero di abbonati. A una singola impresa occorre un solo satellite per servire il mercato, mentre due imprese separate avrebbero bisogno di due satelliti per soddisfare lo stesso numero di abbonati.

La Figura 11.17 mostra un mercato di monopolio naturale. La domanda di mercato è D, e ogni impresa ha accesso a una tecnologia produttiva che genera una curva di costo medio di lungo periodo AC. Per ogni volume di produzione inferiore a 10 000 unità all'anno, una singola impresa può produrre con costi inferiori di quanto farebbero due o più imprese che si dividessero il mercato. Per capirne il motivo, si consideri un livello di produzione $Q = 9000$ unità all'anno. I costi totali di produzione di una singola impresa che produce 9000 unità all'anno sono $TC(9000) = 9000 \times AC(9000) = €9000$, giacché $AC(9000) = €1$. Si supponga ora che questo output venga diviso equamente tra due imprese. Il costo totale di produzione è $9000 \times AC(4500) = €11\,800$, poiché $AC(4500) = €1{,}20$. Dunque, dividere la produzione delle 9000 unità tra due imprese è più costoso rispetto alla loro produzione da parte di una singola impresa.

> **MONOPOLIO NATURALE** Un mercato in cui, per qualsiasi livello rilevante di output dell'industria, il costo totale di una singola impresa che produce quell'output risulta minore della somma dei costi totali di due o più imprese che si dovessero dividere la medesima produzione.

---

[13] Comunicato stampa n. 10, 3 maggio 2008, www.agcm.it/i692.htm.
[14] *Il Sole 24 Ore*, 6 maggio 2008.

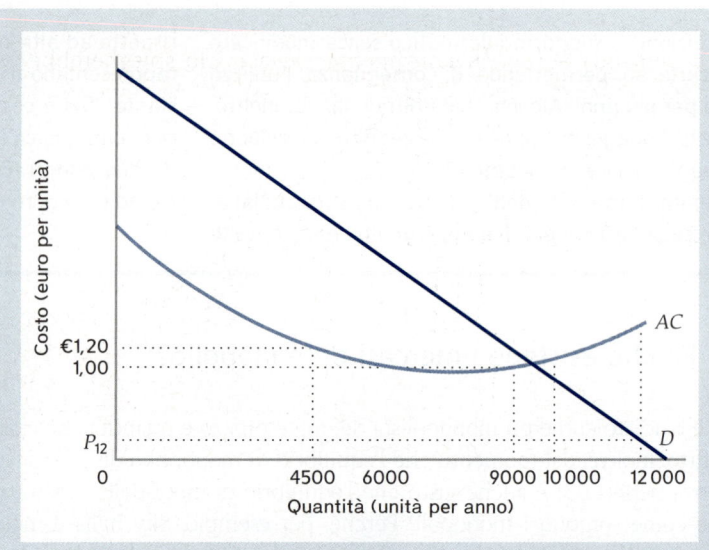

FIGURA 11.17 Un mercato di monopolio naturale
Per ogni livello di output inferiore a 10 000 unità all'anno, è più conveniente che la produzione venga effettuata da un'unica impresa. Per esempio, una sola impresa può produrre un output di 9000 unità con un costo medio pari a €1 per unità. Due imprese che producono 4500 unità dovrebbero affrontare un costo medio pari a €1,20 per unità. Tuttavia, due imprese potrebbero produrre 12 000 unità con costi totali inferiori a quelli di una singola impresa. Ma questo livello di produzione non sarebbe profittevole, poiché il prezzo P_{12}, al quale le 12 000 unità verrebbero acquistate, è inferiore al loro costo medio minimo di produzione.

Si noti che alcuni livelli di output (per esempio, $Q = 12\,000$) possono essere prodotti a costi più bassi da due imprese anziché una. Tuttavia, questi volumi produttivi verrebbero domandati solamente a prezzi più bassi del costo medio, per cui la loro produzione non risulterebbe profittevole. Per ogni livello rilevante della domanda di mercato – ovvero, quei livelli della domanda di mercato la cui produzione risulta profittevole per l'impresa – il costo totale di produzione è minimizzato quando una singola impresa serve l'intero mercato.

Se una sola impresa può servire il mercato a costi totali più bassi di due o più imprese, c'è da attendersi che l'industria diventi monopolizzata. Questo è ciò che è accaduto nel mercato delle trasmissioni televisive satellitari in Italia. Fino al luglio 2003 esistevano due aziende: Telepiù (operante sul satellite dal 1996) e Stream (nata nel 1997). Tuttavia, con entrambe le imprese sul mercato, nessuna era in grado di generare profitti positivi. Nel 2001, infatti, le perdite di Telepiù ammontavano a 400 milioni di euro, e quelle di Stream a 300 milioni. In pratica, mediamente ognuna di esse perdeva un milione al giorno. Questo fu il motivo per cui nel 2003 le due imprese si fusero, dando vita a Sky Italia, un monopolista che è riuscito a produrre il primo utile operativo positivo (29 milioni di euro) solo nel giugno 2006, cioè tre anni dopo la fusione.

L'analisi della Figura 11.17 implica due importanti considerazioni relativamente al monopolio naturale. Primo, una condizione necessaria per l'esistenza di un monopolio naturale è la presenza di una curva del costo medio continuamente decrescente. Un monopolio naturale richiede dunque la presenza di rilevanti economie di scala. Nell'esempio della trasmissione satellitare, il costo fisso del satellite e delle infrastrutture connesse dà luogo a rilevanti economie di scala. Secondo, l'esistenza di un monopolio naturale non è solamente connessa a condizioni di natura tecnologica (l'andamento della curva AC) ma anche alle caratteristiche della domanda. Un mercato può essere un monopolio naturale quando la domanda non è eccessivamente elevata. Ciò spiegherebbe perché il mercato delle trasmissioni satellitari in Italia è attualmente servito da una sola impresa, mentre il molto più ampio mercato statunitense può ammettere la presenza di più concorrenti.

11.6.2 Barriere all'entrata

Un monopolio naturale è un esempio di un più generale fenomeno noto come **barriere all'entrata**. Queste sono fattori che consentono a un'impresa già operante in un mercato di ottenere profitti economici positivi, e allo stesso tempo rendono non conveniente a potenziali nuovi entranti l'ingresso nel mercato. Nelle industrie perfettamente concorrenziali non esistono barriere all'entrata: quando le imprese operanti ottengono profitti positivi, nuove imprese sono incentivate a entrare nel mercato, portando così i profitti ad annullarsi. Le barriere all'entrata, per contro, sono fondamentali per un'impresa che vuol restare monopolista. Senza la protezione di barriere, infatti, la presenza di profitti positivi incentiverebbe l'ingresso di potenziali entranti, e la concorrenza condurrebbe all'estinzione dei profitti dell'industria.

Le barriere all'entrata possono essere strutturali, legali o strategiche. Le **barriere strutturali all'entrata** esistono quando le imprese già operanti nel mercato godono di vantaggi nei costi o nelle vendite che rendono non conveniente l'ingresso nel mercato di nuovi entranti. L'interazione tra economie di scala e domanda che contraddistingue i monopoli naturali è un tipico esempio di barriera strutturale all'entrata. Il mercato delle aste online offre un altro esempio di barriera strutturale, dovuta alle esternalità di rete. Come descritto nel Capitolo 5, le esternalità di rete si verificano quando l'utilità di un bene aumenta all'aumentare dei consumatori che ne fanno uso. Il sito di aste eBay, leader di mercato, attrae molti soggetti interessati alle aste grazie all'elevata gamma di prodotti offerti e alla molteplicità degli offerenti. Al contempo, chi deve vendere un prodotto sceglie eBay perché frequentato da un elevato numero di possibili acquirenti. La dimensione delle transazioni effettuate su eBay costituisce un fattore di forte attrazione per i potenziali clienti. Tale esternalità di rete crea una rilevante barriera all'entrata. Un potenziale entrante che decidesse di creare un proprio sito di aste online (cercando di replicare i guadagni di eBay) si troverebbe di fronte a una sfida enorme: non avendo la massa critica di eBay, non risulterebbe altrettanto interessante per i potenziali clienti. Questa barriera all'ingresso spiega perché alcune Internet company di successo, quali Amazon.com o Yahoo, hanno trovato arduo creare un proprio sito di aste on line in grado di competere con eBay.

Le **barriere legali all'entrata** si verificano quando un'impresa già operante è legalmente protetta dai potenziali concorrenti. I brevetti costituiscono un importante esempio di barriere legali all'entrata. Anche i provvedimenti legislativi possono creare barriere all'entrata. Per esempio, tra il 1994 e il 1999 la società Network Solutions ha goduto di un potere monopolistico sancito a livello legislativo nel settore della registrazione dei domini Internet.

Si parla di **barriere strategiche all'entrata** quando un'impresa già operante in un mercato compie precise azioni per scoraggiare l'ingresso di potenziali entranti. Un esempio è rappresentato dallo sviluppo nel tempo, da parte di un'impresa, di una reputazione di aggressività verso i potenziali entranti nel suo mercato (attraverso strategie quali, per esempio, la guerra dei prezzi). La risposta aggressiva di Polaroid seguita all'ingresso di Kodak nel mercato della fotografia istantanea negli anni Settanta è un esempio efficace di questo tipo di strategia.

BARRIERE ALL'ENTRATA Fattori che consentono a un'impresa già operante in un mercato di godere di profitti economici positivi e che al contempo rendono non profittevole l'ingresso a nuovi entranti.

BARRIERE STRUTTURALI ALL'ENTRATA Barriere all'entrata che si verificano quando le imprese operanti godono di vantaggi di costo o di domanda che non rendono profittevole l'ingresso nel mercato di nuovi entranti.

BARRIERE LEGALI ALL'ENTRATA Barriere all'entrata che si verificano quando un'impresa già operante è legalmente protetta contro i potenziali concorrenti.

BARRIERE STRATEGICHE ALL'ENTRATA Barriere all'entrata che si verificano quando un'impresa già operante compie precise azioni per impedire l'ingresso nel mercato ai concorrenti.

Applicazione 11.4

Unione Europea vs Microsoft

Nel febbraio 2008 la Commissione UE ha comminato una multa di 899 milioni di euro a Microsoft. La più grande azienda informatica del mondo è stata ritenuta colpevole per aver continuato ad abusare della sua posizione dominante anche dopo la condanna che la stessa Commissione UE le aveva inflitto nel marzo 2004, quando il gruppo fondato da Bill Gates aveva ricevuto una multa di 497 milioni di euro.

Per Bruxelles, la Microsoft non ha rispettato gli obblighi fissati nel marzo 2004, continuando invece a imporre "prezzi eccessivi e irragionevoli" ad altre aziende che volevano accedere alla sua documentazione informatica, la qual cosa di fatto rendeva più difficile il dialogo tra i sistemi Microsoft e quelli dei gruppi concorrenti, e impediva una piena inter-operabilità tra Windows e i software di altre aziende informatiche. Ne conseguiva che per i concorrenti risultava estremamente costoso procurarsi le informazioni tecniche necessarie alla produzione di software che funzionasse anche sotto Windows. È stato inoltre confermato l'obbligo per Microsoft di commercializzare una versione del sistema operativo Windows senza il lettore audio e video Media Player, mossa che pure era ritenuta in grado di danneggiare gli altri produttori di software.

L'inchiesta era cominciata nel dicembre 1998, su denuncia dell'azienda americana Sun Microsystem, cui la Microsoft si rifiutava di comunicare le informazioni occorrenti per far dialogare correttamente i propri prodotti con Windows. L'inchiesta dell'Antitrust UE aveva poi rivelato che la mancata fornitura di tali informazioni, insieme alla posizione di rilievo già occupata da Microsoft nella fornitura di sistemi operativi, poteva rappresentare "un passo verso l'eliminazione della concorrenza su questo mercato".[15]

Nel testo della sentenza della Commissione Europea, per ben sette volte ricorre il termine "barriera all'entrata dovuta alle applicazioni" (*applications barrier to entry*), a sottolineare la sua importanza ai fini della comprensione della condotta di Microsoft. Tale espressione descrive una barriera all'entrata nel mercato delle applicazioni per i sistemi operativi dei PC basata sulle esternalità di rete. Così si esprime in proposito la Commissione UE:

«La dinamica tra il sistema operativo Windows e la gran massa di applicazioni che sono scritte appositamente per lui si autorafforza. In altri termini, gli sviluppatori di applicazioni hanno un forte incentivo economico a continuare a scrivere programmi per la piattaforma dominante (cioè Windows), perché sanno che il mercato potenziale sarà maggiore. Perciò, questo continuo ciclo di feedback positivi protegge le elevate quote di mercato di Microsoft nel mercato dei sistemi operativi per PC dalla concorrenza che potrebbe provenire da un potenziale entrante».[16]

Nell'opinione della Commissione Europea (ma anche di quella americana, che ha processato per analoghe accuse la Microsoft tra il 1998 e il 1999), le azioni del colosso di Redmond verso i concorrenti, come Sun Microsystem, sono spesso tentativi di preservare le barriere all'entrata dovute alle applicazioni. Un altro esempio risale all'estate del 1995, quando Microsoft tentò di convincere Netscape (il primo produttore di un web browser) a interrompere lo sviluppo di un browser che intendeva essere anche una piattaforma per applicazioni software residente su Internet: ebbene, la corte distrettuale americana si convinse che Microsoft aveva agito in questo modo per eliminare una minaccia alla *applications barrier to entry* che sosteneva il dominio di Windows.

A cura di Paolo Coccorese

11.7 • Monopsonio

MERCATO DI MONOPSONIO Un mercato costituito da un unico acquirente e da molti venditori

Un **monopsonio** è un mercato costituito da un singolo acquirente e da più venditori. L'unico acquirente viene definito *monopsonista*. Per esempio, fino al 1976, ai giocatori di baseball della Major League americana non era concesso di contrattare con più di una squadra contemporaneamente. Ogni squadra di baseball era, dunque, un monopsonista nel mercato dei giocatori. Come nel caso menzionato, un monopsonista può essere un'impresa che costituisce l'unico possibile acquirente di un prodotto, oppure può essere un singolo individuo o un'organizzazione. Ad esempio, il governo italiano è il monopsonista nel mercato delle uniformi militari per

---

[15] Commission Decision, Case COMP/C-3/37.792 Microsoft, 24 marzo 2004, p. 208.
[16] Commission Decision, Case COMP/C-3/37.792 Microsoft, 24 marzo 2004, pp. 125-126.

l'Esercito. In questo paragrafo si studieranno le imprese che agiscono come monopsoniste nel mercato di uno dei loro input.

11.7.1 La condizione di massimo profitto di un monopsonista

Si immagini il caso di un'impresa la cui funzione di produzione dipenda da un unico input L. L'output totale dell'impresa è $Q = f(L)$. E' possibile, per esempio, supporre che L sia la quantità di lavoro impiegata in una miniera di carbone. Se la dimensione della miniera è fissa, l'ammontare Q di carbone dipende unicamente dalla quantità del fattore lavoro. Si immagini che il mercato di riferimento di questa impresa sia perfettamente concorrenziale (magari perché essa vende il suo carbone in un mercato nazionale o globale), e quindi che il prezzo di mercato P sia dato. Il ricavo totale dell'impresa è $Pf(L)$. Il **valore del prodotto marginale del lavoro** - MRP_L - è l'incremento del ricavo totale ottenuto dall'impiego di un'unità addizionale di lavoro. Poiché l'impresa agisce come price-taker in questo mercato, il valore del prodotto marginale del lavoro è dato dal prezzo di mercato per il prodotto marginale del lavoro: $MRP_L = P \times MP_L = P(\Delta Q/\Delta L)$.

IL VALORE DEL PRODOTTO MARGINALE DEL LAVORO L'incremento del ricavo totale derivante dall'impiego di un'unità addizionale di lavoro.

Si supponga ora che la miniera sia l'unica impresa ad offrire lavoro nella sua regione di appartenenza, agendo quindi come monopsonista nel mercato del lavoro. L'offerta di lavoro nella regione dove opera la miniera è data dalla funzione $w(L)$, rappresentata nella Figura 11.18, che descrive la quantità di lavoro offerta per ogni livello di salario. Questa curva può anche essere interpretata, nella sua forma inversa, come la rappresentazione dei differenti livelli di salario necessari per generare un dato ammontare di offerta di lavoro.

Poiché la curva di offerta di lavoro è inclinata positivamente, il monopsonista sa che dovrà offrire un salario più elevato nel caso volesse impiegare più lavoro. Se per esempio il monopsonista volesse incrementare le ore di lavoro da 4000 a 5000 alla settimana, dovrebbe aumentare il salario orario da 10 a 12 euro, come mostra la Figura 11.18. I costi totali dell'impresa sono dati dalla spesa complessiva per il fattore lavoro: $TC = wL$. Il **costo marginale del fattore lavoro** dell'impresa in questione

COSTO MARGINALE DEL FATTORE LAVORO L'incremento dei costi totali dell'impresa derivante dall'impiego di un'unità addizionale di lavoro.

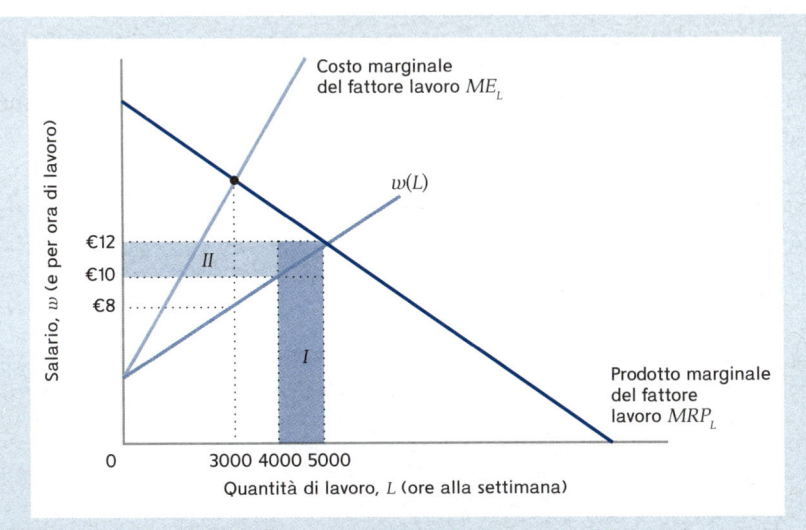

FIGURA 11.18 La massimizzazione del profitto di un monopsonista.
Il monopsonista massimizza il suo profitto quando il valore del prodotto marginale del lavoro eguaglia il costo marginale del fattore lavoro, nel punto di intersezione tra MRP_L e ME_L - in corrispondenza a una quantità di lavoro $L = 3000$ ore alla settimana. Per rendere disponibile questa offerta di lavoro, l'impresa deve pagare un salario orario $w = €\,8$.

– ME_L – è dato dal tasso di incremento dei costi totali conseguente all'impiego di un'unità aggiuntiva di lavoro.

La Figura 11.18 mostra che il costo marginale del fattore lavoro è costituito da due componenti: l'area *I* e l'area *II*. L'area *I* ($w\Delta L$) rappresenta il costo addizionale connesso all'impiego di un maggior numero di lavoratori. L'area *II* ($L\Delta w$) è l'incremento di costo derivante dall'incremento del salario per tutte le unità di lavoro inizialmente retribuite a 10 euro l'ora. Di conseguenza, il costo marginale del lavoro è dato da:

$$ME_L = \frac{\Delta TC}{\Delta L} = \frac{\text{area } I + \text{area } II}{\Delta L}$$
$$= \frac{w\Delta L + L\Delta w}{\Delta L}$$
$$= w + L\frac{\Delta w}{\Delta L}$$

Dato che la curva di offerta di lavoro è inclinata positivamente, sarà $\Delta w/\Delta L > 0$. Dunque, la curva del costo marginale del lavoro si trova al di sopra della curva di offerta di lavoro, come mostra la Figura 11.18.

La miniera deve scegliere la quantità di lavoro L che massimizza il suo profitto π, pari alla differenza tra il ricavo totale e il costo totale: $\pi = Pf(L) - wL$. Ciò accade nel punto in cui il valore del prodotto marginale del lavoro eguaglia il costo marginale del fattore lavoro: $MRP_L = ME_L$. Nella Figura 11.18, il profitto è massimo per una quantità di lavoro pari a 3000 ore alla settimana e per un salario pari a 8 euro all'ora, valore che risulta inferiore al costo marginale del lavoro corrispondente a $L = 3000$, e rappresentato dal punto T della figura.

Perché il monopsonista non massimizza il proprio profitto se sceglie una quantità di lavoro maggiore di 3000 ore? Si consideri cosa accade se scegliesse di impiegare 4000 unità di lavoro. Come è evidente nella Figura 11.18, quando $L = 4000$ si ha che $ME_L > MRP_L$. Il costo marginale del lavoro relativo a questa unità aggiuntiva risulta maggiore del valore del prodotto marginale del lavoro. L'impresa ha convenienza a non servirsi della 4000esima unità di lavoro (e in generale di tutte le unità che eccedono le 3000 ore).

Analogamente, l'impresa non ha convenienza a ridurre le unità di lavoro impiegate al di sotto di 3000 ore. Se infatti decidesse di servirsi di 2000 unità, ore aggiuntive di lavoro porterebbero ad un incremento dei ricavi superiore all'incremento nei costi ($MRP_L > ME_L$).

Esercizio svolto 11.8 **Un'applicazione della condizione di massimo profitto del monopsonista**

Si supponga che un monopsonista utilizzi il fattore lavoro come unico input, e abbia una funzione di produzione $Q = 5L$, dove L è la quantità di lavoro (espressa in migliaia di ore settimanali). Si supponga, inoltre che il prezzo di mercato del prodotto del monopsonista sia dato e pari a 10 euro per unità, e che la curva di offerta di lavoro sia $w = 2 + 2L$.

Problema
Si individuino la quantità di lavoro e il livello del salario che massimizzano il profitto del monopsonista.

Soluzione
Il monopsonista ottiene il massimo profitto impiegando la quantità di lavoro corrispondente al punto in cui il valore del prodotto marginale del lavoro eguaglia il costo marginale del lavoro.

Il costo marginale del fattore lavoro è $ME_L = w + L(\Delta w/\Delta L)$, dove $\Delta w/\Delta L$ rappresenta la pendenza della curva di offerta del lavoro. In questo caso, $\Delta w/\Delta L = 2$. Ora è possibile sostituire tale valore, insieme alla funzione di offerta di lavoro, nell'equazione ME_L: $ME_L = (2 + 2L) + 2L = 2 + 4L$.

Il valore del prodotto marginale del lavoro MRP_L è pari al prezzo (10 euro) moltiplicato per il prodotto marginale del lavoro $MP_L = \Delta Q/\Delta L = 5$. Quindi, $MRP_L = 10 \times 5 = 50$.

Uguagliando ME_L e MRP_L, si ha $2 + 4L = 50$, da cui $L = 12$. Sostituendo questo valore nella funzione di offerta di lavoro, si ottiene $w = 2 + 2(12) = 26$. Perciò, per massimizzare il profitto, il monopsonista deve impiegare 12 000 ore di lavoro settimanali ad un salario di 26 euro all'ora.

11.7.2 La *inverse elasticity pricing rule* in monopsonio

La condizione di equilibrio in monopolio, $MR = MC$, ha dato origine alla *inverse elasticity pricing rule* (IERP), secondo quanto visto in precedenza. La condizione di equilibrio di monopsonio, $MRP_L = ME_L$, dà pure origine a una *inverse elasticity pricing rule*. Qui però viene presa in considerazione l'elasticità dell'offerta del lavoro rispetto al salario $\in_{L,w}$, ovvero la variazione percentuale dell'offerta di lavoro dovuta alla variazione dell'1 per cento del salario[17].

La IERP in un mercato di monopsonio è

$$\frac{MRP_L - w}{w} = \frac{1}{\in_{L,w}}$$

Questa condizione afferma che la differenza tra il valore del prodotto marginale del lavoro e il salario, espressa in percentuale del salario, è pari all'inverso dell'elasticità dell'offerta di lavoro.

Qual è l'importanza di questa IERP? Il primo aspetto degno di nota è che tale condizione distingue i mercati del lavoro monopsonistici da quelli perfettamente concorrenziali. In un mercato del lavoro in concorrenza perfetta, nel quale molte imprese acquistano servizi lavorativi, ognuna di esse considera il prezzo del lavoro w come dato, e massimizza il profitto scegliendo una quantità di lavoro per la quale il valore del prodotto marginale del lavoro è uguale al salario: $MRPL = w$. In un mercato di lavoro monopsonistico, invece, l'impresa paga un salario *inferiore* al valore del prodotto marginale del lavoro. La IERP ci dice che la differenza tra questi due valori è determinata dall'inverso dell'elasticità dell'offerta di lavoro.

11.7.3 La perdita secca del monopsonio

Così come nel monopolio, anche nel monopsonio si verifica una perdita di benessere sociale. Si consideri l'equilibrio di monopsonio rappresentato nella Figura 11.19, in cui una miniera di carbone paga un salario di 8 euro all'ora e impiega un quantitativo totale di lavoro di 3000 ore alla settimana (la stessa condizione descritta nella Figura 11.18). In tale mercato monopsonistico, la miniera è un "consumatore" di lavoro, mentre i lavoratori sono "produttori" di servizi lavorativi. Il profitto della miniera di carbone è dato dalla differenza fra i ricavi totali e il costo totale del lavoro. I ricavi totali dell'impresa corrispondono all'area al di sotto della curva del valore del prodotto marginale del lavoro MRP_L fino all'offerta ottimale di lavoro, 3000 ore, ovvero alle aree $A + B + C + D + E$. I costi totali dell'impresa corrispondono alle aree $D + E$, per cui il profitto della miniera di carbone, che corrisponde anche al suo *surplus del consumatore*, è pari alle aree $A + B + C$.

Il *surplus dei produttori*, ovvero di coloro che offrono lavoro, è la differenza tra i salari totali effettivamente ricevuti dai lavoratori, e il costo opportunità del lavoro offerto. I salari totali corrispondono alle aree $D + E$. Il costo opportunità dell'offerta di lavoro si ricava dalla curva di offerta di lavoro. L'area al di sotto tale curva, ovvero $w(L)$, e fino alla quantità di 3000 ore – area E – rappresenta il compenso totale necessario per generare quella offerta di lavoro, che corrisponde al valore economico che i lavoratori ricevono nel miglior impiego alternativo. Quest'ultimo può essere il valore attribuito dai lavoratori al loro tempo libero, oppure il salario percepibile in un altro mercato. Il surplus dei produttori è perciò pari alle aree D

---

[17] La formula è analoga a quella dell'elasticità dell'offerta descritta nei Capitoli 2 e 9.

+ $E - E$ = area D. Il surplus totale, o beneficio economico netto, è in definitiva pari a $A + B + C + D$.

Se il mercato del lavoro fosse perfettamente concorrenziale, il prezzo di mercato del fattore lavoro sarebbe 12 euro l'ora, e la corrispondente quantità offerta di lavoro sarebbe 5000 ore alla settimana. Nel mercato di monopsonio c'è dunque un sotto-impiego dell'unico input – il lavoro – rispetto al mercato di concorrenza perfetta, nel quale il surplus dei consumatori è pari alle aree $A + B + F$, mentre quello dei produttori è $C + D + G$. Come mostra la tabella nella Figura 11.19, il monopsonio trasferisce una parte di surplus dai proprietari del fattore produttivo agli acquirenti – in questo caso, dai lavoratori alla miniera di carbone. Poiché in monopsonio si utilizzano meno unità di input rispetto al mercato di concorrenza perfetta, si riscontra una perdita di benessere sociale. La tabella nella Figura 11.19 mostra che questa perdita secca di benessere è pari alle aree $F + G$.

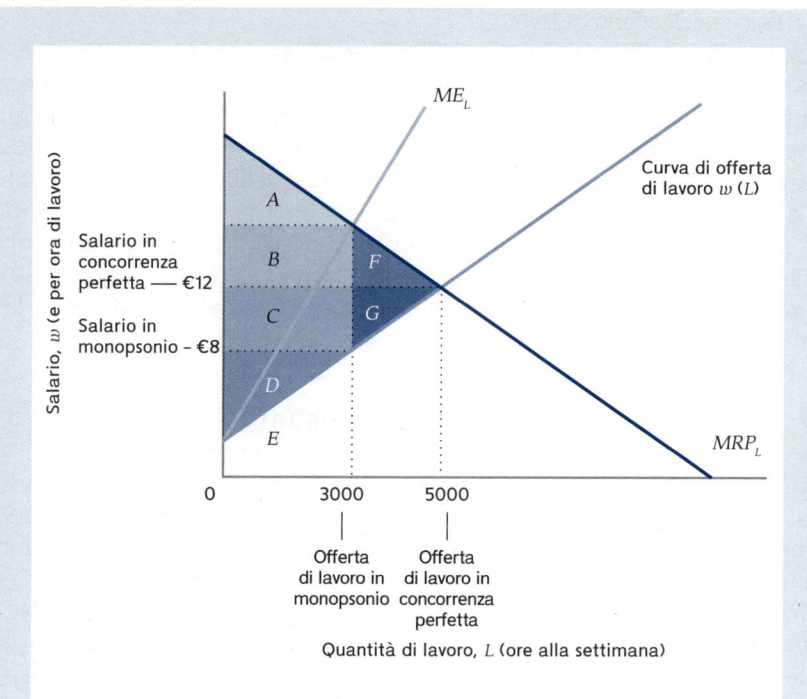

	Concorrenza perfetta	Monopsonio	Impatto del monopsonio
Surplus dei consumatori	$A + B + F$	$A + B + C$	$C - F$
Surplus dei produttori	$C + D + G$	D	$- C - G$
Beneficio economico netto	$A + B + C + D$ $+ F + G$	$A + B + C + D$	$- F - G$

FIGURA 11.19 Equilibrio di monopsonio vs equilibrio di concorrenza perfetta
La quantità di lavoro di massimo profitto in monopsonio è 3000 ore alla settimana, e il salario di massimo profitto è 8 euro all'ora. In un mercato di concorrenza perfetta, la quantità di equilibrio è 5000 ore alla settimana, e il salario è 12 euro all'ora. Nell'equilibrio di monopsonio, il beneficio economico netto è $A + B + C + D$. In concorrenza perfetta, esso è $A + B + C + D + F + G$. La perdita di benessere sociale dovuta al monopsonio è pertanto $F + G$.

11.8 • Monopolio e mercato dei fattori

Riprendiamo il caso di un'impresa la cui funzione di produzione dipenda da un unico input L. Si immagini però che questa impresa sia monopolista nel mercato dell'output. In questo caso, il **valore del prodotto marginale del lavoro** - MRP_L è dato dal ricavo marginale (MR) per il prodotto marginale del lavoro: $MRP_L = MR \times MP_L$. La quantità di fattore lavoro impiegata dall'impresa monopolista nel mercato dell'output, che però acquista i fattori della produzione in un mercato di libera concorrenza, sarà individuata confrontando il valore del prodotto marginale con il costo marginale, che in questo caso è fisso e pari a w. Si noti che la curva del valore del prodotto marginale del lavoro si trova certamente al di sotto di quella che si avrebbe in libera concorrenza, dal momento che per un'impresa monopolistica il ricavo marginale è inferiore al prezzo. Pertanto la domanda di fattore da parte del monopolista sarà inferiore a quella che si avrebbe in un mercato concorrenziale, come si può vedere nella Figura 11.20 che segue.

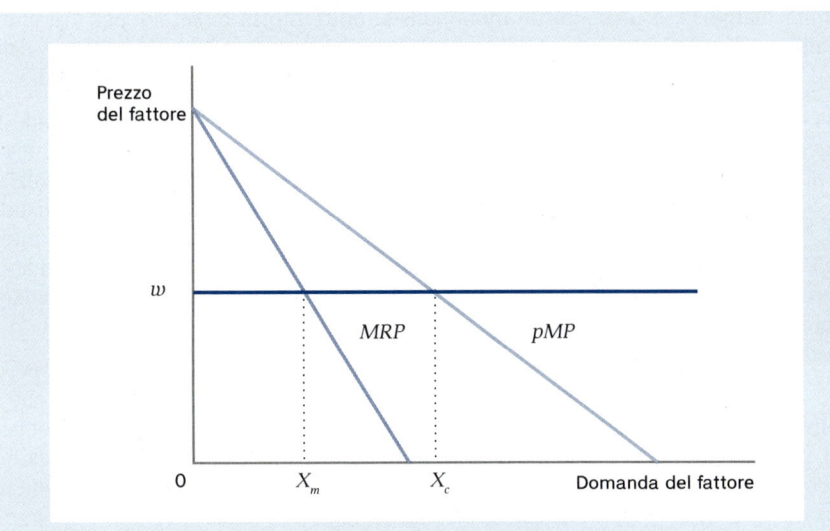

FIGURA 11.20 Domanda di un fattore per un monopolista
Poiché la curva del ricavo marginale del prodotto (*MRP*) si trova al di sotto della curva che rappresenta il valore del prodotto marginale (*pMP*), la domanda del fattore da parte del monopolista sarà inferiore a quella che si avrebbe in un mercato concorrenziale.

La minore domanda di fattore è ovviamente conseguente alla minore produzione del monopolista rispetto al mercato in libera concorrenza. Dal lato dell'impiego ottimale di fattore della produzione, basti considerare che un aumento nell'impiego del fattore, facendo aumentare la quantità prodotta, comporta una diminuzione del prezzo dell'output. Invece, in libera concorrenza, un aumento nella quantità di fattore impiegato fa aumentare la quantità prodotta ma non influenza il prezzo di mercato dell'output che è indipendente dalle scelte produttive dell'impresa. Pertanto, al margine, l'impiego di una quantità addizionale del fattore della produzione aumenta il ricavo in misura minore per il monopolista che per l'impresa in libera concorrenza. Il monopolista preferirà dunque impiegare una quantità inferiore del fattore della produzione rispetto all'impresa concorrenziale.

Riepilogo

- Un mercato di monopolio è costituito da un unico venditore e da molteplici acquirenti.

- Per stabilire il suo prezzo di vendita, il monopolista deve prendere in considerazione la sua curva di domanda, inclinata negativamente. Maggiore sarà il prezzo che stabilisce, minori saranno le unità di prodotto vendute. Più basso sarà il prezzo, maggiori saranno le vendite.

- Un monopolista massimizza i suoi profitti producendo una quantità corrispondente al livello in cui i costi marginali eguagliano i ricavi marginali.

- Quando incrementa l'output, la corrispondente variazione del ricavo totale di un monopolista è scomponibile in due parti: un incremento nei ricavi (uguale al prezzo) corrispondente alla vendita delle unità marginali, e una riduzione nei ricavi corrispondente alla vendita delle unità inframarginali.

- Per valori di output positivi, i ricavi marginali del monopolista sono inferiori ai suoi ricavi medi, e la curva del ricavo marginale si trova al di sotto di quella della domanda.

- Un monopolista non ha una curva di offerta.

- La *inverse elasticity pricing rule* (IEPR) stabilisce che la differenza tra il prezzo di massimo profitto e il costo marginale, calcolata in percentuale del prezzo, è uguale all'inverso (negativo) dell'elasticità della domanda rispetto al prezzo.

- La IEPR implica che un monopolista con costi marginali positivi, quando massimizza il profitto, produce e vende unicamente nel tratto elastico della sua curva di domanda.

- Quando una impresa è in grado di controllare il prezzo di vendita dei suoi prodotti, si dice che ha potere di mercato. La IEPR può essere applicata a qualsiasi impresa che abbia potere di mercato, come per esempio un'impresa operante in un'industria con prodotti differenziati.

- Se un aumento (spostamento verso destra) della domanda si traduce in un analogo spostamento della curva del ricavo marginale, si avrà un incremento della quantità di equilibrio. Il prezzo del monopolista potrà aumentare oppure diminuire.

- Un incremento (spostamento verso l'alto) del costo marginale aumenta sempre il prezzo di massimo profitto del monopolista e riduce la sua quantità ottima.

- Un'impresa che massimizza il profitto ed è dotata di più impianti dividerà la produzione tra gli impianti in modo che i loro costi marginali risultino uguali. Il monopolista multi-impianto eguaglia il ricavo marginale a una curva di costo marginale totale che viene individuata sommando orizzontalmente le curve di costo marginale relative ai vari impianti.

- Un cartello massimizza i suoi profitti allo stesso modo di un monopolista multi-impianto. Perciò, per massimizzare il profitto complessivo, le quantità prodotte dalle singole imprese non saranno necessariamente uguali.

- Un'impresa che massimizza il profitto, e che vende lo stesso prodotto allo stesso prezzo su due distinti mercati, al fine di determinare il prezzo e la quantità dovrà inizialmente aggregare orizzontalmente le curve di domanda, quindi trovare l'output corrispondente al punto di intersezione tra costo e ricavo marginale relativo alla domanda aggregata. Il prezzo di vendita è pure determinato in base alla domanda aggregata.

- In monopolio, la quantità prodotta è inferiore rispetto a quella di concorrenza perfetta. Questo implica che il monopolio dà origine a una perdita di benessere sociale. Le attività di rent-seeking (attività finalizzate a creare o a mantenere il potere di mercato) possono incrementare questa perdita di benessere sociale.

- Tra le possibili ragioni dell'esistenza di un mercato di monopolio, vi sono il monopolio naturale (in cui un unico produttore si trova ad avere costi totali inferiori rispetto a quelli che avrebbero più produttori) e l'esistenza di barriere all'entrata nel mercato, che non rendono profittevole l'ingresso di nuove imprese.

- Un mercato di monopsonio è costituito da un unico acquirente e da molteplici venditori.

Domande di ripasso

1. Perché in monopolio la domanda di mercato corrisponde a quella del monopolista?

2. Il ricavo marginale di un'impresa operante in concorrenza perfetta corrisponde al prezzo di mercato. Perché in monopolio il ricavo marginale, per livelli positivi di output, è inferiore al prezzo?

3. Perché i ricavi marginali di un monopolista possono essere negativi? Perché i ricavi marginali sono negativi quando la curva di domanda è nel suo tratto inelastico?

4. Si supponga che i costi marginali di un monopolista siano positivi per tutti i livelli di output.
a) *Vero o falso*: Quando il monopolista opera nel tratto inelastico della sua curva di domanda, alla riduzione della quantità offerta corrisponde un incremento nei suoi profitti.
b) *Vero o falso*: Quando il monopolista opera nel tratto elastico della sua curva di domanda, all'aumento della quantità offerta corrisponde un incremento nei suoi profitti.

5. La quantità di massimo profitto del monopolista è anche la quantità che massimizza i suoi ricavi totali? Perché?

6. Cos'è la IEPR? Come si collega con la condizione di massimo profitto del monopolista $MR = MC$?

7. Si valuti la seguente affermazione: Toyota fronteggia la concorrenza derivante da molte altre imprese operanti nel mercato mondiale delle automobili; pertanto, Toyota non può avere potere di mercato.

8. Quale regola deve seguire un monopolista multi-impianto per suddividere la produzione tra i suoi impianti? Un'impresa operante in concorrenza perfetta con più impianti segue la medesima regola?

9. Perché un equilibrio di monopolio dà origine a una perdita di benessere sociale?

CAPITOLO 12
DISCRIMINAZIONE DEL PREZZO E PUBBLICITÀ

OBIETTIVI DI APPRENDIMENTO

Al termine di questo capitolo lo studente sarà in grado di:

- mostrare come le imprese con potere di mercato possono aumentare il loro surplus attraverso la discriminazione del prezzo, che consiste nella possibilità di praticare prezzi diversi per lo stesso bene; in tal modo, le imprese ottengono un surplus maggiore rispetto all'adozione di un prezzo unico;
- studiare i tre principali tipi di discriminazione del prezzo, e mostrare come essi influenzano i profitti dell'impresa e la somma dei surplus di consumatori e produttori;
- analizzare come le imprese possono incrementare ulteriormente il loro surplus vendendo due prodotti correlati in un unico pacchetto;
- esaminare l'utilizzo della pubblicità, una forma di concorrenza non basata sul prezzo, al fine di creare e catturare surplus, individuando anche il livello ottimale degli investimenti pubblicitari che devono essere effettuati da un'impresa.

CASO • *Perché il tuo biglietto costa meno del mio?*

Aeroporto di Milano Linate, ore 9.40 di un venerdì di fine luglio. Sul volo Alitalia AZ 7007, diretto a Napoli Capodichino, si trova Pietro, in procinto di raggiungere Napoli per incontrare un cliente dell'impresa presso cui lavora. Il viaggio non era previsto, e per il biglietto di sola andata (acquistato il giorno prima) ha pagato €146,90. Accanto a lui viaggia Giulia, che torna a casa per le vacanze dopo un anno di studio all'Università Cattolica. Ha comprato il biglietto un paio di settimane prima, spendendo €101,89, più del 30% in meno di Pietro. Nella fila posteriore è seduto Andrea, che invece per questo viaggio non ha pagato nulla, grazie ai punti accumulati con il programma MilleMiglia.

Perché per la maggior parte dei voli aerei vengono venduti biglietti con prezzi molto differenti tra loro, nonostante i servizi offerti siano pressoché identici? Le compagnie aeree sanno bene che ogni singolo volo ha differenti tipologie di passeggeri. Coloro che viaggiano per affari, per esempio, devono spesso raggiungere una destinazione in date (e a volte in ore) stabilite, anche a costo di pagare un prezzo elevato per l'acquisto di un biglietto. Invece altri viaggiatori, come i turisti, risultano più flessibili sull'ora di partenza e di arrivo, ma anche più sensibili al prezzo dei biglietti. Pertanto, per cercare di strappare tariffe più convenienti, sono disposti a prenotare il volo anche con settimane o mesi di anticipo. L'interesse primario della compagnia aerea è quello di riempire il più possibile i posti, dal momento che i sedili vuoti costituiscono un mancato guadagno a fronte di un costo, fisso, indipendente dal numero di posti occupati. Per questo motivo, essa può vendere una parte di posti con largo anticipo a tariffe agevolate, ma lasciare alcuni posti vuoti per i viaggiatori business, che hanno bisogno di prenotare all'ultimo minuto e che sono disposti a spendere cifre più elevate per l'acquisto del volo. Quando una compagnia aerea sa che può influenzare il numero di viaggiatori che prenotano i suoi voli modificando le tariffe, gode di potere di mercato. La compagnia utilizza un sistema di *yield management* per riuscire a riempire l'aeromobile nel modo più profittevole. Lo *yield management* aiuta la compagnia aerea a determinare la migliore allocazione dei posti tra le diverse categorie di viaggiatori.

Nel Capitolo 11 si è visto che la gestione di un'impresa che gode di potere monopolistico è più complessa di quella di un'impresa perfettamente concorrenziale. In concorrenza perfetta, le imprese non sono in grado di fissare i prezzi di vendita del bene e di acquisto degli input. L'unica cosa che possono decidere riguarda le quantità di input da acquistare e di output da produrre. Invece, un'impresa che ha potere di mercato deve considerare le caratteristiche della domanda. Per esempio, per individuare il prezzo ottimale, una compagnia aerea deve conoscere la relazione che intercorre tra la quantità domandata e il prezzo che fissa. Ciò le consente di incrementare il proprio surplus più di quanto possano fare le imprese operanti in concorrenza perfetta.

12.1 • La discriminazione del prezzo

Nei vari esempi del Capitolo 11, il monopolista fissava lo stesso prezzo unitario per tutti i consumatori. Per massimizzare i suoi profitti, un monopolista che si trova ad affrontare una curva di domanda inclinata negativamente, D, produce un output Q_m corrispondente al punto in cui il ricavo marginale MR eguaglia il costo marginale MC, e lo vende al prezzo P_m. In questa situazione, come mostrato nella Figura 12.1, il surplus del monopolista corrisponde all'area $G + H + K + L$, mentre le aree $E + F$ corrispondono al surplus dei consumatori. Le aree corrispondenti alla perdita di benessere sociale dovuta al monopolio, $J + N$, rappresentano un potenziale surplus che non viene catturato né dal monopolista né dai consumatori. Ciò accade perché vi sono alcuni consumatori (situati tra i punti A e B della curva di domanda) che non sono disposti a pagare un prezzo P_m, ma che acquisterebbero quantità addizionali fino a Q_1 a un prezzo uguale o maggiore rispetto al costo marginale (cioè a un prezzo compreso tra P_m e P_1).

La **discriminazione del prezzo** (che prevede la possibilità di fissare prezzi diversi per consumatori con caratteristiche diverse) offre al monopolista, e più in generale a qualsiasi impresa con potere di mercato, l'opportunità di accrescere il proprio surplus. Esistono tre tipi di discriminazione del prezzo.

DISCRIMINAZIONE DEL PREZZO La pratica che prevede l'applicazione ai consumatori di prezzi diversi per lo stesso bene o servizio.

1. **Discriminazione del prezzo di primo grado**. L'impresa cerca di vendere ogni unità di prodotto al prezzo di riserva dei singoli consumatori (ovvero al prezzo massimo che ogni singolo consumatore è disposto a pagare per acquistare ogni singola unità di bene). Quando, per esempio, un'impresa vende un prodotto in un'asta, spera che i consumatori rilancino il prezzo fino a quando non rimane l'acquirente con il più alto prezzo di riserva, e che il prezzo finale di vendita sia vicino al livello massimo che il vincitore è disposto a pagare per acquistare quel prodotto.

DISCRIMINAZIONE DEL PREZZO DI PRIMO GRADO La pratica che prevede la vendita di ogni unità di un prodotto al prezzo di riserva dei singoli consumatori (ovvero al prezzo massimo che essi sono disposti a pagare per la singola unità).

2. **Discriminazione del prezzo di secondo grado**. L'impresa offre sconti sulle quantità (il prezzo unitario si riduce se essi acquistano quantità maggiori). Una software house potrebbe per esempio fissare un prezzo unitario di €50 ai rivenditori che acquistano fino a 9 copie di un gioco per computer, di €40 a coloro che acquistano da 10 a 99 copie, e di €30 a coloro che acquistano più di 100 copie.

DISCRIMINAZIONE DEL PREZZO DI SECONDO GRADO La pratica che prevede l'offerta ai consumatori di sconti sulle quantità acquistate.

3. **Discriminazione del prezzo di terzo grado**. L'impresa riesce a identificare differenti gruppi o segmenti di acquirenti, ciascuno con una differente curva di domanda. Quindi, per massimizzare il profitto, essa fisserà prezzi diversi per i diversi segmenti eguagliando il ricavo marginale al costo marginale, o anche utilizzando la IEPR[1] (come visto nel Capitolo 11). Se una compagnia aerea riesce a distinguere i clienti che viaggiano per lavoro da quelli viaggiano per vacanza, e se tali segmenti hanno curve di domanda differenti per la medesima rotta, può praticare un prezzo diverso per ogni segmento – per esempio, €500 al biglietto per i clienti business e €200 per quelli in vacanza.

DISCRIMINAZIONE DEL PREZZO DI TERZO GRADO La pratica che prevede la possibilità di praticare prezzi diversi a differenti gruppi o segmenti di consumatori di uno stesso mercato.

Perché si possa praticare la discriminazione del prezzo, è necessario che si verifichino alcune condizioni.

---

[1] La *inverse elasticity pricing rule* (IEPR) è $(P_i - MC_i)/P_i = -1/\epsilon_{Q_i,P_i}$, dove P_i è il prezzo del prodotto i, MC_i è il suo costo marginale e ϵ_{Q_i,P_i} è l'elasticità della domanda al prezzo del prodotto stesso.

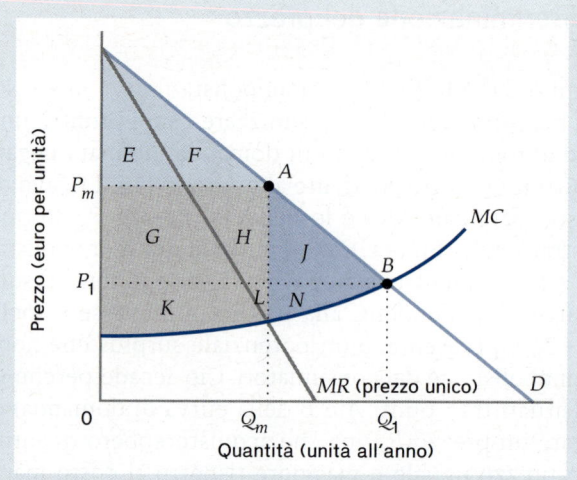

FIGURA 12.1 Un monopolista che vende praticando un unico prezzo
Un monopolista orientato al massimo profitto che applica un prezzo unico sceglierà di vendere la quantità Q_m al prezzo P_m. Il suo surplus equivale alle aree $G + H + K + L$, mentre quello che va ai consumatori è dato dalle aree $E + F$. La perdita di benessere sociale, pari a $J + N$, rappresenta un surplus di cui non godono né il monopolista né i consumatori.

- *L'impresa deve avere potere di mercato.* In altri termini, la curva di domanda che l'impresa fronteggia deve essere inclinata negativamente. Se l'impresa non ha potere di mercato, è price-taker, e dunque non ha la possibilità di stabilire i prezzi di vendita. Come sottolineato nel Capitolo 11, il potere di mercato è presente in molte industrie. In alcuni settori si possono trovare poche grandi imprese, ognuna delle quali è in grado di controllare il prezzo dei propri prodotti. Per esempio, nell'industria aerea ogni compagnia sa che abbassando i propri prezzi attrarrà più consumatori. Anche se una compagnia aerea non è monopolista, può comunque avere un certo potere di mercato.
- *Le imprese devono avere qualche informazione sui prezzi che i diversi consumatori sono disposti a pagare per il loro prodotto.* Le imprese devono sapere come variano i prezzi di riserva e/o le elasticità della domanda rispetto al prezzo tra i vari consumatori.
- *Le imprese devono essere in grado di impedire la rivendita del bene, o arbitraggio.* Se un'impresa non può impedire l'arbitraggio, un cliente che ha acquistato il prodotto a un prezzo basso può agire come un intermediario e rivenderlo ai consumatori disposti a pagare un prezzo superiore. In questo caso, sarà l'intermediario ad appropriarsi del surplus dei consumatori al posto dell'impresa produttrice.

12.2 • Discriminazione del prezzo di primo grado: ricavare il massimo da ogni consumatore

Per descrivere la discriminazione del prezzo di primo grado, è utile interpretare la domanda di un prodotto come una manifestazione della disponibilità a pagare dei suoi consumatori. Poiché la curva di domanda è inclinata negativamente, il primo acquirente è disposto a pagare un prezzo maggiore del secondo. In generale, la massima disponibilità a pagare si riduce per ogni successiva unità acquistata.

La discriminazione di primo grado è una soluzione ideale dal punto di vista del venditore. Infatti, se egli fosse in grado di effettuare una discriminazione di questo tipo, riuscirebbe a vendere ogni unità di prodotto al prezzo massimo che l'acquirente di quella specifica unità sarebbe disposto a pagare.[2]

Si immagini un'impresa che produce una particolare ed esclusiva linea di blue jeans confezionati a mano. Si supponga poi che tutti i possibili clienti entrino contemporaneamente nel punto vendita, e che ognuno di essi abbia stampato sulla schiena il prezzo massimo che è disposto a pagare per acquistare un paio di jeans. Una volta che tutti i clienti sono nel negozio, è possibile conoscere la curva di domanda relativa a questo specifico modello di jeans, così come mostra la Figura 12.2 (le cui curve sono identiche a quelle della Figura 12.1).

Che prezzo dovrà scegliere l'impresa per massimizzare i suoi profitti? Conoscendo perfettamente la propria curva di domanda, l'impresa potrà applicare a ogni consumatore un prezzo esattamente pari al suo prezzo di riserva. Per esempio, al cliente con il prezzo di riserva più elevato, e pari a €100, farà pagare un prezzo di €100, non lasciandogli alcun surplus.[3] Allo stesso modo, al cliente con il secondo prezzo di riserva più alto, pari a €99, farà pagare un prezzo di €99, e così via per tutti gli altri clienti. Se l'impresa è in grado di effettuare una discriminazione perfetta, può vendere ogni paio di jeans al prezzo di riserva di ogni singolo cliente.

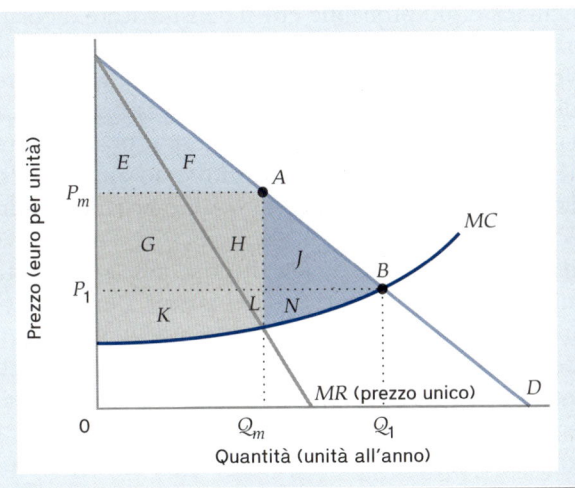

FIGURA 12.2 Prezzo unico vs discriminazione del prezzo di primo grado
In caso di prezzo unico, il produttore vende la quantità Q_m al prezzo P_m. In questa situazione, egli non si appropria dell'intero surplus dei consumatori, e si verifica una perdita secca di benessere. In caso di discriminazione del prezzo di primo grado, l'impresa vende Q_1 unità (ovvero tutte quelle per le quali il prezzo è uguale o superiore a P_1, livello che eguaglia il costo marginale). Il produttore vende ogni unità al consumatore con il più alto prezzo di riserva per quella unità, facendogli pagare esattamente quel valore. In tal modo, il produttore cattura tutto il surplus, e non si verifica alcuna perdita di benessere sociale.

	Prezzo unico	Discriminazione del prezzo di primo grado
Surplus dei consumatori	$E + F$	zero
Surplus dei produttori	$G + H + K + L$	$E + F + G + H + J + K + L + N$
Surplus totale	$E + F + G + H + K + L$	$E + F + G + H + J + K + L + N$
Perdita di benessere sociale	$J + N$	zero

---

[2] Per questo motivo in alcuni testi la discriminazione di primo grado viene definita anche *discriminazione perfetta del prezzo*.
[3] Per essere più precisi, al prezzo di riserva di €100 l'acquirente è assolutamente indifferente tra acquistare o meno. Per essere certi di vendergli il prodotto, si dovrebbe praticare un prezzo di €99,99, lasciandogli un surplus di €0,01. Per praticità, si assume che a un prezzo di €100 il cliente decida comunque di acquistare il jeans.

Quante paia di jeans saranno vendute? Se i costi marginali e la curva di domanda sono quelli esposti nella Figura 12.2, la quantità ottimale sarà Q_1, poiché per ogni unità che si trova a sinistra di Q_1 il prezzo di vendita eccede il costo marginale di produzione, mentre per quantitativi maggiori di Q_1 il costo marginale di produzione sarebbe superiore al prezzo di vendita di unità addizionali. Dunque, il surplus del produttore corrisponde all'area che si trova tra la curva di domanda e la curva del costo marginale ($E + F + G + H + J + K + L + N$).[4] Per contro, i consumatori non conseguiranno alcun surplus, che risulta interamente catturato dal produttore.

L'esempio precedente può essere utilizzato per illustrare le tre condizioni necessarie per la discriminazione del prezzo. Innanzi tutto, il venditore deve avere potere di mercato – cioè la sua curva di domanda deve essere inclinata negativamente. Non è necessario che il venditore sia un monopolista: nel caso in esame, è possibile che altri negozi vendano modelli di jeans confezionati a mano.

In secondo luogo, il venditore deve conoscere qualcosa sulle differenti disponibilità a pagare dei clienti. Nell'esempio, si è supposto che l'impresa conosca il prezzo di riserva dei singoli clienti poiché questo si trova scritto sulla loro schiena. Nella realtà è certamente più difficile conoscere le varie disponibilità a pagare. Se un'impresa chiedesse la disponibilità a pagare direttamente al consumatore, costui mentirebbe, specie se pensa che il prezzo che dovrà pagare sarà pari a quanto dichiara. È più probabile che il consumatore dichiari un prezzo di riserva più basso di quello effettivo, al fine di guadagnare una parte di surplus. Spesso i venditori possono dedurre la disponibilità a pagare dei propri clienti osservando dove vivono e lavorano, come si vestono o parlano, che auto guidano o quanto guadagnano. Tali informazioni probabilmente non danno un'informazione precisa, ma aiutano il venditore ad appropriarsi di una parte del surplus dei consumatori maggiore di quanto accadrebbe in loro assenza.

In terzo luogo, il venditore deve essere in grado di impedire la rivendita del bene. Tornando all'esempio, si supponga che gli unici clienti a entrare nel negozio siano quelli che hanno un prezzo di riserva di €50 o meno, mentre gli altri, quelli con prezzi di riserva maggiori, attendono fuori. A questo punto, gli acquirenti potrebbero diventare intermediari, comprando i jeans a €50 o meno e rivendendoli fuori dal negozio a coloro che hanno maggiore disponibilità a pagare. A causa dell'arbitraggio, sarà l'intermediario, e non il produttore, ad appropriarsi di parte del surplus.

Come mostrato nella Figura 12.2, quando un monopolista pratica un prezzo unico si verifica una perdita di benessere sociale. Cosa accade in caso di discriminazione di primo grado? Nella Figura 12.2 è possibile notare che ogni cliente che acquista il prodotto (quelli alla sinistra di Q_1) presenta una disponibilità a pagare maggiore o uguale al costo marginale di produzione. Inoltre, ogni cliente che non acquista il prodotto (quelli alla destra di Q_1) ha una disponibilità a pagare inferiore al costo marginale di produzione. Dunque, la discriminazione del prezzo di primo grado conduce al livello efficiente di produzione. In altre parole, non vi è perdita secca.[5]

---

[4] Come descritto nel Capitolo 9, il surplus del produttore è dato dalla differenza tra i suoi ricavi e i costi recuperabili. Qui si assume che tutti i costi fissi siano non recuperabili.

[5] Sebbene in caso di discriminazione di primo grado non si verifichi alcuna perdita di benessere sociale, non tutti i partecipanti al mercato sono soddisfatti. In particolare, i consumatori non sono felici perché i produttori si appropriano di tutto il surplus. La piena efficienza allocativa non sempre risulta anche "equa". Per maggiori approfondimenti su questo tema, si veda E.E. Zajac, *Political Economy of Fairness*, MIT Press, Cambridge, MA 1995.

Esercizio svolto 12.1 La cattura del surplus: prezzo unico vs discriminazione del prezzo di primo grado

In questo esercizio si dimostrerà come un monopolista può catturare più surplus con la discriminazione del prezzo di primo grado rispetto alla fissazione di un prezzo unico.

Supponete che un monopolista abbia costi marginali costanti $MC = 2$, e fronteggi la curva di domanda $P = 20 - Q$, come mostrato nella Figura 12.3. Non vi sono costi fissi.

Problema

(a) Supponendo che non sia possibile (o consentita) la discriminazione del prezzo, a quanto ammonterà il surplus del produttore?
(b) Supponendo che il monopolista possa effettuare una discriminazione perfetta del prezzo, a quanto ammonterà il surplus del produttore?

Soluzione

(a) La curva del ricavo marginale è $MR = P + (\Delta P/\Delta Q)Q = (20 - Q) + (-1)Q = 20 - 2Q$. Per trovare la quantità di massimo profitto, si devono eguagliare ricavo marginale e costo marginale. Quindi, $20 - 2Q = 2$, da cui $Q = 9$. Sostituendo questo valore nella curva di domanda, si ha che $P = 20 - 9 = 11$. Dal momento che non vi sono costi fissi, il surplus del produttore (PS) sarà dato dai ricavi totali meno i costi totali variabili di produzione. Questi ultimi sono uguali al costo marginale per la quantità, ovvero $2Q$. Poiché i ricavi totali si calcolano moltiplicando il prezzo per la quantità, il surplus del produttore sarà $PS = PQ - 2Q = (11)(9) - 2(9) = 81$. Nella Figura 12.3, il surplus del produttore è dato dai ricavi totali (ORTN) meno i costi variabili (ovvero l'area al di sotto dei costi marginali, OZMN). Pertanto, il surplus del produttore è l'area RTMZ.

(b) Con la discriminazione del prezzo di primo grado, l'impresa è in grado di vendere tutte le unità il cui prezzo eguaglia o supera il suo costo marginale. Ciò implica che essa produrrà una quantità corrispondente al punto di intersezione tra la curva di domanda e quella del costo marginale. Per trovare tale quantità, bisogna eguagliare le due curve: $20 - Q = 2$, da cui $Q = 18$. I ricavi totali corrispondono all'area al di sotto della curva di domanda per $Q = 18$ (area OWXY), e sono pari a €198 (l'area del triangolo WXZ più l'area del rettangolo OZXY). I costi totali variabili sono dati dal costo marginale per la quantità: $2(18) = 36$. Il surplus del produttore è uguale ai ricavi totali meno i costi totali variabili: $198 - 36 = 162$. Nella Figura 12.3, esso corrisponde all'area OWXY (ricavi totali) meno l'area OZXY (costi variabili totali), ovvero all'area WXZ.

Perciò, la discriminazione di primo grado incrementa il surplus del produttore di €81 rispetto alla fissazione di un prezzo uniforme.

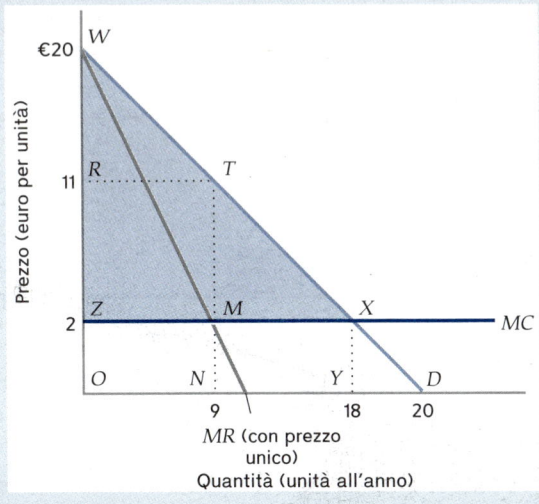

FIGURA 12.3 La cattura del surplus: prezzo unico vs discriminazione del prezzo di primo grado
In caso di un prezzo unico, l'impresa produrrebbe 9 unità (corrispondenti al punto di intersezione tra la curva del ricavo marginale MR e quella del costo marginale MC), e le venderebbe a un prezzo di €11 per unità, ottenendo un surplus di €81 (area RTMZ). In caso di discriminazione del prezzo di primo grado, l'impresa produrrebbe 18 unità (corrispondenti al punto di intersezione tra la curva del costo marginale MC e la curva di domanda D), ottenendo un surplus pari a €162 (area WXZ).

> **Esercizio svolto 12.2**   Qual è la curva del ricavo marginale in caso di discriminazione del prezzo di primo grado?
>
> Nel Capitolo 11 si è visto che, con un prezzo unico, il ricavo marginale è $MR = P + (\Delta P/\Delta Q)Q$.
>
> **Problema**
>
> Qual è la curva del ricavo marginale in caso di discriminazione perfetta del prezzo di primo grado? Al livello di produzione scelto dall'impresa, i ricavi marginali eguagliano i costi marginali?
>
> **Soluzione**
>
> L'espressione del ricavo marginale in caso di prezzo *unico*, $MR = P + (\Delta P/\Delta Q)Q$, sottolinea che il ricavo marginale è costituito dalla somma di due effetti. Quando l'impresa aumenta la quantità venduta, (1) i suoi ricavi aumentano per un valore corrispondente al prezzo di vendita P per le quantità aggiuntive vendute, ma (2) i suoi ricavi diminuiscono poiché il suo prezzo di vendita diminuisce di $\Delta P/\Delta Q$ per *tutte* le unità vendute dall'impresa (e non solamente per le unità aggiuntive).
>
> In caso di discriminazione di primo grado, è presente solamente il primo effetto. Quando l'impresa vende unità aggiuntive, riceverà un prezzo P rispetto a quelle unità, ma *non* deve ridurre il prezzo delle unità che già vendeva. Di conseguenza, in caso di discriminazione di primo grado la curva del ricavo marginale è semplicemente $MR = P$, cioè coincide con la curva di domanda.
>
> Come mostra la Figura 12.3, in caso di discriminazione di primo grado il venditore sceglie quella quantità per la quale i ricavi marginali e i costi marginali sono uguali. Inoltre, in questo caso il venditore sceglie la quantità per la quale la curva del costo marginale interseca la curva di domanda ($Q = 18$). Per questo livello di output, il ricavo marginale dell'ultima unità venduta corrisponde effettivamente al prezzo di vendita di quella specifica unità (€2). Al produttore non converrà vendere un numero inferiore di unità perché in questo caso i ricavi marginali sarebbero maggiori dei costi marginali. Allo stesso modo, non venderà quantitativi superiori a 18 unità perché i ricavi marginali sarebbero inferiori ai costi marginali.

Esistono molteplici esempi di discriminazione del prezzo di primo grado. Si considerino, per esempio, i mercatini delle pulci, o il mercato immobiliare, o ancora quello automobilistico. I venditori spesso cercano di capire la disponibilità a pagare dei propri clienti osservandoli direttamente. In genere il venditore propone un prezzo iniziale più elevato, che viene man mano aggiustato con la contrattazione, durante la quale il venditore acquisisce maggiori informazioni sul cliente (ovviamente, il cliente cercherà allo stesso modo di ridurre il prezzo di acquisto provando a capire quanto il venditore è disposto a diminuirlo). Anche le aste sono disegnate per spingere i prezzi di vendita il più vicino possibile alla disponibilità a pagare del compratore. Mentre l'acquirente con il più alto prezzo di riserva può riuscire ad acquistare a un prezzo inferiore alla propria disponibilità a pagare, il venditore spera di catturare quanto più surplus possibile attraverso la competizione tra i potenziali compratori.

Applicazione 12.1

Istruzione universitaria e discriminazione di prezzo

Conseguire una laurea in Italia può essere piuttosto costoso. La tassa di iscrizione varia a seconda dell'ateneo, ma per ogni anno di studio essa è mediamente pari a €600 (in alcune università, però, può anche ammontare a diverse migliaia di euro). Se poi si aggiungono i costi del vitto, dell'alloggio, del trasporto, dei libri e delle altre spese accessorie, le cifre lievitano notevolmente. È chiaro allora che le varie università si preoccupano della possibilità che le famiglie dei potenziali studenti riescano a sostenere un tale peso economico, e si sforzano perciò di venire loro incontro e di ridurre almeno in parte questo onere.

Alcuni tipi di aiuti finanziari sono basati sul merito, cioè sul rendimento agli esami dello studente. Più spesso l'aiuto è basato sulla valutazione della situazione finanziaria della famiglia: in questa ipotesi, la somma richiesta per l'iscrizione di uno studente dipende dal reddito familiare attuale e prospettico.

Ma come fanno gli atenei a determinare quanto ogni studente (o famiglia) è disposto a pagare per ricevere l'istruzione universitaria? Molto spesso, prima di essere considerati per possibili aiuti finanziari, gli studenti devono fornire alcune informazioni sulle condizioni della famiglia attraverso l'ISEE (Indicatore della Situazione

Economica Equivalente), che tiene conto dell'ammontare del reddito, del patrimonio e dell'ampiezza del nucleo familiare. Le università utilizzano questo indicatore (regolamentato dalla legge) all'interno di apposite formule studiate per calcolare automaticamente il valore di tasse e contributi che la famiglia dovrà corrispondere per l'iscrizione.

Quando le università basano l'ammontare del pagamento per l'iscrizione dello studente sulla condizione economica della famiglia, e quindi sulla sua capacità di pagare per il servizio, stanno realizzando una discriminazione del prezzo di primo grado.

È ovvio che nessun ateneo è monopolista, tuttavia ciascuno di essi sa che la curva di domanda di istruzione universitaria è negativamente inclinata. Il numero di studenti che potranno frequentare i corsi cresce infatti al diminuire del prezzo (uguale ai vari costi già ricordati meno ogni tipo di aiuto finanziario). Per discriminare il prezzo, le università devono avere informazioni sulla disponibilità a pagare. Sebbene esse non possano ottenere una misura esatta di tale valore, è plausibile ritenere che quest'ultimo sarà altamente correlato all'ISEE. Infine, gli atenei non avranno da temere sulla possibilità di rivendita del servizio, dato che uno studente non potrà mai vendere la propria istruzione universitaria a qualcun altro.

A cura di Paolo Coccorese

12.3 • Discriminazione del prezzo di secondo grado: gli sconti sulle quantità

In molti mercati ogni consumatore acquista più di un'unità del bene o servizio in un dato periodo di tempo. Per esempio, ogni mese vengono acquistate diverse unità di acqua e di elettricità. I lavoratori pendolari che si servono del trasporto pubblico effettuano molti viaggi al mese. E un gran numero di viaggiatori che si servono del trasporto aereo sono *frequent flyers*.

I venditori sanno che la curva di domanda dei loro acquirenti è discendente, ovvero che il prezzo che sono disposti a pagare decresce al crescere delle quantità acquistate. Un venditore può utilizzare questa informazione per aumentare il proprio surplus offrendo ai consumatori sconti collegati alle quantità vendute.

Tuttavia, non tutte le forme di sconti sulle quantità rappresentano una discriminazione del prezzo. Spesso i venditori offrono sconti legati alle quantità vendute perché costa meno vendere più unità del bene. Per esempio, una pizza che serve due persone viene di solito venduta a meno del doppio di una pizza per un sola persona. I costi connessi alla manodopera, alla cottura e all'imballaggio non sono strettamente collegati alla dimensione della pizza, e il prezzo riflette il fatto che il costo medio per porzione è generalmente inferiore per una pizza grande.

Quali sono, allora, le caratteristiche distintive della discriminazione del prezzo di secondo grado? Una prima caratteristica riguarda il fatto che l'ammontare che gli acquirenti pagano per il bene è legato a due o più prezzi. Per esempio, generalmente i servizi telefonici vengono pagati attraverso una tariffa a due (o più) parti. Vi è una quota fissa mensile (il canone di abbonamento, per esempio €20) e una quota calcolata in proporzione al numero di telefonate e alla loro durata (per esempio, 5 centesimi di euro per chiamata).

In questo paragrafo verranno considerate due modalità di vendita basate sulla discriminazione di secondo grado: la vendita a blocchi (come nel caso dell'impresa che produce software, descritta nel Paragrafo 12.1) e la tariffa a due (o più) parti (per esempio, una quota di sottoscrizione più un prezzo d'uso).

12.3.1 La vendita a blocchi

Si supponga che nel mercato relativo alla fornitura di elettricità vi sia un unico consumatore. Le curve di domanda e del costo marginale sono le medesime rappresentate nella Figura 12.3: la domanda è $P = 20 - Q$, il costo marginale è $MC = 2$, come mostra

388 Capitolo 12

la Figura 12.4. In base a quanto visto nell'Esercizio svolto 12.1, nell'ipotesi di prezzo unico il massimo profitto si ha quando $P = €11$ per unità. A tale prezzo, il consumatore acquista 9 unità, e il surplus del produttore è €81.

Si supponga ora che l'impresa offra uno sconto legato alla quantità acquistata – per esempio, applica un prezzo unitario di €11 sulle prime 9 unità acquistate, e di €8 per quelle aggiuntive. Come mostrato dalla Figura 12.4, in questa situazione il consumatore acquisterà 3 unità addizionali, arrivando a un totale di 12 unità, mentre l'impresa catturerà un surplus aggiuntivo di €18 (area JKLM), arrivando a un totale di €99.

> **TARIFFA A BLOCCHI** Una forma di discriminazione del prezzo di secondo grado in cui i consumatori pagano un prezzo per le unità appartenenti al primo blocco acquistato (fino a una data quantità) e un prezzo diverso (generalmente inferiore) per ogni unità addizionale acquistata nel secondo blocco.

Questo schema di prezzo è un esempio di **tariffa a blocchi** (ed è una sorta di tariffa a due parti poiché risulta costituita da due prezzi, uno applicato alle prime 9 unità acquistate, e un altro per le unità addizionali). Questo tipo di sconto sulle quantità costituisce una discriminazione del prezzo di secondo grado, in quanto il costo marginale dell'impresa è costante, e pari a €2, a indicare che l'impresa non riduce i suoi costi incrementando la quantità venduta (diversamente da quanto osservato nell'esempio della pizza).

Bisogna ora individuare la tariffa a blocchi ottimale per l'impresa, cioè quella che massimizza il surplus del produttore. Per semplicità, si assumerà che la tariffa consiste unicamente di due blocchi.

Nella Figura 12.5 (che presenta le stesse curve di domanda e di costo marginale della Figura 12.4), P_1 e Q_1 rappresentano prezzo e quantità ottimali relativi al primo blocco, mentre P_2 e $(Q_2 - Q_1)$ sono i medesimi valori per il secondo blocco. L'individuazione della tariffa a blocchi ottimale richiede tre passaggi:

1. Esprimere Q_2 in termini di Q_1.
2. Esprimere il surplus del produttore PS in termini di Q_1.
3. Trovare il valore di Q_1 che massimizza PS, per poi utilizzare questo valore per calcolare P_1 e Q_2, e Q_2 per calcolare P_2.

   1. Il segmento BE rappresenta la parte di domanda non soddisfatta dopo la vendita del primo blocco Q_1. La curva del ricavo marginale associata a questa parte della curva di domanda è il segmento BN. Dal momento che il secondo

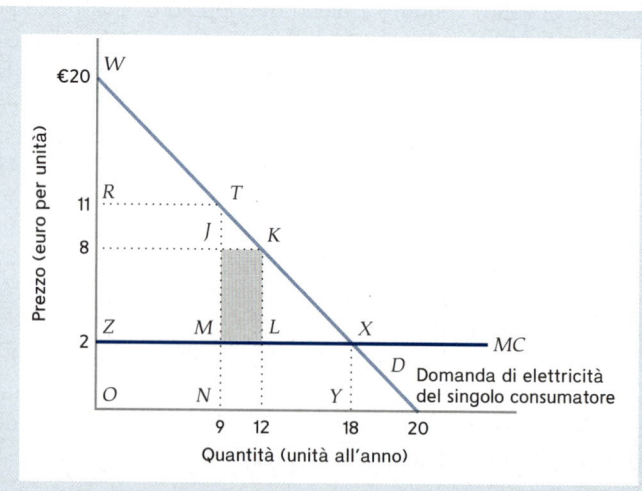

FIGURA 12.4 Prezzo unico vs discriminazione del prezzo di secondo grado
Applicando un prezzo unico, l'impresa ottiene un surplus pari a €81 (area *RTMZ*). Tramite la vendita a blocchi, l'impresa applica un prezzo di €11 per le prime 9 unità acquistate dal cliente, e un prezzo di €8 sulle tre unità addizionali. Questo esempio di discriminazione del prezzo di secondo grado consente all'impresa di ottenere un surplus di €99 (aree *RTMZ* + *JKLM*).

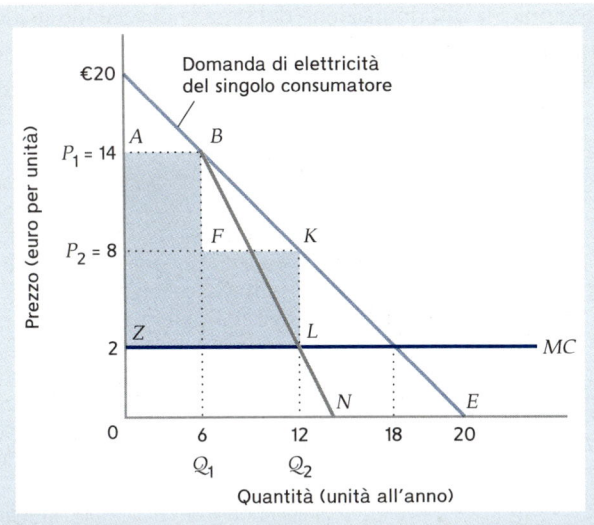

FIGURA 12.5 Il surplus ottimale del produttore in caso di discriminazione del prezzo di secondo grado
Con una tariffa ottimale a blocchi (supponendo solo due blocchi), l'impresa vende 6 unità a un prezzo unitario di €14, e 6 unità addizionali a un prezzo unitario di €8. In questo caso, l'impresa massimizza il surplus del produttore, che diviene €108 (area *ABFKLZ*).

stock viene venduto a un prezzo unico, la quantità ottimale da produrre e vendere relativamente al secondo stock corrisponderà al punto di intersezione tra la curva del ricavo marginale e la curva del costo marginale *MC*, ovvero Q_2. Poiché la curva di domanda è lineare, la curva del ricavo marginale ha pendenza doppia rispetto a essa, e Q_2 si troverà esattamente a metà tra Q_1 e 18 (come mostrato quando si è descritta la regola del punto medio in un mercato di monopolio nel Capitolo 11 – si veda l'Esercizio svolto 11.5). Quindi, $Q_2 = (Q_1 + 18)/2$.

2. Il surplus del produttore è dato dai ricavi totali meno i costi totali variabili. Il ricavo derivante dalla vendita del primo blocco è dato da $P_1 Q_1$, il ricavo derivante dalla vendita del secondo blocco è $P_2(Q_2 - Q_1)$, e il costo totale variabile è $2 Q_2$. Di conseguenza, il surplus del produttore è $PS = P_1 Q_1 + P_2(Q_2 - Q_1) - 2 Q_2$. L'equazione della domanda afferma che $P_1 = 20 - Q_1$ e che $P_2 = 20 - Q_2$, per cui $PS = (20 - Q_1) Q_1 + (20 - Q_2)(Q_2 - Q_1) - 2 Q_2$, ovvero $PS = -(3/4)(Q_1 - 6)^2 + 108$.

3. Dato che l'espressione $-(3/4)(Q_1 - 6)^2 + 108$ è negativa per qualsiasi valore di Q_1 diverso da 6, *PS* risulterà massimizzato (e pari a €108) quando tale espressione è uguale a zero, ovvero quando $Q_1 = 6$. Perciò, la quantità ottimale da produrre e vendere nel primo blocco è $Q_1 = 6$, con un prezzo ottimale $P_1 = 20 - 6 =$ €14 per unità; la quantità ottimale utile per trovare il secondo blocco è, di conseguenza, $Q_2 = (6 + 18)/2 = 12$ unità, con un prezzo ottimale $P_2 = 20 - 12 =$ €8 per unità; e il massimo surplus del produttore è €108.[6]

---

[6] È possibile calcolare le tariffe ottimali in riferimento ai due stock anche in modo analitico. Come visto, $PS = (20 - Q_1) Q_1 + (20 - Q_2)(Q_2 - Q_1) - 2Q_2$. Se si eguaglia a zero la derivata parziale di *PS* rispetto a Q_1, si trova che $Q_2 = 2Q_1$. Se si eguaglia a zero la derivata parziale di *PS* rispetto a Q_2 si trova che $18 - 2Q_2 + Q_1 = 0$. Risolvendo tale sistema di due equazioni in due incognite, si trova che $Q_1 = 6$ e $Q_2 = 12$, le quali consentono di calcolare i prezzi dei due blocchi e il surplus del produttore. Per maggiori approfondimenti sull'uso delle derivate per trovare il massimo di una funzione, si veda l'Appendice matematica disponibile sul sito web www.ateneonline.it/besanko3e.

In questo esempio, la discriminazione del prezzo di secondo grado attraverso la vendita a due blocchi ha fatto crescere il surplus del produttore di €27 rispetto al prezzo uniforme (da €81 a €108).

Esercizio svolto 12.3 L'incremento di profitto con una tariffa a blocchi

Softco è una società che produce software per le imprese. Ogni suo cliente ha una funzione di domanda pari a $P = 70 - 0,5Q$. Il costo marginale di produzione di ogni programma è €10. L'impresa non ha costi fissi.

Problema

(a) Se Softco vende i suoi programmi a un prezzo unico, quali saranno il prezzo e la quantità che massimizzano i suoi profitti? A quanto ammonteranno questi ultimi?

(b) Softco vorrebbe incrementare i propri profitti attraverso la vendita a blocchi. Supponete che l'impresa applichi al primo blocco il prezzo e la quantità determinati in (a). Trovate prezzo e quantità di massimo profitto relativi al secondo blocco venduto. Calcolate i profitti aggiuntivi dell'impresa.

(c) Spiegate se, e perché, Softco potrebbe riuscire ad aumentare i suoi profitti fissando prezzi e quantità differenti per i due blocchi.

Soluzione

(a) Il ricavo marginale per ogni singolo cliente è $MR = 70 - Q$. È possibile stabilire la quantità ottimale da vendere eguagliando MR e MC: $70 - Q = 10$, ovvero $Q = 60$. Il prezzo unico che massimizza i profitti dell'impresa è $P = 70 - 0,5(60) = €40$. Il ricavo totale sarà $PQ = 40(60) = €2400$. Siccome il costo marginale è pari a €10 per unità e non vi sono costi fissi, i costi totali saranno €600. Il profitto derivante da ogni cliente sarà di conseguenza €1800.

(b) Per quanto riguarda il primo blocco, $P_1 = 40$ e $Q_1 = 60$. Softco vende dunque le prime 60 unità a un prezzo di €40. Per definire il prezzo ottimale relativo al secondo blocco, è necessario identificare la disponibilità marginale a pagare per ogni unità al di sopra di $Q_1 = 60$, che è $P = 70 - 0,5(60 + Q_2) = 40 - 0,5Q_2$. Il ricavo marginale sarà allora $MR = 40 - Q_2$. Il prezzo di massimo profitto relativo al secondo blocco sarà ugualmente dato da $MR = MC$: $40 - Q_2 = 10$, ovvero $Q_2 = 30$ e $P_2 = 40 - 0,5(30) = €25$. Concludendo, Softco venderà le prime 60 unità a un prezzo di €40, e le quantità addizionali a un prezzo unitario di €25. I profitti dell'impresa derivanti dalla vendita del primo blocco sono sempre €1800. I ricavi addizionali derivanti dalla vendita del secondo blocco sono $P_2Q_2 = (25)(30) = €750$, e i relativi costi sono €300. Ne consegue che la vendita del secondo blocco ha incrementato i profitti dell'impresa di €450 per ogni cliente.

(c) L'esercizio (b) definisce il prezzo ottimale di vendita del secondo blocco *dato* il prezzo del primo stock a €40. Tuttavia, come suggerito nel testo, Softco potrebbe ottenere maggiori profitti scegliendo un prezzo di vendita del primo blocco diverso da €40 per unità. La sua determinazione è lasciata allo studente come esercizio.

È interessante osservare l'effetto di una politica di vendita a blocchi sulla spesa media unitaria dei consumatori, che è pari alla spesa totale E divisa per la quantità acquistata Q.

Quando il consumatore acquista un numero di unità minore o uguale a 6, il prezzo unitario di acquisto è €14. In questo caso, la spesa totale del consumatore (in euro) è $14Q$. Per acquisti che eccedono 6 unità, la spesa totale è data da $14(6) + 8(Q-6)$. Quindi:

$$E = \begin{cases} 14Q, \text{ se } Q \leq 6 \\ 84 + 8(Q-6), \text{ se } Q > 6 \end{cases}$$

Di conseguenza, la spesa media del consumatore (in euro) è

$$\frac{E}{Q} = \begin{cases} 14Q, \text{ se } Q \leq 6 \\ \dfrac{84 + 8(Q-6)}{Q}, \text{ se } Q > 6 \end{cases}$$

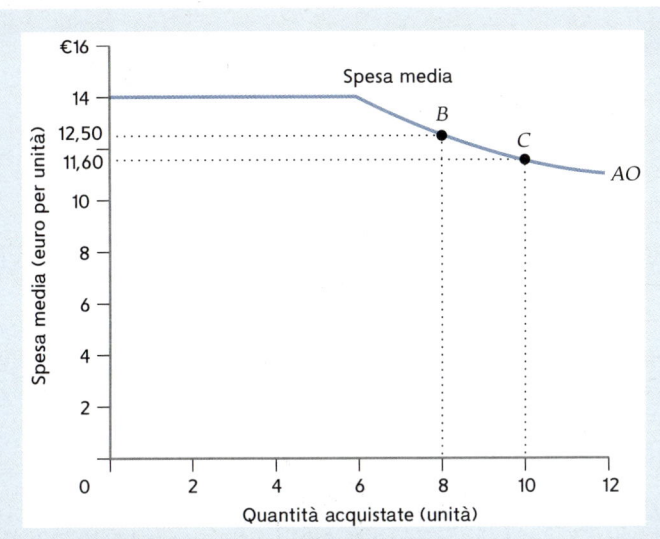

FIGURA 12.6 Una funzione di spesa non lineare
Con la tariffa a blocchi illustrata nella Figura 12.5, la spesa media unitaria è costante (e pari a €14) fino a una quantità di 6 unità. Se il consumatore acquista più di 6 unità, la spesa media diventa decrescente. Poiché la curva di spesa media AO non è una retta, la funzione è definita *non lineare*.

Una funzione di spesa di questo tipo è definita *non lineare*. Una **funzione di spesa non lineare** è una funzione in cui la spesa media varia al variare del numero di unità acquistate. In caso di discriminazione del prezzo di secondo grado, la funzione di spesa è non lineare perché il consumatore paga prezzi diversi per le differenti quantità acquistate. La Figura 12.6 mostra l'andamento grafico della funzione di spesa non lineare riferita all'esempio precedente. Fin quando il consumatore acquista un quantitativo inferiore o pari a 6 unità, la sua spesa media AO è una linea orizzontale in corrispondenza di €14 per unità. Per quantitativi superiori a 6, la curva AO diventa decrescente (cioè la spesa media diminuisce). Se il consumatore, per esempio, acquista 8 unità, la sua spesa media è €12,50 (punto B); se acquista 10 unità, la spesa media è €11,60 (punto C).

> **FUNZIONE DI SPESA NON LINEARE** Una funzione di spesa in cui la spesa media varia al variare delle unità acquistate.

12.3.2 La tariffa a due parti

All'inizio del Paragrafo 12.3 si è preso in considerazione un esempio in cui i clienti di una compagnia telefonica pagano un canone fisso di abbonamento di €20 mensili (per la connessione alla rete) e un costo di €0,05 per ogni chiamata locale. È possibile verificare che si tratta di un sistema di sconto sulle quantità considerando il costo medio per chiamata degli utenti. Se un cliente effettua due chiamate al mese, il suo conto telefonico sarà pari a 20 + 0,10 = €20,10, e la spesa media per chiamata sarà di €10,05. Per contro, se l'utente effettua 200 chiamate al mese, il suo conto sarà di 20 + 10 = €30, ma la sua spesa media per chiamata sarà solo €0,15.

Come può un'impresa usare la tariffa a due parti per incrementare il suo surplus? Si consideri un semplice esempio in cui tutti i clienti di una compagnia telefonica abbiano la medesima curva di domanda, corrispondente a quella mostrata in Figura 12.7. Si supponga, inoltre, che il costo marginale per chiamata della compagnia telefonica sia pari a €0,05. La compagnia telefonica sa che, se applicasse una tariffa di €0,05 per chiamata, non vi sarebbe alcuna perdita di benessere sociale. Ogni cliente effettuerebbe Q_1 chiamate al mese e il suo surplus del consumatore sarebbe l'area S_1. La compagnia telefonica potrebbe allora cercare di catturare tale surplus introducendo

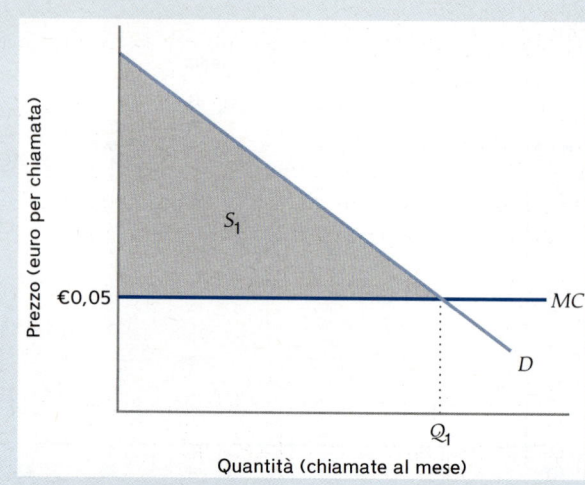

FIGURA 12.7 La tariffa a due parti
Ogni consumatore ha una curva di domanda D relativa ai servizi telefonici, e la compagnia telefonica ha un costo marginale di €0,05 a chiamata. Se l'impresa applicasse un prezzo per chiamata pari a €0,05, ogni cliente effettuerebbe un numero di chiamate mensili pari a Q_1, ottenendo un surplus del consumatore pari a S_1. La compagnia telefonica potrebbe virtualmente appropriarsi di tutto il surplus dei consumatori stabilendo un canone mensile di abbonamento leggermente inferiore a S_1.

un canone mensile di abbonamento. Finché il canone è inferiore a S_1, i consumatori continueranno ad acquistare il servizio telefonico.

Nell'esempio in questione, i consumatori sono indifferenti alla possibilità di abbonarsi o meno se il costo per il canone di abbonamento risulta uguale a S_1. Per fare in modo che i suoi clienti decidano di abbonarsi, l'impresa potrebbe fissare un canone leggermente inferiore a S_1, appropriandosi praticamente dell'intero surplus dei consumatori.

Nella realtà non è così semplice per un'impresa appropriarsi di tutto il surplus, essenzialmente per due motivi. In primo luogo, le curve di domanda dei singoli consumatori sono di solito tra loro differenti. Di conseguenza, se l'impresa aumenta il canone e i costi connessi alle chiamate per appropriarsi del surplus dei clienti che hanno una domanda elevata, rischierebbe di perdere quelli con una minore domanda del servizio. L'impresa ha perciò bisogno di conoscere quanti consumatori hanno domande elevate e quanti hanno domande ridotte.

Inoltre, sebbene l'impresa sappia che vi sono differenti tipologie di clienti, essa può non sapere *quali* consumatori usano più il servizio e quali meno. Perciò spesso le imprese propongono varie tipologie di contratto, con differenti costi di abbonamento e di consumo, lasciando poi ai clienti la scelta della migliore combinazione. Una compagnia di telefonia cellulare può, per esempio, offrire un piano che prevede un costo di abbonamento di €20 abbinato a un costo per chiamata di €0,25, e un'altra combinazione costituita da un costo di abbonamento di €30 e un costo per chiamata pari a €0,20. In questo caso, se un consumatore prevede di effettuare meno di 200 chiamate al mese preferirà il primo pacchetto, mentre un consumatore che pensa di fare più di 200 chiamate al mese opterà per il secondo.[7]

---

[7] Per maggiori approfondimenti sulla discriminazione del prezzo di secondo grado, si vedano R.B. Wilson, *Nonlinear Pricing*, Oxford University Press, New York 1992 e S.J. Brown e D.S. Sibley, *The Theory of Public Utility Pricing*, Cambridge University Press, New York 1986.

Quali possono essere altre tipologie di discriminazione del prezzo di secondo grado? Si pensi al caso delle associazioni o dei club. Per iscriversi, i membri devono pagare una quota fissa. Poi, ogni volta che usufruiscono di un servizio offerto dal club, pagano un prezzo connesso allo specifico servizio. Per esempio, se ci si iscrive a un videonoleggio, si pagherà una quota di iscrizione più una somma legata al noleggio dei singoli DVD. I membri di un country club pagano una quota di iscrizione e un costo connesso all'utilizzo di un campo da tennis o da golf. Per accedere al servizio Internet a banda larga, si paga un canone fisso di accesso alla rete e un costo d'uso proporzionale al tempo di connessione.

12.4 • Discriminazione del prezzo di terzo grado: prezzi diversi per segmenti diversi del mercato

Se un'impresa è in grado di identificare differenti gruppi, o segmenti, di un mercato, e può stimare la curva di domanda di ognuno di essi, può praticare una discriminazione del prezzo di terzo grado, definendo un prezzo di massimo profitto per ogni segmento.

12.4.1 Due segmenti, due prezzi

Per un esempio di discriminazione del prezzo di terzo grado, si considerino i differenziali di prezzo applicati dai servizi ferroviari statunitensi al trasporto di carbone e a quello di grano. Negli Stati Uniti, fino agli anni Ottanta, ovvero prima della regolamentazione delle tariffe, le compagnie di trasporto ferroviario applicavano tariffe differenziate per il trasporto delle diverse tipologie di beni. Il trasporto di carbone e quello di grano presentano, sul medesimo percorso,[8] un costo marginale molto simile: in entrambi i casi non vengono richiesti imballaggi speciali, e i vagoni caricati con questi due prodotti sono caratterizzati più o meno dallo stesso peso (circa 100 tonnellate). Ciò nonostante, le compagnie ferroviarie fissavano tariffe molto maggiori per il trasporto di carbone rispetto a quello del grano.

Queste differenze erano giustificate dal fatto che il trasporto di grano risente maggiormente della concorrenza di altre forme di trasporto (come chiatte o camion). Perciò, la domanda di trasporto ferroviario del grano è più sensibile al prezzo di tale servizio. La Figura 12.8(b) illustra questa maggiore sensibilità della curva di domanda D_g relativa al trasporto di grano su rotaia: se le compagnie ferroviarie avessero praticato prezzi troppo alti, molti spedizionieri di grano non avrebbero più utilizzato questo mezzo.

Il carbone, per contro, è spesso caratterizzato da spostamenti più lunghi, e perciò trova nel trasporto ferroviario il mezzo più conveniente. La Figura 12.8(a) mostra la curva di domanda D_c relativa al trasporto di carbone tramite ferrovia. Dal momento che le spedizioni di carbone sono maggiormente vincolate al mezzo ferroviario, gli spedizionieri sono disposti a pagare di più per tale servizio.

La Figura 12.8 riflette l'assunzione che il costo marginale connesso al trasporto dei due prodotti sia il medesimo ($10). Tuttavia, a causa della differente sensibilità alle variazioni di prezzo, il prezzo di massimo profitto (trovato eguagliando MR e MC) risulta più alto per il trasporto di carbone ($24 per tonnellata per chilometro)

---

[8] Vi possono essere diversi modi per calcolare le tariffe del trasporto di merci. Negli Stati Uniti, per esempio, il costo del trasporto viene misurato con riferimento alle tonnellate di prodotto per miglio. In Italia si considerano le tonnellate per chilometro.

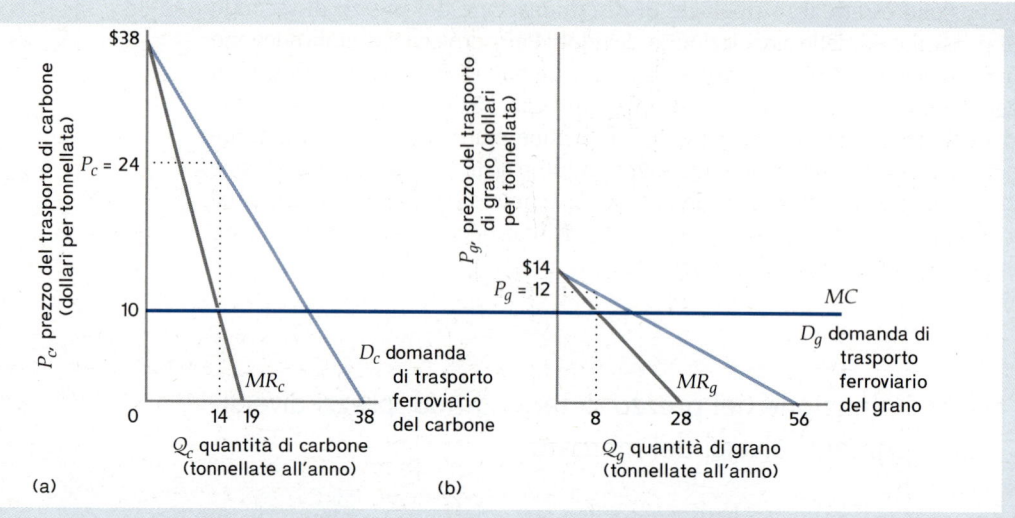

FIGURA 12.8 Il prezzo del trasporto ferroviario del grano e del carbone: la discriminazione del prezzo di terzo grado
La domanda per il trasporto ferroviario del carbone è molto meno sensibile alle variazioni di prezzo rispetto a quella del grano. Le compagnie ferroviarie possono approfittare di questa situazione praticando una discriminazione del prezzo di terzo grado: fissano un prezzo di massimo profitto più alto per il trasporto di carbone rispetto a quello del grano, nonostante i costi marginali connessi al trasporto dei due prodotti siano gli stessi.

rispetto a quello di grano ($12 per tonnellata per chilometro). Come si vede, le compagnie ferroviarie hanno pochi problemi a implementare una discriminazione di prezzo nel trasporto dei due beni. Una volta che esse sono in grado di conoscere le curve di domanda dei differenti segmenti di mercato, possono discriminare il prezzo senza il timore dell'arbitraggio.

Esercizio svolto 12.4 La discriminazione del prezzo di terzo grado nel trasporto ferroviario

Supponete che una compagnia di trasporto ferroviario fronteggi le curve di domanda, relativamente al trasporto di carbone e di grano, rappresentate nella Figura 12.8. In particolare, per il carbone la curva è $P_c = 38 - Q_c$, dove Q_c è la quantità di carbone trasportata al prezzo P_c, mentre per il grano essa è $P_g = 14 - 0{,}25Q_g$, dove Q_g è la quantità di grano trasportata al prezzo P_g. Il costo marginale di trasporto per entrambi i prodotti è $10.

Problema

Uguagliate ricavo marginale e costo marginale per trovare il prezzo di massimo profitto riferito al trasporto del carbone e del grano.

Soluzione

Per quanto riguarda il carbone, la curva del ricavo marginale è $MR_c = 38 - 2Q_c$. Eguagliando il ricavo marginale al costo marginale, si ha che $38 - 2Q_c = 10$, quindi $Q_c = 14$. Sostituendo questo valore nella funzione di domanda, si ottiene: $P_c = 30 - 14 = 24$. Il prezzo di massimo profitto riferito al trasporto del carbone è dunque pari a $24 per tonnellata per chilometro.

Per il grano, la curva del ricavo marginale è $MR_g = 14 - 0{,}5Q_g$. Eguagliando MR e MC, si ha: $14 - 0{,}5Q_g = 10$, ovvero $Q_g = 8$. Sostituendo questo valore nella funzione di domanda, si ottiene: $P_g = 14 - 0{,}25(8) = 12$. Perciò, il prezzo di massimo profitto riferito al trasporto del grano è pari a $12 per tonnellata per chilometro.

12.4.2 La selezione

Per quale motivo alcuni beni o servizi, quali le rappresentazioni teatrali, i viaggi aerei, il trasporto urbano, prevedono sconti agli anziani e agli studenti? Una possibile risposta a tale domanda è che questa forma di discriminazione del prezzo aiuta le imprese a catturare più surplus.[9] La maggior parte degli studenti e molte persone anziane hanno spesso redditi medio-bassi, e al contempo dispongono di più tempo libero rispetto a coloro che lavorano a tempo pieno. Ne consegue che le persone anziane e i giovani hanno curve di domanda per i diversi beni e servizi generalmente più elastiche. La IEPR suggerisce perciò alle imprese di praticare prezzi più bassi per questi consumatori.

Spesso le imprese usano caratteristiche osservabili, quali l'età o l'essere studente, come meccanismi di **selezione**. La selezione consente di classificare i consumatori attraverso caratteristiche (1) che l'impresa è in grado di osservare (come appunto l'età o lo status di studente) e (2) che sono strettamente collegate ad altre caratteristiche dei consumatori che l'impresa vorrebbe conoscere ma non è in grado di osservare (quali la disponibilità a pagare o l'elasticità della domanda). I produttori teatrali vorrebbero per esempio conoscere l'elasticità della domanda rispetto al prezzo o la disponibilità a pagare degli spettatori quando sono in coda al botteghino, ma non sono in grado di farlo. Se dovessero chiedere loro quanto sono disposti a spendere, essi probabilmente mentirebbero, consci del fatto che, nel caso dichiarassero un'elevata disponibilità a pagare, i produttori utilizzerebbero questa informazione per applicare prezzi più alti.

Tuttavia, i produttori *possono* osservare alcune caratteristiche come l'età o lo status dei consumatori. Poiché in genere le persone anziane e gli studenti hanno una curva di domanda più elastica, i produttori possono praticare a questi segmenti di spettatori prezzi più bassi. Per evitare l'arbitraggio, i produttori possono subordinare l'applicazione di tariffe ridotte alla presentazione di un documento accertante l'età o lo status.

Nella vita di tutti giorni si riscontrano molti altri esempi di selezione, tra cui la discriminazione intertemporale del prezzo, i buoni sconto e i rimborsi.

> **SELEZIONE** Un processo di classificazione dei consumatori basato su una certa caratteristica che l'impresa è in grado di accertare (quale, per esempio, l'età) e che è strettamente collegata a un'altra caratteristica del consumatore che l'impresa vorrebbe conoscere ma non è in grado di osservare (quale la disponibilità a pagare, o l'elasticità della domanda).

Applicazione 12.2

La discriminazione del prezzo per le tariffe aeree

Le compagnie aeree in genere vendono i biglietti aerei applicando tariffe differenziate.

Per esempio, le tariffe relative al volo Alitalia partito il 26 maggio 2008 alle ore 11.00 da Milano Linate e diretto a Roma Fiumicino risultavano molto diverse a seconda del tipo di prenotazione e della data di prenotazione.

In proposito, si osservi la tabella seguente:

Tariffa	Tipo di prenotazione	Data di prenotazione	Prezzo
1	Alitalia solo andata con MilleMiglia	Con largo anticipo e salvo disponibilità	0
2	Alitalia solo andata	8 maggio	309,89
3	Alitalia a/r	8 maggio	199,46
4	edreams a/r	8 maggio	199,44
5	Alitalia a/r	17 maggio	199,46
6	edreams a/r	17 maggio	192,44
7	Alitalia a/r	21 maggio	207,46
8	edreams a/r	21 maggio	193,44

[9] Vi sono certamente altre ragioni per offrire tariffe agevolate a queste categorie della popolazione. Per esempio, l'applicazione di tariffe ridotte per il trasporto pubblico urbano può essere vista come un obiettivo socialmente rilevante.

Attraverso la discriminazione del prezzo di terzo grado, le compagnie aeree definiscono generalmente tariffe differenti per passeggeri che volano sullo stesso aeromobile, nonostante il costo marginale connesso al servizio fornito sia lo stesso. Questa politica di discriminazione è favorita dalle diverse disponibilità a pagare dei vari segmenti di passeggeri. I turisti, per esempio, spesso prenotano il volo con largo anticipo, e prima di effettuare la prenotazione compiono un minimo di ricerca per individuare la tariffa più conveniente. In alcuni casi, definiscono la località di destinazione del loro viaggio in base alle migliori tariffe trovate sul mercato (prenotando tre mesi prima il volo Milano Linate-Roma Fiumicino, per esempio, e viaggiando negli stessi orari ma con una compagnia low cost, un turista avrebbe potuto spendere circa €93; nel caso poi avesse optato per altri aeroporti, quali Milano Orio al Serio e Roma Ciampino, avrebbe potuto spendere €21,98). I viaggiatori business, invece, sono meno sensibili al prezzo e meno flessibili relativamente alla data e all'ora del volo. La tariffa numero 7 in tabella, per esempio, potrebbe essere scelta da un uomo d'affari che ha saputo qualche giorno prima della partenza di doversi recare a Roma in data 26 maggio, e la cui società prenota esclusivamente tramite Alitalia.

Le compagnie aeree, sapendo che si trovano di fronte a segmenti di mercato con diverse disponibilità a pagare e curve di domanda caratterizzate da differente elasticità, hanno convenienza a praticare una discriminazione del prezzo di terzo grado cercando di selezionare i passeggeri al fine di individuare i diversi segmenti. Un modo per far questo consiste nell'imporre restrizioni sulle tariffe più economiche. La compagnia aerea sa, per esempio, che i viaggiatori business spesso non riescono a pianificare i loro viaggi con largo anticipo, mentre i turisti possono farlo. L'anticipo nella prenotazione può dunque essere una prima informazione per distinguere le due categorie di viaggiatori. Un altro dato rilevante riguarda il fatto che spesso i clienti business non viaggiano durante il week end, mentre i turisti anche in questo caso sono più flessibili (lo stesso volo Alitalia, per esempio, prenotato con tre mesi di anticipo e con partenza nel week end, veniva proposto dalla compagnia a circa €167). La partenza nel week end costituisce perciò un ulteriore criterio per distinguere le differenti categorie di viaggiatori.

Come si può osservare nella tabella, un caso limite di tariffa è quella pagata dai viaggiatori che usufruiscono dei punti MilleMiglia Alitalia. In questo caso, pur trattandosi presumibilmente di viaggiatori business, la tariffa è fortemente vantaggiosa. Qui la compagnia aerea ha attuato una strategia differente, che può essere considerata una via di mezzo tra la discriminazione del prezzo di secondo grado e quella di terzo grado. Attraverso la raccolta punti, la compagnia aerea cerca di fidelizzare i clienti offrendo loro sconti legati ai punti accumulati, i quali dipendono dal numero di viaggi effettuati. Possedendo i dati relativi al titolare di una carta MilleMiglia, Alitalia riesce a ottenere numerose informazioni sul viaggiatore e sulle sue preferenze di viaggio. Al contempo, il cliente, una volta accumulati i punti necessari, sa di poter contare su uno sconto legato alla quantità di voli acquistati.

A cura di Viviana Clavenna

Esercizio svolto 12.5 — La discriminazione del prezzo di terzo grado nella vendita dei biglietti aerei

In base alla Tabella 2.2 del Capitolo 2, l'elasticità della domanda di trasporto aereo rispetto al prezzo per i clienti business è $\in_{Q_B, P_B}$ = -1,15, mentre quella relativa ai passeggeri che viaggiano per vacanza è $\in_{Q_V, P_V}$ = -1,52.[10] Si supponga che una compagnia aerea conosca queste due elasticità della domanda, e voglia attuare una strategia di discriminazione del prezzo di terzo grado al fine di massimizzare i propri profitti, stabilendo un prezzo P_B ai passeggeri business e un prezzo P_V a quelli in vacanza. Si supponga, inoltre, che la compagnia aerea abbia gli stessi costi marginali MC per le due tipologie di viaggiatori.

Problema

Si utilizzi la IEPR [equazione (11.4)] per determinare il rapporto P_B/P_V.

Soluzione

La IEPR stabilisce che $(P_B - MC)/P_B = (1/\in_{Q_B, P_B})$. Sostituendo il valore stimato di $\in_{Q_B, P_B}$ e risolvendo per MC, si ha che $MC = 0,13\, P_B$.

Allo stesso modo, la IEPR prevede che $(P_V - MC)/P_V = (1/\in_{Q_V, P_V})$. Operando come sopra, si ha che $MC = 0,342\, P_V$.

È possibile ora eguagliare le due espressioni per MC: $0,13\, P_B = 0,342\, P_V$. Ne consegue che $P_B/P_V = 0,342/0,13 = 2,63$.

Perciò, la compagnia aerea massimizzerà i propri profitti applicando una tariffa per i clienti business 2,63 volte maggiore rispetto a quella prevista per i clienti in vacanza (il prezzo esatto dei biglietti dipenderà dal valore del costo marginale).

---

[10] È interessante notare che, sebbene nei voli internazionali di solito esista la business class, non sempre nei voli nazionali essa è presente, per cui spesso i clienti business viaggiano con un trattamento identico rispetto a quelli in vacanza.

La discriminazione intertemporale del prezzo

Molti servizi presentano prezzi che variano a seconda della stagione, dell'ora o del tempo trascorso dalla loro introduzione sul mercato. Per esempio, le compagnie telefoniche spesso applicano tariffe più elevate per le telefonate effettuate durante il giorno, perché sanno che consumatori e imprese in quelle fasce orarie lavorano. Allo stesso modo, anche i prezzi dell'energia elettrica sono maggiori durante il giorno, ovvero nelle ore in cui si manifestano picchi di domanda.

In altri casi, vi sono consumatori che vogliono essere i primi a usufruire di un bene o di un servizio, per esempio desiderano essere i primi ad assistere a uno spettacolo cinematografico o ad adottare le tecnologie più recenti. I venditori, consci dell'esistenza di questa tipologia di consumatori, utilizzano il tempo come meccanismo di selezione, applicando prezzi più elevati ai nuovi prodotti o ai nuovi modelli. Negli anni Sessanta, per esempio, i calcolatori multi-funzione negli Stati Uniti costavano diverse centinaia di dollari. Qualche anno dopo, gli stessi calcolatori erano acquistabili per pochi dollari.[11] In tempi più recenti è accaduta la stessa cosa con i computer. Spesso il prezzo di un nuovo modello può calare anche del 50% dopo un anno dalla sua introduzione.

Naturalmente ci possono essere altre ragioni che giustificano la fissazione di prezzi elevati al momento dell'immissione sul mercato di un nuovo prodotto. Il prezzo del prodotto può scendere con il passare del tempo perché diminuiscono i suoi costi di produzione. Se, per esempio, i costi di produzione di un microchip si riducono nel tempo, è plausibile che anche il prezzo di vendita di un computer che utilizza quel microchip diminuisca. Oppure, man mano che computer più potenti appaiono sul mercato, si riduce la domanda per i modelli più vecchi, il cui prezzo perciò si riduce.

Buoni sconto e rimborsi

Spesso all'interno dei giornali si trovano coupon contenenti buoni sconto che consentono di acquistare determinati prodotti a un prezzo scontato. Le imprese offrono frequentemente coupon riferiti a beni di largo consumo, generi alimentari, cibi per animali, prodotti per l'igiene personale ecc. Con il coupon si paga un prezzo inferiore (il prezzo di vendita meno lo sconto presente sul coupon) rispetto a quello che si pagherebbe senza lo sconto. Un rimborso è simile al buono sconto, ma è generalmente presente sull'imballaggio del prodotto stesso. Per esempio, può accadere di acquistare una confezione di pile a €5, e su di essa si trova una sezione da compilare e rispedire al produttore, che restituirà tramite posta €1,50.

Alcune ricerche hanno mostrato che i buoni sconto e i rimborsi vengono spesso utilizzati per discriminare il prezzo dei prodotti di largo consumo. L'idea di base è la seguente: i *brand manager* sanno che i consumatori che decidono di utilizzare parte del loro tempo per raccogliere i buoni sconto o per spedire i tagliandi che consentono di usufruire dei rimborsi sono anche i consumatori più sensibili al prezzo.[12] I buoni sconto e i rimborsi costituiscono dunque un meccanismo di selezione dei consumatori. Le imprese offrono un prezzo netto inferiore ai consumatori con una domanda più elastica rispetto al prezzo.

---

[11] Si veda N. Stokey, "Intertemporal Price Discrimination", *Quarterly Journal of Economics* 94, 1979, pp. 355-371.

[12] Gli studi di marketing confermano che i consumatori che si avvalgono dei buoni sconto per l'acquisto dei beni sono anche quelli che hanno una domanda più elastica. Si veda, per esempio, C. Narasimhan, "A Price Discrimination Theory of Coupons", *Marketing Science*, primavera 1984, pp. 128-147.

Ancora una volta, la discriminazione del prezzo non è *l'unica* possibile ragione per l'esistenza di buoni sconto e rimborsi. Le imprese possono, per esempio, utilizzarli per spingere i consumatori a provare un prodotto, con la speranza che diventino loro clienti abituali.

12.4.3 La discriminazione del prezzo di terzo grado in presenza di vincoli di capacità

Spesso le imprese che adottano una strategia di discriminazione del prezzo di terzo grado si trovano di fronte a vincoli relativamente al numero di clienti che possono soddisfare in un determinato arco temporale. Situazioni di questo tipo riguardano il settore aereo, quello alberghiero, le auto a noleggio e il trasporto marittimo. La presenza di un vincolo di capacità non rende impossibile praticare una politica di discriminazione del prezzo, ma complica il calcolo per la definizione di prezzi e quantità di massimo profitto.

Si consideri il caso di un'impresa con due possibili segmenti di mercato. Essa, per semplicità, ha costi marginali MC costanti in ciascun segmento, e ha stabilito due possibili prezzi di vendita, P_1 e P_2, che comportano la vendita delle quantità Q_1 e Q_2. Si supponga inoltre che $Q_1 + Q_2$ corrisponda alla massima capacità produttiva dell'impresa; infine, si indichino con MR_1 e MR_2 i ricavi marginali corrispondenti ai due segmenti, dati i prezzi e le quantità attualmente pianificate.

Si consideri il caso in cui $MR_1 - MC > MR_2 - MC$, o anche $MR_1 > MR_2$. Dato che il ricavo marginale è la variazione nei ricavi totali determinata dalla vendita di un'unità in più (o anche di un'unità in meno), il fatto che $MR_1 > MR_2$ implica che se l'impresa vendesse un'unità in più nel segmento di mercato 1, e una in meno nel segmento 2 (mantenendo quindi l'output totale invariato e pari alla capacità produttiva), i ricavi totali nel segmento 1 cresceranno più di quanto diminuiranno quelli del segmento 2. Dal momento che i costi marginali sono uguali in entrambi i segmenti, vendendo un'unità in più nel segmento 1 e una in meno nel segmento 2, i costi totali dell'impresa resteranno invariati. In definitiva, lo spostamento di una unità dal segmento 2 al segmento 1 farebbe crescere i profitti dell'impresa. Il modo in cui l'impresa riesce ad aumentare i suoi profitti è ridurre il prezzo applicato al segmento 1 quel tanto che basta a incrementare la sua domanda di una unità, e aumentare il prezzo nel segmento 2 quanto è necessario al fine di ridurre la quantità domandata di una unità.

Ragionando in modo analogo, quando $MR_2 > MR_1$ l'impresa potrebbe incrementare i suoi profitti aumentando di un'unità le vendite al segmento 2 (attraverso una opportuna riduzione del relativo prezzo) e diminuendo di una unità le vendite al segmento 1 (grazie a un incremento del prezzo ivi applicato). Dunque, ogni volta che $MR_1 > MR_2$ o $MR_2 > MR_1$, i valori correnti dei prezzi e delle quantità non sono quelli di massimo profitto. L'unica situazione in cui un'impresa con vincoli di capacità massimizza i profitti è quella per cui i prezzi e le quantità sono tali che $MR_1 = MR_2$. Quindi, la massimizzazione dei profitti in caso di discriminazione del prezzo per un'impresa soggetta a vincoli di capacità richiede che i ricavi marginali relativi ai vari segmenti serviti dall'impresa siano uguali.

Come possono le imprese operanti nei mercati "reali" verificare che questa condizione venga soddisfatta? In realtà le imprese operanti in settori quali quello alberghiero o nel trasporto aereo si comportano in questo modo quotidianamente. Come discusso nell'introduzione al capitolo, le imprese di questi settori (ma anche le società di noleggio auto e le compagnie che gestiscono le navi da crociera) utiliz-

> **Esercizio svolto 12.6** La discriminazione del prezzo per un'impresa soggetta a vincoli di capacità
>
> Questo esercizio mostra come definire il prezzo e la quantità di massimo profitto per un'impresa che vuole attuare una strategia di discriminazione del prezzo di terzo grado ma opera con un vincolo di capacità.
>
> Supponete che la curva di domanda nel segmento di mercato 1 sia $Q_1 = 200 - 2P_1$, e quella del segmento 2 sia $Q_2 = 250 - P_2$. Il costo marginale di produzione in entrambi i segmenti è pari a €10 per unità. La capacità totale dell'impresa è di 150 unità.
>
> **Problema**
>
> Quali sono i prezzi e le quantità di massimo profitto per i due segmenti?
>
> **Soluzione**
>
> Innanzi tutto, si devono definire le due funzioni del ricavo marginale. Per il segmento 1, la domanda di mercato è $Q_1 = 200 - 2P_1$, che implica una funzione inversa di domanda $P_1 = 100 - 1/2 Q_1$ e quindi una funzione del ricavo marginale $MR_1 = 100 - Q_1$. Nel segmento 2, la funzione inversa di domanda è $P_2 = 250 - Q_2$, mentre la funzione del ricavo marginale è $MR_2 = 250 - 2Q_2$. Eguagliando le due funzioni del ricavo marginale, si ottiene un'equazione con due incognite, Q_1 e Q_2:
>
> $$100 - Q_1 = 250 - 2Q_2$$
>
> La seconda condizione che deve verificarsi riguarda il vincolo che la produzione totale dell'impresa debba essere uguale alla sua capacità totale:
>
> $$Q_1 + Q_2 = 150$$
>
> Questo è un sistema di due equazioni lineari in due incognite. Risolvendo algebricamente, si ha che $Q_1 = 50$ e $Q_2 = 100$. Sostituendo queste quantità nelle rispettive funzioni inverse di domanda, si trova che $P_1 = 75$ e $P_2 = 150$.
>
> Si noti infine che $MR_1 = MR_2 = 50$, ben al di sopra di $MC = 10$.

zano criteri di ottimizzazione molto sofisticati, generalmente riconducibili al campo dello *yield management*, per definire i criteri tramite i quali allocare nel modo più profittevole i posti di un aeroplano o le camere di un hotel. In questi mercati, anche piccoli cambiamenti nell'allocazione delle risorse possono condurre a notevoli incrementi nei profitti.

12.4.4 Come implementare la discriminazione del prezzo: la costruzione di "steccati"

Anche se un'impresa ha identificato un modo per selezionare i consumatori, ha ancora da risolvere il problema di implementare lo schema di discriminazione del prezzo che ha scelto. Infatti, come può un'impresa essere certa che i consumatori rientranti nel segmento che dovrebbe pagare un prezzo più elevato lo paghino effettivamente, e che quelli rientranti nel segmento soggetto a prezzi più bassi facciano altrettanto? La parte superiore della Figura 12.9 illustra la questione. L'asse verticale misura il prezzo P applicato ai due segmenti. Al segmento di mercato più sensibile al prezzo (che verrà definito gruppo beta), l'impresa applica un prezzo di €50. Al segmento meno sensibile al prezzo (gruppo alfa), essa applica un prezzo di €125. Si supponga inizialmente che i prodotti venduti a ogni gruppo di consumatori abbiano la stessa qualità. Essa è misurata sull'asse orizzontale della Figura 12.9 ed è indicata con q.

Per "qualità" si intendono sia caratteristiche tangibili relative alla performance del prodotto (per esempio, la velocità di una stampante laser), sia fattori connessi ai possibili problemi che un consumatore deve affrontare per acquistare o utilizzare il bene (maggiori problemi implicano una minore qualità).

Nella situazione iniziale, in cui la qualità dei prodotti venduti ai due segmenti è la stessa, si possono verificare diverse situazioni. Se la versione venduta al prezzo più basso è facilmente reperibile da tutti, i consumatori appartenenti al gruppo alfa cercheranno di acquistare il prodotto al prezzo più basso (i consumatori appartenenti a questo segmento sono certamente meno sensibili al prezzo, ma un prodotto equivalente disponibile a un prezzo inferiore è sicuramente sempre preferibile).

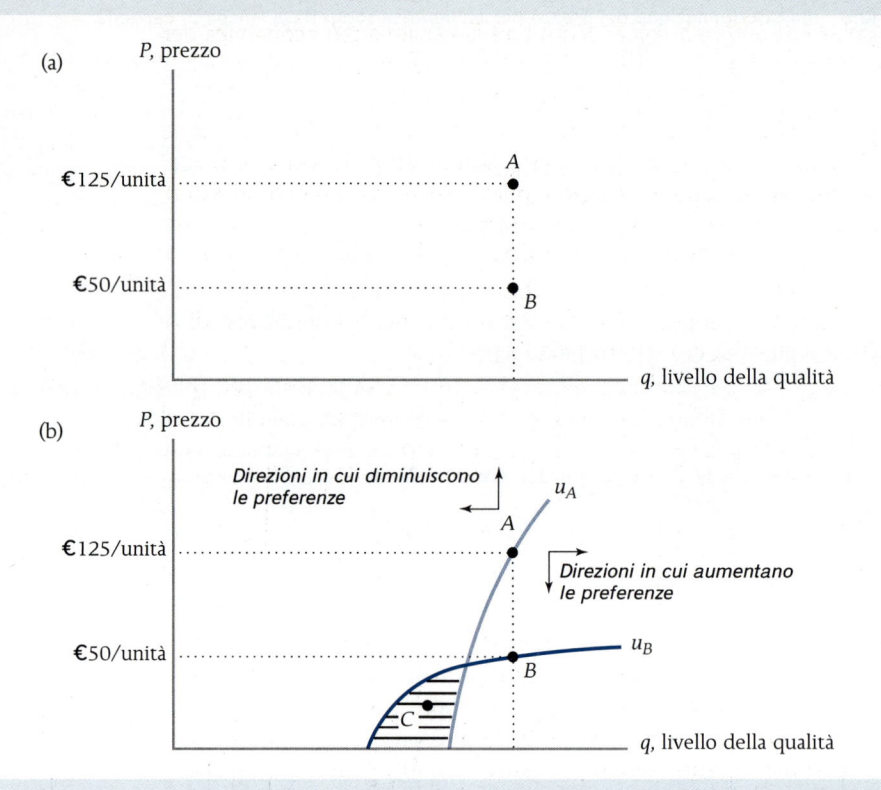

FIGURA 12.9 La costruzione di uno "steccato" per implementare uno schema di discriminazione del prezzo
Il grafico (a) mostra il caso di un'impresa che offre un prodotto qualitativamente identico a prezzi differenti. Il grafico (b) mostra come l'impresa possa costruire uno "steccato" offrendo una versione di qualità superiore del prodotto a un prezzo più elevato (punto A) e una versione di qualità inferiore a un prezzo più basso (punto C). I consumatori appartenenti al gruppo alfa (meno sensibili al prezzo e più attenti alla qualità) preferiscono la versione A rispetto alla versione C, mentre quelli appartenenti al gruppo beta (più sensibili al prezzo e meno sensibili alla qualità) preferiscono la versione C alla versione A.

Nel caso in cui essi non riuscissero a ottenere questo bene facilmente e/o immediatamente, potrebbero verificarsi azioni speculative: alcune persone potrebbero acquistare diverse unità del prodotto al prezzo più basso e tentare di rivenderle (direttamente o tramite un intermediario) ai consumatori di questo gruppo a domanda meno elastica, fissando un prezzo sufficientemente alto da consentire un profitto, ma più basso di quello applicato dal venditore per il bene di maggiore qualità. Questa situazione è tipica del mercato dei libri di testo universitari americani. Gli editori comprendono che il mercato cinese, relativamente ai testi in lingua inglese, è più sensibile al prezzo di quello statunitense, per cui applicano prezzi inferiori alle edizioni internazionali vendute in Cina. Giacché però non ci sono differenze tra le due versioni (a eccezione di un adesivo che dichiara che il testo non è vendibile sul mercato statunitense), alcune persone potrebbero acquistare la versione prodotta per il mercato cinese a un prezzo basso, togliere gli eventuali adesivi, e rivenderla sul mercato statunitense a un prezzo più alto ma inferiore a quello applicato dall'editore. Per questo motivo, sugli scaffali di alcune librerie americane a volte si trovano testi in realtà destinati al mercato internazionale.

Se tutti i consumatori acquistassero il prodotto con il prezzo più basso, l'impresa non riuscirebbe a praticare alcuna discriminazione del prezzo e non potrebbe appropriarsi di parte del surplus dei consumatori. Tuttavia, l'impresa potrebbe ovviare a questa situazione costruendo uno "steccato"[13] che impedisce al gruppo con minore sensibilità al prezzo di potere o volere acquistare la versione più economica del bene. Di solito i consumatori meno sensibili al prezzo sono anche quelli più sensibili alla qualità del prodotto, cioè sono disposti a pagare un prezzo maggiore a fronte di una migliore qualità del prodotto. La parte inferiore della Figura 12.9 mostra come costruire uno steccato. La linea u_A è una curva di indifferenza del segmento alfa. Essa raffigura tutte le combinazioni di prezzo e qualità (panieri) che i consumatori di questo segmento considerano indifferenti rispetto al paniere A – ovvero quello studiato per i consumatori alfa. I panieri situati nella regione a sud-est rispetto ad A sono sicuramente preferiti ad A (offrendo una qualità maggiore a fronte di un prezzo uguale o inferiore), mentre i panieri che si trovano nella regione a nord-ovest di A sono, per contro, considerati dal segmento alfa peggiori di A.

La linea u_B è una curva di indifferenza del segmento beta di consumatori (più sensibili al prezzo e meno sensibili alla qualità) e può essere interpretata allo stesso modo di u_A. Si noti che nel punto in cui u_A e u_B si intersecano, u_A è più ripida di u_B, a indicare che, partendo da un dato paniere qualità-prezzo, i consumatori del gruppo alfa sono disposti a pagare di più per un dato incremento della qualità rispetto ai consumatori beta.

L'area tratteggiata nella Figura 12.9, che si trova a est di u_B e a ovest di u_A, è un'area critica per la costruzione dello steccato. I consumatori appartenenti al gruppo beta preferiscono tutti i panieri che si trovano in quest'area rispetto al paniere B. Di conseguenza, il paniere C, che comporta un costo minore per i consumatori, risulta preferito al paniere B. Inoltre questi consumatori preferiscono il paniere C al paniere A.

Per contro, i consumatori appartenenti al gruppo alfa preferiscono il paniere A, considerato qualitativamente superiore, rispetto al paniere C. Ne consegue che questo gruppo di consumatori preferirà acquistare la versione del prodotto qualitativamente superiore a un prezzo più elevato. L'impresa, riducendo la qualità della versione venduta a basso prezzo, l'ha resa poco interessante per il gruppo alfa. Tuttavia, dal momento che i consumatori appartenenti al gruppo beta risultano essere meno sensibili alla qualità ma maggiormente sensibili al prezzo, ha creato per il segmento beta una versione qualitativamente inferiore a un prezzo più basso.

La strategia che prevede la vendita di due (o più) versioni di un prodotto con differenti livelli di qualità a prezzi diversi viene generalmente definita **versioning**. Un tipo particolare e interessante di versioning è la **strategia dei beni danneggiati** (*damaged goods strategy*).[14] Si è in presenza di tale strategia quando l'impresa crea una versione del proprio prodotto di qualità inferiore rispetto a quella del prodotto originario semplicemente peggiorandolo: elimina alcune caratteristiche o ne riduce la performance, in modo che esso funzioni peggio del modello superiore. Paradossalmente, se il peggioramento del prodotto richiede un passaggio aggiuntivo nel processo produttivo, i suoi costi marginali di produzione possono essere maggiori di quelli del prodotto di qualità superiore. Tuttavia, varrà la pena di sostenere questo differenziale di costo se esso è minore dei profitti aggiuntivi dell'impresa connessi alla vendita del prodotto peggiorato.

Deneckere e McAfee forniscono diversi esempi di beni danneggiati. Due tra i più interessanti sono:

VERSIONING Una strategia che prevede la vendita di due o più versioni di un prodotto con differenti livelli di qualità a prezzi diversi.

STRATEGIA DEI BENI DANNEGGIATI Una strategia di versioning che prevede la creazione da parte dell'impresa di una versione del prodotto di qualità inferiore rispetto a quello originariamente venduto, attraverso un deliberato peggioramento.

---

[13] L'espressione si deve a Dolan e Simon. Si veda R.J. Dolan e H. Simon, *Power Pricing: How Managing Price Trasforms the Bottom Line*, The Free Press, New York 1996, p. 122.
[14] R.J. Deneckere e P. McAfee, "Damaged Goods", *Journal of Economics and Management Strategy* 5, N. 2, estate 1996.

- *La stampante LaserPrinter E di IBM.* Il primo tipo di stampante laser venduta da IBM nei primi anni Novanta si chiamava LaserPrinter. Nel maggio 1990 IBM introdusse sul mercato anche la LaserPrinter E. Le due stampanti erano praticamente identiche, tranne che per il fatto che la LaserPrinter E stampava a una velocità inferiore rispetto alla LaserPrinter. Per ottenere questa differenza, IBM aveva inserito nella versione E un chip il cui unico scopo era rendere la stampa meno veloce.
- *Il processore 486SX di Intel.* Il 486 era il processore di nuova generazione immesso sul mercato da Intel nei primi anni Novanta. Quando il suo diretto competitor, AMD, presentò sul mercato una versione veloce del microprocessore 386, Intel creò una versione "peggiorata" del processore 486, chiamata 486SX, rinominando la versione qualitativamente superiore 486DX. In effetti, il processore 486SX era identico al 486DX, e l'unica differenza era che il coprocessore matematico era disabilitato, cosa che rendeva più costosa la produzione del 486SX.

Come accennato, in alcuni casi l'implementazione della discriminazione del prezzo attraverso la costruzione di steccati è strettamente connessa alla selezione dei tipi di consumatori. I coupon sono un esempio eccellente. Essi generalmente vengono utilizzati dai consumatori più sensibili al prezzo, e poiché la raccolta dei buoni sconto costituisce un impegno, in termini di tempo, che non tutti i consumatori sono disposti ad affrontare per ottenere una riduzione del prezzo del prodotto, essi agiscono come uno steccato tra chi vuole il bene a prezzo pieno e chi lo vuole a prezzo ridotto.

Applicazione 12.3

Si può "danneggiare" un museo?[15]

Situato nel cuore di New York, il Metropolitan Museum of Art (o Met) è uno dei musei più visitati in assoluto, ed è sicuramente uno dei primi musei d'arte mondiali.

Come è forse noto, molti musei d'arte non richiedono il pagamento di un biglietto d'ingresso, ma suggeriscono solo un contributo da devolvere volontariamente prima di entrare. Il Met ha deciso di adottare un'interessante variante di questo approccio. Sul botteghino situato all'ingresso del museo si trova una cartello con la scritta:

Adulti $15
Persone anziane e studenti $10

Al di sotto di queste tariffe vi è la scritta, a caratteri molto più piccoli, "contributo raccomandato".

Il Met sta dunque adottando una "strategia dei beni danneggiati". Infatti, il Met avrebbe potuto scrivere:

"Adulti che desiderano pagare il prezzo intero: $15; persone anziane e studenti che desiderano pagare il prezzo intero: $10; se non siete disposti a pagare il prezzo pieno, siete liberi di pagare meno".

Questo testo riflette molto meglio la politica del Met. Ma se fosse stato affisso un tale cartello, è plausibile ritenere che gran parte delle persone avrebbe pagato una cifra inferiore a quella suggerita (anche se probabilmente non tutti: ci sono senza dubbio alcuni che hanno piacere a sostenere una istituzione importante come il Met). Ciò che ha fatto il Met è rendere più difficile il pagare meno. E lo fa in tre modi. Primo, l'utilizzo dei caratteri piccoli rende difficoltoso accorgersi che la tariffa di ammissione non è obbligatoria. Secondo, viene utilizzato il termine "raccomandato", anziché i più comuni "suggerito" o "volontario". La differenza è forse sottile, ma l'idea è che la parola "raccomandato" fa sembrare il pagamento "quasi necessario". Infine, benché la tariffa da pagare all'ingresso sia in effetti volontaria, le persone che non pagano rischiano di essere fulminate con lo sguardo dagli addetti ai botteghini. Perciò, le persone più inclini a pagare il prezzo pieno preferiscono farlo, mentre solamente quelle altamente motivate a pagare meno non si curano dello sguardo riprovevole del personale.

In tal modo, dunque, il Met offre due versioni di accesso al museo. La versione a prezzo pieno prevede il

---

[15] Si veda "Seeing Art: What's It Worth to You", *New York Times*, 21 luglio 2006, p. 25.

pagamento del biglietto senza l'imbarazzo di leggere attentamente il cartello né il rischio di incontrare lo sguardo inquisitorio degli addetti al botteghino. C'è poi la versione "danneggiata", che richiede invece lo sforzo di leggere anche le parole minuscole del cartello e di sostenere la reazione negativa del personale. Indubbiamente ci sono visitatori che, per via del reddito o semplicemente per il desiderio di fare un affare, non pagano il prezzo pieno. Tuttavia ce ne sono certamente molti altri che pagherebbero meno della tariffa piena se non ci fosse alcuna conseguenza, ma che sono spinti a corrispondere il prezzo intero perché la versione "danneggiata" dell'accesso al Met non è sufficientemente attraente.

12.5 • Le vendite abbinate (tying)

Un'ulteriore tecnica che le imprese possono usare per catturare surplus sono le **vendite abbinate (tying)**, una tecnica di vendita che permette ai consumatori di acquistare un prodotto solo se accettano di comprare anche un altro prodotto.

Spesso questa tecnica di vendita viene utilizzata quando i consumatori differiscono nella frequenza di uso di un prodotto. Si supponga, per esempio, che un'impresa offra una fotocopiatrice con alcune caratteristiche che le altre fotocopiatrici non possiedono. In questo caso, l'impresa ha potere di mercato relativamente a questo prodotto, e potrebbe allora cercare di discriminare il prezzo della fotocopiatrice, fissandolo più elevato per i clienti che effettuano 15 000 copie al mese rispetto a coloro che ne effettuano 4000. Tuttavia, per l'impresa può essere impossibile conoscere quante fotocopie fa ogni consumatore.

Essa può allora legare la vendita della macchina all'acquisto, per esempio, della carta per fotocopie. Applicando alla carta un prezzo superiore al suo costo di produzione, l'impresa può generare profitti più alti.

Questa tecnica consente spesso alle imprese di estendere il loro potere di mercato dal prodotto principale a quello secondario. Nel caso preso in esame, il mercato della carta per fotocopie è altamente competitivo: se l'impresa vuole vendere la carta a un prezzo più alto di quello di mercato, può cercare di far rispettare il tying informando i clienti che la garanzia sulla fotocopiatrice è valida solo se si utilizza la carta prodotta dalla stessa impresa.[16]

Il tying è stato più volte oggetto di contenziosi. Le imprese produttrici di stampanti, per esempio, adottano spesso la strategia della vendita abbinata con riferimento alle cartucce dell'inchiostro. Esse giustificano l'obbligo di acquisto delle loro cartucce con la necessità di non danneggiare o far inceppare la stampante, e così proteggere la loro reputazione. Gli altri produttori di cartucce, per contro, ritengono che la politica del tying vada contro la legge antitrust perché li tiene illecitamente fuori dal mercato. Sovente questioni di questo tipo sono arrivate in tribunale.

Negli Stati Uniti, la prima legge che ha cercato di regolamentare il tying è il Clayton Act, nella terza sezione. Generalmente la legge è stata applicata prendendo in considerazione la quota di mercato dell'impresa venditrice. Un caso emblematico è quello relativo a McDonald's. La corte ha stabilito che McDonald's non può imporre ai suoi franchisee l'acquisto di forniture quali i tovaglioli o i bicchieri di carta. I franchisee possono dunque acquistarli da qualsiasi fornitore, purché costui rispetti gli standard previsti da McDonald's.

VENDITA ABBINATA (TYING) Una tecnica di vendita che prevede che i consumatori possano acquistare un prodotto solo a patto di comprarne anche un altro.

---

[16] La pratica di definire prezzi più alti per i consumatori che usano più intensamente un prodotto viene definita *metering*. Le fotocopiatrici generalmente dispongono di uno strumento (*meter*) che conta il numero di copie effettuate. Quando il venditore della macchina effettua un servizio di manutenzione, può rilevare quante copie ha eseguito la macchina.

12.5.1 Le vendite a pacchetto (bundling)

> **VENDITA A PACCHETTO (BUNDLING)** Una forma di vendita abbinata per la quale l'impresa obbliga i consumatori ad acquistare congiuntamente due o più beni in quantità prefissate.

La **vendita a pacchetto (bundling)** prevede che due o più beni vengano venduti in modo congiunto, spesso senza la possibilità di acquistarli separatamente. Per esempio, quando si sottoscrive l'abbonamento a un network satellitare, di solito si acquista un "pacchetto" di canali anziché ciascuno di essi singolarmente. Quando si acquista il biglietto per un parco di divertimenti, si ottiene anche il diritto ad accedere alla maggior parte delle attrazioni offerte.[17] L'acquisto di un computer generalmente include l'unità centrale e un monitor.

Perché le imprese preferiscono la vendita a pacchetto piuttosto che quella separata? Il bundling consente alle imprese di incrementare i loro profitti quando i consumatori presentano gusti diversificati (differenti disponibilità a pagare) per i due o più prodotti oggetto del pacchetto, e quando le imprese non sono in grado di discriminare il prezzo. Per capire come questa pratica può essere usata per incrementare il surplus, si consideri un'impresa che vende due diversi prodotti: un computer e un monitor. Il costo marginale di produzione del computer è €1000, quello del monitor è €300.

Si supponga che vi siano unicamente due possibili consumatori nel mercato, e che l'impresa non sia in grado di discriminare il prezzo. La Tabella 12.1 mostra i prezzi di riserva dei due consumatori per il computer e il monitor. Entrambi desidererebbero comprare sia il computer che il monitor, tuttavia potrebbe verificarsi anche il caso che essi acquistino solo il computer (possedendo, per esempio, già un monitor) o solo il monitor (magari da utilizzarsi con un computer che già hanno). Il primo cliente è disposto a spendere al massimo €1200 per un computer e €600 per un monitor. Il secondo cliente, invece, è disposto a spendere al massimo €1500 per un computer e €400 per un monitor.

Se l'impresa *non* vendesse i due prodotti in un unico pacchetto, quale prezzo dovrebbe fissare per il computer (P_c)? Se fosse P_c = €1500, essa venderebbe solamente un computer (al cliente 2) e avrebbe un profitto di €500 (dato dal prezzo di vendita, €1500, meno il costo marginale del computer, €1000).[18] Se invece fissasse un prezzo P_c = €1200, venderebbe

TABELLA 12.1 Il bundling consente di incrementare i profitti delle imprese quando le preferenze dei consumatori sono inversamente correlate

	Prezzo di riserva (massima disponibilità a pagare)	
	Computer	Monitor
Cliente 1	€1200	€600
Cliente 2	€1500	€400
Costo marginale	€1000	€300

---

[17] Il bundling è una forma di vendita abbinata, ma non tutti i casi di tying implicano un bundling. Come descritto, una strategia di tying può prevedere che associato alla vendita o al noleggio di una fotocopiatrice vi sia anche l'acquisto della carta. Tuttavia, un consumatore può acquistare la carta indipendentemente dall'acquisto della fotocopiatrice. Invece, nell'esempio del parco di divertimenti i consumatori non possono acquistare l'ingresso alle singole attrazioni senza acquistare anche il biglietto di accesso al parco.

[18] Essendo il prezzo di riserva del secondo cliente di €1500, è bene sottolineare che, se l'impresa vendesse il computer a questo prezzo, il primo cliente sarebbe indifferente tra comprarlo e non comprarlo. Nell'esempio si suppone che il cliente effettui l'acquisto anche quando il prezzo eguaglia la sua massima disponibilità a pagare (del resto, l'impresa potrebbe diminuire il prezzo di un centesimo, assicurandosi l'acquisto da parte del cliente).

due computer (uno per ciascun cliente) e otterrebbe un profitto pari a €400 (€200 per ogni computer). Dunque, all'impresa converrebbe vendere il computer a €1500.

Quale dovrebbe essere il prezzo di vendita del monitor (P_m)? Se l'impresa fissasse P_m = €600, venderebbe solamente un monitor (al cliente 1) e guadagnerebbe un profitto di €300 (pari al prezzo del monitor, €600, meno il suo costo marginale, €300). Se invece fissasse P_m = €400, venderebbe due monitor (uno per ciascun cliente) e avrebbe un profitto di €200 (€100 per ogni monitor).

Il massimo profitto senza vendita abbinata comporta dunque P_c = €1500 e P_m = €600. Il profitto totale in questo caso sarebbe pari a €800, €500 derivanti dalla vendita di un computer ed €300 dalla vendita di un monitor.

Nel caso l'impresa decidesse di vendere i due prodotti in un pacchetto, quale sarebbe il massimo profitto che l'impresa potrebbe guadagnare? Il cliente 1 sarebbe disposto a pagare fino a €1800 per l'acquisto del pacchetto, e il cliente 2 fino a €1900. Se il pacchetto fosse venduto a P_b = €1900, verrebbe acquistato solamente dal cliente 2. Il ricavo totale sarebbe €1900, e il costo €1300 (€1000 per il computer ed €300 per il monitor). Perciò, il profitto ammonterebbe a €600.

Tuttavia, se l'impresa fissasse il prezzo del pacchetto a P_b = €1800, venderebbe a entrambi i clienti, ottenendo un profitto totale di €1000, pari ai ricavi (€3600) meno i costi (€2600). Dunque, il produttore massimizzerebbe i suoi profitti vendendo il pacchetto a €1800. Inoltre, il bundling consente di ottenere un profitto (€1000) maggiore di quello derivante dalla vendita separata dei due prodotti (€800).

Il requisito chiave che rende conveniente il bundling è che le domande dei due consumatori siano *inversamente correlate*. Ciò vuol dire che il cliente 2 deve essere disposto a spendere più del cliente 1 per il computer, ma che, per contro, il cliente 1 deve essere disposto a spendere più del cliente 2 per l'acquisto del monitor. Con il pacchetto, il produttore spinge i consumatori ad acquistare entrambi i beni quando invece essi avrebbero potuto non farlo.

Per capire perché è necessario che le due domande siano negativamente correlate, si osservi cosa accadrebbe se esse fossero *correlate positivamente*. Si supponga che le domande dei due clienti siano quelle riportate nella Tabella 12.2. Ora esse sono correlate positivamente, perché il cliente 2 è disposto a pagare un prezzo maggiore rispetto al cliente 1 sia per il computer che per il monitor.

Se l'impresa vendesse i due prodotti separatamente, massimizzerebbe i suoi profitti vendendo il computer a un prezzo di €1500: in questo caso solamente il cliente 2 acquisterebbe il computer, e l'impresa guadagnerebbe €500. Per quanto riguarda il

TABELLA 12.2 Il bundling non consente di incrementare il profitto quando le preferenze dei consumatori sono correlate positivamente

	Prezzo di riserva (massima disponibilità a pagare)	
	Computer	Monitor
Cliente 1	€1200	€400
Cliente 2	€1500	€600
Costo marginale	€1000	€300

monitor, l'impresa potrebbe venderlo a €600: ancora una volta sarebbe solo il cliente 2 ad acquistare il monitor, e l'impresa guadagnerebbe €300. I profitti totali dell'impresa sarebbero pari a €800 (la dimostrazione del fatto che l'impresa non ha convenienza a vendere ai prezzi di riserva del cliente 1 è lasciata allo studente).

Se l'impresa offrisse i due prodotti in un pacchetto, il miglior prezzo praticabile sarebbe €2100, con un profitto totale di €800. Ora, dunque, il bundling non fa incrementare i profitti dell'impresa.

12.5.2 Il bundling misto

Nella pratica, le imprese spesso consentono ai consumatori di acquistare i prodotti sia in pacchetto sia separatamente. È possibile, per esempio, acquistare un computer Dell con oppure senza il monitor. Questa strategia è chiamata *bundling misto*. Essa risulta spesso la soluzione più profittevole per le imprese, come dimostra l'esempio illustrato nella Tabella 12.3. Qui ciascuno dei quattro clienti è disposto a spendere €1700 per l'acquisto del pacchetto. Le loro domande sono inversamente correlate, poiché un consumatore che è disposto a spendere di più per un computer risulta disposto a spendere meno per un monitor. Tuttavia, come si vedrà, un'impresa non massimizzerà i propri profitti offrendo esclusivamente un pacchetto al prezzo di €1700.

Per individuare la strategia ottimale, si considerino tre opzioni.

- *Opzione 1: vendita separata*. Se l'impresa non ricorre al bundling, massimizzerà i profitti vendendo i computer a €1300 e i monitor a €600. Quando il prezzo di un computer è €1300, i clienti 3 e 4 effettueranno l'acquisto. I relativi profitti saranno pari a €600: €1300 (ricavo unitario) meno €1000 (costo unitario), moltiplicato per 2 (il numero di computer venduti). Quando il prezzo di un monitor è €600, i clienti 1 e 2 effettueranno l'acquisto. I profitti connessi saranno pure pari a €600 (€600, il ricavo unitario, meno €300, il costo unitario, moltiplicato per 2, il numero di monitor venduti). Pertanto, i profitti totali dell'impresa saranno pari a €1200.
- *Opzione 2: bundling puro*. Se l'impresa vende i computer e i monitor esclusivamente in pacchetto al prezzo di €1700, tutti e quattro i clienti lo acquisteranno. I profitti per pacchetto saranno €400 (€1700, il ricavo connesso alla vendita di un pacchetto, meno €1300, il suo costo). I profitti totali saranno perciò €1600.
- *Opzione 3: bundling misto*. Ora l'impresa offre ai clienti tre possibilità: l'acquisto separato di un computer a un prezzo (P_c), l'acquisto separato di un monitor a un altro prezzo (P_m), e l'acquisto di un pacchetto costituito da un computer e un monitor a un terzo prezzo (P_b).

TABELLA 12.3 Il bundling misto può incrementare il profitto

	Prezzo di riserva (massima disponibilità a pagare)	
	Computer	Monitor
Cliente 1	€900	€800
Cliente 2	€1100	€600
Cliente 3	€1300	€400
Cliente 4	€1500	€200
Costo marginale	€1000	€300

Perché in questo esempio la strategia ottimale per l'impresa è il bundling misto? Essa scoraggia il consumatore ad acquistare un componente ogni volta che la sua disponibilità a pagare è inferiore al costo marginale di produzione di quel componente.

Il cliente 1, per esempio, è disposto a pagare solo €900 per l'acquisto di un computer, meno del suo costo marginale di produzione. Dunque l'impresa non ha convenienza a vendere il computer al consumatore. Se poi il cliente 1 acquista il pacchetto a €1700, l'impresa ottiene un profitto di €400 (€1700 di ricavi meno €1300 di costi), mentre il consumatore ottiene un surplus pari a zero.

Invece, l'impresa riesce a ottenere un profitto maggiore dal consumatore 1 vendendogli unicamente il monitor. L'impresa potrebbe indurlo a ciò definendo un prezzo che lascia al cliente più surplus rispetto al pacchetto. Se l'impresa vendesse il monitor a €799, il consumatore lo acquisterebbe, e la vendita genererebbe un profitto di €499 (€99 in più rispetto al bundling). Il consumatore, per contro, godrebbe di un surplus di €1 (dato dalla sua disponibilità a pagare un monitor, €800, meno il suo prezzo, €799). All'impresa conviene dunque fissare P_m = €799.

In modo analogo, il cliente 4 è disposto a spendere per il monitor soltanto €200, valore inferiore al suo costo marginale. Non è perciò conveniente per l'impresa vendere un monitor al cliente 4. Egli sarà più felice acquistando il solo computer a un prezzo di €1499 (con un surplus di €1) piuttosto che il pacchetto a €1700 (con un surplus pari a zero). Tale vendita del solo computer genera per l'impresa un profitto pari a €499, contro gli €400 che avrebbe ottenuto dalla vendita del pacchetto. Perciò l'impresa dovrebbe fissare P_c = €1499.

Infine, i clienti 2 e 3 presentano due domande inversamente correlate. Inoltre, l'ammontare che essi sono disposti a pagare per ciascun prodotto eccede il loro costo marginale. All'impresa conviene allora vendere loro i due prodotti in un unico pacchetto al prezzo P_b = €1700.

In conclusione, con il bundling misto il cliente 4 acquista solo il computer, il cliente 1 acquista solo il monitor, e i clienti 2 e 3 il pacchetto. Il profitto totale dell'impresa è pari a €1798, valore che risulta superiore a quanto ottenibile in assenza di bundling (€1200) o in presenza di bundling puro (€1600).

12.6 • La pubblicità

*F*inora in questo capitolo si è esaminato come l'impresa possa incrementare il proprio surplus attraverso strategie *basate sul prezzo*. In questo paragrafo si vedrà come un'impresa con potere di mercato possa creare e catturare surplus anche con strategie che *non si basano sul prezzo*, come la scelta dell'ammontare dell'investimento pubblicitario da effettuare per i propri beni.

Attraverso la pubblicità, le imprese cercano di incrementare la domanda dei propri prodotti, spostando la curva di domanda verso destra e creando più surplus nel mercato. Tuttavia, le imprese sanno anche che la pubblicità ha un costo. Solamente scegliendo correttamente il livello di pubblicità, l'impresa può catturare quanto più surplus possibile.

La Figura 12.10 mostra gli effetti di un investimento pubblicitario, assumendo che l'impresa non possa discriminare il prezzo del suo prodotto e che i costi della pubblicità influiscano solamente sui costi fissi e non sui costi marginali di produzione.

Se l'impresa non fa pubblicità, le sue curve di domanda e di ricavo marginale sono D_0 e MR_0. La curva del costo medio è AC_0, quella del costo marginale è MC. L'impresa produce la quantità Q_0 e la vende al prezzo P_0. Il suo profitto è perciò pari alle aree *I + II*.

Se l'impresa spende A_1 euro in pubblicità, la sua curva di domanda si sposta a destra in D_1, e il ricavo marginale diventa MR_1. Poiché la pubblicità comporta un costo per l'impresa, la curva del costo medio cresce a AC_1. Per massimizzare il profitto, l'impresa produce Q_1 e fissa il prezzo P_1. In base alle curve di domanda e di costo della Figura 12.10, è evidente che la pubblicità fa crescere i profitti dell'impresa. Infatti, spendendo la somma A_1 in pubblicità, il massimo profitto diventa pari alle aree *II + III*, decisamente maggiori delle aree *I + II*.

Affinché l'investimento in pubblicità (con una spesa $A > 0$) per quantità positive di output ($Q > 0$) risulti conveniente, devono verificarsi due condizioni.

1. Per la definizione della quantità ottimale, è necessario che la variazione nei ricavi totali relativa all'ultima unità prodotta $\Delta TR/\Delta Q$ (ovvero il ricavo marginale MR_Q) sia uguale alla variazione nei costi totali relativa all'ultima unità prodotta $\Delta TC/\Delta Q$ (ovvero il costo marginale MC_Q). Questa è la condizione standard per un monopolista, che può essere scritta in modo equivalente ricorrendo alla IEPR:

$$\frac{P - MC_Q}{P} = -\frac{1}{\epsilon_{Q,P}}, \qquad (12.1)$$

dove P è il prezzo del prodotto, e $\epsilon_{Q,P}$ è l'elasticità della domanda del prodotto dell'impresa rispetto al prezzo.

2. Per la definizione del livello ottimale dell'investimento in pubblicità A, è necessario che il ricavo marginale relativo all'ultimo euro speso in pubblicità $\Delta TR/\Delta A$ (indicato con MR_A) sia uguale al costo marginale relativo alla spesa di un euro addizionale in pubblicità $\Delta TC/\Delta A$ (indicato con MC_A).

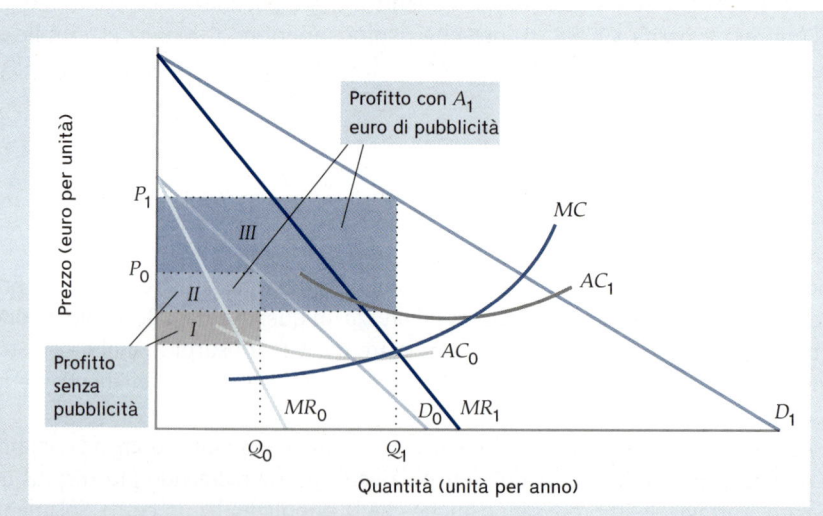

FIGURA 12.10 Gli effetti della pubblicità
Quando l'impresa non fa pubblicità (D_0, MR_0, AC_0, Q_0, P_0), il suo massimo profitto è pari alle aree *I + II*. Quando l'impresa spende A_1 euro in pubblicità (D_1, MR_1, AC_1, Q_1, P_1) il suo massimo profitto risulta uguale alle aree *II + III*.

Perché deve essere valida questa seconda condizione? Se $MR_A > MC_A$, un'unità addizionale di pubblicità incrementerebbe i ricavi dell'impresa più di quanto farebbe aumentare i suoi costi. L'impresa potrebbe dunque incrementare i propri profitti *aumentando* l'investimento in pubblicità. Allo stesso modo, se $MR_A < MC_A$, all'impresa conviene *ridurre* l'investimento pubblicitario per incrementare i propri profitti.

Ipotizzando che il prezzo non vari, è possibile rappresentare la condizione $MR_A = MC_A$ in un secondo modo. Innanzi tutto, bisogna definire in che modo una variazione dell'investimento pubblicitario influenza i ricavi totali di un'impresa. Se la domanda del prodotto è $Q(P,A)$ (ovvero, la quantità domandata dipende sia dal prezzo del prodotto che dalla pubblicità), i ricavi totali dell'impresa saranno $TR = PQ(P,A)$. Quando l'investimento in pubblicità aumenta anche di poco (ΔA), la variazione nei ricavi totali (ΔTR) sarà uguale al prezzo P per la variazione nella quantità domandata dovuta alla variazione di pubblicità (ΔQ). Quindi, $\Delta TR = P \Delta Q$. Dividendo entrambi i membri per ΔA, si ha $\Delta TR/\Delta A = P (\Delta Q/\Delta A)$. Poiché $\Delta TR/\Delta A = MR_A$ il ricavo marginale relativo all'investimento pubblicitario è $MR_A = P(\Delta Q/\Delta A)$.

In secondo luogo, è necessario capire come una variazione nell'investimento pubblicitario incide sui costi totali dell'impresa. Questi ultimi sono $TC = C(Q(P,A)) + A$. Il costo marginale connesso a un euro aggiuntivo investito in pubblicità è $\Delta TC/\Delta A = MC_A$. Quando l'investimento in pubblicità aumenta anche di poco (ΔA), i costi dell'impresa risentono di due variazioni: la spesa connessa all'investimento pubblicitario aumenta di ΔA, e la quantità domandata aumenta di ΔQ. Quando l'impresa produce questa quantità addizionale, i costi di produzione aumentano di un valore pari a $(MC_Q)(\Delta Q)$. Dunque, l'impatto totale sui costi connesso a un incremento nell'investimento pubblicitario è $\Delta TC = MC_Q (\Delta Q) + \Delta A$. Dividendo entrambi i membri per ΔA, si ha $\Delta TC/\Delta A = MC_Q (\Delta Q/\Delta A) + 1$. Poiché $\Delta TC/\Delta A = MC_A$, il costo marginale connesso all'investimento pubblicitario è pari a $MC_A = MC_Q (\Delta Q/\Delta A) + 1$.

Siccome $MR_A = MC_A$, è possibile eguagliare le due espressioni: $P(\Delta Q/\Delta A) = MC_Q (\Delta Q/\Delta A) + 1$.

Si consideri ora il concetto di *elasticità della domanda rispetto alla pubblicità* (indicata con $\epsilon_{Q,A}$), che misura l'incremento percentuale nella quantità domandata derivante dall'incremento di un punto percentuale nell'investimento in pubblicità: $\epsilon_{Q,A} = (\Delta Q/\Delta A)(A/Q)$. Essa può anche essere riscritta come $\Delta Q/\Delta A = Q\epsilon_{Q,A}/A$. Sostituendo questa espressione a $\Delta Q/\Delta A$ nell'equazione $MR_A = MC_A$ vista più sopra, si ottiene

$$P\left(\frac{Q \epsilon_{Q,A}}{A}\right) = MC_Q\left(\frac{Q \epsilon_{Q,A}}{A}\right) + 1$$

Moltiplicando entrambi i membri per A:

$$PQ\epsilon_{Q,A} = MC_Q Q \epsilon_{Q,A} + A$$

Dividendo per $\epsilon_{Q,A}$:

$$PQ = MC_Q Q + \frac{1}{\epsilon_{Q,A}}$$

Riarrangiando i termini e mettendo Q in evidenza:

$$Q(P - MC_Q) = \frac{A}{\epsilon_{Q,A}}$$

Dividendo per Q:

$$P - MC_Q = \frac{1}{\epsilon_{Q,A}} \frac{A}{Q}$$

E dividendo poi per P:

$$\frac{P - MC_Q}{P} = \frac{1}{\epsilon_{Q,A}} \frac{A}{PQ} \qquad (12.2)$$

Siccome le espressioni a sinistra delle equazioni (12.1) e (12.2) sono uguali (e rappresentano l'indice di Lerner), è possibile scrivere che:

$$-\frac{1}{\epsilon_{Q,P}} = \frac{1}{\epsilon_{Q,A}} \frac{A}{PQ}$$

Moltiplicando entrambi i termini per $\epsilon_{Q,A}$, si ottiene:

$$\frac{A}{PQ} = -\frac{\epsilon_{Q,A}}{\epsilon_{Q,P}} \qquad (12.3)$$

L'espressione a sinistra dell'equazione (12.3) è il rapporto tra la spesa pubblicitaria A e i ricavi PQ provenienti dalle vendite dell'impresa. L'espressione a destra è il rapporto (preso con il segno negativo) tra l'elasticità della domanda rispetto alla pubblicità e l'elasticità della domanda rispetto al prezzo. A ben pensarci, questa relazione è una semplice regola di buon senso per il mondo degli affari. Si supponga di prendere in esame due mercati che hanno più o meno la stessa elasticità della domanda al prezzo, ma notevoli differenze nelle elasticità della domanda alla pubblicità. Nel mercato in cui la domanda è molto sensibile alla pubblicità, è logico attendersi che il rapporto pubblicità-ricavi sarà più alto rispetto al mercato in cui l'elasticità della domanda alla pubblicità è più bassa.[19]

Esercizio svolto 12.7 Il mark-up e il rapporto pubblicità-ricavi

Supponete che un ristorante specializzato in cene a base di carne voglia massimizzare i propri profitti. Uno studio di marketing ha rivelato che l'elasticità della sua domanda rispetto al prezzo è -1,5 e che l'elasticità della sua domanda rispetto alla pubblicità è 0,1. Supponete inoltre che queste elasticità siano costanti, anche al variare del prezzo o dell'investimento in pubblicità.

Problema

(a) Interpretate l'elasticità della domanda rispetto alla pubblicità.
(b) Quale sarà il valore ottimale del mark-up prezzo-costo marginale di una cena? Quale sarà il valore ottimale del rapporto tra spese pubblicitarie e volume delle vendite?

Soluzione

(a) Un'elasticità della domanda alla pubblicità $\epsilon_{Q,A} = 0,1$ vuol dire che un incremento dell'1% dell'investimento pubblicitario aumenterà la quantità domandata di circa lo 0,1% (un decimo di punto percentuale).
(b) La IEPR, in base all'equazione (12.1), stabilisce che $(P - MC_Q)/P = -1/\epsilon_{Q,P} = (1/1,5) = 2/3$. Di conseguenza, $MC_Q = (2/3)P$, ovvero $P = 3\, MC_Q$. Il prezzo ottimale di una cena dovrebbe essere pari a tre volte quello del suo costo marginale. In base all'equazione (12.3), il rapporto ottimale pubblicità-volume delle vendite dovrebbe essere $A/(PQ) = -\epsilon_{Q,A}/\epsilon_{Q,P} = (-0,1)/(-1,5) = 0,067$. In altri termini, la spesa pubblicitaria dovrebbe essere pari al 6,7% dei ricavi di vendita.

---

[19] Un importante lavoro pionieristico sulla pubblicità, che contiene molte delle intuizioni qui discusse, è quello di R. Dorfman e P. Steiner, "Optimal Advertising and Optimal Quality", *American Economic Review* 44, dicembre 1954.

Applicazione 12.4

La pubblicità su Google

Da diversi anni Google è il motore di ricerca più popolare su Internet. Nel 2009 è stato utilizzato per circa il 60% delle ricerche totali, circa 4 volte più del suo principale competitor, Yahoo. In quell'anno il fatturato di Google ha superato i 22 miliardi di dollari. Eppure, il suo utilizzo per gli utenti è gratuito. E allora, come è stato possibile per Google incassare 22 miliardi di dollari? La risposta è che quasi tutto questo fatturato proviene dai pagamenti per i messaggi pubblicitari (come, per esempio, i "collegamenti sponsorizzati") che compaiono sulla sua pagina web. Google detiene circa il 60% di tutti i ricavi provenienti dalla raccolta pubblicitaria su Internet.

La pubblicità su Internet costituisce ancora una piccola quota dell'intero settore dell'advertising (intorno al 5-6%), ma è in rapida crescita. Due sono i motivi. Il primo è che il costo per inserire gli annunci sui siti web è molto basso, in quanto essi possono essere ripetuti a un costo marginale praticamente nullo e recapitati in formato digitale. La seconda ragione per il successo della pubblicità su Internet, più sottile ma molto importante, è che gli inserzionisti possono spesso raggiungere in maniera più diretta la tipologia di consumatori che a loro interessa. I provider di accesso a Internet e i motori di ricerca come Google ottengono specifiche informazioni sugli interessi degli utenti seguendo nel tempo il loro utilizzo di Internet o le loro ricerche. Per esempio, se usiamo ripetutamente Google per cercare informazioni economiche, il motore di ricerca registra il nostro interesse per l'economia. Le informazioni di questo genere vengono poi utilizzate per aiutare gli inserzionisti a localizzare i consumatori potenzialmente più interessati ai loro annunci pubblicitari. In più, ogni volta che un utente effettua una ricerca, Google può vendere, sulla pagina che mostra i risultati, qualche "collegamento sponsorizzato" che si avvicini il più possibile a ciò che l'utente sta cercando.

Per quel che riguarda l'analisi sui benefici della pubblicità che abbiamo svolto nel testo, osservare direttamente l'uso e le ricerche su Internet dei vari individui consente alle imprese di stimolare la domanda dei propri prodotti a costi sensibilmente più bassi, perché gli inserzionisti potranno evitare di investire risorse sui consumatori meno interessati ai loro annunci pubblicitari. Perciò, nella Figura 12.10, le curve D_1 e MR_1 si sposteranno entrambe ancora più a destra rispetto a D_0 e MR_0, facendo aumentare la dimensione delle aree $II + III$. In definitiva, la possibilità di rivolgersi più direttamente al proprio target ideale di consumatori tramite i messaggi pubblicitari fa crescere l'elasticità della domanda rispetto alla pubblicità, a volte anche in maniera significativa. È questa la ragione per cui molte imprese stanno aumentando la quota di spese pubblicitarie da destinare agli annunci su Internet.

Riepilogo

- Un'impresa che ha potere di mercato può influenzare il prezzo di mercato e catturare surplus (cioè incrementare i profitti). Per poter avere potere di mercato, non è necessario che un'impresa sia monopolista, ma occorre che la sua curva di domanda sia inclinata negativamente.

- Un modo attraverso il quale le imprese possono incrementare il proprio surplus è adottare la discriminazione del prezzo, che consiste nel vendere i propri prodotti a prezzi differenti. Ci sono tre tipi di discriminazione del prezzo: la discriminazione del prezzo di primo grado, la discriminazione del prezzo di secondo grado e la discriminazione del prezzo di terzo grado. Perché un'impresa possa discriminare, sono necessarie tre condizioni: l'impresa deve avere potere di mercato, deve avere informazioni sul prezzo di riserva dei consumatori o sull'elasticità della domanda che fronteggia, e deve essere in grado di impedire la rivendita dei beni.

- Attraverso la discriminazione del prezzo di primo grado, l'impresa cerca di vendere ogni unità di prodotto al prezzo di riserva cui i suoi clienti sono disposti ad acquistarla. In questo caso, la curva del ricavo marginale corrisponde alla curva di domanda. La discriminazione del prezzo di primo grado consente all'impresa di appropriarsi di tutto il surplus.

- Con la discriminazione del prezzo di secondo grado, l'impresa offre ai consumatori sconti sulle quantità. Attraverso la vendita a blocchi, il consumatore paga un prezzo per le unità del primo blocco, e un prezzo diverso (generalmente inferiore) per le unità del secondo blocco. Attraverso la tariffa in due parti, i consumatori pagano una tariffa fissa (il costo di abbonamento) più un prezzo per unità consumata (il prezzo d'uso).

- Attraverso la discriminazione del prezzo di terzo grado, l'impresa identifica differenti gruppi di consumatori, o segmenti, in un mercato, e definisce prezzi di vendita del prodotto differenziati per i diversi segmenti, eguagliando il costo marginale al ricavo marginale, oppure attraverso la IEPR. Il prezzo è uniforme nel singolo segmento, ma differisce tra segmenti.

- Per praticare la discriminazione del prezzo di terzo grado, a volte le imprese selezionano i propri consumatori cercando di identificarne il prezzo di riserva e/o l'elasticità della domanda al prezzo. Attraverso la selezione, le imprese classificano i consumatori tramite caratteristiche individuabili (quali l'età o lo status) e che risultano strettamente collegate ad altre caratteristiche dei clienti che le imprese vorrebbero conoscere ma non sono in grado di osservare (come la disponibilità a pagare o l'elasticità della domanda rispetto al prezzo).

- Un'impresa che attua una discriminazione del prezzo di terzo grado e ha vincoli di capacità massimizzerà i propri profitti allocando la sua capacità fissa in modo da eguagliare i ricavi marginali relativi ai differenti segmenti di consumatori.

- Un modo in cui le imprese possono implementare uno schema di discriminazione del prezzo è creare differenti versioni del bene: una versione di qualità inferiore venduta a un prezzo basso, da destinare ai clienti più sensibili al prezzo, e una versione qualitativamente superiore venduta a un prezzo più elevato, indirizzata ai consumatori più sensibili alla qualità e meno al prezzo.

- Le vendite abbinate (*tying*) consentono a un consumatore di acquistare un prodotto solo se d'accordo ad acquistarne anche un altro. Il tying consente spesso alle imprese di estendere il proprio potere di mercato dal bene principale a quello secondario.

- Le vendite a pacchetto (*bundling*) sono una forma di vendita abbinata che prevede che due o più beni vengano venduti in modo congiunto. I consumatori non possono acquistare i beni separatamente. Il bundling incrementa i profitti di un'impresa quando le domande dei suoi consumatori sono inversamente correlate. A volte può risultare ancora più profittevole per le imprese adottare una strategia di *bundling misto*, che prevede la possibilità di vendere i prodotti sia separatamente che in un unico pacchetto.

- Attraverso la pubblicità le imprese riescono a catturare maggiore surplus incrementando la domanda del loro prodotto. Tuttavia, la pubblicità ha un costo. Quando un'impresa sceglie simultaneamente il livello ottimale di produzione e il livello ottimale di investimento pubblicitario, deve fare in modo che: (1) il ricavo marginale e il costo marginale di produzione si eguaglino; (2) il ricavo marginale e il costo marginale relativi all'investimento pubblicitario si eguaglino. Quando un'impresa massimizza il profitto, la quota di investimento pubblicitario sulle vendite (rapporto pubblicità-ricavi) è uguale al rapporto (negativo) tra l'elasticità della domanda rispetto alla pubblicità e l'elasticità della domanda rispetto al prezzo.

Domande di ripasso

1. Perché un'impresa deve avere almeno un po' di potere di mercato per poter adottare una politica di discriminazione del prezzo?

2. Per discriminare il prezzo, un'impresa deve necessariamente essere un monopolista?

3. Perché un'impresa che pratica la discriminazione del prezzo deve impedire l'arbitraggio?

4. Quali sono le differenze tra la discriminazione del prezzo di primo, di secondo e di terzo grado?

5. Perché nella discriminazione del prezzo di primo grado la curva del ricavo marginale corrisponde a quella di domanda?

6. Quanto è grande la perdita di benessere sociale nel caso che un'impresa adotti una discriminazione perfetta del prezzo di primo grado?

7. Qual è la differenza tra un prezzo uniforme e un prezzo non uniforme (non lineare)? Fornite un esempio di prezzo non lineare.

8. Supponete che un'impresa stia adottando un prezzo unico per la vendita di due suoi prodotti, biscotti morbidi e biscotti croccanti. Se decidesse di adottare una strategia di discriminazione del prezzo di terzo grado, incrementerebbe certamente i suoi profitti? È possibile che invece l'impresa veda ridursi i profitti?

9. Come potrebbe la selezione aiutare un'impresa a discriminare? Fornite un esempio di selezione e spiegate come funziona.

10. Perché un'impresa sceglie di adottare una strategia di tying? Qual è la differenza tra tying e bundling?

11. Come può una strategia di bundling incrementare i profitti di un'impresa? Quand'è che il bundling non consente all'impresa di incrementare i profitti?

12. Anche se un monopolista sa che la pubblicità incrementa (sposta a destra) la sua domanda, perché potrebbe decidere di non pubblicizzare i suoi prodotti? Se l'impresa decide di fare pubblicità, quali sono i fattori che determinano la dimensione dell'investimento pubblicitario?

CAPITOLO 13
TEORIA DEI GIOCHI E COMPORTAMENTO STRATEGICO

OBIETTIVI DI APPRENDIMENTO

Al termine di questo capitolo lo studente sarà in grado di:

- analizzare un semplice gioco al fine di comprendere il concetto di equilibrio di Nash;
- distinguere i concetti di strategie dominanti e strategie dominate, e di strategie pure e strategie miste;
- individuare l'equilibrio di Nash in differenti tipologie di gioco;
- spiegare perché alcuni tipi di gioco spingono i giocatori a cooperare, mentre in altri ciò non accade;
- illustrare il valore strategico che può avere la limitazione del proprio set di scelte.

CASO • *Cosa c'è in un gioco?*

Nel corso dell'ultimo decennio, il mercato automobilistico cinese ha sperimentato una forte crescita. Dal 2004 il numero di automobili nella sola Pechino è cresciuto a un ritmo di 1000 unità per settimana, e in alcuni anni il tasso di crescita annuo a livello nazionale ha raggiunto il 50%.[1] Un'ondata di investimenti in capacità produttiva ha aiutato a trasformare un Paese in cui fino a venticinque anni fa vi erano pochissime auto private. Nel 2009 il numero di veicoli leggeri venduti in Cina (automobili, motocicli e autocarri) è stato uguale a quello registrato negli Stati Uniti, un notevole risultato raggiunto con molti anni di anticipo rispetto a quanto gli esperti avevano previsto prima dello scoppio della crisi economica mondiale.[2]

Come tutte le principali case automobilistiche, le giapponesi Honda e Toyota apprezzano molto l'opportunità di entrare nei Paesi i cui mercati sono in crescita, e quindi, insieme ad altri produttori, hanno fatto il loro ingresso nel mercato cinese. Esse però sanno molto bene che, nel valutare se aggiungere capacità produttiva a un qualsiasi mercato, non devono prendere in considerazione soltanto il tasso di crescita della domanda (seppure elevato). Gli impianti necessari alla costruzione di automobili sono piuttosto costosi, e la profittabilità di un nuovo impianto dipende da molti fattori, tra i quali rientrano anche le decisioni prese dalle imprese rivali. Se la capacità produttiva in Cina cresce troppo rapidamente, questo mercato potrebbe rivelarsi molto più difficile di quanto si pensi.

---

[1] "The Rich Hit the Road", *The Economist*, 17 giugno, 2004.
[2] "Motoring Ahead: More Cars Are Now Sold in China than in America", *The Economist* online, 23 ottobre 2009, http://www.economist.com/node/14732026 (ultimo accesso: 10 maggio 2011).

Honda e Toyota hanno già affrontato nel passato simili decisioni di entrata per altri mercati. Alla fine degli anni Novanta, per esempio, entrambe dovettero decidere se costruire o meno nuovi impianti di assemblaggio di automobili nell'America del Nord. Incrementando la capacità produttiva, ognuna di esse avrebbe potuto vendere più vetture negli Stati Uniti e in Canada. Del resto, entrambe stavano realizzando buoni profitti dalla vendita di automobili in Nord America, e un incremento di produzione avrebbe consentito di aumentare ulteriormente i guadagni. Tuttavia, dal momento che la domanda nel mercato automobilistico nordamericano non stava crescendo molto rapidamente, una decisione da parte di entrambe le imprese di costruire un nuovo impianto e quindi aumentare la produzione avrebbe probabilmente causato una eccessiva riduzione dei prezzi di vendita dei modelli più soggetti alla pressione competitiva (come la Honda Civic e la Toyota Corolla). Sembrava dunque possibile che, se *entrambe le imprese* avessero realizzato nuovi impianti, avrebbero potuto entrambe ottenere un risultato peggiore rispetto al caso in cui *nessuna delle due imprese* li avesse costruiti. La scelta di ciascuna impresa era dunque resa più difficile dall'interdipendenza esistente tra la propria decisione e quella del concorrente. Ogni produttore, quindi, dovrebbe sempre considerare il probabile comportamento del rivale.

La teoria dei giochi è il ramo della microeconomia relativo all'analisi delle decisioni ottimali in contesti competitivi, nei quali le azioni di ogni decisore hanno un impatto rilevante sulle fortune dei decisori rivali. Sebbene il termine *gioco* possa sembrare frivolo, molte interessanti situazioni possono essere analizzate sotto forma di giochi. L'interazione competitiva tra Honda e Toyota ne è un esempio. Altri tipi di interazione sociale in cui la teoria dei giochi è stata utilizzata proficuamente sono la concorrenza tra acquirenti nelle aste, la corsa delle nazioni agli armamenti nucleari e la competizione tra candidati durante le elezioni.

Il fine di questo capitolo è di introdurre lo studente alle idee centrali della teoria dei giochi, e di evidenziare l'ampia gamma di situazioni competitive in cui essa può essere applicata. Lo studio di queste nozioni si rivelerà utile per comprendere meglio il mercato oligopolistico, che verrà esaminato nel Capitolo 14. Infatti, la maggior parte delle teorie dell'oligopolio (per esempio, i modelli di Cournot e Bertrand) sono esempi particolari di modelli di teoria dei giochi. Questo capitolo fornirà i concetti e gli strumenti di base della teoria dei giochi, in modo da consentire l'analisi delle interazioni competitive presenti nel mondo reale.

13.1 • Il concetto di equilibrio di Nash

13.1.1 Un semplice gioco

Per introdurre le idee chiave della **teoria dei giochi**, è forse opportuno cominciare con l'analisi del tipo di gioco più semplice: un gioco simultaneo con una sola mossa. In esso, due o più giocatori prendono una decisione singola nello stesso istante. Per illustrarlo, si riconsideri la concorrenza tra Honda e Toyota descritta nell'introduzione: ogni impresa doveva decidere se costruire un nuovo impianto di produzione di automobili. La Tabella 13.1 mostra l'impatto potenziale delle decisioni di espansione della capacità produttiva delle due imprese. Ognuna di esse ha due possibilità di scelta, o **strategie** - costruire il nuovo impianto, oppure non costruirlo - e questo dà luogo a quattro scenari di espansione della capacità. La strategia di un giocatore definisce le azioni che il giocatore potrebbe intraprendere in ogni possibile circostanza egli si trovi ad affrontare. In un gioco simultaneo con una sola mossa, le strategie sono semplici, perché consistono in un'unica decisione.

Nella Tabella 13.1 il primo numero di ogni cella rappresenta il profitto economico annuale di Honda (in milioni di euro) relativo a un certo scenario, mentre il secondo numero è il profitto economico di Toyota (sempre espresso in milioni di euro).[3] Questi profitti rappresentano i possibili payoff del gioco, ovvero l'ammontare che ogni giocatore si può aspettare di guadagnare in base alle differenti combinazioni delle scelte di strategia intraprese dai due giocatori. I payoff nella Tabella 13.1 evidenziano anche quanto i giocatori in questo gioco siano interdipendenti: il payoff di Toyota dipende dalla scelta di Honda, e viceversa. Nella teoria dei giochi raramente un giocatore controlla il proprio destino. I payoff della tabella sono fittizi, ma riflettono molto accuratamente la dinamica esistente tra le due imprese nel periodo considerato.

> **TEORIA DEI GIOCHI** Il ramo della microeconomia relativo all'analisi delle decisioni ottimali in situazioni competitive.

> **STRATEGIA** Un piano di azioni che un giocatore potrebbe intraprendere in ogni possibile circostanza che egli si trovi ad affrontare.

TABELLA 13.1 Il gioco di espansione di capacità fra Toyota e Honda*

		Toyota Costruire un nuovo impianto	Toyota Non costruire un nuovo impianto
Honda	Costruire un nuovo impianto	16, 16	20, 15
Honda	Non costruire un nuovo impianto	15, 20	18, 18

° I payoff sono espressi in milioni di euro.

13.1.2 L'equilibrio di Nash

La teoria dei giochi cerca di rispondere alla seguente domanda: qual è il probabile esito del gioco? Per identificare i "probabili esiti" dei giochi, la teoria ricorre al concetto di **equilibrio di Nash**. Nell'equilibrio di Nash ogni giocatore sceglie la strategia che gli consente di ottenere il più alto payoff, date le strategie degli altri giocatori.[4]

> **EQUILIBRIO DI NASH** Una situazione in cui ogni giocatore sceglie la strategia che gli consente di ottenere il più alto payoff, date le strategie scelte dagli altri giocatori.

---

[3] In tutte le tabelle del capitolo verrà sempre utilizzata la medesima notazione. La prima cifra di ogni cella è il payoff del giocatore riportato alla sinistra della tabella (giocatore sulle righe). La seconda cifra si riferisce invece al giocatore riportato alla sommità della tabella (giocatore sulle colonne).

[4] Un'idea molto simile verrà utilizzata nel Capitolo 14 per definire un equilibrio di Cournot (in un oligopolio con scelta delle quantità) e un equilibrio di Bertrand (in un oligopolio con scelta dei prezzi). Essi, infatti, rappresentano particolari esempi dell'equilibrio di Nash.

Nel gioco in questione, per ogni impresa la strategia che caratterizza l'equilibrio di Nash è "costruire un nuovo impianto".

- Se Toyota decide di costruire un nuovo impianto, la migliore risposta di Honda è parimenti costruire un nuovo impianto: questa scelta le consente di ottenere 16 milioni di euro, contro i 15 che avrebbe se non costruisse l'impianto.
- Se Honda decide di costruire un nuovo impianto, la miglior risposta di Toyota è sempre di costruire un nuovo impianto: ciò le consente di ottenere 16 milioni di euro, contro i 15 che avrebbe scegliendo di non costruire l'impianto.

Perché l'equilibrio di Nash rappresenta un plausibile risultato del gioco? Probabilmente la proprietà più convincente dell'equilibrio di Nash è che esso si autoalimenta. Se ogni giocatore si aspetta che l'altro giocatore scelga la strategia corrispondente all'equilibrio di Nash, allora entrambe le parti sceglieranno di fatto la strategia che conduce a tale equilibrio. Pertanto, nell'equilibrio di Nash vi è corrispondenza tra aspettative e risultato (il comportamento atteso e quello effettivo convergono). Ciò non sarebbe vero in esiti diversi dall'equilibrio di Nash. Se Toyota (forse erroneamente) si aspettasse che Honda non costruisca il nuovo impianto ma decidesse di costruire il suo, allora Honda, perseguendo il proprio interesse egoistico, sconvolgerebbe le aspettative di Toyota, costruirebbe anch'essa un nuovo impianto, e farebbe ottenere a Toyota un risultato peggiore di quello che si attendeva.

13.1.3 Il dilemma del prigioniero

Il gioco appena descritto illustra un'importante caratteristica dell'equilibrio di Nash. Quest'ultimo non corrisponde necessariamente al risultato che massimizza il profitto aggregato dei giocatori. Toyota e Honda starebbero collettivamente meglio se non costruissero i nuovi impianti. Tuttavia, il razionale perseguimento dell'interesse individuale conduce ogni parte a effettuare una scelta che si rivela dannosa per il loro interesse collettivo.

Questo conflitto tra interesse collettivo e interesse individuale viene spesso ricondotto al **dilemma del prigioniero**. Il gioco presentato nella Tabella 13.1 costituisce un esempio particolare di gioco del dilemma del prigioniero – ovvero, un gioco in cui l'equilibrio di Nash non coincide con la soluzione che massimizza il payoff complessivo dei giocatori che prendono parte al gioco. Il termine *dilemma del prigioniero* deriva dallo scenario seguente. Due individui sospettati di aver commesso un crimine, David e Ron, vengono arrestati e collocati in celle separate. La polizia, che non ha prove certe contro di loro, dà privatamente a ciascuno di essi la possibilità di confessare denunciando il proprio complice. Più in particolare, viene detto loro che, se nessuno dei due prigionieri confessa, entrambi saranno accusati di un reato minore e sconteranno 1 anno di carcere. Se entrambi confessano, saranno accusati di un reato più grave ma potranno usufruire di uno sconto di pena perché hanno collaborato, e quindi saranno condannati a 5 anni di carcere. Se poi solo uno dei due confessa, costui verrà rilasciato immediatamente, mentre l'altro sarà accusato del reato grave e sconterà 10 anni di carcere. La Tabella 13.2 riporta i payoff di questo gioco (gli anni di carcere vengono indicati con il segno meno in quanto sono assimilabili a profitti negativi).

L'equilibrio di Nash in questo gioco si ha quando ciascun prigioniero confessa. Se David confessa, Ron subisce una pena più lieve confessando. E dato che Ron confessa, David ottiene una pena minore se anch'egli confessa. In

---

DILEMMA DEL PRIGIONIERO Un gioco in cui esiste un conflitto tra l'interesse collettivo di tutti i partecipanti e l'interesse individuale dei singoli giocatori.

equilibrio, entrambi i prigionieri finiscono per confessare e quindi subire ciascuno 5 anni di carcere, anche se collettivamente sarebbero stati in una situazione migliore non confessando (perché avrebbero scontato solo 1 anno di carcere a testa).

Il dilemma del prigioniero è ampiamente studiato nell'ambito delle scienze sociali. Gli psicologi, gli studiosi di scienze politiche, i sociologi e gli economisti reputano il dilemma del prigioniero uno scenario convincente perché la tensione che esso descrive tra l'egoismo del singolo giocatore e l'interesse collettivo del gruppo emerge in molti modi differenti nel mondo circostante. Per esempio, le imprese iniziano guerre di prezzo, anche se poi tutti i produttori dell'industria finiranno per esserne danneggiati. L'analisi del gioco del dilemma del prigioniero può aiutare a comprendere perché possono verificarsi questo e altri risultati apparentemente controproducenti.

TABELLA 13.2 Il gioco del dilemma del prigioniero

		David Confessare	David Non confessare
Ron	Confessare	−5, −5	0, −10
	Non confessare	−10, 0	−1, −1

Applicazione 13.1

Il dilemma dei prigionieri di Mani Pulite

17 febbraio 1992. Questa data rappresenta un momento importante per la storia politica e giudiziaria italiana. A Milano viene arrestato Mario Chiesa, presidente della casa per anziani "Pio Albergo Trivulzio". Ha appena incassato una tangente di 7 milioni di lire, la metà del dovuto, dal proprietario di una piccola impresa di pulizie che aveva vinto un appalto di 140 milioni di lire ma che si era visto imporre un "pizzo" pari al 10% della somma dallo stesso Chiesa. L'imprenditore aveva deciso di ribellarsi a questo sopruso e si era rivolto ai carabinieri. Pareva un episodio isolato, e invece gli inquirenti scoprirono un sottobosco di relazioni in cui i funzionari di enti pubblici e privati chiedevano e gli imprenditori pagavano, ricevendo in cambio privilegi nei rapporti con l'ente.

Da Milano l'inchiesta, denominata "Mani Pulite", si estese alla Lombardia, al Piemonte, fino a Roma e al resto della penisola. Man mano, furono chiamati in causa (e spesso arrestati) sindaci, parlamentari, segretari di partito, ministri ed ex-capi di Governo, a cui si aggiungevano i vertici di grandi imprese pubbliche e private. Molti degli indagati presero a raccontare fatti, reati, persone coinvolte, circostanze, date, consegne di contanti, aperture di conti all'estero. E non è un caso che le inchieste riguardarono prevalentemente i partiti al Governo (in primis Dc e Psi): per il loro maggiore peso politico, essi potevano influenzare gare d'appalto e scelte di politica economica, e quindi si trovavano più facilmente coinvolti nel circuito delle tangenti.

Perché d'improvviso era crollato un muro di omertà così grande e ramificato? Molti analisti concordano nell'attribuire il successo dell'inchiesta al verificarsi del "dilemma del prigioniero".

Le inchieste giudiziarie contro la corruzione si erano aggiunte alla sfiducia verso i partiti maggiori, già manifestatasi nelle elezioni politiche dell'aprile 1992, determinando da parte dell'opinione pubblica una forte diffidenza verso la classe politica dell'epoca e un sempre maggiore affidamento nell'operato della magistratura. In questo clima, fu più semplice per i giudici approfittare del crescente numero di confessioni di politici e imprenditori: questi ultimi furono incoraggiati a cooperare nelle inchieste anche attraverso l'insinuazione del sospetto che altri avevano già confessato, e fu fatto loro intravedere un periodo di carcerazione preventiva in caso di silenzio, a fronte del rilascio o degli arresti domiciliari in caso di collaborazione. L'isolamento in carcere immediatamente successivo all'arresto metteva dunque gli inquisiti di fronte a un vero e proprio dilemma del prigioniero: dato il sospetto che gli altri complici avevano o avrebbero confessato, la migliore strategia era cooperare con i giudici, evitando così le condanne più severe. La consapevolezza che gli inquirenti avevano accesso a una mole sempre più vasta di informazioni provocò dunque una valanga di confessioni.[5]

La chiave del successo era il carattere "non cooperativo" di questo gioco, abile opera dei magistrati di Mani Pulite. I complici erano tenuti separati, non potevano perciò stringere tra loro accordi vincolanti, e venivano interrogati separatamente. A ciò si aggiungeva la diffusione di notizie sulle confessioni di indagati senza però fornire altre precisazioni, cosa che costituiva un ulteriore elemento di pressione sugli imputati.

La principale accusa rivolta ai magistrati nella gestione di questo ampio filone di inchieste fu l'uso a volte disinvolto della carcerazione preventiva (che però, come visto, era uno degli elementi determinanti per ottenere le confessioni da persone che non avevano mai conosciuto il carcere nella propria vita), prevista dalla legge solo in presenza di un concreto pericolo di fuga, di inquinamento delle prove o di reiterazione del reato (art. 274 del Codice di procedura penale).

Al di là di apprezzamenti e critiche, il merito dell'inchiesta Mani Pulite è di aver portato alla luce un sistema diffuso di piccole e grandi corruttele, e di aver reso chiaro una volta di più che la formazione e l'integrità dei membri della società è condizione imprescindibile affinché essere onesti non signifchi dover pagare un costo in termini di perdita di occasioni oppure di esposizione a ritorsioni.

A cura di Paolo Coccorese

13.1.4 Strategie dominanti e strategie dominate

Strategie dominanti

Nel gioco tra Toyota e Honda della Tabella 13.1 è stato semplice trovare l'equilibrio di Nash, perché per entrambe le imprese la strategia "costruire un nuovo impianto" era sempre migliore della strategia "non costruire un nuovo impianto", indipendentemente dalla scelta del rivale (per esempio, se Toyota costruisce un nuovo impianto, Honda guadagna 16 milioni di euro anziché 15 costruendo anch'essa un nuovo impianto; se Toyota non lo costruisce, Honda avrebbe comunque convenienza a costruirlo perché guadagnerebbe 20 milioni di euro invece di 18). In questa situazione, si dice che "costruire un nuovo impianto" è una **strategia dominante**. Una strategia dominante è una strategia che risulta sempre la migliore tra quelle a disposizione del giocatore, indipendentemente dalle strategie che l'altro giocatore adotterà. Quando un giocatore ha una strategia dominante, essa sarà la strategia dell'equilibrio di Nash del giocatore.

STRATEGIA DOMINANTE Una strategia che risulta la migliore tra quelle a disposizione del giocatore, a prescindere da quale strategia l'altro giocatore adotterà.

Non è detto che vi siano sempre strategie dominanti. Si consideri infatti il gioco di espansione di capacità descritto in Tabella 13.3, che fa riferimento alle scelte di Ambassador e Marutti nel mercato automobilistico dell'India. Qui Marutti è molto più grande di Ambassador, e inoltre costruisce auto migliori. Perciò ottiene profitti molto maggiori di quelli di Ambassador, indipendentemente dallo scenario.

TABELLA 13.3 Il gioco di espansione di capacità fra Marutti e Ambassador*

		Ambassador	
		Costruire un nuovo impianto	Non costruire un nuovo impianto
Marutti	Costruire un nuovo impianto	12, 4	20, 3
	Non costruire un nuovo impianto	15, 6	18, 5

* I payoff sono espressi in milioni di rupie.

---

[5] Si veda D. Della Porta, "A judges' revolution? Political corruption and the judiciary in Italy", *European Journal of Political Research* 39, 2001, pp. 1-21.

In questo gioco, Marutti non ha una strategia dominante. Se Ambassador decidesse di costruire un nuovo impianto, Marutti starebbe meglio se non lo costruisse, mentre preferirebbe costruirlo se Ambassador non lo facesse. Nonostante Marutti non abbia una strategia dominante, vi è ancora un equilibrio di Nash: Ambassador costruisce un nuovo impianto, Marutti no. Per comprendere perché, si noti che, se Ambassador costruisce, la migliore risposta di Marutti è non costruire (in questo caso ottiene un profitto di 15 milioni di rupie, contro i 12 milioni in caso di costruzione dell'impianto). Ma se Marutti decide di non costruire, la migliore risposta di Ambassador è effettivamente costruire (guadagnando 6 milioni di rupie, contro i 5 milioni connessi alla scelta di non costruire).

È interessante esaminare come Marutti potrebbe decidere la strategia da adottare in questo gioco. Osservando la matrice dei payoff, tale impresa dovrebbe rendersi conto che, mentre essa non ha una strategia dominante, per Ambassador la strategia dominante è "costruire il nuovo impianto". Pertanto, Marutti dovrebbe presumere che Ambassador sceglierà questa strategia dominante e sulla base di ciò dovrebbe conseguentemente decidere di "non costruire un nuovo impianto". Anche in questo caso l'equilibrio di Nash è un naturale esito del gioco, in quanto i manager di Marutti – mettendosi nei panni dell'impresa rivale – deducono che quest'ultima sceglierà la sua strategia dominante, che quindi vincola ciò che Marutti dovrebbe fare. Imparare a ragionare dal punto di vista dei giocatori rivali – cioè guardare il mondo con i loro occhi, anziché con i propri – rappresenta uno dei più utili insegnamenti della teoria dei giochi. Barry Nalebuff e Adam Brandenburger definiscono questa capacità *ragionamento allocentrico*, il quale si contrappone al *ragionamento egocentrico*, che spinge a vedere il mondo esclusivamente dal proprio punto di vista.[6]

Applicazione 13.2

Il dilemma dell'altruista

Come si è visto, nel dilemma del prigioniero il comportamento egoistico dei giocatori porta a un risultato collettivamente sub-ottimale. Se invece essi fossero altruisti, cioè se perseguissero anche (o solo) il benessere del rivale, l'esito finale di quel gioco sarebbe migliore.

Altruismo vuol dire che ogni giocatore riceve dalle vincite altrui una utilità psicologica che incrementa il proprio benessere. Dunque, in un mondo di altruisti il dilemma del prigioniero è automaticamente risolto, gli individui cooperano e l'equilibrio di Nash è quello socialmente ottimale.

Tuttavia, non è sempre vero che la presenza di altruismo porta a risultati preferibili rispetto a quelli associati alla presenza di egoismo. In tal senso, un'interessante variante del gioco del dilemma del prigioniero è il *dilemma dell'altruista*. Diversi sono gli studiosi che hanno cercato di analizzare l'altruismo e le sue implicazioni economiche. Qui in particolar modo si fa riferimento allo studio di Fender, ripreso successivamente da Delbono e Zamagni.[7]

La tabella seguente mostra i payoff relativi alle possibili scelte di due giocatori:

		Luca	
		A	B
Paolo	A	6,6	10,0
	B	10,0	2,2

Per entrambi, la strategia dominante è la *A*, e dunque i giocatori avrebbero convenienza ad adottare questa strategia. Si supponga però che sia Luca che Paolo siano altruisti, ovvero che essi preferiscano che l'altro giocatore ottenga il payoff maggiore. Ora entrambi sceglieranno la strategia che maggiormente avvantaggia l'altro giocatore, e perciò propenderanno per la strategia *B*, la quale però risulta socialmente inefficiente (in quanto fornisce

---

[6] B.J. Nalebuff e A.M. Branderburger, *Coopetition*, Currency Doubleday, New York 1996.
[7] J. Fender, "Altruism, Ethics and Economics: The Significance of Non-egoistic Preferences for Economics", in S. Brittan e A. Hamlin (a cura di), *Market Capitalism and Moral Values*, Elgar, Aldershot 1995; F. Delbono, S. Zamagni, *Microeconomia*, Il Mulino, Bologna 1999.

a entrambi un payoff pari a 2). Ecco, dunque, il dilemma dell'altruista: l'eccesso di altruismo genera un insuccesso.

Nel caso in cui l'altruismo non risulti così spiccato, per esempio quando i due giocatori sono interessati in uguale misura al proprio interesse e a quello dell'altro giocatore, si ritorna al equilibrio di ottimo iniziale, che prevede la scelta da parte di entrambi della strategia A, soluzione socialmente efficiente.

In pratica, i casi di dilemma dell'altruista sono certamente meno frequenti di quelli di dilemma del prigioniero, se non altro perché è difficile trovare nei sistemi sociali individui caratterizzati da un altruismo così accentuato da attribuire grande valore al benessere altrui. Tuttavia, si può pensare che eccessi di gentilezza comunque presenti nella nostra vita quotidiana (pagare un conto al bar, dare la precedenza al passaggio dell'altra persona) creino alla fine imbarazzo o piccole contese, a cui è plausibile associare riduzioni di benessere (benché certamente molto piccole).

Va riconosciuto, però, che anche questi episodi di altruismo estremo hanno una loro giustificazione all'interno di un più ampio contesto sociale, volendo segnalare all'altra persona una disponibilità alla cooperazione che in fondo è autointeressata. Se per esempio i due individui che si contendono il conto della consumazione al bar sono i manager di due società che stanno per siglare un accordo, non è fuorviante pensare che l'eccesso di gentilezza nasconda in fondo il desiderio di concludere nel migliore dei modi un affare che li avvantaggerà in prima persona.

A cura di Viviana Clavenna e Paolo Coccorese

Strategie dominate

STRATEGIA DOMINATA Una strategia a fronte della quale ne esiste un'altra che offre sempre al giocatore un payoff maggiore, indipendentemente dalle scelte del rivale.

L'opposto di una strategia dominante è una **strategia dominata**. Una strategia si dice dominata quando un giocatore ha un'altra strategia che gli offre sempre un payoff maggiore, indipendentemente dalle scelte del rivale. Nella Tabella 13.1, che prevede solo due strategie per giocatore, se una di esse è dominante, allora l'altra dovrà necessariamente essere dominata. Comunque, con più di due strategie per giocatore, potrebbe accadere che un giocatore abbia una o più strategie dominate ma nessuna strategia dominante.

A volte l'identificazione delle strategie dominate può aiutare a trovare l'equilibrio di Nash in un gioco in cui nessun giocatore ha strategie dominanti. Si torni al gioco Honda-Toyota, ma si supponga ora che le due imprese abbiano tre strategie: non costruire l'impianto, costruire un impianto piccolo, costruire un impianto grande. La Tabella 13.4 mostra i payoff associati a ciascuna di tali strategie.

In questo gioco nessuno dei due giocatori ha una strategia dominante e, con tre strategie invece che due, l'identificazione dell'equilibrio di Nash sembra piuttosto complicata. Si osservi però che per entrambi i giocatori la strategia "costruire un impianto grande" è una strategia dominata: indipendentemente dalla scelta di Toyota, per Honda è sempre preferibile la costruzione di un piccolo impianto rispetto a quella di un grande impianto. Similmente, a prescindere dalla scelta di Honda, Toyota ha sempre profitti maggiori costruendo un impianto piccolo invece che un impianto grande. Se ogni giocatore riflette sui payoff del concorrente – adottando

TABELLA 13.4 Una versione modificata del gioco di espansione di capacità fra Toyota e Honda*

		Toyota		
		Costruire un impianto grande	Costruire un impianto piccolo	Non costruire un nuovo impianto
	Costruire un impianto grande	0, 0	12, 8	18, 9
Honda	Costruire un impianto piccolo	8, 12	16, 16	20, 15
	Non costruire un nuovo impianto	9, 18	15, 20	18, 18

* I payoff sono espressi in milioni di euro.

TABELLA 13.5 Una versione modificata del gioco di espansione di capacità fra Toyota e Honda dopo l'eliminazione delle strategie dominate*

		Toyota Costruire un impianto piccolo	Toyota Non costruire un nuovo impianto
Honda	Costruire un impianto piccolo	16, 16	20, 15
Honda	Non costruire un nuovo impianto	15, 20	18, 18

° I payoff sono espressi in milioni di euro.

quindi un ragionamento allocentrico – entrambi dovrebbero concludere che il rivale non opterà mai per la costruzione di un impianto grande. Se ciascun giocatore assume che l'altro *non* sceglierà mai di "costruire un impianto grande" (scartando quindi questa strategia), il gioco 3 × 3 della Tabella 13.4 si riduce quindi al gioco 2 × 2 esposto nella Tabella 13.5, che è poi identico a quello della Tabella 13.1. In questo gioco ridotto, ogni giocatore ha ora una strategia dominante: "costruire un impianto piccolo". Eliminando la strategia dominata, è stato dunque possibile identificare una strategia dominante per ogni giocatore, che a sua volta ha consentito di identificare l'equilibrio di Nash dell'intero gioco: ogni impresa deve costruire un impianto piccolo (si può comunque verificare questo risultato direttamente dalla Tabella 13.5: se un'impresa sceglie di costruire un impianto piccolo, la miglior risposta del concorrente è pure costruire un impianto piccolo).

Esercizio svolto 13.1 L'individuazione dell'equilibrio di Nash: Coca-Cola vs Pepsi

La Tabella 13.6 mostra i profitti di Coca-Cola e Pepsi per varie combinazioni dei prezzi che le due imprese possono applicare.

Problema

Trovate l'equilibrio di Nash nel gioco in questione.

Soluzione

Per prima cosa bisogna verificare se esistono strategie dominanti. Per Pepsi un prezzo di €8,25 è una strategia dominante poiché, indipendentemente dalle scelte di Coca-Cola, i suoi payoff sono sempre maggiori nella terza riga (cioè per un prezzo di €8,25) rispetto a quelli di ogni altra riga. Perciò, gli altri tre possibili prezzi costituiscono delle strategie dominate per Pepsi. Nella Tabella 13.6a l'eliminazione di tali strategie dominate è stata evidenziata tracciando su di esse una linea.

Se Coca-Cola assume che Pepsi sceglierà la propria strategia dominante, la sua migliore risposta è fissare un prezzo di €12,50 (ovvero il prezzo che consente a Coca-Cola il più alto payoff tra quelli della terza riga).

L'equilibrio di Nash in questo gioco si verifica quando Pepsi fissa un prezzo di €8,25 e Coca-Cola un prezzo di €12,50.

TABELLA 13.6 La concorrenza di prezzo tra Coca-Cola e Pepsi*

		Coca-Cola €10,50	Coca-Cola €11,50	Coca-Cola €12,50	Coca-Cola €13,50
Pepsi	€6,25	66, 190	68, 199	70, 198	73, 191
Pepsi	€7,25	79, 201	82, 211	85, 214	89, 208
Pepsi	€8,25	82, 212	86, 224	90, 229	95, 225
Pepsi	€9,25	75, 223	80, 237	85, 244	91, 245

° I payoff sono espressi in milioni di euro.

TABELLA 13.6a La concorrenza di prezzo fra Coca-Cola e Pepsi dopo l'identificazione della strategia dominante e delle strategie dominate di Pepsi*

		Coca-Cola			
		€10,50	€11,50	€12,50	€13,50
Pepsi	€6,25	~~66, 190~~	~~68, 199~~	~~70, 198~~	~~73, 191~~
	€7,25	~~79, 201~~	~~82, 211~~	~~85, 214~~	~~89, 208~~
	€8,25	82, 212	86, 224	90, 229	95, 225
	€9,25	~~75, 223~~	~~80, 237~~	~~85, 244~~	~~91, 245~~

* I payoff sono espressi in milioni di euro.

Sommario: l'individuazione dell'equilibrio di Nash tramite l'identificazione delle strategie dominanti e l'eliminazione delle strategie dominate

È possibile riassumere le principali conclusioni tratte in questo paragrafo come segue:

- ogni volta che entrambe le imprese hanno una strategia dominante, queste strategie costituiranno l'equilibrio di Nash del gioco in oggetto;
- se solamente uno dei due giocatori ha una strategia dominante, questa costituirà la strategia dell'equilibrio di Nash per quel giocatore. È possibile trovare la strategia dell'equilibrio di Nash dell'altro giocatore individuando la sua migliore risposta alla strategia dominante del concorrente;
- se nessun giocatore ha una strategia dominante, ma entrambi hanno una o più strategie dominate, è spesso possibile individuare l'equilibrio di Nash eliminando le strategie dominate, e quindi semplificando l'analisi del gioco.

13.1.5 Giochi con più di un equilibrio di Nash

Tutti i giochi studiati finora presentano un unico equilibrio di Nash. Ma alcuni giochi ne presentano più di uno. Un famoso esempio è il "gioco del coniglio".[8] Due ragazzi vogliono dimostrare il loro coraggio agli amici. Collocano perciò le rispettive automobili agli estremi opposti di una strada e cominciano a dirigersi ad altissima velocità l'uno contro l'altro. Chi dei due sterzerà per primo per evitare il rivale perderà la faccia davanti agli amici e verrà considerato un "coniglio", mentre l'altro avrà dimostrato il suo coraggio e diventerà un eroe. Se entrambi sterzano contemporaneamente, nulla viene provato, e nessuno dei due verrà considerato né un "coniglio" né un eroe. Se infine nessuno dei due sterza, si scontreranno e saranno feriti, o addirittura moriranno.

La Tabella 13.7 mostra i payoff per il "gioco del coniglio" tra due ragazzi, Luca e Silvio. In questo gioco vi sono due equilibri di Nash. Il primo si ha quando Luca sterza e Silvio tira dritto. Il secondo si ha quando Silvio sterza e Luca tira dritto. Al fine di verificare che il primo costituisce un equilibrio di Nash, si osservi che, se Luca sterza, a Silvio conviene andare dritto (con payoff pari a 10) anziché sterzare (payoff pari a 0). Per contro, se Luca va dritto, a Silvio conviene sterzare (payoff pari a -10) invece che tirare dritto (payoff pari a -100).

Esistono esempi reali assimilabili al "gioco del coniglio"? Negli anni Cinquanta e Sessanta molti pensavano che il "gioco del coniglio" descrivesse bene la contrappo-

---

[8] Il nome inglese di questo gioco è in effetti "The game of chicken", ovvero "Il gioco del pollo". Tuttavia, la traduzione "coniglio" è forse più appropriata ed efficace per il caso in questione. (*Ndt*)

sizione nucleare tra Stati Uniti e Unione Sovietica (si pensi in particolare alla crisi dei missili di Cuba del 1962). In economia, "giochi del coniglio" hanno luogo quando due imprese competono in un mercato nel quale vi è posto soltanto per una di loro (nel Capitolo 11 questi mercati sono stati definiti monopoli naturali). L'equilibrio di Nash del "gioco del coniglio" rende chiaro che un'impresa dovrà uscire dal mercato e solo l'altra sopravviverà.

Una domanda è ora legittima. Esiste una procedura sistematica per identificare l'equilibrio di Nash in caso di giochi presentati in forma tabellare? La risposta è offerta nell'Esercizio svolto 13.2.

TABELLA 13.7   Il "gioco del coniglio"

		Silvio	
		Sterzare	Andare dritto
Luca	Sterzare	0, 0	−10, 10
	Andare dritto	10, −10	−100, −100

Esercizio svolto 13.2   Come trovare tutti gli equilibri di Nash in un gioco

Problema

Quali sono gli equilibri di Nash per il gioco rappresentato nella Tabella 13.8?

Soluzione

Generalmente, il primo passo per trovare un equilibrio di Nash in un gioco dovrebbe essere l'identificazione delle strategie dominanti e/o dominate al fine di semplificarlo, come visto nell'Esercizio svolto 13.1. In questo gioco, però, i giocatori non hanno né strategie dominanti né strategie dominate (basta osservare con attenzione la tabella). Dunque, tale approccio non è utilizzabile in questo contesto.

Invece, per trovare tutti gli equilibri di Nash si può procedere attraverso tre passaggi.

TABELLA 13.8   Quali sono gli equilibri di Nash?

		Giocatore 2	
	Strategia D	Strategia E	Strategia F
Strategia A	4, 2	13, 6	1, 3
Giocatore 1 Strategia B	3, 10	0, 0	15, 2
Strategia C	12, 14	4, 11	5, 4

TABELLA 13.8a   Le migliori risposte del Giocatore 1 e del Giocatore 2

		Giocatore 2	
	Strategia D	Strategia E	Strategia F
Strategia A	4, 2	⑬, ☐6	1, 3
Giocatore 1 Strategia B	3, ☐10	0, 0	⑮, 2
Strategia C	⑫, ☐14	4, 11	5, 4

1) Si individua la migliore risposta del Giocatore 1 a ogni possibile strategia del Giocatore 2. Nella Tabella 13.8a, queste migliori risposte sono quelle i cui payoff sono contrassegnati da un cerchio.
2) Si individua la migliore risposta del Giocatore 2 a ogni possibile strategia del Giocatore 1. Nella Tabella 13.8a queste migliori risposte sono quelle i cui payoff sono contrassegnati da un quadrato.
3) Siccome nell'equilibrio di Nash ogni giocatore sceglie una strategia che gli conferisce il più elevato payoff date le

strategie scelte dal concorrente, bisogna trovare le celle in cui compaiono sia un cerchio sia un quadrato. In questo gioco, allora, si hanno due equilibri di Nash: il primo prevede che il Giocatore 1 scelga la strategia *A* e il Giocatore 2 la strategia *E*, mentre il secondo prevede che il Giocatore 1 scelga la strategia *C* e il Giocatore 2 la strategia *D*.

La procedura a tre stadi appena descritta è un modo sicuro per individuare tutti gli equilibri di Nash in un gioco in forma tabellare.

Applicazione 13.3

Le corse agli sportelli

Se avete visto il film *La vita è meravigliosa*, probabilmente ricorderete la scena che segue il matrimonio di George e Mary Bailey (impersonati da James Stewart e Donna Reed). I due stanno per prendere il treno per la loro luna di miele, quando qualcuno dice a George: "C'è una corsa agli sportelli della banca!". Nella scena seguente, George si reca presso la banca di famiglia, la Bailey Brothers Building and Loan, e si trova di fronte a una folla di clienti preoccupati, che stanno chiedendo la restituzione dei propri depositi. Invece di chiudere le porte, come effettivamente fecero molte banche durante la Grande Depressione degli anni Trenta, George fa del suo meglio per tenere aperta la Building and Loan. Lo fa supplicando i clienti di non ritirare i propri risparmi, o almeno di prelevare soltanto la somma di cui hanno bisogno per le proprie spese.

Gli eventi che hanno colpito i mercati finanziari di tutto il mondo nell'ultimo decennio hanno dimostrato che le corse agli sportelli delle banche e di altri tipi di istituzioni finanziarie non appartengono soltanto al passato. Infatti, la crisi finanziaria responsabile della recessione che ha caratterizzato la fine della prima decade del nuovo millennio ne ha offerto molti esempi. Durante la crisi dei mutui ipotecari *subprime* del 2007, la società americana Countrywide Financial ha dovuto fronteggiare un assalto alle sue attività finanziarie. Nel 2008, la Bear Stearns, una società globale di investimenti, è stata costretta a dichiarare bancarotta dopo la corsa agli sportelli da parte dei suoi obbligazionisti. Molti altri istituti, tra cui la Washington Mutual, la più grande cassa di risparmio americana, e la Landsbanki, la seconda banca islandese, sono falliti a seguito degli assalti agli sportelli del 2008.

Perché si verificano le corse agli sportelli? Sono il risultato di paure e isterie irrazionali? Una sorta di psicologia di massa disfunzionale? Parrebbe così. Del resto, se tutti gli investitori rimanessero calmi e lucidi, si renderebbero conto che ognuno starebbe meglio se non ci fossero assalti alle banche. Gli istituti di credito continuerebbero la loro attività, e i clienti probabilmente non perderebbero i loro soldi. Ma non potrebbe invece esserci qualche altro motivo? Potrebbero gli assalti alle banche essere la manifestazione di un comportamento razionale massimizzante dei risparmiatori? La teoria dei giochi suggerisce una risposta affermativa all'ultima domanda.

La Tabella 13.9 presenta un'analisi della corsa agli sportelli effettuata tramite un semplice gioco. Due individui hanno depositato $100 alla Bailey Building and Loan. La banca ha utilizzato questo denaro per un investimento (per esempio, lo ha prestato a un terzo per l'acquisto di una casa). Se entrambi i depositanti mantengono i soldi in banca (cioè decidono di "non prelevare"), alla fine riavranno indietro il loro deposito comprensivo di un interesse di $10, per un totale di $110. Invece, se entrambi ritirano i soldi nello stesso momento (una corsa agli sportelli, dunque), la banca deve liquidare in fretta l'investimento fatto, ottenendo però soltanto $50, e poi chiudere. In tal caso, ogni cliente riceve $25. Se soltanto uno dei due clienti ritira il denaro, la banca deve di nuovo liquidare l'investimento e poi chiudere. Ora il risparmiatore che ritira il denaro riceve $50, mentre quello che sfortunatamente ha lasciato i soldi in banca perde tutto.

Come per il "gioco del coniglio", anche nel gioco della corsa agli sportelli vi sono due equilibri di Nash. Il primo è quello in cui entrambi i risparmiatori lasciano i soldi in banca. Se il Cliente 2 sceglie di "non prelevare", al Cliente 1 conviene pure "non prelevare" (conseguendo un payoff di $110 invece che di $50). Lo stesso vale per il Cliente 1. Il secondo equilibrio di Nash è quello per il quale entrambi i risparmiatori ritirano i soldi. Se il Cliente 2 sceglie di "prelevare", la migliore risposta per il Cliente 1 è pure "prelevare", e viceversa.

Come accadeva nel "gioco del coniglio", la teoria dei giochi non può dirci *quale* equilibrio si verificherà. Essa però ci insegna che l'assalto alla banca *può effettivamente verificarsi*, anche se supponiamo che tutti i depositanti si comportino in maniera razionale e che una corsa agli sportelli si risolva in un danno per tutti. Quindi, come nel gioco del dilemma del prigioniero, un comportamento che mira alla massimizzazione dell'utilità individuale non porterà necessariamente a un risultato che rende massimo il benessere collettivo di tutti i giocatori coinvolti.

TABELLA 13.9 Il gioco della corsa agli sportelli*

		Cliente 2	
		Prelevare	Non prelevare
Cliente 1	Prelevare	25, 25	50, 0
	Non prelevare	0, 50	110, 110

* I payoff sono in dollari.

13.1.6 Strategie miste

Il 9 luglio 2006, durante la finale dei campionati mondiali di calcio tra Italia e Francia, fu necessario ricorrere ai calci di rigore per incoronare i vincitori (i tempi regolamentari si erano chiusi in parità, 1-1). Il rigore decisivo toccava a Fabio Grosso. Se l'avesse segnato, l'Italia sarebbe diventata campione del mondo. Se l'avesse sbagliato, sarebbe stato necessario andare avanti con altri rigori, a oltranza. Grosso doveva decidere in pochi secondi se calciare alla destra o alla sinistra del portiere francese, Barthez; parallelamente, quest'ultimo doveva scegliere in pochissimo tempo se tuffarsi a destra o a sinistra per cercare di intercettare il pallone calciato da Grosso. (Come di certo si ricorderà, Grosso consegnò la Coppa del Mondo all'Italia calciando alla sinistra di Barthez, che invece si gettò sulla destra.)

La Tabella 13.10 mostra una matrice di payoff che potrebbe essere usata per rappresentare la situazione relativa all'ultimo rigore della finale Italia-Francia. Se Grosso avesse segnato, l'Italia avrebbe vinto la Coppa del Mondo (payoff positivo di 10) mentre la Francia sarebbe stata sconfitta (payoff negativo pari a −10). Se Barthez avesse parato il rigore, si sarebbe reso necessario continuare con i calci di rigore, per cui per entrambe le squadre vi sarebbe stato un payoff nullo.

In questo gioco non sembra esserci un equilibrio di Nash. Se Barthez pensa che Grosso tirerà il rigore a destra, la sua migliore strategia è buttarsi a destra. Ma se Grosso ritiene che Barthez si getterà a destra, la sua migliore risposta è calciare a sinistra. E se Grosso tira il rigore a sinistra, la miglior risposta del Barthez è tuffarsi a sinistra.

Questo gioco illustra la differenza tra una **strategia pura** e una **strategia mista**. Una strategia pura è una specifica scelta tra quelle possibili. Grosso si trova di fronte a due strategie pure: "calciare a destra" e "calciare a sinistra". Per contro,

STRATEGIA PURA Una specifica scelta di una strategia tra quelle possibili per un giocatore.

STRATEGIA MISTA Una scelta tra due o più strategie pure basata su probabilità prestabilite.

TABELLA 13.10 Grosso *vs* Barthez (nono rigore della finale di Coppa del Mondo di calcio 2006)

		Grosso	
		Calciare a destra	Calciare a sinistra
Barthez	Tuffarsi a destra	0, 0	−10, 10
	Tuffarsi a sinistra	−10, 10	0, 0

in una strategia mista, un giocatore sceglie tra due o più strategie pure sulla base di probabilità prestabilite. Anche se alcuni giochi potrebbero non avere un equilibrio di Nash in strategie pure, ogni gioco avrà almeno un equilibrio di Nash in strategie miste. Il gioco nella Tabella 13.10 chiarisce questo punto: non vi è un equilibrio di Nash in strategie pure, ma esiste un equilibrio di Nash in strategie miste. Grosso dovrebbe "calciare a destra" con probabilità pari a 1/2 e "calciare a sinistra" con probabilità ugualmente pari a 1/2. Dal canto suo, Barthez dovrebbe "tuffarsi a destra" con probabilità 1/2 e "tuffarsi a sinistra" con probabilità 1/2. Se Grosso pensa che Barthez si getterà a destra o a sinistra con probabilità 1/2, non potrà fare di meglio che decidere di calciare a destra o a sinistra con probabilità 1/2. Allo stesso modo, se il portiere francese ritiene che il rigorista italiano tirerà il rigore a destra o a sinistra con la medesima probabilità di 1/2, non potrà fare di meglio che lanciarsi a destra o a sinistra con probabilità 1/2. Perciò, quando i giocatori scelgono queste strategie miste, ciascuno sta facendo il suo meglio date le scelte dell'altro giocatore.

Il fatto che i giochi possono avere un equilibrio di Nash in strategie miste mostra il valore strategico dell'imprevedibilità. Quando un giocatore può prevedere le scelte del rivale, quest'ultimo si trova in una posizione di vulnerabilità. Gli atleti di sport quali calcio, baseball e tennis hanno da tempo compreso questo concetto, e il gioco della Coppa del Mondo lo illustra molto bene. Se Barthez avesse saputo che Grosso era solito tirare i rigori alla sinistra del portiere, si sarebbe semplicemente gettato alla sua sinistra e così avrebbe neutralizzato il rigore. L'imprevedibilità ha dunque un valore (del resto, lo ha avuto per Grosso e per l'Italia), e le strategie miste mostrano come questo valore sia presente nella teoria dei giochi.

13.1.7 Sommario: come trovare tutti gli equilibri di Nash in un gioco simultaneo con due giocatori

Si possono ora riassumere gli insegnamenti di questo paragrafo delineando un approccio in cinque punti, al fine di identificare gli equilibri di Nash in giochi simultanei con due giocatori.

1. Se entrambi i giocatori hanno una strategia dominante, queste costituiscono le strategie dell'equilibrio di Nash.
2. Se un giocatore ha una strategia dominante, questa rappresenta la sua strategia dell'equilibrio di Nash. La strategia dell'equilibrio di Nash per l'altro giocatore (cioè quello che non ha una strategia dominante) può essere trovata individuando la sua migliore risposta alla strategia dominante del primo giocatore.
3. Se nessuno dei due giocatori ha una strategia dominante, si possono eliminare in successione le strategie dominate di ogni giocatore al fine di semplificare il gioco, e poi cercare le strategie dell'equilibrio di Nash.
4. Se nessun giocatore ha strategie dominate, bisogna identificare la migliore risposta del Giocatore 1 a ogni possibile strategia del Giocatore 2, e poi la migliore risposta del Giocatore 2 a ogni possibile strategia del Giocatore 1. Nella tabella che descrive il gioco, gli equilibri di Nash saranno le celle in cui si trovano contemporaneamente le migliori risposte dei due giocatori (questo approccio, che garantisce l'identificazione di tutti i possibili equilibri di Nash in strategie pure di un gioco, è stato illustrato nell'Esercizio svolto 13.2).
5. Se il gioco non ha un equilibrio di Nash in strategie pure – come nel caso della finale dei campionati mondiali di calcio – bisogna cercare un equilibrio in strategie miste.

13.2 • Il dilemma del prigioniero ripetuto

Una lezione importante del dilemma del prigioniero è che il perseguimento individuale del massimo profitto non necessariamente conduce alla massimizzazione del profitto collettivo di un gruppo di giocatori. Però il dilemma del prigioniero è un gioco statico (*one-shot*), in cui cioè i giocatori muovono una sola volta. Nel caso in cui i giocatori potessero interagire ripetutamente, si può ammettere l'eventualità che ciascuno di essi possa collegare le proprie decisioni correnti a quanto il rivale ha fatto negli stadi precedenti del gioco. Ciò amplia la gamma delle strategie che i giocatori possono seguire e, come si vedrà, può condurre a un risultato notevolmente diverso rispetto a quello del gioco a un unico stadio.

Per illustrare l'impatto di un gioco ripetuto, si consideri il gioco del dilemma del prigioniero descritto in Tabella 13.11. Per ogni giocatore, "imbrogliare" è una strategia dominante, ma il profitto collettivo è massimizzato quando entrambi scelgono la strategia "cooperare". In un gioco a uno solo stadio, l'equilibrio di Nash richiederebbe ai due giocatori di scegliere di "imbrogliare".

TABELLA 13.11 Il gioco del dilemma del prigioniero

		Giocatore 2	
		Imbrogliare	Cooperare
Giocatore 1	Imbrogliare	5, 5	14, 1
	Cooperare	1, 14	10, 10

Si immagini ora che i due giocatori possano ripetere il gioco più volte, in un futuro prevedibile. In tal caso, è possibile che i due giocatori raggiungano un equilibrio in cui optino per la cooperazione. Si supponga che il Giocatore 1 creda che il Giocatore 2 userà la seguente strategia: "Comincio scegliendo di cooperare e vado avanti così finché anche il mio avversario coopera. Appena lui sceglie di imbrogliare, io farò lo stesso nel periodo successivo e in tutti quelli seguenti". Naturalmente, se il Giocatore 2 sceglierà di imbrogliare nei periodi a venire, il Giocatore 1 potrà continuare anch'egli a fare altrettanto. La strategia del Giocatore 2 è qualche volta definita *grim trigger strategy* – strategia del dito sul grilletto – perché appena uno dei due giocatori imbroglia è come se causasse una permanente rottura della cooperazione per il resto del gioco.

La Figura 13.1 chiarisce che, cooperando in ogni periodo, il Giocatore 1 può assicurarsi un flusso di payoff pari a 10 per ogni periodo. Per contro, se il Giocatore 1 decide di imbrogliare, riceve un payoff di 14 nel periodo corrente e un payoff di 5 in tutti i periodi successivi. Quale strategia è migliore? Senza informazioni aggiuntive circa il modo in cui il Giocatore 1 valuta i payoff correnti e quelli futuri non è possibile fornire una risposta certa. Tuttavia, se il Giocatore 1 attribuisce un peso sufficientemente forte ai payoff futuri rispetto a quelli correnti, è probabile che egli preferirà la cooperazione all'imbroglio.[9] Dunque, nel gioco ripetuto del dilemma del prigioniero, sotto certe condizioni la cooperazione può essere una conseguenza dell'interesse individuale dei giocatori.

La *grim trigger strategy* non è l'unica in grado di indurre i giocatori alla cooperazione nel gioco ripetuto del dilemma del prigioniero (nell'Applicazione 13.3 ne

---

[9] Si può rappresentare formalmente il peso che i giocatori attribuiscono ai guadagni futuri rispetto a quelli correnti facendo ricorso al concetto di *valore attuale*.

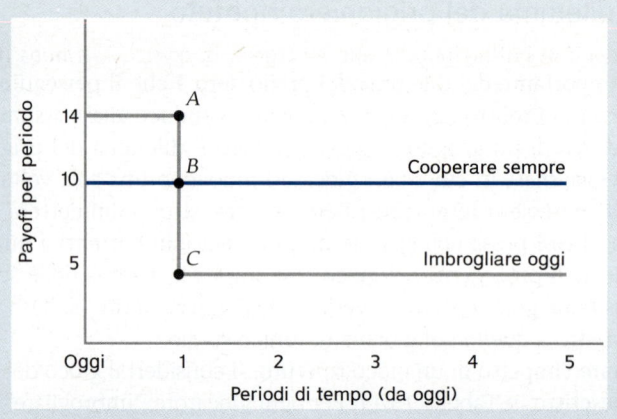

FIGURA 13.1 I payoff del gioco ripetuto del dilemma del prigioniero nel caso di *grim trigger strategy*
Se il Giocatore 1 oggi imbroglia, riceve un flusso di profitti nel tempo dato dalla linea più chiara. Se coopera oggi e nel futuro, può assicurarsi un flusso di payoff rappresentato dalla linea più scura. Il segmento *AB* rappresenta il guadagno una tantum di payoff che consegue il Giocatore 1 se imbroglia. Il segmento *BC* rappresenta la riduzione di payoff del Giocatore 1 valida per tutti i periodi successivi e causata dalla reazione del Giocatore 2 alla sua scelta di imbrogliare.

Applicazione 13.4

Spara per uccidere, vivi e lascia vivere, o occhio per occhio?[10]

La vita in trincea può essere cruda e brutale. Era certamente così lungo il fronte occidentale durante la prima guerra mondiale, dove gli alleati (Francia e Gran Bretagna) si scontravano con i tedeschi. Tuttavia, come scrive Robert Axelrod, nonostante le forti tensioni esistenti, emergeva un insolito grado di cooperazione. Axelrod cita, per esempio, le parole di un ufficiale britannico che si dichiarava:

> stupito nell'osservare i soldati tedeschi camminare lungo la linea di tiro, mentre i nostri uomini sembravano non notarli. [...] Pareva quasi che queste persone non sapessero che c'era una guerra in corso. Entrambi i fronti sembravano credere nel motto "vivi e lascia vivere".

Axelrod prosegue sottolineando che questi episodi non erano casi isolati. «Il sistema del *vivi-e-lascia-vivere*» scrive, «era endemico nelle guerre di trincea. Si sviluppava nonostante gli sforzi degli ufficiali per arginarlo, nonostante le passioni risvegliate dai combattimenti, nonostante le logica militare dell'*uccidi-o-muori*, e nonostante la facilità con cui l'alto comando poteva reprimere ogni sforzo locale di stabilire una tregua».

Axelrod interpreta la guerra di trincea "cooperativa" lungo il fronte occidentale come il risultato di un gioco ripetuto del dilemma del prigioniero. In ogni punto del fronte, i due giocatori erano i battaglioni degli alleati e dei tedeschi (unità militari formate da circa 1000 uomini). Ogni giorno, un battaglione poteva scegliere di "sparare per uccidere", una strategia corrispondente a quella dell'imbroglio nella Tabella 13.11, oppure poteva optare per il "vivi e lascia vivere", una strategia che corrisponde alla cooperazione nella Tabella 13.11. Secondo Axelrod, per ognuno dei due battaglioni contrapposti la scelta di "sparare per uccidere" era una strategia dominante. Infatti, a ogni battaglione veniva occasionalmente ordinato dal proprio alto comando di attaccare le trincee nemiche. Sparando per uccidere, un battaglione poteva indebolire quello nemico, cosa che avrebbe aumentato la probabilità di sopravvivere nell'ipotesi si fosse verificato un combattimento più intenso. Allo stesso tempo, entrambi i battaglioni sarebbero stati meglio se avessero optato per la scelta di "vivere e lasciar vivere" piuttosto di quella di "sparare per uccidere". La struttura di questo "gioco" tra battaglioni opposti localizzati sul fronte occidentale era quindi quella di un dilemma del prigioniero.

---

[10] Questo esempio è ripreso dal Capitolo 4 del libro di R. Axelrod, *The Evolution of Cooperation*, Basic Books, New York 1984, pp. 73-87.

Ma se "sparare per uccidere" costituiva la strategia dominante dei due battaglioni, perché emergeva la cooperazione? La ragione, secondo Axelrod, è che il gioco tra i due battaglioni era un gioco del dilemma del prigioniero ripetuto. La guerra di trincea è diversa da ogni altra forma di combattimento, poiché le unità su un fronte si scontrano con le stesse unità nemiche per molti mesi. Sebbene la cooperazione tra i battaglioni tedeschi e alleati si verificasse per caso (per esempio durante i periodi di forte pioggia, in cui non era possibile combattere), l'interazione ravvicinata fra gli stessi battaglioni consentiva loro di seguire strategie che tendevano a mantenere la cooperazione una volta che questa fosse emersa.

Una strategia particolarmente preziosa per sostenere la cooperazione tra i battaglioni nemici lungo il fronte occidentale era quella del *tit-for-tat* ("occhio per occhio"). Secondo questa strategia, una parte fa ciò che la parte avversa ha fatto nel periodo precedente. Lungo il fronte occidentale, divenne presto chiaro che se un fronte si limitava al controllo, anche l'altro avrebbe fatto altrettanto. Se invece una parte sparava, l'altra parte avrebbe risposto con uguale intensità. Un soldato scriveva:

> *Sarebbe stato un gioco da ragazzi bloccare la strada dietro le trincee del nemico... ma nel complesso c'era silenzio. Dopo tutto, se impedisci al tuo nemico di ritirare i suoi approvvigionamenti, il suo rimedio è semplice: ti impedirà di ritirare i tuoi.*

La strategia del *tit-for-tat* era portata agli estremi numerici, come notava un altro soldato:

> *Se gli inglesi sparavano ai tedeschi, i tedeschi rispondevano, e il danno era uguale: se i tedeschi bombardavano una parte avanzata della trincea nemica e uccidevano cinque inglesi, una fucilata di risposta uccideva cinque tedeschi.*

L'utilizzo della strategia "occhio per occhio" significava dunque che ogni azione aggressiva determinava una risposta aggressiva. Nella scelta su come combattere, ogni battaglione valutava il trade-off tra il guadagno di breve periodo derivante dal "colpire per uccidere" e il costo di lungo periodo legato a un'interruzione della tregua informale. Di fronte a questo trade-off, numerosi battaglioni lungo il fronte occidentale preferivano la cooperazione alla non cooperazione.

Con il tempo, man mano che la fine della guerra si avvicinava, la norma della cooperazione lungo il fronte occidentale saltò. La ragione è dovuta al fatto che gli alti comandi di entrambi gli eserciti intrapresero espliciti provvedimenti per far cessare le tregue tacite che si erano realizzate su gran parte del fronte (comportandosi, quindi, come le odierne autorità antitrust che vogliono impedire possibili casi di collusione tacita tra imprese). In particolare, i comandanti cominciarono a organizzare incursioni sempre più grandi e frequenti, nelle quali veniva richiesto di uccidere il nemico direttamente nelle sue trincee. Questo cambiò i payoff del gioco del dilemma del prigioniero in un modo tale che la strategia "sparare per uccidere" divenne più attraente rispetto a quella "vivi e lascia vivere". Con l'incremento del numero e dell'intensità delle incursioni, era tornata a prevalere la tradizionale norma di guerra "uccidi o muori", e fino al termine del conflitto entrambi i fronti ritornarono a un atteggiamento continuamente aggressivo.

---

viene discussa un'altra, quella chiamata **tit-for-tat**, cioè "occhio per occhio". La caratteristica comune delle strategie che inducono i giocatori alla cooperazione risiede nel fatto che i giocatori puniscono i comportamenti scorretti dei rivali. Per esempio, un giocatore deciderà volontariamente di cooperare nel gioco ripetuto del dilemma del prigioniero se sa che, nel caso decidesse di imbrogliare, il suo rivale attuerà una ritorsione. La prospettiva di questa eventuale ritorsione da parte del concorrente e la corrispondente riduzione dei profitti dei periodi successivi a quello iniziale (rappresentata dalla lunghezza del segmento *BC* nella Figura 13.1) fornisce un incentivo al giocatore per mantenere un comportamento cooperativo, anche se imbrogliare è la strategia dominante nel gioco *one-shot*.

Alla luce di ciò si possono fare alcune affermazioni generali sulla probabilità che i giocatori possano mantenere un comportamento cooperativo quando interagiscono in un gioco ripetuto del dilemma del prigioniero. Nello specifico, la probabilità di un risultato cooperativo aumenta sotto le seguenti condizioni.

- *I giocatori sono pazienti*. Ovvero, essi valutano i payoff dei periodi futuri quasi quanto quelli del periodo corrente. Per i giocatori pazienti, le conseguenze sfa-

> **TIT-FOR-TAT** Una strategia per la quale nel periodo corrente un giocatore si comporta nei confronti del rivale nello stesso modo in cui quest'ultimo si è comportato nel periodo precedente.

vorevoli della punizione appaiono molto grandi rispetto ai guadagni di breve periodo derivanti dalla mancata cooperazione.
- *Le interazioni tra i giocatori sono frequenti.* Questo implica che la lunghezza di un "periodo" è breve, e che i benefici una tantum associati all'imbroglio si manifestano per un breve periodo di tempo.
- *L'imbroglio è facile da scoprire.* Ciò ha più o meno lo stesso effetto della riduzione della lunghezza del periodo: un'impresa che imbroglia non può farla franca molto a lungo, per cui i benefici derivanti dalla mancata cooperazione svaniscono in breve tempo.
- *Il guadagno una tantum derivante dall'imbroglio è relativamente piccolo.* In altri termini, la lunghezza del segmento AB nella Figura 13.1 è *piccola* in confronto all'eventuale costo associato all'imbroglio, misurato dalla lunghezza del segmento BC.

Per contro, la probabilità di un comportamento cooperativo si riduce sotto le seguenti condizioni.

- *I giocatori sono impazienti.* Cioè, valutano i payoff correnti molto di più di quelli futuri.
- *Le interazioni tra i giocatori sono poco frequenti.* Ciò determina che la lunghezza di un "periodo" è elevata, e dunque che i benefici una tantum associati all'imbroglio si manifestano per un periodo di tempo relativamente ampio.
- *L'imbroglio è difficile da scoprire.* In questo caso, un'impresa può continuare a imbrogliare a lungo prima che venga scoperta, e perciò può godere dei benefici derivanti dall'imbroglio per molto tempo.
- *Il guadagno una tantum derivante dall'imbroglio è grande in confronto al suo eventuale costo.*

L'analisi del gioco ripetuto del dilemma del prigioniero offre un importante insegnamento: in contesti competitivi bisogna anticipare le reazioni dei concorrenti. Nel caso in cui un'impresa stia interagendo con lo stesso gruppo di concorrenti da lungo tempo, è importante che essa anticipi le loro probabili risposte alle sue mosse. In particolare, è fondamentale capire quale sarà la possibile risposta di un concorrente nel momento in cui l'impresa decide di intraprendere azioni che potrebbero essere interpretate come un imbroglio. Se per esempio l'impresa riduce i prezzi al fine di incrementare la propria quota di mercato, ha bisogno di prevedere se la sua riduzione del prezzo sarà scoperta, se i concorrenti sceglieranno di adottare una analoga strategia e, in tale ultimo caso, quanto tempo impiegheranno per ridurre anch'essi i loro prezzi. Ignorando la possibilità di risposte competitive, si corre il rischio di sovrastimare i potenziali benefici derivanti dalle varie forme di comportamento non cooperativo. Si rischia, inoltre, di far precipitare il mercato in una costosa guerra di prezzo che potrebbe erodere tutti i guadagni temporanei inizialmente ottenuti da una riduzione di prezzo.

GIOCHI SEQUENZIALI Giochi in cui un giocatore (colui che muove per primo) compie un'azione prima di un altro giocatore (colui che muove per secondo). Il secondo giocatore osserva l'azione del primo giocatore e quindi decide l'azione da intraprendere.

13.3 • Giochi sequenziali e mosse strategiche

Finora sono state analizzate le situazioni in cui i giocatori prendono le decisioni simultaneamente. In molti giochi, però, un giocatore può muovere prima degli altri giocatori. Questi vengono chiamati **giochi sequenziali**. In un gioco sequenziale un giocatore (quello che muove per primo) sceglie un'azione prima di un altro giocatore (quello che muove per secondo). Il secondo giocatore osserva

Teoria dei giochi e comportamento strategico 433

l'azione del primo e quindi decide come comportarsi. Come si vedrà, la possibilità di muovere per primo in un gioco sequenziale può avere a volte un elevato valore strategico.

13.3.1 L'analisi dei giochi sequenziali

Per imparare ad analizzare i giochi sequenziali, si riconsideri il gioco simultaneo di espansione di capacità tra Toyota e Honda, presentato nella Tabella 13.4 (e qui riproposto nella Tabella 13.12). Qui l'equilibrio di Nash prevedeva che le due imprese scegliessero di costruire un impianto piccolo.

Si supponga adesso che Honda abbia la possibilità di prendere la propria decisione sulla capacità prima di Toyota (magari perché ha accelerato il relativo processo decisionale). Ora il gioco è sequenziale: Honda è il primo giocatore a muovere, e Toyota il secondo. Per analizzare questo gioco sequenziale si può fare uso di un **albero del gioco**, che mostra le diverse strategie che ogni giocatore può scegliere e l'ordine in cui avvengono le decisioni. Per il caso in questione, l'albero del gioco è riportato nella Figura 13.2. In ogni albero del gioco l'ordine delle mosse procede da sinistra verso destra. Poiché Honda muove per prima, è collocata all'estrema sinistra. Per ogni possibile mossa di Honda, l'albero mostra le conseguenti possibili decisioni di Toyota.

> **ALBERO DEL GIOCO** Un diagramma che mostra le differenti strategie che ogni giocatore può scegliere e l'ordine in cui avvengono le decisioni.

TABELLA 13.12 Il gioco di espansione di capacità fra Toyota e Honda*

		Toyota	
	Costruire un impianto grande	Costruire un impianto piccolo	Non costruire un nuovo impianto
Costruire un impianto grande	0, 0	12, 8	18, 9
Honda **Costruire un impianto piccolo**	8, 12	16, 16	20, 15
Non costruire un nuovo impianto	9, 18	15, 20	18, 18

* I payoff sono espressi in milioni di euro.

		Payoff di Honda	Payoff di Toyota
Costruire un impianto grande → Costruire un impianto grande		0	0
Costruire un impianto grande → Costruire un impianto piccolo		12	8
Costruire un impianto grande → Non costruire		18	9
Costruire un impianto piccolo → Costruire un impianto grande		8	12
Costruire un impianto piccolo → Costruire un impianto piccolo		16	16
Costruire un impianto piccolo → Non costruire		20	15
Non costruire → Costruire un impianto grande		9	18
Non costruire → Costruire un impianto piccolo		15	20
Non costruire → Non costruire		18	18

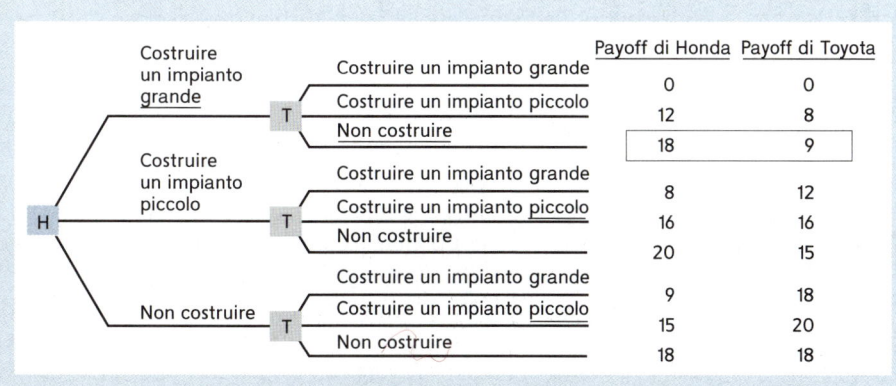

FIGURA 13.2 L'albero del gioco relativo al gioco sequenziale di espansione di capacità fra Toyota e Honda

Honda muove per prima, e può scegliere fra tre strategie. Toyota muove per seconda (dopo aver osservato la mossa di Honda), pure scegliendo fra le stesse tre strategie. Assumendo che Toyota sceglierà sempre la sua miglior risposta alla decisione di Honda (ovvero quella che massimizza il suo payoff), Honda può massimizzare il proprio payoff scegliendo di "costruire un impianto grande", e la miglior risposta di Toyota sarà quella di "non costruire" alcun impianto.

INDUZIONE ALL'INDIETRO Una procedura per risolvere un gioco sequenziale che prevede di iniziare dalla fine del gioco e di trovare la decisione ottimale per ogni giocatore in ciascun nodo decisionale.

Per analizzare l'albero del gioco della Figura 13.2 è utile impiegare un processo di ragionamento chiamato **induzione all'indietro** (*backward induction*). Quando si risolve un gioco sequenziale utilizzando l'induzione all'indietro, bisogna partire dalla fine del gioco e per ogni nodo decisionale (rappresentato dai quadratini ombreggiati) bisogna trovare la decisione ottimale del giocatore che si trova in quel nodo. Si procede quindi allo stesso modo finché non si raggiunge l'inizio del gioco.

Il processo dell'induzione all'indietro ha l'interessante proprietà di frazionare un gioco potenzialmente complicato in porzioni più semplici da trattare.

Nel gioco sequenziale Toyota-Honda, bisogna per prima cosa individuare la decisione ottimale di Toyota per ognuna delle tre scelte che Honda potrebbe fare: "non costruire", "costruire un impianto piccolo" e "costruire un impianto grande" (nella Figura 13.2, le scelte ottimali di Toyota sono sottolineate).

- Se Honda sceglie di "non costruire", la scelta ottimale di Toyota è quella di "costruire un impianto piccolo".
- Se Honda sceglie di "costruire un impianto piccolo", la scelta ottimale di Toyota è quella di "costruire un impianto piccolo".
- Se Honda sceglie di "costruire un impianto grande", la scelta ottimale di Toyota è quella di "non costruire".

Dal momento che si procede a ritroso nell'albero, si può assumere che Honda anticipi il fatto che Toyota sceglierà la migliore risposta a ciascuna delle tre azioni che Honda potrebbe intraprendere. È possibile quindi determinare quale delle tre strategie di Honda le consente di ottenere il profitto più alto, identificando il profitto che Honda consegue per ciascuna opzione che potrebbe scegliere, dato che Toyota risponde in modo ottimale:

- Se Honda sceglie di "non costruire", allora, data la reazione ottimale di Toyota, il profitto di Honda sarà 15 milioni di euro.
- Se Honda sceglie di "costruire un impianto piccolo", allora, data la reazione ottimale di Toyota, il profitto di Honda sarà 16 milioni di euro.
- Se Honda sceglie di "costruire un impianto grande", allora, data la reazione ottimale di Toyota, il profitto di Honda sarà 18 milioni di euro.

Dunque, Honda ottiene il massimo profitto quando sceglie di "costruire un impianto grande". Pertanto, l'equilibrio di Nash in questo gioco si verifica quando Honda sceglie di "costruire un impianto grande" e Toyota sceglie di "non costruire". In tale equilibrio, il profitto di Honda è 18 milioni di euro, quello di Toyota 9 milioni di euro.

Va notato che l'equilibrio di Nash del gioco sequenziale è molto diverso da quello del gioco simultaneo (in cui entrambe le imprese scelgono di "costruire un impianto piccolo"). In effetti, nel gioco sequenziale la strategia di equilibrio di Honda ("costruire un impianto grande") sarebbe dominata se le due imprese scegliessero la loro capacità simultaneamente. Perché, dunque, il comportamento di Honda è così diverso quando essa muove per prima? Perché nel gioco sequenziale i problemi di decisione delle imprese sono legati nel tempo: Toyota può osservare cosa ha scelto Honda, e Honda fa affidamento su una risposta razionale di Toyota a qualsiasi azione essa sceglierà. Ciò consente a Honda di mettere Toyota con le spalle al muro. Impegnandosi in una scelta di grande espansione di capacità, Honda mette Toyota in una condizione tale per cui il meglio che possa fare è non costruire alcun impianto. Invece, nel gioco simultaneo Toyota non può osservare in anticipo la scelta di Honda, e dunque Honda non può forzare la mano di Toyota. A causa di ciò, la scelta di "costruire un impianto grande" da parte di Honda non è tanto persuasiva quanto lo è nel gioco sequenziale.

Esercizio svolto 13.3 — Un gioco di entrata

Avinash Dixit e Barry Nalebuff, gli autori di un delizioso libro sulla teoria dei giochi, *Thinking Strategically*, hanno scritto «Ci vuole un bravo falegname per trasformare un albero in un tavolo; un bravo stratega sa come trasformare una tabella in un albero».[11] Questo esercizio illustra la loro affermazione con l'ausilio di un semplice gioco di entrata.

Ipotizzate che l'impresa B&W stia valutando di entrare nel settore della produzione di videocamere digitali, dove si troverebbe a competere direttamente con Kodak (che si suppone attualmente stia operando in condizioni di monopolio). Di fronte a questa eventualità, Kodak può reagire in due modi: iniziando una guerra di prezzo, oppure comportandosi in modo accomodante. B&W può entrare con un'ampia scala di produzione oppure con un impianto più piccolo. La Tabella 13.13 mostra i probabili payoff delle due imprese in base ai diversi scenari che potrebbero presentarsi.

Problema

L'impresa B&W dovrebbe entrare nel mercato con una grande scala produttiva o con una piccola scala produttiva?

Soluzione

Se B&W e Kodak scegliessero le loro strategie simultaneamente, l'equilibrio di Nash sarebbe per B&W di entrare con una grande scala produttiva e per Kodak di lanciare una guerra di prezzo. È evidente infatti dalla Tabella 13.13 che la scelta "grande scala" sia una strategia dominante per B&W. Sulla base di ciò, Kodak risponderà iniziando una guerra di prezzo. In questo equilibrio di Nash, i profitti di B&W saranno pari a 2 milioni di euro all'anno.

Trasformate ora il gioco in questione da simultaneo in sequenziale. La Figura 13.3 mostra l'albero del gioco nel caso in cui B&W possa vincolarsi alla propria scala produttiva in anticipo, prima che Kodak possa decidere come comportarsi. Se B&W sceglie "grande scala", la migliore risposta di Kodak, come visto, è attuare una guerra di prezzo, per cui B&W consegue un profitto di 2 milioni di euro all'anno. Ma se B&W sceglie "piccola scala", la migliore risposta di Kodak è di adottare un "comportamento accomodante" e B&W può ottenere un profitto di 4 milioni di euro all'anno. Perciò, se B&W può muovere per prima, la sua strategia ottimale è entrare con una piccola scala produttiva. L'equilibrio di Nash del gioco sequenziale prevede dunque che B&W entri nel mercato con una piccola scala di produzione e che Kodak risponda con un comportamento accomodante.

TABELLA 13.13 L'entrata nel settore delle videocamere digitali*

		Kodak	
		Comportamento accomodante	Guerra dei prezzi
B&W	Piccola scala	4, 20	1, 16
	Grande scala	8, 10	2, 12

* I payoff sono espressi in milioni di euro.

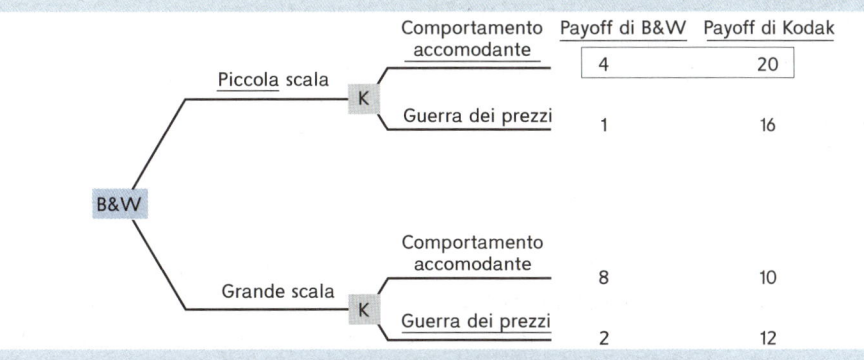

FIGURA 13.3 L'albero del gioco relativo all'entrata nel settore delle videocamere digitali

L'impresa B&W muove per prima e deve decidere se entrare con una piccola scala produttiva oppure con una grande scala produttiva. Kodak può successivamente rispondere adottando un comportamento accomodante oppure iniziando una guerra di prezzo. La scelta migliore di B&W consiste nell'entrare con una piccola scala di produzione, alla quale Kodak risponderà con un comportamento accomodante.

---

[11] "It takes a clever carpenter to turn a tree into a table; a clever strategist knows how to turn a table into a tree". A. Dixit e B. Nalebuff, *Thinking Strategically*, Norton, New York 1991, p. 122 (trad. it. *Io vinco tu perdi*, Il Sole 24 Ore Libri).

13.3.2 Il valore strategico della limitazione delle proprie scelte

Nel gioco sequenziale di espansione di capacità fra Honda e Toyota, Honda si vincolava in anticipo a un particolare corso di azioni, mentre Toyota aveva una certa flessibilità nel rispondere a Honda. Tuttavia, i profitti di equilibrio di Honda erano circa il doppio rispetto a quelli di Toyota. L'impresa che si era legata le mani in anticipo era riuscita a guadagnare più dell'impresa che aveva conservato la flessibilità.

È un punto importante, questo. Le mosse strategiche che sembrano limitare le opzioni di scelta possono invece migliorare la situazione di chi le pone in essere. In altre parole, la rigidità può avere un valore. Ciò accade perché un impegno assunto da un'impresa può alterare le aspettative dei suoi concorrenti circa il suo comportamento, e questo a sua volta può portare i rivali a prendere decisioni che avvantaggiano l'impresa che si era vincolata. Nel gioco Honda-Toyota, quando Honda si vincola in anticipo a una strategia apparentemente inferiore ("costruire un impianto grande"), essa modifica le aspettative di Toyota rispetto al suo comportamento futuro. Se Honda non si fosse vincolata, Toyota comprenderebbe che sarebbe stato nell'interesse di Honda scegliere di "costruire un impianto piccolo", la qual cosa a sua volta avrebbe indotto Toyota a scegliere anch'essa di "costruire un impianto piccolo". Vincolandosi prima del rivale alla strategia più aggressiva di "costruire un impianto grande", Honda rende meno attraente per Toyota la scelta di espandere la propria capacità produttiva, spingendo l'industria verso un equilibrio che per Honda è più profittevole rispetto all'equilibrio di Nash del gioco simultaneo.

Molti generali nella storia hanno compreso il valore dell'inflessibilità. Un famoso esempio è la conquista dell'impero azteco di Montezuma in Messico da parte di Hernan Cortes. Quando sbarcò in Messico, Cortes ordinò ai propri uomini di bruciare tutte le navi con cui erano arrivati, tranne una. Piuttosto che un atto di follia, la mossa di Cortes fu premeditata e calcolata. Distruggendo il loro unico mezzo di ritirata, gli uomini di Cortes non potevano fare altro che combattere fino allo stremo pur di vincere. Secondo Bernal Diaz del Castillo, che fece la cronaca della conquista dell'impero degli Aztechi, «Cortes ha detto che non possiamo cercare l'aiuto o l'assistenza di nessuno tranne che Dio, dal momento che non abbiamo più alcuna nave con cui tornare a Cuba. Perciò dobbiamo contare sulle nostre valide spade e sui nostri cuori intrepidi».[12]

La preventiva espansione di capacità di Honda e la decisione di Cortes di distruggere le sue navi sono esempi di **mosse strategiche**. Una mossa strategica è un'azione che un giocatore intraprende in uno stadio iniziale di un gioco, la quale altera il comportamento di tutti i giocatori nelle fasi successive del gioco in un modo che risulta più favorevole a colui che l'ha posta in essere.[13] Nel mondo degli affari vi sono molti esempi di mosse strategiche. Le decisioni su come posizionare un prodotto in un mercato (offrire un prodotto di massa o piuttosto un prodotto di nicchia), su come retribuire i dirigenti (ricompensarli in base al profitto realizzato o alla quota di mercato raggiunta) e sul grado di compatibilità del prodotto con quelli dei concorrenti rappresentano tutti casi di mosse strategiche, in quanto possono avere un impatto rilevante sullo sviluppo futuro della concorrenza nel mercato.[14]

> **MOSSE STRATEGICHE** Azioni che un giocatore intraprende in uno stadio iniziale di un gioco e che alterano il comportamento di tutti i giocatori nelle fasi successive del gioco in un modo che risulta più favorevole a colui che le ha poste in essere.

---

[12] Questa citazione è tratta dal Capitolo 2 del libro di R. Luecke, *Scuttle Your Ships Before Advancing: And Other Lessons from History on Leadership and Change for Today's Managers*, Oxford University Press, New York 1994.

[13] Questo termine è stato coniato da T. Schelling nel suo libro *The Strategy of Conflict*, Harvard University Press, Cambridge, MA 1960.

[14] Per una approfondita analisi di queste e di altre mosse strategiche, si veda J. Tirole, *Theory of Industrial Organization*, MIT Press, Cambridge, MA 1988. Il Capitolo 7 di D. Besanko, D. Dranove e M. Shanley, *Economics of Strategy*, 3° ed., Wiley, New York 2004, contiene una trattazione meno formale delle mosse strategiche nel mondo degli affari.

Le mosse strategiche sono rilevanti anche in altri ambiti. Il Governo israeliano, per esempio, porta avanti da molti anni una politica che prevede di non negoziare in nessun caso con i terroristi. L'obiettivo è quello di disincentivare le organizzazioni terroristiche dal ricorrere al sequestro di ostaggi come strategia per indurre Israele a fare concessioni, come il rilascio di prigionieri. Questa politica lega le mani a Israele, ed è possibile immaginare circostanze particolari in cui un atteggiamento inflessibile contro ogni forma di negoziato potrebbe essere poco saggio. Tuttavia, un rifiuto incondizionato di condurre negoziati con i terroristi modifica il gioco scoraggiando atti terroristici e conferendo un enorme valore strategico a questa scelta di inflessibilità.

Affinché una mossa strategica possa avere effetto, è necessario che sia visibile, comprensibile e difficile da revocare. Nell'esempio dell'espansione della capacità produttiva, Toyota deve osservare e comprendere che Honda si è irrevocabilmente impegnata a "costruire un impianto grande", altrimenti questa mossa non influenzerà le decisioni di Toyota. L'irreversibilità è fondamentale per rendere credibile la mossa strategica. Toyota deve credere che Honda non retrocederà dalla sua decisione di costruire un impianto grande. Ciò è davvero importante perché, nell'esempio in questione, l'ideale corso di azioni di Honda è ingannare Toyota facendole credere che intende "costruire un impianto grande" al fine di spingere il rivale a "non costruire alcun nuovo impianto", per poi invece "costruire un impianto piccolo". Se tutto ciò si realizzasse (cioè se l'esito dell'interazione tra le due imprese fosse che Honda costruisce un impianto piccolo mentre Toyota non costruisce nulla), Honda otterrebbe un profitto di 20 milioni di euro, invece dei 18 milioni connessi all'equilibrio del gioco sequenziale visto prima. Naturalmente, Toyota dovrebbe accorgersi dell'eventuale bluff e non credere alla strategia aggressiva di Honda, a meno che questa non fosse accompagnata da azioni credibili.

Che cosa rende una mossa strategica difficile da revocare? Un fattore che contribuisce all'irreversibilità è il grado di specificità dell'investimento oggetto della mossa strategica, cioè la difficoltà di riconvertirlo a usi alternativi, diversi da quello originario. Con riferimento all'industria della costruzione dei superjumbo jet, nei primi anni del 2000 Airbus, perennemente in competizione con Boeing, decise di investire le proprie risorse per costruire un superjumbo jet di ultima generazione cercando di anticipare il rivale.[15] L'investimento multimiliardario per la costruzione del superjumbo jet richiedeva l'utilizzo di infrastrutture e attrezzature molto specializzate, che pertanto non potevano essere utilizzate in altro modo. Si è trattato di un investimento altamente specifico: Airbus sapeva di non poter più tornare indietro e rivedere le sue scelte, poiché ciò le sarebbe costato molto (salvo il caso in cui si fossero verificate circostanze di mercato tali da non rendere più conveniente la sua costruzione). Il grado di specializzazione dell'investimento di Airbus ha fatto sì che la maggior parte dei suoi costi siano diventati non recuperabili, mentre quelli medi recuperabili sono di modeste dimensioni. Tuto ciò ha creato un forte incentivo economico per Airbus a non retrocedere dalla sua mossa strategica. Va aggiunto che proprio la specificità degli investimenti in questo settore induce molti osservatori a credere che la domanda nel mercato di jet sia insufficiente a consentire la sopravvivenza di due produttori.

Anche i contratti possono facilitare l'irreversibilità. Un esempio è dato dalla clausola del consumatore più favorito: se un venditore inserisce questa clausola in un contratto di vendita, l'acquirente potrà pretendere che, nel caso il venditore offra

---

[15] I superjumbo sono jet capaci di trasportare 500 o 600 passeggeri. Oggi il più grande jet commerciale è l'Airbus A380, inaugurato dalla Singapore Airlines nell'ottobre 2007, in grado di trasportare 850 persone in versione charter e 555 nella versione a tre classi.

particolari sconti ad alcuni clienti, gli venga automaticamente riservato lo stesso trattamento. Tale clausola di fatto rende "costosa" la politica dello sconto, e perciò può rappresentare per il venditore un impegno credibile a non offrire sconti al di sotto dei prezzi di listino.

A volte, anche le dichiarazioni pubbliche di intenti possono costituire un impegno irreversibile (come frasi del tipo "Pensiamo di immettere sul mercato una nuova e migliore versione del nostro prodotto entro sei mesi"). Perché sia così, è tuttavia necessario che i clienti e i concorrenti pensino che l'impresa, nel caso in cui non dovesse tener fede all'impegno verbale preso pubblicamente, subisca un qualche tipo di perdita o di danno. La credibilità di un impegno di questo tipo è tanto più forte quanto maggiore sarà la perdita di reputazione per l'impresa e per i suoi manager qualora l'impegno preso pubblicamente non venga mantenuto. Nell'industria del software per computer, è molto più comune che siano le imprese più affermate, come Microsoft, a fare promesse di questo genere, rispetto a quelle più piccole o ai nuovi entranti. Ciò dipende in parte dal fatto che i piccoli produttori, o quelli appena entrati sul mercato, hanno molto più da perdere, in termini di credibilità nei confronti dei clienti e delle riviste del settore, rispetto alle imprese operanti da tempo sul mercato (che invece possono contare su un curriculum di successo), per cui sono più riluttanti a fare dichiarazioni impegnative.

13.4 • Alcune applicazioni della teoria dei giochi[16]

Questo paragrafo è dedicato all'esposizione e alla discussione di alcune situazioni (politiche, sociali, economiche) nelle quali la teoria dei giochi riesce a mostrare tutto il suo potenziale in termini di capacità di analisi e di interpretazione dei comportamenti posti in atto dagli individui. Come si è più volte ricordato, essa è infatti uno strumento potente per lo studio dell'interazione fra soggetti in un contesto strategico, nel quale cioè le decisioni di un giocatore devono necessariamente tener conto delle possibili reazioni degli altri giocatori e in cui esiste quasi sempre un contrasto fra gli interessi delle persone coinvolte.

13.4.1 La corsa agli armamenti

Ai tempi della fase più delicata che ha contraddistinto la Guerra Fredda fra Stati Uniti e Unione Sovietica (anni Cinquanta e Sessanta del secolo scorso), i due Paesi si trovavano di fronte alla scelta fra dotarsi di nuove armi sempre più efficaci oppure procedere a una graduale riduzione degli armamenti esistenti. Ciascuno di essi avrebbe preferito avere più armi, perché ciò consentiva di mantenere un ruolo di rilievo a livello internazionale e quindi di esercitare un'influenza determinante sugli equilibri mondiali. Al contempo, le due nazioni avrebbero desiderato vivere in un mondo più sicuro, in cui non vi fosse la minaccia di utilizzo di armi di distruzione di massa. Tuttavia, se uno dei due Paesi avesse deciso di disarmarsi mentre l'altro si fosse dotato di nuove armi, il primo si sarebbe trovato nell'imbarazzante situazione di veder ridotto il proprio peso mondiale a vantaggio del secondo.

La Tabella 13.14 mostra gli ipotetici livelli di utilità di Stati Uniti e Unione Sovietica in relazione alle due opzioni "costruire nuove armi" e "disarmarsi" ai tempi della Guerra Fredda. L'esito è analogo a quello visto per il dilemma del prigioniero. Per tutti e due i Paesi, "costruire nuove armi" era una strategia dominante, per

---

[16] Paragrafo a cura di Paolo Coccorese.

cui l'equilibrio di Nash proponeva una situazione in cui vi era una "corsa agli armamenti", nonostante questo esito facesse raggiungere a entrambe le nazioni un livello di utilità più basso di quello che avrebbero conseguito se tutte e due avessero scelto di disarmarsi, a causa soprattutto del maggiore pericolo legato alla proliferazione di armi.

In effetti, durante la Guerra Fredda le due superpotenze hanno provato a negoziare accordi che favorissero il controllo (o anche la riduzione) degli arsenali militari. Purtroppo la presenza della strategia dominante "costruire nuove armi" induceva ogni Paese a essere molto diffidente verso l'altro, anche quando quest'ultimo si dichiarava pronto a rispettare un eventuale accordo di riduzione degli armamenti.

TABELLA 13.14 La corsa agli armamenti

		Unione Sovietica	
		Costruire nuove armi	Disarmarsi
Stati Uniti	Costruire nuove armi	30, 30	100, 10
	Disarmarsi	10, 100	60, 60

13.4.2 Lo scambio di ostaggi

Forse molti ricordano che da adolescente Attila, il futuro re degli Unni, era stato ostaggio dei Romani. A quei tempi, lo scambio di ostaggi (e quindi il poter disporre della vita di persone appartenenti a nazioni vicine, per lo più provenienti da famiglie di alto lignaggio) era uno strumento di pressione piuttosto diffuso per ottenere la garanzia del rispetto di diritti, patti o promesse da parte degli altri popoli. Attila fu mandato come ostaggio a Ravenna in uno di questi scambi fra Unni e Romani, intorno al 400 d.C., e fu proprio grazie a tale periodo di soggiorno nell'Impero Romano d'Occidente che egli acquisì la conoscenza del latino e dei costumi dei Romani, la qual cosa gli fu molto utile successivamente per tener loro testa in molte battaglie.

Per comprendere il motivo strategico dello scambio di ostaggi, si immagini che Unni e Romani abbiano siglato un patto: i primi si sono impegnati a non compiere scorrerie nei territori dei secondi, i quali in cambio hanno promesso il pagamento di un tributo in oro. Tuttavia, nessuno dei due popoli ha la certezza che l'altro rispetterà l'accordo. La Tabella 13.15(a) mostra i payoff di questo gioco. Come si può facilmente verificare, la strategia dominante per Unni e Romani è non rispettare il patto, per cui, consci di ciò, ciascuno dei due popoli non si siederà nemmeno al tavolo delle trattative.

TABELLA 13.15 Il patto fra Unni e Romani

		Romani					Romani	
		Rispettano	Non rispettano				Rispettano	Non rispettano
Unni	Rispettano	10, 10	−5, 20		Unni	Rispettano	10, 10	−5, −10
	Non rispettano	20, −5	0, 0			Non rispettano	−10, −5	−30, −30

(a) Senza scambio di ostaggi   (b) Con scambio di ostaggi

Però la Tabella 13.15(a) rende evidente che il rispetto reciproco porterebbe vantaggi ad ambedue le parti in causa. In quale modo, allora, ogni re potrebbe convincere l'altro monarca che manterrà fede alla promessa? La soluzione è proprio lo scambio di ostaggi importanti: se uno dei due non onorasse il patto, essi sarebbero uccisi e la perdita per chi ha deviato dall'accordo sarebbe notevole. Si supponga che essa ammonti a 30: la presenza di uno scambio di ostaggi modifica quindi il gioco originario in un nuovo gioco, mostrato nella Tabella 13.15(b). Qui i payoff di Unni e Romani quando dovessero decidere di non rispettare l'accordo è pari a quello della Tabella 13.15(a) meno 30. Come si può notare, ora la strategia dominante per i due popoli è onorare l'impegno, e in equilibrio i payoff risultano maggiori di quelli ottenibili senza lo scambio di ostaggi.

In altri termini, in analogia a quanto visto nel precedente Paragrafo 13.3, un impegno vincolante assunto da entrambe le parti in uno stadio iniziale del gioco consente loro di raggiungere successivamente una situazione più favorevole.

13.4.3 Il finanziamento di un bene pubblico

Il sindaco di una piccola cittadina turistica vuole costruire una fontana artistica per abbellire la vista ai turisti che vengono a soggiornarvi. Il posto ideale dove posizionarla è in una piazza su cui si affacciano due alberghi della cittadina, i quali perciò godrebbero di un ulteriore vantaggio in termini di attrattività verso i visitatori e quindi di giro d'affari. Avendo calcolato che l'incremento di profitti per ogni hotel sarebbe pari a €100 000 e che l'incremento totale (€200 000) supera il costo di realizzazione della fontana (€120 000), il sindaco invita i proprietari dei due alberghi a mettersi d'accordo per avviarne la costruzione dividendosi a metà la spesa. A questo punto, ognuno di essi effettuerà il seguente ragionamento. La fontana farà crescere i profitti più di quanto costa partecipare al suo finanziamento, quindi senz'altro converrebbe realizzarla; tuttavia, se l'albergo vicino si accollasse l'intera spesa, sarebbe possibile godere del beneficio (l'incremento dei profitti) senza sostenerne il costo (pari alla metà della spesa). Infatti, una volta costruita, la presenza della fontana allieterebbe comunque i clienti di entrambi gli alberghi.

Quanto appena descritto è sintetizzato nella Tabella 13.16, che espone il problema del finanziamento della fontana in termini di gioco simultaneo. Dividendosi la spesa di €120 000, i due alberghi godrebbero di un profitto netto di €40 000 (€100 000 meno €60 000); se uno solo di essi si facesse carico della costruzione, i suoi profitti aggiuntivi sarebbero pari a -€20 000 (€100 000 meno €120 000), mentre quelli del concorrente ammonterebbero a €100 000. In assenza di fontana, non vi sarebbe alcun aumento di profitti.

È evidente che in equilibrio nessuno dei due proprietari finanzierà il progetto, nella speranza che sia l'altro a farlo. Si ricade quindi in una situazione tipo "dilemma del prigioniero", per la quale l'esito finale è peggiore per entrambi i giocatori (infatti i profitti associati al finanziamento congiunto della fontana sono maggiori per entrambi gli alberghi). Ciò è dovuto al fatto che nell'esempio in questione

TABELLA 13.16 La costruzione di una fontana*

		Albergo 2	
		Finanzia	Non Finanzia
Albergo 1	Finanzia	40, 40	–20, 100
	Non finanzia	100, –20	0, 0

* I payoff sono espressi in migliaia di euro.

la fontana è un *bene pubblico*: come si vedrà meglio nel Capitolo 17, un bene pubblico ha le caratteristiche di non rivalità nel consumo (ovvero, il suo consumo da parte di un individuo non riduce la quantità che può essere consumata da altri individui) e di non escludibilità dai benefici (cioè, una volta prodotto, esso è accessibile a tutti i consumatori, senza possibilità di esclusione). Ciò causa un problema di opportunismo, noto come *free riding*: i proprietari dei due alberghi decidono di non pagare per realizzare la fontana, prevedendo (o sperando) che sia l'altro albergo a contribuire per la sua costruzione.

Nella realtà si verificano molti casi di questo genere, e una delle soluzioni più frequenti per risolvere il problema del *free riding*, e quindi l'inefficienza del risultato del gioco, è che della fornitura del bene pubblico si faccia carico un'autorità pubblica, che poi ripartisce la spesa sulle persone che usufruiranno del bene. Nell'esempio della fontana, il sindaco potrà costruire a proprie spese la fontana e quindi tassare i due alberghi in modo da recuperare gli €120 000. Lo stesso accade normalmente per un parco cittadino o per uno spettacolo pirotecnico, che sono altri esempi di beni pubblici, motivo per cui la relativa spesa è di solito a carico di enti o associazioni.

13.4.4 Il dovere civico

Affacciati alla finestra delle rispettive case, Bruno e Francesco conversano da buoni amici, quando la loro attenzione è richiamata da un ladro che sta tentando di rubare un'automobile. Ciascuno vorrebbe che intervenisse la polizia per fermare il furto, la qual cosa darebbe loro un'utilità di 10, tuttavia nessuno dei due vorrebbe fare la telefonata perché lo sforzo causerebbe una riduzione di utilità pari a 3. La Tabella 13.17 mostra i payoff di questo gioco, il quale è caratterizzato dalla presenza di due equilibri di Nash in strategie pure che possono essere definiti "asimmetrici": se Bruno si precipita a telefonare, Francesco si limiterà ad assistere al furto ("ignora"); se invece è Francesco a chiamare la polizia, Bruno potrà astenersi dal farlo.

TABELLA 13.17 Il dovere civico

		Francesco	
		Ignora	Telefona
Bruno	Ignora	0, 0	10, 7
	Telefona	7, 10	7, 7

Sebbene il gioco in questione ricordi quello del "coniglio" (dove si manifestano due equilibri di Nash nei quali i due giocatori hanno interesse a comportarsi in modo opposto a quanto fa l'altro giocatore), lo spirito che alimenta il comportamento di Bruno e Francesco è molto diverso. Entrambi desiderano infatti intraprendere un'azione che contribuisca al bene comune e – se necessario – sarebbero disponibili a prendere l'iniziativa in prima persona, anche se preferirebbero che fosse l'altro a farsi carico del suo "costo". Un gioco che ha queste caratteristiche viene definito "gioco di contribuzione".[17] Il problema di questo tipo di situazioni è che, sebbene le persone coinvolte (come i due amici) avvertano l'impegno morale di contribuire

---

[17] Si veda il Capitolo 3 del libro di E. Rasmusen, *Games and Information: An Introduction to Game Theory*, quarta edizione, Blackwell, Oxford 2006, da cui è tratto questo esempio.

con il proprio comportamento a far rispettare le leggi, potrebbe accadere che alla fine nessuna di esse provveda concretamente ad attuare tale dovere civico, nella presupposizione che sarà un altro a farlo. È possibile dimostrare che, nel gioco del dovere civico appena illustrato, la probabilità che nessuno telefoni alla polizia – e quindi che si abbia l'equilibrio in cui tutti "ignorano" il furto – cresce al crescere del numero dei testimoni che hanno assistito al reato. Ciò comunque non dovrebbe sorprendere: quante più persone ci sono, tanto più ogni singola persona confida nel fatto che "un altro telefonerà".

La soluzione a un paradosso di questo genere, la cui causa è la presenza di una responsabilità condivisa, viene raggiunta solo se vi è un individuo sul quale può ricadere l'onere della telefonata alla polizia, o per tradizione (per esempio potrebbe occuparsene la persona più anziana, che di solito si accolla le responsabilità in virtù della sua maggiore esperienza) o per indicazione (cosa che si verificherebbe se, per esempio, Bruno gridasse a Francesco: "Chiama la polizia!").

13.4.5 Il Governo e il povero

In tutti i Paesi occidentali esistono programmi di aiuto ai poveri da parte dei Governi. È chiaro che un Governo è disposto ad aiutare un soggetto che si trova in difficoltà per motivi indipendenti dalla sua volontà, ma non gradisce che si approfitti di tale benevolenza. Dal canto suo, un povero potrebbe essere disincentivato a cercarsi una fonte di reddito da lavoro se sa che il Governo si preoccupa per lui con erogazioni di sussidi in denaro.

La Tabella 13.18 mostra le utilità legate all'interazione tra un Governo e un povero che sono basate su quanto appena detto. Il Governo può fornire o meno un sussidio al povero, il quale può impegnarsi o meno nella ricerca di un'occupazione. Tuttavia, il Governo è disposto ad aiutare il povero a patto che egli si impegni a cercare un lavoro, mentre il povero si impegna a cercare un'occupazione solo se sa di non poter contare sull'aiuto governativo.

Il gioco in questione non ha alcun equilibrio di Nash in strategie pure: se il Governo paga un sussidio, il povero preferisce restare senza lavoro; in tale ipotesi, però, il Governo preferirebbe non sostenere il povero, il quale sarà dunque costretto a cercarsi un'occupazione; a questo punto, il Governo tornerebbe a offrire un sussidio al povero. Il problema è la mancanza di coordinamento, a sua volta legata alle diverse preferenze dei due giocatori. Perciò, se il gioco è simultaneo esiste solo un equilibrio in strategie miste, in cui per entrambi i giocatori la scelta non è univoca ma è basata su probabilità predeterminate. Un'altra possibile soluzione è rendere il gioco sequenziale: per esempio, se il Governo fosse certo che il povero si muova per primo mostrando concretamente la sua disponibilità e buona volontà a cercarsi un lavoro, si può facilmente dimostrare che l'equilibrio di tale gioco sequenziale sarebbe quello in cui, avendo il povero cercato lavoro, avrà il sussidio. Si giunge così all'unico esito in cui i payoff sono positivi per entrambi.

TABELLA 13.18 Sussidio vs ricerca di un lavoro

		Povero	
		Cerca lavoro	Non cerca lavoro
Governo	Sussidia	3, 2	–1, 3
	Non sussidia	–1, 1	0, 0

13.4.6 Padri e figli

I sistemi pensionistici dei vari Paesi sono in genere caratterizzati dal principio dell'obbligatorietà: per ottenere una pensione quando l'individuo cesserà la sua attività lavorativa, costui (come pure il suo datore di lavoro) è tenuto a versare a un ente statale i relativi contributi. Si potrebbe obiettare che tale obbligatorietà è inutile, in quanto è interesse diretto del lavoratore risparmiare parte della sua retribuzione per cautelarsi contro una vecchiaia trascorsa nell'indigenza. Tuttavia, questo atteggiamento non è scontato se le persone confidano nell'aiuto di altri soggetti (la famiglia, lo Stato, le associazioni caritatevoli), una volta giunti alla vecchiaia.

La Tabella 13.19 illustra il punto centrale del problema attraverso un gioco tra un padre e un figlio. Il padre deve decidere se accantonare progressivamente una parte della sua retribuzione in forma di risparmio per quando andrà in pensione, oppure non preoccuparsi della cosa e spendere tutto in beni di consumo. Il figlio ha pure due strategie: mantenere il genitore una volta che questi non lavorerà più, oppure non curarsi di lui. Se il padre risparmia e in vecchiaia è mantenuto dal figlio, le utilità dei due sono rispettivamente 20 e -3 (il valore negativo segnala che il mantenimento sia pure parziale del genitore è un costo per il figlio). Se il padre non risparmia e il figlio decide comunque di mantenerlo, i payoff sono pari a 30 e -5: dunque, com'era da attendersi, rispetto al caso precedente l'utilità associata a questo esito è maggiore per il padre (che gode sia dei maggiori consumi da giovane sia del sostegno del figlio da vecchio) e minore per il figlio (il quale ora deve affrontare l'intero costo di sostentamento del padre). Se il padre risparmia e il figlio non si cura di lui, i payoff dei due soggetti saranno 10 e 0: il padre è penalizzato dall'assenza dell'aiuto del figlio, mentre quest'ultimo non ha costi né preoccupazioni verso il genitore. Infine, se il padre non risparmia e il figlio lo trascura, il primo morirà in uno stato d'indigenza e il secondo soffrirà per questa triste fine: i payoff saranno perciò -10 per entrambi.

TABELLA 13.19 Padri e figli: il gioco simultaneo

		Figli	
		Mantiene	Non mantiene
Padre	Risparmia	20, -3	10, 0
	Non riparmia	30, -5	-10, -10

Come è evidente dalla Tabella 13.19, questo gioco ha due equilibri di Nash: quando il padre risparmia, il figlio sceglie di non mantenerlo; quando invece il padre non accantona nulla, la scelta ottimale del figlio sarà di accudirlo in vecchiaia. Tuttavia, queste soluzioni presuppongono un contesto in cui le scelte vengano prese simultaneamente, mentre è evidente che il problema presentato ha una struttura sequenziale, perché il padre – meramente per motivi anagrafici – ha la possibilità di muovere per primo.

Per individuare l'equilibrio del gioco sequenziale, è necessario costruirsi un albero del gioco in cui il padre è il primo a decidere, mentre il figlio sceglierà cosa fare dopo aver osservato la scelta del genitore. Tale albero è riportato nella Figura 13.4. Se il padre risparmia, il suo payoff è 10 perché il figlio non lo manterrà. Se non risparmia, avrà un payoff di 30 perché il figlio deciderà di accudirlo per non farlo vivere in povertà. Dunque, il padre sceglierà di spendere tutto il proprio

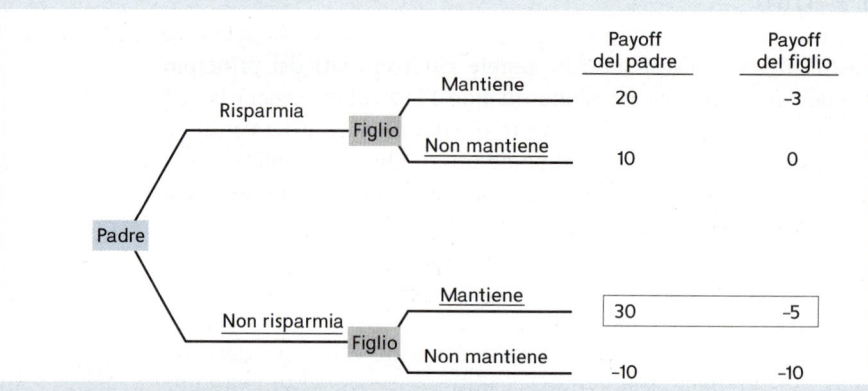

FIGURA 13.4 Padri e figli: il gioco sequenziale
Poiché il padre muove ovviamente per primo, egli assumerà che il figlio sceglierà sempre la migliore risposta a ogni sua decisione. Il payoff del padre sarà massimo quando opterà per "non risparmiare", e la migliore scelta del figlio a questo punto sarà di "mantenerlo". Ciò dimostra la necessità di predisporre sistemi pensionistici obbligatori.

reddito in età lavorativa sapendo di poter contare sull'aiuto del figlio in età di vecchiaia.

Questo equilibrio dimostra che la scelta dei Governi di predisporre piani pensionistici basati sulla contribuzione obbligatoria è razionale e inevitabile, perché "costringe" le varie generazioni a risparmiare per la vecchiaia e quindi a non gravare su quelle successive (che dovranno a loro volta pensare ad accantonare fondi per la propria quiescenza).

Riepilogo

- La teoria dei giochi è un ramo dell'economia che riguarda l'analisi delle scelte ottimali dei giocatori, supponendo che tutti i decisori abbiano piena razionalità e che ognuno di essi cerchi di anticipare le azioni e le reazioni dei suoi rivali.

- In un gioco si verifica un equilibrio di Nash quando ogni giocatore sceglie la strategia che gli conferisce il più alto payoff, date le strategie scelte dagli altri giocatori partecipanti al gioco.

- I giochi del dilemma del prigioniero mostrano il conflitto esistente tra interesse individuale e interesse collettivo. Nell'equilibrio di Nash di un gioco del dilemma del prigioniero, ogni giocatore sceglie una strategia "non cooperativa", anche se sarebbe preferibile per l'interesse collettivo perseguire una strategia cooperativa.

- Una strategia dominante fornisce a un giocatore un payoff maggiore rispetto a tutte le altre possibili strategie, indipendentemente dalle scelte del concorrente. Una strategia dominata fornisce un payoff inferiore rispetto a un'altra strategia, indipendentemente dalle scelte del concorrente.

- Quando in un gioco entrambi i giocatori hanno una strategia dominante, queste strategie identificano l'equilibrio di Nash. Se solamente un giocatore ha una strategia dominante, l'equilibrio di Nash è individuato dalla migliore risposta dell'altro giocatore a questa strategia. Se nessun giocatore ha una strategia dominante, è spesso possibile trovare l'equilibrio di Nash eliminando le strategie dominate.

- In molti giochi, alcuni o tutti i giocatori possono non avere strategie né dominanti né dominate. Alcuni giochi, come il "gioco del coniglio", prevedono più equilibri di Nash. Per trovare l'equilibrio di Nash in un qualsiasi gioco, dapprima si deve trovare la migliore risposta del Giocatore 1 a ogni possibile strategia del Giocatore 2, poi si deve trovare la migliore risposta del Giocatore 2 a ogni possibile strategia del Giocatore 1, infine bisogna vedere dove queste migliori risposte si verificano insieme.

- Una strategia pura è una specifica scelta tra le possibili mosse di un gioco. In una strategia mista, un giocatore sceglie tra due o più strategie pure in base a probabilità prestabilite. Ogni gioco ha almeno un equilibrio di Nash in strategie miste.

- Nel gioco ripetuto del dilemma del prigioniero, in equilibrio i giocatori potrebbero giocare cooperativamente. La probabilità di un esito cooperativo è maggiore quando i giocatori sono pazienti, le loro interazioni sono frequenti, è facile individuare gli imbrogli e il guadagno derivante dal comportamento fraudolento è basso.

- L'analisi dei giochi sequenziali mostra che la possibilità di effettuare la prima mossa può avere un valore strategico.

- Una mossa strategica è un'azione che un giocatore effettua in uno stadio iniziale del gioco e che modifica il comportamento di tutti i giocatori nelle fasi successive del gioco in favore di colui che l'ha compiuta. Le mosse strategiche possono limitare la flessibilità del giocatore ma possono avere un valore strategico.

Domande di ripasso

1. Cosa è un equilibrio di Nash? Perché le strategie che *non* costituiscono un equilibrio di Nash rappresentano esiti improbabili del gioco?

2. Quali sono le caratteristiche di un dilemma del prigioniero? Tutti i giochi presentati nel capitolo costituiscono un dilemma del prigioniero?

3. Qual è la differenza tra una strategia dominante e una strategia dominata? Perché è improbabile che un giocatore scelga una strategia dominata?

4. Qual è la caratteristica fondamentale del "gioco del coniglio"? Quali sono le differenze tra il "gioco del coniglio" e il dilemma del prigioniero?

5. Può un gioco avere un equilibrio di Nash anche se nessun giocatore ha una strategia dominante? Può un gioco avere un equilibrio di Nash anche se nessun giocatore ha una strategia dominata?

6. Qual è la differenza tra una strategia pura e una strategia mista?

7. Come può emergere la soluzione cooperativa nel gioco ripetuto del dilemma del prigioniero, quando invece in quello non ripetuto la non cooperazione è una strategia dominante?

8. Quali sono le condizioni che aumentano la probabilità di un esito cooperativo in un gioco ripetuto del dilemma del prigioniero?

9. Qual è la differenza tra un gioco simultaneo e un gioco sequenziale?

10. Cosa è una mossa strategica? Perché le mosse strategiche devono essere irreversibili per avere un valore strategico?

CAPITOLO 14
STRUTTURA DI MERCATO E CONCORRENZA

OBIETTIVI DI APPRENDIMENTO

Al termine di questo capitolo lo studente sarà in grado di:

- riconoscere le strutture di mercato diverse dalla concorrenza perfetta e dal monopolio (ovvero l'oligopolio con prodotti omogenei, le industrie con un'impresa dominante, l'oligopolio con prodotti differenziati e la concorrenza monopolistica), valutandone le differenze in termini di numero di imprese operanti, facilità di entrata e di uscita dal mercato, grado di differenziazione dei prodotti offerti;
- determinare e rappresentare le funzioni di reazione, che mostrano le quantità o i prezzi di massimo profitto per un'impresa date le quantità o i prezzi di un'altra impresa;
- spiegare le differenze fra i modelli di oligopolio di Cournot, di Bertrand e di Stackelberg, e individuare i relativi equilibri;
- analizzare un mercato in cui è presente un'impresa dominante;
- distinguere fra differenziazione del prodotto orizzontale e differenziazione del prodotto verticale;
- illustrare graficamente gli equilibri di breve periodo e di lungo periodo in un mercato di concorrenza monopolistica.

CASO • *I differenti tipi di concorrenza tra imprese*

Quale marca di cola si può acquistare nei distributori automatici situati nei vari uffici? Se ci si trova in metropolitana a Milano, si possono acquistare solo bottigliette o lattine di Coca-Cola. Negli edifici della Regione Lombardia sono presenti unicamente i distributori Coca-Cola, così come in Ansaldo. Da diversi anni, Coca-Cola e Pepsi competono per aggiudicarsi la vendita esclusiva nei distributori automatici di bibite sparsi per il mondo. Nei college statunitensi i due produttori pagano milioni di dollari pur di essere gli unici distributori di bibite analcoliche, dollari che vengono poi utilizzati dalle università per finanziare attività indirizzate agli stessi studenti.

La guerra tra Coca-Cola e Pepsi rappresenta un esempio di concorrenza tra poche imprese le cui sorti sono strettamente intrecciate. Esse vendono prodotti differenziati: sebbene per alcuni consumatori le due bibite siano molto *simili*, pochi le considerano veramente *identiche*, e alcuni consumatori sono da sempre fedeli all'uno o all'altro marchio. Proprio la volontà di acquisire questa fedeltà fin dalla più tenera età spinge le due marche ad assicurarsi la distribuzione esclusiva nelle scuole e nei campus.

Quali forze guidano la competizione nei mercati caratterizzati da pochi produttori o nei quali i consumatori considerano i prodotti come sostituti imperfetti? Né la concorrenza perfetta, studiata nel Capitolo 9, né il monopolio, analizzato nel Capitolo 11, possono spiegare le dinamiche competitive tra Pepsi e Coca-Cola.

14.1 • Tipi di strutture di mercato

Le strutture di mercato si possono classificare in base a due importanti dimensioni: il numero di imprese operanti e il grado di differenziazione dei prodotti.[1] La Tabella 14.1 mostra come le diverse combinazioni di queste due caratteristiche danno luogo a diverse strutture di mercato. Considerando il numero di produttori presenti sul mercato, si passa dai mercati competitivi, in cui vi sono molti venditori, ai mercati oligopolistici, caratterizzati da pochi venditori, fino ad arrivare ai mercati monopolistici, in cui vi è un unico produttore. Considerando il grado di differenziazione dei prodotti offerti, si passa dai mercati in cui le imprese vendono prodotti identici (o quasi) ai mercati in cui i prodotti hanno caratteristiche che li rendono diversi agli occhi dei consumatori. La Tabella 14.1 riporta i modelli teorici, e alcuni esempi reali, riferiti alle diverse forme di mercato (la concorrenza perfetta è stata studiata nei Capitoli 9 e 10, il monopolio nel Capitolo 11).

In questo capitolo si esamineranno le quattro forme di mercato non ancora incontrate.

> **OLIGOPOLIO CON PRODOTTI OMOGENEI** Un mercato in cui poche imprese vendono prodotti che sono virtualmente uguali in termini di attributi, performance, immagine e prezzo.

> **MERCATO CON UN'IMPRESA DOMINANTE** Un mercato in cui un'impresa possiede una notevole quota di mercato, ma compete con molte piccole imprese, ognuna delle quali vende un prodotto indifferenziato.

> **OLIGOPOLIO CON PRODOTTI DIFFERENZIATI** Un mercato in cui poche imprese offrono prodotti che sono tra loro sostituti ma che differiscono per attributi, performance, packaging e immagine.

- Negli **oligopoli con prodotti omogenei**, poche imprese vendono prodotti caratterizzati dagli stessi attributi, performance, immagine e prezzo. Nell'industria del sale, per esempio, Italkali, CIS e altre imprese competono per vendere uno stesso composto chimico (cloruro di sodio). Nel mercato globale di chip quali le memorie RAM, Samsung e NEC vendono prodotti che sono pressoché identici in termini di attributi e performance.
- Nei **mercati con un'impresa dominante**, un produttore detiene una rilevante quota di mercato ma compete con numerose piccole imprese, ognuna delle quali offre un prodotto indifferenziato. Il mercato statunitense delle lampadine costituisce un buon esempio di mercato con un'impresa dominante: vi sono tante piccole imprese che competono in un mercato dominato da General Electric.
- Negli **oligopoli con prodotti differenziati**, poche grandi imprese vendono prodotti tra loro sostituti, ma differenziati per attributi, performance, packaging e immagine. Il mercato mondiale delle bibite analcoliche, con Coca-Cola e Pepsi in continua competizione, ne costituisce un caso emblematico. Un altro interessante esempio è costituito dal mercato delle birre in Giappone, in cui Asahi, Kirin, Sapporo e Suntory coprono quasi il 100% delle vendite.

TABELLA 14.1 Le differenti strutture di mercato

Differenziazione del prodotto	Numero di imprese			
	Molte	Poche	Una dominante	Una
Prodotti identici	**Concorrenza perfetta** (Capitolo 9) Per esempio: mercato delle rose fresche	**Oligopolio con prodotti omogenei** Per esempio: mercato del sale da cucina	**Mercato con un'impresa dominante** Per esempio: mercato della telefonia fissa tedesca	**Monopolio** (Capitolo 11) Per esempio: registrazione dei domini Internet*
Prodotti differenziati	**Concorrenza monopolistica** Per esempio: servizi medici locali	**Oligopolio con prodotti differenziati** Per esempio: mercato delle bibite analcoliche	Nessuna teoria applicabile	

*Fino al 1999.

---

[1] Nel Capitolo 11 è già stato brevemente introdotto il concetto di differenziazione di prodotto.

- Nella **concorrenza monopolistica**, molte piccole imprese producono beni differenziati che vendono a numerosi consumatori. I mercati locali di video noleggio, le lavanderie e i servizi medici costituiscono alcuni esempi di mercati di concorrenza monopolistica.

> **CONCORRENZA MONOPOLISTICA** Un mercato in cui molte piccole imprese offrono prodotti differenziati a un gran numero di consumatori.

Gli economisti usano varie misure quantitative per descrivere la struttura di un mercato. Una delle più comuni è il *rapporto di concentrazione delle prime quattro imprese* (CR4), che è calcolato come la percentuale di ricavi delle vendite che fa capo alle quattro imprese che hanno i ricavi più elevati in quella industria.[2] Un'industria il cui totale delle vendite sia ascrivibile esclusivamente a quattro imprese avrebbe un CR4 pari a 100. Un'industria in cui le quattro imprese più grandi detengono rispettivamente il 3%, il 2%, il 2% e l'1% delle vendite totali avrà un CR4 uguale a 8 (3 + 2 + 2 + 1).

Un'altra misura molto utilizzata per qualificare la struttura del mercato è l'*indice di Herfindahl-Hirschman* (HHI). Questo indicatore è pari alla somma dei quadrati delle quote percentuali di mercato relative a tutte le imprese operanti nell'industria. (La quota di mercato di un'impresa è il rapporto fra le sue vendite e il totale delle vendite di quel mercato, ovvero la quota di vendite soddisfatte dall'impresa in questione.) In un monopolio, dove una sola impresa detiene il 100% delle vendite, si ha che HHI = $(100)^2$ = 10 000. Questo è il massimo valore che HHI può assumere. In un'industria frammentata nella quale, per esempio, vi sono 1000 imprese identiche, ciascuna delle quali detiene una percentuale pari a 1/1000 delle vendite totali (cioè lo 0,1%), il valore di HHI sarà dato da $(0,1)^2$ da sommarsi per 1000 volte, ovvero $1000(0,1)^2 = 10$. Man mano che il numero di imprese cresce e le loro quote di mercato tendono a 0, HHI si avvicina a 0. Dunque, il valore di HHI può essere compreso fra 0 e 10 000.[3]

Le industrie che corrispondono alle strutture di mercato descritte nella Tabella 14.1 avranno CR4 e HHI alquanto diversi fra loro. I mercati di concorrenza perfetta e di concorrenza monopolistica si caratterizzano infatti per valori di CR4 e HHI molto piccoli. Al contrario, le industrie monopolistiche e quelle con un'impresa dominante registreranno CR4 e HHI piuttosto elevati (infatti, come già visto, in un mercato di monopolio si ha che HHI = 10 000 e CR4 = 100), mentre le industrie oligopolistiche (con prodotti omogenei oppure differenziati) mostreranno valori intermedi dei due indici.

14.2 • Oligopolio con prodotti omogenei

Nei mercati di concorrenza perfetta e di monopolio, le imprese non devono preoccuparsi dei concorrenti. Nel mercato di monopolio, il monopolista non ha rivali. In concorrenza perfetta, ogni venditore è talmente piccolo da avere un impatto concorrenziale irrilevante sulle altre imprese operanti nel mercato. Per contro, una caratteristica centrale nei mercati di oligopolio è l'interdipendenza concorrenziale: le decisioni delle singole imprese influiscono in modo significativo sui profitti delle

---

[2] Il CR4 può essere calcolato anche su altre misure della dimensione delle imprese, come la quantità prodotta, la capacità produttiva o i dipendenti.
[3] In pratica, HHI è spesso calcolato per un sottoinsieme di imprese dell'industria, per esempio considerando le 50 imprese più grandi. Ciò è giustificato dal fatto che l'introduzione di un maggior numero di imprese con quote di mercato molto piccole non fa cambiare in modo significativo il valore di HHI.

altre imprese. Nel mercato mondiale delle memorie RAM, Sansumg sa che il profitto che ricava dalla vendita dei chip DRAM dipende in parte dal volume di chip che producono i suoi diretti concorrenti, NEC e Lucky Goldstar. Se essi incrementano la produzione, il prezzo di mercato delle memorie DRAM è destinato a diminuire; se riducono la produzione, il prezzo aumenterà. Nel pianificare quanti chip produrre con i suoi impianti attuali, o nel decidere se ampliarli oppure costruire nuovi impianti, il management di Samsung dovrà necessariamente prevedere quanto produrranno NEC, Lucky Goldstar e gli altri grandi produttori. Una questione centrale nella teoria dell'oligopolio, perciò, è capire in che modo la stretta interdipendenza tra le imprese presenti nel mercato influenza il loro comportamento. Come si vedrà, la risposta a tale quesito aiuta a comprendere l'impatto che una struttura di mercato oligopolistica può avere su prezzi, livelli di output e profitti.

14.2.1 Il modello di oligopolio di Cournot

La teoria microeconomica offre diversi modelli di oligopolio, basati su differenti ipotesi circa il modo in cui le imprese interagiscono tra loro. Augustin Cournot ha teorizzato il primo modello di oligopolio nel 1838, nel libro *Recherches sur les principes mathématiques de la théorie des richesses*.[4] Sebbene fosse parte di un più ampio trattato di microeconomia, la teoria dell'oligopolio di Cournot era la parte più originale del libro e ha avuto un'importanza rilevante nel campo dell'economia.

La massimizzazione del profitto delle imprese nel modello di Cournot

Il modello di Cournot si riferisce a un oligopolio con prodotti omogenei. Inizialmente Cournot considerò un **duopolio**, cioè un mercato in cui vi sono due sole imprese. Nel duopolio di Cournot le due imprese producevano acqua minerale. Per attualizzarlo, si immagini che le imprese siano Samsung e Lucky Goldstar (LG), e che il bene prodotto siano le memorie DRAM.

Si supponga che i chip prodotti dalle due imprese siano identici e che i loro costi marginali siano uguali, di modo che esse fisseranno lo stesso prezzo di vendita. La sola decisione che devono prendere, perciò, riguarda quanto produrre. Le imprese scelgono il loro output contemporaneamente, in modo non cooperativo (non vi è collusione) e senza conoscere i reciproci piani d'azione (non vi è spionaggio). Una volta che i duopolisti hanno scelto l'output da produrre, il prezzo di mercato dei chip si aggiusta istantaneamente in modo da condurre all'equilibrio del mercato, cioè diventa quello al quale i consumatori sono disposti ad acquistare l'output totale prodotto.

Le due imprese stabiliscono quanto produrre in base al prezzo di mercato, ma quest'ultimo dipende dall'output totale offerto – cioè, il prezzo di mercato non è noto finché entrambe le imprese non hanno scelto quanto produrre. Dunque, ogni impresa sceglierà l'output che massimizza il profitto sulla base delle aspettative circa la produzione dell'impresa concorrente. Perciò Samsung deciderà quanto produrre in base a quanto pensa che LG produrrà, e viceversa. Nel modello di Cournot, le imprese agiscono come *quantity-takers*.

La Figura 14.1(a) mostra il problema della scelta di produzione di Samsung. Si supponga che Samsung si aspetti che LG produrrà 50 unità di prodotto. La relazione tra il prezzo di mercato e l'output prodotto da Samsung è quindi descritta dalla **curva di domanda residuale** D_{50}. Una curva di domanda residuale descrive la relazione tra il prezzo e la quantità prodotta da un'impresa quando le altre imprese

---

DUOPOLIO Un mercato in cui esistono solo due imprese.

CURVA DI DOMANDA RESIDUALE In un modello di Cournot, la curva che definisce la relazione tra il prezzo di mercato e l'output di un'impresa quando le imprese rivali mantengono fissa la loro produzione.

---

[4] A. Cournot, *Recherches sur les principes mathématiques de la théorie des richesses*, Marcel Rivière et Cie, Parigi 1938.

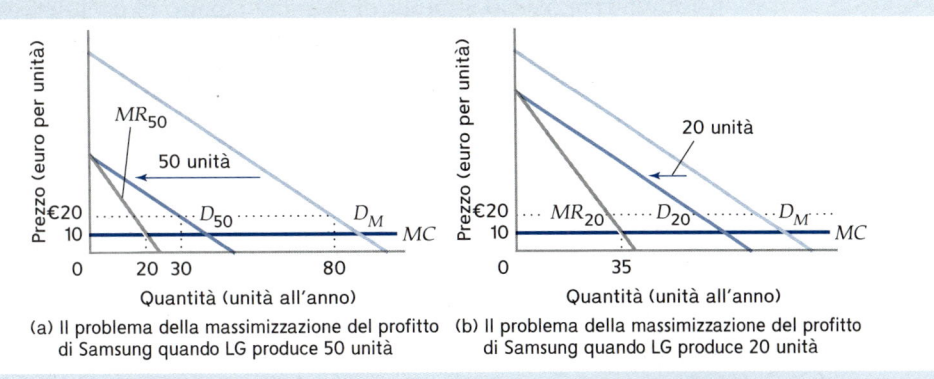

FIGURA 14.1 La determinazione del prezzo e la massimizzazione del profitto nel modello di Cournot
Il grafico (a) mostra che, quando Samsung produce 30 unità ed LG 50 unità, il prezzo di mercato sarà €20. Quando LG produce 50 unità, la curva di domanda residuale di Samsung è D_{50}, ovvero la curva di domanda del mercato traslata verso sinistra di 50 unità. La curva di domanda residuale definisce le combinazioni prezzo-quantità per Samsung quando l'output di LG è di 50 unità. In base a questa curva di domanda residuale, Samsung massimizza i profitti producendo 20 unità, il punto in cui la curva del ricavo marginale MR_{50} eguaglia il costo marginale MC. Questo output rappresenta la migliore risposta di Samsung quando LG produce 50 unità. Il grafico (b) mostra che, quando LG produce 20 unità, Samsung si trova di fronte alle curve di domanda residuale e di ricavo marginale D_{20} e MR_{20}, e massimizza i profitti producendo 35 unità, lì dove $MR_{20} = MC$.

presenti sul mercato vendono un ammontare fisso di prodotto (in questo caso, 50 unità). La curva di domanda residuale D_{50} è la curva di mercato (D_M) traslata a sinistra per un ammontare pari alla produzione di LG (50). Ciò garantisce che il prezzo lungo la curva di domanda residuale D_{50} al livello di output di Samsung è uguale al prezzo lungo la curva di domanda di mercato D_M quando la produzione è pari alla somma degli output di Samsung ed LG. Se per esempio LG produce 50 unità e Samsung 30, il prezzo relativo alla domanda residuale è €20, che rappresenta anche il prezzo relativo alla domanda di mercato D_M quando l'output totale è 80. MR_{50} è la curva del ricavo marginale associata alla curva di domanda D_{50}. La relazione tra queste due curve è la stessa esistente tra la curva di domanda e la curva del ricavo marginale nei mercati di monopolio.

Relativamente alla sua curva di domanda *residuale*, Samsung agisce come un monopolista nella scelta dell'output ottimale. Perciò, essa uguaglia MR_{50} al suo costo marginale MC (supposto costante e pari a €10), e produce un output di 20 unità. Tale livello di produzione rappresenta la **migliore risposta** di Samsung a una produzione di 50 unità da parte di LG. In un modello di Cournot, la migliore risposta di un'impresa a un determinato livello di output definito dalle altre imprese è la scelta di produzione che massimizza il profitto di quell'impresa data la produzione delle imprese rivali. La Figura 14.1(b) mostra che, quando LG produce 20 unità, la migliore risposta di Samsung è produrre 35 unità.

Per ogni possibile livello di output scelto da LG, si può individuare l'output di massimo profitto di Samsung operando come nella Figura 14.1. La curva R_S nella Figura 14.2 riassume tutte le possibili scelte di produzione che massimizzano il profitto di Samsung. La curva R_S è una **funzione di reazione**, che descrive cioè le migliori risposte di un'impresa (ovvero le scelte dell'output di massimo profitto) per ogni livello di output di un'impresa rivale. La Figura 14.2 riporta anche la funzione di reazione di LG, R_{LG}.[5] Si noti che entrambe le funzioni di reazione sono inclinate

> **MIGLIORE RISPOSTA** La scelta dell'output che massimizza il profitto di un'impresa dati i livelli di output delle imprese rivali.

> **FUNZIONE DI REAZIONE** Una curva che mostra la migliore risposta di un'impresa (ovvero la scelta di quantità o prezzo che massimizza il profitto) per ogni possibile azione di un'impresa rivale.

---

[5] Se le imprese sono identiche, per quale motivo le loro funzioni di reazione sembrano diverse? La ragione sta nel fatto che, nella Figura 14.2, l'asse delle ascisse rappresenta i livelli di output di Samsung e l'asse delle ordinate quelli di LG. Disegnare entrambe le curve sullo stesso grafico fa sembrare l'una l'inverso dell'altra. Algebricamente, le due curve sono identiche (come descritto nell'Esercizio svolto 14.1).

negativamente: perciò, l'output di massimo profitto di ogni impresa è via via più piccolo al crescere della produzione dell'impresa concorrente.

L'equilibrio in un mercato alla Cournot

In concorrenza perfetta, una caratteristica fondamentale è che nessuna impresa ha incentivo a variare la propria scelta di massimo profitto una volta che si è raggiunto l'equilibrio di mercato. La stessa cosa accade per l'equilibrio in un mercato alla Cournot: in un **equilibrio di Cournot**, l'output di ogni impresa rappresenta la migliore risposta all'output prodotto dall'altra impresa (ovvero, in equilibrio ogni impresa sta facendo il meglio possibile data la produzione dell'altra impresa). Nessuna impresa, di conseguenza, ha motivo di modificare le proprie decisioni relative all'output.[6]

Nella Figura 14.2 l'equilibrio di Cournot si verifica nel punto E, dove le due funzioni di reazione si intersecano – e dove entrambe le imprese producono 30 unità. Si tratta certamente di un punto di equilibrio perché, sulla base di R_S, quando LG produce 30 unità la migliore risposta per Samsung è produrre 30 unità mentre, sulla base di R_{LG}, quando Samsung produce 30 unità la migliore risposta per LG è produrre 30 unità. Pertanto, a nessuna delle due imprese conviene modificare la propria scelta di produzione.

Come le imprese raggiungono l'equilibrio di Cournot?

La teoria elaborata da Cournot costituisce un modello di oligopolio statico: non spiega, infatti, come le imprese arrivino alle scelte dell'output corrispondente all'equilibrio di Cournot.

> **EQUILIBRIO DI COURNOT** Un equilibrio di un mercato oligopolistico in cui ogni impresa sceglie l'output che massimizza il profitto dati gli output fissati dalle altre imprese.

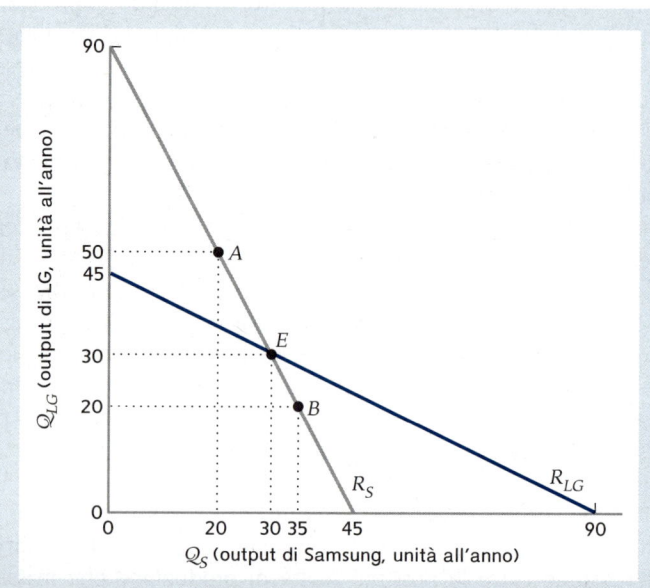

FIGURA 14.2 Le funzioni di reazione di Cournot e l'equilibrio del mercato
R_S è la funzione di reazione di Samsung. R_{LG} è la funzione di reazione di LG. Il punto E, dove le due funzioni di reazione si intersecano, rappresenta l'equilibrio di Cournot. I punti A e B su R_S rappresentano le scelte ottimali di Samsung nel caso in cui LG produca 20 e 50 unità; questi punti corrispondono alle soluzioni del problema di massimizzazione del profitto mostrate nella Figura 14.1.

---

[6] L'equilibrio di Cournot è un caso particolare di equilibrio di Nash, in quanto è la naturale conseguenza di un gioco sulle quantità a una sola mossa. Per questa ragione, alcuni libri di testo definiscono l'equilibrio di Cournot anche come *equilibrio di Cournot-Nash* o *equilibrio di Nash nelle quantità*.

Si osservi la Figura 14.3, che illustra il plausibile ragionamento dei manager della Samsung:

Mettendoci nei panni di LG, è chiaro che a essa non converrebbe mai produrre una quantità superiore a 45 unità, poiché, indipendentemente dall'output che noi potremmo scegliere, la produzione di più di 45 unità non massimizzerà mai i profitti di LG. Infatti, la funzione di reazione di LG, R_{LG}, non "si estende" al di sopra di $Q_2 = 45$.[7]

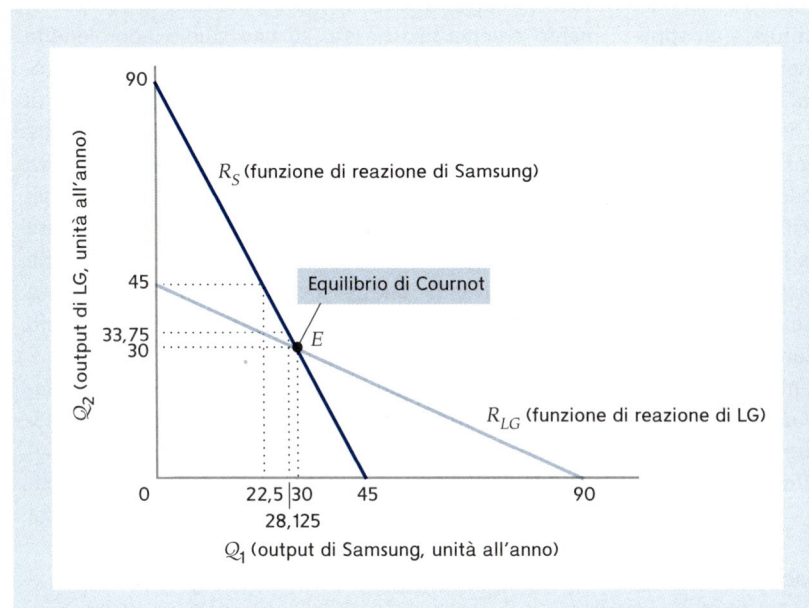

FIGURA 14.3 Come le imprese arrivano a un equilibrio di Cournot
Samsung conclude che LG produrrà meno di 45 unità. Questo spinge Samsung a produrre *almeno* 22,5 unità. Tuttavia, Samsung suppone che i manager LG facciano lo stesso ragionamento, e conclude che LG produrrà meno di 33,75 unità. Ciò a sua volta spinge Samsung a produrre almeno 28,125 unità. Al termine di questo ragionamento, Samsung arriverà alla conclusione che LG produrrà 30 unità, e deciderà di fare altrettanto. Se LG segue un comportamento analogo, entrambe le imprese produrranno 30 unità del bene.

Esercizio svolto 14.1   Il calcolo di un equilibrio di Cournot

La curva di domanda di mercato D_M in Figura 14.1 è $P = 100 - Q_1 - Q_2$, dove Q_1 è l'output prodotto da Samsung, e Q_2 quello prodotto da LG. Il costo marginale di ogni impresa è €10.

Problema

(a) In base alla precedente curva di domanda, qual è la quantità di massimo profitto di Samsung quando LG produce 50 unità?
(b) Qual è l'output di massimo profitto di Samsung quando LG produce un generico output Q_2 (ovvero, qual è l'equazione della funzione di reazione di Samsung)?
(c) Calcolate le quantità e il prezzo dell'equilibrio di Cournot in questo mercato.

Soluzione

(a) È possibile calcolare la migliore risposta di Samsung ricorrendo ai concetti visti nella teoria del monopolio, nel Capitolo 11. Quando LG produce $Q_2 = 50$, la domanda residuale di Samsung è $P = 100 - Q_1 - 50 = 50 - Q_1$. Questa è una funzione di domanda lineare, per cui la funzione del ricavo marginale a essa associata è $MR = 50 - 2Q_1$. Eguagliando ricavo marginale e costo marginale, si ha $50 - 2Q_1 = 10$, da cui $Q_1 = 20$.

(b) La curva di domanda residuale di Samsung è $P = (100 - Q_2) - Q_1$, in cui la parentesi evidenzia i termini che Samsung ritiene costanti. L'intercetta verticale di questa curva di domanda è $(100 - Q_2)$, la sua pendenza è -1. Come descritto nel Capitolo 11, la corrispondente curva del ricavo marginale ha la stessa intercetta verticale e una pendenza doppia, per cui $MR = (100 - Q_2) - 2Q_1$. Eguagliando il ricavo marginale al costo marginale, si ottiene la funzione di reazione di Samsung: $(100 - Q_2) - 2Q_1 = 10$, ovvero $Q_1 = 45 - Q_2/2$. (Con la stessa logica, è possibile calcolare la funzione di reazione di LG, che risulta pari a $Q_2 = 45 - Q_1/2$.)

(c) L'equilibrio di Cournot si verifica quando le due funzioni di reazione si intersecano, e corrisponde alla coppia di valori Q_1, Q_2 in grado di risolvere simultaneamente le funzioni di reazione delle due imprese. Risolvendo il sistema di equazioni, si ha che $Q_1 = Q_2 = 30$. Sostituendo Q_1 e Q_2 nella funzione di domanda, si trova il prezzo di equilibrio del mercato: $P^\circ = 100 - 30 - 30 = 40$.

---

[7] Nel linguaggio della teoria dei giochi che è stato introdotto nel Capitolo 13, le quantità più grandi di $Q_2 = 45$ sono *strategie dominate*.

Applicazione 14.1

La diffusione dello sciroppo di glucosio conferma il modello di Cournot

Lo studio di Michael Porter e Michael Spence sull'industria della trasformazione del mais costituisce un'applicazione del modello di Cournot a un mercato reale.[8] Le imprese di questo settore trasformano il granturco in amido di mais e in sciroppo di mais. L'industria era rimasta un oligopolio stabile fino ai primi anni Settanta, ma nel 1972 si verificò un importante cambiamento: divenne, infatti, possibile vendere un dolcificante ricavato dal granturco, lo sciroppo di mais ad alto contenuto di fruttosio (HFCS, *High Fructose Corn Syrup*), che poteva essere utilizzato al posto dello zucchero per dolcificare prodotti quali le bevande analcoliche. Con il prezzo dello zucchero in aumento, si profilò all'orizzonte la rapida nascita di un mercato di HFCS. Le imprese della trasformazione del mais dovettero perciò decidere se aumentare la capacità produttiva per venire incontro alla probabile futura domanda.

Porter e Spence studiarono questo processo di espansione di capacità costruendo un modello di comportamento competitivo basato su uno studio approfondito delle 11 maggiori imprese del settore. Gli autori usarono poi questo modello per determinare un equilibrio di Cournot per l'industria della trasformazione del mais. In questo equilibrio, la scelta della capacità produttiva di ogni impresa rappresentava la migliore risposta alle proprie aspettative sulle scelte di capacità delle imprese rivali, e l'espansione della capacità dell'intera industria che scaturiva da queste scelte ottimali corrispondeva alle aspettative sulle quali i produttori basavano le loro decisioni.

Sulla base della loro analisi, Porter e Spence conclusero che, a seguito della commercializzazione dell'HFCS, il nuovo equilibrio dell'industria sarebbe stato caratterizzato da un moderato aumento della capacità produttiva. La Tabella 14.2 mostra gli specifici valori previsti dal

TABELLA 14.2 L'espansione di capacità nell'industria della trasformazione del mais

	1973	1974	1975	1976+	Totale
Espansione di capacità effettiva*	0,6	1,0	1,4	6,2	9,2
Espansione di capacità prevista	0,6	1,5	3,5	3,5	9,1

*In milioni di libbre.

loro modello, confrontati con l'espansione della capacità che ebbe effettivamente luogo. L'equilibrio calcolato da Porter e Spence fornì previsioni sull'espansione della capacità molto vicine a quanto poi avvenne in realtà, particolarmente per gli anni 1973 e 1974.

La loro ricerca suggerisce che il modello di Cournot, se adattato alle specifiche condizioni dell'industria, può descrivere in modo accurato le dinamiche dell'espansione della capacità produttiva in un oligopolio con prodotti omogenei.

E se sono intelligenti, i manager della Samsung potranno così concludere:

> Dato che LG non produrrà più di 45 unità, noi dovremmo produrre almeno 22,5 unità. Perché? Beh, osservando la curva di reazione R_S, qualsiasi quantità inferiore a 22,5 non farà mai massimizzare i nostri profitti, in quanto LG non produrrà mai più di 45.

Ma i manager della Samsung possono essere ancora più arguti:

> Dovremmo ora assumere che LG abbia ragionato come noi – dopo tutto, sono intelligenti quanto noi. Ma, se LG si rende conto che noi produrremo almeno 22,5 unità, allora non produrrà mai più di 33,75 unità, come possiamo dedurre da R_{LG}.

[8] M. Porter, M. Spence, "The Capacity Expansion Decision in a Growing Oligopoly: The Case of Corn Wet Milling", in J.J. McCall (a cura di), *The Economics of Information and Uncertainty*, University of Chicago Press, Chicago, IL 1982, pp. 259-316.

Naturalmente, i manager della Samsung possono ragionare ancor più sottilmente:

> Dato che LG non produrrà più di 33,75 unità, noi dovremmo produrre almeno 28,125 unità. Infatti, dalla nostra curva di reazione R_S si deduce che qualsiasi quantità più piccola di 28,125 non ci consentirà di massimizzare i profitti, giacché LG non produrrà più di 33,75 unità.

È ormai evidente dove questo ragionamento conduce. Il mettersi nei panni del rivale e la contemporanea ricerca del massimo profitto condurrà i manager della Samsung a raggiungere l'equilibrio di Cournot, in cui ogni impresa produce 30 unità di prodotto.[9] Certo, può apparire un ragionamento complicato, ma in fondo non più complicato di quello che un bravo giocatore di scacchi o di bridge usa contro un avversario ugualmente intelligente. Sotto questa prospettiva, l'equilibrio di Cournot è un esito naturale quando le imprese riconoscono pienamente la loro interdipendenza e presuppongono la reciproca razionalità.

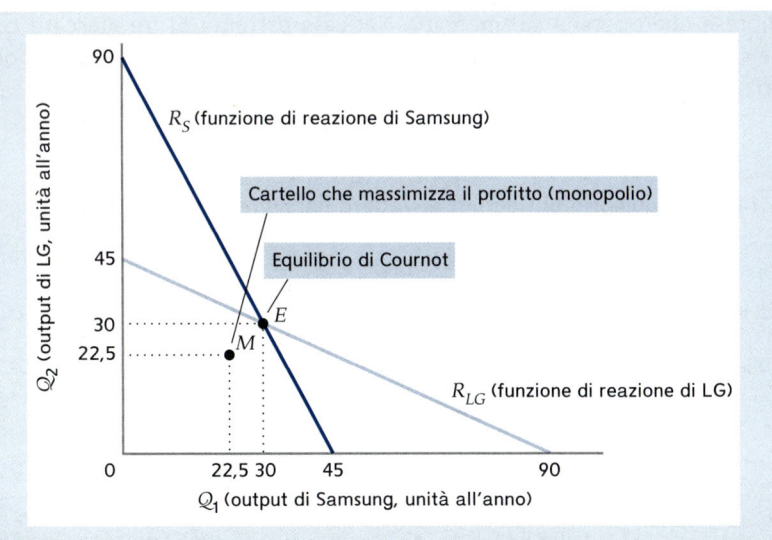

Equilibrio di Cournot vs equilibrio di monopolio ed equilibrio di concorrenza perfetta

Nell'esempio Samsung-LG, il prezzo di equilibrio di Cournot, €40, è superiore al costo marginale delle due imprese, €10. Perciò, l'equilibrio di Cournot non corrisponde all'equilibrio di concorrenza perfetta. In generale, nell'oligopolio alla Cournot le imprese hanno potere di mercato.

Questo, tuttavia, non implica che esse possano raggiungere un equilibrio di monopolio oppure di collusione. Nel precedente equilibrio di Cournot, l'output totale dell'industria è pari a 60 unità, e ogni impresa produce 30 unità, come mostra il punto E nella Figura 14.4. Tale output, però, *non massimizza* i profitti

FIGURA 14.4 Equilibrio di Cournot vs equilibrio di monopolio
Se Samsung ed LG agissero come un cartello che massimizza il profitto, produrrebbero un totale di 45 unità. Dividendosi equamente il mercato, ognuna di esse produrrebbe 22,5 unità. L'equilibrio del cartello, o di monopolio, è il punto M, che risulta diverso dall'equilibrio di Cournot, il quale si trova nel punto E.

---

[9] Come si è visto nel Capitolo 13, in teoria dei giochi questa modalità di soluzione viene definita *eliminazione delle strategie dominate*.

dell'industria. L'equilibrio di monopolio in questo mercato si verificherebbe nel punto in cui i ricavi marginali sono uguali ai costi marginali, e si può facilmente verificare che ciò avviene per una produzione di 45 unità e un prezzo di €55. Se dunque Samsung ed LG agissero come un cartello che massimizza i profitti, dovrebbero fissare questo prezzo e dividersi equamente il mercato, ciascuna producendo 22,5 unità (punto M). Massimizzando separatamente i propri profitti, le imprese producono un output superiore rispetto a quanto farebbero se colludessero. Questa è un'importante caratteristica dei mercati oligopolistici: il perseguimento dell'interesse individuale di solito non conduce alla massimizzazione del benessere dell'intera industria.[10]

L'impossibilità da parte delle due imprese di raggiungere l'equilibrio di collusione è spiegabile come segue. Quando un'impresa aumenta la produzione, fa ridurre il prezzo di vendita del prodotto e quindi i ricavi di vendita dell'altra impresa. Tuttavia, essa non si cura della riduzione dei ricavi del concorrente perché il suo obiettivo è massimizzare i propri profitti, non quelli dell'industria. Dunque, espanderà la sua produzione più aggressivamente di quanto farebbe nel caso volesse massimizzare i profitti del settore. Se entrambe le imprese agiscono in questo modo, il prezzo di mercato sarà sicuramente minore di quello di monopolio.

Più piccola è la quota di vendite detenuta da un'impresa, maggiore sarà la divergenza fra il guadagno privato e la distruzione di ricavo che causa espandendo la produzione. Questo suggerisce che, al crescere del numero di imprese operanti nell'industria, l'equilibrio di Cournot diverge sempre più da quello di monopolio. La Tabella 14.3 illustra quanto appena affermato mostrando i prezzi, gli output e i profitti di equilibrio di un oligopolio alla Cournot con le stesse curve di domanda e di costo dell'esempio Samsung-LG.[11] Il prezzo di equilibrio e il profitto di ogni impresa decrescono al crescere del numero di imprese che operano sul mercato. Nel caso estremo di un mercato con un numero infinito di imprese, i profitti di ogni singola impresa e quelli dell'industria si azzerano.

TABELLA 14.3 L'equilibrio di Cournot al variare del numero di imprese

Numero di imprese	Prezzo	Quantità totale	Profitto della singola impresa	Profitto totale dell'industria
1 (monopolio)	€55,0	45,0	€2025	€2025
2	€40,0	60,0	€900	€1800
3	€32,5	67,5	€506	€1519
5	€25,0	75,0	€225	€1125
10	€18,2	81,8	€67	€669
100	€10,9	89,1	< €1	€79
∞ (concorrenza perfetta)	€10,0	90,0	0	0

[10] Utilizzando un concetto discusso nel Capitolo 13, l'equilibrio di Cournot (come del resto quello di Bertrand, che verrà esposto più avanti) è dunque un esempio di *dilemma del prigioniero*, proprio perché in esso il payoff complessivo delle due imprese non viene massimizzato.

[11] Nell'Esercizio svolto 14.2 verrà spiegato come calcolare un equilibrio di Cournot quando le imprese operanti sono più di due.

Esercizio svolto 14.2   Il calcolo dell'equilibrio di Cournot per due o più imprese con una curva di domanda lineare

Supponete che in un mercato operino N imprese uguali, che la curva di domanda di mercato sia $P = a - bQ$, e che il costo marginale di ogni impresa sia c.

Problema

(a) Qual è la quantità prodotta da ogni impresa nell'equilibrio di Cournot?
(b) Quali sono le quantità e il prezzo di equilibrio per l'intera industria?

Soluzione

(a) La curva di domanda residuale di una generica impresa (indicata con 1) è $P = (a - bX) - bQ_1$, dove X è la produzione di tutte le altre $N - 1$ imprese. Il ricavo marginale dell'impresa 1 è allora $MR = (a - bX) - 2bQ_1$. Per trovare la funzione di reazione dell'impresa 1, bisogna uguagliare il suo ricavo marginale al costo marginale: $(a - bX) - 2bQ = c$, ovvero

$$Q_1 = \frac{a-c}{2b} - \frac{1}{2}X$$

Poiché le imprese sono identiche, ognuna produrrà lo stesso output. Il valore di X sarà quindi $N - 1$ volte Q_1, da cui

$$Q_1 = \frac{a-c}{2b} - \frac{1}{2}[(N-1)Q_1]$$

Per trovare la quantità di equilibrio di ogni impresa nell'equilibrio di Cournot, si deve risolvere l'equazione per Q_1 (che può anche essere indicato con $Q°$, cioè l'output della generica impresa):

$$Q° = \frac{1}{(N+1)}\left(\frac{a-c}{b}\right)$$

(b) La quantità totale prodotta nel mercato è pari a N volte l'output di una singola impresa:

$$Q = \frac{N}{(N+1)}\left(\frac{a-c}{b}\right)$$

Per trovare il prezzo di equilibrio del mercato, si può sostituire il precedente valore di Q nell'equazione della curva di domanda:

$$P = a - b\,\frac{N}{(N+1)}\left(\frac{a-c}{b}\right) = \frac{a}{N+1} + \frac{N}{N+1}c$$

Al crescere di N, $N/(N + 1)$ si avvicina a 1, e dunque l'output dell'equilibrio di Cournot si avvicina a quello di concorrenza perfetta, mentre il prezzo dell'equilibrio di Cournot si avvicina al costo marginale c.

Nell'Esercizio svolto 14.1, e in altri esercizi esaminati nei precedenti capitoli, si è visto come calcolare la quantità di equilibrio della singola impresa, e il prezzo e la quantità di equilibrio del mercato per i casi di monopolio, di duopolio alla Cournot e di concorrenza perfetta. Facendo riferimento alle espressioni trovate nell'Esercizio svolto 14.2, si ottengono i risultati esposti nella Tabella 14.4. Qui le precedenti tre strutture di mercato possono essere interpretate come casi particolari dell'oligopolio di Cournot con N imprese, dove $N = 1$ (monopolio), $N = 2$ (duopolio di Cournot) e $N = \infty$ (concorrenza perfetta).

TABELLA 14.4   Confronto tra equilibri

Strutture di mercato	Prezzo	Quantità totale venduta sul mercato	Quantità venduta dalle singole imprese
Monopolio	$\frac{1}{2}a + \frac{1}{2}c$	$\frac{1}{2}\left(\frac{a-c}{b}\right)$	$\frac{1}{2}\left(\frac{a-c}{b}\right)$
Duopolio di Cournot	$\frac{1}{3}a + \frac{2}{3}c$	$\frac{2}{3}\left(\frac{a-c}{b}\right)$	$\frac{1}{3}\left(\frac{a-c}{b}\right)$
Oligopolio di Cournot con N imprese	$\frac{1}{N+1}a + \frac{N}{N+1}c$	$\frac{N}{N+1}\left(\frac{a-c}{b}\right)$	$\frac{1}{N+1}\left(\frac{a-c}{b}\right)$
Concorrenza perfetta	c	$\frac{a-c}{b}$	Virtualmente 0

L'equilibrio di Cournot e la IEPR

Nei Capitoli 11 e 12 si è osservato come la condizione di massimo profitto di un monopolista può essere espressa in termini di *Inverse Elasticity Pricing Rule* (IEPR).

$$\frac{P^*-MC}{P^*} = -\frac{1}{\epsilon_{Q,P}}$$

Il primo membro dell'equazione (la differenza tra il prezzo del monopolista e il suo costo marginale, espressa in percentuale del prezzo), già chiamato nel Capitolo 11 *indice di Lerner*, è anche definito *margine percentuale di contribuzione* (*Percentage Contribution Margin, PCM*). Pertanto, l'equazione dice che il monopolista massimizza i profitti fissando il suo PCM pari al negativo dell'inverso dell'elasticità della domanda rispetto al prezzo. Una versione modificata di questa IEPR può essere applicata alle singole imprese operanti in un oligopolio di Cournot costituito da N imprese in cui esse sono tutte identiche e hanno un costo marginale MC. In questo caso, PCM di ogni impresa nell'equilibrio di Cournot è

$$\frac{P^*-MC}{P^*} = -\frac{1}{N} \times \frac{1}{\epsilon_{Q,P}}$$

Questa versione modificata della IEPR fornisce un fondamentale legame tra la struttura del mercato e il comportamento delle imprese in un mercato di oligopolio. Essa implica che, maggiore sarà il numero di imprese presenti nel mercato, minore sarà il loro margine percentuale di contribuzione (ciò riflette quanto visto nella Tabella 14.3). Si ricordi che l'indice di Lerner (o PCM) è comunemente utilizzato per misurare il potere di mercato. Il modello di Cournot implica dunque che il potere di mercato si riduce al crescere del numero di imprese che competono sul mercato.

14.2.2 Il modello di oligopolio di Bertrand

Nel modello di Cournot ogni impresa stabilisce la quantità da produrre e il risultante output totale determina il prezzo di mercato. In alternativa, si potrebbe immaginare un mercato in cui ogni impresa sceglie un prezzo di vendita del proprio prodotto e quindi si dichiara pronta a soddisfare tutta la domanda per il suo bene a quel prezzo. Questo modello di concorrenza fu proposto per la prima volta nel 1883 dal matematico francese Joseph Bertrand in una sua rivisitazione del modello di Cournot.[12] Bertrand criticava l'assunto di Cournot secondo il quale le imprese erano *quantity-takers*, sottolineando come fosse più plausibile un modello di oligopolio in cui ogni impresa sceglie un prezzo per i propri prodotti, dati i prezzi delle altre imprese. Una volta che le imprese hanno scelto il proprio prezzo, esse aggiusterebbero poi la produzione per soddisfare interamente la relativa domanda. Se il prodotto è omogeneo, l'impresa che fissa il prezzo più basso cattura tutta la domanda del mercato, mentre le altre imprese non vendono nulla.

EQUILIBRIO DI BERTRAND Un equilibrio in cui ogni impresa sceglie un prezzo che massimizza il profitto dato il prezzo stabilito dalle altre imprese.

Per illustrare il modello di concorrenza basata sul prezzo di Bertrand, si riconsideri l'esempio Samsung-LG. Un **equilibrio di Bertrand** si verifica quando ciascuna impresa sceglie un prezzo che massimizza il profitto, dato il prezzo stabilito dall'altra impresa.

---

[12] J. Bertrand, *Recherches sur les principes mathématiques de la théorie des richesses par Augustin Cournot*, Journal des Savants, 1883.

Dalla Figura 14.2 si evince che nell'equilibrio di Cournot ogni impresa produce 30 unità di prodotto e le vende a un prezzo di €40 (punto E nella Figura 14.5). Questo punto rappresenta anche l'equilibrio di Bertrand? La risposta è no. Si consideri il problema della fissazione del prezzo per Samsung nella Figura 14.5. Se Samsung considera il prezzo di LG come dato, e pari a €40, la sua curva di domanda D_S è una spezzata che coincide con la domanda di mercato D_M per prezzi al di sotto di €40, e con l'asse delle ordinate per prezzi superiori a €40. Se Samsung fissasse un prezzo leggermente inferiore a quello di LG (per esempio €39), ruberebbe a LG tutti i clienti e in più provocherebbe un aumento di domanda del bene pari a una unità. Dunque, Samsung vede ampiamente compensata la riduzione del prezzo, in quanto il volume delle vendite aumenta più del doppio. Il risultato è che i profitti di Samsung aumentano di un ammontare pari all'area B (il guadagno connesso all'aumento dell'output venduto) meno l'area A (la riduzione dei profitti dovuta al fatto che avrebbe potuto vendere le 30 unità precedenti al più alto prezzo di €40).

Tuttavia, i prezzi di €39 per Samsung e di €40 per LG non possono rappresentare un equilibrio, perché LG potrà guadagnare di più se abbasserà il prezzo al di sotto di quello stabilito da Samsung. In effetti, fin quando entrambi i prezzi di vendita saranno maggiori del comune costo marginale di €10, un'impresa potrà sempre aumentare i propri profitti fissando un prezzo di vendita leggermente più basso di quello del concorrente. Ciò implica che l'unico possibile equilibrio in un modello di Bertrand si ha quando ogni impresa fissa un prezzo pari al suo costo marginale di €10. A questo punto, nessuna di esse può migliorare la sua situazione variando il prezzo. Se una lo riducesse, incorrerebbe in una perdita su ogni unità che vende. Se lo aumentasse, non venderebbe nulla. Quindi, nell'equilibrio di Bertrand $P = MC = 10$, e la risultante domanda del mercato è pari a 90 unità. A differenza dell'equilibrio di Cournot, l'equilibrio di Bertrand con due imprese corrisponde all'equilibrio di un mercato perfettamente concorrenziale con un gran numero di imprese.

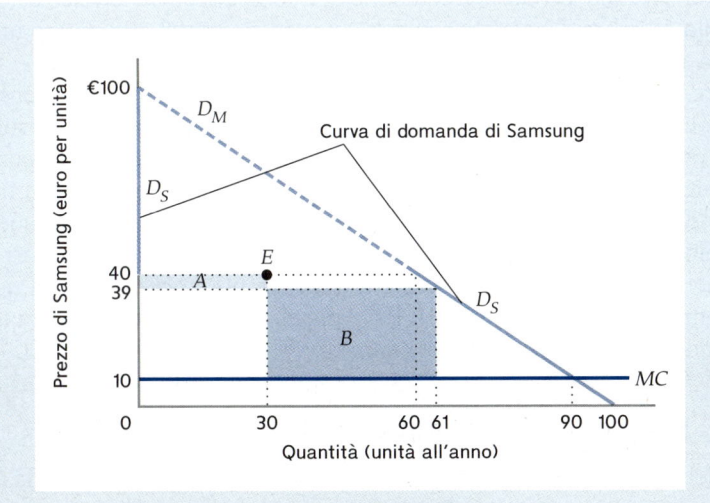

FIGURA 14.5 La concorrenza di prezzo di Bertrand
Se il prezzo di LG è €40, la curva di domanda di Samsung è la spezzata D_S. Stabilendo un prezzo di €39, Samsung può incrementare i profitti dell'area B meno l'area A. Ciò vuol dire che la situazione in cui ogni impresa fissa un prezzo di €40 e vende 30 unità non rappresenta l'equilibrio di Bertrand.

14.2.3 Perché gli equilibri di Cournot e Bertrand sono diversi?

I modelli di Cournot e di Bertrand forniscono risultati considerevolmente diversi su quantità, prezzi e profitti per un mercato di oligopolio. Nel modello di Cournot il prezzo di equilibrio è generalmente superiore al costo marginale, e si avvicina a quello di concorrenza perfetta solo quando il numero di imprese presenti sul mercato diventa elevato. Nel modello di Bertrand, invece, anche in presenza di due sole imprese la concorrenza è tale da condurre a un equilibrio che replica quello di concorrenza perfetta. Perché i due modelli sono così diversi, e come ciascuno di essi può applicarsi al mondo reale?

Una prima differenza è che la concorrenza alla Cournot e quella alla Bertrand possono essere immaginate come aventi luogo in differenti orizzonti temporali. Il modello di Cournot può essere visto come un modello di concorrenza di lungo periodo nella capacità produttiva. Sotto questa angolatura, le imprese dapprima scelgono l'impianto, e poi competono sul prezzo, data la capacità. Si può dimostrare che il risultato di questa concorrenza "a due stadi" (prima si sceglie la capacità, poi i prezzi) è identico all'equilibrio di Cournot nelle quantità.[13] Per contro, il modello di Bertrand può essere inteso come un modello di concorrenza di breve periodo nei prezzi, in cui entrambe le imprese hanno una capacità produttiva tale da poter soddisfare la domanda di mercato a qualsiasi prezzo maggiore o uguale al costo marginale.

Un'altra differenza tra i due modelli è che essi fanno ipotesi diverse su come un'impresa si aspetta che il rivale reagisca alle sue mosse competitive. L'impresa alla Cournot considera dato l'output dei concorrenti, e assume che questi ultimi risponderanno istantaneamente a ogni variazione di prezzo dell'impresa considerata in modo da mantenere costante il volume delle vendite. Questo tipo di aspettativa potrebbe aver senso in industrie come quella mineraria o quella chimica, nelle quali le imprese possono di solito modificare più rapidamente i loro prezzi rispetto all'ammontare di produzione. Dal momento che un'impresa non può attendersi di "rubare" clienti ai rivali attraverso una riduzione del proprio prezzo, nel modello di Cournot le imprese si comportano in modo meno aggressivo rispetto a quelle del modello di Bertrand. Perciò, nell'equilibrio di Cournot, sebbene diverso da quello di monopolio, le imprese comunque godono di profitti positivi e applicano un prezzo superiore al costo marginale.

Invece, nel modello di Bertrand un'impresa crede di poter attirare consumatori togliendoli ai rivali attraverso piccole riduzioni del prezzo, e sa di avere sufficiente capacità produttiva per poter soddisfare la domanda addizionale. Queste congetture potrebbero aver senso in un mercato come quello aereo degli Stati Uniti nei primi anni del 2000, caratterizzato da un significativo eccesso di capacità. In quegli anni molte compagnie aeree ritenevano che i propri aeromobili fossero destinati a volare praticamente vuoti se esse non avessero tagliato i prezzi al di sotto di quelli dei concorrenti (ovviamente, comportandosi tutte così, ognuna faceva cadere il prezzo fino a giungere al livello del costo marginale).

14.2.4 Il modello di oligopolio di Stackelberg

Nel modello di Cournot si presume che entrambe le imprese scelgano la quantità da produrre simultaneamente. Tuttavia, in alcune situazioni è più naturale ipo-

---

[13] L'idea che l'equilibrio di Cournot possa (sotto certe condizioni) emergere come risultato di un *gioco a due stadi*, nel quale le imprese scelgono prima le capacità produttive e poi i prezzi, si deve a D. Kreps e J. Scheinkman, "Quantity Precommitment and Bertrand Competition Yield Cournot Outcomes", *Bell Journal of Economics* 14, 1983, pp. 326-337.

tizzare che un'impresa scelga la quantità prima delle altre. Questa assunzione è plausibile specialmente se si pensa alle quantità in termini di livelli di capacità produttiva. In molte industrie oligopolistiche le decisioni di espansione della capacità produttiva tendono a verificarsi sequenzialmente piuttosto che simultaneamente. Nel settore statunitense dei generatori a turbina, per esempio, tra gli anni Cinquanta e Sessanta la Westinghouse e la Allis-Chalmers generalmente decidevano di ampliare la propria capacità produttiva solamente dopo che il leader di settore, la General Electric, lo aveva fatto.

Il **modello di oligopolio di Stackelberg** si riferisce a una situazione in cui un'impresa agisce come leader nelle quantità, scegliendo per prima l'output da produrre, mentre le altre imprese agiscono come *followers*, decidendo quanto produrre solo dopo che l'impresa leader ha effettuato la sua scelta. Il modello di Stackelberg è quindi un particolare esempio di gioco sequenziale. Per illustrarlo, si consideri ancora una volta l'esempio Samsung-LG, ma ora assumendo che Samsung (impresa 1) agisca come leader scegliendo per prima il livello di produzione, e che LG (impresa 2) agisca come follower stabilendo quanto produrre dopo che il leader ha fatto la sua mossa.

Si consideri per prima cosa il problema di massimizzazione del profitto dell'impresa follower, cioè di LG. Essa osserva la quantità Q_1 scelta da Samsung (il leader), e deve individuare una risposta a tale quantità in grado di massimizzare il suo profitto. La migliore risposta di LG a ogni quantità Q_1 di Samsung è data dalla funzione di reazione di LG descritta nel modello di Cournot. Tale funzione è stata già derivata nell'Esercizio svolto 14.1, ed è $Q_2 = 45 - Q_1/2$. Il suo grafico è riportato nella Figura 14.6.

> **MODELLO DI OLIGOPOLIO DI STACKELBERG** Una situazione in cui un'impresa agisce come leader nelle quantità, scegliendo per prima il suo livello di produzione, mentre tutte le altre imprese agiscono come follower.

Punto sulla funzione di reazione di LG	Prezzo di mercato	Profitti di Samsung
A	€47,5	€562,50
C	€40	€900,00
S	€32,5	€1012,50
F	€25	€900,00
G	€17,5	€562,50

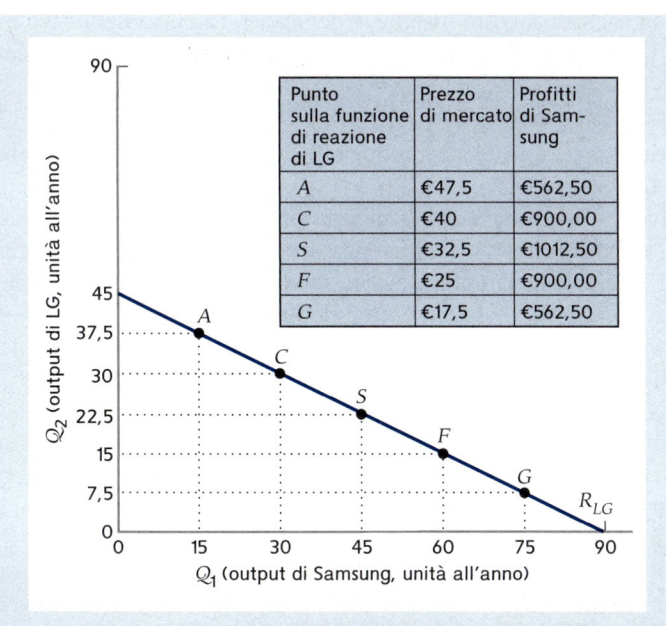

FIGURA 14.6 Il modello di Stackelberg e la massimizzazione del profitto dell'impresa follower

La retta R_{LG} raffigura la funzione di reazione di LG. La tabella nella parte superiore del grafico mostra il prezzo di mercato e i profitti di Samsung per alcuni punti situati lungo la funzione di reazione. Nel modello di Stackelberg l'impresa leader (Samsung) sceglie il punto sulla funzione di reazione del follower (LG) che massimizza il proprio profitto. In questo grafico, ciò accade nel punto S.

Si passi ora a considerare il comportamento di Samsung. Essendo conscia del fatto che LG vuole massimizzare il profitto, sa che quest'ultima sceglierà un output in base alla propria funzione di reazione, R_{LG}. Ciò comporta che, in virtù della propria scelta dell'output, Q_1, Samsung può in effetti posizionare l'industria da qualche parte lungo la funzione di reazione del rivale. Per esempio, se Samsung scegliesse di produrre $Q_1 = 15$, dalla Figura 14.6 si deduce che LG deciderebbe di produrre 37,5 unità, e l'industria si collocherebbe nel punto A. Se, per contro, Samsung scegliesse $Q_1 = 60$, LG produrrebbe 15 unità, e l'industria si posizionerebbe nel punto F.

Quale output dovrebbe scegliere Samsung? Quello che massimizza i suoi profitti, ovviamente. Per trovare qual è, la tabella presente nella Figura 14.6 riporta il prezzo di mercato e i profitti di Samsung relativamente a diversi punti sulla funzione di reazione di LG. Per esempio nel punto A (dove Samsung produce 15 unità e la migliore risposta di LG è produrre 37,5 unità) il prezzo di mercato è $100 - 15 - 37,5 =$ €47,5 per unità, e il profitto di Samsung è $(47,5 - 10) \times 15 =$ €562,50. Dei vari punti individuati, la quantità che massimizza il profitto di Samsung si trova nel punto S, dove essa produce 45 unità di output mentre LG ne produce 22,5.

Si può verificare questo risultato per via algebrica. Siccome la curva di domanda del mercato è $P = 100 - Q_1 - Q_2$, e poiché Q_2 viene scelto in modo che sia $Q_2 = 45 - Q_1/2$, ne consegue che il prezzo di mercato dipenderà in effetti dalla quantità prodotta da Samsung: $P = 100 - Q_1 - (45 - Q_1/2)$, ovvero $P = 55 - Q_1/2$. Questa espressione può essere intesa come la curva di domanda residuale che fronteggia lo Stackelberg leader, in quanto descrive come varia il prezzo al variare della quantità che egli produce, prendendo in considerazione la reazione del follower a quella scelta di quantità.

A questo punto, trovare la quantità ottimale di Samsung è piuttosto semplice. Dalla funzione di domanda del leader si ricava infatti quella del ricavo marginale, che va poi uguagliata al costo marginale del leader. La curva del ricavo marginale è $MR = 55 - Q_1$; ponendola uguale al costo marginale di Samsung, si ottiene

$$55 - Q_1 = 10, \text{ ovvero } Q_1 = 45$$

In risposta a questo livello di produzione del leader, il follower sceglierà un output pari a $Q_2 = 45 - 45/2 = 22,5$.

Si osservi che il risultato dell'equilibrio di Stackelberg (punto S) è diverso da quello di Cournot (punto C). A differenza di quest'ultimo, che era simmetrico, nel modello di Stackelberg l'impresa leader produce un output maggiore rispetto a quello del follower (qui è esattamente il doppio). Nonostante il prezzo di mercato sia più basso nel modello di Stackelberg rispetto a quello di Cournot (si confrontino i valori del prezzo per i punti S e C nella tabella della Figura 14.6), il profitto dell'impresa leader è maggiore. Ciò dimostra la convenienza per un oligopolista a essere il primo a effettuare la scelta dell'output. Da dove deriva tale convenienza? Essenzialmente, scegliendo per primo, il leader, in questo caso Samsung, può "manipolare" l'output di LG a proprio vantaggio. In particolare, quando sceglie un output maggiore di quello previsto dal modello di Cournot, Samsung spinge LG in una posizione in cui la migliore risposta di LG è scegliere una quantità inferiore rispetto a quella che sceglierebbe nel modello di Cournot (del resto, la funzione di reazione di LG è inclinata negativamente). L'intuizione di tale cambiamento può essere data immaginando la reazione dei manager di LG alla decisione di Samsung di produrre una quantità relativamente grande di output (punto S):

Ehi, Samsung si è vincolata a produrre 45 unità: ma è davvero tanto! Con quella quantità, il prezzo di mercato non potrà mai essere più alto di €55, e questo accadrebbe solo se noi non producessimo nulla! [$P = 100 - 45 = 55$]. Questo ci mette in una posizione difficile.

Se producessimo più o meno la stessa quantità di Samsung, il prezzo crollerebbe, e questo sarebbe molto negativo per noi. Francamente, Samsung non ci ha lasciato molti margini di manovra. La migliore cosa per noi è limitare al possibile i danni con la scelta dell'output. Certamente non possiamo più raggiungere la sua quota di vendite, ma almeno manteniamo il prezzo a un livello ragionevolmente decente. Certo, muovendo per primi i nostri avversari ci hanno proprio incastrato.

Si è già sottolineato come il modello di oligopolio di Stackelberg sia un particolare esempio di gioco sequenziale, in cui un giocatore muove prima degli altri. Si conferma dunque quanto visto nel Capitolo 13, ovvero che ci può essere un valore strategico associato alla capacità di essere i primi a muovere nel gioco.

14.3 • Mercati con un'impresa dominante

In alcuni settori, una singola impresa con una quota di mercato schiacciante – quella che gli economisti chiamano *impresa dominante* – compete con molti piccoli produttori, ognuno dei quali ha una modesta quota di mercato. Nel 2004, per esempio, la General Electric deteneva il 71,5% del mercato statunitense delle lampadine, mentre la quota di mercato del suo più grande concorrente, Osram Sylvania, era appena del 7,4%.[14]

La Figura 14.7 illustra un modello di fissazione del prezzo da parte di un'impresa dominante. La domanda di mercato è D_M. L'impresa dominante stabilisce il prezzo di mercato e divide la domanda di mercato con un gruppo di piccole imprese marginali che rappresentano la frangia competitiva dell'industria. Le imprese marginali

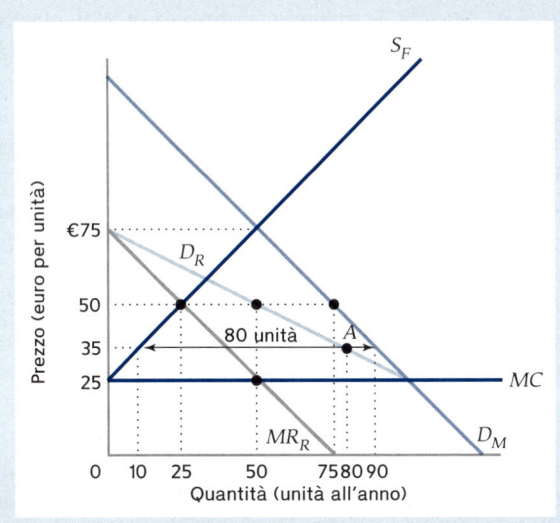

FIGURA 14.7 Un mercato con un'impresa dominante
La curva di domanda residuale dell'impresa dominante D_R è la differenza orizzontale tra la curva di offerta della frangia competitiva S_F e la curva di domanda del mercato D_M. La quantità di massimo profitto dell'impresa dominante è 50 unità, mentre il prezzo di massimo profitto è €50 per unità. A questo prezzo, la frangia di imprese marginali offre 25 unità.

---

[14] U.S. Business Reporter, Market Research, http://www.usbrn.com/mrktdetail2.asp?MarketID=MRK364105 (accesso: 1 gennaio 2007).

producono beni identici e agiscono come in concorrenza perfetta: ognuna sceglie il proprio output prendendo il prezzo di mercato come dato. La curva S_F rappresenta l'offerta della frangia competitiva.[15]

Il problema dell'impresa dominante è trovare un prezzo che massimizzi i suoi profitti, tenendo anche conto di come tale prezzo influenza l'offerta della frangia competitiva. Per risolvere il problema, bisogna identificare la curva di domanda residuale D_R dell'impresa dominante, che descrive le quantità che l'impresa dominante può offrire in base ai differenti livelli di prezzo. È possibile derivare D_R sottraendo per ogni prezzo l'offerta della frangia competitiva dalla curva di domanda di mercato. Per esempio, per un livello di prezzo di €35 la domanda del mercato è 90 unità e l'offerta delle imprese marginali è 10 unità. Pertanto la domanda residuale dell'impresa dominante al prezzo di €35 è di 80 unità. Il punto A costituisce quindi un punto della curva di domanda residuale D_R. Il calcolo della distanza orizzontale tra D_M e S_F per ogni livello di prezzo rende possibile tracciare l'intera curva di domanda residuale. Per prezzi inferiori a €25 per unità, le imprese della frangia competitiva non offrono alcun output, per cui la domanda residuale dell'impresa dominante coincide con la curva di domanda del mercato. Per livelli di prezzo superiori a €75, la curva di domanda residuale si riduce a zero e le imprese marginali soddisfano l'intera domanda del mercato.

L'impresa dominante trova il prezzo e la quantità di massimo profitto eguagliando il ricavo marginale MR_R, associato alla curva di domanda residuale, al suo costo marginale MC (che, come mostra la Figura 14.7, è costante e pari a €25). La quantità ottimale dell'impresa dominante è pari a 50 unità all'anno, che vengono vendute a un prezzo di €50 ciascuna. Il prezzo di mercato viene determinato sulla base della curva di domanda residuale, anziché della curva di domanda del mercato, perché è la prima delle due curve che riporta quanto l'impresa dominante può vendere a seconda dei vari livelli di prezzo.

Al prezzo di €50, la domanda del mercato è 75 unità all'anno, e l'offerta della frangia competitiva è 25 unità. Stabilendo un prezzo di €50, ovvero il doppio del prezzo minimo al quale le imprese marginali sarebbero disposte a offrire il loro prodotto, l'impresa dominante crea un prezzo "ombrello" che consente ad alcune imprese marginali di ottenere un profitto. Questo prezzo risulta, inoltre, quello in grado di massimizzare i profitti dell'impresa dominante, i quali sono pari a (50 − 25) × 50 = €1250 all'anno.

La Figura 14.8 mostra quel che accade quando la dimensione della frangia competitiva aumenta per via dell'entrata nel mercato di nuove imprese marginali. La curva di offerta della frangia ruota verso destra, passando da S_F a S'_F (per ogni prezzo, la frangia offre più unità di bene). Ciò causa a sua volta una rotazione verso sinistra della curva di domanda residuale dell'impresa dominante, che passa da D_R a D'_R (l'impresa dominante offre meno unità di bene per ogni prezzo). Di conseguenza, il prezzo di massimo profitto dell'impresa dominante diventa €42 per unità (invece di €50), mentre la sua quantità ottimale resta pari a 50 unità. Per contro, l'offerta delle imprese marginali passa da 25 a 33 unità.[16] La quota di mercato dell'impresa dominante passa dal 67 al 60% e i suoi profitti si riducono da €1250 a €833.

---

[15] Con un numero fisso di imprese marginali, S_F è la somma orizzontale delle loro curve del costo marginale. L'intercetta verticale di S_F pertanto mostra il prezzo minimo al quale un'impresa marginale è disposta a offrire il proprio bene.

[16] La quantità di massimo profitto dell'impresa dominante rimane ferma a 50 unità a causa del modo con cui qui sono state costruite la curva di domanda e quella di offerta della frangia competitiva. In generale, uno spostamento della curva di offerta della frangia può modificare anche la quantità offerta dall'impresa dominante.

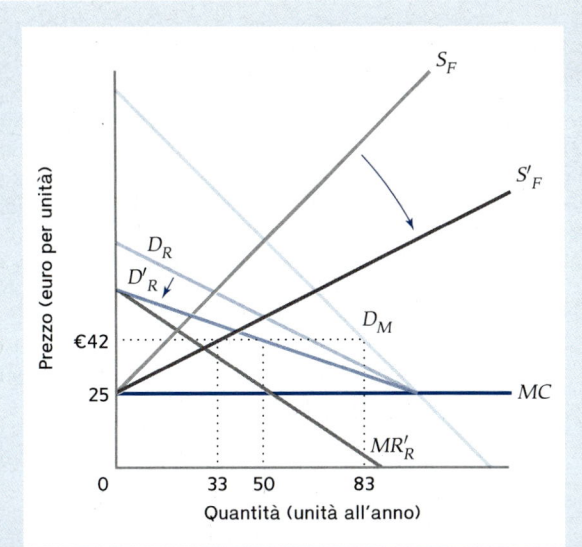

FIGURA 14.8 Un mercato con un'impresa dominante quando la dimensione della frangia competitiva aumenta

Quando cresce il numero delle imprese marginali, la loro curva di offerta ruota verso destra in S'_F, mentre la curva di domanda residuale ruota verso sinistra in D'_R. La nuova quantità di massimo profitto dell'impresa dominante è ancora 50 unità, e il suo prezzo di massimo profitto diventa €42. A questo prezzo, la frangia offre 33 unità, mentre la domanda di mercato è di 83 unità.

A questo punto, perché l'impresa dominante non fa qualcosa per ridurre il tasso di entrata delle imprese marginali? I prezzi di €50 ed €42 massimizzano i profitti dell'impresa in un particolare momento del tempo (per esempio, in un determinato anno). Tuttavia, se il tasso di entrata di nuove imprese marginali nel mercato dipende dal prezzo corrente di mercato, l'impresa dominante potrebbe voler attuare una strategia di **prezzo limite**, in virtù della quale essa mantiene il prezzo di mercato al di sotto del livello che massimizza il suo profitto corrente, al fine di ridurre il tasso di espansione della frangia competitiva.[17]

Stabilendo un prezzo limite, l'impresa dominante sacrifica una parte dei propri profitti attuali al fine di mantenere i profitti futuri a un livello più alto di quello che altrimenti sarebbe.

La strategia del prezzo limite è molto attraente quando un alto livello del prezzo corrente induce la frangia competitiva a espandersi rapidamente,[18] oppure quando l'impresa ha una visione di lungo periodo e privilegia, nelle sue decisioni strategiche, i profitti futuri rispetto a quelli correnti. Infine, la strategia del prezzo limite è consigliabile quando un'impresa dominante ha significativi vantaggi di costo rispetto ai concorrenti: un vantaggio di costo le consente infatti di tenere basso il prezzo per ridurre il tasso di entrata senza sacrificare eccessivamente il suo profitto corrente.

PREZZO LIMITE Una strategia per la quale l'impresa dominante mantiene il suo prezzo al di sotto del livello che massimizza il profitto corrente al fine di ridurre il tasso di espansione della frangia competitiva.

---

[17] Sarebbe interessante capire - ma è una questione che va al di là dello scopo di questo testo - perché il tasso di espansione della frangia potrebbe essere collegato al prezzo corrente di mercato. Una possibile spiegazione è che le imprese marginali già operanti contino sui profitti correnti per finanziare i loro piani di espansione, per cui un prezzo più basso comporterà minori profitti correnti e quindi (almeno per alcuni produttori) maggiori difficoltà di espansione della capacità produttiva.

[18] Queste considerazioni sul problema del prezzo limite sono tratte da D. Gaskins, "Dynamic Limit Pricing: Optimal Pricing under the Threat of Entry", *Journal of Economic Theory* 3, settembre 1971, pp. 306-322.

Esercizio svolto 14.3 — Il calcolo dell'equilibrio nel modello con un'impresa dominante

Supponete che la curva di domanda del mercato in un'industria mineraria sia $Q^d = 110 - 10P$, in cui Q^d è espresso in milioni di unità di prodotto estratto all'anno, e P è misurato in euro per unità. Il settore è dominato da una grande impresa cha ha un costo marginale costante di €5 per unità. Vi è poi una frangia competitiva costituita da 200 piccole imprese, ognuna delle quali ha un costo marginale $MC = 5 + 100q$, dove q è l'output dell'impresa marginale rappresentativa.

Problema

(a) Qual è l'equazione della curva di offerta della frangia competitiva?
(b) Qual è l'equazione della curva di domanda residuale dell'impresa dominante?
(c) Qual è la quantità che massimizza il profitto dell'impresa dominante? Qual è il relativo prezzo di mercato? A questo prezzo, quanto produce la frangia competitiva, e qual è la sua quota di mercato (cioè il rapporto tra la quantità prodotta dalla frangia e la quantità totale prodotta nell'industria)? Qual è la quota di mercato dell'impresa dominante?

Soluzione

(a) Per trovare la curva di offerta della frangia competitiva, si può procedere come segue. Ogni impresa marginale produce la quantità per la quale il prezzo è uguale al costo marginale: $P = 5 + 100q$, da cui $q = (P - 5)/100$. Tale equazione è valida solo se il prezzo di mercato è superiore o al massimo uguale a €5. Se fosse inferiore, le imprese della frangia non produrrebbero nulla. In questo esercizio si può assumere che il prezzo di mercato sia maggiore di €5, e che quindi la curva di offerta di un'impresa marginale sia $q = (P - 5)/100$: infatti, il costo marginale dell'impresa dominante è pari a 5, e certamente essa non opererà in un punto in cui il suo prezzo sia minore del suo costo marginale. Sulla base di ciò, la curva di offerta globale della frangia si ottiene moltiplicando la curva di offerta di una singola impresa marginale per il numero di tali imprese (200): $Q^s = (200)(P - 5)/100 = 2P - 10$. Dunque, la curva di offerta della frangia competitiva è $Q^s = 2P - 10$.

(b) La curva di domanda residuale si trova sottraendo l'offerta delle imprese marginali alla curva di domanda di mercato. Indicando con Q^r la domanda residuale, si ha: $Q^r = Q^d - Q^s = (110 - 10P) - (2P - 10)$, ovvero $Q^r = 120 - 12P$.

(c) Per trovare la quantità ottimale prodotta dall'impresa dominante, bisogna dapprima scrivere la funzione inversa della curva di domanda residuale (omettendo l'apice r), che è $P = 10 - (1/12)Q$. La corrispondente curva del ricavo marginale è $MR = 10 - (1/6)Q$. Eguagliando il ricavo marginale al costo marginale, si ottiene $10 - (1/6)Q = 5$, da cui $Q = 30$ milioni di unità all'anno. Il relativo prezzo di mercato è $P = 10 - (1/12)(30) = $ €7,50 per unità. A questo prezzo, l'offerta totale della frangia è $2(7,50) - 10 = 5$ milioni di unità all'anno. Pertanto, l'output totale dell'industria è 35 milioni di unità: di esse, 30 milioni sono prodotte dall'impresa dominante e 5 milioni dalle imprese marginali. La quota di mercato della frangia è quindi $5/(5 + 30) = 14,29\%$, mentre quella dell'impresa dominante è 85,71%.

Applicazione 14.2

"Vietato l'ingresso": Italcementi e i prezzi predatori

Quando un'impresa desidera acquisire una maggiore quota del mercato, o conservare quella che già possiede, può tentare di indurre i concorrenti a uscire dal mercato. Una strategia utile a questo scopo è adottare una *politica di prezzi predatori*. Il meccanismo è semplice. Dapprima l'impresa riduce il prezzo di vendita del proprio bene a un livello molto basso (spesso al di sotto dei costi medi), in modo da espandere le vendite a danno dei concorrenti e così rendere non conveniente la loro permanenza nell'industria (ma può farlo anche per scoraggiare possibili entrate di nuovi produttori). Successivamente, quando i principali rivali sono usciti dal mercato, può riportare il prezzo a un livello profittevole. In altri termini, l'impresa è disposta a incorrere in perdite nel breve periodo per garantirsi profitti maggiori nel lungo periodo. Essendo questo comportamento un evidente esempio di concorrenza sleale, e avendo come obiettivo la monopolizzazione del mercato, le leggi antitrust di tutti i Paesi perseguono le imprese che fanno ricorso a prezzi predatori.

Un caso famoso di attuazione di pratiche predatorie in Italia è quello che riguarda Italcementi, una delle più grandi e importanti società del nostro Paese. Fino al 1993 Italcementi era il maggior produttore di cemento in Italia e uno tra i principali in Europa, ed era attiva anche nel mercato del calcestruzzo preconfezionato (un conglomerato ottenuto dal cemento e usato come materiale per la costruzione di vari tipi di strutture, specialmente quelle in cemento armato). Ma nel 1993 alcune imprese di calcestruzzo cominciarono a importare in Sardegna cemento proveniente da Grecia, Turchia e Paesi dell'ex Iugoslavia. Ciò consentiva loro di vendere il calcestruzzo ai costruttori a un prezzo inferiore anche del 15% rispetto a quello richiesto da Italcementi, la quale vide diminuire la sua quota di mercato in Sardegna dal 96 al 61% nel giro di un anno. La reazione di Italcementi fu molto dura. Invece di ridurre il prezzo del proprio cemento, essa acquistò nuovi impianti per la produzione di calcestruzzo, che poi cominciò a vendere a prezzi molto bassi (notevolmente al di sotto dei suoi costi medi variabili), acquisendo una larga fetta del mercato sardo di calcestruzzo e mettendo in difficoltà i produttori rivali che utilizzavano cemento importato, i quali persero progressivamente clienti e quote di mercato. A costoro, i rappresentanti delle controllate di Italcementi fecero chiaramente intendere che la politica di prezzi aggressivi sarebbe cessata solo se essi fossero tornati ad approvvigionarsi di cemento presso Italcementi.

Di fronte a questo caso, l'Autorità Garante della Concorrenza e del Mercato (AGCM), ovvero l'autorità antitrust italiana, individuò alcuni elementi chiari e comprovati: Italcementi praticava prezzi inferiori ai costi variabili, era riuscita a consolidare la sua posizione di dominanza in breve tempo, e aveva assunto una condotta i cui fini erano chiaramente predatori. La sua conclusione fu che i comportamenti tenuti da Italcementi costituivano abuso di posizione dominante, e per tale ragione le impose una sanzione amministrativa pecuniaria di 3,75 miliardi di lire[19] (quasi 2 milioni di euro).

Un aspetto interessante di questa vicenda è il tipo di atteggiamento adottato da Italcementi. Certamente il suo obiettivo era quello di impedire l'ingresso di concorrenti "scomodi" nel mercato, ma il suo "mostrare i muscoli" voleva rappresentare anche un segnale forte inviato a potenziali entranti, a indicare che avrebbe contrastato a muso duro ogni tentativo di entrata. In effetti, una politica di prezzi predatori può avere successo solo se i potenziali entranti si convincono che non conviene entrare nell'industria proprio a causa della reazione che potrebbe avere l'impresa dominante. In questo senso, la *reputazione* può rappresentare una barriera all'entrata.

A cura di Paolo Coccorese

14.4 • Oligopolio con prodotti differenziati orizzontalmente

*I*n molti mercati, come quello della birra, dei cereali per la colazione, delle automobili e delle bibite analcoliche, le imprese vendono prodotti che i consumatori considerano diversi l'uno dall'altro. In questi mercati si dice allora che le imprese producono beni differenziati. Nel presente paragrafo si approfondirà quanto introdotto nel Capitolo 11 e si analizzerà la differenziazione del prodotto, per poi studiare come le imprese operanti in oligopoli con prodotti differenziati competono tra loro.

14.4.1 Cos'è la differenziazione del prodotto?

Gli economisti identificano due tipi di differenziazione del prodotto: verticale e orizzontale. La **differenziazione verticale** chiama in causa la superiorità o l'inferiorità. Due prodotti sono differenziati verticalmente quando i consumatori considerano un prodotto migliore oppure peggiore dell'altro. Le batterie Duracell, per esempio, sono verticalmente differenziate rispetto a quelle di una sottomarca perché durano di più. Ciò rende le batterie Duracell inequivocabilmente superiori alle altre.

La **differenziazione orizzontale** riguarda invece la sostituibilità. Due prodotti, *A* e *B*, sono differenziati orizzontalmente quando, a prezzi uguali, alcuni consumatori considerano *B* come un sostituto imperfetto di *A* e quindi acquisteranno *A* anche se il suo prezzo dovesse essere maggiore di quello di *B*, mentre altri consumatori considerano *A* come un sostituto imperfetto di *B* e quindi acquisteranno

> **DIFFERENZIAZIONE VERTICALE** Una situazione per la quale, dati due prodotti, i consumatori considerano uno di essi migliore oppure peggiore dell'altro.

> **DIFFERENZIAZIONE ORIZZONTALE** Una situazione per la quale, dati due prodotti, alcuni consumatori considerano uno di essi come un sostituto imperfetto dell'altro, e quindi acquisteranno il primo anche se il suo prezzo dovesse essere maggiore di quello dell'altro.

---

[19] Provvedimento n. 2793 del 09/02/1995 (caso Tekal-Italcementi). Il testo è consultabile sul sito dell'Autorità Garante della Concorrenza e del Mercato (www.agcm.it).

B anche se il suo prezzo dovesse essere maggiore di quello di *A*. Diet Coke e Diet Pepsi sono differenziate orizzontalmente: alcuni consumatori considerano Diet Pepsi come un sostituto imperfetto di Diet Coke, mentre altri pensano che Diet Coke sia un sostituto imperfetto di Diet Pepsi.

La differenziazione orizzontale e la differenziazione verticale sono forme distinte di differenziazione del prodotto. Per esempio, tutti i consumatori potrebbero essere d'accordo sul fatto che le batterie Duracell sono migliori rispetto a quelle di una sottomarca in quanto durano il doppio, ma se tutti i consumatori dovessero altresì considerare due batterie prodotte da una sottomarca equivalenti a una batteria Duracell, allora i due prodotti, sebbene differenziati verticalmente, non sarebbero differenziati orizzontalmente.[20] Se la batteria prodotta da una sottomarca costasse meno della metà di una Duracell, tutti i consumatori sceglierebbero la sottomarca. Per contro, al di là del fatto che qualcuno possa essere assolutamente certo della superiorità qualitativa della Diet Coke rispetto alla Diet Pepsi, alcuni consumatori sono fedeli a una delle due marche, e perciò non considerano i due prodotti come perfetti sostituti. Queste marche sono differenziate orizzontalmente ma non verticalmente.

La differenziazione orizzontale rappresenta un importante concetto per la teoria dell'oligopolio e della concorrenza monopolistica. Le imprese che vendono prodotti differenziati orizzontalmente hanno una curva di domanda inclinata negativamente, come mostra la Figura 14.9.

Nella Figura 14.9(a), in cui la differenziazione orizzontale è debole, la domanda dell'impresa è piuttosto sensibile alle variazioni del proprio prezzo e di quello dei rivali. Un modesto incremento del prezzo dell'impresa (da €30 a €35) comporta un'elevata riduzione della quantità domandata (da 40 a 20 unità); analogamente,

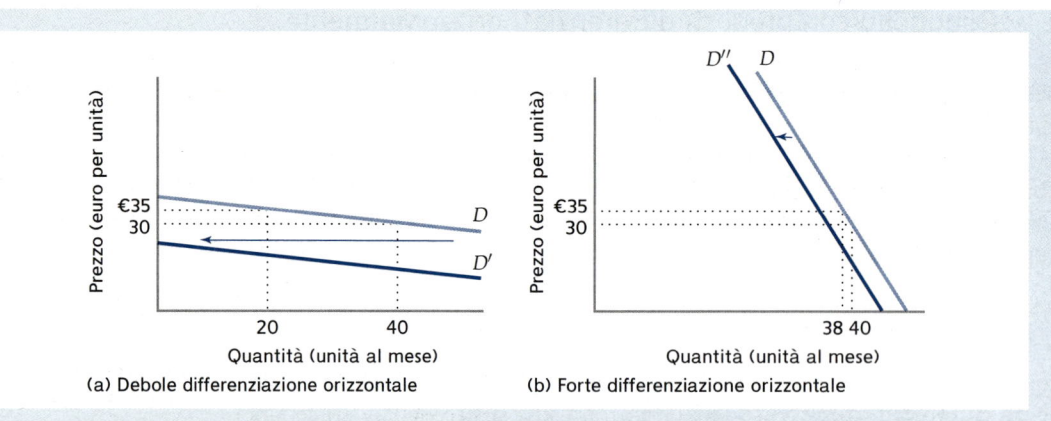

FIGURA 14.9 La differenziazione orizzontale e la curva di domanda di un'impresa
Nel grafico (a), la differenziazione orizzontale è debole. La curva di domanda dell'impresa *D* è inclinata negativamente, ma la quantità domandata è molto sensibile a variazioni del prezzo dell'impresa. Un aumento del prezzo da €30 a €35 per unità, a parità di prezzo dei concorrenti, fa ridurre notevolmente la quantità domandata. Inoltre, quando i concorrenti riducono il loro prezzo, la curva di domanda dell'impresa si sposta considerevolmente verso sinistra, da *D* a *D'*. Invece, nel grafico (b) la differenziazione orizzontale è più forte. La domanda dell'impresa non è così sensibile ai cambiamenti del suo prezzo, e quando i concorrenti tagliano i loro prezzi la curva di domanda dell'impresa si sposta di poco verso sinistra, da *D* a *D''*.

[20] In base alla teoria del consumatore descritta nei Capitoli 4 e 5, le curve di indifferenza relative alle batterie Duracell e a quelle di una sottomarca sono lineari. In realtà, i consumatori potrebbero non considerare del tutto indifferenti due batterie di una sottomarca e una batteria Duracell a causa del fattore comodità: una batteria che dura di più occupa meno spazio rispetto a due batterie, e in più non deve essere cambiata così spesso. Per semplicità, qui si ignora il fattore comodità.

una piccola riduzione del prezzo di un concorrente determina un considerevole calo di domanda, illustrato dal rilevante spostamento verso sinistra della curva di domanda da D a D'.

Nella Figura 14.9(b), in cui la differenziazione orizzontale è forte, la domanda dell'impresa è molto meno sensibile alle variazioni di prezzo da parte dell'impresa stessa o dei rivali. Un piccolo incremento del prezzo dell'impresa (da €30 a €35) causa solo una lieve riduzione nella quantità domandata (da 40 a 38 unità); allo stesso modo, una modesta riduzione del prezzo praticato da un concorrente comporta soltanto una piccola diminuzione della quantità venduta dall'impresa, visualizzata da un contenuto spostamento verso sinistra della curva di domanda da D a D''.

Applicazione 14.3

La guerra degli smartphone[21]

Per molti anni il mercato dei telefoni cellulari è stato dominato da Nokia e Motorola, che vendevano telefonini poco costosi e con un numero limitato di funzioni accessorie. Un prodotto concorrente, ma con caratteristiche diverse, era il Blackberry, realizzato da Research in Motion (RIM). Il Blackberry è stato il primo *smartphone*, ossia un piccolo computer portatile che consentiva ai suoi utenti non solo di effettuare telefonate, ma anche di ricevere e inviare messaggi e-mail, di gestire la propria agenda di appuntamenti e così via. Per anni il Blackberry è stato relativamente unico nel suo genere, con una forte differenziazione orizzontale rispetto ai telefoni cellulari standard. La maggior parte degli utilizzatori del Blackberry erano uomini d'affari, ai quali il telefono era fornito dal datore di lavoro.

Negli anni più recenti, le capacità degli smartphone sono eccezionalmente aumentate e il loro prezzo si è ridotto. Nel 2010 gli analisti del settore stimavano che circa il 40% dei consumatori usava o avrebbe acquistato uno smartphone entro l'anno. All'inizio del 2010, lo smartphone più diffuso tra i consumatori era l'iPhone di Apple, che ha sopravanzato il Blackberry in funzionalità. Questo telefono ha proseguito la tradizione Apple di connubio fra un design elegante e un'interfaccia di semplice utilizzo. Oltre che come telefono e macchina fotografica, l'iPhone può essere usato per controllare la posta elettronica, navigare su Internet, memorizzare e riprodurre musica e video proprio come in un iPod. Contiene inoltre anche un dispositivo GPS per la localizzazione satellitare. Fin dalla sua nascita si è caratterizzato per uno schermo relativamente ampio e per un'innovativa interfaccia touchscreen, quando ancora i cellulari utilizzavano un display ridotto e una piccola tastiera per la digitazione di numeri e testo. Un'importante novità dell'iPhone (soprattutto in termini di differenziazione orizzontale) è stata rappresentata dalla presenza di *apps*, piccole applicazioni che gli utenti possono scaricare gratuitamente oppure per pochi euro. Migliaia di queste applicazioni sono state sviluppate da molte piccole compagnie, e ciò ha consentito agli utilizzatori di aggiungere parecchie funzionalità al proprio telefono. Tutte queste caratteristiche hanno permesso all'iPhone di differenziarsi orizzontalmente rispetto agli altri smartphone, come il Blackberry.

La popolarità dell'iPhone è cresciuta rapidamente: nel 2009 le vendite hanno superato 5 milioni di unità, rispetto al milione scarso del 2008. In risposta ai primi modelli di iPhone, RIM introdusse il Pre, uno smartphone con caratteristiche in qualche modo simili all'iPhone. Tuttavia, due giorni dopo il lancio del Pre, Apple annunciò il suo nuovo modello, l'iPhone 3GS. Questa notizia provocò un arresto delle vendite del Pre. All'inizio del 2010, i telefoni venduti dalla Apple erano quasi pari a quelli della RIM.

Il successo dell'iPhone ha sollecitato ulteriori risposte da parte dei concorrenti Motorola e Google. Google ha progettato un sistema operativo per smartphone chiamato Android, nella speranza di aprire il mercato degli smartphone a molti altri produttori. L'obiettivo

---

[21] Si veda R. Zachary, "Who's Winning the Smartphone Wars?", *O'Reilly Radar*, 24 agosto 2009, http://radar.oreilly.com/raven (accesso: 11 marzo 2010); "Smartphone Wars: Android Phones Close in on iPhone", *ABC News, Ahead of the Curve*, 20 gennaio 2010, http://blogs.abcnews.com.aheadofthecurve/2010/01/smartphone-wars-android-phones-close-in-on-iphone.html (accesso: 11 marzo 2010).

era quello di stimolare l'innovazione nelle apps, per competere con quelle dell'iPhone, e anche l'innovazione e la competizione di costo tra i produttori di telefoni cellulari. Motorola ha subito aderito a questa iniziativa, annunciando nel 2009 la realizzazione del telefono Droid.

Se il progetto Android dovesse avere successo, l'iPhone di Apple potrebbe perdere molta della sua differenziazione orizzontale. Al momento in cui si scrive, è troppo presto per dire se ciò accadrà. In ogni caso, un'indagine condotta all'inizio del 2010 ha rivelato che, sul totale dei consumatori che pensano di comprare a breve uno smartphone, la percentuale di persone intenzionate ad acquistare un telefono Android era del 21%, contro il 6% di sei mesi prima, mentre la percentuale di coloro che pensava di comprare un'iPhone era scesa dal 32 al 28%. Va poi evidenziato che, secondo l'indagine, i potenziali utilizzatori dei telefoni iPhone e Android hanno modelli di utilizzo degli smartphone molto simili (in termini di chiamate, navigazione sulla rete, applicazioni, attività di social network e messaggistica istantanea), un chiaro segnale di potenziale perdita di differenziazione da parte di Apple. Se le stime derivanti dai dati dell'indagine dovessero tramutarsi in vendite effettive, nel giro di pochissimo tempo i telefoni Android potrebbero avere più o meno la stessa quota di mercato di Apple.

14.4.2 Concorrenza di prezzo alla Bertrand con prodotti differenziati orizzontalmente

A questo punto è interessante studiare come le imprese che producono prodotti differenziati fissano i loro prezzi di vendita. A tale fine, si può utilizzare il modello di concorrenza alla Bertrand, opportunamente adattato al caso in cui vi sia differenziazione orizzontale del prodotto.[22] In particolare, si consideri un mercato in cui tale differenziazione sia considerevole: il mercato delle bibite al gusto di cola.

Farid Gasmi, Quang Vuong e J. J. Laffont (d'ora in poi GVL) hanno stimato le curve di domanda residuali di Coca-Cola (impresa 1) e Pepsi (impresa 2):[23]

$$Q_1 = 64 - 4P_1 + 2P_2 \quad (14.1)$$

$$Q_2 = 50 - 5P_2 + P_1 \quad (14.2)$$

GVL hanno anche stimato che Coca-Cola e Pepsi avevano un costo marginale pari a \$5 e \$4, rispettivamente.[24] In base a queste curve di domanda e ai costi marginali, quali prezzi dovrebbero fissare le due imprese?

Come nel modello di Cournot, si ha un equilibrio quando ogni impresa sta facendo il suo meglio date le azioni del rivale. La logica sottesa all'individuazione di questo equilibrio è simile a quella usata per il modello di Cournot, per cui il primo passo è derivare la funzione di reazione nel prezzo di ciascuna impresa – ovvero, il prezzo di massimo profitto espresso in funzione del prezzo definito dal rivale.

Si prenda in considerazione il problema di Coca-Cola. La Figura 14.10(a) mostra la sua curva di domanda D_8 quando Pepsi fissa un prezzo di \$8. Questa curva descrive le quantità che Coca-Cola può vendere ai vari prezzi, nell'ipotesi che il prezzo di Pepsi rimanga costante a \$8 [si noti che D_8 soddisfa l'equazione (14.1)]. Se, per esempio, Coca-Cola fissa un prezzo di \$7,50, può vendere 50 milioni di unità. Se si

---

[22] Si potrebbe anche studiare un modello di concorrenza alla Cournot con prodotti differenziati. Così come il modello di Cournot in caso di prodotti omogenei conduce a un equilibrio diverso rispetto al modello di Bertrand, anche nel caso di prodotti differenziati i due equilibri risultano diversi.

[23] F. Gasmi, Q. Vuong e J. Laffont, "Econometric Analysis of Collusive Behavior in a Soft-Drink Market", *Journal of Economics and Management Strategy*, estate 1992, pp. 227-311. Per semplicità, si è deciso di arrotondare le stime di GLV (ricavate dal Modello 10 del lavoro) escludendo le cifre decimali. Nel loro studio, i prezzi sono al netto dell'inflazione e sono espressi in dollari per unità, mentre le quantità sono espresse in milioni di unità di cola; un'unità è costituita da 10 *plateau*, ognuno dei quali contiene 12 lattine da 33 cl.

[24] Anche in questo caso il costo marginale è espresso in dollari per unità.

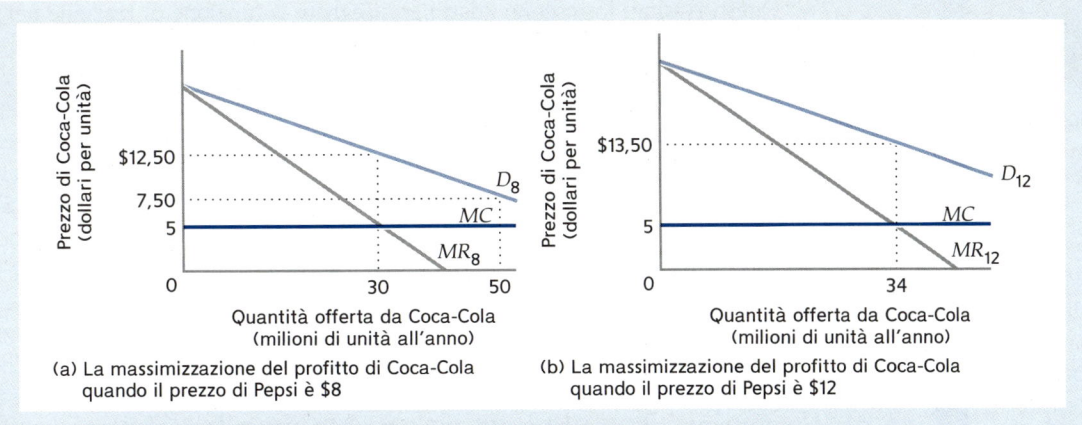

FIGURA 14.10 La fissazione del prezzo di massimo profitto di Coca-Cola
MC è la curva del costo marginale di Coca-Cola. Il grafico (a) mostra che, se il prezzo di Pepsi è $8, la curva di domanda di Coca-Cola è D_8 e la corrispondente curva del ricavo marginale è MR_8. Coca-Cola massimizzerà il suo profitto vendendo 30 milioni di unità a un prezzo unitario di $12,50. Il grafico (b) mostra invece che, se Pepsi fissa un prezzo di $12, la curva di domanda di Coca-Cola è D_{12} e quella del ricavo marginale è MR_{12}. Ora Coca-Cola massimizzerà il profitto producendo 34 milioni di unità e vendendole a un prezzo di $13,50. Questi risultati possono essere utilizzati per disegnare la funzione di reazione nei prezzi di Coca-Cola, mostrata nella Figura 14.11.

eguaglia il ricavo marginale di Coca-Cola MR_8 al suo costo marginale *MC*, si ottiene il suo output di massimo profitto, che è pari a 30 milioni di unità. Per vendere questa quantità, Coca-Cola deve fissare un prezzo pari a $12,50. Dunque $12,50 è la migliore risposta di Coca-Cola al prezzo di $8 di Pepsi. La Figura 14.10(b) mostra che, quando Pepsi applica un prezzo di $12, la migliore risposta di Coca-Cola è fissare un prezzo di $13,50.

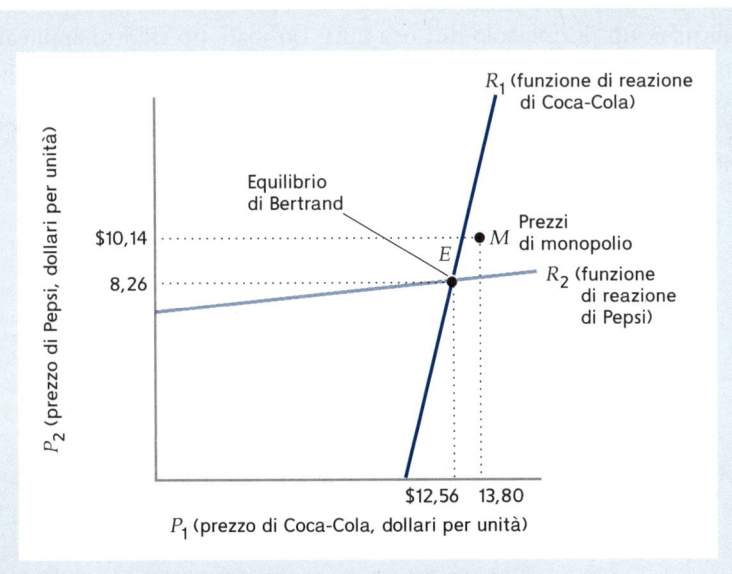

FIGURA 14.11 L'equilibrio di Bertrand per Coca-Cola e Pepsi
La funzione di reazione di Coca-Cola è R_1. La funzione di reazione di Pepsi è R_2. L'equilibrio di Bertrand si verifica nel punto in cui le due funzioni di reazione si intersecano (punto *E*), dove il prezzo di vendita di Coca-Cola è $12,56 e quello di Pepsi è $8,26. Tale equilibrio differisce da quello di monopolio (punto *M*), in cui i prezzi sarebbero $13,80 per Coca-Cola e $10,14 per Pepsi.

Questi risultati forniscono i dati per disegnare la funzione di reazione nei prezzi di Coca-Cola. In modo analogo si può derivare la funzione di reazione nei prezzi di Pepsi. La Figura 14.11 mostra entrambe le funzioni di reazione: R_1 mostra come il prezzo di massimo profitto di Coca-Cola varia al variare del prezzo di Pepsi; R_2 mostra come il prezzo di massimo profitto di Pepsi varia al variare del prezzo di Coca-Cola. Anche se non specificamente indicati, i due prezzi di massimo profitto di Coca-Cola individuati nella Figura 14.10, cioè (P_1 = $12,50, P_2 = $8) e ($P_1$ = $13,50, P_2 = $12), giacciono su R_1. Si osservi che le due funzioni di reazione sono inclinate positivamente: perciò, più basso è il prezzo del rivale, più basso deve essere il proprio prezzo.

Nell'equilibrio di Bertrand (punto E), ogni impresa sceglie un prezzo che massimizza il proprio profitto dato il prezzo dell'altra impresa.[25] Come illustrato nella Figura 14.11, ciò si verifica nel punto in cui le due funzioni di reazione si intersecano (P^*_1 = $12,56, P^*_2 = $8,26).[26] Sostituendo questi prezzi nelle funzioni di domanda, si possono calcolare le quantità di equilibrio per Coca-Cola e Pepsi: Q^*_1 = 30,28 milioni di unità, e Q^*_2 = 21,26 milioni di unità.

In effetti, i prezzi medi (al netto dell'inflazione) relativi al periodo di tempo considerato nel lavoro di GVL (1968-1986) furono $12,6 per Coca-Cola e $8,16 per Pepsi, mentre le corrispondenti quantità furono 30,22 e 22,72 milioni di unità, rispettivamente. Dunque, il modello di Bertrand, applicato alle curve di domanda stimate da GVL, fornisce stime molto vicine ai dati reali.

Vi sono due importanti ragioni per le quali il prezzo di equilibrio di Pepsi è notevolmente più basso di quello di Coca-Cola. Innanzi tutto, il costo marginale di Pepsi è inferiore a quello di Coca-Cola. In secondo luogo, l'elasticità della domanda di Pepsi rispetto al proprio prezzo è maggiore di quella di Coca-Cola. Poiché è noto (dal Capitolo 11) che il prezzo di massimo profitto in presenza di una curva di domanda inclinata negativamente può essere ricavato attraverso la *Inverse Elasticity Pricing Rule* (IEPR), l'applicazione di tale regola al problema della definizione del prezzo di Coca-Cola e Pepsi implica che Pepsi dovrebbe avere un mark-up più piccolo di Coca-Cola. Un mark-up ridotto applicato a un costo marginale più basso rende il prezzo di Pepsi più basso rispetto a quello di Coca-Cola.

Dati i prezzi di equilibrio, i margini percentuali di contribuzione (PCM, *percentage contribution margin*) di Coca-Cola e Pepsi sono

$$\frac{P^*_1 - MC_1}{P^*_1} = \frac{12,56 - 5}{12,56} = 0,60, \text{ ovvero il } 60\%$$

$$\frac{P^*_2 - MC_2}{P^*_2} = \frac{8,26 - 4}{8,26} = 0,52, \text{ ovvero il } 52\%$$

PCM di Coca-Cola segnala che, per ogni dollaro incassato dall'impresa, essa ha a disposizione 60 centesimi per coprire le spese di marketing, le spese generali, gli interessi e le tasse. Tale valore di PCM è più alto di quello medio del settore

---

[25] L'equilibrio di Bertrand, come quello di Cournot, è un particolare esempio di equilibrio di Nash. Questo è il motivo per cui in alcuni libri di testo esso viene anche chiamato *equilibrio di Nash nei prezzi*.

[26] Questi prezzi corrispondono all'equilibrio di Nash del gioco presentato nell'Esercizio svolto 13.1 del Capitolo 13.

manifatturiero statunitense.[27] Questo esempio illustra, dunque, come la differenziazione di prodotto riduca la concorrenza nei prezzi. Quando i prodotti sono fortemente differenziati, come nel caso di Coca-Cola e Pepsi, i tagli di prezzo sono meno efficaci per sottrarre clientela ai concorrenti rispetto al caso in cui i prodotti siano omogenei. Naturalmente, le imprese devono sostenere elevati costi per raggiungere questa differenziazione del prodotto. Coca-Cola e Pepsi spendono centinaia di milioni di dollari in pubblicità, ma, come descritto nell'introduzione al capitolo, esse competono intensamente anche per avere l'esclusiva nella distribuzione nelle scuole e nelle università al fine di sviluppare la fedeltà al marchio tra i ragazzi e i giovani.

Anche se la differenziazione orizzontale riduce la competizione basata sul prezzo, i prezzi dell'equilibrio di Bertrand non corrispondono a quelli di monopolio (cioè a quelli che massimizzerebbero i profitti congiunti di Coca-Cola e Pepsi). Come evidenzia la Figura 14.11 (punto M), tali prezzi sarebbero $13,80 per Coca-Cola e $10,14 per Pepsi. Come nel modello di Cournot, gli oligopolisti che massimizzano il profitto in modo indipendente non raggiungono di solito il livello di profitto che otterrebbe un singolo monopolista, perché nessuna delle due imprese considera gli effetti negativi che un taglio nel proprio prezzo avrebbe sul rivale, né tanto meno quelli positivi connessi invece a un aumento del prezzo.

Esercizio svolto 14.4   Il calcolo dell'equilibrio di Bertrand in caso di prodotti differenziati orizzontalmente

Supponete che le curve di domanda di Coca-Cola e Pepsi siano rispettivamente $Q_1 = (64 + 2P_2) - 4P_1$ e $Q_2 = (50 + P_1) - 5P_2$ [esse corrispondono alle equazioni (14.1) e (14.2), ma rielaborate e con i termini che le imprese assumono come fissi in parentesi]. Il costo marginale di Coca-Cola è $5 per unità, quello di Pepsi $4 per unità.

Problema

(a) Qual è il prezzo di massimo profitto per Coca-Cola quando il prezzo di Pepsi è $8?
(b) Qual è l'equazione della funzione di reazione nei prezzi di Coca-Cola (ovvero il prezzo di massimo profitto di Coca-Cola) quando Pepsi fissa un prezzo arbitrario P_2?
(c) Quali sono i prezzi e le quantità di massimo profitto per Coca-Cola e Pepsi nel punto di equilibrio di Bertrand?

Soluzione

(a) Sostituendo $P_2 = 8$ nella funzione di domanda di Coca-Cola, si ha $Q_1 = (64 + 2(8)) - 4P_1 = 80 - 4P_1$, ovvero $P_1 = 20 - 0,25 Q_1$. La corrispondente curva del ricavo marginale è $MR = 20 - 0,5 Q_1$. Eguagliando MR al costo marginale di Coca-Cola, si ottiene $20 - 0,5 Q_1 = 5$, da cui $Q_1 = 30$. Sostituendo ora questo valore nell'equazione di domanda di Coca-Cola, si ha: $P_1 = 20 - 0,25$ (30), per cui $P_1 = 12,50$. Dunque, il prezzo di massimo profitto di Coca-Cola, quando quello di Pepsi è 8, è pari a $12,50.

(b) Risolvendo la funzione di domanda di Coca-Cola per P_1, si ottiene $P_1 = (16 + P_2/2) - Q_1/4$. La corrispondente curva del ricavo marginale è $MR = (16 + P_2/2) - Q_1/2$. Eguagliando MR al costo marginale, si ha $(16 + P_2/2) - Q_1/2 = 5$, da cui $Q_1 = 22 + P_2$. Sostituendo tale espressione nella curva di domanda di Coca-Cola, si ottiene $P_1 = (16 + P_2/2) - 22 + P_2/4$, ovvero $P_1 = 10,5 + P_2/4$. Questa è l'equazione della funzione di reazione nei prezzi di Coca-Cola (è possibile calcolare la funzione di reazione di Pepsi nel medesimo modo, partendo dalla curva di domanda residuale di Pepsi; essa è $P_2 = 7 + P_1/10$).

(c) L'equilibrio di Bertrand corrisponde al punto in cui le due funzioni di reazione sono uguali (cioè lì dove le due curve di intersecano). Quindi, i prezzi di equilibrio di Bertrand sono i prezzi che risolvono simultaneamente le due funzioni di reazione $P_1 - P_2/4 = 10,5$ (la funzione di reazione di Coca-Cola rielaborata) e $P_2 - P_1/10 = 7$ (la funzione di reazione di Pepsi rielaborata). I risultati sono $P_1^* = \$12,56$ e $P_2^* = \$8,26$. Sostituendo questi valori nelle curve di domanda residuali delle due imprese, si ottengono le quantità dell'equilibrio di Bertrand: $Q_1^* = 30,28$ milioni di unità e $Q_2^* = 21,26$ milioni di unità.

---

[27] Una stima comunemente utilizzata per calcolare PCM negli Stati Uniti è la seguente:

$$\text{PCM} \approx \frac{\text{ricavi di vendita} - \text{costo delle materie prime} - \text{costo del lavoro}}{\text{ricavi di vendita}}.$$

Questa misura utilizza il costo delle materie prime e quello del lavoro come proxy per il costo marginale. Storicamente, questa stima di PCM si aggira intorno al 23-25% per il settore manifatturiero statunitense.

Applicazione 14.4

La number portability per i servizi di telefonia

A partire dal 2002 in Italia è stato possibile, per i possessori di un telefono cellulare, mantenere il proprio numero di telefono nel passaggio da una compagnia di telefonia mobile a un'altra.

Precedentemente, l'obbligo di cambiare il numero di telefono nel momento in cui si cambiava operatore creava significativi costi di spostamento per i consumatori. Era infatti necessario informare i propri colleghi di lavoro, gli amici e i parenti relativamente al nuovo numero, ed era inoltre possibile che si perdessero importanti chiamate provenienti da persone non ancora a conoscenza dello spostamento del numero. Questi e altri problemi legati al trasferimento verso un altro operatore telefonico finivano per essere un vero e proprio deterrente al cambiamento, per cui molto spesso i consumatori sceglievano di restare fedeli all'operatore di cui si erano serviti fino ad allora.

La presenza dei costi di spostamento e la fedeltà "obbligata" dei consumatori aveva l'effetto di rafforzare la differenziazione orizzontale di prodotto tra i vari gestori. Quando nel 2002 fu resa possibile la *number portability*, la differenziazione orizzontale si attenuò notevolmente. Secondo la teoria economica, con l'introduzione della number portability il margine percentuale di contribuzione si riduce perché il prezzo si avvicina al costo marginale, similmente a quanto previsto nel modello di Bertrand in caso di prodotti omogenei, in cui il prezzo di equilibrio è uguale al costo marginale. Inoltre, l'eliminazione dei costi di cambiamento porta a una intensificazione della concorrenza basata sul prezzo.

Riguardo al mercato italiano, si sono verificate tre interessanti situazioni. Innanzi tutto la concorrenza basata sul prezzo si è effettivamente intensificata: molteplici sono state le offerte e le promozioni ricevute da ogni utente per indurlo a cambiare operatore. In secondo luogo, sono state lanciate molte promozioni volte a fidelizzare i clienti (come le raccolte punti, o gli sconti per telefonate e messaggi verso i cellulari dello stesso operatore). In terzo luogo, i gestori hanno, più o meno volontariamente, introdotto una sorta di "barriera alla portabilità", dovuta all'attesa necessaria per realizzare il cambio di operatore: secondo una recente delibera dell'Agcom (Autorità Garante delle Telecomunicazioni), essa non dovrebbe superare i 3 giorni, ma nel passato in alcuni casi si è protratta per oltre 170 giorni. Tra i principali problemi che hanno complicato l'attuazione di tale servizio vi è il numero di utenti che gli operatori possono acquisire ogni giorno, il quale, specie al momento dell'introduzione della number portability, risultava di molto inferiore alla domanda proveniente dal mercato (dal 2002 al 2010, gli italiani che hanno cambiato gestore mantenendo il proprio numero di telefono sono quasi 30 milioni), ma anche il contrasto tra gli operatori circa la possibilità o meno di mantenere il credito residuo al momento del trasferimento.

Una delibera dell'Agcom del 2008 ha innalzato la soglia del numero di utenti acquisibili quotidianamente dagli operatori a dodicimila, in risposta alle continue pressioni delle associazioni dei consumatori desiderose di risolvere la questione. E' comunque consentito di superare temporaneamente tale soglia per soddisfare picchi di richieste che potrebbero verificarsi in particolari periodi dell'anno.

A cura di Viviana Clavenna

14.5 • Concorrenza monopolistica

Un mercato di concorrenza monopolistica ha tre caratteristiche distintive. In primo luogo, il mercato è frammentato - vi sono numerosi acquirenti e venditori. In secondo luogo, vi è libertà di entrata e uscita - qualsiasi impresa può acquisire gli input (lavoro, capitale e così via) necessari per operare nel mercato, come pure dismetterli quando non ne ha più bisogno. In terzo luogo, le imprese producono beni differenziati orizzontalmente - i consumatori percepiscono i prodotti delle imprese come sostituti imperfetti.

Il commercio al dettaglio locale e i mercati dei servizi spesso hanno queste caratteristiche. Si consideri, per esempio, il settore della ristorazione in una qualsiasi città. Il mercato è altamente frammentato (le Pagine Gialle spesso riportano lunghi elenchi di indirizzi di locali dove mangiare), e non vi sono particolari barriere all'entrata o all'uscita (un ristoratore può facilmente affittare un locale, acquistare le attrezzature necessarie e assumere il personale di cucina e di sala). Del resto, se per una qualunque città si confrontano gli elenchi dei ristoranti riportati sulle Pagine Gialle con quelli di qualche anno prima, è molto probabile che emerga un elevato turnover di imprese.

La frammentazione del mercato e la libertà di entrata e uscita sono anche caratteristiche tipiche della concorrenza perfetta. Tuttavia, a differenza delle imprese perfettamente competitive, i ristoranti sono caratterizzati da una significativa differenziazione del prodotto: vi sono diversi tipi di cucina (tradizionale, nouvelle cuisine, cinese, vegetariana ecc.) in grado di soddisfare i gusti di un'ampia gamma di clientela. Alcuni ristoranti sono formali ed eleganti, altri sono assimilabili a trattorie o cantine. Inoltre, ogni ristorante è facilmente raggiungibile da chi vive o lavora nella zona, ma potrebbe essere scomodo per coloro che devono percorrere molti chilometri per arrivarci.

14.5.1 L'equilibrio di breve periodo e di lungo periodo nei mercati di concorrenza monopolistica

Per scegliere il prezzo, le imprese operanti in un mercato di concorrenza monopolistica si comportano in maniera molto simile agli oligopolisti che vendono prodotti differenziati (analizzati nel precedente paragrafo). Anche se il mercato è frammentato, la domanda di mercato che fronteggia ogni impresa è inclinata negativamente in virtù della differenziazione del prodotto. Prendendo come dati i prezzi delle altre imprese, ogni impresa massimizza il suo profitto nel punto in cui i suoi ricavi marginali eguagliano i costi marginali.

La Figura 14.12 illustra la massimizzazione del profitto di un'impresa operante in un mercato di concorrenza monopolistica. La sua curva di domanda è D. Il suo prezzo di massimo profitto è €43, e la corrispondente quantità è 57 unità. Il prezzo di €43 rappresenta la migliore risposta dell'impresa ai prezzi fissati dalle altre imprese presenti nel mercato. Come nel modello di Bertrand con prodotti differenziati, il mercato raggiunge un equilibrio quando *ogni* impresa fissa un prezzo che costituisce la migliore risposta all'insieme di prezzi fissati da *tutte le altre* imprese operanti nel mercato. Si supponga che questa condizione si verifichi quando ogni impresa fissa un prezzo di €43 (ciò vuol dire che tutte le imprese nel mercato sono identiche).

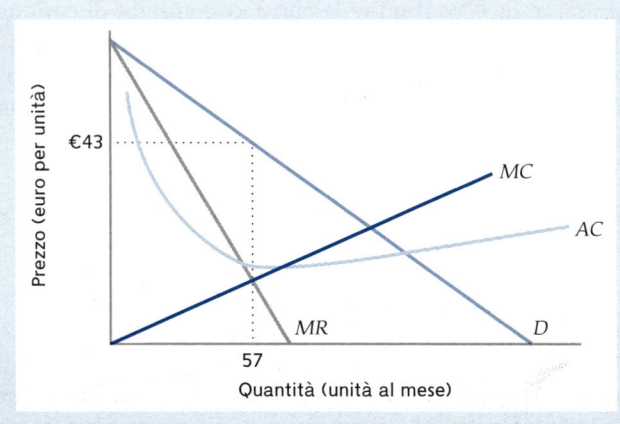

FIGURA 14.12 La massimizzazione del profitto e l'equilibrio di breve periodo in concorrenza monopolistica
Ogni impresa fronteggia la curva di domanda D e massimizza il profitto nel punto in cui i ricavi marginali MR eguagliano i costi marginali MC. Ciò avviene in corrispondenza di una quantità di 57 unità e di un prezzo di €43. Questo è un equilibrio di breve periodo ma non di lungo periodo, perché il prezzo eccede il costo medio AC, situazione che prefigura opportunità di profitto per eventuali nuovi entranti.

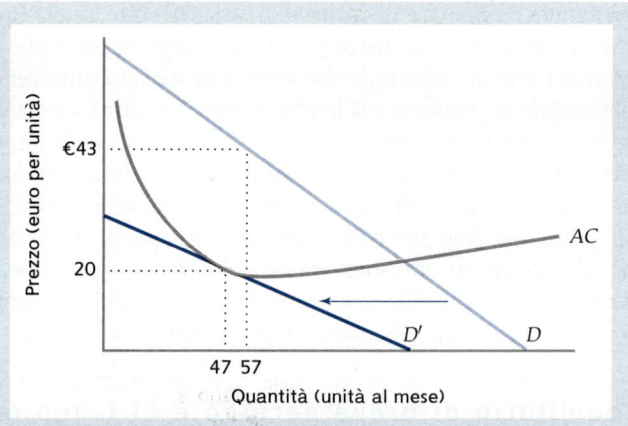

FIGURA 14.13 L'equilibrio di lungo periodo in concorrenza monopolistica
L'entrata di nuove imprese nel mercato determina lo spostamento verso sinistra della curva di domanda di ogni impresa, cha passa da D a D'. L'equilibrio di lungo periodo si verifica in corrispondenza di un prezzo di €20 e di una quantità di 47 unità, dove D' è tangente alla curva del costo medio AC, e l'impresa consegue un profitto economico nullo.

Cosa rende, allora, la concorrenza monopolistica diversa da un oligopolio con prodotti differenziati? La differenza chiave è che la concorrenza monopolistica è caratterizzata dalla libertà di entrata. Se il mercato offre opportunità di profitto, nuove imprese potrebbero essere invogliate a entrare per coglierle. Osservando la Figura 14.12 si può notare che il prezzo di €43 è superiore al costo medio, per cui l'impresa sta guadagnando un profitto economico positivo. La situazione riportata nella Figura 14.12 rappresenta un equilibrio di breve periodo – le imprese massimizzano i loro profitti date le scelte dei concorrenti – ma non è un equilibrio di lungo periodo perché nuove imprese, incentivate dalle opportunità di profitto, entreranno nel mercato.

Con il progressivo ingresso di nuovi produttori, la quota di domanda totale per ogni impresa si ridurrà – cioè, la curva di domanda dell'impresa tipica si sposterà verso sinistra. Questo processo di entrata e di contrazione della domanda terminerà quando le imprese realizzeranno un profitto economico nullo. Nella Figura 14.13 ciò avviene al prezzo di €20, al quale la curva di domanda, di ogni impresa, D', è tangente alla sua curva del costo medio AC. Detto in altro modo, il margine tra il prezzo dell'impresa e i suoi costi variabili è appena sufficiente a coprire i suoi costi fissi operativi e quelli sostenuti per entrare nel mercato. A questo punto, nessuna nuova impresa ha incentivo a entrare nel mercato.

14.5.2 Elasticità della domanda rispetto al prezzo, margini e numero di imprese nel mercato

Nei mercati di concorrenza monopolistica, la libera entrata e uscita delle imprese determina il numero di produttori che alla fine competeranno nel mercato. La Figura 14.14 illustra due possibili equilibri di lungo periodo.

Nel mercato A i consumatori sono più sensibili alle differenze di prezzo quando scelgono tra le imprese esistenti. Un venditore in questo mercato fronteggia perciò una curva di domanda molto elastica rispetto al prezzo. In un equilibrio di lungo periodo (quando la curva di domanda D è tangente alla curva del costo medio AC), il margine ($P^* - MC$) tra il prezzo e il costo marginale è piccolo, e le imprese producono un elevato volume di output. Per contro, nel mercato B i consumatori non sono particolarmente sensibili alle differenze di prezzo esistenti tra i vari venditori, per cui la curva di domanda che fronteggia l'impresa non è molto elastica. In un

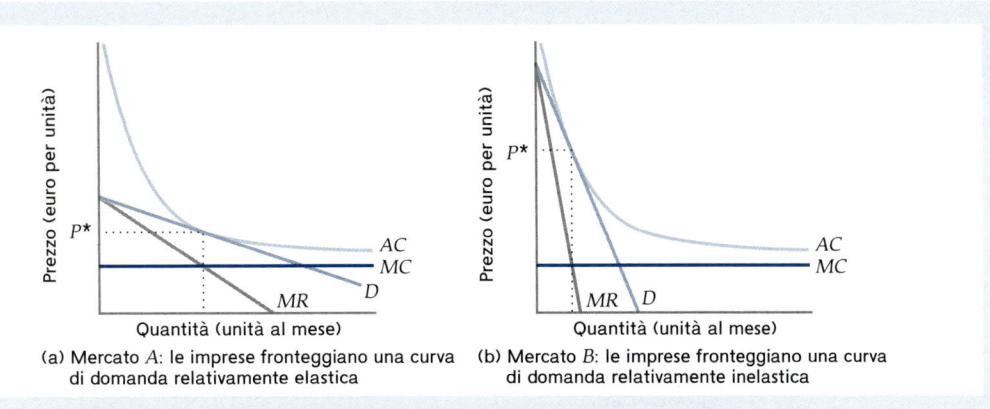

FIGURA 14.14 Elasticità della domanda rispetto al prezzo ed equilibrio di lungo periodo
Nel mercato A, le imprese fronteggiano una domanda relativamente elastica. Nell'equilibrio di lungo periodo il margine $P^* - MC$ tra prezzo e costo marginale è piccolo e ogni impresa produce un elevato volume di output. Nel mercato B le imprese fronteggiano una curva di domanda relativamente meno elastica. Nell'equilibrio di lungo periodo, il margine tra prezzo e costo marginale è ampio e ogni impresa produce un ridotto volume di output.

equilibrio di lungo periodo, il margine tra il prezzo e il costo marginale è elevato e ogni impresa produce un ridotto volume di output. Se il numero totale di unità acquistate in equilibrio è simile nei due mercati, il mercato B avrà un numero maggiore di imprese rispetto al mercato A, in quanto nel mercato B ogni impresa vende una quantità minore rispetto a quelle del mercato A.

14.5.3 Come varia il prezzo quando entrano nuove imprese?

Quando si è analizzato il modello di Cournot, si è visto che il prezzo di equilibrio si riduce al crescere del numero di imprese operanti sul mercato. La Figura 14.13 ritrae un fenomeno simile con riferimento a un mercato di concorrenza monopolistica. Nella figura l'ingresso di nuove imprese determina una riduzione del prezzo di mercato.

Tuttavia, non è detto che ciò accada sempre. Infatti, si osservi la Figura 14.15, che rappresenta un equilibrio di lungo periodo in un mercato di concorrenza monopolistica a un prezzo di €50. Si supponga ora che tutte le imprese riescano a ridurre il loro costo medio di produzione (per cui AC si sposta in AC'). Al prezzo corrente di €50 le imprese godono adesso di profitti economici positivi, la qual cosa provoca l'ingresso di nuove imprese. Quando l'equilibrio di lungo periodo è ristabilito, un'impresa tipica guadagna di nuovo profitti nulli, ma questo accade al prezzo più alto di €55 per unità. Quindi, in questo caso l'entrata di nuovi concorrenti ha fatto aumentare il prezzo di equilibrio.

Come mai? Una possibile spiegazione è che i nuovi entranti potrebbero aver sottratto alle imprese esistenti i clienti meno fedeli – coloro che sono più o meno indifferenti tra i vari produttori – lasciando ognuna di esse con un piccolo zoccolo duro di consumatori fedeli. In effetti, l'ingresso di nuove imprese potrebbe spingere le imprese già operanti verso nicchie ristrette di mercato. Nel settore del videonoleggio in un'area urbana, per esempio, l'entrata di un nuovo concorrente potrebbe far perdere a un negozio esistente i clienti geograficamente più lontani, lasciandolo operare in una nicchia di mercato rappresentata dai consumatori che risiedono nelle sue immediate vicinanze. Un'altra possibile ragione è che, man mano che entrano nuove imprese nel mercato, i consumatori potrebbero trovare più difficile conoscere e confrontare i prezzi di tutti i venditori. Con una capacità di confronto tra imprese meno efficiente, i consumatori potrebbero diventare meno sensibili al prezzo

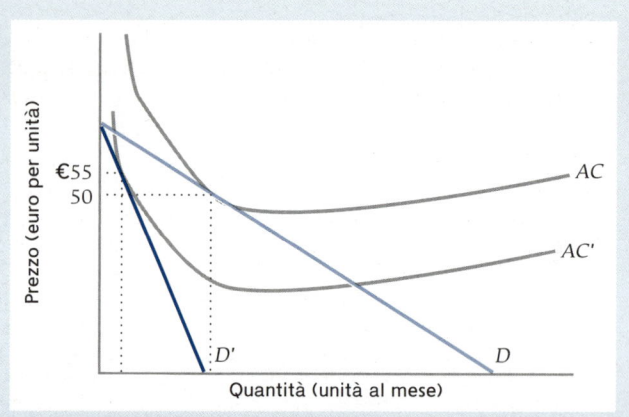

FIGURA 14.15 Il prezzo di equilibrio in concorrenza monopolistica
Inizialmente, il mercato è in equilibrio di lungo periodo a un prezzo di €50, e ogni impresa fronteggia la curva di domanda D. Se la curva di costo medio si sposta da AC a AC', le imprese cominciano ad avere profitti economici positivi. Nuove imprese entrano nel mercato, facendo spostare la curva di domanda di ogni impresa da D a D'. Nel nuovo equilibrio di lungo periodo il prezzo (€55) è maggiore rispetto a prima, e anche il numero di imprese risulta aumentato.

al momento della scelta del venditore presso cui acquistare il bene. Una o entrambe le ragioni descritte sono in grado di rendere più ripida la domanda che le imprese esistenti fronteggiano man mano che nuovi produttori entrano nel mercato, come mostra la Figura 14.15. Quando la domanda si sposta in questo modo a causa dei nuovi entranti, l'output di ogni impresa potrebbe diminuire di un ammontare così ampio da spostarla su un punto più alto della propria nuova curva di costo medio. In questo nuovo equilibrio di lungo periodo, vi saranno più imprese nel mercato, ma ciascuna di esse sarà più piccola rispetto a prima e applicherà un prezzo maggiore.

Riepilogo

- In un oligopolio con prodotti omogenei, poche grandi imprese vendono prodotti pressoché identici. In un mercato con un'impresa dominante, un solo produttore detiene un'elevata quota di mercato e compete con molte piccole imprese che offrono un prodotto virtualmente identico. In un oligopolio con prodotti differenziati, poche imprese vendono prodotti differenziati. In concorrenza monopolistica, molte imprese vendono prodotti differenziati.

- Il rapporto di concentrazione delle prime quattro imprese (CR4) e l'indice di Herfindahl-Hirschman (HHI) sono due misure quantitative molto utilizzate per descrivere la struttura di un mercato.

- Nel modello di Cournot relativo a un oligopolio con prodotti omogenei, ogni impresa è *quantity taker* – cioè considera gli output delle imprese concorrenti come dati e quindi stabilisce il proprio output di massimo profitto. In un equilibrio di Cournot, l'output di ogni impresa costituisce la migliore risposta agli output fissati da tutti gli altri concorrenti, e nessuna impresa potrebbe dunque effettuare una scelta migliore.

- Il modello di Cournot si applica a imprese che prendono un'unica e definitiva decisione relativamente all'output da produrre. L'equilibrio di Cournot è un risultato naturale quando le imprese scelgono simultaneamente una quantità che considerano non modificabile e hanno piena fiducia nella razionalità dei rivali.

- Le imprese di un modello di Cournot hanno potere di mercato. Il prezzo di equilibrio di Cournot risulta inferiore rispetto a quello di monopolio ma superiore a quello perfettamente concorrenziale.

- Al crescere del numero di imprese nell'industria, l'equilibrio di Cournot prevede una crescita dell'output totale e una riduzione del prezzo di mercato.

- È possibile identificare l'equilibrio di Cournot utilizzando una versione modificata della *Inverse Elasticity Pricing Rule* (IEPR).

- Nel modello di Bertrand relativo a un oligopolio con prodotti omogenei, ogni impresa sceglie un prezzo per massimizzare il profitto, dati i prezzi stabiliti dai concorrenti. Se tutte le imprese hanno lo stesso costo marginale costante, il prezzo di equilibrio di Bertrand risulta uguale al costo marginale.

• L'equilibrio di Bertrand e quello di Cournot divergono a causa di due importanti aspetti. Primo, il modello di Cournot può essere visto come una forma di concorrenza di lungo periodo nella capacità produttiva, mentre quello di Bertrand come una forma di concorrenza di breve periodo nei prezzi. Secondo, i due modelli partono da differenti ipotesi circa le aspettative che ogni impresa ha sulle reazioni dei rivali alle proprie mosse competitive.

• Nel modello di oligopolio di Stackelberg, un'impresa (il leader) sceglie per prima la quantità da produrre. L'altra impresa (il follower) osserva tale output e quindi effettua la sua scelta produttiva.

• Nel modello di Stackelberg, il leader generalmente produce un output maggiore rispetto a quanto farebbe in un equilibrio di Cournot, mentre il follower produce di meno. Scegliendo per primo la quantità da produrre, il leader può influenzare la scelta sulla quantità del follower a proprio vantaggio. Di conseguenza, il leader guadagna un profitto maggiore rispetto all'equilibrio di Cournot.

• In un mercato con un'impresa dominante, quest'ultima prende in considerazione la curva di offerta della frangia competitiva per la fissazione del prezzo. Se l'offerta delle imprese marginali aumenta nel tempo, il prezzo dell'impresa dominante si ridurrà, e lo stesso potrebbe accadere alla sua quota di mercato. Per prevenire ciò, l'impresa dominante potrebbe adottare la strategia del prezzo limite.

• Due prodotti sono differenziati verticalmente quando i consumatori considerano uno di essi inequivocabilmente migliore o peggiore dell'altro. Due prodotti sono differenziati orizzontalmente quando alcuni consumatori considerano uno di essi come un sostituto imperfetto dell'altro, mentre altri consumatori hanno l'opinione opposta.

• In un equilibrio di Bertrand con prodotti differenziati, i prezzi di equilibrio generalmente sono superiori al costo marginale. Quando la differenziazione orizzontale dei prodotti tra le imprese è significativa, la differenza tra i prezzi e i costi marginali può essere rilevante.

• In un mercato di concorrenza monopolistica, ogni impresa fronteggia una curva di domanda inclinata negativamente. In un equilibrio di breve periodo, le imprese scelgono il prezzo di massimo profitto dati i prezzi delle imprese concorrenti. In un equilibrio di lungo periodo, la libertà di entrata conduce i profitti economici delle imprese a zero.

• Sotto certe condizioni, l'ingresso di più imprese in un mercato di concorrenza monopolistica può comportare un equilibrio di lungo periodo in cui il prezzo è più alto di quello vigente prima dell'entrata delle nuove imprese.

Domande di ripasso

1. Spiegate perché, in un equilibrio di Cournot con due imprese, nessuna di esse risulta insoddisfatta relativamente alle proprie decisioni sull'output da produrre dopo aver osservato le decisioni di output del rivale.

2. Cosa è una funzione di reazione? Perché l'equilibrio di Cournot si verifica nel punto in cui le funzioni di reazione si incontrano?

3. Perché il prezzo di equilibrio di Cournot è inferiore al prezzo di equilibrio di monopolio? Perché il prezzo di equilibrio di Cournot è superiore al prezzo di equilibrio di concorrenza perfetta?

4. Spiegate le differenze tra il modello di oligopolio di Bertrand e il modello di oligopolio di Cournot. In un oligopolio con prodotti omogenei, quali sono i prezzi di equilibrio previsti dai due modelli rispetto al costo marginale?

5. Qual è il ruolo della frangia competitiva in un modello di oligopolio con un'impresa dominante? Perché un incremento nel numero di imprese marginali comporta una riduzione del prezzo di massimo profitto dell'impresa dominante?

6. In cosa sono diverse la differenziazione del prodotto verticale e la differenziazione del prodotto orizzontale?

7. Spiegate perché, nel modello di Bertrand con prodotti differenziati, un maggiore grado di differenziazione del prodotto può incrementare il mark-up tra il prezzo e il costo marginale.

8. Quali sono le caratteristiche di un mercato di concorrenza monopolistica? Fornite qualche esempio di tale mercato.

9. Perché, in un equilibrio di lungo periodo in concorrenza monopolistica, la curva di domanda è tangente alla curva del costo medio? Perché non è possibile che la curva di domanda intersechi la curva del costo medio in un equilibrio di lungo periodo?

Appendice A14: L'equilibrio di Cournot e la *Inverse Elasticity Pricing Rule*

In un equilibrio di Cournot, ogni impresa eguaglia il suo costo marginale al ricavo marginale corrispondente alla sua curva di domanda residuale:

$$P^* + \frac{\Delta P}{\Delta Q} Q_i^* = MC \, , \, i = 1, 2, ..., N \qquad (A14.1)$$

dove Q_i^* è l'output di equilibrio dell'impresa i. La condizione (A14.1) si può riscrivere come

$$\frac{P^* - MC}{P^*} = -\frac{\Delta P}{\Delta Q} \frac{Q_i^*}{P^*} \qquad (A14.2)$$

Moltiplicando numeratore e denominatore del secondo membro dell'espressione (A14.2) per l'output totale di mercato Q^*, si ottiene

$$\frac{P^* - MC}{P^*} = -\left(\frac{\Delta P}{\Delta Q} \frac{Q^*}{P^*}\right) \frac{Q_i^*}{Q^*} \qquad (A14.3)$$

Ora si noti che $(\Delta P/\Delta Q)(Q^*/P^*) = 1/\epsilon_{Q,P}$ (cioè l'inverso dell'elasticità della domanda rispetto al prezzo). Inoltre, si noti che Q_i^*/Q^* è la quota di mercato di equilibrio dell'impresa i. Se tutte le imprese sono uguali, allora esse si spartiranno equamente il mercato. Perciò, $Q_i^*/Q^* = 1/N$. È ora possibile riscrivere la condizione di equilibrio di Cournot presente nell'espressione (A14.3) come una versione modificata della *inverse elasticity pricing rule*:

$$\frac{P^* - MC}{P^*} = -\frac{1}{\epsilon_{Q,P}} \frac{1}{N} \qquad (A14.4)$$

CAPITOLO 15
RISCHIO E INFORMAZIONE

OBIETTIVI DI APPRENDIMENTO

Al termine di questo capitolo lo studente sarà in grado di:

- descrivere gli eventi rischiosi attraverso i concetti di probabilità, valore atteso e varianza;
- mostrare come la forma di una funzione di utilità descrive l'attitudine al rischio di un individuo;
- calcolare il valore atteso al fine di valutare gli eventi rischiosi;
- spiegare perché gli individui avversi al rischio sono disposti ad acquistare un'assicurazione se il suo prezzo è equo;
- confrontare due diversi tipi di informazione asimmetrica nei mercati assicurativi e reali (azzardo morale e selezione avversa);
- distinguere i diversi tipi di aste e spiegare il concetto di maledizione del vincitore.

CASO • *Quali sono le possibilità di una vincita?*

Nessuna impresa rappresenta meglio di Amazon.com lo sviluppo della rete Internet come veicolo per il commercio. Lanciata come "la più grande libreria della terra" nel luglio 1995 dall'allora trentaduenne Jeff Bezos, oggi Amazon.com offre CD, DVD, video, giochi, prodotti di elettronica, abiti e perfino prodotti per la cucina. Per alcuni consumatori, Amazon.com è la prima e unica destinazione.

Ma cosa sarebbe accaduto se un individuo avesse investito in Amazon.com? Si supponga che nel settembre 1999 costui avesse comprato azioni di Amazon.com per un valore di 1000 dollari. La Figura 15.1 mostra come il valore di mercato di quell'investimento di 1000 dollari sarebbe cambiato nel corso dei successivi 11 anni. Nei primi mesi dopo l'acquisto, il valore delle azioni acquistate sarebbe salito, arrivando a circa 1060 dollari nel dicembre 1999, per poi ridursi drasticamente nei due anni successivi. Nell'ottobre 2001, subito dopo gli attentati dell'11 settembre e lo scoppio della bolla tecnologica, il valore dell'investimento sarebbe stato pari ad appena 87 dollari, con una perdita di oltre il 90%. Successivamente, esso sarebbe passato a circa 500 dollari nel settembre 2004, e a 1165 dollari nel settembre 2007. Ma 14 mesi dopo, nel novembre 2008, ovvero nel mezzo della crisi finanziaria e della grande recessione, le azioni acquistate avrebbero perso di nuovo valore, arrivando a 534 dollari, per risalire fin sopra a 1700 dollari un anno e mezzo dopo, nell'aprile 2010.

L'andamento delle azioni di Amazon.com rappresenta un eccellente esempio di evento rischioso. Investire in Amazon.com è come viaggiare sulle montagne russe in un banco di nebbia. Fin dal principio si sa che ci sono salite e discese, ma non si può prevedere quando queste capiteranno,

FIGURA 15.1 Il valore di 1000 dollari investiti in Amazon.com, 1° settembre 1999 – 1° aprile 2010
Il valore di un investimento di 1000 dollari in azioni di Amazon.com effettuato nel settembre 1999 ha fluttuato considerevolmente negli undici anni successivi, per poi arrivare a oltre 1750 dollari nell'aprile 2010.

né quanto ripide potranno essere. La vita economica è piena di situazioni rischiose e incerte: gli imprenditori affrontano il rischio del fallimento quando avviano nuovi business; le squadre di calcio affrontano il rischio di scarso rendimento da parte di un atleta con cui hanno firmato un contratto milionario; le famiglie fronteggiano il rischio di sostenere forti spese mediche se uno dei membri dovesse ammalarsi o subire un incidente; i proprietari di auto fronteggiano il rischio di incidenti; e chi partecipa alle aste corre il rischio di pagare un prezzo eccessivamente elevato per un bene di cui non conosce il valore.

Questo capitolo tratta del rischio, dell'informazione imperfetta, e di come possono essere utilizzati alcuni strumenti della microeconomia per analizzare gli eventi rischiosi e le decisioni in condizioni di incertezza.

L'obiettivo connesso alla presentazione di questi concetti e strumenti è aiutare lo studente a comprendere meglio quei contesti economici, come i mercati delle assicurazioni e delle aste, in cui il rischio e l'informazione imperfetta giocano un ruolo centrale. La speranza è anche quella di aiutare lo studente a prendere decisioni migliori nel corso della sua vita: per esempio, quale lavoro accettare, se comprare azioni di un'impresa che opera tramite Internet (come Amazon.com), oppure quanto offrire per un certo bene durante un'asta online come quelle su eBay o Yahoo!.

15.1 • Gli eventi rischiosi

Si supponga di aver appena acquistato azioni di un'impresa come Amazon.com per un valore di €100. Non si può sapere a priori quale sarà l'andamento del loro valore nel corso dell'anno successivo – se salirà oppure scenderà – perciò le azioni sono rischiose. Già, ma quanto rischiose? Qual è il loro grado di rischiosità in confronto ad altri investimenti che si sarebbero potuti realizzare con la medesima somma? Per rispondere a questa domanda bisogna analizzare il concetto di evento rischioso. In questo paragrafo si apprenderanno tre concetti utili a descrivere situazioni rischiose: le distribuzioni di probabilità, il valore atteso e la varianza.

15.1.1 Lotterie e probabilità

Anche se non si conosce a priori il valore che le azioni *avranno* il prossimo anno, è comunque possibile descrivere quale valore *potrebbero avere*. In particolare, si supponga di sapere che, nel corso dell'anno successivo, al capitale iniziale di €100 succederà una di queste tre cose:

1. il suo valore potrebbe aumentare del 20%, passando a €120 (esito A);
2. il suo valore potrebbe rimanere lo stesso (esito B);
3. il suo valore potrebbe diminuire del 20%, passando a €80 (esito C).

Questo investimento in azioni è un esempio di **lotteria**. Nel mondo reale, una lotteria è un gioco d'azzardo. In microeconomia, il termine *lotteria* viene usato per indicare ogni evento – un investimento in azioni, il risultato di una partita di calcio, il giro di ruota alla roulette – il cui risultato è incerto.

La lotteria sopra descritta ha tre possibili esiti: A, B e C. La **probabilità** di un particolare esito di una lotteria è una misura della possibilità che questo esito si realizzi. Se vi sono 3 possibilità su 10 che l'evento A si realizzi, si dice che la probabilità di A è 3/10, oppure 0,30. Se l'evento B ha 4 possibilità su 10 di realizzarsi, si dice che la probabilità di B è 4/10, oppure 0,40. Infine, se vi sono 3 possibilità su 10 che l'evento C si realizzi, si dice che la probabilità di C è 3/10, o 0,30. La **distribuzione di probabilità** di una lotteria rappresenta tutti i suoi possibili risultati e le probabilità a essi associate. Il grafico a barre nella Figura 15.2 mostra la distribuzione di probabilità del prezzo delle azioni dell'impresa in cui si è investito. Ogni barra rappresenta un possibile esito, e l'altezza di ogni barra misura la probabilità di quell'esito. In ogni lotteria, le probabilità degli esiti possibili hanno due proprietà:

1. la probabilità di ogni esito specifico è compresa tra 0 e 1;
2. la somma delle probabilità di *tutti i possibili* esiti è uguale a 1.

Da dove provengono le probabilità e le distribuzioni di probabilità? Alcune probabilità sono il risultato di leggi di natura. Per esempio, se si lancia una moneta, la probabilità che esca testa è 0,50. È possibile verificare ciò lanciando la moneta molte volte. Con un numero di lanci sufficientemente ampio (100 o 200), la proporzione di testa sarà circa il 50%.

Comunque, non tutti gli eventi rischiosi sono assimilabili ai lanci di una moneta. In molti casi potrebbe essere difficile dedurre le probabilità di esiti particolari. Per esempio, come si potrebbe sapere se le azioni possedute hanno davvero una possibilità pari a 0,30 di aumentare del 20%? Questa stima riflette non leggi immutabili della natura ma una convinzione soggettiva su come gli eventi potrebbero realizzarsi. Le probabilità che riflettono le convinzioni soggettive su

LOTTERIA Un qualunque evento il cui esito è incerto.

PROBABILITÀ La possibilità che si realizzi un determinato esito della lotteria.

DISTRIBUZIONE DI PROBABILITÀ Una rappresentazione di tutti i possibili payoff di una lotteria e delle probabilità a essi associate.

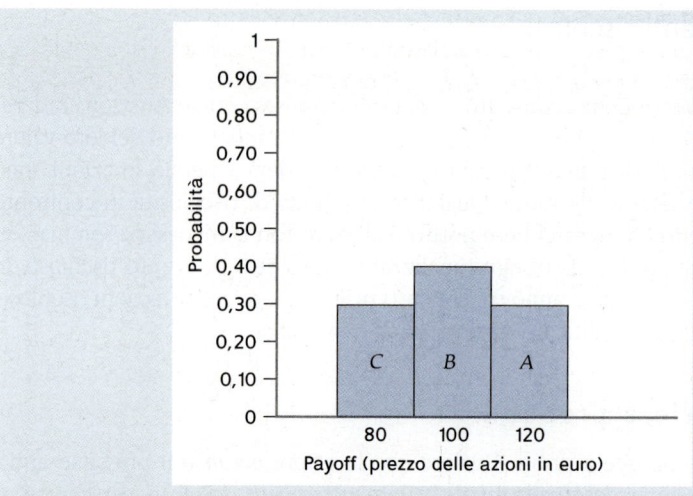

FIGURA 15.2 La distribuzione di probabilità di una lotteria
La probabilità dell'esito A (il valore delle azioni aumenta del 20%, a €120) è 0,30. La probabilità dell'esito B (il valore delle azioni rimane lo stesso, a €100) è 0,40. La probabilità dell'esito C (il valore delle azioni diminuisce del 20%, a €80) è 0,30.

PROBABILITÀ SOGGETTIVE Probabilità che riflettono le convinzioni di singoli soggetti su eventi rischiosi.

eventi rischiosi vengono chiamate **probabilità soggettive**. Anch'esse devono obbedire alle due proprietà delle probabilità viste sopra. Tuttavia, individui differenti potrebbero avere convinzioni diverse sulle probabilità degli esiti possibili di un determinato evento incerto. Per esempio, un investitore più ottimista potrebbe credere quanto segue:

- probabilità di A = 0,50 (vi sono 5 possibilità su 10 che il valore delle azioni salga del 20%);
- probabilità di B = 0,30 (vi sono 3 possibilità su 10 che il valore delle azioni rimanga lo stesso);
- probabilità di C = 0,20 (vi sono 2 possibilità su 10 che il valore delle azioni diminuisca del 20%).

Le probabilità soggettive dei due individui differiscono, ma comunque obbediscono alle due leggi di base della probabilità: ognuna di esse è compresa tra 0 e 1, e la loro somma è pari a 1.

15.1.2 Il valore atteso

VALORE ATTESO Una misura del payoff medio generato da una lotteria.

Date le probabilità associate ai possibili esiti del precedente investimento rischioso, quanto ci si potrebbe aspettare di guadagnare? In altri termini, qual è il **valore atteso** dell'investimento? Il valore atteso di una lotteria è il risultato (o payoff) medio che la lotteria produrrà. È possibile illustrare questo concetto utilizzando l'esempio delle azioni dell'impresa che opera su Internet:

Valore atteso = probabilità di A × payoff di A se A si realizza
+ probabilità di B × payoff di B se B si realizza
+ probabilità di C × payoff di C se C si realizza

Applicando questa formula, si ottiene:

Valore atteso = (0,30 × 120) + (0,40 × 100) + (0,30 × 80)
= 100

Il valore atteso delle azioni della Internet company è una media ponderata dei possibili payoff, dove il peso associato a ciascun payoff è uguale alla probabilità che quel payoff si realizzi. In generale, se *A*, *B*, ..., *Z* rappresentano l'insieme dei possibili esiti di una lotteria, allora il valore atteso della lotteria è il seguente:

Valore atteso = probabilità di *A* × payoff di *A* se *A* si realizza
+ probabilità di *B* × payoff di *B* se *B* si realizza + ...
+ probabilità di *Z* × payoff di *Z* se *Z* si realizza

Come nell'esempio del lancio della moneta, il valore atteso di una lotteria è il payoff medio che si guadagnerebbe dalla lotteria *se essa fosse ripetuta molte volte*. Se si facesse lo stesso investimento più e più volte e quindi si calcolasse una media di tutti i payoff ottenuti, tale media sarebbe praticamente indistinguibile dal valore atteso della lotteria di €100.

15.1.3 La varianza

Si supponga di poter scegliere tra due investimenti: €100 in azioni di un'azienda che opera su Internet oppure €100 in azioni di un'impresa di pubblica utilità (una compagnia elettrica o un gestore locale della rete idrica). La Figura 15.3 riporta le distribuzioni di probabilità dei prezzi delle azioni di queste due imprese. Il valore atteso dei due investimenti in azioni è lo stesso: €100 (si provi a verificarlo). Tuttavia, le azioni della Internet company sono più rischiose di quelle dell'impresa di pubblica utilità, in quanto queste ultime rimarranno probabilmente al loro valore attuale di €100, mentre le azioni di Internet hanno una maggiore probabilità di aumentare o diminuire in valore. In altri termini, con le azioni dell'impresa che opera su Internet un investitore si trova a guadagnare di più o a perdere di più che con le azioni dell'impresa di pubblica utilità.

Si può qualificare la rischiosità di una lotteria attraverso una misura nota con il nome di **varianza**. La varianza di una lotteria è la somma dei quadrati degli

VARIANZA La somma dei quadrati degli scostamenti dei possibili esiti della lotteria, ponderati per le rispettive probabilità.

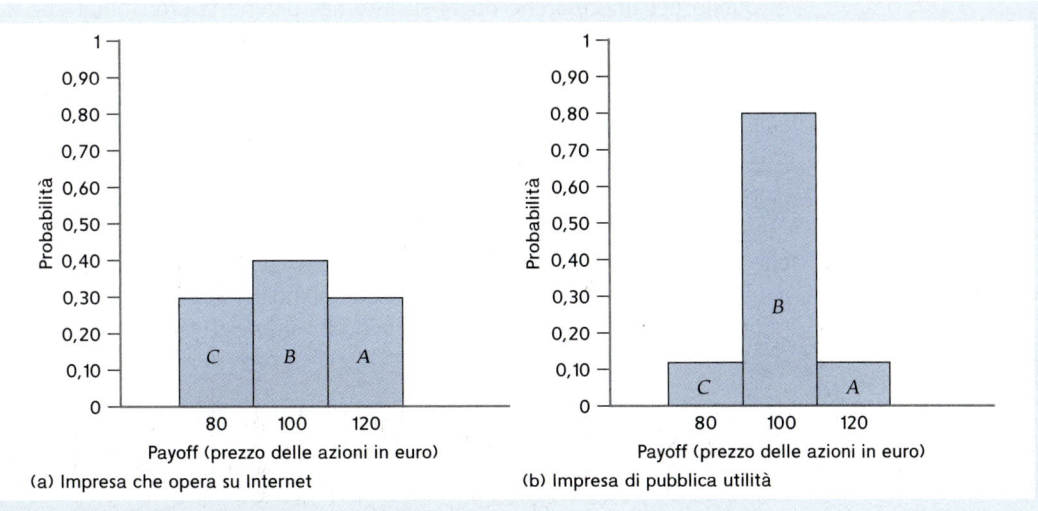

FIGURA 15.3 Distribuzioni di probabilità, rischiosità e varianze
La rischiosità dell'investimento nella Internet company è molto maggiore di quella legata all'investimento nell'impresa di pubblica utilità. La probabilità che il risultato effettivo sarà diverso da quello atteso (che in entrambi i casi è l'esito *B*) è di 6 su 10 per il primo investimento ma solo di 2 su 10 per il secondo. Questo si riflette sulla differenza tra le varianze (240 per l'investimento nell'impresa Internet, 80 per l'investimento nell'impresa di pubblica utilità).

scostamenti dei possibili esiti della lotteria, ciascuno ponderato per la probabilità di quello stesso esito. Lo scostamento al quadrato di un possibile esito è il quadrato della differenza tra il payoff della lotteria per quell'esito e il valore atteso della lotteria.

Ecco come calcolare la varianza[1] nel caso dell'investimento in azioni Internet, i cui possibili risultati sono rappresentati nella Figura 15.3(a).

1. Si trova il valore atteso (*Expected Value, EV*); in questo caso, come mostrato nel paragrafo precedente, $EV = €100$.
2. Si trova lo scostamento al quadrato di ogni esito; quindi, lo si moltiplica per la probabilità di quell'esito, in modo da ottenere lo scostamento al quadrato ponderato per la probabilità:
    - scostamento al quadrato dell'esito *A* (payoff di €120) = (payoff − $EV)^2$ = $(120 − 100)^2 = 400$;
      scostamento al quadrato, ponderato per la probabilità, dell'esito *A* = 0,30 × 400 = 120;
    - scostamento al quadrato dell'esito *B* (payoff di €100) = (payoff − $EV)^2$ = $(100 − 100)^2 = 0$;
      scostamento al quadrato, ponderato per la probabilità, dell'esito *B* = 0,40 × 0 = 0;
    - scostamento al quadrato dell'esito *C* (payoff di €80) = (payoff − $EV)^2$ = $(80 − 100)^2 = 400$;
      scostamento al quadrato, ponderato per la probabilità, dell'esito *C* = 0,30 × 400 = 120.
3. Per trovare la varianza si sommano gli scostamenti al quadrato ponderati per la probabilità: Varianza = 120 + 0 + 120 = 240.

Se si svolgesse lo stesso calcolo per l'investimento in azioni dell'impresa di pubblica utilità, in base agli esiti rappresentati nella Figura 15.3(b), si troverebbe che la varianza è pari a 80.[2]

Questi risultati riflettono ciò che si può intuire semplicemente guardando la Figura 15.3. L'investimento nell'impresa di pubblica utilità è molto meno rischioso di quello nell'impresa che opera su Internet perché la probabilità che il risultato ottenuto sia uguale al valore atteso (che coincide con l'esito *B* in entrambi i casi) è 8 su 10 per il primo investimento ma solo 4 su 10 per il secondo.

DEVIAZIONE STANDARD La radice quadrata della varianza.

Una misura alternativa della rischiosità di una lotteria è la **deviazione standard**, che è semplicemente la radice quadrata della varianza. Pertanto, la deviazione standard dell'investimento nell'impresa Internet è $\sqrt{240} = €15{,}5$, mentre la deviazione standard dell'investimento nell'impresa di pubblica utilità è $\sqrt{80} = €8{,}9$.[3]

Se la varianza di una lotteria è maggiore della varianza di un'altra lotteria, segue che la deviazione standard della prima lotteria sarà maggiore della deviazione standard della seconda lotteria. La deviazione standard fornisce dunque la medesima informazione che offre la varianza sulla rischiosità relativa delle lotterie.

---

[1] I valori calcolati per la varianza non sono accompagnati dall'unità di misura perché a rigor di logica questa sarebbe "euro al quadrato", che purtroppo non è di rapida interpretazione.

[2] Il motivo per cui si eleva al quadrato la differenza (scostamento) tra il payoff e il valore atteso *EV* è che, quando *EV* è maggiore del payoff (come nell'esito *C* di entrambi gli investimenti), la differenza è un numero negativo. Se si fosse calcolata la varianza dei due investimenti usando le deviazioni invece che il loro quadrato, le deviazioni negative e positive si sarebbero annullate a vicenda, e la varianza in entrambi i casi sarebbe stata zero (per verificarlo basta fare qualche semplice calcolo). Pertanto, non sarebbe emersa la grande differenza di rischiosità dei due investimenti.

[3] Per la deviazione standard sono state ripristinate le unità di misura in euro, visto che si tratta di una radice quadrata dell'unità "euro al quadrato".

Applicazione 15.1

Come investire il proprio risparmio?

Tutti coloro che percepiscono un reddito prima o poi si troveranno a dover scegliere uno strumento finanziario in cui allocare i propri risparmi. Le possibilità a disposizione di una famiglia italiana sono molteplici: depositare il denaro in una banca, acquistare titoli emessi dallo Stato italiano, comprare obbligazioni (cioè titoli di debito) delle imprese private, investire in azioni di aziende quotate alla Borsa Valori (diventandone quindi proprietari *pro quota*).

Se per i depositi bancari e i titoli di Stato si può ragionevolmente immaginare che i rendimenti siano sicuri e quantificabili con discreta precisione (a meno di eventi imprevisti ma davvero poco probabili), le obbligazioni e soprattutto le azioni presentano una rischiosità senz'altro maggiore. Entrambe risentono del rischio dell'impresa che li ha emessi, il quale è certamente più elevato di quello che si corre affidando i propri risparmi a un istituto di credito (sottoposto a stretta vigilanza da parte delle autorità monetarie) o allo Stato italiano (la cui probabilità di fallimento è assai remota). Dunque, data la loro maggiore rischiosità, queste attività finanziarie devono garantire ai risparmiatori anche maggiori rendimenti; in caso contrario, nessuno le sottoscriverebbe. Si dice in questo caso che esiste un *trade-off tra rischio e rendimento*.

Il precedente paragrafo ha introdotto due indicatori utili per evidenziare questo trade-off nel sistema finanziario italiano. Infatti, considerato un determinato lasso di tempo, il rendimento è calcolabile come media dei flussi di reddito generati da uno strumento finanziario in quel periodo (e quindi in modo simile al valore atteso), mentre una buona stima del rischio è fornita dalla varianza o dalla deviazione standard, essendo questi indicatori una misura dello scostamento medio dei rendimenti effettivi dal rendimento medio di quello stesso periodo di tempo.

Si considerino tre individui: A, B e C. A ha investito in titoli di Stato dell'area dell'euro con una scadenza al massimo pari a 6 mesi, e ha scelto perciò un rischio molto basso, sia come emittente che come durata. B ha scelto un investimento un po' più rischioso, avendo investito in obbligazioni pubbliche e private italiane e internazionali con scadenza compresa tra 3 e 7 anni. Infine, C ha scelto la forma di risparmio più rischiosa, cioè un investimento in azioni di società quotate alla Borsa di Milano.[4]

I rendimenti giornalieri dei tre tipi di investimento, per un periodo di 11 anni (1997-2007, pari a 2682 osservazioni), sono visualizzati nelle distribuzioni di frequenze dei grafici A, B e C della Figura 15.4 (che ricordano molto da vicino quelle viste nella Figura 15.3). L'investimento di A ha un rischio davvero basso: il numero di volte (frequenza) in cui il rendimento è stato prossimo alla media (pari allo 0,011% giornaliero) è del 99,85%. Viceversa, l'investimento di C è caratterizzato da un rischio molto maggiore: un rendimento giornaliero prossimo allo zero è stato ottenuto con un frequenza del 47,84%, mentre vi sono stati casi in cui l'investimento ha reso più del 3% in un giorno, ma anche casi in cui la perdita giornaliera è stata superiore al 3%.

Tuttavia, a fronte di questo maggiore rischio i dati dicono che C ha guadagnato in media lo 0,044% giornaliero, ovvero quattro volte il rendimento di A, mentre per B il guadagno giornaliero è stato dello 0,012%.

Oltre che dai grafici, il maggiore rischio associato all'investimento azionario emerge anche dal calcolo della deviazione standard: essa è pari a 24 volte la media per C (1,057), e solo a circa 4 volte la media per A (0,041). Più penalizzato appare B, il cui rischio pure è stato notevole (deviazione standard uguale a 0,273, ben 23 volte la media), specie se confrontato con il magro rendimento.

In definitiva, siccome le azioni sono più rischiose delle obbligazioni a breve e a medio-lungo termine, per periodi di tempo sufficientemente lunghi il loro rendimento deve essere maggiore. E ciò in genere accade, come in questo caso. Nell'intero intervallo di undici anni, l'investimento in azioni ha reso quasi il 180%, quello in obbligazioni il 35%, e quello in titoli a breve termine più del 33%. In confronto, nel medesimo periodo l'indice dei prezzi al consumo (una misura dell'inflazione) è cresciuto del 25,6%, per cui tutti e tre gli investimenti hanno restituito agli individui più della loro perdita di potere d'acquisto.

La lezione che si trae da questa analisi è semplice. Si possono ottenere rendimenti più elevati solo se si è disposti a rischiare di più. Perciò, prima di investire i risparmi, bisogna valutare bene il proprio profilo di rischio. Sui mercati finanziari nessuno regala qualcosa per niente.

A cura di Paolo Coccorese

---

[4] I dati sono relativi a tre fondi di investimento di una primaria società di gestione del risparmio italiana, le cui politiche di investimento sono quelle riportate nel testo.

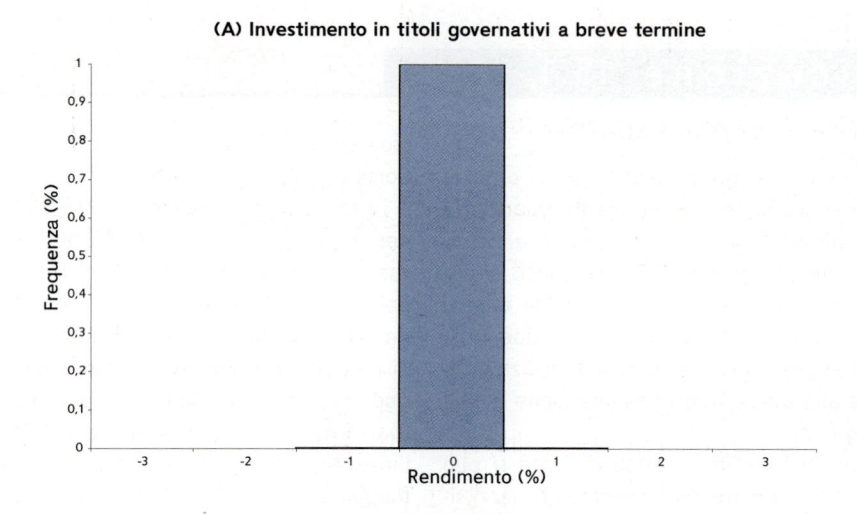

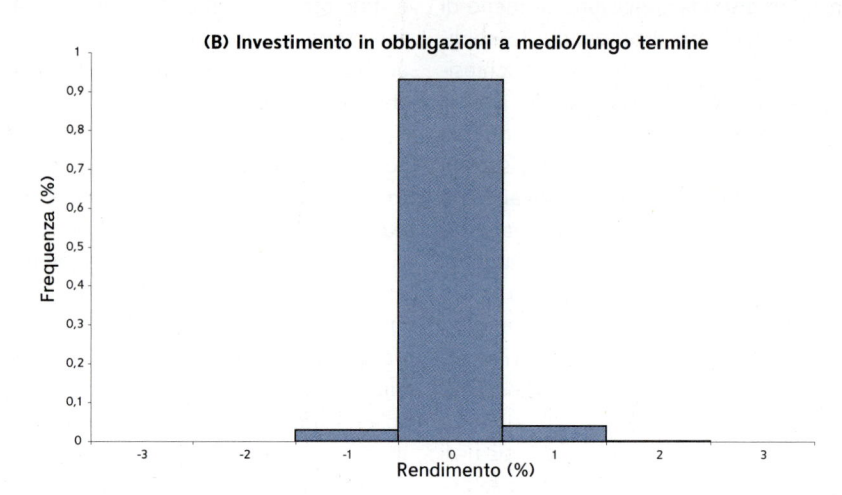

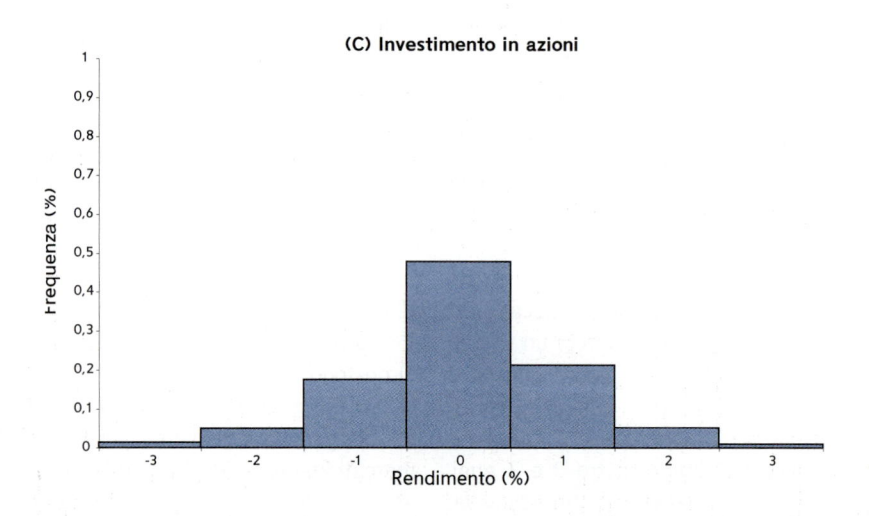

FIGURA 15.4 Rendimenti giornalieri relativi a tre diverse tipologie di investimento (distribuzioni di frequenze relative al periodo 1997-2007).

15.2 • La valutazione degli eventi rischiosi

Nel paragrafo precedente si è visto come descrivere eventi rischiosi usando distribuzioni di probabilità, valori attesi e varianze. In questo paragrafo si indagherà come un decisore potrebbe valutare e confrontare alternative i cui risultati (payoff) hanno diverse distribuzioni di probabilità e quindi diversi gradi di rischio. In particolare, verrà mostrato l'uso del concetto di funzione di utilità, studiata nel Capitolo 3, ai fini della valutazione dei benefici che un agente trarrebbe da scelte alternative che hanno gradi di rischio diversi.

15.2.1 Funzioni di utilità e atteggiamento verso il rischio

Si immagini uno studente vicino alla laurea, il quale riceve due proposte di lavoro. La prima offerta proviene da un'impresa grande e consolidata, presso la quale lo studente guadagnerebbe €54 000 l'anno. La seconda offerta giunge invece da una piccola impresa appena avviata. Poiché quest'ultima sta operando in perdita, propone allo studente un compenso simbolico di €4000 (in pratica, gli chiede di lavorare gratis), ma gli promette un bonus di €100 000 se essa riuscirà ad avere profitti positivi nel corso del prossimo anno. Sulla base di una valutazione soggettiva delle prospettive dell'impresa, lo studente ritiene che vi sia una probabilità pari a 0,50 di ricevere il bonus e una probabilità 0,50 di non riceverlo. Sulla base delle retribuzioni offerte dalle due imprese, quale lavoro dovrebbe accettare lo studente?[5]

La decisione è senza dubbio interessante. Il reddito che gli offre la grande impresa è certo – ovvero, la probabilità di ricevere €54 000 è 1,0 (nessun altro esito è possibile), per cui il valore atteso è $1,0 \times 54\,000 = €54\,000$. Il reddito presso la piccola impresa è una lotteria – vi è una probabilità 0,50 di ricevere €4000 e una probabilità 0,50 di guadagnare €104 000, ragion per cui il valore atteso è $(0,50 \times 4000) + (0,50 \times 104\,000) = €54\,000$. Dunque, il valore atteso delle due offerte è il medesimo. Nonostante ciò, è improbabile che lo studente consideri identiche le due proposte. Dopo tutto, presso l'impresa appena avviata potrebbe diventare ricco in fretta se ricevesse il bonus, ma affronterebbe anche il rischio non indifferente di guadagnare in un anno soltanto €4000. Al contrario, il compenso offerto dall'impresa già affermata non comporta alcun rischio.

Come valutare le scelte tra alternative con rischi diversi? Un modo è quello di usare il concetto di funzione di utilità. Nel Capitolo 3 si è visto che l'utilità è una misura della soddisfazione derivante dal consumo di un paniere di beni e servizi. La Figura 15.5 rappresenta una possibile relazione tra l'utilità U e il reddito I per lo studente. Questa funzione di utilità è crescente rispetto al reddito, per cui l'agente preferisce redditi più alti a redditi più bassi. Inoltre, l'utilità marginale è decrescente (l'argomento è stato pure trattato nel Capitolo 3), in quanto l'utilità aggiuntiva che deriva da un incremento di reddito è via via più piccola all'aumentare dello stesso. Perciò, quando il reddito dello studente è basso (per esempio, €4000), un piccolo aumento fa crescere la sua utilità di un ammontare pari alla distanza tra il punto Q e il punto R. Invece, quando il reddito è elevato (per esempio €104 000), lo stesso piccolo incremento di reddito fa aumentare l'utilità di un ammontare molto più piccolo, pari alla distanza tra il punto S e il punto T.

---

[5] Nel mondo reale, lo studente probabilmente deciderebbe tra i due lavori basandosi non solo sulle offerte retributive correnti, ma anche sulle prospettive di guadagno di medio-lungo termine in entrambe le imprese. In più, prenderebbe in esame altri aspetti non strettamente monetari dei due lavori, come il tipo di mansione che sarebbe chiamato a svolgere, le ore di lavoro settimanali, l'ubicazione dell'impresa.

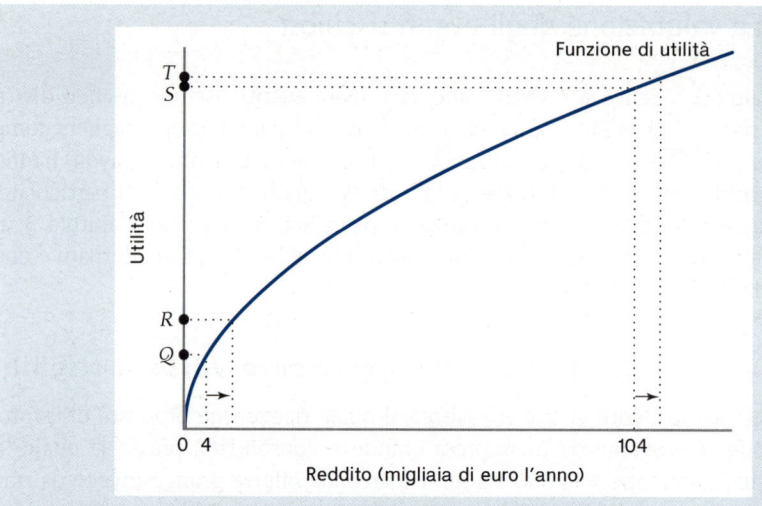

FIGURA 15.5 Funzione di utilità e utilità marginale decrescente
L'utilità marginale è decrescente perché un dato incremento di reddito fa crescere l'utilità molto di più quando il reddito è basso che non quando il reddito è alto. Per redditi bassi (€4000), l'utilità cresce della distanza tra il punto Q e il punto R; per redditi alti (€104 000), l'utilità cresce della distanza tra il punto S e il punto T.

La Figura 15.6 mostra come utilizzare una funzione di utilità per valutare le due proposte di lavoro.

- L'utilità relativa all'offerta di lavoro nella grande impresa corrisponde al punto B, dove lo studente riceve un reddito di €54 000 e raggiunge un livello di utilità di 230, cioè U(54 000) = 230.
- L'utilità relativa all'offerta di lavoro nella piccola impresa in assenza di bonus corrisponde al punto A, dove lo studente riceve un reddito di €4000 e raggiunge un livello di utilità di 60, cioè U(4000) = 60.

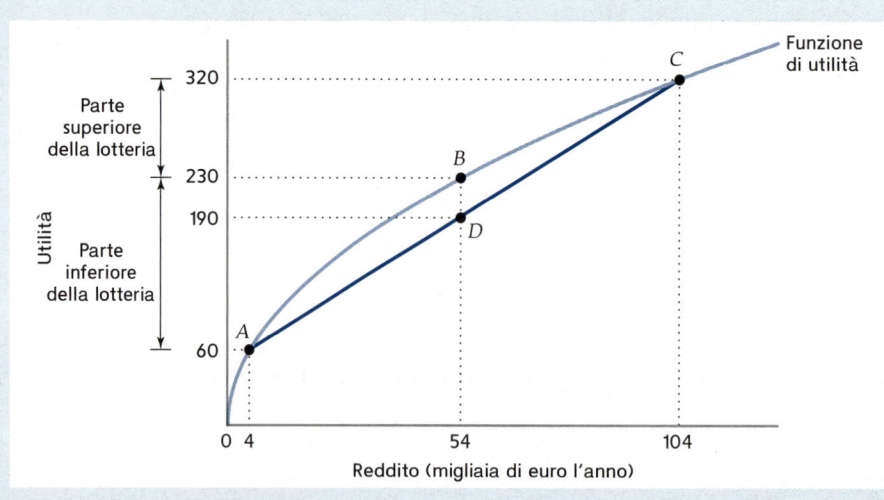

FIGURA 15.6 Funzione di utilità e utilità attesa
Se lo studente accetta di lavorare presso la grande impresa, l'utilità sarà 230 (punto B). Se accetta il lavoro nella piccola impresa, vi è una probabilità di 0,50 che l'utilità sia 320 (punto C, se guadagna €104 000) e una probabilità di 0,50 che l'utilità sia 60 (punto A, se guadagna €4000), per cui l'utilità attesa è 190 (punto D). Poiché l'utilità derivante dal lavoro nella grande impresa è maggiore dell'utilità attesa derivante dal lavoro nella piccola impresa, lo studente preferirà l'offerta della grande impresa.

- L'utilità relativa all'offerta di lavoro nella piccola impresa in presenza di bonus corrisponde al punto C, dove lo studente riceve un reddito di €104 000 e raggiunge un livello di utilità di 320, cioè U(104 000) = 320.
- L'**utilità attesa** connessa all'offerta di lavoro nella piccola impresa (ovvero, il valore atteso dei livelli di utilità per lo studente) è [0,5 × U(4000)] + [0,5 × U(104 000)] = (0,5 × 60) + (0,5 × 320) = 190. Questo valore corrisponde al punto D.

UTILITÀ ATTESA Il valore atteso dei livelli di utilità che il decisore riceve dai payoff di una lotteria.

Più in generale, l'utilità attesa di una lotteria è il valore atteso dei livelli di utilità che il decisore riceve dai payoff della lotteria. Pertanto, se A, B, ..., Z rappresentano l'insieme dei possibili payoff di una lotteria, allora il valore atteso di quella lotteria sarà:

Utilità attesa = probabilità di A × utilità di A se A si realizza
+ probabilità di B × utilità di B se B si realizza + ...   (15.1)
+ probabilità di Z × utilità di Z se Z si realizza

L'analisi della Figura 15.6 mostra che, sebbene il valore atteso delle due offerte sia lo stesso, l'utilità attesa dal lavoro presso la piccola impresa è minore dell'utilità che lo studente conseguirebbe se scegliesse di lavorare per la grande impresa. Se valuta le proposte di lavoro sulla base della funzione di utilità rappresentata nella Figura 15.6, lo studente sceglierà perciò di lavorare nella grande impresa.

Le funzioni di utilità rappresentate nelle Figure 15.5 e 15.6 disegnano le preferenze di un agente che è **avverso al rischio**, perché preferisce un evento certo a una lotteria con uguale valore atteso. Nell'esempio, un agente avverso al rischio preferirebbe il reddito certo offertogli dalla grande impresa al reddito rischioso della piccola impresa.

AVVERSIONE AL RISCHIO La caratteristica di un agente che preferisce qualcosa di certo a una lotteria con uguale valore atteso.

In generale, una funzione di utilità che presenta un'utilità marginale decrescente (come quella della Figura 15.6) implica che l'utilità di una cosa certa è superiore all'utilità attesa di una lotteria con il medesimo valore atteso. Per verificare che è questo il caso, si noti che se lo studente lavora per la piccola impresa, la parte superiore della lotteria dice che egli potrebbe avere €50 000 in più di reddito (104 000 − 54 000) rispetto alla grande impresa, mentre la parte inferiore dice che potrebbe avere €50 000 in meno (54 000 − 4000). A causa dell'utilità marginale decrescente, la riduzione di utilità derivante dalla parte inferiore (230 − 60 = 170) è più grande dell'aumento di utilità derivante dalla parte superiore (320 − 230 = 90), come mostra la Figura 15.6. Con un'utilità marginale decrescente, perciò, l'agente è più danneggiato dal lato negativo della scommessa di quanto sia favorito da quello positivo. Ciò porta l'agente avverso al rischio a preferire la cosa certa.

Esercizio svolto 15.1   Il calcolo dell'utilità attesa di due lotterie per un agente avverso al rischio

Considerate le due lotterie rappresentate nella Figura 15.3. Esse hanno lo stesso valore atteso, ma la prima (investire nell'impresa operante su Internet) ha una varianza maggiore della seconda (investire in un'impresa di pubblica utilità). Dunque, la prima lotteria è più rischiosa della seconda. Supponete che un agente avverso al rischio abbia la funzione di utilità
$$U(I) = \sqrt{100I}$$
dove I rappresenta il payoff della lotteria.

Problema

Quale lotteria preferisce l'agente - ovvero, quale ha per lui la maggiore utilità attesa?

Soluzione

Bisogna calcolare l'utilità attesa di ogni lotteria usando l'equazione (15.1).

Utilità attesa dell'investimento in azioni dell'impresa che opera su Internet

= $0{,}30\sqrt{8000} + 0{,}40\sqrt{10\,000} + 0{,}30\sqrt{12\,000}$
= $0{,}30(89{,}4) + 0{,}40(100) + 0{,}30(109{,}5) = 99{,}7$

Utilità attesa dell'investimento in azioni dell'impresa di pubblica utilità

= $0{,}10\sqrt{8000} + 0{,}80\sqrt{10\,000} + 0{,}10\sqrt{12\,000}$
= $0{,}10(89{,}4) + 0{,}80(100) + 0{,}10(109{,}5) = 99{,}9$

Giacché l'investimento in azioni dell'impresa di pubblica utilità ha una utilità attesa più alta, un agente avverso al rischio preferisce questo investimento a quello in azioni dell'impresa operante su Internet. Ciò chiarisce un punto generale: *se le lotterie* L *e* M *hanno lo stesso valore atteso, ma la lotteria* L *ha una varianza minore della lotteria* M, *un agente avverso al rischio preferirà* L *a* M.

15.2.2 Neutralità al rischio e propensione al rischio

NEUTRALITÀ AL RISCHIO La caratteristica di un agente che confronta le lotterie in base al loro valore atteso ed è indifferente tra qualcosa di certo e una lotteria con uguale valore atteso.

L'avversione al rischio è solo uno degli atteggiamenti che gli agenti possono assumere rispetto al rischio. Un decisore può anche essere **neutrale al rischio** o amante del rischio. Quando un agente è neutrale al rischio, egli confronta le lotterie soltanto con riferimento al loro valore atteso, ed è quindi indifferente tra qualcosa di certo e una lotteria con lo stesso valore atteso.

Per capire perché, va innanzi tutto evidenziato che un agente neutrale al rischio ha una funzione di utilità lineare, $U = a + bI$, dove a è una costante non negativa e b è una costante positiva. Si consideri una lotteria con payoff I_1 e I_2 e relative probabilità di p e $1 - p$. L'utilità attesa (*Expected Utility, EU*) della lotteria è

$$EU = p(a + bI_1) + (1 - p)(a + bI_2) = a + b[pI_1 + (1 - p)I_2]$$

Il termine tra parentesi quadrate è il valore atteso (EV) della lotteria, e quindi $EU = a + bEV$. Dunque, quando il valore atteso uguaglia il payoff dell'evento certo (cioè, quando $EV = I$), l'utilità attesa uguaglia l'utilità della cosa certa (ovvero, $EU = U$).

Ritornando all'esempio delle due offerte di lavoro, se lo studente è neutrale al rischio, sarebbe indifferente tra il reddito certo di €54 000 della grande im-

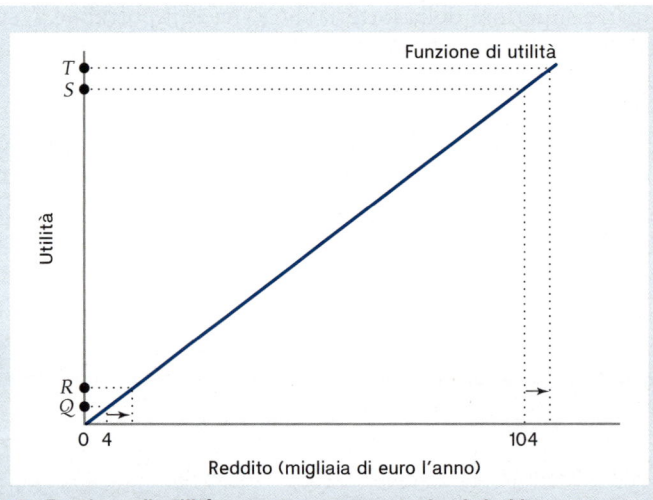

FIGURA 15.7 Funzione di utilità per un agente neutrale al rischio
La funzione di utilità è una linea retta, per cui l'utilità marginale è costante. La variazione di utilità derivante da ogni dato incremento di reddito è la stessa, indipendentemente dal livello di reddito dell'agente (per esempio, la distanza tra il punto Q e il punto R è uguale alla distanza tra il punto S e il punto T).

presa e il reddito atteso di €54 000 relativo alla piccola impresa. La Figura 15.7 rappresenta la funzione di utilità di un individuo neutrale al rischio. Dato che la funzione di utilità è una retta, l'utilità marginale del reddito è costante - ovvero, la variazione di utilità derivante da ogni dato incremento di reddito è la stessa, indipendentemente dal livello di reddito dell'individuo.

Quando un agente è **amante del rischio** (o **propenso al rischio**), preferisce una lotteria a una cosa certa di valore uguale al valore atteso della lotteria. Nell'esempio delle proposte di lavoro, l'utilità attesa dello studente connessa alla proposta della piccola impresa sarebbe maggiore dell'utilità che gli conferisce la proposta della grande impresa. Come mostrato nella Figura 15.8, un decisore amante del rischio ha una funzione di utilità che presenta un'utilità marginale crescente - cioè la variazione di utilità derivante da ogni dato incremento di reddito cresce al crescere del reddito dell'individuo.

PROPENSIONE AL RISCHIO La caratteristica di un agente che preferisce una lotteria a qualcosa di certo il cui valore è uguale al valore atteso della lotteria.

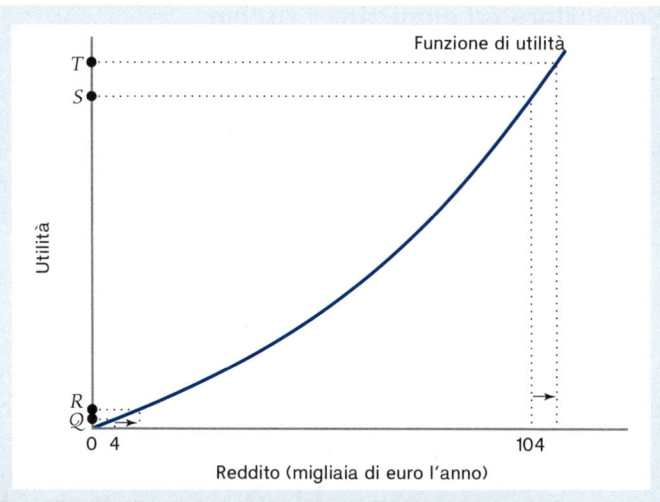

FIGURA 15.8 Funzione di utilità per un agente amante del rischio
La funzione di utilità presenta un'utilità marginale crescente. La variazione di utilità derivante da ogni dato incremento di reddito cresce al crescere del reddito dell'agente (per esempio, la distanza tra il punto Q e il punto R è minore della distanza tra il punto S e il punto T).

Esercizio svolto 15.2   Il calcolo dell'utilità attesa per due lotterie con agenti neutrali al rischio e amanti del rischio

Supponete che due individui stiano considerando di investire nelle due lotterie illustrate nella Figura 15.3. Un decisore è neutrale al rischio, con una funzione di utilità $U(I) = 100I$, mentre l'altro è amante del rischio, con una funzione di utilità $U(I) = 100I^2$, dove I indica il payoff della lotteria.

Problema

(a) Quale lotteria preferirà l'individuo neutrale al rischio?
(b) Quale lotteria preferirà l'individuo amante del rischio?

Soluzione

(a) Per l'agente neutrale al rischio:

Utilità attesa dell'investimento in azioni dell'impresa operante su Internet

= 0,30(8000) + 0,40(10 000) + 0,30(12 000)
= 10 000

Utilità attesa dell'investimento in azioni dell'impresa di pubblica utilità

= 0,10(8000) + 0,80(10 000) + 0,10(12 000)
= 10 000

Poiché i due investimenti hanno la medesima utilità attesa, l'agente neutrale al rischio è indifferente tra i due. Si noti che l'utilità attesa di ogni lotteria è uguale a cento volte il valore atteso di ognuna di esse. Ciò chiarisce un punto generale: *per un agente neutrale al rischio, la graduatoria di preferenze delle utilità attese delle lotterie è esattamente uguale alla graduatoria di preferenze dei payoff attesi delle lotterie.*

(b) Per l'agente amante del rischio:

Utilità attesa dell'investimento in azioni dell'impresa operante su Internet

$= 0{,}30(100)(80^2) + 0{,}40(100)(100^2) + 30(100)(120^2)$
$= 1\,024\,000$

Utilità attesa dell'investimento in azioni dell'impresa di pubblica utilità

$= 0{,}10(100)(80^2) + 0{,}80(100)(100^2) + 0{,}10(100)(120^2)$
$= 1\,008\,000$

L'agente amante del rischio preferirà investire in azioni dell'impresa operante su Internet, in quanto l'utilità attesa è maggiore di quella relativa all'investimento in azioni dell'impresa di pubblica utilità. Ciò chiarisce un punto generale: *se le lotterie* L *e* M *hanno lo stesso valore atteso, ma la lotteria* L *ha una varianza maggiore della lotteria* M, *un agente amante del rischio preferirà* L *a* M.

15.3 • Sopportare ed eliminare il rischio

Si è appena visto come descrivere la rischiosità delle lotterie utilizzando gli strumenti del valore atteso e della varianza. Si è pure studiato come calcolare l'utilità attesa di diverse lotterie, al fine di individuare le preferenze di un individuo rispetto a ciascuna di esse. Da ultimo, si è visto come si potrebbe utilizzare una funzione di utilità per definire l'atteggiamento di un agente verso il rischio (avversione, neutralità o propensione).

Benché possano certamente esistere persone neutrali al rischio o amanti del rischio, gli economisti ritengono che in presenza di decisioni importanti, come la scelta di stipulare una polizza assicurativa per l'auto o quella di investire un certo capitale in titoli azionari, la maggior parte degli individui tende ad agire come se fosse avversa al rischio. Per esempio, perché molti automobilisti sono disposti a pagare un premio periodico a una compagnia di assicurazione per cautelarsi contro eventuali danni o contro il furto della propria auto, anche se la probabilità che una vettura subisca un incidente o venga rubata è piuttosto piccola (certamente inferiore al 50% ogni anno)? La risposta è che, quando si tratta della propria auto, gli individui sono di solito avversi al rischio. Essi pensano che i premi sono un piccolo prezzo da pagare per la tranquillità derivante dal fatto di sapere che, se mai la propria auto fosse danneggiata o rubata, il suo valore sarebbe rimborsato dalla compagnia di assicurazione. Tuttavia, gli individui non cercano a tutti i costi di eliminare completamente il rischio dalla loro vita. Alcuni automobilisti acquistano polizze assicurative con consistenti franchigie (ovvero, polizze in cui una parte del furto o del danno resta a carico dell'assicurato), e molte persone investono almeno una parte della loro ricchezza nei mercati azionari.

Pertanto, quando gli agenti avversi al rischio scelgono di sopportare un certo grado di rischio, e quando cercano invece di eliminarlo? In questo paragrafo si proverà a rispondere al quesito esaminando gli incentivi di un agente avverso al rischio ad acquistare un'assicurazione.

15.3.1 Quando una persona avversa al rischio sceglie di eliminare il rischio? La domanda di assicurazione

Innanzi tutto, è evidente che un soggetto che è avverso al rischio sarebbe disposto a sopportarlo solo in cambio di una ricompensa sufficientemente grande (comunemente chiamata *premio per il rischio*). In alternativa, un agente avverso al rischio può scegliere di eliminarlo ricorrendo all'assicurazione.

Per chiarire la situazione, si immagini una persona avversa al rischio che abbia appena acquistato un'auto nuova. Se tutto va bene – se l'auto funziona come previsto e non si verificano incidenti – l'individuo potrà contare su un reddito di €50 000 per il consumo di beni e servizi nel corso di un anno. Se però la persona ha un incidente e non è assicurata, si aspetta di pagare €10 000 per la riparazione dell'auto. Ciò lascerebbe solo €40 000 disponibili per l'acquisto di altri beni e servizi. Si supponga ora che la probabilità di subire un incidente sia 0,05, così che quella di non avere incidenti sia 0,95. Scegliendo di rimanere senza assicurazione, il soggetto in questione fronteggia una lotteria: vi è una probabilità del 5% di avere un reddito disponibile di €40 000, e una probabilità del 95% di avere un reddito disponibile di €50 000.

Si supponga ora che l'agente abbia la possibilità di acquistare una copertura assicurativa annuale per un valore di €10 000 a un costo totale di €500 l'anno (la somma di €500 è chiamata *premio assicurativo*). In base a questa polizza, la compagnia di assicurazione promette di pagare fino a €10 000 di costi di riparazione dell'automobile in caso di incidente. Questa polizza assicurativa possiede due caratteristiche salienti. Per prima cosa, fornisce una copertura totale (fino a €10 000) per qualsiasi danno la persona possa subire a seguito di un incidente.[6] Secondariamente, è una **polizza assicurativa equa**, cioè il premio pagato è uguale al valore atteso del pagamento promesso della compagnia di assicurazione. Siccome vi è una probabilità del 5% che la compagnia pagherà €10 000 e una probabilità del 95% che non dovrà pagare nulla, il valore atteso del pagamento assicurativo promesso è $(0{,}05 \times 10\,000) + (0{,}95 \times 0) = €500$.[7] Se la compagnia di assicurazione vendesse questa polizza a molti individui con grado di rischio simile a quello dell'agente considerato, si aspetterebbe di andare in pareggio.

POLIZZA ASSICURATIVA EQUA Una polizza assicurativa nella quale il premio è uguale al valore atteso del pagamento promesso.

Si può utilizzare la logica dell'avversione al rischio per dimostrare che sarebbe razionale per l'individuo sottoscrivere la polizza. Se l'acquista, egli ottiene:

- $50\,000 - 500 = €49\,500$, se non ha un incidente;
- $50\,000 - 500 - 10\,000 + 10\,000 = €49\,500$, se ha un incidente.

La polizza assicurativa elimina quindi tutti i rischi, e consente all'individuo di spendere €49 500 in altri beni e servizi. Se non acquista la polizza, egli invece ottiene:

- €50 000, se non ha un incidente;
- €40 000, se ha un incidente.

Il valore atteso del suo consumo in questo caso è $(0{,}95 \times 50\,000) + (0{,}05 \times 40\,000) = €49\,500$. Pertanto, il valore atteso del consumo dell'agente se non acquista la polizza è uguale al valore certo del consumo se egli l'acquista. Dal momento che un agente avverso al rischio preferisce qualcosa di certo a una lotteria con il medesimo valore atteso, la persona preferirà acquistare una polizza assicurativa equa che copre tutte le perdite piuttosto che non assicurarsi affatto.

---

[6] Nel linguaggio assicurativo, si direbbe che la polizza *indennizza* totalmente l'agente contro le perdite.
[7] Un altro modo di descrivere una polizza equa è che il premio per euro di copertura assicurativa (500/10 000) è uguale alla probabilità di subire un incidente.

Applicazione 15.2

Stock option e premi per il rischio

Molte aziende usano forme di retribuzione legate alla perfomance al fine di incentivare i propri dipendenti. In particolare, negli ultimi quindici anni l'uso di stock option ha avuto una larghissima diffusione in tutto il mondo. Le stock option sono molto comuni nelle imprese più giovani e in quelle ad alto tasso tecnologico, ma il loro utilizzo è aumentato anche in molti altri settori. Una stock option conferisce al lavoratore il diritto, in genere per un periodo di tre anni, di acquistare un'azione dell'azienda a un *prezzo di esercizio* fissato nel momento in cui l'opzione viene concessa. La maggior parte delle stock option vengono attribuite con un prezzo di esercizio pari alla quotazione che l'azione dell'azienda ha nel giorno in cui l'opzione è assegnata al personale. Se il prezzo dell'azione scende, il personale non ha convenienza a esercitare l'opzione di acquisto, dal momento che sarebbe più conveniente comprare le azioni sul mercato. Se, invece, il prezzo sale, il lavoratore può trarre vantaggio dall'esercizio del proprio diritto di opzione.

Si consideri questo esempio. Joe lavora per Apple Computer. Gli vengono concesse 100 stock option a un prezzo di esercizio pari alla quotazione che Apple ha quel giorno, ossia $50. Se il prezzo dell'azione aumenta a $75, Joe può esercitare il proprio diritto pagando $50 a opzione e ricevendo un'azione in cambio di ogni opzione. Poiché l'azione vale $75, Joe consegue un profitto di $25 per opzione, al lordo delle imposte. Pertanto, Joe ha un vantaggio se in futuro la quotazione di Apple salirà, cosa che spiega perché le aziende ricorrono alle opzioni per fornire incentivi al personale.

Le stock option costituiscono una forma di compenso molto rischiosa, in quanto dipendono dal valore di mercato delle azioni dell'azienda, e si sa che le quotazioni azionarie sono molto variabili. Spesso, per esempio, i prezzi scendono. Nell'esempio di Joe, se il prezzo delle azioni Apple si riduce, le sue opzioni sono prive di valore. E anche se la loro quotazione momentaneamente sale, il valore futuro rimane comunque molto incerto, e quindi anche il valore delle stock option di Joe resta incerto.

È lecito allora domandarsi se il personale chieda un "premio per il rischio" nel momento in cui accetta stock option al posto di una retribuzione monetaria. I risultati di un'indagine condotta dalla Watson Wyatt, una società di consulenza operante nel settore delle risorse umane, suggeriscono una risposta affermativa al quesito. La Watson Wyatt ha effettuato un sondaggio tra i lavoratori di grandi imprese per stabilire quanta parte dello stipendio fisso essi sarebbero stati disposti a scambiare con stock option nel loro pacchetto retributivo. Tali valori sono stati quindi messi a confronto con il *valore atteso* di quelle opzioni.[8] La stima è che il personale vorrebbe uno sconto sulle stock option compreso fra il 30 e il 50% del loro valore atteso, mentre per le *grant option* (ovvero, stock option con prezzo di esercizio pari a zero) lo sconto va dal 15 al 20%. Ciò evidenzia come i premi per il rischio richiesti siano decisamente consistenti per entrambi i tipi di opzioni, e quindi conferma che le stock option sono considerate forme di retribuzione piuttosto rischiose.

15.3.2 L'informazione asimmetrica nei mercati assicurativi: azzardo morale e selezione avversa

Se si possiede un'auto, si dia un'occhiata alla propria polizza assicurativa. Probabilmente essa prevede ciò che è noto con il nome di *franchigia*. La franchigia rende il proprietario dell'auto responsabile di una parte del danno derivante da un incidente (per esempio, i primi €1000), mentre la compagnia assicurativa copre la parte rimanente.[9]

---

[8] Il metodo standard per stimare il valore atteso dei flussi di cassa da un'opzione di questo tipo è quello di utilizzare la *Formula Black-Scholes*, sviluppata dagli economisti Fischer Black e Myron Scholes negli anni Settanta. Successivamente, per questa formula Scholes ha ricevuto il premio Nobel per l'economia. Black era già mancato, altrimenti avrebbe probabilmente condiviso il premio con Scholes.

[9] I co-pagamenti nelle polizze assicurative sanitarie funzionano alla stessa maniera. Un co-pagamento rende la parte assicurata responsabile della copertura di una porzione predeterminata (per esempio, il 10%, o €10) delle spese mediche.

Esercizio svolto 15.3 La disponibilità a pagare per l'assicurazione

Il reddito disponibile corrente di un individuo è di €90 000. Si supponga che vi sia una probabilità dell'1% che nella sua casa scoppi un incendio, e che, se ciò dovesse accadere, il costo di ristrutturazione sarà di €80 000, riducendo così il suo reddito disponibile a €10 000. Si supponga altresì che la sua funzione di utilità sia $U = \sqrt{I}$.

Problema

(a) Sarebbe l'individuo disposto a pagare €500 per acquistare una polizza che lo assicuri totalmente contro il possibile danno?
(b) Qual è il massimo prezzo che egli sarebbe disposto a pagare per una polizza che lo assicuri pienamente contro l'incendio?

Soluzione

(a) Se l'individuo non acquista alcuna polizza, la sua utilità attesa è $0{,}99\sqrt{90\,000} + 0{,}01\sqrt{10\,000} = 298$. Se acquista una polizza al prezzo di €500, il suo reddito disponibile diventa €89 500, sia che l'incendio si verifichi sia che ciò non accada (la polizza assicurativa costa €500, ma, se la casa subisce un incendio, la compagnia di assicurazione risarcirà l'individuo per i costi di ristrutturazione, pari a €80 000). Dunque, l'utilità attesa derivante dall'acquisto della polizza è $\sqrt{89\,500}$ = 299,17. Giacché l'utilità attesa è più alta se si acquista la polizza rispetto al caso in cui non la si acquisti, l'individuo sarà disposto a stipulare la polizza al prezzo di €500.

(b) Sia P il prezzo della polizza. Se l'individuo procede alla stipula, la sua utilità attesa è $\sqrt{90\,000 - P}$. Il prezzo più alto che egli sarà disposto a pagare sarà un prezzo P che lo rende indifferente tra l'acquisto e il non acquisto della polizza: $\sqrt{90\,000 - P} = 298$, ovvero 90 000 P = 88 804, da cui P = €1196. Pertanto, la cifra più alta che la persona è disposta a pagare per sottoscrivere la polizza assicurativa è €1196.

Perché le polizze assicurative prevedono le franchigie? Una ragione importante è la presenza di **informazione asimmetrica**, che si riferisce a situazioni in cui una parte ha maggiore informazione sulle proprie azioni o sulle proprie caratteristiche personali rispetto a un'altra parte. Nei mercati assicurativi vi sono due forme importanti di informazione asimmetrica: l'azzardo morale, che sorge quando la parte assicurata può intraprendere azioni nascoste che influenzano la probabilità di un incidente, e la selezione avversa, che sorge quando una parte possiede un'informazione nascosta sul rischio di un incidente o di un danno.

> **INFORMAZIONE ASIMMETRICA** Una situazione nella quale una parte ha maggiori informazioni sulle proprie azioni e/o caratteristiche rispetto a un'altra parte.

Azione nascosta: azzardo morale

Si supponga che una persona abbia appena stipulato una polizza equa che risarcisce completamente qualsiasi danno che la sua auto può subire in seguito a un incidente. Se la persona sa di essere pienamente assicurata, quanto sarà prudente? Probabilmente non tanto prudente quanto sarebbe se non avesse una copertura assicurativa completa. Magari guiderà più velocemente o si comporterà più incautamente in presenza di condizioni meteorologiche avverse. Forse avrà meno cura nel proteggere l'auto da vandali o ladri (per esempio, parcheggiando l'auto in strada piuttosto che in un garage). L'effetto netto dell'uso di minori cautele quando si dispone di una copertura assicurativa completa è l'aumento della probabilità di subire un danno, che magari potrà passare dal 10% al 15% o anche al 20%.

L'esempio illustra il concetto di **azzardo morale**, per il quale una parte assicurata esercita minore cura rispetto a quanto avrebbe fatto in assenza di assicurazione. Poiché la compagnia di assicurazione non può controllare i comportamenti quotidiani dei propri assicurati – le loro azioni sono nascoste al suo sguardo – una volta che essa ha venduto loro le polizze non può fare molto per influenzarne il comportamento. Questo è un problema per l'impresa di assicurazione, in quanto l'azzardo morale può avere ricadute dirette sui suoi profitti. Se la polizza consentisse alla compagnia di andare giusto in pareggio, nell'ipotesi di una probabilità di danno pari al 10%, e se gli individui totalmente assicurati si comportassero per questo più incautamente, facendo aumentare la probabilità del danno al 20%, la compagnia subirebbe una perdita.

> **AZZARDO MORALE** Un fenomeno per il quale una parte assicurata esercita minore cura rispetto a quanto farebbe in assenza di copertura assicurativa.

Un modo per l'impresa di assicurazione di far fronte all'azzardo morale sarebbe quello di risarcire gli assicurati soltanto nei casi in cui essi fossero in grado di dimostrare che non è stata la propria imprudenza o negligenza a causare l'incidente. Tuttavia, l'applicazione di tali clausole contrattuali è spesso poco realistica. La compagnia assicurativa avrebbe infatti bisogno di condurre investigazioni dettagliate per ogni incidente, e anche se lo facesse sarebbe molto difficile giungere alla verità – sarebbe facile per gli assicurati nascondere o sfumare la verità ("Stavo davvero rispettando il limite di velocità!").

Una soluzione migliore per la compagnia assicurativa è fornire incentivi a guidare con prudenza. Le franchigie sono un modo di offrire tali incentivi. Se l'assicurato sa che dovrà pagare una parte del conto della riparazione dell'auto in caso di incidente, ci sono buone possibilità che egli sarà maggiormente concentrato su una guida attenta. Ciò vuol dire che, nella competizione per conquistare i clienti avversi al rischio, le compagnie fronteggiano un interessante trade-off. L'assicurazione deve essere sufficientemente completa (ovvero, deve coprire una parte sufficientemente ampia del danno atteso) perché gli individui la acquistino, mentre la franchigia deve essere sufficientemente grande da far sì che le persone siano più attente.

Informazione nascosta: selezione avversa

La **selezione avversa** è un'altra ragione per la quale le compagnie assicurative spesso non forniscono una copertura totale. Mentre l'azzardo morale si riferisce all'effetto di una polizza assicurativa sugli incentivi dei consumatori individuali a prestare attenzione, la selezione avversa si riferisce al modo in cui l'ammontare del premio influenza i diversi tipi di individui che acquistano la polizza. In particolare, selezione avversa vuol dire che un aumento del premio assicurativo fa crescere la rischiosità totale del gruppo di individui che acquistano l'assicurazione.

La popolazione è formata da diverse tipologie di individui. Alcuni sono guidatori abili o attenti, ma altri lo sono senz'altro meno, e dunque hanno un rischio maggiore di fare incidenti. Le compagnie di assicurazione lo sanno, naturalmente, e ciò spiega perché per alcune classi di guidatori (i giovani, per esempio) i premi dell'assicurazione auto sono più alti di quelli applicati ad altre classi di conducenti (come quelli al di sopra dei 30 anni).

Tuttavia, le compagnie assicurative possono arrivare solo al punto di distinguere un buon rischio da un rischio cattivo. Anche all'interno di classi di rischio generali, gli individui possono differire di molto in termini di caratteristiche del rischio, e l'informazione riguardante il rischio intrinseco di un potenziale assicurato è spesso nascosta. L'incapacità di distinguere la diversa rischiosità degli individui che acquistano polizze dà origine al problema della selezione avversa. Si consideri, per esempio, una compagnia che vende assicurazioni sanitarie. Per un dato premio, una polizza che assicurasse completamente le spese mediche dell'individuo sarebbe più interessante per una persona con un alto rischio di malattia (per motivi ereditari o per il suo stile di vita) che per una persona caratterizzata da un basso rischio. Ciò rende costosa l'offerta di tale polizza da parte della compagnia assicurativa. Ci si potrebbe chiedere se aumentare il prezzo della polizza sia un modo per compensare questi alti costi. Ma quando la compagnia offre la stessa polizza a tutti i potenziali acquirenti e non è in grado di distinguerli in base al loro rischio di malattia, l'aumento del premio rende le cose ben peggiori: gli individui ad alto rischio continuerebbero a sottoscrivere la polizza (perché per loro ha molto valore), ma alcuni individui a basso rischio potrebbero plausibilmente

---

SELEZIONE AVVERSA Un fenomeno per il quale un aumento del premio assicurativo aumenta la rischiosità complessiva dell'insieme di individui che acquistano la polizza.

Applicazione 15.3

Perché c'è qualcuno che offre un'assicurazione?

Si è visto che un consumatore avverso al rischio ha un incentivo a *domandare* una copertura assicurativa. Ma perché qualcuno dovrebbe essere incentivato a *offrire* un'assicurazione? Si potrebbe supporre che, se l'avversione al rischio spiega la domanda di assicurazione, allora la propensione al rischio spiega l'offerta di assicurazione. Dopo tutto, non è vero che chi fornisce polizze assicurative sta in effetti scommettendo sul fatto che la parte assicurata non subirà un danno? In realtà, la risposta al perché esiste un'offerta di assicurazione è più sottile e non richiede necessariamente che i fornitori di assicurazione siano amanti del rischio. Un rapido sguardo alla storia dell'assicurazione può aiutare a chiarire questo punto.

Nella sua accattivante storia del concetto di rischio, *Più forti degli dei*, Peter Bernstein fa rilevare che il business delle assicurazioni nacque nel mondo antico.[10] Nell'antica Grecia e a Roma, per esempio, una forma embrionale di assicurazione sulla vita era offerta dalle corporazioni professionali. Questi gruppi richiedevano ai propri iscritti di contribuire a un fondo che sarebbe stato usato per fornire sostegno finanziario a un nucleo familiare nel caso che il capofamiglia fosse morto improvvisamente. Nell'Italia medievale una prima forma di assicurazione sul raccolto si affermò quando i contadini iniziarono a fondare organizzazioni cooperative che li avrebbero reciprocamente assicurati contro i rischi del maltempo. In base a questo accordo, i contadini di una certa parte del Paese in cui vi era stato bel tempo indennizzavano i contadini di altre parti del Paese i cui raccolti erano stati danneggiati dal maltempo. Tra tutte, la più famosa compagnia assicurativa, i Lloyd's di Londra, iniziò la propria attività nel 1771, quando un gruppo di persone (la Società dei Lloyd's) che facevano affari nel Caffè Lloyd's si accordò nell'impegnare la propria ricchezza personale per garantire qualunque perdita subita dai membri del gruppo o dai loro clienti. Il gruppo era composto da armatori, commercianti e proprietari di immobili.

Questi esempi storici illustrano il principio fondamentale dell'assicurazione: un gruppo di individui che non hanno subito perdite offre denaro per indennizzare altri individui che invece hanno subito perdite o danni. Nelle economie moderne, le compagnie assicurative come Assicurazioni Generali o Allianz-RAS in effetti fungono da intermediari in questo processo. Per esempio, Generali userà il denaro che un suo assicurato ha pagato lo scorso mese per la polizza di assicurazione auto al fine di risarcire qualche altro proprietario di auto che ha avuto la sfortuna di avere un incidente nel mese in corso.

Sotto questo punto di vista, un'assicurazione non è nient'altro che un modo di condividere il rischio tra un gruppo di persone, così che nessuna di esse debba sostenere un rischio troppo oneroso. Per questa ragione, i mercati assicurativi possono nascere anche quando tutte le parti sono avverse al rischio, purché i rischi che le parti sopportano siano, fino a un certo punto, indipendenti gli uni dagli altri. Ovvero, quando un individuo (o un gruppo di individui) subisce una perdita, ci devono essere altri individui che non ne hanno subite. Ciò di solito è vero per quasi tutti i rischi coperti dalle normali forme di assicurazione – incidenti d'auto, incendi, malattie, morti. Un evidente esempio di assenza di indipendenza è quello dell'uragano Andrew, che devastò la Florida nel 1992. In questo caso, i danni a case e imprese furono così diffusi in tutta la Florida che le compagnie assicurative immobiliari di quello Stato ebbero grandi difficoltà a soddisfare tutte le richieste di pagamento, e alcune di esse sperimentarono seri problemi finanziari. Tuttavia, una tale situazione è l'eccezione, non la regola. Nella maggior parte dei casi i mercati assicurativi funzionano bene perché la condivisione del rischio è possibile: quando alcune parti sono in difficoltà, altre parti, in un modo o nell'altro, dovranno tirar fuori i soldi necessari per compensare le loro perdite.

---

scegliere di farne a meno.[11] L'aumento del premio assicurativo necessario per compensare i costi attesi dell'assicurazione ha un impatto sfavorevole (*avverso*) sulla composizione dell'insieme dei potenziali acquirenti (da qui l'espressione *selezione avversa*).

---

[10] Si veda in particolare il Capitolo 5 di P.L. Bernstein, *Più forti degli dei. La straordinaria storia del rischio*, Il Sole24Ore, Milano 2002.

[11] Oppure, forse, gli individui a basso rischio potrebbero ricercare alternative meno costose, come il ricorso a strutture convenzionate o a una copertura assicurativa parziale.

Come potrebbe una compagnia di assicurazione fare profitti in presenza di selezione avversa? Un modo sarebbe quello di offrire agli acquirenti un ventaglio di polizze differenti e lasciare a loro la scelta di quella preferita. Una polizza con una franchigia alta e un premio basso attrarrebbe un individuo convinto che la sua probabilità di ammalarsi è bassa, mentre una polizza con una franchigia più bassa ma con un premio maggiore sarebbe relativamente preferita da un individuo con un rischio di malattia più concreto. Un altro modo usato dalle compagnie assicurative per far fronte alla selezione avversa è quello di vendere le polizze a gruppi di individui. Per esempio, se tutti i dipendenti di una stessa azienda aderiscono a uno schema obbligatorio di assicurazione sanitaria aziendale, la compagnia si troverà di fronte una miscela di individui ad alto e a basso rischio. Se un identico piano fosse offerto alla clientela su base individuale, le persone a basso rischio potrebbero optare per non acquistare l'assicurazione sanitaria, provocando così un impatto "avverso" sulla composizione del gruppo di individui coperti dalla polizza assicurativa.

15.3.3 Il ruolo dell'informazione asimmetrica nei mercati reali[12]

Il possesso di informazioni private, e quindi la presenza di asimmetrie informative, non è un problema presente esclusivamente nei rapporti tra assicurati e compagnie di assicurazione. Anzi, la selezione avversa e l'azzardo morale possono riguardare molti altri mercati, e spesso conducono a equilibri non efficienti.

La selezione avversa rappresenta una forma di *opportunismo pre-contrattuale*: il possesso di maggiori informazioni da parte di uno dei due lati del mercato può spingere la parte meno informata a non chiudere la transazione (proprio come gli individui a basso rischio potrebbero non sottoscrivere più l'assicurazione), anche quando essa sarebbe vantaggiosa sia per il compratore che per il venditore.

Un esempio è il mercato delle automobili. Riguardo alle auto nuove, se un produttore offre una garanzia opzionale per coprire tutte le spese diverse dalla manutenzione ordinaria entro cinque anni dall'acquisto, è molto probabile che essa sarà acquistata solo da chi fa un uso intensivo del veicolo, non certo da chi la utilizza per pochi chilometri all'anno. Ne consegue un peggioramento (in termini di rischio, e quindi di costo per il produttore) dell'insieme di potenziali sottoscrittori della garanzia. Anche in questo caso, l'introduzione di una franchigia potrebbe essere di aiuto.

Se poi si tratta di auto usate, il problema della selezione avversa è ancora maggiore.[13] Infatti, il compratore non conosce le reali condizioni dell'auto che gli viene proposta dal venditore, e d'altro canto quest'ultimo non ha alcun incentivo a comunicargliele, avendo la speranza di spuntare un prezzo che sia il più alto possibile. L'asimmetria informativa, perciò, potrebbe spingere il compratore a desistere dall'acquisto, anche nel caso in cui il valore che egli attribuisce a quell'auto particolare (se ne conoscesse l'effettiva qualità) fosse maggiore del prezzo richiesto dal venditore. In questa ipotesi, la soluzione migliore è che il

---

[12] Paragrafo a cura di Paolo Coccorese.
[13] Si veda in proposito il pionieristico contributo sulla selezione avversa di G. Akerlof, "The Market for 'Lemons': Quality Uncertainty and the Market Mechanism", *Quarterly Journal of Economics* 84, 1970, pp. 488-500.

compratore faccia ispezionare l'auto da un meccanico di sua fiducia, o che il venditore offra una garanzia per un periodo successivo all'acquisto (tipo "usato sicuro").

Ma anche nel mercato del lavoro possono presentarsi problemi di selezione avversa. Del resto, in un colloquio di lavoro il candidato possiede maggiori informazioni sulla sua qualità (abilità, formazione, addestramento precedente, impegno) di quanto possa conoscere il datore di lavoro. Ecco perché in genere le imprese sottopongono gli aspiranti lavoratori a colloqui e test (in questo modo esse effettuano una *selezione*), oppure chiedono loro un curriculum o le referenze di precedenti datori di lavoro (per cui vi è *segnalazione* da parte dei lavoratori): cercano, con questi mezzi, di estrarre l'informazione mancante in un modo che sia verificabile e comunque non influenzato dalla parte in causa, ovvero il candidato.[14]

In alcuni casi, la presenza di carenze informative pre-contrattuali può influenzare l'andamento della curva di domanda. Si consideri il mercato delle pizze. Per la legge della domanda, se una pizzeria offre il proprio prodotto a un prezzo più basso la quantità domandata di tale bene dovrebbe aumentare. Tuttavia, un consumatore che non conosce la qualità di quella pizza potrebbe pensare che al prezzo più basso corrisponda un gusto peggiore o ingredienti più scadenti, e quindi decidere di non acquistarla. Dunque, al ridursi del prezzo si assocerebbe una diminuzione di domanda, per cui la relativa curva sarebbe inclinata positivamente (per lo meno da un certo livello del prezzo in giù).

Anche l'azzardo morale è molto diffuso nei mercati reali. Esso rappresenta una forma di *opportunismo post-contrattuale*, perché, come visto, una volta stipulato il contratto gli individui hanno minori incentivi a eseguire certe azioni, il tutto a spese della controparte. In genere, esistono forme di azzardo morale ogni volta che una persona deve svolgere un'azione per conto e nell'interesse di un'altra persona, ma il suo comportamento non può essere pienamente controllato e inoltre gli interessi delle parti non coincidono. In questi casi, si parla di *contratti di agenzia*, o *relazioni principale-agente* (in cui l'*agente* svolge le azioni su incarico del *principale*).

Si immagini la riparazione di un'auto. Il conducente (principale) lascia la sua vettura al meccanico (agente) affinché questi gliela ripari. Il meccanico, sapendo che il cliente non ha informazioni sufficienti per giudicare il tipo di guasto, ha l'incentivo a dichiarare il falso, per esempio facendogli pagare €200 per una riparazione che in effetti varrebbe solo €100.

Anche nel mercato del lavoro esiste il problema dell'azzardo morale. Una volta assunto, il lavoratore (agente) ha tutto l'interesse a lavorare poco, a non sforzarsi (dato che l'impegno sul lavoro crea disutilità). Ma ciò non è nell'interesse dell'azienda (principale), che invece vorrebbe che egli si impegnasse il più possibile, e lo paga per questo. Chiaramente, ciò vale per tutti i livelli di lavoro, quindi anche per i manager che vengono (lautamente) retribuiti dai consigli di amministrazione delle grandi società per azioni.

Visto che il problema dell'azzardo morale è in effetti un problema di carenza di incentivi, le soluzioni migliori sono quelle che prevedono meccanismi di incentivazione. Ciò vale particolarmente nel mercato del lavoro, in cui spesso (specie per le posizioni più alte nella scala gerarchica) la retribuzione è collegata al risultato

---

[14] In particolare, Michael Spence è stato tra i primi ad approfondire i meccanismi di segnalazione della produttività dei lavoratori attraverso il percorso scolastico e formativo. Si veda M. Spence, "Job Market Signaling", *Quarterly Journal of Economics* 87, 1973, pp. 355-374.

(stipendi con provvigioni sulle vendite, stock option), e quindi il raggiungimento di quest'ultimo va nel contemporaneo interesse di lavoratore e datore di lavoro. Altre soluzioni possibili sono prevedere maggiori controlli e verifiche (il che vuol dire, nell'esempio del meccanico, restare con lui per tutto il tempo della riparazione, oppure, nel caso del lavoratore, controllarlo tutto il giorno sul posto di lavoro), o introdurre il pagamento di cauzioni a garanzia delle prestazioni pattuite (come accade nei contratti di affitto, in cui alla stipula del contratto vengono pagate in anticipo alcune mensilità per coprire eventuali inadempienze future).

Come si vede, l'informazione asimmetrica permea gran parte della vita degli individui, e può pregiudicare il funzionamento dei mercati così come studiati in precedenza, anche al di là delle effettive intenzioni degli agenti economici. Il differente set di informazioni sulla qualità del bene o servizio oggetto dello scambio, oppure sulle azioni che la controparte può intraprendere, è in grado di modificare i comportamenti di compratori e venditori, determinando equilibri inefficienti. Sebbene nella pratica siano state elaborate varie soluzioni a tali problemi, è chiaro che il raggiungimento del risultato ottimo richiederebbe l'eliminazione di ogni asimmetria informativa; tuttavia ciò non è nell'interesse degli agenti, che invece sono spinti dall'opportunismo a non rivelare le proprie informazioni private.

15.4 • Le aste

Le aste rappresentano una parte importante del panorama economico. Già dalla metà degli anni Novanta diversi Paesi (tra cui Stati Uniti, Regno Unito, Germania e Italia) hanno utilizzato lo strumento dell'asta per l'assegnazione delle frequenze per servizi di comunicazione come la telefonia mobile e l'accesso wireless a Internet. Altri Paesi, come il Messico, hanno utilizzato le aste per privatizzare aziende pubbliche quali società ferroviarie e compagnie telefoniche. E oggi, naturalmente, le aste sono a disposizione di chiunque abbia una connessione alla rete Internet, visto che aziende come eBay hanno contribuito a rendere le aste online una delle aree commerciali del web a più rapida espansione.

Gli economisti hanno studiato le aste per anni, e oggi una parte ben sviluppata della teoria microeconomica riguarda proprio questo argomento. Un'asta coinvolge tipicamente pochi giocatori che prendono decisioni in condizioni di incertezza. La teoria delle aste combina quindi la teoria dei giochi studiata nel Capitolo 13 con concetti relativi all'informazione e alle decisioni in condizioni di incertezza che sono stati discussi in questo capitolo. Per questa ragione, una discussione delle aste rappresenta un modo efficace di coprire e integrare idee di entrambi i capitoli.

15.4.1 Tipi di aste e condizioni di offerta

Meccanismi di asta

Esistono molti tipi diversi di aste. Probabilmente quella più familiare (forse perché è la più rappresentata nei film o alla televisione) è l'**asta inglese**. In questo tipo di asta, i partecipanti dichiarano le loro offerte e ciascuno di essi può aumentare il valore della propria dichiarazione fino a quando non resta un solo giocatore con l'offerta più alta, il quale si aggiudica l'oggetto. Vi è poi l'**asta in busta chiusa al primo prezzo**, nella quale ogni partecipante sottopone un'offerta senza conoscere quelle degli altri. Colui che ha dichiarato l'offerta maggiore

---

ASTA INGLESE Un'asta in cui i partecipanti dichiarano le proprie offerte e ciascuno di essi può aumentarle fin quando non resta un solo giocatore con l'offerta più alta, il quale si aggiudica l'oggetto.

ASTA IN BUSTA CHIUSA AL PRIMO PREZZO Un'asta in cui ogni partecipante fa un'offerta senza conoscere quella degli altri partecipanti. Colui che ha fatto l'offerta maggiore si aggiudica il bene e paga un prezzo uguale alla sua offerta.

si aggiudica l'oggetto e paga un prezzo uguale alla propria dichiarazione. Molte aste su eBay sono in effetti delle aste in busta chiusa. Un ulteriore tipo di asta è l'**asta in busta chiusa al secondo prezzo**, che fu usata in Nuova Zelanda per l'assegnazione delle frequenze televisive. Come nell'asta in busta chiusa al primo prezzo, ciascun giocatore fa un'offerta, e vince l'asta il migliore offerente. Tuttavia, il vincitore paga un prezzo uguale alla seconda offerta più alta. Infine, nell'**asta olandese discendente**, che viene spesso usata per vendere prodotti agricoli come tabacco e fiori (compresi i tulipani in Olanda, cosa che spiega il nome), il venditore dell'oggetto annuncia un prezzo abbastanza elevato, che viene poi ridotto fin quando un compratore annuncia il desiderio di acquistare l'oggetto a quel prezzo.

Valori privati e valori comuni

Le aste possono anche essere classificate a seconda che implichino valori privati o valori comuni. Quando gli acquirenti hanno **valori privati**, ciascun offerente ha una personale valutazione dell'oggetto in asta. Egli conosce il valore che attribuisce soggettivamente all'oggetto, ma non è sicuro di quanto esso valga per gli altri potenziali acquirenti. Un contesto tipico nel quale gli offerenti hanno valori privati è la vendita di oggetti d'arte o di antiquariato. In tali contesti, è probabile che gli individui abbiano una personale opinione sul valore di un oggetto, e difficilmente cambiano opinione se scoprono che qualcun altro li valuta in modo diverso. In una situazione con valori privati, l'atteggiamento dell'acquirente è il seguente: "Non mi interessa ciò che gli altri pensano, a me questo quadro piace molto".

Quando gli acquirenti hanno **valori comuni**, l'oggetto ha lo stesso valore intrinseco per ciascuno di essi, ma nessun acquirente sa esattamente quale sia. Al riguardo, si immagini che il professore di economia entri in aula con una valigetta piena di banconote in euro che intende mettere all'asta. Il valore monetario dei biglietti in euro contenuti nella valigetta è lo stesso per ogni studente, ma nessuno sa quante banconote vi sono effettivamente al suo interno. L'assunzione di valori comuni spiega bene la vendita di beni quali le concessioni per lo sfruttamento petrolifero. In una situazione di valori comuni, di solito si assume che gli offerenti abbiano la possibilità di valutare l'oggetto in questione (nell'esempio, si può guardare all'interno della valigetta per 30 secondi). La stima che ne deriva sarà la miglior congettura sul valore dell'oggetto. In questa situazione, un individuo potrebbe cambiare opinione sul valore del bene se conoscesse le valutazioni degli altri offerenti. In particolare, se sapesse in seguito che la stima di tutti gli altri offerenti è minore di quella propria, egli probabilmente rivedrebbe al ribasso la propria valutazione dell'oggetto.

15.4.2 Aste con valori privati

Per studiare il comportamento di offerta nelle aste, si consideri inizialmente una situazione in cui i potenziali acquirenti hanno valori privati. Si esamineranno tre differenti tipologie di asta: l'asta in busta chiusa al primo prezzo, l'asta inglese e l'asta in busta chiusa al secondo prezzo. L'obiettivo è capire come le regole di un'asta influenzano il comportamento degli offerenti, e valutare quanto possono ricavare i venditori.

L'asta in busta chiusa al primo prezzo

Si supponga che un individuo, Marco, e altri potenziali acquirenti stiano competendo per acquistare un antico tavolo da pranzo in vendita su eBay. Si supponga

---

ASTA IN BUSTA CHIUSA AL SECONDO PREZZO Un'asta in cui ogni partecipante fa un'offerta senza conoscere quella degli altri partecipanti. Colui che ha fatto l'offerta maggiore si aggiudica il bene e paga un prezzo uguale alla seconda offerta più alta.

ASTA OLANDESE DISCENDENTE Un'asta in cui il venditore di un bene annuncia un prezzo che viene poi ridotto finché un acquirente si dichiara disposto a comprare il bene a quel prezzo.

VALORI PRIVATI Una situazione nella quale ogni offerente ha una valutazione personale dell'oggetto in asta.

VALORI COMUNI Una situazione nella quale un bene posto all'asta ha lo stesso valore intrinseco per tutti gli acquirenti, ma nessuno di essi lo conosce esattamente.

altresì (1) che il tavolo per Marco valga €1000 - cioè, il massimo che Marco è disposto a pagare per il tavolo è €1000, (2) che Marco non conosca le valutazioni degli altri potenziali acquirenti, e (3) che Marco ritenga che gli altri acquirenti possano avere valutazioni superiori o inferiori a €1000.

Nel decidere la strategia di offerta, può sembrare naturale che Marco dichiari di essere disposto a spendere €1000. Dopo tutto, questo è il valore che Marco assegna al tavolo antico, e dichiarando il più alto prezzo possibile egli massimizza le sue possibilità di vincita. Tuttavia, questa non è di solito la strategia migliore. In un'asta in busta chiusa al primo prezzo, la strategia ottimale di un offerente è quella di dichiarare un prezzo inferiore al proprio prezzo di riserva.

Per capire perché, si analizzi cosa accade quando Marco riduce l'offerta da €1000 a €900. Non conoscendo le valutazioni degli altri potenziali acquirenti, Marco non può conoscere a priori le conseguenze della sua mossa. Tuttavia, è verosimile che le probabilità che egli vinca l'asta diminuiranno. Si supponga che la curva S nella Figura 15.9 descriva la relazione esistente tra l'offerta di Marco e la sua probabilità di vincita (tra poco si spiegherà da dove deriva la funzione S). Se Marco offre €1000, il valore atteso del pagamento di Marco - ovvero la sua offerta moltiplicata per la probabilità di vincita - è pari alle aree $A + B + C + D + E + F$. (In questo paragrafo si ipotizzerà che gli offerenti siano neutrali al rischio: quindi, valutano costi e benefici in base al loro valore atteso.) Se invece Marco offre €900, il suo pagamento atteso è pari alle aree $E + F$ (per comodità, le diverse aree sono riassunte nella Tabella 15.1). Perciò, con un'offerta di €900 il pagamento atteso di Marco diminuirà delle aree $A + B + C + D$, e ciò per due ragioni: primo, egli paga meno se vince; secondo, la probabilità di vincita è inferiore. Ridurre il pagamento atteso è una cosa buona, ma, quando Marco riduce la sua offerta, fa diminuire anche il beneficio atteso dalla vincita dell'asta.

Il beneficio atteso è pari agli €1000 di Marco per la probabilità che egli vinca l'asta. Se offre €1000, il suo beneficio atteso è dato dalle aree $A + B + C + D + E + F$, ma quando dichiara €900 tale beneficio atteso è pari a $D + E + F$. In altri termini, il beneficio atteso *diminuisce* delle aree $A + B + C$. Vale dunque la pena

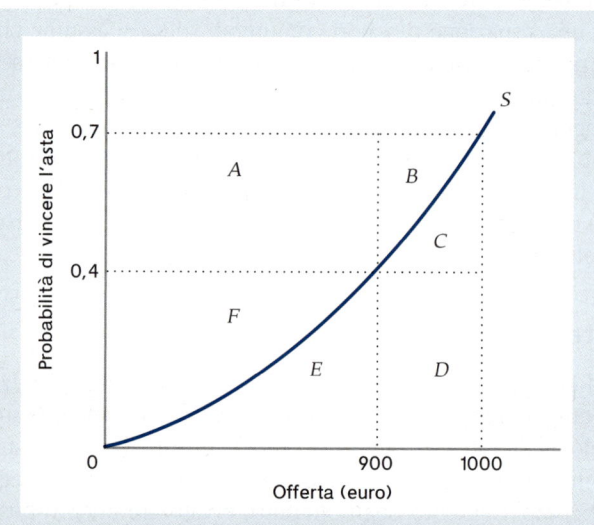

FIGURA 15.9 L'offerta ottimale in un'asta in busta chiusa al primo prezzo
La curva S mostra la relazione tra l'offerta e la probabilità di vincita. Se l'offerta è €1000, il pagamento atteso e il beneficio atteso sono entrambi pari a $A + B + C + D + E + F$, per cui il profitto atteso è pari a zero. Se l'offerta è €900, il pagamento atteso è $E + F$ e il beneficio atteso è $D + E + F$, per cui il profitto atteso è D. Dunque, l'offerta di €900 è preferibile a quella di €1000.

di ridurre l'offerta? La risposta è sì, perché una sua riduzione causa una diminuzione del pagamento atteso maggiore di quella del beneficio atteso, e il connesso guadagno netto (il profitto atteso) di Marco è l'area D, a fronte di un profitto atteso nullo derivante da un'offerta di €1000. Dichiarando un prezzo inferiore alla propria valutazione effettiva, Marco riduce la sua probabilità di vincita, ma questo fatto è più che compensato dall'aumento di guadagno netto in caso di vincita dell'asta.

Di quanto Marco dovrebbe diminuire la propria offerta? Questo dipende dalla forma della funzione S, che a sua volta dipende dalle opinioni di Marco circa le strategie di offerta degli altri acquirenti, e quindi da ciò che lui pensa siano le loro valutazioni del bene. In un equilibrio di Nash del gioco d'asta, ogni partecipante formula una propria stima della relazione tra il prezzo offerto e la probabilità di vincita – ovvero la curva S della Figura 15.9 – congetturando una relazione tra le valutazioni di ogni offerente rivale e il comportamento nelle dichiarazioni d'offerta di quel particolare offerente in equilibrio.[15] In una situazione di equilibrio, tali congetture devono essere coerenti con il comportamento effettivo degli offerenti (nell'Esercizio svolto 15.4 vengono illustrate le strategie di offerta in un equilibrio di Nash per un'asta in busta chiusa al primo prezzo).

Con N offerenti, la strategia dell'equilibrio di Nash per ciascuno di essi è sottomettere un'offerta pari a $(N-1)/N$ volte la propria vera valutazione del bene. Si noti che, a prescindere dal numero di offerenti, quello con la più alta valutazione vincerà l'asta e pagherà un prezzo che è minore della sua massima disponibilità a pagare. Inoltre, le offerte di equilibrio saranno tanto più alte quanto maggiore è il numero di partecipanti all'asta.

TABELLA 15.1 Confronto tra le differenti offerte in un'asta in busta chiusa al primo prezzo

	Offerta	
	€1000	€900
Beneficio atteso	$A+B+C+D+E+F$	$D+E+F$
Pagamento atteso	$A+B+C+D+E+F$	$E+F$
Profitto atteso	0	D

Esercizio svolto 15.4 La verifica dell'equilibrio di Nash in un'asta in busta chiusa al primo prezzo con valori privati

Anna e Barbara stanno concorrendo per acquistare un oggetto in un'asta in busta chiusa al primo prezzo con valori privati. Ognuna ritiene che la valutazione dell'altra possa cadere con uguale probabilità nell'intervallo tra €0 ed €200. In altri termini, esse ritengono che una valutazione di €0 abbia la stessa probabilità di una valutazione di €1, o di €2 o di €3, e così via fino a €200. (È come far girare una ruota numerata da 0 a 200, con 0 e 200 nella stessa posizione in cima alla ruota: quest'ultima ha la stessa probabilità di fermarsi su un certo numero come su qualunque altro dell'intervallo 0-200.)

Problema

Verificate che l'offerta dell'equilibrio di Nash per entrambe sia la metà della propria valutazione.

---

[15] Si ricordi dal Capitolo 13 che in un equilibrio di Nash ogni giocatore sta facendo del suo meglio date le strategie degli altri giocatori.

Soluzione

Dal momento che Anna e Barbara hanno la medesima opinione sulla valutazione dell'altra, la loro strategia ottima di offerta sarà la stessa. Pertanto, è necessario solamente verificare che l'offerta di Anna nell'equilibrio di Nash sia la metà della sua valutazione – ovvero, è necessario dimostrare che se Anna si aspetta che Barbara dichiari un'offerta pari alla metà della propria valutazione, allora Anna dichiarerà anch'essa un'offerta pari alla metà della propria valutazione. Questo può essere dimostrato ragionando come segue.

Se Anna si aspetta che Barbara dichiari la metà della propria valutazione, allora Anna ritiene che la valutazione di Barbara può cadere con uguale probabilità in un intervallo tra €0 ed €100 (ora è come se la ruota avesse solamente 100 numeri).

Perciò, se Anna dichiara un'offerta Q, con $Q \leq 100$, la probabilità che Anna si aggiudichi l'asta è $Q/100$. È possibile dimostrare questo passaggio dapprima ipotizzando che Barbara offra quanto atteso – ovvero faccia un'offerta compresa tra €0 ed €100 – e quindi considerando alcune delle possibili offerte di Anna. Se, per esempio, Anna dichiara €50, la sua probabilità di vincita è 0,50 (cioè, vi è una probabilità di 0,50 che Barbara offra di più e una probabilità di 0,50 che Barbara offra di meno), per cui $Q/100 = 0,50$. Se Anna offre €30 la sua probabilità di vincita è 0,30 (ovvero, vi è una probabilità di 0,70 che Barbara dichiari di più e una probabilità di 0,30 che dichiari di meno), per cui $Q/100 = 0,30$.

Supponete ora che la valutazione che Anna dà all'oggetto sia €60 (qualsiasi altro numero andrebbe comunque bene ai fini della discussione). In questo caso, il profitto di Anna se si aggiudica l'asta sarà pari al suo beneficio atteso meno il suo pagamento atteso. Il beneficio atteso è pari alla sua valutazione per la probabilità di vincita ($60 \times Q/100$), mentre il pagamento atteso è pari alla sua offerta per la probabilità di vincita ($Q \times Q/100$). Dunque, il profitto di Anna è ($60 \times Q/100$) − ($Q \times Q/100$) = $(0,60 - 0,01Q)Q$.

Tale formula del profitto di Anna è analoga a quella vista nel Capitolo 11 per il ricavo totale lungo una curva di domanda lineare [infatti, per una curva di domanda lineare $P = a - bQ$, il ricavo totale è $(a - bQ)Q$]. Di conseguenza, la formula del profitto marginale di Anna è $0,60 - 0,02Q$ (in analogia alla formula derivata nel Capitolo 11 per il ricavo marginale relativo a una curva di domanda lineare, $a - 2bQ$). In corrispondenza dell'offerta ottimale che massimizza il profitto di Anna, il profitto marginale è zero: $0,60 - 0,02Q = 0$, ovvero $Q = 30$.

Dunque, per una valutazione arbitraria (in questo caso, €60), si è dimostrato quel che ci si era proposti: se Anna si aspetta che Barbara dichiari un'offerta pari alla metà della sua propria valutazione, allora anche Anna dichiarerà la metà della propria valutazione.

L'asta inglese

Si consideri ora un'asta inglese. Si supponga che Marco e un altro offerente stiano concorrendo per acquistare un tavolo antico che per Marco vale €1000. Marco non lo sa, ma la valutazione del tavolo da parte del suo concorrente è €800. Se il banditore apre l'asta a €300, cosa dovrebbe fare Marco?

Quando gli acquirenti hanno valori privati, la strategia dominante in un'asta inglese è continuare a offrire solo finché l'offerta più alta è inferiore alla massima disponibilità a pagare dell'offerente.[16] Per capirne la ragione, si supponga che il rivale di Marco abbia appena dichiarato un'offerta di €450 e che il banditore accetti rialzi di offerta con incrementi di €1. Chiaramente, Marco dovrebbe alzare la propria offerta a €451: il peggio che può succedere è che la sua dichiarazione sia superata da quella del concorrente, nel qual caso Marco non starà peggio di ora. Il meglio che può accadere, invece, è che il concorrente si ritiri, e Marco avrà il tavolo a un prezzo (€451) inferiore alla sua disponibilità a pagare.

Se entrambi i giocatori seguono la strategia di offrire sino a che l'offerta più alta raggiunge la loro massima disponibilità a pagare, allora la persona che valuta di più l'oggetto (in questo esempio, Marco) se lo aggiudicherà, pagando un prezzo che è di poco superiore alla valutazione dell'offerente con la *seconda valutazione più alta*. In questo esempio, il concorrente di Marco si ritira quando Marco dichiara €801. In altri termini, Marco può comprare un tavolo che valuta €1000 al prezzo di €801.

---

[16] Si veda il Capitolo 13 per una trattazione sulle strategie dominanti.

L'asta in busta chiusa al secondo prezzo

Si supponga ora che il venditore utilizzi l'asta in busta chiusa al secondo prezzo per vendere il tavolo antico. Quale dovrebbe essere l'offerta di Marco? Questo tipo di asta sembra a prima vista molto più complicato dell'asta inglese o di un'asta in busta chiusa al primo prezzo. Curiosamente, invece, la teoria dei giochi fornisce di nuovo un'istruzione chiara sul comportamento d'asta ideale: la strategia dominante di ogni giocatore è sottoporre un'offerta pari alla propria massima disponibilità a pagare. Ciò vuol dire che, se Marco valuta il tavolo €1000, allora per lui offrire €1000 è almeno equivalente a – e talvolta meglio di – una qualunque altra offerta, *indipendentemente da quanto egli pensa che i rivali offriranno*. Per chiarire, si considerino le opzioni di Marco.

- Se Marco offrisse *meno* della sua disponibilità a pagare di €1000, potrebbe vincere o meno l'asta, a seconda della valutazione dell'altro acquirente. Tuttavia, per Marco non è un danno aumentare l'offerta a €1000, perché, se vince, non pagherà quanto ha dichiarato bensì un prezzo pari alla seconda offerta più alta. E giocando al rialzo Marco potrebbe anche far crescere le proprie possibilità di vincita. Pertanto, ogni offerta minore della sua massima disponibilità a pagare (cioè di €1000) è dominata da un'offerta esattamente uguale a €1000.

- E se Marco invece offrisse *più* della sua disponibilità a pagare di €1000, per esempio €1050? Può sembrare un'idea interessante, visto che egli comunque non pagherà quanto dichiarato. Il problema è che questa strategia non può *mai* aiutare Marco, e *in alcuni casi* può anche danneggiarlo. Se l'avversario offre più di €1050, il fatto che Marco alzi la proprio prezzo da €1000 a €1050 non lo aiuta: perderebbe l'asta in ogni caso. Se l'avversario offre meno di €1000, Marco avrebbe vinto anche se avesse mantenuto il proprio prezzo a €1000, per cui ancora una volta il rialzo non lo ha favorito. E se l'avversario dichiara un prezzo compreso tra €1000 ed €1050, Marco si aggiudica il tavolo, ma ha pagato un prezzo superiore alla valutazione che egli ne dà. Sarebbe stato meglio per Marco offrire €1000 e non aggiudicarsi il tavolo. Quindi, qualsiasi offerta superiore alla propria disponibilità a pagare *non è mai migliore*, e *talvolta è peggiore*, di un'offerta esattamente pari alla propria disponibilità a pagare.

Se ogni potenziale acquirente segue la strategia dominante e dichiara un prezzo pari alla propria disponibilità a pagare, Marco offrirà €1000 e il suo concorrente (che, come supposto, ha una valutazione del tavolo di €800) offrirà €800. Come in un'asta inglese, Marco si aggiudica il bene, e il prezzo che paga – €800 – è praticamente identico alla somma di €801 che avrebbe pagato nell'asta inglese. Va sottolineato che l'asta in busta chiusa al secondo prezzo, benché caratterizzata da regole diverse da quella inglese, genera virtualmente lo stesso risultato. (La differenza nasce dal fatto che nell'asta inglese si è ridotto l'incremento di prezzo a €1. In generale, la differenza tra il pagamento del vincitore in un'asta inglese e quello in un'asta in busta chiusa al secondo prezzo dipende interamente dalla dimensione dell'incremento del rialzo del prezzo. Se al limite l'incremento di offerta tendesse a zero, i pagamenti nelle due aste sarebbero uguali.)

Equivalenza dei ricavi

Si è visto che nelle tre tipologie di asta considerate (asta in busta chiusa al primo prezzo, asta inglese e asta in busta chiusa al secondo prezzo), quando gli offerenti hanno valori privati e ognuno segue la strategia dell'equilibrio di Nash, l'offerente con la più alta disponibilità a pagare vince l'asta. Si è anche visto che:

- in un'asta in busta chiusa al primo prezzo, il vincitore paga un prezzo inferiore alla sua disponibilità a pagare;
- in un'asta inglese e in un'asta in busta chiusa al secondo prezzo, il vincitore paga un prezzo uguale alla seconda più alta valutazione privata tra quelle di tutti i partecipanti all'asta.

Pertanto, ciascun tipo di asta riesce a identificare l'offerente con la più alta valutazione, ma il ricavo del venditore (l'offerta vincente) è minore di quella valutazione più alta. È interessante rilevare che il ricavo del venditore nell'asta inglese e in quella in busta chiusa al secondo prezzo – corrispondente alla seconda più alta valutazione privata tra tutti i partecipanti all'asta – è anche il ricavo del venditore in caso di asta in busta chiusa al primo prezzo *e in tutti gli altri tipi di asta in cui i partecipanti hanno valori privati e seguono le strategie dell'equilibrio di Nash*. Questo risultato per certi aspetti sorprendente (e troppo complesso per essere dimostrato in questa sede) è chiamato **teorema dell'equivalenza dei ricavi**: quando gli offerenti hanno valori privati, tutti i tipi di aste generano lo stesso ricavo per il venditore, in media pari alla seconda più alta valutazione privata tra tutti i partecipanti all'asta.

TEOREMA DELL'EQUIVALENZA DEI RICAVI Quando i partecipanti a un'asta hanno valori privati, una qualunque tipologia di asta genererà, in media, lo stesso ricavo totale per il venditore.

15.4.3 Aste con valori comuni: la maledizione del vincitore

Quando i potenziali acquirenti hanno valori comuni, sorge una complicazione che non esiste nel caso di valori privati: la **maledizione del vincitore**. L'offerente che si aggiudica l'asta potrebbe dichiarare un prezzo che supera il valore intrinseco dell'oggetto.

MALEDIZIONE DEL VINCITORE Un fenomeno per il quale il vincitore di un'asta a valori comuni potrebbe aver dichiarato un'offerta superiore al valore intrinseco dell'oggetto.

Per capire come ciò possa accadere, si supponga ancora che il professore di economia entri nell'aula con una valigetta piena di banconote in euro e la metta all'asta. A ciascuno studente è concesso di dare una sbirciata all'interno della valigetta per stimarne il contenuto. La stima di Federico è che essa contenga €150, somma che rappresenta l'ammontare massimo che egli sarebbe disposto a offrire. Naturalmente, anche i colleghi di Federico fanno le loro stime, e queste potrebbero differire da quella di Federico. Si supponga che le stime abbiano una distribuzione a campana, come quella tratteggiata nella Figura 15.10. L'altezza della curva indica la frequenza relativa delle diverse stime. La curva è centrata sul reale valore intrinseco del bene (cioè l'ammontare effettivo di denaro contenuto nella valigetta, che è €80), in quanto si può ragionevolmente assumere che le stime al di sopra e al di sotto del valore reale si compensino.

Si supponga che il professore ricorra all'asta in busta chiusa al primo prezzo per vendere il denaro della valigetta. Se Federico e i suoi colleghi riducono leggermente le loro offerte come farebbero nel caso di un'asta con valori privati, la distribuzione delle offerte sarà un'altra curva a campana (la curva continua nella Figura 15.10), spostata a sinistra rispetto alla curva che descrive la distribuzione delle stime. Si supponga ora che Federico offra €100, pari a due terzi della sua stima. Per la sua gioia (iniziale), Federico scopre che ha fatto l'offerta più alta e quindi si aggiudica la valigetta. Tuttavia, quando conta il denaro, si rende conto di aver speso €100 per vincere €80: ha appena sperimentato la maledizione del vincitore.

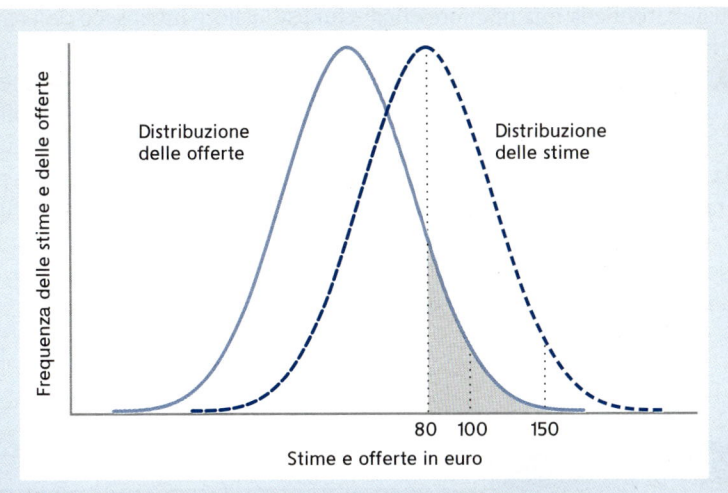

FIGURA 15.10 La maledizione del vincitore in un'asta con valori comuni
La curva tratteggiata mostra la distribuzione delle stime degli offerenti, centrata sul valore intrinseco dell'oggetto, pari a €80. La curva continua mostra la distribuzione delle offerte nell'ipotesi in cui i partecipanti riducano leggermente le loro offerte, come farebbero in un'asta con valori privati. L'offerta vincente si troverà nella metà di destra della distribuzione delle offerte, e potrebbe trovarsi nell'area ombreggiata, dove le offerte sono più alte del valore intrinseco dell'oggetto. In tal caso, chi si aggiudica l'asta avrà sperimentato la maledizione del vincitore.

La Figura 15.10 aiuta a spiegare il fenomeno della maledizione del vincitore.[17] L'offerta che permette di vincere l'asta sarà estratta dalla metà di destra della distribuzione delle offerte. Se, come nella Figura 15.10, il vincitore ha sovrastimato il valore dell'oggetto in vendita, allora anche se egli riduce leggermente la sua offerta, quest'ultima potrebbe comunque ricadere in una regione (come l'area ombreggiata nella figura) in cui le offerte vincenti superano il vero valore dell'oggetto.

Come si può evitare la maledizione del vincitore? Una lezione importante che si può trarre dalla discussione sulla teoria dei giochi del Capitolo 13 è che bisogna riflettere per tempo. Si dovrebbe anticipare che, se si vince l'asta, sarà perché si aveva la stima più alta del valore dell'oggetto, e si dovrebbe consequenzialmente modificare il proprio comportamento di offerta. Per esempio, nel caso della valigetta, Federico dovrebbe ragionare come segue:

- ritengo che il valore del denaro contenuto nella valigetta sia €150;
- ma, se vinco l'asta, vorrà dire che la mia stima era la più alta fra tutte, e ciò significa che il valore reale dell'oggetto è probabilmente minore di €150;
- poiché il mio obiettivo è vincere l'asta ma senza pagare più di quanto l'oggetto effettivamente vale, dovrei agire come se la mia stima non fosse €150, ma qualcosa in meno, diciamo $a \times$ €150, dove $a < 1$.

L'ammontare del quale Federico dovrebbe ridurre la propria stima, a, dipende da quanti sono gli altri partecipanti all'asta. Si supponga che nell'aula vi siano altri 29 studenti. Per trovare di quanto diminuire la propria dichiarazione, Federico dovrebbe chiedersi: "Se io sapessi che la mia stima di €150 è la più alta fra 30 valuta-

---

[17] Il diagramma si ispira a quello contenuto in S.M. Bazerman e W.F. Samuelson, "I Won the Auction But Don't Want the Prize", *Journal of Conflict Resolution* 27, N. 4, dicembre 1983, pp. 618-634.

zioni, quale sarebbe la mia migliore congettura sul valore intrinseco dell'oggetto?".
La risposta è che tale valore deve essere significativamente minore di €150 – per esempio, €85.[18] Questa stima modificata del valore dell'oggetto dovrebbe essere il *punto di partenza* di Federico per la progettazione di una strategia di offerta. Si parla di "punto di partenza" perché Federico potrebbe voler diminuire ulteriormente la sua dichiarazione (come avrebbe fatto nel caso di asta con valori privati), considerando i possibili comportamenti di offerta degli altri concorrenti. Il punto cruciale, comunque, è che la possibilità che si realizzi la maledizione del vincitore dovrebbe rendere Federico ancora più prudente nella sua offerta di quanto sarebbe stato in un'asta con valori privati.

Applicazione 15.4

La maledizione del vincitore in aula[19]

Cosa accadrebbe se il professore di economia entrasse davvero in aula con una valigetta di banconote in euro? Potrebbe verificarsi la maledizione del vincitore?[20] Due professori, Max Bazerman e William Samuelson, fecero questo esperimento in un certo numero di classi MBA dell'Università di Boston, usando barattoli pieni di monetine al posto della valigetta piena di banconote. Ma l'esperimento era essenzialmente lo stesso. Agli studenti fu chiesto di indovinare l'ammontare di denaro presente nel barattolo (che conteneva $8 in monetine; per spingere gli studenti a fornire valutazioni precise, fu messo in palio un premio speciale a colui o colei la cui valutazione si sarebbe avvicinata di più all'ammontare reale contenuto nel barattolo). Gli studenti parteciparono quindi a un'asta in busta chiusa al primo prezzo, nella quale dichiaravano quanto erano disposti a pagare per le monete contenute nel barattolo.

Bazerman e Samuelson scoprirono che gli studenti erano sistematicamente vittime della maledizione del vincitore. Nelle 48 aste condotte, l'offerta vincente media fu pari a $10,01, per cui la perdita media del vincitore fu di $2,01. Questo risultato è anche più interessante se si considera che le stime degli studenti sulla somma presente nel barattolo furono tendenzialmente basse. La valutazione media fu di $5,13, ovvero $2,87 al di sotto del valore reale. Dunque, la maledizione del vincitore in queste aste si manifestò con particolare intensità. Nonostante la sottostima del valore dell'oggetto, gli studenti comunque dichiaravano un prezzo più alto! Se le stime degli studenti non fossero state distorte – ovvero, se il valore reale del barattolo fosse stato di $5,13 anziché di $8 – la perdita media subita dai vincitori sarebbe stata pari a ben $4,88 (10,01 – 5,13).

La lezione è dunque: attenzione alla maledizione del vincitore! La tentazione di fare offerte aggressive in un'asta è forte. Se si diventa sua preda, si potrebbe rimpiangere di aver vinto.

Ma quali sono le cause che fanno scattare la tentazione di "puntare forte", anche se si ha una stima dell'oggetto inferiore (anche di molto, a volte) rispetto a quella che si andrà a dichiarare? Holt e Sherman[21] hanno utilizzato lo strumento del *take-over game* – una contrattazione bilaterale con asimmetria informativa, dove il valore del bene è noto al venditore e incerto per l'acquirente – al fine di verificare se alla base dell'aggressivo comportamento di offerta dei partecipanti all'asta non vi fosse una extra-utilità (in aggiunta a quella dell'eventuale aggiudicazione del bene) derivante dalla "scarica di adrenalina" tipica del gioco: questa

---

[18] Immaginare con precisione il più probabile valore intrinseco dell'oggetto richiederebbe l'applicazione di concetti avanzati di teoria della probabilità.

[19] Questo esempio è basato su M. Bazerman e W. Samuelson, "I Won the Auction But Don't Want the Prize", *Journal of Conflict Resolution* 27, N. 4, dicembre 1983.

[20] La "maledizione del vincitore" fu evidenziata per la prima volta all'inizio degli anni Settanta del secolo scorso. Si veda E. Capen, R. Clapp e W. Campbell, "Competitive Bidding in High Risk Situations", *Journal of Petroleum Technology* 23, 1973, pp. 641-653. Essa è stata successivamente analizzata da diversi studiosi, sia dal punto di vista teorico sia dal punto di vista sperimentale.

[21] C. Holt e R. Sherman, "The Loser's Curse and Bidder Bias", *American Economic Review* 84, 1994, pp. 642-652.

extra-utilità è stata infatti chiamata *thrill of winning* ("brivido della vittoria").

Sulla scia degli studi di Holt e Sherman è stato condotto recentemente anche in Italia, nel Laboratorio di economia sperimentale dell'Università di Firenze, un esperimento simile:[22] dai risultati ottenuti su due gruppi di studenti delle facoltà di Economia e di Scienze politiche si è però evidenziata l'assenza di un effetto *thrill of winning* come causa possibile della maledizione del vincitore.

Adattato da Valeria Bricola

La maledizione del vincitore implica che se i giocatori modificano le proprie strategie di offerta per evitarla, l'aumento del numero di partecipanti all'asta può effettivamente rendere tutti più prudenti. Ciò è in contrasto con il caso di aste con valori privati, in cui l'aggiunta di altri concorrenti tendeva a gonfiare le offerte dell'equilibrio di Nash nell'asta. Perché si potrebbe voler essere più prudenti quando i partecipanti a un'asta sono molti? Si rifletta sulla cosa in questo modo. In quale caso è più probabile che una persona abbia una stima eccessivamente ottimistica del valore di un oggetto? Quando la persona vince in un'asta con 3 partecipanti, o quando vince in un'asta con 300 partecipanti? Nel primo caso, se la persona vince l'asta, la sua stima deve essere stata più alta di quella di due soli individui. Nel secondo caso, la sua stima deve essere stata maggiore di quella di altri 299 individui. Vi è dunque una probabilità molto maggiore di aver formulato una valutazione eccessiva quando la propria stima è la più alta di 300 stime che non quando è la più alta di sole tre stime.

Se gli offerenti reagiscono all'eventualità della maledizione del vincitore riducendo leggermente le proprie dichiarazioni in un'asta in busta chiusa, ci si potrebbe chiedere se un'asta in busta chiusa al primo prezzo sia la migliore dal punto di vista del banditore. Accade che, quando gli acquirenti hanno valori comuni, un tipo d'asta migliore per il venditore è l'asta inglese, nella quale i partecipanti possono vedere le offerte degli altri giocatori e possono rivedere le proprie opinioni sul valore dell'oggetto man mano che l'asta procede. In particolare, se un individuo inizialmente ha una stima bassa del valore del bene, il fatto che gli altri giocatori continuino a rilanciare aggressivamente condurrà l'individuo a rivedere verso l'alto la sua stima. Ciò, a sua volta, fa diminuire l'incentivo suo e degli altri offerenti a ridurre l'offerta nel timore della maledizione del vincitore. L'analisi della teoria dei giochi evidenzia che il ricavo medio del venditore su un gran numero di aste sarà più alto nel caso di un'asta inglese rispetto a un'asta in busta chiusa al primo prezzo, a un'asta in busta chiusa al secondo prezzo, o a un'asta olandese.[23] Questo fatto potrebbe parzialmente spiegare perché le aste inglesi sono quelle prevalenti nel mondo reale.

---

[22] G. Papini, "Alcuni risultati sperimentali intorno alla Maledizione del Vincitore", *Behavioural and Experimental Economics Lab Quaderni*, Università degli Studi di Firenze, novembre 2006.

[23] Ciò vale sia quando gli offerenti sono neutrali al rischio sia quando sono avversi al rischio.

Riepilogo

- Una lotteria è un qualunque evento il cui risultato è incerto. L'incertezza è descritta assegnando una probabilità a ciascun possibile risultato della lotteria. Ognuna di tali probabilità è compresa tra 0 e 1 e la loro somma è pari a 1.

- Alcune probabilità sono oggettive, perché derivano da leggi di natura (come la probabilità di 0,50 che al lancio di una moneta esca testa), mentre altre probabilità sono soggettive, in quanto riflettono le convinzioni dell'individuo (come la convinzione sulla probabilità che il valore di una certa azione aumenti o diminuisca).

- Il valore atteso di una lotteria è una misura del payoff medio che la lotteria genererà.

- La varianza di una lotteria è una misura della sua rischiosità, rappresentando lo scostamento medio tra i possibili esiti della lotteria e il suo valore atteso.

- Le funzioni di utilità possono essere usate per valutare le preferenze dei decisori tra alternative che hanno differenti gradi di rischio. I decisori possono essere avversi al rischio, neutrali al rischio o amanti del rischio.

- Un agente avverso al rischio preferisce qualcosa di certo a una lotteria con uguale valore atteso, valuta le lotterie sulla base della loro utilità attesa, e ha una funzione di utilità caratterizzata da un'utilità marginale decrescente.

- Un agente neutrale al rischio è indifferente tra qualcosa di certo e una lotteria con uguale valore atteso, valuta le lotterie sulla base della loro utilità attesa, e ha una funzione di utilità caratterizzata da un'utilità marginale costante.

- Un agente amante del rischio preferisce una lotteria a qualcosa di certo con uguale valore atteso, valuta le lotterie sulla base della loro utilità attesa, e ha una funzione di utilità caratterizzata da un'utilità marginale crescente.

- Una polizza assicurativa equa è una polizza in cui il prezzo dell'assicurazione è uguale al valore atteso del danno coperto. Un agente avverso al rischio preferirà sempre acquistare una polizza assicurativa equa che fornisce una copertura totale contro un danno.

- Le compagnie assicurative devono fronteggiare i rischi derivanti dall'informazione asimmetrica (per esempio, includendo nelle polizze una franchigia). L'informazione asimmetrica può presentarsi in due forme: azzardo morale (gli individui assicurati possono, all'insaputa della compagnia di assicurazione, assumere comportamenti che aumentano il rischio) e selezione avversa (un aumento del premio assicurativo può, all'insaputa della compagnia di assicurazione, aumentare il rischio generale del gruppo di assicurati).

- Le aste sono importanti in economia. Vi sono differenti tipi di asta, tra cui l'asta inglese, l'asta in busta chiusa al primo prezzo, l'asta in busta chiusa al secondo prezzo e l'asta olandese discendente. Le aste possono essere classificate anche a seconda che gli offerenti abbiano valori privati o valori comuni del bene in vendita.

- In un'asta in busta chiusa al primo prezzo con valori privati, la migliore strategia per l'offerente è dichiarare meno della sua massima disponibilità a pagare (di un ammontare che dipende dal numero dei partecipanti all'asta).

- In un'asta inglese con valori privati, la strategia dominante dell'offerente è continuare a rilanciare finché la più alta offerta è inferiore alla sua massima disponibilità a pagare.

- In un'asta in busta chiusa al secondo prezzo con valori privati, la strategia dominante dell'offerente è dichiarare la sua massima disponibilità a pagare.

- In ciascuna di queste tre tipologie di asta, l'offerente con la più alta disponibilità a pagare vince l'asta, e il ricavo del venditore è sempre minore della valutazione più alta tra tutti i partecipanti. Il teorema dell'equivalenza dei ricavi afferma che, in tutti i tipi di asta con valori privati in cui gli offerenti seguono la loro strategia dell'equilibrio di Nash, il ricavo del venditore sarà, in media, uguale alla seconda valutazione privata più alta tra tutti i partecipanti.

- Nelle aste con valori comuni gli offerenti devono temere la maledizione del venditore, ovvero un'offerta maggiore del valore attribuito al bene. La migliore strategia di offerta è diminuire la stima del valore del bene (di un ammontare che dipende dal numero dei partecipanti all'asta). Dal punto di vista del venditore, la migliore tipologia di asta con valori comuni è l'asta inglese, che genera un ricavo medio più alto rispetto agli altri tipi di asta.

Domande di ripasso

1. Perché le probabilità degli esiti possibili di una lotteria devono sommare a 1?

2. Cos'è il valore atteso di una lotteria? Cos'è la varianza?

3. Qual è la differenza tra il valore atteso di una lotteria e l'utilità attesa di una lotteria?

4. Si spieghi perché un'utilità marginale decrescente implica che l'agente è avverso al rischio.

5. Si supponga che un agente avverso al rischio si trovi di fronte a due lotterie, 1 e 2. Esse hanno lo stesso valore atteso, ma la lotteria 1 ha una varianza maggiore della lotteria 2. Quale delle due sarà preferita dall'agente avverso al rischio?

6. Cos'è un'assicurazione equa? Perché un agente avverso al rischio sarà sempre disposto ad acquistare un'assicurazione equa a copertura totale?

7. Che differenza c'è tra un'asta in cui gli offerenti hanno valori privati e una in cui hanno valori comuni?

8. Cos'è la maledizione del vincitore? Perché essa può manifestarsi nelle aste con valori comuni ma non in quelle con valori privati?

9. Perché è saggio fare offerte prudenti in un'asta a valori comuni?

CAPITOLO 16
LA TEORIA DELL'EQUILIBRIO GENERALE

OBIETTIVI DI APPRENDIMENTO

Al termine di questo capitolo lo studente sarà in grado di:

- distinguere tra analisi di equilibrio parziale e analisi di equilibrio generale;
- impostare un'analisi di equilibrio generale e usarla per valutare l'impatto globale di interventi di politica economica da parte del Governo, come l'imposizione di un'accisa;
- comprendere la legge di Walras, la quale afferma che i prezzi dei beni e dei fattori produttivi sono determinati relativamente al prezzo di un dato bene o input, e non in modo assoluto;
- analizzare gli effetti di equilibrio generale derivanti da un'imposta su un particolare bene;
- applicare la teoria dell'equilibrio generale per valutare l'efficienza dell'allocazione delle risorse in un sistema economico composto da molti mercati concorrenziali e interdipendenti, che raggiungono contemporaneamente una situazione di equilibrio;
- rendersi conto di come i Paesi traggono beneficio dal libero scambio e dalla specializzazione nella produzione di beni per i quali essi hanno un vantaggio comparato.

CASO • Le imposte sui carburanti hanno un impatto sull'economia?

Negli ultimi anni, il prezzo dei carburanti in Italia è stato costantemente sulle prime pagine di tutti i giornali. Nell'estate 2007, con il prezzo del petrolio vicino ai 70 dollari al barile, gli automobilisti italiani dovevano pagare €1,36-1,37 per un litro di benzina verde, cifra notevolmente superiore a quella media del 1999, pari a circa €0,95. Nell'estate 2008, a fronte di un prezzo del petrolio che aveva superato i 140 dollari al barile, la benzina era giunta a costare ben €1,55 per litro, ma il suo prezzo sarebbe stato ancora maggiore se il Governo italiano non avesse deciso di ridurre le accise sui carburanti. Nella prima parte del 2011, infine, con un prezzo del petrolio che oscillava tra i 90 e i 100 dollari al barile, gli automobilisti hanno pagato un litro di benzina verde tra €1,45 ed €1,55.

Le imposte sulla benzina rappresentano una quota significativa del prezzo che i consumatori pagano alla pompa. Come mostra la Figura 16.1, in Italia, nel giugno 2011 le imposte sulla benzina (accise e IVA) rappresentavano circa il 54% del prezzo finale, ovvero più di €0,80 al litro, mentre il restante 46% (€0,70) era il prezzo industriale vero e proprio, che comprende i costi della materia prima, della raffinazione, dello stoccaggio e della distribuzione, nonché i margini di guadagno dei vari protagonisti della filiera produttiva.[1]

---

[1] I dati sono tratti dal sito dell'Osservatorio Prezzi e Tariffe del Ministero dello Sviluppo Economico (http://osservaprezzi.sviluppoeconomico.gov.it/livelli/carburante/rilevazionisettimanali.asp).

Cosa paga un consumatore per un litro di benzina
(giugno 2011)
Prezzo di vendita: €1,53

prezzo industriale: €0,70
(materia prima, raffinazione, stoccaggio, distribuzione, margini di guadagno)   46%

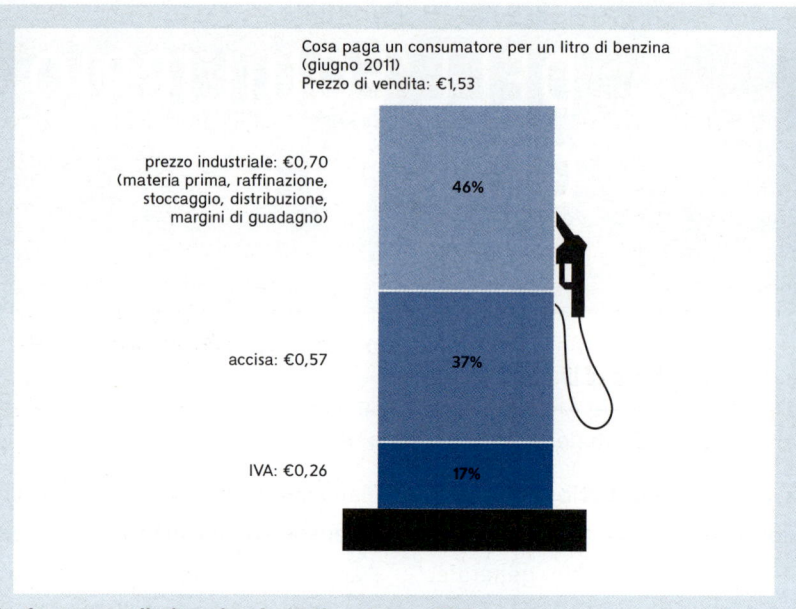

accisa: €0,57   37%

IVA: €0,26   17%

FIGURA 16.1 Le imposte sulla benzina in Italia, giugno 2011
Nel giugno 2011, le imposte statali rappresentavano circa il 54% del prezzo di vendita della benzina.
Fonte: Osservatorio Prezzi e Tariffe del Ministero dello Sviluppo Economico, http://osservaprezzi.sviluppoeconomico.gov.it/livelli/carburante/rilevazionisettimanali.asp.

In media, il peso fiscale sul prezzo della benzina in Italia non è molto diverso da quello degli altri Paesi europei. In Francia e in Germania la componente fiscale si attesta al 49% del prezzo finale, nel Regno Unito si arriva al 58%, mentre la Spagna è la nazione il cui fisco incide di meno (42%) sulle tasche degli automobilisti.[2] Molto meglio stanno i consumatori degli Stati Uniti, dove le imposte rappresentano soltanto il 15% del prezzo al dettaglio.

Chi è maggiormente colpito dalle imposte sui carburanti? Le famiglie a basso reddito o quelle ad alto reddito? La risposta più immediata è che a soffrirne maggiormente sono i consumatori più poveri. Le imposte sui carburanti rendono il prezzo della benzina più alto di quello che altrimenti sarebbe, e le famiglie con redditi bassi spendono in benzina una quota maggiore del loro reddito rispetto a quelle con redditi più alti. Tuttavia, questa analisi potrebbe non essere corretta. I Governi usano i ricavi derivanti dalle imposte sui carburanti per acquistare beni e servizi. Il modo in cui i precedenti ricavi possono essere spesi ha un impatto significativo sull'attività economica di un gran numero di settori, impatto che a sua volta può influenzare i prezzi dei beni finali prodotti in tali industrie nonché i prezzi dei fattori produttivi ivi impiegati. Come si vedrà in questo capitolo, una volta che si tiene conto di tutti gli effetti dell'imposta, dopo che questi si sono propagati nell'economia, si potrebbe scoprire che i consumatori a più alto reddito sono danneggiati maggiormente dall'incremento delle imposte sui carburanti di quanto non accada ai consumatori con redditi minori.

La teoria dell'equilibrio generale è una branca della microeconomia che studia come si formano i prezzi dei prodotti finiti e dei fattori della produzione in molti mercati contemporaneamente. Poiché le imposte sui carburanti hanno un impatto su diversi mercati nello stesso momento (per esempio, il mercato della benzina, il mercato dei servizi immobiliari e il mercato del lavoro impiegato nel settore delle costruzioni), un'analisi di equilibrio generale è il modo più appropriato per studiare il loro impatto sul benessere delle varie famiglie presenti nel sistema economico.

[2] Le percentuali sono calcolate sui dati forniti dell'Osservatorio Prezzi e Tariffe del Ministero dello Sviluppo Economico, e fanno riferimento al mese di giugno del 2011.

16.1 • L'analisi di equilibrio generale con due mercati

Quando si è affrontato il tema dell'analisi dell'offerta e della domanda nei Capitoli 2, 9 e 10, è stata utilizzata l'**analisi di equilibrio parziale**. Un'analisi di equilibrio parziale studia la determinazione del prezzo e della quantità in un singolo mercato, considerando come dati i prezzi in tutti gli altri mercati. In questo paragrafo verrà introdotta l'**analisi di equilibrio generale**, ovvero lo studio di come il prezzo e la quantità dei beni siano determinati in più di un mercato contemporaneamente.

Per aver chiaro in cosa differiscono questi due tipi di analisi, si consideri un semplice esempio con due mercati, caffè e tè, come rappresentati nella Figura 16.2. Il grafico (a) mostra le curve di offerta e domanda nel mercato del caffè, mentre il grafico (b) mostra offerta e domanda nel mercato del tè.

> **ANALISI DI EQUILIBRIO PARZIALE** Un'analisi che studia la determinazione del prezzo e della produzione di equilibrio in un singolo mercato, considerando come dati i prezzi in tutti gli altri mercati.
>
> **ANALISI DI EQUILIBRIO GENERALE** Un'analisi che determina i prezzi e le quantità di equilibrio in più di un mercato simultaneamente.

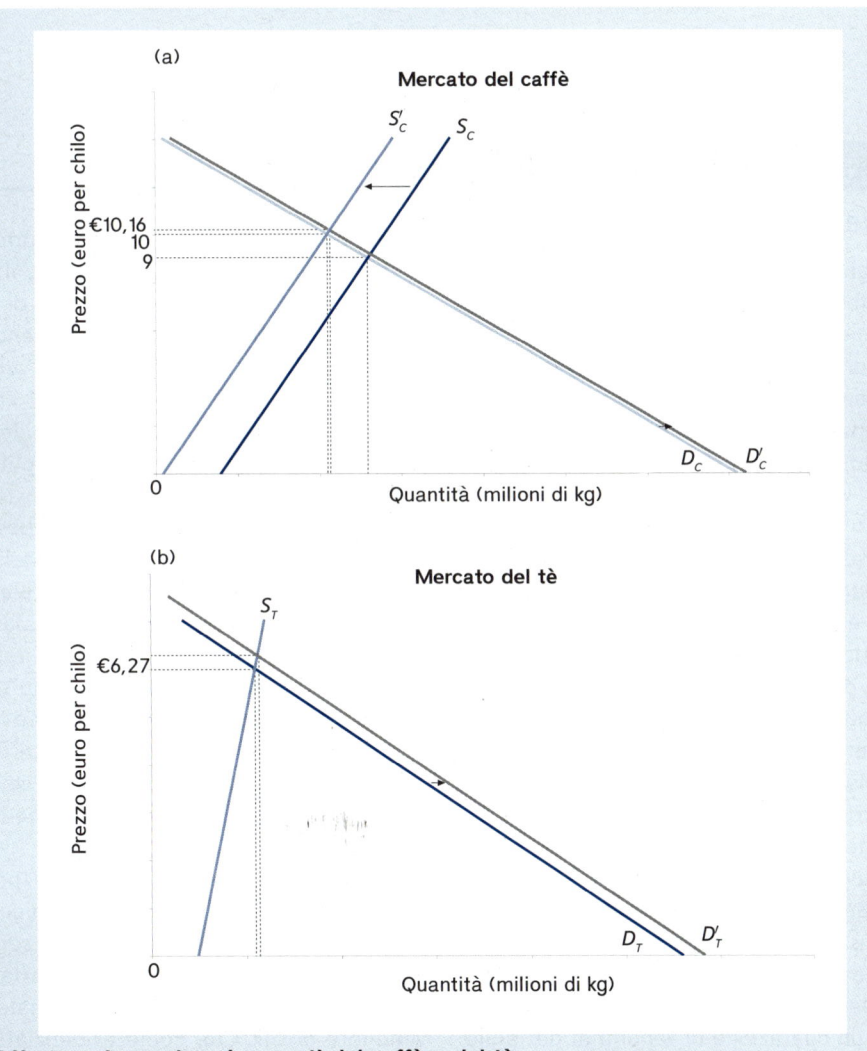

FIGURA 16.2 Offerta e domanda nei mercati del caffè e del tè
Il caffè e il tè sono beni sostituti. Inizialmente, i prezzi di equilibrio sono €9 per chilo di caffè e €6 per chilo di tè. Successivamente, un'intensa gelata danneggia il raccolto di caffè, spostando verso sinistra la sua curva di offerta, da S_C a S'_C. Tale cambiamento determina un nuovo equilibrio: la curva di domanda di caffè si è spostata da D_C a D'_C e la curva di domanda di tè si è pure spostata da D_T a D'_T, per cui ora i prezzi di equilibrio (per chilogrammo) del caffè e del tè sono rispettivamente €10,16 ed €6,27.

L'analisi di equilibrio generale può essere applicata soltanto se esiste qualche collegamento tra i due mercati. In questo esempio si può (ragionevolmente) assumere che i consumatori considerino caffè e tè come beni sostituti. Pertanto, un aumento o una diminuzione nel prezzo di un bene (mantenendo fisso il prezzo dell'altro bene) provocherà un corrispondente aumento o diminuzione nella domanda dell'altro bene. (Per esempio, un aumento nel prezzo del caffè – a parità di prezzo del tè – causerà un aumento della domanda di tè.)

Si supponga che entrambi i mercati siano inizialmente in equilibrio. In tale situazione, il prezzo del caffè è di €9 al chilo, in corrispondenza del quale la curva di domanda di caffè D_C interseca la curva di offerta di caffè S_C. Il prezzo di equilibrio del tè è invece pari a €6 al chilo, lì dove la curva di domanda di tè D_T interseca la curva di offerta di tè S_T.

Si immagini ora che in Sudamerica una forte gelata distrugga una parte significativa del raccolto di caffè. Come conseguenza, la curva di offerta del caffè si sposta verso sinistra, da S_C a S'_C.

Applicazione 16.1

E al netto delle imposte?

Coloro che negli Stati Uniti acquistano un bene su Internet – un libro, un CD, un personal computer – generalmente per la transazione non pagano l'imposta sulle vendite. Ciò accade non perché la transazione sia esente da imposte (anzi); piuttosto, l'onere di calcolare e pagare le imposte statali e locali sul bene acquistato è a carico dell'*acquirente*, non del venditore (per verificarlo, basterebbe leggere ciò che è stampato in piccolo sulla fattura d'acquisto: in genere, la frase è del tipo *L'acquirente è responsabile del pagamento di ogni imposta addizionale all'autorità di esazione*). Ciò contrasta con le modalità di vendita che caratterizzano i punti vendita al dettaglio di tipo tradizionale, anche in Italia. Quando si acquista un CD nel negozio di dischi, per esempio, la persona responsabile del pagamento dell'imposta alle autorità cui essa compete è il venditore, non l'acquirente.

Naturalmente, con milioni di transazioni individuali che hanno luogo ogni giorno sul web, è quasi impossibile per i Governi statali e locali degli Stati Uniti imporre ai consumatori il pagamento dell'imposta sulle vendite che spetta loro. Il modo più semplice per risolvere il problema sarebbe considerare le transazioni online come un'operazione di vendita al dettaglio, e quindi richiedere ai venditori, e non agli acquirenti, di versare l'imposta sulle vendite. Tuttavia, nel 1998 il Congresso degli Stati Uniti ha imposto una moratoria sulle nuove imposte di vendita su Internet, cosa che ha escluso questa soluzione. La moratoria è terminata alla fine del 2003. Nel 2004, però, il Congresso ha iniziato a considerare una proposta di legge per eliminare ogni tipo di imposta sulle vendite effettuate su Internet (una politica favorita dall'amministrazione Bush).

Cosa accadrebbe se il Governo degli Stati Uniti dovesse cambiare la sua attuale politica e consentisse agli Stati di riscuotere le imposte sulle vendite direttamente dai venditori (una proposta fortemente caldeggiata proprio dai Governi statali)? Si può utilizzare un'analisi di equilibrio generale per indagare la questione. In particolare, è interessante esaminare l'impatto della fine della moratoria relativa alle imposte sulle transazioni che avvengono su Internet non soltanto sul prezzo di beni quali i CD e i libri che sono acquistati online, ma anche sui prezzi di servizi come la fornitura di accesso a Internet – ovvero l'abbonamento a servizi online che consentono la connessione alla rete web.

La Figura 16.3 analizza ciò che potrebbe accadere. In un tipico mercato elettronico come quello dei CD, l'imposizione della norma secondo la quale i venditori devono pagare l'imposta sulle vendite farebbe aumentare il costo marginale di un tipico venditore di CD. Ciò, come evidenziato nella Figura 16.3(a), farebbe spostare verso sinistra la curva di offerta di CD da vendersi online, la quale passerebbe da S_{CD} a S'_{CD}. Di conseguenza, il prezzo dei CD venduti online aumenterebbe. Analoghi aumenti di prez-

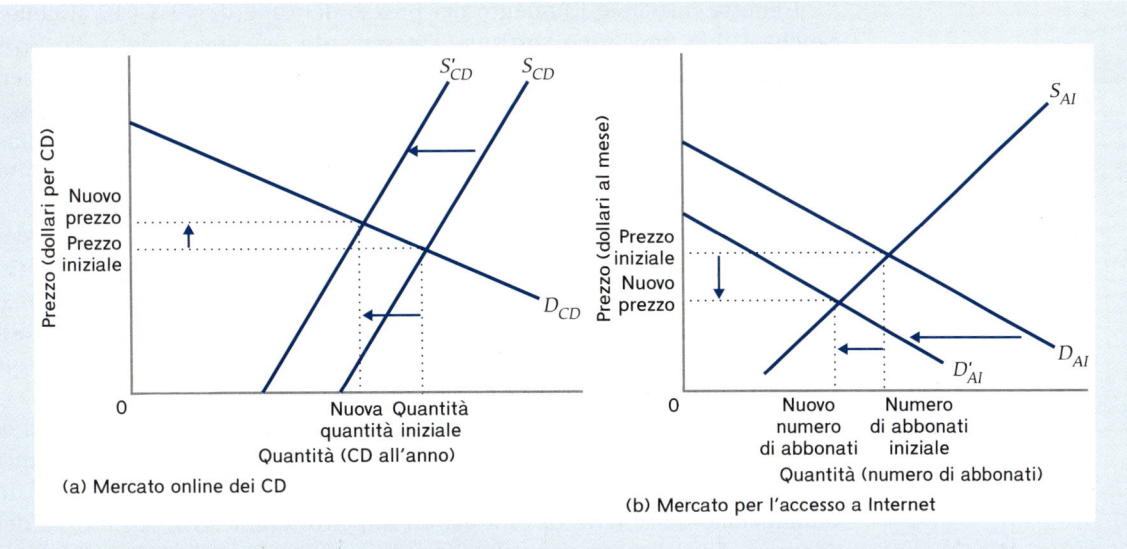

FIGURA 16.3 Gli effetti delle imposte sulle vendite su Internet

I prodotti venduti online (per esempio i CD) e l'accesso a Internet sono beni complementari. Se ai venditori fosse chiesto di applicare un'imposta sulle vendite online di CD (e di altri beni), la curva di offerta dei CD si sposterebbe a sinistra da S_{CD} a S'_{CD}, facendo aumentare il prezzo dei CD venduti online e facendone diminuire la quantità venduta. Questo effetto (combinato con l'effetto derivante dall'applicazione dell'imposta anche ad altri beni venduti online) farebbe diminuire il valore dell'accesso a Internet per i consumatori. La curva di domanda per l'accesso a Internet si sposterebbe dunque a sinistra da D_{AI} a D'_{AI}, riducendo il prezzo dei servizi di accesso a Internet e riducendo il numero di abbonati a questi servizi.

zo si avrebbero anche in altri mercati di commercio elettronico, come quelli dei libri, dei giocattoli, dei fiori e dei personal computer, e il volume delle vendite online di questi beni diminuirebbe. In effetti, una ricerca dell'economista Austan Goolsbee suggerisce che un tale impatto sarebbe drammatico.[3] Egli stima che l'applicazione al commercio su Internet delle medesime imposte sulle vendite in vigore per quello tradizionale ridurrebbe il numero di acquirenti online del 24%. Questo impatto rilevante è spiegato dal fatto che i consumatori possono acquistare facilmente un prodotto come un CD in altri posti (per esempio, nel negozio musicale vicino a casa, o in catene di negozi come Wal-Mart).

Ma l'effetto della fine della moratoria sulle imposte relative alle vendite online non si esaurirebbe qui. Siccome acquistare su Internet sarebbe diventato più costoso e i consumatori lo farebbero di meno, i benefici che gli internauti traggono dall'essere connessi alla rete Internet si ridurrebbero. Come mostra la Figura 16.3(b), la curva di domanda dei servizi di accesso a Internet si sposterebbe verso sinistra, da D_{AI} a D'_{AI}.

Tale spostamento determinerebbe una diminuzione del prezzo di accesso a Internet. Perciò, se i venditori online fossero costretti a esigere le imposte sulle vendite, il prezzo dei beni venduti online, come i CD, aumenterebbe, e il prezzo dell'accesso a Internet diminuirebbe. Questa riduzione di prezzo andrebbe a vantaggio dei consumatori, ma ridurrebbe i profitti dei provider, come MSN. Tutto ciò potrebbe spiegare perché imprese tecnologiche di alto profilo come MSN si siano dichiarate apertamente contrarie alla fine della moratoria sulle imposte relative alle vendite online, e abbiano svolto una energica attività di lobbying in favore di una sua estensione.

Si noti la differenza tra questa analisi e quella condotta poco sopra a proposito dei mercati del caffè e del tè. Lì i beni erano sostituti, e perciò i loro prezzi erano correlati positivamente. Qui l'accesso a Internet e i beni venduti online sono complementari. Perciò, eventi esogeni nei mercati online tali da far crescere i prezzi delle merci porteranno a una diminuzione del prezzo del bene complementare, ovvero dei servizi di accesso alla rete.

---

[3] A. Goolsbee, "In a World Without Borders: The Impact on Taxes on Internet Commerce", *Quarterly Journal of Economics* 115, N. 2, maggio 2000, pp. 561-576.

L'effetto iniziale è l'aumento del prezzo del caffè da €9 a €10 al chilo. Ma poiché i due beni sono sostituti, l'incremento del prezzo del caffè provoca un aumento della domanda di tè, dunque la curva di domanda di tale bene si sposta a destra. Pertanto, il prezzo di equilibrio del tè aumenta. Ma le cose non finiscono qui. Sempre per via del fatto che caffè e tè sono sostituti, l'aumento del prezzo del tè fa crescere la domanda di caffè, la cui curva si sposta verso destra, determinando un ulteriore aumento del prezzo del bene. Ciò a sua volta fa aumentare la domanda di tè, spostandone la curva ancora più a destra. Quando tutti questi effetti si sono esauriti, la curva di domanda di tè risulta spostata da D_T a D'_T, la qual cosa ha fatto salire il suo prezzo da €6 a €6,27 al chilo. Inoltre, la curva di domanda del caffè è ora D'_C, e il prezzo di equilibrio è €10,16. (Nell'Esercizio svolto 16.1 viene mostrato come individuare questi prezzi di equilibrio.)

Quanto appena esposto rappresenta un semplice esempio di analisi di equilibrio generale. Essa è importante per due ragioni. Primo, è chiaro che quanto accade nel mercato del caffè non può essere considerato in modo isolato: la diminuzione dell'offerta di caffè ha un impatto significativo sul prezzo del tè. Secondo, dal momento che caffè e tè sono beni sostituti, un evento esogeno nel mercato del caffè (per esempio, il maltempo) che tende ad aumentarne il prezzo tenderà pure a far crescere il prezzo del tè; analogamente, un evento esogeno che porta a una riduzione del prezzo del caffè tenderà a far diminuire anche il prezzo del tè. Ciò conferma che di solito i prezzi di beni sostituti sono correlati positivamente.

Esercizio svolto 16.1   Il calcolo dei prezzi in una situazione di equilibrio generale con due mercati

La tabella seguente mostra le equazioni di alcune delle curve di domanda e di offerta rappresentate nella Figura 16.2.

	Curva di domanda iniziale	Curva di offerta iniziale	Curva di offerta dopo la gelata
Caffè	$Q^d_C = 470 - 50P_C + 40P_T$	$Q^s_C = 80 + 20P_C$	$Q^s_C = 10 + 20P_C$
Tè	$Q^d_T = 380 - 75P_T + 20P_C$	$Q^s_T = 50 + 10P_T$	$Q^s_T = 50 + 10P_T$

Problema

(a) Quali sono inizialmente i prezzi di equilibrio generale di caffè e tè?

(b) Quali sono i prezzi di equilibrio generale dopo che una gelata ha danneggiato il raccolto di caffè?

Soluzione

L'equilibrio generale in due mercati si realizza quando i prezzi sono tali che l'offerta uguaglia la domanda in entrambi i mercati simultaneamente.

(a) All'inizio, l'equilibrio generale si realizza quando $Q^d_C = Q^s_C$ e $Q^d_T = Q^s_T$. Usando le equazioni della tabella precedente, è possibile riscrivere queste condizioni di equilibrio come

$$470 - 50P_C + 40P_T = 80 + 20P_C$$
$$380 - 75P_T + 20P_C = 50 + 10P_T$$

Questo è un sistema di due equazioni in due incognite, P_C e P_T. Risolvendo le equazioni simultaneamente, si ottiene $P_C = €9$ e $P_T = €6$. Questi sono i prezzi di equilibrio iniziale.

(b) Dopo la gelata, le condizioni di equilibrio sono $Q^d_C = Q^s_C$ e $Q^d_T = Q^s_T$. Usando ancora le equazioni della tabella, le condizioni di equilibrio possono essere riscritte come

$$470 - 50P_C + 40P_T = 10 + 20P_C$$
$$380 - 75P_T + 20P_C = 50 + 10P_T$$

Si tratta di nuovo di un sistema di due equazioni le cui due incognite sono i prezzi. Risolvendolo, si ottiene $P_C = €10,16$ e $P_T = €6,27$, che rappresentano i prezzi di equilibrio dopo la gelata.

16.2 • L'analisi di equilibrio generale con molti mercati

Il paragrafo precedente ha illustrato un'analisi semplificata di equilibrio generale concentrata su due soli mercati contemporaneamente. Tuttavia, è talvolta necessario studiare più di due mercati per volta. Per esempio, per comprendere gli effetti di un'accisa sulla benzina nei confronti delle famiglie a basso e ad alto reddito, è indispensabile studiare diversi mercati simultaneamente, compreso quello dei fattori produttivi. In questo paragrafo si vedrà come condurre questo tipo di analisi.

16.2.1 Le origini di offerta e domanda in un sistema economico semplificato

Si consideri un'economia che consiste di due tipi di famiglie: quelle degli impiegati e quelle degli operai. Ogni tipo di famiglia acquista due beni: energia (per esempio, l'elettricità, il combustibile per il riscaldamento, il carburante per l'auto) e cibo. Ciascuno di questi beni è prodotto utilizzando due fattori produttivi: lavoro e capitale.

La Figura 16.4 delinea le interazioni tra famiglie e imprese in questo sistema economico. Le famiglie, nel loro ruolo di consumatori di prodotti finiti, acquistano l'energia e il cibo offerti dalle imprese. Queste, a loro volta, nel ruolo di consumatori di fattori produttivi, acquistano il lavoro e il capitale offerti dalle famiglie. Le famiglie offrono lavoro in qualità di dipendenti nelle imprese che necessitano dei loro servizi, e offrono capitale attraverso l'affitto alle imprese della terra o di altri beni in loro possesso oppure attraverso la vendita delle loro capacità intellettuali alle medesime imprese.

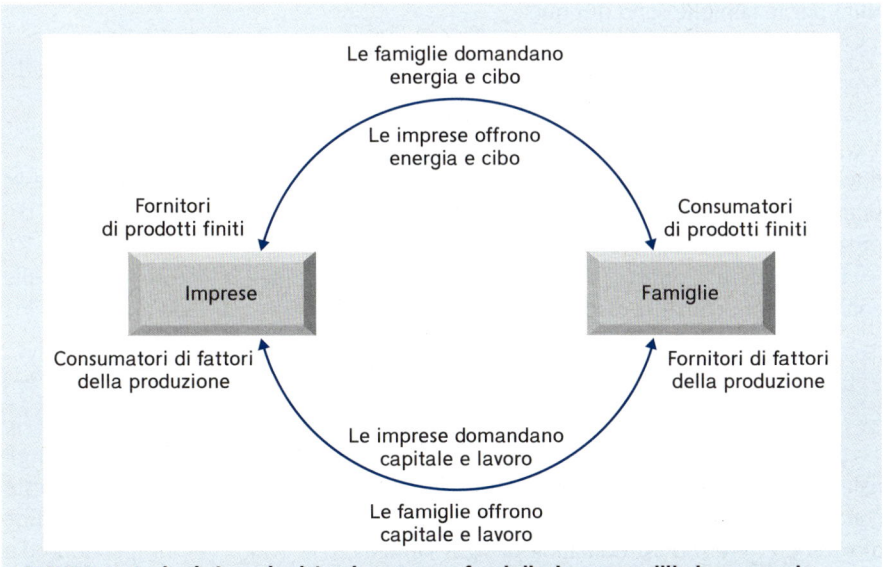

FIGURA 16.4 Le interazioni tra imprese e famiglie in un equilibrio generale
Le famiglie, nel loro ruolo di consumatori di prodotti finiti, acquistano l'energia e il cibo offerti dalle imprese. Le imprese, nel loro ruolo di consumatori di fattori della produzione, acquistano il lavoro e il capitale offerti dalle famiglie.

Come la Figura 16.4 evidenzia, questa economia consta dunque di quattro componenti principali:

1. la domanda di energia e cibo proveniente dalle famiglie;
2. la domanda di lavoro e capitale proveniente dalle imprese;
3. l'offerta di energia e cibo proveniente dalle imprese;
4. l'offerta di lavoro e capitale proveniente dalle famiglie.

Da dove derivano le curve di domanda e offerta di queste componenti?

Le curve di domanda di energia e cibo derivano dalla massimizzazione dell'utilità delle famiglie
Per derivare le curve di domanda di energia e cibo è necessario considerare i problemi di massimizzazione dell'utilità delle singole famiglie. La quantità di energia che una famiglia acquista è indicata con x, mentre la quantità di cibo acquistata è indicata con y. La lettera W si riferisce alle famiglie degli impiegati, la lettera B alle famiglie degli operai. La famiglia di un impiegato ha una funzione di utilità $U_W(x,y)$, quella di un operaio ha una funzione di utilità $U_B(x,y)$.

Ciascuna famiglia consegue il proprio reddito offrendo lavoro e capitale alle imprese. Si assumerà che ogni famiglia dispone di una dotazione fissa di lavoro e capitale. Si supponga che in questa economia le famiglie degli operai siano le principali fornitrici di lavoro, e quelle degli impiegati le principali fornitrici di capitale. Si supponga inoltre che l'offerta aggregata di lavoro sia maggiore dell'offerta aggregata di capitale. Questo potrebbe accadere se il numero di famiglie di operai fosse maggiore di quello delle famiglie di impiegati, o nel caso in cui la quantità di lavoro fornita da ogni famiglia di operai fosse maggiore della quantità di capitale fornita da ciascuna famiglia di impiegati. Se il prezzo ricevuto per una unità di lavoro è w, e il prezzo ricevuto per una unità di capitale è r, allora il reddito di ciascuna famiglia, I_W e I_B, dipenderà da w e r.

Si ipotizzi adesso che il prezzo dell'energia sia P_x per unità, e che quello del cibo sia P_y. Quando una famiglia massimizza la sua utilità, considera come dati questi prezzi come pure quelli dei fattori produttivi. I problemi di massimizzazione dell'utilità per le famiglie sono dunque:

$$\max_{(x,y)} U_W(x,y), \text{ sotto il vincolo: } P_x x + P_y y = I_W(w,r)$$

$$\max_{(x,y)} U_B(x,y), \text{ sotto il vincolo: } P_x x + P_y y = I_B(w,r)$$

dove $I_W(w,r)$ e $I_B(w,r)$ indicano che i redditi delle famiglie dipendono da quanto esse ricevono dalla vendita del loro lavoro e del loro capitale, che a sua volta dipende dai prezzi di lavoro e capitale, w e r.

Le soluzioni a questi problemi di massimizzazione dell'utilità conducono alle condizioni di ottimalità discusse nel Capitolo 4:

$$MRS_{x,y}^W = \frac{P_x}{P_y} \text{ e } MRS_{x,y}^B = \frac{P_x}{P_y} \qquad (16.1)$$

Quindi, ogni famiglia massimizza la propria utilità uguagliando il saggio marginale di sostituzione tra x e y al rapporto tra il prezzo di x e il prezzo di y. Queste condizioni di ottimalità, insieme ai vincoli di bilancio, possono essere risolte al fine di ottenere le curve di domanda di ogni famiglia, che a loro volta dipendono dai prezzi e dal reddito della famiglia.

La Figura 16.5 mostra le curve di domanda aggregata di energia e cibo per ciascun tipo di famiglia. Per esempio, D^W_x nel grafico (a) è la domanda aggregata di energia di tutte le famiglie di impiegati, mentre D^B_x è la domanda di energia

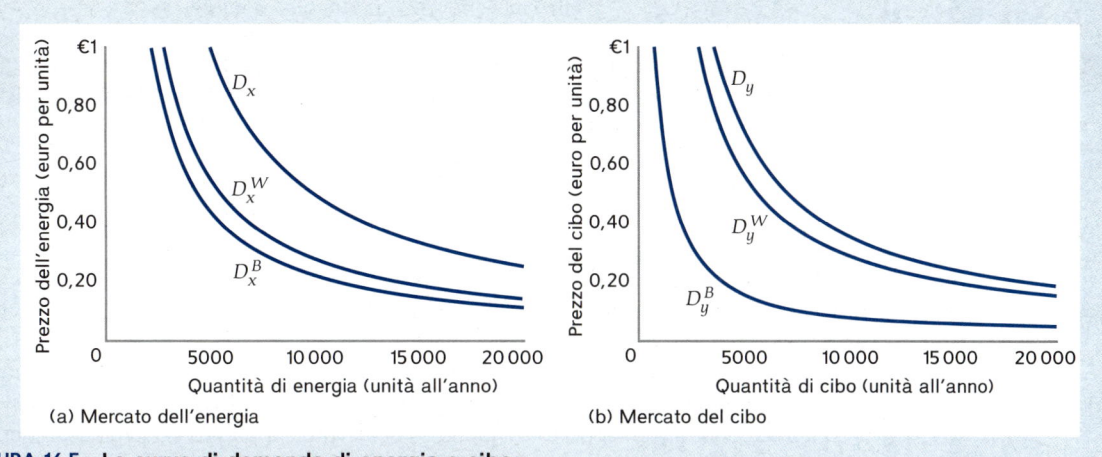

FIGURA 16.5 Le curve di domanda di energia e cibo
Grafico (a): le curve di domanda aggregata di energia per le famiglie degli impiegati e per le famiglie degli operai sono D^W_x e D^B_x. La curva di domanda globale del mercato dell'energia (D_x) è la somma orizzontale di D^W_x e D^B_x.
Grafico (b): le curve di domanda aggregata di cibo per le famiglie degli impiegati e per le famiglie degli operai sono D^W_y e D^B_y. La curva di domanda globale del mercato del cibo (D_y) è la somma orizzontale di D^W_y e D^B_y.

di tutte le famiglie di operai. (In questo paragrafo e nel resto del capitolo, i pedici delle curve di domanda e offerta si riferiscono al bene domandato o offerto, e gli apici agli individui o alle imprese che domandano o offrono.) Le curve di domanda sono date dalla somma delle curve di domanda individuali di tutte le famiglie. La curva complessiva di domanda del mercato dell'energia, D_x, è la somma orizzontale di D^W_x e D^B_x. La posizione delle curve di domanda dipenderà, in generale, dai livelli di reddito delle famiglie, dal prezzo del bene y e dai gusti particolari di ciascuna famiglia, come rappresentati dalla funzione di utilità. Pertanto, cambiamenti nel reddito delle famiglie o nel prezzo del bene y provocheranno spostamenti di D^W_x, D^B_x e D_x.

In sintesi, le curve di domanda di energia e cibo considerate in questo semplice sistema economico provengono dalla massimizzazione dell'utilità delle famiglie. Sommando le curve di domanda individuali di energia e cibo di tutte le famiglie, si ottiene la curva di domanda aggregata per ciascun bene.

Le curve di domanda di lavoro e capitale derivano dalla minimizzazione dei costi delle imprese

Per ottenere le curve di domanda di lavoro e capitale del sistema economico, è necessario considerare il problema della minimizzazione dei costi (ovvero, le decisioni di scelta dei fattori produttivi) che le singole imprese affrontano. Si ipotizzi che alcune imprese producano energia mentre altre producano cibo, che tutte le imprese che producono energia siano identiche tra loro come pure quelle che producono cibo siano tra loro uguali, e che entrambi i mercati siano perfettamente concorrenziali. Ogni singola impresa che produce energia ha una funzione di produzione $x = f(l, k)$, dove l e k rappresentano le quantità di lavoro e capitale impiegate dal singolo produttore (le lettere in maiuscolo L e K rappresenteranno invece le quantità aggregate di lavoro e capitale nel mercato). Si assuma poi che questa funzione di produzione sia caratterizzata da rendimenti costanti di scala (si ricordi dal Capitolo 6 che ciò vuol dire che, raddoppiando la quantità di lavoro e capitale, raddoppia esattamente anche la quantità di energia che un'impresa può produrre). Per un fornitore di energia che produce x unità di energia, il problema di minimizzazione dei costi si configura come

$$\min_{(l,k)} \ wl + rk, \text{ sotto il vincolo: } x = f(l,k)$$

Allo stesso modo, ciascun produttore di cibo ha una funzione di produzione $y = g(l, k)$, anch'essa caratterizzata da rendimenti costanti di scala. Il problema di minimizzazione dei costi per tale impresa è

$$\min_{(l,k)} \ wl + rk, \text{ sotto il vincolo: } y = g(l,k)$$

Le soluzioni a questi problemi di minimizzazione dei costi conducono alle condizioni di ottimalità discusse nel Capitolo 7:

$$MRTS^x_{l,k} = \frac{w}{r} \text{ e } MRTS^y_{l,k} = \frac{w}{r} \tag{16.2}$$

Pertanto, ogni impresa sceglie la combinazione di fattori produttivi che minimizza i suoi costi uguagliando il proprio saggio marginale di sostituzione tecnica tra lavoro e capitale, $MRTS_{l,k}$, al rapporto tra il prezzo del lavoro e il prezzo del capitale. È possibile risolvere tali condizioni di ottimalità, insieme ai vincoli di produzione per l'energia e il cibo, in modo da trovare le curve di domanda individuale di lavoro e capitale delle imprese produttrici di energia e di cibo. Tali curve di domanda dipendono dai prezzi dei fattori w e r e dalla produzione complessiva della singola impresa.

La Figura 16.6 mostra le curve di domanda aggregata di lavoro e capitale per ciascuna industria, energia e cibo. Esse sono ottenute sommando le curve di domanda di tutte le singole imprese che operano in ognuna delle due industrie. Per esempio, D^x_L nel grafico (a) rappresenta la domanda aggregata di lavoro delle imprese operanti nel settore dell'energia, mentre D^y_L è la curva di domanda aggregata di lavoro delle imprese appartenenti al settore del cibo. La curva di domanda complessiva di lavoro, D_L, è la somma orizzontale di D^x_L e D^y_L. La posizione delle curve di domanda dipende dalla produzione totale di ciascuna industria, dal prezzo dell'altro fattore e dalla natura della tecnologia insita nelle funzioni di produzione. Per esempio, un aumento di produzione nel settore dell'energia farebbe crescere la domanda di lavoro di quell'industria e perciò farebbe spostare la curva D^x_L (e dunque la curva D_L) verso destra.

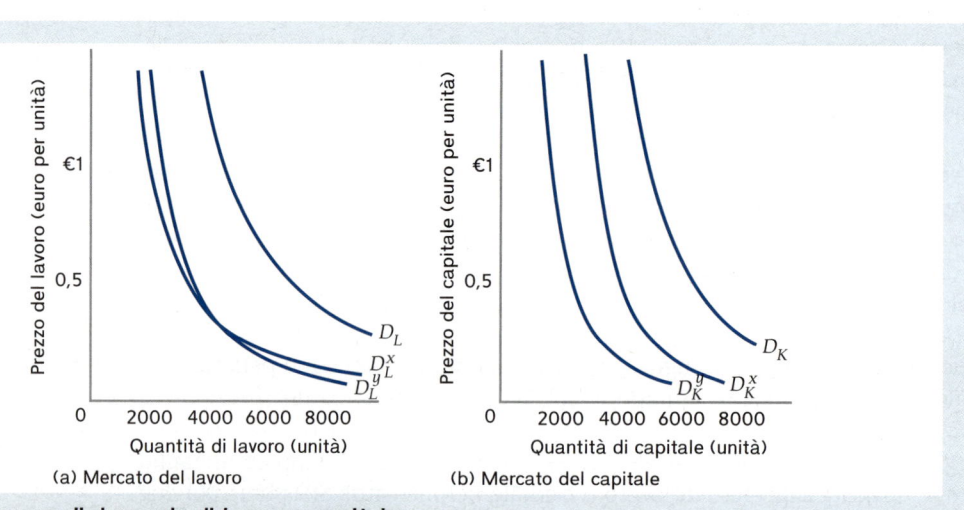

FIGURA 16.6 Le curve di domanda di lavoro e capitale

Grafico (a): le curve di domanda aggregata di lavoro per le imprese produttrici di energia e di cibo sono D^x_L e D^y_L. La curva di domanda di mercato per il lavoro (D_L) è la somma orizzontale di D^x_L e D^y_L.

Grafico (b): le curve di domanda aggregata di capitale per le imprese produttrici di energia e di cibo sono D^x_K e D^y_K. La curva di domanda di mercato per il capitale (D_K) è la somma orizzontale di D^x_K e D^y_K.

Riassumendo, le curve di domanda di lavoro e capitale in ogni industria di questa semplice economia derivano dalla minimizzazione dei costi delle singole imprese. Sommando le curve di domanda del lavoro e del capitale di tutte le imprese individuali di entrambi i mercati si ottengono le curve di domanda di mercato dei due input.

Le curve di offerta di energia e cibo derivano dalla massimizzazione del profitto delle imprese

Si è visto nel Capitolo 8 che il problema di minimizzazione dei costi di ogni impresa genera una curva di costo totale e una curva di costo marginale. Poiché ogni impresa ha una funzione di produzione caratterizzata da rendimenti costanti di scala, la curva di costo marginale (MC) per un produttore di energia è costante, MC_x, così come è costante la curva di costo marginale per un produttore di cibo, MC_y. Entrambe queste curve sono rappresentate nella Figura 16.7. La loro altezza dipende dai prezzi dei fattori w e r. Dal momento che la funzione di produzione di cibo è diversa dalla funzione di produzione di energia, le curve possono dipendere dai prezzi dei fattori in diversi modi. Per esempio, se la produzione di cibo è ad alta intensità di lavoro (cioè implica un rapporto elevato tra lavoro e capitale), allora MC_y potrebbe essere più sensibile al prezzo del lavoro di quanto lo sia MC_x.

Poiché si è ipotizzato che le due industrie sono perfettamente concorrenziali, le imprese che vi operano sono price-taker. Siccome un'impresa operante nel mercato dell'energia fronteggia un costo marginale costante, i produttori di energia sono disposti a offrire una qualsiasi quantità positiva a un prezzo P_x uguale al costo marginale MC_x. Ciò significa che la curva di offerta del mercato dell'energia è perfettamente elastica a quel prezzo. Pertanto, la curva di offerta dell'industria dell'energia S_x coincide con la curva del costo marginale MC_x relativa alla produzione di energia, come rappresentato nella Figura 16.7(a). Ugualmente, la curva di offerta di mercato alimentare S_y coincide con la curva del costo marginale MC_y di produzione del cibo, come rappresentato nella Figura 16.7(b).

Giacché le curve di offerta coincidono con le curve di costo marginale, i prezzi di equilibrio devono uguagliare i costi marginali:

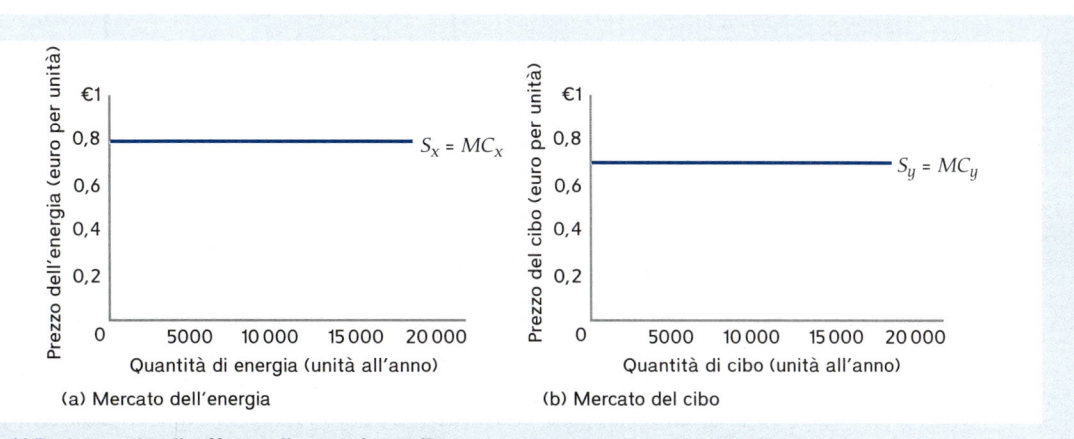

$$P_x = MC_x \text{ e } P_y = MC_y \qquad (16.3)$$

FIGURA 16.7 Le curve di offerta di energia e cibo
Grafico (a): la curva del costo marginale dell'energia MC_x è anche la curva di offerta di tale mercato, S_x.
Grafico (b): la curva del costo marginale del cibo MC_y è anche la curva di offerta di questo mercato, S_y.

Avendo assunto rendimenti costanti di scala, il costo marginale e il costo medio sono uguali, quindi a quei prezzi il profitto di ogni impresa è pari a zero. A questo punto non è ancora possibile dire quali siano questi prezzi di equilibrio, in quanto i costi marginali di ciascun mercato, MC_x e MC_y, dipendono dai prezzi dei fattori w e r. E, a loro volta, i prezzi degli input dipendono dall'offerta e dalla domanda nei mercati dei fattori. Pertanto, i mercati in questa economia sono interdipendenti.

In sintesi, le curve di offerta di ciascun settore dell'economia considerata sono il frutto della massimizzazione del profitto delle imprese. Poiché la produzione nelle due industrie è caratterizzata da rendimenti costanti di scala, le curve di offerta sono in entrambe rette orizzontali che corrispondono al costo marginale di produzione delle imprese.

Le curve di offerta di lavoro e capitale derivano dalla massimizzazione del profitto delle famiglie

Le ultime componenti dell'economia da analizzare sono le curve di offerta di lavoro e capitale. Tali fattori sono offerti dalle famiglie. Come già detto, ogni famiglia offre un ammontare fisso di lavoro e di capitale. Si assuma che non c'è alcun costo opportunità nell'offrire lavoro o capitale. (Questo semplifica la trattazione senza compromettere le principali conclusioni.) La massimizzazione del profitto da parte delle singole famiglie implica allora che una famiglia offrirà lavoro e capitale finché a questi servizi corrisponde un prezzo positivo sul mercato. Si ipotizzi poi che le famiglie siano indifferenti tra vendere il proprio lavoro nell'industria dell'energia o in quella del cibo se il salario w che ottengono è lo stesso. Analogamente, le famiglie offriranno capitale indifferentemente all'uno o all'altro settore se il prezzo del capitale r è il medesimo.

La Figura 16.8 mostra le implicazioni di queste ipotesi. La curva di offerta di mercato per il lavoro, S_L, è una linea verticale corrispondente all'offerta complessiva di lavoro, la quale è fornita prevalentemente dalle famiglie di operai. Allo stesso modo, la curva di offerta di mercato per il capitale, S_K, è una linea verticale che corrisponde all'offerta complessiva di capitale, che proviene prevalentemente dalle famiglie degli impiegati.

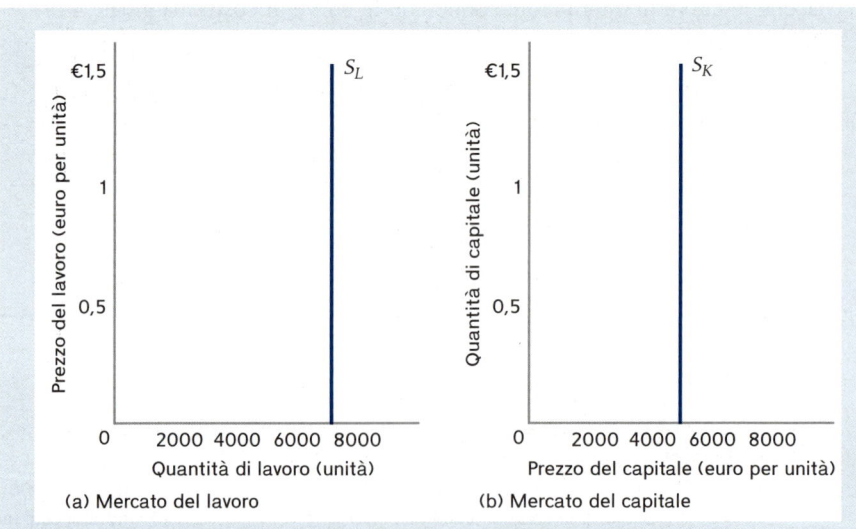

FIGURA 16.8 Le curve di offerta di lavoro e capitale
Grafico (a): la curva di offerta di mercato per il lavoro S_L è una retta verticale corrispondente all'ammontare totale di lavoro che le famiglie sono disposte a offrire.
Grafico (b): la curva di offerta di mercato per il capitale S_K è una retta verticale corrispondente alla quantità totale di capitale che le famiglie sono disposte a offrire.

Riassumendo, le curve di offerta di lavoro e capitale nell'economia considerata discendono dalla massimizzazione del profitto delle famiglie. Avendo ipotizzato che ogni famiglia offre un ammontare fisso di lavoro e di capitale, tali curve di offerta saranno rette verticali.

16.2.2 L'equilibrio generale di un'economia semplificata

Nel semplice sistema economico qui considerato, in caso di equilibrio generale vengono determinati simultaneamente quattro prezzi: P_x per l'energia, P_y per il cibo, w per il lavoro e r per il capitale. Gli ultimi due prezzi, a loro volta, determinano il reddito delle famiglie, che proviene dalla vendita dei propri servizi di lavoro e capitale alle imprese. I quattro prezzi nell'economia sono interdipendenti. Per esempio, il prezzo dell'energia è determinato dal costo marginale dell'energia, ma il costo marginale dell'energia dipende dai prezzi di lavoro e capitale. I quattro prezzi sono definiti dalle condizioni di equilibrio di ciascuno dei quattro mercati:

Domanda di energia delle famiglie = Offerta di energia delle imprese
Domanda di cibo delle famiglie = Offerta di cibo delle imprese
Domanda di lavoro delle imprese = Offerta di lavoro delle famiglie
Domanda di capitale delle imprese = Offerta di capitale delle famiglie

La Figura 16.9 illustra l'economia in esame quando essa si trova in una situazione di equilibrio generale – cioè, quando l'offerta uguaglia la domanda in tutti e quattro i mercati contemporaneamente. I grafici (a) e (b) mostrano che, quando i prezzi del lavoro e del capitale sono rispettivamente €0,48 ed €1, i costi marginali di produzione dell'energia e del cibo sono rispettivamente €0,79 e €0,70.

I prezzi di equilibrio degli input determinano quindi l'altezza delle curve di offerta del mercato, S_x e S_y. I prezzi dei fattori determinano anche i redditi delle famiglie, $I_W(w,r)$ e $I_B(w,r)$, i quali a loro volta individuano la posizione delle curve di domanda di energia e cibo (D_x e D_y). Le intersezioni tra domanda e offerta nei mercati dell'energia e del cibo determinano la produzione totale nelle due industrie: 6202 unità nel settore dell'energia e 4943 unità in quello del cibo. Tali output, a loro volta, definiscono la posizione delle curve di domanda di lavoro e capitale dei grafici (c) e (d). Ed è l'intersezione tra queste curve di domanda dei fattori e le rispettive curve di offerta, S_L e S_K, a determinare i prezzi di equilibrio di lavoro e capitale (€0,48 ed €1,00). Come si può notare, la spiegazione della Figura 16.9 ha avuto inizio ed è terminata con i prezzi di lavoro e capitale. In effetti, la Figura 16.9 illustra lo stesso ciclo di interdipendenza in un equilibrio generale che è stato rappresentato in Figura 16.4.

Quindi, ricapitolando, si è visto quanto segue:

- i prezzi di equilibrio dei fattori nei mercati del lavoro e del capitale determinano la posizione delle curve di domanda e di offerta nei mercati dell'energia e del cibo;
- queste curve di domanda e offerta determinano i prezzi e le quantità di equilibrio nei mercati dell'energia e del cibo;
- le quantità di equilibrio di energia e di cibo determinano la posizione delle curve di domanda nei mercati del lavoro e del capitale, e il punto in cui tali curve intersecano le curve di offerta del lavoro e del capitale individua i prezzi di equilibrio del lavoro e del capitale.

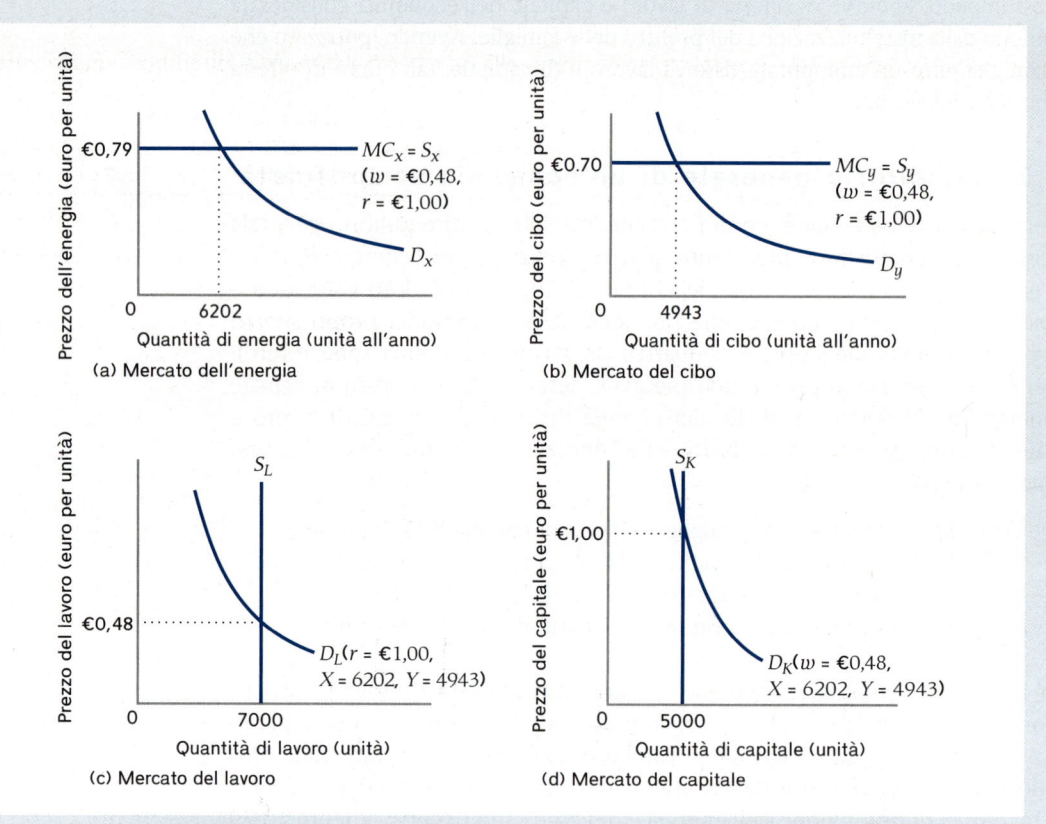

FIGURA 16.9 L'equilibrio generale

In condizioni di equilibrio generale dell'economia, tutti e quattro i mercati (energia, cibo, lavoro e capitale) sono simultaneamente in equilibrio. I grafici (a) e (b) mostrano che, quando i prezzi del lavoro e del capitale sono rispettivamente €0,48 ed €1,00, i prezzi di equilibrio dell'energia e del cibo sono rispettivamente €0,79 ed €0,70, e le quantità di equilibrio di energia e cibo sono rispettivamente 6202 e 4943 unità. I grafici (c) e (d) mostrano che, quando le quantità domandate di energia e cibo sono rispettivamente 6202 e 4943 unità, i prezzi unitari di equilibrio del lavoro e del capitale sono €0,48 ed €1,00.

Da questa analisi è possibile verificare che, anche in un'economia semplice come quella considerata, non è possibile analizzare eventi che accadono in un mercato senza tenere in considerazione il modo in cui essi influenzano gli altri mercati.

L'analisi di equilibrio generale della Figura 16.9 mette in luce la relazione tra la scarsità dei fattori della produzione, i prezzi relativi di tali fattori e la distribuzione del reddito nell'economia. Nel sistema economico della Figura 16.9, l'offerta aggregata di capitale è molto minore dell'offerta aggregata di lavoro (ovvero, S_K è più vicino al suo asse verticale di quanto lo sia S_L). Di conseguenza, il prezzo del capitale è maggiore di quello del lavoro (cioè, il capitale viene scambiato con un premio di prezzo rispetto al lavoro). Ciò a sua volta permette ai fornitori di capitale – le famiglie degli impiegati nell'economia in questione – di guadagnare redditi maggiori rispetto ai fornitori di lavoro – essenzialmente le famiglie degli operai.

L'Esercizio svolto 16.2 mostra come formulare le condizioni di uguaglianza tra domanda e offerta che determinano un equilibrio generale per questo sistema economico.

Esercizio svolto 16.2 Le condizioni per la determinazione di un equilibrio generale con quattro mercati

Supponete che le famiglie del sistema economico descritte nella Figura 16.9 abbiano le caratteristiche riportate nella tabella seguente:

	Numero di famiglie	Lavoro offerto per famiglia	Capitale offerto per famiglia	Reddito della famiglia
Operai	100	60 unità	0 unità	$I_B(w, r) = 60w$
Impiegati	100	10 unità	50 unità	$I_W(w, r) = 10w + 50r$

Supponete poi che le curve di domanda e offerta per i mercati di questa economia siano quelle esposte nella tabella successiva, dove X è la quantità totale domandata di energia e Y la quantità totale domandata di cibo:[4]

	Energia	Cibo	Lavoro	Capitale
Offerta	$P_x = w^{\frac{1}{3}} r^{\frac{2}{3}}$	$P_y = w^{\frac{1}{2}} r^{\frac{1}{2}}$	$L = 7000$ (*)	$K = 5000$ (*)
Domanda	$P_x = \dfrac{50 I_W + 75 I_B}{X}$	$P_y = \dfrac{50 I_W + 25 I_B}{Y}$	$L = \dfrac{X}{3}\left(\dfrac{r}{w}\right)^{\frac{2}{3}} + \dfrac{Y}{2}\left(\dfrac{r}{w}\right)^{\frac{1}{2}}$	$K = \dfrac{2X}{3}\left(\dfrac{w}{r}\right)^{\frac{1}{3}} + \dfrac{Y}{2}\left(\dfrac{w}{r}\right)^{\frac{1}{2}}$

(*) Valore basato sull'offerta per famiglia, come indicato nella tabella che mostra il numero di famiglie [$L = (100 \times 10) + (100 \times 60) = 7000$; $K = (100 \times 50) + (100 \times 0) = 5000$].

Problema

(a) Quali sono le condizioni di uguaglianza tra domanda e offerta per i mercati dell'energia e del cibo?

(b) Quali sono le condizioni di uguaglianza tra domanda e offerta per i mercati del lavoro e del capitale?

(c) Come si determina l'equilibrio generale di questa economia?

Soluzione

(a) La condizione di uguaglianza tra domanda e offerta nel mercato dell'energia è

$$w^{\frac{1}{3}} r^{\frac{2}{3}} = \frac{50 I_W + 75 I_B}{X} = \frac{50(10w + 50r) + 75(60w)}{X} = \frac{5000w + 2500r}{X} \quad (16.4)$$

La condizione di uguaglianza tra domanda e offerta nel mercato del cibo è

$$w^{\frac{1}{2}} r^{\frac{1}{2}} = \frac{50 I_W + 25 I_B}{X} = \frac{50(10w + 50r) + 25(60w)}{X} = \frac{2000w + 2500r}{X} \quad (16.5)$$

Le equazioni (16.4) e (16.5) identificano i punti in cui $S_x = D_x$ e $S_y = D_y$ nella Figura 16.9.

(b) La condizione di uguaglianza tra domanda e offerta nel mercato del lavoro è

$$7000 = \frac{X}{3}\left(\frac{r}{w}\right)^{\frac{2}{3}} + \frac{Y}{2}\left(\frac{r}{w}\right)^{\frac{1}{2}} \quad (16.6)$$

La condizione di uguaglianza tra domanda e offerta nel mercato del capitale è

$$5000 = \frac{2X}{3}\left(\frac{w}{r}\right)^{\frac{1}{3}} + \frac{Y}{2}\left(\frac{w}{r}\right)^{\frac{1}{2}} \quad (16.7)$$

(c) Per determinare l'equilibrio generale, si devono risolvere le quattro equazioni precedenti, dalla (16.4) alla (16.7), nelle quattro variabili incognite (w, r, X e Y). (Non verranno qui esposti i passaggi algebrici.) Si potrebbe quindi determinare l'equilibrio in ciascun mercato (e dunque l'equilibrio generale) sostituendo i valori delle variabili nelle equazioni dalla (16.4) alla (16.7). È questo il metodo utilizzato per determinare l'equilibrio rappresentato nella Figura 16.9.

---

[4] Nell'Appendice A16 viene spiegato come derivare queste curve dai problemi di minimizzazione dei costi delle singole imprese e dai problemi di massimizzazione dell'utilità delle singole famiglie.

16.2.3 La legge di Walras

Se si provasse a risolvere il sistema delle quattro equazioni nelle quattro incognite mostrato dell'Esercizio svolto 16.2, si scoprirebbe qualcosa di sorprendente: invece di avere quattro diverse equazioni in quattro incognite, si avrebbero invece tre equazioni in quattro incognite. In altri termini, una delle quattro condizioni di uguaglianza tra domanda e offerta è ridondante.

Questo è un esempio della **legge di Walras**, che prende il nome dall'economista svizzero Leon Walras che per primo l'ha individuata. La legge di Walras afferma che in un equilibrio generale concorrenziale con un totale di N mercati ($N = 4$, nell'esempio considerato), se l'offerta uguaglia la domanda nei primi $N - 1$ mercati, allora essa sarà necessariamente uguale alla domanda anche nell'N-simo mercato.

La ragione per cui tale legge è sempre valida appare evidente. Si è visto prima che il reddito di una famiglia è uguale ai pagamenti fatti dalle imprese per il lavoro e il capitale forniti dalla famiglia. Si è pure visto che, quando una famiglia massimizza la sua utilità, il suo vincolo di bilancio è verificato: la spesa familiare per beni e servizi uguaglia il reddito della famiglia. Queste due considerazioni implicano che la spesa totale delle famiglie per beni e servizi deve uguagliare i pagamenti complessivi che le imprese effettuano per acquistare i fattori produttivi. Tale ultima condizione, insieme a quella di uguaglianza tra domanda e offerta nei primi $N - 1$ mercati dell'economia, assicura l'uguaglianza tra domanda e offerta anche nell'N-esimo mercato.

In virtù della legge di Walras, nel sistema economico qui considerato vi sono tre condizioni di equilibrio di mercato ma quattro incognite. Ciò vuol dire che un equilibrio nell'economia determinerà i prezzi soltanto in tre dei quattro mercati. Nel quarto mercato – che qui è quello del capitale – è possibile fissare un prezzo uguale a un numero qualunque. In questa analisi, il prezzo del capitale è stato posto pari a €1.

Qual è il significato della legge di Walras? Nell'esempio in questione, essa afferma che l'analisi di equilibrio generale determina i prezzi del lavoro, dell'energia e del cibo *rispetto* al prezzo del capitale, e non i livelli assoluti di tali prezzi. Naturalmente, si sarebbe potuto fissare per il capitale un prezzo diverso da €1, come €2, o anche €200. Fatto ciò, anche gli altri prezzi nell'economia sarebbero cambiati. Tuttavia, il loro rapporto rispetto al prezzo prefissato del capitale sarebbe rimasto lo stesso. Per esempio, il rapporto tra il prezzo del lavoro e il prezzo del capitale sarebbe rimasto di 0,48, indipendentemente dal prezzo stabilito per il capitale.

> **LEGGE DI WALRAS** La legge che afferma che in un equilibrio generale concorrenziale con N mercati, se l'offerta uguaglia la domanda nei primi $N - 1$ mercati, allora l'offerta uguaglierà la domanda anche nell'N-esimo mercato.

16.3 • L'analisi di equilibrio generale: statica comparata

Ora che si è visto come determinare l'equilibrio generale concorrenziale per un'economia semplice, come può essere utilizzata questa analisi? Gli economisti usano modelli di equilibrio generale per indagare gli effetti di imposte o di interventi di politica economica. La maggior parte di queste applicazioni implica il ricorso a un'analisi di statica comparata. Per esempio, gli economisti potrebbero voler investigare il modo in cui cambiamenti in variabili esogene come la dotazione di lavoro o di capitale da parte delle famiglie, o le aliquote di tassazione, influenzano le variabili endogene – prezzi e quantità – che sono determinate in equilibrio. I modelli che gli economisti impiegano a questo scopo sono molto più complessi di quello presentato in questo capitolo. In una ricerca, alcuni economisti hanno considerato gli effetti delle accise sui carburanti facendo ricorso a un modello con più di trenta industrie, sette diversi tipi di famiglie e cinque fattori produttivi (il capitale e quattro diversi tipi di lavoro).[5] In questo paragrafo si illustrerà l'analisi di statica comparata dell'equilibrio generale usando il modello sviluppato nel paragrafo precedente. In particolare, si studieranno gli effetti sull'equilibrio generale derivanti dall'imposizione di un'accisa.

Si supponga che nell'economia considerata il Governo imponga un'accisa di €0,20 per unità nel mercato dell'energia. Si supponga poi che i ricavi siano usati per acquistare beni dal mercato del cibo, e che tali beni siano poi trasferiti al di fuori del sistema economico (per esempio, sono distribuiti a Paesi che stanno affrontando un periodo di carestia). Qual è l'effetto dell'accisa su prezzi e quantità dell'economia? E chi è maggiormente danneggiato da questa imposta, le famiglie degli operai o quelle degli impiegati?

Si potrebbe ritenere che il danno maggiore ricada sulle famiglie degli operai. Come si può vedere dalla Figura 16.10, nell'equilibrio iniziale le famiglie degli operai tendono a spendere molto di più in energia che in cibo. Al contrario, le famiglie degli impiegati spendono un ammontare simile per entrambi i beni. Tuttavia, quando si analizzeranno in dettaglio gli effetti dell'accisa sull'equilibrio generale, si vedrà che il suo impatto sulle famiglie degli operai non è necessariamente superiore a quello sulle famiglie degli impiegati.

Nel realizzare l'analisi di statica comparata, si può fare uso della legge di Walras e focalizzare l'attenzione sulle variazioni nei prezzi dell'energia, del cibo e del lavoro, mantenendo il prezzo del capitale a €1 per unità. L'impatto più scontato dell'accisa, come evidenziato nel grafico (a) della Figura 16.11, è che essa sposta la curva di offer-

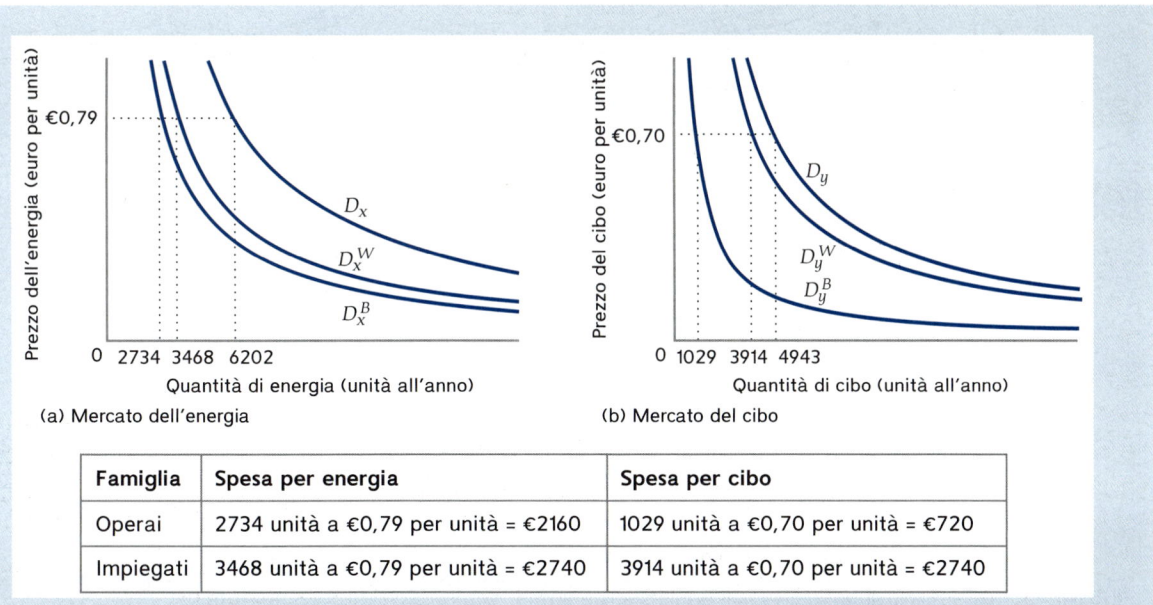

Famiglia	Spesa per energia	Spesa per cibo
Operai	2734 unità a €0,79 per unità = €2160	1029 unità a €0,70 per unità = €720
Impiegati	3468 unità a €0,79 per unità = €2740	3914 unità a €0,70 per unità = €2740

FIGURA 16.10 Gli acquisti delle famiglie degli operai e delle famiglie degli impiegati nell'equilibrio iniziale
Il grafico (a) mostra le curve di domanda di energia da parte delle famiglie degli operai e delle famiglie degli impiegati (D^W_x e D^B_x), nonché la curva di domanda complessiva di energia (D_x). Il grafico (b) mostra le curve di domanda di cibo da parte dei due tipi di famiglie (D^W_y e D^B_y), e la curva di domanda complessiva di cibo (D_y). La tabella indica l'ammontare di denaro che ciascun tipo di famiglia spende per ogni bene.

---

[5] A. Wiese, A. Rose e G. Shluter, "Motor-Fuel Taxes and Households Welfare: An Applied General Equilibrium Analysis", *Land Economics*, maggio 1995, pp. 229-243.

ta dell'energia verso l'alto per l'ammontare dell'accisa (€0,20 per unità), per cui essa passa da S_x a $S_x + 0{,}20$. Ciò determina un aumento di €0,20 nel prezzo dell'energia, che aumenta da €0,79 a €0,99. A sua volta, questo fa sì che la quantità di equilibrio dell'energia domandata diminuisca; di conseguenza, diminuisce anche la domanda di lavoro da parte del mercato dell'energia. Tuttavia, giacché il Governo spende i ricavi derivanti dall'accisa per acquistare cibo, la domanda aggregata di cibo, che ora include sia la domanda delle famiglie sia quella del Governo, si sposta verso l'alto, provocando un aumento nella domanda di lavoro da parte dei produttori di cibo.

Con la domanda di lavoro da parte dei produttori di energia che diminuisce e la domanda di lavoro da parte dei produttori di cibo che aumenta, cosa accadrà alla domanda di lavoro totale? In altre parole, la curva della domanda complessiva di lavoro si sposterà verso sinistra oppure verso destra? In linea generale, potrebbe spostarsi in entrambe le direzioni. Nella Figura 16.11 si prende in considerazione il caso in cui la domanda di lavoro D_L si muove verso destra. Ciò accadrebbe se il mercato del cibo utilizzasse più lavoro per produrre un dato livello di output di quanto non faccia il mercato dell'energia.[6] Il grafico (c) della Figura 16.11 mostra che, quando D_L si sposta a destra, il prezzo di equilibrio del lavoro w aumenta. Ciò provoca a sua volta il contemporaneo aumento dei costi marginali di energia

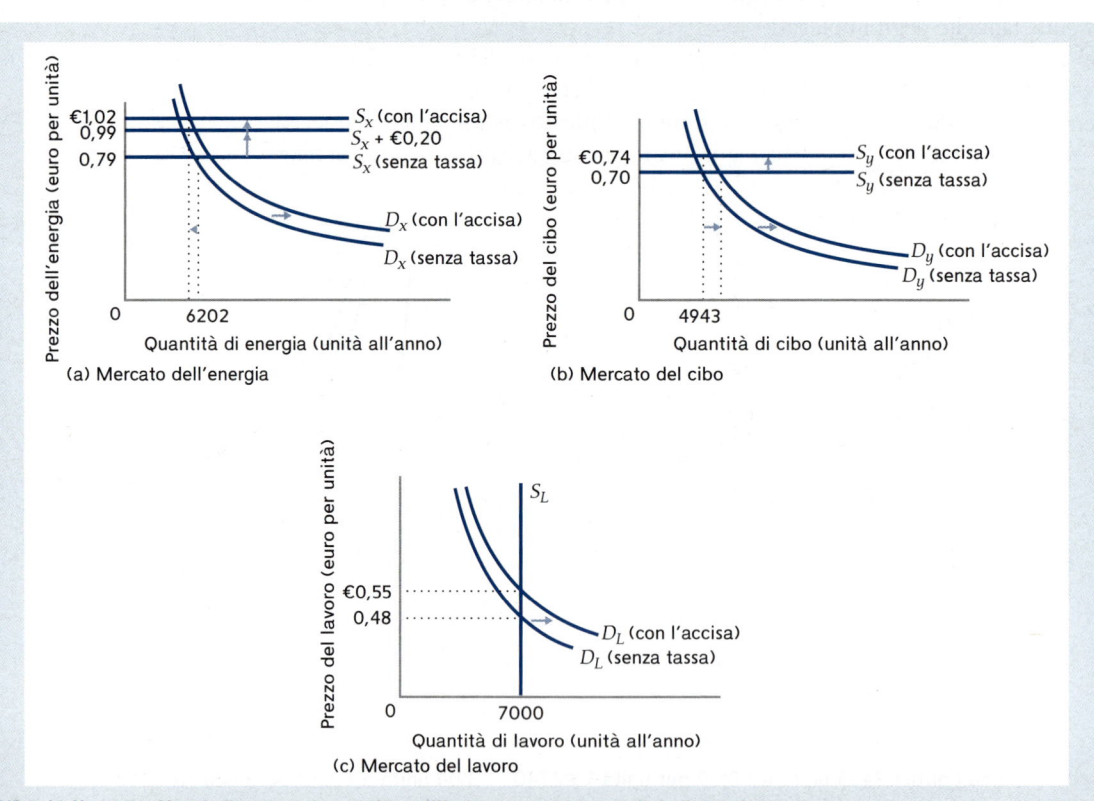

FIGURA 16.11 Gli effetti di un'accisa sull'equilibrio generale: analisi di statica comparata
Un'accisa di €0,20 per unità viene imposta sull'energia, e i ricavi sono utilizzati per acquistare cibo (poi distribuito al di fuori dell'economia). Alla fine, la tassa provoca un nuovo equilibrio generale: il prezzo dell'energia aumenta da €0,79 a €1,02, il prezzo del cibo aumenta da €0,70 a €0,74 e il prezzo del lavoro aumenta da €0,48 a €0,55.

---

[6] Nell'ultima sezione dell'Appendice A16 viene mostrato che, quando si calcola l'equilibrio usando le funzioni di produzione che hanno generato le curve di offerta per l'energia e per il cibo dell'Esercizio svolto 16.2, le imprese dell'industria del cibo utilizzano, di fatto, più lavoro del settore energetico per produrre una data unità di output.

e cibo, cosa che fa aumentare i prezzi nei due mercati. L'aumento di w, tuttavia, fa crescere anche i redditi delle famiglie, in particolare di quelle degli operai, le quali ricavano la maggior parte del loro reddito dal lavoro. Questo determina lo spostamento della domanda verso destra in entrambi i mercati.

La Figura 16.11 mostra che, quando si tengono in considerazione tutti gli effetti, il nuovo equilibrio implica un prezzo del lavoro leggermente più alto (w = €0,55, rispetto agli €0,50 iniziali) e prezzi più alti per l'energia e il cibo (P_x = €1,02, contro gli originari €0,79, e P_y = €0,74, invece di €0,70). La Figura 16.12 sintetizza questi effetti. Dal momento che il prezzo del lavoro è aumentato, le famiglie degli

Effetto complessivo

(nuovo equilibrio generale)

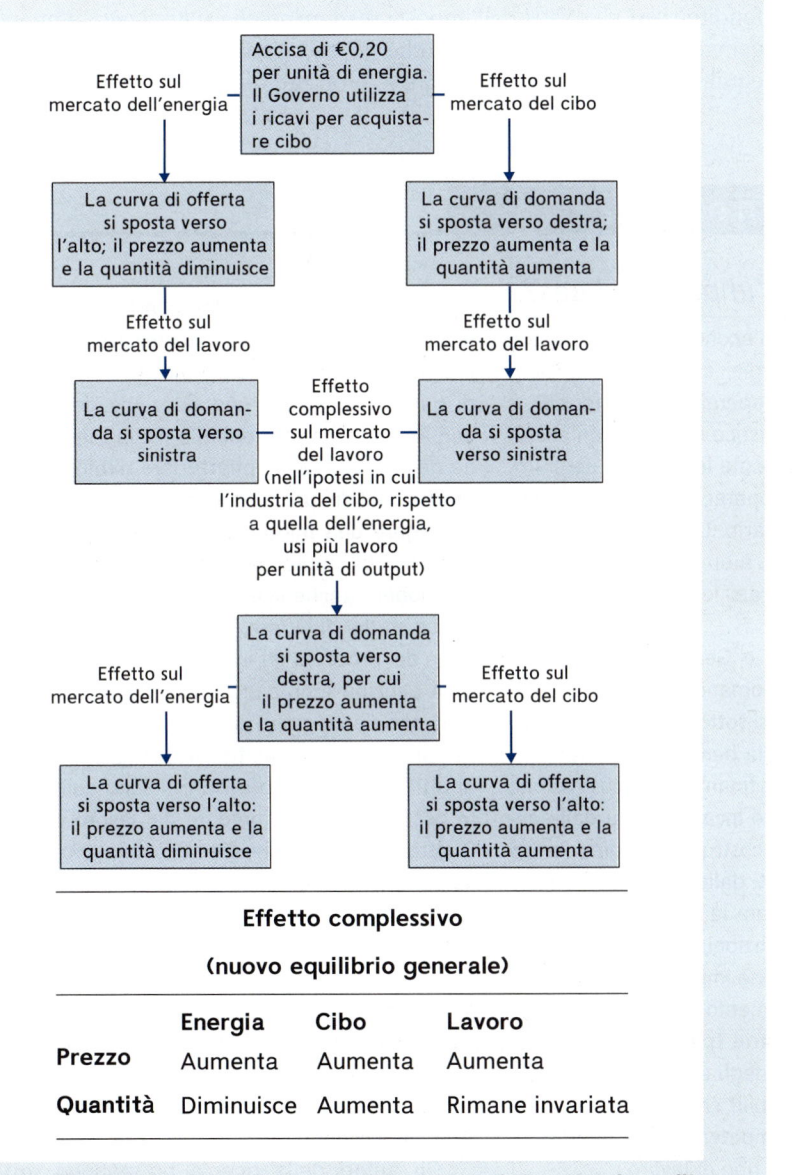

	Energia	Cibo	Lavoro
Prezzo	Aumenta	Aumenta	Aumenta
Quantità	Diminuisce	Aumenta	Rimane invariata

FIGURA 16.12 Gli effetti sull'equilibrio generale derivanti da un'accisa sull'energia: diagramma di flusso
Gli effetti sull'equilibrio generale di un'accisa sull'energia di €0,20 per unità - spiegati nel testo e rappresentati con un'analisi di statica comparata nella Figura 16.11 - sono qui sintetizzati utilizzando un diagramma di flusso.

operai beneficiano di un incremento significativo di reddito, mentre quelle degli impiegati vedono aumentare di poco il loro reddito. Entrambe le famiglie sono colpite dall'accisa, per via dei prezzi più alti. Tuttavia, le famiglie degli operai sono danneggiate di meno dall'accisa, grazie al maggior aumento di reddito.

Questo esempio è stato costruito appositamente per dimostrare che non sempre è immediato individuare chi viene maggiormente colpito da una misura di politica economica come l'imposizione di una tassa. Anche se nell'esempio la tassa viene applicata sull'energia, e le famiglie degli operai spendono una quota maggiore del loro reddito in energia, sono le famiglie degli impiegati a essere colpite di più dall'imposta. Questa conclusione è diventata chiara solo dopo aver approfondito tutti gli effetti dell'imposta man mano che si giungeva al nuovo equilibrio generale. L'esempio spiega perché gli economisti utilizzano spesso i modelli di equilibrio generale per analizzare le proposte di politica economica.

Applicazione 16.2

Chi è più colpito da un'imposta sul gas?

Come si è appena visto, in un'economia semplice con soltanto quattro mercati (energia, cibo, lavoro e capitale) e due tipi di famiglie (gli operai e gli impiegati), è stato costruito un esempio realistico nel quale un'accisa sull'energia colpisce maggiormente le famiglie degli impiegati rispetto a quelle degli operai, nonostante inizialmente ci si aspettasse il contrario. L'esempio proposto tuttavia si riferisce, come detto, a un sistema economico molto semplice. Potrebbe verificarsi lo stesso risultato anche nella realtà?

Arthur Wiese, Adam Rose e Gerald Shluter hanno provato a rispondere a questa domanda utilizzando un'analisi di equilibrio generale.[7] Essi sottolineano che i ricavi derivanti dalle accise statali sulla benzina sono stati storicamente usati dai Governi per finanziare la costruzione di autostrade: quando uno Stato incassa di più dalle accise, spende di più in attività di costruzione, aumentando così la domanda di servizi forniti dalle imprese di questo settore. Ciò, a sua volta, aumenta la domanda di lavoro da parte delle imprese di costruzioni, facendo crescere i salari del lavoro manuale che esse impiegano. Tale incremento di salario comporta l'aumento del costo marginale di produzione in altre industrie (per esempio, quelle dell'energia, della lavorazione degli alimenti, dell'acciaio, della produzione di automobili) che pure usano il lavoro manuale e che devono competere con le imprese di costruzioni per ottenere questo tipo di lavoro.

Come nella semplice economia rappresentata nella Figura 16.11, l'aumento dei salari per il lavoro manuale provoca l'incremento dei prezzi dei prodotti finiti in mercati che lo utilizzano. Ancora, l'aumento dei prezzi di questi beni causa una riduzione della loro quantità domandata da parte delle famiglie, per cui la produzione delle industrie manifatturiere diminuisce. A fronte di questo calo di output, le imprese di questi settori devono impiegare una minore quantità di tutti i tipi di lavoro, compresi gli impiegati e i professionisti. Alcune di esse potrebbero anche licenziare manager e quadri.

Lo studio di Wiese, Rose e Shluter mostra che al termine del processo gli effetti di un incremento dell'accisa sulla benzina sono piuttosto complicati. Tutti i consumatori sono danneggiati dai prezzi più alti della benzina e dei prodotti finiti. Inoltre, le famiglie degli impiegati e di altri lavoratori professionisti sono colpite dalla minore occupazione nel mercato del lavoro che le riguarda. D'altronde, le famiglie che offrono lavoro manuale godono di salari più alti. Dal momento che le famiglie a minor reddito tendono a offrire una quota molto maggiore di lavoro manuale, mentre quelle con redditi medio-alti offrono prevalentemente servizi di lavoro più professionale, quando si considera l'effetto complessivo finale di un'imposta sulla benzina (una volta che il suo impatto si è dispiegato sull'intera economia), si rileva che le famiglie a minor reddito sono danneggiate di meno delle famiglie a reddito più alto.

Gli autori della ricerca proseguono sottolineando che i Governi statali oggi spendono in costruzioni una

---

[7] A. Wiese, A. Rose e G. Shluter, "Motor-Fuel Taxes and Households Welfare: An Applied General Equilibrium Analysis", *Land Economics*, maggio 1995, pp.229-243.

percentuale dei ricavi provenienti dalle accise sulla benzina più piccola rispetto al passato, usando invece una maggior quota di queste entrate per la spesa pubblica generale (per esempio, per l'istruzione). Ciò modifica gli effetti di equilibrio generale dell'accisa sulla benzina rispetto a quanto visto sopra. In base a un modello di equilibrio generale stimato su dati recenti relativi all'impiego di fattori produttivi nelle industrie degli Stati Uniti e alla spesa delle famiglie statunitensi, Wiese, Rose e Shluter concludono che un aumento delle imposte locali e statali sulla benzina danneggerebbe maggiormente le famiglie a reddito più alto e quelle a reddito più basso, mentre i percettori di redditi medi risentirebbero di meno della manovra fiscale.

L'analisi di Wiese, Rose e Shluter è molto importante per quegli Stati che nel 2004 considerarono l'ipotesi di *ridurre* le imposte sulla benzina. In un certo senso, ciò sarebbe andato a vantaggio di tutti i consumatori, ma i risultati qui descritti lasciano intendere che tali tagli avrebbero avvantaggiato di poco la classe media mentre avrebbero conferito un beneficio molto maggiore alle classi più ricche e a quelle più povere.

16.4 • L'efficienza dei mercati concorrenziali

Nel Capitolo 10 si è visto che l'equilibrio in un singolo mercato concorrenziale massimizza il beneficio economico netto che può essere generato da quel mercato. Ciò rende economicamente efficiente l'esito di un mercato concorrenziale. Questo paragrafo si prefigge di verificare se vi è efficienza economica in un'economia in cui molti mercati concorrenziali raggiungono simultaneamente un equilibrio generale.

16.4.1 Cosa si intende per efficienza economica?

Nella situazione di equilibrio generale competitivo della Figura 16.9 le famiglie consumano energia e cibo, mentre le imprese utilizzano lavoro e capitale. Tale modalità di consumo e di utilizzo degli input è chiamata **allocazione dei beni e dei fattori produttivi**. Un'allocazione dei beni e fattori viene definita **economicamente efficiente** se non esiste un'altra allocazione realizzabile di beni di consumo e fattori della produzione tale da migliorare la situazione di alcuni consumatori senza peggiorare quella di altri consumatori (alcuni libri definiscono questa situazione *Pareto efficiente*). Al contrario, un'allocazione di beni e fattori è **economicamente inefficiente** (o *Pareto inefficiente*) se esiste un'allocazione alternativa di beni di consumo e input tale da migliorare, rispetto alla situazione iniziale, la condizione di tutti i consumatori. Posto in altri termini, per ogni allocazione inefficiente è sempre possibile trovare almeno una allocazione efficiente che tutti i consumatori preferirebbero in modo unanime a quella inefficiente. In una situazione di inefficienza allocativa, l'economia non sta sfruttando al meglio le sue risorse.

Data questa definizione di efficienza, un equilibrio concorrenziale come quello rappresentato nella Figura 16.9 richiede il verificarsi di tre condizioni per potersi definire efficiente.

1. Dato l'ammontare totale di energia e cibo (beni) consumati dai due tipi di famiglie, impiegati e operai, non vi è alcun modo di riallocare queste quantità tra le famiglie in modo da migliorare la loro situazione rispetto a quella dell'equilibrio concorrenziale. Ovvero, l'allocazione dei beni deve soddisfare la condizione di **efficienza nello scambio**. In generale, vi è efficienza nello scambio quando un ammontare fisso di beni di consumo non può essere riallocato tra i consumatori in un'economia senza peggiorare la condizione di almeno uno di essi; vi è invece inefficienza nello scambio quando è possibile riallocare tra i consumatori un determinato paniere di beni di consumo in un modo tale che tutti i soggetti ne beneficino.

ALLOCAZIONE DEI BENI E DEI FATTORI PRODUTTIVI Una modalità di consumo dei beni e di utilizzo dei fattori produttivi che potrebbe affermarsi in un equilibrio generale in un'economia.

ECONOMICAMENTE EFFICIENTE (*Pareto efficiente*): caratteristica di un'allocazione di beni e fattori in un'economia se non esiste alcuna altra allocazione realizzabile dei beni e degli input tale da migliorare la condizione di alcuni consumatori senza danneggiarne altri.

ECONOMICAMENTE INEFFICIENTE (*Pareto inefficiente*): caratteristica di un'allocazione di beni e fattori in un'economia se esiste un'allocazione alternativa dei beni e degli input tale da migliorare la condizione di tutti i consumatori rispetto alla situazione iniziale.

EFFICIENZA NELLO SCAMBIO Una caratteristica dell'allocazione delle risorse per la quale un ammontare fisso di beni di consumo non può essere riallocato tra i consumatori in un'economia senza peggiorare la condizione di alcuni di essi.

> **EFFICIENZA NELLA PRODUZIONE** Una caratteristica dell'allocazione delle risorse per la quale un ammontare fisso di fattori produttivi non può essere riallocato tra le imprese in un'economia senza ridurre il livello di output di almeno uno dei beni prodotti nell'economia.

2. Dato l'ammontare totale di capitale e lavoro (fattori produttivi) utilizzati dai due tipi di imprese, produttori di energia e produttori di cibo, non vi è altro modo di riallocare queste quantità tra le imprese in modo che esse producano più energia e più cibo rispetto alle quantità prodotte nell'equilibrio concorrenziale. Ovvero, l'allocazione dei fattori deve soddisfare la condizione di **efficienza nella produzione**. In generale, vi è efficienza nella produzione quando un ammontare fisso di input non può essere riallocato tra le imprese in un'economa senza ridurre il livello di output di almeno uno dei beni prodotti nell'economia. In altri termini, vi è efficienza nella produzione quando l'aumento della produzione in un'industria (per esempio, quella del cibo) richiede la riduzione della produzione in un'altra industria (per esempio, quella dell'energia). Vi è inefficienza nella produzione quando è invece possibile riallocare una quantità data di fattori tra le imprese in un modo tale da espandere la produzione di tutti i beni prodotti nel sistema economico.

> **EFFICIENZA NELLA SOSTITUZIONE** Una caratteristica dell'allocazione delle risorse per la quale, dato l'ammontare totale di capitale e lavoro disponibile in un'economia, non è possibile migliorare la situazione di tutti i consumatori producendo di più di un bene e meno di un altro.

3. Dato l'ammontare totale di capitale e lavoro disponibile nell'economia, non è possibile migliorare la situazione di tutti i consumatori producendo di più di un bene (per esempio l'energia) e meno dell'altro (per esempio il cibo). Ovvero, l'allocazione dei beni e dei fattori nell'economia deve soddisfare la condizione di **efficienza nella sostituzione**. Al contrario, un'allocazione di beni e input è inefficiente nella sostituzione se è possibile migliorare la situazione di tutti i consumatori producendo di più di un bene e meno di altro.

Nelle successive tre sezioni di questo paragrafo verranno approfondite le condizioni di efficienza appena esposte e verrà mostrato che esse sono tutte soddisfatte nell'equilibrio generale concorrenziale rappresentato nella Figura 16.9.

16.4.2 Efficienza nello scambio

Per verificare se l'equilibrio competitivo soddisfa la condizione di efficienza nello scambio, è necessario utilizzare uno strumento grafico noto come *scatola di Edgeworth*.

Cos'è la scatola di Edgeworth?

Si immagini che sia stato prodotto un certo quantitativo di energia e di cibo – per esempio 10 unità di ciascuno di tali beni – il quale sarà suddiviso fra due famiglie del sistema economico studiato in precedenza, una di un impiegato e una di un operaio. Il diagramma nella Figura 16.13, chiamato **scatola di Edgeworth**, mostra tutte le possibili allocazioni dei due beni. La larghezza della scatola di Edgeworth indica la quantità totale di energia disponibile (10 unità), mentre l'altezza mostra la quantità totale di cibo disponibile (pure 10 unità). Ciascun punto nella scatola di Edgeworth rappresenta un modo per allocare l'energia e il cibo disponibili. Per esempio, in G la famiglia dell'impiegato consuma 5 unità di energia e 1 unità di cibo, mentre la famiglia dell'operaio consuma 5 unità di energia e 9 di cibo.

> **SCATOLA DI EDGEWORTH** Un grafico che mostra tutte le possibili allocazioni di due beni prodotti in un'economia, data la disponibilità totale di ciascuno di essi.

Descrivere l'efficienza nello scambio attraverso la scatola di Edgeworth

È possibile affermare che l'allocazione rappresentata dal punto G soddisfa la condizione di efficienza nello scambio? La risposta dipende dalle preferenze dei consumatori (ovvero, dalle loro funzioni di utilità). Nella Figura 16.14, le curve di indifferenza per la famiglia dell'impiegato e per la famiglia dell'operaio sono state sovrapposte alla scatola di Edgeworth già vista nella Figura 16.13. Il consumo

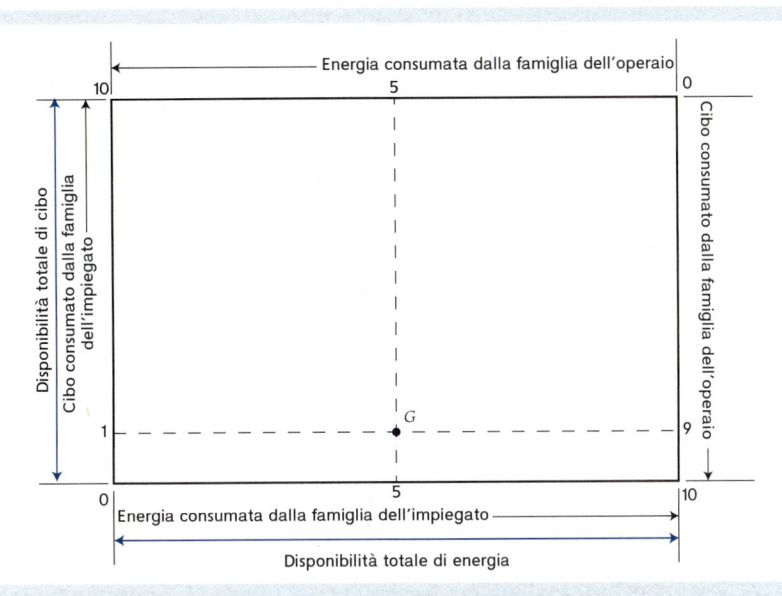

FIGURA 16.13 Una scatola di Edgeworth
Per un'economia con due beni (energia e cibo) e due consumatori (la famiglia di un impiegato e la famiglia di un operaio), questa scatola di Edgeworth mostra tutte le possibili allocazioni dei due beni (ogni punto nella scatola, come G, rappresenta una possibile allocazione). La larghezza della scatola mostra la quantità totale di energia disponibile (10 unità); il consumo di energia dell'impiegato (asse inferiore) aumenta muovendosi da sinistra a destra, mentre il consumo di energia dell'operaio (asse superiore) aumenta da destra a sinistra. L'altezza della scatola mostra la quantità totale di cibo disponibile (10 unità); il consumo di cibo dell'impiegato (asse a sinistra) aumenta muovendosi dal basso verso l'alto, mentre il consumo di cibo dell'operaio (asse a destra) aumenta dall'alto verso il basso. Nel punto G, la famiglia dell'impiegato consuma 5 unità di energia e 1 di cibo, mentre quella dell'operaio 5 unità di energia e 9 di cibo.

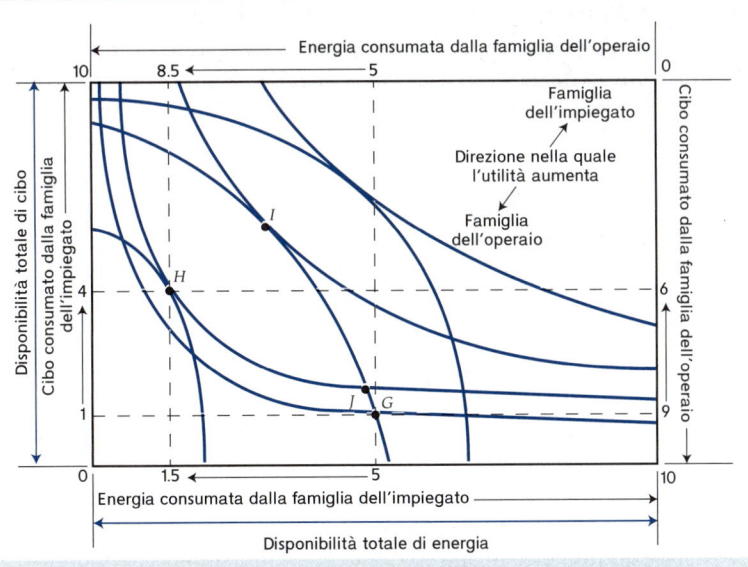

FIGURA 16.14 Raggiungere un'allocazione economicamente efficiente nello scambio
Le curve di indifferenza per la famiglia dell'impiegato e per quella dell'operaio si intersecano nei punti G e J, mentre sono tangenti nei punti H e I. I punti G e J (e tutti gli altri punti in cui le curve di indifferenza si incrociano) non rappresentano allocazioni economicamente efficienti nello scambio, perché in entrambi i punti le famiglie potrebbero effettuare degli scambi che consentirebbero a entrambe di raggiungere curve di indifferenza più alte. Per esempio, lo scambio rappresentato in figura - la famiglia dell'impiegato cede a quella dell'operaio 3,5 unità di energia in cambio di 3 unità di cibo - sposta l'allocazione dal punto G al punto H, dove entrambe si trovano su una curva di indifferenza più alta. I punti H e I (e tutti gli altri punti nei quali le curve di indifferenza sono tangenti) rappresentano invece allocazioni economicamente efficienti nello scambio, perché qualunque scambio in tali punti porterebbe almeno una famiglia su una curva di indifferenza più bassa.

della famiglia dell'impiegato è misurato sugli assi a sinistra e in basso, mentre il consumo della famiglia dell'operaio è rappresentato sugli assi a destra e in alto, con direzioni opposte di incremento relative al consumo di ciascun bene. Ciò significa che l'utilità dell'impiegato aumenta in direzione nord-est, mentre quella dell'operaio in direzione sud-ovest.

Il punto G si trova in corrispondenza dell'intersezione tra una curva di indifferenza dell'impiegato e una dell'operaio. Anche il punto H appartiene a due curve di indifferenza, ma queste ultime sono tangenti in quel punto, invece che intersecarsi. Tutti i punti della scatola di Edgeworth sono come il punto G oppure come il punto H (per esempio, il punto J è come G, perché le due curve di indifferenza si incrociano, mentre il punto I è come H, in quanto le due curve sono tangenti).

Si osservi che il punto G non può rappresentare un'allocazione efficiente nello scambio dei due beni, perché vi sono punti, come H, in cui entrambe le famiglie si troverebbero su curve di indifferenza più alte. Perciò, se le due famiglie partissero dal punto G, potrebbero migliorare la propria situazione attraverso lo scambio. Per esempio, la famiglia dell'impiegato potrebbe cedere alla famiglia dell'operaio 3,5 unità di energia in cambio di 3 unità di cibo, raggiungendo così l'allocazione rappresentata dal punto H, ed entrambe le famiglie starebbero meglio. *In corrispondenza di un'allocazione economicamente inefficiente nello scambio, sono realizzabili scambi fra i consumatori da cui tutti trarrebbero benefici.* (L'inefficienza è connessa al fatto che questi benefici potenziali non si stanno realizzando.)

Dunque, il punto G non rappresenta un'allocazione efficiente nello scambio (come pure, per le stesse ragioni, non lo è il punto J o qualsiasi altro punto nel quale le curve di indifferenza si intersecano). Quali punti, allora, costituiscono allocazioni efficienti dal punto di vista dello scambio? Come si può facilmente intuire, queste ultime sono rappresentate da quei punti (come H e I) in cui le curve di indifferenza sono tangenti. Il motivo è che lo spostamento da uno di tali punti peggiorerebbe la situazione di almeno una delle due famiglie (cioè condurrebbe una di esse, o entrambe, su una curva di indifferenza più bassa). Così, se le due famiglie avessero già effettuato uno scambio, come descritto più sopra, per spostarsi da G ad H, qualunque ulteriore scambio danneggerebbe almeno una famiglia. *In corrispondenza di un'allocazione economicamente efficiente nello scambio, non esistono potenziali scambi fra i consumatori che potrebbero avvantaggiare tutti.*

La curva dei contratti

Si consideri la curva che unisce tutte le allocazioni efficienti nello scambio (cioè tutti i punti di tangenza) della scatola di Edgeworth, come mostrato nella Figura 16.15. Questa curva viene chiamata **curva dei contratti**. Se le due famiglie fossero libere di negoziare e scambiare i due beni, e se tutti i loro scambi fossero reciprocamente vantaggiosi, esse contratterebbero in modo da raggiungere un'allocazione economicamente efficiente nello scambio, vale a dire uno dei punti posti sulla curva dei contratti. Il punto esatto su cui si collocherebbero dipende dal loro punto di partenza (ovvero dall'allocazione iniziale dei beni). Per esempio, se iniziassero da G, raggiungerebbero un punto della curva dei contratti situato fra I e K. È facile intuirne la ragione: tra i punti I e K entrambe le famiglie hanno un'utilità quanto meno pari a quella del punto G; invece, al di sotto di K la famiglia dell'impiegato sta peggio rispetto a G, mentre al di sopra del punto I è la famiglia dell'operaio a trovarsi in una situazione peggiore.

CURVA DEI CONTRATTI Una curva che mostra tutte le allocazioni di beni di una scatola di Edgeworth che sono economicamente efficienti.

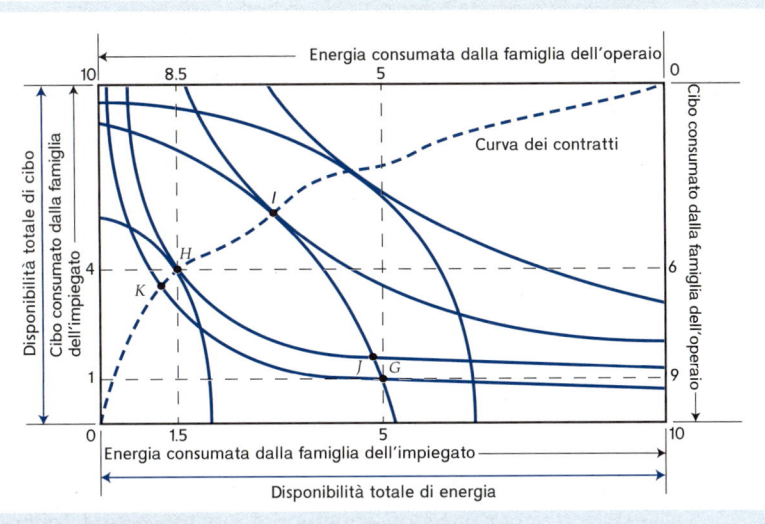

FIGURA 16.15 La curva dei contratti
La curva dei contratti unisce tutte le allocazioni della scatola di Edgeworth che sono economicamente efficienti nello scambio, cioè tutti i punti nei quali una curva di indifferenza della famiglia dell'impiegato è tangente a una curva di indifferenza della famiglia dell'operaio. (La curva di indifferenza della famiglia dell'operaio tangente nel punto K non è riportata.)

Esercizio svolto 16.3 Le condizioni per lo scambio efficiente

Sonia e Anna possiedono insieme 6 mele e 10 pere. Indicate con x_S e y_S le quantità di mele e pere in possesso di Sonia. Analogamente, x_A e y_A indicano le quantità di mele e pere che Anna possiede. Supponete poi che per Sonia sia

$$MRS^{Sonia}_{x,y} = \frac{2y_S}{x_S},$$

mentre per Anna sia

$$MRS^{Anna}_{x,y} = \frac{y_A}{x_A}.$$

Supponete infine che Sonia abbia 4 mele e 2 pere, mentre Anna abbia 2 mele e 8 pere.

Problema

(a) L'allocazione attuale di mele e pere fra Sonia e Anna soddisfa la condizione di efficienza nello scambio?
(b) È possibile trovare uno scambio fra Sonia e Anna che migliori la condizione di entrambe?

Soluzione

(a) Perché questa allocazione soddisfi la condizione di efficienza nello scambio, le curve di indifferenza di Sonia e Anna devono essere tangenti. Per verificare se ciò accade, bisogna calcolare i saggi marginali di sostituzione per le due consumatrici.

Se Sonia ha 4 mele e 2 pere, il suo saggio marginale di sostituzione delle mele per le pere è

$$MRS^{Sonia}_{x,y} = \frac{2(2)}{4} = 1.$$

Ciò vuol dire che Sonia è disposta a cedere 1 pera per ottenere 1 mela in più, come pure che Sonia è disposta a cedere 1 mela per ottenere 1 pera in più.
Poiché Anna ha 2 mele e 8 pere, il suo saggio marginale di sostituzione delle mele per le pere è

$$MRS^{Anna}_{x,y} = \frac{8}{2} = 4.$$

Dunque, Anna è disposta a cedere 4 pere per ottenere 1 mela in più. Dai calcoli precedenti si nota che per Sonia e Anna i saggi marginali di sostituzione delle mele per le pere non sono uguali. Perciò, le loro curve di indifferenza non sono tangenti e la condizione di scambio efficiente non è soddisfatta.

(b) Il fatto che l'attuale allocazione di mele e pere sia inefficiente significa che Anna e Sonia possono entrambe migliorare la loro condizione effettuando uno scambio. Per capire perché, supponete che Anna dia 2 delle sue pere a Sonia in cambio di 1 mela di quest'ultima. Ciò migliora la condizione di entrambe. Infatti, Anna era pronta a cedere 4 pere per ottenere 1 mela in più; dal momento che deve rinunciare a solo 2 pere per ottenere la mela aggiuntiva, Anna migliora la propria condizione. Dal canto suo, Sonia era disposta a cedere 1 mela per ottenere 1 pera in più. Sulla base dello scambio in questione, Sonia cede 1 mela per ottenere 2 pere in cambio; pertanto, anche Sonia trae un vantaggio. Ci sono altri possibili scambi fra Anna e Sonia che avvantaggerebbero entrambe. Il punto fondamentale è che ogniqualvolta la condizione di efficienza nello scambio non viene soddisfatta, c'è sempre la possibilità di un guadagno derivante da una transazione fra gli individui nell'economia.

L'equilibrio generale concorrenziale soddisfa l'efficienza nello scambio?

Si prenda di nuovo in considerazione l'equilibrio generale mostrato nella Figura 16.9, in cui le imprese forniscono circa 62 unità di energia e 49 unità di cibo per famiglia. In equilibrio, una tipica famiglia di impiegati consuma più o meno 35 unità di energia e 39 unità di cibo, una tipica famiglia di operai consuma circa 27 di energia e 10 di cibo, il prezzo unitario di equilibrio dell'energia è €0,79 e quello del cibo è €0,70. Dal momento che siamo di fronte a un equilibrio concorrenziale, i saggi marginali di sostituzione dei due tipi di famiglie sono uguali, e ciascuna famiglia massimizza la propria utilità ponendo il proprio saggio marginale di sostituzione pari al rapporto tra i prezzi di equilibrio (nelle equazioni che seguono, x indica l'energia e y il cibo):

$$MRS_{x,y}^{W} = MRS_{x,y}^{B} = \frac{P_x}{P_y} = \frac{0,79}{0,70} = 1,13.$$

Poiché il saggio marginale di sostituzione è uguale all'inclinazione della curva di indifferenza, le curve di indifferenza dei due tipi di famiglie sono tangenti tra loro e sono altresì tangenti a una linea la cui pendenza (in valore assoluto) è pari al rapporto tra i prezzi di equilibrio di energia e cibo. Infine, dal momento che le curve di indifferenza sono tangenti, l'allocazione di equilibrio di energia e cibo deve trovarsi sulla curva dei contratti e deve, pertanto, soddisfare l'efficienza nello scambio. Tutto ciò viene illustrato nella Figura 16.16, nella quale il punto E nella scatola di Edgeworth rappresenta l'allocazione di equilibrio generale.

Dato che il punto E si trova sulla curva dei contratti, non sono possibili scambi tra le famiglie che portino beneficio a entrambe. Questa condizione vale nonostante il fatto che nell'economia le famiglie non abbiano effettuato alcuna contrattazione diretta (tutti gli scambi sono avvenuti tra famiglie e imprese). Ciò dimostra che, in un mercato concorrenziale, il risultato (cioè l'equilibrio generale) è lo stesso sia che i consumatori contrattino liberamente e direttamente sia che ciò non avvenga.

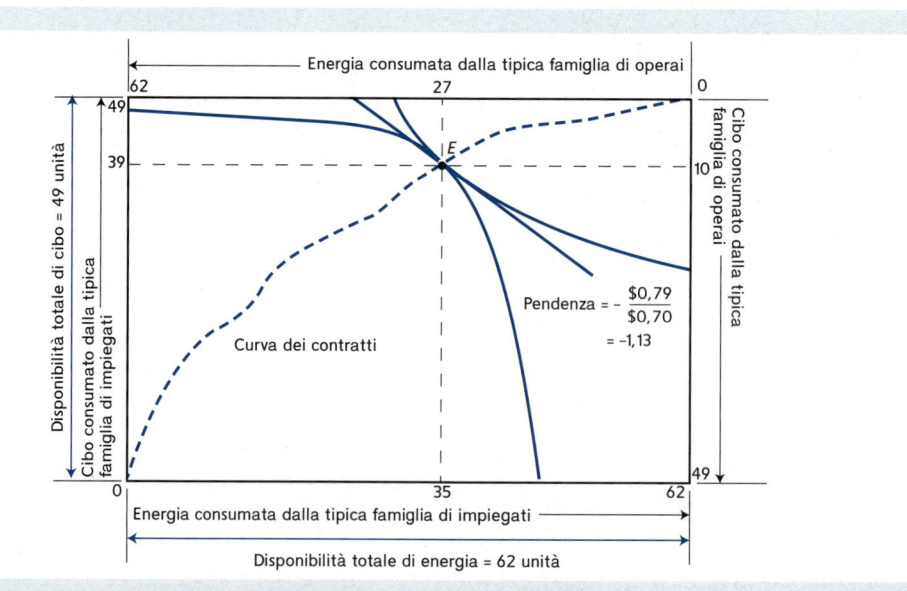

FIGURA 16.16 Efficienza nello scambio in condizioni di equilibrio generale concorrenziale
In questa scatola di Edgeworth, il punto E rappresenta l'allocazione di equilibrio generale fra la tipica famiglia di impiegati e la tipica famiglia di operai. In tale punto, le curve di indifferenza dei due tipi di famiglie sono tangenti fra loro e a una linea la cui pendenza (in valore assoluto) è uguale al rapporto fra i prezzi di equilibrio (€0,79 per unità di energia ed €0,70 per unità di cibo). In virtù della tangenza delle curve di indifferenza, il punto E giace sulla curva dei contratti. Dunque, in corrispondenza dell'equilibrio generale concorrenziale non ci sono guadagni che potrebbero essere sfruttati attraverso scambi tra le famiglie.

16.4.3 Efficienza nella produzione

Si è appena visto che l'equilibrio generale concorrenziale determina un'allocazione di beni di consumo - energia e cibo - economicamente efficiente nello scambio. Ma cosa dire dell'allocazione di lavoro e capitale che emerge in equilibrio? Soddisfa la condizione di efficienza nella produzione? Come nel caso dell'efficienza nello scambio, possiamo disegnare una scatola di Edgeworth (in questo caso, per i fattori di produzione anziché per i beni) che aiuterà a rispondere alla domanda.

Descrivere l'efficienza nella produzione attraverso la scatola di Edgeworth

Una **scatola di Edgeworth per i fattori di produzione**, esposta nella Figura 16.17, mostra in che modo le quantità fisse dei due fattori di produzione, lavoro e capitale, possono essere allocate fra i produttori di due diversi beni - un produttore di energia e un produttore di cibo. La larghezza della scatola mostra la quantità totale di lavoro disponibile (10 unità), mentre l'altezza mostra l'ammontare totale di capitale disponibile (pure 10 unità). L'impiego di input da parte del produttore di energia è rappresentato sugli assi a sinistra e in basso, mentre l'impiego di input da parte del produttore di cibo è rappresentato sugli assi a destra e in alto, con direzioni opposte di incremento relative all'utilizzo di ciascun fattore produttivo. Ciò significa che l'output realizzato dal produttore di energia cresce in direzione nord-est, mentre quello del produttore di cibo cresce in direzione sud-ovest. Ciascun punto nella scatola

> **SCATOLA DI EDGEWORTH PER I FATTORI DI PRODUZIONE** Un grafico che mostra tutte le possibili allocazioni di quantità fisse di lavoro e capitale tra i produttori di due diversi beni.

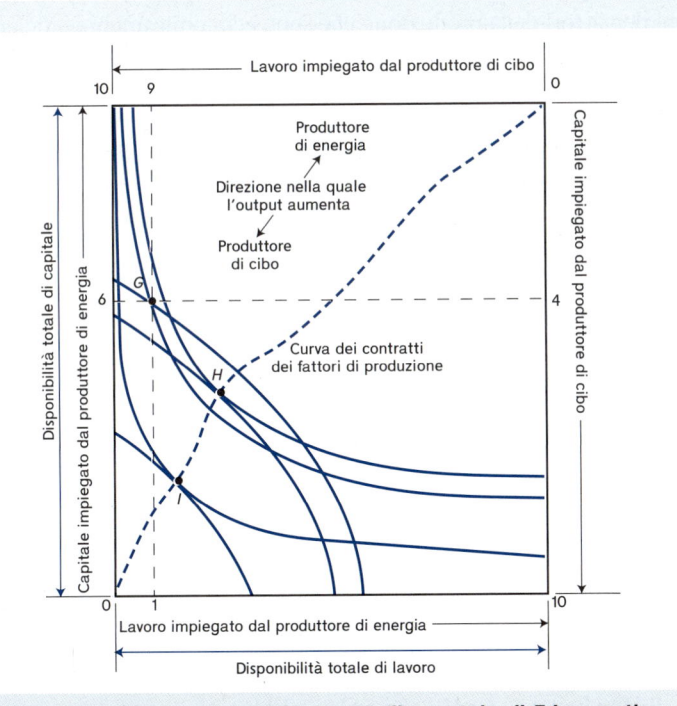

FIGURA 16.17 Efficienza nella produzione nella scatola di Edgeworth
Gli isoquanti per il produttore di cibo e per il produttore di energia si intersecano in G e sono tangenti nei punti H e I. Il punto G (e qualunque altro punto in cui gli isoquanti si incrociano) non rappresenta un'allocazione di fattori produttivi economicamente efficiente, perché gli input potrebbero essere riallocati in maniera da accrescere simultaneamente la produzione in entrambe le industrie. I punti H e I (e tutti gli altri punti in cui gli isoquanti sono tangenti) rappresentano allocazioni di input economicamente efficienti, perché in tali punti ogni riallocazione farebbe diminuire l'output in almeno un'industria. La curva dei contratti dei fattori di produzione unisce tutte le allocazioni che soddisfano l'efficienza nella produzione.

rappresenta un modo per allocare tutto il lavoro e il capitale disponibile. Per esempio, nel punto G, il produttore di energia usa 1 unità di lavoro e 6 di capitale, mentre il produttore di cibo usa 9 unità di lavoro e 4 di capitale. Le curve mostrate nella scatola sono gli isoquanti di ciascun produttore (ogni isoquanto rappresenta le combinazioni di lavoro e capitale che consentono all'impresa di produrre un dato livello di output).

Una scatola di Edgeworth per i fattori di produzione presenta caratteristiche del tutto parallele a quelle di una scatola di Edgeworth relativa ai beni di consumo. Così, ciascun punto nella scatola di Edgeworth per gli input mostrata nella Figura 16.17 si trova su due isoquanti, uno del produttore di energia e uno del produttore di cibo. In alcuni punti (per esempio, G), i due isoquanti si intersecano, mentre in altri (per esempio, H), i due isoquanti sono tangenti fra loro. I punti in cui gli isoquanti si intersecano rappresentano allocazioni dei fattori di produzione economicamente inefficienti, perché in questi punti è possibile riallocare i fattori di produzione in modo da aumentare contemporaneamente l'output di entrambe le industrie (per esempio, dal punto G si potrebbero riallocare gli input per raggiungere l'allocazione rappresentata dal punto H, nella quale il livelli di output di energia e cibo sono maggiori). I punti nei quali gli isoquanti sono tangenti rappresentano allocazioni economicamente efficienti dei fattori di produzione, perché non sono possibili riallocazioni che migliorino la situazione (per esempio, partendo dal punto H qualunque riallocazione degli input che accresce l'output in un'industria lo ridurrà nell'altra). La **curva dei contratti dei fattori di produzione** mostrata in Figura 16.17 (in analogia alla curva dei contratti della Figura 16.15) unisce tutte le allocazioni dei fattori della produzione che sono economicamente efficienti (ovvero, tutti i punti in cui gli isoquanti sono tangenti).

> **CURVA DEI CONTRATTI DEI FATTORI DI PRODUZIONE** Una curva che mostra tutte le allocazioni di input di una scatola di Edgeworth per i fattori della produzione che sono economicamente efficienti.

L'equilibrio generale concorrenziale soddisfa l'efficienza nella produzione?

In condizioni di equilibrio concorrenziale, dati i prezzi di lavoro e capitale, le imprese in ciascun settore industriale impiegano una combinazione di fattori produttivi che minimizza il costo di produzione. Come si è visto nel Capitolo 7, ciò implica che i saggi marginali di sostituzione tecnica per i produttori di energia (indicati con x) e per i produttori di cibo (indicati con y) siano entrambi uguali al rapporto tra il prezzo del lavoro (w) e il prezzo del capitale (r):

$$MRTS^x_{l,k} = MRTS^y_{l,k} = \frac{w}{r}$$

Dal momento che i saggi marginali di sostituzione tecnica sono i valori assoluti delle pendenze degli isoquanti relativi alla produzione di energia e cibo, e poiché queste pendenze sono tra loro uguali in corrispondenza di un equilibrio concorrenziale (dove gli isoquanti sono tangenti), ne consegue che un equilibrio generale concorrenziale soddisfa l'efficienza della produzione. In altre parole, non c'è alcuna riallocazione di input fra i settori industriali che consentirebbe a un'industria di aumentare il proprio output senza ridurre quello dell'altra industria.

16.4.4 Efficienza nella sostituzione

Come visto, un equilibrio generale concorrenziale soddisfa le condizioni di efficienza nello scambio e di efficienza nella produzione. Soddisfa anche l'efficienza nella sostituzione?

> **FRONTIERA DELLE POSSIBILITÀ PRODUTTIVE** Una curva che mostra tutte le possibili combinazioni di beni di consumo che possono essere prodotte in un'economia data la quantità disponibile di input.

La frontiera delle possibilità produttive e il saggio marginale di trasformazione

Per determinare se l'equilibrio generale concorrenziale soddisfa l'efficienza nella sostituzione, bisogna introdurre il concetto di **frontiera delle possibilità**

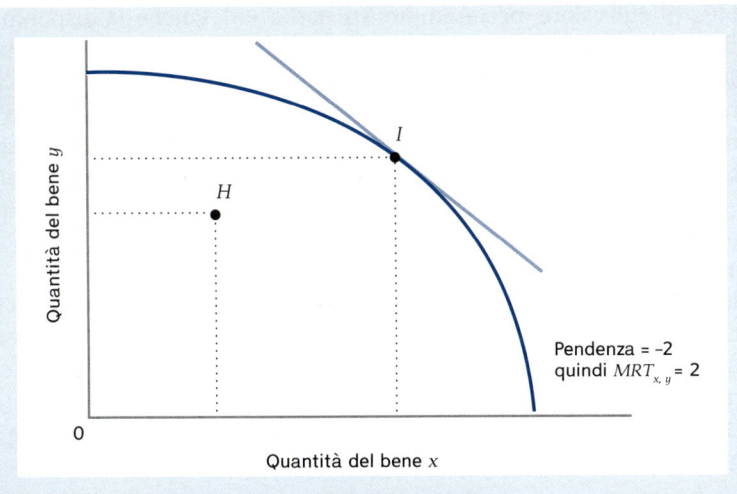

FIGURA 16.18 Frontiera delle possibilità produttive
La frontiera delle possibilità produttive mostra tutte le possibili combinazioni dei beni *x* e *y* che possono essere prodotte impiegando tutti gli input disponibili. Qualsiasi punto all'interno della frontiera (per esempio, il punto *H*) è inefficiente, perché esiste almeno un punto sulla frontiera che è caratterizzato da quantità maggiori di entrambi i beni (per esempio, il punto *I*). In corrispondenza di qualunque punto sulla frontiera, il valore assoluto della pendenza è il saggio marginale di trasformazione di *x* per *y* ($MRT_{x,y}$). Per esempio, in *I* la pendenza della frontiera è -2, per cui $MRT_{x,y} = 2$, la qual cosa vuol dire che produrre un'unità aggiuntiva del bene *x* implicherebbe produrre due unità in meno del bene *y*.

produttive, che mostra le possibili combinazioni di beni di consumo che possono essere prodotte in un'economia sulla base di una data disponibilità di fattori della produzione. La Figura 16.18 mostra una frontiera di possibilità produttive per un'economia con due beni, *x* e *y*. Quando l'allocazione degli input nelle industrie soddisfa la condizione di efficienza nella produzione, se viene prodotta una quantità maggiore del bene *x*, ne verrà prodotta una minore del bene *y*. Questo è il motivo per il quale la frontiera delle possibilità produttive è discendente. Un punto come *H*, che giace al di sotto della frontiera delle possibilità produttive, è inefficiente. Infatti, una tale combinazione di output non potrebbe manifestarsi in un equilibrio generale concorrenziale perché quest'ultimo soddisfa l'efficienza nella produzione (infatti, in condizioni di efficienza della produzione, le imprese che producono il bene *x* stanno producendo il livello massimo possibile di output, date le risorse destinate alla produzione del bene *y*, e viceversa).

La pendenza della frontiera delle possibilità produttive mostra l'ammontare del bene *y* a cui l'economia deve rinunciare per ottenere una unità aggiuntiva del bene *x*. Il valore assoluto dell'inclinazione della frontiera delle possibilità produttive viene chiamato **saggio marginale di trasformazione** (*Marginal Rate of Transformation*, MRT) di *x* per *y*, o $MRT_{x,y}$. Per esempio, nel punto *I* la pendenza della retta tangente alla frontiera delle possibilità produttive è -2, perciò $MRT_{x,y}$ è pari a 2. In tale punto, l'economia può ottenere un'ulteriore unità per il bene *x* soltanto sacrificando due unità del bene *y*. Sotto questo aspetto, $MRT_{x,y}$ esprime il costo opportunità marginale del bene *x* in termini di unità di bene *y* a cui rinunciare.

Il saggio marginale di trasformazione è pari al rapporto tra i costi marginali dei beni *x* e *y*: $MRT_{x,y} = MC_x/MC_y$. Per capirne il motivo, si immagini di voler produrre un'unità in più del bene *x*. Il costo addizionale da sostenere per le risorse aggiuntive (capitale e lavoro) necessarie per produrre questa unità in

> **SAGGIO MARGINALE DI TRASFORMAZIONE** Il valore assoluto della pendenza della frontiera delle possibilità produttive.

più è MC_x (il cui valore, per esempio, sia pari a €6). Poiché la disponibilità di risorse nell'economia è fissa, bisognerebbe sottrarre risorse per un ammontare equivalente a €6 dalla produzione del bene y. Se il costo marginale di produzione del bene y è di €3, sarebbe necessario ridurre la produzione del bene y di 2 unità al fine di liberare il valore di €6 di risorse necessarie alla produzione di un'unità in più del bene x. Perciò, se il rapporto tra i costi marginali è MC_x/MC_y = €6/€3 = 2, il saggio marginale di trasformazione di x per y sarà pure 2. Ciò conferma che il saggio marginale di trasformazione è uguale al rapporto tra i costi marginali.

Nella semplice economia il cui equilibrio è riportato nella Figura 16.9, ogni produttore aveva una funzione di produzione con rendimenti di scala costanti, e quindi il costo marginale era indipendente dall'output. Quando ciò accade, la frontiera delle possibilità produttive è una linea retta, come viene mostrato nella Figura 16.19, dove $MRT_{x,y}$ = 0,79/0,70 = 1,13, valore pari al rapporto tra i costi marginali che si origina in un equilibrio generale.

L'equilibrio generale concorrenziale soddisfa l'efficienza nella sostituzione?
È possibile ora usare il concetto di saggio marginale di trasformazione per determinare se si ha efficienza nella sostituzione in una situazione di equilibrio generale concorrenziale. Si supponga che $MRT_{x,y}$ = 1, ma che per ogni famiglia nell'economia sia $MRS_{x,y}$ = 2. Sotto tale ipotesi, ogni unità addizionale di energia prodotta (bene x) richiederebbe che venisse prodotta un'unità in meno di cibo (bene y). Tuttavia, dal momento che $MRS_{x,y}$ = 2, ogni famiglia sarebbe disposta a cedere 2 unità di cibo per ottenere 1 unità in più di energia. In questo caso, dunque, l'utilità delle famiglie crescerebbe se venissero dedicate maggiori risorse alla produzione di energia e meno risorse a quella di cibo. Si può usare un ragionamento analogo per dimostrare che, se $MRT_{x,y} > MRS_{x,y}$,

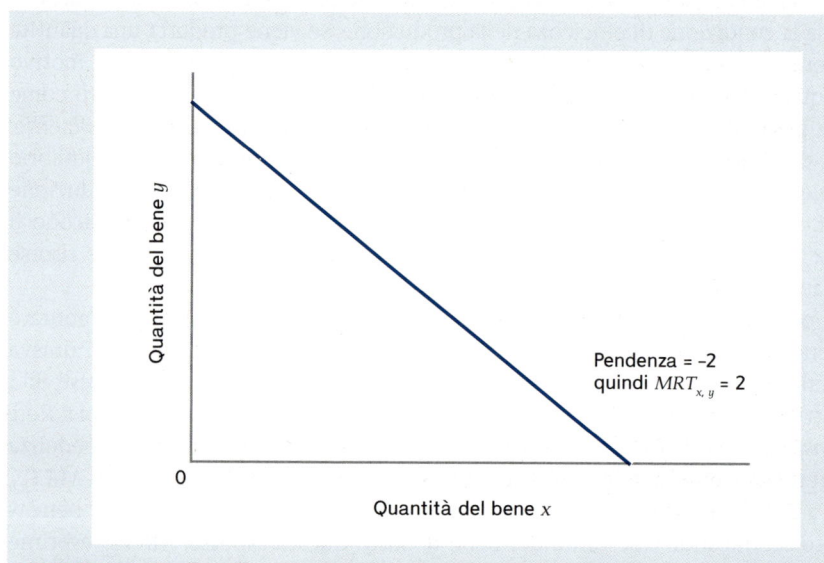

FIGURA 16.19 Frontiera delle possibilità produttive per una economia semplice
Nella semplice economia il cui equilibrio è descritto nella Figura 16.9, le funzioni di produzione hanno rendimenti di scala costanti, per cui la frontiera delle possibilità produttive è una linea retta. Il valore assoluto della sua pendenza è uguale al saggio marginale di trasformazione $MRT_{x,y}$ che a sua volta è pari al rapporto tra i costi marginali (MC_x/MC_y) che si genera in un equilibrio generale.

l'utilità delle famiglie aumenterebbe qualora venissero destinate meno risorse alla produzione di energia e più risorse alla produzione di cibo. Ciò che si impara da questa analisi è che, affinché l'equilibrio concorrenziale soddisfi l'efficienza nella sostituzione, deve verificarsi che $MRT_{x,y} = MRS^W_{x,y} = MRS^B_{x,y}$. Questa condizione è soddisfatta in condizioni di equilibrio concorrenziale? La risposta è sì. Infatti:

- si è visto che la massimizzazione dell'utilità delle famiglie implica che $MRS^W_{x,y} = MRS^B_{x,y} = P_x/P_y$;
- si è pure visto che la massimizzazione del profitto da parte delle imprese in concorrenza perfetta implica che il prezzo sia pari al costo marginale tanto nell'industria dell'energia quanto in quella del cibo, ovvero $P_x = MC_x$ e $P_y = MC_y$, per cui può scriversi che $P_x/P_y = MC_x/MC_y$;
- infine, si è appena visto che $MRT_{x,y} = MC_x/MC_y$.

Considerando congiuntamente i tre punti precedenti, si ha che $MRT_{x,y} = MRS^W_{x,y} = MRS^B_{x,y}$. In altre parole, l'efficienza nella sostituzione viene soddisfatta in condizioni di equilibrio generale concorrenziale.

16.4.5 I teoremi fondamentali dell'economia del benessere

Nei paragrafi precedenti si è visto che l'allocazione di beni e fattori produttivi in un equilibrio concorrenziale soddisfa i tre criteri necessari per avere l'efficienza economica: efficienza nello scambio, efficienza nella produzione, efficienza nella sostituzione. L'analisi appena svolta costituisce perciò la dimostrazione del **primo teorema fondamentale dell'economia del benessere**, che può essere così enunciato:

L'allocazione dei beni e dei fattori che ha luogo in un equilibrio generale concorrenziale è economicamente efficiente. Ovvero, date le risorse disponibili nell'economia, non esiste un'altra allocazione realizzabile di beni e input che può migliorare simultaneamente la situazione di tutti i consumatori.

Questo teorema è molto importante. Esso dice che, anche se le imprese e le famiglie dell'economia si comportano in modo indipendente e perseguono ognuna i propri interessi individuali, l'equilibrio che ne risulta è efficiente, nel senso che sfrutta tutti i possibili guadagni mutualmente vantaggiosi che scaturiscono dallo scambio o dalla riallocazione degli input. Questa è l'essenza della "mano invisibile" che Adam Smith ha illustrato nel suo celebre trattato del 1776, *Indagine sulla natura e le cause della ricchezza delle nazioni*.[8]

Naturalmente, anche se il risultato di un equilibrio competitivo è efficiente, non vi è alcuna garanzia che tutti i consumatori, una volta raggiunto l'equilibrio, stiano ugualmente bene. Il benessere del singolo consumatore dipende dalla sua dotazione di risorse economiche scarse. Per esempio, si è visto che nella situazione di equilibrio della Figura 16.9 le famiglie degli impiegati (che offrono capitale) erano in una situazione migliore delle famiglie degli operai (che offrono lavoro), in quanto le famiglie degli impiegati possedevano quel fattore della produzione (il capitale) che era più scarso e maggiormente domandato dai produttori. Se il modello di proprietà delle risorse scarse dell'economia fosse stato diverso, la distribuzione del reddito e l'utilità nella situazione di equilibrio sarebbero state diverse.

> **PRIMO TEOREMA FONDAMENTALE DELL'ECONOMIA DEL BENESSERE** L'allocazione dei beni e dei fattori che ha luogo in un equilibrio generale concorrenziale è economicamente efficiente. Ovvero, date le risorse disponibili nell'economia, non esiste un'altra allocazione realizzabile di beni e input che può migliorare simultaneamente la situazione di tutti i consumatori.

---

[8] A. Smith, *An Inquiry into the Nature and Causes of the Wealth of Nations*, stampato da W. Strahan e T. Cadell, Londra 1776.

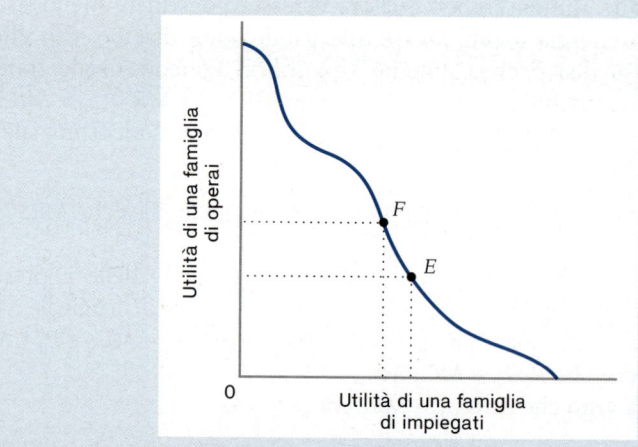

FIGURA 16.20 La frontiera delle utilità possibili
La frontiera delle utilità possibili congiunge tutte le possibili combinazioni di utilità corrispondenti ad allocazioni economicamente efficienti di beni e fattori produttivi. Il punto F rappresenta una distribuzione di utilità più equa rispetto al punto E.

FRONTIERA DELLE UTILITÀ POSSIBILI Una curva che unisce tutte le possibili combinazioni di utilità che possono sorgere in corrispondenza delle varie allocazioni economicamente efficienti di beni e di fattori produttivi in un'economia con soltanto due consumatori.

La Figura 16.20 esplicita questo punto attraverso una curva chiamata **frontiera delle utilità possibili**: essa unisce tutte le possibili combinazioni di utilità che si hanno in corrispondenza delle varie allocazioni economicamente efficienti di beni e fattori in un'economia semplice con soltanto due agenti. Nel punto E, per esempio, una famiglia degli impiegati gode di una maggiore utilità rispetto a una famiglia degli operai, mentre nel punto F vi è più uguaglianza.

Se esistesse un "pianificatore sociale" con il potere di redistribuire la proprietà delle risorse scarse, potrebbe egli realizzare una redistribuzione tale da creare un equilibrio generale concorrenziale che corrisponde a un qualunque punto arbitrario lungo la frontiera delle utilità possibili? Per esempio, nell'economia con due tipi di famiglie qui considerata, potrebbe il pianificatore sociale redistribuire lo stock disponibile di lavoro e capitale al fine di creare un equilibrio generale con la distribuzione di utilità più equa corrispondente al punto F della Figura 16.20? Il **secondo teorema fondamentale dell'economia del benessere** afferma che la risposta a queste domande – almeno in teoria – è positiva:

SECONDO TEOREMA FONDAMENTALE DELL'ECONOMIA DEL BENESSERE Qualsiasi allocazione economicamente efficiente di beni e di fattori produttivi può essere raggiunta come equilibrio generale competitivo mediante una opportuna distribuzione iniziale delle risorse scarse dell'economia.

Qualsiasi allocazione economicamente efficiente di beni e di fattori produttivi può essere raggiunta come equilibrio generale competitivo mediante una opportuna distribuzione iniziale delle risorse scarse dell'economia.

L'importanza di questo teorema sta nel fatto di ammettere la *possibilità* che un sistema economico possa raggiungere una allocazione efficiente e al contempo tale che la risultante distribuzione dell'utilità sia in un certo senso equa, o giusta. Tuttavia, non si tratta certamente di un risultato facile da raggiungere. Come visto nel Capitolo 10, la maggior parte dei meccanismi utilizzabili per redistribuire la ricchezza in una società democratica (per esempio, imposte e sussidi) sono di per sé costosi – ovvero, di norma provocano distorsioni nelle decisioni economiche e riducono l'efficienza. Perciò, anche se in teoria gli scopi di equità ed efficienza sono tra loro compatibili, nella pratica molte scelte di politica pubblica comportano un trade-off tra i due obiettivi, come si è constatato nell'analisi degli interventi di politica economica del Capitolo 10.

Applicazione 16.3

Misurare le disuguaglianze nei redditi di una nazione

La discussione sul secondo teorema dell'economia del benessere ha chiarito che, se da un punto di vista teorico in un'economia è possibile raggiungere un'allocazione delle risorse che sia contemporaneamente efficiente ed equa, in pratica esiste un conflitto tra questi due attributi della distribuzione del reddito. Infatti, le politiche che uno Stato attua al fine di redistribuire la ricchezza di un Paese quasi sempre incidono sulle decisioni di alcuni individui, in genere riducendo il loro incentivo a comportamenti virtuosi (di produzione e di consumo) e quindi l'efficienza economica. D'altro canto, quando ci si trova di fronte a situazioni in cui alcuni individui hanno redditi piuttosto elevati mentre altri sono molto indigenti, interventi di redistribuzione del reddito a favore dei più poveri appaiono desiderabili non più sul piano dell'efficienza, ma su quello dei valori sociali e della solidarietà.

Diventa allora fondamentale individuare un modo per misurare la disuguaglianza nella distribuzione dei redditi di una nazione, il quale serva sia per capire se è opportuno intervenire con manovre correttive, sia per valutare *ex post* i risultati dell'intervento di redistribuzione. Uno degli indici più utilizzati a questo scopo è il *coefficiente di Gini*, che offre una quantificazione della distanza della distribuzione effettiva dei redditi (o dei consumi) tra gli individui di una collettività dall'ipotetico caso di distribuzione perfettamente equa. Tale indice può variare tra 0 (caso di perfetta uguaglianza) e 1 (massima sperequazione).

La Figura 16.21 riporta i valori del coefficiente di Gini relativi a 20 Paesi per il periodo 1990-2001.[9] Come si può vedere, la Russia ha un indice di disuguaglianza notevolmente

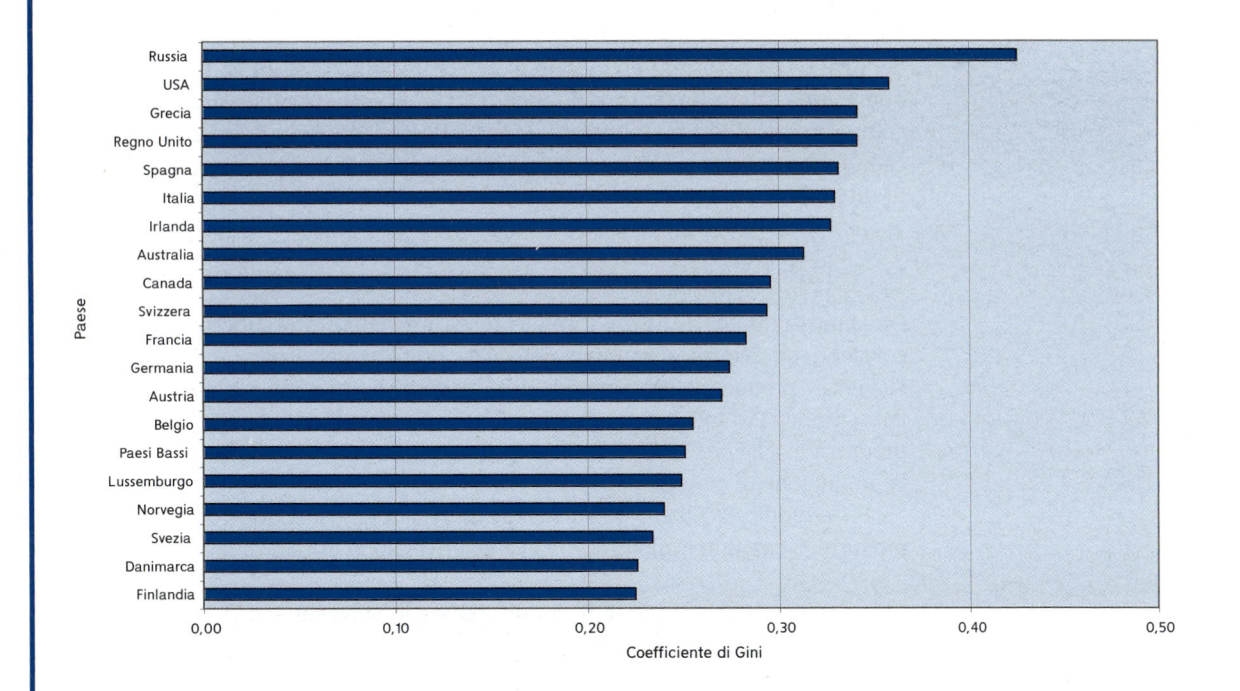

FIGURA 16.21 La disuguaglianza nella distribuzione del reddito per alcuni Paesi (anni 1990-2001).

---

[9] I dati sono tratti dal Luxembourg Income Study Database (www.lisproject.org) e sono calcolati come medie semplici dei valori disponibili per il periodo considerato.

più grande di tutte le altre nazioni. Tra i Paesi occidentali, il valore più alto è quello degli Stati Uniti. Anche l'Italia ha un coefficiente di Gini relativamente elevato, il cui trend è peraltro in leggero aumento dagli anni Ottanta al 2000. Invece, in Europa la disuguaglianza appare alquanto più contenuta nei Paesi del nord, specie in quelli scandinavi, e nel Benelux, i cui modelli di *welfare state* (stato sociale), che prevedono alti livelli di spesa per la protezione sociale da finanziarsi principalmente con il gettito fiscale, riescono evidentemente a essere piuttosto efficaci nel ridurre le differenze tra le varie fasce di cittadini.

Ma esiste un livello "ottimale" del coefficiente di Gini che sia compatibile con il contemporaneo raggiungimento di buoni livelli di efficienza economica ed equità distributiva? Giovanni Andrea Cornia e Julius Court sostengono che può esserci un intervallo di disuguaglianza che favorisce maggiormente la crescita economica di un Paese, e quindi la avvicina a una allocazione delle risorse più efficiente.[10] Non deve esservi troppa uguaglianza, perché essa non premierebbe adeguatamente le capacità individuali, riducendo quindi gli incentivi dei singoli e favorendo il sorgere di comportamenti opportunistici sul lavoro, con ricadute negative sulla produzione. Ma peggio sarebbe se ci fosse troppa differenza nei redditi, perché ciò potrebbe avere effetti nocivi sul livello di istruzione medio (e quindi sulla crescita del capitale umano), sulla coesione tra i membri della comunità, sulla pace sociale e sulla stabilità politica, di nuovo arrecando un danno al potenziale di crescita della nazione. Cornia e Court affermano che, in termini di coefficiente di Gini, la disuguaglianza dovrebbe collocarsi tra 0,25 (il valore di un tipico Paese dell'Europa del nord) e 0,40 (cui sono prossimi, per esempio, gli Stati Uniti). Dunque, tenendo conto dei propri vincoli macroeconomici e ambientali, ogni nazione che desidera minimizzare la povertà dovrebbe sforzarsi di scegliere il più basso livello di disuguaglianza all'interno del precedente intervallo.

A cura di Paolo Coccorese

16.5 • I benefici del libero scambio

Nella discussione sull'efficienza nello scambio del paragrafo precedente, si è visto che le situazioni di inefficienza possono essere risolte attraverso una riallocazione dei beni o dei fattori tra gli individui. In altri termini, lo scambio tra gli agenti economici può migliorare la situazione di tutti. In questo paragrafo si mostrerà come il commercio tra Paesi possa andare a vantaggio di tutte le nazioni coinvolte. Ciò accade anche quando un Paese è inequivocabilmente più efficiente nella produzione di tutti i beni rispetto a un altro Paese.

16.5.1 Il libero scambio è reciprocamente vantaggioso

Per dimostrare che il libero scambio senza restrizioni può giovare a due Paesi, si consideri un semplice esempio nel quale due nazioni – per esempio l'Italia e la Slovenia – producono entrambe due tipi di beni: computer e capi di abbigliamento. Per semplicità, si ipotizzi che ciascun Paese produca questi beni con un solo fattore produttivo: il lavoro. La Tabella 16.1 mostra quante ore di lavoro sono necessarie per la produzione di ciascun bene.

Per esempio, la Tabella 16.1 dice che in Italia sono necessarie 10 ore di lavoro per produrre 1 computer, mentre in Slovenia ci vogliono 60 ore di lavoro per produrre

TABELLA 16.1 Fabbisogno di lavoro in Italia e in Slovenia

	Computer (ore di lavoro per unità)	Abbigliamento (ore di lavoro per unità)
Italia	10	5
Slovenia	60	10

[10] G.A. Cornia e J. Court, "Inequality, Growth and Poverty in the Era of Liberalization and Globalization", *UNU World Institute for Development Economics Research*, Policy Brief n. 4, 2001.

quello stesso computer. Analogamente, in Italia sono necessarie 5 ore di lavoro per produrre 1 abito, mentre in Slovenia ne occorrono 10. Le informazioni della Tabella 16.1 suggeriscono che i lavoratori italiani sono più produttivi di quelli sloveni sia nella produzione di computer che in quella di vestiario, dal momento che in Italia sono necessarie meno ore-lavoro per produrre una unità di entrambi i beni.

Si assuma che in ciascun Paese siano disponibili 100 ore di lavoro a settimana. Utilizzando i dati contenuti nella Tabella 16.1 è possibile tracciare le frontiere delle possibilità produttive per l'Italia e la Slovenia, che sono riportate nella Figura 16.22. Il saggio marginale di trasformazione tra computer e abbigliamento per l'Italia è 10/5, ovvero 2. Infatti, per ogni computer addizionale che viene prodotto sono necessarie 10 ore di lavoro in più. Se l'offerta di lavoro è costante, queste 10 ore di lavoro dovrebbero essere sottratte alla produzione di capi di abbigliamento, la qual cosa significa che dovranno essere prodotti 2 abiti in meno. In altre parole, in Italia il costo opportunità di un computer addizionale è 2 capi di abbigliamento, mentre il costo opportunità di un capo di abbigliamento addizionale è 1/2 computer. Al contrario, in Slovenia il saggio marginale di trasformazione tra computer e vestiario è 60/10 = 6. Dunque, il costo opportunità di un computer addizionale è pari a 6 capi di abbigliamento, mentre il costo opportunità di un capo di abbigliamento addizionale è 10/60, o 1/6 di un computer.

Si supponga che inizialmente non vi sia commercio tra Italia e Slovenia. Si supponga inoltre che in Italia 70 ore di lavoro siano dedicate alla produzione di computer e le rimanenti 30 ore alla produzione di vestiario. Come rappresentato nella Figura 16.22(a), ciò significa che l'economia italiana produce – e i consumatori italiani acquistano – 7 computer e 6 capi di abbigliamento a settimana.[11] Si assumerà che tale combinazione di computer e abiti sia efficiente per l'economia italiana.

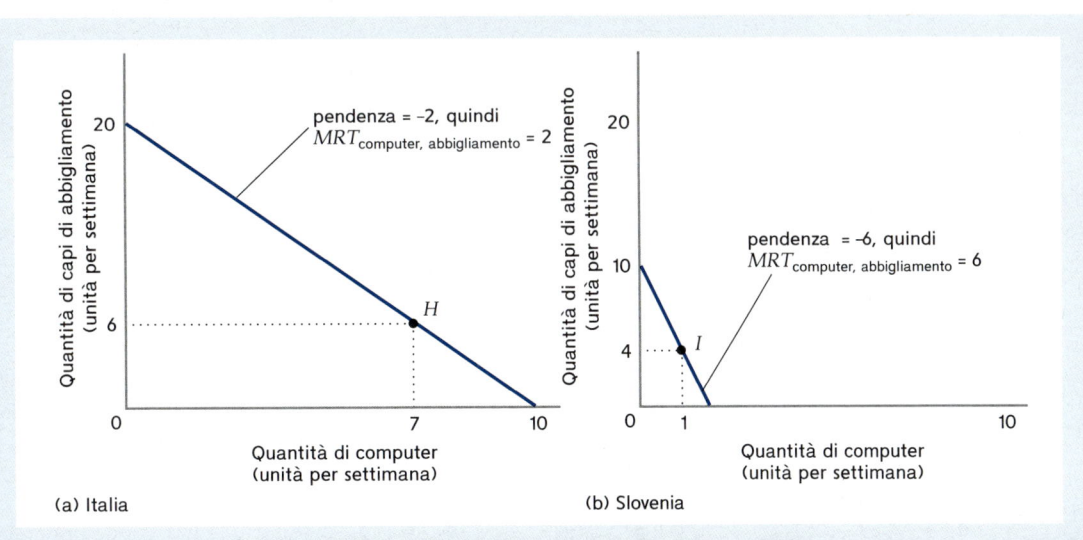

FIGURA 16.22 Produzione e consumo in Italia e in Slovenia in assenza di scambio
La retta nel grafico (a) è la frontiera delle possibilità produttive per l'Italia, mentre la retta nel grafico (b) è la frontiera delle possibilità produttive per la Slovenia. Se i Paesi non commerciano, i consumatori italiani consumano tante unità di computer e abiti quante l'Italia può produrne. Il punto H rappresenta questa situazione. Similmente, senza commercio con l'estero, i consumatori sloveni consumano tante unità di computer e capi di abbigliamento quante la Slovenia è in grado di produrne. Il punto I rappresenta questa situazione.

---

[11] Per capire perché, si noti che, siccome ciascun computer richiede 10 ore di lavoro, l'Italia è in grado di produrne (70 ore a settimana/10 ore per unità) = 7 unità a settimana, se dedica 70 ore di lavoro settimanali alla produzione di computer. Inoltre, giacché ogni capo di abbigliamento richiede 5 ore di lavoro, l'Italia può produrne (30 ore a settimana/5 ore per unità) = 6 unità a settimana, se dedica 30 ore settimanali alla produzione di abiti.

Si supponga poi che in Slovenia, 60 delle 100 ore di lavoro disponibili siano impiegate nella produzione di computer, mentre le 40 ore restanti siano destinate alla produzione di capi di abbigliamento. Come indica la Figura 16.22(b), ciò vuol dire che l'economia slovena produce – e gli sloveni consumano – 1 computer e 4 abiti.

Si supponga anche in questo caso che tale combinazione sia efficiente per l'economia slovena. La Tabella 16.2 sintetizza la situazione per i consumatori di Italia e Slovenia.

Si vedrà ora che i due Paesi possono fare meglio se commerciano tra di loro. Si ipotizzi che l'Italia si specializzi nella produzione di computer, destinando a questa attività tutte le 100 ore di lavoro disponibili. Allo stesso modo, si supponga che la Slovenia si focalizzi sulla produzione di vestiario, dedicando a essa tutte le sue 100 ore di lavoro disponibili. La Tabella 16.3 mostra la produzione totale dei due Paesi in questo caso: le relative situazioni sono rappresentate dai punti J e K nella Figura 16.23.

TABELLA 16.2 Produzione e consumo in assenza di scambio

	Computer (unità)	Capi di abbigliamento (unità)
Italia	7	6
Slovenia	1	4
Totale	8	10

TABELLA 16.3 Produzione in presenza di libero scambio

	Computer (unità)	Capi di abbigliamento (unità)
Italia	10	0
Slovenia	0	10
Totale	10	10

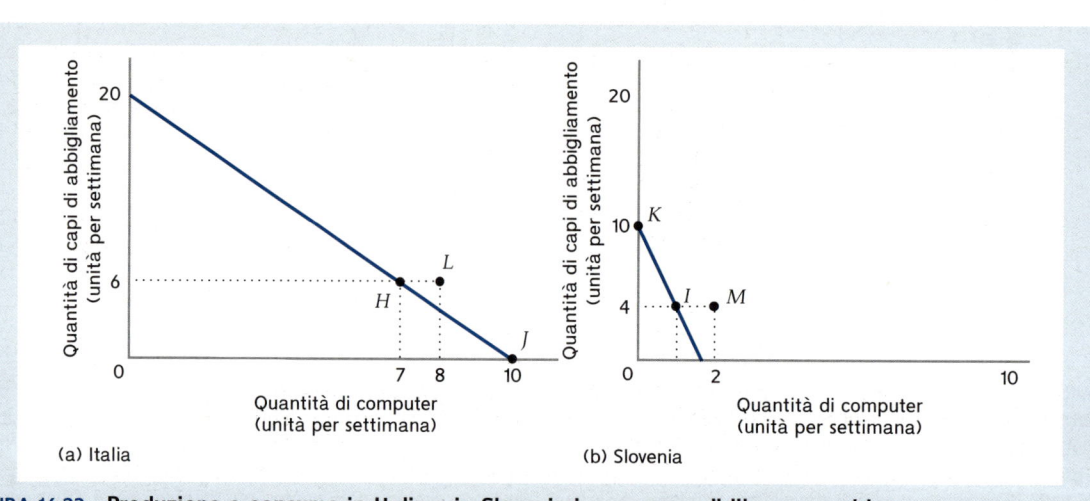

(a) Italia

(b) Slovenia

FIGURA 16.23 Produzione e consumo in Italia e in Slovenia in presenza di libero scambio
In condizioni di libero scambio, l'Italia produce 10 computer e nessun capo di abbigliamento (punto J), mentre la Slovenia si specializza nella produzione di vestiario, producendo 10 abiti e nessuna unità di computer (punto K). L'Italia scambia quindi con la Slovenia 2 computer per 6 capi di abbigliamento. Questo permette ai cittadini italiani di consumare 8 computer e 6 capi di abbigliamento (punto L), mentre i cittadini sloveni consumano 2 computer e 4 capi di abbigliamento (punto M). Il libero scambio ha migliorato la condizione dei consumatori di entrambi i Paesi rispetto alla situazione iniziale.

Si immagini ora che l'Italia esporti 2 computer a settimana in Slovenia in cambio di 6 capi di abbigliamento. Ciò fa sì che il consumo totale in entrambi i Paesi diventi quello rappresentato nella Tabella 16.4.

Il commercio migliora la situazione sia in Italia che in Slovenia. Le due nazioni consumano infatti lo stesso numero di capi di abbigliamento rispetto a prima, ma dispongono ora di un numero maggiore di computer. Come mostra la Figura 16.23, la specializzazione della produzione unita al libero scambio permette a entrambi i Paesi di consumare "al di là" della propria frontiera della possibilità produttive. Dunque, quando è possibile il libero scambio tra due Paesi, entrambi possono aumentare il consumo di alcuni beni senza ridurre il consumo di altri.

Naturalmente, nella pratica non tutti i consumatori traggono un uguale beneficio dalle accresciute opportunità di consumo rese possibili dal libero scambio. Nell'esempio considerato, l'Italia produce meno capi di abbigliamento in regime di libero scambio rispetto al caso di assenza di commercio. I lavoratori italiani particolarmente abili nella produzione di vestiti potrebbero quindi subire una riduzione di salario o addirittura la perdita del posto di lavoro se il commercio con la Slovenia dovesse avviarsi. Perciò, anche se l'economia italiana complessivamente trae vantaggio dal libero scambio, i benefici non sono ugualmente distribuiti, almeno nel breve periodo, fra tutti gli individui del sistema economico.

TABELLA 16.4 Consumo in presenza di libero scambio

	Computer (unità)	Capi di abbigliamento (unità)
Italia	8	6
Slovenia	2	4
Totale	10	10

16.5.2 Il vantaggio comparato

L'effetto positivo derivante dal libero scambio è una conseguenza di un'idea molto importante nella teoria microeconomica: il **vantaggio comparato**. Un Paese (per esempio, la Slovenia) ha un vantaggio comparato rispetto a un altro Paese (per esempio, l'Italia) nella produzione del bene x se il costo opportunità della produzione di un'unità addizionale del bene x (per esempio, i capi di abbigliamento) - espressa in termini di unità del bene y alle quali si rinuncia (per esempio, i computer) - è minore nel primo Paese rispetto al secondo. Nell'esempio di questo paragrafo, la Slovenia gode di un vantaggio comparato rispetto all'Italia nella produzione di vestiario perché, come dimostrato più sopra, il costo opportunità di 1 capo di abbigliamento addizionale prodotto in Slovenia è pari a 1/6 di un computer, mentre il costo opportunità di 1 capo di abbigliamento addizionale prodotto in Italia è pari a 1/2 di un computer.

Per la stessa ragione, l'Italia ha un vantaggio comparato rispetto alla Slovenia nella produzione di computer perché produrre in Italia 1 computer addizionale richiede il sacrificio di 2 capi di abbigliamento, mentre 1 computer addizionale prodotto in Slovenia comporta la rinuncia a 6 capi di abbigliamento.

Il vantaggio comparato non dovrebbe essere confuso con il **vantaggio assoluto**. Un Paese ha un vantaggio assoluto rispetto a un altro Paese nella produzione del bene x se la produzione del tale bene nel primo Paese richiede l'impiego di minori unità di una risorsa scarsa (per esempio, il lavoro) rispetto a quante ne richiede nel secondo Paese. Ancora con riferimento all'esempio qui considerato, l'Italia ha un vantaggio assoluto rispetto alla Slovenia nella produzione sia di computer sia di ab-

> **VANTAGGIO COMPARATO** Un Paese ha un vantaggio comparato rispetto a un altro Paese nella produzione del bene x se il costo opportunità di produrre un'unità addizionale del bene x - espresso in termini di unità del bene y alle quali si rinuncia - è minore nel primo Paese rispetto al secondo.

> **VANTAGGIO ASSOLUTO** Un Paese ha un vantaggio assoluto su un altro Paese nella produzione del bene x se la produzione di un'unità del bene x nel primo Paese richiede l'impiego di minori unità di una risorsa scarsa (per esempio, il lavoro) rispetto a quante ne richiede nel secondo Paese.

bigliamento. Tuttavia, l'Italia trae vantaggio dal commercio con la Slovenia, perché i benefici derivanti dal libero scambio sono determinati dal vantaggio comparato piuttosto che dal vantaggio assoluto.

In generale, partendo da una situazione in cui due Paesi non commerciano tra di loro, essi possono migliorare la propria situazione grazie al libero scambio quando ciascun Paese si specializza nella produzione di quei beni per i quali gode di un vantaggio comparato. Dunque, come è emerso in precedenza, quando la Slovenia si specializza nella produzione di abiti (per i quali gode di un vantaggio comparato) e l'Italia si specializza nella produzione di computer (dove ha il suo vantaggio comparato), entrambi i Paesi finiscono con il migliorare la propria situazione.

Applicazione 16.4

I vantaggi del libero commercio

Dalla fine della Seconda Guerra Mondiale, si è affermata la tendenza alla riduzione delle barriere al commercio internazionale. Nel 1948 molti Paesi sottoscrissero l'Accordo Generale sui Dazi e sul Commercio (*General Agreement on Tariffs and Trade*, GATT). Successivamente, il GATT è stato lo strumento per negoziare e applicare accordi tra nazioni al fine di ridurre dazi e quote sulle importazioni, sussidi alle industrie interne e altre barriere al libero commercio. Nel 1995, il GATT è stato sostituito dall'Organizzazione Mondiale del Commercio (*World Trade Organization*, WTO), che ha continuato a percorrere la strada degli accordi intrapresa dal GATT. Il negoziato più recente in ordine di tempo è il Doha Round, che prende il nome dal luogo del primo incontro, avvenuto a Doha, in Qatar, nel 2001. Il Doha Round rappresenta un tentativo teso a ridurre ulteriormente le barriere al commercio, incluse quelli di lavoro e servizi. Tuttavia, le negoziazioni si sono interrotte nel 2008 a causa di divergenze riguardanti temi come la riduzione dei sussidi all'agricoltura e le modalità per aumentare la disponibilità di farmaci nelle nazioni in via di sviluppo (per esempio, consentendo la produzione di farmaci generici direttamente in questi Stati). I Paesi in via di sviluppo sono spesso riluttanti a rimuovere misure di protezione contro le importazioni, al fine di difendere le imprese manifatturiere nazionali. A oggi non è ancora chiaro se i negoziati progrediranno in maniera sostanziale nel prossimo futuro. In ogni caso, negli ultimi sessant'anni c'è stata una graduale, ma significativa, riduzione delle barriere al commercio internazionale.

Il cammino verso il libero commercio continua a essere una questione controversa. Nelle città che hanno ospitato gli incontri del Doha Round sono spesso esplose molte proteste. I manifestanti sono preoccupati per il fatto che la riduzione delle barriere al commercio potrebbe far aumentare la povertà nei Paesi in via di sviluppo e provocare danni all'ambiente. Molti temono che un minore protezionismo possa causare disoccupazione per via dello spostamento del lavoro in altri Paesi. In ogni caso, l'evidenza basata sugli esiti dei precedenti accordi sulla liberalizzazione del commercio suggerisce che molte di queste paure potrebbero essere infondate. Per esempio, in tanti si aspettavano che il NAFTA (*North Atlantic Free Trade Agreement*) avrebbe causato disoccupazione negli Stati Uniti, in quanto la produzione industriale si sarebbe spostata in Messico, dove il lavoro costa molto meno. Invece, la disoccupazione totale non è cresciuta dopo l'entrata in vigore del NAFTA.

Kym Anderson, un economista della Banca Mondiale, ha utilizzato un modello di equilibrio generale dell'economia mondiale per stimare gli effetti delle riduzioni delle barriere al commercio proposte dal Doha Round.[12] La sua conclusione è che i guadagni provenienti dalla liberalizzazione del commercio sarebbero enormi. Nel suo scenario più pessimistico (che corrisponde a una riduzione delle barriere al commercio e dei sussidi all'agricoltura pari soltanto al 25%), il valore attuale (al 2010) dei guadagni al netto dei costi dal 2010 al 2050 potrebbe essere di circa 13,4 *trilioni* di dollari. In uno scenario più ottimistico (50% di riduzione di barriere e sussidi), Anderson stima che il valore

---

[12] K. Anderson, "Subsidies and Trade Barriers", *Copenhagen Consensus Report*, 2004.

attuale dei guadagni al netto dei costi sarebbe pari a circa 26,8 trilioni di dollari. Circa la metà dei benefici provenienti dalla liberalizzazione del commercio andrebbero a vantaggio dei Paesi in via di sviluppo, nei quali una larga parte si manifesterebbe nell'agricoltura e nell'industria tessile, giacché questi settori tendono ad avere barriere al commercio piuttosto alte. I lavoratori più poveri dei Paesi in via di sviluppo, che oggi sono occupati in maniera sproporzionata proprio in queste industrie, avrebbero dunque vantaggi grandissimi. L'implementazione del Doha Round potrebbe dunque portare a una significativa riduzione della povertà e della fame, con conseguenti progressi nell'alimentazione, nella salute, nelle cure mediche e nell'istruzione.

L'impatto della liberalizzazione del commercio sull'ambiente è più difficile da misurare. Tuttavia, ci sono buoni motivi per aspettarsi che l'effetto netto potrebbe essere positivo nel lungo periodo. Molti problemi ambientali sono causati dalla povertà (per esempio, la creazione di terreni agricoli attraverso il disboscamento e l'incendio di foreste) e dall'industrializzazione delle nazioni più indigenti. L'esperienza del ventesimo secolo ha comunque dimostrato che, man mano che i Paesi diventano più ricchi, la loro popolazione chiede un ambiente più pulito e tende ad adottare politiche finalizzate alla risoluzione dei problemi ambientali. In molte nazioni sviluppate, gli indicatori della qualità dell'ambiente (quali l'inquinamento dell'aria o dell'acqua) stanno migliorando. La riduzione delle barriere doganali può far crescere la ricchezza in maniera significativa, creando risorse da destinare alla risoluzione dei problemi ambientali.

In una recente valutazione delle soluzioni proposte per risolvere diversi problemi a livello mondiale, il Doha Round è stato classificato come la seconda migliore politica per migliorare il benessere, dietro alle politiche volte a fornire apporti vitaminici aggiuntivi ai bambini denutriti di tutto il mondo.[13] Le stime provenienti dall'analisi dell'equilibrio generale suggeriscono che praticamente tutti i Paesi coinvolti potrebbero trarre benefici dalla riduzione delle barriere commerciali. Perché, allora, le nazioni oppongono resistenza ad accordi come il Doha Round? Una delle preoccupazioni è che l'eliminazione delle barriere al commercio causerebbe aggiustamenti di breve periodo, peggiorando la situazione dei lavoratori impiegati in quei settori che subirebbero maggiormente l'assenza di protezionismo.

---

[13] *Copenhagen Consensus*, 2008. Il Copenhagen Consensus Center è una istituzione danese che offre suggerimenti a Governi e filantropi sul modo migliore per finanziare l'assistenza e lo sviluppo.

Riepilogo

- L'analisi di equilibrio parziale studia la determinazione del prezzo e della quantità prodotta in un singolo mercato, considerando come dati i prezzi in tutti gli altri mercati. Invece, l'analisi di equilibrio generale studia la determinazione del prezzo e della produzione in più mercati contemporaneamente.

- Un evento esogeno che porta alla riduzione del prezzo di un bene tenderà altresì a far diminuire il prezzo dei beni sostituti. Dunque, i prezzi di beni sostituti saranno correlati positivamente. Al contrario, un evento esogeno che fa crescere il prezzo di un bene tenderà altresì a far aumentare il prezzo di beni complementari. Pertanto, i prezzi di beni complementari saranno correlati negativamente.

- In un equilibrio generale, la domanda dei prodotti finiti deriva dalla massimizzazione dell'utilità delle famiglie, mentre la domanda dei fattori della produzione deriva dalla minimizzazione dei costi delle imprese. L'offerta di prodotti finiti deriva dalla massimizzazione del profitto delle imprese, mentre l'offerta di fattori della produzione deriva dalla massimizzazione del profitto delle famiglie.

- In un equilibrio generale, i prezzi di tutti i beni sono determinati simultaneamente dalla condizione di uguaglianza tra domanda e offerta in ciascun mercato.

- La legge di Walras afferma che un equilibrio generale determina il prezzo dei beni e dei fattori produttivi *relativamente* al prezzo di uno dei beni o dei fattori, e non il livello assoluto di tutti i prezzi.

- Per identificare gli effetti che un'imposta su un particolare bene provoca sull'equilibrio generale, è necessario studiare l'impatto dell'imposta su tutti i mercati dell'economia, prendendo in considerazione le interdipendenze esistenti tra i vari mercati.

- Un'allocazione di beni e fattori produttivi è economicamente efficiente (ovvero, vi è efficienza allocativa) se non esiste un'altra allocazione realizzabile di beni e input tale da migliorare la situazione di alcuni individui senza danneggiare quella di altri. Al contrario, un'allocazione di beni e fattori è economicamente inefficiente (ovvero, vi è inefficienza allocativa) se esiste una diversa allocazione possibile di beni e input che migliora la situazione di tutti gli individui rispetto all'allocazione di partenza.

• L'efficienza economica richiede l'efficienza nello scambio, l'efficienza nella produzione e l'efficienza nella sostituzione.

• Tutte e tre le precedenti condizioni di efficienza sono soddisfatte in corrispondenza dell'equilibrio generale concorrenziale. Questo risultato è noto come "primo teorema fondamentale dell'economia del benessere".

• Il "secondo teorema fondamentale dell'economia del benessere" afferma che qualsiasi allocazione economicamente efficiente di beni e di fattori produttivi può essere raggiunta come equilibrio generale competitivo mediante una opportuna distribuzione iniziale delle risorse scarse dell'economia.

• Il libero scambio tra due Paesi avvantaggia entrambi rispetto a una situazione di assenza di commercio.

• Un Paese gode di un vantaggio comparato rispetto a un altro nella produzione di un certo bene se il costo opportunità della produzione di un'unità addizionale di quel bene, espresso in termini di rinuncia alla produzione di unità dell'altro bene, è minore nel primo Paese rispetto al secondo. I Paesi realizzano i vantaggi derivanti dal libero scambio quando si specializzano nella produzione di quei beni per i quali possiedono un vantaggio comparato.

Domande di ripasso

1. Qual è la differenza tra un'analisi di equilibrio parziale e un'analisi di equilibrio generale? Riguardo alla determinazione dei prezzi in un mercato, sotto quali circostanze un'analisi di equilibrio generale sarebbe più appropriata di un'analisi di equilibrio parziale?

2. In un'analisi di equilibrio generale con due beni sostituti, X e Y, si spieghi cosa accadrebbe al prezzo nel mercato X se l'offerta del bene Y aumentasse (ovvero, se la curva di offerta del bene Y si spostasse verso destra). Come cambierebbe la risposta se i beni X e Y fossero complementari?

3. Qual è il ruolo svolto dalla massimizzazione dell'utilità del consumatore in un'analisi di equilibrio generale? Qual è il ruolo svolto dalla minimizzazione dei costi dell'impresa in un'analisi di equilibrio generale?

4. Cosa afferma la legge di Walras? Perché è importante?

5. Cosa è un'allocazione economicamente efficiente? In cosa differisce un'allocazione economicamente efficiente da un'allocazione inefficiente?

6. Cos'è l'efficienza nello scambio? In una scatola di Edgeworth, come differiscono le allocazioni efficienti da quelle inefficienti?

7. In cosa si differenziano efficienza nello scambio ed efficienza nella produzione? È possibile che un'economia soddisfi le condizioni di efficienza nello scambio ma non quelle di efficienza nella produzione?

8. Si immagini un'economia con due soli beni, X e Y. L'affermazione "Se la condizione di efficienza nella produzione è verificata, allora è possibile aumentare la produzione di X senza ridurre quella di Y" è vera oppure falsa? Motivate la risposta.

9. Cos'è la frontiera delle possibilità produttive? Cos'è il saggio marginale di trasformazione? Qual è il legame che esiste tra questi due concetti?

10. Spiegate come i consumatori presenti in un'economia possono migliorare la propria situazione se il saggio marginale di trasformazione non è uguale al loro saggio marginale di sostituzione.

11. Spiegate in che modo le condizioni di massimizzazione dell'utilità, di minimizzazione dei costi e di massimizzazione del profitto nei mercati concorrenziali implicano che l'allocazione delle risorse in un equilibrio generale concorrenziale sia economicamente efficiente.

12. Cosa si intende per vantaggio comparato? Cosa si intende per vantaggio assoluto? Quale di questi due concetti è più importante nella determinazione dei benefici derivanti dal libero scambio?

Appendice A16: La derivazione delle curve di domanda e di offerta per l'equilibrio generale

Si ricordi che l'economia semplice presentata nella Figura 16.9 e nell'Esercizio svolto 16.2 ha le seguenti caratteristiche: ci sono 100 famiglie di operai (B) e 100 famiglie di impiegati (W); i due beni sono energia (x) e cibo (y), ognuno prodotto da 100 imprese specializzate (ovvero, 100 produttori di energia e 100 produttori di cibo); i due fattori della produzione sono lavoro (l) e capitale (k). L'ammontare totale di energia prodotto dalle relative imprese è X, e la quantità totale di cibo prodotto da tutte le imprese alimentari è Y.

In questa appendice si deriveranno le curve di domanda e di offerta dell'economia in questione, come rappresentate nella Figura 16.9 e riportate nell'Esercizio svolto 16.2. Tali derivazioni si basano sulle seguenti funzioni di utilità e di produzione:

Funzione di utilità per le famiglie degli impiegati: $U^W(x, y) = x^{\frac{1}{2}} y^{\frac{1}{2}}$

Funzione di utilità per le famiglie degli operai: $U^B(x, y) = x^{\frac{3}{4}} y^{\frac{1}{4}}$

Funzione di produzione per le imprese che producono energia: $x = 1{,}89 \, l^{\frac{1}{3}} k^{\frac{2}{3}}$

Funzione di produzione per le imprese che producono cibo: $y = 2 \, l^{\frac{1}{2}} k^{\frac{1}{2}}$

La derivazione delle curve di domanda per energia e cibo delle famiglie e del mercato

Per prima cosa bisogna ricavare le curve di domanda per ciascun tipo di famiglia dell'economia, per poi sommare tali curve di domanda al fine di ottenere le curve di domanda del mercato. Per fare questo, si possono utilizzare le tecniche apprese nel Capitolo 5.

Data la funzione di utilità della famiglia di impiegati, le utilità marginali dell'energia e del cibo sono

$$MU^W_x = \frac{1}{2}\left(\frac{y}{x}\right)^{\frac{1}{2}}$$

$$MU^W_y = \frac{1}{2}\left(\frac{x}{y}\right)^{\frac{1}{2}}$$

Il saggio marginale di sostituzione tra energia e cibo è il rapporto tra le utilità marginali: $MRS^W_{x,y} = MU^W_x / MU^W_y$. Usando le espressioni sopra riportate per l'utilità marginale, il rapporto si riduce a $MRS^W_{x,y} = y/x$. Ipotizzando che le famiglie massimizzino l'utilità sotto il vincolo di bilancio, il saggio marginale di sostituzione sarà uguale al rapporto tra i prezzi: $MRS^W_{x,y} = P_x/P_y$. Inoltre, il vincolo di bilancio è soddisfatto. Pertanto, la massimizzazione dell'utilità conduce a due equazioni in due incognite, x e y. La prima è $x/y = P_x/P_y$ (che deriva da $MRS^W_{x,y} = y/x$ e $MRS^W_{x,y} = P_x/P_y$). La seconda è $xP_x + yP_y = I_W$ (che deriva dal vincolo di bilancio), dove I_W indica il livello di reddito delle famiglie (che a sua volta, si ricordi, deriva dal prezzo dei fattori, w e r). Risolvendo queste due equazioni per x e y (considerando costanti P_x, P_y e I_W), si ottiene $x = (1/2)(I_W/P_x)$ e $y = (1/2)(I_W/P_y)$. Queste sono le curve di domanda di energia e cibo di una tipica famiglia di impiegati.

Si supponga, come detto, che il sistema economico sia formato da 100 di queste famiglie. È possibile trovare le curve di domanda aggregata di cibo e di energia delle famiglie degli impiegati moltiplicando per 100 le espressioni sopra riportate. Ciò porta alle curve di domanda D^W_x e D^W_y della Figura 16.5: $x^W = 50I_W/P_x$ e $y^W = 50I_W/P_y$.

Si passi ora alle famiglie degli operai. Data la loro funzione di utilità, le utilità marginali dell'energia e del cibo sono

$$MU^B_x = \frac{3}{4}\left(\frac{y}{x}\right)^{\frac{1}{4}} \quad \text{e} \quad MU^B_y = \frac{1}{4}\left(\frac{x}{y}\right)^{\frac{3}{4}}$$

Procedendo con lo stesso metodo usato per le famiglie degli impiegati, si trova che le curve di domanda di una tipica famiglia di operai sono $x = (3/4)(I_B/P_x)$ e $y = (1/4)(I_B/P_y)$. Moltiplicando per 100, si ottengono le curve di domanda aggregata delle famiglie di operai D^B_x e D^B_y della Figura 16.5: $x^B = 75I_B/P_x$ e $y^B = 25I_B/P_y$.

È adesso possibile trovare le curve di domanda di mercato per l'energia e il cibo sommando orizzontalmente le curve di domanda dei due tipi di famiglia. Sia X la quantità aggregata di energia domandata dal sistema economico. La curva di domanda di mercato dell'energia è dunque $X = x^W + x^B$, o $X = (50I_W/P_x) + (75I_B/P_x)$. Nell'Esercizio svolto 16.2 si è espressa tale curva come $P_x = (50I_W + 75I_B)/X$. In modo analogo, la curva di domanda di mercato del cibo è $Y = y^W + y^B$, che è stata scritta come $P_y = (50I_W + 25I_B)/Y$. Va notato che tali curve di domanda di mercato dipendono dai livelli di reddito delle singole famiglie.

La derivazione delle curve di domanda di mercato per lavoro e capitale

Data la funzione di produzione di un tipico produttore di energia, i prodotti marginali di lavoro e capitale sono

$$MP_l = \left(\frac{1}{3}\right)1{,}89 l^{\frac{1}{3}} k^{\frac{2}{3}} l^{-1} \qquad \text{e} \qquad MP_k = \left(\frac{2}{3}\right)1{,}89 l^{\frac{1}{3}} k^{\frac{2}{3}} k^{-1}$$

Si ricordi dal Capitolo 7 che il saggio marginale di sostituzione tecnica $MRTS^x_{l,k}$ è il rapporto tra il prodotto marginale del lavoro e il prodotto marginale del capitale: $MRTS^x_{l,k} = MP_l/MP_k$. Utilizzando le espressioni appena viste per il prodotto marginale, il rapporto si riduce a $MRTS^x_{l,k} = (1/2)(k/l)$.

Un produttore di energia minimizza i suoi costi di produzione uguagliando il saggio marginale di sostituzione tecnica al rapporto tra i prezzi dei fattori produttivi: $MRTS^x_{l,k} = w/r$. Inoltre, la quantità di lavoro e capitale deve essere sufficiente a produrre la quantità desiderata di x (ovvero, la funzione di produzione deve essere soddisfatta). Dunque, la minimizzazione dei costi porta a due equazioni in due incognite, k e l. La prima è $(1/2)(k/l) = w/r$ (che discende da $MRTS^x_{l,k} = (1/2)(k/l)$ e dalla condizione $MRTS^x_{l,k} = w/r$). La seconda è

$$x = 1{,}89\, l^{\frac{1}{3}} k^{\frac{2}{3}}.$$

Per trovare le soluzioni di queste equazioni per k e l (considerando costanti w, r e x), si può ricavare k dalla prima di esse e sostituire la relativa espressione nella seconda, che si risolverà quindi per l. Trovando k nella prima equazione, si ottiene k

= $(2wl)/r$, il quale va sostituito nella seconda equazione. Risolvendo per l, si ottiene[1]

$$l = \frac{x}{3}\left(\frac{r}{w}\right)^{\frac{2}{3}}$$

Questa è la curva di domanda di lavoro di un tipico produttore di energia. Per trovare la curva di domanda di capitale dell'impresa si deve sostituire l'espressione precedente in $k = (2wl)/r$. Semplificando, si giunge a

$$k = \frac{2x}{3}\left(\frac{w}{r}\right)^{\frac{1}{3}}$$

Questa è la curva di domanda di capitale di un tipico produttore di energia.

Si passi ora all'industria del cibo. Data la funzione di produzione di un tipico produttore alimentare, i prodotti marginali di lavoro e capitale sono

$$MP_l = \left(\frac{1}{2}\right)2l^{\frac{1}{2}}k^{\frac{1}{2}}l^{-1} \quad \text{e} \quad MP_k = \left(\frac{1}{2}\right)2l^{\frac{1}{2}}k^{\frac{1}{2}}k^{-1}$$

Procedendo come visto per il produttore di energia (ma omettendo i calcoli), si trova che le curve di domanda di lavoro e capitale per un tipico produttore di cibo sono

$$l = \frac{y}{2}\left(\frac{r}{w}\right)^{\frac{1}{2}} \quad \text{e} \quad k = \frac{y}{2}\left(\frac{w}{r}\right)^{\frac{1}{2}}$$

Si possono ora trovare le curve di domanda complessiva del mercato per lavoro e capitale. L'industria dell'energia è formata da 100 imprese identiche: ognuna produce x unità di energia e ha la curva di domanda di lavoro derivata sopra:

$$l = (x/3)(r/w)^{\frac{2}{3}}.$$

La curva di domanda complessiva per i produttori di energia, l^x, è 100 volte questa espressione:

$$l^x = 100(x/3)(r/w)^{\frac{2}{3}}.$$

Poiché vi sono 100 imprese e ognuna produce x unità di energia, la produzione totale di energia è $X = 100x$. Sarà perciò

$$l^x = (X/3)(r/w)^{\frac{2}{3}}.$$

Questa è l'equazione della curva di domanda di lavoro D^x_L della Figura 16.6(a).

---

[1] Ecco i passaggi utili a semplificare questa espressione. Sostituendo $k = (2wl)/r$ nella funzione di produzione, si ha

$$x = 1,89 l^{\frac{1}{3}} \left(\frac{2wl}{r}\right)^{\frac{2}{3}} = 1,89(2)^{\frac{2}{3}} \left(\frac{w}{r}\right)^{\frac{2}{3}} l^{\frac{2}{3}} l^{\frac{1}{3}}$$

È facile verificare con una calcolatrice che $1.89\,(2)^{\frac{2}{3}} = 3$. Inoltre, $l^{\frac{2}{3}}l^{\frac{1}{3}} = l^{\left(\frac{2}{3}+\frac{1}{3}\right)} = l$. Pertanto, x diventa

$$x = 3\left(\frac{w}{r}\right)^{\frac{2}{3}} l \quad \text{da cui} \quad l = \frac{x}{3}\left(\frac{r}{w}\right)^{\frac{2}{3}}$$

Questa è la curva di domanda di lavoro riportata nel testo.

Con una logica simile, si può trovare che la curva di domanda complessiva di lavoro per l'industria del cibo è

$$l^y = (Y/2)(r/w)^{\frac{1}{2}},$$

che corrisponde alla equazione della curva di domanda di lavoro D^y_L della Figura 16.6(a).

La curva di domanda di mercato L per il lavoro è la somma delle domande di lavoro nelle industrie dell'energia e del cibo:

$$L = \frac{X}{3}\left(\frac{r}{w}\right)^{\frac{2}{3}} + \frac{Y}{2}\left(\frac{r}{w}\right)^{\frac{1}{2}}$$

Questa è l'equazione della domanda di lavoro D_L nella Figura 16.6(a).

È possibile proseguire con lo stesso procedimento per derivare l'equazione della domanda di mercato per il capitale:

$$K^x = \frac{2X}{3}\left(\frac{w}{r}\right)^{\frac{1}{3}} \text{ (domanda di capitale nell'industria dell'energia)}$$

$$K^y = \frac{Y}{2}\left(\frac{w}{r}\right)^{\frac{1}{2}} \text{ (domanda di capitale nell'industria del cibo)}$$

Queste sono le equazioni per le curve di domanda di capitale D^x_k e D^y_k della Figura 16.6(b). La somma di queste equazioni rappresenta la domanda complessiva di capitale, indicata con K:

$$K = \frac{2X}{3}\left(\frac{w}{r}\right)^{\frac{1}{3}} + \frac{Y}{2}\left(\frac{w}{r}\right)^{\frac{1}{2}}$$

Tale espressione rappresenta l'equazione della curva di domanda di capitale D_K della Figura 16.6(b). Si noti che le domande di lavoro e capitale nell'economia dipendono dal rapporto tra i prezzi dei fattori della produzione e dalla produzione totale in ciascun mercato.

La derivazione delle curve di offerta di mercato per energia e cibo

Bisogna ora derivare le curve di offerta del mercato di energia e cibo, rappresentate nella Figura 16.7. Come studiato nel capitolo, le curve di offerta del mercato sono le curve di costo marginale per la produzione di energia e cibo. Si deriveranno questi due costi marginali in due passaggi.

Per prima cosa, si devono ricavare le curve di costo totale di un tipico produttore di energia e di un tipico produttore di cibo (questi problemi sono stati trattati nel Capitolo 8). Il costo totale di un tipico produttore di energia è la somma dei costi del produttore per il lavoro e il capitale, $TC = wl + rk$. Nel paragrafo precedente sono state già ricavate le quantità che minimizzano i costi di lavoro e di capitale per un tipico produttore di energia. Se si sostituiscono tali equazioni in l e k nell'equazione di costo totale, si ottiene

$$TC = w\left[\frac{x}{3}\left(\frac{r}{w}\right)^{\frac{2}{3}}\right] + r\left[\frac{2x}{3}\left(\frac{w}{r}\right)^{\frac{1}{3}}\right]$$

che può essere semplificato a[2]

$$TC = \left(w^{\frac{1}{3}}r^{\frac{2}{3}}\right)x$$

Con una logica simile, si può trovare la curva di costo totale per un tipico produttore di cibo:

$$TC = \left(w^{\frac{1}{2}}r^{\frac{1}{2}}\right)y$$

Si ricordi che il costo marginale è il tasso di variazione del costo totale rispetto a una variazione di produzione. La curva di costo totale di un produttore di energia, che è stata appena ricavata, aumenta a un tasso costante all'aumentare della produzione di x. Questo tasso costante è il coefficiente di x nell'equazione della curva di costo totale, cioè

$$\left(w^{\frac{1}{3}}r^{\frac{2}{3}}\right).$$

Perciò, la curva di costo marginale di un produttore di energia è

$$MC_x = w^{\frac{1}{3}}r^{\frac{2}{3}}$$

Allo stesso modo, la curva di costo marginale di un produttore di cibo è il coefficiente di y nell'equazione della curva di costo totale:

$$MC_y = w^{\frac{1}{2}}r^{\frac{1}{2}}$$

Si noti che le curve di costo marginale dei produttori di energia e cibo dipendono dai prezzi dei fattori (lavoro e capitale). Finché non si conoscono tali prezzi, non si potrà sapere il livello esatto dei costi marginali. Si noti pure che le curve di costo marginale dell'energia e del cibo dipendono dai prezzi dei fattori in modi differenti. Per esempio, il costo marginale dell'energia dipende in modo più consistente dal prezzo del capitale rispetto a quello del lavoro. In effetti, ciò è dovuto alle differenze nelle funzioni di produzione di energia e cibo: in base a esse, un produttore di energia usa un più alto rapporto capitale-lavoro di quanto faccia un produttore di cibo. Questo significa che la produzione di energia è a più alta intensità di capitale di quella alimentare.

---

[2] I passaggi per semplificare l'espressione sono i seguenti. Bisogna innanzi tutto riarrangiare i termini:

$$TC = w\left[\frac{x}{3}\left(\frac{r}{w}\right)^{\frac{2}{3}}\right] + r\left[\frac{2x}{3}\left(\frac{w}{r}\right)^{\frac{1}{3}}\right] = \frac{x}{3}\frac{wr^{\frac{2}{3}}}{w^{\frac{2}{3}}} + \frac{2x}{3}\frac{rw^{\frac{1}{3}}}{r^{\frac{1}{3}}} = \frac{x}{3}w^1w^{-\frac{2}{3}}r^{\frac{2}{3}} + \frac{2x}{3}r^1r^{-\frac{1}{3}}w^{\frac{1}{3}}$$

Ora, si noti che $w^1w^{-\frac{2}{3}} = w^{1-\frac{2}{3}} = w^{\frac{1}{3}}$ e che $r^1r^{-\frac{1}{3}} = r^{1-\frac{1}{3}} = r^{\frac{2}{3}}$. Sostituendo nell'espressione precedente, si ottiene

$$TC_x = \frac{x}{3}w^{\frac{1}{3}}r^{\frac{2}{3}} + \frac{2x}{3}w^{\frac{1}{3}}r^{\frac{2}{3}} = xw^{\frac{1}{3}}r^{\frac{2}{3}}$$

CAPITOLO 17
ESTERNALITÀ E BENI PUBBLICI

Il capitolo è consultabile sul sito web dedicato al libro

www.ateneonline.it/besanko3e

CAPITOLO 18
L'ECONOMIA COMPORTAMENTALE*

OBIETTIVI DI APPRENDIMENTO

Al termine di questo capitolo lo studente sarà in grado di:

- riconoscere e distinguere i principali *bias* cognitivi e comportamentali: l'avversione alle perdite, la distorsione verso lo *status quo*, l'effetto dotazione, l'ancoraggio, la contabilità mentale, la distorsione verso il presente, l'ottimismo e l'eccesso di fiducia, il falso consenso;
- conoscere i principali modelli di preferenze sociali;
- identificare come in presenza di *bias* cognitivi e preferenze sociali le scelte degli agenti economici differiscono da quelle predette dalla teoria economica classica;
- identificare situazioni nelle quali i *bias* cognitivi vengono sfruttati dai mercati e dallo Stato per indirizzare il comportamento degli individui;
- conoscere le principali caratteristiche di un esperimento economico, sapendo distinguere tra esperimenti in laboratorio ed esperimenti su campo;
- illustrare i contributi apportati dagli studi di economia comportamentale e sperimentale nel comprendere le scelte e il processo decisionale degli agenti economici.

CASO • *Premi e performance lavorativa: il caso degli insegnanti a Chicago Heights*

A Chicago Heights, un comune dell'area metropolitana di Chicago, nell'anno scolastico 2010-2011 un gruppo di economisti[1] ha condotto un esperimento per studiare se e come l'attribuzione di bonus monetari proporzionati al rendimento degli studenti, con la condizione che venisse raggiunto un target minimo, potesse aumentare la performance degli insegnanti. Di 150 insegnanti selezionati, metà vengono assegnati a un programma *Bonus Finale* in base al quale il premio viene assegnato a fine anno, mentre l'altra metà viene assegnata al programma *Bonus Anticipato*. Gli insegnanti che fanno parte di questo programma ricevono il premio a inizio anno e sono costretti per contratto a restituirlo se il rendimento degli studenti alla fine dell'anno non raggiunge gli obiettivi preposti. La peculiarità di questi due programmi è che a parità di rendimento degli studenti, gli insegnanti ricevevano lo stesso premio, indipendentemente dal programma al quale avevano partecipato. In altri termini, gli incentivi sono esattamente gli stessi nei due programmi. Ma allora, perché il nostro gruppo di economisti ha deciso di attuare due programmi diversi solo nella forma ma non nella sostanza? Perché, in base alle loro

---

* Capitolo a cura di Stefania Ottone.
[1] R. G. Fryer, Jr S. D. Levitt, J. List, S. Sadoff, "Enhancing The Efficacy Of Teacher Incentives Through Loss Aversion: A Field Experiment", *NBER Working Paper* 18 237,2012.

conoscenze di economia comportamentale, si aspettavano che il successo di un programma di incentivi monetari fosse in qualche modo influenzato dalla modalità con cui l'incentivo stesso veniva proposto. E avevano ragione! Il programma *Bonus Anticipato* ha avuto successo, a differenza del programma *Bonus Finale*. Come spiegare questa differenza? Probabilmente state riepilogando mentalmente quello che abbiamo studiato fino a ora. E probabilmente non riuscite a dare una risposta. Ma non temete, quando avrete terminato la lettura di questo capitolo e avrete cominciato ad addentrarvi nel mondo dell'economia comportamentale, tutto vi sembrerà più chiaro.

18.1 • *Homo Oeconomicus* e Umani[2]

"Se leggete un manuale di economia, scoprirete che l'**homo oeconomicus** ha le facoltà intellettuali di Albert Einstein, una capacità di memoria paragonabile a quella del Big Blue, il supercomputer dell'IBM e una forza di volontà degna di Gandhi" (Thaler e Sunstein, 2009).

Effettivamente, questa è l'immagine di agente economico che i modelli fino a ora analizzati ci propongono. Un individuo che sa cosa vuole, sa come ottenerlo (non importa quanto siano complessi i calcoli che deve fare per trovare la soluzione ottimale) e razionalmente e coerentemente fa tutto quello che serve per raggiungere il suo scopo. Ma questo è sempre vero? Siamo proprio fatti così? La risposta è no, per almeno tre motivi: 1) gli esseri umani sono soggetti sistematicamente a *bias* cognitivi e comportamentali; 2) la massimizzazione del payoff monetario non è l'unica cosa che conta per gli individui; 3) analizzare con precisione costi e benefici di opzioni alternative può essere troppo difficile.

Nei prossimi paragrafi analizzeremo nel dettaglio ognuno di questi aspetti e vedremo in cosa gli Umani differiscono dall'*Homo Oeconomicus*.

> **HOMO OECONOMICUS** Individuo che prende razionalmente le proprie decisioni con lo scopo di massimizzare il proprio benessere personale.

18.2 • Bias cognitivi e comportamentali

Gli esseri umani non si comportano quindi come la teoria dell'Homo Oeconomicus descrive. Abbiamo detto che uno dei motivi è che sono soggetti a **bias** (ossia distorsioni) cognitivi e comportamentali in maniera prevedibile e sistematica. Decenni di studi hanno permesso di identificare un numero notevole di *bias* ricorrenti. Qui di seguito illustreremo i più diffusi e significativi.

> **BIAS** Distorsioni cognitive e comportamentali in base alle quali le scelte degli agenti economici si discostano da quelle razionali in maniera sistematica.

Avversione alle perdite

Immaginate di essere stati invitati a una festa da un vostro amico economista. A un certo punto della serata, il vostro amico vi propone di sottoporvi a un test. Vi regala 300 euro e poi vi chiede di scegliere tra due alternative:

1. guadagnare con certezza altri 100 euro;
2. tirare una moneta e guadagnare altri 200 euro se esce testa e guadagnare nulla se esce croce.

Il giorno dopo incontrate nuovamente il vostro amico al bar dell'università e vi chiede di sottoporvi a un altro test. Questa volta vi regala 500 euro e vi chiede di scegliere tra due alternative:

1. perdere con certezza 100 euro;
2. tirare una moneta e perdere 200 euro se esce testa e non perdere nulla se esce croce.

> **AVVERSIONE ALLE PERDITE** Tendenza a considerare la disutilità che deriva da una perdita di una somma di denaro maggiore (in termini assoluti) dell'utilità che si otterrebbe guadagnando la stessa cifra.

---

[2] Per maggiori approfondimenti relativi ai *bias* cognitivi e comportamentali e alle euristiche si consiglia la lettura di due testi completi ma discorsivi: R. H. Thaler e C. R. Sunstein, *La spinta gentile. La nuova strategia per migliorare le nostre decisioni su denaro, salute, felicità*, Serie Bianca Feltrinelli, Milano, 2009 (traduzione italiana di *Nudge. Improving decisions about health, wealth and happiness*. 2008, Yale University Press) e A. Carena e A. Mastrogiorgio, *La trappola del comandante. Alla scoperta degli errori cognitivi che ci impediscono di decidere correttamente*, Rizzoli ETAS, 2012.

Cosa avreste scelto nei due test? Se rispondete A nel primo caso e B nel secondo, avreste scelto come la maggior parte delle persone. Tversky e Kahneman[3] hanno condotto il primo e il secondo test su due gruppi di 126 e 128 soggetti rispettivamente. Nel primo caso, il 72% sceglie A e il rimanente 28% B, ma quando si tratta di scegliere nel secondo test, il 36% opta per A e il 64% per B. Questo implica che la maggior parte dei soggetti è restia a sopportare dei rischi in presenza di guadagni (nel primo test), ma è disposta a prenderne in caso di perdite (nel secondo test). Eppure i due test presentano, benché con una formulazione diversa, la stessa situazione. In entrambi i casi la scelta è tra avere 400 euro con certezza (alternativa A) e una probabilità 50 - 50 di avere 500 o 300 euro (alternativa B). È però evidente che la maggior parte dei soggetti valuti in maniera diversa le opportunità di guadagno e di perdita. Se anche voi avete scelto l'opzione A nel primo caso e l'opzione B nel secondo, vi trovereste in tasca almeno 700 euro in più. Ma cosa avrebbe dimostrato il vostro amico economista? Che, come la maggior parte delle persone, siete soggetti a un *bias* che viene indicato come *avversione alle perdite*. In altri termini, la disutilità che deriva da una perdita di una somma di denaro è maggiore (in termini assoluti) dell'utilità che otterreste guadagnando la stessa cifra. Se osserviamo i due test ai quali vi ha sottoposto il vostro amico economista, vediamo che, in entrambi i casi, le opzioni A portano allo stesso risultato. E lo stesso vale per le due opzioni B. Tuttavia, il punto di partenza è diverso: nel primo test avete in mano 300 euro, nel secondo 500 euro. Questo fa sì che i soggetti avversi alle perdite si accontentino di un guadagno certo di 100 euro nel primo test, ma trovino intollerabile perdere con certezza 100 euro nel secondo test e scelgono di rischiare la lotteria sperando di mantenere intatta la cifra di partenza. Nelle sezioni successive vedremo come, nella vita quotidiana, l'avversione alle perdite combinata ad altri *bias* influenzi in maniera rilevante le nostre scelte economiche sia in contesti di poco conto che in situazioni altamente rilevanti.

> **DISTORSIONE VERSO LO STATUS QUO** La tendenza a non voler modificare la situazione attuale, lo *status quo*.

Distorsione verso lo status quo

Un'altra caratteristica comune a molte persone è la tendenza a non voler modificare la situazione attuale, in altri termini, lo *status quo*. Questo atteggiamento porta spesso i soggetti a prendere decisioni per inerzia o, più precisamente, a non scegliere attivamente e a privilegiare le soluzioni di default, specialmente nei casi in cui le opzioni a disposizione sono numerose (e quindi scegliere implicherebbe investire risorse, in termini di tempo e fatica). Anche l'avversione alle perdite unita alla paura di doversi pentire delle proprie decisioni fa sì che le soluzioni di default possano essere preferibili: se una persona non decide, non corre il rischio di rimpiangere di aver impiegato tempo e risorse per modificare una situazione che, a posteriori, risulta essere preferibile. La *distorsione verso lo status quo* si riscontra quotidianamente. A volte riguarda scelte di poco conto, come il mantenere il salvaschermo del computer o la suoneria del cellulare inseriti di default dalla ditta produttrice senza nemmeno esaminare le alternative possibili. Altre volte influisce su scelte ben più importanti. Samuelson e Zeckhauser (1988)[4] per esempio hanno riscontrato la presenza di questo *bias* anche quando i soggetti sono invitati a fare delle scelte di tipo finanziario. In un esperimento hanno chiesto ai soggetti di fare delle scelte ipotetiche. Ad alcuni è stato chiesto di immaginare di aver ricevuto una cospicua somma di denaro in eredità e di dover decidere come investirla dovendo scegliere

---

[3] A. Tversky, D. Kahneman, "Rational Choice and the Framing of Decisions", *The Journal of Business*, 59, 1986, pp. S251-S278.
[4] Samuelson W., Zeckhauser R., "Status quo bias in decision making", *Journal of Risk and Uncertainty*, 1, 1998, pp. 7-59.

tra diversi tipi di investimento (titoli ad alto rischio, titoli a rischio moderato e titoli di stato). Ad altri partecipanti viene chiesto di immaginare di ricevere una cospicua somma di denaro in eredità, attualmente investita, e di dover decidere se modificare o meno il tipo di investimento. L'evidenza sperimentale dimostra come, indipendentemente dal livello di rischio, un'opzione diventa più attraente quando è designata come *status quo* e i soggetti sperimentali sono meno propensi a sostituirla.

Effetto dotazione

L'avversione alle perdite e la distorsione verso lo *status quo* sono fortemente connesse a un altro tipo di *bias*: l'*effetto dotazione*. L'effetto dotazione è quel fenomeno in base al quale molto spesso le persone danno maggior valore a un oggetto semplicemente per il fatto di possederlo. In altri termini, se un individuo risente dell'effetto dotazione, per rinunciare a un oggetto (e quindi perderlo) chiederà più denaro di quanto non sia disposto a spendere per acquistarlo. Un semplice esperimento condotto da Kahneman, Knetsch e Thaler[5] con studenti universitari fornisce un chiaro esempio di come operi l'effetto dotazione. I ricercatori dividono gli studenti in due gruppi. All'inizio dell'esperimento, i soggetti del primo gruppo (potenziali venditori) ricevono una tazza. Ai soggetti del secondo gruppo invece (potenziali acquirenti) viene chiesto di esaminare le tazze. A ciascuno dei potenziali venditori viene poi chiesta la disponibilità a vendere o meno la tazza per diversi prezzi in un intervallo tra 0,50 e 9,50 dollari. Ai potenziali acquirenti viene invece chiesto di scegliere tra ricevere una tazza e ottenere una certa somma di denaro tra 0,50 e 9,50 dollari. L'evidenza sperimentale dimostra che i potenziali venditori, per cedere la tazza in loro possesso, chiedono un prezzo circa due volte più alto di quello che sono disposti a pagare i potenziali acquirenti.

> **EFFETTO DOTAZIONE** Fenomeno in base al quale molto spesso le persone danno maggior valore a un oggetto semplicemente per il fatto di possederlo.

Ancoraggio

Immaginate di dover rispondere a una domanda relativamente semplice quale *Quanto sei felice?* Per rispondere probabilmente alcuni ponderano quanto sono soddisfatti nei diversi ambiti della loro vita, altri rispondono di getto, in base all'umore del momento e alle circostanze. Il tipico *Homo Oeconomicus* non sarebbe minimamente influenzato dal contesto in cui si trova o dagli argomenti della conversazione appena tenuta. Ma gli esseri umani tendono ad ancorarsi a dei punti di riferimento (talvolta assolutamente estemporanei e non necessariamente rilevanti al fine di fare una scelta) ai quali applicano degli aggiustamenti per trovare la soluzione. Durante un esperimento[6] con un gruppo di studenti universitari, a ciascuno sono state poste due domande: 1) *Quanto sei felice?*; 2) *Con che frequenza esci con un ragazzo/una ragazza?* Quando le domande sono state poste in quest'ordine, le risposte presentavano una correlazione decisamente bassa. Tuttavia, invertendo l'ordine delle domande, le risposte risultavano altamente correlate. Questo perché, molto probabilmente, la domanda inerente la vita sentimentale dei soggetti ha costituito una sorta di ancora e la qualità dei rapporti amorosi è diventato immediatamente un punto di riferimento per determinare il proprio grado di felicità.

> **ANCORAGGIO** Tendenza ad ancorarsi a dei punti di riferimento (talvolta assolutamente estemporanei e non necessariamente rilevanti al fine di fare una scelta) ai quali sono applicati degli aggiustamenti per trovare la soluzione.

Far parlare un individuo della sue relazioni amorose prima di chiedergli *Quanto sei felice?* distorce sicuramente la sua risposta, in quanto si focalizza la sua attenzione su questo aspetto e lo si porta a sottovalutare o addirittura ignorare altri fattori importanti. Ma la qualità della vita sentimentale è comunque un elemento che va a

---

[5] D. Kahneman, J. L. Knetsch e R. H. Thaler, "Experimental tests of the endowment effect and the Coase Theorem", *Journal of Political Economy*, 98, 1990, pp. 1325-1348.
[6] F. Strack, L. L. Martin e N. Schwarz, "Priming and Communication: The Social Determinants of Information Use in Judgment of Life-Satisfaction", *European Journal of Social Psychology*, 18, 1988, pp. 429-42.

influenzare il suo livello di soddisfazione. In alcuni casi invece le ancore sono date da informazioni che non hanno nulla a che vedere con il contesto che si sta analizzando. Immaginate di trovarvi a cena con un gruppo di persone, tra cui il vostro amico economista. Poiché il ristorante è pieno e tra una portata e l'altra passa molto tempo, il vostro amico vuole divertire i commensali con un esperimento. Chiede a ognuno di voi di segnare su un foglietto le ultime tre cifre del vostro numero di cellulare e aggiungere duecento. Poi vi chiede di pensare all'anno in cui il re degli Unni Attila mise a ferro e fuoco l'Europa e di dire se la risposta è un numero maggiore o minore di quello che avete scritto sul foglietto. Ovviamente, il vostro numero di cellulare e il periodo storico in cui Attila flagellò l'Europa non sono minimamente correlati. Eppure, a meno che non conosciate la risposta, è molto probabile che quelle tre cifre scritte sul foglietto costituiscano un'ancora. Thaler e Sunstein hanno ripetuto questo esperimento con i loro studenti e hanno notato che chi parte con un'ancora alta, fornisce risposte di più di trecento anni in avanti rispetto a chi parte da un numero basso.

> **ILLUSIONE DEI COSTI SOMMERSI** Tendenza a valutare un investimento o un progetto non solo in base a costi e benefici marginali, ma anche in base all'investimento già fatto.

L'errata percezione dei costi irrecuperabili (o **illusione dei costi sommersi**) è il risultato dell'interazione tra due *bias*: l'ancoraggio e l'avversione alle perdite. Questo perché le persone hanno tendenza a valutare un investimento non solo in base a costi e a benefici marginali, ma anche in base all'investimento già fatto (ai costi irrecuperabili per l'appunto) che funziona come una sorta di ancora. Vi è mai capitato di andare al ristorante ed essere sazi prima ancora di aver terminato il cibo nel piatto? E cosa avete fatto? Il classico *Homo Oeconomicus* avrebbe smesso di mangiare. Consumare interamente il pasto oppure avanzare il cibo nel piatto non cambia il costo della cena (un piatto ordinato deve essere pagato in ogni caso), mentre mangiare controvoglia crea della disutilità. Nella realtà di tutti i giorni può invece capitare che ci si sforzi di terminare la portata proprio perché già pagata e avanzare del cibo nel piatto implicherebbe sprecare delle risorse già spese. E il risultato potrebbe essere un bel mal di stomaco. L'illusione dei costi sommersi però potrebbe fare danni ben più gravi. Un investitore azionario che vede scendere il prezzo delle azioni di una società potrebbe decidere di non vendere il proprio pacchetto azionario non in base a una stima oggettiva del rendimento futuro dell'azione ma solo perché ancorato al prezzo iniziale. Quando è un manager a non considerare correttamente la rilevanza dei costi sommersi, allora è probabile che sia restio ad abbandonare dei progetti non proficui sui quali però è già stato fatto un importante investimento di risorse. Un padre di famiglia, benché conscio che il mercato immobiliare ha subito un notevole crollo negli ultimi dieci anni, pur desiderando cambiare casa in seguito all'arrivo dei figli, non sarà disposto a vendere il proprio appartamento a un prezzo inferiore a quello d'acquisto.

Contabilità mentale

> **CONTABILITÀ MENTALE** Tendenza a considerare le proprie risorse monetarie presenti e future come allocate in conti ben separati (i "barattoli") e non trasferibili.

Thaler e Sunstain (2009) riportano un aneddoto che vede come protagonisti Gene Hackman e Dustin Hoffman, avvenuto nell'appartamento di quest'ultimo quando i due amici erano agli inizi della loro carriera. Hoffman chiese e ottenne un prestito all'amico: ma quando i due entrarono in cucina, Hackman notò che sul bancone c'erano diversi barattoli pieni di soldi. Ogni barattolo era contrassegnato da un'etichetta che indicava la destinazione del denaro contenuto (per esempio, affitto, bollette ecc.). Quando Hackman chiese all'amico perché gli avesse chiesto dei soldi in prestito nonostante avesse parecchio danaro nei barattoli, Hoffman indicò il barattolo vuoto con l'etichetta *cibo*. Questo è un tipico esempio di contabilità mentale: nonostante il denaro sia fungibile e facilmente riallocabile (il denaro non ha etichetta e, quindi, con i soldi contenuti in qualunque altro barattolo Hoffman avrebbe potuto acquistare del cibo), la maggior parte delle persone tende a considerare le proprie risorse monetarie presenti e future come allocate in conti ben separati (i *barattoli*) e non trasferibili. La contabilità mentale è un modo di ragionare trasversale; viene infatti adottato tanto in azienda quanto in famiglia, a livello collettivo oppure individuale. Pensiamo ai budget delle aziende (e anche delle università) dove a ogni voce di bilancio vengono allocate delle risorse. Una volta esauriti i fondi destinati a una voce, non si possono fare ulteriori acquisti imputati alla voce stessa, anche se rimangono fondi inutilizzati destinati ad altri capitoli di spesa. Oppure alle famiglie che strutturano il loro patrimonio presente e futuro in vari conti virtualmente o, talvolta, fisicamente separati per affrontare le spese inerenti la casa, la scuola dei figli, le vacanze, gli imprevisti e così via. Anche quando si tratta di *fortuna* le persone tendono ad attuare ragionamenti di contabilità mentale. Per esempio, i soldi vinti al casinò (i soldi *della casa*) o trovati per strada o, ancora, ricevuti in eredità, spesso sono considerati *diversi* rispetto ai soldi guadagnati col lavoro e si ha tendenza a spenderli con più facilità.

Bias per il presente

Come abbiamo visto nel Capitolo 4, i soggetti possono trovarsi di fronte a scelte che riguardano diversi orizzonti temporali. Capita spesso, infatti, che si debbano prendere delle decisioni che non hanno conseguenze solo sul benessere presente, ma anche su quello futuro. Decidere se risparmiare o indebitarsi è una di queste. Rinunciare a qualcosa oggi per avere di più domani (magari in vecchiaia, quando il reddito sarà più basso e le esigenze sanitarie e assistenziali maggiori), oppure godersi la vita adesso ed essere morigerati in futuro, quando le forze non ci permetteranno più di lavorare e procurarsi il reddito necessario a vivere? Per il classico *Homo Oeconomicus* questo non implica particolari difficoltà: date le preferenze e tutta una serie di calcoli razionali basati sulle stime di tutti quei fattori rilevanti che possono influenzare i redditi futuri e l'aspettativa di vita, il nostro agente economico farà la sua scelta. Secondo il modello economico classico, i soggetti sono dotati di *coerenza dinamica*, ossia, le preferenze per le alternative possibili non cambiano all'avvicinarsi di una data futura. Facciamo un esempio per chiarire questo punto. Immaginate che lunedì vi venga chiesto di scegliere tra il ricevere 10€ sabato oppure aspettare un giorno e ricevere 15€ domenica. Immaginate poi che sabato vi venga riproposta la scelta: 10€ subito o 15€ domani. La coerenza dinamica implica che, se lunedì scegliete di aspettare un giorno in più e ricevere i 15€ domenica, la vostra decisione non dovrebbe cambiare se il sabato vi viene riproposta la scelta. La coerenza dinamica, garantisce che i soggetti siano in grado di mantenere l'autocontrollo e che quindi, una volta giunto il sabato, di fronte alla possibilità di appropriarsi immediatamente di una cifra di denaro (anche se inferiore), i soggetti non cedano alla tentazione. Tuttavia, nella vita reale gli esseri umani sembrano avere enormi problemi di autocontrollo: può succedere che si indebitino oltre misura, a volte mangino troppo o siano fumatori incalliti. Le scelte più difficili per gli esseri umani poi sono quelle che implicano dei costi nel presente per poter poi godere di benefici in futuro. Mettersi a dieta oggi o smettere di fumare è molto costoso in termini di utilità presente, mentre i benefici si vedranno solo in un periodo futuro. Questo perché gli individui sono soggetti a quello che viene definito *bias per il presente*. Tendono cioè a cercare la gratificazione istantanea e attribuiscono un peso rilevante al presente. In altri termini, la tendenza è quella di preferire fortemente i benefici che si possono ottenere ora e di rimandare al domani tutti (o la maggior parte possibile) dei costi. Il *bias* per il presente porta i soggetti a essere dinamicamente incoerenti. È infatti molto probabile che un individuo con un forte *bias* per il presente che decide di godersi ancora una settimana di aperitivi e cene con gli amici e di mettersi a dieta dalla settimana successiva, una volta sopraggiunto il momento di iniziare la cura dimagrante decida di rimandare

BIAS PER IL PRESENTE Tendenza a cercare la gratificazione istantanea e attribuire un peso rilevante al presente.

ancora. Dal punto di vista monetario, il *bias* per il presente potrebbe portare i soggetti a comportarsi come cicale invece che come formiche, con il risultato che tutti conosciamo molto bene.

Ottimismo ed eccesso di fiducia

> **ECCESSO DI FIDUCIA** Tendenza a sopravvalutare le proprie capacità e a sottostimare i rischi.

Se facessimo un sondaggio e chiedessimo agli uomini italiani di valutare le proprie capacità di guida, scopriremmo che l'italiano tipo si reputa un automobilista più abile della media. Questo ovviamente non vale solo per gli italiani e non vale solo quando si parla di guidare una macchina. In generale, gli esseri umani tendono a essere particolarmente ottimisti e sicuri di sé in diversi ambiti della loro vita. Tendono a sopravvalutare le proprie capacità e a sottostimare i rischi. Diversi studi dimostrano come le persone siano propense a sopravvalutarsi sia in termini assoluti (pensano di avere una performance migliore di quella effettiva) che relativi (ritengono di essere migliori della media). Gli abbonamenti annuali alle palestre, che solitamente richiedono il versamento di una rilevante somma di denaro all'inizio e consentono l'accesso illimitato alla palestra per tutto l'anno, sono un prodotto di successo e sono costruiti proprio sull'eccesso di fiducia dei clienti. Questi tipi di abbonamento sono infatti convenienti solo per gli assidui frequentatori che, a fine anno, sopporterebbero una costo ben più elevato se pagassero il biglietto singolo a ogni ingresso. L'eccesso di fiducia però fa sì che molte persone ritengano (erroneamente) di far parte della categoria degli assidui frequentatori, con la conseguenza che il numero di abbonamenti venduti è maggiore della quantità che risulterebbe se le persone stimassero oggettivamente e senza troppo ottimismo il tempo che dedicheranno all'attività fisica. Anche quando si parla di attività finanziarie e imprenditoriali gli esseri umani sono spesso soggetti a eccesso di fiducia in sé stessi. Lo testimonia un sondaggio condotto tra un gruppo di piccoli imprenditori che avevano appena avviato la loro attività.[7] I soggetti intervistati dovevano rispondere a due domande: 1) *Quale ritenete che sia la probabilità di successo di un'impresa come la vostra?*; 2) *Quale ritenete sia la vostra probabilità di successo?* Mentre la risposta più frequente alla prima domanda è 50%, alla seconda la percentuale è salita al 90%, con diversi casi in cui l'intervistato riteneva che la propria attività avrebbe sicuramente avuto successo. La presenza di rischi non annulla quindi gli effetti dell'eccesso di ottimismo, nemmeno quando si parla di ambiti quali la salute e la propria incolumità. Un fumatore incallito è sicuramente informato sui rischi che comporta il fumare, così come chi guida ubriaco sa che tale decisione potrebbe essergli fatale, ma tenderà comunque a pensare "a me non capita".

Falso consenso

> **FALSO CONSENSO** Tendenza a cercare e ad accettare con facilità fatti e prove che supportino il proprio punto di vista, mentre le prove contrarie sono vagliate con attenzione e perfino sospetto.

Un altro *bias* cognitivo piuttosto ricorrente è il falso consenso. Non accade di rado che gli esseri umani siano portati a cercare e ad accettare con facilità fatti e prove che supportino il proprio punto di vista, mentre le prove contrarie sono vagliate con attenzione e perfino sospetto. La facilità con cui sul web si diffondono rapidamente notizie false è in parte dovuta al falso consenso: quando leggiamo un articolo o un post che contengono informazioni che possono corroborare le nostre tesi, siamo portati a trasmetterli immediatamente, senza nemmeno controllare la loro validità e veridicità. Ecco quindi che il web si popola di falsi scienziati e *bufale*.

Il falso consenso può avere degli effetti negativi di notevole entità se non controllato. In campo economico e finanziario potrebbe portare a investire in società

---

[7] Cooper A. C., Dunkelberg W. C., Woo C. Y., "Entrepreneurs' Perceived Chances for Success", *Journal of Business Venturing*, 3,1988, pp.97-108.

poco affidabili o a intraprendere un'attività destinata a fallire se non si è in grado di raccogliere e analizzare oggettivamente le informazioni che arrivano dai mercati.

> **Esercizio svolto 18.1**
>
> Il vostro docente di economia entra in aula e vi chiede di rispondere a una domanda che troverete su un foglietto che sta distribuendo. Sulla metà dei foglietti la domanda è la seguente: *Tra le nazioni aderenti all'ONU, la percentuale di quelle africane è maggiore o minore del 10%? Quale pensate sia una stima approssimativa?* Sull'altra metà dei foglietti la domanda è: *Tra le nazioni aderenti all'ONU, la percentuale di quelle africane è maggiore o minore del 65%? Quale pensate sia una stima approssimativa?* Quando il docente legge le vostre risposte, vi comunica che in media, chi ha ricevuto il foglietto con la prima domanda ha stimato una media percentuale di paesi africani nell'ONU pari al 25%, mentre per l'altro gruppo una stima sensata è il 45%. Qual è il *bias* che ha influenzato le vostre scelte?*
>
> **Soluzione**
>
> Il *bias* che influenza il ragionamento che porta alla risposta è l'ancoraggio. Se non si conosce la risposta, la tendenza è quella di partire dall'unico dato che conosciamo (la percentuale rispetto alla quale ci viene chiesto di esprimerci) e ragionare su quanto plausibilmente il dato reale si discosta. Ma il *bias* dell'ancoraggio rende il punto di partenza attrattivo e la risposta finale ne è un parsimonioso aggiustamento. Ecco perché chi partiva dal 10% vede nel 25% una risposta plausibile, mentre chi partiva dal 65% si ferma mediamente al 45%.
>
> *Studio condotto da Tversky e Kahneman, "Judgment under uncertainty: Heuristics and biases", *Science*, 185, 1974, pp.1124-1131.

> **Esercizio svolto 18.2**
>
> Ipotizziamo che i commercianti nella vostra città pongano prezzi diversi ai loro prodotto a seconda che i clienti paghino con carta di credito o in contanti. I commercianti possono attuare la loro politica dei prezzi in due diversi modi. Una possibilità è indicare come prezzo base quello pagato in contanti e segnalare che, in caso di pagamento con carta di credito, il prezzo subirà una maggiorazione. Un'altra possibilità è indicare come prezzo base quello pagato con carta di credito e fare uno sconto a chi paga in contanti. Quale opzione sarà caldamente consigliata dalle società emittenti carte di credito? Perché?
>
> **Soluzione**
>
> Le società emittenti carte di credito preferiranno la seconda soluzione. Questo perché il prezzo base tenderebbe a diventare un punto di riferimento al quale i consumatori finirebbero con l'ancorarsi. Nel primo caso, indicando come prezzo base quello pagato in contanti, si porterebbe i consumatori a percepire qualunque maggiorazione come una perdita rispetto al prezzo *regolare*. Nel secondo caso invece, il prezzo pagato con carta di credito viene presentato come prezzo *regolare* e lo sconto ottenibile con il pagamento in contanti rappresenterebbe solo un mancato guadagno. La prima soluzione, quindi, facendo leva su una combinazione di due *bias* (ancoraggio e avversione alle perdite) scoraggerebbe maggiormente l'utilizzo delle carte di credito.

18.3 • Preferenze sociali

La teoria dell'*Homo Oeconomicus* su cui si basano tutti i modelli economici presentati in questo manuale (come in tutti i manuali di base di microeconomia), parte dal presupposto che gli agenti economici prendano razionalmente le proprie decisioni con lo scopo di massimizzare il proprio benessere personale. Inoltre, il proprio benessere personale coincide con il (o, più in generale, è funzione del) proprio benessere economico. In altri termini, l'utilità di un generico soggetto i è pari a $U_i = f(x_i)$, dove x_i è il guadagno monetario di i. Questo implica che la tendenza degli esseri umani ad adottare comportamenti prosociali e a conformarsi a norme venga ignorata e, quando in contrasto con la massimizzazione del proprio guadagno personale, addirittura negata. Eppure le persone spesso sono generose, tendono a cooperare, combattono le disuguaglianze, hanno fiducia nel prossimo, reciprocano il comportamento altrui, aderiscono a norme di condotta. Come combinare questo lato sociale degli esseri umani con la teoria economica studiata fino a ora? A partire dalla fine degli anni '80, diversi economisti hanno proposto una serie di modelli economici che tenessero conto del fatto che durante il processo decisionale dei soggetti entrano in campo non solo interessi monetari strettamente personali, ma anche motivazioni sociali.

MODELLI DI ALTRUISMO Modello economico in cui l'aggiunta della componente sociale si traduce nell'inserire nella funzione di utilità di un individuo il benessere monetario altrui.

MODELLI DI AVVERSIONE ALLA DISUGUAGLIANZA Modello economico in cui l'utilità dell'individuo è influenzata, oltre che dalla propria ricchezza, anche dal guadagno monetario degli altri individui in relazione al proprio.

Lo scopo di questi modelli non è sicuramente quello di *cancellare* tutti i principi della teoria economica classica, bensì di arricchire la figura dell'*Homo Oeconomicus* rendendolo più simile all'essere umano che conosciamo.

La caratteristica di questi modelli è aggiungere alla funzione di utilità una componente sociale. Nei più semplici **modelli di altruismo**, l'aggiunta della componente sociale si traduce nell'inserire nella funzione di utilità di un individuo il benessere monetario altrui pesato per un parametro che indica quanto un soggetto è effettivamente mosso da motivazioni sociali. Seguendo i **modelli di avversione alla disuguaglianza** invece, l'utilità del soggetto *i* è influenzata, oltre che dalla propria ricchezza, anche dal guadagno monetario degli altri individui, ma a differenza di quanto accade nei *modelli di altruismo*, il benessere economico degli altri soggetti non rientra in termini assoluti ma relativi rispetto al guadagno di *i*. In altri termini, la componente prosociale fa sì che i soggetti avversi alle disuguaglianze abbiano una *disutilità* quando la ricchezza è distribuita in maniera iniqua. Per Fehr e Schmidt (1999)[8], l'utilità di un soggetto *i* avverso alla disuguaglianza diminuisce se qualcuno è più ricco o più povero. Per Bolton e Ockenfels (2000)[9] invece il confronto non è con i singoli individui, ma con la media. Discostarsi dalla ricchezza media diminuisce il benessere. La differenza principale tra questi due modelli è che per Fehr e Schmidt, cittadini appartenenti alla classe media trarrebbero beneficio se i ricchi cedessero parte della loro ricchezza ai poveri; secondo Bolton e Ockenfels, invece, sarebbero perfettamente appagati.

MODELLI DI RECIPROCITÀ O MODELLI DI CONFORMITA' ALLE NORME Modello economico secondo cui gli individui si "comportano bene" o rispettano le regole solo se anche gli altri fanno lo stesso e (nella seconda tipologia di modelli) se pensano che gli altri si aspettino lo stesso comportamento da loro.

Modelli più sofisticati sono invece quelli in base ai quali i soggetti contestualizzano le proprie scelte e le condizionano alle azioni degli altri. In altri termini, la componente sociale nella funzione di utilità del soggetto *i* si attiva (cioè conta nel suo processo decisionale) solo se anche gli altri si comportano in maniera prosociale. Sono i **modelli di reciprocità** (Rabin, 1993, ne è il promotore)[10] o i **modelli di conformità alle norme** (per esempio Grimalda e Sacconi, 2005)[11] secondo i quali i soggetti si *comportano bene* o rispettano le regole solo se anche gli altri fanno lo stesso e (nella seconda tipologia di modelli) se pensano che gli altri si aspettino lo stesso comportamento da loro. Il comportamento dei cittadini quando si parla di pagare le tasse o rispettare l'ambiente sembra seguire questa linea. Quante volte abbiamo sentito frasi del tipo: perché devo pagare io le tasse quando la maggior parte delle persone, autorità per prime, evadono il fisco? Perché devo fare io la raccolta differenziata se i miei vicini di casa non la fanno? E quante volte ci sentiamo in imbarazzo a gettare un pezzo di carta per terra in una città pulita ben tenuta, mentre non ci facciamo problemi se tutti utilizzano il suolo pubblico come una spazzatura?

18.4 • La complessità delle scelte e il ricorso alle euristiche

Nel Capitolo 15 abbiamo visto come l'informazione giochi un ruolo importante quando gli agenti economici devono prendere delle decisioni. Per l'*Homo Oeconomi-*

---

[8] E. Fehr, E. e K. M. Schmidt, "A theory of fairness, competition and cooperation", *Quarterly Journal of Economics*, 114,1999, pp. 817-51.
[9] G. E. Bolton, A. Ockenfels, "A theory of equity, reciprocity and competition", *American Economic Review*, 90,2000, pp. 166-93.
[10] M. Rabin, "Incorporating Fairness into Game Theory and Economics," *American Economic Review*, 83: 1993, pp. 1281-1302.
[11] G. L. Grimalda G. L, L. Sacconi, "The Constitution of the Not-For-Profit Organisation: Reciprocal Conformity to Morality", *Constitutional Political Economy*, 16, 2005, pp.249-276.

cus, la condizione ideale è avere informazione completa su tutte le opzioni possibili in modo tale da fare la scelta migliore, date le sue preferenze e i suoi vincoli. Nella vita reale la situazione potrebbe essere un po' diversa.

Alcune decisioni economiche richiedono calcoli molto complessi e vagliare con esattezza costi e benefici di ogni singola opzione potrebbe essere estremamente difficile se non impossibile. Il fatto che gli individui (e perfino le aziende!) ricorrano alla contabilità mentale per controllare e contenere le spese, dimostra come nella realtà gli esseri umani siano limitati. E, paradossalmente, mentre per l'*Homo Oeconomicus* aggiungere informazioni e opzioni potrebbe rappresentare un miglioramento, per un essere umano potrebbe rivelarsi un'ulteriore complicazione. In alcuni casi poi, è possibile che le persone abbiano bisogno di fare un po' di esperienza per capire quali sono i propri gusti e quale strategia implementare per raggiungere i propri obiettivi. Niente di strano. Tuttavia, se ci troviamo a prendere delle decisioni in contesti che non si presentano con regolarità ma saltuariamente, questa necessità di apprendimento diventa un vero e proprio limite.

Ecco quindi che, nella vita quotidiana, i soggetti usano **euristiche** (o *regole del pollice*) che hanno appreso nel tempo e che danno risultati soddisfacenti (anche se non ottimali) in quanto semplificano e velocizzano il processo decisionale. Per esempio, scegliere il ristorante dove si fermano i camionisti (loro sì che sanno dove si mangia bene e a buon mercato!) quando ci si trova in una città straniera è una vecchia *regola del pollice* che ci permette di scegliere velocemente un locale senza dover passare ore a prendere informazioni su tutti i luoghi di ristorazione cittadini (rischiando, alla fine, di saltare il pasto). Più in generale, capita spesso che, di fronte a tanti prodotti simili, gli individui adottino dei criteri semplici e approssimativi in base ai quali eliminarne subito una parte per poi soffermarsi su pochi selezionati articoli e valutarne attentamente le caratteristiche. Quando acquisire e/o elaborare un numero notevole di informazioni è particolarmente laborioso, e di conseguenza costoso, affidarsi alla *euristiche* può risultare efficace. Non si tratta quindi di una scelta necessariamente errata. Di solito, quando ci si affida alle euristiche, si applicano delle regole che in passato sono risultate vincenti o comunque funzionanti in maniera soddisfacente per noi o per altre persone. Potrebbe non garantire il risultato ottimale, ma se la perfezione costa troppo in termini di tempo e risorse, potrebbe non valerne la pena.

> **EURISTICHE** "Regole del pollice" che gli individui hanno appreso nel tempo e che danno risultati soddisfacenti (anche se non ottimali) in quanto semplificano e velocizzano il processo decisionale.

18.5 • L'economia sperimentale[12]

La messa in discussione della rappresentatività dell'*Homo Oeconomicus* ha reso sempre più importante la verifica empirica del modello economico classico. Per molto tempo, l'unico metodo ritenuto scientificamente valido si è basato sull'analisi, attraverso tecniche statistico-econometriche, dei dati raccolti tramite l'osservazione dell'evidenza empirica. Per esempio, come spiegare le donazioni filantropiche? Come identificare quei donatori che hanno un ritorno diretto o indiretto dalla loro generosità rispetto a quelli che agiscono realmente per puro altruismo? Una possibilità è raccogliere il maggior numero di informazioni possibili relative a un campione di donatori e al tipo di donazione e analizzare tali dati attraverso modelli econometrici per individuare, *ceteris paribus* (ossia, tenute ferme tutte le altre condizioni), le

---

[12] Un testo introduttivo di economia sperimentale è N. Eber, M. Willinger, *Economisti in Laboratorio*, Universale Paperbacks il Mulino, Bologna, 2009.

possibili motivazioni. Tuttavia, talvolta la realtà è talmente complessa che diventa difficile isolare e misurare tutte le possibili variabili che possono influenzare il comportamento di un soggetto.

Una soluzione viene data dal metodo *sperimentale*. Si tratta di testare i modelli economici e osservare il comportamento degli agenti attraverso degli esperimenti, in modo tale da poter manipolare direttamente le variabili di interesse tenendo costanti o sotto controllo ulteriori fattori che potrebbero influenzare il comportamento dei soggetti. Si tratta di una metodologia relativamente nuova (e considerata con molto scetticismo ancora da molti economisti). Per molto tempo, infatti, gli economisti hanno sostenuto fermamente che la sperimentazione in economia fosse impossibile da applicare e che proprio questa caratteristica la rendesse diversa dalle scienze applicate quali la fisica o la chimica. Celebre è l'affermazione di Paul Samuelson: «Non possiamo affidarci, come il chimico o il biologo, a esperimenti controllati, ma, come l'astronomo, dobbiamo accontentarci essenzialmente di "osservare"».[13] Nel tempo però, questa posizione rigida e ostile nei confronti della tecnica sperimentale ha lasciato spazio a una visione più accondiscendente da parte della comunità scientifica. Nonostante alcuni studiosi siano ancora scettici, il metodo sperimentale applicato alle scienze sociali affianca i tradizionali studi empirici in un numero sempre maggiore di ambiti di ricerca. E vanta anche i suoi premi Nobel. Si tenga conto che la maggior parte dei bias cognitivi e comportamentali si sono potuti studiare nel dettaglio proprio tramite la tecnica sperimentale. Si tratta di una metodologia complementare che non vuole sostituire, bensì affiancare, i metodi di ricerca tradizionali.[14] Esistono diversi tipi di esperimenti. I più diffusi sono gli *esperimenti in laboratorio*, ma ultimamente si stanno diffondendo anche *esperimenti su campo* e di *neuroeconomia*. Nei prossimi paragrafi ne daremo una breve descrizione.

18.5.1 Gli esperimenti in laboratorio

ESPERIMENTI IN LABORATORIO Esperimenti in cui i soggetti sperimentali (solitamente studenti universitari) interagiscono attraverso un'interfaccia informatica che riproduce, in un ambiente controllato, lo scenario economico oggetto dello studio.

Negli esperimenti condotti in laboratorio i soggetti sperimentali (solitamente studenti universitari) interagiscono attraverso un'interfaccia informatica che riproduce lo scenario economico oggetto dello studio. È il tipo di esperimento che permette di mantenere maggiormente sotto controllo le variabili economiche che si vogliono studiare e di isolarle dai fattori estranei che potrebbero influenzare il risultato.

Ma come si arriva a disegnare un esperimento di laboratorio? E come si svolge tecnicamente? Ipotizziamo, per esempio, di voler testare in laboratorio fino a che punto la propensione dei soggetti a donare del denaro è dettata veramente da altruismo e considerazioni di equità e non invece da motivazioni strumentali. La prima cosa che dovremo fare come sperimentatori sarà scegliere uno scenario semplice da implementare in laboratorio, in modo tale che l'eventuale comportamento prosociale dei soggetti non sia dovuto a troppi fattori concomitanti difficilmente isolabili e identificabili. Decidiamo quindi di chiedere ai soggetti di partecipare a quello che viene definito il **gioco del dittatore**. Lo scopo del gioco è allocare una somma di denaro reale (per esempio, 10 €) tra due giocatori: un dittatore e un ricevente. Al dittatore viene attribuito il diritto di decidere come ripartire la somma tra sé e il ricevente potendo scegliere tra due opzioni: a) tenere i 10€ euro e non dare nulla al ricevente; b) dividere equamente la somma tra sé e il ricevente (5€ a testa). Il ricevente non può fare altro che subire la decisione presa dal partner. Ovviamente,

GIOCO DEL DITTATORE Gioco nel quale un giocatore (il dittatore) deve decidere come allocare una somma di denaro reale tra sé e un altro giocatore (il ricevente).

---

[13] Nell'introduzione dell'edizione del 1985 del suo celebre manuale *L'economia*.
[14] A. R. Poteete, M. A. Janssen, E. Ostrom, *Working Together. Collective Action and Multiple Methods in Practice*, Princeton, Princeton U. P., 2010, è una lettura ideale per capire come l'interazione tra diversi metodi di ricerca porti a una conoscenza più approfondita di un fenomeno.

il dato che ci interessa raccogliere e analizzare riguarda la scelta del dittatore. In uno scenario controllato come quello che abbiamo rappresentato in laboratorio (dove le caratteristiche del gioco e l'anonimato escludono la possibilità che il dittatore trasferisca del denaro al ricevente spinto da motivazioni strumentali), qualunque decisione diversa da quella di tenere i 10€ per sé si discosta dal comportamento del classico *Homo Oeconomicus*.

L'esperimento si svolgerà in un ambiente neutro (un laboratorio informatico). I partecipanti verranno invitati a prendere posto all'interno di postazioni isolate (in modo tale da poter escludere ogni possibilità di comunicazione, anche visiva) dove riceveranno istruzioni e compiranno le loro scelte tramite un computer. L'anonimato verrà garantito prima, durante e dopo l'esperimento. Infatti, a ciascun soggetto sarà attribuito un codice identificativo (ID) e qualunque scelta compiuta e qualunque questionario compilato verrà associato solo ed esclusivamente all'ID (mai a nome e cognome del partecipante). Questo implica che ciascun soggetto sa che né gli sperimentatori né gli altri partecipanti potranno mai associare le sue scelte alla sua identità e renderà più probabile il fatto che le scelte dei soggetti non siano dettate da motivazioni reputazionali. Durante la prima fase dell'esperimento i soggetti leggeranno le istruzioni sullo schermo del loro computer mentre uno sperimentatore le leggerà ad alta voce. Questa fase è molto importante, poiché rende i soggetti consapevoli del fatto che tutti i partecipanti hanno ricevuto le stesse istruzioni. Diversamente, le scelte dei soggetti potrebbero essere dettate da errate ipotesi riguardo le informazioni date agli altri partecipanti. Le regole del gioco sono molto semplici, ma dovremo comunque accertarci che siano chiare a tutti i nostri soggetti sperimentali. Chiederemo quindi di rispondere a una serie di domande di controllo per essere sicuri che tutti i partecipanti hanno compreso il gioco e la procedura sperimentale. Solo quando tutti risponderanno correttamente, inizierà il gioco. Si formeranno delle coppie e a ogni partecipante verrà assegnato il ruolo. Dovremo utilizzare un linguaggio neutro per accertarci che i soggetti non siano influenzati dalle *etichette*. Chiameremo quindi il dittatore e il ricevente semplicemente soggetto A e soggetto B. Il soggetto A deciderà come allocare i 10€ e lo comunicherà al soggetto B tramite il computer. Nella videata finale dell'esperimento, ogni soggetto leggerà qual è il compenso che riceverà prima di uscire dal laboratorio. Per il soggetto A sarà la cifra che avrà deciso di tenere per sé, per il soggetto B sarà la somma di denaro che Ad avrà deciso di lasciargli. Prima di ricevere il pagamento, ogni partecipante compilerà un questionario socio-demografico. Questi dati, incrociati alle scelte compiute durante l'esperimento, serviranno a condurre un'analisi statistico-econometrica più robusta, in grado quindi di determinare meglio i fattori che influenzano il comportamento dei soggetti (per esempio, ci permetterà di determinare se le donne sono più generose e se gli studenti di economia sono più portati a ragionare da *Homo Oeconomicus*).

Di solito gli sperimentalisti conducono diverse volte l'esperimento con più gruppi, modificando per alcuni di essi una (e una sola) delle caratteristiche del disegno. Questa procedura permette di analizzare nel dettaglio qual è l'effetto della variabile modificata sul comportamento dei partecipanti *lasciando invariate tutte le altre caratteristiche* e consente di raccogliere maggiori informazioni sulle determinanti del processo decisionale dei soggetti. Per esempio, nel nostro caso, far giocare a soggetti sperimentali il *gioco del dittatore* precedentemente descritto, potrebbe non essere sufficiente a spiegare le motivazioni di un soggetto A che decide di dividere equamente i 10€ tra sé e il soggetto B. Potrebbe essere puro altruismo, ma potrebbe anche essere desiderio di equità. Nel nostro gioco le due motivazioni portano alla stessa scelta, ma in contesti diversi potrebbero dare risultati completamente differenti. Per esempio, nella vita di tutti i giorni, un puro altruista è generoso con il prossimo a prescindere dalle sue condizioni economiche e sociali, mentre chi ha desiderio di equità concentrerà i propri sforzi filantropici nei confronti dei bisognosi. Cosa potremmo fare quindi come sperimentalisti? Una soluzione potrebbe essere condurre altre sessioni sperimentali con altri gruppi di soggetti (con le stesse caratteristiche del precedente) in cui modifichiamo una caratteristica del gioco alla volta. A un gruppo, per esempio, potremmo far giocare il gioco del dittatore in cui, entrando in laboratorio, il soggetto A riceve una dotazione di 5€ mentre il soggetto B una dotazione di 15€. In questo caso un dittatore altruista deciderà comunque di dividere i 10€ con il ricevente, mentre un soggetto avverso alle disuguaglianze (Fehr e Schmidt), deciderà di tenere per sé l'intera somma perché in questo modo entrambi i giocatori otterrebbero un guadagno finale di 15€. Ma il desiderio di equità e giustizia potrebbe avere una natura più complessa e non basata su considerazioni consequenzialiste (ossia, sulla distribuzione finale della ricchezza). Per esempio, un individuo potrebbe trovare giusto ed equo dividere una somma attribuitagli per pura fortuna (essere soggetto A o soggetto B dipende da quale ruolo viene estratto dal computer) mentre potrebbe essere restio a cedere denaro guadagnato. Ecco che un'altra variante del nostro esperimento potrebbe essere l'attribuzione del ruolo in base alla performance ottenuta in un'attività svolta prima del gioco: il dittatore è colui che ottiene il risultato migliore. Come si può facilmente immaginare, potremmo continuare a costruire varianti del nostro gioco sperimentale (e solitamente è ciò che accade nel mondo della ricerca). Per ovvie ragioni ci fermiamo qui, ma nulla impedisce a voi di provare a *disegnare* nuovi esperimenti!

18.5.2 Gli esperimenti su campo

Gli esperimenti in laboratorio sono attualmente i più utilizzati in quanto relativamente facili da implementare e replicare, non eccessivamente costosi (soprattutto quando i soggetti sperimentali sono studenti) e particolarmente idonei a isolare le variabili oggetto di studio. Tuttavia, spesso la validità dei risultati ottenuti tramite questa tipologia di esperimenti viene messa in discussione. L'ambiente neutro, il fatto che i soggetti siano consci di partecipare a un esperimento e, non ultimo, le somme messe in gioco solitamente basse, rendono dubbiosi alcuni economisti (e non) sul fatto che le scelte fatte dai soggetti in laboratorio possano dare indicazioni utili su quello che farebbero nella vita reale.

Gli esperimenti su campo nascono così per cercare di creare una sorta di *trait d'union* tra mondo reale e laboratorio. Lo scopo principale è quello di aggiungere realismo agli scenari senza però perdere eccessivamente il controllo sulle variabili di interesse. Gli esperimenti su campo condotti su popolazioni di indigeni poi hanno giocato un ruolo fondamentale nel mettere in luce come il bagaglio culturale dei soggetti non sia irrilevante nel determinare, nello specifico, il comportamento dei partecipanti agli esperimenti in laboratorio e, più in generale, il processo decisionale degli agenti economici. Per esempio, la diversa concezione di ciò che è equo e giusto potrebbe non dipendere solo dalle preferenze individuali, ma anche dalla propria cultura. Potremmo addirittura pensare che la cultura stessa potrebbe influenzare le nostre preferenze. Un gruppo interdisciplinare di economisti e antropologi ha condotto una serie di esperimenti su campo presso alcune tribù indigene in diverse parti del mondo per vedere se la tendenza o meno a fare scelte di natura prosociale fosse in qualche modo influenzata dalla cultura e dal contesto.[15]

ESPERIMENTI SU CAMPO Esperimenti in cui lo scopo principale è quello di aggiungere realismo agli scenari senza però perdere eccessivamente il controllo sulle variabili di interesse.

---

[15] J. Henrich, R. Boyd, S. Bowles, C. Camerer, E. Fehr, H. Gintis., R. McElreath, "In Search of Homo Economicus: Behavioral Experiments in 15 Small-Scale Societies", *The American Economic Review*, 91, 2001, pp. 73-78.

Gli esperimenti vengono condotti presso i villaggi, generalmente in forma cartacea. Si mantiene quasi sempre l'anonimato e i giochi presentati hanno le stesse caratteristiche di quelli ai quali partecipano solitamente gli studenti universitari in laboratorio. Tuttavia, l'ambiente è decisamente meno neutro e asettico (non ci si può aspettare di trovare un laboratorio attrezzato in un villaggio aborigeno e anche il linguaggio, spesso, deve essere semplificato) e il pagamento dei soggetti avviene talvolta con moneta locale, talvolta con tabacco e altri beni. Un gioco al quale partecipano alcuni gruppi in tutte le popolazioni selezionate è il **gioco dell'ultimatum**. È un gioco molto simile al gioco del dittatore e i risulta essere particolarmente adatto a studiare come i concetti di equità e giustizia possono influenzare il comportamento degli esseri umani. Al *gioco dell'ultimatum* partecipano due tipi di soggetti: il proponente e la controparte. Il proponente ha il compito di fare una proposta su come dividere una cifra di denaro (o un certo quantitativo di beni) tra sé e la controparte. La controparte deve accettare o meno la proposta. Se accetta, la divisione proposta dal proponente viene implementata. Se invece rifiuta, entrambi i partecipanti vanno a casa a mani vuote. Diversamente da quanto accade in esperimenti condotti tra soggetti appartenenti a culture occidentali sviluppate, dove il comportamento degli individui è molto simile, indipendentemente dal paese d'origine, i risultati ottenuti in questi esperimenti su campo sono molto eterogenei. Alcune popolazioni infatti si sono dimostrate particolarmente generose e pronte a condividere; altre si comportano da *Homo Oeconomicus* in misura maggiore di quanto non avvenga nei laboratori sperimentali statunitensi. Semplici preferenze individuali o cultura? Analizzando nel dettaglio i risultati, si può notare come popolazioni abituate a cooperare per procacciare il cibo (per esempio i Lamelara, cacciatori di balene), hanno un atteggiamento più prosociale, mentre popolazioni individualiste e diffidenti nei confronti degli altri (per esempio gli Hazda) prendono decisioni dettate unicamente da egoismo e autointeresse. Un altro risultato interessante e di primo acchito sorprendente è ciò che accade quando le popolazioni Au e Gnau partecipano al gioco dell'ultimatum. In particolare, il dato sorprendente è che la controparte spesso rifiuta delle offerte molto generose da parte del proponente. Ancora una volta la cultura di queste popolazioni fornisce una spiegazione plausibile. È consuetudine tra gli Au e gli Gnau scambiarsi doni sempre più grandi. Ciò implica che accettare oggi un dono significa dover ricambiare in futuro con un regalo ancora più grande. Ecco, quindi, che l'obbligo morale di ricambiare, porta questi soggetti a rifiutare offerte generose. Gli sperimentalisti avevano specificato chiaramente che ognuno avrebbe partecipato al gioco dell'ultimatum una sola volta (tecnicamente il gioco era one-shot) Tuttavia, le scelte di questi individui non erano evidentemente indipendenti dal loro retaggio culturale. È quindi probabile che anche quando un soggetto si trova in laboratorio e partecipa a un gioco, per quanto questo possa essere astratto, la sua tendenza sarà cercare di trovare le analogie con una qualche situazione affrontata nella vita di tutti i giorni e tenderà ad applicare gli stessi processi decisionali mediati dal suo bagaglio culturale.

Esistono diverse tipologie di esperimento su campo. In alcuni casi si tratta semplicemente di riproporre gli stessi esperimenti condotti in laboratorio a gruppi specifici di soggetti nel loro ambiente naturale, talvolta contestualizzando fortemente il gioco e abbandonando il linguaggio neutro. In altri casi lo scenario è altamente realistico e i soggetti non sanno nemmeno di far parte di un esperimento.[16] Esiste quindi una sorta di *trade off* tra *controllo* e *realismo*. In altri termini, man mano che il

> **GIOCO DELL'ULTIMATUM** Gioco nel quale un giocatore propone come allocare una somma di denaro reale tra sé e un altro giocatore, il quale ha la possibilità di accettare o meno.

---

[16] Per un approfondimento relativo alla classificazione degli esperimenti su campo si consiglia la lettura di G. W. Harrison, J. A. List, "Field Experiments," *Journal of Economic Literature*, 42, 2004, pp. 1009-1055.

disegno sperimentale acquisisce realismo, si perde un po' di controllo sulle variabili di interesse.

18.5.3 La nuova frontiera della ricerca sperimentale: la neuroeconomia[17]

Da poco più di un decennio, esiste una nuova branca di studi interdisciplinare che integra metodologie e conoscenze di psicologia, neuroscienze ed economia: la **neuroeconomia**. Gli studi di neuroeconomia tipicamente combinano tecniche di economia sperimentale con metodi di analisi neuroscientifica per identificare quali correlati neurali e quali aree del cervello si attivano durante i processi decisionali dei soggetti che agiscono in contesti economicamente rilevanti. In un classico esperimento di neuroeconomia, un soggetto partecipa a un gioco economico (per esempio, il gioco dell'ultimatum), mentre la sua attività cerebrale viene monitorata attraverso macchinari come la risonanza magnetica o la TAC. Il maggiore contributo di questi studi è l'aver dimostrato che il processo decisionale degli agenti economici non è caratterizzato esclusivamente da meccanismi razionali e controllati, ma è influenzato anche dalla sfera emozionale e istintiva. Per esempio, è emerso che le scelte intertemporali coinvolgono due diversi processi mentali associati all'attivazione di diverse aree cerebrali: scegliere di ottenere qualcosa oggi è il risultato di un processo basato sull'impulsività e sull'emotività ed è correlato all'attivazione del sistema limbico, mentre optare per il consumo futuro è frutto di un calcolo razionale dovuto all'attivazione della corteccia prefrontale. Da diversi studi neuroeconomici emerge poi come negli esseri umani convivano la tendenza all'autointeresse e il desiderio di equità e cooperazione, costantemente regolati da un processo di coordinamento e competizione che spiega come mai in alcune situazioni siamo cinici ed egoisti e in altre generosi e altruisti. Alcuni esperimenti hanno dimostrato come sia comportamenti prosociali che situazioni inique vadano a suscitare emozioni che, a loro volta, condizionano le scelte dei soggetti. Per esempio, comportarsi in maniera prosociale attiva aree del cervello associate al piacere (probabilmente dovuto all'idea di avere fatto la cosa giusta), mentre assistere o essere vittime di azioni inique aumentano l'attività dell'insula, un'area correlata al dolore e al disgusto.

Gli studi neuroeconomici al momento non sono particolarmente diffusi. In alcuni casi perché, come spesso accade per i nuovi approcci, vi è molto scetticismo. In secondo luogo perché questa metodologia, avvalendosi di strumentazioni mediche, è molto più costosa di un classico esperimento di economia. Inoltre, molto spesso i soggetti sperimentali sono studenti di medicina o psicologia che, avendo familiarità con le attrezzature mediche, sono meno soggetti a stress una volta collegati ai macchinari.

> **NEUROECONOMIA** Disciplina che combina tecniche di economia sperimentale con metodi di analisi neuroscientifica per identificare quali correlati neurali e quali aree del cervello si attivano durante i processi decisionali degli individui che agiscono in contesti economicamente rilevanti.

18.6 • Il futuro dell'Homo Oeconomicus

A questo punto, uno studente che ha seguito il corso di microeconomia e che ha studiato diligentemente i primi diciassette capitoli di questo manuale potrebbe legittimamente chiedersi se tutto questo sforzo è servito a qualcosa. Perché studiare

---

[17] Per un approfondimento si consiglia la lettura di C. Camerer, G. Loewenstein, Prelec D., "Neuroeconomics: How Neuroscience Can Inform Economics", *Journal of Economic Literature*, 43, 2005, pp. 9-64.

dei modelli che si basano su una rappresentazione imperfetta dell'uomo? Ci sono alcuni ottimi motivi per farlo.

Prima di tutto, perché riconoscere che in alcune circostanze il comportamento degli agenti economici non può essere spiegato e previsto dai modelli economici tradizionali non significa certo dire che tutte le teorie microeconomiche studiate fino a ora non trovano applicazione nel mondo reale! In molti casi, i modelli fino a ora analizzati spiegano molto bene ciò che accade sui mercati e all'interno delle imprese. E si tenga anche presente che i mercati stessi tendono a operare una sorta di selezione naturale portando gli agenti economici, attraverso le interazioni ripetute nel tempo, ad attuare le strategie più razionali e a mettere da parte i propri *bias*, pena l'esclusione dal mercato. Preferiamo quindi dire che l'*Homo Oeconomicus* non è una rappresentazione errata, bensì incompleta, dell'agente economico. La sezione dedicata alle preferenze sociali evidenzia come un piccolo cambiamento all'interno della funzione di utilità può aumentare notevolmente il potere predittivo ed esplicativo del modello economico. E non mette nemmeno in discussione una caratteristica importante degli agenti economici: la **razionalità**. Un individuo avverso alle disuguaglianze, per esempio, può essere benissimo razionale. È semplicemente un soggetto il cui benessere dipende non solo dalla propria ricchezza, ma anche da quella altrui. E razionalmente può decidere di compiere quelle azioni necessarie per massimizzare la propria utilità, compreso donare del denaro al prossimo.

Un altro buon motivo per studiare microeconomia è che ci può aiutare a correggere e limitare gli effetti negativi dei nostri *bias* cognitivi e comportamentali. Sapere che siamo soggetti a *bias* che, influenzando il nostro processo decisionale, ci allontanano dalla scelta ottima e sapere, in base alle nostre preferenze e ai nostri vincoli, qual è questa scelta ottima, ci può aiutare a prendere decisioni migliori. Se dobbiamo vendere la nostra casa in un periodo in cui il mercato immobiliare è in crisi e, nonostante questo, siamo tentati di fare resistenza quando ci viene offerto un prezzo inferiore alla cifra sborsata per acquistarla, sapere che chi è razionale e non è soggetto all'illusione dei costi sommersi compie una scelta ottima e ci guadagna, forse ci aiuta a rivedere la nostra decisione. Sapere che spesso i commercianti approfittano della nostra tendenza a essere avversi alle perdite e a voler mantenere lo status quo portandoci a fare scelte spesso non ottimali, ci permette di approcciarci a loro con un occhio di riguardo.

D'altro canto, sapere di non essere perfetti come l'*Homo Oeconomicus* ci permette invece di capire quando i *bias* possono essere sfruttati a nostro favore e permette agli architetti delle scelte di organizzare i contesti nei quali dobbiamo prendere le nostre decisioni in modo tale da agevolarci nella ricerca della scelta ottima. Abbiamo già detto che le euristiche ci consentono di prendere rapidamente una decisione quando un'attenta e razionale analisi della situazione ci porterebbe forse alla non scelta, data la complessità dei calcoli necessari per fare la scelta ottima o la difficoltà nell'ottenere informazioni. E ancora, la contabilità mentale ci aiuta a programmare e controllare le spese. Attraverso tecniche di **nudge**, che si basano proprio sull'esistenza di *bias*, si possono poi portare le persone a contribuire al bene pubblico e a rispettare l'ambiente (con conseguenze economiche rilevanti).

In altri termini, con questo capitolo vogliamo aggiungere qualcosa ai precedenti 17 capitoli, non negarne la validità.

RAZIONALITÀ Caratteristica essenziale dell'homo oeconomicus in base alla quale un agente economico compie tutte quelle scelte che massimizzano la propria utilità attesa.

NUDGE Tecnica che prevede la progettazione di ambienti di scelta opportunamente congegnati, per mettere gli individui nelle condizioni migliori di decidere preservando al contempo l'autonomia decisionale.

Approfondimento 18.1
Formulazione e NUDGE

Una delle conseguenze più rilevanti del fatto che gli agenti economici siano esseri umani soggetti a bias, è che il modo in cui una decisione o un problema vengono formulati può influenzare le loro scelte. Si pensi all'esempio delle lotterie che abbiamo utilizzato a inizio capitolo per introdurre l'avversione alle perdite: presentare la stessa lotteria come opportunità di guadagno o perdita modifica le scelte dei soggetti, anche se il risultato finale è lo stesso. Il modo in cui vengono formulate le opzioni di scelta diventa ancora più rilevante quando gli scenari hanno una forte connotazione emotiva ed etica. Immaginate di essere un alto dirigente di un ente nazionale preposto alla salvaguardia della salute che deve decidere quale intervento attuare per affrontare l'emergenza di un virus potenzialmente letale. In assenza di intervento si stima la morte di 600 persone. L'opzione A garantisce la salvezza a 200 persone. L'opzione B invece potrebbe salvare tutti con probabilità 1/3 e nessuno con probabilità 2/3. Cosa scegliereste? Ipotizziamo ora che vi vengano proposte due opzioni diverse. L'opzione C prevede che moriranno certamente 400 persone, mentre l'opzione D stima che non morirà nessuno con probabilità 1/3 e che moriranno tutti con probabilità 2/3. Avete scelto A e D? Se sì, ancora una volta siete vittime del *bias* dell'avversione alle perdite, proprio come i soggetti sperimentali di Tversky e Kahneman[18], che di fronte a opzioni identiche ma emotivamente differenti (nel primo slot di opzioni si parla di vite umane salvate, nel secondo di morti) fanno scelte incongruenti. Ovviamente la teoria economica classica non è in grado né di prevedere né di spiegare tale fenomeno: per l'*Homo Oeconomicus* il modo in cui vengono descritte le diverse opzioni di cui dispone non influenzano le sue preferenze e, di conseguenza, le sue scelte. Eppure è quello che accade quotidianamente. Chi si occupa di marketing sa bene come sfruttare i bias a cui sono soggetti gli individui e conosce il potere delle parole. La tecnica del *puppy dog* (chiamata così perché utilizzata spesso dai venditori di animali) è un esempio di come il venditore vuole sfruttare i bias dell'effetto dotazione e dell'avversione alle perdite dei potenziali acquirenti. Permettere a un cliente di *provare* il prodotto, portandolo a casa e restituirlo nel caso in cui non fosse di gradimento, fa sì che un soggetto cominci a considerarlo come proprio e diventi più penoso rinunciarvi. L'ancoraggio gioca un ruolo fondamentale quando si tratta di sconti o acquisti multipli. Per esempio, negozianti e supermercati mettono ben in evidenza a quanto ammonta lo sconto applicato su un prodotto sia indicando la percentuale che lasciando in bella mostra il prezzo non scontato degli articoli. Questo perché il prezzo iniziale rappresenta un'ancora nel processo cognitivo dei potenziali acquirenti e quello che conta non è il prezzo finale del bene, ma quanto è alto lo sconto. È quindi possibile che, andando al supermercato, vi ritroviate il carrello pieno di articoli scontati che però costano di più di prodotti analoghi venduti a prezzo pieno. Per gli acquisti multipli, il ragionamento è ancora più sottile. Se entrate in un negozio di abbigliamento da uomo e dovete acquistare una completo e una camicia, probabilmente il venditore cercherà di farvi scegliere prima il completo. Perché? Il prezzo di un completo è più alto di quello di una camicia e, una volta acquistato il primo, un individuo potrebbe non essere più disposto a spendere altro denaro. La scelta del venditore sembrerebbe quindi poco attenta. In realtà, un buon commerciante sa che una volta ancorata la percezione dell'acquirente sul prezzo elevato del completo, il prezzo della camicia sembrerà basso. Il contratto di adesione ai vari club del libro, basato sul fatto che, una volta soci, il non fare nulla implica la prosecuzione del rapporto, sfrutta invece la distorsione verso lo *status quo*. Infatti, anche se il prodotto perde di interesse, il semplice fatto di dover iniziare una pratica burocratica relativamente costosa in termini di tempo per sciogliere il contratto, fa sì che i soci tendano a rimanere tali. Se la prosecuzione del rapporto non fosse l'opzione di default, probabilmente questi club conterebbero meno soci.

È però possibile far sì che i *bias* a cui sono soggetti gli esseri umani diventino un punto di forza? È cioè possibile fare leva sui *bias* senza manipolare gli individui per i propri interessi, ma per migliorare invece le loro scelte? Secondo Thaler e Sunstein (2009) la risposta è nel *nudge* (tradotto in italiano come *pungolo* o *spinta gentile*). Motterlini, su Il Sole 24 Ore del 27 marzo 2011 descrive con particolare efficacia il *nudge*. Si tratta di "mettere gli individui nelle condizioni migliori di decidere, attraverso ambienti di scelta opportunamente congegnati in grado di orientarli a fare la cosa giusta, ma che ne preservino al contempo l'autonomia decisionale".

---

[18] A. Tversky, D. Kahneman, "The Framing of Decisions and the Psychology of Choice", *Science* 211,4481,1981, pp.453-458.

Un buon architetto delle scelte (ossia, chi ha il compito di predisporre il contesto nel quale gli le persone fanno le proprie scelte) interessato a rendere più salutare le scelte nelle mense scolastiche e nei self-service potrebbe, per esempio, lavorare sulla distribuzione dei cibi rendendo più facilmente accessibili frutta e verdura rispetto ai dolciumi. Oppure, potrebbe introdurre di default insalata e frutta nei menu, indicando patatine fritte e dolci come variazioni. Il desiderio di conformarsi al comportamento degli altri potrebbe venire sfruttato, attraverso la giusta formulazione, per indurre i soggetti a pagare le tasse oppure a compiere azioni che preservino l'ambiente. Dire, per esempio, che il 50% dei concittadini paga le tasse e fa la raccolta differenziata dei rifiuti ha più effetto che diffondere un messaggio in cui si sottolinea che la metà dei concittadini evade le tasse e getta i rifiuti per strada. Inserire la contribuzione a fondi pensionistici integrativi come opzione di default potrebbe aumentare i risparmi dei lavoratori.[19] Il caso descritto all'inizio del capitolo ha dimostrato come incentivi disegnati sull'avversione alle perdite dei soggetti potrebbero essere efficaci per migliorare la performance lavorativa. Il programma *Bonus Anticipato* ha maggiore successo perché gli insegnanti che ricevono a inizio anno il premio, considerano quella somma parte della loro ricchezza. Dover restituire il premio a fine anno causerebbe una rilevante perdita di utilità, probabilmente maggiore di quella sopportata dagli insegnanti che non ricevono il premio a fine anno nel programma *Bonus Finale*. Le politiche pubbliche potrebbero portare a risultati decisamente più incoraggianti se tenessero conto dei bias ai quali sono soggetti gli esseri umani e implementassero tecniche di *nudge*. Di questa idea è il governo britannico che da tempo si avvale della consulenza del *Behavioural Insights Team (BIT)*, conosciuto anche come *Nudge Unit*. Basta leggere alcuni documenti redatti dal BIT per vedere il successo ottenuto da politiche più a misura di Umani.

Thaler e Sunstein parlano di paternalismo libertario, un ossimoro che rende però molto bene l'idea. Si tratta di paternalismo perché attraverso l'architettura delle scelte si influenzano le scelte degli individui, ma è libertario perché non viene tolta ai soggetti la libertà di fare una scelta. Ciò significa che ai soggetti non vengono impedite determinate scelte né si rendono più onerose (per esempio, attraverso la tassazione o le sanzioni), ma si cerca di pungolare gentilmente verso la direzione desiderata.

Ovviamente, in alcuni casi si potrebbe porre un problema etico. Per esempio, è possibile applicare tecniche di *nudge* per aumentare la percentuale di donatori di organi? Indubbiamente, un maggiore numero di donatori non può che essere considerato un miglioramento paretiano. Anche coloro che non sono nella lista dei donatori, se intervistati, molto probabilmente riconoscerebbero l'importanza di un intervento in tal senso. Che cosa si potrebbe fare quindi? Una soluzione potrebbe essere l'iscrizione di default alla lista di donatori. Sappiamo bene che la distorsione verso lo *status quo* a cui sono soggetti gli esseri umani porterebbe a un vertiginoso incremento dei donatori. Ma, probabilmente, la maggior parte delle persone considererebbe tale procedura poco etica anche se efficace. In un caso come questo, un buon architetto delle scelte potrebbe optare per l'obbligo di scelta inserendo, per esempio, nella domanda di rinnovo della patente una sezione nella quale è obbligatorio esplicitare la propria decisione di acconsentire o meno a diventare donatore (procedura già attuata in alcuni stati americani). Si può (e si dovrebbe) quindi sempre trovare un modo per pungolare i soggetti senza tralasciare gli aspetti etici.

---

[19] Negli Stati Uniti, inserire l'adesione ai piani pensionistici come opzione di default al posto della non adesione ha prodotto risultati sorprendenti: mentre un cospicuo numero di lavoratori non partecipa quando la non scelta implica la non adesione, la quasi totalità non nega il proprio consenso quando la partecipazione è automatica. Per approfondimenti: Madrian B. e Shea D., "The power of Suggestion: Inertia in 401 (k) Participation and Saving Behavior", *Quarterly Journal of Economics*, 116, 2001, pp. 1149-1187.

Riepilogo

- La teoria classica dell'*Homo Oeconomicus* sostiene che un agente economico sia un soggetto razionale e autointeressato, conscio di quali siano le proprie preferenze e i propri vincoli, capace di calcolare con precisione le conseguenze di ogni sua singola scelta in ogni specifico contesto e di attuare la strategia che porta alla massimizzazione del proprio benessere monetario.

- Nel mondo reale può succedere che il comportamento degli esseri umani x, in alcune situazioni, differisca da quello predetto dalla teoria dell'*Homo Oeconomicus* perché: 1) le persone sono soggette sistematicamente a *bias* cognitivi e comportamentali; 2) la massimizzazione del payoff monetario non è l'unica cosa che conta per gli individui; 3) analizzare con precisione costi e benefici di opzioni alternative può essere troppo difficile.

- I *bias* più ricorrenti sono: 1) avversione alle perdite; 2) distorsione verso lo *status quo*; 3) effetto dotazione; 4) ancoraggio; 5) contabilità mentale; 6) *bias* per il presente; 7) ottimismo ed eccesso di fiducia; 8) falso consenso.

- Alcuni economisti hanno aggiunto alla funzione di utilità una componente sociale, in modo da arricchire il modello economico classico e proporre una figura di agente economico più realistica. Tra i principali modelli di preferenze sociali ricordiamo quelli di avversione alle disuguaglianze, di altruismo, di reciprocità e di conformità alle norme.

- Quando ottenere informazioni e analizzare dettagliatamente ogni possibile scelta diventa troppo difficile e costoso, gli individui si affidano a euristiche o *regole del pollice* apprese nel tempo e che danno risultati soddisfacenti anche se non ottimali.

- Gli economisti comportamentali tendono a prediligere l'economia sperimentale come metodologia di studio. Permette infatti di osservare il comportamento degli individui manipolando le variabili di interesse e tenendo costanti o sotto controllo ulteriori fattori che potrebbero influenzare le scelte dei soggetti. Gli esperimenti possono essere in laboratorio o su campo. I primi sono i più utilizzati in quanto permettono maggiormente di isolare le variabili di interesse, mentre i secondi vengono implementati per osservare il comportamento dei soggetti in un contesto meno controllato ma più realistico.

- Anche la neuroeconomia, una branca di studi interdisciplinare che integra metodologie e conoscenze di psicologia, neuroscienze ed economia, ha contribuito ad avere una visione più realistica del processo decisionale degli agenti economici. In particolare, sottolinea come questo non sia caratterizzato esclusivamente da meccanismi razionali e controllati, ma anche da emozioni e istinto.

- Nonostante il modello economico classico non fornisca una rappresentazione perfetta degli esseri umani, studiare microeconomia è comunque indispensabile. In primo luogo, perché il modello dell'Homo Oeconomicus è incompleto e non riesce a spiegare il comportamento umano in determinate circostanze, ma in molti casi, spiega molto bene ciò che accade sui mercati e all'interno delle imprese. In secondo luogo, avere gli strumenti per conoscere quale potrebbe essere la nostra scelta ottima in un determinato contesto, potrebbe aiutarci a non cedere al potere dei *bias*.

- Riconoscere che siamo soggetti a *bias* ci può invece permettere di capire quando qualcuno li sta sfruttando a nostro svantaggio, ma anche come limitarli quando ci possono danneggiare o come utilizzarli quando costituiscono una risorsa. Le tecniche di *nudge* ne sono un esempio.

Domande di ripasso

1. Pensando alla vostra giornata tipo, descrivete almeno tre situazioni nelle quali siete soggetti a uno o più *bias* fra quelli descritti nel capitolo.

2. Avete acquistato da tempo il biglietto per il vostro musical preferito. La sera dello spettacolo vi trovate ad avere l'influenza. State molto male, ma avete speso molti soldi per il biglietto e quindi decidete lo stesso di andare a teatro. Il classico *Homo Oeconomicus* avrebbe preso la stessa decisione? A quale *bias* siete soggetti?

3. Una nota marca di elettrodomestici inserisce nel nuovo catalogo un innovativo robot aspirapolvere. Nonostante il potenziale del prodotto, le vendite sono piuttosto scarse. I responsabili del settore marketing, dopo aver letto un libro di economia comportamentale, decidono di attuare una nuova strategia di vendita: inseriscono nel catalogo un secondo robot aspirapolvere in versione multiaccessoriata con un prezzo nettamente maggiore. Il secondo modello ha poco successo, ma il primo modello comincia ad avere successo. Su quale *bias* hanno fatto leva i responsabili del settore marketing?

4. Un manager che si circonda di persone che la pensano esattamente come lui, a quale bias è soggetto? Quali rischi corre? Cosa potrebbe fare per limitare il suo comportamento da Umano e avvicinarsi maggiormente a un *Homo Oeconomicus*?

5. Marco paga un abbonamento annuale a una piscina. Quando va a nuotare con il suo amico Giacomo (che non è abbonato e quindi paga di volta in volta il biglietto di ingresso), Marco afferma: "io entro gratis". In cosa è sbagliato il suo ragionamento? Quale *bias* lo influenza?

6. Lorenzo si trova in un negozio di abbigliamento per acquistare una camicia al prezzo di 70€. Sua moglie Anna gli telefona per avvisarlo che in un altro negozio, che si trova dalla parte opposta della città, la stessa camicia costa 55€. Lorenzo si reca subito nel negozio dove la camicia viene venduta a un prezzo più basso. La settimana successiva, Lorenzo e Anna si recano in un negozio di elettrodomestici per acquistare una macchina fotografica professionale. Il negoziante vende il modello che piace a Lorenzo al prezzo di 1900€. Anna dice però di aver visto lo stesso modello a 1885€ su un volantino di un negozio che si trova dalla parte opposta della città. Lorenzo decide che non vale la pena spostarsi e acquista la macchina fotografica a 1900€. Perché? Che ragionamento ha fatto?

7. Perché sui pacchetti di sigarette troviamo scritte quali *Il fumo uccide*? Quale *bias* si vuole contrastare?

8. Arianna è un'amante del caffè. Durante la sua giornata lavorativa ordina fino a cinque caffè al bar. Per mettere da parte i soldi necessari per acquistare un paio di costose scarpe firmate, Arianna decide di rinunciare ogni giorno a un caffè e di mettere in un salvadanaio la somma risparmiata. Quale *bias* sta cercando di contrastare? E a quale è invece soggetta?

9. Una persona che decide di fare del volontariato è irrazionale? Un classico *Homo Oeconomicus*, farebbe del volontariato? Suggerimento: per rispondere a questa domanda, pensare se esistono motivazioni autointeressate che potrebbero spingere un individuo a fare del volontariato.

Glossario

Albero del gioco: Un diagramma che mostra le differenti strategie che ogni giocatore può scegliere e l'ordine in cui avvengono le decisioni.

Allocazione dei beni e dei fattori: Una modalità di consumo dei beni e di utilizzo dei fattori produttivi che potrebbe affermarsi in un equilibrio generale in un'economia.

Analisi di equilibrio generale: Un'analisi che determina i prezzi e le quantità di equilibrio in più di un mercato simultaneamente.

Analisi di equilibrio generale: Un'analisi che determina i prezzi e le quantità di equilibrio in più di un mercato simultaneamente.

Analisi di equilibrio parziale: Un'analisi che studia la determinazione di prezzo e quantità di equilibrio in un singolo mercato, prendendo come dati i prezzi in tutti gli altri mercati.

Analisi di equilibrio parziale: Un'analisi che studia la determinazione del prezzo e della produzione di equilibrio in un singolo mercato, considerando come dati i prezzi in tutti gli altri mercati.

Analisi normativa: Un'analisi che, in genere, si concentra su problemi legati al benessere sociale, esaminando ciò che può andare verso o contro il bene comune.

Analisi positiva: Un'analisi che cerca di spiegare come funziona un sistema economico o di predire come cambierà nel tempo.

Area efficiente di produzione: Gli isoquanti sono caratterizzati dalla tipica pendenza negativa.

Area inefficiente di produzione: La regione caratterizzata da isoquanti con pendenza posiva. In tale area almeno un input è caratterizzato da un prodotto marginale negativo.

Asta in busta chiusa al primo prezzo: Un'asta in cui ogni partecipante fa un'offerta senza conoscere quella degli altri partecipanti. Colui che ha fatto l'offerta maggiore si aggiudica il bene e paga un prezzo uguale alla sua offerta.

Asta in busta chiusa al secondo prezzo: Un'asta in cui ogni partecipante fa un'offerta senza conoscere quella degli altri partecipanti. Colui che ha fatto l'offerta maggiore si aggiudica il bene e paga un prezzo uguale alla seconda offerta più alta.

Asta inglese: Un'asta in cui i partecipanti dichiarano le proprie offerte e ciascuno di essi può aumentarle fin quando non resta un solo giocatore con l'offerta più alta, il quale si aggiudica l'oggetto.

Asta olandese discendente: Un'asta in cui il venditore di un bene annuncia un prezzo che viene poi ridotto finché un acquirente si dichiara disposto a comprare a quel prezzo.

Attività di rent-seeking: Attività finalizzate alla creazione o al mantenimento del potere monopolistico.

Avversione al rischio: La caratteristica di un agente che preferisce qualcosa di certo a una lotteria con uguale valore atteso.

Azzardo morale: Un fenomeno per il quale una parte assicurata esercita minore cura rispetto a quanto farebbe in assenza di copertura assicurativa.

Barriere all'entrata: Fattori che consentono a un'impresa già operante in un mercato di godere di profitti economici positivi che al contempo rendono l'ingresso a nuovi entranti non profittevole.

Barriere legali all'entrata: Barriere all'entrata che si verificano quando un'impresa già operante è legalmente protetta contro i potenziali concorrenti.

Barriere strategiche all'entrata: Barriere all'entrata che si verificano quando un'impresa già operante compie precise azioni per impedire l'ingresso nel mercato ai concorrenti.

Barriere strutturali all'entrata: Barriere all'entrata che si verificano quando le imprese operanti godono di vantaggi di costo o di domanda che non rendono profittevole l'ingresso nel mercato di nuovi entranti.

Bene composito: Il bene che rappresenta la spesa totale effettuata per tutti gli altri beni, a esclusione di quello considerato.

Bene di Giffen: Un bene marcatamente inferiore, tale che l'effetto reddito prevale sull'effetto sostituzione, dando origine a una curva di domanda inclinata positivamente in corrispondenza di determinati livelli di prezzo.

Bene escludibile: Un bene il cui accesso può essere impedito ai consumatori.

Bene inferiore: Un bene che il consumatore acquista in quantità minore al crescere del suo reddito.

Bene non escludibile: Un bene che, una volta prodotto, è accessibile a tutti i consumatori; nessuno può essere escluso dal consumo del bene dopo che è stato prodotto.

Bene non rivale: Un bene il cui consumo da parte di una persona non riduce la quantità che può essere consumata da altre persone.

Bene normale: Un bene che il consumatore acquista in quantità maggiore al crescere del suo reddito.

Bene pubblico: Un bene che possiede due caratteristiche distintive: primo, il consumo di una persona non riduce la quantità che può essere consumata da una qualunque altra persona; secondo, tutti i consumatori hanno accesso al bene.

Bene rivale: Un bene il cui consumo da parte di una persona riduce la quantità che può essere consumata da altre persone.

Beni complementi: Due prodotti correlati tali che se aumenta il prezzo di uno, diminuisce la domanda per l'altro.

Beni indifferenziati: Beni e servizi percepiti come omogenei dai consumatori; una delle caratteristiche dell'industria perfettamente concorrenziale.

Beni sostituti: Due prodotti correlati tali che se aumenta il prezzo di uno, aumenta la domanda per l'altro.

Breve periodo: Il periodo di tempo in cui almeno un input non può essere cambiato.

Cartello: Un gruppo di produttori che definisce in modo collusivo il prezzo e la quantità in un mercato.

Concorrenza monopolistica: Un mercato in cui molte piccole imprese offrono prodotti differenziati a un gran numero di consumatori.

Condizione di massimo profitto di un monopolista: La condizione per cui un monopolista massimizza il suo profitto producendo una quantità in corrispondenza della quale il ricavo marginale eguaglia il costo marginale.

Costi affondati: Costi già sopportati e che non si possono più modificare.

Costi contabili: I costi espliciti sostenuti in passato.

Costi economici: La somma dei costi espliciti e dei costi impliciti di un'impresa.

Costi espliciti: Comportano un esborso monetario diretto.

Costi impliciti: Non comportano un esborso monetario.

Costi non affondati: Costi che si sopportano solo se si prende una determinata decisione.

Costo fisso medio: Il costo totale fisso per unità di prodotto.

Costo fisso non recuperabile: Un costo fisso che l'impresa non può evitare se sospende l'attività e produce una quantità nulla.

Costo fisso recuperabile: Un costo fisso che deve essere sostenuto dall'impresa se produce un output positivo ma che non deve essere sostenuto se l'impresa non produce.

Costo fisso totale: Il costo degli input fissi, che non varia al variare dell'output.

Costo marginale di breve periodo: La pendenza del costo totale di breve periodo.

Costo marginale di lungo periodo: Il tasso al quale il costo totale di lungo periodo varia rispetto alla variazione dell'output.

Costo medio di breve periodo: Il costo totale per unità di output in presenza di uno o più fattori fissi.

Costo medio di lungo periodo: Il costo totale di produzione per unità di output, pari al rapporto tra costo totale e quantità o volume di produzione.

Costo medio recuperabile: La somma del costo medio variabile e del costo medio fisso recuperabile.

Costo opportunità: Il valore delle migliore alternativa alla quale si rinuncia per intraprendere un'altra.

Costo totale variabile: La somma della spesa per gli input variabili come il lavoro o le materia prime nell'ipotesi di minimizzazione dei costi di breve periodo.

Costo variabile medio: Il costo totale variabile per unità di prodotto.

Curva del costo marginale multi-impianto: La somma orizzontale delle curve del costo marginale dei singoli impianti.

Curva del costo totale di lungo periodo: Quella curva che mostra come varia il costo totale al variare della quantità prodotta, supposti costanti i prezzi degli input e scegliendo la combinazione di input che minimizzai costi.

Curva del costo totale fisso: Una curva che mostra il costo degli input fissi e non varia con la quantità prodotta.

Curva di costo totale di breve periodo: Una curva che mostra il costo totale minimo relativo alla produzione di un determinato output, quando almeno un input è fisso.

Curva di costo variabile totale: Una curva che mostra la somma della spesa in input variabili, come il lavoro e le materie prime, in corrispondenza della combinazione di input che minimizza i costi nel breve periodo.

Curva di domanda di breve periodo: La curva di domanda che fa riferimento al periodo di tempo in cui il consumatore non può adattare pienamente le proprie abitudini d'acquisto a cambiamenti di prezzo.

Curva di domanda di capitale: Una curva che mostra quanto capitale domanda l'impresa che minimizza i costi al variare del prezzo del capitale.

Curva di domanda di lavoro: Una curva che mostra quanto lavoro domanda l'impresa che minimizza i costi al variare del prezzo del lavoro.

Curva di domanda di lungo periodo: La curva di domanda che fa riferimento al periodo di tempo nel quale il consumatore può adattare pienamente le proprie decisioni di acquisto a cambiamenti di prezzo.

Curva di domanda di mercato: Curva che illustra la quantità di beni che i consumatori sono disposti ad acquistare a differenti livelli di prezzo.

Curva di domanda residuale: In un modello di Cournot, la curva che definisce la relazione tra il prezzo di mercato e l'output di un'impresa quando le imprese rivali mantengono fissa la loro produzione.

Curva di Engel: La curva che mette in relazione la quantità domandata di un bene con il livello del reddito, mantenendo costanti i prezzi di tutti i beni.

Curva di indifferenza: Una curva che unisce un insieme di panieri di consumo che danno al consumatore lo stesso livello di soddisfazione.

Curva di offerta di breve periodo: La curva di offerta che fa riferimento al periodo di tempo in cui il venditore non può adattare pienamente le proprie decisioni di offerta a cambiamenti di prezzo.

Curva di offerta di breve periodo: La curva di offerta che mostra come la scelta della quantità che massimizza il profitto dell'impresa varia al variare del prezzo di mercato, nell'ipotesi che l'impresa non possa modificare tutti i suoi fattori della produzione (per esempio la quantità di capitale o di terra).

Curva di offerta di lungo periodo: La curva di offerta che fa riferimento al periodo di tempo in cui il venditore può adattare pienamente le proprie decisioni di offerta a cambiamenti di prezzo.

Curva di offerta di mercato di breve periodo: La curva che mostra la quantità globalmente offerta da tutte le imprese del mercato per ogni livello del prezzo quando il numero dei produttori è fisso.

Curva di offerta di mercato di lungo periodo: La curva che mostra la quantità totale di output offerta nel mercato a diversi livelli di prezzo, nell'ipotesi che siano stati realizzati tutti gli aggiustamenti necessari (dimensione degli impianti, nuove entrate).

Curva di offerta di mercato: Curva che illustra la quantità di beni che i produttori sono disposti ad offrire a differenti livelli di prezzo.

Curva prezzo-consumo: L'insieme dei panieri che massimizzano l'utilità del consumatore, al variare del prezzo di uno dei beni (mantenendo costanti il reddito e i prezzi degli altri beni).

Curva reddito-consumo: L'insieme dei panieri che massimizzano l'utilità del consumatore, al variare del reddito (mantenendo costanti i prezzi).

Curve di domanda con elasticità costante: Una curva di domanda del tipo $Q = aP^{-b}$ dove a e b sono costanti positive. Il termine $-b$ rappresenta l'elasticità della domanda rispetto al prezzo lungo questa curva.

Deviazione standard: La radice quadrata della varianza.

Differenziazione di prodotto: Una situazione in cui due o più prodotti possiedono attributi che li rendono diversi nella mente dei consumatori, e di conseguenza non perfettamente sostituibili.

Differenziazione orizzontale: Una situazione per la quale, dati due prodotti, alcuni consumatori considerano uno di essi come un sostituto imperfetto dell'altro, e quindi acquisteranno il primo anche se il suo prezzo dovesse essere maggiore di quello dell'altro.

Differenziazione verticale: Una situazione per la quale, dati due prodotti, i consumatori considerano uno di essi migliore oppure peggiore dell'altro.

Dilemma del prigioniero: Un gioco in cui esiste un conflitto tra l'interesse collettivo di tutti i partecipanti e l'interesse individuale dei singoli giocatori.

Diritto di proprietà: Il controllo esclusivo sull'utilizzo di un bene o di una risorsa.

Discriminazione del prezzo di primo grado: La pratica che prevede la vendita di ogni unità di un prodotto al prezzo di riserva dei singoli consumatori (ovvero al prezzo massimo che essi sono disposti a spendere per la singola unità).

Discriminazione del prezzo di secondo grado: La pratica che prevede l'offerta ai consumatori di sconti sulle quantità acquistate.

Discriminazione del prezzo di terzo grado: La pratica che prevede la possibilità di praticare prezzi diversi a differenti gruppi o segmenti di consumatori di uno stesso mercato.

Discriminazione del prezzo: La pratica che prevede l'applicazione ai consumatori di prezzi diversi per lo stesso bene o servizio.

Diseconomie di scala: La produzione è caratterizzata da un costo medio crescente al crescere della quantità.

Distribuzione di probabilità: Una rappresentazione di tutti i possibili payoff di una lotteria e delle probabilità a essi associate.

Domanda anelastica: L'elasticità della domanda al prezzo è tra 0 e 1.

Domanda con elasticità unitaria: L'elasticità della domanda al prezzo è uguale a -1.

Domanda derivata: Domanda di un bene derivante dalla produzione e vendita di altri beni.

Domanda diretta: Domanda di un bene derivante dal desiderio dei compratori di consumare direttamente il bene stesso.

Domanda elastica: L'elasticità della domanda al prezzo è tra -1 e $-\infty$.

Domanda perfettamente anelastica: L'elasticità della domanda al prezzo è uguale a 0.

Domanda perfettamente elastica: L'elasticità della domanda al prezzo è uguale a $-\infty$.

Duopolio: Un mercato in cui esistono solo due imprese.

Eccesso di domanda: Una situazione in cui la quantità domandata a un determinato prezzo supera la quantità offerta.

Eccesso di offerta: Una situazione in cui la quantità offerta a un determinato prezzo supera la quantità domandata.

Economicamente efficiente: (Pareto efficiente): caratteristica di un'allocazione di beni e fattori in un'economia se non esiste alcuna altra allocazione realizzabile dei beni e degli input tale da migliorare la condizione di alcuni consumatori senza danneggiarne altri.

Economicamente inefficiente: (Pareto inefficiente): caratteristica di un'allocazione di beni e fattori in un'economia se esiste un'allocazione alternativa dei beni e degli input tale da migliorare la condizione di tutti consumatori rispetto alla situazione iniziale.

Economie di scala: La produzione è caratterizzata da un costo medio decrescente al crescere della quantità.

Effetto reddito: La variazione che si avrebbe nella quantità consumata di un bene al variare del potere d'acquisto del consumatore, mantenendo costanti tutti i prezzi.

Effetto snob: Un'esternalità negativa di rete che si riferisce alla diminuzione della domanda di un bene quando altri consumatori acquistano quel bene.

Effetto sostituzione: La variazione che si avrebbe nella quantità consumata di un bene quando il prezzo di quel bene cambia, mantenendo costanti tutti gli altri prezzi e il livello di utilità.

Effetto traino: Un'esternalità positiva di rete che si riferisce all'aumento della domanda di un bene quando altri consumatori acquistano quel bene.

Efficienza nella produzione: Una caratteristica dell'allocazione delle risorse per la quale un ammontare fisso di fattori produttivi non può essere riallocato tra le imprese in un'economia senza ridurre il livello di output di almeno uno dei beni prodotti nell'economia.

Efficienza nella sostituzione: Una caratteristica dell'allocazione delle risorse per la quale, dato l'ammontare totale di capitale e lavoro disponibile in un'economia, non è possibile migliorare la situazione di tutti i consumatori producendo di più di un bene e meno di un altro.

Efficienza nello scambio: Una caratteristica dell'allocazione delle risorse per la quale un ammontare fisso di beni di consumo non può essere riallocato tra i consumatori in un'economia senza peggiorare la condizione di alcuni di essi.

Elasticità del costo totale rispetto alla quantità prodotta: La variazione percentuale del costo totale in ragione di una variazione dell'1% della quantità prodotta.

Elasticità dell' offerta rispetto al prezzo: La variazione percentuale della quantità offerta per ogni variazione percentuale del prezzo, mantenendo costanti tutti gli altri fattori da cui dipende l'offerta.

Elasticità della domanda al prezzo: Una misura del tasso di variazione percentuale della quantità domandata rispetto al prezzo, a parità di tutti gli altri fattori che incidono sulla domanda.

Elasticità della domanda di capitale: La variazione percentuale della quantità di capitale che minimizza i costi rispetto a una variazione dell'1% del prezzo del capitale.

Elasticità della domanda di lavoro al prezzo: La variazione percentuale della quantità di lavoro che minimizza i costi rispetto a una variazione dell'1% del prezzo del lavoro o salario.

Elasticità della domanda rispetto al reddito: Il rapporto tra la variazione percentuale della quantità domandata e la variazione percentuale del reddito, mantenendo costante il prezzo e tutti gli altri fattori da cui dipende la domanda.

Elasticità di sostituzione: Una misura di quanto sia facile per un'impresa sostituire il lavoro al capitale e viceversa. Si ottiene dividendo la variazione percentuale del rapporto capitale-lavoro con la variazione percentuale del tasso marginale di sostituzione tecnica lungo un isoquanto.

Elasticità incrociata della domanda rispetto al prezzo: Il rapporto tra la variazione percentuale della quantità domandata di un bene e la variazione percentuale del prezzo di un altro bene.

Equilibrio di Bertrand: Un equilibrio in cui ogni impresa sceglie un prezzo che massimizza il profitto dato il prezzo stabilito delle altre imprese.

Equilibrio di Cournot: Un equilibrio di un mercato oligopolistico in cui ogni impresa sceglie l'output che massimizza il profitto dati gli output fissati dalle altre imprese.

Equilibrio di Nash: Una situazione in cui ogni giocatore sceglie la strategia che gli consente di ottenere il più alto payoff, date le strategie scelte dagli altri giocatori.

Equilibrio perettamente concorrenziale di lungo periodo: Il prezzo e la quantità di mercato per i quali l'offerta uguaglia la domanda, le imprese operanti non hanno incentivo a uscire dall'industria, e le imprese potenziali non hanno incentivo a entrare nell'industria..

Equilibrio: Il punto in corrispondenza del quale il prezzo di mercato non tende a variare fin tanto che le variabili esogene restano costanti.

Equilibrio: Uno stato o una condizione che permane indefinitamente finché un fattore esogeno al sistema rimane costante.

Esternalità di rete: Una caratteristica della domanda che si realizza quando la quantità domandata di un bene da parte di un consumatore dipende dal numero di altri acquirenti di quel bene.

Esternalità: L'effetto che l'azione di un soggetto ha sul benessere di altri consumatori o produttori, al di là degli effetti trasmessi dai cambiamenti nei prezzi.

Esternalità: L'effetto che un'azione di un individuo ha sul benessere degli altri consumatori o produttori, al di là degli effetti trasmessi da variazioni nei prezzi.

Fattori di produzione: Risorse come il lavoro e le materie prime utilizzate nella produzione di un bene.

Fattori produttivi: Risorse che vengono utilizzate per produrre un bene o un servizio.

Free rider: Un consumatore o produttore che non paga per un bene non escludibile, prevedendo che altri consumatori contribuiranno per la sua fornitura.

Frontiera delle possibilità produttive: Una curva che mostra tutte le possibili combinazioni di beni di consumo che possono essere prodotte in un'economia data la quantità disponibile di input.

Frontiera delle utilità possibili: Una curva che unisce tutte le possibili combinazioni di utilità che possono sorgere in corrispondenza delle varie allocazioni economicamente efficienti di beni e di fattori produttivi in un'economia con soltanto due consumatori.

Funzione del prodotto totale: Una funzione di produzione; con un solo input, mostra quanto il prodotto totale dipenda dalla quantità di input impiegata.

Funzione della domanda (tecnica) di lavoro: Indica la quantità minima di lavoro necessaria per produrre un dato ammontare di output.

Funzione di produzione a elasticità di sostituzione costante: Una funzione di produzione che include quella lineare, a proporzioni fisse o Cobb-Douglas, come casi particolari.

Funzione di produzione a proporzioni fisse: Una funzione di produzione dove gli input sono combinati in un rapporto costante tra di loro.

Funzione di produzione Cobb-Douglas: Una funzione di produzione del tipo $Q = AL^{\alpha} K^{\beta}$ dove Q è l'output che deriva dall'impiego di L unità di lavoro e K unità di capitale e dove A, α e β sono costanti positive.

Funzione di produzione lineare: Una funzione di produzione del tipo $Q = aL + bK$ dove a e b sono coefficienti positivi

Funzione di produzione: Una relazione che dimostra la quantità massima di output che un'impresa può produrre date le quantità di input impiegabili.

Funzione di reazione: Una curva che mostra la migliore risposta di un'impresa (ovvero la scelta di quantità o prezzo che massimizza il profitto) per ogni possibile azione di un'impresa rivale.

Funzione di spesa non lineare: Una funzione di spesa in cui la spesa media varia al variare delle unità acquistate.

Funzione di utilità di Cobb–Douglas: Una funzione di utilità del tipo $U = ax^{\alpha}y^{\beta}$

Funzione di utilità quasi lineare: Una funzione di utilità che è lineare in almeno 1 dei beni consumati ma potrebbe essere non lineare negli altri beni.

Funzione di utilità: Una funzione che misura il livello di soddisfazione che un consumatore trae da qualsiasi paniere di beni e servizi.

Funzione obiettivo: La funzione che un decisore cerca di massimizzare o minimizzare.

Giochi sequenziali: Giochi in cui un giocatore (colui che muove per primo) compie un'azione prima di un altro giocatore (colui che muove per secondo). Il secondo giocatore osserva l'azione del primo giocatore e quindi decide l'azione da intraprendere.

Il problema di minimizzazione dei costi: Si determina quale combinazione produttiva comporti i costi minimi per l'impresa che intende realizzare un certo livello produttivo.

Il solido del prodotto totale: Una figura tridimensionale della funzione di produzione.

Imposta sulle emissioni: Una tassa imposta sull'inquinamento che viene rilasciato nell'ambiente.

Incidenza di una tassa: Misura dell'impatto di una tassa sui prezzi che i consumatori pagano e che i venditori ricevono in un mercato.

Indice di Lerner: Una misura del potere monopolistico di un'impresa; il mark-up percentuale del prezzo sul costo marginale, $(P - MC)/P$.

Industria a costi costanti: Un'industria in cui gli incrementi o le riduzioni dell'output dell'industria non hanno effetti sui prezzi degli input.

Industria a costi crescenti: Un'industria nella quale incrementi nell'output fanno aumentare i prezzi degli input.

Industria a costi decrescenti: Un'industria nella quale incrementi nell'output portano alla diminuzione del prezzo di alcuni o tutti gli input.

Industria frammentata: Un'industria in cui sono presenti molti acquirenti e venditori; una delle caratteristiche dell'industria perfettamente concorrenziale.

Induzione all'indietro: Una procedura per risolvere un gioco sequenziale che prevede di iniziare dalla fine del gioco e di trovare la decisione ottimale per ogni giocatore in ciascun nodo decisionale.

Informazione asimmetrica: Una situazione nella quale una parte ha maggiori informazioni sulle proprie azioni e/o caratteristiche rispetto a un'altra parte.

Input inferiore: Un input o fattore il cui impiego diminuisce – nell'ipotesi di minimizzazione dei costi – quando l'impresa intende produrre un maggior output.

Input normale: Un input o fattore il cui impiego aumenta – nell'ipotesi di minimizzazione dei costi – quando l'impresa intende produrre un maggior output.

Input specifici di un'industria: Input che vengono utilizzati solo dalle imprese che operano in una specifica industria e non dalle altre all'interno di un sistema economico.

Input: Risorse come il lavoro, i macchinari e gli impianti, le materie prime, che consentono, combinate, di realizzare prodotti finiti.

Insieme di produzione: La combinazione di input e output realizzabile date le tecnologie e le conoscenze disponibili.

Inverse elasticity pricing rule (IEPR): La regola secondo la quale la differenza tra il prezzo di massimo profitto e il costo marginale, espresso in percentuale sul prezzo, è uguale all'inverso (negativo) dell'elasticità della domanda rispetto al prezzo.

Isocosto: Tutte le possibili combinazioni di lavoro e capitale alle quali corrisponde lo stesso costo totale.

Isoquanto: Una curva che mostra tutte le combinazioni di lavoro e capitale per le quali l'output risulta costante.

L'impresa che minimizza i costi: L'impresa che cerca di minimizzare i costi della produzione di un determinato livello produttivo.

La regola del punto medio del monopolista: Una regola che stabilisce che il prezzo ottimale del monopolista operante con costi marginali costanti e una curva di domanda lineare, si trova a metà tra l'intercetta verticale della curva di domanda (ovvero il prezzo di riserva) e l'intercetta verticale della curva del costo marginale.

Legge dei rendimenti decrescenti: All'aumentare del fattore produttivo variabile impiegato, dati tutti gli altri fattori (in un ammontare fisso), si raggiunge un livello di output totale oltre il quale il prodotto marginale del fattore variabile è destinato a diminuire.

Legge del prezzo unico: In un'industria perfettamente concorrenziale, la proprietà in base alla quale tutte le transazioni tra acquirenti e venditori avvengono a un unico e comune prezzo di mercato.

Legge dell'offerta: La relazione positiva fra prezzo e quantità offerta, quando tutti gli altri fattori che influenzano l'offerta sono tenuti costanti.

Legge della domanda: La relazione inversa che lega prezzo e quantità domandata di un bene, quando tutti gli altri fattori che influenzano la domanda sono tenuti costanti.

Legge di Walras: La legge che afferma che in un equilibrio generale concorrenziale con N mercati, se l'offerta uguaglia la domanda nei primi $N-1$ mercati, allora l'offerta uguaglierà la domanda anche nell'N-esimo mercato.

Libertà di entrata: Caratteristica di un'industria in cui ciascun potenziale entrante ha accesso alla medesima tecnologia e agli stessi input produttivi delle imprese già insediate.

Linea di bilancio: L'insieme di panieri che un consumatore può acquistare spendendo tutto il suo reddito disponibile.

Lotteria: Un qualunque evento il cui esito è incerto.

Lungo periodo: Un periodo di tempo sufficientemente lungo per consentire all'impresa di variare gli input come desidera.

Maledizione del vincitore: Un fenomeno per il quale il vincitore di un'asta a valori comuni potrebbe aver dichiarato un'offerta superiore al valore intrinseco dell'oggetto.

Mercato con un'impresa dominante: Un mercato in cui un'impresa possiede una notevole quota di mercato, ma compete con molte piccole imprese, ognuna delle quali vende un prodotto indifferenziato.

Mercato di monopsonio: Un mercato costituito da un unico acquirente e da molteplici venditori.

Migliore risposta: La scelta dell'output che massimizza il profitto di un'impresa dati i livelli di output delle imprese rivali.

Modello di oligopolio di Satckelberg: Una situazione in cui un'impresa agisce come leader nelle quantità, scegliendo per prima il suo livello di produzione, mentre tutte le altre imprese agiscono come follower.

Monopolio naturale: Un mercato in cui, per qualsiasi livello rilevante di output dell'industria, il costo totale di una singola impresa che produce quell'output risulta minore della somma dei costi totali di due o più imprese che si dovessero dividere la medesima produzione.

Mosse strategiche: Azioni che un giocatore intraprende in uno stadio iniziale di un gioco e che alterano il comportamento di tutti i giocatori nelle fasi successive del gioco in un modo che risulta più favorevole a colui che le ha poste in essere.

Neutralità al rischio: La caratteristica di un agente che confronta le lotterie in base al loro valore atteso ed è indifferente tra qualcosa di certo e una lotteria con uguale valore atteso.

Oligopolio con prodotti differenziati: Un mercato in cui poche imprese offrono prodotti che sono tra loro sostituti ma che differiscono per attributi, performance, packaging e immagine.

Oligopolio con prodotti omogenei: Un mercato in cui poche imprese vendono prodotti che sono virtualmente uguali in termini di attributi, performance, immagine e prezzo.

Ordinamento cardinale: Misura quantitativa dell'intensità della preferenza di un paniere rispetto a un altro.

Ordinamento ordinale: Ordinamento che indica se un consumatore preferisce un paniere ad un altro, ma non fornisce informazioni di tipo quantitativo sull'intensità delle preferenze.

Ottimizzazione vincolata: Uno strumento d'analisi per attuare scelte migliori (ottimali), prendendo in esame qualsiasi limitazione o restrizione nella scelta.

Ottimo interno: Un paniere ottimo in corrispondenza del quale il consumatore acquista quantità positive di tutti i beni.

Output: Il volume o la quantità di bene o servizio prodotto da un'impresa.

Paniere: Una combinazione di beni e servizi acquistabili da un consumatore.

Perdita secca di benessere dovuta al monopolio: La differenza tra il benessere sociale che si otterrebbe se il mercato fosse di concorrenza perfetta e il beneficio ottenuto nell'equilibrio di monopolio.

Perdita secca: La riduzione del beneficio economico netto risultante da un'inefficiente allocazione delle risorse.

Perfetta informazione sui prezzi: Piena conoscenza, da parte dei consumatori, dei prezzi praticati da tutti i venditori; una delle caratteristiche dell'industria perfettamente concorrenziale.

Perfetti complementi (nella produzione): Input impiegati in una funzione di produzione a proporzioni fisse.

Perfetti complementi: Due beni che il consumatore vuole sempre consumare in proporzione fissa.

Perfetti sostituti (nella produzione): Input caratterizzati da un tasso marginale di sostituzione costante.

Perfetti sostituti: Due beni per i quali il MRS è costante e quindi le curve di indifferenza sono linee rette.

Polizza assicurativa equa: Una polizza assicurativa nella quale il premio è uguale al valore atteso del pagamento promesso.

Potere di mercato: La capacità di un agente economico di influenzare il prezzo di mercato di un bene.

Preferenze del consumatore: Dati due panieri qualsiasi forniscono delle indicazioni sulla desiderabilità dell'uno rispetto all'altro, ipotizzando che i panieri siano acquistabili a costo zero.

Preferenze rivelate: Metodo che consente di determinare come un consumatore classifichi i suoi panieri in ordine di preferenza, osservando come cambiano le scelte del consumatore in seguito a variazioni di prezzo dei beni o a variazioni di reddito.

Prezzo di chiusura: Il prezzo al di sotto del quale nel breve periodo l'impresa chiude la produzione.

Prezzo limite: Una strategia per la quale l'impresa dominante mantiene il suo prezzo al di sotto del livello che massimizza il profitto corrente al fine di ridurre il tasso di espansione della frangia competitiva.

Price-taker: Un venditore o un compratore che prende il prezzo del bene o servizio come dato quando deve decidere la quantità da domandare (acquirente) o da offrire (venditore).

Principio dell'utilità marginale decrescente: Tale principio dice che oltre un certo limite, all'aumentare del consumo di un bene, l'utilità marginale di quel bene inizia a diminuire.

Probabilità soggettive: Probabilità che riflettono le convinzioni di singoli soggetti su eventi rischiosi.

Probabilità: La possibilità che si realizzi un determinato esito della lotteria.

Problema di minimizzazione della spesa: La scelta del consumatore di un paniere di beni che minimizza la spesa totale per raggiungere un determinato livello di utilità.

Prodotto (produttività) marginale del lavoro crescente: Il tratto della funzione del prodotto totale al quale corrisponde un incremento più che proporzionale del prodotto per ogni unità in più di lavoro impiegata.

Prodotto (produttività) marginale del lavoro decrescente: Il tratto della funzione del prodotto totale al quale corrisponde un incremento meno che proporzionale del prodotto per ogni unità in più di lavoro impiegata.

Prodotto marginale del lavoro: Di quanto varia il prodotto totale in ragione di una variazione (discreta o piccola o infinitesima) della quantità di lavoro impiegata dall'impresa.

Prodotto medio del lavoro: L'output che si ottiene, in media, da ogni unità (ora) di lavoro.

Prodotto totale del lavoro decrescente: Il tratto della funzione al quale corrisponde una diminuzione dell'output totale per ogni unità in più di lavoro impiegata.

Profitto economico: La differenza tra i ricavi dell'impresa e i costi economici, inclusi i costi opportunità.

Progresso tecnologico a risparmio di lavoro: Il progresso tecnologico che determina un prodotto marginale crescente del capitale, rispetto al prodotto marginale del lavoro.sostituzione tecnica tra i due fattori.

Progresso tecnologico neutrale: Il progresso tecnologico che consente di diminuire le quantità di lavoro e di capitale per ottenere un dato output, senza che vari il tasso marginale di sostituzione tecnica tra i due fattori.

Progresso tecnologico risparmio di capitale: Il progresso tecnologico che determina un prodotto marginale crescente del lavoro, rispetto al prodotto marginale del capitale.

Progresso tecnologico: Una variazione del processo produttivo che consente a un'impresa di ottenere un maggior output da una data combinazione di input o il medesimo output da minori quantità di input.

Propensione al rischio: La caratteristica di un agente che preferisce una lotteria a qualcosa di certo il cui valore è uguale al valore atteso della lotteria.

Punto d'angolo: Una soluzione al problema di scelta ottima del consumatore, in cui uno dei due beni non viene consumato: in questo caso il paniere ottimo si trova su uno degli assi.

Rapporto capitale-lavoro: È il rapporto tra capitale e lavoro

Rendimenti di scala costanti: A un incremento della medesima proporzione di tutti gli input, l'output aumenta della medesima misura.

Rendimenti di scala crescenti: A un incremento della medesima proporzione di tutti gli input, l'output aumenta più che proporzionalmente.

Rendimenti di scala decrescenti: A un incremento della medesima proporzione di tutti gli input, l'output aumenta meno che proporzionalmente.

Rendimenti di scala: Di quanto aumenta percentualmente l'output al crescere di tutti gli input di una determinata percentuale.

Rendita economica: Il surplus economico che è attribuibile agli input molto produttivi la cui offerta è scarsa.

Ricavo marginale: Il saggio al quale varia il ricavo totale al variare dell'output.

Ricavo medio: Ricavo totale per unità di output (ovvero il rapporto tra ricavo totale e quantità).

Risorsa di proprietà comune: Una risorsa, come un parco pubblico, un'autostrada, o la rete Internet, alla quale chiunque può avere accesso.

Saggio marginale di sostituzione (MRS): Il tasso al quale il consumatore è disposto a rinunciare a un bene per avere di più dall'altro bene, mantenendo l'utilità costante.

Saggio marginale di sostituzione decrescente: Una caratteristica delle preferenze del consumatore per la quale il MRS di un bene per un altro cala quando aumenta il consumo del primo bene lungo la curva di indifferenza.

Saggio marginale di trasformazione: Il valore assoluto della pendenza della frontiera delle possibilità produttive.

Scelta ottima: La scelta di un consumatore riguardo un paniere di beni che (1) massimizza la sua soddisfazione (utilità) e (2) gli consente di rimanere entro il suo vincolo di bilancio.

Selezione avversa: Un fenomeno per il quale un aumento del premio assicurativo aumenta la rischiosità complessiva dell'insieme di individui che acquistano la polizza.

Selezione: Un processo di classificazione dei consumatori basato su una certa caratteristica che (1) l'impresa è in grado di accertare (quale, per esempio, l'età), e che (2) è strettamente collegata a un'altra caratteristica del consumatore che l'impresa vorrebbe osservare ma non è in grado di conoscere (quale la disponibilità a pagare, o l'elasticità della domanda).

Sentiero di espansione: La linea che unisce tutte le combinazioni di ottimo degli input, al variare dell'output e invariati i prezzi degli input.

Standard di emissione: Il limite fissato dal governo sulla quantità di inquinamento che può essere emessa.

Statica comparata: Un tipo di analisi utilizzata per esaminare come un cambiamento in qualche variabile esogena influisca sul valore assunto da alcune variabili endogene di un sistema economico.

Strategia dei beni danneggiati: una strategia di versioning che prevede la creazione da parte dell'impresa di una versione di prodotto di qualità inferiore rispetto a quello originariamente venduto, attraverso un deliberato peggioramento.

Strategia dominante: Una strategia che risulta la migliore tra quelle a disposizione del giocatore, a prescindere da quale strategia l'altro giocatore adotterà.

Strategia dominata: Una strategia a fronte della quale ne esiste un'altra che offre sempre al giocatore un payoff maggiore, indipendentemente dalle scelte del rivale.

Strategia mista: Una scelta tra due o più strategie pure basata su probabilità prestabilite.

Strategia pura: Una specifica scelta di una strategia tra quelle possibili per un giocatore.

Strategia: Un piano di azioni che un giocatore potrà intraprendere in ogni possibile circostanza che egli si trovi ad affrontare.

Surplus del consumatore: La differenza tra la somma massima che un consumatore è disposto a pagare per un bene e la somma che effettivamente deve pagare per acquistare quel bene.

Surplus del produttore: Una misura del beneficio monetario netto di cui i produttori godono offrendo un bene a un prezzo dato.

Tariffa a blocchi: Una forma di discriminazione del prezzo di secondo grado in cui i consumatori pagano un prezzo per le unità appartenenti al primo blocco acquistato (fino a una data quantità) e un prezzo diverso (generalmente inferiore) per ogni unità addizionale acquistata nel secondo blocco.

Tasso marginale decrescente di sostituzione tecnica: proprietà di una funzione di produzione per la quale il tasso marginale di sostituzione tecnica del lavoro al capitale diminuisce all'aumentare della quantità di lavoro impiegata lungo un medesimo isoquanto.

Tasso marginale di sostituzione tecnica tra lavoro e capitale: Il tasso al quale la quantità impiegata di capitale può essere ridotta per ogni unità di aumento nella quantità di lavoro tenendo costante il livello di prodotto finale.

Tecnologicamente efficiente: Lo sono le combinazioni per le quali l'impresa produce l'output massimo possibile in ragione dell'ammontare di fattore (lavoro) disponibile.

Tecnologicamente inefficiente: Lo sono le combinazioni per le quali l'impresa realizza un output inferiore rispetto a quanto potrebbe, impiegando adeguatamente il fattore (lavoro) disponibile.

Teorema dell'equivalenza dei redditi: Quando i partecipanti a un'asta hanno valori privati, una qualunque tipologia di asta genererà, in media, lo stesso ricavo totale per il venditore.

Teorema di Coase: Il teorema che afferma che, indipendentemente da come i diritti di proprietà sono assegnati, in presenza di esternalità l'allocazione delle risorse sarà efficiente quando le parti possono negoziare tra di loro senza costi.

Teoria del giochi: Il ramo della microeconomia relativo all'analisi delle decisioni ottimali in situazioni competitive.

Tit-for-tat: Una strategia per la quale nel periodo corrente un giocatore si comporta nei confronti del rivale nello stesso modo in cui quest'ultimo si è comportato nel periodo precedente.

Uguale accesso alle risorse: Condizione per la quale le imprese – quelle presenti e le potenziali entranti – hanno accesso alla medesima tecnologia e ai medesimi input produttivi; una delle caratteristiche dell'industria perfettamente concorrenziale.

Utilità attesa: Il valore atteso dei livelli di utilità che il decisore riceve dai payoff di una lotteria.

Utilità marginale: Il saggio a cui l'utilità totale varia a seguito di un incremento nel livello del consumo.

Valore atteso: Una misura del payoff medio generato da una lotteria.

Valore di riserva: Il rendimento che il proprietario di un input potrebbe ottenere impiegando l'input nel migliore uso alternativo al di fuori dell'industria.

Valori comuni: Una situazione nella quale un bene posto all'asta ha lo stesso valore intrinseco per tutti gli acquirenti, ma nessuno di essi lo conosce esattamente.

Valori privati: Una situazione nella quale ogni offerente ha una valutazione personale dell'oggetto in asta.

Vantaggio assoluto: Un paese ha un vantaggio assoluto su un altro paese nella produzione del bene *x* se la produzione di un'unità del bene *x* nel primo paese richiede l'impiego di minori unità di una risorsa scarsa (per esempio, il lavoro) rispetto a quante ne richiede nel secondo paese.

Vantaggio comparato: Un paese ha un vantaggio comparato rispetto a un altro paese nella produzione del bene *x* se il costo opportunità di produrre un'unità addizionale del bene *x* – espresso in termini di unità del bene *y* alle quali si rinuncia – è minore nel primo paese rispetto al secondo.

Variabile endogena: Una variabile il cui valore è determinato all'interno del modello economico in esame.

Variabile esogena: Una variabile il cui valore è considerato come dato nell'analisi di un sistema economico.

Varianza: La somma dei quadrati degli scostamenti dei possibili esiti della lotteria, ponderati per le rispettive probabilità.

Variazione compensativa: La misura monetaria di quanto denaro un consumatore sarebbe disposto a rinunciare dopo la riduzione di prezzo del bene per mantenere lo stesso livello di benessere iniziale, ovvero prima della riduzione del prezzo.

Variazione equivalente: La misura monetaria di quanto denaro in più un consumatore richiederebbe prima di una riduzione di prezzo del bene per avere il livello di benessere che avrebbe dopo la riduzione del prezzo.

Vendita a pacchetto (bundling): Una forma di vendita abbinata per la quale l'impresa richiede ai consumatori che acquistano un suo prodotto di comprare anche un altro suo bene.

Vendita abbinata (tying): Una tecnica di vendita che prevede che i consumatori possano acquistare un prodotto solo a patto di comprarne anche un altro.

Versioning: Una strategia che prevede la vendita di due o più versioni di un prodotto con differenti livelli di qualità a prezzi diversi.

Vincoli: Le restrizioni o limiti imposti al decisore in un problema di ottimizzazione vincolata

Vincolo di bilancio: L'insieme di panieri acquistabili da un consumatore che dispone di un reddito limitato.

Indice analitico

A
accisa, 299
albero del gioco, 433
allocazione, 535
    dei beni, 535
    dei fattori, 536
    di risorse scarse, 3
    economicamente
        efficiente, 538
    economicamente
        inefficiente, 538
altre elasticità, 38
analisi:
    di equilibrio, 5, 9
        generale, 297, 517
        generale con molti
            mercati, 521
        generale, statica
            comparata, 530
        parziale, 297, 517
    di statica
        comparata, 27
    normativa, 17
    positiva, 17
angolo:
    con beni perfetti
        sostituti,
        soluzione di, 97
    punto di, 95
    soluzione di, 95
assicurazione, 494
asta/e, 502, 503, 507
    con valori:
        comuni, 508
        privati, 503
    in busta chiusa:
        al primo prezzo, 503
        al secondo prezzo, 507
    inglese, 506
    olandese, 503
aumento:
    dell'offerta, 28
    della domanda, 28
    di prezzo sulla linea
        di bilancio,
        effetto di un, 86
avversione al rischio, 491
azzardo morale, 497

B
barriere:
    all'entrata, 369
    legali, 369
    strategiche, 369
    strutturali, 369
bene/i:
    allocazione dei, 535
    complementi, 41
    composito, 98
    danneggiati, strategia dei, 401
    di Giffen, 132
    escludibile, 582
    indifferenziati, 251
    inferiore, 124, 132
    non escludibile, 582
    non rivale, 581
    normale, 123
    perfetti sostituti, soluzione
        di angolo con, 97
    pubblico, 563, 582, 583
        offerta efficiente, 583
    rivale, 582
    sostituti, 41
beneficio:
    economico netto, 300, 305, 311,
        329, 364, 374
    netto, 329, 332
    sociale netto, perdita di, 307,
        311, 314, 316, 318, 330
benessere:
    economia del, 545, 546
    monopolio, economia del, 364
    primo teorema fondamentale,
        economia del, 545
    secondo teorema
        fondamentale,
        economia del, 546
Bertrand, oligopolio di, 458
bilancio:
    effetto:
        di un aumento di prezzo
            sulla linea di, 86
        di una variazione di reddito
            sulla linea di, 85
    intertemporale, vincolo di, 111
    linea di, 83, 84, 85, 86, 96
    retta di, 83, 84
    una variazione:
        del prezzo, linea di, 86
        del reddito, linea di, 85
    vincolo di, 83, 84
blocchi, tariffa a, 388
breve periodo, 203
    costo:
        di, 241
        marginale di, 243
        medio di, 243
    curva:
        di costo totale di, 241
        di offerta di, 257
    di un'impresa price-taker,
        curva di offerta di, 260
    equilibrio di, 256
        concorrenza perfetta
            di, 266, 267, 269, 271,
            274, 276
bundling:
    misto, vendite
        a pacchetto, 404, 406
buoni sconto, 397

C
capacità, discriminazione
    in presenza di vincoli di, 399
capitale, progresso tecnologico
    risparmio di, 191
cartello, 362
CES, funzione di produzione
    di elasticità costante, 184
chiusura, prezzo di, 261
Coase, teorema di, 578
Cobb-Douglas, funzione:
    di produzione di, 184
    di utilità di, 75
completezza, 57
concorrenza:
    monopolistica, 449
    perfetta, 251
        di breve periodo,
            equilibrio di, 266, 267,
            269, 271, 274, 276
condizione:
    di massimo profitto
        di un monopolista, 340
    di tangenza in un paniere

non ottimo, 91
consumatore/i:
　ottimizzazione vincolata
　　scelta del, 7
　scelta:
　　del, 98
　　ottima del, 87
　surplus del, 140, 297, 299, 309, 315, 321, 324, 325, 327, 332
　teoria della scelta del, 57
costo/i, 9
　contabili, 200
　costanti, industria a, 276
　decrescenti, industria a, 278
　di breve periodo, 257
　espliciti, 198
　affondati, 200
　fisso/i:
　　medio, 243
　　non recuperabili, 257
　　recuperabili, 257
　　totale, 217
　impliciti, 198
　marginale, 9, 351
　　di breve periodo, 243
　　di lungo periodo, 232
　　multi-impianto,
　　　curva di, 360
　medio, 244, 255
　　di breve periodo, 243
　　di lungo periodo, 232
　　di lungo, curva di, 235
　　recuperabile, 262
　minimizzazione dei, 203, 292
　opportunità, 198
　sociale, 297, 307, 327
　totale, 204
　　di breve periodo,
　　　curva di, 241
　　di lungo periodo, 227
　　fisso, curva di, 241
　　variabile, 217
　　variabile, curva di, 241
　　variabile medio, 243
Cournot, oligopolio di, 450
curva/e:
　di costo:
　　marginale
　　　multi-impianto, 360
　　medio di lungo, 235
　　totale di breve periodo, 241
　　totale fisso, 241

　　totale variabile, 241
　di domanda, 24, 27, 33, 34, 120
　　bene di Giffen, 133
　　di mercato, 22
　　equazione di, 126
　　inversa, 34
　　residuale, 450
　　rispetto al prezzo,
　　　elasticità della, 34
　di Engel, 123
　di indifferenza, 65
　di offerta, 23, 24, 26
　　di breve periodo, 257
　　di breve periodo di
　　　un'impresa price-taker, 260
　　di mercato, 23
　　di mercato di lungo
　　　periodo, 274
　prezzo-consumo, 119
　reddito-consumo, 122
　　funzione di utilità quasi
　　　lineare, 138

D

damaged goods strategy, 401
densità, economie di, 238
deviazione standard, 486
differenziazione:
　del prodotto, 353, 467
　　orizzontale, 467
　　verticale, 467
dilemma del prigioniero, 418, 429
　ripetuto, 429
diminuzione:
　dell'offerta, 28
　della domanda, 28
diritto di proprietà, 578
discriminazione:
　del prezzo, 381
　　condizioni, 381
　　di primo grado, 383
　　di secondo grado, 387
　　di terzo grado, 393, 4398
　　in presenza di vincoli
　　　di capacità, 398
　　intertemporale del prezzo, 397
diseconomie:
　di scala, 235
　manageriali, 236
disponibilità a pagare, 121
distribuzione di probabilità, 483

domanda/e, 22, 38
　al prezzo, elasticità della, 37, 38, 39, 348
　anelastica, 32
　aumento della, 28
　bene di Giffen, curva di, 133
　con elasticità unitaria, 32
　costo marginale elasticità
　　della, 351
　curva di, 24, 27, 33, 34, 120
　derivata, 22
　di lavoro, 214
　di mercato, 149
　　curva di, 22
　diminuzione della, 28
　diretta, 23
　eccesso di, 26
　elastiche, 30, 38
　elasticità della, 30, 32, 304
　equazione di curva di, 126
　inversa, curva di, 34
　legge della, 23
　perfettamente:
　　anelastica, 32
　　elastica, 32
　residuale, curva di, 450
　ricavo marginale elasticità della, 349
　rispetto:
　　al prezzo a livello,
　　　elasticità della, 38
　　al prezzo, elasticità
　　　della curva di, 36
　　al reddito, elasticità
　　　della, 38
　　alla pubblicità, elasticità
　　　della, 409
　spostamenti della, 27, 28, 30
　(tecnica) di lavoro, 167
due parti, tariffa a, 391
duopolio, 450

E

eccesso di domanda, 26
economia/e:
　comportamentale, 78
　del benessere, 545, 546
　　primo teorema
　　　fondamentale, 545
　　secondo teorema
　　　fondamentale, 546

di densità, 238
di scala, 239
effetto/i, 297, 300, 316, 332
   di un aumento di prezzo
      sulla linea di bilancio, 86
   di una variazione di reddito
      sulla linea di bilancio, 85
   reddito, 128
   snob, 153
   sostituzione, 128
   traino, 153
efficienza:
   economica, 535
      esternalità negative ed, 565
      esternalità positive ed, 575
   nella produzione, 536
   nella sostituzione, 536
   nello scambio, 536
elasticità, 30
   a livello di mercato, 38
   dell'offerta, 41, 304
   della curva di domanda rispetto
      al prezzo, 33
   della domanda, 30, 32, 348
      al prezzo, 30, 31, 32, 348
      costo marginale, 351
      ricavo marginale, 349
      rispetto al prezzo
       a livello, 38
      rispetto al reddito, 38
      rispetto alla pubblicità, 409
   di sostituzione, 180
   incrociata, 40
   rispetto al reddito, 38
   unitaria, domanda con, 32
emissione/i:
   imposta sulle, 569
   standard di, 568
Engel, curva di, 123
entrata:
   barriere all', 369
   libertà di, 252
equazione di curva
di domanda, 126
equilibrio, 9, 26
   analisi di, 9, 12
   di breve periodo, 256
   di concorrenza perfetta di breve
      periodo, 266, 267, 269, 271, 274, 276
   di mercato, 22, 24, 26, 28
   di Nash, 417

generale, 531
   analisi di, 297, 517, 521, 530
   con molti mercati,
      analisi di, 521
   statica comparata,
      analisi di, 530
   parziale, analisi di, 297, 517
   perfettamente concorrenziale di
      lungo periodo, 272
equivalenza dei ricavi, 507
espansione, sentiero di, 213
esternalità, 297, 564, 565, 575
   di rete, 152
   negative, 565
      ed efficienza economica, 565
   positive, 564
      ed efficienza economica, 575
eventi rischiosi, 483

F

fattori:
   allocazione dei, 536
   della produzione, 25, 166
free rider, 585
frontiera:
   delle possibilità produttive, 542
   delle utilità possibili, 546
funzione/i:
   del prodotto totale, 167
   di utilità quasi lineare, curva
      reddito-consumo, 137
   di produzione, 166
      a proporzioni fisse, 183
      di Cobb-Douglas, 184
      di elasticità costante
       (CES), 184
      di Leontief, 183
      lineare, 183
   di reazione, 451
   di spesa non lineare, 391
   di utilità, 59, 489
      di Cobb-Douglas, 75
      di Leontief, 74
      quasi-lineare, 75
   obiettivo, 5

G

Giffen:
   bene di, 132
   curva di domanda bene di, 133
gioco/chi:

albero del, 433
sequenziali, 432
teoria dei, 417
grim trigger strategy, 429

I

impianti, monopolista
con due, 359
importazione,
quote di, 329, 332
imposta sulle emissioni, 569
impresa:
   dominante, 448
   price-taker, 252
      curva di offerta di breve
       periodo di un', 259
indice/i:
   dei prezzi, 160
   di Laspeyers, 161
   di Lerner, 354
indietro, induzione all', 434
indifferenza:
   curva di, 65
   mappa di, 95, 96, 100
industria:
   a costi:
      costanti, 276
      decrescenti, 278
      frammentata, 251
induzione all'indietro, 434
informazione, 496
   asimmetrica, 497, 500
   nei mercati reali, 500
input, 166, 213
   inferiore, 213
   normale, 213
insieme di produzione, 166
interesse reale, tasso di, 111
intero mercato:
   il breve periodo, paniere per l', 288
   il lungo periodo, paniere per l', 288
isocosto, 227
isoquanto, 173

L

Laspeyers, indice di, 161
lavoro:
   domanda:
      di, 214

(tecnica) di, 167
offerta di, 157
prodotto medio del, 169
progresso tecnologico
risparmio di, 190
legge:
dei rendimenti decrescenti, 171
del prezzo unico, 252
dell'offerta, 24
della domanda, 23
di Walras, 530
Leontief, funzione:
di produzione di, 183
di utilità di, 74
Lerner, indice di, 354
libero scambio, 548
libertà di entrata, 252
limitazione delle superfici
coltivate programmi di, 327
linea di bilancio, 83, 85, 87, 88, 98
effetto:
di un aumento
di prezzo sulla, 86
di una variazione
di reddito sulla, 85
una variazione:
del prezzo, 85
del reddito, 84
livello di mercato, elasticità a, 38
lotteria, 483
lungo periodo, 203
costo:
marginale di, 232
medio di, 232
totale di, 227
curva di offerta di mercato di, 274
equilibrio perfettamente concorrenziale di, 272

M
macroeconomia, 3
maledizione del vincitore, 508
mano invisibile, 298
mappa di indifferenza, 91, 92, 96
marginale, 6, 9
massimizzazione del profitto, 252, 292
di un monopolista, 339
massimo profitto:

di un monopolista, condizione di, 340
prezzo di, 348
massimizzazione
dell'utilità, 88
mercato/i:
analisi di equilibrio generale con molti, 521
curva:
di domanda di, 22
di offerta di, 23
distinti, monopolista che opera in due, 361
domanda di, 149
elasticità a livello di, 38
equilibrio di, 22, 24, 26, 28
potere di, 354
reali, informazione asimmetrica nei, 497
strutture di, 448
microeconomia, 3, 17
minimizzazione:
dei costi, 203, 292
della spesa, 93
monopolio, 339, 355, 364, 355
economia del benessere, 364
naturale, 367
perdita secca, 365
statica comparata, 355
monopolista:
che opera in due mercati distinti, 361
con due impianti, 359
condizione di massimo profitto di un, 340
massimizzazione del profitto di un, 339
regola del punto medio del, 356
monopsonio, 370
mosse strategiche, 432

N
Nash, equilibrio di, 417
neutralità al rischio, 492
non sazietà, 58

O
offerta/e, 22
aumento dell', 28
curve di, 23, 24, 25

di breve periodo:
curva di, 257
di un'impresa price-taker, curva di, 259
di lavoro, 157
di mercato:
curva di, 23
di lungo periodo, curva di, 274
diminuzione dell', 28
efficiente, bene pubblico, 583
elasticità dell', 41, 304
legge dell', 24
spostamenti dell', 27, 30
oligopolio, 448, 451
con prodotti differenziati, 467
con prodotti omogenei, 449
di Bertrand, 458
di Cournot, 450
di Stackelberg, 461
opportunismo
post-contrattuale, 501
ottimizzazione vincolata, 5, 6, 15, 17
scelta del consumatore, 7
ottimo interno, 89, 91
output, 166

P
pacchetto (bundling):
vendite a, 404, 406
pagare, disponibilità a, 121
paniere:
non ottimo, condizione di tangenza in un, 89
ottimo, 87, 105
perdita:
di beneficio sociale
netto, 307, 311, 314, 316, 318, 330
secca, 301, 302, 303
monopolio, 365
perfetta informazione
sui prezzi, 251
perfetti:
complementi, 74, 183
sostituti, 72, 183
polizza assicurativa equa, 495
possibilità produttive,
frontiera delle, 542
potere di mercato, 354

preferenze, 106
    rivelate, 105, 106, 107, 109, 112
prezzo/i:
    a livello, elasticità della domanda rispetto al, 35
    condizioni, discriminazione del, 381
    di chiusura, 261
    di massimo profitto, 348
    di primo grado,
        discriminazione del, 382
    di secondo grado,
        discriminazione del, 387
    di terzo grado,
        discriminazione del, 393, 398
    discriminazione del, 386
        intertemporale del, 397
    elasticità:
        della curva di domanda
            rispetto al, 35, 36, 37, 38, 348
    indici dei, 159
    limite, 465
    linea di bilancio una variazione del, 85
    massimo, 308
    minimo, 316
    perfetta informazione sui, 251
    sulla linea di bilancio,
        effetto di un aumento di, 86
    unico, legge del, 252
price-taker, 252
prigioniero:
    dilemma del, 418, 429
    ripetuto, dilemma del, 429
primo:
    grado, discriminazione
        del prezzo di, 382
    prezzo, asta in busta chiusa al, 503
    teorema fondamentale,
        economia del benessere, 545
probabilità, 483
    distribuzione di, 483
    soggettive, 484
prodotto/i:
    differenziati, oligopolio con, 448
    differenziazione del, 353, 467
    marginale, 168
    medio del lavoro, 169
    omogenei, oligopolio con, 449
    orizzontale, differenziazione del, 470
    totale, funzioni del, 167

verticale, differenziazione del, 467
produttore/i, surplus del, 280, 282, 305, 311, 316, 322, 326, 327, 329, 334
    per l'intero mercato
        il breve periodo, 288
        il lungo periodo, 288
    per una singola impresa, 285
produzione:
    a proporzioni fisse, funzione di, 183
    di Cobb-Douglas, funzione di, 184
    di Leontief,
        funzione di, 183
    efficiente 299
    efficienza nella, 536
    fattori della, 25, 166
    funzione di, 166
    insieme di, 166
    lineare, funzione di, 182
profitto:
    contabile 253
    di un monopolista,
        massimizzazione del, 339
    economico, 253, 255, 257, 258, 261, 264, 267, 268, 270, 272, 275, 277, 282
    massimizzazione del, 252, 293
programmi di limitazione
delle superfici coltivate 327
progresso tecnologico, 188
    neutrale, 189
    risparmio:
        di capitale, 191
        di lavoro, 190
proporzioni fisse, funzione
di produzione a, 183
proprietà:
    comune, risorse di, 573
    diritto di, 578
pubblicità, 407
    condizioni, 408
    elasticità della domanda
        rispetto alla, 409
punto:
    di angolo, 95
    medio del monopolista, regola del, 356

Q

quantità domandata, 23, 26

quota/e, 320
    di importazione, 329, 331

R

rapporto pubblicità-ricavi, 410
reazione, funzione di, 451
reddito, 100
    disponibile, 28
    elasticità:
        della domanda
            rispetto al, 38
        sulla linea di bilancio,
            effetto di una variazione di, 85
regola del punto medio
del monopolista, 356
rendimenti:
    decrescenti, legge dei, 171
    di scala, 187, 237
        costanti, 187
        crescenti, 187
        decrescenti, 187
rent-seeking, 366
rete, esternalità di, 152
retta di bilancio, 83, 84
ricavo/i:
    equivalenza dei, 507
    marginale, 255, 349
        elasticità
            della domanda, 349
    medio, 344
    totale, 35
rimborsi, 397
rischio, 483
    avversione al, 491
    neutralità al, 492
risorse:
    di proprietà comune, 573
    scarse, allocazione di, 3
    uguale accesso alle, 251
risparmio:
    di capitale, progresso
        tecnologico, 191
    di lavoro, progresso
        tecnologico, 190

S

saggio marginale:
    di sostituzione, 68
    di trasformazione, 543
scala:

costanti,
    rendimenti di, 187
crescenti,
    rendimenti di, 187
decrescenti,
    rendimenti di, 187
diseconomie di, 235
economie di, 235
minima efficiente, 236
rendimenti di, 187, 237
scambio, efficienza nello, 535
scelta:
    del consumatore, 98
        ottimizzazione vincolata, 7
        teoria della, 57
    intertemporale, 110, 112
    ottima, 87, 88, 90, 92, 98, 100
        del consumatore, 111
secondo:
    grado, discriminazione del prezzo di, 387
    prezzo, asta in busta chiusa al, 507
    teorema fondamentale, economia del benessere, 546
selezione, 395
    avversa, 498
sentiero di espansione, 213
singola impresa, surplus del produttore per una, 285
soluzione di angolo, 96
    con beni perfetti sostituti, 97
sostituzione:
    efficienza nella, 536
    elasticità di, 180
    saggio marginale di, 68
    tecnica tra lavoro, tasso marginale di, 177
spesa:
    minimizzazione della, 93
    non lineare, funzione di, 391
spostamenti:
    dell'offerta, 27, 30
    della domanda, 27, 28, 30
Stackelberg, oligopolio di, 461
standard di emissione, 568
statica comparata, 5, 12, 14, 15, 16, 28, 29
    analisi di, 28
    monopolio, 355
steccati, 402
strategia/e, 417
    dei beni danneggiati, 401
    dominante, 420
    dominata, 422
    miste, 427
    pura, 427
strutture di mercato, 448
superfici coltivate, programmi di limitazione delle, 327
surplus:
    dei consumatori, 140, 297, 299, 309, 315, 321, 324, 325, 327, 332
    dei produttori, 280, 282, 305, 311, 316, 322, 326, 327, 329, 334
sussidio, 305

T

tangenza in un paniere non ottimo, condizione di, 91
tariffa/e:
    a blocchi, 388
    a due parti, 391
    doganali, 329
tassa, 299
tasso:
    di interesse reale, 111
    marginale di sostituzione tecnica tra lavoro e capitale, 177
teorema di Coase, 578
teoria:
    dei giochi, 417
    della scelta del consumatore, 57
terzo grado, discriminazione del prezzo di, 393, 398
tit-for-tat, 431
transitività, 58
trasformazione, saggio marginale di, 543
tying, vendite abbinate, 403

U

uguale accesso alle risorse, 251
unità:
    inframarginali, 343
    marginali, 343
utilità:
    attesa, 491
    di Cobb-Douglas, funzione di, 75
    di Leontief, funzione di, 74
    funzione di, 59, 489
    marginale, 59
        decrescente, 61
    possibili, frontiera delle, 546
    quasi-lineare, funzione di, 75

V

valore/i:
    atteso, 484
    comuni, 503
        aste con, 508
    privati, 503
        aste con, 503
valutazione marginale, 6
vantaggio:
    assoluto, 551
    comparato, 551
variabile/i,
    endogena, 4,
    esogena, 4,
varianza, 485
variazione:
    compensativa, 143
    del prezzo, linea di bilancio una, 86
    del reddito:
        linea di bilancio una, 85
        sulla linea di bilancio, effetto di una, 86
    equivalente, 143
vendita/e:
    a blocchi, 387
    a pacchetto (bundling), 404
        misto, 406
    abbinate (tying), 403
versioning, 401
vincitore, maledizione del, 508
vincolo/i, 5
    di bilancio, 83, 84
        intertemporale, 111
    di capacità, discriminazione in presenza di, 398

W

Walras, legge di, 530

MICROECONOMIA

David A. Besanko
Ronald R. Braeutigam

a cura di
Giam Pietro Cipriani
Paolo Coccorese
Stefania Ottone

Mc
Graw
Hill

Eserciziario

Le soluzioni degli esercizi sono disponibili sul sito www.ateneonline.it/besanko3e

Capitolo 1

1.1 Commentate la seguente affermazione: "Poiché la curva di domanda e la curva di offerta sono sempre in movimento, i mercati non raggiungono mai realmente l'equilibrio. Il concetto di equilibrio pertanto è privo di significato".

1.2 Un'impresa offre un servizio di telefonia cellulare utilizzando macchinari e forza lavoro. Impiegando E ore-macchina e L ore-uomo è in grado di produrre Q unità di servizi telefonici. La relazione fra Q, E ed L è la seguente: $Q = \sqrt{EL}$. L'impresa deve sempre pagare P_E per ogni ora-macchina impiegata e P_L per ogni ora-uomo. Supponiamo che si richiedano al manager della produzione $Q = 200$ unità di servizi telefonici e che egli scelga E ed L in modo da minimizzare i costi raggiungendo la produzione obiettivo.
a) Qual è la funzione obiettivo di questo problema?
b) Qual è il vincolo?
c) Quali delle seguenti variabili (Q, E, L, P_E e P_L) sono esogene? Quali sono endogene? Fornite una breve spiegazione.
d) Fornite un'illustrazione del problema di ottimizzazione vincolata.

1.3 Il prezzo della benzina in Italia dipende dall'offerta e dalla domanda di benzina. La benzina è offerta dalle società petrolifere su diversi mercati, quindi l'offerta in Italia dipenderà dal prezzo della benzina in Italia e su altri mercati. Quando il prezzo della benzina negli altri Paesi aumenta, l'offerta di benzina nel mercato italiano diminuisce perché le imprese avranno convenienza a venderla altrove. In che misura un aumento della benzina nei Paesi esteri può influenzare il prezzo di equilibrio della benzina in Italia?

1.4 La domanda di occhiali da sole è data dall'equazione $Q^d = 1000 - 4P$, dove P denota il prezzo di mercato. L'offerta di occhiali da sole è data dall'equazione $Q^s = 100 + 6P$. Compilate la seguente tabella e individuate il prezzo di equilibrio.

P	80	90	100	110	120
Q^d	680	640	600	560	520
Q^s	580	640	700	760	820

1.5 Supponete che la curva di offerta della lana sia data da $Q^s = P$, dove Q^s è la quantità offerta sul mercato quando il prezzo è P. Supponete inoltre che la curva di domanda della lana sia data da $Q^d = 10 - P + I$, dove Q^d è la quantità di lana domandata quando il prezzo è P e il livello del reddito è I. Ipotizzate che I sia una variabile esogena.
a) Supponete che il livello del reddito sia $I = 20$. Rappresentate graficamente la relazione tra domanda e offerta e indicate il livello di prezzo e quantità di equilibrio.
b) Spiegate perché il mercato della lana non sarebbe in equilibrio se il prezzo della lana fosse 18.
c) Spiegate perché il mercato della lana non sarebbe in equilibrio se il prezzo della lana fosse 14.

1.6 Considerate il mercato della lana descritto dalle equazioni di domanda e offerta dell'Esercizio 1.5. Supponete che il reddito aumenti da $I_1 = 20$ a $I_2 = 24$.
a) Utilizzando l'analisi di statica comparata, valutate l'impatto della variazione del reddito sul prezzo d'equilibrio della lana.
b) Utilizzando l'analisi di statica comparata, valutate l'impatto della variazione del reddito sulla quantità d'equilibrio della lana.

1.7 Un importante produttore automobilistico sta valutando come allocare un budget di €2 milioni di spesa in pubblicità fra due tipi di programmi televisivi: partite di calcio e tornei di golf. La seguente tabella mostra i nuovi veicoli sportivi che sono venduti quando una data quantità di denaro è spesa in pubblicità durante una partita di calcio e un torneo di calcio.

Spesa totale (in milioni)	Nuove vendite prodotte (migliaia di veicoli all'anno)	
	Partite di calcio	Tornei di golf
€0	0	0
€0,5	10	4
€1,0	15	6
€1,5	19	8
€2,0	20	9

L'obiettivo del produttore è di allocare i suoi €2 milioni di spesa in pubblicità per massimizzare il numero di auto sportive vendute. Sia F la quantità di denaro spesa in pubblicità durante le partite di calcio, G la quantità di denaro spesa in pubblicità durante i tornei di golf e $C(F, G)$ il numero dei nuovi veicoli venduti.
a) Qual è la funzione obiettivo in questo problema?
b) Qual è il vincolo?
c) Fornite un esempio del problema di ottimizzazione vincolata.
d) Alla luce dell'informazione contenuta nella tabella, il produttore come dovrebbe allocare il suo budget per la spesa in pubblicità?

1.8 La curva di domanda di pesche è data dall'equazione $Q^d = 100 - 4P$, dove P è il prezzo delle pesche in centesimi di euro e Q^d è la quantità di pesche domandata in tonnellate. La curva di offerta delle pesche è data da $Q^s = R$, dove R è la quantità di precipitazioni piovose e Q^s è la quantità di pesche offerte. Si denoti con P^* il prezzo di equilibrio di mercato e con Q^* la quantità di equilibrio di mercato. Completate la seguente tabella mostrando come la quantità di equilibrio e il prezzo vari con la quantità di precipitazioni. Verificate che, quando $R = 1$, il prezzo d'equilibrio è 20 centesimi e la quantità di equilibrio è 20 tonnellate.

R	1	2	4	8	16
Q*	20				
P*	20	16,67			

1.9 Considerate la statica comparata del problema della recinzione del pastore nell'Esercizio svolto 1.4, dove L è la lunghezza del recinto, W è l'ampiezza e $A = LW$ è l'area.
a) Supponete che i metri di recinto a disposizione siano inizialmente $F_1 = 200$. Completate la seguente tabella. Verificate che il disegno ottimo del recinto (quello che permette di produrre l'area più ampia con un perimetro di 200 metri) è un quadrato.

L	10	20	30	40	50	60	70	80	90
W	90	80							
A	900	0							

b) Supponete ora che il pastore abbia a disposizione invece 240 metri di recinto ($F_2 = 240$). Completate la seguente tabella. In che misura la lunghezza L del disegno ottimo del recinto dovrebbe aumentare?

L	20	30	40	50	60	70	80	90	100
W	100	90							
A	2000								

c) Quando la lunghezza del recinto aumenta da 200 a 240 ($\Delta F = 40$), come varia la lunghezza ottima (ΔL)?
d) Quando la lunghezza del recinto aumenta da 200 a 240 ($\Delta F = 40$), come varia l'area ottima (ΔA)? In questo esempio l'area A è endogena o esogena? Fornite una breve spiegazione.

1.10 All'inizio del 2008, il mercato mondiale ha assistito a una crescita del prezzo del petrolio che, nel luglio, ha raggiunto i $140 al barile. Nella seconda parte dello stesso anno, il prezzo è sceso, per raggiungere alla fine dell'anno il prezzo di circa $40 al barile. Supponiamo che l'andamento del mercato globale del petrolio possa essere descritto da una curva di domanda inclinata positivamente e da una inclinata negativamente. Per ognuno dei seguenti scenari, illustrate graficamente in che modo gli eventi esogeni hanno contribuito alla crescita o al declino del prezzo del petrolio nel 2008:
a) il boom economico cinese ha fatto crescere la richiesta di petrolio a livelli record nel 2008;
b) nell'ultima parte del 2008, in seguito alla crisi finanziaria, l'economia degli Stati Uniti e quella di altri Paesi sviluppati è piombata in una grave recessione;
c) nel 2008, la riduzione dei conflitti interni in Iraq ha permesso al Paese di aumentare la propria capacità produttiva di petrolio.

1.11 L'etanolo, o alcol etilico, è un liquido trasparente e infiammabile che, mischiato alla benzina, crea un carburante alternativo. La quantità di etanolo richiesta dipende dal prezzo della benzina e da quello dell'etanolo. Poiché l'etanolo è un sostitutivo della benzina, un aumento del prezzo della benzina causa uno spostamento verso destra della curva di domanda di etanolo. La quantità di etanolo fornita dipende dal prezzo dell'etanolo e da quello del grano, dal momento che quest'ultimo, negli Stati Uniti, rappresenta l'input principale nella produzione di etanolo. Un aumento del prezzo del grano determina uno spostamento verso sinistra della curva di offerta di etanolo. Nella prima metà del 2008, negli Stati Uniti, il prezzo della benzina è cresciuto in maniera significativa rispetto al 2007, e anche il prezzo del grano è aumentato. Come sarebbe il prezzo di equilibrio del carburante a etanolo nella prima parte del 2008 rispetto al prezzo del 2007?

1.12 La domanda di chip di computer è data dall'equazione $Q^d = 500 - 2P$, mentre l'offerta è data dall'equazione $Q^s = 50 + P$. In entrambe le equazioni P rappresenta il prezzo di mercato. A quale prezzo il mercato è in equilibrio, ossia offerta e domanda si equivalgono? Qual è la quantità di equilibrio?

Capitolo 2

2.1 La domanda di birra in Giappone è data dalla seguente espressione: $Q^d = 700 - 2P - PN + 0,1I$, dove P rappresenta il prezzo della birra, PN il prezzo delle noccioline e I il reddito medio dei consumatori.
a) Cosa succede alla domanda di birra se il prezzo delle noccioline aumenta? Birra e noccioline rappresentano beni sostituti o beni complementi?
b) Cosa succede alla domanda di birra quando il reddito medio del consumatore aumenta?
c) Rappresentate graficamente la curva di domanda della birra assumendo $PN = 100$ e $I = 10\,000$.

2.2 Le curve di domanda e di offerta di caffè sono date, rispettivamente, da $Q^D = 600 - 2P$ e $Q^s = 300 + 4P$.
a) Rappresentate in un grafico le curve di domanda e offerta e mostrate quando viene raggiunta la condizione di equilibrio.
b) Utilizzando l'algebra, determinate le quantità e i prezzi di equilibrio relativi a questo mercato.

2.3 La curva di domanda di gelati in una piccola città è risultata stabile negli ultimi anni: per la maggior parte dei mesi, quando il prezzo del gelato più richiesto è stato pari a €3, la quantità complessivamente domandata è stata di 300 gelati a settimana. Per un mese, tuttavia, il prezzo degli ingredienti utilizzati per la preparazione del gelato è aumentato, spostando verso sinistra la curva di offerta. In quel mese, il prezzo di equilibrio dei gelati è stato di €4 e, in corrispondenza di tale prezzo, la quantità venduta è stata pari a 200 gelati (nell'arco del mese intero). Sulla base di questi dati, rappresentate la curva di domanda lineare di gelati e trovate l'elasticità della domanda al prezzo, in corrispondenza del passaggio da €3 a €4. A quale livello di prezzo l'elasticità di domanda risulta pari a 1?

2.4 Ogni anno, in corrispondenza del prezzo ufficiale P_0, la richiesta di biglietti per assistere al Super Bowl supera la disponibilità massima degli stessi. Di conseguenza, si sviluppa in genere un mercato nero dei biglietti, nel quale ciascun tagliando viene offerto a un prezzo di gran lunga superiore al prezzo ufficiale. Rifacendovi all'analisi di domanda e offerta, rispondete alle seguenti domande:

a) Cosa implica l'esistenza di un mercato nero nella relazione fra il prezzo ufficiale P_0 e il prezzo di equilibrio?
b) Se fossero applicate rigide sanzioni ai bagarini, quali conseguenze si produrrebbero sul prezzo in corso nel mercato nero?

2.5 Spiegate perché un bene caratterizzato da un'elasticità di domanda al prezzo positiva violerebbe la legge della domanda.

2.6 La domanda è perfettamente inelastica quando $\epsilon_{Q,P} = 0$
a) Rappresentate graficamente una curva di domanda perfettamente inelastica.
b) Supponete che l'offerta delle figurine del 1961 del giocatore di baseball Roger Maris sia perfettamente inelastica. Supponete, inoltre, che il tentativo di Mark McGwire e Sammy Sosa di battere il record di home run di Maris, nel 1998, abbia rinnovato l'interesse degli appassionati verso le vecchie figurine rappresentanti Maris, facendone aumentare la domanda. Cosa succederà allora al prezzo di equilibrio? Cosa succederà invece alla quantità di figurine di Maris complessivamente scambiata sul mercato in corrispondenza della condizione di equilibrio?

2.7 Un'impresa pratica attualmente un prezzo pari a €100 per ogni unità del proprio output, ottenendo un ricavo complessivo (prezzo moltiplicato per la quantità) di €70 000. In corrispondenza di tale livello di prezzo, la domanda risulta elastica al prezzo: $\epsilon_{Q,P} < -1$. Se l'impresa volesse aumentare il prezzo unitario del suo prodotto di €2, quale dei seguenti livelli di produzione e vendite osserveremmo? Spiegate le ragioni della vostra scelta.
a) 400
b) 600
c) 800
d) 1000

2.8 Per ciascuno dei seguenti casi, spiegate se vi aspettereste che l'elasticità (di domanda o di offerta, come specificato) risulti essere maggiore nel lungo o nel breve periodo.
a) L'offerta di posti a sedere in una sala cinematografica locale.

b) La domanda di visite oculistiche presso l'unico oculista presente in città.
c) La domanda di sigarette.

2.9 In una data metropoli, solo ai taxi e alle automobili private è permesso utilizzare la strada principale che collega l'aeroporto e la città. Il mercato per il servizio taxi è concorrenziale. Esiste una corsia riservata esclusivamente ai taxi, in modo tale che questi possano viaggiare sempre a una velocità pari a 55 km/h. La richiesta di viaggi in taxi dipende dalla tariffa del servizio stesso (P), dalla velocità media che si potrebbe registrare utilizzando l'auto privata sulla strada principale (V) e dal prezzo della benzina (B). Il numero dei viaggi effettuati in taxi dipenderà quindi dal prezzo della benzina e dalla tariffa applicata dai tassisti.
a) In quale modo possiamo attenderci che un aumento del prezzo della benzina sposti la domanda di trasporto in taxi? In quale modo un aumento della velocità media di percorrenza della strada principale, utilizzando l'auto di proprietà, può influenzare la domanda di trasporto via taxi? Nel caso si verificasse un aumento del prezzo della benzina, come si sposterà invece la domanda di trasporto in taxi?
b) Supponete che la domanda di viaggi in taxi sia descritta dall'equazione: $Q^d = 1000 + 50B - 4V - 400P$. La funzione di offerta è invece rappresentata da: $Q^s = 200 - 30B + 100P$. Rappresentate graficamente le curve di domanda e di offerta di viaggi in taxi, assumendo $B = 4$ e $V = 30$. Determinate la condizione di equilibrio su questo mercato.
c) Determinate la condizione di equilibrio per il servizio taxi in termini generali, ovvero assumendo V e B come incognite. Mostrate quindi come i valori di equilibrio si modifichino al variare di V e B.

2.10 Per ognuna della seguenti coppie di beni, spiegate (motivando in breve) se vi aspettate che l'elasticità di domanda incrociata risulti positiva, negativa o nulla.
a) Ombrelli di colore rosso e ombrelli di colore nero.
b) Coca-Cola e Pepsi.
c) Marmellata e crema alla nocciola.
d) Biscotti al cioccolato e latte.
e) Computer e software.

2.11 Supponete che siano note le seguenti informazioni.
• L'elasticità della domanda di sigarette rispetto al prezzo è pari a -0,5.
• Il prezzo corrente delle sigarette è di €0,05 a sigaretta.
• Le vendite annuali di sigarette ammontano a 10 milioni di unità.
Trovate la funzione di domanda lineare che descrive tali dati e rappresentate graficamente la curva di domanda delle sigarette.

2.12 Per ognuna della seguenti coppie di beni, individuate il bene che ritenete caratterizzato da un valore più elevato dell'elasticità di domanda al prezzo e fornite una breve spiegazione della vostra risposta.
a) Burro e uova.
b) Viaggi di affari e viaggi di vacanza alle Hawaii.
c) Succo d'arancia e succo d'arancia "Tropicana".

2.13 Considerate la sequenza degli eventi che hanno interessato il mercato statunitense delle fragole nel corso del biennio 1998-2000.
• 1998: il prezzo di mercato era di $5 per ogni bushel e la quantità complessivamente scambiata sul mercato ammontava a 4 milioni di bushel.
• 1999: a causa dei timori circa una possibile contaminazione delle fragole per via dell'inquinamento del fiume Michigan, il prezzo di mercato era sceso a $4,5 per ogni bushel e la quantità complessivamente scambiata sul mercato ammontava a 2,5 milioni di bushel.
• 2000: una volta rassicurati i consumatori sul fatto che le notizie circa la possibile contaminazione erano in realtà una mistificazione, si verificarono però una serie di tempeste che distrussero una parte significativa dei raccolti nel Midwest; in conseguenza di ciò, il prezzo di mercato salì a $8 per bushel e la quantità complessivamente scambiata sul mercato si fermò a 3,5 milioni di bushel.
Sulla base di questi dati, trovate le funzioni di domanda e di offerta.

2.14 Considerate la curva di domanda lineare $Q = 350 - 7P$.
a) Trovate la curva di domanda inversa a questa.
b) Qual è il prezzo al quale la quantità richiesta scende a 0?
c) Qual è l'elasticità della domanda rispetto al prezzo se $P = 50$?

2.15 Supponete che la quantità di acciaio richiesta in Francia sia data dall'equazione $Q_s = 100 - 2P_s + 0,5Y + 0,2 P_A$, dove Q_s è la quantità di acciaio richiesta per anno, P_s è il prezzo di mercato dell'acciaio, Y è il prodotto interno lordo francese e P_A è il prezzo di mercato dell'alluminio. Nel 2011, $P_s = 10$, $Y = 40$ e $P_A = 100$. Qual è la quantità di acciaio che sarà richiesta nel 2011? Qual è l'elasticità della domanda rispetto al prezzo, date le condizioni di mercato del 2011?

2.16 Considerate le seguenti relazioni tra domanda e offerta nel mercato delle mazze da golf: $Q^d = 90 - 2P - 2T$ e $Q_s = -9 + 5P - 2,5R$, dove T corrisponde al prezzo del titanio, un metallo usato per costruire le mazze da golf, ed R è il prezzo della plastica.
a) Calcolate il prezzo e la quantità di equilibrio di palline da golf con $R = 2$ e $T = 10$.
b) A valori di equilibrio, calcolate l'elasticità della domanda rispetto al prezzo e l'elasticità dell'offerta rispetto al prezzo.
c) A valori di equilibrio, calcolate l'elasticità incrociata della domanda rispetto al prezzo di palline da golf rispetto al prezzo del titanio. Cosa ci dice questa elasticità? Le palline da golf e il titanio sono sostituti o complementi?

Capitolo 3

3.1 Marco ha una funzione di utilità che rappresenta le sue preferenze riguardo ai consumi di cibo e benzina, secondo cui $U = x^2 y$, dove x indica la quantità consumata di cibo e y indica la quantità consumata di benzina. Dimostrate come un consumatore caratterizzato da una funzione di utilità come questa risulti avere un comportamento coerente con il principio di "non sazietà" o della monotonicità.

3.2 Giovanni ha una funzione di utilità, in riferimento ai panini, che può essere rappresentata in questa forma: $U(Q) = 10Q - Q^2$, per cui l'utilità marginale risulta, in questo caso: $MU_Q = 10 - 2Q$.
a) Rappresentate, in due grafici distinti, la funzione di utilità e la funzione di utilità marginale.
b) Supponete che Giovanni possa consumare un numero a piacere di panini (senza cioè alcun vincolo) e che i panini non gli costino nulla. Trovate, sia graficamente che algebricamente, il valore di Q in corrispondenza del quale deciderà di fermare il suo consumo di panini.

3.3 La funzione di utilità di Carlo dipende dal numero di spettacoli cinematografici e dal numero di opere liriche alle quali riesce ad assistere ogni mese. La sua funzione di utilità è quindi $U = xy^2$, dove x rappresenta il numero di film visti ogni mese e y rappresenta il numero mensile di opere liriche alle quali ha assistito. Le corrispondenti utilità marginali sono quindi date, rispettivamente, da $MU_x = y^2$ e $MU_y = 2xy$.
a) In riferimento a ciascuno dei beni considerati, le preferenze di Carlo sono coerenti con il principio di "non sazietà" o della monotonicità?
b) L'utilità marginale di Carlo risulta essere decrescente per entrambi i beni in esame?

3.4 Considerate la seguente funzione di utilità: $U(x, y) = x - 2y^2$, da cui si deriva che $MU_x = 1$ e $MU_y = -4y$.
a) Rappresentate graficamente le curve di indifferenza associate a tale funzione e mostrate in quale direzione occorra muoversi per accrescere il livello di utilità del consumatore.
b) Quale delle tre assunzioni fondamentali sul comportamento dei consumatori risulta violata da questa particolare funzione?

3.5 Giulia e Antonio devono scegliere la quantità da consumare di due beni sulla base delle seguenti funzioni di utilità:

$U^{GIULIA} = (x + y)^2$, $MU_x^{GIULIA} = 2(x + y)$, $MU_y^{GIULIA} = 2(x + y)$

$U^{ANTONIO} = x + y$, $MU_x^{ANTONIO} = 1$, $MU_y^{ANTONIO} = 1$

a) Rappresentate graficamente le curve di indifferenza associate a tali funzioni di utilità.

b) Giulia e Antonio risultano caratterizzati dallo stesso ordinamento delle preferenze se, quando il paniere A è preferito al paniere B in base a una delle due funzioni, risulta esserlo anche in base all'altra. In questo caso, è corretto affermare che Giulia e Antonio condividono lo stesso ordinamento delle preferenze riguardo ai diversi panieri di consumo di x e y? Spiegate brevemente le ragioni della vostra risposta.

3.6 Sandra consuma solo hamburger (H) e frullati (F). Quando il suo paniere di consumo è il paniere A (in corrispondenza del quale consuma 2 hamburger e 10 frullati) il suo $MRS_{H,F}$ è pari a 8. Quando consuma il paniere B (ovvero 6 hamburger e 4 frullati) il suo $MRS_{H,F}$ risulta invece uguale a 1/2. Supponete che i panieri A e B si collochino sulla medesima curva di indifferenza.
Rappresentate graficamente le curve di indifferenza, utilizzando le informazioni relative a $MRS_{H,F}$.

3.7 Rappresentate graficamente le curve di indifferenza che descrivono i seguenti ordinamenti delle preferenze del consumatore rappresentativo.
a) Il consumatore gradisce sia la crema alla nocciola sia la marmellata e ottiene sempre la stessa soddisfazione addizionale consumando un etto in più di crema alla nocciola o 2 etti in più di marmellata.
b) Il consumatore gradisce la crema alla nocciola, mentre la marmellata non gli piace ma nemmeno gli dispiace.
c) Il consumatore gradisce la crema alla nocciola ma detesta la marmellata.
d) Il consumatore gradisce sia la crema alla nocciola sia la marmellata, ma vuole solo 2 etti di crema alla nocciola per ogni etto di marmellata.

I seguenti esercizi danno modo di considerare diverse funzioni di utilità (e diverse utilità marginali), in modo da aiutare a comprendere come costruire le curve di indifferenza.

3.8 Considerate la seguente funzione di utilità: $U(x, y) = 3x + y$, da cui deriva che $MU_x = 3$ e $MU_y = 1$.
a) In questo caso, il principio di "non sazietà" o della monotonicità risulta soddisfatto per entrambi i beni?
b) L'utilità marginale di x decresce, rimane costante oppure aumenta all'aumentare del consumo di x? Spiegate le motivazioni della vostra risposta.
c) Cos'è $MRS_{x,y}$?
d) Lungo la curva di indifferenza, $MRS_{x,y}$ risulta decrescente, crescente, oppure costante nel momento in cui il consumatore scambia il bene x con il bene y?
e) Rappresentate graficamente le curve di indifferenza associate a tale funzione di utilità in un grafico in cui riporterete la quantità del bene x sull'asse orizzontale e la

quantità dal bene y su quello verticale (la scala esatta del grafico non è importante, quello che conta è che il disegno rifletta accuratamente l'andamento di $MRS_{x,y}$). Indicate inoltre se le curve di indifferenza si intersecano con uno o con entrambi gli assi. È sufficiente tracciare due sole curve, denotate con U_1 e U_2, in modo tale che $U_2 > U_1$.

3.9 Rispondete a tutte le domande dell'Esercizio 3.8, ipotizzando che la funzione di utilità sia $U(x, y) = xy + x$. Le utilità marginali, in questo caso, sono date da $MU_x = y + 1$ e $MU_y = x$.

3.10 Rispondete a tutte le domande dell'Esercizio 3.8, ipotizzando che la funzione di utilità sia $U = \sqrt{x} + 2\sqrt{y}$. Le utilità marginali, in questo caso, sono date da $MU_x = 1/(2\sqrt{x})$ e $MU_y = 1/\sqrt{y}$.

3.11 Supponete che le preferenze del consumatore, in riferimento a due beni, siano rappresentate da una funzione di utilità del tipo Cobb-Douglas: $U = Ax^\alpha y^\beta$, dove A, α, e β sono valori costanti e positivi.
Le utilità marginali, in questo caso, sono date da $MU_x = \alpha A\, x^{\alpha-1} y^\beta$ e da $MU_y = \beta A\, x^\alpha y^{\beta-1}$. Rispondete a tutte le domande dell'Esercizio 3.8.

3.12 Rappresentate graficamente le curve di indifferenza tipiche, in riferimento alle seguenti coppie di beni.
a) Monete da 10 centesimi e monete da un euro: un consumatore sarà sempre disposto a scambiare dieci monete da €0,10 con una moneta da €1,00.
b) Il telaio della bicicletta e le ruote: un consumatore vorrà sempre due ruote per abbinarle a un telaio.

3.13 Supponete che un consumatore abbia una funzione di utilità di questo tipo: $U = [x^\rho + y^\rho]^{1/\rho}$ dove ρ rappresenta un numero compreso fra $-\infty$ e 1. Questa funzione è detta funzione di utilità a elasticità di sostituzione costante (*Constant Elasticity of Subtitution, CES*) e verrà utilizzata nel Capitolo 6, quando verrà spiegato il concetto di elasticità di sostituzione. Le utilità marginali che possiamo ricavare da tale funzione sono, rispettivamente, $MU_x = [x^\rho + y^\rho]^{(1/\rho)-1} x^{\rho-1}$ e $MU_x = [x^\rho + y^\rho]^{(1/\rho)-1} y^{\rho-1}$. Questa particolare funzione di utilità presenta $MRS_{x,y}$ decrescente?

3.14 Considerate la funzione di utilità di un solo bene $U(x) = 3x^2$, con un'utilità marginale data da $MU_x = 6x$. Rappresentate, in due grafici distinti, la funzione di utilità e quella di utilità marginale. Questa funzione di utilità soddisfa il principio dell'utilità marginale decrescente? Spiegate.

3.15 Per i seguenti panieri di beni tracciate due curve di indifferenza, U_1 e U_2, considerando $U_2 > U_1$ e posizionando il primo bene sull'asse orizzontale:
a) panino e piadina (il consumatore gradisce entrambi e ha un saggio marginale di sostituzione decrescente per entrambi);
b) zucchero e dolcificante (il consumatore gradisce entrambi e ottiene la stessa soddisfazione consumando un etto di zucchero o un etto di dolcificante);
c) crema alla nocciola e marmellata (il consumatore vuole esattamente 2 etti di burro d'arachidi per ogni etto di marmellata);
d) arachidi (che al consumatore non piacciono ma nemmeno gli dispiacciono) e gelato (che al consumatore piace);
e) mele (che al consumatore piacciono) e fegato (che al consumatore non piace).

3.16 L'utilità che Giulia trae dal consumo di cibo F e di abbigliamento C è data da $U(F,C) = FC$. Per questa funzione di utilità, le utilità marginali corrispondono a $MU_F = C$ e a $MU_C = F$.
a) In un grafico in cui F sia sull'asse orizzontale e C su quello verticale, disegnate le curve di indifferenza con $U = 12$, $U = 18$ e $U = 24$.
b) La forma di queste curve di indifferenza suggerisce che Giulia ha un saggio marginale di sostituzione decrescente del cibo per l'abbigliamento? Spiegate.
c) Usando le utilità marginali, dimostrate che il tasso marginale di sostituzione $MRS_{F,C} = C/F$. Qual è l'inclinazione della curva di indifferenza $U = 12$ per un paniere con 2 unità di cibo e 6 di abbigliamento? Qual è l'inclinazione della curva per un paniere con 4 unità di cibo e 3 di abbigliamento? L'inclinazione della curva di indifferenza indica che Giulia ha un saggio marginale di sostituzione decrescente del cibo per l'abbigliamento? Assicuratevi che le risposte alle domande a) e b) siano dettagliate.

Capitolo 4

4.1 Considerate le preferenze di Giulia per il cibo F e l'abbigliamento C. La sua funzione di utilità è $U(F,C) = FC$. Le sue utilità marginali sono $MU_F = C$ e $MU_C = F$. Supponete che il cibo costi €1 per unità e che l'abbigliamento costi €2 per unità. Giulia ha un reddito pari a €12 da spendere per cibo e abbigliamento.
a) Calcolate la quantità ottimale di cibo e di abbigliamento e illustrate il risultato anche su un grafico, ponendo il cibo sull'asse orizzontale e l'abbigliamento sull'asse verticale.
b) Nel punto di ottimo, qual è il tasso marginale di sostituzione tra cibo e abbigliamento? Trovatelo graficamente e algebricamente.
c) Supponete che Giulia, con il suo reddito di €12, decida di acquistare 4 unità di cibo e 4 unità di abbigliamento

(anziché di scegliere il paniere ottimo). La sua utilità marginale per euro speso in cibo sarebbe maggiore o minore della sua utilità marginale per euro speso in abbigliamento? Cosa dice questo risultato su come Giulia dovrebbe sostituire il cibo con l'abbigliamento se volesse aumentare il proprio livello di utilità senza spendere altro denaro?

4.2 Considerate un consumatore con una funzione di utilità del tipo $U(x,y) = \min(3x, 5y)$, ovvero, i due beni sono perfetti complementi nel rapporto 3:5. I prezzi dei due beni sono $P_x = $ €5 e $P_y = $ €10 e il reddito del consumatore è di €220. Determinate il paniere ottimo di consumo.

4.3 Renato acquista soltanto hamburger e bottiglie di birra, per un reddito di €100 a settimana. Attualmente, consuma 20 bottiglie di birra a settimana e l'utilità marginale della birra è pari a 6. Il prezzo della birra è €2 per bottiglia. Sempre in questo periodo, Renato consuma anche 15 hamburger a settimana e l'utilità marginale di un hamburger è 8. Renato, consumando questo paniere di beni, sta massimizzando la sua utilità? Se no, dovrebbe acquistare più o meno hamburger a settimana?

4.4 Le preferenze di Elena per CD (C) e panini (P) sono date da $U(P,C) = PC + 10(P + C)$, con $MU_C = P + 10$ e $MU_P = C + 10$. Se il prezzo di un CD è €9 e il prezzo di un panino è €3 ed Elena può spendere per questi beni al massimo €30 al giorno, calcolate il paniere ottimo di consumo di Elena.

4.5 Giulia consuma due beni, cibo e abbigliamento, e ha sempre un'utilità marginale positiva per entrambi i beni. Il suo reddito è 24. Inizialmente, il prezzo del cibo è 2 e il prezzo dell'abbigliamento è 2. Dopo la realizzazione di alcune politiche governative, il prezzo del cibo diminuisce a 1 e il prezzo dell'abbigliamento aumenta a 4. Supponete che, dato il vincolo di bilancio iniziale, la sua scelta ottimale sia di 10 unità di cibo e 2 unità di abbigliamento.
a) Dopo il cambiamento di prezzo, la sua utilità sarà superiore, inferiore o uguale rispetto alla situazione iniziale?
b) La vostra risposta richiede che vi sia un tasso marginale di sostituzione decrescente tra cibo e abbigliamento? Argomentate.

4.6 Un consumatore ha determinate preferenze tra due beni, panini (indicati con P) e frullati (indicati con F). Le sue preferenze tra i due beni sono date dalla funzione di utilità $U = \sqrt{P} + \sqrt{F}$. Per questa funzione di utilità, $MU_P = 1/(2\sqrt{P})$ e $MU_F = 1/(2\sqrt{F})$.
a) Determinate se vi è un tasso marginale di sostituzione decrescente $MRS_{P,F}$ per questa funzione di utilità.
b) Rappresentate un grafico che mostri la forma di una tipica curva di indifferenza. Nominate la curva U_1. Questa curva di indifferenza interseca gli assi? Nel medesimo grafico, rappresentate una seconda curva di indifferenza U_2, con $U_2 > U_1$.
c) Il consumatore ha un reddito di €24 a settimana. Il prezzo di un panino è €2 e il prezzo del frullato è €1. Quanti frullati e quanti panini potrà acquistare in una settimana, massimizzando la sua utilità? Rappresentate sul grafico la risposta.

4.7 Uno studente consuma birra e un bene composito il cui prezzo è €1. Attualmente, il Governo impone un'accisa di €0,50 per pacco di sei bottiglie di birra. Lo studente acquista 20 pacchi da sei bottiglie al mese (si pensi all'accisa come a un aumento di prezzo della birra di €0,50 per pacco da sei bottiglie, in più rispetto a quello che sarebbe il prezzo senza l'accisa). Il Governo sta pensando di eliminare l'accisa sulla birra e, al suo posto, di richiedere ai consumatori di pagare €10 al mese come somma forfettaria (ovvero, lo studente paga una tassa di €10 al mese, indipendentemente dal numero di bottiglie di birra consumate). Se dovesse passare la nuova proposta, come si modificherebbe il consumo dello studente (in particolare, la quantità di birra consumata) e il suo benessere? (Supponete che il suo tasso marginale di sostituzione della birra per il bene composito sia decrescente.)

4.8 Paolo consuma solamente due beni, pizza (P) e hamburger (H), che considera sostituti perfetti, come mostra la sua funziona di utilità: $U(P,H) = P + 4H$. Il prezzo della pizza è €3 e il prezzo dell'hamburger è €6 e il reddito mensile di Paolo è €300. Sapendo che ama la pizza, la nonna di Paolo – per il suo compleanno – gli regala un buono da €60 che può spendere solo in un Pizza Hut. Benché Paolo sia felice del regalo, sua nonna non ha pensato che avrebbe potuto renderlo altrettanto felice spendendo molto meno. Quando gli avrebbe dovuto dare in contanti perché Paolo ottenesse la stessa soddisfazione?

4.9 La figura sotto mostra il vincolo di bilancio di un consumatore in due periodi di tempi, con un tasso creditore r_L e un tasso debitore r_B, con $r_L < r_B$. Il consumatore acquista C_1 unità di bene composito nel periodo 1 e C_2 unità nel periodo 2. La seguente è una considerazione tipica di chi prende una decisione d'acquisto su due periodi di tempo. Sia A il paniere per il quale il consumatore spende esattamente tutto il suo reddito in ogni periodo (il punto d'angolo sulla linea di bilancio): il consumatore con $MRS_{C1,C2}$ decrescente, sceglierà di prendere a prestito nel primo periodo se in corrispondenza del paniere A $MRS_{C1,C2} > 1 + r_B$ e sceglierà di prestare denaro se in corrispondenza del paniere A $MRS_{C1,C2} < 1 + r_L$. Se MRS è compreso tra questi due valori, non prenderà a prestito né presterà denaro (si provi a dimostrarlo, tenendo presente che MRS gioca un ruolo importante in questa dimostrazione).
Usando questa regola generale, considerate la decisione di Marta, che guadagna €2000 questo mese e €2200 il mese prossimo, con una funzione di utilità $U(C_1, C_2) = C_1 C_2$, dove C rappresenta il valore del consumo per mese. Si supponga $r_L = 0,05$ (ovvero che il tasso creditore sia del 5%) e che $r_B = 0,12$ (ovvero che il tasso debitore sia del 12%). Marta, questo mese, presterà denaro, lo prenderà a prestito o non farà nessuna delle due cose? E se il tasso debitore scendesse all'8%?

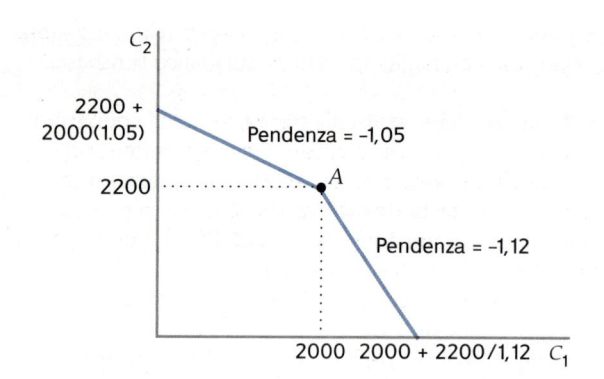

4.10 Sabrina acquista cibo (C) e altri beni (Y) con una funzione di utilità $U = CY$. Il suo reddito è 12. Il prezzo del cibo è 2 e il prezzo degli altri beni è 1.
a) Quante unità di cibo deve consumare per massimizzare la sua utilità?
b) Il Governo ha recentemente condotto uno studio i cui risultati hanno dimostrato che, per una dieta sana, ogni consumatore dovrebbe consumare almeno $C = 8$ unità di cibo. Il Governo sta valutando la possibilità di dare a consumatori come Sabrina un sussidio integrativo in contanti, per indurli ad acquistare $C = 8$. A quanto dovrebbe ammontare il sussidio per raggiungere questo scopo? Mostrate il paniere ottimale di Sabrina in un grafico con C sull'asse orizzontale e Y sull'asse verticale.
c) In alternativa al sussidio in contanti del punto b), il Governo sta valutando se dare a consumatori come Sabrina dei buoni alimentari, ovvero dei buoni spesa che si possono utilizzare solo per l'acquisto di cibo. Verificate che, se il Governo le dà un buono di €16, Sabrina sceglierà $C = 8$. Rappresentate su un grafico la sua scelta ottima (è possibile usare il medesimo grafico del punto b).

4.11 Il grafico seguente mostra le decisioni di consumo di un consumatore per combinazioni di beni x e y. Il consumatore in questione ama entrambi i beni. Quando si trova a fronteggiare la linea di bilancio BL_1, sceglie il paniere A; quando si trova a fronteggiare la linea di bilancio BL_2, sceglie il paniere B. Se si trovasse invece con la linea di bilancio BL_3, quale insieme di panieri sceglierebbe perché il suo comportamento sia coerente con la massimizzazione dell'utilità?

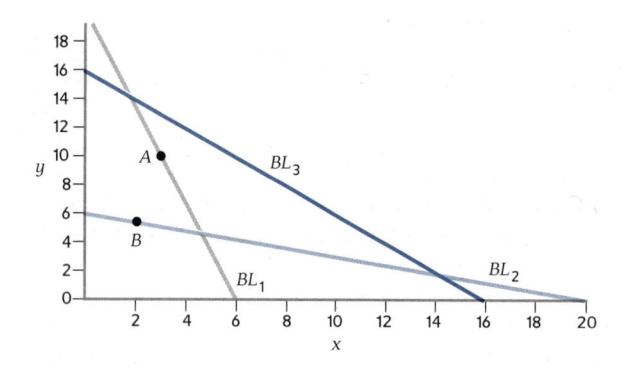

4.12 La Figura 4.15 mostra il caso in cui un consumatore gode di maggior benessere in seguito a uno sconto di quantità. Rappresentate una mappa di indifferenza per un consumatore che *non* goda di maggior benessere in seguito a uno sconto di quantità.

4.13 Alessandro acquista due beni, cibo (C) e abbigliamento (A). Ama entrambi i beni e le sue preferenze non variano di mese in mese. La seguente tabella mostra il suo reddito, i panieri scelti e i prezzi dei beni per un periodo di due mesi.

Mese	P_C	P_A	Reddito	Paniere scelto
1	3	2	48	$C = 16$, $A = 0$
2	2	4	48	$C = 14$, $A = 5$

a) In un grafico con C sull'asse orizzontale e A sull'asse verticale, rappresentate e nominate chiaramente le linee di bilancio e i panieri di consumo scelti durante questi due mesi. Nominate G la combinazione di consumo del mese 1 e H la combinazione di consumo del mese 2. Usando l'assioma delle preferenze rivelate, cosa è possibile dedurre circa le preferenze di Alessandro riguardo ai panieri G e H (ovvero, in che ordine di preferenza li si può porre)?
b) Nel mese 3, il reddito di Alessandro sale a 57. I prezzi di cibo e abbigliamento sono entrambi 3. Supponendo che le sue preferenze non cambino, individuate l'insieme dei panieri che Alessandro potrebbe consumare nel mese 3, continuando a massimizzare la sua utilità. Mostrate sul grafico questo insieme di panieri.

4.14 Caterina consuma due beni che ama, X e Y. Nel mese 1 sceglie il paniere A, data la linea di bilancio BL_1. Nel mese 2 sceglie il paniere B, data la linea di bilancio BL_2 e nel mese 3 sceglie C, data la linea di bilancio BL_3. Supponete che la sua mappa di indifferenza non vari per tutti e tre i mesi. Usando la teoria delle preferenze rivelate, verificate se le scelte di Caterina sono coerenti con il principio di massimizzazione dell'utilità. Se sì, indicate come Caterina ordina i tre panieri. Se non è possibile farlo, spiegatene la ragione.

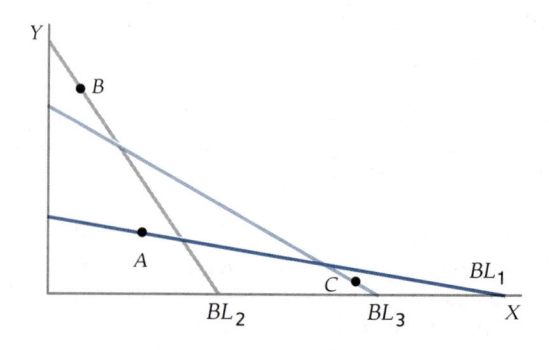

4.15 Pietro è uno studente universitario che riceve dai suoi genitori uno stipendio mensile di €1000. Usa questo

stipendio per pagare l'affitto e andare al cinema (supponete che tutte le altre spese di Pietro, come il cibo e l'abbigliamento, siano già state pagate). Nella città in cui Pietro studia, il costo dell'affitto al metro quadrato è €1,50 al mese. Il biglietto del cinema costa €10. Sia x il numero di metri quadri d'affitto e y il numero di film che vede in un mese.
a) Qual è l'espressione del vincolo di bilancio di Pietro?
b) Disegnate il grafico della linea di bilancio di Pietro.
c) Dato il suo stipendio, qual è il numero massimo di metri quadrati d'affitto che si può permettere?
d) Dato il suo stipendio mensile, qual è il numero massimo di film che può andare a vedere al mese?
e) Supponete che i genitori di Pietro gli aumentino lo stipendio del 10%. Allo stesso tempo, supponete che nella città in cui vive tutti i prezzi, inclusi affitto e biglietti del cinema, aumentino del 10%. Cosa accade al grafico della linea di bilancio di Pietro?

4.16 Silvia spende per l'affitto di una casa (identificate la dimensione dell'alloggio, per esempio il numero di vani o la superficie, con h) e di altri beni (un bene composito le cui unità sono indicate con y) e li gradisce entrambi. All'inizio ha un reddito di €100, e l'affitto della casa (P_h) costa €10 per unità. Nel paniere iniziale consuma 2 unità di abitazione. Qualche mese dopo, il suo reddito sale a €120; sfortunatamente, salgono anche gli affitti nella sua città, passando a €15 per unità. In queste condizioni, consuma 1 unità di abitazione. Utilizzando l'analisi delle preferenze rivelate e senza disegnare le curve di indifferenza, che cosa si può dire su come valuterà il primo paniere rispetto al secondo?

4.17 Come illustrato nella figura, un consumatore acquista due beni, cibo e alloggio, e li gradisce entrambi. Quando la linea di bilancio è BL_1, la scelta ottima è il paniere A. Data invece la linea di bilancio BL_2, la scelta ricade sul paniere B, e con la linea BL_3, la scelta ricade sul paniere C.

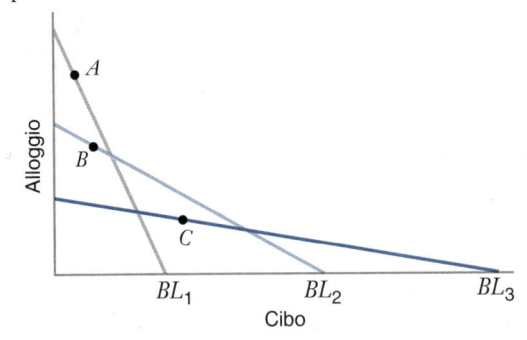

a) Che cosa si può dedurre su come il consumatore classifica i panieri A, B, e C? Se è possibile stabilire una classifica, spiegate in che modo. Se non è possibile stabilire una classifica, spiegate perché non lo è.
b) Nel grafico, tratteggiate (e individuate chiaramente) le aree che si rivelano meno gradite rispetto al paniere B, e spiegate perché avete indicato queste aree.
c) Nel grafico, tratteggiate (e individuate chiaramente) le aree che si rivelano più gradite rispetto al paniere B, e spiegate perché avete indicato queste aree.

Capitolo 5

5.1 La Figura 5.2(a) rappresenta le scelte ottime di un consumatore, rispettivamente per cibo e abbigliamento, per tre livelli di reddito settimanale: I_1 = €40, I_2 = €68 e I_3 = €92. La Figura 5.2(b) illustra come la curva di domanda di *cibo* del consumatore si sposti in seguito a variazioni di reddito. Rappresentate tre curve di domanda di *abbigliamento* (una per ogni livello di reddito) per spiegare come i cambiamenti di reddito influenzino gli acquisti di abbigliamento da parte del consumatore.

5.2 Dimostrate che le seguenti affermazioni sono vere:
a) Un bene inferiore ha un'elasticità della domanda al reddito negativa.
b) Un bene la cui elasticità della domanda al reddito è negativa è un bene inferiore.

5.3 Susanna acquista due beni, cibo e abbigliamento. Ha una funzione di utilità del tipo $U(x,y) = xy$, dove x indica la quantità domandata di cibo e y la quantità di capi di abbigliamento acquistati. Le utilità marginali derivanti da questa funzione di utilità sono $MU_x = y$ e $MU_y = x$.
a) Dimostrate che l'equazione della curva di domanda di abbigliamento è $y = 1/(2P_y)$.
b) L'abbigliamento è un bene normale? Rappresentate la curva di domanda di abbigliamento per un livello di reddito I = 200. Nominate la curva D_1. Rappresentate poi la curva di domanda di abbigliamento per un livello di reddito I = 300 e nominatela D_2.
c) Cosa si può dire a riguardo del coefficiente di elasticità incrociata della domanda di cibo rispetto al prezzo dell'abbigliamento?

5.4 Davide ha una funzione di utilità quasi-lineare, del tipo $U(x,y) = \sqrt{x} + y$, con funzioni di utilità marginale $MU_x = 1/(2\sqrt{x})$ e $MU_y = 1$.

a) Derivate la curva di domanda di Davide per il bene x in funzione dei prezzi, P_x e P_y. Verificate che la domanda di x in un punto di ottimo interno è indipendente dal livello di reddito.

b) Derivate la curva di domanda di Davide per il bene y; y è un bene normale? Cosa accade alla domanda di y se P_x aumenta?

5.5 Renato spende il suo reddito solo per due beni, cibo e alloggio. Su un grafico con l'alloggio sull'asse orizzontale e il cibo sull'asse verticale, la curva prezzo-consumo per l'alloggio è una retta verticale. Rappresentate due linee di bilancio e due curve di indifferenza che siano coerenti con la descrizione delle preferenze di Renato. Cosa deve sempre essere vero riguardo all'effetto reddito e all'effetto sostituzione in seguito a un cambiamento di prezzo dell'alloggio?

5.6 La funzione di utilità di Anna è $U(x,y) = x + y$, con funzioni di utilità marginale $MU_x = 1$ e $MU_y = 1$. Anna ha un reddito $I = 4$.

a) Determinate tutti i panieri ottimi per $P_x = 1$ e $P_y = 1$.
b) Determinate tutti i panieri ottimi per $P_x = 1$ e $P_y = 2$.
c) Qual è la domanda di y quando $P_x = 1$ e $P_y = 1$? Qual è la domanda di y quando $P_x = 1$ e $P_y > 1$? Qual è la domanda di y quando $P_x = 1$ e $P_y < 1$? Si rappresenti la curva di domanda di Anna per il bene y, con y funzione di P_y.
d) Ripetete gli esercizi ai punti a), b) e c) per $U(x,u) = 2x + y$, con funzioni di utilità marginale $MU_x = 2$ e $MU_y = 1$ e lo stesso livello di reddito.

5.7 Stefano consuma soltanto due beni, pizza e chinotto. Quando il prezzo della pizza diminuisce, Stefano acquista più pizza e più chinotto. In un diagramma di scelta ottima (con linee di bilancio e curve di indifferenza), illustrate questo comportamento di consumo.

5.8 (Il seguente problema mostra che una scelta ottima di consumo non è necessariamente un ottimo interno, ma può anche essere una soluzione d'angolo.) Supponete che la funzione di utilità del consumatore sia $U(x,y) = xy + 10y$. Le funzioni di utilità marginali sono $MU_x = y$ e $MU_y = x + 10$. Il prezzo di x è P_x e il prezzo di y è P_y ed entrambi i prezzi sono positivi. Il reddito del consumatore è I.

a) Ipotizzate inizialmente di essere in un ottimo interno. Dimostrate che la scheda di domanda di x può essere scritta come $x = I/(2P_x) - 5$.
b) Supponete ora che $I = 100$. Poiché x non può mai essere negativo, qual è il massimo valore di P_x per il quale il consumatore comprerebbe x?
c) Supponete che $P_y = 20$ e $P_x = 20$. Su un grafico che illustra la combinazione ottima di consumo di x e di y, dimostrate che dal momento che P_x è maggiore del valore trovato nel punto b), questo corrisponde a un punto d'angolo nel quale il consumatore acquista soltanto y (infatti,

il consumatore acquisterebbe $y = I/P_y = 5$ unità di y e nessuna unità di x).
d) Confrontate il tasso marginale di sostituzione tra x e y con il rapporto (P_x/P_y) nell'ottimo del punto c). Questo verifica il fatto che il consumatore avrebbe minore utilità se acquistasse una quantità positiva di x?
e) Supponendo che il reddito rimanga a livello di 100, rappresentate la scheda di domanda di x per tutti i livelli di P_x. La sua posizione dipende dal valore di P_y?

5.9 La funzione di domanda di motori è data da $D(P) = 16 - 2P$. Calcolate la variazione di surplus del consumatore quando il prezzo di un motore aumenta da €1 a €3. Rappresentate graficamente il risultato ottenuto.

5.10 Le preferenze di Luigi tra pizza (x) e altri beni (y) sono date da $U(x,y) = xy$, con utilità marginali $MU_x = y$ e $MU_y = x$. Il reddito di Luigi è €120.

a) Calcolate il paniere ottimo quando $P_x = 4$ e $P_y = 1$.
b) Calcolate l'effetto reddito e l'effetto sostituzione in seguito a una diminuzione del prezzo della pizza a €3.
c) Calcolate la variazione compensativa in seguito al cambiamento di prezzo.
d) Calcolate la variazione equivalente in seguito al cambiamento di prezzo.

5.11 Supponete che il mercato del noleggio auto abbia due segmenti, l'utenza affari e i turisti. La curva di domanda del noleggio auto da parte degli utenti business è $Q_b = 35 - 0,25P$, dove Q_b è la quantità domandata di auto a noleggio da parte degli utenti business (espressa in migliaia di auto) se il prezzo del noleggio è P euro al giorno. Nessun utente d'affari noleggerebbe l'auto se il prezzo fosse superiore a €140.
La curva di domanda del noleggio auto da parte dei turisti è $Q_t = 120 - 1,5P$, dove Q_t è la quantità domandata di auto a noleggio da parte dei turisti (espressa in migliaia di auto) se il prezzo del noleggio è P euro al giorno. Nessun turista noleggerebbe l'auto se il prezzo fosse superiore a €80.
a) Completate la tabella trovando le quantità domandate sul mercato a ogni livello di prezzo.

Prezzo (€/giorno)	Business (migliaia di auto/giorno)	Turisti (migliaia di auto/giorno)	Domanda di mercato (migliaia di auto/giorno)
100			
90			
80			
70			
60			
50			

b) Rappresentate le curve di domanda per ogni segmento e la curva di domanda di mercato delle auto a noleggio.
c) Descrivete algebricamente la curva di domanda di mercato. In altri termini, dimostrate come la quantità domandata di auto Q_m dipenda da P. Fate attenzione che l'equazione algebrica della domanda di mercato sia coerente con le risposte del punto a) e del punto b).
d) Se il prezzo di un'auto a noleggio è €60, qual è il surplus del consumatore per ogni segmento di mercato?

5.12 Un milione di consumatori a Valmonia ama affittare film in cassetta. Le loro curve di domanda sono identiche e il prezzo di un film a noleggio è P€. A un dato prezzo, la curva di domanda di mercato sarà più elastica o meno elastica rispetto alla curva di domanda di ogni singolo consumatore? Ipotizzate che non vi siano esternalità di rete.

5.13 La curva reddito-consumo di Franco per il tè è rappresentata sul diagramma di scelta ottima come una retta verticale, con il tè sull'asse orizzontale e gli altri beni sull'asse verticale.
a) Dimostrate che la curva di domanda di Franco per il tè deve essere inclinata negativamente.
b) Quando il prezzo del tè diminuisce da €9 a €8 a sacchetto, la variazione nel surplus di Franco (ovvero nell'area al di sotto della sua curva di domanda) è di €30 al mese. Ci si potrebbe aspettare che la variazione compensativa e la variazione equivalente siano anch'esse di circa €30, in seguito alla diminuzione di prezzo? Argomentate la risposta.

5.14 La funzione di utilità di Teresa per il divertimento (D) e altri beni (Y) è $U(D,Y) = Y + DY$. Le utilità marginali sono $MU_Y = 1 + D$ e $MU_D = Y$. Teresa acquista altri beni al prezzo di €1, attraverso il reddito che guadagna lavorando. Dimostrate che, indipendentemente dal tasso salariale di Teresa, il numero ottimale di ore che passa lavorando e divertendosi è sempre lo stesso. Qual è il numero di ore che Teresa vorrebbe dedicare al divertimento?

5.15 Le preferenze di Carlo tra hamburger (H) e birra (B) sono descritte dalla funzione di utilità $U(H, B) = \min(2H, 3B)$. Il suo stipendio è di I euro, e con quello acquista solo questi due beni. Sia P_H il prezzo degli hamburger e P_B quello della birra.
a) Derivate la curva di domanda di Carlo in funzione delle variabili esogene.
b) Cos'ha un effetto maggiore sul consumo di birra di Carlo: un aumento di €1 su P_H o un aumento di €1 su P_B?

5.16 Raimondo consuma tempo libero (L ore al giorno) e altri beni (Y unità al giorno). Le preferenze sono descritte da $U(Y, L) = Y + 2\sqrt{L}$. Le utilità marginali associate sono $MU_Y = 1$ e $MU_L = 1/\sqrt{L}$. Il prezzo degli altri beni è €1 per unità. Il tasso salariale è w euro l'ora.
a) Dimostrate come il numero di unità di svago che Raimondo sceglie dipende dal tasso salariale.
b) In che modo il guadagno giornaliero di Raimondo dipende dal tasso salariale?
c) Raimondo lavora di più quando il tasso salariale cresce?

5.17 Giulia compra cibo e altri beni e guadagna €400 al mese. All'inizio il cibo costa €1 per unità, poi sale a €1,20 per unità. I prezzi degli altri beni non cambiano. Per aiutare Giulia, sua madre si offre di inviarle un assegno che integri il suo stipendio. Giulia le dice: "Grazie, mamma. Se mi mandi un assegno di €50, io sarò tanto soddisfatta pagando €1,20 a unità quanto lo sarei stata pagando €1 a unità senza ricevere gli €50 da te". Quale delle seguenti affermazioni è vera? Date una spiegazione.
L'aumento del prezzo del cibo ha:
a) un effetto reddito di + €50 al mese;
b) un effetto reddito di – €50 al mese;
c) una variazione compensativa di + €50 al mese;
d) una variazione compensativa di – €50 al mese;
e) una variazione equivalente di + €50 al mese;
f) una variazione equivalente di – €50 al mese.

Capitolo 6

6.1 Per la funzione di produzione $Q = 6L^2 - L^3$ completate la seguente tabella calcolando l'output totale dell'impresa che:
a) massimizza il suo prodotto medio;
b) massimizza il suo prodotto marginale;
c) massimizza il suo prodotto totale;
d) ha un prodotto medio pari a zero.

6.2 Quali, tra le seguenti affermazioni, sono corrette?

a) Se il prodotto medio è crescente, il prodotto marginale è inferiore (in valore) al prodotto medio.
b) Se il prodotto marginale è negativo, il prodotto medio è negativo.
c) Se il prodotto medio è positivo, il prodotto totale deve essere crescente.
d) Se il prodotto totale è crescente, il prodotto marginale deve essere crescente.

6.3 Per la funzione di produzione $Q = L\sqrt{K}$, rappresentate gli isoquanti corrispondenti alle quantità $Q = 10$, $Q = 20$ e $Q = 50$. Questi isoquanti sono caratterizzati da un tasso marginale di sostituzione decrescente?

6.4 Per la funzione di produzione $Q = aL + bK$ a quanto è pari il tasso marginale di sostituzione del lavoro rispetto al capitale ($MRTS_{L,K}$) per un qualsiasi punto lungo l'isoquanto?

6.5 Per una funzione di produzione $Q = KL + K$ con $MP_K = L + 1$ e $MP_L = K$, nella combinazione A l'impresa utilizza $K = 3$ unità di capitale e $L = 5$ unità (ore) di lavoro. Nel punto B del medesimo isoquanto l'impresa utilizzerebbe solo un'unità di capitale.
a) Nel punto B di quanto lavoro ha bisogno l'impresa?
b) Tra A e B a quanto è pari l'elasticità di sostituzione? Questa funzione di produzione è caratterizzata da un'elasticità di sostituzione maggiore o minore rispetto a una Cobb-Douglas?

6.6 Se B è il numero di biciclette prodotte con F telai e T ruote, per la produzione di ogni bicicletta sono necessari un telaio e due ruote.
a) Rappresentate gli isoquanti relativi alla produzione di biciclette.
b) Scrivete l'equazione relativa alla funzione di produzione di biciclette.

6.7 Che cosa si può dire dei rendimenti di scala della funzione di produzione lineare $Q = aK + bL$ dove a e b risultano costanti positive?

6.8 Un'impresa produce una quantità Q di cereali per colazione utilizzando L, lavoro e prodotti agricoli, M. La funzione di produzione si può scrivere come $Q = 50\sqrt{ML} + M + L$. Le funzioni del prodotto marginale sono pari a

$$MP_L = 25\sqrt{\frac{M}{L}} + 1$$

$$MP_M = 25\sqrt{\frac{L}{M}} + 1$$

a) I rendimenti di scala sono crescenti, costanti o decrescenti?
b) Il prodotto marginale del lavoro è mai decrescente? Se è decrescente, in quale tratto? È mai negativo? Se assume valori negativi, in quale tratto?

6.9 Considerate una funzione di produzione a elasticità di sostituzione costante del tipo $Q = (K^{0,5} + L^{0,5})^2$.
a) Quale valore assume l'elasticità di sostituzione tra i fattori di questa funzione di produzione?
b) Questa funzione è caratterizzata da rendimenti di scala crescenti, decrescenti o costanti?

c) Se la funzione di produzione divenisse di equazione $Q = (100 + K^{0,5} + L^{0,5})^2$, sarebbe caratterizzata da rendimenti di scala crescenti, decrescenti o costanti?

6.10 La funzione di produzione di un'impresa è inizialmente pari a $Q = 500(L + 3K)$. A seguito di un'innovazione produttiva, la funzione di produzione diviene di equazione $Q = 1000(0,5L + 10K)$.
a) Spiegate come l'innovazione produttiva possa aver determinato il progresso tecnologico così come definito nel Paragrafo 6.6.
b) In questo caso il progresso tecnologico è neutrale, a risparmio di lavoro o a risparmio di capitale?

6.11 La funzione di produzione di un'impresa è inizialmente $Q = \sqrt{KL}$ con $MP_K = 0,5(\sqrt{L}/\sqrt{K})$ e con $MP_L = 0,5(\sqrt{K}/\sqrt{L})$. Con il trascorrere del tempo, la funzione di produzione muta in $Q = K\sqrt{L}$ con $MP_K = \sqrt{L}$ e $MP_L = 0,5(K/\sqrt{L})$.
a) Questo cambiamento nella funzione di produzione è giustificato dal progresso tecnologico?
b) Questo cambiamento è a risparmio di lavoro, a risparmio di capitale o neutrale?

6.12 Supponete che la funzione di produzione delle automobili sia $Q = LK$, dove Q è la quantità di automobili prodotte in un anno, L è la quantità di lavoro (ora-uomo) e K è la quantità di capitale (ora-macchina).
a) Disegnate l'isoquanto che corrisponde a una quantità di $Q = 100$.
b) Qual è l'equazione generica dell'isoquanto che corrisponde a un livello qualsiasi di output Q?
c) L'isoquanto mostra un tasso marginale decrescente di sostituzione tecnica?

6.13 Per fare una torta servono uova e una busta di preparato. Per ogni torta ci vogliono esattamente un uovo e una busta di preparato. Se si aggiungono due uova a una busta di preparato, si può fare una sola torta; allo stesso modo, con un uovo si può fare una sola torta, anche se si hanno due buste di preparato.
a) Disegnate vari isoquanti per la funzione di produzione delle torte.
b) Scrivete un'espressione matematica per questa funzione di produzione. Cosa si può dire sui rendimenti di scala di questa funzione?

6.14 Considerate le seguenti funzioni di produzione e i prodotti marginali a loro associati. Per ogni funzione di produzione, indicate se:
a) il prodotto marginale di ogni input è decrescente, costante o crescente nella quantità di quell'input;
b) la funzione di produzione mostra rendimenti di scala decrescenti, costanti o crescenti.

Funzione di produzione	MP_L	MP_K	Prodotto marginale del lavoro?	Prodotto marginale del capitale?	Rendimenti di scala?
$Q = L + K$	$MP_L = 1$	$MP_K = 1$			
$Q = \sqrt{LK}$	$MP_L = \dfrac{1}{2}\dfrac{\sqrt{K}}{\sqrt{L}}$	$MP_K = \dfrac{1}{2}\dfrac{\sqrt{L}}{\sqrt{K}}$			
$Q = \sqrt{L} + \sqrt{K}$	$MP_K = \dfrac{1}{2}\dfrac{1}{\sqrt{L}}$	$MP_K = \dfrac{1}{2}\dfrac{1}{\sqrt{K}}$			
$Q = L^3 K^3$	$MP_L = 3L^2 K^3$	$MP_K = 3L^3 K^2$			
$Q = LK$	$MP_L = K$	$MP_K = L$			

Capitolo 7

7.1 Un distributore di computer acquista stampanti laser da un produttore di stampanti, ciascuna a €500. Durante l'anno il distributore cercherà di vendere le stampanti a un prezzo superiore a €500. Al termine dello stesso anno il produttore di stampanti pagherà al distributore il 30% del prezzo di acquisto per ogni stampante invenduta. Nessuno, a parte il produttore di stampanti, è disponibile ad acquistare le stampanti invendute alla fine dell'anno.
a) All'inizio dell'anno, prima che il distributore abbia acquistato le stampanti, qual è il costo opportunità delle stampanti?
b) Dopo che il distributore ha acquistato le stampanti, a quanto ammonta il costo opportunità associato alla vendita di una stampante laser all'ipotetico consumatore? (si assume che se l'ipotetico consumatore non acquista, la stampante rimane invenduta alla fine dell'anno).
c) Supponete che al termine dell'anno il distributore abbia una scorta consistente di stampanti invendute. Il distributore aveva fissato un prezzo di rivendita di €1200 a stampante. Una nuova linea di stampanti sarà presto in produzione ed è improbabile che si possano vendere molte altre vecchie stampanti a quel prezzo. L'Ufficio marketing del distributore suggerisce di scontare il prezzo di €1000 per le vecchie stampanti, vendendole a €200 ciascuna. Il Direttore generale non è d'accordo, poiché il distributore "perderebbe" €300 da ogni stampante che andrebbe a vendere. È giusto questo ragionamento?

7.2 Un'impresa di consulenza ha appena terminato di redigere uno studio per un produttore di vino. Ha determinato che l'impiego di un'ora-uomo addizionale determinerebbe un aumento della produzione di 1000 litri al giorno. L'utilizzo degli impianti di fermentazione per un'ora-macchina in più determinerebbe un aumento della produzione di vino di 200 litri al giorno. Il prezzo di un'ora di lavoro è €10. Il prezzo di un'ora-macchina è €0,25. C'è un modo per il produttore di vino di diminuire il costo di produzione lasciando inalterato l'output? Se sì, quale?

7.3 Un agricoltore utilizza tre fattori produttivi: lavoro, capitale e terra. La funzione di produzione è caratterizzata da un tasso marginale di sostituzione tecnica decrescente.
a) Nel breve periodo la terra è un fattore fisso. Supponete che i prezzi del capitale e del lavoro aumentino entrambi del 5%. Cosa succede alle quantità di lavoro e capitale che consentono di minimizzare i costi per un dato livello di output? Ricordate che ci sono tre fattori, uno dei quali fisso.
b) Supponete che solo il costo del lavoro aumenti del 5%. Che cosa succede alle quantità di lavoro e capitale che nel breve periodo consentono di minimizzare i costi di produzione?

7.4 La produzione delle fusoliere di aeroplani è caratterizzata da una funzione di produzione CES: $Q = (L^{\frac{1}{2}} + K^{\frac{1}{2}})^2$. I prodotti marginali dei due fattori sono pari a $MP_L = (L^{\frac{1}{2}} + K^{\frac{1}{2}})L^{-\frac{1}{2}}$ e $MP_K = (L^{\frac{1}{2}} + K^{\frac{1}{2}})K^{-\frac{1}{2}}$. Supponete che il prezzo del lavoro sia di €10 all'unità e che il prezzo del capitale sia di €1 all'unità. Trovate la combinazione di ottimo di lavoro e capitale per un produttore che intende realizzare un output di 121 000 fusoliere.

7.5 Il calcolo della busta paga di 10 000 lavoratori di una grande impresa si può realizzare in un'ora di computer (K) e nessun contabile o in 10 ore di contabilità manuale (L) e nessun PC. Computer e contabili sono perfetti sostituti. L'impresa potrebbe anche utilizzare mezz'ora di PC e 5 ore di contabilità manuale.
a) Si rappresenti l'isoquanto che mostra tutte le possibili combinazioni di lavoro contabile e computer che consentono all'impresa di realizzare le 10 000 buste paga.
b) Se il computer costa €5 all'ora e il lavoro impiegatizio-contabile costa €7,5 all'ora, quale combinazione di L e K consente di minimizzare il costo totale di preparazione delle buste paga?
c) Se il prezzo del lavoro impiegatizio-contabile rimane inalterato a €7,5 orari, a quanto potrebbe salire il prezzo del computer prima che l'impresa si renda conto che è meglio utilizzare il solo L per le buste paga?

7.6 La funzione di produzione è pari a $Q = LK$ e i prodotti marginali sono $MP_L = K$ e $MP_K = L$. Supponete che il prezzo del lavoro sia w e che il prezzo del capitale sia pari a r. Si derivino le funzioni di domanda degli input.

7.7 Ajax Spa assembla gadget. Può assemblarli a mano o con un impianto particolare. Ogni gadget può essere assemblato in 15 minuti da un singolo lavoratore e in 5 minuti dall'impianto. L'impresa può anche assemblare alcuni gadget a mano e alcuni a macchina. I due fattori sono perfetti sostituti e sono i soli input necessari.
a) Il costo di un'ora di macchina è €30 e il costo di un'ora di lavoro è €10. L'impresa intende produrre 120 gadget. Quali sono le quantità di input che consentono di minimizzare i costi? Rappresentate graficamente tale soluzione.
b) Scrivete la funzione di produzione dell'impresa con la seguente notazione: G indica il numero di gadget, M sta per numero di ore-macchina e L per numero di ore-lavoro.

7.8 Un'impresa che produce vernici è caratterizzata da una funzione di produzione del tipo $Q = K + \sqrt{L}$. Per questa funzione di produzione, $MP_K = 1$ e $MP_L = \dfrac{1}{2\sqrt{L}}$.
Il prezzo del lavoro w è pari a 1 all'unità e il prezzo del capitale r è pari a €50 all'unità.
a) Calcolate la combinazione di input che consente di produrre $Q = 10$, verificando che non comporta l'utilizzo di capitale.
b) Quale deve essere il prezzo del capitale per far sì che l'impresa utilizzi una quantità positiva di capitale mantenendo $Q = 10$ e $w = 1$?
c) Fino a quale livello Q deve crescere affinché l'impresa usi una quantità positiva di K mantenendo $w = 1$ e $r = 50$?

7.9 Una funzione di produzione è del tipo $Q = KL + K + L$. Per questa funzione, $MP_L = K + 1$ e $MP_K = L + 1$. Se il prezzo del capitale r è pari a 1 e w indica il prezzo del lavoro, l'impresa che intende produrre 5 unità di output, per quale valore di w impiegherà:
a) solo lavoro?
b) solo capitale?
c) sia lavoro sia capitale?

7.10 Una funzione di produzione è del tipo $Q = K + L$ e quindi gli input sono perfetti sostituti. I prodotti marginali di capitale e lavoro sono entrambi pari a 1. Rappresentate la curva di domanda di lavoro dell'impresa che intende produrre 10 unità di output, sapendo che il prezzo del capitale è €1 ($Q = 10$ e $r = 1$).

7.11 Per la funzione di produzione $Q = K + \sqrt{L}$ i prodotti marginali dei due fattori K ed L sono rispettivamente $MP_L = \dfrac{1}{2\sqrt{L}}$ e $MP_K = 1$. Derivate le equazioni delle domande di L e K come funzioni di w (prezzo del lavoro) e r (prezzo del capitale). Per una soluzione non di angolo dimostrate che la quantità di lavoro impiegata non dipende da Q. Che andamento avrà il sentiero di espansione?

7.12 Una bicicletta si compone di un telaio e di due ruote.
a) Scrivete la funzione di produzione di un'impresa che produce biciclette da telai e ruote. Non assembla utilizzando lavoro. Rappresentate l'isoquanto che mostra tutte le combinazioni di telaio e ruote che consentono la produzione di 100 biciclette.
b) Inizialmente il telaio costa €100 e il prezzo di una ruota è €50. Nel grafico ottenuto, nel punto a) indicate la scelta di telai e ruote che minimizza il costo di produzione di 100 biciclette e rappresentate l'isocosto che passa da questa combinazione. Poi ripetete l'esercizio se il prezzo del telaio sale a €200 e quello delle ruote rimane pari a €50.

7.13 La funzione di produzione di un impianto è pari a $Q = 2KL + K$. Il prodotto marginale del capitale è pari a $2L + 1$ e quello del lavoro è pari a $2K$. Il prezzo del lavoro, w, è pari a €4 e quello del capitale, r, è pari a €5 all'unità.
a) Nel breve periodo, il capitale è di ammontare fisso e pari a 9. Trovate a quanto ammonta il lavoro necessario per la produzione di 45 unità di output.
b) Quanto perde l'impresa che non può utilizzare il capitale ottimamente?

7.14 Considerate la funzione di produzione indicata nell'Esercizio svolto 7.6 e le relative espressioni dei prodotti marginali di L, K ed M. Supponete che w sia pari a 1 e così sia anche per r ed m.
a) Se l'impresa intende produrre un output Q, qual è la soluzione della minimizzazione dei costi di lungo periodo?

b) Se l'impresa intende produrre un output Q, qual è la soluzione della minimizzazione dei costi di breve periodo per $K = 4$? L'impresa utilizzerà sempre quantità positive di lavoro e materie prime per tutti i possibili livelli di Q?

c) Se l'impresa intende produrre 12 unità di output, qual è la soluzione della minimizzazione dei costi di breve periodo per $K = 4$ e $L = 9$? L'impresa utilizzerà sempre quantità positive di materie prime per tutti i possibili livelli di Q?

7.15 Un'impresa utilizza una tecnologia caratterizzata da un tasso marginale di sostituzione tecnica decrescente tra lavoro e capitale. In questo momento produce 32 unità utilizzando 4 unità di capitale e 5 unità di lavoro. In questo punto il prodotto marginale del lavoro è 4 e quello del capitale è pari a 2. Il prezzo del capitale è 2 e quello del lavoro è 1. L'impresa sta minimizzando i costi di lungo periodo per produrre 32 unità di output? Se sì, come facciamo a saperlo? Se no, dimostrate perché e dite se l'impresa potrebbe realizzare il target produttivo 32 impiegando (a) più capitale e meno lavoro, oppure (b) meno capitale e più lavoro.

7.16 Un'azienda opera con una funzione di produzione $Q = K^2L$. Q è il numero di unità di output al giorno, quando l'azienda prende in affitto K unità di capitale e impiega L personale al giorno. Il prodotto marginale del capitale è $2KL$ e quello del lavoro è K^2. Al manager è stato assegnato un obiettivo di produzione: produrre 8000 unità al giorno. Il manager sa che il costo di affitto del capitale è €400 al giorno per unità. Il tasso salariale pagato a ogni impiegato è €200 al giorno.

a) Al momento, l'azienda ha 80 impiegati al giorno. Qual è il costo totale giornaliero dell'azienda se prende in affitto solo la quantità di capitale strettamente necessaria al raggiungimento dell'obiettivo di produzione?

b) Mettete a confronto il prodotto marginale per euro speso per K ed L quando l'azienda opera con le quantità di input del punto a). Cosa suggerisce questo riguardo al modo in cui l'azienda potrebbe cambiare le sue scelte di K ed L volendo ridurre il costo totale nel raggiungere il suo obiettivo?

c) Nel lungo periodo, quale quantità di K ed L dovrebbe scegliere l'azienda per minimizzare il costo di produzione di 8000 unità di output al giorno? Quale sarà il costo di produzione giornaliero totale?

7.17 La funzione di produzione di un'azienda è $Q = \min(K, 2L)$, dove Q è il numero di unità di output prodotte usando K unità di capitale ed L unità di lavoro. I prezzi dei fattori sono $w = 4$ (per il lavoro) e $r = 1$ (per il capitale). In un diagramma di scelta ottima con L sull'asse orizzontale e K sull'asse verticale, disegnate l'isoquanto per $Q = 12$, indicate le scelte ottime di K ed L nell'isoquanto e calcolate il costo totale.

7.18 Questo esercizio vi permetterà di applicare il metodo delle preferenze rivelate per vedere se un'azienda stia minimizzando il costo totale di produzione. L'azienda produce un output con una tecnologia caratterizzata da tasso marginale di sostituzione tecnica decrescente tra lavoro e capitale. È richiesta la produzione di una certa quantità di output che in questo esercizio resta fissa. Di fronte ai prezzi di input w_1 e r_1, l'azienda sceglie il paniere di input al punto A del seguente grafico e sostiene il costo totale sulla linea di isocosto IC_1. Quando i prezzi del fattore cambiano a w_2 e r_2, la scelta degli input dell'azienda cade sul paniere B, posizionato sulla linea di isocosto IC_2. Il paniere A si trova all'intersezione delle due linee di isocosto. Queste scelte sono coerenti con un comportamento di minimizzazione dei costi?

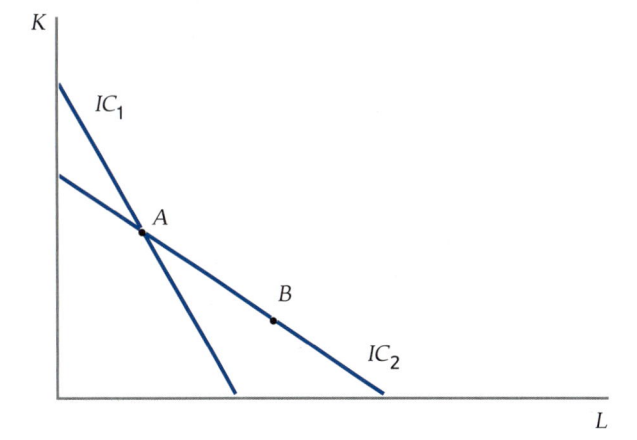

Capitolo 8

8.1 La tabella seguente mostra i diversi tipi di costi di un'impresa che produce fino a 6 unità di output. Completate la tabella. Se non riuscite a determinare alcuni valori, motivate l'impossibilità di calcolo.

Q	TC	TVC	TFC	AC	MC	AVC
1	100					
2		160				
3			20			
4				95		
5					170	
6						120

8.2 La tabella seguente mostra i diversi tipi di costi di un'impresa che produce fino a 6 unità di output. Completate la tabella. Se non riuscite a determinare alcuni valori, motivate l'impossibilità di calcolo.

Q	TC	TVC	AFC	AC	MC	AVC
1				100		
2		50	30			
3					10	
4						30
5						
6	330				80	

8.3 Un'impresa ha a disposizione due input, lavoro e capitale, e la sua funzione di produzione è pari a $Q = LK$. I prodotti marginali associati a questa funzione di produzione sono $MP_L = K$ e $MP_K = L$. Se il prezzo del lavoro è pari a 2 e quello del capitale è pari a 1, derivate le funzioni del costo totale e del costo medio di lungo periodo.

8.4 La funzione del costo totale di un'impresa è pari a $TC(Q) = 40Q - 10Q^2 + Q^3$ e la funzione del costo marginale di lungo periodo è pari a $MC(Q) = 40 - 20Q + 3Q^2$. Per quale intervallo di output la produzione è caratterizzata da economie di scala e per quale intervallo di produzione è affetta da diseconomie di scala?

8.5 Un'impresa ha a disposizione due input, lavoro e capitale e la sua funzione di produzione è pari a $Q = L + K$. I prodotti marginali associati a questa funzione di produzione sono $MP_L = 1$ e $MP_K = 1$. Il prezzo del lavoro è pari a $w = 1$ e quello del capitale è pari a $r = 1$.
a) Determinate l'equazione del costo totale di lungo periodo dell'impresa in funzione della quantità Q.
b) Risolvete il problema della minimizzazione dei costi di breve periodo per un capitale, fattore fisso, $K = 5$. Derivate l'equazione della curva del costo totale di breve periodo in funzione della quantità Q e rappresentatela in un grafico insieme a quella di lungo periodo.
c) Come varia l'andamento delle curve di costo totale di breve periodo e di lungo periodo se $w = 1$ e $r = 2$?
d) Come varia l'andamento delle curve di costo totale di breve periodo e di lungo periodo se $w = 2$ e $r = 1$?

8.6 Un'impresa ha a disposizione due input, lavoro e capitale, e la sua funzione di produzione è pari a $Q = \min(L, K)$. Siano w e r i prezzi del lavoro e del capitale.
a) Calcolate l'equazione del costo totale di lungo periodo dell'impresa in funzione della quantità Q e dei prezzi dei fattori w e r.
b) Risolvete il problema della minimizzazione dei costi di breve periodo per un capitale, fattore fisso, $K = 5$, $w = 1$ e $r = 1$. Rappresentate la funzione del costo totale di breve periodo e quella di lungo periodo nel medesimo grafico per $w = 1$ e $r = 1$.
c) Come varia l'andamento del costo totale di breve periodo e di quello di lungo periodo se $w = 1$ e $r = 2$?
d) Come varia l'andamento del costo totale di breve periodo e di quello di lungo periodo se $w = 2$ e $r = 1$?

8.7 La curva di costo totale di lungo periodo di un'azienda è $TC(Q) = 1000Q^{1/2}$. Derivate l'equazione della corrispondente curva di costo medio di lungo periodo, $AC(Q)$. Data l'equazione della curva di costo medio di lungo periodo, quale delle seguenti affermazioni è vera?
a) La curva di costo marginale di lungo periodo $MC(Q)$ si trova al di sotto di $AC(Q)$ per tutte le quantità Q positive;
b) la curva di costo marginale di lungo periodo $MC(Q)$ è uguale a $AC(Q)$ per tutte le quantità Q positive;
c) la curva di costo marginale di lungo periodo $MC(Q)$ si trova al di sopra di $AC(Q)$ per tutte le quantità Q positive;
d) la curva di costo marginale di lungo periodo $MC(Q)$ si trova al di sotto di $AC(Q)$ per alcune quantità Q positive e al di sopra di $AC(Q)$ per altre quantità Q positive.

8.8 Un'impresa che produce imballaggi ha a disposizione due input, lavoro e capitale, e la sua funzione di produzione è pari a $Q = KL + K$. I prodotti marginali associati a questa funzione di produzione sono $MP_L = K$ e $MP_K = L + 1$. Assumete che la combinazione ottima di fattori sia caratterizzata da quantità positive di entrambi gli input (è una soluzione interna). Stimate l'equazione del costo totale di lungo periodo in funzione dei prezzi degli input w e r. Se i prezzi degli input raddoppiano, raddoppia anche il costo totale?

8.9 Un'impresa è caratterizzata dalla funzione di produzione a tre input seguente: $Q = LKM$. I prodotti marginali associati a questa funzione di produzione sono $MP_L = KM$ e $MP_K = LM$ e $MP_M = LK$. $w = 5$, $r = 1$ e $m = 2$, dove m rappresenta il costo delle materie prime.
a) Supponete che l'impresa debba produrre Q unità di output. Dimostrate come la quantità di lavoro che minimizza i costi dipende da Q. Dimostrate come la quantità di capitale che minimizza i costi dipende da Q. Dimostrate come la quantità di materie prime che minimizza i costi dipende da Q.
b) Calcolate l'equazione del costo totale di lungo periodo dell'impresa.
c) Calcolate l'equazione del costo medio di lungo periodo dell'impresa.
d) Se il capitale è un fattore fisso disponibile in 50 unità, dimostrate come la quantità di lavoro che minimizza i costi dipende da Q e dimostrate come la quantità di materie prime che minimizza i costi dipende da Q.
e) Calcolate l'equazione del costo totale di breve periodo per un capitale disponibile nell'ammontare fisso di 50 unità e rappresentatela assieme a quella del costo totale di lungo periodo.
f) Calcolate l'equazione del costo medio di breve periodo.

8.10 Un'impresa è caratterizzata dalla funzione di produzione a tre input seguente: $Q = KL + M$. I prodotti marginali associati a questa funzione di produzione sono $MP_L = K$ e $MP_K = L$ e $MP_M = 1$. Se $w = 16$, $r = 4$ e $m = 1$ e l'impresa opera nel breve periodo con un ammontare fisso del capitale pari a 20 unità, a quanto è pari il costo totale relativo alla produzione di 400 unità?

8.11 Per ciascuna delle funzioni di costo totale, scrivete le espressioni del costo fisso totale, del costo medio variabile, del costo marginale (se non è dato), e disegnate le curve del costo totale medio e del costo marginale.
a) $TC(Q) = 10$;
b) $TC(Q) = 160 + 10Q$;
c) $TC(Q) = 10Q^2$, dove $MC(Q) = 20Q$;
d) $TC(Q) = 10\Sigma Q$, dove $MC(Q) = 5/\Sigma Q$;
e) $TC(Q) = 160 + Q^2$, dove $MC(Q) = 20Q$.

8.12 Un'azienda produce un prodotto con lavoro e capitale come input. La funzione di produzione è descritta da $Q = LK$. I prodotti marginali associati a questa funzione di produzione sono $MP_L = K$ e $MP_K = L$. Siano $w = 1$ e $r = 1$ i prezzi rispettivamente del lavoro e del capitale.
a) Trovate l'equazione della curva di costo totale di lungo periodo in funzione della quantità Q;
b) Risolvete il problema della minimizzazione del costo di breve periodo quando il capitale è fisso a una quantità di 5 unità (ossia, $K = 5$). Derivate l'equazione della curva di costo totale di breve periodo dell'azienda in funzione della quantità Q e inseritela in uno grafico insieme alla curva di costo totale di lungo periodo.
c) Come cambia l'andamento delle curve di costo totale di lungo e breve periodo quando $w = 1$ e $r = 4$?
d) Come cambia l'andamento delle curve di costo totale di lungo e breve periodo quando $w = 4$ e $r = 1$?

8.13 Un produttore è caratterizzato da un costo totale di breve periodo del tipo $STC(Q) = 1000 + 50Q^2$. Nel medesimo grafico rappresentate il costo medio di breve periodo, il costo variabile medio e il costo fisso medio.

Capitolo 9

9.1 Il bilancio contabile annuale di un negozio di fiori è il seguente:

ricavi	€250 000;
acquisti	€25 000;
salari	€170 000.

Se il proprietario dell'impresa chiudesse l'attività, potrebbe affittare il locale per €100 000. Inoltre non sosterrebbe alcun costo relativamente ai dipendenti e agli acquisti. Calcolate il profitto contabile e il profitto economico del negozio. Il proprietario dovrebbe chiudere l'attività o proseguirla? Motivate la vostra risposta.

9.2 Un'impresa perfettamente concorrenziale vende il proprio bene a un prezzo pari a €50. Essa sostiene costi fissi pari a €30. Completate la tabella che segue e indicate il livello di produzione che massimizza il profitto dell'impresa in questione. Come varia la quantità se i costi fissi aumentano da €30 a €60? Spiegate, in generale, come il livello dei costi fissi può influenzare la scelta della quantità da produrre.

Output (unità)	Ricavo totale (€/unità)	Costo totale (€/unità)	Profitto (€)	Ricavo marginale (€/unità)	Costo marginale (€/unità)
0	0				
1					50
2					20
3					30
4					42
5					54
6					70

9.3 Un'impresa perfettamente concorrenziale vende il proprio bene a un prezzo pari a €150. La tabella che segue considera i vari costi dell'impresa per le produzioni comprese tra 1 e 6 unità di output. Completate la tabella e determinate il profitto corrispondente all'ottimo livello di produzione.

Q	TC	TVC	AFC	AC	MC	AVC
1	200					
2		100				
3					20	
4		240				
5				24		
6	660				160	

9.4 Un'impresa perfettamente concorrenziale che massimizza il profitto opera nel punto in cui la sua curva di costo medio di breve periodo è inclinata positivamente. Cosa implica ciò per il profitto economico dell'impresa? Spiegatelo brevemente.

9.5 Un produttore che opera in un mercato di concorrenza perfetta ha scelto il livello di output che massimizza il suo profitto. In corrispondenza di tale produzione, costi e ricavi sono i seguenti:

Ricavi	€200
Costi variabili	€120
Costi fissi non recuperabili	€60
Costi fissi recuperabili	€40

Calcolate il suo surplus del produttore e il suo profitto. Quale (se ce n'è una) tra le categorie elencate dovrebbe considerare il produttore per decidere se uscire dal mercato? Spiegatelo brevemente.

9.6 La Fresh Catfish è un'impresa che opera nel settore perfettamente concorrenziale dell'allevamento di pesci gatto del Nord America. La curva dei costi totali di breve periodo è $STC(Q) = 400 + 2Q + 0{,}5Q^2$, in cui Q è il numero di pesci gatto ottenuti mensilmente. La corrispondente curva del costo marginale è $SMC(Q) = 2 + Q$. Tutti i costi fissi sono non recuperabili.
a) Qual è l'equazione del costo medio variabile (AVC)?
b) Qual è il livello minimo del costo medio variabile?
c) Qual è la funzione di offerta di breve periodo della Fresh Catfish?

9.7 L'industria dei bulloni è attualmente composta da 20 produttori, ciascuno dei quali opera con l'identica curva di costo totale di breve periodo $STC(Q) = 16 + Q^2$, dove Q è la quantità prodotta annualmente dalla singola impresa. La corrispondente funzione del costo marginale è $SMC(Q) = 2Q$. La curva di domanda dei bulloni è $D(P) = 110 - P$, dove P è il prezzo di mercato.
a) Assumendo che ciascuna impresa abbia costi fissi non recuperabili pari a €16, qual è la curva di offerta di breve periodo dell'impresa?
b) Qual è la curva di offerta di breve periodo del mercato?
c) Determinate il prezzo e la quantità di equilibrio di breve periodo per l'industria.

9.8 L'industria del lubrificante per trapani è composta da 60 produttori, ciascuno dei quali presenta un'identica curva di costo totale di breve periodo, $STC(Q) = 64 + 2Q^2$, dove Q rappresenta la quantità prodotta ogni mese da ciascuna impresa e €64 è l'ammontare del costo fisso totale sostenuto ogni mese. La corrispondente curva del costo marginale è $SMC(Q) = 4Q$. Ipotizzate che €32 degli €64 di costi fissi sostenuti mensilmente dall'impresa siano evitabili se l'impresa decide di non produrre in un certo mese. La curva di domanda di mercato per il lubrificante per trapani è $D(P) = 400 - 5P$, dove $D(P)$ è la domanda mensile per un prezzo pari a P. Individuate la curva di offerta di mercato e determinate il prezzo di equilibrio di breve periodo.

9.9 Un'industria perfettamente concorrenziale è composta da due tipologie di imprese: 100 imprese del tipo A e 30 imprese del tipo B. Ciascuna impresa del tipo A ha una curva di offerta di breve periodo $s_A(P) = 2P$, mentre per ciascuna impresa del tipo B la medesima curva è $s_B(P) = 10P$. La funzione di domanda del mercato è $D(P) = 5000 - 500\,P$. Qual è il prezzo di equilibrio di breve periodo del mercato? A questo prezzo, quanto producono, rispettivamente, un'impresa del tipo A e un'impresa del tipo B?

9.10 Il mercato dei pallet in legno contiene molte imprese identiche, ciascuna con una funzione di costo totale $STC(Q) = 400 + 5Q + Q^2$, dove Q rappresenta la quantità annualmente prodotta dall'impresa (e tutti i costi fissi, €400, sono non recuperabili). La corrispondente funzione di costo marginale è $SMC(Q) = 5 + 2Q$. La curva di domanda di mercato dell'industria è $D(P) = 262{,}5 - P/2$, dove P è il prezzo di mercato. Ciascuna impresa nell'industria sta attualmente conseguendo un profitto nullo. Quante sono le imprese presenti nell'industria, e qual è il prezzo di equilibrio di mercato?

9.11 Un'impresa in un mercato perfettamente concorrenziale produce il suo output in due impianti. I costi totali per produrre Q_1 dal primo impianto sono dati da $TC_1 = (Q_1)^2$, e il costo marginale corrispondente è $MC_1 = 2Q_1$. Il costo totale per produrre Q_2 dal secondo impianto è $TC_2 = 2(Q_2)^2$, e il relativo costo marginale è $MC_2 = 4Q_2$. Il prezzo nel mercato è P. Quale parte dell'offerta totale dell'impresa sarà prodotta dal secondo impianto?

9.12 La curva di offerta di breve periodo di una singola impresa è data da

$$s(P) = \begin{cases} 0, & \text{se } P < 10 \\ 3P - 30, & \text{se } P \geq 10 \end{cases}$$

Qual è l'equazione della funzione del costo marginale dell'impresa, $SMC(Q)$?

9.13 Durante la settimana dal 9 al 15 di febbraio del 2001, il prezzo di equilibrio del mercato delle rose negli USA fu di €1 a gambo, e vennero vendute 4 000 000 di rose. Durante la settimana dal 5 all'11 giugno dello stesso anno, il prezzo di equilibrio fu di €0,20 a gambo, e vennero vendute 3 800 000 rose. Da queste informazioni cosa è possibile dedurre sull'elasticità al prezzo dell'offerta nel mercato delle rose negli USA?

9.14 L'industria del propilene è perfettamente concorrenziale, e ciascun produttore ha una funzione di costo marginale di lungo periodo pari a $MC(Q) = 40 - 12Q + Q^2$. La corrispondente funzione di costo medio di lungo periodo è $AC(Q) = 40 - 6Q + Q^2/3$. La curva di domanda del mercato per il propilene è $D(P) = 2200 - 100P$. Qual è il prezzo di equilibrio di lungo periodo dell'industria? A questo prezzo, quanto produce ogni singola impresa? Quante imprese operano in equilibrio nel lungo periodo nel mercato perfettamente concorrenziale del propilene?

9.15 L'industria della coltivazione di lamponi negli Stati Uniti è perfettamente concorrenziale, e ciascun produttore è caratterizzato da una funzione del costo marginale di lungo periodo pari a $MC(Q) = 20 + 2Q$ e da una funzione di costo medio di lungo periodo pari a $AC(Q) = 20 + Q + 144/Q$. La curva di domanda del mercato è $D(P) = 2488 - 2P$. Qual è il prezzo di equilibrio di lungo periodo per tale industria, e qual è la produzione di una singola impresa a tale prezzo? Quanti coltivatori di lamponi opereranno nell'industria nell'equilibrio concorrenziale di lungo periodo?

9.16 La funzione di costo totale di lungo periodo dei produttori di acqua minerale è $TC(Q) = cQ$, dove Q rappresenta la quantità prodotta da una singola impresa espressa in migliaia di litri all'anno. La curva di domanda del mercato è $D(P) = a - bP$. Calcolate il prezzo di equilibrio di lungo periodo e la quantità in termini di a, b e c. È possibile determinare il numero di imprese in equilibrio? Se sì, quante sono? Se no, perché?

9.17 Nel mercato perfettamente concorrenziale dei widget, ciascuna impresa sostiene un costo marginale (MC) e un costo variabile totale (TVC), per i diversi livelli di output Q, come mostrato nella tabella seguente. Ogni impresa ha un costo fisso totale di €64 e un costo fisso non recuperabile di €48.
a) Ricavate graficamente la curva di offerta di breve periodo dell'impresa, indicando anche il prezzo di chiusura. Spiegate le ragioni dell'inclinazione della curva di offerta.
b) Qual è il surplus del produttore della singola impresa quando il prezzo di mercato è pari a €16?
c) Qual è il prezzo di pareggio di ciascuna impresa?

Q	1	2	3	4	5	6	7	8	9	10	11	12
MC	4	6	8	10	12	14	16	18	20	22	24	26
TVC	3	8	15	24	35	48	63	80	99	120	143	168

9.18 Il costo medio di lungo periodo per produrre hard disk è dato da $AC(Q) = \sqrt{wr}(120 - 20Q + Q^2)$ dove Q è la quantità prodotta annualmente da un'impresa, w è il salario per il lavoro specializzato di assemblaggio, e r è il prezzo per i servizi del capitale. La corrispondente curva di costo marginale di lungo periodo è $MC(Q) = \sqrt{wr}(120 - 40Q + 3Q^2)$. La domanda di lavoro per una singola impresa è

$$L(Q, w, r) = \frac{\sqrt{r}(120Q - 20Q^2 + Q^3)}{2\sqrt{w}}$$

Il prezzo dei servizi del capitale è fisso e pari a $r = 1$.
a) In un equilibrio concorrenziale di lungo periodo, quanto produrrà ciascuna impresa?
b) In un equilibrio concorrenziale di lungo periodo, quale sarà il prezzo di mercato (in funzione di w)?
c) In un equilibrio concorrenziale di lungo periodo, quanto lavoro specializzato domanderà ciascuna impresa (in funzione di w)?
d) Supponete che la curva di domanda di mercato sia data da $D(P) = 10 000/P$. Qual è la quantità di equilibrio del mercato (in funzione di w)?

e) Qual è il numero di imprese nell'equilibrio di lungo periodo (in funzione di w)?
f) Sulla base delle risposte c) ed e), determinate la domanda totale di lavoro specializzato nell'industria, sempre in funzione di w.
g) Supponete che la curva di offerta del lavoro specializzato utilizzato in questa industria sia $\Gamma(w) = 50w$. Per quale valore di w l'offerta di lavoro specializzato uguaglia la domanda di lavoro specializzato?
h) Usando la risposta al punto g), tornate ai punti b), d) ed e) per determinare il prezzo di equilibrio di lungo periodo, la domanda di mercato e il numero di imprese operanti nell'industria.
i) Ripetete l'esercizio assumendo che la curva di domanda di mercato sia invece data da $D(P) = 20 000/P$.

9.19 Il mercato dei semiconduttori è composto da 100 imprese identiche, ciascuna con una curva di costo marginale $SMC(Q) = 4Q$. Il prezzo di equilibrio di mercato è di €200. Assumendo che tutti i costi fissi delle imprese siano non recuperabili, calcolate il surplus del produttore della singola impresa e il surplus del produttore totale del mercato.

Capitolo 10

10.1 In un mercato concorrenziale, senza intervento pubblico, il prezzo di equilibrio è di €10 e la quantità di equilibrio è di 10 000 unità. Spiegate se il mercato sarà in grado di raggiungere l'equilibrio nelle seguenti ipotesi di regolamentazione:
a) viene imposta una tassa unitaria di €1;
b) il Governo paga un sussidio di €5 per ogni unità prodotta;
c) viene imposto un prezzo minimo di €12;
d) viene imposto un prezzo massimo di €8;
e) il Governo impone una quota di produzione di 5000 unità.

10.2 Supponete che la curva di domanda di petrolio greggio sia $Q^d = 100 - P$, in cui Q^d è il numero di barili che i compratori acquistano quando il prezzo è P (espresso in dollari per barile), e che la curva di offerta sia invece $Q^s = P/3$, dove Q^s è la quantità di barili che i produttori sono disposti a offrire al prezzo P. Il mercato del greggio è inizialmente in equilibrio, senza tasse né sussidi. Ritenendo troppo alto il prezzo del petrolio, il Governo decide di venire incontro agli acquirenti e annuncia che darà ai produttori un sussidio di $4 per barile. Il giornalista di un'emittente televisiva locale dichiara che il sussidio dovrebbe ridurre il prezzo di acquisto del petrolio greggio di $4 al barile. Analizzate l'affermazione del giornalista calcolando il prezzo di acquisto di un barile di petrolio prima e dopo l'introduzione del sussidio, e fornite una spiegazione intuitiva del perché il giornalista ha ragione oppure ha torto.

10.3 I widget sono prodotti e venduti in un mercato concorrenziale. In assenza di tassazione, il prezzo di equilibrio è €20 al pezzo. L'elasticità della domanda di widget al loro prezzo è –0,5. Se l'imposizione di una tassa di €4 porta il prezzo a €24, cosa si può dire dell'elasticità dell'offerta rispetto al prezzo?

10.4 In un mercato concorrenziale, in assenza di tassa, il prezzo di equilibrio è di €40, e la curva di offerta è inclinata positivamente. Il Governo è in procinto di imporre una tassa unitaria di €5. Nel nuovo equilibrio, in presenza di tassa, stabilite quale sarà il prezzo nelle ipotesi in cui la curva di domanda è:
a) perfettamente elastica;
b) perfettamente inelastica.
Illustrate graficamente la vostra risposta.

10.5 In un mercato concorrenziale, in assenza di tassa, il prezzo di equilibrio è €60, e la curva di domanda è inclinata negativamente. Il Governo è in procinto di imporre una tassa unitaria di €4. Nel nuovo equilibrio, in presenza di tassa, stabilite quale sarà il prezzo nelle ipotesi in cui la curva di offerta è:
a) perfettamente elastica;
b) perfettamente inelastica.
Illustrate graficamente la vostra risposta.

10.6 In un mercato perfettamente concorrenziale il prezzo di equilibrio corrente è €100, l'elasticità della domanda rispetto al prezzo è –4, e l'elasticità dell'offerta rispetto al prezzo è +2. Se viene imposta una accisa di €3 per singola unità, di quanto varierà il prezzo pagato dai consumatori? E di quanto varierà il prezzo che riceveranno i produttori?

10.7 Supponete che il mercato delle sigarette in una particolare città sia caratterizzato dalle seguenti curve di offerta e di domanda: $Q^s = P$, $Q^d = 50 - P$, e la quantità sia misurata in migliaia di unità. Supponete che il Comune della città, volendo incrementare le entrate pubbliche di €300 000, decida di ottenere tale somma attraverso una tassa nel mercato delle sigarette. Quale dovrebbe essere il valore della tassa per garantire le entrate desiderate?

10.8 Facendo riferimento al grafico sottostante, supponete che il Governo imponga un prezzo massimo pari a P_1. Utilizzando le diverse aree sul grafico, identificate:
a) il valore massimo che i consumatori possono guadagnare da questa nuova situazione;
b) il valore massimo che i consumatori possono perdere da questa nuova situazione.
In altri termini, individuate i valori massimi e minimi della possibile variazione del surplus dei consumatori a seguito dell'imposizione del prezzo massimo.

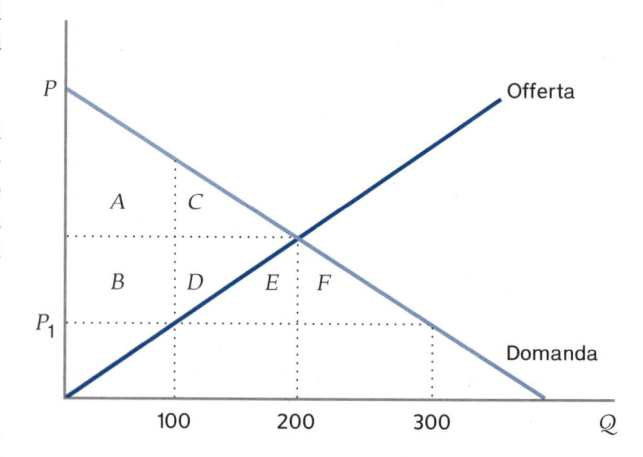

10.9 Supponete che in un certo Paese il mercato del mais sia concorrenziale, e non siano possibili né esportazioni né importazioni. La curva di domanda è $Q^d = 50 - P^d$, dove Q^d è la quantità domandata (in milioni di bushel) quando il prezzo pagato dai consumatori è P^d. La curva di offerta è

$$Q^s = \begin{cases} -4 + P^s, \text{ quando } P^s \geq 4 \\ 0, \text{ quando } P^s < 4 \end{cases}$$

dove Q^s è la quantità offerta (in milioni di bushel) quando il prezzo che i produttori ricevono è P^s.
a) Quali sono il prezzo e la quantità di equilibrio?
b) In corrispondenza dell'equilibrio calcolato in a), qual è il surplus del consumatore? E il surplus del produttore? E la perdita di benessere sociale netto? Rappresentateli tutti graficamente.
c) Supponete che il Governo imponga una tassa unitaria di €2 per incrementare le entrate pubbliche. Quale sarà la nuova quantità di equilibrio? Quale prezzo pagheranno i consumatori? E quale prezzo riceveranno i produttori?
d) In corrispondenza dell'equilibrio calcolato in c), qual è il surplus del consumatore? E il surplus del produttore? Quali sono gli effetti sul bilancio pubblico? E la perdita di benessere sociale netto? Rappresentateli tutti graficamente.
e) Supponete che il Governo decida di andare incontro agli agricoltori. Pertanto, viene rimossa la tassa e viene introdotto un sussidio unitario di €1 per i produttori di mais. Quale sarà la quantità di equilibrio? Quale prezzo pagheranno i consumatori? Quale prezzo riceveranno i produttori (sussidio incluso)?
f) In corrispondenza dell'equilibrio calcolato in e), qual è il surplus del consumatore? E il surplus del produttore? Quali sono i costi totali sostenuti dal Governo? E la perdita di benessere sociale netto? Rappresentateli tutti graficamente.
g) Verificate che, nelle vostre risposte ai quesiti b), d) e f), la somma seguente sia sempre la stessa: surplus del consumatore + surplus del produttore + effetti sul bilancio pubblico + perdita di benessere sociale netto. Perché tale somma coincide nei tre casi?

10.10 In un mercato perfettamente concorrenziale, la curva di domanda di mercato è $Q^d = 10 - P^d$ e la curva di offerta di mercato è $Q^s = 1{,}5\, P^s$.
a) Verificate che il prezzo e la quantità di equilibrio, in assenza di intervento pubblico, siano rispettivamente $P^d = P^s = 4$ e $Q^d = Q^s = 6$.
b) Considerate i due seguenti interventi: (1) Un prezzo massimo di €1 per unità; (2) un sussidio unitario di €5 pagato ai produttori. Verificate che il prezzo pagato dai consumatori in caso di sussidio sia pari a €1, ossia lo stesso valore del prezzo massimo imposto. Le quantità offerte e domandate sono le stesse nei due casi?
c) Come varia il surplus dei consumatori nelle due ipotesi di regolamentazione?
d) In quale caso è lecito aspettarsi che il prodotto verrà acquistato dai consumatori con la più alta disponibilità a pagare?
e) Quale forma di regolamentazione comporta la minore perdita di benessere sociale netto, e perché?

10.11 La Figura 10.16 mostra le curve di offerta e di domanda di sigarette. Il prezzo di equilibrio nel mercato è €2 a pacchetto quando il Governo non interviene, e la quantità scambiata è di 1000 milioni di pacchetti. Supponete che il Governo abbia deciso di scoraggiare il fumo, e stia valutando due diverse tipologie di intervento con l'obiettivo di ridurre il consumo di sigarette a 600 milioni di pacchetti. I due interventi sono (I) una tassa sulle sigarette e (II) un prezzo minimo imposto. Analizzate i due interventi di regolamentazione, utilizzando il grafico, e completate la tabella.
a) Qual è l'importo della tassa unitaria che deve essere imposta dal Governo per raggiungere l'obiettivo dei 600 milioni di pacchetti di sigarette venduti sul mercato? Qual è il prezzo minimo che garantisce il medesimo obiettivo? Motivate le vostre risposte.
b) Utilizzando le aree rappresentate nel grafico, rispondete alle domande poste nella tabella della Figura 10.16.

10.12 Supponete che nel mercato nazionale dei chip per computer la domanda sia $P^d = 110 - Q^d$, dove Q^d rappresenta il numero di unità di chip domandate sul mercato interno quando il prezzo è P^d. L'offerta nazionale è data da $P^s = 10 + Q^s$, dove Q^s è il numero di unità di chip offerte sul mercato interno quando i produttori nazionali ricevono un prezzo pari a P^s. I produttori stranieri sarebbero disposti a offrire qualsiasi quantità di chip al prezzo di €30. Il Governo sta valutando tre possibili politiche di regolamentazione:
(I) vietare le importazioni di chip;
(II) consentire l'importazione di chip (senza tariffe);
(III) consentire le importazioni, ma con l'imposizione di una tariffa unitaria di €10.
Completate la tabella della Figura 10.17, calcolando i valori numerici.

10.13 Supponete che in un mercato la curva di offerta sia crescente e la curva di domanda sia totalmente inelastica. In caso di libero mercato, il prezzo è €30 alla tonnellata. Se viene imposta una tassa unitaria di €2, quale sarà la perdita di benessere sociale netto?

10.14 Supponete che la domanda nazionale per i televisori sia data da $Q = 40\,000 - 180P$ e l'offerta da $Q = 20P$. I televisori possono essere liberamente importati al prezzo mondiale di €160. Se il Governo proibisse la loro importazione, quali sarebbero i valori del surplus del produttore e della perdita secca?

10.15 Le curve di domanda e di offerta nel mercato del mais sono rispettivamente $Q^d = 20\,000 - 50P$ e $Q^s = 30P$.

E22 Eserciziario

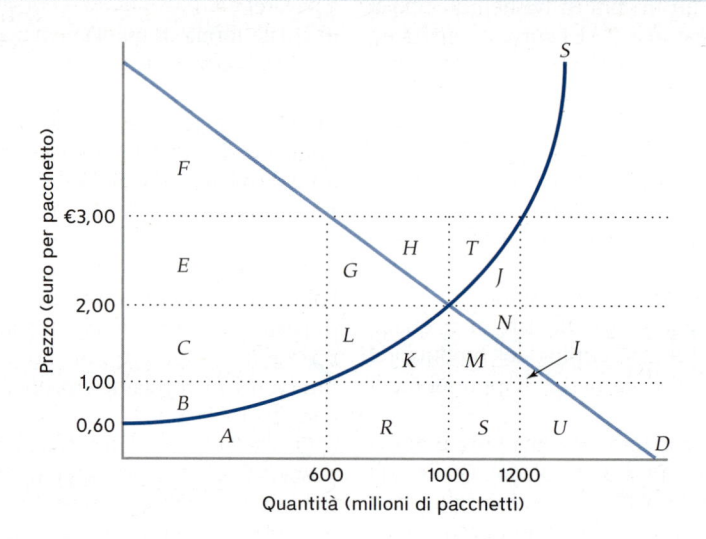

	Tassa	Prezzo minimo
Qual è il prezzo per pacchetto pagato dai consumatori?		
Qual è il prezzo per pacchetto ricevuto dai produttori?		
Quale area rappresenta il surplus del consumatore?		
Quale area rappresenta il massimo surplus del produttore possibile nei due casi?		
Quale area rappresenta il minimo surplus del produttore possibile nei due casi?		
Quale area rappresenta le entrate pubbliche?		
Quale area rappresenta la minima perdita secca possibile nei due casi?		

FIGURA 10.16 Tassa sulle sigarette versus prezzo minimo

Tipo di politica	Politica I Divieto di importazioni	Politica II Nessuna tariffa	Politica III Tariffa sulle importazioni
Quante unità di chip sono consumate nel mercato interno?			
Quante unità di chip sono prodotte nel mercato interno?			
Qual è il valore del surplus nazionale del consumatore?			
Qual è il valore del surplus nazionale del produttore?			
Qual è il valore del surplus del consumatore?			
A quanto ammontano le entrate pubbliche?			

FIGURA 10.17 Politiche pubbliche per l'importazione dei chip

Supponete che il Governo voglia portare il prezzo unitario a €300 attraverso un programma di limitazione delle superfici coltivabili. Quanto dovrebbe spendere per raggiungere questo obiettivo? A quanto ammonta la perdita di benessere sociale netto nel punto in cui il Governo raggiunge il suo obiettivo?

10.16 Ipotizzate che le curve di domanda e offerta nel mercato del grano siano rispettivamente Q^d = 20 000 − 50P e Q^s = 30P. Supponete poi che lo scopo del Governo sia quello di ottenere un prezzo del grano pari a €300, e che per raggiungere tale risultato sia pronto a sostenerlo artificiosamente tramite un programma di acquisto governativo. Quanto dovrà spendere il Governo per raggiungere l'obiettivo prefissato? E a quanto ammonterà la perdita secca di benessere?

Capitolo 11

11.1 Supponete che la curva di domanda di mercato sia $Q = 100 - 5P$.
a) Qual è la funzione inversa di domanda?
b) Qual è la funzione del ricavo medio per un monopolista operante in questo mercato?
c) Qual è la funzione del ricavo marginale corrispondente alla curva di domanda in questione?

11.2 Dimostrate che l'elasticità della domanda al prezzo è −1 se e solo se il ricavo marginale è pari a 0.

11.3 Un monopolista opera in un settore in cui la curva di domanda è $Q = 1000 - 20P$. Il costo marginale costante del monopolista è pari a €8. Qual è il suo prezzo di massimo profitto?

11.4 Un monopolista opera con costi fissi totali pari a 1400 e costi variabili totali pari a Q^2, con Q che rappresenta il numero di unità di output prodotte. La curva di domanda dell'impresa è $P = 120 - 2Q$. I suoi costi non recuperabili sono pari a 600. L'impresa ritiene che le sue condizioni di costo e di domanda non saranno soggette a variazioni nel futuro.
a) Quali sono i profitti dell'impresa se produce e massimizza i suoi profitti?
b) L'impresa dovrebbe continuare a operare nel mercato nel breve periodo, o dovrebbe chiudere? Perché?

11.5 Un monopolista ha una funzione di costo $C = F + 20Q$, dove C è il costo totale, F il costo fisso, e Q la quantità prodotta. La funzione inversa di domanda è $P = 60 - Q$, dove P è il prezzo di mercato. L'impresa non ottiene nessun profitto se fissa un prezzo di mercato pari a 30 (che non costituisce il prezzo di massimo profitto). Quale sarà il valore del suo profitto nel caso praticasse il prezzo che lo massimizza?

11.6 Un monopolista è caratterizzato dalla funzione di costo totale $TC = 1200 + 0{,}5Q^2$, alla quale corrisponde la funzione di costo marginale $MC = Q$. La curva di domanda del mercato è rappresentata dall'equazione $P = 300 - Q$.
a) Determinate il prezzo e la quantità che massimizzano il profitto del monopolista, e stabilite se quest'ultimo opera in perdita oppure no.
b) Calcolate l'elasticità della domanda rispetto al prezzo e il valore del costo marginale nel punto di massimo profitto. Dimostrate che la IEPR è verificata.

11.7 Un monopolista fronteggia una curva di domanda $P = 210 - 4Q$ e, inizialmente, un costo marginale costante $MC = 10$.
a) Calcolate la quantità che massimizza il profitto del monopolista, nonché i suoi ricavi totali e il livello del prezzo ottimale.
b) Supponete che il suo costo marginale aumenti a $MC = 20$. Verificate che i suoi ricavi si riducono.
c) Supponete che tutte le imprese operanti in condizione di equilibrio in un mercato di concorrenza perfetta abbiano un costo marginale $MC = 10$. Trovate il prezzo e la quantità di equilibrio di lungo periodo dell'industria.
d) Ipotizzate che il costo marginale di tutte le imprese aumenti a $MC = 20$. Verificate che l'incremento del costo marginale aumenta i ricavi totali dell'industria.

11.8 Un monopolista fronteggia una funzione di domanda $P = 100 - Q + I$, dove I è il reddito medio dei consumatori. Supponete che la curva del costo marginale del monopolista non sia inclinata negativamente. Se il reddito dei consumatori cresce, il monopolista avrà convenienza a incrementare, diminuire o mantenere lo stesso prezzo di vendita?

11.9 Supponete che un monopolista fronteggi una funzione di domanda $P = a - bQ$. Il suo costo marginale è dato da $MC = c + eQ$. Assumete inoltre che $a > c$ e $2b + e > 0$.
a) Derivate la quantità e il prezzo ottimale del monopolista in funzione di a, b, c ed e.
b) Dimostrate che un incremento di c (corrispondente a uno spostamento parallelo verso l'alto della curva del costo marginale) o una riduzione di a (che corrisponde a uno spostamento parallelo verso sinistra della curva di domanda) comportano una riduzione della quantità di equilibrio.

11.10 Supponete che un monopolista abbia una curva di domanda inversa data da $P = 100Q^{-1/2}$. Qual è il suo mark-up ottimale del prezzo sul costo marginale?

11.11 Ipotizzate che Gillette operi in condizioni di monopolio nel mercato messicano delle lamette da barba. La domanda di mercato di rasoi in Messico è data da $P = 968 - 20Q$, dove P è il prezzo dei rasoi (in centesimi) e Q è la domanda annuale di rasoi (espressa in milioni). Gillette possiede due impianti nei quali produce rasoi destinati al mercato messicano: uno a Los Angeles e uno a Città del Messico. Nel suo impianto di Los Angeles, Gillette produce al costo marginale costante di 8 centesimi a rasoio. Se Q_1 e MC_1 definiscono l'output e il costo marginale dell'impianto di Los Angeles, sarà $MC_1(Q_1) = 8$. Per contro, l'impianto di Città del Messico ha una funzione di costo marginale data da $MC_2(Q_2) = 1 + 0{,}5Q_2$.
a) Calcolate la quantità e il prezzo di massimo profitto relativi alla produzione totale dell'impresa. Definite poi la distribuzione della produzione tra i due impianti.
b) Supponete che l'impianto di Los Angeles della Gillette abbia un costo marginale di 10 centesimi, anziché di 8 centesimi. Come varieranno le risposte al punto precedente?

11.12 Un monopolista monoprodotto ha due impianti con le seguenti funzioni di costo marginale: $MC_1 = 20 + 2Q_1$ e $MC_2 = 10 + 5Q_2$, con MC_1 e MC_2 che rappresentano i costi marginali degli impianti 1 e 2, mentre Q_1 e Q_2 sono i rispettivi livelli di produzione. Se l'impresa massimizza il suo profitto e produce $Q_2 = 4$, quale sarà Q_1?

11.13 Un'impresa opera in condizione di monopolio nella produzione di applicativi software in Europa. La sua funzione di domanda è $Q_1 = 120 - P$, dove Q_1 è l'ammontare venduto in Europa al prezzo P. Il costo marginale dell'impresa è pari a 20.
a) Quale sarà il prezzo se l'impresa massimizza il profitto?
b) Supponete che l'impresa inizi a operare anche negli Stati Uniti. La sua domanda in tale mercato è $Q_2 = 240 - 2P$. Dal momento che i costi relativi al trasferimento del software via Internet sono irrilevanti, l'impresa può praticare il medesimo prezzo nei due mercati. Qual è il prezzo che massimizza i profitti dell'impresa?
c) Utilizzate la regola del punto medio (Esercizio svolto 11.5) per spiegare la relazione tra le risposte ai quesiti a) e b).

11.14 La funzione di domanda che fronteggia un monopolista è $P = 100 - 2Q$, mentre i suoi costi marginali sono pari a $MC = Q/2$.
a) Calcolate il prezzo e la quantità che massimizzano il profitto del monopolista.
b) Calcolate il prezzo e la quantità che si fisserebbero in concorrenza perfetta con una funzione di offerta $P = Q/2$.
c) Confrontate i surplus di consumatori e produttori nei due equilibri precedenti. A quanto ammonta la perdita secca di benessere dovuta al monopolio?
d) Se la curva di domanda fosse $P = 180 - 4Q$, quale sarebbe la perdita secca in caso di monopolizzazione del mercato? Spiegate perché quest'ultima differisce da quella calcolata al punto precedente.

11.15 La funzione di domanda di un bene è $P = 100 - Q$. Il costo marginale di un monopolista è $MC(Q) = Q$ con $Q \leq 30$, in quanto la quantità massima che può essere offerta in questo mercato è 30.
a) Quale sarà il prezzo che massimizza il profitto del monopolista?
b) Qual è la perdita di benessere sociale dovuta al monopolio?

11.16 Un'impresa produce un bene in quantità Q, e lo vende in un mercato nel quale il prezzo vigente è fisso e pari a $P = 20$. Il bene in questione è prodotto utilizzando come unico input il lavoro (in quantità L); la funzione di produzione è $Q(L) = L$. Vi sono molti offerenti del fattore lavoro, la cui funzione di offerta è $w = 2L$, dove w è il livello del salario. L'impresa è monopsonista nel mercato del lavoro.
a) Quale salario w pagherà il monopsonista?
b) Qual è il profitto aggiuntivo che l'impresa consegue comportandosi da monopsonista sul mercato del fattore lavoro rispetto a quello che avrebbe ottenuto nell'ipotesi di un mercato del fattore lavoro perfettamente concorrenziale?

Capitolo 12

12.1 Quali tra i seguenti rappresentano esempi di discriminazione del prezzo di primo, di secondo e di terzo grado?
a) L'editore del *Journal of Price Discrimination* applica un costo per l'abbonamento di €75 all'anno ai privati e di €300 alle biblioteche.
b) Il Governo italiano mette all'asta le concessioni per l'estrazione di petrolio in Basilicata. Le compagnie petrolifere effettuano offerte per l'acquisto dei diritti di esplorazione ed estrazione.
c) Il golf club "Il legno" applica le seguenti tariffe: €12 per le prime 9 buche giocate in un giorno, €9 per le seguenti 9 ed €6 per ulteriori 9 buche.
d) Una compagnia telefonica fa pagare €0,10 al minuto per le chiamate interurbane effettuate dal lunedì al sabato ed €0,05 al minuto per quelle effettuate la domenica.
e) Un negozio di elettronica vende un CD-rom al prezzo di €0,30, un pacco contenente 10 CD a €2,50, e un pacco con 50 CD a €10.
f) Per un volo da Milano a Parigi, il prezzo del biglietto è di €250 se acquistato 14 giorni prima della partenza, mentre è di €350 se acquistato il giorno della partenza.

12.2 Supponete che un monopolista che produce Q unità di un bene fronteggi una curva di domanda $P = 20 - Q$. I suoi costi totali sono $TC = F + Q^2$, dove F sono i costi fissi. Il costo marginale è $MC = 2Q$.
a) Per quali valori di F un'impresa orientata al massimo profitto che pratica un prezzo uniforme ottiene un profitto economico almeno pari a zero?
b) Per quali valori di F un'impresa orientata al massimo profitto che pratica una discriminazione perfetta del prezzo di primo grado può ottenere un profitto economico almeno pari a zero?

12.3 Un monopolista naturale opera in un'industria la cui curva di domanda è $P = 100 - Q$. La funzione del ricavo marginale è dunque $MR = 100 - 2Q$. Il monopolista opera con un costo fisso F e un costo totale variabile $TVC = 20Q$. Il costo marginale corrispondente è perciò costante e pari a 20.
a) Supponete che l'impresa stabilisca un prezzo unico di massimo profitto. Qual è il più elevato valore di F per il quale essa potrebbe ottenere un profitto nullo?
b) Supponete che l'impresa pratichi una discriminazione perfetta del prezzo di primo grado. Qual è il più elevato valore di F per il quale essa potrebbe ottenere un profitto nullo?

12.4 Fore è un venditore di palline da golf che vuole incrementare i suoi ricavi offrendo uno sconto sulle quantità. Per semplicità, si assuma che l'impresa venda a un solo acquirente, che la domanda di palline da golf Fore sia $P = 100 - Q$ e che i costi marginali di produzione delle palline siano $MC = 10$. Supponete poi che Fore venda il primo blocco di Q_1 palline al prezzo unitario P_1.
a) Calcolate la quantità e il prezzo unitario per il secondo blocco che massimizzano il profitto quando $Q_1 = 20$ e $P_1 = 80$.
b) Calcolate la quantità e il prezzo unitario per il secondo blocco che massimizzano il profitto quando $Q_1 = 30$ e $P_1 = 70$.
c) Calcolate la quantità e il prezzo unitario per il secondo blocco che massimizzano il profitto quando $Q_1 = 40$ e $P_1 = 60$.
d) Delle tre opzioni precedenti, quale sarà la tariffa a blocchi che massimizza il profitto di Fore?

12.5 Un monopolista produce un accessorio per la telefonia, Z. La sua funzione dei costi totali è $C(Z) = F + 50Z$, dove F è il costo fisso. Il costo marginale è $MC = 50$. Supponete che vi sia un unico acquirente dell'accessorio, la cui funzione di domanda è $P = 60 - Z$.
a) In caso l'impresa fissasse un prezzo unico, quale sarebbe il prezzo di massimo profitto? Qual è il valore più basso di F che consente all'impresa di ottenere profitti positivi?
b) Supponete invece che l'impresa fissi un prezzo di vendita pari al costo marginale: $P = MC = 50$. Quante unità acquisterebbe il consumatore a questo prezzo? Illustrate la risposta in un grafico.
c) Supponete ora che l'impresa aggiunga al prezzo unitario di vendita un costo di iscrizione all'acquisto S. Stabilendo il prezzo d'uso del prodotto così come definito nel punto b), quale sarà il valore massimo che è possibile fissare per il costo di iscrizione senza che questo scoraggi la partecipazione al mercato del consumatore?
d) Per quali valori di F l'impresa è in grado di ottenere profitti positivi se sceglie la politica di prezzo definita nel punto c)? Che differenze riscontrate con la risposta data al punto a)?
e) Supponete che nel mercato vi siano N consumatori, ognuno dei quali ha una domanda individuale pari a $P = 60 - Z$. Rispondendo in termini di N, qual è il livello massimo dei costi fissi F che consente all'impresa di avere profitti positivi se utilizza la strategia di prezzo non lineare di cui al punto d)?

12.6 Considerate un mercato con 100 individui identici, ognuno con una funzione di domanda per la fornitura di elettricità pari a $P = 10 - Q$. I costi fissi dell'impresa che serve il mercato sono pari a 1200, il costo marginale è costante e pari a 2. Un'autorità di regolamentazione vorrebbe introdurre una tariffa in due parti, con un costo di abbonamento S e un costo m relativo a ogni unità consumata. Come dovrà fissare S ed m al fine di massimizzare il surplus del produttore e del consumatore, e al contempo di azzerare il profitto economico dell'impresa?

12.7 Supponete che la società farmaceutica Acme introduca sul mercato un nuovo farmaco in grado di curare l'influenza. Acme produce in due impianti, uno localizzato negli Stati Uniti e uno in Europa, e può produrre il farmaco in entrambi gli impianti a un costo marginale di 10. L'impresa non ha costi fissi. In Europa la domanda relativa al farmaco è $Q_E = 70 - P_E$, dove Q_E è la quantità domandata quando il prezzo è P_E. Negli Stati Uniti la domanda è $Q_U = 100 - P_U$, dove Q_U è la quantità domandata quando il prezzo è P_U.
a) Se l'impresa potesse praticare una discriminazione del prezzo di terzo grado, quale prezzo dovrebbe fissare in ciascun continente al fine di massimizzare i suoi profitti?
b) Nel caso in cui all'impresa fosse vietato discriminare il prezzo, e perciò dovesse adottare un prezzo unico P in entrambi i continenti, quale sarebbe il prezzo unico di vendita del farmaco, e quali sarebbero i suoi profitti?
c) Il surplus totale di produttore e consumatore nel mondo sarebbe maggiore in caso di discriminazione o in caso di prezzo unico? Riuscirà l'impresa a vendere il farmaco nei due continenti?

12.8 Considerate l'Esercizio 12.7 con il seguente cambiamento. Supponete che la domanda del farmaco in Europa sia $Q_E = 55 - 0{,}5\,P_E$. Una politica di discriminazione del prezzo di terzo grado incrementerebbe i profitti dell'impresa?

12.9 Esiste un secondo modo per risolvere l'Esercizio svolto 12.5. Si è visto che il ricavo marginale può essere definito anche come $MR = P + (\Delta P/\Delta Q)Q$. Raccogliendo P, è possibile scrivere $MR = P[1 + (\Delta P/\Delta Q)(Q/P)] = P[1 + (1/\epsilon_{Q,P})]$. Giacché la discriminazione del prezzo di terzo grado implica che si debbano eguagliare il ricavo marginale e il costo marginale in ogni segmento di mercato, le tariffe di massimo profitto per i viaggiatori business e per i turisti saranno determinate dall'uguaglianza $MR_B = MR_V = MC$ (si ricordi che nell'esercizio si presumeva che il costo marginale fosse uguale per entrambi i segmenti di mercato). Di conseguenza $P_B[1 + (1/\epsilon_{Q_B,P_B})] = P_V[1 + (1/\epsilon_{Q_V,P_V})] = MC$. Utilizzate questa relazione per verificare la risposta data nell'Esercizio svolto 12.5.

12.10 La Playa è l'unico hotel in una piccola isola del Sud Italia. Esso serve due segmenti di mercato: i clienti orientati alle tariffe economiche, e i clienti orientati al lusso. La curva di domanda dei clienti del primo tipo è $Q_1 = 400 - 2P_1$, quella dei clienti del secondo gruppo è $Q_2 = 500 - P_2$. In entrambe le equazioni, Q rappresenta il numero di turisti presenti in hotel ogni giorno e P è il prezzo giornaliero di una camera. Il costo marginale relativo al servizio fornito a entrambe le tipologie di clienti è pari a €20 per cliente al giorno.

a) Assumendo positiva la domanda relativa ai due segmenti di consumatori, qual è l'equazione della curva di domanda dell'intero mercato cui fa fronte l'hotel?
b) Qual è il prezzo di massimo profitto nel caso in cui l'hotel decidesse di fissare un prezzo unico per entrambi i segmenti? Quale sarà la quota di clienti orientati alle tariffe economiche, e quale quella dei clienti orientati al lusso?
c) Supponendo che l'hotel pratichi una discriminazione di prezzo di terzo grado basata sui due segmenti, quale sarà il prezzo di massimo profitto relativo a ogni segmento? In tale caso, quale sarà la quota di clienti orientati alle tariffe economiche, e quale quella dei clienti orientati al lusso?
d) Nel caso in cui il management dell'hotel non sia in grado di distinguere l'appartenenza dei suoi clienti all'una o all'altra categoria, come potrebbe selezionarli al fine di applicare loro le tariffe differenziate calcolate nel punto c) del problema?

12.11 Un venditore produce con un costo marginale costante $MC = 2$. Si supponga che ci sia un gruppo di consumatori con una curva di domanda $P_1 = 16 - Q_1$, e un altro gruppo di consumatori con una curva di domanda $P_2 = 10 - (1/2)\,Q_2$.
a) Se il venditore riesce a discriminare tra i due mercati, quali prezzi applicherebbe ai due gruppi di consumatori? (Per la risoluzione di questo esercizio, è bene ricordare la regola del punto medio del monopolista, descritta nell'Esercizio svolto 11.5.)
b) Se il venditore non potesse discriminare il prezzo, ma dovesse applicare un prezzo unico per entrambi i segmenti $P_1 = P_2 = P$, quale sarebbe il prezzo di massimo profitto?
c) Esiste un gruppo di consumatori che trae beneficio dalla discriminazione del prezzo? Se sì, quale?
d) Se la funzione di domanda del primo gruppo di consumatori fosse $P_1 = 10 - Q_1$, è vero che entrambi i gruppi trarrebbero beneficio dalla discriminazione di prezzo?

12.12 Una compagnia crocieristica dispone di 500 posti per ogni viaggio che effettua. Ci sono due segmenti di mercato: passeggeri anziani e passeggeri giovani. La curva di domanda del primo segmento è $Q_1 = 750 - 4P_1$, quella del secondo segmento è $Q_2 = 850 - 2P_2$. In ciascuna equazione, Q indica il numero di passeggeri per viaggio e P rappresenta il prezzo giornaliero. Il costo marginale di fornitura del servizio a entrambi i tipi di passeggeri è pari a €40 per persona e per giorno. Nell'ipotesi in cui la compagnia possa discriminare il prezzo, qual è il numero di passeggeri per ciascun segmento di clientela che le consente di massimizzare il profitto? E quale sarà il prezzo che applicherà a ciascun gruppo?

12.13 Una compagnia aerea dispone di 200 posti a sedere in uno dei suoi airbus A340, e sta cercando di determinare quanti posti assegnare ai viaggiatori business e quanti ai viaggiatori in vacanza sul volo Milano-Sidney. La compagnia ha inizialmente deciso di riservare 150 posti ai viaggiatori business, ognuno al prezzo di €4000, e 50 posti ai turisti, al prezzo di €1000. Essa inoltre sa che:

a) per vendere un posto in più ai viaggiatori business, dovrebbe diminuire il prezzo relativo a questo segmento di €25; per contro, per ridurre di un'unità la loro domanda, dovrebbe aumentare il prezzo di €25;
b) per vendere un posto in più ai turisti la compagnia dovrebbe ridurre il prezzo relativo a questo segmento di €5; invece, per diminuire di un'unità la loro domanda, dovrebbe aumentare il prezzo di €5.
Supponendo che il costo marginale del trasporto di entrambi i tipi di passeggeri sia zero, l'allocazione dei posti attualmente definita dalla compagnia aerea è in grado di massimizzare i suoi profitti? Nel caso in cui non lo fosse, dovrebbe aumentare i posti assegnati ai clienti business o quelli assegnati ai turisti?

12.14 La North Pole Travel è l'unico tour operator europeo che offre viaggi-vacanza al Polo Nord, e sa che in questo mercato esistono soltanto tre tipi di consumatori. I servizi che offre sono due: il viaggio di andata e ritorno in aereo e il soggiorno al Polar Bear Hotel. Per la North Pole Travel il costo di ogni viaggio è €300, e l'ospitalità di un turista al Polar Bear Hotel costa pure €300. Se l'impresa non crea un pacchetto con entrambi i servizi, un cliente potrebbe acquistare il viaggio ma al contempo decidere di non soggiornare in hotel, oppure potrebbe recarsi al Polo Nord in qualche altro modo (per esempio con un aereo privato) e poi alloggiare al Polar Bear Hotel. I tre tipi di consumatori hanno i seguenti prezzi di riserva per i due servizi:

Tipo di consumatore	Prezzi di riserva (in euro)	
	Volo	Hotel
1	100	800
2	500	500
3	800	100

a) Se la North Pole Travel non realizzasse alcun pacchetto, quali sarebbero i prezzi ottimali P_A e P_H da fissare rispettivamente per il volo e per l'hotel? E quali sarebbero i profitti dell'impresa?

b) Se la North Pole Travel vendesse i due servizi esclusivamente come pacchetto (bundling puro), quale sarebbe il prezzo ottimale P_B da fissare per tale pacchetto? E quali sarebbero i profitti dell'impresa?
c) Se la North Pole Travel seguisse la strategia del bundling misto, quali sarebbero i prezzi ottimali da fissare per il volo (P_A), per l'hotel (P_H) e per il pacchetto comprendente entrambi i beni (P_B)? E quali sarebbero i profitti dell'impresa?

12.15 Supponete che in una piccola città vi sia un unico fast food che vende hamburger e patatine. Ci sono solamente due tipi di avventori: uno segue la dieta Atkins, l'altro la dieta a zona. La tabella seguente descrive la disponibilità a pagare dei due tipi di consumatori per ciascun bene. Per semplicità, ipotizzate che l'impresa non abbia alcun costo fisso e marginale.

Clienti	Hamburger	Patatine	Hamburger e patatine
Dieta Atkins	€8	€x	€(8 + x)
Dieta a zona	€5	€3	€8

a) Se $x = 1$, nel caso in cui i due prodotti non venissero venduti a pacchetto, quali sarebbero i prezzi P_H e P_P di massimo profitto? E il surplus totale?
b) Assumete ora che $x > 0$. Supponendo che attraverso un'analisi economica si sia stabilito che il prezzo di massimo profitto in caso di bundling (1 hamburger + 1 porzione di patatine) è €8, mentre il prezzo di massimo profitto relativo alla sola vendita delle patatine in caso di vendita separata è maggiore di €3, quale sarà la gamma dei possibili valori di x?

12.16 Il settore dei camper è costituito da pochi grandi produttori. Nel 2003, il loro rapporto medio pubblicità-ricavi è stato pari all'1,8%. Supponendo che l'elasticità della domanda rispetto al prezzo per i camper sia −4, qual è l'elasticità della domanda rispetto alla pubblicità che fronteggia ciascun produttore, nell'ipotesi che ognuno di essi abbia scelto i livelli di pubblicità e prezzo di massimo profitto?

Capitolo 13

13.1 Qual è l'equilibrio di Nash nel gioco seguente?

		Giocatore 2	
		Sinistra	Destra
Giocatore 1	Alto	2, 6	8, −5
	Basso	0, 9	12, 3

13.2 È vero che nel gioco seguente entrambi i giocatori hanno una strategia dominante? Se sì, qual è? È vero che entrambi i giocatori hanno una strategia dominata? Se sì, qual è? Qual è l'equilibrio di Nash nel gioco rappresentato?

		Giocatore 2		
		Sinistra	Centro	Destra
Giocatore 1	Alto	15, 12	14, 8	8, 10
	Basso	13, 11	12, 9	5, 14

13.3 Nel mercato aereo della Castoria vi sono soltanto due imprese. Ognuna di esse sta decidendo se offrire o meno un programma per *frequent flyer*. I profitti annuali (in milioni di euro) associati a ogni strategia sono elencati nella seguente tabella.

		Compagnia aerea B	
		Con un programma per frequent flyer	Senza un programma per frequent flyer
Compagnia aerea A	Con un programma per frequent flyer	200, 160	340, 80
	Senza un programma per frequent flyer	160, 280	240, 200

a) È vero che entrambe le imprese hanno una strategia dominante? Perché?
b) Esiste un equilibrio di Nash in questo gioco? Se sì, qual è?
c) È possibile dire che questo gioco è un esempio di dilemma del prigioniero? Perché?

13.4 Asahi e Kirin sono i due più grandi produttori di birra giapponesi, e competono testa a testa nel settore della *dry beer* del loro Paese. La tabella che segue mostra i profitti (in milioni di yen) che ogni impresa consegue a seconda dei prezzi che applica per la propria birra:

		Kirin			
		¥630	¥660	¥690	¥790
Asahi	¥630	180, 180	184, 178	185, 175	186, 173
	¥660	178, 184	183, 183	192, 182	194, 180
	¥690	175, 185	182, 192	191, 191	198, 190
	¥720	173, 186	180, 194	190, 198	196, 196

a) Vi è una strategia dominante per Asahi? E per Kirin?
b) Sia Asahi che Kirin hanno una strategia dominata: qual è?
c) Assumete che nessuno dei produttori giochi la strategia dominata individuata al punto b). A seguito di ciò, è possibile eliminare per ogni impresa tale strategia dalla tabella. Mostrate che, dopo tale eliminazione, Asahi e Kirin hanno un'altra strategia dominata.
d) Supponete che nessuno dei produttori giochi la strategia dominata individuata al punto c). Stabilite se, dopo l'eliminazione di questa strategia dalla tabella del gioco, Asahi e Kirin hanno ora una strategia dominante.
e) Qual è l'equilibrio di Nash in questo gioco?

13.5 Considerate il gioco seguente:

		Giocatore 2	
		Sinistra	Destra
Giocatore 1	Alto	1, 4	−100, 3
	Basso	0, 3	0, 2

a) Qual è l'equilibrio di Nash in questo gioco?
b) Descrivete il modo in cui il Giocatore 1 potrebbe giocare in questo gioco.

13.6 Le società ABC e XYZ sono le uniche a produrre gadget elettronici in Europa. La tabella seguente mostra i profitti (in milioni di euro) che ciascuna impresa guadagna per vari livelli di prezzo (espressi in euro per unità). I profitti di ABC sono il numero a sinistra nella cella, quelli di XYZ sono il numero a destra.

		XYZ			
	Prezzo	20	24	28	32
ABC	20	60, 60	68, 56	70, 50	72, 46
	24	56, 68	66, 66	84, 64	88, 60
	28	50, 70	64, 84	82, 82	96, 80
	32	46, 72	60, 88	80, 96	92, 92

Esiste un solo equilibrio di Nash nel gioco? Se sì, qual è? Se no, perché? Spiegare con chiarezza come si è arrivati alla risposta.

13.7 Lucia e Renzo stanno pianificando come trascorrere il sabato sera. Possono andare ad assistere a un balletto oppure a un incontro di boxe. Ognuno dei due sceglie indipendentemente dall'altro, anche se, come si può osservare nella tabella seguente, vi sono alcuni benefici se finiscono per fare la stessa cosa. Ignorando le strategie miste, vi è un equilibrio di Nash in questo gioco? Se sì, qual è?

		Renzo	
		Balletto	Incontro di boxe
Lucia	Balletto	100, 30	−90, −90
	Incontro di boxe	−90, −90	30, 100

13.8 Si consideri il seguente gioco, in cui $x > 0$:

		Impresa 2	
		Prezzo alto	Prezzo basso
Impresa 1	Prezzo alto	140, 140	20, 160
	Prezzo basso	$90 + x$, $90 - x$	50, 50

a) Per quali valori di x entrambe le imprese hanno una

strategia dominante? Qual è l'equilibrio (o gli equilibri) di Nash in questi casi?
b) Per quali valori di x solo una delle due imprese ha una strategia dominante? Qual è l'equilibrio (o gli equilibri) di Nash in questi casi?
c) Ci sono valori di x tali che nessuna impresa ha una strategia dominante? Ignorando le strategie miste, vi è un equilibrio di Nash in questi casi?

13.9 Il professor Nash ha annunciato che metterà all'asta una banconota da €20 in una gara fra Carlo e Dante, due studenti scelti a caso tra i frequentanti del suo corso. Ognuno di loro deve fare un'offerta segreta scrivendo l'importo su un foglio. Chi dei due offre la somma maggiore vincerà la banconota da €20. Nell'ipotesi di offerte uguali, ciascuno vincerà una banconota da €10. La condizione è che Carlo e Dante dovranno in ogni caso pagare quanto offriranno, *a prescindere da chi vince l'asta*. Supponete che entrambi gli studenti abbiano con sé soltanto due monete da €1: dunque, le strategie disponibili per Carlo e Dante sono offrire €0, €1, o €2.
a) Scrivete la matrice dei payoff 3×3 che rappresenta il gioco in questione.
b) C'è qualche strategia dominata per i giocatori?
c) Qual è l'equilibrio di Nash in questo gioco?
d) Ipotizzate che Carlo e Dante possano chiedere un prestito agli altri studenti presenti in aula, e che ciascuno di essi possa raccogliere un totale di €11. La coppia di strategie (€11, €11) costituirebbe un equilibrio di Nash?

13.10 Considerate il seguente gioco tra Sony, un produttore di videoregistratori, e Columbia Pictures, una casa cinematografica. Ogni impresa deve decidere se utilizzare il formato VHS o Beta (Sony per i propri videoregistratori, Columbia nella realizzazione di film da vendere o noleggiare).

		Columbia	
		Beta	VHS
Sony	Beta	20, 10	0, 0
	VHS	0, 0	10, 20

a) Considerando unicamente le strategie pure, è vero che entrambe le imprese hanno una strategia dominante? Qual è (o quali sono) l'equilibrio (gli equilibri) di Nash in questo gioco?
b) Esiste un equilibrio di Nash in strategie miste? Se sì, qual è?
c) Considerando unicamente le strategie pure, si supponga che il gioco sia sequenziale, con Sony che sceglie per primo la propria strategia. Qual è (quali sono) l'equilibrio (gli equilibri) di Nash in questo gioco?

13.11 A metà degli anni Novanta, la Value Jet voleva entrare nel mercato di alcune tratte aeree in cui si sarebbe trovata a competere con la Delta Airlines. La Value Jet sapeva che Delta poteva rispondere in due modi: dar luogo a una guerra di prezzo o adottare un comportamento accomodante, mantenendo alti i suoi prezzi. La Value Jet doveva decidere se entrare nel mercato con una piccola oppure con una grande scala produttiva. I profitti annuali (in milioni di euro) associati a ogni strategia sono riassunti nella tabella che segue.

		Delta	
		Comportamento accomodante (prezzi alti)	Guerra dei prezzi (prezzi bassi)
Value Jet	Entrare con una piccola scala	8, 40	2, 32
	Entrare con una grande scala	16, 20	4, 24

a) Se Value Jet e Delta scelgono le loro strategie simultaneamente, quali sarebbero le strategie corrispondenti all'equilibrio di Nash, e quale sarebbe il payoff di Value Jet? Spiegate.
b) Come era da aspettarsi, Value Jet decise di muovere per prima, entrando con una piccola scala di produzione. Essa comunicò pubblicamente questa sua decisione, affermando che aveva aspirazioni limitate e che non aveva intenzione di crescere oltre la sua iniziale piccola dimensione. Analizzate il gioco sequenziale in cui la Value Jet può scegliere tra le due opzioni "piccola scala" e "grande scala" nel primo stadio, mentre nel secondo stadio Delta può decidere se accomodare l'entrata oppure attuare una guerra di prezzo. Si può concludere che la Value Jet ebbe profitti maggiori muovendo per prima ed entrando con una scala di produzione più piccola? Se sì, quanto guadagnò in più con questa strategia? Se no, come mai?

13.12 Boeing e Airbus sono in competizione per ricevere un ordine per la costruzione di alcuni jet per la Singapore Airlines. Ogni impresa può scegliere tra offrire ogni jet a un prezzo di 10 milioni di euro, oppure a un prezzo di 5 milioni di euro. Se entrambe le imprese offrono lo stesso prezzo, la Singapore Airlines dividerà equamente l'ordine tra le due imprese. Se un'impresa offre gli aerei a un prezzo superiore rispetto all'altra, il concorrente con il prezzo più basso si aggiudica l'intero ordine. La tabella seguente riporta i profitti che Boeing e Airbus si aspettano di guadagnare da questa transazione.

		Boeing	
		P = €5m	P = €10m
Airbus	P = €5m	30, 30	270, 0
	P = €10m	0, 270	50, 50

(I payoff sono espressi in milioni di euro)

a) Qual è l'equilibrio di Nash in questo gioco?
b) Supponete che Boeing e Airbus sappiano in anticipo che nel prossimo futuro saranno in competizione per ordini simili a quello della Singapore Airlines ogni tre mesi. Ciò vuol dire che ogni tre mesi le due imprese devono offrire un prezzo, e i payoff sono quelli indicati nella tabella precedente. I prezzi offerti da ogni costruttore sono di dominio pubblico. Si supponga poi che Airbus abbia fatto la seguente dichiarazione pubblica:

Al fine di rafforzare i nostri margini di profitto, nei prossimi tre mesi abbiamo intenzione di mantenere al livello attuale i prezzi dei nostri aeromobili. Perciò non li taglieremo semplicemente per vincere un ordine. Tuttavia, se la concorrenza trarrà vantaggio da questa nostra politica, ci proponiamo di abbandonarla per adottare una politica più aggressiva in ogni trimestre successivo.

Boeing sta definendo la propria strategia di prezzo per i tre mesi successivi. Quale prezzo Boeing dovrebbe scegliere? **N.B.** Per valutare i payoff, immaginate che ogni trimestre Boeing e Airbus ricevano immediatamente i profitti guadagnati (perciò, se Boeing ha optato per un prezzo di 5 milioni di euro e Airbus di 10 milioni di euro, Boeing riceverà immediatamente il suo profitto di 270 milioni di euro). Supponete, inoltre, che Boeing e Airbus valutino i payoff futuri nel seguente modo: un flusso di payoff di €1 a partire dal *prossimo* trimestre e ricevuto in ogni successivo trimestre ha esattamente lo stesso valore di un unico payoff di €40 ricevuti immediatamente in *questo* trimestre.

c) Supponete che gli ordini vengano ricevuti dai due costruttori ogni anno, anziché ogni tre mesi. Quindi, Boeing e Airbus competeranno per un ordine (con i payoff presentati in tabella) ogni dodici mesi. Al fine di valutare i payoff presenti e futuri, si supponga che Boeing e Airbus ora valutino i payoff futuri nel seguente modo: un flusso di payoff di €1 a partire dal *prossimo* anno e ricevuto ogni successivo anno è equivalente a un unico payoff di €10 ricevuti immediatamente in questo anno. Assumendo ancora che Airbus segua la politica annunciata pubblicamente, quale prezzo Boeing dovrebbe scegliere nell'anno in corso e in quelli successivi?

13.13 Due imprese stanno competendo in un'industria oligopolistica. L'Impresa 1, la più grande delle due, sta valutando la sua scelta di capacità produttiva, che potrebbe essere "aggressiva" o "passiva". La strategia aggressiva prevede un grande incremento di capacità per aumentare la propria quota di mercato, mentre la strategia passiva implica il mantenimento della capacità produttiva attuale. L'Impresa 2, il competitor più piccolo, sta pure ponderando una strategia di espansione di capacità, e può scegliere anch'essa tra una strategia aggressiva e una strategia passiva. Nella tabella che segue sono riportati i profitti associati a ciascuna coppia di strategie.

		Impresa 2	
		Strategia aggressiva	Strategia passiva
Impresa 1	Strategia aggressiva	25, 9	33, 10
	Strategia passiva	30, 13	36, 12

a) Se entrambe le imprese decidono le loro strategie simultaneamente, quale sarà l'equilibrio di Nash?
b) Se l'Impresa 1 potesse effettuare la prima mossa e vincolarsi credibilmente alla propria scelta, quale sarà la sua strategia ottimale? Cosa farà l'Impresa 2?

13.14 Ad Atlantis, le uniche imprese che si occupano del trasporto del petrolio greggio dalla regione di estrazione al vicino porto di smistamento sono la Starline e la Pipetran. La tabella seguente riporta i profitti annuali (in milioni di euro) che ciascuna di esse conseguirebbe come conseguenza della scelta di capacità produttiva. Senza espansione di capacità (cioè al livello di produzione corrente), i profitti di Starline sarebbero di 40 milioni di euro, quelli di Pipetran di 18 milioni di euro. Poiché Pipetran è un'impresa piuttosto piccola, può prendere in considerazione soltanto una piccola espansione di capacità, mentre Starline può scegliere fra una piccola espansione oppure una grande espansione.

		Pipetran	
		Senza espansione	Piccola
Starline	Senza espansione	40, 18	28, 22
	Piccola	48, 14	32, 16
	Grande	38, 10	24, 5

a) Se le due imprese decidono simultaneamente sull'espansione di capacità produttiva, esiste un solo equilibrio di Nash? Si può dire che questo gioco è un esempio di dilemma del prigioniero?
b) Se le capacità fossero scelte in modo sequenziale, potrebbe Starline contare su un vantaggio legato al fatto di poter muovere per prima? Se sì, spiegate brevemente come potrebbe attuare in modo credibile questa strategia.
c) Se Pipetran avesse la possibilità di muovere per prima, dovrebbe farlo? Perché?

Capitolo 14

14.1 In Baldonia, l'industria di bevande al gusto di cola è composta da cinque venditori: due imprese globali, Coca-Cola e Pepsi, e tre concorrenti locali, Bright, Quite e Zight. I consumatori considerano le bevande di questi produttori simili ma non identiche. Le quote di mercato delle cinque imprese sono le seguenti:

Impresa	Quota di mercato
Coca-Cola	25%
Zight	24%
Pepsi	23%
Bright	20%
Quite	8%

a) Qual è il rapporto di concentrazione CR4 per questa industria?
b) Qual è l'indice HHI per questa industria?
c) Delle strutture di mercato riportate nella Tabella 14.1, quale descrive meglio l'industria di bevande al gusto di cola della Baldonia?

14.2 Supponete che la curva di domanda di un mercato sia $P = 70 - 2Q$, e che tutte le imprese producano con un costo marginale costante, e pari a $c = 10$, e con costi fissi nulli.
a) Se il mercato fosse perfettamente competitivo, quali sarebbero la quantità e il prezzo di massimo profitto?
b) Se il mercato fosse controllato da un monopolista, quali sarebbero la quantità e il prezzo di massimo profitto? Quale sarebbe il profitto del monopolista?
c) Se sul mercato vi fossero due imprese che competono alla Cournot, quale sarebbe il prezzo di equilibrio? Quale sarebbe l'output totale del mercato, e a quanto ammonterebbero i profitti delle due imprese?

14.3 Zack e Andron competono nel mercato delle noccioline. Zack è molto efficiente, e ha un costo marginale $c_Z = 1$, mentre Andron produce a un costo marginale $c_A = 10$. Se la domanda del mercato di noccioline è $P = 100 - Q$, si calcolino il prezzo di equilibrio di Cournot, le quantità prodotte da ciascun duopolista e i relativi profitti.

14.4 In un duopolio con prodotti omogenei, ogni impresa ha una curva del costo marginale $MC = 10 + Q_i$, $i = 1,2$. La curva di domanda di mercato è $P = 50 - Q$, dove $Q = Q_1 + Q_2$.
a) Quali sono le quantità e il prezzo dell'equilibrio di Cournot in questo mercato?
b) Quale sarebbe il prezzo di equilibrio se le due imprese agissero in modo collusivo?
c) Quale sarebbe il prezzo di equilibrio se le due imprese agissero come price-taker?

14.5 Un oligopolio con prodotti omogenei è costituito da quattro imprese, ognuna delle quali ha un costo marginale costante $MC = 5$. La curva di domanda del mercato è $P = 15 - Q$.
a) Quali sono le quantità e il prezzo dell'equilibrio di Cournot? Ipotizzando che le imprese abbiano costi fissi nulli, qual è il profitto di ogni impresa?
b) Supponete che le imprese 1 e 2 si fondano, ma che il loro costo marginale rimanga pari a 5. Quali sono le nuove quantità e il nuovo prezzo nell'equilibrio di Cournot? Il profitto dell'impresa fusa è maggiore o minore della somma di quelli delle due imprese separate, come calcolati nel punto a)? Spiegate l'effetto della fusione sui profitti in questo mercato.

14.6 La Besanko Inc. è uno dei due duopolisti alla Cournot nel mercato in cui si producono aggeggi. Essa e l'altra impresa, la Schmedders Ltd, fronteggiano una curva di domanda di mercato inclinata negativamente. I due produttori hanno un costo marginale uguale e costante. Illustrate in che modo gli eventi che seguono influenzeranno le funzioni di reazione delle due imprese e le loro quantità di equilibrio.
a) Alcuni esperti di sicurezza cominciano a raccomandare ai proprietari di appartamenti di sostituire i normali rilevatori di fumo con gli aggeggi.
b) La produzione degli aggeggi delle due imprese richiede un chilogrammo di platino. Il prezzo del platino aumenta.
c) I costi fissi della Besanko aumentano.
d) Il Governo impone una tassa sugli aggeggi prodotti dalla Schmedders, ma non su quelli prodotti dalla Besanko.

14.7 In un'industria vi sono due imprese che competono alla Cournot e producono un prodotto omogeneo. La curva di domanda del mercato è $P = 100 - Q_1 - Q_2$. Ogni impresa ha un costo marginale pari a €10 per unità.
a) Calcolate le quantità e il prezzo dell'equilibrio di Cournot.
b) Calcolate le quantità e il prezzo di equilibrio nel caso in cui le due imprese agissero in modo collusivo.
c) Supponete che le due imprese sottoscrivano un contratto che prevede che l'Impresa 1 paghi all'Impresa 2 un ammontare di T euro per ogni unità prodotta dall'Impresa 1. Simmetricamente, l'Impresa 2 si impegna a pagare all'Impresa 1 T dollari per ogni unità prodotta dall'Impresa 2. I pagamenti sono giustificati al Governo come un accordo di interscambio di licenze in virtù del quale

l'Impresa 1 paga una royalty per l'utilizzo di un brevetto sviluppato dall'Impresa 2, e allo stesso modo l'Impresa 2 paga una royalty per l'utilizzo di un brevetto sviluppato dall'Impresa 1. Quale sarà il valore di T nel caso in cui le imprese operassero secondo il modello di Cournot e in modo collusivo?

14.8 La curva di domanda di mercato di un'impresa chimica è $Q = 600 - 3P$, dove Q è la quantità domandata ogni mese e P il prezzo di mercato in euro. Le imprese operanti in questa industria offrono le proprie quantità mensilmente, e il prezzo di mercato viene stabilito nel punto in cui la quantità domandata è pari alla quantità totale offerta. Supponete che nell'industria operino due imprese, l'Impresa 1 e l'Impresa 2. Ognuna di esse ha un costo marginale costante di €80 per unità.
a) Calcolate la quantità di equilibrio di Cournot relativa a ogni impresa. Qual è il prezzo di equilibrio di Cournot?
b) Supponendo che l'Impresa 1 sia il leader in un modello di Stackelberg, calcolate le quantità di equilibrio delle due imprese. Qual è il prezzo di equilibrio di Stackelberg?
c) Calcolate e confrontate i profitti di ogni impresa nell'equilibrio di Cournot e in quello di Stackelberg. In quale di essi il profitto totale dell'industria è maggiore, e perché?

14.9 La curva di domanda di un certo mercato è $P = 18 - X - Y$, dove X è la produzione dell'Impresa 1 e Y quella dell'Impresa 2. L'Impresa 1 sostiene un costo marginale pari a 3, mentre per l'Impresa 2 esso è pari a 6.
a) Individuate le produzioni che caratterizzano l'equilibrio di Cournot in questo mercato. Qual è il livello dei profitti delle due imprese?
b) Individuate l'equilibrio di Stackelberg in questo mercato quando l'Impresa 1 agisce da leader. Qual è il livello dei profitti delle due imprese?

14.10 Considerate un mercato con due imprese, delle quali una agisce da Stackelberg leader e l'altra da follower. L'impresa leader sceglie di produrre una quantità X, e il follower una quantità Y. Supponete di aver definito un equilibrio di Stackelberg per una particolare curva di domanda lineare e un dato costo marginale per ogni impresa. Spiegate come cambiano X e Y, rispetto all'equilibrio iniziale, se si verificano le seguenti situazioni.
a) Il costo marginale del leader si riduce, mentre quello del follower resta invariato.
b) Il costo marginale del follower si riduce, mentre quello del leader resta invariato.

14.11 Supponete che la domanda di mercato di cobalto sia $Q = 200 - P$, e che l'industria sia composta da 10 imprese, una delle quali è un'impresa dominante, la Braeutigam Cobalt, che ha un costo marginale di €40 per unità. Le nove imprese della frangia competitiva hanno ciascuna una curva del costo marginale $MC = 40 + 10q$, dove q è l'output della singola impresa marginale. Assumete che nessuna delle imprese abbia costi fissi.
a) Qual è la curva di offerta della frangia competitiva?
b) Qual è la curva di domanda residuale dell'impresa dominante?
c) Calcolate il prezzo e l'output di massimo profitto dell'impresa dominante. A quel prezzo, qual è la quota di mercato della Braeutigam Cobalt?
d) Ricalcolate i punti (a), (b) e (c) supponendo che la frangia competitiva sia costituita da 18 imprese.

14.12 Britney produce album di musica pop con una funzione del costo totale $TC(Q) = 8Q$. La domanda del mercato per gli album di musica pop è $P = 56 - Q$. Supponete che esista una frangia competitiva di artisti pop del tipo price-taker, la cui funzione di offerta totale è $Q_f = 2P - y$, con $y > 0$. Se Britney si comporta come un'impresa dominante e massimizza i suoi profitti vendendo a un prezzo $P = 16$, calcolate il valore di y, l'output di Britney e l'output della frangia competitiva.

14.13 Considerate l'esempio di Coca-Cola e Pepsi già descritto nel capitolo.
a) Spiegate perché le funzioni di reazione nei prezzi delle due imprese sono inclinate positivamente. Perché il prezzo di massimo profitto di Coca-Cola cresce al crescere del prezzo di Pepsi? Perché il prezzo di massimo profitto di Pepsi cresce al crescere del prezzo di Coca-Cola?
b) Spiegate perché il prezzo di massimo profitto di Pepsi sembra essere poco sensibile al prezzo di Coca-Cola. Ovvero, perché la funzione di reazione di Pepsi nella Figura 14.11 è così *piatta*?

14.14 Due imprese, Alfa e Beta, competono nell'industria europea dei chewing gum. I loro prodotti sono differenziati, e ogni mese le due imprese fissano i loro prezzi. Le funzioni di domanda che esse fronteggiano sono:

$$Q_A = 150 - 10P_A + 9P_B$$
$$Q_B = 150 - 10P_B + 9P_A$$

in cui A denota l'impresa Alfa e B l'impresa Beta. Ogni impresa ha un costo marginale costante pari a €7 per unità.
a) Trovate l'equazione della funzione di reazione di ogni impresa.
b) Trovate il prezzo di equilibrio di Bertrand per ogni impresa.
c) Spiegate come i seguenti eventi incideranno sulle funzioni di reazione delle due imprese.
  I) I costi marginali di Alfa si riducono (mentre quelli di Beta non variano).
  II) I costi marginali di Alfa e Beta si riducono dello stesso ammontare.
  III) Le condizioni della domanda cambiano, per cui nelle relative funzioni il termine costante "150" aumenta.
  IV) I termini "10" e "9" nelle funzioni di domanda au-

mentano (per esempio, diventano rispettivamente "50" e "49").

d) Chiarite in che modo il prezzo di equilibrio di Bertrand di ogni impresa viene influenzato dai seguenti accadimenti.
  I) I costi marginali di Alfa si riducono (mentre quelli di Beta non variano).
  II) I costi marginali di Alfa e Beta si riducono dello stesso ammontare.
  III) Le condizioni della domanda cambiano, per cui nelle relative funzioni il termine costante "150" aumenta.
  IV) I termini "10" e "9" nelle funzioni di domanda aumentano (per esempio, diventano rispettivamente "50" e "49").

14.15 Supponete che Jerry e Teddy siano gli unici due venditori di ombrelli di design, che i consumatori considerano come prodotti differenziati. Per semplicità, assumete che i costi marginali delle due imprese siano pari a zero. Quando Jerry fissa un prezzo p_J e Teddy p_T, i consumatori acquistano da Jerry un totale di ombrelli pari a

$$q_J = 100 - 3p_J + p_T$$

Allo stesso modo, la curva di domanda che fronteggia Teddy è

$$q_T = 100 - 3p_T + p_J$$

Illustrate in un grafico le funzioni di reazione di ogni venditore. Quali sono i prezzi di equilibrio? Quali sono i profitti delle due imprese?

14.16 Tre imprese competono alla Bertrand (nei prezzi) in un mercato con prodotti differenziati. Ognuna di esse ha un costo marginale pari a zero. Le tre curve di domanda sono le seguenti:

$$Q_1 = 80 - 2P_1 + P_{23}$$
$$Q_2 = 80 - 2P_2 + P_{13}$$
$$Q_3 = 80 - 2P_3 + P_{12}$$

dove P_{23} è la media dei prezzi applicati dalle imprese 2 e 3, P_{13} la media dei prezzi delle imprese 1 e 3, e P_{12} la media dei prezzi delle imprese 1 e 2 [per esempio, $P_{12} = 0,5(P_1 + P_2)$]. Qual è il prezzo di equilibrio di Bertrand fissato da ogni impresa?

14.17 Le compagnie aeree Alitalia e British Airways effettuano entrambe collegamenti aerei tra Roma e Londra, e considerano gli output dell'altra impresa come dati, così come ipotizza il modello di Cournot. Le rispettive funzioni inverse di domanda sono:

$$P_A = 1000 - \frac{2}{3}Q_A - \frac{1}{3}Q_B$$

$$P_B = 1000 - \frac{2}{3}Q_B - \frac{1}{3}Q_A$$

dove Q_A e Q_B rappresentano il numero di passeggeri trasportati quotidianamente dalle due compagnie sulla tratta in esame. Il costo marginale relativo a ogni trasferimento è €10 per passeggero per entrambe le compagnie.

a) Supponete che Alitalia decida di trasportare 660 passeggeri al giorno (quindi $Q_A = 660$). Quale sarà la quantità di massimo profitto di British Airways? Supponete invece che Alitalia decida di trasportare 500 passeggeri al giorno. Quale sarà la quantità di massimo profitto di British Airways?
b) Derivate la funzione di reazione di entrambe le compagnie.
c) Quali sono le quantità di equilibrio di Cournot per entrambe le compagnie? Quali sono i corrispondenti prezzi di equilibrio?

14.18 Supponete che il mercato delle vendite al dettaglio in una città sia assimilabile alla concorrenza monopolistica. Tutti i produttori ivi operanti (come pure tutti i potenziali entranti) sono identici e fronteggiano un costo marginale costante pari a €100 per ogni unità prodotta. Essi devono inoltre sostenere un costo fisso mensile pari a €300 000. Poiché ogni impresa già operante percepisce un'elasticità della domanda rispetto al prezzo pari a -2, la IEPR implica che il prezzo di massimo profitto per ogni produttore è tale che $(P - 100)/P = 1/2$, da cui $P = 200$. Se tutte le imprese applicano lo stesso prezzo, esse si divideranno in modo uguale la domanda del mercato, che ammonta a 96 000 unità al mese.

a) Quante imprese saranno presenti nel mercato nell'equilibrio di lungo periodo?
b) Quale sarebbe la risposta al quesito precedente se l'elasticità della domanda rispetto al prezzo percepita dalle imprese fosse pari a -4/3 (e quindi $P = 400$)?

14.19 Il ristorante cinese "La Grande Muraglia" opera in un capoluogo di provincia e in un contesto di concorrenza monopolistica. Supponete che ogni ristorante già operante oppure potenziale abbia una funzione di costo totale $TC = 10Q + 40 000$, dove Q è il numero di pasti serviti mensilmente, e TC è il costo totale mensile. Il costo fisso di €40 000 include le spese fisse operative (come i salari dei cuochi), l'affitto del locale e gli interessi passivi.
Al momento, in città esistono 10 ristoranti cinesi. Ognuno di essi fronteggia una funzione di domanda

$$Q = \frac{4\,000\,000}{N} P^{-5} \overline{P}^{4},$$

dove P è il prezzo di un pasto consumato presso "La Grande Muraglia", $\overline{P}$ è il prezzo medio di un pasto consumato negli altri ristoranti cinesi della città, e N è il numero totale dei ristoranti. Ogni ristorante considera dati i prezzi degli altri ristoranti nel momento in cui deve fissare il proprio prezzo.

a) Qual è l'elasticità della domanda rispetto al prezzo che fronteggia il singolo ristorante?

b) Qual è il prezzo di massimo profitto relativo a un pasto per il singolo ristorante?
c) Al prezzo di massimo profitto, quanti pasti dovrebbe servire ogni ristorante in un mese? Dato questo numero, qual è il costo medio totale di un singolo ristorante?
d) Qual è il numero di ristoranti cinesi che saranno presenti nella città in questione nell'equilibrio di lungo periodo?

Capitolo 15

15.1 Considerate una lotteria con tre possibili esiti: un payoff di −10, un payoff di 0 e un payoff di +20. La probabilità di ciascun esito è rispettivamente 0,2, 0,5 e 0,3.
a) Disegnate la distribuzione di probabilità di questa lotteria.
b) Calcolate il valore atteso della lotteria.
c) Calcolate la varianza e la deviazione standard della lotteria.

15.2 Lanciando una moneta, se esce testa si vincono €20, mentre se esce croce si perdono €10.
a) Calcolate il valore atteso e la varianza di questa lotteria.
b) La precedente lotteria viene modificata come segue: lanciando due monete, se a entrambe esce testa si vincono €10, se a entrambe esce croce si perdono €10, mentre se a una esce testa e all'altra esce croce non si vince né si perde. Verificate che questa seconda lotteria ha lo stesso valore atteso ma varianza minore rispetto alla prima lotteria. (Suggerimento: la probabilità che esca testa a entrambe le monete è pari a 0,25, come pure la probabilità che esca croce a entrambe le monete è 0,25.) Qual è il motivo per cui la seconda lotteria ha una varianza più piccola?

15.3 Considerate due lotterie. Il risultato di ciascuna è lo stesso: 1, 2, 3, 4, 5 e 6. Nella prima lotteria, ogni esito è ugualmente probabile. Nella seconda lotteria, vi è una probabilità 0,40 che l'esito sia 3 e una probabilità 0,40 che sia 4. Ognuno degli altri esiti ha una probabilità 0,05. Quale lotteria ha la varianza più alta?

15.4 Un individuo ha una funzione di utilità pari a $U = \sqrt{50I}$. Considerate una lotteria che prevede un payoff di 0 con probabilità 0,75 e di 200 con probabilità 0,25.
a) Rappresentate graficamente la funzione di utilità, per I che varia tra 0 e 200.
b) Verificate che il valore atteso della lotteria è 50.
c) Qual è l'utilità attesa della lotteria?
d) Qual è l'utilità dell'individuo se egli riceve un payoff sicuro di 50? È maggiore o minore della sua utilità attesa della lotteria? Sulla base delle risposte, è possibile affermare che l'individuo in questione è avverso al rischio?

15.5 Considerate due lotterie, A e B. Con la lotteria A vi è una probabilità 0,90 di ricevere un payoff di 0 e una probabilità 0,10 di ricevere un payoff di 400. Con la lotteria B vi è una probabilità 0,50 di ricevere un payoff di 30 e una probabilità 0,50 di ricevere un payoff di 50.
a) Verificate che le due lotterie hanno lo stesso valore atteso, ma che la lotteria A ha una varianza maggiore di quella B.
b) Supponete che la funzione di utilità di un agente sia $U = \sqrt{I + 500}$. Calcolate l'utilità attesa di ciascuna lotteria. Quale di esse ha la maggiore utilità attesa? Perché?
c) Supponete che la funzione di utilità di un agente sia $U = I + 500$. Calcolate l'utilità attesa di ciascuna lotteria. L'agente in questione è avverso al rischio, neutrale al rischio o amante del rischio?
d) Supponete che la funzione di utilità di un agente sia $U = (I + 500)^2$. Calcolate l'utilità attesa di ciascuna lotteria. L'agente in questione è avverso al rischio, neutrale al rischio o amante del rischio?

15.6 a) Scrivete l'equazione di una funzione di utilità tipica di un agente neutrale al rischio. (*N.B.*: sono possibili risposte diverse per questo punto e per i due successivi.)
b) Scrivete l'equazione di una funzione di utilità tipica di un agente avverso al rischio.
c) Scrivete l'equazione di una funzione di utilità tipica di un agente amante del rischio.

15.7 In casa Luca possiede beni per €100 000 (computer, stereo, gioielli ecc.). La probabilità che egli subisca un furto è pari a 0,10. Nel caso il furto avesse realmente luogo, Luca dovrebbe spendere €20 000 per riacquistare la merce rubata. Supponete che, pagando €500, egli possa sottoscrivere una polizza di assicurazione in grado di coprire per intero la perdita derivante dal furto.
a) Conviene a Luca sottoscrivere questa assicurazione?
b) Se l'assicurazione costasse €1500, dovrebbe sottoscriverla? E se costasse €3000?
c) Qual è il massimo valore che Luca sarebbe disposto a pagare per acquistare questa assicurazione contro il furto?

15.8 Se si conserva in salute, Augusto si aspetta di guadagnare un reddito di €100 000. Se invece dovesse ammalarsi, potrà solo lavorare part time e il suo reddito medio scenderà a €20 000. Supponete che Augusto ritenga di avere una probabilità del 5% di ammalarsi. Inoltre, la sua funzione di utilità è $U = \sqrt{I}$. Qual è l'ammontare massimo che è disposto a pagare per una polizza che lo assicuri pienamente in caso di malattia?

15.9 Filippo è un guidatore abbastanza prudente. La sua probabilità di avere un incidente è soltanto dell'1%. Se dovesse avere un incidente, il costo della riparazione e dei mezzi di trasporto alternativi ridurrebbe il suo reddito disponibile da €120 000 a €60 000. Un'assicurazione totale contro gli incidenti d'auto ha un prezzo di €0,10 per ogni euro di copertura. Da ultimo, supponete che la sua funzione di utilità sia $U = \sqrt{I}$.
Filippo sta considerando due alternative: l'acquisto di una polizza con una franchigia di €1000 che gli darebbe quindi una copertura del valore di €59 000, oppure l'acquisto di una polizza che lo assicuri completamente per l'intero importo. Il prezzo della prima polizza è di €5900, quello della seconda è di €6000. Quale polizza Filippo preferirà?

15.10 Considerate un mercato di individui avversi al rischio, ciascuno con una funzione di utilità $U = \sqrt{I}$. Ogni individuo ha un reddito di €90 000, ma fronteggia la possibilità di una perdita disastrosa di reddito pari a €50 000. Tuttavia, vi è una polizza assicurativa che indennizza totalmente tale perdita; il suo costo è di €5900. Supponete che ciascun individuo abbia una differente probabilità q di sperimentare la perdita di reddito.
a) Qual è il più piccolo valore di q per il quale un individuo acquisterà la polizza di assicurazione?
b) Come si modificherebbe il valore di q appena calcolato se la compagnia assicurativa aumentasse il premio da €5900 a €27 500?

15.11 Una compagnia assicurativa sta considerando di offrire una polizza che assicura le compagnie ferroviarie contro danni o decessi dovuti alla fuoriuscita accidentale di prodotti chimici dai vagoni merci. Compagnie ferroviarie diverse hanno rischi diversi di fuoriuscite accidentali. Per esempio, quelle che operano su tratte relativamente nuove hanno un rischio inferiore rispetto a quelle che operano su percorsi relativamente più vecchi. (La ragione è che la causa principale di fuoriuscita di prodotti chimici è il deragliamento del treno, e ciò è più probabile su binari vecchi o logori.) Discutete le difficoltà che la compagnia di assicurazione potrebbe affrontare con questo tipo di polizza. In particolare, perché potrebbe essere difficile per essa ottenere profitti da un tale tipo di polizza?

15.12 Giovanni partecipa a un'asta in busta chiusa al primo prezzo con valori privati, insieme a un altro offerente. Giovanni ritiene che la valutazione del suo concorrente sia ugualmente probabile nell'intervallo tra €0 ed €500. La sua stima è invece di €200. Supponete che Giovanni pensi che il rivale offra un prezzo pari alla metà della sua propria valutazione: dunque, egli ritiene che l'offerta dell'altra persona sarà compresa con uguale probabilità tra €0 ed €250. Considerato questo, se Giovanni dichiara Q, la probabilità di vincere l'asta corrisponde alla probabilità che la dichiarazione Q sia superiore a quella del concorrente, e ammonta a $Q/250$. (Non preoccupatevi di sapere da dove viene la formula: si potrebbero comunque sostituire diversi valori per Q, per convincersi che è un'espressione coerente.) Il profitto di Giovanni derivante dal vincere l'asta è pari a (200 − offerta) × la probabilità di vincita. Dimostrate che la strategia di massimizzazione del profitto per Giovanni è quella di dichiarare metà della propria valutazione.

Capitolo 16

16.1 Considerate i mercati del burro (B) e della margarina (M), le cui curve di domanda sono rispettivamente $Q^d_M = 20 - 2P_M + P_B$ e $Q^d_B = 60 - 6P_B + 4P_M$, mentre le curve di offerta sono rispettivamente $Q^s_M = 2P_M$ e $Q^s_B = 3P_B$.
a) Individuate i prezzi e le quantità di equilibrio per il burro e la margarina.
b) Supponete che un aumento di prezzo dell'olio vegetale sposti la curva di offerta della margarina a $Q^s_M = P_M$. Qual è l'impatto di questo cambiamento sui prezzi e sulle quantità di equilibrio del burro e della margarina? Spiegate, anche attraverso l'uso dei grafici, perché uno spostamento della curva di offerta della margarina modifica il prezzo del burro.

16.2 Supponete che in un certo Paese la curva di domanda di nuove automobili sia $Q^d_A = 20 - 0{,}7P_A - P_B$, dove Q_A e P_A sono la quantità (in migliaia di unità) e il prezzo medio (in migliaia di euro), mentre P_B è il prezzo della benzina (in euro per litro). L'offerta di automobili è pari a $Q^s_A = 0{,}3P_A$. Si supponga inoltre che le curve di domanda e offerta di benzina siano $Q^d_B = 3 - P_B$, e $Q^s_B = P_B$.
a) Calcolate i prezzi di equilibrio di automobili e benzina.
b) Tracciate un grafico che mostra come un aumento esogeno nell'offerta di benzina influenza i prezzi delle nuove automobili nel Paese considerato.

16.3 Alcuni studi indicano che le funzioni di domanda e di offerta per cravatte (c) e giacche (g) in un determinato mercato sono le seguenti.

Domanda di cravatte: $Q^d_c = 410 - 5P_c - 2P_g$
Offerta di cravatte: $S^s_c = -60 + 3P_c$
Domanda di giacche: $Q^d_g = 295 - P_c - 3P_g$
Offerta di giacche: $S^s_g = -120 + 2P_g$

Tali stime delle funzioni sono valide solo per quei prezzi per i quali le quantità sono positive.
a) Trovate i prezzi e le quantità di equilibrio delle cravatte e delle giacche.
b) Sulla base delle funzioni di domanda, cravatte e giacche sono beni sostituti, beni complementari o beni indipendenti? Da cosa lo deducete?

16.4 Considerate un'economia semplice che produce due beni, birra (indicata con x) e frittata (indicata con y), utilizzando lavoro e capitale (indicati rispettivamente con L e K) che sono offerti da due tipi di famiglie: gli scansafatiche (indicati con SF) e i superattivi (indicati con SA). Ciascuna famiglia di superattivi offre 100 unità di lavoro e nessuna unità di capitale. Ciascuna famiglia di scansafatiche offre 10 unità di capitale e nessuna unità di lavoro. Vi sono 100 famiglie di ciascun tipo. Sia la birra che la frittata sono prodotte con tecnologie a rendimenti di scala costanti. Le curve di offerta di mercato per birra e frittata sono

$$P_x = w^{\frac{1}{6}} r^{\frac{5}{6}}$$

$$P_y = w^{\frac{3}{4}} r^{\frac{1}{4}}$$

dove w indica il prezzo del lavoro e r il prezzo del capitale. Le curve di domanda di mercato per la birra e la frittata sono date da

$$P_x = \frac{20 I_{SF} + 90 I_{SA}}{X}$$

$$P_y = \frac{80 I_{SF} + 10 I_{SA}}{Y}$$

dove X e Y indicano le quantità aggregate di birra e frittata domandate in questa economia e I_{SF} e I_{SA} sono i redditi rispettivamente delle famiglie di scansafatiche e di superattivi. Infine, le curve di domanda di mercato per il lavoro e il capitale sono date da

$$L = \frac{X}{6}\left(\frac{r}{w}\right)^{\frac{5}{6}} + \frac{3Y}{4}\left(\frac{r}{w}\right)^{\frac{1}{4}}$$

$$K = \frac{5X}{6}\left(\frac{w}{r}\right)^{\frac{1}{6}} + \frac{Y}{4}\left(\frac{w}{r}\right)^{\frac{3}{4}}$$

Ci sono quattro incognite in questa economia semplice: i prezzi della birra e della frittata, P_x e P_y, e i prezzi del lavoro e del capitale, w e r. Scrivete le quattro equazioni che determinano i valori di equilibrio di queste incognite.

16.5 In un'economia, ci sono 40 famiglie di impiegati (I), ciascuna delle quali produce 10 unità di capitale e nessuna di lavoro; il reddito che proviene da ogni unità di capitale è r. Ci sono poi 50 famiglie di operai (O), ognuna delle quali produce 20 unità di lavoro e nessuna di capitale; il reddito derivante da ogni unità di lavoro è w.
La domanda di energia (X) di ogni famiglia di impiegati è $X_I = 0{,}8 M_I / P_X$, dove M_I è il reddito della famiglia considerata, mentre la sua domanda di cibo (Y) è $Y_I = 0{,}2 M_I / P_Y$.
La domanda di energia proveniente da ogni famiglia di operai è $X_O = 0{,}5 M_O / P_X$, dove M_O è il reddito della famiglia in questione, mentre la sua domanda di cibo è $Y_O = 0{,}5 M_O / P_Y$.
L'energia è prodotta utilizzando solo capitale. In particolare, ogni unità di capitale produce una unità di energia, per cui r è il costo marginale dell'energia. La curva di offerta di energia è $P_X = r$, dove P_X è il prezzo di una unità di energia. Il cibo è invece prodotto impiegando solo lavoro. In particolare, ogni unità di lavoro produce una unità di cibo, per cui w è il costo marginale del cibo. La curva di offerta di cibo è $P_Y = w$, dove P_Y è il prezzo di una unità di cibo.
a) Mostrate che in questa economia l'ammontare di lavoro domandato e offerto sarà di 1000 unità. Mostrare pure che l'ammontare di capitale domandato e offerto sarà di 400 unità.
b) Scrivete le condizioni di uguaglianza tra domanda e offerta per i mercati di energia e cibo.
c) Quale rapporto ci sarà in equilibrio tra il prezzo di una unità di energia e il prezzo di una unità di cibo?
d) Quale rapporto ci sarà in equilibrio tra il reddito delle famiglie di impiegati e il reddito delle famiglie di operai?

16.6 Due consumatori, Giorgio e Anna, hanno insieme 10 mele e 4 arance.
a) Disegnate la scatola di Edgeworth che mostra l'insieme delle allocazioni possibili dei beni in questa economia semplice.
b) Supponete che Giorgio abbia 5 mele e 1 arancia, e che Anna abbia 5 mele e 3 arance. Individuate questa allocazione nella scatola di Edgeworth.
c) Supponete ancora che Giorgio e Anna abbiano funzioni di utilità identiche, e assumete che tali funzioni siano caratterizzate da utilità marginali positive sia per le mele che per le arance, oltre che da un saggio marginale di sostituzione delle mele alle arance decrescente. È vero che le allocazioni di cui al punto b) sono economicamente efficienti?

16.7 Aldo (A) e Ugo (U) consumano pesche, x, e prugne, y. I due consumatori hanno identiche funzioni di utilità, con $MRS^A_{x,y} = 10y_A/x_A$ e $MRS^U_{x,y} = 10y_U/x_U$. Insieme possiedono 10 pesche e 10 prugne. Verificate se le seguenti allocazioni si trovano o meno sulla curva dei contratti.
a) Aldo: 8 prugne e 9 pesche; Ugo: 2 prugne e 1 pesca.
b) Aldo: 1 prugna e 1 pesca; Ugo: 9 prugne e 9 pesche.
c) Aldo: 4 prugne e 3 pesche; Ugo: 6 prugne e 7 pesche.
d) Aldo: 8 prugne e 2 pesche; Ugo: 2 prugne e 8 pesche.

16.8 In un'economia vi sono due consumatori, Carlo e Maria. Ognuno di essi sta consumando quantità positive di due beni, cibo e vestiti. Le loro preferenze sono caratterizzate da un saggio marginale di sostituzione del cibo ai vestiti decrescente. In corrispondenza dei panieri di consumo correnti, il saggio marginale di sostituzione del cibo ai vestiti per Carlo è 2, quello per Maria è 0,5. È possibile affermare che i panieri che essi stanno attualmente consumando soddisfano la condizione di efficienza nello scambio? Se ciò non sta accadendo, descrivete uno scambio che potrebbe avvantaggiare entrambi.

16.9 Due imprese utilizzano complessivamente 100 unità di lavoro e 100 unità di capitale: l'impresa 1 sta impiegando 20 unità di lavoro e 80 unità di capitale, mentre l'impresa 2 sta usando 80 unità di lavoro e 20 unità di capitale. I prodotti marginali delle imprese sono i seguenti: $MP^1_l = 50$ e $MP^1_k = 50$ per l'impresa 1; $MP^2_l = 10$ e $MP^2_k = 20$ per l'impresa 2. È possibile affermare che l'allocazione attuale di fattori produttivi è economicamente efficiente?

16.10 Un'economia è composta da due consumatori (Giulia e Caterina), che consumano quantità positive di due beni, cibo e vestiti. Tali beni sono entrambi prodotti con due input, capitale e lavoro, e con tecnologie caratterizzate da rendimenti costanti di scala. Sono note le seguenti informazioni sui panieri di produzione e di consumo correnti: il costo marginale di produzione del cibo è €2; il prezzo unitario dei vestiti è €4; il prezzo del lavoro è pari ai 2/3 del prezzo del capitale; il prodotto marginale del capitale nella produzione di vestiti è 3.
In un equilibrio generale concorrenziale, quale dovrà essere:
a) il prezzo del cibo?
b) il saggio marginale di trasformazione del cibo in vestiti?
c) la forma della frontiera delle possibilità produttive dell'economia?
d) il prodotto marginale del lavoro nella produzione di vestiti?

16.11 Considerate un'economia che impiega lavoro e capitale per produrre due beni, birra (x) e noccioline (y), con tecnologie a rendimenti costanti di scala. Il costo marginale di produzione di una lattina di birra è €0,50, quello di una confezione di noccioline è €1. Attualmente l'economia sta producendo 1 milione di lattine di birra e 2 milioni di confezioni di noccioline. Il saggio marginale di sostituzione tecnica del lavoro al capitale è lo stesso nelle due industrie. Inoltre, nell'economia vi è 1 milione di consumatori identici, ciascuno con un saggio marginale di sostituzione della birra alle noccioline pari a $MRS_{x,y} = 3y/x$.
a) Disegnate un grafico che mostra la frontiera delle possibilità produttive di questa economia. Identificate nel grafico la produzione corrente.
b) È vero che l'allocazione corrente soddisfa l'efficienza nella sostituzione? Perché?

16.12 Italia e Svizzera producono entrambe automobili e orologi. Il lavoro necessario per produrre un'unità di ciascun bene è indicato nella seguente tabella:

Fabbisogno di lavoro in Italia e in Svizzera

	Automobili (ore di lavoro per unità)	Orologi (ore di lavoro per unità)
Italia	5	50
Svizzera	20	60

a) Quale Paese gode di un vantaggio assoluto nella produzione di orologi? E nella produzione di automobili?
b) Quale Paese gode di un vantaggio comparato nella produzione di orologi? E nella produzione di automobili?

16.13 Brasile e Cina possono produrre cotone e soia. Il lavoro necessario per produrre un'unità di ciascun bene è indicato nella seguente tabella:

Fabbisogno di lavoro in Brasile e in Cina

	Cotone (ore di lavoro per unità)	Soia (ore di lavoro per unità)
Cina	20	100
Brasile	10	80

a) Quale Paese gode di un vantaggio assoluto nella produzione di cotone? E nella produzione di soia?
b) Quale Paese gode di un vantaggio comparato nella produzione di cotone? E nella produzione di soia?

Capitolo 17

Gli esercizi del Capitolo 17 sono accessibili sul sito web dedicato al volume

www.ateneonline.it/besanko3e

Capitolo 18

Non sono previsti esercizi per questo capitolo.